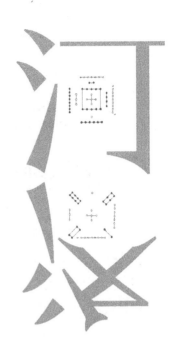

河洛文化研究丛书

河洛文化与闽台文化集

邓永俭　主编

河南人民出版社

图书在版编目（CIP）数据

河洛文化与闽台文化集／邓永俭主编 . — 郑州：
河南人民出版社，2018.2
（河洛文化研究丛书）
ISBN 978 - 7 - 215 - 11343 - 5

Ⅰ . ①河… Ⅱ . ①邓… Ⅲ . ①文化史—河南—
文集 ②文化史—福建—文集 ③文化史—台湾—文集
Ⅳ . ①K296.1 - 53 ②K295.7 - 53 ③K295.8 - 53

中国版本图书馆 CIP 数据核字（2018）第 027205 号

河南人民出版社出版发行
（地址：郑州市经五路 66 号　邮政编码：450002　电话：65788063）
新华书店经销　　北京虎彩文化传播有限公司印刷
开本 710 毫米×1000 毫米　　1/16　　印张 48.25
字数 620 千字
2018 年 2 月第 1 版　　　2018 年 2 月第 1 次印刷

定价：336.00 元

目　　录

河洛文化与闽台文化 …………………………………（台湾）张履端　1

分子人类学亦证明闽南及客家人源自河洛 …………（美国）高百之　7

永嘉南渡与河洛文化的南传 …………………………… 程有为　11

试论从中原到闽台的人神异化 ………………………… 李立新　25

闽台文化的共同本质与地域特色 ……………………… 吴碧英　32

古代河南移民福建史略 ………………………………… 李　乔　42

论客家河洛姓氏寻根对客家文化重构的意义 ………… 廖开顺　53

中州姓氏的入闽及其发展衍变 ………………………… 黄英湖　64

闽台姓氏大多数来自中原 ……………………………… 吕清玉　75

豫闽台姓氏一脉相承 …………………………… 许竟成　许步超　89

中原陈姓的起源及其向闽台地区的迁徙 ……………… 李龙海　96

中原林姓的南迁及其在闽台的兴盛 …………………… 陈建魁　103

鸟虫书与商代文字
　　——从字形演变看河洛文化的南迁轨迹 ………… 郭胜强　李雪山　112

河洛地区三代青铜文明与福建青铜文明的比较研究 ………… 李玲玲　116

洛学向东南沿海传播的渠道 …………………………… 卢广森　129

从闽台交通工具看河洛文明影响 ……………………… 陈榕三　140

对客家人"根在河洛"若干相关问题的探索 ………… 徐金星　151

浅论河洛文化与客家文化的关系 ……………………… 张留见　168

论客家人与台湾暨海外的关系……………………………任崇岳　180

试论客家先民首次大规模南迁纪念地的确立………………张新斌　188

刍论客家人的迁徙和落居…………………………………林作尧　202

论客家民系的形成发展及特点……………………………康红蕾　208

从客家土楼建筑看河洛文化印记……………常巧章　王援朝　219

客家话是河洛话与畲语互动的产物……………雷弯山　钟美英　223

畲族文化中的河洛意识……………………………………赵晓芬　232

根系河洛的马来西亚血缘性组织　………………（马来西亚）李雄之　242

砂拉越古晋的客家族群与客家公会

　　　　　　………………（马来西亚）房汉佳　林韶华　256

周代河洛地区与晋南地区的交流…………………………薛瑞泽　268

河洛文化与楚文化之比较…………………………………陈良军　276

从道教透视河洛文化与楚文化的关系……………………晏春莲　285

试论河洛文化对楚文化的主源性影响……………………陈绍辉　291

略论河洛与荆楚两地中医学的交流与发展………………贾海燕　299

荆楚文化与河洛文化差异论…………………孙君恒　孙　平　308

论中原移民与庐陵文化的历史形成………………………施由明　320

河洛农耕文明与赣地客家农耕文明………………………龚国光　330

从建安诗赋看邺都的艺术意象与邺下文人的主体意识

　　　　　　………………………………（香港）何祥荣　337

河洛文化的南迁与影响

　　——以江头洲村爱莲文化为例…………………廖　江　347

湖湘地区客家人与客家文化浅探…………………………李　龙　356

河洛文化与中华传统文明…………………………………李绍连　363

河洛文化之延播　………………………………（台湾）杨祥麟　370

从"读册"、"来去"等闽南语语汇见证河洛汉语之古老

　　　　　　………………………………（台湾）谢魁源　376

河洛文化·无远弗届 …………………………………（台湾）卢博文　379

商周甲骨文记载中的"河"与"洛" ……………………章秀霞　384

炎黄文化与中国道统 ………………………………（台湾）葛建业　394

"自然"概念的历史解读与新儒学自然论 ……………（台湾）林国雄　402

中华文化道统嬗变与台湾文化兴替 …………………（台湾）曹尚斌　410

儒学的人文精神和领导力 ……………………………（韩国）孙兴彻　418

论河洛文化与祖国信念的认同 ………………………（台湾）吕继增　428

河洛文化与客家精神之养成和影响……………………胡日光　435

河洛民俗文化根源性及其当代价值……………………唐金培　446

河洛文化创新与新时期河南精神………………………郭　艳　454

从光复台湾略论岳飞"民族英雄"的定位

　　——以台湾宜兰岳飞庙保存民族精神为例 ………（台湾）高双印　462

执两用中话一统 …………………………………（台湾）傅允中　470

河洛文化与国家统一大业………………………席红霞　田华丽　473

河洛文学研究的现状反思与文化取向…………………刘保亮　481

《易经》——早期儒家的形上学与意识进化学

　　………………（巴西）西蒙娜·德拉图尔　（美国）凯文·德拉图尔　489

河图洛书与先后天八卦探源 …………………………（台湾）张仁杰　508

《洪范》释义 …………………………………………（香港）胡谭光　516

《太极图》索源 …………………………………任炳潭　杨懿楠　530

"河图"、"洛书"与《周易》 ……………………………刘玉娥　536

略论河洛原生性道治文化………………………………陈奥菲　546

两汉时期的河洛《易》学 ………………………………黄黎星　553

易学家荀爽的哲学思想…………………………………崔　波　563

《河图》中的象数义理探析 ……………………………张乾元　574

《河图》《洛书》与两宋易图论略 ………………………卫绍生　582

邵雍与宋代象数易哲学简论……………………………杨翰卿　594

从黄帝"洛汭祭天"追寻黄帝踪迹 ……………………… 李德方　王华珍　605

黄帝在河洛地区所建中国历史上的第一个王朝——黄帝

　王朝 …………………………………………………………………… 刘文学　611

河洛地区的伏羲女娲史迹………………………………………… 马世之　619

古代河南的牧畜

　——关于《论语·子路篇》的直躬故事 …………………（日本）冈本光生　628

汉魏洛阳故城早期城址的营建及其数理意义 ………… 蔡运章　朱郑慧　634

论河洛诗歌对《诗经》的贡献……………………………… 李彩霞　郭康松　640

古代河洛地区的葡萄文化…………………………………………… 陈习刚　648

贾谊与西汉封建正统文化的建构…………………………… 王保国　邵宗波　659

魏晋南北朝的"洛中人"与南北文化冲突 ……………………… 黄宛峰　667

论佛教信仰的中土化与世俗化

　——以北朝河洛地区佛教造像记所见祈福求贵信仰为例

　………………………………………………………………………… 张富春　672

洛口仓及历代仓廪述要………………………………………… 王永宽　683

中亚移民与唐代洛阳城市生活………………………………… 毛阳光　690

杜甫、韩愈对河洛文化精神的传承与发扬…………………… 葛景春　699

濂洛三子诗赏析 ………………………………………………（台湾）王　甦　712

从《歧路灯》看 18 世纪河洛地区的商人 ……………………… 徐春燕　722

河洛孝道第一人吕维祺…………………………………………… 王玉德　733

巩义是河洛文化的重要实物载体和历史见证………………… 方酉生　740

从历史遗迹、遗物看巩义河洛文化遗绪的辉煌 …………… 汤淑君　744

根在河洛

　——试论巩义在河洛文化发展中的历史地位和作用

　………………………………… 王振江　贺宝石　孙宪周　魏三兴　751

附 ………………………………………………………………………………… 761

后记………………………………………………………………………………… 765

河洛文化与闽台文化

（台湾）张履端

一、中原民族大迁徙

中华民族五千年来，历经多少的内忧外患，战乱频仍，引起人口的迁徙移动。如周平王东迁、"五胡乱华"、晋室南渡、宋室南迁。唐代安史之乱、唐末黄巢起义、明末李自成起义、清兵入关等，皆曾引起中华民族的大迁徙。由西而东，由北而南，又自广东、福建渡海来台或其他区域。中国虽然幅员辽阔，语言不一，但彼此的血缘关系却密不可分。文字统一，生活习惯大同小异，台湾亦复如是。先民们来台湾后，荜路蓝缕，胼手胝足，垦殖开发，世代相传，以迄今天。台湾有今日的繁荣，当下的我们，当饮水思源，崇德报恩。中华文化的优异，也是中华民族得以繁衍传承，历久弥坚的要因。

由福建来台的先民，人称"河洛"人，"闽南语"人称"河洛话"，"河洛"者即"黄河"、"洛河"也，就是今日河南境内的中原，因为中原是中华民族的发祥地。先民来台时，已把中原文化带来台湾。宗教信仰与人们日常生活密不可分，今天台湾庙宇遍及全省各地，香火鼎盛，普受民众信仰尊崇，台湾供奉的神明也都是随着先民的迁徙而至广东、福建、台湾的。他们是有功于人民的先贤们的化身，也是今天台湾中华文化的历史脉络渊源。

二、中原与闽台人文的历史渊源

台湾的清水祖师公，姓陈，名昭应，河南开封府人，南宋时，避难浙江临安（时为南宋首都，即今浙江杭州），投效文天祥帐下，为忠正将军。元军入临安，昭应公退往福建泉州的安溪县，遂隐居于安溪山之清水岩。元末，其子孙起义，加入朱元璋的抗元阵营，屡建奇功。朱元璋歼灭元军，削平群雄，建立大明王国，论功行赏,并追念及昭应公的忠勇功迹,敕令封田建祠,并封祀为祖师公,成为安溪地方的守护神,香火鼎盛。

清水祖师公有多样称谓,如"祖师公"、"乌面祖师"、"落鼻祖师"、"清水真人"、"麻章上人"、"昭应大师"、"三代祖师"等。台湾的祖师爷,与安溪移民同时渡海来台,为当时来台移民的精神支柱。台湾全省有寺庙九十余所。最早的有澎湖祖师宫、高雄仁武福清宫、台南震兴宫,台北县三峡祖师公庙、台北市万华祖师庙。唯三峡祖师公庙是艺术家李梅树教授主持兴建的,设计精心,精雕细琢,美仑美奂,被誉为"东方艺术之宫",成为今天观光胜地。

陈元光,河南省光州(今河南省固始县)人,唐高宗总章二年,福建南部有蛮獠之乱,朝廷派陈政任岭南行军总管平乱,陈政率子陈元光随军前往,交战之下,寡不敌众,退守九龙山待援。朝廷又派陈政之兄陈敏、陈敷领军五十八姓,万人之众驰援。中途陈氏兄弟皆病故。其母魏氏,足智多谋代领军,屯兵福建云霄,与陈政会合平乱。其子陈政战死,陈政之子陈元光,子承父业,打败蛮獠,平息闽乱,继任岭南行军总管之职。唐垂拱二年(686),陈元光上疏,请于泉、潮二州间设漳州都,朝廷准奏,由陈元光主政,地方安定,漳州方圆数百里内安定无惊。政绩斐然,百姓安居,中原文化移植漳州,民风大开。社会上为感念其恩德,为其建庙崇敬追思,奉为"开漳圣王"。

农历二月十五日为"开漳圣王"诞辰。台湾开漳圣王庙有五十五座,宜兰有二十二座,桃园十座,台北县八座。其他还有台北市内湖区碧山的开漳圣王庙(建于清嘉庆六年)士林芝山岩的惠济宫(建于清乾隆十七年)、基隆市的奠济宫(建于清同治十三年)。宜兰壮围乡的永镇庙(建于清乾隆九年)是宜兰最古老的庙宇。年逢是日,各地庙宇,信徒云集,焚香膜拜,盛极一时。

保仪尊王、保仪大夫就是张巡及与张巡同时死守睢阳的许远。张巡生于唐中宗景龙三年,为邓州南阳人,博览群书,文武兼备,开元末年进士。曾任真元县令,政绩优异。许远,今浙江海宁人,生于唐中宗景龙三年,文武兼备,为人忠厚。天宝十四年,安禄山造反,玄宗派他任睢阳太守兼防御使。到任时,军情已危急,适有张巡率三千人来助,许远自认军事才能不如张巡,便自动把军权交与张巡,被困数月,粮尽援绝,城陷之日,张、许同时被害,诏令追赠许远为荆州大都督。

传说许曾率领河南光州、固始两县张、高、林三姓移往泉州安溪,而成为这三姓的守护神,今天景美高姓、木栅张姓供奉保仪尊王,尤为虔诚。景美的保仪大夫庙,泉州移民也都以守护神敬之,香火旺盛。张巡、许远同祀一庙时,人称双忠庙。民间以保仪尊王之配偶为瘟妈,称为神界女权之提倡者,相传保仪尊王出巡,其神舆必须女前男后。此说还有其妾林氏夫人自杀献肉养军民之义行,感人殊深,故特意尊崇之。

台湾有保仪尊王、保仪大夫庙三十七所。高雄有六所。台北市木栅、景美皆有庙宇,名为集应庙。景美集应庙供奉有大德禅师和林氏夫人,建于清光绪二十年,为高家守护神,每年正月十五日举行祭典。农历五月十三日是瘟公保仪尊王的祭日,香火鼎盛。木栅集应庙为张家守护神,香火终年不断。保仪尊王就是昔日安禄山造反而死守睢阳的张巡。张巡城陷后被执,不屈而死,追赠为扬州大都督,民间亦称之为大使公、张元帅、张中丞、张睢阳、张巡千岁、英济王等美名。保仪大夫就是与张巡同时守睢阳的许远。

岳武穆王与宜兰碧霞宫:岳飞字鹏举,谥武穆,又谥忠武,宋代相州汤阴(今河南省汤阴县)人氏,生于宋徽宗崇宁年间,幼年家贫力学,尤好左氏春秋。束发之年,从师习武,精研兵术。时值辽、金犯境,边关告急,烽火遍地,民不聊生。为抵御外侮,毅然投效军旅,以保国卫民为己任。岳母为激励其民族大义,亲刺“精忠报国”于其背上。岳飞智勇超群,屡出奇兵,以寡击众,屡挫强敌,锐不可当。金兵闻岳家军而惊魂丧胆,惜因高宗心存苟安,听信谗言,飞终遭陷害,卒年仅三十九岁,而南宋亦因而始终受制于金,偏安於江左。秦桧误国,乃中华民族千古之罪人也。

供奉岳飞的庙宇遍及中国大陆及台湾各地,台湾的岳王庙,以宜兰的碧霞宫较早。清光绪二十一年(1895),日人割据台湾时,宜兰地方人士,缅怀祖国,由杨士芳进士及地方士绅,为隐藏民族精神于民间信仰中,乃创建岳王庙,其为团结民心,激励尽忠报国之志,伺机驱逐倭寇“还我河山”。光绪二十五年(1899)仲秋落成,为蔽日人耳目,以“碧血丹心望晓霞”之义,定名“碧霞宫”,是台湾第一座为唤起民族精神而专祀岳王的庙宇。建庙伊始,以劝善聚会,宣讲四书五经等固有中华文化,倡导“忠孝节义”,以对抗日人之“皇民化”奴役政策。台湾光复后,为健全组织强化其功能,成立董事会,设立图书馆,并积极推行中华文化复兴运动及社会公益事业,深获广大民众的肯定与支助。岳武穆祭典大礼,宜兰县各界为庆祝民族英雄岳武穆周年诞辰纪念,于每年三月二十三日上午十时,在宜兰碧霞宫隆重举行。祭典邀请中央及河南省在台各县市同乡会派员前往参与,并以儒家三献大礼仪式进行,依照古礼仪式参行上香礼,过程甚为隆重肃穆。典礼于十二时圆满礼成。

岳飞精文韬武略,多智谋,善用兵,通诗文,工书法,事亲孝,治家严,品节高尚,诚信待人,志气恢宏。古今武将,无人堪比。史学家说,岳飞集忠、孝、仁、智、勇、严六德于一身,诚乃正论也。常言"文官不爱钱,武官不怕死,天下太平矣!"确为千古名言。绍兴三十三年,孝宗即位,鉴于岳飞忠贞为国,其道德节义,事功昭著,岂容裁诬忠良于不义,即下诏平反,复其原官位并追封为鄂王,以国礼迁葬于西子湖畔,嗣立庙祀,忠烈英名,万世景仰,永垂不朽。

三、结语

台湾人的根,源自中原、中州—河南。东西两岸间仅一衣带水之隔,从地理、历史、文化、血缘等方面来看,都有密不可分的关系。中华民族向有敬老尊祖的传统美德。无论走到哪里,都不会忘记他生长居住过的母乡母土。菲律宾总统柯拉蓉亲赴福建寻亲探源,世人皆知。中华民族亲系乡土,敬爱祖先之美德可敬。17世纪末,郑成功率领大批官民来台垦荒,对岸沿海地区居民也纷纷渡海前来,为第17波汉人大移民潮。18世纪初,来台的皆为单身汉,开始与平埔女子通婚,乃早期的族群融合。1875年台湾巡抚沈葆桢分北、中、南三路大规模拓垦东部,清廷也进一步解除来台禁令。1945年后,中华民国百万军民随国民政府陆续来台,是最近一波汉人的大移民潮。

海峡两岸开放交流,文化为起点,亦以文化为主导,更说明两岸有同一的文化背景,也都认同此一文化背景的价值与重要性。文化是国家民族的命脉,没有文化就没有历史,没有历史何来生命。中华民族之所以能有五千年的辉煌历史,就是因为它有源远流长的文化。人说"亡人之国,先亡人之史",而"亡人之史,应先要亡人之文化"。因而,我们要中华民族的强盛壮大,就必须爱护我们的文化,珍惜我们的历史,更进而发扬我们的文化,光大我们的成就。所谓"有文事者,必有武备",但是,有武事者,必须以王道文化为基础,才能成为王者之师。历史上,不以王道文化为背景的暴力与霸道,都会遭到人民的唾弃,不能持久,此早有殷鉴。

中华文化的台湾地区，长期以来受外来教育文化的影响，民智较早开放。尤其早年，长江以南，以沿海地带含云、贵山区及台湾山区、菲律宾北部山地等土著统称为"百越族"。当年中原人流落到江南沿海地区，语言不通，初以比手划脚代替言语沟通，时间久了，耳濡目染，中原语言为主与当地土著话语会整出来的语言，渐次形成为今天所谓的"河洛话"。此应属可信。"客家话"亦如此，今天台湾年长的一辈十九会讲日语，这也是语言文化感染好的一面。笔者民国三十八年五月五日在高雄港登陆，刚来台湾时，语言也是一窍不通，事过五十多年，闽南话"河洛话"能朗朗上口，客家话，也可听一部分。中华文化吸引力之强韧可知也。

福建省有多种语言，常听到的有"河洛话"、"福州话"、"客家话"。中国境内有五十多个种族，而各地语言应在五十种以上，如能有计划地做语言统一工作，有助我全民族的情感融洽与国力提升。

哈佛大学亨廷顿教授说："今天全世界有三大文化——基督教文化、伊斯兰回教文化与代表东方的中华儒学太极文化。"唯基督与回教文化，多年来互为争霸，造成国际社会不安，民生凋敝。中华文化汇融"儒、释、道"三大主流为一体，中华文化以"王道"，为根基，以"中庸之道"为核心，以"和平"为手段，以世界大同为目标，《礼运》"大同"篇就是这一精神的主导。古语说："精诚所至，金石为开"。《中庸》说："诚者，天之道也；诚之者，人之道也。"所以说，"诚"应是国人固有的美德，也是中华文化的标示。葛荻士说：善人的行事，惟天机是适，所以无往而不诚恳，举凡言语间的诋毁，行为上的阴恶，一切权谋术数丝毫不在心中。《易经》中孚卦，"下兑（泽）上巽（风）也是讲'诚信'的道理"。序卦传说："节而信，故受之以中孚，有其信者必行之，故受之以小过。《易经》卦辞说："中孚豚鱼吉，利涉大川，利贞。""中孚"，帛书作"中复"。中复：中庸，中道而复，复归中庸。何谓豚鱼呢？意指一个人的"诚信"，除了能感召精英分子，连下流社会的人也受到感化，才是真正具足"诚"的中孚。

孔子说："克己复礼为仁。"礼，即是社会秩序。社会秩序之维持，人际关系之融洽，"诚信"乃最大的无形力量。没有"礼"、没有"诚信"，社会将成为混乱世界。没有诚心正意的人，虽然外观装饰得再美好，但犹如燃放焰火，一时的璀璨,只不过是昙花一现,必自熄灭。美国总统华盛顿一生恪守"诚信",他说:"诚信是最好的政策。"莎士比亚说:"最使人安心的东西,便是诚信。"中国先贤的古训:"民无信不立。"简单地说,中华文化,是以"诚信"为基准的中华儒学太极文化。

古谚云:中原地带,历史、文物、古迹俯拾皆是。惜个人早年离家,见闻有限,所述挂一漏万,敬请先进与读者惠予补遗为感!

(作者单位为台湾中华易学研究会副理事长)

分子人类学亦证明闽南及客家人源自河洛

（美国）高百之

1953 年台湾进行一次姓氏户籍统计,63 个姓氏占台湾总户数的 80%,其族谱均记载祖先来自河南光州固始。2001 年有人辩说,这只是族谱传到闽南,但人没有到,闽南与客家人的祖先是百越人,根据主要是人类白血球抗原之分子测定,发现闽南人与客家人之白血球抗原有一系列与百越人后裔的特征相似,因此推测其祖先为百越人,而非来自中原固始。先简单介绍一下何谓"人类白血球抗原",这在免疫学上,尤其在输血或器官移植时都是非常重要的,当一个病毒或细菌侵入体内,首先被白血球抗原系统发现,如抗原细胞上有认出这是病毒或细菌,所谓的"认出"就是与抗原体上的的凹陷吻合,这样病毒、细菌或它的碎片就会被钳住而交与 T 细胞,而由 T 细胞产生抗体,从而产生免疫。一个族群到了一个新而且多瘴疠的环境中时,其后代必需适应,产生免疫力,否则即被淘汰。最显明的例子就是美洲印第安人的祖先由亚洲越过白令海峡,在空无人类的美洲由北向南漫延,为了对抗不同地域的疾病,结果南北美洲的印第安人其白血球抗原不同（Parham & Ohta,Science 1996;272:67 – 74）。所以"人类白血球抗原"不容易测出族群的根源,是分子免疫学的好助手。

上海复旦大学,美国耶鲁大学医学院遗传学系学者李辉（J Guangxi Univ for Nationality,2007; 29:42 – 47）从分子人类学为专题,以父系之 Y 染色体研究,结果并未发现闽南人与客家人有百越人的结构,却近河南安阳人,同时现今之闽南语即当年唐代之语言。由此推测中原之河洛人群确实有来到闽南。又汉朝三次协助或强迫越族移出其根据地,一次到江西清江县,二次移到江淮地区。所以当中原移民到时,福建已无抗衡的越族政权可以保护当地的居民。

闽越在历史上相当活跃,越王勾践灭吴（前 472）,封其子弟为公侯。公元前

334 年楚杀越王勾践之 7 世孙无强,越国瓦解,内迁蜀江者为欧阳氏祖先,由吴国退回浙江温州者与当地瓯人融合,为东瓯王国,其王侯中之另一支逃入闽为闽越王无诸。秦统一天下废除东瓯王与无诸王,降为君长。公元前 209 年,陈胜、吴广起义,两越王均响应,随鄱阳令反秦,并转战关中。秦亡、汉楚争天下,两越王均出兵助汉刘邦打败楚霸王项羽。因闽军勇猛善战,汉再次恢复无诸王及瓯越王王位,并立南海王,共三个王国。但三者竞争猜忌,南海王首先被灭,余众被移到江西。第二次移民是善意的协助,闽越王无诸攻击瓯越王,瓯越向汉朝求救。汉将其四万军民安置在安徽西部近河南之六安市舒城县。但被取消王位而降封为广武侯。最后一次是无诸之孙,余善自不量力,要反汉朝自立为帝,汉武帝大怒,这时北方匈奴已平,有余力可以对付,遂发兵数十万,毁其都城,迁其臣民于江淮之间。可能是使其势力分散,所以没有迁到具体集中的地方。闽越国本是百越中最强而且优秀的一支,立国 92 年,从公元前 202 到公元前 110 年,在文化、冶金等方面都有一段光辉的记录。

历史是很奇妙的,尤其以长时间来看,在以上三次移出后的四百年至一千年间,又有三次有历史记录的中原人移入福建,而且都是从河南光州固始开始。固始在河南的东南端,并且伸入安徽,东南北三面都被安徽包围,只有西面接河南。地理位置在太行山以北、淮河以南,是交通要道。顺淮河而下可达商业重镇扬州,进入了长江流域,属长江淮河流域的好地方。河南省北边面临黄河,南边又伸入长江。在没有公路及铁路时,河流是重要的交通工具。更巧的是固始距离公元前 138 年安置前瓯越王国的安徽六安市只有 80 公里。至于这时已汉化的瓯越人与固始人在这四百年至一千年中有什么联络或婚嫁,是否在六安 446 年,并且已汉化的瓯越人引导固始人去福建,则没有史实的记载。

第一次中州人大迁入闽。西晋永嘉二年(307),因匈奴南侵,中原多事,八大士族林、黄、陈、郑、詹、邱、何、胡,由固始迁到今日泉州市的晋江;因为他们是晋人,所以将当地命名为晋江,一直沿用至今。因为是衣冠士族,所以没什么不良的表现,并带来了中原的河洛话,开始将闽语渐渐改为唐音,林也变为福建的第二大姓。

第二次入闽。669 年唐高宗命河南光州固始人陈政,统率府兵 5600 人去镇压福建、广东交界蛮荒人作乱,陈的儿子陈元光也随行。到了漳州,后因人不够,又请添兵,总计万人到闽南。陈政只守闽 9 年即于 677 年病故,其子 21 岁时代父为将。以当年早婚的习俗,陈政死时大概只是 40 出头 50 岁不到的壮年人。这就说明到多疾病潮湿的闽南,若无可抗当地疾病的免疫力,当疾病发生时必被淘汰。陈政是大将,所以才留有记载,其他士兵们即不得而知了。但若和当地女子通婚,其子女就会有可能得到免疫力。很多的唐兵都想在漳州一带落籍,泉州漳州是很美的地方,陈政到了云霄江边,称赞此水像上党清漳,而定名为漳江,所在地定名为漳州,由此可以证明泉州、漳州之美。新移民鼓励通婚也是不遗余力,手段也是原始粗糙,多属抓捕强迫的。这种行为会反射在闽东的方言中,称女人为"诸娘人",指闽越无诸妇女;而男人则为"唐部人""唐补人",即唐兵也。幼年学闽东方言时不知这三字如何写,还以为是"居掠人"。三字在闽东方言音同,其中有两字不对,但意义完全正确,就是外族来时将男人都驱走或杀掉,而只留下妇女。由此可见以白血球抗原追溯一民族的根源,不准,因可由当地获得。李辉以男性的 Y 染色体追溯根源比较可靠,李也说移民外地时,也是男性多。

　　第三次中原人士大量入闽。在 900 年左右,唐末黄巢起义,王绪率 5000 人由固始南渡,其副将王潮等三兄弟带着老母随军南下。王绪性残暴,滥杀士兵,由汀州至漳州途中,为了减轻行军的累赘,王绪下令抛弃随军女眷,如发现女眷则杀,王潮三兄弟不愿舍弃老母,发动兵变,囚王绪,王绪气死,王潮被拥为将,率众占领泉州、漳州,被唐朝任命为威武节度使。唐亡,梁立,梁封王潮弟王审知为闽王。闽王又引来大批固始同乡来福建,如吴姓入闽之始祖也是固始人。

结论:

　　1. 由历史的记载,姓氏、语言都搬到了闽南,再加上 Y 染色体特征的证实,不可能只是族谱南下而中原人没有来。事实上中原人南下也有必要,因受北方胡人的压力。同样为了争取更好的生活环境,闽南的姓氏、语言、文化,400 年前又传播到台湾。

　　2. 在民族融合过程中或有其粗糙的一面,如强行配婚。但在生物学及医学的观点,是有其必要性,否则一个民族即消失。生物世界也公平,像强行配婚闽越的特征也注入移民的血缘中。

3. 中华民族汉、满、蒙、回、藏还在不断的和协、调整及融汇中。以华人之智慧,必能渐渐地融合成为一个伟大而和平的民族,让世界尊敬。

（作者为美国明尼苏达州罗切斯特市梅诺医学中心荣誉教授）

永嘉南渡与河洛文化的南传

程有为

西晋末永嘉年间,匈奴人建立的汉国出兵灭亡西晋王朝,对河洛地区进行了一次大扫荡,给生活在这一地区的汉人带来了极大的灾难,史称"永嘉之乱"。这次大规模的战乱导致中原汉人大规模外迁,其中大多数人渡过淮河、长江南下,史称"永嘉南渡"。河洛地区汉人的南渡引起河洛文化的南传,对江南文化的进步起了很大的促进作用。

永嘉之乱与永嘉南渡

西晋永嘉二年(308)十月,匈奴族部落酋长刘渊自称皇帝,建都平阳(今山西临汾西北),国号汉。次年八月,汉主刘渊派刘聪、王弥等带兵进攻西晋的都城洛阳。刘聪引汉军长驱直入,到达距洛阳仅百余里的宜阳。因为汉军连胜晋军,麻痹轻敌,夜晚遭到诈降的晋弘农太守垣延发动的突然袭击,大败而退。

永嘉三年十月,刘聪、王弥等带领5万精锐骑兵再次进攻洛阳,屯兵西明门外。晋将北宫纯带领千余勇士,猛攻刘聪壁垒,斩其将领呼延颢。刘聪士兵溃败,退屯洛水之滨。刘聪到嵩山祈祷,围攻洛阳的汉军由刘厉和呼延朗统领。晋参军孙询领3000劲卒,在宣阳门外搏击汉军,斩呼延朗,刘厉投水自杀。刘聪收集残兵退回。

永嘉四年七月,汉主刘渊病死,刘聪即帝位。是年十月,刘粲、刘曜、王弥和石勒又带领6万士兵进攻洛阳,在渑池击败裴邈指挥的晋军,长驱入洛川。刘粲攻掠梁(今河南商丘)、陈(今河南淮阳)、汝、颍之间,石勒进攻仓垣(今河南开封东北)。

洛阳城连遭进攻,城内粮食严重缺乏,又无援兵。执掌朝政的东海王司马越见难以坚守,就以讨伐石勒为名,率领名将劲卒 10 万余人,出屯项县(今河南沈丘)。于是洛阳"宫省无复守卫,荒馑日甚,殿内死人交横,府寺营署并掘堑自守,盗贼公行"①,防卫力量大为削弱。

永嘉五年五月,刘聪派呼延晏统领 2.7 万士卒进攻洛阳。及兵临城下,已经 12 次重创晋军,杀死 3 万多人。呼延晏领兵攻克平昌门,焚烧东阳门及府寺,抢掠后退出。不久,刘曜、王弥又率兵赶到。是年六月,呼延晏、王弥联兵攻入洛阳,纵兵大掠,晋怀帝被俘,并解送平阳。刘曜屯兵洛阳武库,杀晋太子司马诠及官吏百姓 3 万余人,发掘诸陵墓,将宫庙官府焚烧殆尽。

在汉军主力进攻洛阳的同时,汉将羯人石勒率军对河洛地区进行了扫荡。永嘉四年初,石勒率军从黎阳南渡黄河,攻陷白马(今河南滑县东北),拔仓垣(今河南开封东北),杀晋将王谌。七月,石勒会同刘聪等围攻河内郡治所怀县(今河南武陟),杀晋将宋抽。十月,石勒领兵与刘粲等从太阳渡(今山西平陆县西)渡河,进入洛川。又东出成皋(今河南荥阳汜水),再围仓垣,被晋陈留太守王瓒击退。不久,石勒又引军从文石津(今河南滑县西南)南渡,在襄城击败雍州流民武装,俘获 1 万多人。随后攻克宛县(今河南南阳),收编流民武装,南下襄阳。

永嘉五年初,石勒挥军北上,攻新蔡,克许昌,杀晋将王康。四月,司马越忧惧成疾,死于项县(今河南项城)。王衍率领军队护送司马越的灵柩归葬东海(今山东郯城)。石勒率轻骑追击,在宁平城(今河南郸城县东)大败晋军,十万余将士全被射杀。从洛阳东逃的西晋 48 王,中途也被石勒军队所杀。七月,石勒克阳夏(今河南杞县),擒获王瓒;又袭蒙城(今河南商丘东北),拘执荀晞;在蓬关(今河南开封)攻击"乞活"流民武装。然后他引兵南攻豫州诸郡,一直打到长江边。继而返旆,屯驻葛陂(今河南新蔡西北)。接着又挥师北上,在枋头(今河南浚县淇门渡)击败坞主向冰的武装,得其船只储积,长驱至邺县(今河北临漳西南)。

少数民族军队初入河洛地区,带有很大的野蛮性,不断攻城略地,烧杀虏掠。刘渊的汉军在延津击败晋将王谌时,竟将男女 3 万多人投入黄河淹死。刘曜等

---

① 《晋书》卷五《怀帝纪》。

攻陷洛阳时,"害诸王公及百官以下三万余人,于洛水北筑为京观"①。石勒在宁平城(今河南鹿邑西南)追上王衍率领的晋军,将十万将士全部射死,又害死逃出洛阳的西晋48王。

永嘉之乱给河洛地区的汉族人民带来了极大的灾难。史称:当时百姓"流移四散,十不存二,携老扶弱,不绝于路。及其在者,鬻买妻子,生相捐弃,死亡委危,白骨横野,哀呼之声,感伤和气。"②

永嘉之乱发生的原因,我们认为有以下三点:一是西晋统治集团的腐朽,士人风气的败坏。西晋时期,都城洛阳的门阀士族生活十分腐朽。他们争奢斗富,醉生梦死,崇尚玄学清谈,不理政务。当时人说:"中华所以倾弊,四海所以土崩者,正以取才失所,先白望而后实事,浮竞驱驰……加有庄老之俗倾惑朝廷,养望者为弘雅,政事者为俗人,王职不恤,法物坠丧。"③总之,西晋礼法刑政大坏。二是旷日持久的"八王之乱"严重削弱了西晋王朝国力。西晋建立后,惩曹魏皇室孤立无援、皇权被权臣篡夺的教训,封宗室子弟为王,让他们拥重兵专治一方,导致皇室内乱,宗王争权夺利,最终酿成"八王之乱",这是一场西晋统治集团内部的大混战,前后延续16年之久,西晋王朝的国力大为削弱,从此一蹶不振。三是西晋统治者对北方少数民族进行的残酷压迫和剥削,激起了他们强烈的仇恨,导致民族矛盾的激化。中原汉族地主官僚对内徙的少数民族群众实行压迫和剥削,或将他们变成佃客,或掠卖为奴隶,或让他们充当士兵。匈奴贵族刘宣曾说:"晋为无道,奴隶御我"。西晋时陈留圉县(今河南杞县于镇)人江统也说:"士庶玩习,侮其轻弱,使其怨恨之气毒于骨髓。"④有压迫就有反抗,内迁少数民族对西晋统治者极大的仇恨和敌视情绪,是造成永嘉之乱的祸根。

永嘉南渡的路线与中原南渡士族

永嘉之乱给河洛地区的人民带来了极大的灾难。百姓在流亡中被杀死、饿死的不计其数。史称:"自永嘉丧乱,百姓流亡,中原萧条,千里无烟,饥寒流陨,

---

① 《晋书》卷一百零二《刘聪载记》。
② 《晋书》卷六十二《刘琨传》。
③ 《晋书》卷七十一《陈頠传》。
④ 《晋书》卷五十六《江统传》。

相继沟壑。"①

永嘉之乱发生后,中原士女为躲避战乱,被迫背井离乡,迁徙到江南、河西和辽东地区。这次中原汉人的外迁,虽有到辽东依附慕容廆或到陇西投靠张轨者,但大多数南迁江淮地区,特别是西晋皇族和洛阳的公卿士大夫基本上都南迁江左。史称:"俄而洛京倾覆,中州士女避乱江左者十六七。"②"时海内大乱,独江东差安,中国士民避乱者多南渡江。"③这次中原汉人的大流徙在流向上以江南为主,又发生在永嘉年间,故史称"永嘉南渡"。

关于永嘉南渡的人数,谭其骧先生认为,按《晋书·地理志》所辖地区统计,"以一户五口计,共有人口七百余万,则南渡人口九十万,占其八分之一强。换言之,致北方平均凡八人之中,迁徙南土。"④这一观点为学术界大多数人接受。

一、永嘉南渡的路线

关于永嘉南渡的路线和到达地域,前贤多有探讨,认识不很一致。

著名史学家陈寅恪先生以为,到南方避难的北方人,"约略可以分为两条路线,一至长江上游,一至长江下游。路线固有不同,在避难的人群中,其社会阶级亦各互异。南来的上层阶级为主的皇室、及洛阳的公卿士大夫,而在流向东北和西北的人群中,鲜能看到这个阶级中的人物。"⑤据李剑农、谭其骧先生考证,永嘉之乱时,秦、雍等地汉人,主要出武关,经南阳进入湖北和四川,山东及苏北汉人主要迁居江都及长江南岸的镇江、武进一带,河南人士大多沿淮河诸支流东南下,迁至安徽,向正南迁至湖北省的较少。⑥

客家学奠基人罗香林认为中原汉人永嘉南渡分为三个支派:"秦、雍等州的难民,多走向荆州(即今湖北一带)南徙,沿汉水流域逐渐徙入今日湖南的洞庭湖流域,远者且入于今日广西的东部,是为南徙汉族的第一支派。""并(按:治所

---

① 《晋书》卷一百零八《慕容廆载记》。
② 《晋书》卷五十六《王导传》。
③ 《资治通鉴》卷八十七《晋纪九》。
④ 谭其骧:《晋永嘉丧乱后之民族迁徙》,《长水集》上册,人民出版社,1987 年。
⑤ 万绳南整理:《陈寅恪魏晋南北朝史讲演录》,黄山书社,1987 年。
⑥ 李剑农:《魏晋南北朝隋唐经济史稿》,三联书店,1959 年;谭其骧:《晋永嘉丧乱后之民族迁徙》,《长水集》上册,人民出版社,1987 年。

晋阳县,在今山西省太原市西南)、司(按:治所在西晋洛阳县,今河南洛阳市东北)、豫(按:治所西晋陈县,在今河南省淮阳县)诸州的流人,则多南集于今日安徽及河南(按:指南阳市数县和信阳市淮河以南数县)、湖北、江西、江苏一部分,其后又沿鄱阳湖流域及赣江而至今日赣南及闽边诸地,是为南迁汉人第二支派。""青(治所原在临淄县,今山东淄博市东北临淄北;东晋移治东阳县,今在益都县)、徐(治所彭城县,在今江苏徐州市;东晋移治京口,今江苏镇江市)诸州的流人,则多集于今日江苏南部,旋复沿太湖流域,徙于今日浙江及福建的北部,是为南徙汉族第三支派。"①

洛阳汉魏故城正南有大谷关,西南有伊阙关,东南有辕辕关。笔者近期曾到偃师汉魏故城遗址以及其正南的大谷关和东南的辕辕关进行实地考察,结合文献记载,以为西晋士人离开洛阳城,可往南过洛水,出大谷关,再沿洛阳—南阳—襄阳古道到达江汉平原;也可向东南经柏谷坞,出辕辕关至登封,再沿颍水而下,到达淮河下游。此外,也可以走水路,乘船浮洛水入黄河东下,到达荥阳,再向东南。

永嘉南渡并不仅限于永嘉年间。司马睿称晋王之时,中原大旱,司、冀、并、青诸州大蝗,迫使百姓继续南迁。这次南迁到东晋建立时达到高潮,其中以大族和官员的南迁为代表,有二十多个不同的姓氏族群。永嘉之乱所引发的汉族南迁的高潮历时一百多年,计其余波更长达近三百年。其南迁路线前后大致相同,主要有东、西两线:东线以淮河及其支流汝、颍、沙、涡、睢、汴、氾、沂、沭等水和沟通江淮的邗沟构成主要水路,辅以各水间陆路。中线起点主要是洛阳,由洛阳经南阳盆地至襄阳,然后再由汉水东下。

二、南渡的中原士族

永嘉之乱爆发后,"中原冠带随晋渡江者百家。"②百家是约数,言其多。据王大良先生考证,今河南境内南迁的大约有30多家。这些士族主要来自河南(洛阳)、河内、颍川、荥阳、陈留、陈郡、汝南、南阳诸郡。其中陈郡有袁、谢、王、

---

① 罗香林:《客家研究导论》第二章《客家的源流》,台北南天书局,1992年。
② 颜之推:《观我生赋》自注。

殷、邓六姓,颍川有庾、钟、荀、韩四姓,陈留有蔡、江、范、阮四姓,荥阳有郑、毛二姓,汝南有周、应、李三姓,南阳有范、乐、刘、张、庾、宗六姓,新蔡有干、毕二姓,河内有郭、王、山三姓,义阳有朱氏一姓,河南有褚氏一姓,濮阳有吴氏一姓。基本上包含了河洛的大部分士族①。

西晋末永嘉年间以后,中原士族大批南下,成为东南侨姓士族。汝南人周颛,随晋元帝渡江,得其重用。其兄弟周嵩、周谟也南渡仕于东晋。汝南人应詹,随刘弘任职荆州,遂仕于东晋。颍川(治今河南许昌市东)人钟雅也"避乱东渡"。颍川人庾亮,因父庾琛任会稽太守,随父在江南,遂留仕于东晋,诸弟庾冰、庾条、庾翼也在东晋为官。颍川人荀菘,为荀彧玄孙,避乱江南。荀组受石勒威逼,被迫自许昌东行过江,在东晋任职。陈留人蔡谟,"避乱渡江",仕于东晋。陈郡(今河南淮阳)殷浩,父羡为豫章太守,因留仕东晋。陈郡袁瑰,为魏袁涣曾孙,"奉母避乱",南渡仕东晋。上述中原士人除了少数因父辈西晋时在江南任职,因而留在当地外,大部分是因躲避西晋末和十六国时期的中原战乱而南迁。中原南迁士人在江南"求田问舍",重建家园,为南方的开发作出了很大贡献。

在南迁的中原士族中,影响较大的是陈郡谢氏和颍川庾氏。

颍川庾氏自庾琛为会稽太守,遂家于江东。其子庾亮元帝时任散骑常侍。庾亮与帝室联姻,其妹为晋明帝后妃,加上个人的儒玄之学和政治才干,成为朝廷重臣。王敦之乱时为左卫将军,因功封公。成帝即位,受遗诏辅政,为中书令。东晋朝中政事皆决定于庾亮。后因朝廷内部矛盾出为豫州刺史、平西将军,镇芜湖,讨平郭默叛乱。又代陶侃为江、荆、豫三州刺史,征西将军,率军北伐,出师受阻。其弟庾条,官至秘书监;庾翼,在庾亮死后,任都督江荆司雍梁益六州军事、荆州刺史,代兄镇武昌,北伐途中病死。庾冰,历任中书监,扬州刺史,都督扬、豫、兖三州军事。王导死后入朝辅政,号称贤相。东晋前期,颍川庾氏在朝廷中居举足轻重的地位。

东晋中期,陈郡谢氏显赫一时。豫章太守谢辊子谢尚,初为王导掾属,出任建武将军、江夏相,在郡颇有政绩。累迁尚书仆射、镇西将军,镇守寿阳(今安徽

---

① 王大良:《宁化石壁与客家民系渊源》,《宁化石壁与客家世界学术讨论会论文集》,中国华侨出版社,1998。

寿县)。谢衰子谢奕,初为桓温安西司马,累迁都督豫、司、冀、并四州军事,安西将军,豫州刺史。谢安,早年隐居不仕。年四十始出,为桓温司马。桓温死后任尚书仆射,加后将军,居朝辅政。太元八年(383)前秦君主苻坚率80万大军进攻东晋,谢安为征讨大都督,指挥部将抗击,在淝水决战取得胜利,保住了东晋政权。谢安因功进授太保、都督扬荆等15州军事,名权倾于天下。其弟谢万,累迁豫州刺史,监司、豫、冀、并四州军事,领兵北伐而无功。谢石,曾任尚书仆射,因军功晋升中军将军、尚书令,终至卫将军。子侄谢玄、谢琰亦居要职。

永嘉南渡的中原士族以到江淮地区和长江下游的为多。但也有不少人到达长江中游的江汉地区。永康二年(301)聚集在荆州的流民有十余万户,从皇家"太乐"的伶人也逃至荆州来看,从中原避乱荆州的人当不少。

河洛文化的南传与影响

永嘉之乱后河洛汉人的南迁,不仅促进了江南的经济开发,也加快了江南文化的发展。以中原名门为主要基础的东晋政权,南渡时也把汉魏河洛精英文化比较完整地搬迁到江东。正如史书所说:"衣冠轨物,图画记注,播迁之余,尽归江左。"①河洛地区先进文化的南传,自然导致江南地区文化的进步。明人刘盘在其《成化记》中说:"永嘉以后,衣冠避难,多萃江左。文艺学术,于今为盛。盖因颜谢徐庾之风焉。"这句话主要是从学术和文学艺术而言,实际上不仅如此。河洛地区的汉人特别是士人作为河洛文化的重要载体南渡江淮,导致河洛文化整体南传,对江南社会产生了重大而深远的影响。下面就几个方面略加阐述。

一、玄学与佛学的南移

三国西晋时期,以洛阳为中心的河洛地区是全国玄学的中心。首倡玄风的何晏、王弼与其后继续阐扬玄学思想的竹林七贤都在河洛地区活动,玄学成为魏晋时期河洛文化的重要组成部分。永嘉之乱后,河洛地区的名士纷纷南下,使得玄学在东晋获得了空前发展,玄风一度盛炽江左。王导、庾亮、谢安是兼居王朝宰相和玄学领袖的人物。

---

① 《隋书》卷四十九《牛弘传》。

庾亮,字元规,颍川鄢陵(今河南鄢陵西北)人。成帝时以帝舅身份与王导同受顾命辅政,统领长江上游六州军政要务。他姿容秀美,风度清雅,在尊崇礼法的同时,又好《庄》《老》,与当时的玄学名士孙绰、温峤等都有交往,时人曾说他"身在庙堂之上,心在山林之中"。

谢安字安石,居宰辅之任而又为玄学领袖。其政治业绩胜于王导,洒脱风流更高一筹,被称为"江东风流宰相"。谢安青年时即善于谈玄,谈锋锐不可当。出仕前寓居山水宜人的会稽,与当地名士名僧王羲之、许询、支道林等交往密切,共论《庄》《易》。

东晋玄学与政治紧密相连,谈玄说理的形式和内容更加多样,玄学之士的精神风貌和生活方式成为时尚,流行于整个社会,出现了一批调和儒道、儒玄双修的玄学家。

佛教在东汉永平年间首先由西域传入洛阳以后,不少高僧大德在洛阳翻译佛经,一些河洛人士皈依佛门,成为僧徒。魏晋时期佛教在河洛地区迅速发展,但在江南却影响有限。

永嘉之乱后,随着流民洪波的南涌,不少僧侣也相继渡江。南渡的名僧康僧渊、康法畅、支道林等人,为使佛教教义能够被南方上层人士接受,一方面用比以前更为准确的汉语译经,一方面又注意到当时玄学的盛行,开始以佛理入玄言,杂糅佛玄。从而为以后佛教的中国化创造了条件。同时,佛教也成为迫切期望摆脱苦难命运的民众的一种精神支柱。因此,佛教在南方广泛流布并深入人心。

范缜字子真,南乡舞阴(今河南淅川)人,六世祖范汪于东晋初渡江,遂流寓江南。范缜南齐时仕尚书殿中郎。当时南朝佛教极盛,灵魂不灭、因果报应之说弥漫社会。齐竟陵王萧子良聚会文人学士,论说灵魂不灭,范缜盛称无佛,与萧子良等展开辩论。后来潜心研究,写出了《神灭论》,提出了形神相即、形质神用、人的生理器官是精神活动的物质基础等观点,宣扬朴素的无神论思想,在中国思想史上有重要地位。

二、史学、目录学的兴起

魏晋时期在洛阳朝廷设置专职或兼职的史官,从事皇帝起居注的修纂。还有私家从事各种断代史书的撰写,例如陈寿的《三国志》、司马彪的《续汉书》等,都在洛阳著成。

在西晋灭亡后南迁的河洛士人中,也出现了一些史家,写出了一批颇有价值的著作。

陈郡陈县(今淮阳)人王铨,少有著述之志,每私录晋事及功臣行状,未就而卒。其子王隐亦博学多闻,继承父亲遗业,西都(洛阳)旧事多所谙究。西晋愍帝时南渡长江。太兴初年(318),被东晋朝廷召为著作郎,令与郭璞共撰晋史。因遭受豪族虞预排挤,前往武昌依靠庾亮,书得写成,送给朝廷。全书93卷。然此书"文辞鄙拙,芜舛不伦。其书次第可观者,皆其父所撰,文体混漫义不可解者,隐之作也"①。此书为第一部晋史,仅述西晋史事,然纪志传体例完备,改志为记,开创之功实不可没。但因文笔欠佳,已佚。另著有《晋书·地道记》,以州郡县为纲目,系以城邑、山川、关隘、沿革。

颍川鄢陵(今属河南)人庾翼,亦为南迁士族。曾任安西将军、荆州刺史,著有《晋阳秋》(一作《晋春秋》)。该书未见著录,卷帙不详,盖论述西晋及东晋穆帝以前史事。为编年体史书,已亡佚。

东晋新蔡(今属河南)人干宝,字令升,博览书记,以才器被召为著作郎,领国史。著《晋纪》,记述自宣帝至于愍帝共53年史事,凡20卷。"其书简略,直而能婉,咸称名史。"②《隋书·经籍志》著录为23卷。

南朝宋时人谢灵运,祖籍陈郡阳夏(今河南太康),生于江南,曾任秘书监。修撰《晋书》,粗立条例,竟未就。《隋书·经籍志》有著录,为36卷。

陈郡阳夏(今河南太康)人袁宏,字彦伯,为一代文宗。仿荀悦《汉纪》而写成《后汉纪》,这是一部编年体史书。全书30卷,起自王莽末年的农民大起义,迄于刘备称帝,记述东汉200余年的兴衰史。该书史料翔实,搜罗丰富,详略有体,便于观览。因而在魏晋所撰诸家后汉史书中独流传至今。又撰《竹林名士传》3卷。袁宏的堂弟袁山松少有才名,博学有文采,著有《后汉书》100卷。该书诸志较为齐全。已佚。

中州南迁士人中,史学成就最高者,应首推晋宋之际的范晔。范晔字蔚宗,

---

① 《晋书》卷八十二《王隐传》。
② 《晋书》卷八十二《干宝传》。

顺阳郡顺阳县（今河南内乡）人。少好学，博涉经史，善为文章。被贬为宣城太守，郁郁不得志，于是"广集学徒，穷览旧籍，删慜补略"，删众家后汉书为一家之作，"欲因事就卷内发论，以正一代得失"。全书十纪、八十列传，唯十志未完成。编次周密，有所创新。作为一部纪传体断代史，远远超过同类著作，体例、史实考核及论赞文字多有独到之处。因而成为"前四史"之一，流传至今。唐刘知几称赞说："范晔之删后汉也，简而且周，疏而不漏，盖云备矣。"①

曹魏时，荥阳开封人郑默，在洛阳朝廷中任秘书郎，主管朝廷藏书，对三阁图书进行整理，编成《中经簿》这部目录书。西晋时，颍川颍阴（今河南许昌）人荀勖在朝廷中任秘书监，在《中经簿》的基础上，编成《中经新簿》，分为甲乙丙丁四部。东晋南朝时，南迁的中州士人也编撰了一些目录学著作。宋少帝时陈郡长平（今河南西华东北）人殷淳，字粹远，曾任秘书郎、秘书丞，在秘书阁撰《四部书目》凡40卷，流行于世。不久，谢灵运等人又撰次编成《元嘉八年秘阁四部目录》。

而最为著名的，应推阮孝绪的《七录》。阮孝绪字士宗，梁代陈留尉氏（今属河南）人，终身治学，不愿仕宦。"少爱坟籍，长而弗倦。卧病闲居，旁无尘杂，晨光才启，缃囊已散；宵漏既分，缘方掩。""凡在所遇，若见若闻，校之官目，多所遗漏，遂总集众家，更为新录。"②《七录》有经典录9部；纪传录（即史部目录）12部；子兵录11部；文集录4部；技术录10部；佛法录5部；仙道录4部。共计12卷55部，共计854帙，录书6288种，44526卷。《七录》是一种大型目录书，也是一部最完整、有系统有体例的著作。书中部类有条不紊，井然有序。它首次将史籍从文艺经典中分离出来，使史学摆脱了附庸地位，成为一门独立、专门的学问。

三、文学的兴盛

魏晋时期，河洛地区文学十分兴盛。建安文学、正始文学和太康文学高潮迭起，诗歌、散文、辞赋和文学评论都有引人注目的成就。河洛士人南渡后，吟诗作文之风在江南兴起，特别是南朝宋元嘉年间，陈郡谢氏中涌现了几位著名诗人，

---

① 刘知几：《史通》卷十二《古今正史篇》。
② 《广弘明集》卷三，梁阮孝绪《七录序》。

以谢灵运、谢朓为代表。

谢灵运为东晋名将谢玄之孙,袭封康乐公,人称谢康乐。曾任永嘉太守、临川内史等职,为"元嘉三大家"之一。他是我国著名山水诗人。因政治上失意,常流连于山水之间。其诗观察细微,笔法细腻,语言富丽而精巧,多有佳句。如《石壁精舍还湖中作》云:"林壑敛暝色,云霞收夕霏。芰荷迭映蔚,蒲稗相因依。"自然动人,犹如一幅风景画。《登江中孤屿》云"乱流趋正绝,孤屿媚中川。云日相辉映,空水共澄鲜",逼真地描绘出江中孤屿在水流烘托下交相辉映的情景。其他许多诗句如"清水出芙蓉",自然可爱,人们争相传抄。

谢灵运的族子谢朓,字玄晖,曾任宣城太守,人称"谢宣城"、"小谢",是永明体作家中的优秀代表。诗风清新流畅,秀丽飘逸。如《晚登三山还望京邑》:"灞涘望长安,河阳视京县。白日丽飞甍,参差皆可见。余霞散成绮,澄江静如练。喧鸟覆春洲,杂英满芳甸。去矣方滞淫,怀哉罢欢宴。佳期怅何许,泪下如流霰。有情知望乡,谁能鬒不变?"诗人因登山远望而思乡,"余霞"句最为脍炙人口。其他诗篇中亦颇多佳句,如"鱼戏新荷动,鸟散余花落"、"叶低知露密,崖断识云重",仿佛是一幅幅水墨画,情意盎然。

梁陈时济阳考城(今民权)人江总是有名的宫体诗人。他常随陈后主在后庭游宴作艳诗,号称"狎客"。但也写有一些好诗,如其《闺怨篇》:"寂寂青楼大道边,纷纷白雪绮窗前。池上鸳鸯不独自,帐中苏合还空然。屏风有意障明月,灯火无情照独眠。辽西水冻春应少,蓟北鸿来路几千。愿君关山及早度,念妾桃李片时妍。"写闺中少妇对远征丈夫的思念,错落有致,对仗工整,开唐人七言排律之先河,情意缠绵,清新自然。

庾信,字子山,南阳新野人,博学多通,仕于梁朝。奉命出使西魏,老死北方。他在梁时写的宫体诗多为"嘲风雪、弄花草"及男女艳情之作,与徐陵齐名,被称为"徐庾体"。滞留北方后,内心痛苦,作品中常表现出强烈的故国之思和屈身事敌的悲愤感情,风格变得苍劲沉郁。他的《拟咏怀》组诗 27 首,多叙述丧乱,感叹身世,内容深刻,情感真挚。如第七首云:"榆关断音信,汉使绝经过。胡笳落泪曲,羌笛断肠歌。纤腰减束素,别泪损横波。恨心终不歇,红颜无复多。枯木期填海,青山望断河。"反映作者长期羁留异国的苦闷和对祖国的怀念,情真意切,感人肺腑。他后期的诗作还有北方边塞的风沙气息,如:"胡笳遥警夜,塞马暗嘶群。""马嘶山谷动,弓寒桑柘鸣。"庾信的诗,初步融合南北诗风,也是唐诗的先驱者。杜甫称:"庾信平生最萧瑟,暮年诗赋动江关。"对其后期诗作予以高度评价。

东晋南朝时,南渡的河洛地区士人中也出现了一些辞赋作家和作品。济阳考城(今河南兰考)人江淹,字文通,是南朝最优秀的骈文作家,他将诗歌中的咏史和代言的传统引入辞赋之中。其《恨赋》和《别赋》最为著名。前者言古人不称其情,皆饮怀而死;后者写不同类型人物的离别情绪,刻画各自的心理状态。言离别之黯然销魂多用独白。如恋人惜别:"下有芍药之诗,佳人之歌,桑中卫女,上宫秦娥。青草碧色,春水绿波,送君南浦,伤之如何?"

东晋时期,干宝的《晋武帝革命论》、《晋纪总论》,袁宏的《三国名臣序赞》以及范晔《后汉书》中的《二十八将论》、《宦者传论》、《遗民传论》,均写得深刻透彻,颇有特点。《晋纪总论》述太康盛世云:"太康之中,天下书同文,车同轨,牛马被野,余粮棲亩,行旅草舍,外闾不闭。民相遇者如亲,甚匮乏者取资于道路,故于时有天下无穷人之谚。"而言西晋之灭亡原因在于"树立失所,托付非才,四维不张,而苟且之政多也"。范晔《后汉书》之《宦者传序》指斥宦官"手握王爵,口含天宪","举动回山海,呼吸变霜露。阿旨曲求,则光宠三族;直情忤意,则参夷五宗"。气势痛快淋漓,句法整齐密丽。

新蔡(今属河南)人干宝,性好阴阳术数,欲"发明神道之不诬",撰《搜神记》二十卷,虽着力宣扬神仙迷信思想,也保留了不少内容较为健康的民间故事。是一部保存故事较多且有代表性的志怪小说。

南北朝时期骈文畸形发展,但有些史传和地理著作中,还有一些较为质朴的叙事、抒情和写景作品。

范晔的《后汉书》中有些人物传记,写得真切感人。如《范滂传》写范滂临刑前与母亲诀别时的对话:"其母就与之诀,滂白母曰:'仲博孝敬,足以供养。滂从龙舒君归黄泉,存亡可得其所。惟大人割不可忍之恩,勿增感戚。'母曰:'汝今得与李、杜齐名,死亦何恨!既有令名,复求寿考,可兼得乎?'滂跪受教,再拜而辞。顾谓其子曰:'吾欲使汝为恶,则恶不可为;使汝为善,则我不为恶。'行路闻之,莫不流涕。"言辞慷慨悲凉,颇具悲剧色彩。

南朝梁时,颖川长社(今河南长葛)人钟嵘,字仲伟,著《诗品》一书,是我国

第一部诗歌评论著作。它仿照汉代"九品论人,七略裁士"的先例品评诗人,以纠正齐梁时代诗坛"庸音杂体,人各为容"的混乱局面。全书品评了两汉至梁代120位诗人,书序中谈到对诗的看法:"故诗有三义焉。一曰兴,二曰比,三曰赋。文已尽而意有余,兴也;因物喻志,比也;直书其事,寓言写物,赋也。宏此三义,酌而用之,干之以风力,润之以丹采,使味之者无极,闻之者动心,是诗之至也。"钟嵘强调赋和比兴的相济为用,对内在的风力与外在的丹采同样重视。他论诗反对用典,也反对沈约等人的"四声八病"主张。他善于概括诗人独特的艺术风格,多从赋比兴、风骨辞采、诗味和有无佳句等方面评论。《诗品》是中国第一部论诗的专著,对后代的诗歌评论影响巨大。

四、艺术的发展

南朝刘宋时南阳涅阳(今河南邓州东北)人宗炳平生"好山水,爱远游",晚年移居江陵(今湖北荆州),"凡所游历,皆图之于室"①。他画有《孔子弟子像》、《颍川先贤图》、《狮子击象图》、《永嘉邑屋图》和《秋山图》等。他对山水画尤为擅长,著有《画山水序》一文。文中言:"诚由去之稍阔,则其见弥小。今张绡素以远映,则昆、阆之形可围于方寸之内。竖划三寸,当千仞之高;横墨数尺,体百里之迥。"如是,"则嵩、华之秀,玄、牝之灵,皆可得于一图矣。"②从而创造性地提出了透视原理。他还强调作画时要"应会感神,理超神得","理入影迹,诚能妙写",阐发了山水画的基本方法和最高原理,在绘画理论上做出了卓越贡献。他是一个既精佛理又长绘画的人物。庾氏庾亮、庾翼。谢氏谢安、谢尚、谢万皆工书。

中原汉人渡江南来,汉魏旧乐相继传到南方。河洛地区的鞞舞、巾舞、杯盘舞都传到南方,流行于东晋南朝。

五、社会风气的改变

江南北来大族的主体是中原的高门大族。他们由八王之乱后期执政的东海

---

① 《宋书》卷九十三《隐逸·宗炳传》。
② 张彦远:《历代名画记》,《津逮秘书》第九函第七集。

王司马越阵营中的官僚群组成。这些人既是原西晋中央政府的高级官吏,又是"尊儒家之教,履道家之言",出入儒玄的名士。在雍容华贵、风流倜傥的外来名士面前,土著的士人难免自惭形秽,进而钦羡仿效。南方士人对王导、谢安等人的言行做派多崇拜模仿,细如服饰用具,琐至音容笑貌,都刻意效拟。

南人崇尚洛阳遗风,"乃有遭丧而学中原哭者"①。南方上层士人普遍鄙弃自己的母语,改操中原洛阳之音。作洛生咏,后来竟成为南士标榜身份的一种方式。于是河洛地区的汉族语言得以在南方流传。

总之,魏晋时期河洛地区的文化开全国风气之先,江南地区文化则相对落后。河洛汉人特别是河洛大族南渡后,成为东晋南朝政权的中坚。他们引领时代潮流,在思想学术、文学艺术诸方面大显身手,取得了骄人成绩,并将河洛地区的先进文化带到江左,促进了东晋南朝文化的长足进步,加强了江南地区与中原地区的文化融合,为隋唐时期全国的统一奠定了基础。

（作者为河南省社会科学院历史与考古研究所研究员）

---

① 《抱扑子·讥惑篇》。

试论从中原到闽台的人神异化

李立新

一、引言

相对于西方的"一神崇拜",中国为"多神崇拜",中国传统信仰的对象范围很广,既有如日月星辰、风雨雷电、山川水火、动物植物等自然神,也有三皇五帝、列祖列宗、圣贤英雄等人格神,民间流行"见神就磕头,见庙就烧香"。陈梦家先生把甲骨文中所揭示的商代诸神划分为天神、地祇、人鬼三个系列,但到了商代晚期,对天神地祇等自然神的祭祀逐渐式微,商代晚期的周祭制度的祭祀对象主要是人鬼即祖先神。所以在中国的传统信仰系统中,对人格神的信仰一直是重于对自然神的信仰的。

原始社会,生产力落后,人们匍匐于大自然的淫威之下,迷信盛行,正象《国语·楚语下》所云:"民神杂糅,不可方物;夫人作享,家为巫师。"人人祭神,家家有巫师,龚自珍对这一情形有更为详细的描述:"人之初,天下通,人上通;旦上天,夕上天。天与人,旦有语,夕有语。"颛顼帝即位后,首先着手改革巫教,绝地天通。《国语·楚语下》载:"颛顼受之,乃命南正重司天以属神,命火正黎司地以属民,使复旧常,无相侵渎,是谓绝地天通","重实上天,黎实下地"。南正重负责管理天,掌管祭祀和与天神沟通,并传达神的旨意;火正黎负责管理地,专司民事,处理老百姓的事务。强令民间禁止巫觋,归依教化。这样才使得人神分离,老百姓安居乐业,社会秩序井然。这说明中国远古时代曾长期存在一个人神杂糅的时代,所以在中国传统的宗教信仰中,人和神一开始就交织在一起,存在着人的神化和神的人化两种趋向。

中国的神话故事里,大多神仙都是由人转化为神的,像牛郎、嫦娥、关羽、钟馗、八仙、门神、财神等等。《礼记·祭法》云:"夫圣王之制祭祀也,法施于民则祀之,以死勤事则祀之,以劳定国则祀之,能御大祸则祀之,能捍大患则祀之。是故厉山氏之有天下也,其子曰农,能植百谷,夏之衰也,周弃继之,故祀以为稷。共工氏之霸九州也,其子曰后土,能平九州,故祀以为社。帝喾能序星辰以著众,尧能赏均刑法以义终,舜勤众事而野死,鲧鄣鸿水而殛死,禹能修鲧之功,黄帝正名百物以明民共财,颛顼能修之,契为司徒而民成,冥勤其官而水死,汤以宽治民而除其虐,文王以文治,武王以武功去民之灾,此皆有功烈于民者也。"这里提到了农、稷、后土、帝喾、尧、舜、鲧、禹、黄帝、颛顼、契、冥、汤、文王、武王等多位先王,就是因为他们对人民、对国家、对社会有大功德,后人崇德报功,所以自古以来一直祭祀这些先王,并不断把他们神圣化。

对于有大功德于当地百姓的文官武将、志士仁人,老百姓就对他们崇敬、信仰、缅怀、祭祀,表彰其功德,神化其人格,希望他们生命不朽,永垂千古,可以永远得到他们的佑护。在闽台的民间信仰中,就验证着这一命题,其中有不少来自中原的"人",因为他们有大功大德于当地人民,而被闽台一带民间奉为神灵,完成了由从中原到闽台的人神异化。

二、陈政、陈元光

陈政(616~677),字一民,号素轩,光州固始(今河南省固始县陈集乡陈集村)人,唐玉钦卫翊府左郎将归德将军。陈元光(657~711),字廷炬,号龙湖,陈政之子。唐高宗总章二年(669),潮州"蛮獠"啸乱,朝廷晋升陈政为朝议大夫,统岭南行军总管事,率府兵3600人入漳平乱,年仅13岁的陈元光随父出征。后陈政兵危,陈政之兄陈敏、陈敷带领58姓军校入闽支援,在陈敏、陈敷兄弟病死军中后,陈政母亲魏氏夫人亲自挂帅,终于和陈政会师,稳定了局势。仪凤二年(677),陈政在征讨陈谦叛乱中病故于军中,年仅21岁的陈元光奉命子代父职,陈元光从小聪明过人,精通儒术,13岁就考中光州乡试第一,常年跟随父亲征战南北,尤精兵法,文武双全。他继承父亲遗志,经过多年苦战,终于彻底平定了蛮獠之乱,永淳二年(683)朝廷晋升陈元光为正议大夫、岭南行军总管,不久设立漳州,任命陈元光为漳州刺史。

陈元光治闽有方,任漳州刺史26年,安境保民,汉蛮通婚,任用贤才,兴办学校,烧荒屯垦,发展工商。漳州为之大治,"蛮荒"之地的闽南号称"乐土",经济文化得到了长足发展。景云二年(711),蛮獠首领复叛,陈元光受伤殉职。后陈元光之子陈珦、陈珦之子陈酆、陈酆之子陈谟相继任漳州刺史,祖孙六代承先启后开漳治漳苦心经营150余年,为漳州的开发与繁荣做出了不朽的贡献。特别是陈元光,开拓漳州,维护大唐统一,建功于国,造福于民,受到历代朝廷的褒封和百姓的尊崇,被奉为"开漳圣王"。

但是对于功勋卓著的陈政、陈元光父子,正史新旧《唐书》却都没有立传,宋漳蒲县令吕璹曾作《谒威惠庙》:"当年平贼立殊勋,时不旌贤事忍闻? 唐史无人修列传,漳江有庙祀将军!"正象诗中所言,虽然《唐史》失载,但老百姓却不会忘记他们。陈元光去世后,漳州人纷纷建庙纪念陈元光,"庙祀遍境内"。此外,跟随陈政、陈元光父子入闽的将士与后援的58姓军校及其家眷约万余人,多是光州固始县人。经过千余年的繁衍,后裔遍布闽、粤、台湾和海外,皆尊崇陈元光为"开漳圣王",奉其父子为神灵,设神庙祠堂常年祭祀。今天,祭祀陈元光的庙宇闽南有百余座,比较著名的有云霄威惠庙、漳浦威惠庙、燕翼宫、漳州威惠庙、天宝威惠庙、泉州威惠庙等。台湾有300余座,比较著名的有桃园县福仁宫、桃园景福宫、基隆市奠济宫、宜兰县永镇庙等。东南亚诸国有30多座。自唐代以后,历代对陈元光不断封赠谥号,方志家谱中对他的形象也予以神化,历代州官、县官每年都率当地士绅到威惠庙举办春祭、秋祭,庄严隆重。民间祭祀更是丰富多彩、灵活多样,以至于一些地方文献中出现了很多陈元光护佑百姓、显灵应验的记载。①

供奉陈元光的神庙往往还供奉着其父陈政,配祀着陈元光的部将和亲属的神位,如陈元光夫人种氏、其子陈珦、女陈怀玉、孙陈酆、曾孙陈谟,辅胜将军李伯瑶、辅顺将军马任、武德侯沈世纪、顺应候许天正等。陈元光的这些部将也都来自"光州固始",这些部将、亲属除了配祀,也有各自单独的庙宇,据有人统计,仅漳浦一县,就有"辅胜公"(李伯瑶)庙24座,"马公"(马仁)庙6座,"许元帅"(许天正)庙2座,"沈祖公"(沈世纪)庙1座,"王妈"(种夫人)及柔懿人(陈怀玉)庙13座,"王子"(陈珦)庙3座。②

①　李乔、许竞成:《固始与闽台》,河南人民出版社,2007年10月。
②　李乔、许竞成:《固始与闽台》,河南人民出版社,2007年10月。

三、王潮、王审知

王潮(846~898),字信臣,光州固始(今河南固始县分水亭乡王堂村)人。王审知(862~925),字信通,王潮之弟。唐末五代时期,中原长期战乱频仍,唐僖宗中和五年(885),王潮、王审知、王审邽三兄弟随寿州变民首领王绪转战福建,因王绪多疑猜忌,王潮兵变,掌握兵权。王潮于昭宗景福二年(893)攻克福州,逐渐占领今福建省全境,王潮创义学、还流亡、定租税、巡州县、劝农桑、交临道,发展生产,改善民生,很有政绩,乾宁三年(897)唐朝升福州为武威军,任命王潮为武威军节度使、检校尚书左仆射。次年王潮过世,王审知袭福建道观察使、威武军节度使,后又受封为琅琊王。后梁太祖开平三年(909),再受封为闽王。王审知立国后,称臣中原,交好邻国,为政以德,提倡节俭,轻徭薄赋,与民休息,整顿吏治,劝课农桑,修筑道路,兴利除弊,建立学校,奖励通商,使闽地的经济文化得以快速发展。因而五代时期,中原各地屡遭兵燹,残破不堪,而东南荒蛮之地,经王氏兄弟的治理变成了"海滨邹鲁",王审知因此被尊为"开闽第一"。自王审知立国的闽国(909~945)是五代十国的十国之一,先后定都于长乐(今福建福州)、建州(今福建建瓯),子孙相继为王共历6主37年,终为南唐所灭。

由于王审知功德卓著,恩泽八闽,在当地享有崇高的威望,被朝廷和百姓尊为"开闽圣王"。宋太祖御赐"八闽人祖"匾额,受到闽人的顶礼膜拜。又由于他喜乘白马,并于兄弟中排行第三,军中常称"白马三郎",死后闽人立庙奉祀,号"白马尊王"。早在五代后期吴越国就在福州建忠懿祠,后建忠懿王庙,祭祀王审知。此外,据文献记载,福清县、南平县、沙县、长汀县、清流县、福鼎县等地,各建有忠懿王庙、白马王庙、白马庙、闽王庙,奉祀闽王王审知。此外,福州的"水西大王庙"和泉州的"王刺史祠"是奉祀王潮的。建州有多处英烈王庙、白渚灵感庙,奉祀王审知养子、建州刺史王延禀。随王潮、王审知入闽同为固始人的部将属下,只要有功于百姓,在各地也都有专庙祭祀,如沙县卫灵庙奉祀崇安镇将邓光布,曹长官庙奉祀摄县事曹朋;闽县権务庙奉祀権务使张睦;龙岩通灵庙奉祀宣府校尉邹馨;惠安县灵应庙,奉祀监仓陈国忠、青屿郑济时;福安县忠惠庙,奉祀江州司户罗汉冲;永福县协济庙,奉祀张大郎、李大敷等等。① 到了明末,厦门、漳州、泉州一带不少民众随郑成功收复台湾,他们带去了王审知的座像,在台湾以及东南亚各地建造庙宇祀奉,于是王审知成了闽台文化的重要渊源之一,每年台湾以及东南亚各地都要派出进香团,不远万里来到福建祭拜王审知。

四、曹谨、陈星聚

曹谨(1786～1849),字怀朴,号定庵,清怀庆河内(今河南沁阳市北门大街)人。曹谨一生宦历南北三十余年,曾历署直隶之平山、曲阳、饶阳、丰润、宁津、威县,福建之将乐、闽县,道光十七年(1837),曹谨调任台湾凤山县知县。所至之处,赈饥济贫,除暴安良,兴利除弊,慈惠善政,为官一任,造福一方。《清史稿》、《台湾通史》等书均将其列入循吏传以彰其迹。曹谨在台湾的八年,是他一生最为辉煌的时期。曹谨初赴凤山县任,遇到两大难题,一是盗贼蜂起,社会秩序混乱;二是时逢大旱,颗粒无收,民众饥寒交迫。曹谨认为:民众为盗,大都迫于饥寒。他决定开凿水渠引下淡水溪之水,以灌溉万亩良田。经过两年多的努力,开九曲塘,筑堤设闸,筑圳(田间的沟渠)44 条,全长 130 多公里,可灌溉,可泄洪,使 19215 亩土地旱涝保收,堪称台湾岛内最大的水利工程。为了避免上游下游争水产生纠纷,还订立章程,轮流浇水。从此凤山"收谷倍增,民乐厥业,家多盖藏,盗贼不生"。这项工程被命名为"曹公圳",并刻碑记之。后来曹谨又派人修筑了 46 条新圳,可灌溉田地 12400 亩。这两项工程至今仍发挥着效能,是高雄一带农田的主要灌渠,奠定了今日高雄县市繁荣的基础,曹谨因此被尊为台湾水利鼻祖。鸦片战争时,他查保甲、编户籍、修炮台、筑城郭,整顿军队,操练乡勇,共御外侮,三次打败侵台英军,维护了祖国的统一和民族的尊严,道光帝嘉为"智勇兼备,大扬国威"。此外,他还兴文教崇实学,使淡水"文风日盛,人才骤增";解民冤止械斗,使"淡水七百里得安堵";捕海盗弥劫贼,使人民安居乐业;大力发展制糖、制盐、制樟脑等产业,为地方经济文化做出了突出贡献。道光二十九年(1849)病逝于老家沁阳,葬于府城南部祖茔,位于今河南省沁阳市南关村东南部。

---

① 李乔、许竟成:《固始与闽台》,河南人民出版社,2007 年 10 月。

曹谨在台为官 8 年,沤心沥血,鞠躬尽瘁,遗爱无穷,深得民心。台湾人民为纪念曹谨的恩德,于咸丰十年(1861)在凤山修建了曹公祠,后来又多次修缮扩建。将其牌位供奉于德政祠、名宦祠。又以他的名讳命名了曹公路、曹公里、曹公巨树、曹公国民小学等。1998 年在凤山文化节活动中,凤山人抬着曹谨的塑像,绕行凤山市区,引来无数市民焚香跪拜。1913 年 11 月,为曹谨建立的新祠竣工,当地将落成之时的 11 月 1 日定为曹谨诞辰纪念日,淡水、凤山民众春、秋拜祭,至今不绝。匾额上刻着"功同禹王"、"泽沛群黎,泽惠斯民"。其中的一副楹联写道:"为政重盖藏百世功勋垂史册,开圳资灌溉千秋遗泽在人间"。正堂上供奉着一尊曹谨的金身塑像。1992 年,高雄市农田水利会又为曹谨重塑了金身,并将曹公祠改为曹公庙。2000 年 11 月,凤山县举办了"曹公文化节"。从1999 年到 2001 年间,台湾"清代凤山知县曹谨公故里寻根之旅"四次前往曹谨墓园参访祭拜。2001 年,海峡两岸还共同编纂出版了《曹谨公生平事迹》一书。2003 年,豫剧《曹公外传》在台北、新竹、台中、凤山等地巡回演出,受到热烈欢迎。

陈星聚(1817~1885),字耀堂,河南省临颍县台陈镇台陈村人。道光二十九年(1849)中举,同治三年(1864)后历任福建省顺昌、建安、闽县、仙游、古田知县,同治十年(1871)陈星聚被调往台湾,任淡水、鹿港同知,光绪四年(1878)台北建府,陈星聚被擢升为台北知府,为台湾的首任知府,是台北城的真正建造主持者。据《台湾通史》记载,陈星聚"在任五年,颇多善政"。陈星聚性情刚毅,急公好义,体恤民情,励志图强,热爱祖国,在中法战争中,英勇保卫基隆、台北。在台北保卫战中,年高 68 岁的陈星聚誓死报国,决心与台北共存亡。他让妻子、儿女坐守在后花园水井旁边,准备城破后即全家投井殉国,他本人则日夜坚守在海防前线,督战指挥,激励士气,经过浴血奋战,终于打退了法军的进攻,取得了台北保卫战的胜利,但是,腐败的清政府却在大捷之后,签订了丧权辱国的《中法条约》,陈星聚闻讯义愤填膺,忧愤而死,终年 69 岁。陈星聚誓死守卫台湾,重挫法国侵略者,是一位深受台湾人民爱戴的民族英雄。

台湾乡绅民众对陈星聚十分敬仰,集资在台北为他修建了一座"陈公祠",年年追悼祭祀。同时,还联名奏请清政府,要求对他旌表晋级,清政府追封他为三品道台,"御赐祭葬如例"。他的遗体由海运转入运河,又转陆运到河南临颍,安葬在他的家乡陈村。墓碑尚存,碑文有:"清光绪十五年皇清诰授通议大夫陈星聚墓"和"皇清诰授通议大夫三品衔福建台北府知府陈公神道"。因陈星聚在台北为官,又被追封为"道台",为了纪念他,他的家乡陈村就改名为"台陈",即今台陈镇所在地。

除上述人物外,还有祖籍今河南固始的郑成功和施琅,因为统一祖国有功,而被闽台一带奉为神明。郑成功(1624~1662),祖籍河南固始县汪棚乡邓大庙村,福建省南安市石井镇人,明清之际民族英雄,英勇抗击清兵,并从荷兰人手中收复了台湾。今天,在台湾共有五六十座郑成功庙。施琅(1621~1697),祖籍河南省固始县方集镇,福建省晋江市龙湖镇衙口村人,清初著名将领,原为郑成功部下,后投靠清廷,统一台湾。在福建石狮市、晋江衙口和台湾澎湖县都有施琅祠(施琅庙)。

五、结语

由上述中原人杰转化为闽台的神灵的事例,我们不难看出:

首先,这种现象反映了自唐代以来,我国闽台一带乃至全国民间传统信仰的一些特点,即报本敬始,感恩戴德,对于广布恩惠的人物念念不忘,敬若神明。

其次,纵然如陈元光那样偏居边陲,正史不载;还是像曹谨、陈星聚那样官小职微,屡遭损抑;抑或是如郑成功、施琅那样反目为仇,势不两立,只要对国家、对人民建立了功劳、做出了贡献,在老百姓的心中就有他们永恒的丰碑。

再次,那些在闽台成为神灵的中州人物,在闽台建立了盖世奇功,享有崇高的声望,从一个侧面反映了中原文化与闽台文化的源流关系和紧密联系。

最后,在中华民族努力创建共有精神家园的今天,在河南由文化资源大省向文化强省跨越的今天,对于河南和闽台共有的这些令人仰视的人神,我们应该予以进一步的研究。

(作者为河南省社会科学院历史与考古研究所副所长、副研究员)

闽台文化的共同本质与地域特色

吴碧英

闽台文化一般是指来自汉族核心地区的中原文化,在播迁闽台的过程中,因地理环境的不同、历史发展的差异和与土著文化融合所产生的变异等诸种因素,而形成的一种地域性的亚文化。它具有汉民族文化普遍的本质属性,又拥有闽台地区自己的特殊品格。闽台文化属于中原文化的一个分支,是中华文化的一种地域形态。

一、中原汉文化的南渐东延形成闽台文化的共同本质

在历史上,闽台在区域意义上形成了相对一致的文化,其源头来自中原文化。中原文化向闽台区域传播,首先的传播方向是福建。汉代以前中原文化在福建的传播处于初始阶段,春秋至秦汉时期,古代福建的土著民族即通称的闽越,是属于居住在大陆东南沿海的"百越"土著民族中的一个分支。公元前221年,秦统一了全中国,建立起统一的中央政权。秦统一不久就发动了对百越的战争并在福建增设了闽中郡。闽中郡的设置,标志着中原政治文化在福建开始起作用。公元前202年,汉高祖刘邦封无诸为闽越王,建立闽越国。闽越国学习吸收了很多中原先进文化。[①] 使闽越文化的发展,具有了浓厚的中原文化色彩。首先,闽越国在官职等政治制度上,效仿了中原的周秦汉朝制度。闽越国的政治体制以仿效汉代政治体制为主,设相、侯、将军等官职。从《史记》、《汉书》的本传记载中,可知当时王国中有"相"、"将"等官职的设置,在王国内亦有封侯,如"越衍侯"、"建成侯"等。同时还有临时或专门的封号,如同汉王朝为灭越而专

---

① 杨综:《闽越国文化》,福建人民出版社,1998年。

封的"伏波将军"、"横海将军"等相类似的"徇北将军"、"吞汉将军"等。近年在闽越国故城武夷山城村遗址的考古中,出土了不少带有戳印文字的陶片及泥封,如"官黄"、"官长"、"官径"等,内容和形式与陕西咸阳、临潼始皇陵发现的印章戳记相类似。其次,闽越国的城邑建设和宫室制度,亦仿效中原制度。以崇安发现的城村故城遗址为例,城分内城外廓,城邑位置、地势的选择和平面布局、结构的安排所体现出来的理制观念,无不留有秦汉宫殿建筑的深刻烙印;在其他礼祀建筑如宗庙、祭坛等,其内部结构和外在形式,也都符合秦汉礼制和中原文化传统;从城邑建筑使用的材料、建造手法来看,都是深受中原城邑建造方式的影响,例如砖有花纹、丝织品类与马王堆汉墓出土的丝织品相似;从故城遗址出土的铜器铁器如锸、锄、镢、五齿耙、犁等都能发现中原汉文化的印记。可见从闽越国开始福建受中原汉文化很深的影响。

中原文化开始大规模传入福建,大约在三国时期。孙吴政权依靠军事力量前进,在福建设置郡县,派遣官吏治理福建,并将军队驻扎于福建,这就在治理福建的同时也开发了福建。孙吴政权在开发福建过程中,移民措施客观上起了重要作用。尽管在移民中有流民刑徒,有贬官罪吏等,但这些汉族移民却为福建带来了较先进的生产工具和生活方式。文化移植的最重要内容,是生活方式的移植。在孙吴时期,这种移植已起到中原文化与闽越文化相融合的作用。公元280年吴亡于晋后,闽越最后因封建郡县制的推广而被政治同化,在文化主流上基本趋向于汉化。

从西晋到唐代末年,中原移民大量迁入福建,其间还先后出现了三次移民入闽的高潮。[①]

第一次是在西晋永嘉年间,乾隆《福州府志》称:"永嘉二年(308年),中州板荡,衣冠始入闽者八族:林、黄、陈、郑、詹、邱、何、胡是也。"实际上这次入闽的中原士族远不止八姓,他们多聚居于闽北、闽中、闽东及闽南的沿海平原地区。第二次移民入闽高潮发生在唐中期,高宗总章二年(669),唐王朝派陈政率府兵5600人入闽征讨畲民起义,垂拱二年(669),设漳州,由陈政之子陈元光出任刺史,后来这些府兵及其家属落籍漳州,成为开发闽南的生力军。第三次移民入闽

---

① 唐文基、林国平:《闽台文化的形成及其特征》,《闽台文化研究》,福建人民出版社,1997年。

高潮发生在唐末,淮南道光州、寿州数万移民进入福建,建立了闽国。在闽国王氏的统治下,福建一度出现了"时和年丰,家给人足"的太平景象,吸引了大批深受兵灾之苦的北方难民迁徙入闽。移民迁徙同时伴随着文化的传播,这对福建社会生活的全面汉化起了重要作用,到宋代福建基本形成了稳定的以中原文化为特征的文化格局。据有关研究,宋代福建官办的县学、州学有 56 所,私办书院有 75 所,另有众多的书堂、家塾等。教育的发展,是福建人文学术发展的基础。终有宋一代,福建科举进士多达 7038 人,占全国进士的近五分之一。宋代宰相有 134 人,福建籍宰相就占 18 人,也居全国第三位。最能体现宋代福建学术状况的是,福建出现了一批闻名全国的学者、作家。如理学集大成者朱熹,诗词家杨亿、柳永、刘克庄,诗论家严羽,天文学家苏颂,史学家郑樵、袁枢,书法家蔡襄等。在最能体现中国传统文化的儒学体系中,宋代理学是重要的内容,而理学中闽学流派的开创者就是朱熹。朱熹之后,理学在福建有较大的发展,形成多种流派。黄宗羲在《宋元学案》中为福建籍学者立了 17 个学案,收入理学家 988 人中,福建籍理学家 178 人。可见宋代学术在福建的盛况。同时反映出中原文化对福建的巨大影响。元明清时,福建发展成为东南最发达的省份。中原文化在福建的成功传播,为日后继续南传东延至台湾提供了最基本的文化资源。

中原文化对台湾的传播以迁移扩散为主,以扩展扩散为辅,而且主要是以闽文化作为传播中介。在历史上,台湾主要是通过福建才接受了中原文化的影响。明末之前福建与台湾的交往,大多限于一般性的贸易往来,或者是一些规模较小,乃至单枪匹马式的生产性的交往,因而福建往台湾的人少有居留于岛上,在生活方式上并未给台湾带来具有文化价值的变化。但到了明末却不同了,明郑政权时期,大批汉人移往台湾。除随郑氏父子到台湾的士兵及家眷约 5 万人外,大批汉人来台开垦,估计不下四五万人,再加上原有汉族居民,当时台湾汉族人口约有 15 万人,与原住民的人数大体相等。明郑政权设官田,安置文武官兵及其家眷屯田,并设私田,圈定土地,募民开垦,征收田赋。开垦地区遍及西部沿海平原,田园比荷兰占据时期扩大一倍。祖国大陆先进的生产经验传播到台湾,稻米、蔗糖生产迅速增加;冶铁方法传入台湾,促进了各种手工业的发展。按明朝的文化教育制度,在台湾各村设立社学,施行科举制度。还给原住民发农具,传授牛耕和农具使用方法,帮助他们提高生产力,并鼓励原住民儿童上学。明郑政权开发台湾,奠定了台湾社会经济基础,移植了中华文化。

清朝统一台湾以后,大陆东南沿岸人民成群结队移居台湾,台湾汉人口迅速增加,从清治台初的 15 万人到 1811 年增至 194 万人。从福建移入台湾的汉人,基本是以祖籍地籍关系进行组合,形成了具有大陆原居地文化特征的社会群体。如对宗族神灵的祭祀、人际交往的原则等只能按原来面貌进行,此外,村落建筑、耕作形式、住的房子等也是按照家乡的样式,就是现在台湾的一些地名,如同安、南西、安溪、德化等等,也反映了福建移民在祖籍地缘关系上的深厚观念。在聚居地方面也大多以祖籍关系而确定,如汐止、淡水、新庄、清水、梧栖、鹿港、北港等地居民,其祖籍 90% 以上是泉州;桃园、南投、斗六、西螺等地居民,其祖籍 90% 以上是漳州。以地缘或血缘而形成的社会群体,很自然地连带形成相应的民俗文化。这种民俗文化包括了宗族家族观念、民间宗教信仰、生活习俗等方面的内容。中原文化主要是从福建传播到台湾,这样在中华文化本质基础上,台湾文化必然带有浓厚的福建文化——主要是闽南文化、客家文化的色彩。如在语言上,台湾的主要方言是闽南话,与福建的闽南话分泉州腔、漳州腔一样,台湾的闽南话也有泉州腔、漳州腔的区别,大约台湾中部多漳州腔,南部及北部多泉州腔;在风俗习惯上,台湾与闽南最相近。清道光年间到台湾进行考察的丁绍仪在《东瀛识略》中说:"台民皆徙自闽之漳州、泉州、粤之潮州、嘉应州,其起居、服饰、祀祭、婚丧,悉本土风,与内地无甚殊异。"余文仪在《续修台湾府志》中也认为:"台阳僻在海外,旷野平原,明末闽人即视以瓯脱,自郑氏挈内地数万人以来,迄今闽之漳、泉,粤之潮、惠相携而来,率参错寄居,故风俗略同内郡。"例如台湾的商业习俗就带有浓厚的闽南地方特征,店主俗称"头家",被雇用者称为"伙计",学徒称为"小伙计",俗称"徒弟仔",薪金称为"辛苦钱"。与闽南商人一样,台湾商人也拜关公、财神、天神、妈祖以求平安发财,并利用节令进行祭祀活动,如二月初二敬拜福德正神,让用工食酒肉,俗称"做头牙";农历十二月十六日,各商家铺户备牲礼供神,俗称"做尾牙"等等。

伴随大量移民而进行的文化传播主要是以俗文化为主体,但中原汉文化经闽文化的中介传入台湾始终是以雅文化为主导。台湾在郑氏时期,就已移植了大陆的文教制度并开科取士,奠定了科举教育的基础。清廷也十分重视在台湾兴学育人。首任台厦兵备道兼学政周昌就以建学校、行考核为"海天第一要务"。首任台湾知府蒋毓英也认为："顷闻建庠考试之行,多士洋洋动心……台湾户口,尽属闽南之人,天资多有聪慧,机智多有敏明,一经学问,化同时雨,推广其功名之路,鼓舞作兴,英才不难乎济济也。"清治台初,在各府县设教育行政机关——儒学,在各地设立官办的社学和官民义捐的义学两种初等教育设施,还建立官民合办的中等教育设施——书院37所;施行科举制度,选用官吏。台湾各类学校为内地学校的延长,在教育思想、教育内容及规章制度上都一如内地。尊孔孟、奉理学,传播儒家思想是各学宫与书院的第一要义,各学宫都要在文殿正庙祭祀孔孟。台湾由于与福建的密切关系,福建士子崇拜理学大家朱熹的规制也被移植过来。因此台湾各学宫还附设朱子祠,学院则在正庙供奉朱子。在课程内容上,主要为经学和艺文,即便是乡间社学,也是从《三字经》启蒙开始,再教以四书五经。在学规上,奉朱熹创建的白鹿洞书院学规为圭臬,强调"明义理以修其身,而后推己及人"。清代台湾学宫与书院的师资主要来自福建。据清代台湾职官表统计,从福建各地前往台湾任府县儒学教授、教谕、训导的多达300人。随着大陆士子文人的不断汇集和本土科举教育的大力发展,以系统化的儒家思想为核心的中华传统"雅文化"也在台湾逐渐形成体系,使中华传统的政治伦理观念对台湾社会的影响更加深刻。据统计,清代台湾汉人考取文进士19人,文举人251人。其中,清初50年没有进士,只有文举人15人,而清后期19世纪后半叶中文进士12人,举人106人,反映了中华文化已在台湾生根。

二、闽台文化在长期交融中形成了鲜明的地域特色。

文化是一种历史的积淀和人的创造总和,中原文化传播到闽台地区后,在一个面向海洋的地理环境中,闽台地区的人们创造了有鲜明地域特色的文化——闽台文化。其文化特色主要如下:

一是从大陆文化向海洋文化的过渡。所谓大陆文化,指的是与自给自足的自然经济紧密联系在一起,以内陆自然环境下孕育出来的一种以农耕为主的文明。而海洋文化简要地说就是孕育自海岸地区,具有重商主义特征的一种文化。从总体上看,中华文化是典型的农耕文化,"以农为本"、"重农仰商"几乎是三代以来历朝相承的基本国策,并积淀为浓厚的文化心理。故"为富不仁"、"无商不奸"竟演化为成语,而把"雕文刻镂"、"锦绣纂组"视为无补于世的"奇技淫巧"

也是普遍现象。随同中原移民携带而来的大陆文化,在建构了闽台社会之后,又一直纳入在中华民族的统一国家之中,使大陆文化成为闽台社会的主导文化。

福建是一个海岸地区,而台湾是与福建隔一道窄窄海峡相望的海中大岛。临海的地理位置使福建和台湾在历史上都成为中华民族争胜融合之前的海洋部族活动的地方。闽台先民的"山行水处、善于舟辑",为古文献所广泛记载。福建大部分地区地少且瘠,难以自给自足,因此,以手工劳作或交通商贩补贴家用直到专以手工、商贩为生,成为生存压力下的必然选择,而民间对工商业,也多取宽容而不予鄙视。宋元两代以福建泉州为起点的"海上丝绸之路","每岁造船异域"的国际贸易与海上往来,已颇具规模。南宋莆田诗人刘克庄说:"闽人务本亦知书,若不耕樵必业儒,唯有刺桐南廓外,朝为原宪暮陶朱。"明清之际,虽然实行海禁,但台湾海峡作为北上日本,南经东南亚诸国而通欧洲的黄金航道,从未沉寂。商贸业的巨大发展,也促进了社会心理的转变,有别于中原文化"重农桑"传统的"重工商"的文化心态,逐步形成。

二是对中原文化的向心与离心并存。随同移民携带而来的儒家文化是闽台社会文化建构的特征和目标。福建文化对中原文化具有很强的向心力,官方倡导的文化,被老百姓认同并接受,而且以中原文化作为正统,以华夏文化作为光荣。福建文化传到台湾,对中原文化有继承也有离心。历史上,相对于中原,闽台都是开发较晚的地区。福建的发展,主要在中唐以后,至两宋有一个飞跃的变化。台湾的开发则更晚,至清代才完成了与内地一致的社会建构。但在中原地区,汉唐以来已进入封建社会的鼎盛时期,强大的政治经济,不仅使其在开边拓土中,疆域扩大,版图稳固,而且在文化上,形成了以儒家学说为核心的一统封建社会两千年的主导地位。闽台的"蛮荒"状态和地处边陲的地理位置,使闽台较少或较晚受到儒家正统文化的教化规范和制约,从而表现出更多的非正统、非规范的文化特征和叛逆性格,也更易接受外来文化影响。例如,台湾文化的组成,有原住民文化、汉族文化,还有外族文化,台湾文化形成发展过程中,受中原文化影响,同时也深受荷兰、西班牙文化及美欧文化的影响。台湾方面一些人认为:台湾文化是由山地文化、"荷西"文化、清朝文化、日本文化、大陆沿海文化、国民党封建买办文化、美欧文化组成。这种观点混淆了文化成分与文化影响,同时它也典型反映了台湾文化的离心倾向。

三是祖根意识和本土认同。闽台民众之主体部分，均是西晋末、唐末、北宋末中原大乱时南迁的，主要来自河洛一带特别是河南省固始县。虽然南迁已有千数百年的漫长历史，但他们并未忘却自己的族源和地望。世代不绝的建祠堂宗庙、修谱续牒，既是对文化本根的中原故土和血脉衍派的追思溯源，还是对福建开基祖及其本土文化的眷顾认同。尤其是离开土地远走他邦的海商，表现出特别强烈的故园情结和念祖情怀。闽南堪称全国之冠的各种宗族活动，以祭祖认宗和修谱续世为核心，聚合了流散世界各地的同族共姓，把对祖根与本土的双重文化认同，融而为一，便是典型的例子。

闽人移居台湾后，虽然在台湾建家立业，但他们的根毕竟是在大陆。他们对故土的深深眷恋浸透在日常生活的各个方面。许多移民回祖籍娶亲、搬眷招徕乡党共同开发。他们用故土地名来命名新的居住地，有学者统计，台湾地名用福建故乡地名的至少有 91 个①。移民们还经常回祖籍祭祖，修墓，盖祠堂，修族谱。至于春风得意的科举及第之士更忘不了衣锦还乡，如竹堑的郑用锡和澎湖的蔡廷兰二人取中进士后，都到金门故居修建宗祠，重修族谱。有的士子还出钱刊印地方先贤集，以使广泛流传。许多移民富户回报家乡，或接济贫困人家，或资助公益事业。如闽南龙海县角美镇杨厝村，有一处著名的古建筑群叫"林氏义庄"，它是由祖籍福建龙溪（今龙海）的台湾巨富林平侯于乾隆年间创建的。林平侯还把在台湾淡水海山堡的约 500 亩水田充为原籍本族义田，年收佃租，寄回家乡，供同族贫乏之用，林平侯死后，其子孙四代人坚持办林氏义庄达 110 年之久。② 有的移民死后，还要在墓碑上刻写祖籍地名，如安邑、靖邑、银同、金浦、温陵等等；殷实之家甚至运柩回原籍葬于祖茔。历史上大陆移民深深的故土情思代代相传，逐渐沉淀为强烈的寻根意识。台湾文化的祖根意识很强，历史上闽籍移民在各姓氏宗族所修建的祠堂内，大多是奉祀"唐山祖"和"开台始祖"。日据时期，台湾高姓族人曾建立了合族的大宗祠，祠堂里不仅祭祀"开台始祖"，也奉祀"开闽始祖"。直到现在，在台湾各地的祠堂、家庙里所供奉的也仍然是既有开台始祖，也有唐山祖。台湾文化的祖根意识还可以从台湾同胞到福建寻根

---

① 陈其：《闽台共同文化心理现象若干分析》，《同祖同根，源远流长》，福建人民出版社，2000 年。
② 陈其芳：《闽台共同文化心理现象若干分析》，《同祖同根，源远流长》，福建人民出版社，2000 年。

谒祖的热点上得到体现,1991年仅到漳州市各县寻根谒祖的台胞团组就达200个,台胞近1万人次。同年,台湾9家旅行社联合组团考察了客家祖地宁化;台湾十多个姓氏的客家后裔,也陆续组团赴宁化寻根。

但是,由于台湾历史的特殊性,特别是受日本殖民统治长达50年之久,1949年以来又长时期与祖国大陆处于隔绝状态,再加上多年来台湾当局也向青少年一代灌输以台湾为主体的"中华民国在台湾"的"国家认同"意识,塑造"脱离中国化的台湾人意识",台湾文化中的本土认同意识也很明显。

四是聚分族群的风气。中国传统文化有以家族为单位的特征,形成了深厚的家族宗亲观念。汉族历来崇拜祖先,重视修家谱,以增强宗族认同感,促进民族凝聚力。在古代中原地区,以血缘为纽带的聚族而居是社会组织的重要形式之一。由于外族入主中原,战乱不止,聚族而居的传统受到猛烈冲击。特别是到了唐代,士族门阀制经过魏晋南北朝的极盛逐渐走向衰亡,使人们的世阀门第观念大大淡薄。而在福建,由于其特殊的历史条件和自然环境,聚族而居的传统得以保存。西晋后陆续迁徙入闽的汉人多是举族而来,利用宗族的力量来克服迁徙途中所遇到的种种困难。入闽后,又往往遇到当地土著居民的顽强抵抗,同时,不同宗族的北方移民在争夺生存空间和政治经济利益时也经常发生激烈的矛盾冲突甚至相互残杀。因此入闽后的汉族大多聚族而居,依赖宗族的力量求得生存和发展,家族门第制度受到高度重视。万历《福安县志》称:"故家巨族自唐宋以来各矜门户,物业转属,而客姓不得杂居其乡。"历史上长久的聚族而居,形成福建人强烈的族群意识。改革开放时期,福建各地修谱续宗之风浓烈,是历史的一种延续。

族群意识在台湾是根深蒂固的,汉族移民在台湾垦殖过程中,荒地较多,地租不算太重,地主和农民之间的矛盾不太尖锐。但开拓者之间的矛盾,利益冲突,时常酿成武力斗争,俗称台湾"三年一小乱,五年一大乱"。移民一般按地缘居住,从事开垦和耕作。他们因争地、争水、争生意而引起族群之间的分类械斗常常发生。清代212年间,有史可据的械斗有28次之多。分类械斗往往引起大的社会流动和人口迁徙,使整个台湾汉族人口宗族祖籍分布上更趋于集中。如1826年(道光六年)漳化闽粤械斗,员林一带客家人纷纷搬入大埔心及关帝厅等客家聚居地。台北盆地康熙末年以来有许多客家人入垦,但经过1834年(道光十四年）、1840 年（道光二十年）两次械斗事件，这一带的客家人尽把田业卖掉，退至客家人聚集的桃源中坜一带，使台北盆地几乎成为纯粹的闽人天下。经过这样的大震荡、大迁徙、大调整，到咸丰年间，基本上形成了客家人主要聚居在现在的北部桃源、新竹、苗栗地区和南部的高屏地区，而福佬人则主导其余地区的相对固定的分布格局。19 世纪中叶后，械斗减少了，但仍存有分祖籍或族群的社会风气。

五是信巫尚鬼。福建信巫尚鬼风习由来已久，闽越族人的灵魂不死观念，早在新时器时代就已产生。在闽侯县石山遗址（距今约 5000 年左右，属福建新时器文化遗址），曾发掘出多座闽越先民墓葬。墓葬中多发现有石器、陶器之类的随葬品，这表明当时闽越族人已产生灵魂不死观念。对闽越人"尊天事鬼"习俗，《史记·封禅书》记载如下：公元二年（前 109），汉武帝剪灭闽越国后，越人勇之向其进言，称"越人俗鬼，而其祠皆见鬼，数有效。"汉武帝相信了此说，"乃令越巫立越祝祠，安台无坛，亦祠天神、上帝、百鬼，而以鸡卜……越祠鸡卜始用。"由此可见，当时闽越人不仅祭祀天神、上帝、百鬼，而且有祭祀的场所——越祠，还有专司通神接鬼之职的巫（越巫）及巫术（鸡卜）等。至今福建民间还流行着鸟步求雨和拍胸舞等，实际上也是闽越族人宗教祭祠歌舞的遗存。闽台地区一直存在着"信巫尚鬼、重淫祀"的先民遗风，不仅神明繁多、庙宇林立，且各种祭拜佛事成年不断。仅《八闽通志·祠庙》中列举的福建民间俗神就多达 119 个，其实际俗神的数量可能还要多于此数倍。在福建民间可以说是"无节不祭祀"。而且祭神与祭祖并重，凡有祭神的岁时节庆，大都同时祭祖。他们还乐于以戏剧祭神、娱神、媚神、酬神。如新年伊始，元旦、元宵节的奏乐演戏最为热闹狂欢，旨在颂祷吉祥。二月二日，各街社里逐户鸠金演戏，为当境土地庆寿，名曰春祈福。七月十五盂兰会后要请艺人演戏取乐，直到七月底，叫做"压醮尾"。春祈秋报，八月十五张灯演戏，以示庆贺。除年节外，凡遇四时神诞，家族祭祀等，亦敛金演戏以庆。《福州府志》记载，五月五日帝王爷生日，"前后月余，演剧各庙无虚日"。施鸿保《闽杂记》说："吾乡于七月祀孤泉州等处，则分社轮日，沿街演戏，昼夜相继。"海峡那边的台湾也是一样。1716 年的《诸罗县志》就记载"每逢岁时节庆及王醮打典，必延请剧团演出，以娱神祗"；《海东札记》也载："神祠，里巷靡日不演戏，鼓乐喧阗，相继于道。"

　　台湾原为开发最晚的省份,但其庙宇的平均密度,却居全国之首。从庙宇的总数看,台湾有作为民间信仰海神的天上圣母宫510座,高居全国之首,但它仍低于道教王爷(主降伏瘟神)宫的753座和佛教观音寺的578座而屈居第三;以下则是佛教的释伽佛499座、道教的玄天上帝397座、道教的福德正神(土地公)392座,民间信仰的关帝君356座。①。台湾有"神灵三百,庙宇过万"的说法。

　　文化本身是一个动态的发展过程。闽台文化根源于中原汉文化,它传承了中原文化的基本精神,同时在文化的不断交融、演化过程中,形成了很鲜明的地域特征,这些文化特征是闽台区域共有的,因此,就闽台文化本质而言,闽台文化是中华文化的一种地域形态。

　　　　　　　　　(作者为福建省福州市委党校政治部主任、副教授)

---

　　①　李桂玲:《台湾宗教概观》,东方出版社,1996年。

古代河南移民福建史略

李 乔

　　豫闽台关系研究始于上个世纪八十年代初。1981 年,厦门大学著名的方言学专家黄典诚教授专程来到河南为闽南方言寻根,他实地调查后指出,福建方言是从河南带去的,台湾同胞"寻根起点是闽南,终点无疑是河南"①。此后,欧潭生先后三次撰文,从历史上河南与福建间的"四次人口大交流"、方言、民俗等方面论述了豫闽台的渊源关系。② 1996 年 9 月,在河南郑州举行的豫闽台姓氏源流国际研讨会上又有一些学者从方言、民俗、姓氏的角度探讨豫闽台的关系。此后仍有一些文章论及豫闽台关系,如宋全忠的《豫闽台一千年前是一家》、张新斌的《论固始寻根》、刘翔南的《从历史移民看豫、闽、台姓氏渊源》、李乔的《固始与闽台》等等。应该说,豫闽台关系研究取得了一定成绩,但仔细分析我们也发现,此一问题研究的深度还不够,譬如关于河南移民福建问题的研究就显得很不足,大多数成果对此都是泛泛而谈、点到为止。然而移民问题研究在豫闽台关系研究中又非常重要,因为方言、民俗、姓氏都是通过移民这个载体被带到福建的,因此,很有必要对此问题进行更深入的研究。

　　河南人入闽定居可追溯至汉代。汉武帝元封元年(前 110),西汉中央政府派兵入闽,消灭了闽越国,在闽越故地设立冶县(今福州市),加强了对闽中地区的统治,为中原汉人入闽创造了条件。近年出土的汉代文物表明,已有中原汉人在汉代定居闽地。东汉末年,天下大乱,时任会稽令的固始人黄道隆,避乱入闽,

---

① 黄典诚:《寻根母语到中原》,《河南日报》,1981.4.22。
② 《台闽豫祖根渊源初探》,《中州今古》1983 年 3 期;《台闽豫祖根渊源再探:兼论何处是郑成功之墓》,《信阳师范学院学报(哲学社会科学版)》1984 年 2 期;《方言、民俗与台闽豫祖根渊源》,载《豫闽台姓氏源流:首届豫闽台姓氏源流国际研讨会论文集》(1997 年)。

居仙游县大尖山、小尖山之间,即今之平朋山,俗称双阳山,后来迁徙到桐城(即泉州)居住。黄道隆也因此成为有文献记载的、最早入闽定居的河南人。北宋榜眼黄宗旦在追述自己的家史时说:"汉道隆公,光州固始人,为东郡会稽市令。东汉建安之乱,弃官避地入闽。初居仙游大、小尖山之间,后改迁桐城之西关"①。《惠安县续志》也称:"锦田黄氏,泉之世家著姓。始祖隆公,为东汉会稽令。东汉末乱甚,于建安年间弃职避世入闽"②。

西晋怀帝永嘉五年(311)三月,匈奴刘汉的兵马先在石勒的率领下,于河南苦县宁平城(今河南鹿邑县西南),大败晋军,围杀晋大臣、宗室、将士10余万人;继而六月间,刘曜率军攻陷洛阳城,俘获晋怀帝,纵兵焚掠,杀太子及诸大臣,士民死者3万余人。愍帝建兴四年(316),匈奴军又破长安,愍帝出降,西晋亡。这就是引发中古诸多变动的"永嘉之乱",也称作"永嘉丧乱"。永嘉乱后,"五胡乱华",中原汉人政权遭到驱逐,"中州士女避乱江左者十六七",其中有不少人到了福建。《太平寰宇记》载:"泉州清源郡……东晋南渡衣冠士族多萃其地,以求安堵,因立晋安郡"③。《海录碎事》亦载:"晋江,泉州属邑,汉平粤之后其地既虚,而晋之衣冠避地者多沿江以居,故以名之"④。清乾隆《福建通志》引宋人路振《九国志》载:"晋永嘉二年(308),中州板荡,衣冠始入闽者八族,林、陈、黄、郑、詹、邱、何、胡是也"⑤。其中有不少是河南人,有文献记载的就有:

陈氏:《陈说墓志铭》称:"府君讳说,字昌言,其先颍川人,太邱宰仲弓之后也。晋末避乱于闽,因而家焉。"⑥《陈俊卿行状》:"公讳俊卿,字应求,其先世盖出颍川,晋永嘉之乱,太尉广陵郡公准之孙、西中郎将逯南迁泉江,始为闽人"⑦。南安梅溪《陈氏族谱》云:"陈氏之先,颍川人也……远祖梅洋三郎,当时困于兵乱,人不自保,惟恨所居之不远,遂入《闽中》深山穷谷,以为营生安业之地,若武陵桃源之避秦者"。西晋散骑都尉、南海太守陈润,为避乱于西晋末年自光州固

① 黄磐石:《紫云黄氏宗史资料》,惠安锦田古迹修建委员会编印,1991年。
② [道光]《惠安县续志》卷9,《艺文志》。
③ (宋)乐史:《太平寰宇记》卷102,《江南东道十四·泉州》。
④ (宋)叶廷珪:《海录碎事》卷4上,《地部下》。
⑤ [乾隆]《福建通志》卷66,《杂记》。
⑥ (清)陆心源:《唐文拾遗》卷29,黄蕘《朝散大夫使持节韶州诸军事守韶州刺史上柱国陈府君墓志铭》。
⑦ (宋)朱熹:《晦庵集》卷96,《少师观文殿大学士致仕魏国公赠太师谥正献陈公(行状)》。

始携眷入闽。①

黄氏:明代黄凤翥在《金墩黄氏族谱序》中写道:"晋永嘉中,中州板荡,衣冠入闽,而我黄迁自光州之固始,居于侯官(今福州)"②。"黄允,固始人,随晋南渡,辗转入闽,居于侯官";"黄璞,字德温,其先固始人。晋马南渡,随徙侯官"③。《侯官县乡土志》也说:"黄以国为氏,晋马南浮,固始人黄允随徙,辗转入闽,居侯官"④。台北县深坑乡《黄氏族谱》云:"世居光州固始,至晋,中州板荡,南迁入闽,始祖黄元方仕晋,卜居侯官"⑤。

郑氏:唐欧阳詹为晋江郑季实撰写墓志铭时云:"公讳晚,字季实,其先宅荥阳。永嘉之迁,远祖自江上更徙于闽,今为清源晋江人"⑥。《三修永春夹漈郑氏族谱》亦称该族系永嘉之乱中原八大姓入闽之一族,开闽始祖郑昭,原籍河南荥阳。入闽时初居侯官,后分居莆田、泉州等地。⑦

詹氏:《詹氏统宗谱序》:"(詹)秦汉以降,居晋河东为河间郡,后居邓州南阳,又号南阳郡,晋大兴秉邦、敬邦、成邦昆弟,渡江入闽,其后各立桑梓,今之居睦、歙、婺、泉、建诸州者,秉邦之后"⑧。

邱氏:台北县土城乡《邱氏族谱》谓:该族于五胡乱华之时,固始邱氏南迁入闽,居兴化之莆田。⑨

何氏:《平潭县志》称,本县院前何氏远祖为河南固始县人,西晋永嘉二年(308)入闽,明天启二年(1622)何定再迁平潭县院前村。⑩

实际上,当时入闽的河南人并不限于以上8姓,如明代宋濂《王公穀墓版文》称,"太原之裔有分居光之固始者,自东晋南渡来迁泉之晋江温陵里"⑪。民

① 福建省文化厅编:《八闽祠堂大全》,海潮摄影艺术出版社,2002年。
② 《莆田溪黄氏宗谱》乙辑,《金墩黄氏族谱序》,转引自陈支平:《福建族谱》,福建人民出版社,1996年。
③ [道光]《重纂福建通志》卷170,《唐列传》。
④ [光绪]《侯官县乡土志》,《版籍略三·氏族》。
⑤ 《台湾省通志》卷2,《人民志·氏族篇》,台湾省文献委员会,1970年。
⑥ (唐)欧阳詹:《欧阳行周文集》卷4,《有唐君子郑公墓志铭》。
⑦ 庄为玑、郑山玉:《泉州谱牒华侨史料与研究》,中国华侨出版社,1998年。
⑧ (清)詹玉声等纂修:《詹氏创修宗谱》,清光绪三十年木活字本。
⑨ 《台湾省通志》卷2,《人民志·氏族篇》,台湾省文献委员会,1970年。
⑩ 《平潭县志》卷3,《人口·姓氏构成》,方志出版社,2000年。
⑪ (明)宋濂:《文宪集》卷24,《故封承事郎给事中王府君(公穀)墓版文》。

国《建瓯县志》载："晋永嘉末,中原丧乱,士大夫多携家避难入闽。建为闽上游,大率流寓者居多。时危京刺建州,亦率其乡族来避兵,遂以占籍"①。新修《建阳县志》引述明代嘉靖《建阳县志·风俗志》记载说:"因中国北方战乱,晋永嘉三年,危京从光州的固始县率乡民避乱到建州任刺史,其乡人后均落籍建安"②。

东晋以降,仍有河南人零星迁入福建,如《邵武何氏族谱》记载:其先光州固始人,东晋末避乱入闽,居邵武小溪(今邵武东区七台)。③建阳《余氏宗谱》称其先祖是在梁时由固始迁入的,"余氏系出夏王大禹之季子,……至中大通庚戌二年(530),计五十二世,有青公者,出奋亿载之余烈,树一代之伟声,由河南固始而宰建阳……是为入闽鼻祖也。"④

唐高宗时,固始人陈政、陈元光父子率兵入闽平乱,开创了河南人入闽的又一个高潮。总章二年(669),泉州、潮州一带"蛮獠啸乱",朝廷命令玉钤卫翊左郎将、归德将军陈政为朝议大夫,统领岭南行军总管事,率领府兵 3600 人出镇泉潮间。但由于"蛮獠"人多势众,陈政只得暂时屯兵于九龙岭下,一面上奏朝廷,请求增派军队。唐朝廷派陈政的两位兄长中郎将陈敏、右郎将陈敷率领 58 姓将士和家属于次年南下增援。陈政去世之后,其子陈元光袭职,最终用近十年时间平定了骚乱。

从陈政率军入闽开始,便决定了此次行动不仅是一次平定叛乱的军事行动,而且又是一次移民运动。唐高宗在《诏陈政镇故绥安县地》的诏书中是这样写的:"进尔朝议大夫,统岭南行军总管事,挂新铸印符,率府兵 3600 名,将士自副将许天正以下 123 员从其号令,前往七闽百粤交界绥安县地方,相视山源,开屯建堡,靖寇患于炎荒,奠皇恩于绝域"⑤。所以,当陈政基本平定 36 寨后,便开始屯田开垦,建村立堡。陈元光袭父职后,继续推行屯田制,劝农重本,发展生产,他在州级机构中设司马和司田参军等职官,掌司有关屯田事宜。他自己带头开屯于漳水之北,僻地建宅,以为长远之计,并要求部下"平居则搜狩,有役则战

① [民国]《建瓯县志》卷19,《礼俗志》。
② 《建阳县志》第三编,《人口》,群众出版社,1994年。
③ 陈仲初:《晋江风物·姓氏源流专辑》,国际文化出版公司,2003年。
④ [建阳]《书林余氏重修宗谱·增修余氏宗谱总序》,转引自陈支平:《客家源流新论》,广西教育出版社,1997年。
⑤ [嘉庆]《云霄厅志》卷17,《艺文志》。

守",实行"且战且耕,以养以教"的耕战政策。他鼓励进漳的58姓军校与当地土著妇女成婚,他自己率先垂范,娶当地一位种姓女子为妻。在他的带动下,入闽将士纷纷在当地落籍。

据康熙《漳浦县志》记载,陈政亲率的首批府兵将士3600名中,仅校尉以上的将领,就有20余姓,其中包括"婿卢伯道、戴君胄,医士李始,前锋将许天正,分营将马仁、李伯瑶、欧哲、张伯纪、沈世纪等五人,军谋祭酒等官黄世纪、林孔著、郑时中、魏有人、朱秉英等五人,府兵校尉卢如金、刘举、涂本顺、欧真、沈天学、张光达、廖公远、汤智、郑平仲、涂光彦、吴贵、林章、李牛、周广德、戴仁、柳彦深等一十六人"①。陈政的二位兄长陈敏、陈敷所率援兵有58姓。综合各方面史料记载,先后两批府兵共约7000余人,可考者计64姓:马、王、方、石、叶、冯、卢、许、朱、江、汤、孙、刘、庄、李、陈、吴、张、沈、汪、杨、何、宋、邱、邹、苏、陆、余、林、周、郑、罗、欧、赵、柳、施、洪、胡、钟、柯、姚、唐、高、郭、涂、徐、钱、黄、萧、曹、章、曾、韩、蒋、詹、蔡、廖、翟、潘、颜、魏、戴、司马、欧阳。又军眷姓氏可考者有卜、尤、尹、韦、甘、宁、弘、名、阴、麦、邵、金、种、耿、谢、上官、司空、令狐等40余姓。②

虽然我们不能完全肯定地说所有兵士均来自河南,但根据唐朝兵制特点,大多数来自包括固始在内的中原则是可以肯定的。据地方志及族谱资料记载,仅自固始入闽的就有陈、许、李、沈、丁、戴、林、方、郭、何、柳、卢、潘、汤、薛、余等姓。

陈氏:《浯阳陈氏族谱》序称:"太始祖讳政公,原系汝宁府光州固始县籍也,股肱唐室,历建弘猷,固赐姓曰唐将军,是朝总章二年(669)奉敕驻闽,迨厥子元光、珦公,累袭祖职,复进驻于漳城,其丰功伟烈,卓越今古,啧啧载人口碑焉"③。晋江深沪陈氏系陈元光之弟陈元勋之后,宋元之际有名陈元恺者迁居晋江龙湖炉灶,后再徙深沪。④

许氏:乾隆《福建通志》载:"许天正,固始人,陈元光前锋将也。博学能文,长于训练。元光藉其力平惠、潮、虔、抚诸寇,三年内岭海肃清,升中奉大夫,兼岭南团练副使。裴采访、张燕公荐掌史馆,天正力辞。历泉潮团练副使。民庙祀

①　[康熙]《漳浦县志》卷19,《杂志·丛谈》。
②　陈易洲主编:《开漳圣王文化》,海风出版社,2005年。
③　[同安]《浯阳陈氏族谱》卷首,陈颖昌《族谱序》,转引自陈支平:《福建族谱》,福建人民出版社,1996年。
④　陈仲初:《晋江风物·姓氏源流专辑》,国际文化出版公司,2001年。

之。宋时追封顺应侯"①。明孔贞运《漳南许氏家谱序》亦说："其先为河南光州固始人,唐总章二年,有宣威将军许陶者奉敕副玉铃卫将军陈政出镇泉潮之间。陶子天正才兼文武,与政子元光削平苗蛮,表建漳州,变椎髻为衣冠,粗鲁为文物,天正之功居多,以别驾加封太尉。宋绍兴中追论开漳功封翊忠昭应侯,为名宦,今春秋世祀,时子孙世官永镇南诏,与唐祚相终始,至今族居焉"②。

李氏:《漳州府志》记载:唐高宗时,光州固始人李伯瑶,随陈元光开辟漳州,子孙散居龙溪、漳浦各县。③

沈氏:《漳州府志》谓:"沈世纪……光州固始人,总章二年,从陈王政领军入闽……日与元光披荆棘、开村落、翼地数千里,厥功懋焉……今子孙散处龙溪、漳浦、南靖、长泰、诏安等处"④。

丁氏:《福建通志·丁儒传》载:"丁儒,固始人,通经术,喜吟咏,练达世务,陈政引为军谘祭酒。元光代政引儒佐郡,与元光驱盗贼,翦荆棘,营置漳郡,劝农重本,国用以周,负固不服者率轻锐捣之。漳人颂元光父子,辄称佐郡丁承事云"⑤。

戴氏:《台湾省通志·人民志·氏族篇》引《漳州府志》曰:"唐初有陈元光将佐戴君胄父子,随之入闽开漳,似为戴姓入闽之始"⑥。《开漳圣王文化》更确定地讲戴君胄就是固始人,其父戴元理随陈政入闽,为府兵校尉。其子戴君胄被陈元光择为女婿,落籍漳州,辅佐陈元光之子陈珦继续为开发漳州做贡献。⑦

林氏:《溪环社林氏族谱》记载:今漳州市芗城区浦南镇溪园村林氏始祖林行实,讳孔著,字秉序,谥鼎峙,为陈政的九女婿,原籍河南光州固始,唐高宗时随陈氏父子入闽,为军谘祭酒。政殁,佐元光,开扩山林有功。⑧

方氏:《云霄县志》记载:"方氏,方雷氏之后,方雷为黄帝次妃女节榆冈之子曰雷,封于方山,后人以地为氏,望出河南。唐时方子重(名伯虞,子重字也)随

① ［乾隆］《福建通志》卷30,《名宦·许天正传》。
② 《古今图书集成》卷409,《明伦汇编·氏族典·许姓部·艺文》。
③ 杨绪贤:《白话台湾区姓氏堂号考》,台湾新生报社,1981年。
④ 《台湾省通志》卷2,《人民志·氏族篇》,台湾省文献委员会,1970年。
⑤ ［乾隆］《福建通志》卷30,《名宦二》丁儒传。
⑥ 《台湾省通志》卷2,《人民志·氏族篇》,台湾省文献委员会,1970年。
⑦ 陈易洲主编:《开漳圣王文化》,海风出版社,2005年。
⑧ 庄为玑、王连茂:《闽台关系族谱资料选编》,福建人民出版社,1985年。

陈将军政提军开漳,因家焉"①。云霄《云阳方氏谱牒》亦曰:"吾祖出于周大夫方叔之后,历汉而唐而宋,治乱相仍,名氏俱泯。唯闻祖子重,系河南光州固始人,自唐高宗垂拱二年(686),随陈将军政与其子元光下征南闽,侨居漳州"②。

郭氏:晋江金井钞岱郭氏入闽始祖名郭淑,字里之,号览溪,河南光州固始人,唐高宗总章年间随陈元光入闽平乱,定居漳州榴阳。元末明初,钞岱郭氏肇基祖郭敬从漳州迁晋江,卜居滨海蔡埭(钞岱)。③

何氏:台北县《何氏族谱》记载:先祖何嗣韩,世居庐江(今属安徽),唐高宗仪凤年间,跟随陈元光戍闽,后定居于闽。④ 清代云霄人何子祥《何氏源流记略》一文较为详细地记述了何氏入闽源流:"何之先本光州固始人,唐仪凤间何嗣韩从陈元光经略全闽,因家焉。昭宗时王绪举光寿二州附秦宗权,绪先锋擒绪,奉王潮,惧众不附,求固始人先世有功于闽者,以慰民望,表授我某代祖安抚使,分田画地,安插闽人,当时赖之。后王审知据闽,引身去。闽人思其德,塑像以祀。宋淳祐间逖居公由螺阳卜居温陵浔江。德祐以来,宋失其柄,服役不胜,隐于清源洞麓下学道,足迹不入城市"⑤。

柳氏:《云霄县志》载:"柳氏,鲁展禽食采于柳,后因以为氏,望出河东。彦深自河南固始随陈元光提军开漳,遂居焉"⑥。

卢氏:《福建通志·卢如金传》:"卢如金,光州固始人,领本州岛司户参军,始建屯营于云霄修竹里,与陈元光、许天正谋拓山林,置州漳水之北后岭南。流寇掠境,元光战殁,如金率兵讨之,群盗悉溃。漳以保全,卒葬于连玭山"⑦。

潘氏:《桃源潘氏族谱》称,今永春达埔、蓬莱一带的潘氏,其先祖于唐初随陈元光由河南光州入闽,定居于漳州。至元代,潘银湖由漳州迁居永春,肇基于溪源,是为入永始祖。⑧

① [民国]《云霄县志》卷6,《氏族志》。
② [云霄]《云阳方氏谱牒》第一章,正德元年《序》,转引自陈支平:《福建族谱》,福建人民出版社,1996年。
③ 陈仲初:《晋江风物·姓氏源流专辑》,国际文化出版公司,2001年。
④ 陈仲初:《晋江风物·姓氏源流专辑》,国际文化出版公司,2003年。
⑤ (清)何子祥:《蓉林笔抄》卷1,《何氏源流记略》。
⑥ [民国]《云霄县志》卷6,《氏族志》。
⑦ [同治]《福建通志》卷30,《名宦·曹朋传》。
⑧ 庄为玑、郑山玉:《泉州谱牒华侨史料与研究》,中国华侨出版社,1998年。

　　汤氏:《云霄县志》载:"汤氏,成汤之后,望出范阳。唐汤简公由河南光州固始随陈元光入闽开漳,居是地"①。

　　薛氏:东山《薛氏重修族谱序》载:唐高宗总章二年(668),光州固始人薛使,随陈政领军入闽,从此定居漳州,数传至一平,迁居漳浦东山。②

　　余氏:《台湾省通志》说:"据《漳州府志》,陈元光开漳,已有固始余氏,随之入闽。"③

　　跟随陈元光入闽,并落籍当地的58姓军校,与中原家乡有着千丝万缕的联系。如陈元光的之孙陈酆曾回老家定居数年,陈酆之子陈咏、陈咏之子陈章甫都曾在老家做过官,雍正《河南通志》记载:"陈酆,字有苣,旧为光州人,因祖元光戍闽有功,世守漳州,遂为闽人。父珦举明经及第。授翰林承旨。珦生酆,幼耽经史,天宝六年举秀才,旋任辰州宁远令。在都见李林甫、杨国忠柄国,无意仕进,回访光州旧第,川原壮丽,再新而居之数年。安禄山乱,漳州民诣福建观察使乞遵旧制,命陈酆领州事,以拯民生。朝是其请。酆至漳,建学延师,锄强救灾,一如祖父之政"④。陈酆的儿子陈咏,后又任光州司马加本州团练使。陈咏的儿子陈章甫"字尚冠,建中初举明经……(贞元)十九年转光州司马,代父本州团练。元和三年,转京兆司田兼领度支郎中……元和十二年,咏卒,章甫扶柩葬于漳。敬宗初,复补光州司马加团练使,辅国左将军,士民爱之如慈母"⑤。光绪《侯官乡土志》、《闽县乡土志》皆称,陈元光之孙咏回迁固始,官光州司马,其后人又随王潮迁福州。正是因为闽、豫之间架起了亲情的桥梁,此后不断有中原人或因避乱、或因仕宦的原因入居闽地。如:唐开元二年(714),光州固始人田本盛迁居今大田梅岭⑥;唐德宗时,固始人翁轩任漳州刺史,遂卜居莆田兴福里竹啸(今北高镇竹庄村)⑦;唐大中年间,光州固始县用儒乡进贤里竹洲村人萧华,避乱避乱入闽,初居福州乌山⑧;光州固始县人谢文仕,唐宣宗时官至兵部尚书,

①　[民国]《云霄县志》卷6,《氏族志》。
②　杨绪贤:《白话台湾区姓氏堂号考》,台湾新生报社,1981年。
③　《台湾省通志》卷2,《人民志·氏族篇》,台湾省文献委员会,1970年。
④　[雍正]《河南通志》卷60,《人物四》。
⑤　[光绪]《光州志》卷6,《宦迹列传》。
⑥　《大田县志》卷4,《人口·人口溯源》,中华书局,1996年。
⑦　《平潭县志》卷3,《人口·姓氏构成》,方志出版社,2000年。
⑧　福建省文化厅编:《八闽祠堂大全》,海潮摄影艺术出版社,2002年。

大中十三年(859)辞职归田,由淮入闽,驻福州,后寻至福宁麦山下埔樟澳开基①。

　　唐末黄巢之乱以及王潮、王审知率兵据闽,形成了河南人迁居福建的最大高潮。唐朝末年,河南光州固始县的王潮、王审邦、王审知兄弟乘唐末大乱,率兵5000人自光、寿两州南下,浩浩荡荡,转战安徽、浙江、江西、广东、福建,于唐光启元年(885)从汀州进入闽南,受到泉州百姓的欢迎,次年八月,王氏取得泉州,随后占领福州,闽中各地纷纷降服。唐昭宗李晔只得于文德元年(888)任命王潮为泉州刺史,随后又任命他为福建观察使,尽有闽中五州之地。王潮死后,其弟审知继位。907年唐亡,王审知被后梁太祖封为闽王。

　　王审知以民为本,知人善任,使福建在唐末五代战乱不断的年代,赢得了30年之久的社会安宁,把握住一个发展机遇。他推行保境息民政策,轻徭薄赋,奖励工商,鼓励垦荒,三年之内,人民衣食无虞;招集流亡,中原避乱人士,相从入闽,拓垦山林,兴修水利,一时闽中大治。他还十分重视发展海外贸易,在福州设置榷货务,由随王氏入闽的光州固始人张睦任之,张睦"招来蛮夷商贾,敛不加暴,而国用日以富饶"②。在福建泉州,王审知的侄儿王延彬继其父王审邦为泉州刺史17年,"每发蛮舶,无失坠者,人称招宝侍郎"③。《旧五代史》称:"审知起自陇亩,以至富贵,每以节俭自处,选任良吏,省刑惜费,轻徭薄敛,与民休息,三十年间,一境晏然。"④

　　与闽地"草莱尽辟,鸡犬相闻,时和年半,家给人足"⑤,"千家灯火读书夜,万里桑麻商旅途"的升平景象相比,中原则是战乱不断。为了躲避战乱,福州及闽东一带便成了不少中原人徙居的首选目标。这一点从宋初福建激增的人口便可看出,唐元和年间(806～820),漳州、汀州、泉州、福州、建州分别只有1343户、2618户、35571户、19455户、15410户⑥;而到了北宋太平兴国年间(976～984),

---

①　谢钧祥:《百家姓书库·谢》,陕西人民出版社,2002年。
②　《十国春秋》卷95,《张睦传》。
③　《十国春秋》卷94,《王审邦传》、《王延彬传》。
④　《旧五代史》卷134,《王审知传》。
⑤　(五代)于兢:《琅琊忠懿王德政碑》,载《全唐文》卷841。
⑥　(唐)李吉甫:《元和郡县图志》卷29,《江南道五》。

上述 5 州则激增到 24007 户、24007 户、76581 户、94475 户、90492 户①。

　　唐末五代到底有多少河南人移居福建已很难考证,但通过史志、族谱等资料有关固始入闽姓氏的梳理,还是能对当时以固始人为主体的入闽河南人的情况有个大概了解。《泉州谱牒华侨史料与研究》所收先祖来自光州固始的 54 部族谱中,有 40 部明确记载是"唐末自固始入闽",或"随王潮入闽"、"随王审知入闽",涉及王、彭、柯、许、郑、周、吕、谢、康、尤、苏、曾、涂、吴、蔡、卢、黄、龚、洪、刘、余、李、戴、施、董、庄、孙等 27 姓。《台湾通志·人民志·氏族篇》明确记载于唐末自固始入闽的有陈、李、王、吴、谢、郭、曾、周、庄、苏、高、詹、沈、柯等 14 个姓氏。《闽台关系族谱资料选编》明确记载祖先于唐末自固始入闽的族谱有曾、董、彭、游、傅 5 姓。《上海图书馆馆藏家谱提要》中也有黄、曾、邓、严、傅、刘等 6 姓 10 部族谱称自己的先祖是于唐末自固始入闽的。综合正史、谱牒、地方志以及个人文集等资料,明确记载自唐末五代间由固始移居福建的姓氏就有蔡、曹、陈、程、戴、邓、董、范、方、傅、高、龚、郭、和、洪、侯、胡、黄、江、金、康、柯、赖、雷、李、连、梁、廖、林、柳、刘、卢、吕、罗、骆、马、茅、潘、彭、邱、商、沈、施、苏、孙、唐、涂、王、魏、吴、谢、许、薛、严、杨、姚、应、尤、游、余、袁、曾、詹、张、郑、周、朱、庄、卓、邹等 70 姓。②

　　两宋之际,随着金兵南下和宋室南渡,中原地区再次成为战乱的中心,大批中原人口随着宋室南下,由于福建靠近南宋都城临安,成为北方移民争相避难的地区,宋室"南渡钱塘后,建为外藩,而中原丧乱,士大夫率多携家避难,遂族处于斯"③,这其中有不少是河南人,如光州固始人叶炎会,随宋室南渡,卜居仙游古瀨,后代散处漳、泉二州④;固始人张纂,宣和间拜朝散大夫,金人南侵,纂扈高宗南渡,官于闽,爱顺昌山水佳胜,因家焉⑤;河南光州人邵子厚在南宋高宗皇帝南渡迁都时,定居泉州市晋江永和镇邵厝村⑥;南宋潮州知州林复之,"其先大梁

---

①　(宋)乐史:《太平寰宇记》卷 100～102。漳州、汀州两州户数相同,恐有误,暂难考订。

②　参见拙著《固始与闽台》,河南人民出版社,2007 年。

③　[康熙]《瓯宁县志》卷 2。

④　杨绪贤:《白话台湾区姓氏堂号考》,台湾新生报社,1981 年。

⑤　[乾隆]《福建通志》卷 52,《流寓·张纂传》。

⑥　福建省文化厅编:《八闽祠堂大全》,海潮摄影艺术出版社,2002 年。

人,南渡家闽"①;南宋参知政事王积翁的高祖为光州固始人,"南渡时,尝仕闽,因家焉,故又为福之长溪人"②;南宋咸淳间福清人林伯俊,"其先光州固始人,曾祖庸,徙闽之福清"③;元代官至茶陵州判官的许晋孙,其先祖为汴(今开封)人,宋室南渡时,徙居建昌④;南宋淳熙年间(1174～1189),谢均兰从河南光州固始迁徙福建永定山前⑤。

南宋末年,蒙古元军与南宋对峙,迫使北方汉人再次南下,其中有些河南人迁徙来到福建,如南宋度宗时,汉关内侯侯霸公之后因避元兵,子九人由河南光州固始迁福建南安十八都,地以姓得名,因称侯垵乡⑥;南宋末年,固始人朱士宏官南剑州知州,扈从宋帝到海上,不幸遇难,其子孙留居剑浦(今福建南平)⑦。元朝之后,河南大规模移民福建的历史基本结束。

（作者为河南省社会科学院文学研究所副研究员）

① (宋)刘宰:《漫塘集》卷30,《故知潮州侍左林郎中墓志铭》。
② (元)黄溍:《文献集》卷10上,《故参知政事行中书省事国信使赠荣禄大夫平章政事上柱国追封闽国公谥忠愍王公祠堂碑》。
③ (元)俞希鲁:《至顺镇江志》卷19。
④ (元)黄溍:《文献集》卷8上,《茶陵州判官许君墓志铭》。
⑤ 谢钧祥:《百家姓书库·谢》,陕西人民出版社,2002年。
⑥ 苏黎明:《泉州家族文化》,中国言实出版社,2000年。
⑦ [乾隆]《福建通志》卷31,《名宦·朱士宏》。

论客家河洛姓氏寻根对客家
文化重构的意义

廖开顺

本文所指的"河洛"是以河洛地区为中心的中原地带,是中华文化的主要发源地。客家是汉族一支经历了长途迁徙的特殊分支,可称为汉族客家民系或汉族之内的客家族群,其血缘与文化之根在河洛。河洛姓氏寻根是长期以来的客家认同的主要方法和途径之一,而客家认同则是客家文化重构的前提。

一、从石壁客家姓氏看河洛与海内外客家姓氏渊源

客家人自称先祖为河洛人,这集中反映在客家的一副长联中:"客系何来?本黄裔后胄,三代遗民,世居河洛,自晋初、战乱兵凶,衣冠南下,经唐灾、历宋劫,籍寄遐荒,荜路蓝缕创四业,溯渊源,千年称客实非客;家乡哪处?数远祖先贤,中原旧族,转徙粤闽,从宋末、居安业定,驻足梅州,复明播、继清迁,群分边郡,瓜瓞绵延遍五洲,同根柢,四海为家就是家"①。可以说,海内外客家绝大部分姓氏的源头在河洛,而海内外客家姓氏又集中在福建宁化石壁,为此,我们可以从石壁客家姓氏看海内外客家姓氏与河洛姓氏的渊源关系。

(一)石壁是客家早期最重要的集散地

地理上狭义的石壁指今福建省宁化县石壁镇,史称"石壁峒"、"石壁村"、"石壁寮"、"石壁城"等;中义的石壁指宁化县西隅以石壁镇为中心的一带地区;

---

① 转引自刘佐泉:《客家历史与传统文化》,河南大学出版社,1991年。

广义的石壁则是以石壁为中心的赣南、闽西交界地区,包括赣南的宁都、石城、瑞金和闽西北的宁化、清流、明溪、长汀等地。在本文中,作为孕育、形成客家族群的地区应为广义的石壁,"以石壁为中心的武夷山南段赣闽边区,赣、闽、汀三江的发源地是孕育客家民系的摇篮地,而不仅仅是进进出出的中转站,或者祖宗曾在此滞留的祖地"①。在本文中,作为客家姓氏田野调查和取样的"石壁"则是狭义或中义的石壁。石壁在客家族群形成历史中具有孕育客家族群的特殊历史地位和作用。客家族群孕育、诞生于唐末至宋代,这个时期石壁是汉人移民最主要集聚地。客家先民是以中原汉人(包括从中原直接迁徙或从长江流域再度迁徙的中原汉人后裔)血缘为主,赣闽粤本地族群血缘次之的族群。汉人移民的集聚为客家族群的孕育和诞生提供最基本的条件。在石壁,"唐末黄巢农民战争在江西、福建激战,唯独宁化石壁处于赣闽两省夹缝之中,兵革不侵,是避难的宁静乐土。长江下游鄱阳湖区的客家先民,便沿赣江南下,经赣州石城武夷山隘口来到宁化避难。经过400年的安定生活,宁化全县的居民由唐天宝年间(公元742年)约5000人,至宋宝祐年间(公元1253～1259年)增至11万以上。"②此外,"石壁"还是一个文化概念,代表客家族群的孕育、诞生时期和地区,并且蕴涵客家的早期记忆和情感,"为大槐树、筷子巷、珠玑巷一样,均不仅仅是个地理概念,而是一个文化地域概念"③。

(二)石壁客家姓氏的河洛姓氏渊源

根据石壁田野调查资料④,从隋代以前到清代,大量中原流民直接迁移到福建宁化。在入迁宁化的姓氏中,以直接迁到石壁的为最多,以各姓氏首支迁入宗支为统计对象,直迁石壁村或石壁地区的达58姓。其中,隋以前4姓(邓、钟、许、刘),唐代16姓(龚、江、侯、温、杨、邹、官、谢、严、马、张、邬、冯、贝、薛、洪),五代十国2姓(吴、孙);北宋10姓(邢、萧、魏、童、郭、戴、古、詹、骆、幸),南宋21姓(周、游王、新扬、吕、科、段、湛、汤、梁、石、林、卢、过、居、钱、袁、焦、鄢、曹、艾、莫),元代2姓(程、甘),明代3姓(苏、房、毛)。唐末以后大量的汉族流民从长

① 谢万陆:《再论石壁》,载刘善群《石壁与客家》,中国华侨出版社,2000年。
② 韩信夫:《关于客家祖地宁化石壁的再认识》,载刘善群《石壁与客家》,中国华侨出版社,2000年。
③ 谢万陆:《再论石壁》,载《石壁与客家》,中国华侨出版社,2000年。
④ 据宁化县客家研究会余保云先生田野调查资料。

江流域辗转迁入石壁,至南宋时期,迁入的汉族在180个姓氏以上,其中,石壁客家有谱牒资料依据的有172个姓氏,在南宋以前有明确的迁入时间的有145个姓氏。石壁客家谱牒对姓氏迁徙记载较为详细。如,罗氏:以珠公为一世祖,传二十一世景春,于豫章迁福建沙县,其长子万发于隋大业十四年(618)徙居黄连竹筱窝(今宁化县治所),唐末,仪贞公,仕唐,致仕后隐居吉丰,其长子景新徙江西宁都,又转徙宁化石壁葛藤坑。又如:李氏茂郎,唐高宗总章元年(668)职授参军,初镇守广昌,复调守建州卫,后居建宁桂杨乡,又转徙黄连武昌乡(今宁化中沙乡武昌村)。宋时,李侗,又名友谅,字愿中,号延平先生,原居南剑州剑浦,生信甫,乾道进士,淳熙元年(1174)试吏汀州,后乃迁宁邑东百里之温泉团(今宁化泉上镇),妣余氏,生五子,三子圣郎(又名燔公)迁江西宁都,生子奇,字孟佑,迁居江西石城,为避金兵之乱,携长子、次子:珍、珠、徙居闽汀宁化石壁乡。李珠生五子,以金、木、水、火、土命名,分衍闽西、闽南、广东、台湾乃至东南亚各地。

(三)石壁客家姓氏的播迁

石壁与海内外众多地区的客家有非常广泛而比较明晰的血缘渊源关系。至南宋保佑年间,宁化出现历史上第一个人口高峰,原来地广人稀的宁化县人口饱和,并且宋、元交兵殃及宁化,从南宋起,宁化客家大量外迁,至明代外迁的姓氏达200个,宁化人口由高峰时期的11万余万人下降至3万人左右。南宋、元、明、清时期石壁客家大量外迁的主要流向为:(1)闽西的长汀、上杭和武平等县。(2)闽南地区。宁化及石壁客家移居闽南始于五代后梁时,盛于元、明两朝。(3)广东梅州地区。宁化及石壁迁往广东各地的姓氏,其迁移途径,一是直接从宁化及石壁迁入广东,二是先迁闽西或赣南,居住一个时期或繁衍一代至数代,再转迁梅州等地。清光绪温仲和在编纂《嘉应州志》时便注意到客家聚居地梅州与宁化在人口方面的渊源关系,"梅州人民抗元之壮烈,地为之墟,闽之邻粤者,相率来梅,大约以宁化为最多。所有戚友询其先世,皆来自宁化石壁"①。(4)赣南。宁化同赣南移民的关系不是单向的移民,而是双向互动关系。在宋代之前由赣南迁往闽西、粤东北,宋代后,特别是在明、清时期则由广东、闽西迁

---

① 引自三明市客家联谊会《论石壁》,海风出版社,2003年。

往赣南。此外,宁化还有向赣中、赣北(清代)迁徙的客家。(5)四川、广西、陕西等内地省份。(6)港、澳、台地区。香港客家人200多万,大多数是石壁客家后裔。台湾众多客家姓氏与石壁有渊源关系,1998年10月16日台湾世界客属总会顾问叶英超(原籍长汀)第四次前往石壁参加祭祖活动时对记者说:"宁化石壁也是我的老祖宗居住地,而且是世界客家人真正的祖地"①。"台湾有60多个常见姓氏与宁化石壁有关,其中300余万是客家人。"②厦门大学陈国强教授于1992年到台湾调查访问之后认为,"台湾客家与宁化关系密切,不仅他们的祖根在宁化,就是现在台湾的物质文化也保留了一些传统特点"③。台湾客家少数是直接从宁化迁去的,大多数是自宁化经过闽西和广东以后再迁移台湾的,再者,也有不少宁化客家后裔经闽南而后赴台,这些人多被视力为闽南人。(7)东南亚乃至世界各地。随着客家族群的形成和发展壮大,世界客家人中,有200种以上姓氏的祖先是自宁化或石壁播迁到海内外各地的,他们多数被其后裔奉为始祖或开基祖。

海内外众多客家姓氏与石壁客家有渊源关系,而石壁客家姓氏又与河洛姓氏有密切的渊源关系,寻根的起点是海外,中转站是闽粤赣客家地区,终点是河洛,追根溯底,河洛姓氏是世界客家姓氏根源所在之地。

二、客家认同运动与客家寻根

(一)缘于客家文化危机意识的客家认同运动与客家寻根

20世纪后期以来海外客家掀起的寻根谒祖热潮既是姓氏、血缘寻根和文化寻根,又是客家认同运动的主要途径,表现了客家缘于文化危机意识而产生的强烈的族群认同意识。20世纪后期以来,客家(主要是海外客家,包括国外和境外客家)面临前所未有的全球化冲击。"全球化"始于经济全球化,但经济全球化必然使经济、科技与军事都处于强势的国家推行"文化全球化"。全球化给海外客家带来很多新的矛盾和冲击。客家作为跨国族群,既要适应所在国家和地区

---

① 温明荣:《海峡隔不断思乡情——访台湾世界客属总会顾问叶英超》,《客家魂》1999年4期。
② 韩信夫:《关于客家祖地宁化石壁的再认识》,载刘善群《石壁与客家》,中国华侨出版社,2000年。
③ 陈国强、林加煌:《宁化石壁与台湾客家》,载张恩庭等《石壁之光》,厦门大学出版社,1993年。

的主流文化,解决好公民、民族、族群的不同身份问题,又要保持族群边界,维护和发展自身文化,这是困扰海外客家的外在矛盾。从客家族群内部看,海外客家的身份、血缘、生活方式、文化心理结构等方面远比大陆客家复杂,这既有利于客家族群的发展,但也是族群认同的较大问题。随着时代的推移,海外客家后代与老一代客家的文化矛盾逐渐显现,在海外出生的客家后裔以及中国大陆改革开放以后出国出境的客家后代已成为海外客家主体,前者一直受西方文化的教育和熏陶,后者由于在大陆时客家意识不强,进入异民族和异种文化的国家更容易淡薄客家观念。客家语也面临流失的危机,客家语是维系客家族群最重要的工具,也是客家文化本体要素,随着环境的变化和时间的推移,客家语不断流失,面临失传危机。因此,在全球化语境背景中,一次世界性的客家族群认同运动在20世纪后期全面兴起,其中包括海外客家的血缘寻根、文化寻根以及大陆客家族群认同意识的觉醒。

(二)客家河洛姓氏寻根是客家的血缘寻根

姓氏既是一个人以及所属家族血缘的符号与标志,也是中国传统宗族观念的外在表现形式。中国姓氏文化经历了四五千年的延续和发展,姓氏作为一种血缘文化的特殊符号形式记录了中华民族的历史,在中华民族文化的同化和国家统一上曾起过独特的凝聚力作用,因而姓氏寻根既是血缘寻根又是文化寻根,二者不可分离,但姓氏寻根首先是血缘寻根,正如人回故乡一样,动机首先是血缘。血缘寻根是客家族群认同的重要途径和方式。西方族群认同理论之一的"原生论"早期代表人物马克斯·韦伯(Max Weber)认为,族群是这样的群体,其成员"由于身体类型,或习惯,或二者皆有的相似性;或是由于对殖民和移民的记忆,而主观地坚信,他们的裔脉相同(commmon descent)。这种坚信对于群体构成之发展至为重要,无论它是否在客观上存在血缘关系,准确而言,由于一个推定的认同的存在,族群成员资格(ethnicmembership)有别于亲属群体"①。"原生论"认为族群的情感纽带是"原生的",甚至是"自然的",认为基于语言、宗教、种族、族属性和领土的"原生纽带"是族群成员互相联系的因素。强调语言、宗

---

① 范可:《中西文语境中的"族群"与"民族"》,载徐杰舜《族群与族群文化》,黑龙江人民出版社,2006年。

教、种族、族属性和领土是整个人类历史上最基本的社会组织原则,而且这样的原生纽带存在于一切人类团体之中,并超越时空而存在,所以,对族群成员来说,原生性的纽带和感情是根深蒂固的,非理性的,下意识的。韦伯强调了脉裔(血缘)、习俗、共同的历史记忆等是族群构成的重要因素,但是韦伯也反对族群认同的纯血缘论,强调非亲属的共同关系对族群的重要意义,认为族群不等于亲属群体,血缘只是一种建构,认为文化要素是"实存"的,而血缘是"构建"的。韦伯的观点也适用于客家族群,我们既要承认客家族群的血缘因素,否则无法解释客家的姓氏寻根等现象,但是更要强调文化对客家族群构成的作用,将客家作为文化体对待。血缘作为客家族群的一个"客观构成要素"、"原生要素",既是实存的又是建构的。从实存看,客家族群的很多裔脉(血缘)可溯,中原汉人血缘一直是客家族群认同的依据,从石壁和各客家聚集地众多的谱牒中也可以看到客家族群血缘因素的实存。客家重视血缘关系(以及地缘关系),血缘意识根深蒂固,这有其特定的文化背景和现实因素。客家族群形成于中国古代,深受中国血缘文化影响。家族血缘关系本来是氏族社会的遗产,随着生产力的发展和文明制度的产生,人与人之间的财产关系渐渐取代了血缘关系,国家取代了家族,社会契约取代了生物纽带,但是,中华民族较早走上了一条被马克思称之为"早熟的"、"亚细亚的"文明路径,在长期农业社会的自然经济状态下,原始的家族血缘纽带一直没有被私有制的社会所彻底摒弃,反而发展为宗法制社会的支柱。原始儒家更强化了血缘,以血缘的"孝"、"悌"为其理论基石,构建"家国一体"的社会理想,并且,儒家学说逐渐发展为中国古代的主流意识形态。可以说,中国古代主流文化是在血缘关系上构建的文化。客家是中国古代主流文化最忠实的传承者,并且,客家的历史是不断迁徙,开创新的生存环境的历史,更需要以血缘、地缘关系维系生存和保障发展,为此,我们不难理解客家为什么极其重视宗族关系,在海外广泛建立以血缘、地缘为纽带的家族企业和客家团体,中国大陆赣闽粤大三角地区的一些客家聚居地被叫做客家"祖地"。可以说,客家族群的血缘要素既是建构,也是实存。客家河洛姓氏寻根首先是客家的血缘寻根,这一寻根对族群认同具有重要意义。

(三)客家河洛姓氏寻根更是客家的文化寻根

如前所述,客家族群虽然具有原生族群的血缘要素,但客家族群不是一个血缘体,而主要是一个文化体。客家族群的"血缘"有实存,如我们可以从石壁客家姓氏上溯河洛汉族姓氏,也可以从石壁找到海内外众多客家姓氏的流向,但是,客家的血缘更是一种"建构",是在血缘基础上的文化建构,而且客家特别重视这种文化建构,客家家训之一的"慎终追远"就是客家血缘建构和文化建构的集中体现。在血缘建构中,客家先祖往往被泛化和神化,这样的"祖先"成了文化象征,其中蕴含客家的原始情感与早期的历史与文化记忆。客家崇尚华夏正统,具有崇尚正义的"崇正"精神,在谱牒编修中对河洛先祖或有攀附,以追求正宗和古远。客家还注重文化的建构,20世纪后期在石壁所兴建的"世界客家公祠",正殿祀奉客家160个姓氏的始祖神位,其意义远远超越了实存的血缘,具有血缘和文化建构的象征意义。20世纪后期以来的海外客家血缘寻根也是对血缘的建构,是在族群血缘因素淡化背景下建构血缘,从而重构文化。为此,我们认为客家河洛姓氏寻根具有血缘和文化建构的双重意义。河洛姓氏寻根,现象上是对血缘的追根溯源,寻找和追思客家先祖,但"先祖"有很大的模糊性。有必要对客家先祖、祖先、先民三个概念进行辩证:(1)对"先祖"、"祖先"、"先民"三个概念的区别。"先民"是与特定的族群(民族)相对应的群体概念,而"先祖"、"祖先"主要是针对姓氏、宗族、家族的概念。"先民"应特指某一族群(民族)物质文化的拓荒开基和精神文化的原创群体。"先民"具有相当的模糊性,一个族群(民族)文化的创造,特别是精神文化的创造要历经相当漫长的时期,其创造过程中的先民难以追溯,但先民又具有一定的明确性,对于一个族群而言,其早期人口集聚、繁衍以及物质生产活动总是在一定的空间进行,族群的文化个性也是在一定的时期基本形成,具有可追溯性。"先祖"一般是宗族血缘体中较远的祖先,主要是血缘的、个体的,有具体所指,但是"先祖"也具有很大的模糊性,血缘愈远则愈模糊,并且杰出的姓氏或宗族先祖往往被作为族群(民族)的始祖,其血缘关系模糊。先祖具有文化属性除了"人是符号的动物"①这个一般因素以外,值得纪念的"先祖"蕴涵着相当多的文化内容,比一般的宗族、族群成员更具有符号性,杰出的先祖往往被族群(民族)作为人格的象征或被神化,如河洛文化中的中华民族始祖。"先祖"如果是某一族群(民族)的物质文化

---

① [德]恩斯特·卡西尔著,甘阳译:《人论》,上海译文出版社,1985年。

与精神文化的早期创造者,他们则包含在某一族群的先民中,否则不能称为某一族群的先民,如,大部分客家先祖是中原汉人,但是,客家古远的先祖在南迁大潮中如果没有南迁或者南迁后融入其他族群则不是客家先民。"祖先"与"祖宗"的含义接近,是比"先祖"较近的祖宗,它主要是血缘的、个体的、具体的概念,往往有谱牒可查。与先民同时代的祖先一般应包含在先民中。"祖先"同样具有文化性,"祖先"是具体的宗族文化的传承与传播者。"祖先"也有模糊性,因为"祖先"与"先祖"没有明确的世系界定,在宽泛的语境中往往互相混用,在修辞中也常常以"先祖"称已故但是世系比较近的"祖先",以示尊敬。(2)对"客家先民"、"客家先祖"、"客家祖先"的区别。"客家先民"是对应"客家族群"的概念,而不能泛化为汉民族先民。对客家先民既要从血缘上溯源,更要从文化创造的历史过程中溯源。客家族群的血缘渊源主要在中原汉族中,但是,客家的先祖并不都是客家先民,只有向客家族群孕育与形成地区迁徙并参与物质文化与精神文化创造的客家先祖才是客家先民。比较复杂的问题是,既从中原南迁,但是他们自身没有到达客家孕育和形成地区,而是他们的后裔进入客家孕育和形成地区。譬如早期(主要是西晋末年"永嘉之乱"时开始的中原汉人第一波移民大潮)迁徙到长江中下游地区的中原汉人,他们并没有进入客家族群孕育和形成地区以及直接进行客家文化的创造,尽管他们在迁徙中形成的不畏艰难、以四海为家的精神影响了客家文化个性的形成,数百年后他们的后裔再向赣闽粤边区迁徙并进行客家文化创造,这样的中原汉人主要是"客家先祖",而他们向客家孕育和形成地区迁徙的后裔则是客家先民。此外,在客家族群孕育和形成地区被"客化"的原土著族群成员也可以视为客家先民,但他们不是客家先民的主体。"客家祖先"则是比"客家先祖"世系更近,更具体的血缘概念,在客家孕育和形成地区拓荒开基的客家先民是较早的客家祖先,客家族群形成以后,客家人的祖辈是较近的客家祖先。当然,这样的界定仍然具有很大的模糊性,只能对它们作一个大致的区分。石壁作为最重要的"客家祖地",其中"祖"的涵义一是客家先民,二是比客家先祖较近的"客家祖先",因此,世界客家与石壁的血缘关系比较明晰可溯,这是石壁成为20世纪后期海内外客家寻根谒祖重要"祖地"的最重要原因。河洛地区的客家先祖则比较模糊,对河洛地区的客家先祖进行姓氏、宗族血缘的追溯是模糊的,是血缘和文化的建构,根本上是文化寻根。

三、寻根是客家文化重构的起点

（一）客家文化重构的必要性与可能性

文化重构是一个文化体系的再造，特别是价值系统的重新建构，以及文化模式的铸造、文化类型的规整，是新的或外来的文化因素被纳入本文化之中的整个过程。客家文化产生于中国古代，是在农业自然经济和宗法制社会结构的背景中产生的文化，在现代化、全球化的今天必然要进行文化重构。全球化正在促进世界政治、经济、文化的全面转换和重构，在全球化语境中，客家不应回避文化重构问题，而应抓住挑战与机遇，振兴客家文化，立于世界文化之林。全球化并不是文化的一元化，而是多元文化的共生与共同繁荣，这就为每一种文化的存在与发展提供了可能，同时，全球化要求每种文化以开放的姿态积极参与全球化。客家文化属于中华文化的一个分支，客家的文化历史其实也是固守和发展中华文化特别是儒家文化的历史。儒家文化的人文精神和开放姿态为客家参与全球化语境中的族群对话与交流提供了有利的思想理论体系。同时，客家又是汉民族中最富有实践、开拓和创新精神的族群，也最富有凝聚力，具有参与全球化的历史经验和现实条件，客家遍布世界各地，在全球化语境中重构客家文化既有必要也有可能。但是，无论是客家文化还是母体的中华文化，要真正全面实现从传统到现代的重构，还需要在现代化进程中经过几代人的努力，而且解构和重构永远是一个历史过程，将随着历史的进程而不断进行。客家如何根据自身的发展需要进行文化的解构和重构，使自身更符合时代发展的规律，是当前客家所面临的重大问题。

（二）客家文化重构的前提是客家族群认同

客家文化重构的主体是客家，因此首先要强化客家族群认同，客家族群认同是客家文化重构的前提。族群认同即族群身份的确定，"民族（族群）认同即是社会成员对自己民族（族群）归属的认知和感情依附"。客家族群形成后，其族群认同一直在进行，有两次大的客家认同运动。第一次发生在1850年左右至1930年左右，主要是一批专家、学者对客家族群中原汉人血统和文化渊源进行考证和认同。第一次客家认同运动主要解决了客家族群的族源问题。第二次客家认同运动可以1988年12月台湾客家所发起的"还我母语运动"为起点，20世纪90年代初大规模兴起,海外客籍人士纷纷回祖国大陆寻根谒祖。如,1996年海内外10万客属在石壁祭祖,世界各地客属社团活动纷纷成立,每年召开大规模的世界客属恳亲大会等。这次客家认同运动是在客家文化已经相当成熟,面临全球化挑战,海外族群与居住地其他族群互动幅度更大以及客家后裔族群意识淡薄的形势下产生的。与第一次客家认同运动相比,第二次客家认同运动一是客家族群成员的参与面极其广泛,二是血缘与文化寻根成为客家认同的重要方法和途径。20多年以来,海外客家寻根热方兴未艾,各客家宗族纷纷编修谱牒,众多的客家研究学者追溯客家源流,大陆客家族群意识觉醒,与姓氏、血缘有关的客家文化象征物的保护(如祖墓、祠堂、客家土楼)与兴建(如客家公祠、客家团体)等,无不表现出强烈的族群认同意识和寻根意识。

(三)河洛姓氏寻根对客家文化重构具有寻根固本的特殊意义

在全球化语境中进行文化重构首先需要确立自身文化的地位和特性,对自身文化进行固本,才能在与他文化的交流、碰撞中不被同化或涵化,并进行文化创新。客家文化是中华文化的一大分支,不是一个独立的文化体系,而且客家文化属于世俗型、实践型文化,客家至今没有产生自己的思想家和创造独立的思想文化理论体系,因此,客家文化的文化重构必须较多地依赖于它的母体中华文化,客家文化重构离不开中华文化这个根本。对河洛文化的寻根则对于寻根固本具有特殊的意义。河洛文化是中华文化的"根性文化"。根性文化具有这样的特质:其一,它既是某一民族文化的内核,又是该民族文化的源头文化。其二,根性文化不但包括某一民族早期的物质文化,更对该民族思维方式、价值观念、道德规范、审美趣味、宗教信仰等精神文化的形成起先导作用,从某一民族原初的口传精神文化体系到书面文化原典的创造都产生先导作用或直接创造,并且被民族成员共同认可和接受。其三,根性文化具有很强的兼容、播衍、涵化等功能,通过"根"繁衍分支,源远流长。并且,根性文化所衍化、发展的文化在流传、扩展、变异或衰弱的过程中,民族成员可能重新寻找和吸收源头的"根性",因而根性文化具有很强的再生功能和超越时空的延续性。河洛文化作为中华文化的根性文化,具有这样的主要特征:其一,早期河洛人的物质生产活动以及所创造的中华早期物质文化为中华迈进文明时代奠定了基础。其二,河洛文化对中华文化原典的产生起先导作用,并直接创造了部分中华文化原典。文化原典原本是民族智慧的结晶,它关怀社会,关怀民生,关怀人的生命,激励生命价值,给人以生存与生活智慧等。河洛文化中的原典文化精神既是古老的,但又适合解决现代社会的许多困惑人的世界性问题。其三,重文重德,为以德治国打下道德文化基础。客家继承和发扬河洛根性文化,形成了客家文化,客家文化的内核即客家根性精神,它与河洛根性文化有一致性:第一,如中华先祖一样具有强烈的血缘与地缘意识,在悠久的历史中世代传承,而今又表现在客家认同的血缘与文化寻根中。第二,继承了中华始祖不畏艰难的开拓精神,勇于实践,不断迁徙,不断开拓,并取得辉煌成就,闻名世界。第三,崇文重教厚德。客家固守河洛根性文化精髓,世代相传,如今,客家面临汹涌而至的全球化浪潮,产生文化危机意识,回到母体文化的发源地河洛地区,以姓氏、血缘寻根为旗号,实质是对河洛根性文化的寻根,寻找中原先祖的文化精髓。这对于客家文化重构具有特殊的寻根固本意义。但是,寻根只是客家文化重构的一个逻辑起点,是客家认同的一种方式和途径,适应现代化的文化重构才是振兴客家文化的根本途径,才能在全球化形势中自立、自强于世界各民族(族群)文化之林。

（作者为福建三明学院客家文化研究所主任、教授）

中州姓氏的入闽及其发展衍变

黄英湖

　　姓氏是人们追宗溯源的主要依据。现在福建境内的许多姓氏,都是古代随移民从中州南迁入闽的,所以,福建的姓氏大多与河南有密切的渊源关系。但是,由于福建面对台湾,邻近东南亚的特殊区位,以及周边大多高山环绕,与外省交通十分不便的地理特征,使得这些中州南迁入闽的姓氏,在福建经过长时间的发展衍变,形成一些与迁出地不同的特点。

一、中州居民的南迁与汉族姓氏的入闽

　　福建早期的居民是东南百越中的闽越族。据司马迁的《史记·东越列传》记载,公元前110年,闽越国被灭亡后,汉武帝以"东越狭多阻,闽越悍,数反覆,诏军吏皆将其民徙处江淮间。东越地遂虚。"汉武帝北迁闽越族,"虚"其地的举措,为汉族居民的南迁入闽腾出了空间。于是,逐渐有北方汉人南迁到福建定居,其中比较主要的是中州几次大移民。

　　1. 中州居民的几次大规模入闽

　　历史上,中州共有三次向福建的大规模移民。第一次发生在西晋末年的"永嘉之乱"后。乾隆《福州府志·外记》中引路振的《九国志》说:"晋永嘉二年(308),中州板荡,衣冠始入闽者八族:林、黄、陈、郑、詹、邱、何、胡是也。以中原多事,畏难怀居,无复北向,故六朝间仕宦名迹,鲜有闻者。"

　　尽管有人对这个记载持否定态度,可是,唐代林蕴在为《林氏族谱》作的序中也说:"汉武帝以闽数反,命迁其民于江淮,久空其地。今诸姓入闽,自永嘉始也。"宋代陈振孙在《直斋书录解题》中所引的唐代林谓《闽中记》也说:"永嘉之乱,中原士族,林、黄、陈、郑四姓先入闽。"林蕴和林谓都生活在唐代,上距"永嘉

之乱"为时并不远,他们所讲述的事情,应该是可信的。当时中州兵祸战乱连年不断,民不聊生,许多门阀士族纷纷携众多部曲南迁,被迫背井离乡南迁的中原流民多达90万左右。在江浙一带的平原沃土被先到的上层大士族占据后,那些较后离开中州的中小士族和普通百姓只好退而求其次,来到当时还很空旷的福建。所以,不论是八姓还是四姓,也不论人数有多少,在当时大量外迁的中州流民中,肯定是会有一些人辗转进入福建的。民国《建瓯县志·礼俗记》中也说:"晋永嘉末,中原丧乱,士大夫多携家避难入闽。建为闽上游,大率流寓者居多。时危京刺建州,亦率其乡族来避兵,遂以占籍。"这是又一批为避乱而南下入闽的北方移民,不过,他们不在八姓或四姓之列。这些史料都与路振的《九国志》记载互相吻合,佐证了"八姓入闽"之说。

古代中州向福建的第二次大移民发生在唐初。唐高宗总章二年(669),今漳州和潮州地区的"蛮獠啸聚"叛乱,中州颍川人陈政被朝廷任命为岭南行军总管,和儿子陈元光统领3600多名的将士入闽平叛。以后,由于兵力不足,陈政的母亲和兄弟又率领3000多名将士南下增援。这些由陈家兄弟带到福建的中州将士中,有许多是携带家眷南下的。叛乱平定后,他们就在福建安家落户,其总数有7000人多人。

古代中州向福建的第三次大移民,就是唐末王潮、王审知兄弟的率军入闽。祖籍河南光州固始县的王氏兄弟及其所率的5000农民起义军和眷属,一路辗转来到福建,最后在闽地安家落户,建立地方割据政权闽国。由于王氏兄弟在福建立国当家,有权有势,他们的许多河南老乡也纷纷南下投奔依附,从而形成中州向福建的又一次大移民。客家研究专家罗香林在《客家研究导论》中说:"颍淮汝三水间留余未徙的东晋遗民,至是亦渡江南下,至汀漳依王潮兄弟。"

2. 零散进入福建的中州移民

这几次大规模移民之外,还有许多中州居民是零星地、分散地南迁入闽的。仅在唐代,由中州迁入福建各地的就有:1996年中华书局出版的《大田县志》卷四《氏族》中说,大田田姓的入闽始祖是田本盛,河南固始县人,于唐开元二年(714)迁入大田梅林。民国修的《闽杭赖氏宗谱》卷首"世系源流"中说,唐贞观年间,其始祖赖德由河南颍川率赖标、赖极、赖枢三个儿子入闽。以后,其族裔分散到长汀、宁化、上杭、永定等9个县。莆田的郭氏也是在唐代迁居入闽的,据仙游《郭氏正续世庆志》卷首"续世庆志"说,其先祖是在唐咸通年间(860～874),由河南光州三迁而来到莆田的。诸如此类的记载,在福建各地的族谱中比比皆是,在此不一一列举。

所以说,福建各地的许多居民,都与中州河南存在着深厚的渊源关系。

3. 由中州进入福建的姓氏

随着中州移民的大量入闽,河南的许多姓氏也来到福建繁衍发展。"永嘉之乱"后的第一次大移民中,就有林、黄、陈、郑、詹、邱、何、胡这八姓入闽。唐初由陈政统领入闽的3600多名将士中,可查到的姓氏有45个,其中仅校尉以上的将领就有20个姓氏。据康熙《漳浦县志》卷十九记载:他们分别是"婿卢伯道、戴君胄,医士李始,前锋将许天正,分营将马仁、李伯瑶、欧哲、张伯纪、沈世纪等五人,军谋祭酒等官黄世纪、林孔著、郑时中、魏有人、朱秉英等五人,府兵校尉卢如金、刘举、涂本顺、欧真、沈天学、张光达、廖公远、汤智、郑平仲、涂光彦、吴贵、林章、李牛、周广德、戴仁、柳彦深等一十六人"。这30人中除10个姓氏重复外,余下的20个就是新入闽的姓氏。

以后,由陈政母亲和兄弟率领南下增援3000多名将士,也包含了58个姓氏,因为陈元光的《候夜行师七唱》诗中,有"五十八姓交为婚"的诗句。随这两批将士入闽的姓氏,可考到的有65个,分别是:陈、许、卢、戴、李、欧、马、张、沈、黄、林、郑、魏、朱、刘、徐、廖、汤、涂、吴、周、柳、陆、苏、欧阳、司马、杨、詹、曾、萧、胡、赵、蔡、叶、颜、柯、潘、钱、余、姚、韩、王、方、孙、何、庄、唐、邹、邱、冯、江、石、郭、曹、高、钟、汪、洪、章、宋、翟、罗、施、蒋、丁。

王潮兄弟所率入闽的6000多农民起义军中,也包含有许多姓氏。福州尚干《林氏族谱》中说:天祐元年(904)唐以福建威武将军王审知为节度使,左右有陈、林、高、郑四大姓,又有十八姓如王淡、杨沂及徐寅者,皆仕焉。这些姓氏也都在福建落户繁衍,成为今天许多大姓巨族的入闽始祖,如尚干的大姓林氏,据《林氏族谱》记载,其始祖穆,世居河南光州固始县,唐朝末年随王审知南迁入闽。闽清县著名的黄氏六叶祠族谱也说,其始祖黄敦本是光州固始县人,也是随王审知来到福建的。

二、福建姓氏的特点

福建汉族的姓氏,大多是古代随着中州居民的南迁,而从河南辗转入闽的。

但是,由于特殊的历史、地理背景,使福建的姓氏与北方及内陆其他省份的姓氏相比较,具有下列一些不同的特点:

1. 福建姓氏的排序与全国不同

对我国的众多姓氏,宋朝《百家姓》作了"赵钱孙李,周吴郑王……"的排序,明朝的《千家姓》和清朝的《百家姓》,也都有各自的排名顺序。2006 年 1 月 16 日由中科院发布的《中国姓氏统计》,则是我国一部按各姓氏人数多寡来排序的"新百家姓"。该项研究由中科院遗传发育研究所,华夏姓氏源流研究中心主任袁义达研究员主持。他们历经两年,调查范围达全国 1110 个县市,人群数量 2. 96 亿,从中找到约 4100 个姓,最终完成《中国姓氏统计》课题研究。

《中国姓氏统计》根据各姓氏在全国拥有人口数量的多少,重新排定 100 个姓氏的座次,前 10 位的是:1 李,2 王,3 张,4 刘,5 陈,6 杨,7 黄,8 赵,9 周,10 吴。

在袁义达的统计排序中,李是中国第一大姓,占汉族人口总数的 7.4% ;王为第二大姓,占 7.2% ;张是为第三大姓,占 6.8% 。另外,2007 年,公安部治安管理局对全国户籍人口的一项统计分析则显示:王是我国第一大姓,占全国人口总数的 7.25% ;李是第二大姓,占 7.19% ;张姓同样排列第三,占 6.83% 。人口在 2000 万以上的姓氏有 10 个,它们依次是:王、李、张、刘、陈、杨、黄、赵、吴、周。这些排名进入前十位的姓氏与袁义达的完全一样,只是前两位的王、李和后两位的周、吴,两种排序有些差别。

可是在福建,各姓氏的排名顺序却与全国不同。福建民间一直有"陈林半天下,黄郑满街走"(或"黄郑排满街")的说法。其意思是说,在福建人口中,陈和林这两大姓就占有一半的份额。此外,黄和郑也是大姓,满大街行走的都是姓黄和姓郑的人。2006 年 3 月 21 日《福建日报》报道:根据 2005 年 1% 人口抽样调查资料统计,在福建的常住人口中,排名前 10 大姓的人口占全省人口总数的比例分别为:陈 11.51% ,林 10.17% ,黄 5.64% ,张 5.39% ,吴 4.31% ,李 4. 23% ,王 4.02% ,郑 3.25% ,刘 2.98% ,杨 2.55% 。陈林两大姓合计占全省人口的 21.68% ,而这十大姓总计则占全省 54.05% 的人口比例。

而袁义达研究员根据对福建 45 个县、市调查所获得的数据进行统计后,得出一个与《福建日报》有所不同的排序:名列榜首的是陈姓,有 11.6% ,第二名的林姓有9.4%,接下来的是黄姓,有5.5%,张5.4%,吴4.8%,李3.9%,郑3.3%,王3.3%,刘2.5%,苏2.25%。十大姓的人口总数达1834.625万,约占全省人口的52%。

把袁义达研究员的福建、全国两个十大姓排序相比较,福建的第一大姓陈在全国排到第五位,而第二大姓林的排名则连前10位都进不了,落到第16位。第三大姓黄也只排第八位。而在全国分别排第23、41位的郑、苏两姓,则都进入福建的前十名,分别位列第七和第十名。全国名列前四名的李、王、张、刘,在福建只能排第六、八、四和九名。下面把这两种排序分别列表予以说明:

表一　福建与全国十大姓排序对比

排名顺序	一	二	三	四	五	六	七	八	九	十
福建排名	陈	林	黄	张	吴	李	郑	王	刘	苏
全国名次	5	17	8	3	10	1	21	2	4	41

2.各地的大姓巨族众多

福建偏处东南一隅,在区域位置上远离我国的政治、经济中心;在地理环境上由于周边大多被高山阻隔,难以与邻省交通往来,形成一个较为独立的地理区域。而反观北方的黄河、长江中下游地区,由于是政治、经济中心的所在地,区域地理位置重要,历来都是兵家必争之地。各种政争引发的战乱,以及黄河决口导致的灾荒,往往造成人民的大量死亡和外逃,千里无人烟。可是,由于特殊的历史、地理背景,福建自古以来,几乎不受中央政争引起的政治动乱和战火波及,社会相对平静和安稳。所以,许多姓氏迁入福建某地后,往往就一直在那里生存繁衍,几百年甚至上千年都不挪地方。从开基祖传下来,二三十代,甚至三四十代人都守着同一块土地。这样世代相传下来,就必然会形成许多姓氏聚族而居,大姓巨族众多这种社会现象。

在福建沿海侨乡,这种聚族而居的大姓巨族可以说是比比皆是。1925年9月9日,上海《申报》刊载的菲律宾马尼拉中西学校校长颜文初"菲岛通讯"中,就有一段谈及闽南侨乡聚族而居的情况:"就晋江一县而言:计八百余乡,皆聚族而居,大乡者万余人,数见不鲜,小乡者亦百人以上。"在泉州市的西南郊外,也有"树兜蒋,亭店杨"的说法,指的就是树兜和亭店这两个村庄中,蒋、杨这两个聚族而居的大姓。在他们的周围,还有吴、傅、陈、黄、王这些大姓,也都是人多势众。特别是黄龙的吴姓,分布在岩浦、坂头、仁美、歧山、黄石头等 13 个村庄,人口多达数万人,故有"黄龙吴姓 13 个乡"之说。

惠安县的埔崎一带则是何姓的天下,那里有六七个行政村,几十个自然村,数万居民全都姓何。而与之相邻的"后坑陈"也是大姓,那里的陈氏遍布 4 个行政村,十几个自然村。因此,在惠安就有"埔崎后坑"的说法。在泉州市泉港区的山腰,也有 9 个行政村,数十个自然村,4 万多人都姓庄。而旁边的坝头,则是 7 个行政村,几十个自然村,3 万多人都姓连。而在这两大姓周边,还有刘、郭、黄、钟等大姓,人口也都有好几千、上万人之多。

在省会福州郊外,也有著名的尚干林氏。其祖先随王审知兄弟入闽后,定居在尚干乡,经过一千多年的繁衍,至今人数也达数万人。闽清县六叶祠黄氏的祖先同样也随王氏兄弟入闽,可他不在王氏的闽国政权里为官,却跑到闽清的坂东择地而居。他生育了六个儿子,被称为"六叶",一千多年繁衍下来,至今后裔也有数万人之众。而其迁居福州南郊义序的一个分支,也已有近七百年的历史,现有 15 个自然村,2 万左右的人口。

在福建的其他地方,也有不少像这样聚族而居、人口数千数万的大姓巨族,从而呈现出福建姓氏的一大特点。因此,福建农村的宗族势力比较强大,血缘、地缘观念相对浓厚。

3. 与台湾的姓氏关系密切

台湾的姓氏与福建关系密切,同样也是源于历史上福建向台湾的移民。

像福建一样,台湾原来也是少数民族高山族生活的地方。至少在元朝,就有一些福建商人前往海峡对岸进行贸易。以后,一些福建渔民也登岛上岸,并在那里留居下来。明朝天启年间(1621～1627),泉州人颜思齐、郑芝龙以台湾为据点进行"海寇"活动,随之到台湾的泉州人日渐增多。明崇祯元年(1628)前后闽南大旱,已被招安的郑芝龙经奏准后,召闽南数万饥民到台湾垦荒造田。清顺治十八年(1661),郑成功率军东渡海峡,从荷兰人手中收复了台湾。据陈碧笙先生的《台湾地方史》书中统计,随郑成功、郑经父子到台湾的多达 12 至 15 万人。从郑芝龙开始,郑家四代在台湾执政当家,随之到台湾的也基本上是其闽南乡亲。康熙二十二年(1683)清朝统一台湾,特别是乾隆二十五年(1760)朝廷取消渡台禁令后,闽南人更是互相引带,大量迁居台湾,从而形成闽南人在台湾居多数的局面。

正是由于这种历史原因,闽台两地的姓氏存在着密切的渊源关系,可以说,台湾的姓氏是福建姓氏的延伸与发展,甚至可以说是福建姓氏的复制。在台湾的姓氏中,人口最多的是陈、林、黄、张、李、王、吴、蔡、刘、杨这十大姓。而根据上述的《福建日报》排序,福建的十大姓是陈、林、黄、张、吴、李、王、郑、刘、杨。把闽台的十大姓进行比较就可以看到:两地的十大姓中竟有9个是相同的,只有郑姓在台湾没有进入前十名之列,而是换成蔡姓。而这种情况又对应了闽南地区的一句民谣:"陈林李许蔡,天下占一半"。在泉州的十大姓中,蔡姓的排序和台湾一样,也是名列第八位。大部分台湾同胞是闽南移民的后裔,因此,蔡姓到台湾后进入十大姓之列也就不足为奇了。

再看看两者的排序,它们也基本上是一样的:前四个的陈、林、黄、张和最后两个的刘杨,这六个大姓的排序是完全一样的。中间排序五、六、七的三大姓,《福建日报》的排序是吴、李、王,而台湾的排序是李、王、吴,所不同的只是福建的吴姓排序在台湾退后了两位,两者的相差也不大。而且,福建十大姓的人口合计占全省人口总数的54%,在台湾则占51%,两地都占全省人口的一半以上。闽台两地姓氏这些惊人的相似之处,绝不是一种偶然的巧合,而是两省密切历史渊源的现实体现。

表二　闽台十大姓排序比照

排名顺序	一	二	三	四	五	六	七	八	九	十
《福建日报》排序	陈	林	黄	张	吴	李	王	郑	刘	杨
台湾排序	陈	林	黄	张	李	王	吴	蔡	刘	杨

如果再做进一步的分析,甚至连两地十大姓各自在全省人口总数中所占的比例,也是十分相似的。从下表可以看出,在两地相同的陈、林、黄、张、吴、李、王、刘、杨这九大姓中,台湾各姓在全省人口中的比例,和福建的差额都只在1%以内,只有林姓超出这个范围,两地的比例相差2.17%。由此也可看出两地姓氏关系之密切。

表三　闽台十大姓各自在全省人口总数中所占的比例

《福建日报》排序	陈	林	黄	张	吴	李	王	郑	刘	杨
所占比例(%)	11.51	10.17	5.64	5.39	4.31	4.23	4.02	3.25	2.98	2.55
台湾排序	陈	林	黄	张	李	王	吴	蔡	刘	杨
所占比例(%)	11	8	6	5	4	4	4	3	3	3

所以,在福建有"陈林半天下,黄郑排满街"的说法,而在台湾也有"陈林半天下,黄张排成山"的说法。福建所有的姓氏,在台湾也基本都有,包括一些罕见的姓氏。如福建比较罕见的粘姓,主要居住在泉州市区和南安、晋江、石狮等地,总人口只有 2640 余人。而台湾也有粘这个稀有的姓氏,主要集中在彰化县的鹿港镇和福兴乡,约有 6000 余人,鹿港附近就有个顶粘村及厦粘村,据说全台湾的粘姓共有一万多人。台湾的粘姓来自福建,是清代移居台湾的。世姓是一个泉州所独有的外国移民姓氏。可是在台湾,也有一些姓世的人,他们也是从福建移民过去的。所以,通过姓氏这一侧面,我们也可以了解台湾与福建的血缘关系之密切。

4. 许多姓氏都有宗亲移居海外

福建人是一个善于造船和航海,勇于向海外开拓发展的群体,带有很强的海洋性特征。至少从唐朝开始,就有一些福建人因对外贸易而前往海外。宋、元时期,泉州的对外贸易更是达到历史鼎盛时期,前往海外的福建人大量增多。明朝中叶以后,由于西方殖民者的东来及其对东南亚属地的开发,增加了华侨从事中介贸易和开矿、种植等工作机会;而鸦片战争后大量洋货的涌入,也导致许多手工业者和农民的破产,迫使他们出国去寻求一条新的生路,于是,众多的福建人像潮水般地拥向海外。经过一千多年的发展与繁衍,现在海外已有 1264 多万闽籍华侨,遍布在世界 176 个国家和地区,使福建成为全国的第二大侨乡。

通过这样长期不断的向外移民,福建沿海地区的许多姓氏,都有一些宗亲移居海外。如泉州一带的粘姓不仅东渡台湾,而且还移居到美国、日本、菲律宾、新加坡、马来西亚、泰国以及香港、澳门等地。全世界各地的粘姓人,总计大约在 15000 人左右。

福建各个姓氏的出国,往往都是由他们的宗亲互相引带而成的。

我国人民历来都有血缘和地缘的观念,尤其是在福建农村,这种观念更为浓厚。因此,当一个人有机会出国,并在那里打下基础后,就会把自己的兄弟姐妹、宗亲和乡亲等有血缘、地缘关系的人引带出国。上世纪 80 年代,庄为玠先生在泉州郊外调查后所写的泉州旅印(尼)菲侨村的调查研究一文中,对这种情况做了详细的论述:新门外的树兜村居民基本都姓蒋。19 世纪末,该村的蒋备球家境贫困,被迫从厦门"卖猪仔"(即"契约华工")到荷兰殖民地(今印尼)。契约期满后,他先在同乡宗亲蒋既淑店里当帮工。接着从肩挑小贩,到摆摊小贩,再到开零售商店,经过十多年的艰苦努力,最后自己在泗水开了家大公司,充当荷兰洋行和土著居民商品交换的中介商(二盘商)。他发达后,就先后把自己的长兄备龙、三弟备火、长子报獭、次子报企、三子报烟和堂兄备隐、堂侄报察都引带出国,并帮他们也都各自开了公司。再后来,他又由亲及疏,把许多同村的宗亲也都引带出了国。这些被引带出国的宗亲也像蒋备球那样,把自己的亲人和宗亲引带出国。这样,到"一战"期间,泗水的树兜蒋姓宗亲已达千人以上。

泉州郊外亭店村的许多杨姓村民,也是由一个叫杨嘉种的宗亲引带出去的。杨嘉种的父亲杨孙獭也是少年家贫,被一位华侨带到菲律宾的种植园做工。多年后,他用积累的 400 元开了一家零售店。杨嘉种继承父业后把它发扬光大,使之成为一个以马尼拉为总行,在全菲各地拥有 30 多个分、支行和商店的大公司。其公司的轮船不定期地来往马尼拉和厦门之间,在载货的同时,也把亭店自己的许多亲人和宗亲运到菲律宾。到"一战"时,经杨嘉种和其他宗亲的互相牵引,旅居菲律宾的亭店杨姓宗亲总数也达 600 多人。

在海外各侨居地,像这样由同姓宗亲互相引带的事例还有很多。现在的南非首都比勒陀利亚福建同乡会会长何明,是 1992 年通过劳务输出而出国的新华侨。劳务合同期满后,他滞留在那里,通过摆地摊发展了起来,并把许多家人、亲戚和宗亲引带到比勒陀利亚。据其乡亲说,经他引带前往的共有 150 多人。

这些宗亲出国后,大多聚居在同一个地方,从事着同一种职业。这种像在祖籍地一样的聚族而居,使他们在侨居地也形成一种大姓巨族的局面。如杨嘉种父亲发迹的菲律宾礼智省独鲁万市,就有"杨天吴地"的说法。"杨"当然是指由杨嘉种引带到那里的亭店杨姓宗亲,而"吴"则是指从晋江磁灶移居那里的吴姓华侨。因为这两姓的华侨在那里人数最多,"铺天盖地",所以才会有"杨天吴地"这种说法。在菲律宾的纳卯,也有"洪天戴地林皇帝"的说法,从中可以看出,这三大姓华侨在当地人数众多,势力强大。菲律宾的义伦马丹则因为那里的林姓华侨占多数地位,而被人们戏称为"林马丹"。

这些移居海外的福建各姓氏宗亲,也都在当地组织各种以血缘为纽带的宗亲会。1877年,菲律宾华人"甲必丹"杨尊亲和宗亲杨瑞霞、杨硕梓发起,在马尼拉成立"四知堂"杨姓宗亲组织,1915年改名"弘农俱乐部"。1911年,新加坡的闽籍杨氏宗亲也成立"四知堂",1920年改名"福建杨氏弘农公所",1957年又更名为"福建杨氏公会"。在福建,有洪、江、翁、方、龚、汪六姓同宗的传说,被称为"六桂堂"。1922年,缅甸福建籍的这六姓华侨首先成立六桂堂联宗会。以后,菲律宾、马来西亚、新加坡、美国等地也都建立六桂堂联宗会,其总数共有28个。1825年成立的马六甲江夏堂黄氏宗祠,1828年成立的槟城江夏堂,以及菲律宾的江夏黄氏总会,其成员也基本是闽南籍的黄氏宗亲。仅在闽籍华侨华人居绝对多数的菲律宾,这种血缘性社团就有110个。

5. 掺入了一些国外民族的姓氏

福建不但有众多的汉族和少数民族姓氏,而且还混杂了一些外来民族的姓氏。这些外来姓氏主要是由到福建定居的外国商人带进来的,从而形成福建姓氏的一大特色。

福建与海外交往的历史悠久。在长期的对外贸易中,不仅有众多的福建人扬帆南下,到海外各地进行贸易,而且也有许多的波斯、印度、犹太和阿拉伯等外国商人纷至沓来,到福建从事通商活动。早在唐代,泉州就出现"市井十洲人"这种四方商贾云集的景象。宋、元时期的泉州,更是"涨潮声中万国商",更多的外国商人纷纷前来经商贸易。

这些来泉州经商的外国人中,也有一些人因各种原因而定居下来。他们被泉州人称为"南海番人"或者"番客",他们的子女也被称为"半南番"。在泉州城南,还出现一个他们的聚居区,被人们称为"番坊"。在晋江、惠安等地,也出现一些他们聚居的村镇。泉州海外交通史博物馆里,收集了一百多块刻着阿拉伯、波斯等外国文字的墓碑,它们的主人都是在泉州逝世的外国人。在泉州定居的外国人中,有的是商人、传教士,有的还成为官僚或贵族。

这些外国人在福建定居后,也都入风随俗,不但学讲汉语,而且还取汉姓、用汉名,尽量使自已汉化起来。如晋江陈埭镇的"丁"姓,据说其始祖为赛典赤·

赡思丁,是来自阿拉伯的贵族。他来中国后,就取原姓"赡思丁"中的最后一字,做为自己的汉姓。在福建沿海各地,就有不少这样的外国姓氏。如在泉州民间,就有"陈埭丁,白崎郭"的说法,指的就是晋江县陈埭镇的丁姓回族、以及惠安县白崎乡的郭姓回族。经过几百年的繁衍,他们现在都人丁兴旺,拥有几千户,数万人之众。

在这些外国人的姓氏中,最著名的是宋末元初泉州的蒲氏家族。蒲氏的祖先也是阿拉伯人。南宋末年,蒲寿庚兄弟提举泉州市舶司30多年,操纵海外贸易,并拥有许多专事这种贸易的商船。其兄弟蒲寿晟在宋朝时,还曾官至广东梅州知州等职。蒲寿庚投降元朝后,被授以昭勇大将军、闽广大都督兵马招讨使,官至福建行省参知政事,曾经权倾一时,气势逼人。还有,据朱维干教授的《福建史稿》书中考证,福州的萨氏也是"由西域入居内地的伊斯兰教徒"。元代以后该姓氏官员辈出,仅现代的就有海军司令萨镇冰,中山舰长萨师俊,厦门大学校长萨本栋等著名人物。

另外,还有一些在福建定居的外国姓氏,是由一些特殊原因造成的。如泉州城内的"世"姓,其祖先原是锡兰国(斯里兰卡)的王子。明朝时被其父王派来中国朝贡,沟通两国的友好关系。可是,就在他来华期间,锡兰国内发生政变,其父王的统治被人推翻,他的王位继承权也随之被剥夺。在归国无门的情况下,他只好滞留在泉州,并取"世"为汉姓,逐渐汉化在泉州人之中。

这些因各种原因而定居在福建的外国姓氏,不但使福建民间掺杂了一些外国血统,而且也使福建的姓氏丰富多彩起来。

(作者为福建省社会科学院研究员)

闽台姓氏大多数来自中原

吕清玉

　　参天之树,必有其根。怀山之水,必有其源。中华民族自尊、自爱、自强、自立,热爱民族与祖国,有寻根问祖,追宗溯源的优良传统。姓氏是区别血缘与人群的符号标志,是传统文化中生命力最旺,凝聚力最强,感召力最大的人文情结,是认同中华文化的伟大基石,人人以炎黄子孙为荣。

一、河南是姓氏资源第一大省

　　古语曰:"得中原者得天下"。中原具有极其重要的战略地位,兵家必争之地,所以战事频仍,大批移民南下。中国八大古都中有洛阳、安阳、郑州、开封在河南。洛阳是十三朝古都。河南曾三千多年是中国政治、经济、军事、文化中心,产生的姓氏有1834个,占全国汉族姓氏人口的80%以上。有97个大姓源出河南。

　　全源于河南的大姓有52个:李(鹿邑)、张(濮阳)、陈(淮阳)、黄(潢川)、周(汝南、洛阳、汝州)、林(洛阳、淇县)、何(洛阳、信阳)、宗(商丘)、郑(新郑、开封)、谢(唐河、南阳)、冯(新郑、荥阳)、于(沁阳)、袁(洛阳、巩义)、邓(邓州),许(许昌、登封、鲁山)、傅(安阳),苏(温县)、蒋(淮滨)、叶(叶县)、阎(洛阳、荥阳)、潘(固始、洛阳)、戴(商丘、民权)、夏(巩义、淮阳)、范(范县)、方(洛阳、登封)、石(淇县、洛阳)、姚(范县)、廖(唐河、固始)、孔(新郑、商丘)、康(禹州)、江(正阳)、史(新郑)、邵(汝南、安阳)、段(辉县)、雷(登封)、汤(商丘)、尹(宜阳、安阳)、武(安阳、巩义、商丘)、赖(息县)、樊(安阳、淇县、济源)、兰(新郑、洛阳)、殷(安阳、许昌)、陶(安阳、淇县)、瞿(鲁山、叶县、宝丰)、安(洛阳)、倪(新郑)、严(洛阳)、牛(商丘)、温(温县、洛阳)、芦(洛阳)、俞(新郑)、葛(长葛、宁陵、洛阳)。

部分源头在河南的姓氏有 45 个:王(洛阳、卫辉)、刘(鲁山、偃师、洛阳)、朱(洛阳)、商(新郑、洛阳)、郭(登封、陕县)、罗(洛阳)、吕(南阳、新蔡、洛阳)、卢(洛阳)、丁(开封)、胡(淮阳、洛阳)、罗(洛阳)、梁(洛阳)、韩(新郑、洛阳)、唐(方城)、董(临颍)、萧(安阳、淇县)、程(洛阳)、沈(沈丘)、蔡(上蔡、新蔡)、魏(开封、邓州)、薛(洛阳)、秦(范县)、杜(新郑、洛阳)、钟(洛阳、长葛)、姜(南阳)、熊(新郑)、陆(嵩县、洛阳)、白(息县)、毛(宜阳)、邱(淮阳、洛阳)、顾(范县)、侯(辉县、洛阳)、孟(濮阳)、龙(新郑、临颍)、黎(洛阳)、常(新郑)、贺(洛阳)、龚(新郑、辉县)、文(鲁山、濮阳)、施(安阳、淇县)、洪(辉县)、季(开封)。

全国的 120 个大姓,源自河南者有 97 个,占大姓的 80.8%,占全国汉族人口的 79.49%。河南是华夏文化的主要发祥地,自然也是中华姓氏的摇篮。

二、中原姓氏播迁至福建

古"闽"乃蛮荒之地,闽越族被汉武帝迁至固始一带。本地畲族姓氏只有钟、蓝、雷、盘等。中原汉族南迁后带来了上千个姓。比如福州就有 1605 个姓(2001 年统计),每个县都有几百上千个姓氏,大大丰富了我省姓氏文化。

三国时期,汉族入闽者大多是军队。孙吴政权进兵福建五次,南迁汉人十万。当时闽中是流放罪犯与家属之地。《三明市志》:"中原汉民大批入闽,并在唐五代达到高峰。""北方战乱,大量人口几度迁入闽西北,将中华文化播于此,三明境域文风渐开"。乾隆《福州府志》:晋永泰年间,"中州板荡,衣冠始入闽者八族:林、黄、陈、郑、詹、丘、何、胡是也。"晋永嘉末期,中原丧乱,又有大批人口入闽。《闽中记》:"永嘉之乱,中原士族林、黄、陈、郑四族先入闽,今闽人皆称固始人。"南迁人口占中原人口的六分之一。唐总章二年(669),陈政率 58 姓 5723 人入闽平乱。唐末,王审知兄弟率军 50 姓 3 万多人入闽……当时掀起移民热潮,先后有上百万人渡江南,还有范、蔡、丁、王、袁、谢、江等姓。其中林姓源自河南的洛阳、淇县。其他源自河南的姓氏还有黄(潢川)、陈(淮阳)、郑(新郑、开封)、丘(淮阳、洛最)、何(信阳、洛阳)、胡(淮阳、郾城、洛阳)、范(范县)、蔡(上蔡、新蔡)、丁(开封)、王(卫辉、洛阳)、袁(洛阳、巩义)、谢(唐河、南阳)、江(正阳)等。

至 1990 年,三明市姓氏共 459 个,其中梅列区、三元区与沙县以陈、胡、黄、邓、罗、张、王、魏等姓人口较多。永安市人口 308660 人(2004 年 5 月统计),共 353 个姓,人口最多的是陈姓,有 30998 人,罗姓第二,有 24159 人,下面依次是王、李、张、黄、吴、林、刘等。明溪县有 258 个姓,清流县有 304 个姓,宁化有 144 个姓,大田有 153 个姓,尤溪有 128 个姓,将乐有 313 个姓,泰宁有 247 个姓,建宁有 218 个姓。这些姓中的大多数播迁自中原,其中 6 个纯客(家)县(明溪、清流、宁化、将乐、泰宁、建宁)的客家人与闽南人、福州人都来自中原。三明全市 90% 以上的姓氏源自中原。

三、省会福州姓氏绝大多数迁自中原

福州是福建省省会,是省内人口最多的市,也是省内姓氏最多的市,有 1605 个姓。在西周时期,只有贵族有姓,庶民无姓。闽族只有图腾,没有姓氏。中原移民南下福州,带来姓氏文化,原住民也用姓氏。

汉武帝消灭闽国,大迁其民至江、淮地区,形成闽到固始的一条交通要道。唐代,陈政、陈元光父子及王审知兄弟入闽,带领大批固始军民留居福州,被福州人称为"唐部人",他们的姓氏成为福州姓氏的主要渊源。福州"陈林半天下,黄(王)郑满街排",全市人口中陈林占三分之一,黄、王、郑也很多。因为闽王王审知兄弟来自固始一带,固始人迁闽攀亲投靠者特多,固始籍在闽有 1 千多万人。姓王、姓陈、姓林的人多势众,许多移民、难民为了生存与利益,依附当地势力,甚至改姓为王、陈、林等。福州 43 个少数民族人口 7.04 万人,占全市人口的 1.1%,人口少姓氏也少,主要有雷、蓝、盘、钟、蒲、田、贤、马、丁、常、时等。少数民族汉化的很多,他们也从汉姓。

福州姓氏中有 1 万人以上的姓氏共 73 个,有 10 万人以上的姓氏共 10 个:林、陈、黄、郑、王、张、李、吴、刘、杨。其中 9 个源自河南。林、陈、黄、郑如上所述。吴、张源自河南濮阳,李源自河南鹿邑,刘源自河南鲁山、偃师、洛阳。这说明 90% 以上姓氏来自中原。

四、驳"闽人来自江浙论"

在 2007 年 8 月举行的朱熹文化与晋江的渊源理论研讨会上有位厦大老师

说,福建先民来自江浙一带,不是来自中原。但他只是口头说说,并无论文提交。笔者参加过两次河洛文化国际研讨会,三次世界客家恳亲大会客家学研讨会,绝大多数专家学者认为闽人、客家人先民是中原移民,也有少数是江浙、江西来的。《福建省志·人口志》指出:"自晋经唐到宋,中原汉族人口大批入闽,经过几次民族融合高潮,福建人口逐渐转变以汉族为主"。"中原汉人为避战乱,大规模入闽有三次"。《福州市志》《三明市志》等地方志,族谱家谱、姓氏志、民俗志、文化志、方言志等大量著作与论文都证明闽人、客家人先民是中原移民。在三明工厂有不少江浙人、上海人,但他们占总人口不到 10%。不论从闽东、闽西、闽南、闽北来看,许多志书与论文都说闽人、客家人先民是中原移民。

闽中永安市姓氏志列举 40 个大姓,其中来自河南的有 23 个:陈、林、黄、张、李、王、邓、赖、郑、朱、杨、冯、钟、叶、苏、谢、余、管、范、姜、池、聂、樊。来自河北的 3 个:詹、马、廖,陕西的 3 个:魏、蓝、黎,山东的两个:邱、高,甘肃的两个:洪、严,江西的两个:刘、熊,湖北的 1 个:罗,江苏的 1 个:吴。

闽北政和县姓氏志记载有 289 个姓,其中 40 个大姓,名列前十名的吴、张、陈、叶、许、刘、李、范、黄、魏都是源自河南。其余大部分也是源自河南。

闽南的《安溪县姓氏志》写得很清楚,闽南人是从中原移民来的,共有 6 次大迁徙:一、永嘉之乱时期,二、梁末侯景之乱时期,三、陈政来闽平乱,四、王审知兄弟治闽,五、南宋南迁大移民,六、元末明初大批移民入闽。2004 年安溪县人口 106.67 万人,共 469 姓氏。10 万人以上的有陈、林,5 万至 9.7 万人以上的有王、李、黄、苏、吴,2 万人至 3.2 万人以上的有谢、许、张、刘、廖、郑 6 姓。这些姓 95% 以上是中原播迁来的。

《泉州姓氏堂号》载:泉州"有千里跋涉,举族南迁的'中原人',他们带来了华夏民族的传统习俗"。在泉州的丁、万、王、尤、方、卢、叶等 72 大姓中源自河南的占 80% 以上。

从闽东、西、南、北、中来看,都可证明闽人先民绝大部分是中原移民。

五、客家人姓氏由中原传播而来

《闽西客家志》指出:"闽西客家先民是唐代末叶江淮一带的汉族因战乱等原因,几次大举南迁"。三明市 6 个纯客(家)县:明溪、清流、宁化、将乐、泰宁、建宁,其县志都记述中原移民南迁至此的史实。《三明市志》人口志也提到此事。《宁化客家姓氏源流》指出:"客家先民主要是中原汉人"。前几年在郑州召开世界客属恳亲大会时,非常隆重,全城倾巢而出欢迎客家人回家,请中央电视台直播文艺大会演,用资两千多万元,引进外资27亿元。举世公认客家人先民来自中原。

晋代自中原迁移到宁化的有林、卓、罗、郭、詹、邱、何等客家姓。唐代迁宁化、长汀的有廖、郑、王、吴、陈、李、张等23姓。宋代后迁入宁化、长汀等地的有曾、谢、胡、孙、林、江等29姓。长汀县共265姓(1987年统计)。宁化县有200多姓,150多姓由宁化播衍到海内外与台湾。

六、闽台族谱展证明中原与闽台姓氏一家亲

2007年9月20日在福州西湖公园举行的"闽台族谱展"门口贴出两大幅简介。一、"中原各姓氏南迁入闽",二、福建各姓氏迁台。简介指出:中原各姓氏大批入闽共4次:第一次,西晋永嘉年间衣冠入闽者八族,有林、陈、黄、郑、詹、邱、何、胡,从固始迁到福州、闽中、闽南一带。第二次,唐总章二年(669),陈政陈元光率领58姓统兵3600人入闽平乱,到建瓯、福州、漳州。第三次,唐末五代固始人王潮、王审知等率农民义军50姓3万余人入闽。第四次,宋主赵昺自杭州入闽,大批臣民随行。入闽路线有三:一、河南固始——浙江——江西——福州、泉州、闽南、莆仙。二、河南固始、南阳——湖北——江西——武夷山——闽南。三、洛阳(北宋)——浙江(南宋)——闽东——闽中——闽南。

表一　早期入闽姓氏主要祖先简况表

序号	入闽主要祖先	原居地、郡望、堂号	入闽时间	闽地	依据
1	李崇、伯瑶	河南鹿邑	东晋兴宁年间 (363~365)	闽	永安姓氏志等
2	王蕃、审知	河南固始、开封	三国吴永安年间(258~264)	建安	安溪姓氏志等
3	张岩、杨德	固始、南阳	西汉平帝元始元年(1年)	福州	安溪姓氏志等
4	刘天锡	河南固始	唐中和年间(881)	闽	安溪姓氏志

续表

序号	入闽主要祖先	原居地、郡望、堂号	入闽时间	闽地	依据
5	陈润、元光	河南固始	晋永兴元年(304)、唐代	福州	南安姓氏志等
6	杨云岫	弘农	晋末永嘉年间	闽	安溪姓氏志
7	赵瑞、若和	河南归德、南阳	唐总章二年(669)	漳州	开漳圣王文化等
8	黄隍、志	固始、上谷	东汉献帝建安年间(196~220)	仙游	安溪姓氏志等
9	周公宫、宗贵	固始、汝南	汉武帝(前140)	福州	福州姓氏志等
10	吴德兴、纶	江苏、延陵	东晋永和十年(354)、唐代	侯官	福州姓氏志等
11	徐登、一郎	河南、濮阳	汉代、唐代	闽	安溪姓氏志等
12	孙梁文、采	固始、东安	唐总章二年(669)	漳州	开漳圣王文化等
13	胡竦、琮	固始、新蔡	三国时期、晋代	福州	福州姓氏志等
14	朱秉英、参	河南、亳州	唐总章二年(669)	漳州	安溪姓氏志等
15	高盛典、钢	固始、河南	唐总章二年(669)	漳州	开漳圣王文化等
16	林禄	固始、南安	东晋太宁三年(325)	福州	福州姓氏志等
17	何嗣、亘	固始	西晋永嘉二年(308)、唐代	邵武	南安姓氏志等
18	郭淑鱼、嵩	固始、汾阳	唐总章二年(669)	龙溪	开漳圣王文化等
19	马发龙、益郎	固始、扶风	唐总章二年(669)	漳州	开漳圣王文化等
20	罗幼隣、仪贞	固始	唐总章二年(669)	漳州	开漳圣王文化等
21	梁遐、克家	固始	东晋安帝年间(404)、宋代	福州	安溪姓氏志等
22	宋用、骈	固始、扶风	669年、五代	漳州	开漳圣王文化等
23	郑庠、昭	固始、荥阳	三国时期、晋代	建安	安溪姓氏志等
24	谢永、新	固始、陈留	西晋永兴二年(305)	福州	安溪姓氏志等
25	韩器、求尧	固始、南阳	唐总章二年(669)、五代	福州	福州姓氏志等
26	唐宗礼、叔虞	固始、晋阳	唐总章二年(669)	漳州	安溪姓氏志等
27	冯奉、念七九郎	陇西、颍川	三国时期、宋代	长乐	福州姓氏志
28	于	河南	新中国解放初	安溪	安溪姓氏志

续表

序号	入闽主要祖先	原居地、郡望、堂号	入闽时间	闽地	依据
29	董思安、章	固始、济阳	唐光启元年(885)、五代	晋江	安溪姓氏志
30	萧润甫、曦	固始	唐总章二年(669)、宋代	漳州	开漳圣王文化
31	程斌、文智	固始、安平	唐中和四年(884)、宋代	漳州	安溪姓氏志等
32	曹敦厚、十五郎	固始、彭城	669年、宋代	漳州	开漳圣王文化等
33	袁安叔、枢	汝南	东汉明帝时、宋代	宁化	客家与石壁史论
34	邓攸、大猷	固始、南阳	晋惠帝元年(290)	闽	梅县邓氏族谱
35	许瑛、天正	固始、汝南	秦代、汉代	同安	安溪姓氏志等
36	傅实、尧俞	固始、清河	891年	泉州	安溪姓氏志等
37	沈思礼、天学、世纪	固始	唐总章二年(669)	南安、诏安	安溪姓氏志等
38	曾仲规、中彦	固始、武城	唐总章二年(669)	漳州、诏安	开漳圣王文化
39	彭玚、构云	固始、淮阳	东晋、唐代	晋江	开漳圣王文化
40	吕竞茂	固始、淮阳	唐大顺二年(891)	晋江	南安姓氏志
41	苏道	洛阳	唐总章二年(669)	漳州	开漳圣王文化
42	卢铁、如金	固始、范阳	唐总章二年(669)	漳州云霄	开漳圣王文化
43	蒋子慎	河南民权、乐安	唐总章二年(669)、宋代	漳州	《浅析闽台蒋姓的根与缘》
44	蔡长眉、或	固始	唐总章二年(669)	漳州	开漳圣王文化
45	丁儒、瑾	固始、济阳	唐总章二年(669)、宋代	漳州	漳州府志
46	魏有仁、仁博	固始	唐总章二年(669)	漳州	漳州府志等
47	薛贺、雕	河东、新蔡	西晋永嘉之乱、唐代	福清	南安姓氏志等
48	叶灏、谌	金陵、南阳	唐武德四年(621)	建州	台湾叶氏族谱
49	余青、渊海	固始、高阳	南朝梁代(502~557)、汉代	建阳	建阳县志等

序号	入闽主要祖先	原居地、郡望、堂号	入闽时间	闽地	依据
50	潘节	固始	唐总章二年(669)	漳州	安溪姓氏志
51	杜仁、浒	西安、南阳	唐代、南宋末年	同安	安溪姓氏志等
52	戴仁、君胄	固始	唐总章二年(669)	漳州	开漳圣王文化
53	夏回	会稽	元至正年间	永安	永安姓氏志
54	钟朝、会正	固始、颍川	东晋末年、宋代	汀州	安溪姓氏志等
55	汪子固、延君	固始	唐总章二年(669)	漳州	开漳圣王文化
56	田本盛、希圣	固始、雁门	唐开元二年(714)、宋代	大田	固始与闽台
57	任文荐	新郑	南宋	福州	安溪姓氏志
58	姜公辅、世良	陕西岐山	唐德宗年间(780~804)	泉州	安溪姓氏志
59	范坤、大三	固始	唐光启年间(885)	沙县	宁化曹坊范氏族谱
60	方子重、方殷符	固始、河南	唐总章二年(669)	漳州	安溪姓氏志
61	石子尊	固始	唐总章二年(669)	漳州	安溪姓氏志
62	姚廉洁、宗元	固始、南安	唐总章二年(669)、宋代	漳浦	南安姓氏志
63	潭洙	山东莒县	唐末	泉州	安溪姓氏志
64	廖棠、廖刚	洛阳	晋代、唐代	将乐	将乐县志
65	邹馨、垣	河南固始	唐总章二年(669年)	漳	安溪姓氏志
66	熊九八	南昌	元代	邵武	永安姓氏志
67	金衡	固始	唐大顺二年(891)	长乐	福州金姓源流
68	陆明	固始	唐总章二年(669)	闽	安溪姓氏志
69	白逸、宇	固始、南阳	唐大顺二年(891)、宋代	闽	安溪姓氏志
70	崔凤声	山东	1950 年	安溪	安溪姓氏志
71	康仁杰	固始	唐代	兴化	固始与闽台
72	毛璋	安徽庐江	南宋德佑二年(1276)	福清	福州姓氏志
73	邱茂千、穆	开封、河南	汉王莽建国初年(9~13)、晋代	上杭	福州姓氏志等
74	江延兴、轩	淮阳、济阳	唐总章二年(669)	漳州	开漳圣王文化
75	史崇之后	西安	汉代	晋江	安溪姓氏志

序号	入闽主要祖先	原居地、郡望、堂号	入闽时间	闽地	依据
76	顾氏	固始	唐代	莆田	固始与闽台
77	侯祚昌、宗贵	固始	汉、唐	宁化	客家与石壁史论
78	邵楚苌、知柔	固始、博陵	唐代、宋代	福州	政和姓氏志
79	万	河南	清初	泉州	安溪姓氏志
80	雷机	固始	五代	建宁	固始与闽台
81	钱仲先	固始	唐总章二年(669)	漳州	安溪姓氏志
82	汤智、简	固始	唐总章二年(669)	漳州	云霄县志
83	黎华英	商丘	唐代、宋徽宗靖国元年(1101)	建宁	永安姓氏志
84	易迁	河北易县	后周显德年间(954~959)	清流	安溪姓氏志
85	贺氏	河南	唐	闽	固始与闽台
86	赖桂、德	固始、颍川	唐大顺二年(891)	宁化	下曹赖氏族谱
87	十之、龚慎仪	固始、六桂	唐大顺二年(891)	晋江	安溪姓氏志
88	樊添寿	山西长治	南宋绍定年间(1208~1224)	永安	永安姓氏志
89	兰吉甫	汝南	宋宝庆元年(1225)	建宁	永安姓氏志
90	殷钟	河南颍河	元末	安溪	安溪姓氏志
91	施典	固始	唐总章二年(669)	漳州	开漳圣王文化
92	陶光赞	固始	唐总章二年(669)	漳州	开漳圣王文化
93	洪有道、古雅	固始、定城	唐总章二年(669)	漳州	开漳圣王文化
94	翟恕	固始	唐总章二年(669)	漳州	开漳圣王文化
95	颜伯矩、弧	固始、河南	唐总章二年(669)	漳州	开漳圣王文化
96	倪金华、崇文	河南固始	宋咸淳十年(1274)	福州	开漳圣王文化
97	严助、宗杰	固始、华阴	汉武帝建元三年(138)、唐代	东瓯	福州姓氏志
98	温钢宝、峤	河南、清河	唐僖宗乾符年间(874~879)	宁化	兴宁温氏族谱
99	俞敏	固始	北宋靖康年间	泉州	南安姓氏志
100	章鳌、敦复	固始	唐总章二年(669)	漳州	安溪姓氏志
101	伍德普	安定堂	唐大中元年(847)	宁化	淮土伍氏族谱
102	尤思礼	固始、吴兴	唐大顺二年(891)、五代	闽	永春尤氏族谱

序号	入闽主要祖先	原居地、郡望、堂号	入闽时间	闽地	依据
103	柳彦深	固始	唐总章二年(669)	漳州	开漳圣王文化
104	齐协律	河南上蔡	唐代	交盖山	福州姓氏志
105	庄森、锐	固始	唐光启元年(885)	永春	泉州庄姓源流浅谈
106	涂本顺、光彦	固始	唐总章二(669)	漳州	开漳圣王文化
107	詹余邦、学传	河间、固始	西晋永嘉之乱、唐	建州	安溪姓氏志
108	凌淮、吉	河南、河间	唐、末宋初	德化、闽侯	安溪姓氏志
109	纪日、长者	固始	唐五代后梁开平四年(910)	惠安	安溪姓氏志
110	童翼正、三九郎	河南	南宋、明朝末年	泉州	南安姓氏志
111	欧真、阳詹	固始	唐总章二年(669)	漳州	开漳圣王文化
112	游匹、酢	固始、广平	唐开成年间(836～840)宋	建阳	福州姓氏志
113	裴廉	河东	宋绍兴八年(1138)	福州	安溪姓氏志
114	翁轩、熙	楚国、六桂堂	唐建中年间(780～783)	莆田	莆田翁氏族谱
115	柯柄彪、敦颐	开封	唐光启二年(886)	永春、福州	安溪姓氏志
116	阮弥之	开封	南北朝宋元嘉二年(425)	福州	安溪姓氏志
117	欧阳传惠	固始	669 年	漳州	开漳圣王文化
118	卜式	河南	宋初	宁化	客家与石壁史论
119	肖曦	沛县	唐中和年间(881)	泉州	福州姓氏志
120	辜至正	长林	唐太宗贞观八年	泉州	南安姓氏志
121	翟恕	固始	669 年	泉州	开漳圣王文化
122	褚少卿	洛阳	唐高宗	安海	南安姓氏志
123	连恺、谋	固始、上党	唐中和年间(881～885)	福州	闽台连姓同源研究
124	花帽军、擎	光州、东平	五代、宋祥兴二年(1279)	同安	南安姓氏志

序号	入闽主要祖先	原居地、郡望、堂号	入闽时间	闽地	依据
125	上官楷、丙道	洛阳	唐元和四年(809)	福州、邵武	南安姓氏志
126	司马仲章	固始	669 年	漳州	开漳圣王文化
127	令狐	固始	669 年	漳州	开漳圣王文化
128	简庆远、会益	范阳、孝恩	宋代	闽	福建族谱
129	卢伟	南阳	晋代	闽	福建族谱
130	蓝永兴、炯	汝南	宋代	闽	福建族谱
131	古云应	新安	唐代	闽	福建族谱
132	骆必腾	万安	宋代	闽	福建族谱
133	饶烈、四郎	临川	宋代	闽	福建族谱
134	华京一郎	平原	宋代	闽	福建族谱
135	涂六郎	五桂	宋代	闽	福建族谱
136	巫暹	平阳	晋代	闽	福建族谱

七、台湾移民大部分从闽迁出

《福建省志·人口志》指出:"宋代以前,以北方人口迁入为主,宋代以后逐渐变为向国外和台湾省迁出人口为主"。台湾族谱有 1 万多种,记载闽粤人迁台史实。《台湾通志·氏族篇》记载闽台姓氏发展情况时说,台湾人自称为"河洛郎(人)",大多数人祖籍在河南。如:"台北县三芝、石门潘姓先世居光州固始,嗣迁福建漳州沼安五都。"台北市土城乡《丘氏族谱》:"远祖出自周之姜齐,支派繁衍,盛于光州固始。"台湾《张氏族谱》、《何氏族谱》等都说先祖来自固始。

2007 年 9 月 20 日"闽台族谱展"简介指出:福建古人类入台已久,春秋战国时期闽越族入台。连横《台湾通史》:"历更五代,终极南宋,中原板荡,战争不息,漳泉边民,渐来台湾"。元代去台人员更多。明清掀起三次闽人迁台高潮。1926 年日据当局统计台湾人口 3751600 余人,闽人占 83%,共 3116400 余人,粤人占 16%,他省人占 1%。1953 年台湾户籍统计,户数在 500 户以上的 100 个大姓中,有 63 个姓氏族谱记载其先祖来自河南固始,其人口共 670512 户,占当年台湾总户数 828804 户的 80.9%。1955 年台湾史学家陈绍馨在《台湾的人口变迁与社会变迁》中指出:"福建移民多以菲马与台湾为其目的地,故至今台湾与菲马之华人百分之八十籍贯属福建省"。1979 年台湾公布,全台 1740 万人中汉族共 1710 万人,占 98%,其中 80% 是由福建去台湾的河洛人。1988 年,台湾出版《台湾族谱目录》,收 200 多种族谱,其开基祖大部分来自中原固始。《台湾省通志》云:本省人,系行政上之一种名词。其实均为明清以来大陆闽粤移民即河洛与客家之苗裔。台湾谚语:"陈林半天下,黄郑排满街。""陈林李许蔡,天下占一半"。台湾十大姓占台湾人口的 59.1%,其中陈占 12%,林占 11.5%,张占 6.1%,王占 5.6%,黄占 5.4%,李占 4.7%,吴占 4%,蔡占 3.5%,刘占 3.2%,郭占 3.1%。泉州人占台湾人口的 44.8%,在鹿港街占 99.4%,在北港街占 99.5%。漳州人在南投街占 100%,在桃园街占 100%,共占台湾人口的 35.2%。台湾有 83% 以上人口讲闽南话,台湾客家人约 500 万人。

表二　迁入台湾 20 大姓简况表

序号	入台祖先	郡望	堂号	入台时间	地点	在台人数(万)
1	陈德鹏	颍川等	德星等	清康熙年间	台中港	185.04
2	林四	南安等	忠孝等	明崇祯末年	澎源	138.17
3	黄瑞站	江夏等	常云等	康熙年间	台南	103.05
4	张隐	南阳等	百忍等	明崇祯年间	澎湖	90.69
5	李顺	陇西等		南明隆武元年	澎湖	87.56
6	王团	河南等	三槐等	南明水历年间	台南	70.39
7	吴耀余	濮阳等	让德等	明崇祯年间	马公	66.87
8	刘成求	河南等	彭城等	明末	台南	54.8
9	蔡氏	洛阳		明代	台中	48.73
10	杨敦素	弘农等	四知等	康熙间	云林	44.83
11	谢达	陈留等	东山等	明末	台南	39.72
12	许友仪	汝南等	长兴	南明永历四年	云林	37.72
13	郑成功	荥阳		南明永历十五年	新竹	31.66
14	郭由抱	华阴等	汾阳	南明永历年间	台南	25.87
15	洪镇	澎湖	宣城等	明万历中	云桂	24.5

续表

序号	入台祖先	郡望	堂号	入台时间	地点	在台人数(万)
16	邱氏		河南等	清乾隆初	敦睦	24.13
17	曾振肠	北港	庐陵	明	鲁阳	23.08
18	廖宗国	中原	汝南	明	崇远	23
19	赖氏		颍川	明	台中	22.77
20	徐腾云		高平	清咸丰间	台中	22.07

表三　祖籍在大陆的台湾姓氏分布省区构成表

位次	省区	入台县数	姓氏数	家族支派数
1	福建	48	123	4654
2	广东	60	103	1996
3	河南	46	52	168
4	山东	49	44	105
5	浙江	50	51	100
6	江西	28	36	87
7	江苏	40	43	85
8	安徽	25	27	38
9	湖北	16	20	38
10	河北	28	22	34
11	湖南	28	33	32
12	山西	12	18	31
13	四川	21	19	28
14	广西	10	9	11
15	云南	9	9	10
16	陕西	6	7	7
17	海南	4	4	5
18	甘肃	2	1	5
19	上海	2	1	3
20	吉林	2	2	2
21	贵州	2	2	2
22	辽宁	1	1	1
23	宁夏	1	1	1
24	黑龙江	1	1	1

　　吕良弼、林其锬主编的《五缘文化概论》指出,闽台人民有亲缘、地缘、神缘、业缘、物缘的亲密关系。笔者曾从血缘、移民、族谱家谱、地方志、哲学理学、语言文字、风俗等方面撰文证明两岸一家亲。台湾99%以上汉人都拥有中华姓氏,不论80%以上的在台湾的闽南人或近500万的客家人都是中国人,都有姓有名,谁敢否认祖宗的姓氏?所以姓氏具有非常大的凝聚力与威信。姓氏文化丰富多彩,妙不可言,用途很大。

　　福建省委书记卢展工指出:"研究姓氏文化,推动闽台姓氏族谱对接,理清家族的渊源关系,弘扬家族的优良传统,由家族的认同,扩大到国家的认同,由宗族的团结,扩大到民族的团结,可谓善莫大焉,功莫大焉,力莫大焉。"厦门大学黄典诚教授指出:"台湾同胞的祖根,500年前在福建,1300年前在固始"。2005年4月29日,台湾国民党主席连战主席指出:在台湾,我们有原住民、客家人,我们大都是"河洛郎",是大陆渡海入台的"河洛郎"。无数史实证明:闽台姓氏之源在中原大地,中原、福建、台湾是一家。姓氏是中华民族的瑰宝,是大家团结一致的纽带,是中华优秀的传统文化,我们应该继续发扬姓氏文化,为团结海内外同胞而努力,为统一祖国而齐心奋斗。

（作者为福建省三明市方志办副编审）

豫闽台姓氏一脉相承

许竟成　许步超

姓氏显示人的本源,含有血缘、地缘的关系。由此,人知道来龙去脉,知道发展进步过程。姓氏是人本文化,也是河洛文化的内容之一。中华姓氏多数出自河洛地区,出自炎黄氏族,出自夏商周三代帝都王畿之地和帝裔王胄之封国。河洛地区源出的姓氏,随人口流动,不断向四方区域播迁。其中,自晋唐至明清,河洛士民屡屡南迁入闽、入台。先人一批批作古,而姓氏留下了他们血脉的传承,留下了他们经历的帝王风化、地域文化。豫闽台,有一条清晰的姓氏传承根系、血缘地缘相连的根系。

一、豫省源出或望出姓氏

河南,地处中原,既有夏、商、周三代帝都王畿所在地,也有帝裔王胄受封的诸侯国所在地,并且一封再封,是以国为氏的姓氏多出的地方。河洛自古出圣贤,贤王、诸侯、卿大夫卒后,由其生平德行而得谥号,由谥号而为氏,所以河南也是由古贤谥号得姓较多的地方。秦灭六国,废除封建制,实行郡县制,以郡领县,初置 36 郡,至西汉增至 103 郡(国)。郡望之地出有公卿将相之贤德者,其姓氏族人为乡里所推重,视为望族,望族所在郡县之地,是为其郡望,也视为其姓氏再次发祥地。

源出河南姓氏、望出河南姓氏有多少,谢钧祥曾在《中原寻根》一书中(河南人民出版社 1994 年出版)考证,以国为氏、以谥为氏的多源有一源出自河南的姓氏、郡望在河南的姓氏,共有 1507 个,其中常见的姓氏有 106 个。106 个常见姓氏中,又有 73 个姓氏属于当今中国大姓。106 姓、73 姓,与闽台姓氏紧密相连。106 个姓氏列如:

李、王、张、刘、陈、杨、赵、黄、周、吴、孙、胡、

朱、高、林、何、郭、罗、梁、宋、郑、谢、韩、唐、

马、于、董、程、袁、邓、许、傅、沈、吕、苏、卢、

蒋、蔡、魏、薛、叶、潘、杜、戴、夏、钟、田、姜、

范、方、石、姚、廖、邹、熊、陆、孔、白、康、毛、

邱、秦、江、史、顾、侯、邵、孟、龙、段、雷、汤、

尹、黎、常、武、贺、赖、龚、文、洪、庄、游、柯、

翁、温、连、古、巫、柳、殷、葛、褚、管、娄、申、

廖、穆、荀、杞、卫、韦、樊、项、霭、端木。

新"百家姓"中的萧、曹、丁、阎、万 5 个姓氏,在姓氏起源中也有一源起于河南。"百家姓"中的徐、马、曾、彭、贾、余、汪、任、谭、金、郝、崔、钱、易、乔 15 个姓氏虽姓源与郡望不在河南,但其汉唐先祖多有任官于河南或世居于河南者。

二、豫省入闽姓氏

河南姓氏族人往南播迁,秦汉即有,而突出者为晋代、唐代、宋代,其间或因战乱,或因奉诏,或因循先人旧路,由河洛、河洛奥区屡屡向闽地播迁。其显著之势,成定向型。

(一)西晋末年衣冠士族入闽姓氏

中原河洛地区,不仅夏商周三代是帝都王畿所在地,汉晋及唐时也时常是帝都所在地。《旧唐书·地理志》河南道"东都":"周之王城,平王东迁所都也"。"自赧王后及东汉、魏文、晋武皆都于今故洛城。隋大业元年,自故洛城西移十八里置新都,今都城是也"。帝都王畿所在地,也是朝代之末武装势力争战最激烈的地区。每每朝代之末,武装势力争战河洛,都有士族逃徙。其中有些径直往南远徙闽地,西晋末年是最为显著的一次。《晋书》记载:怀帝永嘉五年(311)五月,刘曜、王弥、石勒进攻洛阳前夕,"百官流亡者十八九"。六月,"刘曜、王弥入京师洛阳,百官士庶死者三万余人"。冬十月,石勒"寇豫州,诸军至江而还"。此时,中原河洛士民大批南徙,其中衣冠士族有条件者过江远徙入闽。入闽姓氏,唐人林谞撰《闽中记》有载:"永嘉之乱,中原士族林、黄、陈、郑四姓入闽,今闽人皆称固始人。"南宋梁克家撰《三山志》记载:"爰自永嘉之末,南渡率入闽,

陈、林、郑、黄、詹、邱、何、胡，昔实先之闽。隋唐户口既蕃，衣冠始集。""衣冠始集"，表明西晋之末入闽者，是为衣冠士族。《闽书》与清乾隆《福州府志》也记载有中原士族入闽："晋永嘉二年（308），中州板荡，衣冠入闽者八族，林、黄、陈、郑、詹、邱、何、胡是也。"固始，地在豫东南，是中原士民南迁入闽的过渡地带。

西晋"永嘉之乱"，从河洛入闽的姓氏，不只陈、林、黄、郑、何、胡、詹、邱八姓，从族谱资料中看，还有危、张、叶、阮、杨等姓氏。

(二)唐代河洛奥区士民入闽姓氏

唐代入闽姓氏，突出在"河洛奥区"固始。"河洛奥区"，不是今人的称谓，而是历史的称谓，是古人对河洛南部人口过渡地带的称谓。清乾隆《光州志·附余卷之四·光州志略序》述称：唐之光州，"北枕汝颖，东护淮风，南带齐安，西接申唐，盖河洛之奥区，战守之要壤"。齐安，"唐黄州齐安郡"，在今湖北省黄冈县西北。申唐，指古申州与唐河，即今信阳与南阳唐河一带。古人把河洛南部之淮南西部地区，视为属于河洛地区，反映出河洛士民从河洛迁出后对河洛的依念。唐代光州领县五：定城（今潢川）、光山、仙居（今属光山县）、殷城（今商城）、固始。五县均在今信阳市地区；河洛奥区，唐代光州，今属信阳市。

唐初陈元光带领府兵开建漳州的姓氏　唐朝初期，岭南泉州、潮州之间"蛮獠啸乱"，高宗诏玉钤卫翊府左郎将陈政领军镇抚，陈先后招募光州府兵将士及眷属八千多人入闽。陈政卒，陈元光袭父职，平定"蛮獠啸乱"，奉朝准建置漳州及属县。河洛奥区光州府兵将士与眷属，成为漳州及属县官吏与户籍居民，成为闽人。近期，云霄县与漳州市地方志编委会依据地方志和族谱资料统计，陈元光父子入闽所带府兵将士与眷属共有 84 个姓氏，列如：

陈、许、卢、戴、李、欧、马、张、沈、黄、林、郑、魏、

朱、刘、徐、廖、汤、涂、吴、周、柳、陆、苏、杨、詹、

曾、萧、胡、赵、蔡、叶、颜、柯、潘、钱、余、姚、韩、

王、方、孙、何、庄、唐、邹、邱、冯、江、石、郭、曹、

高、钟、汪、洪、章、宋、丁、罗、施、翟、卜、龙、尹、

韦、甘、宁、弘、名、阴、麦、邵、金、种、耿、谢、薛、

蒋、欧阳、司马、司空、上官、令狐。

唐末王审知带众开发建设闽地的姓氏　唐朝末年，中原动乱，僖宗入蜀，义

军四起,割据势力形成。固始王潮、王审邽、王审知兄弟带领乡民义军入闽,除暴安民,安定闽地。昭宗诏授王审知福建威武军节度使。后梁太祖进封王审知闽王。随从"三王"入闽,开发建设闽地的河洛奥区光州固始籍民有五千多人。其所属姓氏,明嘉靖《固始县志·隐逸》记载有"十八姓",记明姓氏的有"方、胡、龚、徐、顾、丘、白"7个姓氏。1994年版《固始县志·人口迁徙》记载增至27个姓氏。2001年,福建省泉州市鲤城区地方志编委会许伙努、杨清江考订有51个姓氏。最近,据《八闽祠堂大全》等资料记载,随从"三王"入闽的姓氏增至为83个姓氏。

唐末随从"三王"入闽的83个姓氏与唐初随陈元光入闽的84个姓氏对校,除去重复者,还有程、严、董、吕、孟、连、湛、虞、廖、邓、卓、缪、赖、包、茅、袁、范、应、骆、翁、彭、康、唐、龚、梁、雷、倪、商、顾、白、和、释等32个姓氏。唐初与唐末入闽姓氏不重复者为116个姓氏。

(三)两宋之际河洛奥区入闽姓氏

北宋末年,徽、钦二宗被金兵所执,高宗南渡临安,中原士民纷纷南徙,河洛奥区光州被金兵占领,固始士民多有因循旧路南徙闽地。明嘉靖《固始县志·隐逸》记载:"靖康南渡,衣冠文物荡然一空。"王深甫"迁侯官",黄鹰"迁邵武",张翠屏"南渡入闽"。近期,福建宗亲信函,叙述族谱记载有陈、周、叶、侯等姓氏先祖于靖康南渡时由固始入闽。

南宋末期,金兵占领光州,光州治所徙至固始县南山金刚台。固始县治所"徙治无常"。元代自至元八年(1271)至至正二十八年(1368)共98年,固始于至正五年(1345)历时75年才恢复县治。元代光州学士马祖常撰《固始建县治一文》有段凄凉的记载:"昔赵氏、完颜失德,江淮之交风磷宵明,戍鬼昼悲!乃若斯邑,南穷山,北尽淮,陆可骑,水可航,田亩之民蹢桀者无虑十之八九。虎豹之所宫,狐狸之所号,故老遗人谈之者尚可掩襟也。"昔日的"衣冠文物荡然一空",是对宋元之际河洛奥区士民遭难逃逸的真实写照。此期入闽的姓氏有孙、杨、侯、沈、薛、叶、朱、陈等,皆是唐代入闽的姓氏族人因循旧路而往闽。陈氏,福建厦门《集美社陈氏古今人物录·先祖暨诸贤公简记》记载:"一世开先始祖讳煜,号素轩,原籍丰州(应是光州之误)固始人","缘宋元扰乱,屡遭兵革大变,听主司迁福建泉州府同安居住"。"始祖讳煜号素轩",即爱国华侨陈嘉庚之入闽始祖。

晋代入闽与唐宋入闽不重复的姓氏有危、阮。依此,自晋至唐宋,由河洛经河洛奥区入闽,共计有 118 个姓氏。

三、闽省迁台姓氏

台湾,三国吴称夷洲,南宋时,于澎湖置"留屯"。《宋史》记孝宗(1163～1189)年间,泉州知州汪大猷,遣将于澎湖"作屋二百区",以为"留屯"。赵汝适著《诸番志》载:南宋,澎湖隶属泉州晋江县。元朝,于澎湖置巡检司。王有录主编《中国通史》载:元朝,"在澎湖设巡检司",管理台湾、澎湖地区。明朝,澎湖仍设置巡检司,"管辖台湾和澎湖地区,大陆沿海人民不断移入台湾,有农民、渔民,也有商人。汉族移民遍及全台湾"。至明代末年,居台人数已达 10 万人。而当地土著民为数较少。明代连江人陈第于万历三十年(1602)赴台考察,撰《东番记》,记"番民","合其诸岛,庶中国一县"。时福建一县人口,均三万余人。番民生活方式、习俗,与汉民悬殊,陈第感想曰:"其无怀、葛天呼!"台湾原住民来自祖国大陆古越人,20 世纪三四十年代,厦门大学教授林惠祥通过"新石器"已作出了考证。台湾省各姓渊源研究会 1996 年刊《台湾源流》,上有田哲益文称:"台湾原住民确是中华民族的血缘亲裔,这是多年来综合学术界研究成果所得出的唯一正确结论。"明天启四年(1624),荷兰殖民者侵占台湾。1662 年,明将领郑成功领军 25000 人收复台湾,随之有沿海居民移居台湾。连横著《台湾通史》记载:"郑经弃金厦,沿海人民航海而至者十数万人。"清康熙二十二年(1683),福建水师提督施琅领军 20000 人统一台湾。随之又有沿海居民数十万移居台湾。随郑成功移居台湾的多是泉州居民,随施琅移居台湾的多是漳州居民。至雍正年间(1723～1735),由福建及广东沿海移居台湾的人数在 60 万以上。乾隆二十年(1755),台湾户口统计,全台将近 100 万人。嘉庆十年(1811),全台人口近 200 万。光绪十三年(1887),台湾建省,人口 320 余万。今台湾人口 2300 万。

《台湾源流》载廖庆六著《从台湾姓氏族谱探索族群融合的真谛》,文述:"台湾族群是由极少数的原住民、大多数的先住民与五十年前才陆续加入阵容的新住民所共同组成的。以姓氏区分,大约有百分之九十八的人口是属于所谓的陈、林、李、王、张……一百大姓。"现在台湾2300万人口,有80%以上的人口是明清时代来自福建漳、泉及广东潮州居民的后裔,他们的大多数又是晋、唐及宋代来自河洛的先民后裔。1953年台湾人口统计的户口与姓氏表明:台湾共有82.9万户,737个姓氏,有63姓的族谱上记载先祖是由河南迁入福建,再由福建迁入台湾的。63姓族谱上记载的先祖多数都可以上溯至河南光州固始。63姓的总户数为67万,其人口占台湾总人口的81%。台湾姓氏来自广东潮汕地区的,有些也可以上溯至河南光州固始。这些在台湾100个大姓中也有反映。在台湾100个大姓中可以看出许多姓氏出自河南,出自河洛。陕西历史博物馆杨东晨据《台湾百家姓与大陆源流》之目录与前言统计出的台湾100个大姓为:

　　　　　陈、林、黄、张、李、王、吴、蔡、刘、杨、许、郑、
　　　　　谢、郭、赖、曾、洪、邱、周、叶、廖、徐、庄、苏、
　　　　　江、何、萧、罗、吕、高、彭、朱、詹、胡、简、沈、
　　　　　施、柯、卢、余、翁、潘、游、魏、颜、梁、赵、范、
　　　　　方、孙、钟、戴、杜、连、宋、邓、曹、侯、温、傅、
　　　　　蓝、姜、冯、白、涂、蒋、姚、卓、唐、石、炀、马、
　　　　　巫、汪、纪、董、田、欧、康、邹、尤、古、薛、严、
　　　　　程、龚、丁、童、黎、金、韩、钱、夏、袁、倪、阮、
　　　　　柳、毛、骆、邵。

四、豫闽台姓氏根系清晰

　　姓氏像一条历史的长线,不管走到哪里,这条线总是在牵连着;这条线反映着遗传,反映着人文进步;在这条线上不仅是能看到自己,也能看到许多先人,看到延展中的情节,看到祖根。这是中华姓氏的美丽。

　　在历史的长河中,人口总是在流动着,而豫闽台则有一条清晰的人口流动线,线条如此众多,形成一条粗壮的根系。

　　豫闽台姓氏紧密相连,是中华姓氏的一种典型。之所以典型,不仅存在着一条明晰的迁移线,还在于在最初的迁出地是地域中心河洛,迁居者是河洛"衣冠士族"。"衣冠士族"者,士大夫官绅之家族也。官绅士族之子,按古代世袭制度可以世代为官,有条件接触世系资料,为后世保存谱系资料。

　　豫闽台姓氏典型,还在于唐代由河洛奥区入闽的是府兵、义军,是有组织的集体迁移。将领与士兵,大多出自同一个州县之域,是"老乡",有向心力、凝聚力,便于作战,便于开发建设新区。受命以集体形式由甲地迁居乙地,有共同的思乡怀故情感。陈元光有诗句"固始秀民乡",王审知说固始人"贵固始"。固始,唐代南徙之民的"老家乡"、出发地。集体的迁徙,集体的思念,豫闽台姓氏传播留下一连串历史情节。

　　台湾大姓有陈、林、黄、张、李、王等。陈姓,出自河南古陈国今淮阳,姓祖陈胡公,郡望颍川。东汉之祖固始侯相陈孟琏。唐代开漳之祖陈元光,老家固始浮光山下陈宅。林姓,出自殷少师比干之子坚,于今河南淇县、卫辉交界之处"长林"得姓,西晋末年"中原板荡"时有裔禄公居闽,形成晋安郡望;唐末,又有从固始入闽者,形成五支。黄姓,氏出黄国,今信阳潢川,东汉灵帝时太尉黄琬,抗董卓乱政卒于狱,其第六子侃由江夏迁固始,唐末后裔敦公、膺公由固始迁闽。张姓,源溯挥公,起源地在帝都濮阳,唐末后裔御史睦公往闽,夫人王氏领二子留居固始,夫人陈氏之子居闽,两地张氏共祖张睦。李姓,由"理"易"李"之利贞者为李氏始祖,地溯河南鹿邑,郡望为陇西。陇西李氏多贵族。唐高宗薨,武则天称帝,太宗诸子及孙有欲"举义匡复"者,武则天派兵剿杀,定淮公恺逃匿光州固始,其裔孙于唐末入闽。王氏,源自周灵王太子晋,琅玡郡望之裔有唐贞元间固始令晔者,因贤民居家固始县东临泉村,后四世出"闽王"王审知。

　　豫闽台姓氏根系清晰,一脉相承。时间越久,裔胄越众,播迁越远,根系越长。传统文化,姓氏根系,与时同在。天不荒地不老,根系不绝;前有古人,后有来者,永不断续。

（第一作者为河南省固始县史志办公室副编审）

中原陈姓的起源及其向闽台地区的迁徙

李龙海

陈姓是中国第五大姓,约 6500 万人,占全国总人口的 5% 强。从省别来看,福建、台湾、广东、浙江等省是陈姓人口最集中的地区,陈姓占全省人口的比例分别为 14.01%、12.21%、10.52%、7.74%,并且在台湾、广东、浙江三省,陈姓均为本省第一大姓(福建陈姓略低于林姓,居本省第二位)①。故闽台地区有陈姓与另一大姓林姓有"陈林半天下"的说法。虽然目前陈姓在南方诸省人口最为集中,但由大量的方志及陈氏族谱等史料,我们可以得知目前生活在南方诸地的陈姓,其祖源却是在中原地区他们的先辈则是在相当长的历史时期由中原相继迁徙而至的。故而,开展对姓氏源流方面的研究,是研究人口流动与文化交融的重要方面。基于此,本文将对中原陈姓的起源以及陈姓子孙向闽台地区的迁徙作一探讨,以就教于方家。

一、中原陈姓的起源及先秦至晋以前陈姓的迁徙

陈本为一古老之地名,如《陈州府志》云:"陈州太昊之墟,古宛丘之地。神农都之,始为陈。"由此可知,陈这一名称始于神农氏在此定都时。西周初兴,大封先王及功臣之后,因胡公妫满即是帝舜的后裔,同时又是周人的陶正阏父(一称遏父)之子,故被封于陈②,并以国为氏。自妫满封陈至陈闵公亡于楚,陈国共传 20 世、26 代君王,历时 588 年。亡国后的陈国子孙,便以原国名为姓氏,于是

---

① 　袁义达依据 1982 年第三次人口普查抽样资料统计,详见袁著《中国姓氏—群体遗传和人口分布》,华东师范大学出版社,2002 年。统计数据不包括少数民族。

② 　如《史记·陈杞世家》载:"至于周武王克殷纣,乃复求舜后,得妫满,封之于陈,以奉祀舜,是为胡公。"《左传》襄公二十五年:"昔虞阏父为周陶正,以服事我先王。我先王赖其利器用也,与其神明之后也,庸以元女大姬配胡公,而封诸陈,以备三恪。"

便有了陈姓。

据史料载：在陈国内乱至亡国期间，四支陈国公族后裔先后避居他乡，均以国为氏姓陈。

其一，居颍川者（今河南许昌、长葛一带）。这一支是胡公满十世孙陈完的后裔，也是繁衍昌盛，支系最为清晰的陈姓支系。

胡公十世孙陈完"奔齐"，深受齐人厚待，得官工正，至陈完五代孙桓子于周定王十六年（前453）改姓田氏。陈完为田姓始祖，死后谥为敬仲。《史记·田敬仲完世家》载："敬仲之如齐，以陈字为田氏。"之所以如此，《索隐》称："敬仲奔齐，以陈田二字声相近。"陈完的子孙田氏家族在齐国大有发展，历任齐国的大夫、卿、相，渐渐垄断了齐国的大权，传到第九代田和时，终于夺得姜姓齐国的王位，史称田齐，田和自立为齐太公。公元前221年，陈完15代孙齐王田建为秦国所灭。

田齐亡国之后，田建的儿子田轸奔楚为相国，后徙颍川，封颍川（今河南长葛一带）侯。田轸又恢复姓陈，成为颍川陈氏的始祖，繁衍生息，代代相因，播迁甚广，成了现代陈姓的主干。

其二，居陈留者（即今河南开封陈留），这一支出自陈哀公之子留。公元前6世纪初期，陈国太子偃师有二嬖妾，长妾生子曰留。景公十一年（前534），公子过杀太子偃师而留为太子。楚灵王闻陈国内乱，遣公子弃疾率师，俸偃师之子吴伐陈，并灭陈。留逃往郑国避居，其所居地谓之陈留。

其三，居阳武者，出自陈闵公之长子陈衍。"周敬王四十一年（前479），楚惠王杀陈闵公，灭陈国。"[1]陈国灭亡后，陈闵公的长子剑，为避亡国之祸，改名为衍，称陈衍，逃到阳武户牖（在今河南兰考县东北，一说在河南原阳县东南），娶谈氏为妻，生二子，都在齐国做官，其后裔有西汉名相陈平。

其四，居固始者，出自陈闵公次子全温之后陈孟琏。陈亡后，全温逃到晋国（在今山西境），其后裔陈孟琏，任固始侯相，因之移家于固始，其六世孙陈引奇为信都别驾，有德政，无子，于是以东汉时颍川陈实为嗣，陈实裔孙陈志皋遂遣其第五子陈达信于南朝宋时迁往蔡州固始县，以继承固始陈氏基业。

---

① 周口地区史志编纂办公室：《周口地区志》，中州古籍出版社，1993年。

由以上史料可以看出,在晋以前陈姓的迁徙分布地域主要集中长江以北的河南、山东与山西等地。

二、晋以降陈姓向福建地区的迁徙

西晋末年,中原先有"八王之乱",继而又有"永嘉之乱",一时间黄河南北的广袤地区成了战场。战乱导致中原士家大族及平民百姓被迫离开中原故土远徙他乡,这其中大多数人到了江南①。根据谭其骧先生考证,当时中原地区的人口多流向了临近的安徽与湖北,也有不少中原人口流向了更远的福建等地②。

史料记载中原陈姓入闽成规模的有四次。

第一次是在西晋末年。已有一批中原人迁至今福建省,其中即有陈氏。此即《闽书》中所载:"永嘉二年,中原板荡,衣冠始入闽者八族,所谓林、黄、陈、郑、詹、丘、何、胡是也。"又据《唐书·宰相世系表》记载,西晋末建兴年间(311~316),又有太尉陈伯畛渡江,落居曲阿新丰湖,后迁居浙江,为陈武帝霸先的先祖,其后散居福建。而福建《莆田榄巷文峰陈氏族谱》也载:"陈氏之先,颍川(今河南禹州市)人也,远祖曰梅洋三郎。当时困于兵乱,人不自保,惟恨所居之不远,遂入[闽中]深山穷谷,以为营生安业之地,若武陵桃源之避秦者。"③

第二次大规模入闽是唐初河南固始人陈政、陈元光父子率军入闽。唐高宗总章二年(669),闽南少数民族发生动乱,高宗派河南固始人陈政为岭南行军总管,率兵3000多人前往讨伐,陈政招架不住,只得据城固守。高宗见不能取胜,加派陈政之兄陈敏、陈敷率固始58姓军校前去增援。不料陈敏、陈敷不适应瘴疠之乡的恶劣气候,先后染疾死去。陈敏之母魏氏适在军中,便挺身而出,统率军队,驻扎在福建云霄县。陈政于仪凤二年(677)死于军中,由他的儿子陈元光代父领兵。经过9年苦战,终于平息战乱。为了开发闽南这片沃土,元光奏请朝廷设立漳州郡,光绪《漳州府志》载陈元光"率众辟地置屯,招徕流亡,营农积粟,通商惠工"。陈元光的后裔也在这里繁衍生息,并成为当地的一支望族,分居在

---

① 如司马光《资治通鉴·晋纪九》载:"时海内大乱,独江东差安,中国士民避乱者多南渡江。"又《晋书·王导传》载:"洛京倾覆,中州士女避难江左者十六七。"

② 谭其骧:《晋永嘉丧乱后之民族迁徙》,《长水集》(上),人民出版社,1987年。

③ 徐晓望:《论河洛文化南传与闽文化的崛起》,《洛汭与河图洛书》,河南科学技术出版社,1996年。

饶平、澄海等地,所以有学者即指出"陈政、陈元光的率兵入闽,是一次具有移民性质的进军,对汉民在闽南地区的开发作用甚巨。"①当地人称陈元光为"北庙"始祖,并尊称为"开漳圣王"。陈元光的子孙称"开漳圣王派",成为闽、粤、台及南洋诸岛陈姓最主要的一支。当地百姓为了表达对陈元光的崇敬之情,许多地方建有陈圣王庙,福建有一百多座,台湾有 55 座,南洋诸岛有 20 多座。

第三次是唐朝中期,颖川陈实后裔陈忠之子陈邕,为唐中宗时进士,官至太子太傅,因受宰相李林甫排挤,玄宗时率家由京兆万年(今陕西长安)迁至福建同安嘉禾,又徙漳州南厢山,其子陈夷行,唐文宗时任宰相。陈邕的裔孙陈洪进,在闽主王廷政手下任统军使。廷政死后,陈洪进降南唐,南唐后主李煜封陈洪进为泉南等州观察使。南唐被北宋攻灭后,陈洪进向宋主动献出漳、泉二州,被封为武宁军节度使、同平章事(宰相),留汴京(今河南开封市)。陈洪进的两个儿子文福、文灏分别任泉州刺史和漳州刺史,后在闽南发展成为望族,以先祖陈邕官太子傅之故而称"太傅派"陈氏,并尊陈邕为"南院"始祖。

第四次是唐末五代固始三王(王潮、王审邽、王审知)率五千人马入闽。据据考证有 50 姓,这些姓氏多是举族入闽的。其中陈氏就有侯官古灵陈橉(福州)、南阳陈夔(分派闽县、长乐)、先锋陈师先、陈豹、陈勇②。刘球《陈公振行状》就记载:"陈之先,光州固始人,唐末之乱,有讳橉者,从王审知入闽。"陈橉长子陈令鎔、次子陈令图皆居高官。原居福州城内,后迁侯官古灵村。称"古灵陈氏"。

另外,陈实子孙中有一支陈昌、陈旺,徙江西德安起家"义门"。后北宋时"义门"分庄,陈氏"星罗棋布于七十余州县,各立门户,支谱日增。"③"徙居浙、湖、闽、徽、宁、苏、松等处,约四余派,亦十之一二,未必能尽吾族四海之类众也。"④由此可得知,这支陈姓由中原先迁徙到江西后,北宋时,部分"义门"陈姓再迁徙到福建等地。

①　林国平等:《福建移民史》,方志出版社,2005 年
②　许竟成:《历史姓氏(一)》,固始史志研究室,1999 年。
③　明嘉靖《陈氏兆祥宗谱·原谱牒·序》。
④　明嘉靖《陈氏兆祥宗谱·原谱牒·序》。

三、明末以降陈姓向台湾的迁徙

早在明末清初,福建就开始大批向台湾移民了。明朝天启四年(1624)荷兰人窃居台湾后,曾招募闽南沿海移民去台湾垦殖。明末郑芝龙设寨于台湾北港,曾多次招募漳、泉、兴化沿海居民渡海去台湾垦荒。崇祯元年(1628)统治台湾的郑芝龙归顺明朝,在福建布政使熊文灿的支持下,招募沿海几万灾民,每人"给银三两,每三人给牛一头",用船载运去台垦殖。清朝顺治十八年(1661)延平郡王郑成功驱逐荷兰人,收复了台湾,所带士兵连同眷属共三万多人都留在台湾开荒种植,这些士兵多是闽南、闽中人。与此同时,他还到漳、泉、兴化等地招募青壮年到台湾垦荒。这个时期漳州、泉州、兴化等地赴台者达 15 万人之多。清朝康熙二十二年(1683),郑成功之孙郑克塽归顺清朝后,漳、泉、兴化沿海赴台又有几十万人之多。从福建等地迁台的人口中其中就有大量的陈姓。由陈姓族谱可以看出,当时陈姓移民台湾或因闽粤地狭人众,谋生不易,只好向台湾发展①;或因兵燹或民变而移居台湾②;有的则是因光绪末年德化陈拱反抗盐税失败遭牵连③;等等。

依据台湾陈姓各支系的族谱以及其他相关史料记载,可以很清楚地看出这些台湾陈姓族人与福建陈姓及中原陈姓的源流关系。

如"德聚堂"陈氏源自福建龙海县霞寮村。其入台始祖即郑成功部将陈泽。今台南忠义路七巷尚有其居台旧府,称"德聚堂",亦称"颖川家庙"。至今,德聚堂中仍供奉有陈泽及其弟陈丑、陈辛、陈红等,并保存有当年陈泽等复台及其宗亲繁衍的具体资料。据《霞寮村陈氏世系渊源》载:陈屠龙子(于)明宪宗初年由龙溪县南乡庵兜迁居海澄霞寮,是为开基祖。霞寮村位于九龙江西南、北三溪汇合处,今属龙海县浮宫乡。陈泽四兄弟是陈屠龙七代孙,泽为郑成功部将,位居统领,随后三个弟弟因此也跟着到台湾定居,是为霞寮村陈氏居台的开基祖,300多年来繁衍子孙甚众,共建"德聚堂"纪念祖先。

台湾林投巷陈氏源自福建东山留田村。留田村位于福建东山县海滨。莆田

① 《南安蓝园陈氏族谱》。
② 《龙浔鹏都陈氏族谱》。
③ 《丁溪陈氏族谱》。

县东庙龙坡社人陈荀住,时为兴化府衙役,明洪武二十七年(1394)调防来铜山(今东山)水寨,守因墩山烽火台,定居开基繁衍子孙,分别留田南屿、东坑各地。"留田"义为留下来垦田开基。随后又有后裔到台湾谋生,聚居屏东县林投巷,到光绪年间已发展到100多户。

惠安侯卿陈氏祖地为福建惠安县辋川镇后坑村近人(因方言谐音又称坑为卿)。陈姓早于明代由莆田阔口迁来,属玉湖陈衍派,清末民初已分居各地19个村落,遂有19陈之誉。侯卿陈氏现多集居在台北市,与大陆陈姓联系密切。

台北大龙峒陈氏祖籍福建同安官山。福建同安县官山陈氏开基祖陈忠与子邕同为唐开元官员,开元二十四年(736)父子被贬,谪居漳州南驿路南厢山。陈邕有四子,长子陈夷及其子陈俦居厦门陈寮开基,传到22代陈国辅,由厦门迁居同安官山,为"官山陈氏"始祖。这支陈氏,先后有际廷、际珪、际令和运奉、运市、运三等移居台北淡水一带,还有何厝陈严、陈由,后溪陈殿也陆续渡海去台。台北大龙峒原是高山族中平埔族居住的,名"大浪泵",位于淡水河和基隆河汇合处。早年同安人陈逊言随父辈来此垦殖,建设成片住宅,打下发展基础,谐音名"大隆同"。至乾隆年间,大批同安人迁居到此。

台湾霞宅陈氏是由福建南安市诗山镇霞宅村迁居的。光绪二十三年(1897)福建霞宅陈宗赏渡台,繁衍子孙散居台中、台北、基隆、新竹,统称"霞宅陈氏",尊陈宗赏为开台始祖,聚居地方称霞宅街。霞宅人以纺织棕蓑闻名,所以霞宅街也称"棕蓑街"。

台湾和平村陈氏源自福建南靖龙山埔顶村。清雍正年间,南靖永丰宝斗村11代孙"天"字辈陈天义迁居埔顶村为开基祖,沿用宝斗村昭穆,光绪九年(1883)埔顶村6代孙即"茂"字辈陈丁,从厦门渡台,定居新竹县桃源区大园乡和平村为开基祖。

台湾银江陈氏源于福建石狮市永宁镇银江村。据华侨大学李天赐教授对《银江陈氏三房家乘》剖析:谱有"吾宗自元光公开闽以来,族姓蕃昌,凡闽有陈,皆遥尊为始祖,夫因知本之意也"。又云:"方山公仁元,官奉训大夫,政绩载郡志,享春秋",方山子宝盖约于元末明初由象泽分居银江,故谱序曰:"宝盖公为开基祖。"谱载统计时已有子孙94人移居台湾,其中70人有生卒年月,康熙年间

27 人,雍正、乾隆年间分别有 13 和 30 人;在台有地点者 22 人①。

另在台北市宁夏路有一座"德星堂",是全台陈氏宗祠,大殿内有一副对联:"箕裘全子,袍笏文孙,颖川郡凤毛世胄;南国旌旄,东宫衣钵,李唐时虎拜龙庭。"其中的"箕裘",出自《礼记·学记》,比喻继续祖先事业;"袍笏文孙",指陈寔裔孙、尚书令陈宠、陈国公陈弼等,他们都是官至极品,袍笏上朝;"南国",指陈霸先在江南建立的陈朝;"东宫衣钵",指陈后主陈叔宝的后裔;"虎拜龙庭",指陈元光为大将军。这正说明了台湾陈氏与大陆陈氏一脉相承的关系。

黄典成先生在 20 世纪 80 年代初曾就豫闽台的关系作过一个评价,他说:"台湾同胞的祖根,500 年前在福建,1300 年前在河南。"②现仅以陈姓的播迁就可看出黄氏可谓一语中的。

（作者为中原工学院人文学院副教授）

① 引自郑金洪:《闽台陈姓源流》,《寻根》2003 年 3 期。
② 黄典成:《寻根母语到中原》,《河南日报》,1981.4.22。

中原林姓的南迁及其在闽台的兴盛

陈建魁

源于河南的林姓是从中原较早南迁的姓氏之一。林姓南迁之后,在福建获得了极大发展,并播迁台湾等地,使林姓成为当今闽台数一数二的大姓。兹结合林姓家谱所载,就历史上林姓南迁及其在闽台的发展与兴盛情况略作考述。

一

在殷墟出土的甲骨文中,"林"像并立的两颗树,是典型的象形文字。林字的本意,东汉著名的文字学家许慎在《说文解字》中解释说:"林,平土有丛木曰林。从二木。"清代文字学家段玉裁注引《周礼》注云:"竹木生平地曰林。"清代另一文字学家王筠《说文释例》更清楚地解释说:"林从二木,非云只有二木也,取木与木连续不绝之意也。"今人胡厚宣先生在其所著《战后京津新获甲骨集》中对林字的本意精确地释为"成片之竹、木",甚得其要。

林姓主要有三个源头,均出自河南。最早的一支出自子姓,形成于西周初年,是殷商王族比干的后裔。比干,沫邑(今河南淇县)人,子姓,是殷纣王的叔父,官少师。纣王宠爱妲己,昏庸无道,致使民怨沸腾,诸侯叛离。比干冒死劝谏,触怒了纣王,被剖腹挖心处死。其正妃陈夫人有孕,携婢女四人逃至牧野(今淇县西南)避难,有深山密林的石洞中生下一子,取名坚,字长思。周武王伐纣,陈夫人携子归周。武王以坚生于密林之中,赐姓林氏,并任林坚为大夫。

一支源出姬姓,形成于东周初期,是周平王的后裔。周平王有子名林开。林开的子孙有的以祖辈的名字为氏,称林氏。

一支是由少数民族改姓,形成于南北朝时期。北魏孝文帝迁都洛阳后进行汉化改革,把鲜卑族的丘林氏改为林氏。

当今,林姓在中国 100 大姓中,排名第 17 位,约占全国人口的 1.07%。其中,福建林姓有 480 万人左右,约占福建人口的 14%,为福建第一大姓;台湾林姓有 200 万人左右,约占台湾人口的 8.28%,为台湾第二大姓。

二

林姓自产生之时起相当长一段时间内,主要是在黄河中下游一带播迁的。

西河林氏是林姓最早的一支望族,但西河究为何地却一直众说纷芸。我们认为,林姓始祖发祥地在淇河以西,故称"西河林"。西河,春秋时为卫地,指今河南浚县、滑县一带,《史记·孔子世家》所说"其男子有死之志,妇人有保西河之志"中的"西河"即指此。这里为商朝故地,而周初所封商遗民,如微子启、武庚等均在商朝故地,为的是因民而治,便于管理。

廖用贤《尚友录》把西河列为林姓的第一郡望。有人认为上述之西河地区从来未被称为西河郡,进而否认此说。其实,郡望并不一定为郡,蒋姓的唯一郡望乐安(今河南淮滨东南期思镇)只是乐安县而非乐安郡,历史上确有乐安郡,但乐安郡所在山东博兴、广饶一带并非蒋姓的郡望。因此,一定要把林姓的郡望西河说成是西汉、东汉或三国等时代设立的西河郡是没有说服力的。

林姓得姓始祖林坚被分封于西河后,后来又改封于博陵,子孙从此便在博陵一带发展繁衍。至林坚子林载时,又被赐爵为博陵侯,任冀州牧,统治今黄河以北、太行山以东的广大地区,他的子孙也在这一广大范围中生活,甚至迁徙、移居。而博陵应在今天的河北省安平县至蠡县一带。相传几代以后,在今天的河北、河南、山西、陕西、甘肃等地,都出现了以林为姓的人。说明林姓的迁徙已在北部中国各地展开。

春秋时期,林姓有林楚、林类、林放等人物知名于世。战国时期,林姓的代表人物有林不狃、林皋等人。在林姓姓族的发展史上,林皋是一个承上启下的人物,上承西河林,下启济南林,地位极其重要。西汉初期,林皋的后裔林挚等迁居齐郡邹县,后因齐郡更名济南郡,林挚之子林篡遂为济南人,形成了对后来影响深远的济南林氏。林挚是名列《二十四史》中的最早的林姓人物。他在汉高祖七年(前 200)任燕国相,后封平棘侯,食邑千户,传四代绝封。林挚家族经过汉朝前中期十数代的发展,到汉宣帝时出世了一位在林姓发展史上举足轻重的人物——林尊,被林氏奉为济南望族的开基始祖。

林尊是《二十四史》中首位单独列传的林姓名人。据《汉书·儒林传》记载,林尊,字长宾,济南人。从事今文经学研究,师于欧阳高,成为经学博士。林尊是《今文尚书》经学传播链中的重要环节。在今文经学与古文经学的石渠阁会战中,林尊也参加了讨论。后林尊官至少府、太子太傅,可谓十分尊崇。后来的下邳林氏、晋安林氏、光州林氏等均为林尊后裔。

济南林经过三四百年的发展,到东汉经史博士林农生活的时代,宗族庞大,人口众多,势力强盛,因此为当权者所忌,遭到汉灵帝和奸宦董卓的排斥,一家有七百余口同时被杀,家族势力受到了极大的削弱。关于这次林姓的灾难,林氏《长山世谱》记载:"比干71世孙,祖考农公,字野贤,官经史博士,灵帝时阉宦十常侍流祸,凡忠臣义士、缙绅名宦俱被戮,我族被害者744人,公同父罢归,恐祸及之,乃与父老潜之。"唐代温彦博所撰《林氏宗谱序》也说:"后汉之末,复遭董卓擅权乱政,士爵播迁,每忌林族诸士,布言林氏宗党强于河北。汉主蒙其潜诉,宗族被戮者744人……衣冠避于南地。"这次灾难,林农及其父林封虽未被杀,但被免职罢归。林农恐祸及于己,乃与父老隐居于济水之东。到献帝建安年初,林农曾复出为官,任司隶校尉。三国时期,这支林氏的主体在曹魏政权中任职。西晋建立后,这支林氏有多人任职于朝,祖先的基业得到了进一步的光大。

东汉中期以后,济南林的其他分支陆续有林氏族人南迁。林姓人成批南迁,则始于东汉末年。东汉末年,由于北方战乱,中原河淮地带的世族和民众一次就有十余万户流徙江南。三国时期,孙吴政权大力组织流民屯田开荒,江南世族也积极吸纳流民到自己的庄园内开荒生产。许多林姓人就是在这种情况下南迁的。可惜的是,这批林姓人多为平民,历史上没有留下他们的名字。

林姓大族南迁福建多在两晋以后,特别是西晋末年以后。西晋末年,由于统治阶级的腐朽和阶级、民族矛盾的尖锐,引发了一场历史上罕见的的大动乱,即"八王之乱"。八王之乱起于西晋惠帝永平元年(300),共持续了十六年。接着,匈奴、鲜卑、羯、氐、羌"五胡乱华",北方经济遭到了很大的破坏,从而产生了北人南迁的热潮。北人南迁的主要地区是江左一带。《通鉴·晋永嘉五年》载:"时海内大乱,独江左差安,中国士民避乱者多南渡江。"《晋书·王导传》也说:"俄而洛京倾覆,中州士女避乱江左者十六七。"北人南迁的势族中,林姓占有重要的地位。唐林谞《闽中记》曰："永嘉之乱,中原仕族林、黄、陈、郑四姓先入闽。"南宋泉州晋江人梁克家撰《淳熙三山志》记载:"爰自永嘉之末,南渡者,率入闽,陈、郑、林、黄、詹、邱、何、胡,昔实先之⋯⋯隋唐户口既蕃,衣冠始集。"另据林氏《晋安世谱校正序》记载:"当中原板荡,衣冠卿相从闽居者有八族,林、黄、詹、陈、郑、邱、何、胡是也。"乾隆《福州府志·外记》中引路振的《九国志》也说:"晋永嘉二年(308),中州板荡,衣冠始入闽者八族:林、黄、陈、郑、詹、邱、何、胡是也。以中原多事,畏难怀居,无复北向,故六朝间仕宦名迹,鲜有闻者。"

林氏望族之一"下邳林氏"就是西晋末年林姓人南迁形成的。当时正值西晋末年,中原战乱频仍,林礼不得不离开故土,随子迁居徐州下邳,成为下邳林氏的开基者。林礼的儿子林隶,曾任徐州别驾,居于徐州下邳梓桐乡。晋愍帝建兴三年(311),林隶升任黄门侍郎,后随晋元帝渡江南巡。林隶的长子林懋在晋愍帝建兴四年(312)除通宜散骑常侍,殿中侍御史,侍卫将军,后迁下邳太守。林懋有六个儿子,都很有出息,时号称六龙。林懋任满以后,时局已经十分动荡,而当地又比其他地方安宁,其世代子孙便在下邳(治今江苏省睢宁县西北)之梓桐乡一直居住下来,成为徐州之冠族。林懋也因此被奉为下邳林氏望族之始祖。

西晋末年的动乱尽管对中华民族来说是一场毁灭性的灾难,但从客观上来说,却促进了林姓的进一步繁衍和迁徙,使林姓生活的空间进一步扩大,对后来林姓发展产生重大影响的"晋安林"便是由此而开基的。追本溯源,"晋安林"来源于"济南林",是从林姓始祖比干一脉相承而来的,开基始祖便是"下邳林"开基祖林懋之弟林禄。如同林懋开创"下邳林"一样,林禄开创"晋安林",也是由他出任晋安郡(治今福建福州)太守引起的。

据林氏家谱记载,林禄原任安东琅琊王府将军,除给事中、黄门侍郎,后随晋元帝渡江,由招远将军、散骑常侍、合浦太守累迁晋安郡守,追封晋安郡王,遂全家入闽定居晋安。是有名可稽的林姓入闽第一人。他的后代,除留居晋安者外,又有的迁居莆田、侯官、长乐、连江、南安、德化、福唐、温陵、清溪、龙溪、漳浦、惠安等地,分别在这些地方开基。另外。"下邳林"在传到第八代林国敏时,也因出任台州刺史而由江苏南下,成为台州和温州等地(在今浙江境内)林姓人的开基始祖。从此,由"济南林"分衍而出的"晋安林"、"下邳林"无不光大于南方。特别是以今福建为中心的东南沿海一带。今天中国大陆所形成的林姓在分布上南多北少的基本格局,其根源便是由此引起的。在隋末称帝林士弘即是林禄的后代,他也是林姓发展史上唯一一位林姓皇帝。

三

莆田林氏是晋安林氏的最大支派,其后家族繁盛,从而使莆田成为继西河、济南、下邳、晋安之后林氏的第五个发祥地。

"晋安林"开创了林姓在东南沿海一带发展的历史。由于晋安林在历史发展中分支众多,特别是有些在后来还回迁于北方和台湾等海外各地,以至成为天下公认的林姓最大支派。晋安林氏第九代林茂迁徙于福建莆田北螺村,由此形成莆田林氏,其后族大人多,播迁四方,成为晋安林氏的最大支派。莆田也被誉为林姓继、济南、下邳、晋安之后的第五个发祥地。

莆田林氏是晋安林氏的继续和发展。莆田世系是从隋朝初年开始的,它的开基祖林茂,在隋文帝开皇三年(584),从晋江迁居莆田北螺村。后来在唐朝时期名闻天下的九牧林氏和阙下林氏都是林茂的后代所开基,因此林茂被这两支林氏奉为共同的始祖。

九牧林氏是唐代人林披所开基,其后瓜瓞绵绵,迁衍广泛,名人辈出。

林披,字茂则,是莆田开基祖林茂7世孙。他自幼聪敏好学,读书一览即记,14岁手抄六经及子书、史书千余卷。唐玄宗天宝十一年(752),林披明经及第。后授太子詹事、苏州别驾。林披自任官以后四十年,志行高洁,无论官职大小,宠辱不惊。林披先后娶妻3人,即郑氏、陈氏和朱氏。三夫人后来一共生有九子,这9个儿子后来也都明经及第,并且俱任刺史之职。由于州刺史又称州牧或牧守,他们也被称为州牧。兄弟9人合在一起,号称"九牧"。加之他们父子相继,世代显贵,家声广播,世泽绵远,在古代被称为"八闽"之地的福建一带独领风骚,因此被以"八闽世泽,九牧家声"相称,或者被称为"莆田九牧"、"九牧林家"等,以纪念这段颇为荣耀的历史。所以,凡属林披后裔,多用"九牧"作为堂号。

林披所生九子为:林苇、林藻、林著、林荐、林晔、林蕴、林蒙、林迈、林蔇。林披九子皆显,其中尤以林藻、林蕴最为知名。

阙下林氏为唐代人林攒所开基,其后裔广播海内外。

关于林茂后裔孝子林攒的故事,在福建莆田一带几乎家喻户晓。林攒,字会道。唐德宗贞元四年(788)被任为福唐县(今福建福清)县尉。林攒未及上任,其母年老体衰得了重病。林攒听说后弃官回家照顾母亲。母亲死后,林攒亲自和泥垒砖砌成墓冢,还在墓冢之右搭草棚居住,引得天降甘露,白鸟飞临。贞元十三年(797),唐德宗下诏赐筑双阙于林攒母亲墓前,予以旌表,并免全族徭役。后来林攒子孙居于莆田县之孝义里,称为"阙下林家"或"阙下林"。"阙下林氏"支派播及福建莆田、仙游、惠安和广东等地,以"孝瑞"为堂号。

　　唐朝初期,陈政、陈元光父子带兵入闽平定"蛮獠啸乱",奉朝准建置漳州及属县。据统计,陈元光父子入闽所带府兵将士与眷属共有84个姓氏。唐朝末年,中原动乱,固始人王潮、王审知兄弟带领乡民义军入闽,除暴安民。昭宗诏授王审知福建威武军节度使。后梁太祖进封王审知闽王。随从"三王"入闽,开发建设闽地的光州固始籍民五千多人。据《八闽祠堂大全》等资料记载,随从"三王"入闽的姓氏有83个。

　　在唐代中原先民两次大南迁过程中,林姓是重要族群。其中知名者有林延皓、林廷甲等人。

　　林延皓(870～936),字仁寿。他与河南固始人王审知有旧交,遂在唐僖宗广明元年(880)举家迁往河南固始,投靠王审知。后来王潮、王审知父子入闽开辟漳州,林延皓随行,成为王审知入闽之部将。唐昭宗光化元年(898)授威武军节度副使,拜拱宸控鹤都使。唐末始居福州,五代后梁开平三年卜居吴山。他的后裔以其官衔而称为控鹤林氏,又称福州吴山林氏,尊林延皓为一世祖。今控鹤林氏的后裔主要分布在福建的福州、连江、福清、长乐等地。

　　林廷甲(860～?),光州固始人,自幼习射箭、骑马。唐僖宗干符五年(878)应试,捷登武第。七年后从沙陀贵族李克用击黄巢,攻克长安(今陕西西安),以战功受指挥使,佐御固始。中和四年(884)随王绪入闽,王绪败后从王潮、王审知。唐昭宗景福二年(元893)任骠骑兵马司,卜居福建晋江凤山。其子林亮兴迁居晋江后安,故后裔称为后安林氏。

四

　　如果说唐代以前主要是各支林氏产生和发展的时期,那么,宋代以后便是各支林氏人才辈出、兴旺发达的时期。尤其是福建的九牧林氏、阙下林氏等,在宋代以后长盛不衰,产生了无数名垂千古的人物。

唐九牧林氏是闽林中人数最多的一支,其后裔主要分布在福建、广东、台湾、浙江、江西、江苏、山东、辽宁、湖南、湖北、安徽、广西、四川、海南、香港、澳门等省区以及韩国、马来西亚、泰国、新加坡等国,总人口约在500万人左右。在唐九牧中,二牧林藻和六牧林蕴最为知名,后裔人数也最多,在当代均超过百万人口。

九牧林氏自唐人林披开基后,其九子分为九支,各自发展,形成许多林姓大族,彪柄于史册。

九牧一房林苇后裔开基海南琼州林氏、福建莆田前埭林氏、广东揭东锡场林氏等林姓分支,产生了林环、林文等著名林姓名人。

唐九牧二房林藻后裔开基厦门林氏、石狮玉山林氏、石狮东圆林氏、平和崎岭林氏、漳浦路下林氏等林姓分支,出现了林绪等林姓名人。

唐九牧三房林著后裔开基横州林氏等林姓分支。

唐九牧四房林荐后裔迁居福州、德化、龙岩等地。

唐九牧五房林晔后裔主要在四川繁衍发展。

唐九牧六房林蕴后裔开基山东荣成林氏、山东文登林氏、湖北黄冈林氏、安徽金寨林氏、台湾淡水林氏等林姓分支,出现了林尚清、林钦、林时、林积仁、林长懋等林姓名人,近代湖北黄冈林氏三兄弟(林育英、林育南、林育容)也是林蕴后裔。我国东南沿海一带传统信仰中的海神“妈祖”,历史上确有其人。她就是北宋初年莆田人林默,传为林蕴之后。

唐九牧七房林蒙后裔分迁闽县、尤溪、闽清、永福、德化等地,出现了林从世等名藻一时的人物。

唐九牧八房林迈后裔开基厦门锦里林氏、锦园林氏等林姓分支世系,出现了林简言等林姓名人。

唐九牧九房林蔇后裔昌盛,分迁仙游、永春、安溪、潮阳、惠来等地。

林攒开基阙下林氏以后,到北宋中期以后,也渐次中兴。北宋仁宗时的林杞是阙下林氏开基后名垂青史的最早人物。林杞所生九子皆为知州,史称“宋九牧”。

宋代林姓南安郡望的形成,林杞家族的昌盛是其主要原因。与林杞同时或略晚的林姓名人林伸、林孝泽、林孝渊等,也是阙下林攒后裔。

福建林姓在宋代达到鼎盛,又经明清及以后数百年的发展,当今林姓已成为福建数一数二的姓氏。2006 年,中国科学院袁义达研究员根据对福建 45 个县、市调查所获得的数据进行统计后,得出林姓人口占福建人口的 9.4%,排在陈姓之后据第二位。而据 2007 年 4 月公安部治安管理局对全国户籍人口的一项统计分析,福建的林姓人口有 472.8 万,占全省人口的 14.8%,居第一位;而陈姓人口则有 346.7 万,占 11.08%,这也印证了福建民间“陈林半天下”说法并非夸大其辞。而在福建各县市,林、陈大多交替排在第一、二位,如在福州,林姓排第一,陈姓排第二;在泉州和莆田,则是陈姓排第一,林姓排第二。

林姓人开拓台湾的历史可以追溯到东晋时期。唐代以后,往来台湾与大陆之间的商人日益增多,有人遂定居台湾。而大陆林姓居民大批迁居台湾则在明清以后,且多为福建人。

宝岛台湾自古是中国领土。林姓人到达台湾的历史可以追溯到很久以前。相传早在东晋时,就有人航海到达澎湖等地。而确知姓名的林姓人入台则在唐代。今天台湾及海外林姓人口众多,与此不无关系。

据文献资料记载,唐代时林姓人已远航海外。清人蔡永兼《西山杂志》载:“唐开元八年(720),东石(今晋江东石)林知祥之子林銮,字安车……试航至勃泥(婆罗州),往来有利,沿海畲家人俱从之去,引来番州。蛮人喜采绣,武陵多女红,故以香料易绣衣。晋江舟人竟相继航海。”书中还说:“唐乾符时(875 ~ 879),林銮九世孙林灵仙,字灵素,经商航海台湾、甘棠、真腊诸国,建造百艘大舟在鳌江,家资万贯。”

在林銮的带领下,当地许多人都从事台海贸易。林銮九世孙林灵仙靠往来大陆和台湾间贸易还因此成为当地巨富,其商船所及,甚至到达真腊(今柬埔寨)等国。在明清时期,特别是在郑成功开拓台湾前后,大批的林姓人开始迁往台湾居住,成为台湾许多地方的开拓者和历史名人。如在南明永历年间(1647 ~ 1661),郑成功抗击荷兰殖民者,有福建同安人林圮、龙溪人林凤担任他的部将,随其收复台湾。后来,林圮率领部众在台北竹山镇一带开荒垦田,林凤则率众在台南六甲庄一带辟田开地。这两处地方,原来的名字分别叫林圮埔和林凤营。永历年间入台者还有福建平和人林宽老、林虎、林一等人。至清朝康熙年间(1662 ~ 1722),又有福建漳州人林天生、林万福、林浮意等人率宗族来台湾,合作开垦嘉义策港等地;福建晋江人林启鸾则迁居澎湖,林奕生、林奕元兄弟居诸罗,林文快、林文俊兄弟居凤山;福建德化人林采士、林道甫居漳化,等等。雍正五年(1727)有林天成入台开垦淡水兴直堡(今台北县新庄镇),十一年(1733)有福建龙溪人林应寅、林平侯父子迁居台湾台北。乾隆年间(173~1795),有泉州人林耳顺招募广东人开垦竹南,漳浦人林成祖开垦淡水,镇平人林洪开垦竹南,漳州人林潘磊开垦大甲镇,饶平人林钦堂入垦新竹,泉州林文意兄弟三人合垦港东,等等。后来,在嘉庆、道光以后,林姓人还不断迁居台湾,定居在有关地区,使台湾的林姓人口进一步增加。

当初林姓人经历了千难万险才来到台湾,但其以勇于开拓的精神,终于在当地站稳脚跟,甚至成为富甲一方的著名家族。其中知名者如台北的板桥林家、台中的雾峰林家。

雾峰林氏始祖林石为游洋林氏后裔,他在乾隆十九年(1754)来台湾,定居在今台中县雾峰乡,数传至林文察时,因平定八卦会起事有功,以所赐山木田地经营樟脑,成为台中首富,业务遍及整个台湾及上海、日本等地。

板桥林家则由原籍福建龙溪的林应寅开基,他在清朝雍正十一年(1733)带着儿子林平侯入台湾居于兴直堡(今台北县新庄镇),后林平侯之子林国华迁板桥,家族更加兴旺发达,成为台湾著名林姓家族,因而被称为板桥林氏。

除雾峰林氏和板桥林氏外,明清以后从大陆入台的林姓人经过世世代代的发展,已经遍布台湾各个地方,目前,台湾的林姓人超过200万人,占台湾人口总数的8.28%,是岛内仅次于陈姓(占11.06%)的第二大姓。

参考资料:

1. 陈建魁:《中国姓氏文化》,中原农民出版社,2008年。

2. 袁义达、邱家儒:《中国姓氏·三百大姓》,华东师范大学出版社,2007年。

3. 陈建魁、王大良:《中华林姓通史》,东方出版社,2002年。

(作者为河南省社会科学院历史与考古研究所副研究员)

鸟虫书与商代文字

——从字形演变看河洛文化的南迁轨迹

郭胜强　李雪山

　　鸟虫书(Bird-and-Insect Script)亦称"虫书"、"鸟虫篆",属于金文里的一种特殊美术字体,是春秋战国时代流行于吴、越、楚、蔡、徐、宋等南方诸国的一种特殊文字。笔画或作鸟形,即文字与鸟形融为一体,或在字旁与字的上下附加鸟形作装饰;笔画或故作蜿蜒盘曲之状,中部鼓起,首尾出尖,长脚下垂,犹如虫类身体之弯曲。鸟形笔画多见于兵器,如越王勾践剑铭、越王州勾剑铭,少数见于容器如王子匜、玺印,至汉代礼器、汉印,乃至唐代碑额上仍可见。虫形笔画不仅见于容器,兵器,亦见于战国古玺及两汉铜器、印章、瓦当,如春秋晚期楚王子午鼎铭,除少数几个字近鸟形外,余多当属于虫形。吴王子于戈铭亦是鸟形与虫形,错金镶铸,极为精美。

　　鸟虫书被许慎列为"秦书八体"之一,《说文解字·序》载:"秦书有八体,一曰大篆,二曰小篆,三曰刻符,四曰虫书,五曰摹印,六曰署书,七曰殳书,八曰隶书。"徐铉注:"虫节即鸟书,以书幡语,首象鸟形。"鸟虫书是以篆书为基础演变而成的一种字体,是一种经过美化和艺术化的文字,可以说是文字美的创意,它所表现出来的那种龙飞凤舞、鸟翔夔翔、庄重华美、生动活泼的情调,充分表现出人们求美爱美的心态和无拘无束、无比丰富的想象。是我国春秋战国时期思想文化上百家争鸣、百花齐放的局面,在文化艺术方面的反映。郭沫若认为鸟虫书是"于审美意识之下所施之文饰也,其效用与花纹同。中国以文字为艺术品之习尚,当自此始"。

　　鸟虫书主要见于一些青铜器之铭文,尤以兵器为多。这是一种变形的装饰用文字,不应将其看成是另一种文字系统,且使用范围很局限,也不能将其看成是一种适用流通的文字,战国秦汉时期广泛使用的简书中就没有此种文字。相比较而言,在文字方面,鸟虫书最能体现南方文化的特色。

近代,关于鸟虫书的研究已取得不少成果,容庚的《鸟书考》①,马承源的《鸟虫书论稿》②,曹锦炎的《鸟虫书通考》③等都对鸟虫书进行了专门探讨。另外,马承源的《中国青铜器》、朱凤瀚的《中国青铜器》等著作中,也都论及了鸟虫书。

在谈到鸟虫书起源的时代,笔者所见到的论述都认为是在春秋中期以后。《辞海·鸟虫书》条这样记载:"鸟虫书,也叫虫书。篆书的变体。因其象虫鸟之形,故名。春秋战国时期就有这种字体。"④马承源在《中国青铜器》中也指出"春秋末年还出现了以鸟兽虫作为装饰的美术字,即所谓的鸟虫书。这种书体一直流行到战国前期,奇诡多变,极难辩释。代表作有王子午鼎、越王勾践剑、王子于戈等铭文。"⑤

甲骨文中的虫字和与虫有关的字

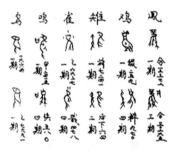

甲骨文中的鸟字和与鸟有关的字

春秋中期之后,随着周天子权力的日益削弱、列国的逐渐强大和地域文化特征的形成,青铜器铭文也已发生相应变化。在西方的秦国发迹于周人故土之上,直接传承周文化,在周人籀文的基础上创造出一种书写方便,方正瘦劲,既富有观赏性,又有实用价值的书体——篆书。关东诸国沿用西周晚期的大篆,但后来也多有变化,如流行于黄河中下游齐、鲁等国的细长体铭文,文字繁简并用,书法

① 容庚:《鸟书考》,《中山大学学报》1964 年 1 期。

② 马承源:《鸟虫书论稿》,《古文字研究》第 10 辑。

③ 曹锦炎:《鸟虫书通考》,上海书画出版社,1999 年。

④ 《辞海》,上海辞书出版社,1979 年。

⑤ 马承源:《中国青铜器》上海古籍出版社,1988 年。

清新秀丽。在南方地区的吴国、越国、楚国等国普遍流行修长书体,还使用了鸟虫体。

但实际上,殷商时代就已经有了鸟虫书这种字体,甲骨文中的鸟也是鸟的象形,甲骨文中的虫字,本身就是虫子的象形。与虫或鸟有关的字,或者用虫、鸟作偏旁的字,也都有虫、鸟的象形。

专门用鸟形象作装饰的情况,在殷商甲骨文和金文中也有,董作宾在《殷代的鸟书》中就举出了两例,并进行了专门论述。由于该文发表于台湾的《大陆杂志》1953 年第六卷第十一期,后收入台北艺文印书馆于 1977 年出版的《董作宾先生全集》乙编第四册,内地一般读者很难看到,故在这里给以介绍。

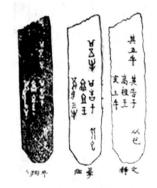

（图四、《殷契拾缀》第 455 片）

董作宾在《殷代的鸟书》中,从殷代甲骨文和金文里各举出一例鸟书。甲骨文选自郭若愚编集的《殷契拾缀》第 455 片(见图四)。

原文三段,自下而上读:

从祀,

其告于高祖,三牛?

其五牛?

大意是卜问殷王对高祖王亥进行告祭,是用三头牛,还是用五头牛? 这里王亥的亥字头上,加了一个鸟形作装饰。

金文选自容庚《商周彝器通考》中的玄妇方罍,该器造型庄重,纹饰精美,在器口内壁有铭文两字,即"玄妇"(见图五)。

（图五、玄妇罍铭文　玄妇）

玄字右上部有一鸟形装饰,曾有学者误认为这一鸟形装饰为鸟字,实际上是一装饰图形。

殷商时期甲骨文、金文鸟书的风格与后来春秋战国时期的鸟书风格基本一致,都是在原字之上,附加一个鸟形,以为装饰。董作宾还将告祭王亥甲骨文、玄妇罍铭文与战国时期的□公剑、用戈、玄镠戈三器用鸟作装饰的铭文进行了比较,列表如下:

通过比较，最后董作宾进行了这样的论述："中国文字到了殷代，全为符号，以线条写出，虽尚存一部分象形，文字近于图画，但若比对殷代金文中原始绘画文字，便可见其渐次演变之迹，已由绘画的美，进而至于书法的美。我们若能仔细欣赏甲骨文实物或拓本，可知后世书体虽已演变繁多，而书法的各种风格，无论刚柔浓纤，宏放劲饬，端庄流利，无美不备，实足为后世颜、柳、欧、赵各派书法的远源。这里所讲到的鸟书，只不过是殷商美术书体的一端而已。"[①]

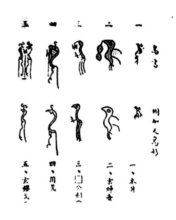

殷商时代的甲骨文确实是后世各种文字的渊源，西周甲骨文与商代甲骨文实际上是一种体系，只不过西周的甲骨文更微小纤细，显然西周甲骨文是在继承殷商甲骨文的基础上有所创新。在西周甲骨文的基础上，后来人们又创造出籀文，之后又演变成篆文等各种流派的字体来。因此，我们认为，董作宾在半个世纪前的论述，至今仍然适用。

通过此文，我们应当看到早在殷商时代的甲骨文中就已出现了鸟虫书，起码说也是鸟虫书的萌芽。

博大精深的殷商文化是源远流长的河洛文化的传承和发展，是河洛文化的重要组成部分。通过此文，我们也能够看出一些上古时代，中原地区河洛文化向东南地区播迁的轨迹。

（作者均为河南省安阳师范学院甲骨学与殷商文化研究中心教授）

---

① 董作宾:《殷代的鸟书》,台北艺文出版社,1977 年。

河洛地区三代青铜文明与福建青铜文明的比较研究

李玲玲

夏商周时期是中国青铜文明的发展繁盛期,而河洛地区的三代青铜文明则是整个中国青铜文明的核心和代表,体现着中国青铜文明的辉煌和成就。此时,偏居东南一隅的福建地区是否有了青铜文明的踪迹? 社会发展状况到了什么阶段? 河洛地区先进的青铜文明对福建青铜文明的发展进程是否有影响? 这种影响又体现在哪些方面? 本文目的在于对河洛地区的三代青铜文明和福建青铜文明进行相对详细的比较研究,以期对解决上述问题有所帮助。

一、河洛地区三代青铜文明发展概况

关于河洛地区的概念,学术界有狭义的地域界限和广义的河洛文化圈之分。其地域界限,学术界有洛阳一带说、河洛周边说、北越黄河东达开封说、狭义中原说等几种不同观点;但也达成有一定的共识,如河洛地区的轴心是洛阳;河洛地区与黄河、洛水紧密相关,尤其是河洛交汇处为代表的河洛流域[1]。朱绍侯先生对河洛地区地域界限的定义为:河洛文化的地域是以洛阳为中心,西至潼关、华阴,东至开封,南至汝颍,北跨黄河而至晋南、济源[2]。张新斌先生的观点也基本与此相同,认为狭义的河洛应该是洛阳与洛河交汇一带,广义的河洛严格地说应该是郑州以西的丘陵区,即在潼关或函谷关以东,黄河以南,伏牛山以北的豫西

---

[1]　张新斌:《河洛文化若干问题的讨论与思考》,载《根在河洛——第四届河洛文化国际研讨会论文集》,大象出版社,2004年。

[2]　朱绍侯:《河洛文化与河洛人、客家人》,《文史知识》1994年3期。

丘陵地区,也可以跨过黄河,到达太行山以南的新乡东部、焦作、济源等古南阳地区。河洛与河南在地域上是不能等同的①。两位先生的观点代表着学术界一种普遍性的认识,本文亦以此为准。河洛文化的地域界限是个相对狭义的概念,但河洛文化圈覆盖的范围却要大得多,应该涵盖了目前河南省的全部地区。本文探讨河洛地区三代青铜文明遗址以狭义的地域界限为主,暂不涉及整个河洛文化圈。

　　明确了河洛地区的地域界限后,才便于对河洛地区的三代青铜文明作具体阐述。夏商周时期,河洛地区是当时中国的政治经济文化中心。司马迁在《史记·封禅书》中写道"昔三代之居,皆在河洛之间",明确地显示出河洛地区在中国历史上的这种重要地位。从考古资料来看,夏代都城偃师二里头遗址,商代早期城址洛阳偃师商城、早期都城郑州商城,西周陪都成周洛邑,东周王城洛阳,都位于河洛地区的中心区域。可以说河洛地区汇聚了三代的文化精华,是河洛文化的重要形成时期②。河洛地区的三代青铜文明无论在器物形制、种类本身还是在铸造技术方面,都因其都城地位而处于全国最先进之列,是整个中国青铜文明的核心和代表。因为三代时期青铜礼器有着"明贵贱,辨等级"的重要作用,是贵族身份等级的重要标志,是国家礼制的重要载体;青铜工具和青铜武器又是国家军事力量强大和经济发展的重要保证,所以青铜冶铸业在三代时期是国家垄断的行业,只有在都城和重要的政治经济中心才有大规模的铸铜作坊遗址和最先进的铸铜技术,这在考古发掘中表现的非常明显。

　　二里头遗址是夏朝都城所在地,目前发现的二里头时期青铜器据统计,总量已达 200 件,已正式发表有 117 件③,包括青铜容器、兵器、工具、乐器和装饰品等。它们中的绝大多数都出自河南偃师二里头遗址,虽然在河南登封王城岗④、

①　张新斌:《河洛文化若干问题的讨论与思考》,载《根在河洛——第四届河洛文化国际研讨会论文集》,大象出版社,2004 年。
②　韩石萍:《关于河洛文化的若干问题》,载《根在河洛——第四届河洛文化国际研讨会论文集》,大象出版社,2004 年。
③　梁宏刚等:《二里头遗址出土铜器研究综述》,《中原文物》2004 年 1 期。
④　河南省文物考古研究所等:《登封王城岗与阳城》,文物出版社,1992 年。

洛阳东干沟[①]、驻马店杨庄[②]、密县新砦[③]及山西夏县东下冯[④]等遗址也有出土，但都是零星发现。另外，二里头遗址发现了多出铸铜遗址，最大的面积达上万平方米，包括铸铜作坊、坩埚、铜炼渣、熔炉壁（残件）等遗迹和遗物，其使用时间从二里头文化第二期延续到第四期。在出土的 10 余块陶范中，个别雕刻有花纹，同时还发现制作镞、矛、斧、刀的陶范[⑤]。大量的青铜器和大规模的铸铜作坊遗址表明夏代的青铜冶铸工业已经具备了相当的规模和水平。

偃师商城、郑州商城是商王朝前期的政治中心和都城，商代前期的大型精美的王室青铜器都集中出土于这些遗址。郑州商代二里岗遗址及其周围的南关外、紫荆山、白家庄、杜岭街等地[⑥]是出土商代前期的青铜器最集中也是最多的地区。并且还发现了两处大型的铸铜遗址：郑州南关外商代二里岗期铸铜遗址和郑州紫荆山北地商代二里岗期铸铜遗址，出土了大量坩埚残片、灰陶大口尊、红陶缸等熔铜工具和数以千计的镞、双刀、斝、方鼎、鬲、爵等制造各类青铜器的陶范和泥芯，还发现了一些孔雀石、铜渣、木炭和青铜器[⑦]。而偃师商城遗址作为商代早期城址，也出土有一些二里岗时期的青铜器，但数量不多，多是一些小型青铜容器和工具、武器。

西周时期，洛阳作为西周王朝的陪都，是其都城丰镐之外的一个最重要的政治经济中心，出土了数量众多的西周贵族青铜器，许多都有长篇铭文，是研究西周历史的重要实物资料。出土西周青铜器的重要遗址有瀍河西岸的北窑墓地，瀍河以东的摆驾路口、下窑村、东大寺、白马寺以及洛阳东关、东花坛、塔湾等地，分别发现了数以百计的西周墓葬和一座大型的铸铜作坊遗址，出土了大量精美青铜器，多是大型带铭文的精美青铜礼器，还有不少罕见的新器形，如方盒形器、带流觯、双面人座器、兽面纹方座簋、人形车辖等。众多大型精美的青铜礼器反

---

① 考古研究所洛阳发掘队：《1958 年洛阳东干沟遗址发掘简报》，《考古》1959 年 10 期。

② 北京大学考古学系等：《驻马店杨庄》，科学出版社，1998 年。

③ 赵春青：《新砦期的确认及其意义》，《中原文物》2000 年 1 期。

④ 中国社会科学院考古研究所等：《夏县东下冯》，文物出版社，1988 年。

⑤ 郑光：《二里头遗址的发掘》，载《夏文化研究论集》，中华书局，1996 年。

⑥ 马承源：《中国青铜艺术总论》，《中国青铜器全集夏商卷一》，文物出版社，1996 年。

⑦ 马承源，《中国青铜器》，世纪出版集团上海古籍出版社，2003 年。

映出成周洛邑在西周王朝的重要地位①。

从上述河洛地区三代青铜文明遗址出土的青铜器可以清楚地看出三代青铜文明发展的发展轨迹，

从器物类型看，夏代二里头一二期还多是小件工具和装饰品，到三四期以后开始大量出现青铜容器、武器和工具，虽然此时器物的种类相对还比较少，容器仅有爵、斝、鼎、盉；兵器戈、戚、镞、钺；生产工具有锛、刀、凿、锥、鱼钩等②，但青铜文明的发展毕竟出现了一个大的跨越。商代时青铜文明达到鼎盛，器物种类丰富、纹饰繁缛华丽，商代前期酒器斝、爵的核心组合已基本形成③。西周早期，青铜器的种类和功能更多地继承和发展了商代晚期的青铜器，变化不大，但礼器中食器的比重已开始增大，西周中期以后，青铜器已完全形成了周人的风格，在器形和器类及纹饰风格上都有了很大变化，许多旧有的青铜器种类消失不见，青铜礼器以食器和水器为核心，并辅以成套的精美乐器，这种组合配置贯穿整个周代。

河洛地区出土的三代青铜器在纹饰上也有一个明显的发展变化过程。夏代青铜器多是素面薄胎，仅有简单的几种几何纹如乳钉纹、鼓面纹、网格纹、弦纹、镂孔等、简单变形兽面纹等。商代前期青铜器的纹饰有动物纹和几何纹两大类，种类已较丰富，但仍简单质朴，多单层没有底纹，所有的兽面纹或其他动物纹都不以雷纹为地，是这一时期的特色④。除了有平雕装饰外，还出现了浮雕，为商代后期青铜器装饰的继续创新奠定了基础⑤。西周时期，青铜器纹饰的整体风格完全发生了变化，形成了周人特有的纹饰风格和种类。西周前期时商代的许多纹饰仍在使用，但中后期以后，则主要流行的是环带纹、窃曲纹、重环纹、垂鳞纹、波曲纹、凤鸟纹、瓦纹等。另外，还出现了许多无纹饰的素器。在纹饰布局上也从早期继承商代晚期繁缛富丽的满装三层花风格，对称布局风格，转变为以连续布局的条带状纹饰为主的布局风格。

① 洛阳市文物队：《洛阳北窑西周墓》，文物出版社，1999 年；洛阳市文物队：《1975－1979 年洛阳北窑西周铸铜遗址的发掘》，《考古》1983 年 5 期。
② 郑光：《二里头遗址的发掘》载：《夏文化研究论集》，中华书局，1996 年。
③ 李维明：《郑州早商铜礼器年代辨识》，《故宫博物院院刊》2001 年 2 期。
④ 马承源：《中国青铜器》，上海古籍出版社，2001 年。
⑤ 杜廼松：《中国青铜器发展史》，紫禁城出版社，1995 年。

铸造方法上,河洛地区的青铜文明一直处于领先地位,各种铸造技术发展更新最快,最先进。夏代时已普遍使用泥范铸造技术,能根据不同器类选择单范、多范及组合范。商代前期,铸造青铜的主要方法即陶制块范法已经相当成熟,出现了分铸技术,如壶和盉的提梁,能够提系摆动。从浑然一体的合范铸造,到能掌握分铸技术,从而生产比较复杂的器型,无疑是一个显著的进步①。西周时期,河洛地区的青铜铸造技术更加成熟,对各类青铜器的合金配比已能熟练掌握和运用,浑铸法、分铸法,及各种装饰工艺都有了新发展。

夏商周三代河洛地区一直处于国家的政治经济中心,其社会发展的各方面都处于领先地位,尤其是青铜文明的发展更是遥遥领先。夏代二里头时期,已是当时中国青铜铸造的中心之都,对周边地区的青铜文明发展产生了重大影响。二里头文化三期时积极向外扩张,山东半岛所见的二里头文化青铜器和北方燕山南北的长城地带所见的仿二里头铜器的陶制酒器②,都显示出二里头文化作为中心文化对周边的影响和辐射。商代二里岗文化晚期,商人进行了一次大的扩张浪潮,以郑州二里岗为代表的商文化,其影响力向北达到北京附近的潮白河流域,向西到陕西扶风的渭河中游一带,向东到山东曲阜的泗河流域和淄河附近的青州以及豫东的永城地区,向南到湖北长江北岸的黄陂和江西赣水流域的清江、新干周围。在这个大范围内,都发现有二里岗期时期的文化遗址和青铜器③,都包含有浓厚的二里岗文化因素。西周时期,随着周王朝的封邦建国,中原地区和河洛地区的先进青铜技术开始更广泛地向周边地区传播,并且与周边地区的地方性土著文化日益融合,这些分封的诸侯国和周边的地方性青铜文化迅速发展,形成了整个西周时期青铜文明的繁荣鼎盛。

二、福建青铜文明发展概况

商末周初之际,偏居东南隅的福建地区其文明发展也进入了一个新的进程,各地开始陆续进入青铜时代。福建很多县市都出土有先秦青铜器,如光泽、莆田、武平、建阳、崇安、福州、浦城、建瓯、南安等,出土情况复杂,科学发掘出土的

---

① 马承源:《中国青铜艺术总论》,《中国青铜器全集夏商一》,文物出版社,1996 年。
② 金正耀:《二里头青铜器的自然科学研究与夏文明探索》,《文物》2000 年 1 期。
③ 杨育彬:《夏和商早、中期青铜器概论》,《中国青铜器全集夏商1》,文物出版社,1996 年。

较少,多是地表采集或因施工挖出的,有的出于先秦墓葬中,有的是发掘于遗址文化层中,有的是在遗址地面采集或零星发现的①。较大宗的有以下几处:

1974 年 5 月,南安大盈村一座墓葬中发现了一批西周时期青铜器,有 20 件,其中铜戈 5 件、铜戚 2 件、铜矛 1 件、铜匕首 2 件、铜锛 2 件、铜铃 8 件②。

1978 年 12 月,在建瓯小桥镇阳泽村出土一件西周早期的大铜钟,距今约有 3000 年。该铜钟重 100.35 公斤,高 76.8 厘米。钟的通体表面饰西周时期流行的云雷纹,线条流畅,布局严谨而富于变化;钟柄上部两面各饰兽目一对,与云雷纹组成兽面纹,钟面上还铸有 36 个乳钉。是我国迄今发现最早最大最重的铜甬钟。1988 年,在建瓯南雅出土 2 件略小的属西周中后期的铜钟③。1990 年南雅梅村出土一件 11 公斤的青铜甬钟。

1990 年 2 月,武夷山市郊区发现二件青铜器,计有斧、钺各一件。斧为扁长体,长方形銎,銎口下凸起一道宽棱,弧刃,两侧合范铸痕尚存;钺体扁宽,两侧平直,一面微弧,刃略弧,长方形銎,两侧合范铸棱较明显。同类型的青铜斧在建阳、光泽、漳浦等地均有发现,时代为东周。青铜钺与广西西贺县出土的战国铜钺类似,是福建地区发现的首例青铜钺④。

2006 年,在福建南平浦城管九村清理出 30 余座西周到春秋时期的土墩墓,距今约 2500～3000 年,出土的 200 多件随葬品中,原始瓷器和印纹硬陶器有 160 多件,青铜器包括青铜剑在内共有 72 件,有短剑、戈、矛、刮刀、匕首、锛、箭镞等兵器以及尊、盘、杯等精美容器⑤。

2007 年,在浦城县仙阳镇管九洋山后门山发现了 3 件西周春秋时期的青铜器。其中蟠虺纹青铜盘和变形几何青铜尊为春秋早期,窃曲纹双耳圆套件为西周晚期⑥。

2007 年发掘的晋江庵山遗址中,出土了 5 件用以铸造青铜器的石范残片,

①　陈存洗、杨琮:《福建青铜文化初探》,《考古学报》1990 年 4 期。
②　庄锦清、林华东:《福建南安大盈出土青铜器》,《考古》1977 年 3 期。
③　徐心希:《闽越青铜文化特点及相关问题探论》,《福建师范大学学报(哲学社会科学版)》2001 年 4 期。
④　赵爱玉:《福建武夷山发现东周青铜器》,《考古》1996 年 5 期。
⑤　新华社:《浦城土墩墓群:再现中国东南独特的青铜文化》,2007 年 2 月 5 日。
⑥　闽北户外网:《浦城县发现西周时期青铜器》,2007 年 1 月 4 日。

发掘者认为"3000 多年前,福建境内的古人已经具备制造青铜器的能力"①。

另外,七闽大地上出土较多的是各种兵器,如青铜剑、青铜矛等,在武夷山、建阳、光泽、浦城、政和、松溪、大田、武平等地都有出土,大多属于西周末至东周时期②。各种精美锐利的青铜长短剑是福建青铜文明的重要代表器物。

从上述福建先秦时期考古遗址出土的青铜器来看,福建地区的先秦青铜器种类较少,数量不多,以小型兵器和工具为主。主要可分为生产工具、兵器、乐器三大类,另有少量青铜容器。生产工具包括锛、斧、刮刀、镢、凿、锯等,兵器器形有戈、矛、戚、剑、钺、箭镞等,乐器有甬钟、编钟、铃、铎等,青铜容器非常少,仅发现几件尊、盘、杯等。

从器形上看,福建出土的青铜器既包含有中原商周青铜文明的因素,又有自己独特的地方特色,时代相对较晚,多是西周以后形态较晚的器物。

兵器中南安大盈的直内戈与偃师商城遗址出土的直内戈近似,但稍有差异,同类戈在河南浚县辛村西周早期墓葬、北京琉璃河西周燕国墓地、四川彭县西周早期墓中都有发现,因此福建地区此类戈的时代可能为西周时期。有胡戈的年代稍晚,在西周末和春秋时期。南安大盈的铜戚使用年代在西周。矛最早的年代为西周时期,晚的在春秋战国之际。各种精致的青铜剑,时代早的在西周末至春秋时期,短剑的使用年代下限不晚于春秋时期③。武夷山东周青铜剑合金成分中铜、锡比例已相对稳定,不同部位就已有不同的含锡量,反映了当地较为先进的铸造技术。这些青铜剑都有相同的特征:圆首圆筒茎或圆柱茎,茎上饰二至三道圆箍,剑格宽广并装饰饕餮纹④。铜镞造型类似当地常见的石镞,有浓厚的地方特色,年代应在东周时期。

乐器中,建瓯阳泽出土的大型甬钟,是中原西周甬钟的早期式样,约为西周中期器。建瓯南雅出土的两件甬钟,形制稍晚,类似于中原西周晚期甬钟。这三件甬钟可能是中原或吴越输入的,年代应在西周晚至春秋中期。南安大盈出土的带銎铜铃,在偃师二里头已有出土,素面无纹,殷墟更是屡有出土,明显是受中

① 《福建通报07年考古发现庵山遗址发现铸铜石范》,《东南快报》,2008年2月3日。
② 程利田:《商周时期福建的青铜文化》,《南平师专学报社会科学版》1995年3期。
③ 陈存洗、杨琮:《福建青铜文化初探》,《考古学报》1990年4期。
④ 程利田:《商周时期福建的青铜文化》,《南平师专学报社会科学版》1995年3期。

原文化的影响,不排除是中原地区输入之物,时间可能在西周时期。铎是典型的东周风格器物。

工具中,斧的年代为战国时期,最常见的锛,具有明显的福建地方特色,有些型式锛是中原地区未见的,时代多在西周至战国时期。刮刀与中原东周墓所出相同。凿年代应在东周时期①。

福建的先秦青铜器多是在地层或遗址中零星采集,或是出于被破坏的墓葬,因此其组合状况基本无法考订,应该不存在中原地区的体现礼制的各种青铜器组合。

从纹饰上看,福建出土的青铜兵器上常见的纹饰有网格纹、云纹、雷纹、窃曲纹、兽面浅浮雕、勾连蟠虺纹;乐器上常见的纹饰有涡纹、云雷纹、变体兽面纹、弦纹、大方形纹、X形纹、大回形纹、三角形纹、水波形纹、蟠螭纹、勾连云纹;工具上的纹饰常见的有圆圈纹、弦纹等。这些纹饰有的与中原地区雷同,而有的则与福建当地的印纹硬陶纹饰有很大联系,反映出福建青铜文化的地域特色。

从铸造技术上看,福建多次发现有大量夏商时期的陶窑,并且最近发现了3000多年前用于铸造青铜器的石范,说明在3000多年前,福建的先民在铸造青铜器的物质技术条件上已经成熟,并且当地已经开始铸造青铜器。但进入青铜时代以后,其青铜冶铸技术发展相对缓慢,很长一段时间内只能制造小型、简单的工具和武器。西周晚期时,其青铜发展水平和冶铸技术才迅速提高。浦城出土的西周春秋时期精美青铜容器,其器形和纹饰与中原地区青铜器有明显区别,富有浓厚地方色彩,当地考古工作者认为这些青铜容器应该是在当地采用"失蜡法"制作的;另外浦城土墩墓中10多把西周时期精美的越式青铜剑,铸造精致,技术水平相当高。这些都说明西周晚期以后,福建地区的青铜文明有了一个较大提高,某些方面足以与当时中原河洛地区处于顶峰期的青铜文明媲美。

福建地区目前发现的青铜器,时代都比较晚,基本都是西周以后的,但此时代表本地特色的青铜器形态已比较成熟,说明该地区青铜器的起始阶段应该要早。在相当于中原商末周初时期的福建地区,有许多遗址出土了大量仿铜陶礼器、印纹硬陶、原始瓷器、悬棺葬等,这些遗物间接地表明其所在地区出现了金属

———————————

① 以上参见陈存洗、杨琮:《福建青铜文化初探》,《考古学报》1990年4期。

工具的痕迹,生产技术已经具备制造金属工具的条件,因此虽未发现金属工具,也表明其进入青铜时代。

这些代表性遗址主要有:闽江下游地区的"黄土仑类型文化",该类型文化的一些典型遗址中发现了大量仿铜陶器和原始瓷器,并且伴出有青铜器残片,从其陶器烧造水平和制作风格观察,应该已经进入青铜时代①。其典型遗址为闽侯黄土仑遗址,经碳十四测定,年代为商末周初②,有的学者认为它已经进入青铜时代③;昙石山遗址上层、福清东张遗址上层等,这些遗址的文化内涵和年代都比较清楚,年代大致在西周时期。

闽北地区为"白主段类型文化",代表遗址有光泽白主段、光泽池湖、武夷山悬棺葬等,该类型文化中陶器类似于黄土仑文化,而且发现的一些墓葬随葬器物多,品类齐全,形态复杂。武夷山发现的大量悬棺年代约在商末西周时期,其棺椁制作非常规整,工艺水平很高,有的棺木挡板上留有金属刀具加工的弧状凿痕,加工工具应该为青铜工具。说明其所代表的文化也已进入青铜时代。

在闽南地区则出土了一批非常有特色的青铜器,代表遗址和器物主要有:南安大盈出土的一批西周青铜器;云霄尖子山西周遗址中,出土的一件锛和一些青铜器残片④,漳州虎林山遗址、平和西山遗址、南靖三凤岭遗址等。这些遗址出土的铜器、石器都非常有特色⑤。云霄尖子山出土的锛,具有浓厚的地方特色,在南安、泉州和莆田均有出土。可以证明这一时期在福建沿海一带已经在较广的范围内都使用了这种青铜工具⑥。该地区的青铜文化发展水平已经相当成熟,文化特征与粤东地区的"浮滨类型文化"相似⑦。

从福建各地出土的青铜器可知,最迟到西周时期,福建各地都已开始使用青铜器,具有福建地方特色的的青铜器也开始在较广范围内使用。因此福建地区进入青铜时代的时间,最晚应在西周时期,推测萌芽阶段可能早到商代晚期⑧。

---

① 中国社会科学院考古研究所:《中国考古学夏商卷》,中国社会科学出版社,2003 年。
② 福建省博物馆:《福建闽侯黄土仑遗址发掘简报》,《文物》1984 年 4 期。
③ 何纪生、何介钧:《古代越族的青铜文化》,《湖南考古辑刊》(三),1986 年。
④ 福建省博物馆发掘资料。
⑤ 参见福建博物院:《福建考古的回顾与思考》,《考古》2003 年 12 期。
⑥ 陈存洗、杨琮:《福建青铜文化初探》,《考古学报》1990 年 4 期。
⑦ 参见福建博物院:《福建考古的回顾与思考》,《考古》2003 年 12 期。
⑧ 陈存洗、杨琮:《福建青铜文化初探》,《考古学报》1990 年 4 期。

三、河洛地区三代青铜文明与福建青铜文明的比较研究

（一）河洛地区商周青铜文明特点与福建青铜文明特点的比较

河洛地区三代青铜文明的特点主要有如下几点：1. 从青铜器的器形来看，种类丰富，功能齐备，包括炊食器、酒器、水器、乐器、武器、工具、车马器等，涵盖到社会生活的方方面面，在社会生活中起着重要作用，更充当着规范社会等级，维护统治秩序的重要工具。2. 河洛地区青铜文明的核心是青铜礼器，各种各样的青铜礼器是社会政治制度的重要载体。3. 河洛地区青铜冶铸技术是当时最为先进的，已经完全掌握了青铜器的合金配比，能熟练运用分铸法、浑铸法、焊接法、镶嵌工艺等。4. 河洛地区先进的青铜文明对周边地区产生了非常重要的影响，西南地区四川三星堆遗址、东南吴越地区、东到山东沿海地区、北到长城以北的广大地区，其青铜文明都受到了中原河洛地区青铜文明或多或少的影响。

福建青铜文明的特点：1. 地域的差异，造成福建地区青铜文明覆盖范围广，各地之间青铜文化面貌不尽相同，如闽江下游的黄土仑类型文化、闽南三角洲的浮滨类型文化等。各类型文化既有区别又有联系，共同构成了福建地区青铜文化的丰富内涵[①]。2. 福建进入青铜时代的时间较晚，青铜器数量少，在商代末期和西周时期各地才相继进入青铜时代，落后于中原和周边地区。3. 福建青铜制造业出现后，开始一段时间发展缓慢，但随着中原河洛地区和吴越地区先进技术的传入和影响，在西周晚期就能够制造精美的剑，并非像以前学术界认为的福建由于陆路交通闭塞，兼之远离中原政治、经济中心地带，福建成为商周统治政权势力难以企及的地区，先进的中原科学技术对福建的影响有限。但福建地区由于铜矿资源的缺乏，铜器铸造量确实较少，在社会中并不普及确是一个明显的事实。4. 福建青铜文明以兵器、工具和乐器为主，其中最具地方特色的是工具，与中原河洛地区青铜文明完全不同。5. 福建青铜文明中，青铜礼器虽然不发达，但是仿铜陶礼器却出现了一段盛行期，这也是福建青铜文明的一个重要特点，与中原商周文化有着极大区别。仿铜陶礼器的大量出现可能是由于铜矿缺乏导致，但另一方面正说明了河洛三代青铜文明对其产生的重要影响。

---

① 卢美松、陈龙：《闽台先民文化探源》，福建人民出版社，2003 年。

（二）二者的族源及发展水平和影响的比较

河洛地区的商周青铜文明有着明显的承继发展过程,中间并无间断,而且早在距今5000~4000年的龙山文化末期就已进入了青铜时代,在整个中国青铜文明发展进程中,一直处于领先地位,对周边地区产生着重要影响。就像杜金鹏在《二里头文化的传播与夏遗民的迁徙》一文中所说的:"河洛地区,在夏、商青铜文化的发展与昌盛方面,则是一个极为重要的策源地。"从目前的考古资料来看,河洛地区青铜文明对福建青铜文明的影响肯定是存在的,只不过这种影响更多的是一种间接影响,而非直接作用。主要是通过湖南、湖北、江西、安徽等吴越地区作为中介,对其产生影响。

福建青铜文明从族源上来看,应是当地闽越族的特色文化,能代表其浓郁地方特色的青铜器物是各种兵器和工具。但福建的青铜文明并不是自己独立发展的,囿于地理环境和矿产资源的限制,福建进入青铜时代的年代比较晚,大约在商末周初各地相继进入青铜时代,此时中原地区的青铜文明正处于顶峰时期。在福建青铜文明发展进程中,不可避免地受到了中原河洛地区青铜文明的直接或间接影响,以及吴越和广东等福建周边地区青铜技术的影响。福建青铜文明出现以后,很长一段时间内其技术水平相对于周边地区一直相对落后,仅有一些小型的工具和兵器,缺乏大型器物,所出的一些大型青铜乐器多是中原输入品。但西周晚期后,福建的青铜冶铸技术吸收中原和周边地区先进技术有了相当大的提高,足以和中原地区相媲美,各种精美的青铜剑便是其代表。

（三）福建青铜文明中的河洛三代青铜文明因素及其他地方因素的分析比较

福建的青铜文明有着明显的区系差别,不同地区青铜文明发展进程分别受到邻近地区青铜文明的影响,其青铜文明呈现出一种多因素交合的综合发展态势,除了当地明显的地方特色外,还包含着河洛地区、吴越地区、浙江、江西、广东等地的地方青铜文明因素。

福建青铜文化中的河洛地区青铜文明因素主要表现在器物器形纹饰及大量仿铜陶礼器上。其中兵器铜戈中的直内有栏铜戈与中原西周同类器相似,说明福建的青铜文化受到中原青铜文化的影响①。在福建青铜时代的代表遗址黄土仑类型文化中，有大量明显的仿铜工艺所制作的陶器，造型奇异，地方特色浓郁。说明当地已经有了青铜器，而且其墓葬的陶器组合多系豆、杯、规鬲形壶，且伴有大量陶制酒器，当是商代中原盛行饮酒风气在闽地的反映。仿铜陶器的器形多折肩，其纹饰常见的有云雷纹、回字纹、S形纹以及各种动物形象的捏塑，这些显然是受中原青铜文化影响的结果②。

福建青铜文化中的地方性因素主要体现在大型乐器、兵器尤其是青铜剑等的风格上。闽北地区出土的少量青铜工具、青铜剑造型、工艺风格多与吴越地区非常相似，明显受吴越青铜文化影响。建瓯出土的西周甬钟，其造型、纹饰与浙江长兴先后出土的同类甬钟③及湖南出土的铜钟④，几乎完全相同；建瓯平洋遗址出土的两件甬钟与浙江萧山出土的同类甬钟，形制相同。这些反映了青铜时代闽、浙两地密切的文化联系，以及南方青铜文化的共同特点⑤。而闽南九龙江流域的商周时期青铜文化，先后与广东石峡文化、粤东"浮滨类型"遗存相似或相近，而与闽中的昙石山文化、黄土仑类型文化区别明显，明确反映出福建不同地区间的区系差别⑥。

福建青铜文化中仍包含有自己鲜明的地方特色，从其出土青铜器的器形与纹饰看，南安出土的铜锛，形状与当地新石器时代有段石锛相同，铜戚、铜铃上的网状纹、曲折纹、波浪纹，与当地印纹硬陶上的纹饰一致。戈和戚均内部较长，内的后端为凹弧形，援末微垂，和内形成80°的锐角。这些特征与中原地区青铜文化不同，但与当地印纹硬陶却有很大联系，可以说是福建青铜文化的地方特色⑦。但这种体现福建青铜文化地方特色的青铜器所占比例不大，并且仅是小型工具和武器。

从以上各方面的比较分析可以看出，福建地区进入青铜时代的年代较中原

① 程利田：《商周时期福建的青铜文化》，《南平师专学报社会科学版》1995年3期。
② 卢美松：《福建的殷商文明》，《南方文物》1994年1期。
③ 浙江省文管会：《浙江长兴出土的两件铜器》，《文物》1960年7期。
④ 湖南省博物馆：《湖南省博物馆新发现的几件铜器》，《文物》，1966年4期。
⑤ 卢美松、陈龙：《闽台先民文化探源》，福建人民出版社，2003年。
⑥ 卢美松：《福建的殷商文明》，《南方文物》1994年1期。
⑦ 张长寿：《闽粤地区的青铜文化》，《新中国的考古发现和研究》，文物出版社，1984年。

地区晚,可能在商代末期,但河洛地区发达的青铜文明对福建地区的影响和促进作用应该是比较大的。福建地区进入青铜时代以后,能短时间内制造精美和技术含量高的青铜容器和武器,除了自己有一定的物质技术条件外,中原河洛地区青铜冶铸技术及吴越地区先进铸剑技术应该都对福建地区的青铜文明和青铜铸造业产生过重要的影响。学术界以前对福建地区的青铜文明评价较低,认为其进入青铜时代晚,发展水平不高,技术滞后等,大型的精美青铜乐器兵器等都是从中原和吴越地区输入的,本地青铜制造业水平很低。但近几年来福建地区的考古发掘出土的青铜时代的新资料,足以彻底打翻学术界以前的认识,使人们来重新审视福建地区的青铜文明。正像李学勤先生指出:春秋时期,被华夏列国视为蛮夷的"长江下游诸国文化相当发达。传统观念以为南方长期在文化上落后于北方,实系误解"[1]。现在看来,以闽越族为代表的先秦福建青铜文化,颇具南方文化特色,在某些方面甚至可以与先进的中原青铜文明相媲美[2]。

（作者为河南省社会科学院历史与考古研究所助理研究员）

---

① 李学勤:《东周与秦代文明》,文物出版社,1991 年。

② 徐心希:《闽越青铜文化特点及相关问题探论》,《福建师范大学学报(哲学社会科学版)》2001 年 4 期。

洛学向东南沿海传播的渠道

卢广森

　　洛学产生于河洛地区,是河洛文化的核心,中华文明的象征,具有很强的辐射性和开放性。洛学产生后,不仅在中原大地上传播,而且通过多种渠道向祖国各地传播。这里主要论述河洛文化通过移民、官吏和文人等传播渠道向东南沿海传播,并发扬光大的情况。

一、移民传播

　　时代的变迁、动乱或生活所迫,使一部分人从不安全的地方向较为安全的地方迁移,这是历史上常有的现象。我国历史上晋朝的"永嘉之乱"和唐末的"安史之乱",使一部分人向长江以南的广大地区迁移。晋怀帝时"洛京倾覆,中州士女避难江左者十六七"①,唐朝初年,因为在福建发生了反对唐王朝的叛乱,委派陈政、陈元光父子率数万官兵,前往福建平乱。平乱后在那里安家落户,生儿育女了。通过建郡县,兴学校等活动,促使这个地方从"蛮乱之地"向文明社会迈进。

　　北宋末年,由于北宋王朝的腐败无能,当金兵大规模南侵时、无力抵抗,使金兵占领了中原广大地区,连北宋都城开封也被占领了。宋徽宗、宋钦宗两位皇帝也被俘虏,史称"靖康之乱"。此后,皇亲国戚、各地大臣以及庶民纷纷南迁,这次大规模迁徙的人数之多、范围之大,都超过了前两次的大迁移。康王赵构在应天府(河南商丘)即位,史称宋高宗,随之南迁杭州,"直把杭州作汴州"了。从此北宋灭亡,南宋开始。

---

　　① 《晋书·王导传》卷六五。

"高宗南渡,市民归之如市。"①这就是说,随着宋王室的南迁,许多皇亲国戚、各级官吏以及庶民等纷纷南迁了。建炎三年六月,宋高宗下的诏书说:"官吏民士家属南去者,有司无禁。"据说南迁吏民有数万人之多。在南宋都城临安(杭州)有 76% 的人来自河南的洛阳和开封。真是"西北之士多在钱塘"了。宋孝宗时,临安城内有人口 32 万多人。

从中原迁来的移民,自然也带来了先进的农业技术和水利技术,对南方经济的发展起到了促进作用。据史书所载,大抵南渡之后,水利富于中原。绍兴五年(1135),江东帅臣李光说:"明、越之境,皆有陂湖,大抵湖水高于田,田高于江海。旱则放湖水灌田,涝则决田水入海,故无水旱之灾。"②

随着政治中心的南移,文化中心也必然会随之南迁。许多文化人也随着移民来到东南地区。这些文化人的南移,自然也给这个地方的文化发展带来生机。北宋时理学创始人程颢和程颐的后代也迁来了。程颢的儿子程端懿迁到吴门(江苏吴县),程颐的儿子程端中、程端辅和程端彦也迁到安徽和江苏一带居住。仇行简,其先京兆(陕西西安)人,迁到福建之后,其父翁仲通"以文行为东南儒宗,学者咸师遵之。"③程迥,字可久,应天府宁陵(河南宁陵)人。北宋末年迁浙江余姚。年 20 开始研究儒家文化。宋孝宗隆兴元年(1163)登进士第,先后在江苏、江西、浙江等地任地方官吏。他一生著作丰富,有《古易考》、《论语传》、《孟子章句》、《淳熙杂志》、《南斋小集》。朱熹给其子程绚的信中说:"释经订史、开悟后学","著书满家,足以传世,是也足以不朽。"④从这些不凡的评价中,我们可以看出程迥的巨大影响力。

在北来文人的影响下,东南沿海出现了"闽中四先生",他们是陈襄、郑穆、陈烈和周希梦,都是侯官(福建闽侯)人。当"宋初三先生"在北方办学时,他们也在东南沿海收徒办学,其规模之大,仅次于"宋初三先生"。他们大规模办学,培养儒家人才,为后来理学在东南沿海的传播和发展,奠定了雄厚的思想基础。

---

① 《宋史·食货志六》卷一七八。
② 《宋史·食货志一》卷一七三。
③ 《龟山集》卷三。
④ 《宋史·程迥传》卷四三七。

二、官吏传播

官吏传播文化,是文化发展的重要渠道。因为他们有权力、有财力,可以建郡县,设官吏,兴学校,使文化传播的渠道制度化、永久化。宋代官吏在东南沿海传播文化,大抵采取了兴办学校,大臣和皇亲劝皇帝推行儒家文化以及武臣的行动影响等,来扩大文化传播。

1. 官吏兴办学校,推行儒家文化

随着宋王室的南渡,许多官吏也随之而来,除了政务之外,兴办学校,推行儒家文化也是他们的重要职责。向子韶,字和卿。河南开封人。宋哲宗元符三年(1100)登进士第、先后在保州、吴江县、虞州等地任地方官,在所任地都"兴办学校,延见儒士"①。吕祖谦,字伯恭,学坪称"东莱先生",是宋高宗时的右丞相吕好问的孙子。从吕好问始从河南开封迁入婺州(浙江金华)。他以荫补官,后登进士第,复中博学宏词科,太学博士、著作郎兼国史院编修等职。当他为严州教授时,"居明指山,四方之士争趋之"②。他向皇帝建议,收复中原失地是皇帝的大业。他著作丰富,有《东莱集》、《吕氏家塾读书记》、《东莱左传博议》等,他提倡明理尽性,经世致用。他以吴、洛学为基础,形成的婺学,与朱熹的朱学和陆九渊的陆学,形成南宋时三大学派,有很大的影响力。

2. 大臣劝皇帝推行儒家文化

皇帝身边的大臣,包括侍讲、侍读等人。程颐曾劝皇帝宋英宗"崇儒重道",他们的弟子们自然也会运用这一方法。翁行简(1057～1123),在宋哲宗元符二年(1099)上奏格言 20 篇。上篇自只祇、原化、典学、崇俭以至审治,言所以立德;下篇自择术、因任、兼听、务和以至审势,言所以立政。③ 他以儒家立忧、立政的思想,劝皇帝按儒家思想从事行政管理。邵伯温,邵雍之子,河南洛阳人。宋徽宗建中靖国元年(1101),邵"上书累数千言,大要欲复祖宗制度"④。这里讲的恢复祖宗制度,即夏、商、周三代以来的旧制度,也是儒家的一贯主张。吕好问,河南开封人。北宋末年迁婺州(浙江金华),为宋高宗即位立下功劳,宋高宗曾

---

① 《龟山集》卷三五。
② 《宋史·吕祖谦传》卷四三四。
③ 《龟山集》卷三二。
④ 《宋史·邵伯温传》卷四三三。

说："宗庙获全,卿之力也。"①他曾是宋高宗的中书舍人、右丞相,自然不会忘记向皇帝推行儒家思想。尹焞,河南洛阳人,是程颐晚年的得意门生,推行儒家思想,即理学,可以说是忠心耿耿。当他得知将到南宋王朝赴任时,临行前在《告伊川词文》中说："勉赴行期,有补于世则未也,不辱师门则有之。"②绍兴六年,他到了九江时,再次传来"程颐之学惑乱天下"的言论,他马上表示："焞实师颐垂二十年,学之既专,自信甚笃。使焞滥列经筵,其所敷绎,不过闻于师者。"③这就表明,我学的就是程颐的理学,要么不让我列入经筵之师,既然列入,就只有再述老师思想。宋高宗还是让他到任。尹焞上任,虽然困难重重,但仍未忘记宣扬儒家思想。正是这一年,宋高宗下诏："士大夫之学,宜以孔、孟为师",④这可能是大臣劝告的结果吧。

3. 皇亲国戚劝皇帝推行儒家思想

随着宋高宗的南渡,许多皇亲国戚也随之而来。他们之中,有的人把持朝政,强力推行自己的思想。韩侂胄就是其中一位代表。韩侂胄(1151～1201),字节夫,相州安阳(河南安阳)人。他是宋仁宗、宋英宗时的宰相韩琦的孙子,其父韩诚,以宋高宗皇后的妹妹为妻,而韩侂胄又是宋宁宗韩皇后的叔叔。可以说,他是双料的皇亲国戚。他在南宋宁宗时做了三件事:一是赶走宰相赵汝愚。绍熙五年(1194),宋孝宗死了,而宋光宗不理丧事,韩侂胄和赵汝愚取得宪圣皇后的支持,挟宋宁宗即位,韩以为策立有功,应得到高升,而赵汝愚却说："吾守臣也,汝外戚,何以言功?"⑤朱熹也劝赵如愚给韩以重赏,赶他出宫。但韩却以"同姓居相位,将不利于社稷"为由,通过宋宁宗赶赵如愚出皇宫,此后把持政朝达十四年之久。二是设立伪学,即把朱熹倡导的道学或理学,通称为伪学,列朱熹等人倡伪学的十条罪状,从庆元元年到庆元三年(1196～1198)为"庆元党禁",把朱熹、杨宏中、徐范等59人,赶出皇宫。韩禁伪学的行动,遭人反对,认为"道学不可禁"。"不弛党禁,居恐不免抗复之祸"。⑥宋宁宗庆元六年(1200)

① 《宋史·吕好问传》卷三六二。
② 《尹和靖集》。
③ 《宋史道学二》卷四二八。
④ 《宋史·高宗纪》卷二八。
⑤ 《宋史·奸臣传》卷四七四。
⑥ 《宋史·奸臣传》卷四七四。

下令破除党禁,恢复赵汝愚、朱熹的职位。韩侂胄采取了禁伪学的行动,不仅没有禁止理学,反而从反面宣扬理学,扩大了理学。三是发动了恢复中原的抗金战争,本以为金兵内部腐败,可以胜利,反而遭到惨败。以韩侂胄的头谢金而结束。这次战争虽然失败,但韩侂胄抗金收复中原的思想和行动是正确的,反映了儒家自强不屈的精神。

4. 武臣"不惜死"的精神,宣扬儒家自强不息的精神

从北宋末年到南宋初年,在抗击金伪兵的行动中最著名的武将,非岳飞莫属。岳飞(1102～1141),字鹏举,相州汤阴(河南汤阴县)人。世代为农,家穷无钱买书,自学成材,尤喜欢《左氏春秋》和孙吴兵法。其母教子有方,在其背上刺"精忠报国"四字,奠定了他后来抗金的思想基础。宋徽宗宣和四年(1122)从军后,认为"勇不足恃,用兵先宜计谋。"①在用计谋思想指导下,在抗金伪兵的行动中,多次创造了以少胜多的辉煌战例。宋高宗建炎三年(1129),在南黄门以800人打败金伪兵50万,绍兴二年(1132),当岳飞为潭州知府,荆湖东路安抚都总官时,以500人打败金伪兵10万人。绍兴三年(1133),宋高宗亲书"精忠岳飞"四字,绣成锦旗送岳家军。绍兴四年(1134)岳飞提出抗金收复中原的战略思想。正当岳家军抗金节节胜利之时,却遭到奸臣陷害,以"莫须有"的罪名,于绍兴十一年(1141)被杀害。

岳飞奋勇抗金的行动,虽然失败了,但他南征北战,"武臣不惜死"的精神,宣扬爱国主义的思想,甚得后世崇敬。岳飞虽是北方人,但岳飞庙遍及大江南北,就足以说明其影响力之大;岳飞对皇帝忠心,对父母尽孝心的忠孝精神,正是儒家忠孝思想的体现,张浚说:"岳飞,忠孝人"。所以我们说岳飞的行动宣扬了儒家思想。

三、文人传播

文人是文化传播的承担者和完成者,传播文化是他们的主要职责,若没有文化人的辛勤努力和工作,文化传播的任务,就无法完成。从北宋初年到末年,从东南沿海到中原大地求学拜师的人,络绎不绝。最著名的要数初年的莫表深和

---

① 《宋史·岳飞传》卷三六五。

后来的杨时、游酢等人了。正是他们的不断努力，才把洛学传播到东南沿海，并发扬光大的。

1. 莫表深拜见"宋初三先生"

莫表深（1052～1123），字智行，邵武（福建邵武县）人。宋神宗元丰二年（1079 年）登进士第。曾任建阳县主簿，抚州宜黄（宜黄）县令，凤翔府好畤（陕西干县）县令等职。宋仁宗景祐、宝元年（1034～1040）间，士多以声律决科，争名于时，而莫表深"独以穷经为务"。为了学习中原大地上的儒家文化，不辞劳苦，千里迢迢，从福建徒步来到开封。拜见当时最有名的孙复和石介为师。孙复（992～1057），字明复，晋州平阳（山西临汾）人。隐退后居住在泰山，号称"泰山先生"。历任宋仁宗时秘书省校书郎、国子监进讲、迩英殿只侯说书等职。石介（1005～1041），字守道，兖州泰符（山东泰安）人。因长期居住在徂、徕山，号称"徂徕先生"。宋仁宗天圣九年（1031）登进士第，曾在郑州、南京、泰州等地任地方官。后任国子监进讲、太子中允（负责太子给皇帝的奏疏及医药等）。国子监是封建社会中管理教育的机关和最高学府。能在这里任职的人，学问是很高的。后来莫表深又拜见在浙江云溪任职的胡安定（993～1059），他是"为世儒宗"的名人。胡曾对莫说："公有器识，异日所至未易量也，自是浸以名闻于时。"①孙复、石介和胡安定，被称为"宋初三先生"，都是理学萌芽阶段的代表人物。莫表深拜他们为师后著有《如如集》，就等于把理学萌芽阶段的思想传播到东南沿海了。

2. 杨时、游酢拜理学的创始人程颢、程颐为师

杨时和游酢，不仅是同乡，也是好朋友。他们二人，千里迢迢，从福建徒步到中原大地，拜见理学创始人程颢、程颐二人为师，他们是把洛学传播到东南沿海的功臣。

杨时（1053～1135），字中立，号龟山。南剑州将乐（福建将乐）人。年轻时，曾在家乡教过书。"德望日重，四方之士不远千里从之游。"②"河洛之士翕然师之。"③宋神宗熙宁九年（1076）登进士第，历任浏阳、萧山、余杭等地知县。宋徽

---

① 《龟子集》卷三三。
② 《宋史·道学》卷四二八。
③ 《宋史·道学二》卷四二八。

宗时被诏秘书郎、著作郎、迩英殿说书等职。后在纱布昌(河南许昌)拜程颢为师。师生关系十分密切。当杨时将离去时,程颢对周围的人说:"吾道南矣。"①宋神宗元丰八年(1085)当程颢的讣告传到杨时那里时,他恸哭于寝门,并写了《哀明道先生》一文。在文中承认程颢是孔孟之后传儒家之道的人,为"万世之师"。宋哲宗元符八年(1093),年已 40 的杨时,又同游酢一起在洛阳拜见程颐先生为师。学习效果如何呢? 杨时在《与陆思仲》的信中说:"某自抵京师,与定夫从河南二先生游,朝夕粗闻其绪言,虽未能窥圣学之门墙,然不为异端迁惑矣。"②可见学习效果是不错的。此后,杨时就成了二程之后,向东南传播理学的正宗了。"东南学者推时为程氏正宗","其原委脉络皆出于时。"③杨时著作被后人收入《龟山集》一书。

游酢(1043－1123),字定夫,建州建阳(福建建阳)人。与其兄游醇尽交天下之士,以文行著名于时。当程颢扶沟(河南扶沟)办学时,曾拜程颢为师。"尽弃异学而学矣。"宋神宗元丰八年(1085),登进士第,任越州萧山县尉,召为太学录,改宣德郎,博士,河阳县令、颍州太守、州学教授等职。宋哲宗元祐元年(1086)为监察御史。宋哲宗元祐八年(1093),同杨时一起拜程颐为师。著作有《中庸义》一卷,《诗二南议》一卷,《论语杂记》一卷和《孟子杂记》一卷。

从杨时和游酢的相互通信中及杨的《祭游定夫》一文中,我们不难看出,他们在二程之后的主要任务,是整理二程的著作。在《祭游定夫》一文中说:"念昔从师同志三人,今皆沦亡。职余独存,而头童齿豁,茕然孤立而谁怜? 嗟吾先生微言未泯。而学者所记,多失其真,赖公相与参订,去其讹谬、以传后学。"④从这里可以看出,杨时的任务之一是整理二程著作,《二程粹言》就是在二程语录的基础上修正而成的,便于理解先生的思想。二是培养学生,传播二程理学。

3. 师生传递

从杨时开始,是如何传到朱熹的呢,全祖望在《晦翁学案序录》一文中说:"自龟山而豫章为一绝,自豫章而延平为再传,自延平而朱子为三传。"⑤这种说

---

① 《二程集》第四二九页。
② 《龟山集》卷十八。
③ 《宋史·道学二》卷四二九。
④ 《龟山集》卷二八。
⑤ 《宋元学案》卷四八《晦翁学案上》。

法基本可靠,现按这个线索,叙述从杨时起,经过罗从彦、李侗、再到朱熹的师生传递情况。

罗从彦(1061~1135),字仲素,南剑州(福建南平市)人。他既拜见过程颐,又长期以杨时为师,故有"抠衣侍席二十余载"之说。宋徽宗崇宁元年(1102)杨时为萧山县令,"闻同郡杨时得程氏学,慨然慕之"①。杨时也认为"唯从彦可与言道",在弟子千余人之中,无及从彦者,被后人称"独得杨时之传"的人。

李侗(1091~1163),字愿中,号延平,南剑州剑浦(福建省南平市)人,"年24,闻郡人罗仲素传河洛之学于龟山,虽遂学焉"②。在拜罗从彦之前写了一封拜师信,其中谈到孔孟之后,天下无真儒,程伊川得不传之学于1500年之后,杨时又是二程的得意门生,要求学到真儒,只有向杨时得意学生罗从彦学习了。后人认为李侗"真得龟山法门"③。

朱熹(1130~1201),字元晦、仲晦,徽州婺源(江西婺源)人。5岁,在其父朱松的教育下,读《孝经》,读后认为人应如此。年14岁时,父亲朱松去逝。朱松与李侗是同学,临终前,嘱咐朱熹向李侗学习。朱熹也认为李侗"姿禀劲持,气节豪迈""其酬酢事变,断以义理"④,另一种说法是,朱松临死前嘱咐朱熹向刘政仲、胡原仲和刘子翚学习,这三人都是二程之后被禁之时,私自学习理学的。不管向四人中的谁学习,都是学习理学是可以肯定的。朱熹后随父友刘子羽迁崇安、迁考亭居住。并向上述几位先生学习理学。朱熹是理学的集大成者,史有"程朱理学"之称,可见朱熹在理学中的重要地位。

4. 思想传递

师生传递,不仅是老师向学生传道授业的问题,更重要的是学生能从老师的传授中领会精神实质,从思想上继承和传授,才是真正的传承。从杨时,经过罗从彦、李侗,到朱熹等,都从思想上传承了老师的思想,我们从天理观、政治观及道德观等方面进行论述,就可以看出他们思想上的具体传承情况。

天理是二程理学中的核心观念,"吾学虽有所授,但天理二字却是自家体贴

---

① 《宋史·道学二》卷四二八。
② 《宋元学案》卷三九《豫章学案》。
③ 《宋元学新》卷三九《豫章学案》。
④ 《宋名·道学二》卷四二八。

出来。"①就是对天理重要性的最好说明。在他们看来,天理是无时不在,无处不在,是放之四海而皆准的。天下万事万物,都从天理这里衍生出来。他们的弟子们也继承了这一思想。第一,承认天理是最高概念。杨时说:"若天下只是一理,故其为必同。"②罗从彦说:"易简之理,天理也。"③第二,他们承认天理是万物之源。李侗说:"太极动而生阳,至理之源。只是动静阖闭,至于终万物,始万物,亦只是此理一答也。④ 这个能够"终万物、始万物"的至理,也只能是天理的别名了。朱熹不仅承认天理的全部内容,而且认为先有理后有气,若没有理,就没有气了。朱熹与其师的不同之点,在于他既看到天理与人欲对立的一面,又看到了天理与人欲的相对的另一面。他说:"天理本多,人欲亦便是天理里面做出来。虽是人欲,人欲中自有天理。"⑤看到了天理与人欲相对性,应当说,比其师把天理与人欲看的绝对对立,要高明一些。

理一分殊,也是理学家的一个重要思想。杨时在与其师程颐的通信中,认为张载《西铭》中的思想与墨子的兼爱思想相同。程颐批评说,这不是兼爱,而是理一分殊。天理与具体事物之理,道德领域中的仁是总名,其他如义礼智信等是分殊。利多与义一等,都是理一分殊,从而说明了一般事物与具体事物的关系。

政治观,把天理的思想推行到政治领域,把封建王朝和封建的等级制度等,都看成是天理,都是永恒不变的,这就是他们的政治观。杨时说:"朝廷作事,若要上下大小,同心同德,须是理明。盖天下只是一理,故其所为必同。若用智谋,则人人出其私意,私意万人万殊,安得同?"⑥这就是说,要用天理来统一上下大小的行动,才能一致;若用私意,万人万殊,就无法统一了。把封建王朝,等级制度当做天理,否则就是私意。还把孟子的"无君子莫治野人,无野人莫养君子"的话,解释为"天下之常分,古今之通义也"⑦。把封建等级制度当做天理,使之永恒化。

_____

① 《二程集》。
② 《龟山集》卷一三。
③ 《宋元学案》卷三九《豫章学案》。
④ 《宋元学案》卷三九《豫章学案》。
⑤ 《宋元学案》卷四八《晦翁学案上》。
⑥ 《龟山集》卷一三。
⑦ 《龟山集》卷一五。

从这种观点出发,他们提出"格君心之非"。这是其师最先提出来。程颐向宋英宗的上疏中劝皇帝"格君心之非"。杨时说:"论事君,则欲格君心之非,正君而国定,千变万化,只说从心上来,人能正心则事无足为者矣。"①谁能格君心之非呢? 只有大人,才可以"上可以正己,下可以正人"。罗从彦也认为"天下之变,不起于四方,而起于朝廷。"②朱熹在宋孝宗淳熙六年(1139)的上疏中也认为"在人君正心术以立纪纲"③要从人力和制度上保证皇帝心术正。

为了保证人君心术之正,必须反对王安石变法,从其师到其弟子们都认为宋神宗变更祖宗之法,是受到了王安石变法思想的迷惑。杨时说:"熙宁之初,贤能不容于朝,纷更祖宗之法,惟我所为而已。用此说也,其为害岂浅哉? 使其说行,则祸天下后世,商君之法不如是烈矣。"④李侗说:"今日三纲不振,义利不分。三纲不振,故人心邪僻,不堪任用,是致上下之气间隔,而中国日衰。义利不分,故自王安石用事,陷溺人心,至今不自知觉。"⑤他们共同认为王安石用商鞅之术,迷惑皇帝心术,危害很大,如果人主不注意的话,恐怕会出现"吾有粟,将不得而食"的情况,反对变更祖宗之法是理学家的共同特点。

道德观,是理学家们把天理观运用于道德领域,对人们行为提出的共同要求,便形成了他们的道德观。朱熹说:"天理大,所包得亦大。且如五常之教,自家而言,只有个父子、兄弟、夫妇,才出外,便有朋友。朋友之中,事已杀多,及身有一官,君臣之分便定。"⑥在天理观的指导下,形成有关三纲五常的伦理道德。从杨时到朱熹等,他们对这种道德观的重要性、内容以及修养标准等都作了论证。

朱熹对封建伦理道德的重要性,作了充分论证。他说:"凡天下之事,皆人所当为。君臣、父子、夫妇、兄弟、朋友之际,人事之大者也。"⑦又说:"三纲五常,缺一不可。"⑧

---

① 《龟山集》卷一二。
② 《宋元学案》卷三九《豫章学案》。
③ 《宋元学案》卷四八《晦翁学案上》。
④ 《龟山集》卷七。
⑤ 《宋史·道学二》卷四二八。
⑥ 《宋元学案》卷四八《晦翁学案上》。
⑦ 《宋元学案》卷四八《晦翁学案上》。
⑧ 《宋元学案》卷四九《晦翁学案下》。

　　道德修养的主要内容是三纲五常。朱熹为白鹿洞书院规定的教学内容中，就有"父子有亲，君臣有义，夫妇有别，长幼有序，朋友有信"，并认为这是学校教学的内容，也是学习的顺序。但这三纲之中，并不是都一样的，而是有重点的。杨时说："君臣者，人伦之大。"①朱熹说："父子大伦，三纲所系。"②这就是说，君臣、父子应是三纲之中最重要的。父子关系的好坏，关系到君臣、夫妇之间的关系。

　　道德修养的标准，是以圣人为标准。杨时说："圣人，人伦之至也。于君臣、父子、夫妇、兄弟、朋友之间，各尽其道，所谓至也。至以其身为天下用，岂为功名爵禄哉？盖君臣者，人伦之大。为臣义当如此。故三代之学、皆所以明人伦。"③这里不仅告诉我们道德修养的标准，是以圣人为标准，就是能在父子、君臣、夫妇、兄弟、朋友之间，各尽其道。而且认为三代之学所要学的，也就是三纲五常了。

　　从上述的简要论述中，我们不难看出，从杨时起，经过罗从彦、李侗到朱熹，他们不仅从思想上继承了老师的思想，而且把其师的思想发扬光大，推动了理学的发展。

　　从对这三种文化传播渠道的论述中，我们可以看出这三种渠道在文化传播中作用各不相同又相互关联，缺一不可。移民传播是文化传播的基础，没有基础，根基就不牢；官吏传播是文化传播的主导，向传播者指明传播方向；文人传播是文化传播的承担者和完成者，没有文人的辛勤劳动和工作、文化传播就不可能完成。

（作者为河南省社会科学院研究员）

----

① 《龟山集》卷六。
② 《宋元学案》卷四八《晦翁学案上》。
③ 《龟山集》卷六。

从闽台交通工具看河洛文明影响

陈榕三

一、中原河洛直接影响闽台交通发展

自古以来闽台与中原王朝的联合和斗争,是刺激闽台海运发展的直接动力。当时福建属于东南百越中的一支,闽越国都在福州(古称东冶港)。

战国末期,越亡于楚,"而越以此散,诸族子争立,或为王或为君,滨于江南海上"①而他们之中的一支,在这时从海上进入了福建②。也是目前所知有关闽浙海上交通最早的记载。

高后时,南越王赵佗受到汉王朝禁市铁器的限制,心生不满,自称南越武帝,出兵反汉,同时海上"财物赂遗闽越"③。此为闽粤海上交通有文字记载最早者。

《台湾通史》卷一开辟纪说:"而澎湖之有居人,尤远在秦、汉之际。或曰,楚灭越,越之子孙迁于闽,流落海上,或居于澎湖。是澎湖之与中国通也已久,而其见于载籍者,则始于隋代尔。"④

由于福建境内多为高山阻隔,陆上交通发展缓慢,各河系除汀江外,均于省内独流入海,与外省缺乏水系沟通,省内水系之间也联系不多,造成封闭的地理环境,与外界交流较弱,社会经济开发很迟。因此,直到秦汉交替时,福建仍然是"非有城郭邑里也,处溪谷之间,篁竹之中……地深昧而多水险"的"方外"之地,与中原相比要落后得多。就航运来说,当时中原已进入具有一定规模的木帆船航运时期,而福建还处于利用舟筏从事渔猎生活的时期。

---

① 《史记》卷四十一《越王勾践世家》。
② 乾隆《晋江县志》卷一《舆地志——沿革》。
③ 《史记》卷一百一十七《南越尉佗传》。
④ 连横:《台湾通史》上册。

春秋战国时期,越国已拥有多种船只。例如须虑、楼船、戈船之类。其用途不外乎运输、战事、迁徙。有史记载,战国之初,越王已登陆夷洲(台湾),并以石为靶,射筹为记。

汉代以后,福建与先进的中原地区交往渐多,社会经济发展迅速,航运取得飞跃进步,赶上了其他先进地区的水平。

在陆运不太发达的古代,福建与外界的联系多仰赖水运,尤其是海上航运。以后汉王朝经略八闽,更推动了福建与广东、浙江等邻省间的海运发展。同时,交趾、扶南、天竺等国家和地区的使臣、僧侣也常乘船经过福建,在福州等港口停泊。于是,到隋唐时期,福建已形成了沿海及对台、对日、对东南亚、对西亚等地区的海上航线,并出现了像福州港"万国来朝"、万人大佛会和泉州"市井十洲人,执玉来朝远,还珠入贡频"的盛况。

西汉元帝年间(前48～前33),汉初置交趾七郡(今广东至越南一带),规定其贡献转运,从东冶(今福州)泛海而至。

航线真正稳定是在东汉定都洛阳时期,当时交趾七郡的贡品,皆从越南经东冶泛海至江苏沛县或山东登莱,转入洛阳京都。之后,东冶和交趾七郡的贡品转运,虽然发生了变化,但东冶港的海上交通仍然没有停顿。桓晔"初平(190～193)中,天下乱,避地会稽,遂浮海客交趾"[1]。后孙策渡江略地,攻破会稽,"袁忠等浮海南投交趾"[2]。许靖"皆走交州,以避其难"[3]。这三次从会稽浮海往交趾均途经东冶港。

秦汉至南朝,随着改朝换代和政治、经济的变革,促进了福建海上航运的勃兴。首先,东冶港渐渐成为东南沿海最古而又最大的对外交通港口之一,并成为福建省的政治、经济重镇。东冶港,位于现在的福州,地处闽江下游,外通东海,内连闽江,形势险要,腹地深广,是东南沿海一个天然良港。《山海经》上说:"闽在海中。"远古时代,福建滨海之区,尽是泽国,尚未成陆。据考古学者探测表明:"目前的福州盆地和古田县水口以下闽江干流河谷,在当时,实是海水淹没

---

① 《后汉书》卷六十七《桓晔传》。
② 《后汉书》卷七十五《袁闳传》。
③ 《三国志》卷三十八《蜀书·许靖传》。

的海湾,古闽江口则是一个典型的溺谷海湾。"①到了汉代,福州陆地仍很狭窄,只有东起石鼓山麓、北抵西郊的屏山一带,地势略高,形成沿山边的一线港湾。此处原为海岸大湾坞,水深,不冻,避风,是占有地利的良港。因地处石鼓山山麓,故名"石鼓川",在闽江下游北岸。自古至今,福州都是赴台湾的主要港口。

在目前史料记载中,仍以三国前后,福建与台湾岛有零星通航往来,并以诸葛直等人浮海求夷洲(今台湾岛)的事件为闽台航运史发端。但近来不断有台湾学者前来大陆,有称:台湾原住民分十族,如阿美族、平埔族等,其中有大部分认为自己是中国大陆人后代,也有认为是畲族传人到台湾。而福州地区历史上一直是畲族发祥地和生息地。

另外,古代战争恐怖,战败者常遭集体屠杀。古越国灭亡及闽越国灭亡,为何只有记载:逃往广东"南越国";而没记载逃往更是尺咫的澎湖、台湾。是史学家有意忽略,还是当时台岛生存环境比福建更坏。但历史事实是:凡逃往"南越"的,大都成为阶下囚,甚至死囚犯,或当了奴隶。

隋唐五代,为了适应与推进国内外各种航海活动的需要,在中原中央政权的支持下,福建造船能力和工艺技术,较之前朝有所增强。

隋代公私造船行业极兴盛。当时,沿海扬州及闽、广、交州一带地区,均设有官营造船厂(场),而民间自行集资造船行业亦甚多。

唐代,国力充裕,交通发达,航海活动更加扩展,造船基地的数量大幅度上升。据《资治通鉴》所载:南方沿海的扬州、福州、泉州、广州与交州,皆是著名的海船建造基地。

福建内河造船工场,遍布各水系流域,民间多就地取材,自行建造;沿海造船厂,公私皆有。《唐会要》载:福建建造的海船,一般可容数千石。民间的大海船也很多,载重约八九千石以至万石②。

除上述历史事实外,《台湾通史》还记载:"及唐中叶,施肩吾始率其族迁居澎湖。肩吾汾水人,元和中举进士,隐居不仕,有诗行世。其《题澎湖》一诗,鬼市盐水,是写当时之景象……历更五代,终及两宋,中原板荡,战争未息,漳、泉边

---

① 杭州大学河口与港湾研究室祝永康:《闽江口历史时期河床变迁》,1982年。
② 《唐会要》卷八十七。

民渐来台湾,而以北港为互市之口,故台湾旧志有台湾一名北港之语。"[1]

可见,隋唐五代,由于福建经济文化发达,航海业也日见发达,由福建去台湾,民间交往一直不断。只是由于以往大陆官府写史,重官史,轻民史,民间大量活动被忽略,甚至不见记录在史,至使闽台交通的重要部分出现了大量空白期。这将有待民间大量挖掘、考证,方可逐渐补上。

五代时,河南人王审知治闽,其侄儿王延彬为泉州刺史,计20余年,即曾"多发蛮舶,以资公用"。郡人籍之为利,人因谓之"招宝侍郎"。于是,泉州利涉益远,从海外开来的商舶,大多停在泉州港。

二、闽台的独木舟和竹筏源远流长

最近,一些祖国大陆越文化研究专家经过长期研究得出结论:台湾高山族同胞是古代于越族(简称越人)的一支,他们的根在祖国大陆东南沿海一带。

西周以降,有数次大的社会动荡成为古越人浮海东渡台湾的社会原因。第一次,周王朝勃兴。公元前11世纪,周人自黄土高原而下,由西向东,拉开了华夏民族蔚为壮观的一幕。鼎盛时期,南跨长江,北抵松辽平原,东临渤海之滨,连偏居东南一隅的吴国也成了它的封国。这一段民族经历在中国历史上是伟大的,但是也充满了战争。相传西周时期有一千八百国,至春秋时期被兼并为一百多个。在此期间,东南越人虽曲意委蛇,一度向周王朝进献贡品,但穆王三十七年,"大起九师"、倾兵伐越的灾难还是落在了他的头上,败国之民,多沦为奴。在这民族拓展的剧烈阵痛中,越人出走是可能的。

第二次,吴王夫差败越。东周初年至春秋战国时期,是中国历史上一个更大的动荡时期。在这一动荡中,公元前494年,吴国败越,把越置于属国地位。越王勾践卑身事吴,卧薪尝胆,长达七年。其属下不甘为奴,也有可能出走。

第三次,即连横先生所提到的"楚国灭越"。正当吴越争雄东南,大动干戈时,中原地区发生了剧烈的封建制革命。随着铁器的出现,作为战国七雄之一的楚国国力迅速膨胀,公元前334年,楚威王挥戈东进,灭掉了奴隶制的越国。越国无疆被杀。这对于越国是一次空前劫难,国家被灭,人作鸟兽散,或钻入深山,

---

① 连横:《台湾通史》上册。

或遁迹江湖,或浮海而去。正如《史记》所云:"越以此散,诸子争立,或为王,或为君,滨于江南海上……"

第四次,秦始皇置闽中郡。越国被灭。公元前221年,秦统一中国。7年之后,为稳定其统治,切断大陆沿海越人与外越的联系。乃置闽中郡于泉州,"以备外越"。其具体政策为:移沿海越人于内地,迁罪人实海边之地。古越人一向依山傍海,渔猎为生,不堪忍受海禁,东渡台湾和澎湖归附外越是很自然的。加之公元前210年。秦始皇南巡会稽,下令禁止越俗,把他们"男嫁女"的婚姻斥之为"夫为寄"。在秦政府的压迫下,原生活在会稽郡的闽越族,也有可能向海外迁徙,移民台、澎。

第五次,汉武帝征闽越、南越、东越。汉武帝统治时期,东南沿海地区连续发生了数次大的社会动荡和骚乱。越人为避战祸,亡命出海,当在情理中。据《漳浦县志》所记,兵败之前,越王潭、越王建德都曾伐木造船于太武山(按在今福建龙海县)。显然,"亡入海"是要流亡于台湾、澎湖等海岛之上。

总之,上述五个时期,我国东南各省沿海地区发生的极大的社会动荡,是古越人移民台湾的基本原因和政治背景。

近年来的许多考古发掘和研究表明,闽越族先民是凭借自己独特的工具——有段石锛,挖制独木舟,来往于海峡两岸。

有段石锛,是远古的造舟工具。这种安装在"7"字形木柄上的石锛,在沿海或岛屿上需用独木舟的地方尤其需要。有段石锛以福建、广东、江西最多,浙江次之,台湾也发现不少。

据记载福建最早的居住者是闽越族,福建闽越族及其先民,"其语言为越语,其风俗为断发文身,其食品为海产,其交通为独木舟,其生产工具为捕捉水族生物(如蚌刀)……"[①] 早在春秋战国时期,他们就已"善于造舟"。从1920年在福建连江县出土的距今2000~3000年的独木舟残件,能够明显地看到有火烘烤的痕迹,这说明在当时人们已经能够用火和石斧制造独木舟用于海事活动。战国时期的连江独木舟,是用一根大樟木刨空而成的,长7.10米,宽1.5米,前半部的两侧有对称横隔舱,供堆放货物或给人乘坐。

---

① 庄为玑:《福建历史地理》卷一,第三章。

每当天气晴朗的日子,登上福建福州鼓山大顶峰,极目远眺,可以隐约望见高耸在台湾北部的鸡笼山。一阵暴风可以把对岸居民驾驶的独木舟吹漂到这边来,这些记载就在清代顾祖禹的《读史方舆纪要》里。这些说明古闽越人如果从海上东渡的话,到达台湾应该不是很难的事。从《后汉书》夷州"人民时至会稽市"的记载中,我们可以清楚地了解到,从东汉时起,台湾人民常常有到今天闽越来的,和大陆有很密切的联系。

《辞海·闽越》记载:"台湾也有闽越人聚居。"说明台湾为闽越族聚居区之一。

最近,一些祖国大陆古越文化研究专家经过长期研究也得出结论:台湾最早的居民直接来自中国大陆东南沿海。约在四千年前,中华文明刚刚起步时,东南沿海一带越人中的某些勇敢者,因某种变故,就开始乘舟渡海,漂到台湾,繁衍生息,成为台湾先住民。台湾山胞,其风俗习惯,如断发文身、崇拜鸟神、干栏式民居等,却均为古越遗风,足见山胞与越人之间的深厚渊源关系[1]。

1968年3月,台东县八仙洞出土了许多印纹陶、加工石器,皆为台湾先住民的遗物。1980年7月,台湾考古学者在台东卑南乡发现大批石棺,出土了许多石器、陶片及玉器等。考古学家最后确认以上这些遗物和中国南方古代百越流行的相似。

《台湾府志》《番社采风图考》载:平埔族"土目、通事有事经涉,乘竹筏,令番浮水绕筏板援而行"。他们的竹筏像船一样,前面有一点弯曲高起来,可以随波浪摇晃。

清光绪十八年(1892),唐赞衮为台南知府,曾报告台湾当时竹筏作为水上的交通工具十分普遍,特别在南台湾,盛产竹材,多河川湖泊,大型渔筏使用12~16寸塑胶管,有的全部或部分为两层,双层管平行拓扑结构以增加浮力,长度达14~15公尺,筏上有驾驶台,亦装设客舱[2]。

每年春夏之交,是东海岸阿美族男士们摇竹筏捕飞鱼的季节。海风徐徐的下午或夜晚,两人一组,一个摇桨,一个放网或收网,一天可捕获上百斤。几百年

---

[1] 史式、黄大受:《台湾先住民史》,浙江人民出版社,2002年;陈桥驿:《吴越文化论丛》,中华书局,2003年。

[2] 《台湾府志》卷。

来,每到飞鱼季末期,各部落或跨部落也常办理竹筏竞技,但随着马达与塑胶筏的兴起,这样的习俗以失传多年。而摇竹筏捕飞鱼习俗则一直保留至今①。

12 世纪 70 年代,一支毗舍邪人来到澎湖和福建泉州沿海。

上述记载:毗舍邪人经常突至澎湖和泉州水澳、围头等村抢掠铁器粮食,所得铁器主要用于斗杀和狩猎,而不是用于农耕。他们"不驾舟楫",使用一种"可折叠如屏风"的竹筏,"其来不测","急则群异之泅水而遁",在海上往来自如,是一个长期居住海滨、娴于航海的种族。

关于宋代毗舍邪人的居地,许多人根据《诸蕃志》毗舍邪条中"泉有海岛曰澎湖,隶晋江县,与其国密迩,烟火相望"的记载,认为就在澎湖对岸的台湾西部沿海北港一带。也有学者分析,毗舍邪疑为今下淡水溪河口南方的小琉球屿。但据我国史籍记载,在南宋时期,台湾除被称之为"流求"外,还有一个别称,叫毗舍邪。它作为地名,指台湾某一部分②。

中原河洛是舟筏文化的发源地。舟形成之前,泛水之物当为树、竹苇、葫芦之类的浮具、筏子。筏起于浮具,而为浮具之发展。以桴济河,进而浮于海,屡见于古文献。《国语》:"方舟设泭,乘桴济河。"孔子说:"道不行,乘桴浮于海。"同筏与时俱进的当为"独木舟"。《物原》云:"伏羲乘桴,轩辕作舟楫。"原始社会末期,"舟楫"之广泛使用,可见于古籍。《史记》称:大禹治水,"陆行乘车,水行乘船,泥行乘橇……。"水行乘船,船当为独木舟。这正如《蜀记》所述:"夏禹欲造独木舟。知梓潼尼阵山上有梓,经一丈二寸,令匠者伐之。"《艺文类聚》载:西周成王时,"于越献舟"。可以想见,以舟为贡品,献与成王,其"舟"必精;献舟路线取道东海,渡黄海,泛渤海,入黄河,逆流而上进入渭水,终达周都镐京,其航海技术必高。可见,西周时,人们泛海至舟山已非难事③。

三、闽南人以木板船征服台湾海峡

在台湾的开发过程中,一批批移民,历经艰难困苦,漂过海峡,来到台湾。移民经历了漫长和复杂的过程。向台湾移民的主要是福建闽南人。闽南人原是来

---

① 中国台湾网,2004 年 3 月 12 日。
② 施联朱、许良国:《台湾民族历史与文化》,中央民族学院出版社,1987 年。
③ 《福建航运史》,人民交通出版社,1994 年。

自河洛的移民。

农民没有土地是移民的主要原因。自东晋迄唐宋五代以来,战乱不止,加上黄河流域气候寒冷,自然条件恶劣,因此许多北方人南迁,闽粤人口激增,形成人口过剩局面。此外,当时盛行佛教,闽粤地区特别是福建一带,佛教寺庙越来越多,寺庙占领大量地产,当时富有的地主不过拥有土地近百亩,而拥有土地上千亩的寺庙却比比皆是。土地向寺庙高度集中,泉南地区竟占有十分之七,当地民众只有出洋谋生。同时,闽南和粤东北地处山区,土地贫瘠,"漳泉诸府,负山环海,田少民多,出米不敷民食",只得向台湾和南洋移民,以寻求生路。

沿海居民的航海习性是移民的原因之一。闽粤海岸曲折,人民与海相习,养成冒险犯难精神。五代以来,闽商大量出海贸易,远洋航行风气日甚,使得当地人漂洋过海成为一种普遍接受的行为。由于海上贸易和远洋航行的发展,也使得闽粤地区的造船技术高人一等,宋代初期泉州造船已经名扬一时,这为东渡台湾提供了必要条件。向台湾地区移民正是建立在这种对海的了解之上的,没有航海知识是无法到达台湾的,当然后来大批的移民则是由一些专门的船户进行。

台湾海峡一直是闽粤人活动的地区。从历史上看,早就有闽粤人在台湾地区活动。其中主要有商人和渔民两类,闽粤两地的商人前往台湾以货易货,换取台湾的黄金、硫磺等矿物和各种经济特产;渔民则来台湾水域捕鱼,台湾海峡早就成了海商渔民频繁活动地区,吸引了一批又一批的闽粤民众前往台湾。

闽粤地区的宗族习惯也是移民的原因。就当地人本身来说,闽粤地区人民的生活习惯也促使他们向外发展。在封建社会,当地人宗族观念很强,盛行田产长子继承制,由长子继承祖业,其他儿子只得外出谋生,寻求发展,以便来日衣锦还乡,光宗耀祖。再则,凡是在海外稍有成就者,也喜好把族中的亲人带往海外发展,因此赴台湾谋生越来越盛行,在一些较为集中的地区更是成为主要谋生途径。

今天渡过台湾海峡已是轻而易举的事,但是在古代的航海条件下,穿渡海峡并不容易。在澎湖群岛风柜尾和虎井两孤岛间的海面,被称为"黑水沟",这是一条湍急的海流,不知吞噬了多少移民的生命,留下了"六死三留一回头"的凄惨传说。移民赴台并不容易,除了只有木板船这一航海工具的局限外,还有就是航线和气候上的风险。台湾海峡存在着南北海流,形成类似于"黑水沟"的暗流,对来往的木板船带来巨大威胁,多少条渡海的木板船翻在暗流之中①。

据史书记载,历史上闽台关系极为密切。宋代以来就有大批闽南人移居台湾,明清时期更是源源不断,其中规模较大的移民有 3 次。

第一次始于明朝天启元年(1621)以颜思齐、郑芝龙为代表的武装集团入主台湾开拓疆土并形成强大的垦殖力量,为汉人开拓台湾奠定了基础。《台湾通史》卷二十九载:"芝龙言于巡抚熊文杰,以海船徙饥民来台湾,人给三金一牛,使垦荒土,建成邑聚。"此次移民达数万人。

第二次移民高潮始于 1661 年郑成功收复台湾之后,郑成功的部众中,漳、泉两地人为数甚众, 他们安营扎寨,分区屯垦,许多人成了台湾各地区的开基始祖。在郑氏政权经营的 23 年中,福建入台移民多达 20 万人。

第三次始于清乾隆四十九年(1784),清王朝开放台湾鹿港与泉州蚶江港对渡之后,逐渐形成第三次移民高潮,甚至出现了举家迁徙现象。此次移民,人数高达百万人②。

当时渡海交通工具极为简陋,移民多乘古老的两桅木板船,凭借一腔热血,搏风斗浪,横渡东海。因此,许多保民安境的道家和民间诸神灵也纷纷随先民们横渡海峡,传入台湾。如海上圣母妈祖、保生大帝、开漳圣王等,并成为人们渡海谋生和生活的保护神。

移民乘坐的木板船,如果顺风顺水,自闽南到台湾,只需 14 小时至两天左右。顺利的话"舟船起碇扬帆,顺流东向,四更功夫过黑水洋(沟),五更功夫抵岸,七更北靠淡水、基隆,偏东乌石港,南抵安平、布袋,偏北抵北港、鹿港、红毛、梧栖,偏南打狗"。

古代泉州人的智慧卓越超群,早在一千多年前,他们就能够用"桐油加钉子"造出世界上最先进的船种:福建中的泉州船。1925 年,泉州湾后诸港曾出土了一艘宋代古船,残长 24.2 米,宽 9.15 米,复原之后,它的长度可以达到长 36 米,宽 11 米,载重量 200 吨以上,是当时泉州所造的中型的货运海船。从它的剖面模型上,我们可以发现它有 13 个水密隔仓,水密隔仓在中国的运用始于唐代,

---

① 《福建航运史》,人民交通出版社,1994 年。
② 《福建航运史》,人民交通出版社,1994 年。

比欧洲早了一千一百多年。另外,我们还可以从这艘船模上发现,它的船锚采有物是木爪石碇的结构。近百年来在日本、朝鲜等地发现有不少与泉州船相雷同的碇石,这足以证明古代泉州船的足迹。近些年来,在闽南港口附近发现多艘沉船。帆是泉州古代海船用帆的一种类型。在南宋前,棉花种植纺织没有广泛推广之前,只有官船才用得起昂贵的丝织品作帆。聪明的泉州人用篾片、竹叶等天然植物原料制成篾帆,一直到明朝仍广泛运用。一艘艘性能优良的泉州船驶向朝鲜、日本、驶向东南亚,甚至远渡重洋,驶向非洲东部,驶向地中海,将精美的刺桐缎和中国瓷器带到了世界各地。同时也载回了无数为经商、传教等不同目的而来的海外友人。

　　台湾岛距大陆最近点仅 130 公里,这个地点就在崇武半岛的突出部。崇武港渡台的地理优势,还有更重要的方面。早年使用的是木板船,靠潮流及风力航行。其时台湾的港澳也都还是天然状态,沿岸则是大片浅滩。因此航船要在涨潮将满时才能顺潮进港,去迟了不成,去早了也难进,此时进退两难,遇上风云变幻而死难者不少。"朝发夕至"是早年木板船渡台的基本要求,而由崇武启航最顺。闽南人逐渐掌握了这一规律,都懂得应选好停泊候潮地点和启航时间,从而发现崇武港最佳。据台湾《彰化县志》载:"彰邑与泉州府遥对,鹿港为泉、厦二郊商船贸易要地。内地来鹿者……北风以崇武为最,獭窟次之。故北风时,渡船来鹿,必至崇武、獭窟放洋……鹿泉、厦郊船户欲上北者,虽由鹿港聚载,必仍回内地各本澳,然后沿海北上,由崇武至莆田、湄洲、平海……"①

　　至今,从台湾历年祭典中的王船的造型大小结构、材质装饰,与传统泉州三桅木板船极相似,如三枝桅杆皆中桅最长,前桅次之后桅最短,船头是方形开口,前锭会在航行时被收到开口处,船身两侧上下方皆是曲度向上的圆弧形线条,船身两侧中间部分都划分成九个大小略同的方格,船尾后方均插上五枝三角形旗帜,只有尾舵形状与吃水角度略有不同,以及装饰风格有些差异,所以由此即可看出其与泉州三桅木板船一脉相传的造型风格。

　　在闽粤移民航线中,澎湖岛群起着十分重要的作用。澎湖岛距大陆直线距离约 110 公里,离台湾西海岸约 40 公里,因而成为闽台间联络的中转地。澎湖

---

　　①　中新网,2004 年 3 月 12 日。

的开发历史,可以追溯到秦汉以前。台湾考古工作者在澎湖岛上发掘出硬质砂岩石斧等古人遗物,经考证为秦汉以前渡海前来的移民所遗留下来的,属于祖国大陆上的中原河洛文化。1975年以来,台湾考古学家在澎湖发现了这段历史时期的遗址39处,挖掘了其中的3处,在这些遗址中,发现了多达万件的北宋陶瓷标本。与此同时还出土了大量北宋熙宁元宝、政和通宝等钱币。另外,还发现了数处"宋墟"。

历史上的福建人,大多数是因躲战乱,从中原迁移而来的。西汉元始二年时,福建人口只有4万人左右。宋代以前,福建人口迁移主要以北方人口迁入为趋势。也就是说,现在3400万的福建人中,大多数人已不是当时土著闽人的后代,他们的血管中博动的更多的是中原河洛先民们的漂泊基因。

（作者为福建省社会科学院现代台湾研究所研究员）

对客家人"根在河洛"若干相关问题的探索

徐金星

一、客家先民南迁与河洛地区

西晋末年的八王之乱、永嘉之乱给洛阳、河洛和中原大地造成了极大灾难，广大汉人难以生存下去，纷纷南迁，形成我国历史上第一次中原汉人大规模南迁浪潮，这便是今日各地客家人的第一批先民。关于此次南迁人数，《中国史纲要》说：到达长江流域的至少有 70 万人，另有 20 万人没有到达长江，聚居在今山东境内。《晋永嘉乱后之民族迁徙》一文称，从永嘉之乱到拓跋焘攻宋，北方人口南迁将近百万①。为了安置这大批的南迁汉人，东晋时在长江一带设置了不少侨州、侨郡和侨县，如南徐州、南豫州等。侨人不入当地户籍，官吏均为北方士族。其后，唐代安史之乱、唐末及五代、宋室南迁、南宋灭亡之时，黄河流域均有大批汉人南迁，"在每一次北方人南迁的潮流中，河洛人都占绝大多数"②。

繁荣发达的汉魏晋、隋唐宋文化，富庶美丽的河洛及中原大地，繁荣热闹的京都洛阳、开封，都会在南迁汉人、客家人的思想上留下难以磨灭的印象，成为他们世代相传、取之不尽、用之不竭的精神力量。洛阳城、开封城，河洛大地，许许多多的人和事，是他们永远道不完、表不尽的谈资，那情景远远超过山西洪洞县的大槐树。正是这些南迁汉人、客家先民带来的先进文化和先进生产技术，极大地促进了长江流域等地区的社会经济发展和文化的进步。这里，源远流长、博大精深、辉煌灿烂的河洛文化，不但是南迁汉人、客家先民、客家人最重要的精神财富，而且也通过他们得到了最广泛、最深入的传播，极大的扩大了河洛文化的影

---

① 谭其骧文，刊《燕京学报》15 期。
② 朱绍侯：《河洛文化与河洛人、客家人》，《文史知识》1994 年 3 期。

响。客家文化的精神、精华,客家文化的主要内容和组成部分,都是和河洛文化一脉相承的。

"客从哪里来? 来自黄河边。"客家人"根在河洛",河洛文化乃客家文化之源,这几乎已经是客家学研究者的共识。罗香林认为:"形成客家民系的主体是中原南迁汉人,主要是两晋以来的中原南迁汉人"(《客家研究导论》、《客家源流考》)。丘菊贤先生说:"西晋末永嘉之乱,五族(匈奴、鲜卑、羯、氐、羌)纷纷入扰中原,中原汉人则被迫举家举族向南迁徙"(《黄河文化是客家文化的源头》)。刘佐泉先生说:"永嘉之乱和晋室南迁,是河洛也是全国历史上第一次人口大迁徙,河洛及中原其他地方的人士为了避难,进行了大规模、长距离的跋涉,进入南方……"(《客家"根在河洛"考》)。黄火兴、黄钰钊、陈美豪合撰的文章说:"……可以认定,形成客家民系的主体是中原南迁汉人,主要又是自两晋以来由中原南迁的汉人"(《形成客家民系的主体是中原南迁汉人》)。程有为先生说:"客家民系由中原人民南迁而形成,在学术界已成定论"(《客家民系,根在中原》)。郑炳山先生说:"……综上所述,充分说明了福建尤其是闽南大部分居民,根在河洛。……他们现在已成为福建尤其是闽南的主要居民。所以台湾人民称福建的泉州市、漳州市、厦门市等闽南人为'河洛人'是有道理的,说明他们的最早的祖籍是在中原的河洛地区"(《河洛之根,蕃衍八闽》)。谢万陆先生说:"客家先祖以司、豫流人为主体并含其他部分流人。'流人'的祖居地则应为整个古中州之地。更确切地说,客家之源在以河洛为中心的中原古地,说客家之根在河洛当为顺理成章之论"(《试释客家族性的内在层次》)。李玉昆先生说:"在福建开发史上,曾经有三次移民高潮:西晋永嘉之乱后,大批衣冠士族入闽;……宋人乐史云'东晋南渡,衣冠士族多萃其地,以求安堵',王象之亦云:晋江'在县南一里,以晋之衣冠避地者多沿江以居,故名'。从南安丰州狮子山发现大批西晋、南朝的墓葬也可以佐证"(《福建民间信仰与中原移民》)。许顺湛先生说:"……可以说台湾的主体人群,其民族根、姓氏根、文化根都在河洛文化为代表的大中原,河洛文化的基因,民族的血脉,在台湾根探蒂固……"(《河洛文化与台湾》)。张文军先生说:"就豫闽台文化的关系而言,闽台文化的渊源同在河洛"(《河洛文化的融合性——兼谈河洛文化与闽台的关系》)。张振犁先生说:"占台湾总人口98%以上的汉族人,大都是从东南沿海的闽粤移民台湾的,即我们所说的闽南人(河洛人)和客家人;而闽南人和客家人,又都是……北方中原河洛地区的士族、黎庶……大批逃亡闽粤的"(《根在河洛·序》)。

以上尽管是就手头仅有的少量资料所转引,挂一漏万,但也进一步证明客家人"根在河洛"确实是广大研究者公认的结论了。

二、关于中原、河南省、河洛地区

中原或中原地区,是一个地理概念,通常有狭义、广义两种说法:狭义中原,指今天的河南省;广义中原指黄河中游地区,或中下游地区,甚至指整个黄河流域。关于这一点,已经有不少研究者进行了详细、精辟的论述。河南省,古为豫州地,元代置河南江北行省,明代改河南布政使司,清代称河南省,沿用至今。

河洛地区是指黄河和洛水相交汇处的这一广大地区。关于它的具体范围,我们的界定是:以洛阳为中心,西到潼关、华阴,东到郑州、开封,南到汝州、禹州,北到济源、晋南。这种界定和朱绍侯先生的提法是一致的。朱绍侯先生曾在《河洛文化与河洛人、客家人》一文中就河洛地区的范围指出:"即指以洛阳为中心,西至潼关、华阴,东至荥阳、郑州,南至汝颍,北跨黄河而至晋南、济源一带地区。"显然这个范围要大于我们通常所说的洛阳平原(或称洛阳盆地)。在同一篇文章中,朱先生又指出:"作为河洛文化圈,实际要超过河洛区域范围,即应该涵盖目前河南省全部地区。"2002年10月,在郑州举办的"河洛文化与台湾"学术研讨会期间,朱绍侯先生、沙旭升先生都曾谈到,由开封禹王台所存康熙所题"功存河洛"匾额等可以说明,所谓河洛地区,向东应包括开封在内。

河洛地区,即古河南地,又称河洛地。司马迁《史记·货殖列传》曰:"昔唐人都河东,殷人都河内,周人都河南,夫三河在天下之中。"关于古河南地,陈昌远先生曾这样表述:"它指黄河由河曲、渭河而东,中经砥柱之险,过孟津、洛河,流出大伾,开始散为荥播,这一大段大河之南地。"[①]

以上这些论述,为不少河洛文化、客家文化研究者所认可。但关于河洛地区的具体范围,目前学术界也还有多种不同的提法。

---

① 陈昌远:《先秦河洛历史地理与河洛文化历史地位考察》,《河洛文化论丛》第一辑,河南大学出版社,1990年。

许顺湛先生认为："河洛地区大体包括黄河与洛河交汇的内夹角洲、外夹角洲以及黄河北岸的晋南和豫北。河洛文化圈向西可伸入关中,向东可以达到豫东"(《河洛文化与黄河文明》)。在另一篇文章中,他更具体指出:第一区内夹角洲包括灵宝、卢氏、三门峡、陕县、渑池、新安、洛宁、栾川、嵩县、宜阳、伊川、孟津、洛阳、偃师、巩义等县市;第二区外夹角洲,它至少要包括伏牛山北麓的汝州、郏县、禹州及郑州市所辖的登封、荥阳、密县、新郑、中牟,可以达到开封市辖区,第三区应包括黄河北岸的晋南诸县以及河南省的济源、沁阳、温县、孟州、武陟等市县;从机械的地域观察,东可到达开封,经郑州、洛阳、三门峡,西达陕西的西安(《河洛文化与台湾》)。

李玉洁认为："河洛文化的地域应包括以洛、河为中心的河洛地区。洛,指的是洛水;河,指的黄河中游地区,即'三河'。三河,则是河南、河东、河内";"三河地区就是'天下之中'。河洛文化之'河',应该理解为'三河'之'河'";"其地域概念当是指洛河与大河(黄河)流域"(《河洛文化刍论》)。

杨海中称："河洛"有广义、狭义之分。从夏、商、周三代的历史状况及实际势力所及可知,司马迁所说的"河洛",绝不仅仅指洛水与黄河交汇形成的夹角地带,而是泛指以嵩山、洛阳为中心的"河南"、"河内"、"河东"诸地区,它包括北及晋南、冀中,西至关中,南达汉水,东到鲁西、江淮这样一个范围比较广阔的地域。狭义的河洛地区则小一些"(《河洛文化主流地位的成因》)。

程有为先生认为："从自然地理讲,河洛地区西起华山,东到豫西山地与黄河下游平原交界处,南自伏牛山、外方山,北至太岳山(又称霍太山),包括洛河流域、涑水流域、沁水流域和汾水下游地区。从现代行政区划来说,就是河南中西部和山西南部地区"(《河洛地区在中国文化文明起源中的地位》)。

以上这些提法,其最主要的不同之处,在于对河洛地区范围的大小界定不同,但对河洛地区的中心地区或核心部位、核心地区的看法则是完全一致的,即均以洛阳或伊洛平原及其周边地区为中心或核心部位。

冯秀珍在《客家与中原、河洛》一文中称"广义中原之概念指整个黄河流域","广义中原是以西安、洛阳为轴心,以其为中心辐射周边而成的","'河洛'应指中原旧地而非仅指河南洛阳一带","笔者持伏羲画卦古代陕西说,笔者认为河洛当指伏羲画卦的河、洛及其地域","河图之'河'与洛书之'洛'应在西部的陕甘中找","可以如此归纳,'洛'为陕西洛水,'河'为渭河,以渭河、洛河两流域的地方为旧时中原主体,它包括陕西、山西、甘肃及河南的部分地区。旧时中原概念与河洛地域大致相同","'河洛'可指渭河、洛河两条河流及其流域(洛河含南北洛河)"。

论者在以上文字中的一些看法,如"'洛'为陕西洛水、'河'为渭河","渭河、洛河两流域的地方为旧时中原主体","'河洛'可指渭河、洛河两条河流及其流域"等,与学术界众多研究者的观点相去甚远,也与历史史实相左,难以成立。

"河南"正式作为行政区划,时间却要晚得多,它应该是始于汉代"河南郡"。战国秦庄襄王元年(前249),秦于河洛及周边地区一带置三川郡(以境内有黄河、洛河、伊河,故名)。205年,西汉高祖刘邦改三川郡为河南郡。

不管就历史地理层面,或就民族文化层面,广义中原的中心是河南省,河南省的中心是河洛地区,这是合乎史实的结论,也是众多研究者的共识。陈昌远先生说:"洛邑成周居天下之中,因此称为'中土''土中',这应是后来称河南地区为'中州'或'中原'名称的由来。有的同志以为把河南简称中州,是因为豫州居九州之中的缘故,显然不能说明'中州'之原意。①"李学勤先生说:"河洛地区处于中原的中央,河洛文化是中原文化的核心,也可以说代表着中原文化"(《河洛文化与汉民族散论·序二》)。朱绍侯先生说:"作为河洛文化圈,实际要超过河洛地域范围……河洛文化圈应该涵盖目前河南省全部地区……河洛文化就是狭义的中原文化"(《河洛文化与河洛人·客家人》)。许顺湛先生说:"华夏文明的主体是黄河文明,黄河文明的中心在中原地区,黄河文明的核心在河洛文化圈内"(《河洛文化与黄河文明》)。程有为先生说:"河洛地区的范围要小于中原地区,它是中原的中心区"(《河洛地区在中国古代文明起源中的地位》)。

在广袤的中华大地上,人类社会实现"突变",率先由"野蛮"进入文明,出现"国家",是在河洛地区,因此说华夏文明"根在河洛"是完全有道理的。李先登说:"到了龙山文化晚期,即距今4000余年前时,河洛文化发展为河南龙山文化王湾类型,或称为煤山类型。从考古发现来看,此时,河洛文化的生产力有了一

---

① 陈昌远:《先秦河洛历史地理与河洛文化历史地位考察》,《河洛文化论丛》第一辑,河南大学出版社,1990年。

次突飞猛进的发展,发生了质的飞跃,出现了青铜礼器、文字和城市,在全国率先进入了文明时代,并从此在相当的时期内成为中国古代文明的核心"[1]。刘庆柱说:"学术上严格意义的古代文明起源、形成,实质上就是国家的起源、形成,因此说古代文明起源与形成是个政治范畴的问题","根据国内目前学术界一般认为,河洛地区夏文化已经形成了古代文明,已是早期国家的考古学文化。"[2]赵启汉在《仰韶遗址的发现及重大意义》一文中说:"我们说'河洛地区是中华民族文化的摇篮',是符合历史实际的。"杜金鹏在《二里头文化的传播与夏遗民的迁徙》一文中说:"河洛地区,在夏、商青铜文化的发展与昌盛方面,则是一个极为重要的策源地"。米土械在《"华夏"新解》一文中说:"倘今追溯其华夏源流,河洛实为华夏文化之本。"

　　以上这些论述,都对华夏文明"根在河洛"作了精辟的诠释。

三、河洛地区的核心部区是洛阳平原

　　伊水和洛水,是豫西地区两条著名的河流。

　　伊水,亦称伊河,发源于熊耳山南麓栾川县陶湾乡三合村闷顿岭,经栾川、嵩山、伊川、洛阳市洛龙区至偃师市,在偃师市杨村入洛水,全长约265公里。

　　洛水,亦称洛河,发源于华山南麓的陕西省洛南县,经洛南县、河南省卢氏县、洛宁县、宜阳县、洛阳市区,在偃师市杨村纳伊水后入巩义市,在巩义市神堤村北人黄河。全长约447公里。

　　伊河是洛河的最大支流,洛河是潼关以下黄河的最大支流。二水汇流后称伊洛河。"伊洛西来各一川,会奔此地复油油","旷径今古流无际,总是朝宗入大渊",便是古人歌咏"偃师八景"之一"伊洛合流"的诗句。

　　由伊河、洛河下游冲积形成的伊洛平原,也称洛阳平原,总面积约700余平方公里,主要包括今天的偃师市中部平原和洛阳市区中东部平原,多少涉及巩义市、孟津县、新安县、宜阳县一小部分。其中偃师市约占300平方公里,洛阳市区约占280平方公里。伊洛平原西南有周山,南有龙门山、万安山,东南有嵩山,北

---

[1]　《河洛文化与中国古代文明》,《河洛文化论丛》第一辑,河南大学出版社,1990年。
[2]　《河洛文化是中华民族文化的核心文化》,《根在河洛——第四届河洛文化国际研讨会论文集》,大象出版社,2004年。

有邙山、黄河。平原之内,土地肥沃,气候温和,伊、洛、瀍、涧四水,纵横其间,"河山控戴,形胜甲于天下"(《读史方舆纪要》)。洛阳平原是河洛地位的核心部位,对于中华民族、中国历史、中国文化有着非同寻常的重大意义。

"中国"一词,曾见于《诗·大雅·民劳》中:"惠上中国,以绥四方";也见于《诗·小雅·六月序》中:"《小雅》尽废,则四夷交侵,中国微矣"。还有其它早期典籍等。但"中国"一词最早而可靠的应是出现于1965年陕西省宝鸡县所出土的青铜"何尊"铭文中。其文:"唯王初迁宅于成周,复禀王礼福自天,在四月丙戌,王诰宗小子于京室,曰:昔在尔考公氏克逑文王,肆文王受兹因(命),唯武王既克大邑商,则廷告于天,曰:余其宅兹中国,自之乂民。"何尊为西周初年第一件有纪年铭的青铜器,系名"何"者作于周成王五年。可以看出,这里的"中国",即指周王朝疆域的中心地区,即成周,也即洛阳平原地区。此地位居"天下之中",如《史记·刘敬传》说:"成王即位,周公之属傅相焉,迺营成周雒邑,以此为天下之中也,诸侯四方纳贡职,道里均矣。"

我国古代传说中的"三皇"、"五帝"都和洛阳平原有密切关系,其中尤其值得一提的是黄帝的曾孙帝喾。

《史记·五帝本纪》曰:"帝喾高辛者,黄帝之曾孙也。高辛父曰蟜极,蟜极父曰玄嚣,玄嚣父曰黄帝。""高辛于颛顼为族子。"张守节《正义》引《帝王纪》曰:"帝佶(喾)有四妃,卜其子皆有天下。元妃有邰氏女,曰姜嫄,生后稷(周先祖),次妃有娀氏女,曰简狄,生契(商先祖),次妃陈丰氏女,曰庆都,生放勋(帝尧);次妃娵訾氏女,曰常仪,生帝挚。"又云"帝尧陶唐氏,祁姓也。母庆都,十四月生尧。"《礼记·祭法篇》云:"殷人禘喾而郊冥,祖契而宗汤;周人禘喾而郊稷,祖文王而宗武王。"范文澜先生还曾指出:"卜辞中证明,商朝认帝喾为高祖,祭礼非常隆重,帝喾可能是实有其人。"(《中国通史》)

帝喾族就生活在洛阳平原一带,见诸史籍者,如《史记·殷本纪》云:"汤始居亳,从先王居。"《集解》引孔安国曰:"契父帝喾居亳,汤自商丘迁焉,故曰从先王居。"《括地志》云:"河南偃师为西亳,帝喾及汤所居,盘庚亦徙都之。"《史记·五帝本纪》《集解》引皇甫谧曰:"都亳,今河南偃师是。"《水经注·汳水》阚马因曰:"亳本帝喾之墟,在《禹贡》豫州河洛之间,今河南偃师城西二十里尸乡亭是也"。

以上这些记载,证明帝喾一族生活于河洛腹地的洛阳平原,至今偃师市境内仍有村名叫"高庄",当和帝喾居偃师有关。由此我们可以认为,正像客家人"根在河洛"一样,对中华民族、中国历史产生过重大影响的商族、周族及帝尧均"根在河洛"。

汉高祖刘邦说:"吾行天下多矣,唯见洛阳。"东汉班固说:"处乎土中,平夷洞达,万方辐凑。"唐人孔颖达说:"北有太行之险,南有宛叶之饶;东压江淮,为湖海之利;西驰崤渑,据关河之胜。"明人陈建说:"按古今天下大都会有四(指洛阳、长安、北京、南京),然论时势地宜尽善尽美,则皆不如洛阳。夫建都之要,一形势险固,二漕运便利,三居中而应四方。必三者备而后可以建都,唯洛阳三善皆备。"洛阳、洛阳平原这种无与伦比优越地理形势,使它成为历代帝王建都的首选之地。

《逸周书·度邑》说:"自洛汭延于伊汭,居易毋固,其有夏之居。"《国语·周语上》说:"昔伊、洛竭而夏亡。"说明洛阳平原和夏王朝的关系极为密切,正是夏王朝活动的中心腹地。"昔三代之居,皆在河洛之间。"(《史记·封禅书》)而所谓河洛之间,具体就是指的洛阳平原。

自中国历史上第一个王朝夏建立后,洛阳平原就长期是中国政治、经济、文化、交通的中心。夏、商、西周、东周、东汉、曹魏、西晋、北魏、隋、唐、五代时期的梁、唐、晋等13个王朝均曾在洛阳平原建都,累计时间长达1500多年。迄今在洛阳平原之内,洛水之滨,大体东线一线,留下了5座古代的都城遗址,从东向西依次是:商城遗址、二里头遗址、汉魏故城遗址、隋唐东都城遗址、东周王城遗址。若以时间早晚为序,则是二里头遗址、商城遗址、东周王城遗址、汉魏故城遗址、隋唐东都城遗址。这五座古代的都城,代表着当时全国社会经济、文化发展的最高水平,是中国历史、中国文化极其重要的载体和见证。像洛阳平原之内,都城如此密集排列,这在全球范围内都是仅见的。

二里头夏都遗址,位于今偃师市境内、翟镇镇二里头村,其范围为东西长2公里,南北宽1.5公里。这里发现有我国最早的宫城,可视为以后历代宫城的祖源;这里发现的绿松石龙形器为中华民族的龙图腾找到了最直接、最正统的根源;这里出土的青铜器是我国最早的一批青铜器。二里头遗址被誉为"华夏第一都",它就是"太康居斟鄩,羿亦居之,桀又居之"(古本《竹书纪年》)、"仲康居斟郡"(今本《竹书纪年》)的夏都斟郡遗址。

商城遗址,位于今偃师市境内、市区西部,范围近 200 万平方米。这里是"汤都西亳"的遗址,自商汤起,大约有十位商王在此建都,时间长达 200 余年。

东周王城遗址,位于今洛阳市区、王城公园一带。整个周长约 15 公里,与晋《元康地道记》所载"城内南北九里七十步,东西六里十步,为地三百顷一十二亩三十六步"大体相合。由周平王迁此,先后有 14 王以此为都,计 310 年。

汉魏洛阳故城,位于今洛阳城东 15 公里,北依邙山,南逾洛河,残垣逶迤,蒿榛丛莽,当年京华雄姿,依稀可见。这里曾经是东周、东汉、曹魏、西晋、北魏等几个朝代的都城,累计建都长达 540 多年,是所有古城中建都时间最长的都城。今存遗址由外郭城、内城、宫城三重城垣组成。外郭城南北长、东西宽各 10 公里,总面积约 100 平方公里,是近代以前全球所见规模最大的都城。

隋唐东都城,位于今洛阳市市区及郊区一带,总面积约 47 平方公里。隋唐二代,洛阳或为首都,或与长安(今西安)东西二京并重,或为陪都,多有变化。其中隋炀帝都洛 14 年,唐高宗、武则天、唐中宗等都洛阳约 60 年左右。

在说到伊洛平原之内的这五大都城时,可以看出,它们的名称并非从来一致,而是先后有变化的。最早一座是夏都,叫"斟郡";接下来是商城,叫"西亳";再下来是东周前期即春秋时期的都城,叫"王城";只是到了东周后期即战国时,东周成周城才开始有"洛阳"之称见于记载,如《战国策》中有"苏秦过洛阳"的话。而当时所称洛阳,则指后来的汉魏故城而言。

还有,作为河洛地区的核心部位,在中国历史上,洛阳平原不但长期是国都即中央政权的所在地,而且也长期是河洛地区、河南省,乃至中原区地各级地方政权机构,如部、州、郡、府、县治所的所在地。

前 249 年,秦在洛阳置三川郡,郡治成周城。初领 13 县:偃师、新安、宜阳、平阴、缑氏、陕、渑池、巩、梁、荥阳、京、卷、阳武,后加置河南、洛阳二县,计 15 县。

前 206 年,项羽封申阳为河南王,居洛阳。前 205 年,汉高祖刘邦改三川郡为河南郡。西汉河南郡郡治雒阳,领 22 县:洛阳、河南(汉置,治王城)、偃师、缑氏、平(偃师西北)、平阴(孟津东北)、新成(伊川西南)、谷成(新安东)及巩、荥阳、新郑、中牟、开封。西汉末年,王莽篡政,以洛阳为东都,改洛阳为宜阳。

25 年,刘秀创建东汉,定都洛阳,39 年,更河南郡为河南尹。又设司隶校尉部,下领 7 郡:河南尹(河南郡)、河内郡、弘农郡、河东郡、京兆尹(郡)、扶风郡、冯翊郡。永和五年(140),河南尹有户 208486,有口 1010827。

公元 220 年,魏文帝曹丕定都洛阳,改雒阳为洛阳,改司隶校尉部为司州,下领五郡(尹):河南尹、河内郡、弘农郡、河东郡、平阳郡。曹魏河南尹较东汉多领 3 县:陆浑、阳城、阳翟,仍治洛阳。

265 年,西晋代魏,仍以洛阳为都。下置司州,领 12 郡:河南郡、荥阳郡、弘农郡、上洛郡、平阳郡、河东郡、汲郡、河内郡、广平郡、阳平郡、魏郡、顿丘郡。河南郡下辖 13 县:洛阳、河南、巩、河阴、新安、偃师、缑氏、阳城、新城、陆浑、梁、阳翟、成皋。

436 年,北魏在洛阳置洛州,494 年孝文帝迁都洛阳。司州下领 9 郡(尹):河南尹、恒农郡、渑池郡、荥阳郡、颍川郡、襄城郡、河内郡、汲郡、东郡。河南尹下辖七县:洛阳、河南、宜阳、陆浑、东亭、新城、堙阳。

隋开皇元年(公元 581 年),隋文帝建立隋朝,复以洛阳为东京,在洛阳置东京尚书省,并置洛州;次年,置河南道行台省;三年,废行台,以洛州刺史领总监;十四年,于金墉城别置总监。大业元年(605),隋炀帝迁都洛阳,在东周王城以东,汉魏故城以西"十八里"处,新建洛阳城。同年,改洛州为豫州,三年又改豫州为河南郡,十四年复置洛州,辖 18 县:河南、洛阳、偃师、缑氏、阌乡、桃林、陕、熊耳、渑池、新安、巩、宜阳、寿安、陆浑、伊阙、兴泰、嵩阳、阳城。

唐武德四年(621),置洛州总管府,下辖 9 州:洛州,郑州、熊州、谷州、嵩州、管州、伊州、汝州、鲁州;洛州辖洛阳、河南、偃师、缑氏、巩、阳城、嵩阳、陆浑、伊阙等九县。贞观元年(627),分全国为 10 道,洛阳属河南道。高宗显庆二年(657)置东都。唐玄宗开元元年(713)改洛州为河南府,下辖 26 县:河南、洛阳、偃师、缑氏、巩、阳城、登封、伊阙、陆浑、新安、渑池、福昌、长水、永宁、寿安、密县、河清、颍阳、伊阳、河阴、王屋、济源、河阳、温县、阳翟、汜水。户 194746,口 1183093。洛州、河南府均治洛阳。开元二十一年(733),于洛阳置都畿道。天宝年间,改东都为东京。

907 年,唐室亡祚,其后中原地区相继出现了后梁、后唐、后晋、后汉、后周等 5 个短暂的王朝,史称五代。其中,后梁、后唐、后晋均曾建都洛阳,后汉、后周以洛阳为陪都。当时洛阳的地方机构,大体沿袭隋唐旧制。

宋太祖赵匡胤诞生于洛阳。北宋建立后,曾有以洛阳为都的打算,后都开封,以洛阳为西京,置西京留守。宋置河南府,下辖16县:河南、洛阳、永安、偃师、颍阳、巩、密、新安、福昌、伊阳、渑池、永宁、长水、寿安、河清、登封。

金代定洛阳为中京,置留守,改河南府为金昌府,下辖9县4镇:洛阳、偃师、登封、巩、芝田、孟津、渑池、新安、宜阳及龙门镇、河清镇、缑氏镇、洛口镇。并河南县入洛阳县。

元代,除京师附近地区外,在河南、陕西、四川等地设11个"行省"。而自元代始,洛阳不复为京,降为河南府路、河南府治,属河南江北行省。河南府下领1州8县:陕州(辖陕、灵宝、阌乡、渑池4县)和洛阳、偃师、巩县、孟津、登封、新安、宜阳、永宁。明代仍置河南府,在元代建置的基础上增加了嵩县。后又增加伊阳。同时,明代洛阳又是伊王府和福王府的封地。清代洛阳仍为河南府治。

1912年,民国建立,废河南府,设河洛道,道尹公署驻洛阳,辖19县:洛阳、偃师、孟津、巩、登封、渑池、新安、宜阳、洛宁、嵩、陕、灵宝、阌乡、卢氏、临汝、郏、宝丰、鲁山、伊阳。1920年.直系军阀吴佩孚盘踞洛阳,在洛阳设置了两湖巡阅使公署和陆军第三师司令部。1923年,河南省长公署迁于洛阳,洛阳成为河南省会。1927年,冯玉祥主豫,改河洛道为豫西行政区。1932年,日军进攻上海,国民党政府定洛阳为行都,并一度迁洛办公。将豫西行政区一分为二,改为河南省第十督察区、第十一督察区。第十督察区驻洛阳,下负责九县:洛阳、偃师、巩、登封、孟津、伊川、嵩县、宜阳、伊阳。1938年6月,华北大部分地区沦陷,洛阳成为北方抗日前哨,国民党第一战区长官司令部驻洛阳。1939年秋,河南省政府再次迁洛,洛阳第二次成为河南省会。

上述各级地方政权机构中,以河南府的设置,朝代最多,时间最长,影响也最大。自唐以后,宋、元、明、清皆因之。例如今日的登封市(原登封县)、巩义市(原巩县),原本均为河南府(民国时的第十行政督察区)所辖,只是到了1949年才人为地划了出去,至今还不到60年。

我们知道,国都,往往集中代表了一个国家政治、经济、文化、交通等最高的发展水平,而各级地方政权机构的治所或驻地,也往往是该地域政治、经济、文化、交通等最先进的地方。洛阳平原既长期为国都,又长期是各级地方政权机构的驻地,说它是河洛地区的核心部位,或者说它是河洛地区的中心或代表,那应该是没有疑义的。

四、关于河洛文化的内涵

所谓河洛文化,就是诞生、成长,发展、繁荣于河洛地区的一种地域文化,她不同于任何其它地域文化,河洛文化是中央文化,国都文化,长期占据着主导和统率地位,成为中国传统文化的源头和核心,它构成中国传统文化最重要的组成部分。简言之,它是中华民族的根文化、母体文化。

河洛文化萌生于史前时期,形成于夏商周三代,兴盛于汉魏隋唐北宋,以后一直延续到今天,先后经历了大约一万年之久。

河洛文化渊源流长,博大精深。关于它的内涵,多年来,广大研究者都进行过认真研究,并多有新意和真知灼见。我们把它的内涵概括为以下十四个方面。

一是史前考古学文化。裴李岗文化是新石器时代早期偏晚的一种文化。早在 1959 年,就在洛阳市偃师马涧沟发现了属于裴李岗文化遗存的石磨盘一套;以后,裴李岗文化遗址陆续在古洛阳范围内的偃师、巩县、登封发现,再后来,在豫西地区又多次发现,这说明古洛阳地区、河洛地区是裴李岗文化的主要分布区域之一。接下来的仰韶文化,以首先发现于河洛区域内的渑池县仰韶村而得名,河洛地区是它的中心区域。河洛地区又是河南龙山文化的中心地区。由裴李岗文化而仰韶文化、而河南龙山文化、而夏文化,一脉相承,连绵不绝。

二是"三皇"、"五帝"文化。三皇(我们取燧人氏、伏羲氏、神农氏一说)、五帝(我们取黄帝、颛顼、帝喾、尧、舜一说)都和河洛地区有直接或间接连系。其中尤以伏羲、神农、黄帝、帝喾、帝尧等关系更为密切。如伏羲长期在河洛地区活动,受河图以画八卦,伏羲之女溺死洛水,化为洛神;今新安县青要山"实惟(黄)帝之密都";帝喾族生活于洛阳平原,帝喾有四妃,生四子,分别为后稷(周先祖)、契(商先祖)、帝尧、帝挚等。

三是河图洛书。《易经·系辞上》说:"河出图,洛出书,圣人则之。"相传伏羲氏时,有一匹龙马从黄河浮出,背负"河图";大禹治水的时候,有一只神龟从洛河浮出,背负"洛书"。伏羲依"河图"画作八卦,就是后来《周易》一书的来源;大禹对洛书进行了阐释,就是《尚书》中的《洪范》了。在后来的长时期里,人们对"河图"、"洛书"作了种种推测、探索、解释,它无疑反映了河洛地区在中华文明史上独特而重大的作用。

四是制度文化。奴隶制是人类历史上首次出现的人剥削人的制度,以奴隶主占有生产资料和生产者(即奴隶)为社会制度的基础。在当时,这种制度曾经促使社会生产力和社会文化大大发展,较之原始公社制大为进步,是一种很先进的制度。如前所述,学术界一般认为,由夏代开始,中国进入奴隶社会。就是说,在中国,人类社会这一伟大的社会制度变革,是在河洛地区最先实现、而后遍及全国的。

封建制度是人类历史上第二个剥削制度,以封建地主占有土地、剥削农民为社会制度的基础。它较之奴隶制是一种更为先进的社会制度。中国何时进入封建制,学术界争论颇多。但从春秋到战国,各国地主阶级政权陆续建立,一家一户为单位的个体小农生产成为社会的经济基础,封建制最终确立,这种说法得到史学界众多研究者的认可。我们知道,虽然有"春秋五霸"、"战国七雄"等强大的"地方势力",但驻在洛阳的"周天子"毕竟还是"天下共主",所以在封建制度代替奴隶制这一错综复杂、斗争激烈的过程中,必然会和洛阳、河洛地区有这样那样多层面、多途径的联系。

再如国家制度、都城制度。由于最早的国家、最早的都城都诞生于河洛地区,河洛地区又是奴隶制、封建制国家的都城所在地,所以国家制度、都城制度的形成和完善,都和河洛地区有非同寻常的重大关系。

五是五大学说学派。儒家学说创始于洛阳:有关古籍说:"周公摄政,一年救乱,二年克殷,三年践奄,四年建侯卫,五年营成周,六年制礼作乐,七年致政成王,北面就群臣之位。""制礼作乐"这一对中国社会、中国思想文化、中国历史产生了深远影响的伟大工程,是周公在洛阳完成的。周公制礼作乐,不但对巩固周王朝发挥了重大作用,而且更重要的是,周公在雒邑"制礼作乐",开创了儒学说。正是因为周公封于鲁、周公后人治理鲁,故鲁国成为保存西周典籍及文物制度最多、最丰富的国家,成为周公思想、儒家思想根基深厚之国,所谓"周礼尽在鲁也"。后孔子生于鲁国,向往周礼,故又有"孔子入周问礼"之事。就是说,孔子不但长期受周文化熏陶,还不远千里到周王室学习。在此基础上,孔子倾毕生精力,丰富、发展周公开创的儒家学说,整理编订《诗》、《书》、《礼》、《易》、《乐》等古代典籍,兴办教育,诲人不倦,成为一位伟大的思想家和教育家。历代儒家尊周公为"元圣",河洛大地实儒学渊源之乡。

道家学说渊源于洛阳:老子是公认的道家鼻祖,长期生活在洛阳,任职东周王朝的守藏室之职,负责管理周王室图书典籍等。他生活的时代,社会动荡,民心思变。他纵观社会兴衰治乱、世事祸福成败,并融合多种思想观点,创建出自己的学说,被称作道家学说或道家学派。《道德经》五千言,又名《老子》,传为老子所著。

佛家学说首传于洛阳:我国历史上第一次"西天取经",人们通常称"永平求法",即发生在东汉明帝永平年间的一次赴印度拜取佛法的活动。"永平求法"不但取回了绂经、绂像,迎来了中国佛教的两位开山鼻祖——印度高僧摄摩腾、竺法兰,而且还因此创建了"中国第一古刹"洛阳白马寺。白马寺是中国早期佛经翻译、佛教传播和进行各种佛事活动的中心,而洛阳作为东汉、三国魏、西晋、北魏的国都,给佛教在中国传播、弘扬提供了极大的便利。

玄学诞生、兴盛在洛阳:至魏晋时期,一些人用唯心主义解释天道自然,以老庄思想糅合儒学经义,以出身门第、虚无玄远的清谈相标榜,成为当时风气。代表人物有何晏、王弼、嵇康、阮籍、王衍、向秀、郭象等。

理学创建于洛阳:北宋时,西京洛阳人程颢、程颐兄弟等,把"理"或"天理"作为哲学的最高范畴,认为"理"是宇宙天地万物的根本,是人类社会的最高准则。他们创立的哲学思想体系称为"理学",也称"洛学"。

儒家学说、道家学说、佛学、玄学、理学这五大学说学派,对形成和决定中华民族、中国人民的思想、观念和品格,对中国人的社会生活、文化生活都产生了关键性的影响,从某种意义上甚至可以说,它决定了中国历史的走向。

六是史官文化及史学。与这里极其丰富多彩的历史相适应,河洛地区诞生了我国的史官文化,也涌现出了众多著名的历史学家,产生了许多史学经典著作。班固说:"古之王者世有史官,君举必书,所以慎言行、昭法式也。左史记言,右史记事,事为《春秋》,言为《尚书》,帝王靡不同之。"[①]范文澜说:"周朝重史不重巫,……儒家所传经书,其原始部分大都是两周史官旧藏的典册。"(《中国通史》)陈昌远说:"由史官记其事,所以西周史官及其史学的兴起也当在洛

---

① 《汉书·艺文志》。

邑,在中国史学上占有重要地位。"(《先秦河洛历史地理与河洛文化历史地位考察》)《尚书》中的许多篇章诞生于洛阳,司马迁在洛阳受命写《史记》,班氏兄妹在洛阳著《汉书》,陈寿在洛阳撰《三国志》,司马光在洛阳完成《资治通鉴》等,便是其中最光辉的代表。

七是文学艺术。河洛地区是中国文学的发祥地,河洛文学艺术是河洛文化中绚丽多彩的组成部分。《尚书》开中国散文作品之先,《诗经》是第一部诗歌总集。《尚书》中的少篇目,《诗经》中的不少诗作,代表着河洛文学的最初成就。西汉时洛阳人虞初著《周说》,被誉为小说的开山之作。汉代词赋,建安文学,汉魏文章,唐诗宋词,成就了河洛文学的辉煌。河洛地区是我国民族艺术的重要发祥地,河洛艺术姹紫嫣红,多彩多姿,诸如音乐、舞蹈、书法、绘画、雕塑、曲艺等,都在中国传统艺术史上留下了最为光彩夺目的一笔。

八是科学技术。从非常久远的年代开始,聪明智慧的河洛人就有了许多发明创造,如旧石器时代的石器,新石器时代的陶器等。二里头夏都斟鄩出土的青铜器,是迄今最早的一批青铜器,夏代的杜康则在洛阳发明了酿酒。夏商之后,河洛地区涌现出众多的科学家、发明家,他们的成就和广大劳动人民的创造,谱写了中国科技史的光辉篇章。如东汉太史令张衡创制浑天仪、地动仪,东汉宦者蔡伦创制"蔡侯纸",王景主持治理黄河;魏晋时的发明家、任给事中的马钧创制龙骨水车、水转百戏,刘徽注《九章算术》,太医令王叔和著《脉经》,西晋司空裴秀创制《制图六体》;隋代开凿大运河,唐代一行在河洛地区测子午线,唐三彩的烧制,宋代洛阳牡丹的栽植培育,元代郭守敬在河南府登封县修建观星台等。

九是教育。文化教育密不可分,河洛教育是传播、弘扬河洛文化的重要途径和手段,尊师重教是河洛人自古以来的优良传统和社会风尚。偃师二里头夏都斟鄩,有研究者认为已有最早的"庙堂式大学";东汉洛阳太学,是世界上有迹可寻的最早的国立大学和研究生院;东汉鸿都门学,是世界上最早的高等专科艺术学校;西晋在太学之外,首设国子学;隋代炀帝设国子监,成为国家教育管理机构,又于洛阳首创科举取士之制;唐代时,武则天首创殿试,设武举;开元十二年(724),在洛阳建丽正书院;宋时西京洛阳有嵩阳书院等,可以说都具有开一代之风的作用。

十是名人文化。河洛地区曾涌现过灿若群星的文化名人,他们的业绩和贡献,是中国,也是世界文化宝库中的珍贵遗产。

十一是民俗文化。河洛地区曾长期作为我国政治、经济、文化的中心,这里的民风民俗、节目庆典、婚葬嫁娶、衣食住行、游戏娱乐,都会产生楷模表率作用,深远地影响其他地区。同时这里也会吸取、容纳各地的风俗时尚。

十二是姓氏文化。有研究者统计,在当今120个大姓中,全部或部分源于河洛文化圈内(今河南省境)的97个,占80%以上[①]。而97个姓中的大部又源于河洛地区。

十三是园林、花卉及牡丹文化。"天下名园重洛阳"。商周时期,河洛地区已经萌生了园林的雏形,吕不韦所建洛阳南富,被认为是中国最早的园林;秦汉以降,东汉洛阳的西园、毕圭苑、濯龙园,魏晋的华林园、金谷园,北魏的华林园,隋唐时期的西苑、上阳宫、绿野堂、平泉庄,宋代的富郑公园、赵韩王园、仁丰园、独乐园、湖园等,都堪称为中国园林史上的经典之作,对于研究中国园林史、园林文化和园林艺术有重大价值。

花卉。历史上,河洛地区的花师、花工和广大劳动人民,曾经培育出了不少名贵花卉,牡丹就是其中最主要的代表。洛阳是中国牡丹园圃栽植的发祥地,是中国乃至世界范围内最早的牡丹栽植中心。据记载,洛阳牡丹人工栽植始于隋,繁荣于唐,甲天下于宋。宋代著名文学家欧阳修,曾撰有《洛阳牡丹记》一文,他在文中对全国各地的牡丹作了对比,然后得出了"是洛阳者为天下之第一也"的结论。他还有诗句曰"洛阳地脉花最宜,牡丹尤为天下奇"。于是,"洛阳牡丹甲天下"从此流传海内外,故牡丹也称京花、洛花、洛阳花等。

十四是文物古迹。河洛地区是文物古迹十分密集的地区。单就洛阳市讲,现在已有世界遗产1处,国家重点文物保护单位21处,省级文物保护单位77处,县、市级480余处。这些都是极为宝贵的文化遗产。

需要说明的是,以上着重介绍了精神、思想层面的内容,近些年来,也有一些研究者开始关注物质层面的内容。还有,对河洛文化的内涵这样分项,未必十分科学,有重复,也会有遗漏。我们这样做,只是希望关心河洛文化、客家文化的同

---

① 谢钧祥:《河洛文化与中华姓氏起源》,《根在河洛——第四届河洛文化国际研讨会论文集》,大象出版社,2004年。

仁、朋友,在今后对这一问题作进一步研究时,多少有一些参考作用而已。

　　河洛文化,是客家学研究中不可或缺的重要内容之一。毫无疑问,河洛文化对中华民族的大团结,对实现祖国统一,对振兴中华、创建和谐社会,都会具有重要的现实意义和深远的历史意义。

　　　　　　　　　　　　　　　　(作者为洛阳汉魏故城文管所研究员)

浅论河洛文化与客家文化的关系

张留见

一

早在旧石器时代,河洛地区就有了人类居住,"河出图""洛出书"的传说出现于上古时代。相传伏羲氏时,有龙马出于黄河,背负河图,伏羲氏据以画"八卦";大禹之时,有神龟出于洛水,背负洛书,夏禹据以作"九畴"。因而,《周易·系辞传》曰:"河出图,洛出书,圣人则之。"河图出于今天的孟津,至今孟津仍有以负图、上河图、下河图命名的村庄。洛书出于今天的洛宁,县城西15公里的西长水村为"洛书赐禹之地",也即"洛出书"处。河图洛书是"中国上古史籍的源头",是河洛文化发展史上的里程碑。

率先进入文明时代的河洛地区,是夏商周三代活动的中心。《易·乾凿度》说:"帝王始兴,各起河洛。"《史记·封禅书》也说:"昔三代之居,皆在河洛之间。"夏朝是中国历史上的第一个朝代,其活动中心在河洛一带。禹都阳城(今河南登封),启都夏邑(今河南新密),太康都斟鄩(今河南偃师)。《史记·夏本记·正义》引《汲冢古文》说:"太康居斟鄩,羿亦居之,桀又居之。"斟鄩的地望,《史记·吴起列传》说:"夏桀之居,左河济,右泰华,伊阙在其南,羊肠在其北。"二里头遗址的发现也证明了这一点。

夏朝末年,夏桀无道。商汤趁机进攻夏桀,会战于鸣条之野,桀败夏亡。汤灭夏建商后,定都于亳。亳有南亳、北亳、西亳之分。南亳在今河南宁陵附近,北亳在今山东曹县的南边,西亳在河南偃师的尸乡。"汤即位居南亳,后徙西亳。"

关于西亳的具体地望,《汉书·地理志》"河南郡·偃师"条目班固注曰:"尸乡,殷汤所都。"《史记·封禅书·正义》引《括地志》说,西亳"在偃师(今偃师市老城)西十四里"。

周族居住在泾水、渭水一带。周文王时,周族已对商形成进逼之势。文王死后,子武王立。武王即位不久便开始伐商,战于牧野(今河南汲县北)。牧野之战,纣王大败,最后登鹿台自尽而死。武王克殷后二年病死,子成王即位,周公摄政当国。为了加强对东方的控制,周公开始营建洛邑(今河南洛阳)。洛邑成为周王统治东方以至天下的中心。公元前 770 年,平王东迁洛邑,史称东周。

礼乐制度的确立有一个漫长的发展过程。传说中的三皇五帝时代,就有了礼乐的雏形,如伏羲作嫁娶、画八卦、制耒耜、教民耕;黄帝筑宫室、作律历、定八音等。夏商周三代,虽然出现了政权更替,但一脉相承的礼乐制度在河洛地区不仅从未中断,而且还因"殷因于夏礼"、"周因于殷礼",礼乐制度得到进一步发展。西周初年,周公在雒邑制礼作乐,使礼乐制度走向成熟和完备。周公制礼作乐开创了儒家学说的初基,影响着中国古代社会的发展和文明的历程。产生于河洛地区的礼乐制度是河洛文化的核心内容之一,它的成熟和完备对河洛文化的产生和发展影响甚大。

孔子是儒家学说创始人。礼是孔子思想体系的出发点。礼,有夏礼、殷礼、周礼。周公在洛阳制定的礼乐制度对孔子影响很大。周公制礼作乐,实已"开创了儒家学说的初基"。周公的封国在鲁国,《史记·鲁周公世家》说:"鲁有天子礼乐者,以褒周公之德也。"鲁国保存了比较完整的西周文化史籍和典章制度。这些都深刻地影响到孔子的思想,为儒家学派的形成、发展奠定了坚实的根基。西汉初年,黄老学说盛行。汉武帝即位后,采纳董仲舒"罢黜百家,独尊儒术"的建议,儒学开始兴盛,并成为占统治地位的指导思想。汉武帝罢黜百家,促进了儒学的发展,汉代儒学,确立了五经在中国文化中的主导地位,使儒学开始走上官学化的道路。

老子是道家的创始人,姓李,名耳,字聃。楚国苦县(今河南鹿邑)历乡曲仁里人。做过周守藏室史,长期生活在洛阳,著有《道德经》一书。老子认为,道是万物之本源,"道生一,一生二,二生三,三生万物",道是一种"视之不见"、"听之不闻"、"博之不得""先天地生""不可名状"的精神实体。老子以道作为其思想核心,所以他所创立的学说被称为道家学说。道家学说博大精深,是中国传统文化的精华,它对中国人的思想观念、行为方式等都产生了深远而广泛的影响。产生于河洛地区的道家学说,成为河洛文化的核心之一。道教形成于东汉时期的洛阳,道教的思想基础是道家学说,老子被尊奉为教主,《道德经》被奉为经典。东汉顺帝时,张陵尊奉黄老,曾在邙山和嵩山等地传道,后移居四川,创立了天师道。灵帝时张角创立的太平道主要活动在河洛地区。西晋以后,道教发展很快,出现了一大批像葛洪、寇谦之、陆修静、陶弘景等著名的道教思想家。隋文帝实行崇道政策,建道观,度道士,扶持道教发展。李渊称帝后,尊老子为始祖,自称老子后裔,唐高宗亲至老子庙拜谒并尊封老子为"太上玄元皇帝"。唐玄宗亲注《道法真经》,令两京(洛阳、西安)及各州置"玄元皇帝庙"。北宋对道教实行扶持政策,宋太宗酷好黄白之术,公开支持道教。北宋时期,道教英才辈出,陈抟、张伯端、王重阳、苏轼等是其代表。

佛教传入中国始于西汉末年。公元前2年,大月氏国派伊存出使中国,向景卢传授《浮屠经》,这是佛教传入中国的开始。永平八年(65),明帝派蔡愔、秦景等18人去西域寻访佛法,蔡愔等从西域请回摄摩腾、竺法兰两位天竺僧人,并带来了佛像经卷,用白马驮回洛阳。明帝下诏在雍门外兴建寺院,取名白马寺,供二僧传教译经之用,摄摩腾、竺法兰两位高僧在寺内译出了我国第一部汉文佛经《四十二章经》,这是中国现存最早的经文。白马寺是佛教传入中国后修建的第一座寺院。弟子们誉之为"祖庭"(祖师的庭院)、"释源"(佛教的发源地),历来是佛徒们朝拜的圣地。隋炀帝杨广自称"菩萨戒弟子",对佛教采取保护政策,在洛阳上林园设翻经馆,网罗翻译人才,开展译经事业。唐朝时期,佛教理论日臻完备,佛经大量翻译,佛教艺术空前兴盛。具有中国特色的佛教宗派唯识宗、华严宗、禅宗、律宗、净土宗、密宗等都得到充分发展。少林寺被誉为禅宗发源地、中国禅宗的祖庭。唐朝出现了一大批高僧,如窥基、杜顺天、神秀、慧能、道宣等。在这些高僧中玄奘最为著名。玄奘(600~664),世称唐三藏,洛阳偃师人,唐太宗贞观三年(629),前往印度求法,带回佛舍利一百五十粒,金檀佛像七尊,经论五百二十夹六百五十七部。之后,他又致力于梵文经典的翻译,前后十九年间,与弟子窥基等人,译出经律论七十余部。

玄学是以《老子》、《庄子》、《周易》为本,综合儒、道思想而出现的一种崇尚老庄的哲学思潮。形成于曹氏当权的魏国首都洛阳,鼎盛于司马氏执政的西晋。玄学之"玄",出自老子的《道德经》,《老子·一章》中说:"玄之又玄,众妙之门。"玄学最早的代表人物是曹魏正始年间(240~249)的何晏与王弼,他们是玄学的奠基人,其后的阮籍和嵇康进一步发展了玄学理论。西晋时期玄学的代表人物是郭象。玄学不同于老庄哲学,也不同儒家学说,是一个新的思想体系,它所关注的有无、本末、体用、言意、一多、动静、自然与名教等一系列具有思辩性质的概念范畴,都是原始儒学和两汉经学所不具备或不重视的,玄学的出现大大推动了中国哲学的发展。

北宋初年,以胡瑗、孙复、石介为代表的"宋初三先生",致力于儒学的理论探索,他们提倡道德性命之学,主张通经致用,把儒家经典作为治国的根据。"宋初三先生"被称为"理学先驱"。理学,形成于北宋中期的洛阳,当时出现了一批重要的理学家,如周敦颐、张载、程颢、程颐等,他们从不同的方面对宇宙、人生的根本问题进行了探索。周敦颐是理学的开山祖师,著有《太极图说》、《通书》等。程颢(1032～1085),字伯淳,学者称明道先生。程颐(1033～1107),字正叔,学者称伊川先生,世称二程,河南(今洛阳)人。洛学的创始人,理学的开创者。二程的著作,汇集在《二程集》中,程颢与程颐共同奠定了理学理论,程颢强调道德涵养、物我合一。他说:"一人之心即万物之心,一物之理即万物之理,一日之运即一岁之运。""学者须先识仁。仁者,浑然与物同体。"①程颐认为理是世界的本原,万事万物只是一个天理。他说:"天下之理一也。途虽殊而其归则同,虑虽百而致一。虽物有万殊,事有万变,统之以一,则无能违之。"②二程的学说被称为洛学,洛学在宋代理学各派中是最主要的一支,它与此后兴起的朱熹闽学相结合,成为中国封建社会后期官方哲学中的正统,影响中国社会约七百年时间。

二

"君从哪里来? 来自黄河边",客家人"根在河洛"。河洛文化系客家文化之源,河洛文化作为中国传统文化的源头和核心,中国传统文化最重要的组成部分,对客家民系,客家文化及闽南文化,台湾文化等的影响是巨大的。

公元265年,司马炎废魏自立建立西晋,是为晋武帝。晋武帝接受曹魏"本

① 《二程全集·明道文集》。
② 《伊川易传》卷一。

根无所庇荫,遂乃三世而亡"的教训,出于监督异姓功臣及吴蜀地方势力的需要,大封宗室 27 人为王,并允许封国置军。武帝驾崩后,太子司马衷即位,是为晋惠帝,惠帝无能,皇后贾南风擅权,从此为争夺西晋最高统治权,以都城洛阳为中心,汝南王司马亮,楚王司马玮,赵王司马伦等展开了长达 16 年的大混战。这场导致"昭阳兴废,有甚弈棋,乘舆幽絷,更同羑里,胡羯凌辱,宗庙丘墟"①的"八王之乱",使数十万人丧生,给社会经济文化带来了巨大破坏。"八王之乱"给河洛大地造成极大灾难,广大人民难以生存,纷纷南迁,形成我国历史上第一次中原汉人大规模南迁浪潮,这便是今日各地客家人的第一批先民。此次南迁人数,《中国史纲要》说:到达长江流域的至少有 70 万人,另有 20 万人聚居在今山东境内。为了安置大批的南迁汉人,东晋政府在长江一带设置了不少侨州、侨郡和侨县。如南徐州、南豫州等。安史之乱时,中原鼎沸,衣冠南走,"东周之地,久陷贼中,宫室焚烧,十不存一。百草荒废,曾无尺椽。人烟断绝,千里萧条"②。唐末大乱,也有不少中原人南迁。北宋末年,金军攻陷汴京,高宗南渡,河洛地区成为宋金争夺的战场,河洛之人再次大规模南迁。章太炎先生在《客家方言序》中说:"客家人大抵来自河南。"

南迁的大批汉人中,有些和当地土著居民通婚融合了,还有大量人数没有和当地人通婚融合,仍保持着汉族原有的血统、文化和风俗习惯。这就是今日客家人的先民。据有关资料统计,目前生活在我国南方各省及海外各地的客家人有将近一亿之众,以致形成了只要有人类的地方就有华人,只要有华人的地方就有客家人的局面。在这些客家人中不乏企业家,政坛撰要、文化泰斗!"煌煌祖宗业,永怀河洛间。"客家人公认"根在河洛"。迁台的客家人自称"河洛人","河洛郎"。客家人的民风民俗、节日庆典都源于河洛。他们对河洛有极为浓厚的感情。

客家文化,是在客家族群中一直保持下来并富有个性的文化。它既表现出早期河洛文化的内涵,又具有魏晋唐宋时期的中原世风。若从整个中国传统文化的发展过程去认识,客家文化既表现出唐宋以前不同历史阶段河洛文化的兼

---

① 《晋书》卷六五《王导传》。
② 《旧唐书》卷一二〇《郭子仪传》。

容性,又表现出北宋灭亡前早期中原文化的原始韵味。

客家族群,是历史上自河洛地区南迁聚居的移民后裔群体。客家先民的主体,是在西晋八王之乱以后成批南迁的,但他们不是在一定时期内一次性迁到南方定居,而是经过多次迁徙而形成的。河洛先民南迁聚居并最终形成客家民系,不但经历了长期频繁的迁徙过程,也经历了无数磨难和艰辛开拓。空旷贫瘠、人烟稀少的山区,成为这些逃难移民被迫选择的乐土。早期客家先民迁徙的主流,大致是首先集聚在江北豫、皖、鄂、鲁交界地带,而后渡江,顺赣南、闽西、粤东的山岭地区徙迁。八王之乱、永嘉丧乱、安史之乱、黄巢起义、宋室南渡等,都是引起大范围迁徙的大事变。永嘉丧乱,"洛京倾覆,中州士女避乱江左者十六七"[1]。国内客家人主要集聚在粤、闽、赣、桂、川、台等地。明清及近现代,大量客家人又迁居海外,遍布世界五大洲近百个国家和地区,所谓"有海水的地方就有华侨,有华侨的地方就有客家人"。

"要问客家哪里来? 客家来自黄河边",客家族群之所以不同于其他民系,是因为这一族群南下后一直到今天,虽经历千年沧桑,却仍然能始终顽强保持其移民群体的传统和文化个性,而不被其他族群同化。黄遵宪在《人境庐诗草》中说:"中原有旧族,迁徙名家客,过江入八闽,辗转来海滨,方言足证中原韵,礼俗犹留三代前。"说明客家与河洛在血脉、地缘上有着根系的连接。

不可否认客家特性中不同程度地汲取了迁居地文化的因素,但从整体特征看,客家族群的形成,的确与河洛移民南迁直接相关。客家文化的个性,的确与河洛文化有很深的渊源关系。客家人根于河洛,客家文化源自河洛。客家文化在中国、在海外的广泛影响,透视出河洛文化、民族根文化源远流长的生机和活力。

三

儒家文化是客家文化的基本特质。自汉武帝"罢黜百家,独尊儒术"以来,儒家思想成为中国占统治地位的思想,儒家文化成为中国传统文化中的强势文化,是中国传统文化三大支柱中最重要的支柱。汉族的各个民系受儒家文化影

---

[1] 《晋书》卷一五《地理志》。

响是非常大的,而在客家文化中,儒家文化的因子似乎比其他民系保留得更多、更浓厚,也更为持久。儒家文化对客家文化的影响突出地表现在崇祖先、重教育以及重谱牒等方面。

崇祖先。儒家思想中有浓厚的崇祖色彩,儒家与祖先崇拜的密切关系,从孔子那里就奠定了。《史记·孔子世家》说"孔子为儿嬉戏,常陈俎豆,设礼容"。孔子从小就对周礼,特别是其中的祭祀祖先之礼,产生了浓厚的兴趣。《论语·八佾》载"子入太庙,每事问",孔子来到太庙,对祭祀祖先的祭器、祭礼等有关事宜表现出极大兴趣。而在参加祭祀祖先的活动时,孔子自谓"祭如在,祭神如神在",他总是毕恭毕敬,惟虔惟诚,整个身心都沉浸在其中,仿佛祖先真的在祭所似的。在儒家的经典著作即"四书五经"中,有许多关于祭祖的内容,并且从不同角度流露出崇祖的思想。后世儒家学者继承了孔子及儒家经典"四书五经"的崇祖思想。他们一方面在理论上宣扬祖先崇拜的意义,另一方面身体力行积极参与各王朝宗庙和祭祖制度的制订。在他们的努力之下,中国历代王朝的宗庙制度和祭祖制度,得以不断延续发展。在宋代,理学集大成者朱熹,提出了一个祭祖新方案,要求每个宗族必须建立一个奉祀高、曾、祖、祢四世神主的祠堂。初立祠堂时,按宗族内部所占土地数量取二十分之一作为祭田,以供祭用。朱熹的主张对后世影响很大,从此,民间祠堂、义田大量涌现,家族的祭祖活动更为频繁。祖先崇拜在儒家的倡导下成为普遍风气,崇祖成为儒家文化的一个重要特征。

客家民系的形成时期正是理学盛行之时,客家文化深受理学崇祖思想的影响,忠实继承了儒家崇祖文化。其中,客家祠堂集中地体现出客家人的崇祖意识。在传统的客家社会,客家宗族无论大小都建立有自己本族的祠堂。而祠堂的主要功能就是崇颂和祭祀祖先。祠堂放置祖先牌位,置于祠堂上厅的神案上。一块神主牌代表一位祖先,历史悠久人家的宗族祠堂,往往分几层陈列着几十块甚至上百块神主牌。在许多传统的客家祠堂,盛行在春节等节日挂祖宗像的做法,表示对祖先的崇敬与思念。春节挂祖先像一般是从农历腊月二十五日开始,至正月十五结束。在此期间,人们早晚要到祠堂祖像前烧香点烛、虔诚供奉。男婚女嫁时,要在祠堂或祖厅的祖像前表示虔敬之意。女子出嫁时,要在祖像前祭拜;男方的接亲者也要到女方的祖像前进行供奉。新婚拜堂时,要在祖像前拜天地、祖宗与父母。客家祠堂的大门两侧、厅堂的墙壁及柱子上,镌刻着许多对联,其内容以颂扬祖宗功德的居多。例如:南康凤岗董氏宗祠对联:"堂势尊严昭奕代祖功崇德,宗支蕃衍喜联科秋解春元",对联中表达了子孙后代对祖宗的崇敬和怀念之情。"祠"的本意就是在春天祭祖,祭祀祖先是祠堂的最主要功能,在客家人的各项祭祖活动中,祠祭是其中最为重要的仪式之一。客家人举行祠祭的时间,较为普遍的是奉行春、秋一祭。此外,也有不少家族在冬至日举行祠祭。祠祭的参加者为族中男丁,如宗族太大,则由每家或每房派代表参加。祭祖仪式多由宗主、族长主持,祭祖仪式隆重,气氛庄严、肃穆。客家人除建祠堂外,还重祖坟及其"风水",这都反映出其浓厚的崇祖观念。

重教育。儒家素有重视教育的传统。儒家创始人孔子在打破贵族对教育的垄断,推广私人办学这一新的办学方式方面做出了重要贡献。他不但提倡"有教无类"的教育理念,而且广招学生,先后有"弟子三千,贤人七十",可谓桃李满天下。后世儒生继承了孔子的教育思想,高度重视教育。由于儒生的提倡,汉武帝设立五经博士等学官,开通了读书、受教育而做官的机制,后来科举制度的创立与实施,更是打开了通过读书而步入仕途的大门,客观上促进了教育地位的提高以及教育的发展。

客家文化中突出地体现了儒家重视教育的精神。客家中广泛流传着这样的童谣:"蟾蜍罗,哥哥哥,唔(不)读书,无(没)老婆"、"生子不读书,不如养大猪。"客家重视教育,比较突出地表现在办祠堂学校和助学、奖学等方面。客家人主要生活在山区,经济相对落后,在兴学校办教育方面存在着一定物质条件的制约。然而,客家人利用祠堂众多的得天独厚优势,办起了一所所学校。法国神父赖里查斯在《客家词典》中描写道:在嘉应州,"我们可以看到随处都是学校。一个不到二万人的城市,便有十余间中学和数十间小学,学校人数几乎超过城内居民的一半。在乡下每一个村落,尽管那里只有三、五百人,至多也不过三、五千人,便有一个以上的学校,因为客家人每一个村落都有祠堂,而那个祠堂也就是学校。全境有六、七百个村落,都有祠堂,也就是六、七百个学校,这真是一骇人听闻的事实。"①赖里查斯虽然描写的是嘉应州祠堂办学的情况,事实上,其他客

---

① 《客家研究》第一集,同济大学出版社,1989 年。

家地区这方面的情形也是大致相同。据粗略统计,客家祠堂曾经成为办学场所的有数千座之多。甚至现在,仍有少量的客家祠堂作为村级小学的教学场所。有的祠堂学校规模很大。例如,民国二十二年,宁都黄陂村廖氏武吕公祠办了一所小学,校内学生多达400人。客家人除办祠堂学校外,还出资帮助族内一些有培养前途而经济困难的子弟继续深造,同时,奖励族内学有所成的子弟。过去,客家祠堂都有祠产,有一定数量的田地,叫作"公堂田",公堂田的收获除用来举办祭祖仪式之外,相当一部分用来助学奖学,称为"学谷",根据子弟考取功名的不同层次给予相应的奖励。客家之所以人文兴盛、人才辈出,与其弘扬儒家的重教精神,积极办学、助学与奖学是分不开的。

重谱牒。儒家素有重视谱牒的传统,所谓"崇本报先,启裕后昆",皆以谱牒为寄托依据。客家先人虽迭遭兵燹,文籍荡然,不易稽考,但其后人能靠口头的传述,子孙相传继。宋明以来,修谱风气日盛,其所追记事迹,虽有遗漏错误之处,但其先人迁移的源流与背景,则大致可信。广东梅州客家姓氏,据初步调查约有180多姓,各姓大都编有族谱和家谱,无论繁衍国内各省,或播迁海外,历代子孙都继续编撰。此项延绵不断的姓氏族谱,不仅是各族氏源流、人物、经济、文化等的重要史籍,更是海外赤子寻根问祖最有价值的依据,也为我们探索客家之"根"提供了第一手材料。

根据赖际熙等纂《崇正同人系谱》卷二《氏族》所载:

卓氏条云:"晋五胡之乱,中原望族,相率南奔,粤有卓伟者,为建安刺史,后因家焉。"

钟氏条云:"其族皆中州,东晋末,有钟简者,世居颍州,……元熙二年,避寇南迁。"

吴氏条云:"……世居勃海,散处中州,其后有随王潮入闽,而入于粤之潮嘉等处。"

陈氏条云:"故陈氏郡望称颍川。宋末,中原士族,纷纷南随帝室播迁,有陈魁者率其族众九十三人,移居福建汀州府之宁化上杭。至其先九十三人所出之后裔,亦已蕃庶蔓延于全闽,其族复相率转南而入粤。且当日南来之人,自九十三人之外,更有或为之先,或为之后,抑或为之同时,故陈氏族属蕃庶,实冠全粤焉。"《防城陈族之源流》云:"考我陈氏,……望出河南,郡名颍川。"

　　郑氏条云:"世居中州,南宋孝宗时,有郑清者,以太师贬官福建上杭梅溪司巡检,遂家上杭。"

　　凌氏条云:"凌氏……世居河南,至唐有凌孜,为会稽太守,迁居余杭。宋时,凌吉由余杭迁江西会昌。"

　　《嘉属刘氏族谱》所载刘氏源流云:"先主次子永公,初封鲁王,继封甘陵王,魏咸熙元年,东迁洛阳,遂家焉,自五胡乱华,永嘉沦覆,晋祚播迁,衣冠南徙,永公之裔,亦迁居于江南。"《刘氏世系行实传》云:"一百二十一世祖讳祥公,妣张氏,唐末僖宗乾符间,黄巢作乱,携子及孙,避居福建汀州府宁化县石壁洞。……祥公原籍,自永公家居洛阳,后徙江南,兄弟三人,惟祥公避居宁化县,其二人不能悉记。"

　　《蕉岭赖氏族谱》云:"赖氏居颍川,已更数代。……西晋永兴间,列宝官浙东,从东海王越,讨成都王颖,卒于军,一子元公,公二子:长厚、次庄,迁松阳家焉。"

　　《蕉岭汤氏族谱》:"迨黄巢乱后,汤氏从中原南迁。"

　　刘士骥《梅州丘氏创兆堂记》所述镇平(今蕉岭)丘氏源流云:"先世由中州迁闽。"

　　始兴《顿冈张氏族谱》云:"初,壮武公,尝卜居河东蒲坂县,二子贵,又置第于洛阳,故河东有司空村,洛阳有散骑里。……后五世徙洛阳,居散骑里,而传子守礼,仕隋为涂山丞,生君政,唐时为韶州别驾,卒于官,子孙因家于曲江。君政生子胄,胄生宏愈,迁于青化,宏愈生丞相中书令九龄公,及其弟九皋、九章、九宾。"

　　梅县《松口钟氏谱钞》云:"响公封为江阳太守,时因军乱大变,自颍州逃难,在江西于都县竹子坝井秋乡住。"

　　林大春《古氏重修族谱序》云:"汉魏齐梁之间,以古姓登朝者,不乏人,迨及唐季,散居河洛。……至宋由北而南。"

　　这一批又一批南下的客家先民,大家思乡心切,同时由各地迁来,五方杂处,为了便于区别,就各自在家门上标著各自故乡的地名,后来大家互相效法,把这种风气一直流传下来,称为堂号。所谓堂号,就是"祠堂名号"的简称。名字代表个人,姓氏代表宗族,而堂号则是姓氏的延伸,代表着家族的历史与荣誉。堂号有的是为了纪念祖先所来自的地方,以老家所在的地名为堂号,有的则取自他们杰出先人的特殊功业或言行。

在堂号的基础上,又产生了堂联,其结构一般是上联点出发祥地或望出的郡号,下联则多为炫耀祖德,亦多点出其时代,地点或官爵等。

客家堂号、堂联对于研究客家迁徙史、发展史、社会心理与文化传统,有着重要的参考价值,也为姓氏学和谱牒学提供了难得的宝贵资料。客家人的祖先,究竟是从哪里来的,从他们的堂号、堂联上不难找到线索,如:

郑氏,堂号荥阳。堂联:荥阳世泽;诗礼家声。

潘氏,堂号荥阳。堂联:瓜山世泽;花县家声。

赖氏,堂号颖川、松阳、西川、南康、河南、积善。堂联:松阳世德;颖水家声。秘书世第;积善家声。

陈氏,堂号颖川、汝南、敦睦。堂联:东山世德;颖水家声。汝南世德;御史家声。柳溪源远;循铎声宏。

钟氏,堂号颖川。堂联:颖川世泽;太傅家声。荥阳世泽,花县家声。晋阳世泽;长史家声。

萧氏,堂号河南、蓝陵。堂联:文选南朝;勋隆两汉。

至于祖堂联,下举两例,以见一斑。

廖氏祖堂联:祖德溯三洲源远流长看此日人文蔚起;宗功承万石根深叶茂喜今朝景远维新。

广东花县《洪秀全族谱》所录宗祠对联:由嘉应徙杨梅,祖德宗功,经之营之,力图官禄之基础;籍花峰贯花邑,光前裕后,耕也学也,恢复敦煌之遗风。由嘉应居石坑,尊祖敬宗,长念馨香俎豆;迁花峰住官禄,光前裕后,宏开礼乐冠裳。(花县官禄土布洪氏宗祠壁联)诚然,作为维护世家大族特权和封建宗法家族统治工具的族谱家乘、堂号堂联,都难以避免假托始祖,牵强附会,对先人粉饰美化、言过其实,而于劣迹恶行,明加掩避等通病。但作为其祖居地的记载,其可信程度是较高的。同时,我们说客家"根在河洛",并不是所有客家人的祖先都在

"河洛"。河洛的含义是广义的,包括黄河流域以南、长江流域以北、淮河流域以西、汉水流域以东,即所谓中原旧地,包括并州、司州、豫州一带,乃至黄河以北的赵、魏之地。但它的核心地带是在河洛,则是应该肯定的。况且,我们说"根在河洛"这个"根",不仅仅是在血统上的"根",更为重要的是文化上的"根",因为汉族是以河洛文化——中原文化为根据,中国史书上之所谓汉族与非汉族之区分,是从文化上划分而不完全是从血统上划分,客家比较全面地保存了河洛文化的精神,继承了中原古风。

总之,产生于河洛地区的中国古代文化,是中国古代文化的源头,中华民族的"根"文化。特别是奠基于河洛地区的儒家学说,对中国的影响是其他文化无法与之相比的,对客家的影响也是非常深远的。从西晋末年到南宋初年,由于战乱与自然灾害等原因,形成了中国历史上大规模中原人南迁高潮,从而形成了客家人。南迁客家人,把先进的中原文化特别是儒家文化带到了他们新的居住地,形成了独具特色的客家文化。客家人崇祖先、重教育、重谱牒的传统正是他们继承中原文化特别是儒家文化的具体体现。

（作者为洛阳理工学院中文系副教授）

论客家人与台湾暨海外的关系

任崇岳

一、客家人与台湾的关系

中原与台湾虽海天遥隔,却结下了不解之缘,因为台湾的许多姓氏都来自中原。据 1953 年台湾户籍之统计,"当时户数在 500 户以上的 100 个大姓中,有 63 姓的族谱上均记载其先祖来自河南光州固始。这 63 姓共 670512 户,占台湾总户数 828804 户的 89.9%"①。如台湾的 2 000 多万人口中,林姓有 200 万人,张姓有 145.5 万人,李姓有 120 万人,蔡姓已超过 60 万人②。从郡望和堂号上也可寻觅出台湾姓氏与河南的渊源关系。如陈、钟、赖、邬、田、李、于、乌等姓称"颍川堂",表明这些姓氏的先祖来源于今许昌、禹州一带;郑、潘、毛等姓氏的堂号为"荥阳堂",汪姓为"汝南堂",邱姓为"河南堂",蓝姓为"汝南世第"。此外,邱、褚、禹、方、萧、罗、于、利等姓称"河南堂",叶、骆、滕、邓、翟、韩、岑、张、赵等姓称"南阳堂",谢、阮、于、潘、卫、伊等姓称"陈留堂",周、齐、殷、危、咸、平、袁、梅、盛、昌、应、廖、沙等姓称"汝南堂"等等。从堂号便可看出,这些姓氏不管现在居住何处,只要一看堂号,便可知其来自于河南。学者们对此也表示认同。如清人黄遵宪说:"方言足证中原韵,礼俗犹留三代前。"说得准确贴切。厦门大学的黄典诚说,台湾同胞寻根的起点是闽南,终点无疑是河南。并赋诗说:"河洛中原是故山,永嘉之乱入闽南。谋生便到柳林地,击楫全收淡水湾。寻根讵属寻常事,唤取台湾早日还。"近代知名学者章太炎先生说:"广东称客籍者,大抵本自河南。"台湾师大教授陈大络说:"中原人是闽台人血缘之根。"国民党荣誉主

---

① 宋全忠:《台胞寻根河南态势》,《豫闽台姓氏源流》一书,内部出版。
② 据《豫闽台姓氏源流》一书。

席连战的祖父、《台湾通史》的作者连横也说："台湾之人,中国之人也,而又闽粤族也。若再溯及远祖,则皆来自中原。"这些说法切中肯綮。

客家人为何要迁台湾?这是许多学者关心的问题,综合许多族谱记载,可以归纳为11类原因:

一是闽粤地区地狭人众,山多田少,谋生不易,只好举家迁移;二是认为台湾地广人稀,在那里谋生相对容易,可以在那里寻找商业机会;三是在当地家族势力孤单,受到了恶势力的欺凌,因避仇而迁居台湾;四是因家道没落,坐吃山空,于是过洋以求发奋图强,再振雄风;五是因与家人发生龃龉,遂忿而离家出走,欲到台湾另辟天地;六是因家乡遭受各种自然灾害,导致家庭贫困,室如悬磬,只得一走了之;七是因兵燹或民变,不能安居乐业,只得远走高飞,到台湾再谋生路;八是在科举考试中屡屡受挫,名落孙山,而台湾文化落后,谋取功名相对容易;九是因反抗官府而遭抄家,欲远离家乡以改变命运;十是因出海打渔,被台风将船吹到台湾;十一是因为清初官府颁布迁界法,百姓被迫无奈,迁徙台湾。所谓迁界法,是指顺治三年(1646)郑成功起兵抗清后,给清军以重创,使清廷大伤脑筋,遂于顺治十八年(1661)发布迁界令。从辽东至广东沿海各省,在离海30里处立石设界,限定日期,强迫百姓迁入界内,以防止沿海居民与郑成功往来,以致"离海三十里,村社田宅,悉被焚弃……百姓失业流离死亡者以亿万计。"①福建沿海的一些族谱对此均有记载。如《诏安蒲氏家谱》中说:"清初国姓凭海为巢穴,本朝以迁界绝其交接,宗族居址皆属海滨地方,是以游离逃散,所有坟墓、木主,尽失落焉。"②《玉山林氏宗谱》载:"迨顺治辛丑(即顺治十八年,1661),滨海遭迁,吾家以是星散四方,不得相保";"际播迁之日,厥居拆毁,荒村冷灶。亲而壮者,散于四方;疏而老者,丧于沟壑"③。在这种情况下,无家可归的沿海居民便不顾禁令,越界逃往台湾,往依郑氏。更多的人是先逃往金门、厦门,在金门、厦门落入清廷手中后,又辗转偷渡逃往台湾。

客家人何时移居台湾?应是郑成功收复台湾之后。连横《台湾通史》中说:"延平(按:郑成功曾被明廷封为延平王)入台后,士大夫之东渡者盖八百余人。"

---

① 阮旻锡:《海上见闻录》,福建人民出版社,1982年。
② 庄为玑、王连茂:《闽台关系族谱资料选编》,福建人民出版社,1985年。
③ 庄为玑、王连茂:《闽台关系族谱资料选编》,福建人民出版社,1985年。

但大量客家人进入台湾当是在雍正、乾隆以后。原来,明朝末年台湾被西班牙、荷兰两个殖民主义国家占领,荷兰占有南部,西班牙占有北部。崇祯十五年(1642)荷兰击败西班牙,占领整个台湾。康熙元年(1662)民族英雄郑成功击败荷兰侵略者,台湾重新回到祖国怀抱。又过了21年,即康熙二十二年(1683),郑成功之孙郑克塽降清,清廷统一了整个台湾。台湾虽入清朝版图,但台湾百姓一直奉明朝为正朝,有着强烈的反清复明意识,因此清廷对台湾一直存有戒心,恐怕那里成为反清的根据地,对大陆与台湾百姓之间的往来,管制得非常严格。康熙二十三年(1684)清廷公布了出入台湾的严厉制度,主要内容是:流寓台湾之人若无妻室、产业,须交原籍管束;流寓台湾之人有妻室产业者,通知原籍申报台湾道稽查,不许招致家眷;流寓台湾犯罪者,不论有无妻室产业,均押回原籍治罪,不许再行偷渡;大陆百姓渡台,须领照单,经分巡台湾兵备道稽查,再得台湾海防同知验可,始许放行;大陆百姓渡台,不得携带家属;严禁粤籍百姓渡台。这些近乎苛刻的规定意在限制台湾人口增加,免得将来反清复明现象重演。由于不许大陆百姓携眷来台,导致台湾人口结构失衡,造成男多女少,引起严重的社会问题。康熙五十一年(1712)、五十八年(1719)、雍正七年(1729)清廷曾三次申令不许偷渡,但收效不大。由于当时闽粤地少人多,谋生不易,而台湾地广人稀,正待开发,因此即使在严禁期间,偷渡来台者仍有增无减。有些朝廷大员也认为,移民来台湾是大势所趋,不如开禁。雍正十年(1732)清廷下令弛禁,移民骤然增多,清廷又宣布封禁。这样反反复复,直到乾隆二十五年(1760)清廷才最后弛禁。直到此时,大陆移民才可以自由自在地出入台湾了。

客家人移居台湾,受尽了种种酸辛。客家移民在客家山歌中说:

> 劝君切莫过台湾,台湾恰似鬼门关。
> 千个人去无人转,知生知死都是难。[①]

一份嘉庆年间签署的偷渡契约道出了当年偷渡者的悲惨与无奈:

---

① 林瑶棋:《从族谱探讨台湾移民史对本土文化之影响》,《台湾省各姓渊源研究学会会刊》,1995年。

立约人彭瑞澜,今因合家男妇老幼共九人要往台湾,路途不□,前来请到亲罗亚亮亲带至台湾。当日三面言定,大船银并小船钱总铺插花在内,共花边银叁拾壹元整,其银至大船中一足付完。其路途食用并搭小船盘费,系澜自己之事。此系二家甘愿,不得加减,口恐无凭,立请约付照。

批明:九人内,幼子三人。

见请代笔:兄瑞清。①

凡是偷渡到台湾者,大都是在深夜清兵防备松懈之际,乘坐小渔船出海,驶至外海再登上大船,驶至台湾外海时,又有事先准备好的小渔船,乘着夜色接送偷渡者,这种行为称为"灌水"。如被海防人员发现,先打一顿板子,押解遣返原籍。有些唯利是图的船东,不顾偷渡者死活,将数百人封钉于狭小的船舱中,不准上下活动,以免靠岸时被查获。一般是在海岸外的沙洲上便强令偷渡者下船,是否在台湾登岸,全凭运气,这种行为被称为"放生"。有些沙洲离岸甚远,偷渡者游往对岸时,稍一疏忽,便有可能全身陷入泥淖中,挣扎愈甚,陷得愈深,直至窒息身亡,这种现象称为"种芋",意思是人像芋头一样种在泥淖里。有时偷渡者刚刚下船,突遇海水涨潮,因水大而葬身鱼腹者甚多,这种现象称为"饵鱼"。更有甚者,那些品质恶劣的船商,把坐满偷渡客的船只驶至外洋,途中遇见荒岛,即诡称到了台湾,催促客人弃船登岸。荒岛上人烟断绝,偷渡者只能坐而待毙,俄而湖水汹涌,偷渡者尽葬身于波涛之中。这真是一幅血泪斑斑的图画!

客家人移居台湾,对台湾的经济、文化发展作出了巨大贡献。郑成功收复台湾后,即着手土地开发,但那里荆天棘地,大陆人乍到台湾,水土不服,染病者甚多,加上耕牛、种子缺乏,因此困难重重。有一诗描述当年开发的艰辛说:

灌木蔽人视,蔓草冪人行。

木杪悬蛇爬,草根穴狸鼪。

毒虫同寝处,瘴泉供饪烹。

病者十四五,聒耳呻吟声。

---

① 林国平等:《福建移民史》,方志出版社,2005 年。

况皆苦枵腹,锹锸孰能擎?

自夏而徂秋,尺土垦未成。①

尽管如此,经过客家移民的不懈努力,台湾的不毛之地还是得到了开发。荷兰人统治时期,被开发的田园为9782甲(1甲约合地11.3亩),而郑氏官兵及招民自垦之田,却达到了20271甲②,增加了一倍还多。有30余处屯垦的地名至今仍在沿用,如福建龙溪人林凤,随郑成功收复台湾后,率部在台南曾文溪北屯田,后人将该地命名为"林凤营"。福建同安人林圯在云林一带垦荒,垦区一直延伸到今台湾南投埔里镇,他的后裔也在那里安家立业,该地被命名为林圯埔。又如开发台湾淡水的客家人胡焯猷,于雍正十一年(1733)由福建永定前往台湾淡水新庄山脚定居。初到时悬壶行医济世,后见淡水还有大量荒地尚未开垦,便向当局申请开发荒滩。经批准后,立即从永安老家招募了一批客家人来此垦荒。经过10余年的艰苦创业,开垦出数千甲可耕地,每年收入租谷数万石,成为当地的首富。乾隆年间,胡焯猷又捐出农田80余甲兴办学校,取名为"明志书院",聘请名师任教,培养出了许多人才,成为台湾当时最著名的书院之一。经过胡焯猷的惨淡经营,淡水成为台湾农业发达,经济繁荣,文风大盛,风光旖旎的地区。清人有诗云:

遥遥上淡水,草色望凄迷。

魑魅依山啸,鸱鸮当路啼。

茅檐落日早,竹径压风低。

岁暮犹春意,花香趁马蹄。③

淡水真是一个充满诗情画意之地。像胡焯猷这样把毕生精力献给台湾的不乏其人。台湾岛的开发凝聚着客家人的心血!

---

① 卢若腾:《留庵集》,转引自陈碧笙《台湾地方史》,中国社会科学出版社,1982年。
② 林国平等:《福建移民史》,方志出版社,2005年。
③ 廖楚强:《开发台湾淡水的客家人胡焯猷》,《客家》1997年3期。

二、客家人与海外的关系

客家人分布在世界许多国家和地区,不但在美洲、澳洲、欧洲、非洲等大洲有许多客家人,即使是在天涯海角的蕞尔小岛上也可找到客家居民。如中美洲的牙买加、千里达等小岛,太平洋的斐济、大溪地等小岛,也有客家人的踪迹。

客家人为何移居海外,原因有各种各样,但一言以蔽之,是谋生的需要。

先以发源于中原的谢、陈二姓为例:

谢姓移居海外,大多是在明清时期。由于地理的原因,外迁的谢姓又多是福建、广东人。《明史·暹罗传》就说,汀州人谢文彬"贩盐下海,飘入暹罗,仕至坤岳,犹天朝大学士也"。谢文彬致仕后卜居泰国,其子孙便定居在那里。

谢姓人迁往山水迢递的异国他乡,每个人都有一掬辛酸之泪。以福建沿海为例。元末东南沿海便有倭寇出没,明代倭寇骚扰更甚,百姓的生命财产受到了威胁,而统治者又围剿不力,老百姓出洋谋生的念头便油然而生。清朝统治者强制推行的"迁界"政策,又使得许多沿海居民流离失所,无家可归,不少人萌生了携妇将雏遁迹异国他乡的念头。还有一个原因是,东南沿海经济的发展,使得人口不断增多,在狭小又贫瘠的土地上谋生更加困难,诚如一首《泉南歌》所说:"泉州人稠山谷瘠,虽欲就耕天地辟。"既然穷困潦倒,度日维艰,何不到海外闯荡,说不定便打出一片新天地来,许多人就是在这种心理支配下出国的。当然,也有其他原因,如科场失意的读书人,打家劫舍犯下命案的强盗,宗派斗争中失利的豪绅等,他们也会加入渡海出洋的行列。

凡出国谋生者多是贫窭之人,无力筹措更多的川资,因而出国多选择附近地区,如东南亚。这些地区只隔着海峡,一苇可航,往返方便。从这里站稳脚跟后,再辗转迁往欧美各国。因为远渡重洋,困难甚多,他们往往是结伴而行,以便在路途上有个照应。福建厦门海沧石塘有一本清代同治年间编纂的《谢氏家乘》,记载这支谢姓于明神宗万历二十八年(1600)前往菲律宾吕宋岛。当时的吕宋岛荆棘遍地,荒凉不毛,海沧谢氏到来后,胼手胝足,披荆斩棘,终于把那里建成了物产丰饶的乐土。若干年后,他们又繁衍到印度尼西亚、马来西亚等地。广东南海丹山村的《谢氏世谱》则说,清代同治年间,这支谢姓人中便有人前往美国旧金山,从此一去不归,死后卜葬于彼,余下的仍在那里艰难谋生。越南《西贡沙角尾谢氏族谱》记载,这支谢姓人祖籍广东南雄,为谋生迁居东莞。卜居一段后,发觉这里并非理想的居住之地,便在明末崇祯十六年(1643)迁至香港新界沙角尾,又从这里播迁西贡。类似的例子甚多。

谢姓离家到海外谋生,唯一的交通方式是乘船出海,当一叶扁舟在惊涛骇浪的大海上航行时,真是生死难卜。海沧《谢氏家乘》记载:"[谢]应平,生雍正戊申年(1728),卒乾隆壬午年(1762),往安南淹没。""谢城中,生女名三娘,许配杨应钧。钧往吕宋,万历癸卯(1603)值吕宋之变,身殒异域。"

虽然漂泊异域,谋生艰难,但一旦小有成就,便回家到父母之邦,造福桑梓。《南海谢氏族谱》记载,一位叫谢佐礼的人,"自少经商美洲,积资无多。光绪戊子(1888)旋乡,即倾其所有,建筑村前石路,行人威利"。广东番禺《芳村谢氏族谱》记载一个叫谢其昌的人,"壮年游于欧美及星洲群岛,归而致力于乡族事,并悬壶济世,常以乡族事为己任。力任渠艰,不避险阻,事靡大小,及公一言,而曲直立判……特乐善为怀,而心存济世。迨科举废,学校兴,公又创办我族至爱学校,以培植子侄,历长斯校,以终天年"。这些人的行为值得称道。

生于广东梅溪周溪乡的谢泗枢,1904年为效法张骞、班超的鸿鹄之志,便买棹南下,与其他500人一起,乘坐排水量仅1000吨的日本轮船,在狂风巨浪中漂泊7昼夜,才抵达泰国曼谷。先是在一老乡开设的酒行工作,因不愿寄人篱下,于是自谋发展。1909年,泰国国王五世皇下令把曼谷通碧武里府的铁路延伸到最南端的宋艾歌乐,谢枢泗任监工和普通事务经理。那时泰国南部丛林密布,瘴气弥漫,有些低洼地带积水甚深,施工困难。谢枢泗身先士卒,事必躬亲,将低洼地发行成平坦之地,并开辟了首条街道,称之为谢泗枢路,同时又开设了杂货店和旅社,这个名叫合艾的地方逐渐成为舟车辐辏、商业兴隆的繁华地区。不久,坞达抛车站更名为合艾车站,合艾之地名从此确立,这里也逐渐成为商业中心。1929年,泰国七世皇为褒扬谢枢泗的功绩,封他为"坤宜发真纳宽"男爵。泰国政体改为君主立宪制后,首任国务院长官奏请皇上赐给他三等白象勋章,以后又有其他赏赐,共计300余种之多。谢枢泗于1972年仙逝。

陈姓的际遇与谢姓相似。福建永春县岵田《陈氏族谱》记载,明朝嘉靖年间,官府对福建土地丈量不公,陈姓顾虑"人无生活之所,窃恐坐食山空,于是过洋谋生"。福建南安县丰山《陈氏族谱》说:"族之子姓发达后,陋于疆界,土地偏少,庐舍纵横,田园益蹙,食多生寡,故士农工商维持生活颇费踌躇,于是奔走外洋。"以上两个族谱表明,衣食不继,坐吃山空是他们出洋的主要原因。

陈姓迁往南洋大多在清朝时期,谋生之路也充满了艰辛。福建南安县《武荣诗山霞宅陈氏族谱》记载:"时贵公,生康熙三十六年丁丑(1697),往番失船。"又记载了一个叫陈遂掌的人:"生康熙四十九年庚寅(1710),卒乾隆三年戊午(1738),在番失船。"番自然是指南洋诸岛,所谓失船是指舟船被风浪吞没,不得生还。由此可见谋生多么不易。

为开发南洋而献出生命并葬身异域者也不少见。如福建晋江县安海《飞钱陈氏族谱》记载:"陈章灿……生万历癸巳年(1593),卒崇祯庚午年(1630),商于吕宋,葬其地。"晋江县《陈氏族谱》记载:"陈士勋,生崇祯癸未(1643),卒康熙丁卯(1687),商于咬唰叭(今属印度尼西亚)而卒,遂葬其地。"还有一个叫陈胤颖的人,"商于暹逻(今泰国)而卒"。出洋谋生的坎坷,于此可见一斑。

在海外谋生发迹变泰者也不乏其人。福建德化县丁溪《陈氏族谱》记述了族人在马来西亚经营农业,后来成为巨富的经过时说:"侨居之地,为英属谷株吧辖、文律等处,经披荆斩棘之余,聚族而居,遂成村落。迄今人口已达二百数十人,拓土已至数百万亩,财产有数十万,且有至百余万者。"橡胶业巨子陈嘉庚则是又一个例子。毫无疑问,陈姓是开发南洋的功臣,没有他们,就没有今日南洋诸岛的繁荣。

由以上事例可以看出,在世界经济发展的大潮中,客家人是一支不可忽视的力量!

（作者为河南省社会科学院研究员）

试论客家先民首次大规模南迁
纪念地的确立

张新斌

　　客家是汉民族的重要民系之一。客家人遍布海内外,但其根在中原,无论是从血缘、文化以及习俗等,都与中原有着十分密切的联系。随着海内外客家人,持续不断地到中原寻根,从而确立了客家先民首次大规模南迁纪念地,这不但有学术意义,也有现实意义。

一、西晋末年中原士民的南迁,是客家先民首次大规模南迁的开端

　　1. 西晋之前中原士民多有南迁,但对客家民系的形成并未造成较大影响

　　客家民系形成于宋元之时,从目前学术界研究的情况看,客家先民与客家人南迁,最有代表性者约有 5 次,但是在探讨西晋之前的中原士民南迁时,有的学者提出了新的观点,如:李逢蕊在《客家人界定初论》①一文中,将汉武帝平定南越王割据政权后,平叛部队就地戍守边疆,成为客家人南迁的先行者。更有论者将赵佗受命戍守岭南,从而"客安家",他所带领的秦朝戍卒,有相当部分成为客家先民。②

　　以上观点,将客家先民提早到秦汉之时,因此这就出现了一个问题,中原士民的南迁,是否都是客家先民,或者说是否都对客家人的形成产生影响。

　　从文献记载看,中原居民南迁,是一个持续不断的历史过程,实际上也是中

―――――――――――――

① 《客家学研究》第二辑,上海人民出版社,1990 年。
② 冯秀珍:《客家与中原、河洛》,《客家与中原文化国际学术研讨会论文集》,中州古籍出版社,2003
　年。

华民族交融的历史。其最有影响的南迁有以下若干次：

第一，华夏、东夷与苗蛮三大集团的融合与蚩尤的南迁。早在上古时代，形成了以炎黄为代表的华夏集团，以少昊、太昊为代表的东夷集团，以南方诸族为代表的苗蛮集团。属于炎帝系统的蚩尤族战败后南徙，长期活动于荆蛮之地，后被南方少数民族奉为始祖①。

第二，夏朝是以中原为核心的第一个奴隶制王朝。在学术界有一个观点，夏朝的兴起与东南地区关系密切，因此在夏朝灭亡之时，便有了夏代最后一个王"桀奔南巢"的记载，夏桀与其族群向东南迁徙，这似乎也是中原人南迁的例证②。

第三，西周时期的南方诸侯国，如吴国的创始者太伯，也是由中原迁居东南地区，并使当地逐渐兴旺发达，而成为春秋霸主之一。楚国的先公为颛顼之裔，早期居地也在中原，以后则以江汉为中心，成为东周时的大国③。在楚国的发达史中，不时地闪烁着中原人的身影。

第四，秦始皇对岭南地区大规模征伐，并设置了桂林、象郡、南海三郡。这部分军士，后来成为以赵佗为代表的南越国的骨干，汉武帝平叛后，这部分人也与当地人逐渐融合④。

第五，两汉之际，中原地区遭受了大规模战乱，中原士民则南迁到零陵、桂阳、武陵、长沙、丹阳、吴郡、豫章等南方诸郡，因而使这里的人口有了大幅度的增加。汉魏之际，中原士民向荆州、东吴与巴蜀等地的迁移⑤，这种情况不但见于《三国志》等文献，也在《三国演义》中有所表现。

以上情况说明，自上古开始到西晋之前，中原族群向南方的迁徙，始终没有停止。虽然这种迁移是客观存在的，但在后来的客家民系的各种记忆中并没有明显的反映，从文化的角度而言，这种影响力显而是有限的，因此，在讨论"客家先民"这样的特定族群的早期历史时，不应无限制地予以扩展。

2. 西晋末年中原士民的南迁，可以确定为客家先民首次大规模的南迁活动

① 徐旭生：《中国古史的传说时代》（增订本），文物出版社，1985年。
② 陈剩勇：《夏文化东南说》，《寻根》1995年1期。
③ 马世之：《中原楚文化研究》，湖北教育出版社，1995年。
④ 葛剑雄、曹树基、吴松弟：《简明中国移民史》，福建人民出版社，1993年。
⑤ 葛剑雄、曹树基、吴松弟：《简明中国移民史》，福建人民出版社，1993年。

西晋末年的"永嘉之乱",既是中国历史上最为残酷的战乱,也是对民族融合影响最大的事件。

司马氏集团建立了以洛阳为都城的西晋王朝,但统一稳定的局面并不长久,公元291年,开始了"八王之乱",司马氏集团内部开始了内乱与屠杀。至永嘉二年(308),匈奴人刘渊自称汉王,他的儿子刘曜后攻掠洛阳,"纵兵大掠,悉收宫中珍宝,曜于是害诸王公及百官以下三万余人"①。司马睿南渡建立东晋王朝,中原士民开始了历史上少有的大规模南迁。

1)从方志中可知,这次南迁对南方地区的发展至关重要。如《福州通志》卷七五:"永嘉二年,中州板荡,衣冠始入闽者八族:林、黄、陈、郑、詹、邱、何、胡是也。"史载,"中原冠带随晋渡江者百家"②。《闽书》也载:"衣冠入闽者八族,所谓林、黄、陈、郑、廖、丘、何、胡是也。"另据《山川志》:"永嘉之乱,衣冠南渡,入闽者八族。"《九国志》:"永嘉三年,中州板荡,衣冠入闽者八族,林、黄、陈、郑、詹、邱、何、胡是也,以中原多事,畏难怀居,无复北向,故六朝间仕宦名迹鲜明闻者。"类似的记载,反复地征引在与福建相关的志书中,实际上开启了福建文化的源头,尽管在文献中,仅有"洛京倾覆,中州士女避难江左者十六七"③,并没有中原士人直接入住福建的记载,但在后来移居闽地的居民中,无疑将这次迁徙作为源头,也是客家先民与中原的最早的联系。

2)从家谱中可知,这次南迁对南方居民的影响至关重要。在以往的研究中,我们通过客系与非客系同一姓氏族谱的比对,不但发现了二者对中原祖地认知的一致性,也找到了相互转换的例证④。《林氏族谱》:"晋代,林氏支孙随元帝南迁,初居江右,其中有为晋安郡王者,始居侯官,后迁莆田,为入闽之祖,传22世林显荣,字清香,居汀州清流县石壁村林家城。"在诸多的林氏族谱中,都将林禄作为入闽始祖,因此以林姓为代表的族谱,在反映中原士民南迁时,最具代表性。

3)西晋末年中原士民的南迁,是客家先民首次大规模南迁,得到了客家界

---

① 《晋书·刘聪载记》。

② 颜之推:《观我生赋》自注。

③ 《晋书·王导传》。

④ 张新斌:《固始与客家寻根》,《客家与中原文化国际学术研讨会论文集》,中州古籍出版社,2003年。

的公认,也最具权威性。如客家学奠基人罗香林先生在《客家源流考》中,将客家先民与客家人的大规模南迁确定有 5 次,而西晋末年的中原士民则为客家先民"大迁移"的首次。崔灿先生认为:"中原汉人第一次大批南迁,是晋怀帝永嘉五年(311)至西晋灭亡。"他刻意强调在南迁的士民中,以并州、司州与豫州的人数最多,"因为西晋的都城是洛阳,洛阳的皇室宗亲、达官贵人、文人学士、能工巧匠、驻京军队、僧尼道人有近二百万人,畿辅各县又人烟稠密。"①徐金星先生也认为:"八王之乱、永嘉之乱给洛阳、河洛和中原大地造成了极大灾难,广大汉人难以生存下去,纷纷南迁,形成我国历史上第一次中原汉人大规模南迁浪潮,这便是今日客地客家人的第一批先民。"②林健先生在谈到客家先民南迁时,首列西晋末年的南迁,他说:"在晋代永嘉之乱后,出现了北方人南迁的大潮,近百万汉人为避兵乱,流入皖赣、江浙、闽粤,被称作'侨人'、'侨流'。……这些南迁移民就是河洛人和客家人的先民。"③郑树钰、连传芳在谈到宁化客家人的渊源时,也认为"秦汉以后河南客家先民第一次大规模南迁主要发生在西晋末。"④

　　以上情况可以看出,在界定客家先民南迁时,无论是"大批"或"大规模"的首次,学术界的基本认识是没有分歧的,西晋末年中原士民的南迁,应该是客家先民首次大规模的南迁。

二、西晋末年中原士民的南迁,尽管涉及地域广,波及族群大,但最有代表性的地点只能是京城洛阳

　　1. 西晋末年中原士民南迁,涉及地域之广,为历史上所罕见

　　关于西晋末年中原士民的南迁,谭其骧先生作过专门的研究。他根据长江南北侨置的徐、兖、幽、冀、青、并、司诸州郡县,分析了这次南迁士民的主要来源

---

① 崔灿:《客家文化与中原文化简论》,《客家与中原文化国际学术研讨会论文集》,中州古籍出版社,2003 年。
② 徐金星:《河洛文化与客家文化》,《客家与中原文化国际学术研讨会论文集》,中州古籍出版社,2003 年。
③ 林健:《河洛文化与客家渊源》,《客家与中原文化国际学术研讨会论文集》,中州古籍出版社,2003 年。
④ 郑树钰、连传芳:《河南客家先民与福建宁化客家人的渊源关系》,《客家与中原文化国际学术研讨会论文集》,中州古籍出版社,2003 年。

地,集中在以河南为中心的大中原地区①。任崇岳先生则在此基础上将来源于河南的士民的地域分布情况列表统计,可以看出中原士民遍布于各个郡县②,也即遍布于今日的河南全省。

郡名统县	本地	侨地	备考
济阳郡·考城	河南(今兰考县)	武进(今属江苏)	
淮阳郡	河南(今淮阳县)	淮阴(今属江苏)	
秦郡·尉氏	河南(今尉氏县)	六合(今属江苏)	
淮南郡·繁昌	河南	繁昌(今属安徽)	东晋侨立襄城郡(河南)、领繁昌、定陵等县。
淮南郡·定陵	河南	青阳(今属安徽)	
燕朝歌	河南	临淮(今属安徽)	
虞	河南	怀远(今属安徽)	
谷熟(属新昌郡)	河南	和州(今安徽和县)	
鄝(属新昌郡)	河南	全椒(今属安徽)	前表中已有考城,考城人有迁江苏武进者,有迁安徽全椒者。
考城	河南	盱眙(今属安徽)	
南豫州	河南	和(今安徽和县)	
雍丘(属历阳郡)	河南	和(今安徽和县)	
南汝阴郡·阳夏、安阳	河南	合肥(今属安徽)	
南梁郡·睢阳、蒙、宁陵、虞、南汲、陈	河南	寿(今安徽寿县)	
颖川郡·邵陵、临颍	河南	巢(今安徽巢县)	《齐志》又领有许昌(河南)
陈留郡·浚仪、小黄、雍丘、白马、封丘、襄邑、尉氏	河南	寿	
汝南郡·上蔡、平舆、北新息、真阳、安城、南新息、临汝、阳安、西平、瞿阳、安阳	河南	淮江间	

　　① 谭其骧:《晋永嘉丧乱后之民族迁徙》,《长水集》上册,人民出版社,1987年。
　　② 任崇岳:《中原移民简史》,河南人民出版社,2006年。

续表

郡名统县	本地	侨地	备考
陈郡·项、西华、阳夏、长平、父阳	河南	淮江间	
南顿郡·南顿、和城汝阳郡·汝阳、武津	河南	淮江间	
西汝阴郡·安城	河南	淮江间	
豫州	河南	寿	豫州郡县在淮西,而寄治于此
蒙、魏(属谯郡)	河南	蒙城(今属安徽)	
安城(属汝阴郡)	河南	阜阳(今属安徽)	
陈留郡·小黄、浚仪、白马、雍丘	河南	亳(今安徽亳州)	宋初又领酸枣(河南)
南新蔡郡·苞信	河南	黄梅(今属湖北)	东晋曾一度侨立豫州于黄冈
汝南(属江夏郡)	河南	武昌	
弘农郡·卢氏、圈	河南	襄阳(今属湖北)、南阳一带	
南义阳郡·平民	河南	安乡(今湖南安乡县西南)	
北阴平郡·南阳、顺阳	河南	梓潼(今属四川)	
曲阳	江苏	郾城(今属河南)	此为由江苏迁河南的移民
池阳(属新野郡)	陕西	新野(今属河南)	此为由陕西迁新野者
槐里郑(属顺阳郡)清水(属顺阳郡)	陕西／甘肃	淅川(今属河南)	此为由陕西、甘肃迁淅川者
广平郡·广平	河北	邓(今河南邓州)	
魏郡·安阳	河南	历城(今属山东)	
高阳郡·邺	河南	临淄(今属山东)	

　　而据有关专家统计,在接受移民的苏、皖、鄂诸省,江苏接受移民最多,而该地的河南籍移民,排在山东、河北之后;安徽接受的移民中,河南为主,河北、山东排其次;湖北接受的移民中,以山西、陕西、河南最多[1]。而据罗香林先生的研

---

① 葛剑雄、曹树基、吴松弟:《简明中国移民史》,福建人民出版社,1993 年。

究,当时流人南徙共分三个支流:"秦、雍等州的难民,多走向荆州南徙,沿汉水流域,逐渐徙入今日湖南的洞庭湖流域,远者且入于今日广西的东部,是为南徙汉族的第一支派……并、司、豫诸州的流人,则多南集于今日安徽及河南、湖北、江西、江苏一部分地方,其后又沿鄱阳湖流域及赣江而至今日赣南及闽边诸地,是为南迁汉族第二支流……青、徐诸州的流人,则多集中于今日江苏南部,旋复沿太湖流域,徙于今日浙江及福建的北部,是为南徙汉族第三支派。"①陈寅恪先生则对这一时期的流人成份有过精辟的分析,他认为:流向南方的士民,"约略可以分为两条路线,一至长江上游,一至长江下游。路线固有不同,在避难的人群中,其社会阶级亦各互异。南来的上层阶级为晋的皇室及洛阳的公卿士大夫,而在流向东北与西北的人群中,鲜能看到这个阶级中的人物。"②也就是说,在南迁的士民中,分布的地域虽然十分广泛,但最具代表性的仍然是西晋皇室以及洛阳的公卿贵族,他们实则可以称之为这次南迁者的代表,从地域上讲,洛阳无疑最具有代表性。

2.西晋末年中原士民南迁,波及族群之众,为历史上所罕见

关于这次南迁的人口数量,沈益民、童乘珠认为,"这股移民南下的浪潮此起彼伏,持续了一百七十多年,官方文献记载其总数人口当在90万人左右。"③在这个庞大的族群中,河南人口当占较大比例,也涉及到诸多姓氏有关的名门大族。王大良先生将文献中的大族分列成表格:④

族别	南渡时间	迁徙方式	侨居地	资料来源
南阳范氏	永嘉中	全家同迁	未详	《晋书·范汪传》、《晋书·范晷传》
南阳乐氏	永嘉中	全家同迁	江陵	《晋书·乐广传》、《南史·乐颐之传》
南阳刘氏	未详	未详	江陵	《晋书·刘耽传》、《南史·刘虬传》
南阳张氏	未详	未详	寻阳	《南史·张孝秀传》
南阳庾氏	随元帝过江	未详	江陵	《隋书·庾季才传》

---

① 罗香林:《客家研究导论》,台北南天书局,1992年。
② 万绳楠:《陈寅恪魏晋南北朝史讲演录》,黄山书屋出版社,1987年。
③ 沈益民、童乘珠:《中国人口迁移》,中国统计出版社,1992年。
④ 王大良:《宁化石壁与客家民系渊源》,《宁化石壁与客家世界学术讨论会论文集》,中国华侨出版社,1998年。

族别	南渡时间	迁徙方式	侨居地	资料来源
南阳宗氏	永嘉中	全家同迁	江陵	《北史·宗懔传》
汝南周氏	随元帝过江	全家同迁	未详	《晋书·周嵩传》
汝南应氏	惠帝末	全家同迁	未详	《晋书·应詹传》
汝南李氏	随元帝过江	全家同迁	未详	《晋书·周嵩传》、《晋书·周颛·母李氏传》
新蔡干氏	未详	未详	未详	《晋书·干宝传》
新蔡毕氏	太兴末	未详	未详	《晋书·毕卓传》
义阳朱氏	未详	未详	未详	《晋书·朱序传》
陈郡袁氏	东晋建国前	全家同迁	江都	《晋书·袁环传》
			丹阳	《北史·袁充传》
陈郡谢氏	东晋建国前	全家同迁	豫章	《晋书·谢鲲传》
			会稽	《晋书·谢安传》
陈郡王氏	建兴中	未详	未详	《晋书·王隐传》
陈郡陈氏	太兴初	未详	未详	《晋书·陈君页传》
陈郡殷氏	未详	未详	未详	《晋书·殷浩传》
陈郡邓氏	未详	未详	未详	《晋书·邓岳传》
颍川庾氏	永嘉初	未详	会稽	《晋书·庾琛传》
	建兴中	全家同迁	未详	《晋书·庾衮传》
颍川钟氏	建兴中	全家同迁	未详	《晋书·钟雅传》
颍川荀氏	建兴中	全家同迁	未详	《晋书·荀邃传》
	太兴初	举族而往	未详	《晋书·荀组传》
颍川韩氏	未详	未详	未详	《晋书·韩伯传》
河南褚氏	建兴初	举族而往	未详	《晋书·褚羽夹传》
荥阳郑氏	未详	未详	寿阳	《南史·郑绍传》
荥阳毛氏	未详	未详	未详	《晋书·毛宝传》
陈留蔡氏	未详	未详	未详	《晋书·蔡谟传》、《晋书·蔡豹传》
陈留江氏	建兴中	未详	临海	《北史·江悦之传》
			东阳	《晋书·江惇传》、《晋书·江逌传》
陈留范氏	未详	全家同迁	豫章	《晋书·范宣传》

续表

族别	南渡时间	迁徙方式	侨居地	资料来源
陈留阮氏	未详	全家同迁	剡县	《晋书·阮孚传》、《晋书·阮裕传》
河内郭氏	永嘉末	只身渡江	余杭	《晋书·郭文传》
	太兴初	未详	未详	《晋书·郭默传》
河内王氏	永嘉末	全家同迁	江夏	《晋书·王尼传》
河内山氏	永嘉末	未详	夏口	《晋书·王尼传》
	建武初	未详		余姚	《晋书·山遐传》
濮阳吴氏	未详	未详	吴兴	《南史·吴庆之传》

在有些家谱中,也明列他们来自于西晋末年的这次南迁。如温氏,五华《温氏族谱》载:其140世尚简,自洛阳移江西石城。赖氏,平和《赖氏族谱》载:在五胡乱华时,第8世评一郎由河南迁于江西南康。廖氏,《兴宁廖氏族谱》载:"五世诚希公,原籍汝南,因五胡之扰,太元九年,复迁江南。"谢氏,《谢氏宗支避地会稽序》载:"西晋祭酒公衡,又本于阳夏,永嘉不靖,来寓于始宁(今浙江上虞),至太傅安石,大元帅万、石,诚为江左望族。"郑氏,《莆田南湖郑氏谱》载:晋永嘉时,郑昭入闽任刺史,是为闽中郑氏开山祖。林氏,林氏诸多族谱多尊西晋末入闽的林禄为"入闽始祖"。总之,从客家的家谱中,可以找到较多的西晋末年中原士民南迁的痕迹,无论是人口之众,还是姓氏之多,西晋末年的这次南迁活动,在客家历史上的影响是极为深远的。无论南迁者的身份构成多么复杂,但号称"衣冠大族",举族南迁,也只有当时的京城洛阳的皇室宗亲、达官贵族最具代表性。

三、考古发现的汉魏洛阳故城,是确立客家先民首次大规模南迁纪念地的关键性座标

1.汉魏洛阳故城是全面反映西晋王朝风采的最直接的重要的物质遗存

汉魏洛阳故城,系东汉、曹魏、西晋、北魏时期的国都遗址,位于今洛阳市东15公里处,城垣现存总周长达14345米,城内总面积约9.5平方公里[①]。其分布

---

① 杨宽:《中国古代都城制度史研究》,上海人民出版社,2003年。

70%在今偃师市,20%在今孟津县,10%在今洛阳市洛龙区。

汉魏洛阳故城考古的主要工作分为三次:第一次是在1954年,初步踏察了该城四周城垣,并对城门及重要建筑的位置进行了初步的推测①。第二次是在1963~1964年,对故城的整体布局进行了全面的钻探,并绘制了实测图②。第三次是在1984年,对汉晋时期城垣开挖了10余条探沟,基本搞清了城垣筑造的时代,对故城的沿革历史有了更进一步的了解③。

汉魏洛阳故城大城即东汉、曹魏与西晋时期的洛阳城,平面呈长方形,南临洛河,经实测东墙残长3895米,西墙残长3895米,北墙长约3700米,南墙长度估计应在4260米左右。已探测出的城门,西垣有5座,自南而北分别为广阳门、西明门、西阳门(北魏名称)、阊阖门、承明门(北魏名称)。北垣有2座,自西向东分别为大夏门、广莫门。东垣有3座,自北而南分别为建春门、东阳门、清阳门。东汉时期,城内主要有北宫与南宫,加上其他宫庭衙司,官属建筑占了全城的大部分面积,在城南还设置有明堂、辟雍、灵台等礼制建筑。魏晋时,在城内的西北角设置"地势高亢、形如堡垒、背倚邙山、俯瞰城区"④的金墉城。北魏时期洛阳城进行了较大的改造,仅在城内保留有宫城(东汉的北宫)并以宫城为轴线进行布局,宫城南为轴线主干铜驼大街,城内布置有宫城、街道、官署、寺院、里坊,在大城之外又筑起了规模浩大的郭城,城内保留的佛教寺院即达1300余所。可以说,"北魏洛阳规模之大,在我国历史上不仅是空前的,而且也超过了过去认为我国封建时期最大的都城——隋唐长安城。"⑤

2.汉魏洛阳故城的重要发现与洛阳城市的标志性建筑

1)东南城门:东南城门为东垣南城门,为汉魏洛阳城居民向东及东南方向的主要进出城通道。关于城门的名称与沿革,一种说法是东汉称望京门(旄门)、魏晋称清明门、北魏称青阳门⑥;另一种说法为东汉称耗门(望京门)、曹魏

---

① 阎文儒:《洛阳汉魏隋西城址勘察记》,《考古学报》第九册,1955年。
② 中国科学院考古研究所洛阳工作队:《汉魏洛阳城初步勘察》,《考古》1973年4期。
③ 中国社会科学院考古研究所洛阳汉魏城队:《汉魏洛阳故城城垣试掘》,《考古学报》1998年3期。
④ 中国社会科学院考古研究所:《新中国的考古发现和研究》,文物出版社,1984年。
⑤ 宿白:《北魏洛阳城与北邙陵墓》,《文物》1978年7期。
⑥ 中国社会科学院考古研究所:《新中国的考古发现和研究》,文物出版社,1984年。

称清明门、西晋称清阳门、北魏称青阳门①。也就是说,西晋时的称谓是延续了曹魏的清明门,还是新称"清阳门"之间的区别。该城虽然没有进行过正式发掘,但从东垣北门即魏晋与北魏建春门②的情况可知,为一门三洞,门洞南北长30 米、东西宽约 12.5 米(进深),城门两侧夯土城墙上有包砖,每个门洞均可并行三辆车,其中中门道为中央御道经行处。

2)礼制建筑:位于洛阳大城城南,自西而东依次排列为灵台、明堂、辟雍,辟雍之北还有太学③。灵台为东汉魏晋时期的国家天文台所在地,经发掘这是一个长方形院落,中心建筑为边长 50 米的方形夯土台基,其上建造房屋与殿堂,并依方位而涂以色彩,台基正中则安置天文仪器。据文献记载,东汉著名科学家张衡曾两度主持灵台工作,并写下了著名的《三京赋》等名篇佳作。辟雍遗址,呈正方形,边长 170 米,四面各筑一门,中心保留有边长 45 米的夯土台基。解放前,这里曾出土有《大晋龙兴皇帝三临辟雍皇太子又再莅之盛德隆熙之颂》碑,该碑通高 3.22 米,宽 1.1 米,为西晋咸宁四年(278)所立④。明堂为"天子太庙",为祭祀祖先、臣下朝觐的地方,遗址中心有一 60 余米见方、现存高 2.5 米的夯土台基。此外,其附近的太学遗址,则为南北长 220 余米,东西宽 160 余米的围墙院落,四面各有一门,围墙内有整齐排列的长方形房舍,经考古发掘,共发现石经残石 661 块,其中有字残石 96 块,有的可以相互粘结,其内容多为《礼仪》等儒学经典⑤。

3)金墉城:金墉城位于洛阳大城的西北角,为曹魏明帝所筑。"'永嘉之乱'时称为'洛阳垒',是交战双方的必争之地"⑥。但从考古发掘来看,金墉城是由自北而南的的甲、乙、丙三个小城所组成,彼此有门相通,总平面略呈目字形,南北长约 1048 米,东西宽约 255 米,总面积 26 万平方米。但其时代并不一致,其

---

① 叶骁军:《中国都城发展史》,陕西人民出版社,1988 年。
② 中国社会科学院考古研究所洛阳汉魏故城工作队:《汉魏洛阳城北魏建春门遗址的发掘》,《考古》1988 年 4 期。
③ 段鹏琦、杜玉生、萧淮雁、钱国祥:《洛阳汉魏故城勘察工作的收获》,《中国考古学会第五次年会论文集》(1985),文物出版社,1988 年。
④ 杨育彬主编:《中国文物地图集·河南分册》,中国地图出版社,1991 年。
⑤ 中国社会科学院考古研究所洛阳工作队:《汉魏洛阳故城太学遗址新出土的汉石经残石》,《考古》1982 年 4 期。
⑥ 叶骁军:《中国都城发展史》,陕西人民出版社,1988 年。

中甲、乙两城的建筑时代皆不早于北魏,而丙城的时代,可早于东周与东汉,且不晚于东汉晚期与曹魏初期①,也就是说金墉城中仅有丙城与曹魏西晋时期的金墉城相等。

4)太极殿:曹魏时期,"魏明帝在东汉南宫崇德殿的基础上建造太极殿,这是此后皇宫正殿称太极殿的开始"②。但是由于南宫在西晋之后已无保存,北魏洛阳城时这里已成为内城的核心地区,其遗址已无从保留,因此其整体情况已无从得知。

5)德阳殿:洛阳故城北魏宫殿,系东汉北宫故地,整体作长方形,南北长约1398米,东西宽约660米,共发现4个宫城城门,其中东面一门,西面二门,南面一门。宫城内殿址密集,已发现夯土台基二、三十处,主殿基址建在与南垣正门相对的轴线上,殿基东西长约110米、南北宽约60米,高出地面约4米。但从文献记载可知,"德阳殿为北宫的主殿,据说周容客万人,陛高二丈,殿前的朱雀高耸入云,从四十里外就可以看见,足见其规模之雄伟。"③

6)永宁寺:位于北魏宫城南门外1公里处,寺院平面长方形,南北长约305米,东西宽约215米,周长1060米,东、南、西三面院墙保存较好,每面各一门,北墙破坏较为严重,南门以内正中有方形塔基1处,共分上下二层,下层基座东西广约101米,南北宽约98米,高出地面约5米,还发现有与佛教有关的泥塑300余件。据《洛阳伽蓝记》等文献记载,永宁寺为平面作方形的重楼建筑,佛图为九级四面,每面三户六窗,始建于北魏熙平元年(516)、因火毁于永熙三年(534),为北魏洛阳城上千座佛教寺院的典型与代表④。

3. 客家先民首次南迁纪念地的标志性景观遗存应为清阳门或礼制建筑,这些遗存均在今偃师市境内

以上情况可以看出,文献记载与考古发现中,汉魏洛阳故城重要景观遗迹虽然数量较多,但也要进行客观分析,并从中找出最具代表性的景观,以此进行精心设计,形成客家寻根的标志性建筑。

---

① 中国社会科学院考古研究所洛阳汉魏故城队:《汉魏洛阳故城金墉城址发掘简报》,《考古》1999年3期。

② 杨宽:《中国古代都城制度史研究》,上海人民出版社,2003年。

③ 叶骁军:《中国都城发展史》,陕西人民出版社,1988年。

④ 中国社会科学院考古研究所洛阳工作队:《北魏永宁寺塔基发掘简报》,《考古》1981年3期。

1)作为客家先民首次大规模南迁纪念地的标志性景观遗存,确定的主要依据,一是为西晋洛阳城的代表性建筑。由于洛阳城经历了西周、东周、西汉、东汉、曹魏、西晋、北魏等各个时期的建设,尤其是北魏洛阳城,规制宏大,因此从考古发现看,这个时期的建筑遗存最具代表性,但由于新城建设的需要而对旧有遗存造成较多的破坏,使景观遗迹的完整性受到影响,所以北魏与西晋相关景观的统一是至关重要的。二是从客家先民南迁的纪念性建筑而言,也要具有象征性,尤如洪洞大槐树一样,让人永远记怀。

2)在我们所列举的重要遗存中,永宁寺塔虽然可称之为北魏洛阳城的典型佛寺建筑,但因其时代晚于西晋,因而从客家先民南迁的纪念性而言并不具有代表性。作为王权的象征,宫城可以作为洛阳城的代表,但在中国古代皇宫最早将正殿称为太极殿的洛阳城的太极殿,其位置的确定并没有形成较为一致的意见,除有的专家提到的太极殿位于南宫之外,长期主持汉魏洛阳故城考古发掘的钱国祥先生在讨论曹魏宫城与北魏宫城的关系时,认为曹魏宫城"从文献中记载的许多宫殿、宫掖门、宫苑、水池等名称以及相互之间的位置看,与北魏宫城几乎完全相同。如正殿太极殿等。而且有些北魏宫城建筑在文献中更加明确指出是曹魏文帝或明帝时所创建。许多迹象显示,曹魏洛阳宫似与北魏宫城的布局相同,也是在洛阳大城北中部修建。"①他更认为,洛阳宫正殿太极殿是建于汉代北宫故地,至于"是在汉代北宫德阳殿还是崇德殿旧基上修建,二者的可能性都存在。"②因此,对于汉魏洛阳故城宫城的主体宫殿的位置,还处在讨论中,不但无法确定,也没有相应的考古发现作支撑,作为客家先民首次大规模南迁纪念地的标志性景观显然是不太可能的。金墉城以"洛阳垒"而著称,不但为洛阳城的制高点,也有考古发现作支撑,作为洛阳城的象征是没有异议的。但因最新的考古发现证明,仅丙城与西晋时期相同,也就是说,其规模仅有后来金墉城的三分之一,因而其象征性也大打折扣。

3)以灵台、辟雍、明堂、太学等为代表的礼仪文化建筑,有考古发现的确切地点,并有"辟雍碑"与"汉代石经"为标志,尤其是又与张衡、蔡邕等历史名人有

---

① 钱国祥:《由阊阖门谈汉魏洛阳城宫城形制》,《考古》2003 年 7 期。
② 钱国祥:《由阊阖门谈汉魏洛阳城宫城形制》,《考古》2003 年 7 期。

较深刻的联系,作为纪念性标志也有较多的理由。其中,明堂作为祭祀性建筑,有特殊性。太学,作为当时的最高学府,也与客家人重教育的传统不谋而合。但从与城关系最为密切者应为城门,尽管在汉魏洛阳故城中经过发掘的城门仅有建春门,尤其是新发掘的北魏宫城阊阖门①不仅结构复杂,而且还有规模巨大的左右双阙。但从客家先民多流向东南方向,且东垣南门,在东汉时又有"望京门"之称,因此该城门作为故都洛阳的象征性更强。

4)除金墉城和宫城的一部分在孟津县平乐镇金村一带外,汉魏洛阳故城的大部分面积和主要考古发现在偃师市境内,如太学位于今佃庄乡东大郊的太学村及其附近。建春门则在韩旗屯村的东北,辟雍、辟雍碑与明堂均在佃庄乡岗上村东,灵台遗址在佃庄乡朱圪垱村,永宁寺塔基在蔡庄乡龙虎滩村西北,刑徒墓地在佃庄乡西大郊村东。西晋皇陵在偃师市区西北西起峻阳陵、东至枕头山一带。西晋当阳侯杜预之墓在城关乡后杜楼村北,东汉烧煤瓦窑遗址位于今翟镇乡西罗洼村西北,东南门在蔡庄乡龙虎滩村东等。以上情况表明,偃师与汉魏洛阳故城关系十分密切,且其重要发现主要位于偃师境内,作为客家先民首次大规模南迁纪念地的标志性景观设在偃师境内,最具有纪念意义。

(作者为河南省社会科学院历史与考古研究所所长、河南省河洛文化研究中心副主任、研究员)

---

① 中国社会科学院考古研究所洛阳汉魏故城队:《河南洛阳汉魏故城北魏宫城阊阖门遗址的发掘》,《考古》2003 年 7 期。

刍论客家人的迁徙和落居

林作尧

一、客家先民的迁徙

据历史资料考证,客家先民的南迁在唐末以前起码有三次之多:一是西汉末年王莽执政前后;二是晋朝未年"五胡乱华"之时;三是唐代中期"安史之乱"时期。三次迁徙中以晋末那次规模最大,所以,它一向为众多客家研究者所关注和论述。

从罗香林先生的《客家源流考》中对数次迁徙的论述里,所举的七种客家族谱只有二姓(钟氏迁赣州、赖氏迁南康)迁达赣南就可说明问题。更重要的是,这时迁于赣南与闽赣边区的客家先民,与同时迁于赣中以北的中原人,在时间和空间上都保持着内在而明显的连续性与同一性。所以,他们在这时根本没有条件形成独立的民系,只是可能在客观上随着时间的推移和在当地环境下的开发与生活中,为后来大规模南迁的中原汉人的到来,并继续往闽粤赣边腹地延伸而成为所谓的客家民系,创造了一定的有利条件。

但是,当历史推进到唐末,由于黄巢农民运动大规模地席卷全国,进攻与镇压的战争遍地而起,使中原人们备受战乱之苦。因此,在这一时期,中原乃至长江流域的人们以数倍于前的规模纷纷随军或南逃。其中,闽粤赣边区由于荒野闭塞,不易为军事所顾,大量的流民和因战败而逃的兵士涌人其间以保全性命。罗香林先生所著《客家源流考》对这次南迁的客家先民的论述所举的20种族谱17个姓氏中,就有过半姓氏是在这时迁达闽粤赣边区的。

如果有人觉得罗先生为表明自己论述的权威性是在有意渲染移民的气势,因而抱有某些怀疑的话,那么,广东梅州客家联谊会与梅州市方志办编写的《客家姓氏渊源》可作为一个有力的佐证。该书的导言所述:本书是根据近年的收集,先将保存较好、较全的旧姓氏族谱,逐步整理编成这套。由此可知,编写者不是专为唐末至北宋那段历史时期南迁的客家先民而编辑的。它参考了近50种族谱,编辑了34姓的历史,可以说是继香港崇正总会编辑的《崇正同人系谱》之后又一部较有参考价值的客家族谱研究资料。

尽管或许由于编辑者限于篇幅和有些囿于梅州本土客家人,所编世系有不少是从入梅始祖摘起,而且其中还将不少姓氏的各代迁徙时间漏缺,但是,我们将漏缺之处结合谱序(也多摘录)和对照相应姓氏的族谱给予核实,则可发现:除了开宗明义第一姓刁氏和第二姓王氏从元代摘起且无相应谱序和族谱可查而不知他们之前的迁徙情况外,在其余32姓中,至少可以查出丘、伍、朱、何、沈、吴、范、汤、郭、曾、梁、杨、刘、魏、罗等占总数为二分之一的16姓是在唐末至宋初迁入闽粤赣边区的。其中还不包括如黎、卢、钟等在此之前,就迁到闽粤赣边区。这些事例表明了这次客家先民迁徙的规模之大。值得一提的是这些姓氏以后繁衍过不少客家名流。如北宋名臣、著名文学家范仲淹和近代爱国诗人丘逢甲等,他们的祖先于宋初迁入闽西宁化石壁。领导推翻封建帝制的孙中山与太平天国领袖洪秀全等,他们的祖先都是在唐末迁居赣南的。

二、客家先民的落居

据宋人所撰《太平寰宇记》和《元丰九域志》记载:闽粤赣边区开发较迟的粤东梅县,宋初主户有1201户,客户仅367户;但不到百年后的元丰年间,客户已发展到6548户,而主户则是5824户,客户竟超出主户的十分之二。当然,这里必须指出的是,近年客家研究者颇有人怀疑这些史籍所述"客户"并不一定是指今日的"客家人",而是指没有或失去田产的农民。

我认为:这里所名的"客户"固然不一定可当作今日客家人的来由,但它起码与唐末以来的客家人有密切的联系,因为客家先民是从外地迁来,这决定了他们不可能马上占有田产,因而他们中大多应该是没有田产的"客户";另一方面,在唐末至北宋时期,不断而大量迁入闽粤赣边区的只有这些客家先民。明末清初间客家名儒李世熊(元仲)所撰《宁化县志》中有一段鲜为人注意的言论:"宋之户口,类分主客。主户者,土著之民;客户者,外邑之人,寄庄守米者也。"这也说明宋之"主户"指土著居民,"客户",则为外地迁来的客家先民;而据梅县客家各姓氏族谱及有关史籍和研究成果表明,当地客家居民的先祖大多还是南宋以后迁入的。

在位于比梅县更北并且在唐末宋初有更多客家先民迁入的闽西和赣南地区北宋客家人口骤增的现象就更加突出。这充分说明闽粤赣边区的北方移民在唐末至北宋发展和繁衍之迅速;同时也表明了这时迁居于此的客家先民已具备与土著抗衡的力量。所以说,自唐末至北宋,客家先民迁徙于今日客家区域的规模及其发展势力,在交通闭塞、文化落后并与外界相隔的古闽粤赣边区,已基本具备了产生一种新的民系(客家民系)的条件。

三、客家先民落居的类型

1.聚族而居的单姓村庄

生活在闽粤赣边地区的客家人聚族而居的到处可见,那些百人居住的围龙屋都是同宗,也有聚族而居的千人村庄。

梅县隆文镇是梅州李姓人口最多的乡镇。据"李百三郎公祠文史研究组"提供的资料。隆文的李姓是元末明初由福建上杭县迁来的。开基祖是李火德的8世孙百三郎公。明洪武初年,李百三朗到隆文镇落居,圩镇附近开缝衣店谋生。百三郎公后裔发达,人才辈出。据1992年户口统计隆文镇有31个姓氏,人口22890人。甚中李姓有11800人,占本镇人口的%50多。素有"龙牙一树李"之说。广东梅县松源镇有王姓人家约万人都是同宗,开基祖是王念四郎于明宣德年间(1430)由福建武平县迁至松源镇蓬岭村开基。而今松源镇有30多个姓氏,王姓是最大的一个。

宋末,元兵两次入梅州,蔡蒙吉、文天祥先后率义兵抗元。失败后,元兵大肆屠杀军民,因此境内人口陡减。当时人口爆满的闽西和赣南一带客家人纷纷涌入粤东北。元明宗年间,居住在宁化石壁梁孟坚的后裔梁氏72世梁福(松冈公)到迁居梅县松口镇仙口村。而今仙口村是个约2000人的纯梁姓客家山村。仙口村人重视教育。旧时村中把祠堂作学堂,用宗族经费请私塾教师,一般支持本宗族的学子完成小学教育。对学习成绩名列前矛者,则奖励其免费读书,俗称"尝缴上学",直至念完大学。特别优秀的人才,还可以"公费留学"。据知,科举时代村中曾有人考取了进士、举人,出任县令以上官职的有8人。民国年间,仙口村有 2 人当县长,出了 3 位将军。至今为止,约 2000 人的仙口村在近百年间,正式考上大专院校的有百余人,出国留学 5 人。

2. 合族而居的多姓村庄

广东梅县松口镇,松口镇建置时间较早。据《梅州市志》《梅县志》等有关资料记载:西汉时期,松口归属南海郡揭阳县。当时松口主户是畲族人,置名"东畲寨"。两晋时,先后属广州东官郡和义安郡海阳县,松口改称"义安围"。宋代开宝四年(971),梅州地区由南齐建置之程乡改敬州后再改为梅州开始,松口设置了梅口镇,当时已有集市。宋末元初,松口已有众多的姓氏和一定数量的客家人定居,多数是福建等地搬迁来的,又经过 700 多年的繁衍,现有有 120 个姓氏,73000 多人。

梅县松口镇梅教村离松口镇梅教村是个多姓氏的村庄。该村目前居住有581 户人家,1987 人。村民主要靠种水果,水产养殖,种菜,耕田等为生。村中有黄、陈、梁、徐、杨、林、吴、许、温、巫、曾、李、何、蓝、张 15 个姓氏,人们称梅教村为"梅花杂姓地"。在封建社会客家地方经常闹宗族械斗,而梅教村则从所未闻,村民和睦相处共建家园,世代相传至今。据梅教村的老一辈人说,数百年来村人团结相助,互敬互爱。凡在村中任教的外地教师和外地人在村中做工的人,都颂说梅教村人缘好。上世纪 50 年代有一批沿海的潮汕人因战备疏散到梅教村当菜农,他们和村中的人相处极好。

3. 多姓氏共建祖屋

多个姓氏共祖屋现象,我们还能找到一些物证。

如目前发现最古老的客家土楼——闽西永定县湖雷乡的"大楼厦",是在北宋时就已建成的。据有关资料表明:这是一座由方、林、易、章四姓合建的土楼。这说明客家先民在唐末至北宋深入闽粤赣边区之初,各姓人口不多,经济有限,但为了防御,不得不联合多姓人氏,同心协力共建土楼以防御盗贼。多姓氏共建祖屋,可以说是通布客家居住的地区。

在广东梅州地区有许多多姓氏共建祖屋的村庄。下面是我多年的田野调查资料。

梅县石坑镇七洲村有黄、王、曾三姓共祖屋的。该屋是梅州市原市长曾运元的祖屋。这个屋的祖宗们是童年友好。此屋建于清朝初年,本屋的各姓后裔都能和睦共处。

梅县梅西镇石壁塘有吴、张两姓共做祖屋的。此屋建于清朝中期,张姓出钱少,故其祖牌放在上厅的角落,吴姓祖牌放中间。现该屋已有自然倒塌,两姓后裔在附近重建屋,各姓有一个门,坐向与旧屋相同。

梅江区城北群益村有古、汤;刘、谢;李、蓝共建祖屋。据调查城北的群益村刘、谢两姓共建祖屋,大门门联刘、谢各取一联:宝树家声长(谢),彭城世泽远(刘)。两姓自开基后一直沿用到现在。黄留村有王、黄、徐三姓共祖屋的,据说他们的开基祖是在清朝年间友好结缘而共建的。建屋时徐姓因经济困难,在做上堂时他只出了三皮半桶子的钱,徐姓祖牌放在上堂小角落里,王、黄两姓祖牌放厅中间。每年的年三十日祭祖时,徐姓的时间为上午,黄、王两姓的时间是下午。

梅江区城北上村有朱、湖两姓共祖屋的。当年他们祖宗怕大姓欺负,为了生存而结为友好共建祖屋的。现上厅神龛内朱、湖两姓的祖牌都镀了金,光彩夺目。1994 年由外出华侨捐款重修,该屋至今有 200 多年的历史。

梅江区城北干光村西门桥是黎、朱两姓因姻缘关系共建的房屋,此屋已有 200 多年的历史,传下丁口各姓都有千余人,现厅内还保存有黎、朱两姓祖牌。

梅江区城北扎上启愚村福罗山有叶、曾两姓姐弟亲缘关系而共建祖屋。该屋有 300 多年的历史,现两姓丁口各有几百人,出有文人和当官的。

客家人为了不忘南迁中的患难友情,也有把他们居住的地方用各自己的姓氏来命名——如梅县的张林村。梅江区东郊乡的三姓村都是章、余、杨三姓区的后裔。

梅江区城北曾龙岌福瑞岗新田村,有江、熊、谢、古四姓人家共做的房屋,他们是友好关系结缘而共建的屋,至今有 300 年历史。此屋的上厅神龛内有四姓祖牌及四个香钵,各姓氏的祖牌都金光闪闪,夺目照人。祭祖时,如有哪一姓没有来都会在其姓氏的香炉钵插上一柱香,以示友好。现在推选一位谢伯姆主持修祖屋,外出的人都会回祖屋看一看,捐钱捐物修屋。此屋的中厅堂联:合四姓同居祖德宗功规模昭垂百世;愿一堂后裔谦恭和睦毋忘亲爱精神。

多姓氏共建居一屋,虽然有一些客观原因,总的说来,是互相帮助,团结协作的产物,

四、结束语

客家先民的南迁有多种形式,落居的方式也是多样化。这些都是根据当时的历史条件和客观原因来决定的。他们在艰苦的环境中体现出"互相帮助,团结协作",这也是客家精神的精华之一。

参考资料：

1.罗香林:《客家源流考》。

2.冯秀珍:《客家文化大观》,经济日报出版社,2003 年。

3.《广东梅州市地方志》,1992 年。

5.梅州市地方志办公室:《客家姓氏渊源》,1992 年。

6.江金波:《客家风物——粤东北客家文化生态系统研究》,华南理工大学出版社,2004 年。

7.吴永章:《客家传统文化概说》,广西教育出版社,2000 年。

8.丘菊贤:《客家综论》,香港天马图书公司出版社,1999 年。

（作者为广东省嘉应客家文化研究会副会长）

论客家民系的形成发展及特点

康红蕾

客家人，这是一个充满颠沛流离、饱经风霜的苦难的代名词。客家人的迁徙过程，充满血泪和辛酸；客家的历史，又是中原南迁汉人同当地土著民族结合，创造了独特的客家精神和文化的历史——其光荣和辉煌值得客家人引以为自豪。

一、客家民系产生的历史背景和地理环境

"客家"，包含两层含义：一是"客"，指外来移民；二是"家"，主要指由中原南下，举家迁徙或落地成家的那些豪门望族。要了解客家民系的产生，必须界定什么是"民系"。依照通常的说法，所谓民系，亦即民族内部的分支，在人类学上又称为族群。民系这一概念可译为 The branches of nationality。"它的内涵就是同一民族内部的各个独立的支系或单元，它涵盖了民族共同体内部多元一体的这一基本格局。"①如果参考斯大林关于"民族"的定义，则民系的形成应具备四个基本条件，即共同的居住区域、共同的经济生活、共同的语言以及建立在文化相互认同基础上的共同的心态意识。据此，所谓客家民系，就是汉民族共同体内部的一支，经过长期的迁移，最后到达并定居在闽、粤、赣交界地区，并形成有别于周边其他民系的独特的方言、习俗和其他文化事象的群体。

在过去千百年的漫长历史岁月里，客家先民总是处于流动的状态。迁移，再迁移，是客家民系形成的重要特征。较早提出"客家南来说"的是罗香林先生，

---

① 谢剑，郑赤琰：《国际客家学研究会论文集》，香港中文大学香港亚太研究所海外华人研究社，1994 年。

在《客家源流考》中，指出中原先民经五次南迁而形成客家人。从某种程度上说，客家人从一个地域性的小民系发展成为一个分布广泛的民系，与客家人的多次迁移有密切联系。

秦汉以来，中原汉人的大规模南迁主要发生在西晋末、唐末和宋元之际，因北方少数民族军队的南下，或因社会政治的黑暗导致农民战争的爆发，使中原地区成为战乱的中心。西晋"八王之乱"，匈奴人乘隙而入，席卷黄河南北，造成著名的"五胡乱华"。安史之乱以后，北方汉人再次南迁，广泛分布在江东、江南、江西、福建等地，今江西境内饶州、洪州和吉州，元和年间（806～820）户数比天宝年间（742～756）分别净增 13%、64%、9%①。到了唐末，黄巢领导的农民起义军转战饶州一带进入福建和广东，后从广东经过桂林沿湘江进入湖南。东路军又从江西向东发展，直逼扬州，部队转战江西北部、中部地区。原先居住在此的北方居民如惊弓之鸟，纷纷继续南迁，进入人烟稀少、文化经济落后的赣南、闽西和粤北山区，过着与世隔绝的封闭生活。从西晋宋末到明清的一千多年里，历代封建统治阶级争权夺利，战火纷飞，内忧外患，中原地区连年灾荒，民不聊生。而在福建局势却比较稳定。特别是王审知称闽王以后，他为了顺时应人，"折节下士，开门兴学，以育才为急，凡唐末士大夫避地南来者，皆厚礼延纳，筑'招贤院'以馆之"。同时他还采取多种措施招抚和安置流民，鼓励其在闽地定居、垦荒、发展农业生产。他治闽三十年，采取各种积极措施，使人烟稀少、地瘠民贫的闽越得到了很大发展。

客家人的"源"，在北方的大本营，就在河洛。就客家文化与河洛文化的关系而言，客家先民、客家人"根在河洛"，河洛文化乃客家文化之源。诚如晚清杰出诗人黄遵宪诗句所言"中原有旧族，迁徙名客人。过江入八闽，展转来海滨。俭啬唐魏风，盖犹三代民"②，生动地描述了客家先民辗转迁徙，南渡长江，定居赣、闽、粤诸省，以后再番各地移居海外的史实。

广袤的赣闽粤三省结合部，是目前客家人居住最密集的地方，是客家民系酝酿形成的土壤和温床，其独特的地理环境和自然条件，对于客家民系的历史形成

---

① 葛剑雄、曹树基、吴松弟：《中国移民史》第三卷。
② 黄遵宪：《人境庐诗草笺注》卷一，上海古籍出版社，1981 年。

及其发展演变,产生了直接而重大的影响。

一是气候温和多雨,适于农业发展。闽西客家住地的气候,大体说来,都在寒暖适宜的亚热带,四季分明,气候、生物等自然要素的垂直分异规律明显。岭北为中亚热带,岭南属南亚热带,总体上属暖润的亚热带季风气候,南北之间的水热条件具有一定递变性特征。全境热量丰富,雨水充沛,光照充足,并且光、热、水配合良好。在亚热带湿润季风环境下,岩石风化强烈,形成深厚红色风化壳,土壤以红壤和山地黄壤为主,一般自然肥力较高,适种性广。

闽西山区这种冬不太寒、夏不太热,温暖湿润的气候特点,再加上当地优质土壤,因而非常适宜水稻、烟草、竹类和茶树等农业与经济作物的种植,也适宜其他野生植物的繁殖与生长。《古今图书集成·艺术曲·农部》称当时闽西山区"田尽而地,地尽而山,虽土浅水寒,山岚蔽日,而人力所致,雨露所养,无不少获"。而北宋著名诗人黄庭坚则以诗称赞陈轩(元丰六年知汀州):"平生所闻陈汀州,蝗不入境屡丰收。"[1]由此可见,北宋时期闽西客家地区的耕地已得到很大的拓展,收获也十分喜人。

二是如网状分布的闽西水系。闽西群山重叠,在丘陵山谷中,流淌着许多不大不小的溪河,汇聚成哺育东南大地人民的赣江、汀江和梅江三条大江。南宋绍定年间,汀江开辟了航道,从汀州可直航到广东的潮州,那时候这里的商业、农业、交通相对都比较发达。汀江是闽西最大河流,也是连接客家人南迁的两个中转站——福建闽西宁化和广东梅州的唯一河流。汀水所经过的五县正是今天客家人居住最密集的地方,是福建省的纯客县,汀江因此被誉为"客家的母亲河"。

人类创造文化的行为是以环境为基础,即人与环境之间的结合。如网状分布的水系,使客家先民赖以生存的土地被切割成小块,基于这种自然地理特征,客家地区无数块呈星点状的耕地,几乎都是分布在小溪小河两岸台地或山坡上,客家先民为了减少耕作奔波,往往就地结为聚落,依山而居,依水而耕。从而形成客家民居依山傍水的特点,所以水系的分布总趋势,也基本上决定了客家居住地分布的格局。

三是较为封闭的地理环境。南迁汉人在地处偏僻的赣、闽、粤三省连结地

---

[1]　胡太初:《晦汀志·名宦》。

区,即今江西的东南部、福建的西南部、广东的东北部交界处的大片山地、丘陵地带寻求发展。闽西作为中国客家民系主要聚居地之一,是客家人的发祥地。要了解客家民系在闽西的形成和发展,首先要对客家人这一生存空间的地理环境和自然条件有所认识。

"北有大槐树,南有石壁村。"石壁,是宁化县石壁镇(原禾口乡,1993年更名设镇)的一个行政村,地处宁化西隅,与江西省石城县毗邻,大批中原汉人举家南迁,从四面八方集中到宁化(石壁),该地区交通阻塞,是东南丘陵的集中地,这里武夷山脉和南岭山脉相交接,形成中原大地与东南沿海相隔离的天然屏障。宁化,特别是石壁,开发较早,这一地域在南宋之前无战乱,社会安定。唐末黄巢起义两次经过,也没有波及此地,所以北方来这里定居的人特别多。这些山脉在交通闭塞的古代,阻断了中原纷扰不断的战火,让因为战乱而逃离家园的客家先民,在心理上有了依靠,因而闽西山区成为中原移民逃避战乱,重建家园直至形成客家民系的理想与现实的"世外桃源"。正是这些特殊的地理环境为南迁入闽的中原人提供了良好的栖身之所和广阔的发展空间。

二、客家民系形成和发展的阶段划分

关于客家民系形成时间、在何区域正式形成的问题,学界众说纷纭,目前还没有统一的看法和结论。以著名客家学研究学者罗香林先生为代表的传统主流看法认为"客家先民的移民运动,在五代至宋初是一种极其显著的事象,'客家'一词亦必起于是时"。"观此种种,可知客家的形成年代,确在赵宋初年。"[1]王东在《客家学导论》中提出:"把客家民系的形成划定在明代中叶,应该说是有基本依据的。"[2]此外,还有其他说法,各人角度标准不一,所以关于客家民系形成的时间相差很大。

客家民系作为汉民族共同体中的一个重要民系,它是古时中原汉人南迁到赣闽粤间的山区,同化和融合了当地畲、瑶等土著居民而逐渐形成的具有独特客家方言、风俗习惯和文化心态的稳定共同体。本文赞同谢重光先生的观点:"客

① 罗香林:《客家研究导论》,台北众文图书股份有限公司,1981年。
② 王东:《客家学导论》,上海人民出版社,1996年。

家民系在宋代,至迟在南宋已经形成。"①客家民系与客家文化的形成,经历了较长的历史时期。具体如下所列:

(一)孕育期

从时间上划分,东晋以前是客家民系的孕育阶段。据各方面的史料记载:中原汉人很早就对闽粤有清楚的认识,并已有南移或南征北徙的历史,现在可找到的文字数据记载可追溯到夏朝。据《史记·越王勾践世家》说:"越王勾践其先禹之苗裔而夏后氏少康之庶子也,封会稽以奉守禹祀,文身断发,披草莱而邑焉。"郭沫若在其《中国古代研究》中就曾对此断言:"夏民族被殷人驱逐后逃来南方的。"由此可见,中原汉人与闽粤汉人,他们往来已有悠久的历史。

两晋期间,由于北方战乱,大量北方汉民渡江南下,少量移民进入了赣南地区,如《石城井溪村郑氏六修族谱》所载:"晋怀帝五年,海内大乱,独江右差安,中国士民避乱者多南迁奔吴,(我祖)避居豫章西山龙园梅井坪。"可以看到,这时大量的北方移民主要还集中在江淮和长江中下游沿岸,真正进入到赣、闽、粤三角地区的人数还非常少。所以,就整个赣、闽、粤三角地区而言,经济文化尚未得到全面开发,中央政权对这里的控制还非常薄弱。据统计,这时期,赣、闽、粤三角地区共建立县一级行政机构 12 个,其中 8 个分布在赣南,3 个分布在粤东,只有 1 个分布在闽西。由于经济文化尚未得到全面开发,所以,以汉族礼教文化为主导的赣、闽、粤区域性文化的形成也自然无从谈起。② 但是,自秦汉以来,北方移民的个别南迁,毕竟对当地的经济文化产生了一定的影响,并为以后赣、闽、粤区域性文化的形成奠定了基础,本文称这个时期为客家民系的孕育期。

(二)融合期

时间从东晋末至唐末,历时约 500 年。

唐代中期以后,随着我国经济文化重心的南移,赣、闽、粤三角地区的经济文化开始有了新的发展。其中最引人注目的是,唐开元四年(716)张九龄开通大庾岭路,使得赣南成为联系大江南北的咽喉要道。正是在这个咽喉要道的作用之下,使得天宝之乱(742~756)时,有部分北方移民开始沿着赣江溯水而上,进

---

① 谢重光:《闽台客家社会与文化》,福建人民出版社,2003 年。
② 刘劲峰:《积累与嬗变——略论客家民系的形成过程》,《客家研究辑刊》2001 年 1 期。

入江西丰城、吉安、赣州一线。随后，中原汉人也陆续南迁入闽。正如台湾陈运栋在《客家人》一书中说："福建宁化，地接赣南，西北有高山环绕，宛如世外桃源，尤为当时避难最安全的地方，所以这一批逃难的人民，也就以迁居宁化为最多。"迁居以石壁为中心的客家人，在安定的环境里，生息繁衍，他们把中原汉人的文化、语言同当地的文化、语言相结合，产生了一种既保留中原古风又有新变化的文化、语言。

与此同时，南迁汉人与当地土著人相互来往，融合、通婚、同化，逐渐形成了新的方言和意识形态，但当时在石壁居住的人数还不够多，地域也比较小，方言和意识形态等也还不太稳定，就把这个时期称为客家民系的融合期。

（三）成熟期

时间从唐代末期至宋代中期，历时 200 多年。

这段时期，北方内忧外患，又有大批中原人南迁，给赣、闽、粤三角地区带来了蓬勃生机。古来汀江流域竹木葱郁，土地肥沃，自然条件较好，与此同时，闽王的宽松接纳政策，吸引了大批南迁中原人入闽，从而使汀江流域的经济、文化发展很快，人口剧增。客家先民的大量涌入，使位于汀江上游的汀州"避役百姓三千余户"而置州，汀州因而成为源流之地。其中在石壁居住的中原人最多，并大都有亲缘关系，比如中国三大姓中的张氏客家人，在西汉时，张瑞公迁到宁化石壁，宋绍兴年间进士张良裔迁居，南宋时，张杨德到来，随后，他们的子孙又陆续迁到了汀江流域的长汀、上杭、永定和粤东等地，但有不少人仍留在石壁，所以现在张氏在石壁人中占了 98% 以上，他们有共同的方言、文化、民俗，共同的经济活动和感情心态，这些人构成了一个相当稳定的独特的族群，人口已达几百万。汀江流域成为客家民系的摇篮、天下客家人的主要聚居地和祖籍地，汀江被称为"客家母亲河"。本文把这段时期称为客家民系的成熟时期。

（四）扩展期

时间从南宋至今，历时约 800 年。

南宋时，元兵攻打福建汀州，客民英勇抵抗，失败后许多人迁入粤东、粤北等地。元朝、明朝时，外族兵入闽，又有大批客民迁入广东、四川、云南、贵州和台湾等地。明末清初，大批客家人迁入四川等地，清朝咸丰与同治年间，洪秀全领导的太平天国运动，以客家人为基本队伍，辗转征战十余年，动乱使得客家人开始了又一次的大迁徙,分别迁到广东、海南、台湾、东南亚,甚至飘洋过海到海外去谋生,所以有人说:"凡有太阳的地方就有客家人。"这段时期为客家民系的扩展期。

客家民系在特定的历史和环境下经过漫长的演变发展,逐渐成为汉民族中分布范围最广、影响最为深远的民系之一,如今客家儿女分布世界五大洲的80多个国家和地区,它的人口已占我国汉人口的4%,在香港客家人已占香港人的1/6,在台湾占1/5,在全世界大约有1.2亿客家人(台湾世界客属总会统计)。客家人在中国历史上占有相当重要的地位,对我国乃至全人类都有很大的影响。

三、客家民系的特点

在客家民系的形成过程中,除具有的汉民族的地域、语言、经济生活和心态意识外,又有着自身的诸多特征。这些特征使客家民系与中原汉族既同又异、同中有异,呈现出共性与个性统一,一般性与特殊性共存的关系。

(一)中原汉人入闽后生产方式的变化

在中原汉人来到之前,赣闽粤三角地带是人烟稀少、野畜出没的原始森林。在这荒野的山岭中,居住着百越、畲族、瑶族等当地土著。这些少数民族文化落后,处于刀耕火种的蛮荒时代,生产力水平极其低下。客家先民起初是借当地土著人的工具使用,慢慢自己制造,或者购买。开始一段时期,由于生产工具缺乏,生产技术落后,他们大多只能通过集体的力量来获取生产资料,有的跟当地人一起,有的是一个家庭、一个家族在一起,他们共同生产劳动,共同分配,共同享受消费。

后来大批中原人带来了农作物的种子、科技文化、先进的生产工具和管理方法。他们伐木垦荒,筑坝造田,修渠筑坡,引水灌田,把一个个小盆地或低缓的坡地开垦成片片井田或层层梯田。先民们适应环境的巨变,在极其艰苦的条件下重建家园,既发挥中原带来的经济、文化优势,又努力学习久居此地的土著居民的经验,逐渐形成了带有浓郁山区色彩的新的经济生活面貌,概括起来主要有以下五点:

1.经济支柱为带有山区特色的稻作农业,农耕为主,狩猎和山林经济为辅。

2.商业不发达,自给自足的自然经济色彩极浓。

3.妇女参加多项生产劳动和家务劳动,但地缺蚕桑,只能以绩麻代替丝织和棉织。

4.山区矿产丰富,矿冶业成为农业的重要补充成分。

5.由于自然条件差,农民付出的劳动多而收入少,故人民生活普遍比较艰苦、贫困①。

以上是赣南、闽西、粤东三片共同的生产情况。正是这些南迁汉人、客家祖先带来的先进文化和先进生产技术,极大地促进了长江流域等地区的社会经济发展和文化进步。生产力得到发展,旧的生产方式被新的生产方式所代替,客家先民创造出来的物质财富和精神财富越来越丰富,从而吸引了更多的中原人来这里,并逐步向外扩展。

(二)客家话的形成

随着赣闽粤三角区的进一步开发和人口的壮大,以及汉族与畲瑶等少数民族融合的加深,至南宋后期,客家民系已在赣闽粤这片广袤的山区地域成长起来,其最重要的标志就是客家方言的形成。目前,关于客家方言形成的时间,学界尚无定论。谢重光先生认为:"语言学者中关于客家方言形成于南宋的观点是比较符合历史实际的。客家方言之独立,即标志着客家民系业已形成。"②也就是说,客家方言是与客家民系同步形成,其形成的空间,离不开闽粤赣三角区的范围,因这个区域在地理上具有相对封闭性,客家语言在很大程度上避免了与外来语言的渗透影响。客家先民进入比较封闭、与中原隔绝的赣闽粤山区后,其语言发展出现了与中原的语言发展不同的特点,而慢慢形成自己特色的方言。根据语言学家的研究,语法是是语言中较为稳定的部分,划分方言的依据主要是看语音和词汇的变异情况。

从语音方面来看,客家的语音特点多和唐宋之交的语音格局相符。"到了唐末以后,客家话里既有许多与当时中原汉语相吻合的音变现象,也有不同于中原汉语的音变发生。这就表明,客家话正是从唐宋五代独自发展,并逐渐形成方

① 谢重光:《客家文化与妇女生活》,上海古籍出版社,2005 年。
② 谢重光:《客家形成发展史纲》,华南理工大学出版社,2001 年。

言的。"①

再从词汇方面来看,客家方言中虽保持了一些唐以前使用的词汇,但词义和用法比起原来已有所改变,已有一批词不见于古书,是新创造的,如:

〔嬲〕有"玩耍"、"戏弄"等意。

〔妳〕指乳房、奶水。

〔劂〕表示宰杀,如"劂鸡"、"劂猪"。

〔虷子〕指曾孙。

〔倈子〕指男孩。

客家方言还有一大批词汇在说法上与中原汉语乃至与其他汉语方言不同,比如下表所列:

客家话	普通话	客家话	普通话
热头、日头	太阳	屋下	家
妹子	女儿	星宿	星星
户山	门坎	家管	公公
头额	头	屎窖	厕所
家娘	婆婆	烧	柴、草燃料

这些词汇材料,表明客家话在继承中原汉语的同时,对中原汉语也有所改造,还有完全新创的成分。这也表明唐宋之际客家话已开始独自发展,处于逐渐形成方言的过程中。通常一种语言从它脱离祖语而独立演变开始,到正式形成一种与祖语有一定差别的方言,要有一个相当漫长的历史时期,经由量变到质变,产生一个新的飞跃,于是有其特色的客家话便产生了。语言学者推测,这个过程到南宋才正式完成,也就是说,客家方言到南宋时才正式形成。

客家方言不仅是客家之成为客家的标志,而且也是客家民系自我认同的内聚纽带。先来人形成的方言势必影响后来人的语言,集中居住在宁化石壁的先来人所说的石壁方言即是客家方言的雏形,随着南迁汉人越来越多,在石壁住不

---

① 罗美珍:《从语言视角看客家民系的形成及其文化风貌》,闽西客家学研究会所编《客家纵横》,1992 年。

下就搬到长汀和其他汀江流域的地方,他们带着石壁方言到这些地方繁衍生息,随着人口的增加,说石壁方言的人也越来越多,经过二三百年的相对稳定和发展,使得客家方言在汀江流域一带基本形成并固定下来,以后再搬到别处去的客家人基本上也说汀江流域的客家话。

（三）意识形态方面的变化

所谓民系的共同意识形态,即民系性格,是在民系的形成和发展过程中逐步形成的,它表现了民系的文化特点和心理状态。民系共同意识形态的基础是共同地域、共同经济生活及共同价值观念和宗教信仰,它是通过民系的物质文化和精神文化来表现的。

某个地区某个时期特殊意识形态的形成,与该地区该时期的内部外部环境和物质生活有莫大的关系。唐宋时期赣南、闽西的内部环境群山环绕,交通闭塞;外部有不同民系或不同种族的人群与之作种种竞争,而物质生活的艰苦穷苦养成了艰苦朴素之俗;交通的闭塞、劳作的艰辛养成了坚毅而偏急之习;与相邻民系或种族的竞争,乃至不同村落、不同种族之间的纷争,则造成了果敢好斗、轻生尚武之习。类似的经济生活状况养成了赣南、闽西类似的意识形态,例如南宋《临汀志》论及汀州时说:"汀,山峻水急,习气劲毅而狷介","其小人则质直果敢,不以侈靡崇饰相高","服用无华","轻生尚武"。这些描述,用今天的话来说,就是质朴、节俭、勇敢、偏急、重武。①

除此之外,宋代汀、赣两州特殊意识形态的形成,还有一个重要因素,那就是中原文化日益加深的影响。诚如《古今图书集成》引明《赣州府志》的记载所言:"吾郡壤接百粤,开设之初,封域东包揭阳,土风相近,火耕水耨,习拳勇,渔猎,信鬼,淫祀,其渐靡使然也。迄于隋唐,疆圉日辟,声教浸远,人皆抗志励节。故唐书宰相世系有赣人。"这些话很有启发性,同是一个赣南,其所得天地之气也好,具有的山川条件也好,唐宋以前与唐宋以来并没有什么不同,但唐宋以前具有蛮夷原始风气,唐宋以来却人物辈出,渐渐养成文质彬彬,抗志励节,不慑于刑威,而重于义理的风习,关键在于后来受到了中原文化的强烈影响。

① 以上有关意识形态的论述,采用了谢重光先生的研究成果,见谢重光:《客家文化与妇女生活》,上海古籍出版社,2005年。

　　客家先民长期动荡的迁徙生活,迫使他们以坚忍卓绝的精神和斗志开拓着自身的生存环境,从而造就了别具一格的客家文化和客家精神。享誉海内外的华侨巨擘——"万金油大王"胡文虎,他把客家精神归纳为四点:一是刻苦耐劳之精神;二是刚强弘毅之精神;三是劬勤创业之精神;四是团结奋斗之精神①。客家精神在中华民族史册上,闪耀着令人奋发向上的光辉,成为客家人的法宝,祖祖辈辈,相传不辍,发扬光大。

四、结语

　　当客家先民辗转奔波,最后找到闽、粤、赣交界地区这片大本营时,被周边的其他民系视为"客人",即"外来人"。"时时为客,处处为客"的客家人,不单被称为"客",而且也自称为"客",表现出客家人的大度和豁达。正是有这种大度和豁达的精神素质,客家人才能做到"身入他乡即故乡",才能把赣南、闽西、粤东三角地带的土著居民融合进来,最后"反客为主",形成独特而优秀的客家民系。客家民系的形成过程,也就是中华民族形成、发展和壮大的过程。客家是中华民族大家庭的优秀成员。愿客家民系在客家精神鼓舞下更加发展壮大,更加繁荣昌盛!

（作者单位为福建师范大学公共管理学院）

---

① 谢佐芝:《世界客属人物大全》上册,新加坡崇文出版社。

从客家土楼建筑看河洛文化印记

常巧章　王援朝

河洛地区位居天下之中,特殊的地理位置使其在漫长的历史发展过程中有相当一段时间处于中国政治、经济、文化的中心。政治导向和经济文化的交流,使河洛文化成为一个大熔炉。在其形成的过程中,广泛吸收了构成中华文化的各区域文化的有益成分,不断壮大自己。在走向成熟之际,又发挥了辐射四方的特性,对周围地区产生强烈影响和巨大的吸引力。比如:对邻接的河北的燕赵文化,山东的齐鲁文化、陕西的秦文化、山西的晋文化、以及长江领域的湘楚文化等,都是既吸纳、融合,又外溢、影响。

河洛文化在中华大地上的传播和辐射,方式是多种多样的。在古代生产力落后的条件下,人员的迁徙与流动是传播和交流的一个重要方面。正是河洛地区先民一次又一次的大规模南迁,使河洛地区的文化跨越长江,深入闽台。

在中国历史上,河洛人的大规模南迁有三次。第一次,西晋永嘉之乱时。司马氏集团统一全国,建立西晋后,全国曾有一个短暂的和平安定局面,但不久便因"八王之乱"而陷入动乱不安之中。中原板荡,干戈不息,中原士家大族及流离失所的百姓都被迫播迁,寻找安身立命之地,大部分人到了江南。司马光的《资治通鉴》中说,"时海内大乱,独江东差安,中国士民避乱者多南渡江"。这就是历史上说的晋室衰微,"衣冠南渡"。中原地区衣冠入闽者八族,陈、林、黄、郑、詹、丘、何、胡是也,这八族是河南固始江淮间的士族集团,他们大批迁徙到数千里之外的闽地,带去了先进的技术,对当地经济发展起了显著的促进作用。第二次,从唐高宗时期开始直到唐末黄巢起义。前有陈政、陈元光入闽,后有王潮、王审知兄弟拥兵福建。唐朝南迁的主体均来自河南。这些南迁的河洛人为福建带去了河洛官话,直到今天,闽南话中仍保留了一些河洛的特色。同时,伴随着移民来到福建的还有宗教信仰和日常生活方式。第三次，北宋末年大批的河洛人随王室南渡。玄学、理学也随移民跨越长江来到福建，滋养这里的民众，使这里逐步成为文章锦绣之乡。河洛人到达福建之后，并没有停止迁徙的脚步，而是继续向外传播河洛文化，虽然是在不自觉中完成的。

从西晋永嘉之乱到宋末的漫长历史长河中，河洛人在大规模南迁过程中经历了沧桑巨变，播撒的河洛文化的因子随处可见。在闽台等地的民风民俗中至今还烙印深刻，如重道义、好学问、尚教育、讲伦理、尊妇道、敦亲族、敬祖先等。就连在民居建筑方面也有鲜明的表现。

人们知道，地域广阔、历史悠久的中国，民居丰富多彩，四合院、围拢屋、石库门、蒙古包、窑洞、竹屋等等，多为世人所知，而对隐藏在崇山峻岭之中的闽西的部分民居——客家土楼，却较为陌生。

以福建永定县来说，全县共有土楼二万余座，包括方形、圆形、八角形和椭圆形等。客家土楼是客家人建造的，客家人都是汉族人，原是中原一带的汉人。由于客家人当初居住的大多是偏僻的山区或深山密林之中，其时不但建筑材料匮乏，豺狼虎豹，盗贼嘈杂，加上惧怕当地人的袭扰，许多困难都得靠自己人团结互助，共渡难关，于是便营造"抵御性"的城堡式建筑住宅——土楼。

2008年上半年，笔者有机会到福建，顺道对客家土楼作了一番考察，发现土楼建筑本身及其彰显的理念深深刻下了河洛文化的印记。

一是建筑结构奇特，充满《易经》八卦理念。闽西土楼众多，但最具代表性的是永定县湖坑镇洪坑村的振成楼（叔伯兄弟合资兴建，为共同纪念上代祖宗"福成公、丕振公"而各取一字命名），地理坐标东经116°57′，北纬24°40′，海拔358米。振成楼的外环是圆形，但它左右二边有对称的半月形馆舍相辅，外观恰似一顶封建官吏的乌纱帽，主体是以我国神奇的八卦图所布局，是楼中有楼的二环楼。楼作四层，高16米。内外二环包括两边耳房共有208个房间。

外环楼建筑是架梁式的土木结构，第一层作厨房和吃饭间，二层作粮仓，三四层楼则为卧室。外环楼每层有房间40间，配四付楼梯，楼按八卦方位设计，乾巽艮坤卦方位为公共场所，分别为门厅，后观音厅和左右两侧门厅；坎震兑离卦方位为住房，各配门户，门开连成整体，户闭自成院落，卦与卦之间设有男女浴室和圈舍。

　　内环楼是二层建筑的砖木结构,内有石雕、木刻门面、琉璃瓦当和窗户。设有一中心大厅作为全楼重要活动场所,如议事、宴客等。二楼走廊栏杆是用铸铁铸成的梅兰菊竹图案,观戏台上中间设计比两旁高六寸,正中间为客人座位,两旁为主人座位,意味着客人比主人高一等,这也是"客家好客"的象征。内环天井中有两小型花圃作点缀,更觉雅致。楼内东西两侧设有两口水井,也就是八卦图中的"阴阳"两太极,代表日月。

　　全楼设三道大门,为八卦图中的"天、地、人"三才布局,大门门板厚约15公分,门面配用0.5厘米厚的钢板加固而成,门内墙中埋有20公分方形门栓,大门一关,门栓插上,楼内妇孺老幼安全感大增。平时主人皆从左右两旁大门出入,中间正大门则常年关闭。正大门抑或要逢年过节或婚丧喜庆等重大节日才会敞开。当内外大门都敞开时,通常是七品以上要员到来。内环楼天井铺有花岗岩石板路直通大厅,好像当今的地毯,以似欢迎礼仪。一位德国游客参观后评价说:土楼"对敌人壁垒森严,对朋友敞开心扉"。

　　这种圆形的客家土楼,还有抗震的功能。据《永定县志》记载,1918年农历正月初六日,永定发生强烈地震,当时曾倒了不少方形土楼,而圆形土楼则相对安全。原因是圆形土楼的墙体设计都是稍稍向外倾斜的,它不但不能向内倒塌,也不大会向外垮塌,因为有"向心力"在起作用。圆形土楼的外环为弧形,遇到大风,压力不大,所以它具有防风、抗震作用。不仅如此,它还考虑到防火效能。以振成楼来说,它设计为卦与卦之间有防火隔墙,万一失火,只能烧掉一卦,不会向两边蔓延。

　　1985年振成楼的建筑模型曾同北京天坛模型一起,在美国洛杉矶参加国际建筑模型展览,以其独特的风格和独具一格的造型,被认为是客家人聪明智慧的结晶,是中华民族优秀的文化遗产。

　　二是文化内涵丰富,重教、尚德突出。振成楼不但其建筑独特,而且楼中各处楹联的文化内涵丰富,最为突出的是重视教育、重视道德。楹联大都以"振成"为题,又结合了《易经》中天人合一的哲学思想,并根据当时流传的儒能治世、道能治身、佛能治心的说法,吸纳了儒教、道教、佛教中的成分,立意较高、内容积极、催人向上。如外环大门对联"振纲立纪,成德达材"和内环楼大门的"干国家事,读圣贤书",勉励后人要胸怀大志,为了国家的纲纪,刻苦学习,努力使自己成为有德有才的人。大厅石柱上的"振乃家声好就孝弟一边做去,成些事业端从勤俭二字得来",教育后人要尊老爱幼,勤劳节俭。"能不为忧患挫志,自不为安乐肆志",教育后人假如在事业上受到挫折时不能丧失志气,必须继续努力;生活安乐富裕了,不能瓷肆妄为、忘记自己的志向,要自强不息。"在官无偿来一金,居家无浪费一金",教育后人有能力去当官的要廉正,不得贪图意外之财;持家过日子即便富裕也不得浪费分文。也就是说:该用的钱应该用,不该用的钱一分也不浪费。"振刷精神担当宇轴,成些事业垂裕后昆",教育人们要胸怀大志担承重任,做出贡献为后人树立榜样。为什么用"振刷"两字,而不是用"振作"呢? 一位专家解释说:"刷"较之"作"语意为更强烈,表示要放下"小我"而担承天下责任的使命感、责任感,反映了一种志向、一种抱负。同时还强调,一个人来到世界上,就要做成一点事业,能为后人树立榜样,能为后人引以为豪,能为后人留下纪念。即便大事做不来,小事总要做成点。

还有"振作那有闲时,少时、壮时、老年时,时时须努力;成名原非易事,家事、国事、天下事,事事要关心"。"振衣千仞冈,濯足万里流,大丈夫不可无此气概;成一代完人,作百代表率,士君子应有是胸怀。""振作家声,应法蔬书鱼猪,考宝早扫八件;成就事业,须遵格致诚正,修齐治平一章。"当初的楼主人还引用了《金刚经》中的"言法行则,福果善根",并在后厅中安有"观世音"菩萨供后人拜敬,教育后人要向观世音学习做"善事",观音座顶有"观自在"是自我反省之地,撰联写道:"振刷精神功参妙谛;成就福德果证菩提"。还有浴室顶上的"澡身"、"浴德"等词句,教育后人不但要洗净身体上的污浊,同时更要注意清洗自己的头脑。

综观楼中的各处联句,有一个明确的宗旨,体现《易经》中以天地为法则,确立人生规范,劝勉人生应自强不息,造福社会。振成楼的联句,既可以反映当初的楼主人在教育方面的远见卓识和良苦用心,也体现了中华民族文化、尤其是河洛文化的深刻影响。

（作者单位为中国人民解放军国防大学）

客家话是河洛话与畲语互动的产物

雷弯山　钟美英

客家,之所以称为客家,最重要最基本的要素是语言。客家方言与畲族语言很接近。"很接近"的原因是什么？学术界有的认为,畲族说的是客家话;也有的认为,客家说的是畲族话。本文认为,这两种观点都是片面的,客家方言与畲族语言"很接近",是河洛话与畲语互动的结果。

一

客家,之所以区别于非客家,基本的也是最重要的方面就是语言。客家方言不仅是客家之成为客家的标志、客家文化的主要要素,而且也是客家民系自我认同的内聚纽带。一个客家人之所以把另外一个客家人认同为自己的属群,其最直接最简单的道理是因为双方都讲一样的客家话。

畲族,中国东南沿海之主要少数民族。畲民自称"山哈",意为山里的客人。以"大分散、小聚居"形式分布在闽、浙、赣、粤、皖、贵、湘等省山区、半山区,主要聚居在闽东和浙南。畲族有自己的语言,属于汉藏语系。

目前,99%畲民使用的语言(畲语)与客家方言有许多相同之处,也就是说"很接近"。

畲语中,与闽、粤、赣大多数客话相同或相近的词语有:落水(下雨)、泥(泥土)、冷水(凉水)、担竿(扁担)、田塍(田埂)、老鸦(乌鸦)、禾(稻子)、衫(衣服)、牛牯(公牛)、镬(铁锅)、阿鹊(喜鹊)、敫(哭)、撩(玩耍)、行(走)、淋(浇)、灸火(烤火)、着(穿)、分你钱(给你钱)、分人打(给人打)、几久(多久)、几多(多少)。与闽、粤、赣部分地方客话相同或相近的词语有:日头(太阳)、今晡(今天)、绳(绳子)、沸水(开水)、糜(稀饭)、石牯(石头)、头毛(头发)、肚屎(肚子)、亲情(亲戚)、太(看)、洗浴(洗澡)、侪人(我们)、你人(你们)等①。

福建罗源畲语 100 个常用词语中,客家语词占 13 个②。福安甘棠畲语有 19 个声母:p、ph、m、w、ss、s、ts、t、th、n、l、sj、j、t j、k、kh、ng、h。59 个韵母:I、e、a、o、u、oe、y、ia、iu、ua、ai、oi、ui、uai、au 、ou、iau、im、em、am、in、en、an、on、un、oen、y n、uan、ing、ong、ang、ung、oeng、yng、iang、iong、uang、ip、ep、ap、iap、it、et、at、ot、ut、yt、uat、I？、e？、a？、o？、u ？、oe？、Y？、Ia？、Io？。声调有 6 个:中平(33)、低平(22)、高升(35)、低降(31)、高降(53)、低降(21)。即声母、韵母、语调同客家方言有许多相同之处。

畲语词汇中有不少词和客家话相同,如:

甘	棠	梅 县	甘	棠	梅 县
lo？ 6	sjy3	lok6 sui3		kiu1	kiu4
下雨 落	水	落 水	哭	叫	叫
ssiam1	sam1	？ am1pu1thiu2		am4pu1then1	
衣服 衫	衫	晚上 暗 哺 头	暗	哺 头	
pau1	ssy？ 5	pau1 siuk5		hang2	hang2
玉米 包	粟	包 粟	走	行	行
？ a4	ssia？ 5	a1 siak5		？ oi4	oi4
喜鹊 阿	鹊	阿 鹊	要、喜爱 爱	爱	

畲语表示亲属称谓的词语和客家话一样,习惯于在前面加词头？ a1“阿”;表示动物性别的词一般在后面加 ku3“牯”、ma4“么”。如:母亲 ？ a1ngia3,父亲 ？ a1tia1,姐姐 ？ a1tsi3,姑姑 ？ a1ku1,公羊 jiong2ku3,母羊 jiong2ma4。

畲语与客家方言“很接近”,其原因是什么？ 学术界有的认为:畲族说的是客家话。畲族,使用汉语的客家方言。这种客家方言同现在使用的客家方言不完全相同,同汉语客家方言的分布也不一致,因此可以说畲族所说的这种话是一种超地区而又具有一定特点的客家话。我国少数民族由于同汉族长期共同生活和劳动,使用了汉语,这种现象在历史上并不鲜见。随着民族的迁徙,脱离了原

---

① 金永汉:《浙江省少数民族志》,方志出版社,1999 年。
② 施联珠:《畲族历史与文化》,中央民族大学出版社,1995 年。

来的方言地区,在后来定居的地区又学会了当地汉语方言,并用它同当地的汉族交际,原来使用的汉语就成了本民族之间相互交际的工具。由于这种历史和使用的特点,常常使一种方言发生变化而具有明显的独特特点。畲族所说的客家话正是这种情况。[①] 进而加以引伸,认为畲族没有语言,一开始说的就是客家话。也有的认为:客家说的是畲族话。20 世纪 80 年代以来,可谓是两种观点针锋相对,而占主导地位的是前一种观点。其实,这两种观点都带有片面的,客家方言与畲族语言"很接近",是河洛话与畲语互动的结果

二

畲族一开始说的就是客家话,这种论点是站不住脚的。

语言是种社会现象,有产生和发展的客观规律,语言是从劳动中并和劳动一起产生出来的,其发展和其他事物一样,经历了从简单到复杂,由低级到高级的发展过程。民族语言是在氏族语言和部落语言的基础上发展起来的。

考古资料表明,早在新石器时代,粤北一带就有人类活动。学术界认为,这些人类是畲族的先民。《云霄厅志》中载有云霄镇五通庙石柱镌有盘、蓝、雷氏字样。盘、蓝、雷氏系唐代陈玉玲(即陈政)所征蛮獠的主要对象,明确指出庙柱为蛮獠所舍。则建庙必在征服蛮獠之前,先于陈元光开屯之前。由此可知,早于唐代之前就有盘、蓝、雷诸姓。《资治通鉴》和《云霄厅志》等有关资料记载,唐初在闽、粤、赣交界之地,畲族先民已有相当数量的人数。《太平寰宇记》谓梅州宋时的民族是,"主为畲瑶,客为汉族"。由于唐王朝在畲区推行封建统治,畲民奋起反抗,"唐总章二年(669),泉、潮间蛮僚啸乱"。唐王朝为了"靖边方",派陈政、陈元光父子率兵三千六百,"自副将许天正以下一百二十三员,从其号令,前往七闽百粤交界绥安县北方"[②],镇压畲汉人民的起义,然而,就是这么一支强大的皇家军队,尚"自以众寡不敌,退保九龙山,奏请益兵"。唐王朝又"命政兄敏暨兄敷领军校五十八姓来援"。仪凤二年(677),苗自成、雷万兴率领起义军进攻潮阳,"陷之,守帅不能制"。畲族人民同陈政子孙三代进行顽强斗争,反抗此

---

① 罗美珍:《畲族说的是客家话》,《中央民族学院学报》1980 年 1 期。
② 《云霄厅志》,卷一一。

起彼伏,持续不断。昭宗乾宁元年(894),爆发起声势浩大的宁化"黄连洞蛮二万,围汀州"的畲族武装反抗斗争。从唐朝畲族人民反抗斗争不停,时间之长、力量之强大,表明畲族人民在闽、粤、赣三省交界广大地域经过较长时间的生息和发展,人口甚众。因为在武装斗争遭到镇压之后,还有两万人围汀州,那么作为起义军后盾的畲族人民人数就更多了。

"客家"一词,在客家语与汉语广东方言中均读作"哈嘎"(Hakka),"客而家焉"或"客户"之意,最初是与当地土著居民相区别的称谓,后相沿成为自称。著名语言学家王力先生在《汉语韵学》中认为,"客家是'客'或'外人'的意思,因此,客家就是外来的人"。作客他乡,并以之为家者,即谓客家。客家先民的主体是中原南迁的汉族。根据罗香林《客家源流考》,汉族分五次南迁,在唐末到北宋,汉人才抵达闽、赣、粤交界的山区。

先入为主,后至为客。畲先客后,在许多地方志中有记载。明嘉靖黄佐著《广东通志》卷68《杂蛮》中述:"畲蛮,岭海随在皆有之"乃至惠州、海丰、从化、中山等地,皆有"畲蛮"。乾隆《嘉应州志》述:"客地的土著民族主要有畲、瑶、蛋等。"《五华县志》、《兴宁县志》、《平远县志》记载,当时畲民众多。

语言是文化的载体,交流思想的工具,它在人类社会一开始就存在了。那么,在客家人的先民没有到闽、粤、赣交界山区,早在此生息数千年,人数如此之多,战斗力如此之强的畲民,用什么来交流思想呢?不可能用客家方言来交际,因为此时汉人没有进入此地,或者是很少汉人进入这个地区。客家先民刚迁入,不可能立即形成客家语言。客家未形成,哪来的客家方言?畲族人民肯定有自己的语言,斯大林说:"历史上没有任何一个人类社会,即令是最落后的,能够没有自己的语言,人种学不知道任何一个落后的部族,即令是比方说像19世纪的澳洲人或火地人一样原始的或更原始的,能够没有自己的有声语言。"这种语言是什么样的语言,由于没有文字记载,我们不得而知,我们只能从目前畲族人民内部使用的畲语中找到其痕迹,根据"痕迹"来确定当时的面貌。始修于明弘治的《潮州府志》中,记载了当地畲族词汇仅两条:"火"叫"桃花溜溜";"饭"是"拐火农"。李唐撰《丰顺县志》述:畲民"其土操土音,俗称为蛇罗语,极难异,今能操此语亦少"。可见,当时的畲语是存在的,也不同于如今的畲语,根据学术界的意见,称之为"古畲语"。如今,罗源的游文良同志已基本上根据"古畲语"大致勾画出当时畲语的基本轮廓。

畲族先民放弃原有语言,用客家语言取代古畲语,是不能成立的。

其一是不符合逻辑。大量南下的汉族进入闽、粤、赣交界畲族山区,是在北宋,此后才形成了客家。期间畲汉同在这一地区生活了四五百年时间,然后畲族才大批迁出此地。如今,畲族迁出此地,已有 1000 多年时间了,而且是迁进生产力更发达的汉族地区,受到更为强大的汉语影响;封建统治阶级曾数次进行强行的语言同化,但直到如今,畲民仍然保留自己的语言。从广东的潮州到安徽的南部,畲民的语言都相通,保留共同的语言。难道畲族语言经 1000 多年都不变,而在四五百年中就完全丧失掉! 这是不合乎逻辑的。

其二是不符合事实。自唐王朝镇压畲民开始,畲民就向东北部山区迁徙。《闽东畲族志》记载:"唐乾符三年(876),蓝应潮从侯官县迁入古田县水竹洋,成为古田富达畲族蓝姓始祖。"且蓝应潮在侯官县拥有相当的土地。"景福元年(892),畲族盘、蓝、雷、钟四姓 360 余口,跟王审知担任向导从海道来闽,在连江马鼻登岸,后徙居罗源大坝头等处,再由罗源迁居闽东的宁德、福安、霞浦、福鼎等地。"《浙江省少数民族志》载:"唐永泰二年(766),雷进裕一家 5 口由福建罗源县十八都苏坑境南坑迁入浙江青田县鹤溪村大赤寺(今属景宁畲族自治县澄照乡),后居叶山头村。"这些记载表明,畲民在唐之前已迁出闽、粤、赣交界地,唐初就由福州迁到闽东、浙南等地繁衍后代,他们的子孙一直保留自己的语言。难道他们到闽东、浙南之后,还要千里迢迢地回到粤北学习客家话不成? 回去学习语言,这是不现实的,也是不可能的。因为两地相距数千里,不要说当时交通不便,难以实现,就是如今交通极其方便的条件下,浙南的畲民也没有人回过三省交界之地。

其三是方法不科学。建国初进行民族识别时,民族识别工作组的人员多次深入闽、浙、赣、粤四省山区畲民中进行语言调查,认定"畲族有自己的语言"。而如今,认为"畲族没有自己语言或者放弃了自己语言"的学者,不懂得畲语。调查地点在交通方便的畲汉杂居畲村,发音对象多数是干部、教师等,内容是根据自己设计好的语言请他们发音。不是问古代的词语,而问"人民公社好"一类现代词。总是在畲语中找客家话,把相同的词全都归到客家话中;没有从客话中找畲族词语。

　　于是,有的人就认为,不是畲族说客家话,而是客家人说的是畲族话。因为,客家之所以为客家,是因为它形成了一种独特的语言。这种语言那里来的呢?同畲族语言"很接近",是学了畲族的语言。这的确是一个值得研究的课题。为什么中原的汉族人到了闽、粤、赣交界的畲族地区就形成了一种新的方言,而迁徙到别的地方却没有形成这种方言? 即为何同是宋元时的中原移民到赣地成赣人,到闽地成闽人,经广东省南雄珠玑巷的古梅关的数百万人到粤地则成了广府人。也难以解释许多原来自客地的移民到了闽地,成为闽人,唯独到畲族地区的才形成客家这样的事实。如果说,中原的汉族来畲区之前,沿途地区的语言就是一种同如今客家方言相近的语言,那么,问题就好解决了。如果沿途就没有这种语言,那么,客家话的形成的唯一解释,只能是接受了畲族语言,至少是互动的结果。

<h2 style="text-align:center">三</h2>

　　客家先民与畲族人民在闽、粤、赣交界的山区共同生活四五百年,在这一时期,应该说,有矛盾、有斗争,但更多的是在同自然、同统治阶级的斗争中,共同合作,产生文化上互动、共生,这种文化上的互动、共生也包括语言上的互动、共生。

　　此时,畲族先民操的母语是古畲语,客家先民操的语言应是中原古汉语——河洛雅音及沿途吸取各地方言所形成的次古汉语。在这一阶段中,并非是畲族先民放弃了畲语,改用客家语,而是畲客先民共同生活、相互学习,古畲语吸收了客家人先民带来的次古汉语,客家先民带来的古汉语吸收了当地古畲语。1992年,李默、张溥祥在广西桂林市举行的客家人历史文化国际学术研讨会上,提供的《论客家的形成及民族融合》一文,列举大量客家与畲族关系的事实,认为"客家的形成和发展也不例外,在特定条件下,中原汉文化在与当地百越土著文化的排斥和融合中形成了独特的客家文化"。1994 年,房学嘉《客家源流探奥》专著问世,认为,宋元时期,畲族人数不在少数(谢重光教授计算"四省总计 210 万左右"),反抗被镇压之后,被迫向汉族靠拢,一部分为客家,这就是畲族人认同汉族,属于汉族一个支,但在语言与习俗等方面与汉族有相当大差异之故。其结论是:"客家共同体由越族遗民中的一支(畲族)与历史上南迁的中原人融合,汉化而成。"1994 年 6 月,蒋炳钊在台湾举办闽台社会文化比较研讨会上,宣谈《试论客家的形成及其与畲族的关系》一文,指出:"客家的形成过程,必须是入迁的汉人与当地畲族融合的过程","客家是入迁的汉人和当地畲族文化互动于闽粤赣交界处形成的一个新的文化共同体。"语言方面,1981年,詹伯慧在《现代汉语方言》一书中指出:"客家方言与畲族语曾经起过相互影响,相互渗透作用。"1985年,陈宏文在《客家方言前途问题初探》一文中,认为"客家人多与当年的畲族同胞为邻,由于交往的需要,就吸收了一些畲族同胞的实用词汇"。学者们的研究都表明,客家及语言的形成、发展是在与畲族的语言互动中形成发展的,自然谈不上畲族放弃自己的语言,改用客家方言的问题。游支良同志翻阅了多年积累的客家话材料发现:江西大余的"天亮"叫"天豁[tie-33ho33]",广东河源的"曾祖父"叫"公白[kon33pak2]","曾祖母"叫"阿白[a33pak2]","拔秧"的"拔"叫"瞒[man33]","看"叫"睇[tie33]"等跟福安畲语、浙江畲语义同音近。若说这些词是畲语吸收客家词,不如说是客语吸收畲族语词,因为,福安畲语所属各地畲话都有这些词,即99%畲民用这些词,且义同、音同,而客家话只有个别地方这些词的音、义与畲语相同或相近。

这种语言的互动,开始应是畲语影响汉语。因为,中原汉人迁入这个地区是在漳、汀设治后,但开始迁入的汉人很少,他们的语言不可能在短时间内对畲族发生重大影响。正如斯大林分析语言的特征时指出的那样,语言具有最明显的民族特点,即一个民族形成之后,由于历史传统、生活习俗、思维习惯、表达风格等特点,各民族语言具有各自特征。它反映在民族生产、生活特点,保留和记录了本族人民的经验和智慧,也揭示了大量的本民族人民观察事物的方式方法,还有对他民族文化的见解。整个民族所有成员都时刻使用自己的语言。语言的社会性决定了语言的稳固性。这种稳固性,具有对强迫同化的巨大反抗力。少数中原来到此地的汉族人,只能是接受畲族的语言,用畲语同畲族人进行交流。他们学习了畲语。正如罗美珍说:畲族等土著民的语言也影响了客家先民的语言,例如:在词汇方面,客家话中表示女性长辈称谓的词尾"娓"等14个土俗字,在汉文词书中找不到这样的词;在语法方面客家话中的语序与普通话颠倒;这些现象可断定为受百越语影响所致。① 大量的的中原汉族来到畲区后,语言是相互

---

① 罗美珍:《谈谈客家方言的形成》,《客家纵横增刊》,1994年。

影响。后来多数畲民迁居他地,余下的少数畲民,就慢慢地使用了客家方言。如今,闽西的畲族使用客家方言,就是如此。

畲汉两个民族群体的语言互动、共生是从借词开始的。原来没有的事物的名称,各群体相互搬用;而一些各自有的词语,也因相互往来,逐渐先用畲、客先民同义词语。语言是思想的现实,而思想是对客观事物的反映。首先是闽、粤、赣交界山区,自然条件完全不同于中原,有许许多多的动物和植物是中原没有的,而畲族此时对这些动植物已有了自己的称呼;其次是畲区的劳动方式、生活方式与中原也不同,中原汉族来到此地,随乡入俗,学习畲族人生产、生活方式。自然语言上,汉族人只有借用畲语语词。近段本人网上"冲浪",看到一篇关于客家方言特点的文章,文中特别点出代表客家方言的几个词:"逻""嬲""食""鼻"。"逻":《辞海》释为:巡逻、巡察。客家话在使用上有所变化:(1)逻娘家,到娘家去探亲。(2)逻田:到田间去检查生产。(3)逻广州:到广州去旅游。嬲:从字形结构来看,两男夹一女,"搞不正当的男女关系"极为明显。但多数词书释为:戏弄、纠缠。客家话则解释为休息、休闲,停止劳动与生产。如山歌句:"坐下来,嬲下来,嬲到两人心花开。"食:《辞海》释为"吃"。客家话在使用上,具有自己的特色。谓一日三餐为食朝、食昼、食夜。客家话说食饭、食茶、食烟。鼻:《辞海》释为:"呼吸兼嗅觉的器官",并作为"创始"之意。客家话则增加了两个意义:一为鼻一鼻、闻一闻,作动词使用。又作"鼻涕"之意。"其实这四个词正好是畲语。当然,中原的汉族人也带来了新的词语,这种新词,有的被畲族人接受下来,也有的进行着改造,变成畲语。畲族人这种改造能力是极强的,不但以前如此,直到现代还是如此。如"自行车",浙江汉语方言是"踏脚车",而畲语是"脚踏车";"飞机",汉语方言也是"飞机",而畲语是"飞船"。这种词语非常形象生动,这是他们直观观察的结果。

畲族与中原南下的客家先民在语言上互动、共生,通婚起了巨大的作用。因为,畲汉毕竟是两个不同的民族,在封建社会,实行民族歧视,民族隔阂很深,自给自足的自然经济条件下,不同群体间的交流是非常有限的,因此没有共同语言,语言交流少,互动也少。由于南下的客家先民,不可能是全家来到三省交界的山区,来到这个地方的,多数是青壮年,于是他们只好与畲族女子通婚。客家学的开拓者罗香林于1933年著的《客家研究导论》中指出:客家先民"不得不与畲民混血,通婚";并提出:"客家先民与畲民通婚,血缘交融。"通婚,不但有了语言互动交流的场所,而且按照畲族的族规,必须学会畲族的语言。这样就大大加速了两种语言的互动。房学嘉《客家源流探奥》说"客家话在当地民间叫'阿姆话','阿姆'与普通话的'母亲'同义,即客家话为母亲话……历史上散居于闽粤赣三角地带的少数原汉人跟当地古百越人等少数民族通婚,建立家庭,其语言、文化习俗自然跟随母亲的民族,此即客家话叫阿姆话之故"。这"母亲的民族"即畲族。陈晓红指出:"某些客家男人或频繁地外出经商,或攻读致仕当官等等,多长期在外,不过问家事,因此,家庭的农业生产劳动、生儿育女、养老扶幼以及一切家庭操持,多由妇女承担"①。那么其子女当然是学说母亲民族的话。

由于畲族在唐代还处于原始社会,生产、生活方式低下而且简单,因此,语言、词汇自然较少。随着客家先民的进入,生产、生活的复杂化,语言也就丰富起来。畲汉语言的长期互动,就产生了一种既不是古畲族语,又不是古汉语的新语言。明、清之后,大量畲民迁到闽东北、浙南等地,畲语仍然面临改造的问题。这次改造是受各地汉语方言的改造。由于事物的发展,社会的进步,新概念新词的不断出现,畲语也不断地借词,不断地进行"汉化"。客家方言同样如此,与粤语等方言再共生,发展成为今天的客家话。

总之,如周立芳先生所说:"不应把客家文化单纯地看作是中原文化的南移,而应是中原文化与畲族文化相互影响、相互融合的产物,客家精神、客家语言、民间宗教信仰、民情风俗等等,便是在这一融合的基础上产生出来的。"②

（第一作者为福建省委党校哲学教育部主任、教授）

---

① 陈晓红:《广西客家法制度初探》,《广西民族学院学报》1995 年 4 期。
② 周立芳:《白沙客家与官庄畲族在民间信仰上的同和异》,《福建民族》1995 年 1、2 期合刊。

畲族文化中的河洛意识

赵晓芬

　　畲族,中国东南沿海之主要少数民族。畲民自称"shan ha"(山哈)。"哈"畲语意为"客","山哈",即指居住在山里的客户。以"大分散、小聚居"形式分布在福建、浙江、江西、广东、安徽、湖南、贵州等省的山区、半山区,主要在闽东和浙南。据2000年第五次全国人口普查统计,畲族人口数为709592(台湾还有数万的盘、蓝、雷、钟姓人未计入)。

　　"畲"字来历甚古,早在春秋战国的《诗》、《易》等经书中已出现。"畲",意为刀耕火种。考古资料表明,早在新石器时代,粤北一带就有人类活动。学术界认为,这些人是畲族先民。根据《资治通鉴》和《云霄厅志》等有关资料记载,唐初在闽粤赣交界之地,已有相当数量畲族先民。由于唐王朝在畲区推行封建统治,畲民奋起反抗。唐总章二年(669),唐王朝派陈政、陈元光父子率兵前往镇压,然而,就是这么一支强大的皇家军队,尚"自以众寡不敌,退保九龙山,奏请益兵"。唐王朝又"命政兄敏暨兄敷领军校五十八姓来援"。仪凤二年(677),畲民雷万兴率领起义军进攻潮阳,"陷之,守帅不能制"。昭宗乾宁元年(894),"黄连洞蛮二万,围汀州",爆发了声势浩大的宁化畲民武装反抗斗争。唐朝畲族先民反抗斗争不停,时间之长、力量之强大,表明畲民在闽、粤、赣三省交界地域经过较长时间的生息和发展,人口甚众。《五华县志》、《兴宁县志》、《平远县志》也记载,当时畲民众多。谢重光教授在《畲族与客家福佬关系史略》中,通过对元代几次大规模的畲民反抗斗争进行分析,认为当时闽、赣、粤、浙四省畲民人口"总计210万左右"[①]。

---

　　①　谢重光:《畲族与客家福佬关系史略》,福建人民出版社,2002年。

在漫长的历史长河中,畲民不但开发了中国东南沿海山区,同时也创造了具有自身特色的民族文化。民族文化是"每一个民族在长期的历史发展中,创造发展并具有本民族特色的文化。它是各民族一定的社会政治、经济在观念形态上的综合反映"①。它是各民族"在不同的自然环境和社会环境中创造出来、并在独特的社会历史发展和功能过程中积累、传承下来的"②。畲族文化一个突出特点是对民族的来源与历史的记忆、保留。

畲族的民族来源学界说法不一:较多的主张"武陵蛮说",认为畲瑶同源于汉晋时代长沙的"武陵蛮"。近年不少主张"土著说",认为畲族源于周代的"闽"人,因"闽"—"蛮"—"僚"—"畲"一脉相承。还有"越族后裔说"、"东夷后裔说"、"河南夷说"、"南蛮说"及"多元说"等。民间存在畲族文化源自河洛的说法,即广大畲民一致认为,他们来自河南。正如福建《上杭城区蓝氏家谱·蓝姓渊源及迁杭史考》(1999)所载:"对畲族的源流问题,学者专家众说纷坛,莫衷一是,至今仍是一桩众论不决的学术公案。畲民自传以龙麒为祖先,系五帝之一帝喾(高辛氏)后代。"由于畲族有自己的语言,无本民族文字,因而,这种民族文化意识通过民俗文化加以表达。畲族的传统文化中处处表达出他们的河洛情结。

《高皇歌》,畲族的史诗,族源自河洛。史诗作为一种古老的文学样式,是极其宝贵的口头传统、民间表演艺术和无形文化遗产,在人类文化发展史上占据着重要的位置。不仅是民间文化的宝库、民族精神的标本,更是一个民族的心灵记忆,一直被人们珍视为民族历史的根谱。如著名学者叶舒宪认为,在许多无文字的部落社会,史诗的演唱是神圣仪式的组成部分。这种原生态的仪式功能绝不只是文学的、修辞的或审美的欣赏,而是起到非常重要的文化整合作用。史诗所表达的价值观念、文化符号和情感被一定范围之内的群体所接受和认同,乃至成为他们自我辨识的寄托。畲民中广泛传诵的《高皇歌》,又名《盘古歌》,是畲族的史诗。唱的是:"说山便说山乾坤,说水便说水根源;说人便说世上事,三皇五帝定乾坤。""颛顼以后是高辛,三皇五帝讲灵清;帝喾高辛是国号,龙麒出世实

---

①　布赫:《民族理论与民族政策》,内蒙古大学出版社,1995 年。

②　金炳镐:《民族理论政策概论》,中央民族大学出版社,1994 年。

为真。"勤劳勇敢的畲族始祖——龙麒,在平定了番王之乱后,因功娶高辛帝三公主为妻,结婚后他过不惯那种既清闲又勾心斗角的宫庭生活:"鸟想在朝官来大(做),自愿辞职做百姓。龙袍纱帽不稀奇,大城州府我鸟去。我同日月同共寿,要到潮州去迁基。""龙麒心愿去作田,去共皇帝分半山,自种山田无纳税,不纳租税已多年。"后因龙麒去世,畲族处处受欺,只好向东北山区迁徙。歌中"都是南京一路人",查《辞海·历史地理分册》,此南京并非近古称为建业、建康的今南京市,乃指远古称为南京的商朝古都即今河南省商丘市附近一带。畲族是高辛的后代,他们来自河洛。

祖图,镇族之宝,形象的河洛意识。祖图,是一套彩色画卷,共有20余幅,包括三清、十王、射猎师爷、打猎师爷、本姓始祖、左门神、右门神、金鸡、玉兔和长联等,少数为纸质,多数是布质,长联为布质。画面配有文字说明,图文并茂,以龙麒传说为依托,展示畲族历史发展、社会生产、文化习俗等。本族人除"传师学师"和"做功德"之外,一年仅上八日祭祖才瞻仰一次。祖图平时不随便供人观看,"止于岁之元日,横挂老屋厅堂中,翌早辄收藏,不欲为外人所见",非常神秘。畲族十分重视祭祀祖宗。周应枚的《畲民诗》云"九族推尊缘祭祖"。祭祖之时,"三清玉皇"、"龙麒与公主"、"龙麒狩猎"图像,挂在祠堂的正中;左右壁上挂起"盘古开天地"、"龙麒出世"、"龙麒平番"、"龙麒墓基"等长联。族长带领大家唱完《祭祀歌》后,按辈份大小,男男女女,一一向祖先祭拜,接着,主持者指着长联,向大家讲解祖图中美好、离奇、有趣的神话故事:盘古造天造地造世界,置立三皇帝,三皇过了是五帝。高辛皇后耳痛三年,太医取出一条三寸长的金虫,放在金盘中,变作龙孟丈二长,皇帝取名为"龙麒"。番王作乱,高辛帝为反击犬戎的侵犯,征聘勇士,谁能收服番王,三公主嫁给他作妻子,而且再加封。龙麒应征前去番国,趁番王酒醉,将番王首级割来献于殿前。但龙麒不是人,于是到金钟里变成人。公主和龙麒结了婚,生了三男一女。龙麒不愿做官,携一家到广东开基。龙麒打猎身亡后,三公主携儿带女,从广东凤凰山出发,向北而行。

祭祖,崇拜祖先虽是一种人们对祖先敬仰之情的表达,对血亲关系的确认,但从民俗文化角度来看,反映了一个民族的意识趋向、内心追求和精神寄托,表明了人们对家族关系的崇尚。"慎终追远,民德归原矣",就清楚地说明了祖先崇拜的文化内涵。祭祖是传统文化传承的重要渠道,也是民族向心力和凝聚力的纽带。祖图中有一幅图描述盘姓海上迁徙中,遇台风狂浪,没了踪影,不知去向。千百年来,畲民都在找这一支。去年在福州罗源经商的台商吴清菊、张环城在台湾了解到新竹湖口有盘姓。就赶到新竹,一到湖口乡就惊住了:这里的人语言与罗源霍口畲家人几乎一样;他们同认自己的祖籍地在河南汝南县,后来一路南下,到了广东凤凰山,也认龙麒为自己的始祖,习俗、为人行事风格都与霍口畲家人相似。新竹盘家长老盘治盛得知张环城从福州罗源来,兴奋地跳起来:"我们一直想找在大陆的兄弟姐妹。但畲家没有自己的文字,靠口口相传,有的家族传下来说我们与罗源有关,但我们搞不清罗源是地名还是人名,也搞不清这两字怎么写。前年,我们请厦门大学的专家帮我们寻根,最近他们也告诉我们,我们与罗源霍口畲族是一家。"并递过《台湾盘姓族谱》,指着"开台概况与原族谱遗失经纬"一章说"你看上面记得很清楚,'据宗族前辈称吾宗十五世祖以上,乃定居于广东省惠州陆丰县吉康吉卢竹坑,以务农为业……迄至十六世祖时,清兵入关,原先入闽粤之大姓,又相率随郑氏迁台,吾祖亦不后人,渡大海、入荒陬,以拓殖新天地",后组织一批人来到罗源霍口,与蓝、雷、钟姓的兄弟姐妹们团聚。张环城说:"明年我们还想当红娘,让罗源的蓝姓、雷姓、钟姓兄弟到新竹去,在那里再办一次团圆会,亲戚总是越走越亲。"其实,历史上许多畲民去了台湾,为开发台湾作出了贡献。如漳浦赤岭畲族乡的群山之间,坐落着一处明嘉靖年间建造的两进宫殿式建筑,它就是两岸蓝姓畲胞共同信奉的总祖祠种玉堂。堂内雕梁画栋,装饰典雅,悬挂着古色古香的匾额以纪念蓝姓中的杰出人物:"所向无敌,康熙丙子年福建水师提督蓝文山";"平台大将军,康熙辛丑年授闽台水陆提督蓝廷珍";"三赞大臣,雍正十三年授闽台水师提督蓝元枚";"公正廉明,授广州府正堂蓝鹿州"。这4位蓝姓先贤都是开发台湾的名人,他们都是畲族人。

三公主,畲族的女神,高辛之女。畲族婚礼,新郎新娘拜天地、拜祖宗时,男跪女不跪,这是由于女性是公主,新娘着的是凤凰装,是三公主的化身,不同于凡身,公主是不下跪的。女性地位高于男性。畲族家庭中大小事宜,妇女不仅参与商议,而且有最后的决定权,当家的是妇女。以前是大家庭,几代同堂,家中大小事情,说了算的是年龄最大的妇女。也有不少的畲村,直到20世纪末,村中最有威望的还是年龄较大的妇女,村中一些小纠纷,只要妇女出面制止,问题立刻得到解决。在子女的婚姻大事上,决定权自然属于母亲。彩带,是畲族流传悠久的传统手工艺织品。它既是美化衣着的装饰物,以及用作腰带、背带等物的生活实用品,还是畲族青年男女定情信物、定亲回礼和驱邪祝福的吉祥物。在畲乡,有这样一个美好的传说,畲族女始祖三公主要上天了,她把自己的报晓鸡留给了畲家小妹,让报晓鸡每天告知天下大事。后来,当报晓鸡与小妹诀别时,说:"在封金山,我喝过千年露水,尝过万种花草,内脏被露水花草染花了。我死后,你就将我的肠子取出,它会变成一条彩带,将胰子取出,会变成一只香袋,当你定亲时,把彩带和香袋当做定情物,会祝福庇佑你们夫妻恩爱,白头到老的。"小妹有了意中人,就这样做了,此后她的婚姻生活果然美满幸福。于是,畲族妇女就照这式样织起了彩带,并世代相传。由于千百代畲族妇女的虔诚传承,这类彩带严格保留了远古时期的原始织纹风貌,保留了遥远深沉的文化内涵。

凤凰装,民族的符号,帝后所赐。民族自我意识,《中国大百科全书·民族卷》定义为"是各民族在形成和发展过程中凝结起来的表现,民族文化特点上的心理状态。"即费孝通先生所说的是"同一民族的人感觉到大家是属于一个人们共同体的自己人的这种心理"。畲族把这种自我意识称之为"体个人(自己人)"的自觉感。服饰是一个民族在形成、发展过程中凝结起来、传承下来具有本民族独特心理状态的视觉符号。穿同种服饰的人,时时会相互传递这样的信息,我们是同一个民族的人,实现着民族的认同感和内聚感。畲族具有自身特色的服饰,早就"织绩木皮,染以果实,好五色衣服"。《云霄县志》记载,唐代畲族先民"椎髻卉服";明清时期,"男女椎髻,跣足,衣尚青、蓝色。男子短衫,不巾不帽;妇女高髻垂缨,头戴竹冠蒙布,饰缨珞状"[①]。畲族妇女,头戴笄,衣着花边衫,腰系彩带,足穿花鞋,色彩斑斓,绚丽多彩,称之为"凤凰装"。"凤凰装"的上衣、围裙用大红、桃红、杏红及金银丝线镶绣出五彩缤纷的花边图案,象征凤凰的颈项、腰身和美丽的羽毛,围裙象征凤凰的腹部;扎在腰后随风飘动的绣花腰带象征着凤尾,各种颜色象征凤爪,佩于全身叮当作响的银饰象征着凤凰的鸣啭。凤凰装,畲民认为是高辛帝后娘娘所赐。畲族始祖与三公主成亲时,帝后娘娘赐给女儿三公主一顶非常美丽的凤冠和一件非常漂亮的凤衣,祝福女儿像凤凰鸟一样,生活吉祥如意。三公主的女儿长大,招钟志清为婿,三公主也赐给女儿凤冠和凤

---

① 李调元:《卍斋琐录》卷三。

衣,祝福女儿万事吉祥如意。后来三公主一家来到凤凰山居住,凡生下女儿,都赐给凤凰装,并一直延续下来。福安畲民上衣的大襟角上绣有一个顶尖朝内的角隅纹样,象征三公主父亲高辛王赐封的半方金印;福鼎畲民上衣右边大襟上有两条红色绣花飘带,象征高辛王赐封的标记。

盘蓝雷钟,畲族的姓氏,根在河洛。"姓"是一种代表同一血统关系的符号。"姓"字从女从生,《说文》说,"姓,人所生也,古之神母,感天而生子,故称天子,因以从女,女生亦声也"。去其神秘成分,可以得出"姓"产生于人知其母而不知其父的母系社会,因此"姓"字从女。由同一女所出的氏族的人都同一姓。姓是族号,是血族给予的自然标记。夏、商、周时期,以姓为贵族间区别不同血缘关系的一种制度。姓者,生也。因此,姓标志血缘关系,观其姓可知其族类。畲族姓氏的由来,据宗谱和有关志书所载,神话相传:畲族始祖龙麒卫国有功,高辛帝赐配第三公主,生三男一女,驸马讨姓受封,帝赐长子"盘装"就姓盘,名自能,受封南阳郡"立国侯";次子"蓝装"就姓蓝,名光辉,受封汝南郡"护国侯";三子雷公云头响得好,高辛帝朱笔取姓便姓雷,名巨佑,受封冯翊郡"武骑侯";一女名淑玉,招婿姓钟,名志琛,受封颍州郡"国勇侯"。畲族人民世代相传,这一传说家喻户晓。畲民"话酒"溯源时,畲族蓝姓说的"汝南出头",雷姓说的"冯翊出头",钟姓说的"颍川出头"。畲民认为自己源出"河、洛"。

传师学师,成人的标志,不忘河洛。传师学师,是族内边歌边舞向弟子"传法",严格地说,应叫"传师学史"、"奏名传法",如德国学者哈·史图博所说的是把"活着的人的名字告诉祖先,把祖先的法则传给后代",是畲族的成人礼。以前凡年满16岁的畲民都要进行"传师学史",规定要代代相传,没有传给儿子的叫"断头师",学过师的人称"红身",没有学过师的人称"白身"。学师未传代者死后穿红色寿服,其儿子不能当孝子治丧,要请一位学过师的人替代。"父已祭祖,子必祭祖",否则父亡时,子就不能为孝子治丧,必请曾祭祖者为孝子,代治丧之责。"族谱记载,明清时期90%以上畲民进行过这一仪式。传师学师的内容,主要是反映畲族始祖龙麒去闾山学法。也就是说,畲族始祖龙麒因为平番建功,被高辛王敕封为"忠勇王",并和其女三公主婚配,婚后龙麒不愿在朝为官,就和三公主带领四姓儿孙离京,迁徙到广东潮州凤凰山,过着刀耕火种的生活。然而,深山老林也非人间乐园,外有外族虎视眈眈欲图伺机侵犯。内有毒蛇猛兽乃至"妖魔鬼怪"危害。为了下一代儿孙能在和平的环境中生存繁衍,龙麒决心去闾山"学真法",经历了千辛万苦千山万水的跋涉,龙麒终于从闾山高师那里学回了"真法",自此,妖魔驱走,恶兽除灭,异族不敢侵扰,畲族子孙得到了欢乐安定的生活。传师学师,就是用龙麒去闾山求师学法的经历,教育后人要敬仰祖先,要继承发扬祖上的精神。

族谱,民族的源流,河洛的记录。家谱是记载血、婚亲家族长期发展变化史实的原始记录。畲族家谱的内容一般是先叙家族得姓的原由、源流和世系,然后指明郡望及分派和迁徙的原因、始末,接着详载所谓恩荣,有关该家族的制诰、敕命、封赏。蓝、雷、钟三姓族谱都有《重建盘瓠祠序》。如蓝姓祠序中云:"盖闻木则有本,水则有源。自轩辕氏立极锡姓赐氏,遂有谱以纪世序,而知祖宗之所自出,支派之所以分,与吏之纪世统,叙帝王上下相承,其义一也。我姓之源天星下降出于高辛帝后,变生平耳,后因番国燕王作乱,侵害国家,我祖收燕复疆,帝以宫女招为驸马,遂生我祖光辉焉,封护国侯,赐姓蓝,但世远年湮,不知祖宗之所自出,支派之所以分者,谱未修也。兹广东潮州府凤凰山重建盘瓠氏总祠,议修家乘,期我族姓,凡为蓝氏者,务宜踊跃开明,以便汇而合刊,庶千百余代而有以知,某某出于某支,出以某派,则上有以识祖宗之源流,下有以连族姓之亲疏,不亦休哉。是为序。"

　　勅书:"高辛皇帝四十五年五月初五日,正宫娘娘刘后夜梦天降妾金狗下界托生,娘娘惊醒,不期耳内疼痛,当大诏召医调治,取出一物,如蚕形样,希奇秀美,以匏盛之,后将玉盘贮养,须臾,变为龙狗,身纹锦绣,灿然可观,取名龙期,号曰盘瓠,时又会能言,娘娘奉龙狗献上,辛帝帝颜大悦,朕御位数十载,风雨调顺,国泰民安,不期西番吴将征叛,行使妖术,半天排阵,水里藏兵,无人敢敌,乃辛帝出诏文书,要谋害进来,高辛皇帝见书大忧,恐惧番王进来,即出一令,宣公卿诸侯至殿下,帝曰有人退敌西番,降伏宁静,朕第三公主赐他为亲,出令三日,朝中文武百官,并无一人承旨,忽然龙期听见,进前收榜,唧到殿前,俯伏于地,愿去退敌,群臣共庆三呼,天生尔灵,既能成功无废,帝旨唯是赖,龙期趋之殿前,长喝三声,即辞而退,飘然过海,七日七夜,寒霜凛冽,直至西番番王殿前,番王见之,此物有颜容,番王问曰:何处而来,物曰:我是大朝龙期,过海而来,乃高辛皇帝无道,我来就你。番王闻情,容颜大喜,纳在帐内抚育,番王出入从随,不期一日,番王会集臣僚,设宴欢乐畅饮,逆番王吴将饮酒大醉,沉睡不觉一夜,番王头首被龙期咬断,速即唧走,过海回朝,呈上辛帝殿前,头放在地,奏曰:此头是番王正身也。高辛皇帝见了此头,龙颜大悦,乃说曰:龙期有功也,仍思末女不甘配与龙期为亲。假装一女,称为公主,赐与龙期,期不信也,又不奉旨,竟入深宫,口嚼第三公主裙襟密记,将身回转,伏在金钟,变化为人,皇旨令宣,群臣欣然,国界获为宁静,万民安乐,招盘瓠为驸马,爵封忠勇王,是日置酒笙歌,赐盘瓠成亲。七日,群臣咸闻,领遵公卿又奏曰:皇帝公主与忠勇王成亲之后,合归何处,共治国并治天下。皇帝依奏,再宣回相会议,旨勅会稽山七贤洞,用国钱粮,立驸马王府,封勅朝中大将,一同助国安民,赐九曲凉伞、虎铁、黄钺军器等项,御林一千护卫驸马王,朝中文武群臣饯送驸马往会稽山,安生乐业,自耕自种为食,免纳税粮丁役,俱勅分明,该部知道,钦佩此钦遵,驸马除番王有功,天下流传,后遗据。诏下驸马忠勇王异日子孙振起,所过天下,各省府州县遇有田山,听卿公子王孙,世代耕种,如地有子孙读书,寓各省府县,勅赐入围考试特据。又诏下驸马在日所过地方,各有官司供给驸马。又勅出天下各省州府县钱粮听卿支给俸新。又据,不意光阴三载,盘瓠与公主生得一位男儿,缘无名姓,抱上金銮殿前求帝赐姓,帝赐姓,(缺行——整理者注)用蓝盛之,因此姓蓝;再生一男,又抱金銮殿上求姓,忽然雷鸣一声,即安姓雷。因此姓蓝盘雷之人,仍见三位男儿。又过三年,又生一女,名英,配婿姓钟,名志深长远之事,时代相继,万古流传。高辛皇帝勅赐宫女与忠勇王共生三男一女,长男姓盘名自能,封柱国侯,次男姓蓝名光辉,封护国侯,三男姓雷,名巨佑,封武骑侯,女婿钟名志深,封敌勇侯,驸马之女,皆勅封品级。又勅赐御书铁券与忠勇王子孙,世代传流为照。朕有东夷王宁馨所贡三女,冠世美貌,长奇珍,赐卿长男,次奇珪,赐卿二男,三奇珠赐三男,以继宗祧,螽斯衍庆,世代相传,旨勅悉免粮税丁役,世代不纳永为乐人。至于秦始王无道,天下纷争,忠勇王三十九世孙,盘蓝雷钟同迁于广西地方栖避秦乱。楚平王五年五月,授封勅赐照身图付与忠勇王子孙及钟,共一千八百户,散行广东西路,路途以望而去,所遇田山,自耕自种为业,不纳粮税丁役,收执存照。朝廷钦差罗章泰带忠勇王子过所省州府县,散住地方,不许官员胥吏兵民人等,毋得骗嚇徭人财物,如有骗嚇,就得圣旨勒赐,先斩后奏,任忠勇王子孙捉拿赴官,依条责问。所寓各省州府县,一或有读书,勒赐入围考试,一或有山田耕种,构造屋人民争占,世代传流为照。大隋开皇五年五月十五日,给盘、蓝、雷三姓,立大船三号,出于海洋,后盘姓一船,不知何方去向,唯独蓝、雷两姓,洋中直到福建兴化连邑马鼻上山。吾祖迁马鼻南洋居住安业,俟后又分支派,移连邑尖沧大坵兰,其中久远,族繁知胜纪。后于明万历年间,吾始祖之贵公迁移大岗地场,立业安居,迄今十余世矣,虽有图序长远年没,破坏(不)可胜纪,故于本伯叔兄弟侄等,鸠集捐题喜银舍,重修图版、铁券,公青福省七桥官路先生高严灿丹青,铁券流,载正予,原期子子孙孙,永为世守,勿相替也,是为图谱之序。"

图谱之序、族谱之序用汉文详细记录了畲族源自河洛。

畲民还把这个神话编成传说、故事、民歌,如《祖宗的传说》、《高辛与龙王》、《封金山》等。传说、故事作为一种文化象征符号是一种社会记忆形式,"它在横向上能巩固占据特定空间的人类共同体的成员认同心理,使他们目标一致地按照既定的模式改造自然和社会;它在纵向上能传承于后代,是民间教育的重要部分,对于新一代人它永远是不依其意志为转移的价值载体并表达着历史积淀下来的价值取向"①。在民族成员中民族传说是神圣的,也是神秘的,它有一种非个人所能驾御的既定力量和控制力量;民族成员将传说、故事、民歌看成是民族演进史和民族精神史,融入了畲民的信仰体系、价值观念和操作系统之中。同时,民族传说、故事、民歌既有稳定的精神内核和基本的母题,又具有能产性、增值性与变异性,随着历史的更迭、时代的转换和环境的变迁,民族成员对民族传说、故事、民歌进行重新解读、宣讲和再编码,形成具有崭新的生命力的民族记忆,并在民族成员中不断强化进而支配着一系列的民族行动。《封金山》就是如此,说的是畲族起源于东夷,散居于河洛一带。

此外,四姓畲民中堂的香火榜上都标明祖居河洛的望籍,盘姓是南阳郡,蓝

---

① 纳日碧力戈:《"民族"的政治文化评析:人类学视野》,《民族研究》2000 年 2 期。

姓是汝南郡,雷姓是冯翊郡,钟姓是颍川郡。祠堂或堂屋正柱上必题有"安邦定国功建前朝帝喾高辛亲敕赐,附马金卿名垂后裔皇子王孙免差徭"的族联。人死后,墓碑上盘姓刻的是南阳郡,蓝姓刻的是汝南郡,雷姓刻的是冯翊郡,钟姓刻的是省川郡,回归河洛。

（作者为贵州省委党校哲学部副教授）

根系河洛的马来西亚血缘性组织

（马来西亚）李雄之

一、缘起

河洛文化是华夏文化的核心,也是中华文化的源头。在中华民族文化的形成与发展中占有重要地位。研究河洛文化时,不能忽略姓氏文化。姓氏文化最大的特色是对"根文化"的探讨。

从 1989 年洛阳海外联谊会发起,在中秋节召开"根在河洛国际学术研讨会"之后,国内和海外学术界产生了强烈的共鸣。东南亚的华文报章和媒体都纷纷以海外华人"根在河洛"的课题作了详尽的报道。

马来西亚的血缘性组织也深受影响,积极组团前往洛阳寻根问祖。马来西亚的舜裔宗亲会就曾经参加了在濮阳市举办的一项"帝舜故里揭碑仪式"。2005 年在濮阳所召开的世界张氏宗亲联谊会上,马来西亚的张氏宗亲会也没有缺席。

显然,通过姓氏文化研究的交流,已成功地促进了海外华人的寻根热潮。使海外华人对河洛文化的内涵与发展增加了更深一层的认识。

马来西亚的华人中,很多是具有相同血缘关系的宗亲。为求生存,他们充分体会到:必须互助团结、才能增进力量。于是,他们早在移民时代,便已陆续创立了众多的血缘性组织。到目前为止,马来西亚的血缘性组织,也就是宗亲会数目之众已被誉为世界血缘性组织之冠。

遗憾的是:其历史渊源、发展过程及功能演进,并非是中国的河洛文化研究学者所能耳熟能详的。故我不揣简陋,特为文介绍。俾对研究姓氏文化的学者和对主办姓氏寻根活动的有关当局有所助益,是所愿也。

二、移民文化

马来西亚华人大多数来自闽、粤、桂等沿海省份。其中较大量的移民是在宋、元、明、清时代。宋朝为蒙古人所败之后，陆秀夫负帝昺投海，局势动荡不安。官民为逃避战乱，纷纷南渡至东南亚各地。

1292 年，元朝派军远征爪哇和越南时，留下了很多的逃兵散卒定居当地。

1405 年，明朝郑和下西洋到马六甲三保山时，也留下很多人员落户该地。其中还包括传说中的汉丽宝公主和她的卫士们。

1840 年，清朝鸦片战争和太平天国之乱后，逃避战乱的移民也大量增加。

1931 年，日军发动九一八事变，占领辽、吉。中国共产党发表宣言，号召群众抗日救国。全国学生请愿抗日，局势动荡不安。加上是年长江流域发生大水灾，灾民人数多达一亿人。导致一些沿海省份的农民又萌起往海外求生和发展的热潮

除战乱及天灾人祸之外，农村经济破产、人民生活困苦，也造成大量中国沿海省份的人民纷纷买棹到东南亚各国开创新天地。

19 世纪后初期，英国殖民地政府为开辟马来西亚的锡矿场与橡胶园，需求大量的廉价劳工，造成大量俗称"卖猪仔"的情况出现。很多中国沿海省份的农民被欺骗、诱拐、掳掠至南洋各地，作为从事开荒的人力资源。大多数的"猪仔"在契约期满后，都愿意选择留下从事一些小本生意。及至稍有积蓄及生意扩大之后，便回乡携带亲友南来协助经营。

由于初期创业者所从事的行业具有一定的规模，随后而至的亲友 也在协助创业者的情况下，从事相同的行业。比如：闽南人多数从事橡胶业；广府人多数从事酒楼业；客家人多数从事锡矿业；潮州人多数从事米粮业；海南人多数从事餐饮及旅店业。

由于各行业的规模及收入参差不齐以及人数众寡有别，形成各籍人民之间产生隔膜及排挤。故为求自保及加强团结，血缘性组织及地缘性组织便如雨后春笋般相继成立。

三、血缘性组织成立的宗旨

最早在马来西亚成立的血缘性组织是在 1825 年由黄姓人氏所创立的"马六

甲江夏黄氏宗祠"。接着是邱姓人氏于 1835 年在槟城所创立的槟城龙山邱公司。这两间超过二百多年历史的华人血缘性组织目前仍存在,尤其是槟城的邱公司更荣获联合国文化遗产修复奖,也成为马来西亚旅游景点之一。

华人成立血缘性组织的目的,除了为加强团结、守望相助,也负有照顾南来宗亲的衣、食、住、行,以及为新来的移民寻找工作的责任。

部分的宗亲组织在会所中还安置始祖的灵位以作为膜拜祭祀的对象。始祖的来源及故事一代一代传诵着,充分体现了中华文化中饮水思源及认祖归宗的美德。

宗亲组织在联络感情、崇尚礼教、敦宗睦族及关心子女教育方面都做了不小的贡献。我们从各地宗亲会的成立宗旨中就可以举出例证。比如:马六甲戴氏宗亲会的成立宗旨是:"祭祀祖先、崇尚礼教、联络感情和敦宗睦族"①;太平霹雳郭氏汾阳堂的成立宗旨是:"联络宗亲感情、为宗亲谋福利,为宗亲权益做贡献"②;雪隆叶氏宗祠的成立宗旨是:"(一)奉祀列祖神主、资宗亲祭祀、俾他乡客子、知己身之所出、不致贻数典忘祖之嫌;(二)举行春秋两祭、籍以联络宗亲、使知尊亲敬老之义,进而彼此之间互通有无、调解甘苦、斟酌得失、明征存亡、庶几身客异乡、犹居梓里;(三)组织可招待远来宗亲、方便庆吊大事、筹办社会福利、调停或有纠纷"③;砂拉越陇西公会的成立宗旨是:"联络及促进彭、董、李三姓的宗亲情谊;增进宗亲福利及以本会名誉参与农工商投资;赞助社会慈善公益;推动文化教育事业;每年清明节时,会同宗亲前往彭、董、李三姓的祖先坟前举行祭拜,以崇祖德"④。

1945 年日本宣布无条件投降,马来西亚光复。随后成立的宗亲会宗旨已超出祭祀祖先及敦宗睦族的框框,视野拓宽、朝向一个更大的理想方向。1948 年成立的雪隆李氏宗亲会的宗旨为:"(一)促进会员之间的友好关系与谅解;(二)促进会员之间的经济、文化、教育及福利事业;(三)联络与本会宗旨类似的团体以达致上述目标"⑤;1988 年成立的北霹雳洪氏敦煌堂的宗旨是:"(一)祭祀洪

---

① 马来西亚华团简史编委会《马来西亚华团简史》,马来西亚中华大会堂总会 1999 年出版。
② 《太平霹雳郭氏汾阳堂》载《马来西亚华团简史》1999 年。
③ 《雪兰莪叶氏宗祠成立 100 周年纪念特刊》载叶毓光 1933 年《雪隆叶氏宗祠史略》。
④ 1993 年《雪隆李氏宗亲会 50 周年金禧纪念特刊》载李福安《沙拉越陇西公会简介》。
⑤ 《雪隆李氏宗亲会章程》载 1999 年《雪隆李氏宗亲会 50 周年金禧纪念特刊》

氏祖先牌位;(二)联络族亲感情,促进合作;(三)关注族亲福利,发挥互助精神;(四)协助社会公益、慈善及文教事业;(五)促进各族群亲善团结"[1];同年成立的马来西亚陈氏宗亲会宗旨是:"团结宗亲、联络感情、共谋福利、促进社会繁荣、各族亲善、公平、效忠国家;设立助学、奖学、贷学基金;推动各项健康文娱活动"[2]。其成立宗旨蕴涵了促进社会繁荣、各族亲善和效忠国家的理念。

显然,北霹雳洪氏敦煌堂的成立宗旨进一步促进了马来西亚各民族的亲善团结。从过去那种"纵向深植"的"山头主义"发展至"横向沟通"的"博爱主义"。人们高瞻远瞩的目标和坦荡宽阔的胸襟使血缘性组织比二战前更加壮大、更加成熟。

随着社会的进步、信息的通畅和科技的发达,马来西亚的华人社会也重新调整步伐,与时俱进。把一向扮演小团结角色的血缘性组织,推广至大团结的境界。这不失是血缘性组织在大气候变化中适者生存之道。

四、血缘性组织的命名及类型

马来西亚华人由1825年开始成立血缘性组织的是马六甲黄姓人士所创立的"马六甲江夏黄氏宗祠"。之后,各姓氏人士也不落黄姓人士之后,纷纷创立各自的宗祠及宗亲会。其中以宗祠命名的就有如下的例子:

吉玻江夏堂宗祠、吉玻苏许连宗祠、吉玻辛柯蔡宗祠、槟城济阳堂宗祠、槟城庐山堂苏连宗祠、威省北海江夏堂黄氏宗祠、霹雳州李氏宗祠、马六甲客家颍川堂陈氏宗祠、马六甲颍川堂陈氏宗祠、麻属六桂堂宗祠、麻坡西河堂宗祠……。

宗祠通常也指祖庙、家庙或祠堂。过去能够兴建家祠的多为地方的望族、或是有科举登榜的秀才、举人、进士,甚至是解元、会元、状元等。宗祠的兴建不只代表光宗耀祖,也代表子孙得祖上庇佑,才有优秀的人才。对拥有宗祠的阳世子孙而言,祠堂内安奉的祖先称为家神。阳世子孙祭祖的礼式与礼拜神明是完全相同的。因此,宗祠常择吉奉祀,进行标准的祭典礼仪。

各姓祠堂因其建庙安祖的渊源各有不同,所以尚须遵照祖训遗风行事。阳

---

① 载《马来西亚华团简史》,《北霹雳洪氏敦煌堂》,马来西亚中华大会堂,1999年。
② 《马来西亚华团简史》,《马来西亚陈氏总会》,1999年。

居后代子孙各自以不忘本的诚心,保有其各自慎终追远的礼仪。外姓之人若遇其典,亦以礼观之。

因此,以宗祠命名的地缘性组织基本上是以祭祀祖先神明为主。

18 世纪初期,一般的华人会馆组织都以"公司"命名,如:仁和公司(嘉应会馆)、惠群公司(吉隆坡惠州会馆)、仁胜公司(槟城增龙会馆),血缘性组织中以"公司"命名的有槟榔屿龙山堂邱公司。

1869 年英国殖民地政府鉴于华人社团多拥有黑社会的色彩,便颁布"危险团体抑制法令",规定所有被认为不危险的团体须向社团注册官注册及呈报团体的详情。

1890 年英国殖民地政府又实施一项社团法令,规定只有向政府当局注册的组织才属合法团体。从此,华人的乡团组织便跨进了一个新的阶段。原有以"公司"命名的华人乡团为避免被误为"黑社会组织",便不约而同地把"公司"的称号易名为"会馆"。血缘性组织中,至今仍沿用"公司"命名的是:槟城的垂统堂邱公司、帝君胡公司、金山堂邱公司、九龙堂林公司、龙山堂邱公司、槟城江夏堂黄公司、槟城三省堂曾公司、槟城绳德堂邱公司、槟城周桥公司、颍川堂陈公司、敦本堂林公司、谢氏福候公公司等。除槟城之外,马来西亚其他州沿用"公司"命名的血缘性团体已绝无仅有了①。

以姓氏为主的组织除以宗祠命名之外,也有以各自的堂号命名。如:吉玻王氏太原堂、吉玻陈氏颍川堂、北海威省颍川堂、北马倪氏千乘堂、北马宝树堂、北马六桂堂、北马龙山堂、槟城林氏双桂堂、槟城马氏扶风堂、大山脚洪氏敦煌堂、鼎美胡氏敦睦堂等。

华人血缘及地缘性组织就不再以"公司"命名。如今的"公司"一般乃指商场中以公共股份成立的商业团体,与早期华人组织中的公司完全有别。

马来西亚华人血缘性组织的命名始终与河洛文化或中原文化中之姓氏郡号或堂号保持着密切关系,甚至一直都在承传着与河洛文化的延续性。郡最早出现于始用郡县制度的秦皇朝。郡望原指某郡内的豪门大族,后来指某一姓氏发迹、兴旺的地方。堂号是某一个或某些姓氏的特殊标识,它与各姓氏的起源地、

---

① 马来文中称黑社会为:"Kong si Gelap"(意指黑公司),与"公司"的称号有关。

发祥地,甚至其发展史等都有密切关系,如:李姓所承传的堂号是"龙西堂",其郡望所在地是甘肃、旧兰州、肇昌、秦州诸府;王氏所承传的堂号是"太原堂"。其郡望所在地是太原、汾州二府及保德、平定、忻州各地。

　　血缘性组织除以祠堂、堂号及公司命名之外,也有以公会、公所、宗亲会、联宗会、家族会社、家庙等命名。

　　例如:

　　＊以公会命名者有亚庇清河堂张氏公会、亚庇吴氏公会、马来西亚杜氏公会等。

　　＊以公所命名者有麻坡蔡氏济阳堂公所、笨珍陇西公所、麻坡陶唐公所等。

　　＊以宗亲会命名者有雪隆李氏宗亲会、雪隆符氏宗亲会、美里省林氏宗亲会等。

　　＊以联宗会命名者有彭亨陈氏联宗会、森美兰萧氏联宗会、马六甲苏氏联宗会等。

　　＊以家族会命名者有霹雳戴氏家族会、马来西亚黄氏登进家族会、柔佛州永春指美乡郑氏家族会等。

　　＊以家庙命名者有伍氏家庙、槟城梅氏家庙、梁氏家庙等。

　　＊以社命名者有槟城王氏一心社、王氏家族龙泳社、威省马氏扶平社等。

　　由各种不同的命名中,大致上就可辨别有关血缘性组织的活动内容及它所肩负的功能了。比如:以祠堂、家庙、命名者多以奉祀祖神以及进行致祭大典为主;以家族会命名者只招收其同乡家族为会员,不同乡家族之同姓人属士,不被接受为会员。其所推展的活动多以家族为主,属较小框框之组织。以堂号命名者则视其堂号内所包括的姓氏都可入会。比如太原堂内包括十一个姓氏,即:王、羊、祁、易、武、祝、宫、温、霍、阎、尉迟。但是,吉玻王氏太原堂则只招收王姓会员,其他各姓虽同属太原堂,但不被接受入会,此乃因组织名称已标名是"王氏"。

　　除此之外,以陇西堂命名者理应包括六姓人士,即:李、董、彭、牛、时、辛。唯砂拉越陇西公会却只能收李、董、彭三姓人士为会员,牛、时、辛三姓则不被接纳为会员。据说,此乃因该会成立之初,众人仅知陇西堂包括李、董、彭三姓,而不知有牛、时、辛。加上牛、时、辛三姓人士在砂拉越似乎少之又少,即有也往往不为人所知。故砂拉越陇西堂的章程中仅注明其会员来自李、董、彭三姓,而牛、时、辛则未被列入。

不过也有一些地域命名的血缘性组织,如马来西亚永春陈氏公会仅许可福建省永春县陈姓人士才可参加。槟城琼崖陈氏祠仅许可海南籍陈姓人士的参与。如果其组织命名为雪隆陈氏书院宗亲会或文冬陈氏宗亲会者,则可招收任何地域或任何籍贯之陈姓人士的参与。至于刘关张赵古城会则属于历史人物兼具血缘特征的组织,其血缘关系较为疏离。

其余以公所、公会、宗亲会、联宗会及社命名者,其活动内容及宗旨与一般的华人社团没有多大分别。

五、早期血缘性组织的功能

河洛文化在东南亚的传播,不及朝鲜、日本那样早,那样广泛。但随着水陆交通的发达和河洛人、客家人四面八方辐射外迁等因素,以河洛文化为核心的中原文化就源源不断地传入东南亚各国,其中也包括马来西亚。

马来西亚与中国具有悠久的历史关系,到宋代已有中国人侨居渤泥(婆罗州),并与当地妇女通婚。明代自郑和下西洋后,中国和满刺加(马六甲)王国友好交往更加频密。华人移居马来西亚已有相当规模,但可以证明他们在此定居的文献,恐怕只能追本溯源至17世纪。在一幅志年1613年的马六甲街图上,出现了所谓"中国村"(Kampung China)及泉州门(Gate of Chincheos)的华侨聚居地①。

马六甲现在还存有早期几位华人"甲必丹"的墓碑②,从碑文上镌刻的生卒年代看,至少在17世纪中叶,马六甲已经有华侨的组织了。

马来西亚最早的华人庙宇就是马六甲的青云亭。青云亭是在1673年由甲必丹李为经所筹建③该庙内所供奉的主神是观音、配祭神是妈祖和关帝。

---

① 苏庆华:《独立前华人宗教》,林水壕等:《马来西亚华人史新编》第三册,马来西亚中华大会堂,1998年。
② 甲必丹是南洋殖民地政府采用"分而治之"及"间接统治"的方式。甲必丹由殖民地政府承认其地位,而得到公家的强制力进而达到政治和经济的控制利益。葡萄牙及荷兰人占领马六甲时施行"甲必丹"制。
③ 颜清湟著,粟明鲜等译:《新马华人社会史》,中国华侨出版公司,1991年。

　　青云亭成为华人聚集之地，其所扮演的角色不仅限于祭祀神明而已，甚至是华人的婚嫁繁衍、代代相传，以河洛文化为核心的中原文化也随之带到了那里。在语言相通、风俗习惯都与中原文化无异的情况之下，青云亭也和中国传统宗祠般具有早期华人调解纠纷的法庭功能。

　　基于马来西亚的华人移民大多来自闽、粤两省，由于他们之间存在着各种血缘关系，原本在中国时的错综复杂的宗族系统被移植于侨居地的华人社会，[①]同时，早期的移民华人身处于外国政府的统治之下，生活在语言隔阂、难于交流的群体中，这使他们深感沟通和交往的不便。他们盼望建立联络便利、有利于自身生存和发展的空间。于是，促使各种不同的血缘性组织纷纷成立，并建立了各种不同的功能。

　　其后，随之而成立的华人血缘性组织也都在承传着各自的功能上作进一步的扩大。其中的功能与河洛文化为核心的中原文化，仍存在着渊源流长、剪不断的关系。比如：林氏宗祠所祭祀的是其保护神妈祖；槟城五大姓宗亲会（邱、杨、陈、林、谢）所祭祀的是其入闽后之祖先，即陈政及其子陈元光。陈政父子为唐高宗时的将领，因平乱而率 8000 多河南光州府人入闽镇抚。随陈氏将军入闽的光州府兵与眷属共有 84 姓，其中大多数为河洛士族后裔。如：陈、曾、丁、程、许、卢、马、李、戴、刘、张、黄、林、郑、杨、苏、蔡、方、王、何、魏、胡、郭、萧、詹、施、邱、曹、欧阳、司马等他们的族谱记载，先祖出自河洛。有者甚至将族史载于相关宗祠的楹联之上，如程姓入闽始祖程彦斌纪念祠内，其中一副对联句子为：

　　家声绍洛水羡一堂瑞雪宋朝理学冠诸儒
　　政绩著漳州溯两袖清风唐代经纶夸列狱

　　另外一副对联句子为：

　　支派溯光州五代从王忠可敬
　　渊源探洛水春秋救赵义堪传

---

①　颜清湟著，粟明鲜等译：《新马华人社会史》，中国华侨出版公司，1991 年。

因此,其文化承传依然与河洛为核心的中原文化有迹可寻。

初期的血缘性组织除有祭神、祭祖的功能之外,也在为后来的移民安顿衣、食、住、行,甚至为他们寻找职业;若是不幸客死异乡之宗亲,则助殓或助葬遗骸;马来西亚史学家颜清湟指出:早期华人大量南迁,大多数以男性为主,并且多数是单身一人到此。于是,宗乡社团顿时成为他们抵达后投靠的场所。此外,当众人皆知处于水深火热的环境中时,应发挥守望相助精神。当有人病倒,或是遇上难题,通过宗乡社团,其他的会员皆会伸出援手。另外,必须一提的是,华人非常注重葬礼,在一个人死后,若无法举行一个像样的葬礼,将被视为整个家族的耻辱。在这种事件上,宗乡团体时常义不容辞为不幸逝世而家属又无能力进行殓葬仪式者成立治丧委员会,呼吁其他会员也捐出一些帛金,俾死者能入土为安,算是做了一件有功德之善事。除此之外,如有失依而打算返乡定居的贫病老者,血缘性组织也会尽力协助以促其成;经济能力较强之血缘性组织为方便亡故之宗亲能安葬于同一墓园,甚至不惜斥巨资购买义山及建立殡仪馆,为亡故宗亲作善后事宜。

每逢清明及中秋时,便在宗亲会所举行祭神大典礼仪;每逢神诞,则主办神明出游;每逢春节则召集宗亲共聚会所,举行新春大团拜;对中华礼仪尊崇备至。除此之外,血缘性组织也关心子女教育,举办义学、学堂或学塾以供教育子弟。如:建于1907年的"邱氏家族学堂"便是一个典型的例子。

六、后期血缘性组织的功能

二战结束后,遍布马来西亚各州属、性质相同的血缘性组织为扩大各自的功能和加强各地的宗亲联系,便联合起来组织成立了总会或联合会。比如:马来西亚李氏总会便是由马来西亚二十个属会组成[①],其中包括:

(1)槟城李氏宗祠　　　　　(2)雪隆李氏宗亲会

(3)威省李氏宗祠　　　　　(4)马六甲李氏宗祠

(5)霹雳李氏宗祠　　　　　(6)太平霹雳李氏公会

---

① 名单由马来西亚李氏总会秘书处提供。

（7）吉中李氏宗亲会　　　　　（8）森美兰李氏联宗会

（9）彭亨李氏联宗会　　　　　（10）苤珍陇西李氏公所

（11）古来李氏公会　　　　　　（12）麻坡陇西李氏公会

（13）柔南李氏公会　　　　　　（14）马 拉端李氏公会

（15）美里李氏公会　　　　　　（16）泗里奎李氏公会

（17）诗巫李氏公会　　　　　　（18）砂劳越民都鲁李氏公会

（19）砂劳越晋汉斯省李氏公会　（20）沙巴州李氏宗亲会总会

马来西亚陈氏宗亲会总会则拥有三十七个属会[1]分别是：

（1）隆雪陈氏书院宗亲会　　　（2）甲洞真山陈氏家族会

（3）巴生滨海陈氏宗亲会　　　（4）瓜拉冷岳丹绒士拔陈氏宗祠

（5）浮罗吉丹陈氏公会　　　　（6）马来西亚永春鸿榜陈氏宗祠

（7）拉瓜冷岳仁加隆陈氏公会　（8）马六甲颖川堂陈氏宗祠

（9）马六甲客家颖川堂陈氏宗祠（10）柔佛颖川陈氏公会

（11）柔中保赤宫陈氏宗祠　　　（12）麻属保赤宫陈氏宗祠

（13）麻坡潮州颖川公会　　　　（14）苤珍颖川公会

（15）霹雳陈氏宗祠　　　　　　（16）太平北霹雳陈氏宗祠

（17）威省大山脚陈氏颖川堂　　（18）北海威省陈氏颖川堂

（19）槟城颖川堂陈公司　　　　（20）槟城陈氏宗义社

（21）槟城宗盟社陈氏宗祠　　　（22）槟城陈氏潮塘社

（23）槟城海南陈氏宗祠　　　　（24）吉坡陈氏颖川堂

（25）彭亨陈氏联宗会　　　　　（26）砂劳越古晋颖川陈氏公会

（27）直凉举溪陈氏宗亲会　　　（28）永春东关伟公陈氏公会

（29）砂拉越诗巫颖川陈氏公会　（30）福建永春外碧陈氏家族会

（31）砂拉越美里陈氏宗亲会　　（32）隆雪海南颖川「陈」宗亲会

（33）沙巴颖川堂陈氏宗亲会　　（34）沙巴斗湖陈氏宗亲会

（35）砂拉越民都鲁颖川陈氏公　（36）颖龙津陈氏家族会

（37）威省大山脚马章武莫陈氏颖川堂

———————————

① 名单由马来西亚陈氏宗亲会提供

除上述两家血缘性组织总会之外,其中尚有:马来西亚成氏宗亲会、泛马 谢氏总会、马来西亚关氏总会、马来西亚黄氏联合总会……。

根据初步估计,马来西亚华人以姓氏命名的组织计有以下的姓氏:

白、车、曹、蔡、岑、陈、程、戴、邓、杜、董、范、方、冯 、傅、符、高、龚、辜 、关、郭、韩、何、洪、胡、黄、纪、简、江、蒋、柯、祁、赖、蓝、雷、龙、李、黎 、廖、连、梁、林、刘、卢、陆、罗、吕、马、麦、梅、莫、潘、彭、邱、全、佘、沈、宋、施、苏、孙、谈、谭、汤、唐、田、萧、谢、邢、徐、许、薛、王、汪、魏、温、翁、邬、吴、伍、姚、颜 、严、杨、叶、易、尹、余、虞、尤、袁、云、招、赵、詹、张、章、曾、甄、郑、邹、周、钟、朱、庄、卓、司徒、欧阳等。

许多的这类血缘性组织,尤其是二战结束后方成立者,因时代环境的改变、生活条件的富裕、交通的发达、来往的频密,加速了彼此之间的交流与交融,也直接与间接地促使血缘性组织在原本所具有的功能上产生了急剧的改变。比如:扮演民间协调解纷及做公亲的角色已被法庭所取代;为宗亲寻找职业的角色已被职业介绍所取代;殡殓的角色已被殡仪馆所取代。诸如此类的变化加上为吸引更多的青年宗亲入会以负起接班人的责任,宗亲会的活动就不得不须随着大气候的改变而做出大幅度的改变。然而,各自血缘性组织所具有的功能几乎都是一致的,只不过其所施展的功能多专注于各自群体的利益上,较少顾及其他不同的团体,可说是最具"山头主义"色彩的组织。

不过,各血缘性组织的活动内容也随着年轻人的喜好和潮流风气作出适度调整。其活动之项目内容就比较多元化了。

七、与时俱进的血缘性组织

民国时期(1912~1949)由于马来西亚华人社会与中国政治的密切关系,民国政府的教育政策更深深地影响马来西亚华文教育的发展。教育体制由小学而中学而大专院校,使华文教育发展成为一个组织 完 善的教学系统。这些现代化的小学、初中和高中保留着许多中华文化的精华。同时,华文教育的发展直接提高华族人口的识字率,把马来亚华人社会从一个较落后和较愚昧的社会推向一个较文明进步的社会。

1919 年著名的五四运动改变了中国近代的面貌,它也间接引发和刺激马来亚华文文学的进展。同时,也带来了许多新观念,如自由平等,并改善和提高了妇女的社会地位。在这个时期,作为华人社会骨干的血缘和地缘性组织,也因环境的改变及新观念的影响,让旧观念下的传统功能也做出了大幅度的转变①

　　70 和 80 年代,华人社会的文化和教育承受了沉重的压力。70 年代初期,随着马来西亚政治趋向单元化,国家的文化和教育政策也朝着这个方向发展。在国家文化的大前提下,政府极力提倡土著文化,华族文化则受到排斥。为了要贯彻一种语文和一个民族的政策,政府也极力提高马来语在国家教育体制中的地位。除了把英文学校改为以马来语教学外,又在全国大专院校推行马来语教育。在这重重压力之下,华社只能发挥"自强不息、自力更生"的精神来面对挑战。

　　处在这种急剧变化的大气候中,年轻一代所接受的教育内容彻底以地方色彩的内容所取代。祖居地的历史、乡根的情怀、故乡的风土也与他们渐行渐远,最终变成毫无瓜葛了。在地缘观念模糊、血缘观念淡漠的影响之下,年轻人对华人传统的地缘与血缘性组织逐渐失去了兴趣,进而造成许多地缘与血缘性组织面对后继无人的凄凉景象。

　　一些有识之士,开始作出改变,打破旧有的传统框框,成立青年团及妇女团,积极推展各类适合青年人的活动。诸如:组织合唱团、口琴队、华乐团、舞蹈班、卡拉 OK、语文补习班、电脑班、妇女健身班、烹饪班、家庭日、旅游团、访问团、辩论比赛、演讲比赛、图画研习班、书法班、汉语拼音班、气功班、诗歌朗诵比赛、庆祝元霄节、中秋节、猜灯谜、裹粽子比赛、出版会讯、主办研讨会、领袖训练班、射击活动、象棋比赛等等。

　　除此之外,血缘性组织也跳出血缘的固有框框,与地缘性组织一样,关心华人的社会权益、支持华人总会。华校董事及教师联合会及华人总商会,争取华人作为公民所应享有的权益。

　　随着资讯的发达、思想的开放,血缘性组织也主动采取横向交流,联合其他不同的血缘性组织主办活动,进而打破过去那种互不往来的"山头主义"。比如:2006 年 5 月 21 日雪隆李氏宗亲会就以"凝聚力量、开拓新机"作为主题,举办了一项"血缘性组织的走向"研讨会,出席的当地血缘性组织 36 个,出席人数

---

① 颜清湟:《一百年来马来西亚华社所走过的路》,《马来西亚华人社会百年:学术研讨会》,2003 年。

约 150 人,在吉隆坡算是空前创举。

为了使组织趋向现代化,血缘性组织已思考挣脱旧思维的束缚,为组织开创新的蓝天。雪隆李氏宗亲会便在去年排除各种困难,成功将组织转型,将行政处的硬体设备电脑化之外,还成功荣获 ISO 9001 品质管理体系认证证书。这也是截至目前为止,唯一的一个荣获 ISO 品质管理证书的血缘性组织。

血缘性组织除了积极进行内部改革以吸引更多年轻人参与和扩大活动内容之外,也设立网页或网站与世界各地的血缘或地缘性组织接轨,为其成员寻找商机或谋求更大的利益回馈。

为了向新生代灌输传统文化,血缘性组织也趁颁发奖学金时,向领奖学生讲述其姓氏来源、堂号及故乡的风土人情。必要时,还组团往祖居地寻根,以冀"把根留住",避免成为"失根一族"。惟其如此,才有望把血缘性组织永远保留在马来西亚的国土上,让它与天地并永恒。

马来西亚的血缘性组织是早期因逃避战乱、天灾、人祸而移民至南洋的中原人户后裔,在异国他乡挣扎求生及保存其传统文化之下,用心良苦地成立起来。这些血缘性组织在团结族人、为族人利益奋斗和带领族人在艰苦环境下挣扎求存和奋勇向前之际,扮演着重要的角色,作出了极大的贡献。马来西亚的华文教育得以扎根成长、开枝散叶;华人文化得以保留和绵延不绝,血缘性组织成了中原文化的绝好载体。它以各种方式把先辈的文化传统、精神理念等直接在海外地区传播,并在各个家族中世代传承下来,甚至一直到现代。大部分海外的华人家族仍旧保留着浓厚的中原遗风,如在他们的家谱中,都不忘追念其先祖的发迹地和祖居地。这些地区大部分与中原有关,他们都有自家的堂号和郡望,如陈氏淮阳堂、郑氏荥阳堂、李氏陇西堂等等。而这些堂号或郡望绝大多数是源自河洛地区。因此,把马来西亚的血缘性组织说成是"根系河洛"是毋庸置疑的。

八、后记

马来西亚惠州属团体总会会长拿督吴国强,最近与一些研究姓氏文化的学者共同组织了"马来西亚华人姓氏研究会"。并邀请了河南的张新斌研究员及北京的袁义达教授前来吉隆坡及马六甲分别举行了两场有关姓氏文化的讲座,使马来西亚姓氏文化研究者获益良多。相信"马来西亚华人姓氏研究会"获准注册之后将能与中国国内的姓氏研究学者频密往来,共同分享研究成果,为河洛文化中的姓氏文化做出一些贡献。

除此之外,马来西亚陈氏宗亲总会的总会长陈锦龙也在着手筹组一个"马来西亚华人姓氏总会联合会",为众多的马来西亚血缘性组织起领导作用,朝向一个共同的目标前进。

在教育制度改变、中华文化的承传力趋向式微之时,有这两个组织的崛起,对血缘文化的研究及对血缘性组织的发展都将注入一剂强心剂。相信马来西亚的血缘性组织将不至于走向灭亡之途。相反,前景会更加光明璀璨。永不熄灭的河洛火种将永远照亮在马来西亚血缘性组织的园地里。

(作者为马来西亚吉隆坡妈祖文化研究中心主任)

砂拉越古晋的客家族群与客家公会

(马来西亚)房汉佳　林韶华

一、前言

在谈到砂拉越古晋客家族群与客家公会之前,我们要研究砂拉越多元民族的人口比率,华人在这比率中所占的位置,客家人在此比率中占有的分量,以及不同县份客家人和他们所建立的方言会馆。此外,我们将谈到不同县份客家人所从事的职业,以及他们在 70 年代转变的情形。

根据砂拉越政府在 2006 年人口统计结果,各族人口比率如下:

2006 年砂拉越人口统计结果		
种族	人数	比率
伊班人	六十八万二千四百	28.9%
华人	六十万一千二百	25.5%
马来人	五十二万四千五百	22.2%
比达友人	十八万九千二百	8%
其他土著	十三万三千五百	5.7%
马兰诺人	十三万八百	5.5%
非本国公民	八万六千七百	3.7%
其他	九千三百	0.4%
总数	二百三十五万七千五百	

在这总数 235 万人口中,华人占 60 万。而其中客家人占 33%,即 20 万左右。这 20 万客家人,不论是从事农业、工业、商业、政府部门职位、文教界任务,或是其他行业,都是卓有成就,表现杰出。

在砂拉越的各个省份中,客家人最多是第一省,然后是第四省和第二省。

客家人不但在第一省人数最多,抵达时间也最早,而且建立方言会馆亦比其他省份快。

二、最大批的华族移民

18世纪40年代,西婆罗洲的苏丹招请华人前往开采金矿。这些矿工以客家人为主,包括嘉应州人、大埔人、陆丰人、东莞人、潮州人等,他们在西婆罗洲组织了十数个公司开采金矿。其中势力最大的公司是大港公司、兰芳公司和三条沟公司。

1834年,新加坡的英国商人厄尔(G. W. Earl)为了促进与西婆罗洲华人金矿公司之间的贸易,曾经到该地区访问。根据他的估计,当时在西婆罗洲的华人矿工有十五万。这是西婆罗洲历史上最大一次的华族移民。

不过,西婆罗洲华人金矿公司的光辉时代已经走向结束。1824年,荷兰人与英国人在伦敦签署英荷协定(British-Dutch Treaty),结束了他们为争夺东印度群岛(East Indies)的长期战争,而由荷兰单独占领。

荷兰殖民地政府不但对西婆罗洲的华人金矿公司施压,而且对他们进行离间分化,同时唆使当地土著进行叛变。1850年以后,西婆罗洲华人金矿公司走向衰亡。

事实上,从19世纪30年代开始,西婆罗洲金矿公司的矿工,已经开始越过边境,来到砂拉越,移居到伦乐(Lundu)、石隆门(Bau)、打必禄(Tebedu)、打马庚(Tebakang)和英吉利里(Engkilili)等地,其中以石隆门地区的西婆罗洲移民人数最众,多达四五千人。这对砂拉越来说,也是数目最大的一次客家移民。

1839年,英国探险家詹姆士·布律克(James Brooke)首次来到砂拉越。他航行到砂拉越河上游的时候,已经发现华人正在那里开采金矿和从事农业。1840年,詹姆士·布律克再次来到砂拉越。汶莱的统治者木达哈森要求他协助平定砂拉越的动乱。他在战斗中发现政府部队里,有一个拥有两百人的华族兵团,这个兵团还有一位很能干的领袖。那时候,古晋只有十家左右的商店,这个兵团,显然是来自西婆罗洲的客家移民团体。

1841年9月24日,詹姆士·布律克因为协助平乱有功,而成为砂拉越的第一任白人拉者(国王)(Rajah)。

1857 年,石隆门十二分公司的矿工人数已经有四千至五千名。其时古晋的人口,也只有一万左右。石隆门不但是一个繁荣的客家大聚落,而且盛产黄金,成为砂拉越经济的重要来源。

石隆门金矿公司,与詹姆士·布律克之间的关系,本来很好。后来,因为政治原因和经济利益而引发严重冲突,导致砂拉越历史上最血腥的一场战争。

石隆门矿工在政府各种压迫之下,决定要推翻詹姆士·布律克的统治。1857 年 2 月 18 日,金矿公司派出六百多名武装矿工,从短廊(Tundon)登船,顺砂拉越河而下,午夜过后,占领古晋,詹姆士·布律克和一批高官逃走。

2 月 20 日,石隆门矿工领袖刘善邦和王甲在古晋召集圣公会大主教、慕娘公司经理及马来领袖举行会议。他们令慕娘公司经理休姆(Ludvig Verner Helms)管理古晋的欧洲人,马来领袖拿督班达(Datu Bandar)管理马来人。这些人通知矿工领袖,詹姆士·布律克的外甥端木达还在第二省的史格朗河(Sekrang River),所以矿工领袖决定通知他继续统治达雅人。这些人都要听命于石隆门的金矿公司,并且都在契约(Contract)上签了字。签约用英文、中文和马来文写成。签字完毕,宰杀了两只鸡,以鸡血作誓,声言以后互不侵犯。茶会之后才握手散去。关于这件史事,很少人提到,只有在休姆的《远东先驱者》一书中,才有所记述。

金矿公司领袖在安排好管理权之后,于 2 月 21 日主动撤出古晋,乘船回石隆门。他们在半途遭到马来青年阿邦巴达(Abang Pata)率众袭击,被夺去一艘船。金矿公司大怒,认为这是违反契约,于是召集更多人马,回师古晋,实行报复。

2 月 22 日,矿工重占古晋。詹姆士·布律克听说矿工已经撤退,即坐船回到古晋,却碰见矿工大批拥至,他夺路逃亡。

就在这个时候,慕娘公司的轮船"詹姆士·布律克爵士号"从新加坡回来,端木达也率领大批史格朗河达雅族武士赶到,再加上古晋的马来武装部队,势力强大,矿工无法抵挡,急忙从水路和陆路撤退。在左岸攻击马来村庄的矿工,因为船只被夺走,无路可逃,不是战死,就是饿死在森林里。

在撤退的队伍中,王甲率领二百多名矿工防守第一防线的裕恒山(Lida Tanah),刘善邦率领其余部队防守第二防线的新尧湾(Siniawan)。

3月9日傍晚,防守的矿工正在烧晚饭的时候,拿督班达和拿督天猛公率领马来武装和达雅武士突然来袭,矿工败走,逃入森林,结果都被杀死,王甲阵亡。

第二防线也失守,刘善邦战死。

关于矿工被打败的消息,休姆著的《远东先驱者》和夏绿蒂·麦多哥(Harriette McDougall)所著的《我们在砂拉越生活的片断》(Sketches of Our Life in Sarawak)中①都有记述。

矿工惨败,经过石隆门,扶老携幼,逃回西婆罗洲。他们沿途遭到达雅人追杀,在离开石隆门的到罗港(Krokong)路上,即被杀死一千六百多个。回到西婆罗洲,又被敌对派屠杀。荷兰殖民地政府为支持砂拉越而进行了围剿。石隆门的十二分公司至此可谓灰飞烟灭。

4月15日,有一只船在古晋的砂拉越河上敲着鼓,来回行驶,船上的人向公众宣布,国家已经和平。一场惨烈的矿工起义事件至此结束。

三、砂拉越经济萧条

石隆门的矿工遭到追杀或逃回西婆罗洲以后,砂拉越政府失去最大的经济来源。其他华人为了安全,也离开砂拉越。砂拉越因此而面临各业凋敝,经济萧条,发展衰退的局面。

慕娘公司的经理休姆为了石隆门矿工事件而指责詹姆士·布律克。他认为如果不发生这次大灾难,砂拉越在这四、五千名勤奋华工开发下,将会出现一番新面貌。

在这种情形之下,砂拉越政府面临严重的财政困境。到了1870年,收支仍然无法平衡。这一年的税收为越币122,842元,支出为126,161元。

为了使砂拉越政府能够操作,詹姆士·布律克向慕娘公司贷款,同时也依靠一位非常富有的布而德——柯丝小姐(Miss Burdett-Coutts)的经济支持。布而德——柯丝小姐除了在砂拉越投资,也是砂拉越的继承人。后来第二拉者查尔士·布律克(Charles Brooke)在掌权之后,才把借款还回给布而德——柯丝小姐,而取回继承权。他曾经说过,他的舅父第一任拉者詹姆士·布律克是砂拉越

---

① Harriette McDougall, Sketches of Our Life in Sarawak, Oxford University Press, 1992, P. 152 - 154.

国的创立者(Founder),而他则是砂拉越国的建设者(Builder),这是很正确的话。他的成就,主要是促使砂拉越国的经济复苏与推动建设发展。这项成就,主要是依靠华族的大量徙居和联手胝足,筚路蓝缕的艰苦奋斗。

四、第二拉者广招华族移民

第二拉者清楚看到,要恢复砂拉越的经济,只有再度招聘华人到来。

1874 年,距离石隆门矿工事件只有 17 年,许多人仍然对华族存着疑虑,第二拉者即在 4 月 1 日出版的《宪报》上,登出招聘华人的布告:

> 我,砂拉越拉者查尔士·布律克谨代表砂拉越政府声明,所有要到来从事开垦甘蜜园和胡椒园的华人,政府将遵守下列的条款。
> 一、如果他们只要开垦从事耕种,他们可以免费获得任何面积的土地。
> 二、苦力若要为主人工作一段时期,他必须要依照法令,否则将会受到处罚。
> 三、每个港门的华族头人将由政府授权管理苦力。
> 四、首六年甘蜜和胡椒的出口免税,征税时每担将不超过二十分。
> 五、六年内,甘蜜园和胡椒园免缴食盐和烟草税。
> 六、政府将协助找回逃跑的苦力。

1880 年 11 月 29 日,查尔士·布律克又在砂拉越《宪报》上刊登了另一则政府通告,以招徕华人,从事开垦:

> 我,拉者查尔士·布律克特此声明,砂拉越政府同意和任何华人公司履行下列条件,以聘定和带领不少过三百名的华族垦殖民及其家属成员到拉让江,以从事园艺,种植稻米,或是其他的耕作。
> 第一,政府将免费提供足够的土地以满足他们的需要。
> 第二,政府将首先为他们搭建临时住屋和建造良好的通行小道。
> 第三,政府在第一年内,每月供给成人一"巴苏"(Pasu)的食米和一些盐,每一名儿童则可以得到一半分量的配给。[按:一巴苏为四甘东

（Gantung），等于二十四斤]。

第四，政府将致力保持与古晋之间的航运交通，而且将以最合理的条件为这些垦殖民运载任何的必需品。

第五，政府将在附近建造警署以保护他们，同时协助他们学习土著语言以促进了解，并且全面照顾他们。

第六，政府在履行上述协议后，希望这些华人将长久居住在砂拉越国家里。

由于第二拉者宣布要招聘从事开垦和种植的华人，所以应聘而来的多是各个县分的客家人。

其实在1870年，第二拉者已经在石隆门附近的巴古（Paku）开办一所华文小学，这是砂拉越历史上所开办的第一所学校。查尔士·布律克深知华人重视教育，只有提供教育设施，才能吸引华人到来工作和定居，以重振石隆门的矿业，复兴砂拉越的经济。

谈到砂拉越古晋的客家族群和客家公会，我们要提到五个极有影响力的组织。

（一）砂拉越古晋嘉应同乡会

古晋嘉应同乡会，最初名为应和馆。嘉应前辈夏杰儒鉴于同乡日众，却缺少联系，遂将他的工场木屋一隅捐献于同乡，作为同乡集会场所，借以联络乡谊，谋求福利。这就是古晋嘉应同乡会创立的经过。后来会员日增，遂于1885年购下二层楼会所，地点在古晋亚答街门牌五十二号。

1918年，古晋嘉应州人在乡贤的努力下，于会馆创立公民学校。后来，公民学校学生逐年增加，嘉应同乡会在原址扩建会所，建成三层楼会馆，以发展校务。

1934年，砂拉越客属总会成立，租用中国街门牌二十五号商屋为会址。1936年购买古晋汉阳街门牌十七号及十八号两间相连的店屋作为会所。砂拉越客属总会在政府的建议下，于1936年，将嘉应同乡开办的公民学校，和大埔同乡开办的大同学校合并，组成越光中小学校，由砂拉越客属总会办理，校址设在古晋凤梨路（Nanas Road），就是今天的古晋中华第四小学。

古晋嘉应州人除了建立会馆，兴办学校之外，也向政府申请义山，为同乡办理丧葬事务,并且在义山建筑公祠一所,以供祭祀。

在客家人之中,嘉应州人建立的古晋嘉应同乡会是历史最悠久的方言会馆,开办的公民学校,也是历史比较早的方言学校。这是因为嘉应州人起步较早,而且其中有许多在市区经营商业和手工业,联络比较方便。即使是从事农业,也在近郊。所以嘉应州人在社会发展方面,占有优势,而走在其他客家人的前面。

(二)砂拉越古晋大埔同乡会

砂拉越古晋的大埔人和嘉应州人的关系,应该比较密切,这是因为在广东的家乡,大埔县和梅县毗邻,所操客家语言也近似。从18世纪中叶开始,大埔人和嘉应州人即在西婆罗洲开采金矿。19世纪中叶以后,他们也在砂拉越的打马庚建立一座客家市镇。所以,大埔人和嘉应州人移居古晋的时间,应该不会相差太久。

但是,大埔人创立会馆的时候,已经比嘉应州人迟了42年。

1916年,大埔人建立埔邑公所,以大井头门牌51号的启智学校为筹办事务处。五年后,经过杨捧章等大埔乡贤的努力,购下古晋亚答街门牌四十号的一座三层楼店屋作为会馆,而于1920年举行埔邑公所开幕典礼。1951年,大埔人才将埔邑公所改称大埔同乡会。

大埔同乡重视教育,他们利用宽敞的馆舍,设立大同学校,以教育同乡子女和外属子弟。在这段期间,大同学校栽培了许多杰出人才,包括砂拉越州副首席部长和联邦政府部长,州立法议员和副部长,中学校长等,可谓人才济济,影响深远。

1936年,大埔人创办的大同学校和嘉应州人创办的公民学校组成越光中小学校,由砂拉越总会办理。大埔人陈汉光还担任越光中小学校长一个很长的时期。

大埔同乡会为了扶老恤贫,照顾坎坷同乡,而于1952年买下达闽路的一座楼房为副馆。这座副馆,环境清幽,毗连市区。现在已重建为新的大埔同乡会会所。

根据1960年的调查,古晋大埔人约有三千人。经营的商店共有七十五家,除了洋杂货之外,下横街和中国街的白铁业,打铁街的铁业,几乎都是大埔人在经营。从事教育的大埔人也很多,在20世纪60年代,多达三十位以上。所以,古晋的大埔人,可谓人才辈出。

（三）砂拉越客属总会（现已改称砂拉越客属公会）

砂拉越客属总会成立于1934年,后来称为客属公会。在此之前,嘉应州人已经在1874年成立应和馆,大埔人也在1916年建立埔邑公所。但是,古晋的客家人还有很多是属于其他县份,如惠东安人、河婆人、惠来人、海陆丰人等,他们当时尚未组成公会,所以,客属总会的成立,就是要给所有客家人参与其组织和活动提供一个场所。

因为客属公会接受所有客家人入会,所以会员众多,包括士农工商各界。在创办之初,客属总会的领导人多数是大埔人和嘉应州人,例如杨捧章、梁其钟、罗飞仙、陈汉光等,此外还有惠东安人万道奎,河婆人蔡任之等客属总会会员。

根据1937年出版的砂拉越客属公会概要《弁言》中所载,客属公会于1935年冬合并嘉应州同乡创办的公民学校和大埔同乡创办的大同学校,而组成越光中小学校。越光中小学校校长陈汉光在1960年出版的砂拉越古晋大埔同乡会四十周年纪念特刊《本会史略》中指出,公民学校和大同学校于1936年合并,这是指次年开学的时间。

客属公会人才众多,组织完善,其中财政、慈善和教育各股,扮演极为重要的任务。

客属公会的财政,不但筹募款项购买会所,修葺会所,购置义山,也为同乡子弟颁发奖助学金,鼓励他们努力求学。

客属公会由于会员极众,所以在1950年代购置大片义山。现在其中一块空着的土地已经被开发为商店区和住宅区,称为客家城。客属公会从这块土地,取回价值马币两千两百万元的资产。

（四）古晋惠东安公会

1898年9月1日出版的《砂拉越宪报》报道,有一批客家人,人数五十位,已经来到。这批客家人就是砂拉越政府所设立的四个华族垦场中的第一批垦殖民。

这批客家人,来自广东东莞、宝安和惠阳。他们自称为新安人,后来把惠阳,东莞和宝安联系起来,称为东归新人或惠东安人。归是指归善,就是惠阳。这批客家人讲的是新安话,和其他讲广府话的东安同乡在语言上有所不同。

第一批新安人在中国已经信奉巴色教（Basel Church），这是受到太平天国的影响。他们抵达砂拉越古晋以后，砂拉越政府在二英里外的盐柴港分配一百五十英亩土地给他们从事开发和垦殖。

由于惠东安人抵步得早，所以他们都居住在古晋十英里以内的地方。

砂拉越第二任拉者（国王）查尔士·布律克招聘惠东安人到来垦荒，是因为当时的土著还是处在刀耕火种的时代，生产技术落后，所以拉者希望这些前来垦荒的惠东安人，能够教导土著耕种的方法。

但是，不久之后，惠东安人就放弃种植稻谷，而改种蔬菜水果，豢养禽畜，饲养淡水鱼类。此外，他们也种植树胶、甘蜜和鱼藤等经济作物，而持续这种农业生活，直到第二次世界大战结束以后。

惠东安人的最大特色，就是十分重视子女教育。1899年，他们就在盐柴港垦场开办一所华文学校，后来改名为嘉伦学校。在第二次世界大战以前，嘉伦学校已经栽培许多人才。在筹款拯救中国抗战难民时，嘉伦学校首先发动捐款。1958年，嘉伦学校从盐柴港迁往石角路。1965年，改为英文学校，至今已经有一百零九年的历史。

惠东安人创办的第二间学校是培育学校，创办人是古晋安息会（SDA）的惠东安教友和真光学校的惠东安师生。学校创办于1932年，坐落在三条石巴刹。1936年迁至大石路四哩半。日本投降后，于1946年复校，并且改名为四哩半中华公学。

由惠东安人带领创办的学校还很多，例如马当路七哩的光中学校，创立于1937年。第二次世界大战结束后，改名为马当七哩中华公学。其他学校，由惠东安人创办的还有实胆槟中华公学、十哩中华公学等，这些地区，都是惠东安人聚居的地方。

1970年，惠东安人成立古晋惠东安公会。1978年，古晋惠东安公会加入马来西亚东安会馆联合会。2008年5月，公会代表马来西亚举办"第七届世界东安恳亲大会"。这使古晋惠东安公会赢得世界性的美好声誉。

（五）砂拉越河婆同乡会

河婆现在称为揭西。但是，在砂拉越的河婆人，仍然自称为河婆人，而将他们的同乡会称为砂拉越河婆同乡会。

河婆人抵达砂拉越古晋的时间比较迟,所以,他们聚居的地点,主要是在古晋的郊外,特别是古晋西连公路一带。现在,在古晋与西连之间的市镇,主要都是河婆人在经营各种行业。

河婆人在移居砂拉越古晋之初,交通落后,他们的生产条件,也受到很大的影响。当时,他们主要的出产,是薯类、胡椒、树胶等类经济作物。到了20世纪30年代,古晋西连公路建成,他们才开始大量生产蔬菜水果,当天就可以运送到古晋市区出售。

然而,河婆人的经济作物仍然以胡椒和树胶为主。20世纪50年代,韩战爆发,胡椒和树胶价格暴涨,许多河婆人骤然之间变成非常富有,其中很多人到古晋购买商店,从农业转向商业和工业领域。

河婆人的子女,也在富有的环境里,接受高深教育,成为社会上的专门人才。"经济是社会的基础"这一句话完全正确,河婆人的社会因此而产生急剧变化。

河婆人与其他不同县份的客家人在人口方面的比较,占了百分之六十。人口既多,而且合作,所以,他们在古晋建立一所大型的商业中心,称为河婆大厦,目前是一座很繁荣的商场。

除此之外,河婆人也个别建立自己的商号,甚至发展为许多地区的连锁商店。作为一个新崛起的商业势力,河婆人拥有很好的商业前景。

1978年,河婆人建立砂拉越河婆同乡会,目的在促进同乡的情谊和团结,举办奖助贷学金,以鼓励子女努力求学,推动文化与教育事业,发展同乡的企业经济。砂拉越河婆同乡会自成立至今,的确为同乡和社会做出了极大的贡献。

五、从方言会馆到民族团结

华族的方言会馆,在海外华族历史上,扮演了重要的角色。这些来自中国不同县份的族群为了同乡的共同利益,建立了以方言为基础的会馆。与此同时,他们也设立方言学校,以方便同乡子女上学。当然,他们也从中国带来他们所信奉的宗教。

中国推行国语运动以后,华族的方言才逐渐被取代。

中国抗战,使到海外华人同仇敌忾,建立了从未有过的抗敌救国统一战线。抗战胜利以后,古晋各属人士开办的学校,在统筹统办的方针下,组成五所中华小学,各属学生都可以自由进入任何一间学校求学。这是华族团结的积极表现。

20世纪70年代,砂拉越已经独立。但是,华族却感受到来自政治、经济和教育各方面的压力。因此,从20世纪80年代起,各地的华族组织,即出现社团联合会,而形成华族社会一股新的压力集团,为华族所遭遇的不公平待遇提出抗议,以争取合理对待。所有客家公会,都参与社团联合会而成为会员。

六、结语:客家社会的转型与未来发展

在砂拉越古晋发展起来的客家族群,最初阶段,从事商业和工业的人数并不多。从20世纪50年代起,富有的乡村客家人即进入城市,从事商业和工业。到了20世纪70年代,更多乡村客家人进入市区,他们除了经营商业和工业以外,也从事建筑业、汽车业、餐馆业、捕鱼业、金融业等。以前不同族群从事不同职业的传统,已经因为乡村客家人的大量拥入而被打破。

客家社会的转型,冲击着整个华族社会。他们努力培养子女,使他们接受高等教育,成为专业人才,服务社会。所以,以务农为主的客家人,在社会结构中,迅速向上流动。这种改变所带来的影响,正在不停深化。

古晋客家社会的未来发展,将随社会的变迁而前进。这种情形,将与全世界人类社会的发展并肩前进。

参考资料:

1. 高延(J. J. M. De Groot)著,袁冰凌译:《婆罗洲华人公司制度》,中央研究院近代史研究所,1996年。

2. 李长傅:《中国殖民史》,台湾商务印书馆,1990年。

3. 冯承钧:《中国南洋交通史》,台湾商务印书馆,1993年。

4. 李长傅:《南洋史纲要》,商务印书馆,1935年。

5. 李长傅:《南洋华侨史》,国立暨南大学,1929年。

6. 温雄飞:《南洋华侨史》,东方印书馆,1929年。

7. 罗香林:《西婆罗洲罗芳伯等所建共和国考》,中国文化协会,1961年。

8. 许云樵:《南洋史》,星洲世界书局,1961年。

9. 刘伯奎:《砂拉越古晋华文学校发展史略》,古晋,1982年。

10. George Windsor Earl: *The Eastern Seas*, WM. H. Allen and Co., London, 1837.

11. Ju-Kang Tien, Ph. D.：*The Chinese of Sarawak*, Research and Resource Centre, SUPP, Kuching, 1997.

12. John M. Chin：*The Sarawak Chinese*, Oxford University Press, Kuala Lumpur, 1982.

13. S. Baring-Gould & C. A. Bampfylde：*A History of Sarawak under its Two White Rajahs* 1839-1908, Henry Sotheran & Co. London, 1909.

14. Steven Runciman：*The White Rajahs*, Cambridge University Press, 1960.

15. Robert Payne：*The White Rajahs of Sarawak*, Oxford University Press, Kuala Lumpur, 1995.

16. Ludvig Verner Helms：*Pioneering in The Far East*, W. H. Allen & Co. London, 1882.

17. Craig A. Lockard：*Chinese Immigration and Society in Sarawak* 1868 – 1917, Sarawak Chinese Cultural Association, Sibu, 2003.

18. 砂拉越古晋嘉应同乡会:《砂拉越古晋嘉应同乡会纪念特刊》,古晋,1991 年。

19. 砂拉越客属公会:《砂拉越客属公会概要》,古晋,1937 年。

20. 砂拉越客属公会:《砂拉越客属公会二十五周年纪念特刊》,古晋,1959 年。

21. 砂拉越古晋大埔同乡会:《砂拉越古晋大埔同乡会四十周年纪念》,古晋,1960 年。

22. 古晋惠东安公会:《古晋惠东安公会成立卅一周年暨新会所落成纪念特刊》,古晋, 2001 年。

23. 砂拉越河婆同乡会:《砂拉越河婆同乡会庆祝十五周年会庆暨敬老晚宴特刊》,1993 年。

24. *The Sarawak Gazettes.*

25. *Sarawak Annual Report*, 1947 – 1963.

26. *The Sarawak Museum Journals.*

（作者分别为马来西亚古晋惠东安公会名誉主席、华人学术研究会主席,马来西亚私立学院副院长）

周代河洛地区与晋南地区的交流

薛瑞泽

晋南地区与河洛地区作为相邻的两个地区,是中国历史上交往频繁的两个地区。在长期发展过程中,彼此交往,相互影响,两地的文化相互融合,形成了中国历史上文明兴盛的渊薮。本文选取周朝作为时代的断面,对两地之间的文化交流作一研究。

一、晋南进入中华文明的视野

晋南进入中华文明的视野是在史前时代。经过近年的考古发掘证实,晋南地区所发掘的陶寺遗址是龙山时期文化的重要遗址,在中国文明发展史上具有重要的历史地位,有的学者甚而认为陶寺遗址是尧舜禹时期的都城遗址[①]。陶寺文化遗址东西约 2000 米,南北约 2000 米,总面积达 400 万平方米,是我国目前发现的面积最大的一处龙山文化遗址。不仅陶寺遗址证实了史前龙山文化的发展状况,而且文字材料也说明晋南地区在中国历史上的重要地位。《左氏·哀六年传》引《夏书》:"惟彼陶唐,帅彼天常,有此冀方。"唐人孔颖达疏:"尧治平阳,舜治蒲坂,禹治安邑,三都相去各二百余里,俱在冀州,统天下四方。"冀州即后来史书所说的平阳。《帝王纪》云:"尧都平阳,于《诗》为唐国。"徐才《宗国都城记》云:"唐国,帝尧之裔子所封。其北,帝夏禹都,汉曰太原郡,在古冀州太行恒山之西。其南有晋水。"夏代虽然定都河洛地区,但晋南仍然是夏王朝的重镇。即使到商汤灭夏时,"汤遂率兵以伐夏桀。桀走鸣条,遂放而死。""鸣条"的

---

① 黄石林:《陶寺遗址乃尧至禹都论》,《文物世界》2001 年 6 期。

地望,《集解》孔安国曰:"地在安邑之西。"郑玄曰:"南夷,地名。"①这说明晋南地区在夏代始终是其所依赖的军事重镇。

商王朝对晋南地区依然重视有加,无论商王朝定都河洛地区抑或是迁都朝歌以后,对晋南地区的控制更加严密。据李雪山先生研究,在山西省垣曲县有商的侯国犬侯,犬侯负责戍边并有报告敌情的义务,犬侯还协助商王田猎,犬侯境内就有商王田猎的场所,犬侯有向商王进贡的义务。在垣曲县还有商朝的方国亘方,在武丁时已纳入商朝的版图。在今陕晋豫交界的地方有莞方,曾长期与商为敌,后可能臣服于商②。周人的兴起与晋南也有密切的关系。李民先生指出:"周初始源于晋南,臣服于夏王朝,不窋之后脱离夏王朝,在晋中西部、陕北一带活动。古公亶父后迁到岐山下,并发展兴盛起来。"③由此可知,商王朝倚重于晋南地区,成为其控制西北地区的战略要地。

周朝建立后,对晋南地区更加重视。商末,在晋南地区还有尧的后人刘累的后代建立的唐城,这里因是尧后人所在,有"夏墟"之称。周成王即位后,唐人作乱,成王派遣周公灭唐,而将叔虞封于此。《史记》卷三十九《晋世家》云:

　　成王与叔虞戏,削桐叶为珪以与叔虞,曰:"以此封若。"史佚因请择日立叔虞。成王曰:"吾与之戏耳。"史佚曰:"天子无戏言。言则史书之,礼成之,乐歌之。"于是遂封叔虞于唐。唐在河、汾之东,方百里,故曰唐叔虞。

从此条史料所记述的情况来看,好像叔虞在周初被封在晋南地区有很大的偶然性,但当我们仔细分析西周初年的情况可以看出,周成王将其弟封在晋南是为了从根本上控制这一地区。因为周成王初年,西周依靠周公平定了管蔡之乱。此后,巩固东方广大地区的稳定就成为周朝统治者的不懈追求,而晋南地区处在河洛地区的北部,维持这一地区的稳定也是周人巩固其统治的重要内容。因此,周成王将这一地区分给其弟控制,是具有一定的政治眼光的。《左传·定公四年》云:"分唐叔以大路、密须之鼓、阙巩、沽洗,怀姓九宗,职官五正。命以《唐诰》,而封于夏虚,疆以戎索。"叔虞被分封在唐人的故地,统治着包括"怀姓九宗"在内的夏人之后。而对于这里活动的戎族,则要"疆以戎索"。唐人孔颖达

---

① 《史记》卷一《夏本纪》。
② 李雪山:《商代分封制度研究》,中国社会科学出版社,2004 年。
③ 李民:《夏商周三族源流探索》,河南人民出版社,1998 年。

指出晋初的统治方略体现了"皆因其旧俗也"的政治理念①。到了叔虞之子燮改国号为晋,《毛诗谱》云:"叔虞子燮父以尧墟南有晋水,改曰晋侯。"虽然此后晋国处于周之近郊,但与周王朝的来往史书缺乏记载。然而正因为同为姬姓的原因,所以,当周厉王因"迷惑暴虐"引起国人暴动,"厉王出奔于彘。"②周厉王之所以选择逃往彘,是因为彘(今山西霍县)为晋国的属地,可见血浓于水的情谊,在宗法制的社会之下,虽经历数代之后,仍然有一定的影响。

周平王迁都洛邑后,晋昭侯即位,始封其叔父成师于曲沃,结果导致了枝强干弱的局面。从晋昭侯开始,中经孝侯、鄂侯、哀侯、小子侯,到晋侯缗时,曲沃武公灭晋侯缗,"尽以其室器赂献于周釐王"。面对既成事实,无奈之下的周釐王"命曲沃武公为晋君,列为诸侯,于是尽并晋地而有之"。可以说,到晋曲沃武公被列为诸侯时,晋才真正引起中原诸侯国的注意,进入当时人们关注的视野。晋武公在位两年后病死,其子献公诡诸即位。晋献公在位26年,虽然在废立太子问题上引起国内的混乱,但在疆域的拓展方面仍是有所贡献的。晋献公十六年,"晋献公作二军。公将上军,太子申生将下军,赵夙御戎,毕万为右,伐灭霍,灭魏,灭耿"。次年,又命太子申生讨伐赤翟别种东山。十九年,又向虞借道伐虢,攻取虢边邑下阳。二十二年,晋献公灭虢、虞两国。至此,晋国疆域拓展到黄河以南地区③。晋献公死后,晋国内部内讧不断,到晋文公经历千难万险继承王位后,才又使晋国复兴。晋文公即位后,"修政,施惠百姓",重用人才,发展经济,使晋国迅速走上发展之路。《国语》卷十《晋语四》云:

> 公属百官,赋职任功,弃责薄敛,施舍分寡。救乏振滞,匡困资无。轻关易道,通商宽农。懋穑劝分,省用足财、利器明德,以厚民性。举善援能,官方定物,正名育类。昭旧族,爱亲戚,明贤良,尊贵宠,赏功劳,事耇老,礼宾旅,友故旧。胥、籍、狐、箕、栾、郤、柏、先、羊舌、董、韩,实掌近官。诸姬之良,掌其中官。异姓之能,掌其远官。公食贡。大夫食邑,士食田,庶人食力,工商食官,皂隶食职,官宰食加。政平民阜,财用不匮。

---

① 汉·郑玄注、唐·孔颖达疏《礼记正义》卷四《曲礼下》。
② 《史记》卷三十九《晋世家》。
③ 《史记》卷三十九《晋世家》。

　　正因为采取了发展经济的措施,富强起来的晋国开始在诸侯争霸过程中建立起自己的霸业。晋文公二年,周王室发生了因王子带勾结狄人入侵,周襄王外逃郑国的事件,晋文公乘机率兵勤王,赵衰曰:"求霸莫如入王尊周。周晋同姓,晋不先入王,后秦人之,毋以令于天下。方今尊王,晋之资也。"①晋文公采纳了赵衰的计谋,"公以二军下,次于阳樊。右师取昭叔于温,杀之于隰城。左师迎王于郑。王入于成周,遂定之于郏"。随后周襄王又"赐公南阳阳樊、温、原、州、陉、絺、组、攒茅之田。"②而晋文公最终在诸侯国中树立起霸主的地位与晋楚城濮之战有着密切的关系。晋文公四年,楚成王率领诸侯军队围攻宋国,宋国向晋告急。晋文公重臣先轸认为:"报施定霸,于今在矣。"③经过此次战役,晋国遏制了楚国北进的步伐,又会周天子于践土,实现了霸主地位的宏图。

　　可以说,晋国在晋文公时实现了诸侯霸主的地位,也使当时的周天子乃至诸侯国认识到晋国的重要作用,以晋国为代表的晋文化开始在中国历史上占有一定的地位。从此之后,三晋地区的文化开始成为中华文化中的重要组成部分。而从此前开始的晋南地区与河洛地区的交往亦构成了先秦时期文化交流的重要内涵。

二、晋南地区与河洛地区的交流

　　晋南地区与河洛地区因为毗邻的关系,在历史发展过程中,两地之间交流频繁。弄清两地之间的文化交流,对于我们分析和研究以黄河为轴心的中华文明之形成与发展具有重要的历史意义。

　　从经济方面来看,因为两地的特殊地理位置,经济交往频繁。《史记》卷一百二十九《货殖列传》记载山西地区的经济形势时说:

　　　　夫山西饶材、竹、穀、纑、旄、玉石。……龙门、碣石北多马、牛、羊、旃裘、筋角;铜、铁则千里往往山出棋置:此其大较也。皆中国人民所喜好,谣俗被

---

① 《史记》卷三十九《晋世家》。
② 《左传·僖公二十五年》云:"与之阳樊、温、原、櫕茅之田。晋于是始启南阳。"
③ 《史记》卷三十九《晋世家》。

服饮食奉生送死之具也。故待农而食之,虞而出之,工而成之,商而通之。此宁有政教发徵期会哉？人各任其能,竭其力,以得所欲。故物贱之徵贵,贵之徵贱,各劝其业,乐其事,若水之趋下,日夜无休时,不召而自来,不求而民出之。岂非道之所符,而自然之验邪？

司马迁站在全局的角度对包括三晋地区在内的物产及农业、手工业、商业经营的状况进行的评价,可以说是非常中肯的。《尚书·禹贡》描述冀州情形云：“冀州：既载壶口,治梁及岐。既修太原,至于岳阳；覃怀底绩,至于衡漳。厥土惟白壤,厥赋惟上上错,厥田惟中中。恒、卫既从,大陆既作。岛夷皮服,夹右碣石入于河。”描述与其濒临的冀州情形时说：“荆河惟豫州。伊、洛、瀍、涧既入于河,荥波既猪。导菏泽,被孟猪。厥土惟壤,下土坟垆。厥田惟中上,厥赋错上中。厥贡漆、枲,絺、纻,厥篚纤、纩,锡贡磬错。浮于洛,达于河。”从今天我们所看到的情况与先秦古人所描述的情况分析,两地的经济有许多相似和补充的方面。这在《逸周书》卷七《职方解》中记载的更为明确。河洛地区的“河南曰豫州,其山镇曰华山,其泽薮曰圃田,其川荥雒,其浸陂溠,其利林漆丝枲,其民二男三女,其畜宜六扰,其谷宜五种”。晋南地区的“河内曰冀州,其山镇曰化验山,其泽薮曰扬纡,其川漳,其浸汾露,其利松柏,其民五男三女,其畜宜牛羊,其谷宜黍稷。正北曰并州,其山镇曰恒山,其泽薮曰昭余祁,其川虖池,呕夷,其浸涞易,其利布帛,其民二男三女,其畜宜五扰,其谷宜五种”。《逸周书》所记述的豫州和冀州的情况有许多相似的地方,既有山川物产和灌溉的便利,也有农业种植的相似,甚而家庭规模也是相同的。

随着河洛地区的对外扩张,河洛地区的民众不断外迁,也使河洛地区的社会经济对外产生了影响。如夏末商初,河洛地区的夏人不断外迁,将河洛地区的生产方式带到其他地域。乐产《括地谱》云：“夏桀无道,汤放之鸣条,三年而死。其子獯粥妻桀之众妾,避居北野,随畜移徙,中国谓之匈奴。”[1]虽然关于匈奴的起源学术界有多种说法,但这条材料无疑提供了夏末商初河洛地区民众北迁草原地区的实际。

---

① 《史记》卷一百十《匈奴列传》。

《史记》卷一百二十九《货殖列传》为我们提供了不少有关两个地区经济交流的信息。白圭作为河洛地区有名的商人，其所行之的商业理论影响了后世。而他所经营的地区虽然史书没有明文说他到晋南地区去经商，但综合观察史实，他经营的范围应该在黄河中游地区，晋南地区应当是他活动的重要地区。正因为如此，后世有"白圭富国"之说。再如"猗顿用鹽盐起"。《集解》引《孔丛子》曰："猗顿，鲁之穷士也。耕则常饥，桑则常寒。闻朱公富，往而问术焉。朱公告之曰：'子欲速富，当畜五牸。'于是乃适西河，大畜牛羊于猗氏之南，十年之间其息不可计，赀拟王公，驰名天下。以兴富于猗氏，故曰猗顿。"《正义》案："猗氏，蒲州县也。河东盐池是畦盐。"晋南的盐业生产从先秦时期已经开始，其销往的地区自然要包括河洛地区在内。《战国策》卷十七《楚策四》记载，汗明对春申君说："夫骥之齿至矣，服盐车而上太行。蹄申膝折，尾湛胕溃，漉汁洒地，白汗交流；中阪迁延，负辕不能上。"汗明举出这个事例，一方面说明战国时期晋南地区的盐已经外运，另一方面也反映了晋南盐外运的艰难，而从楚地的人已经知道晋南的盐业经营，足以说明晋南盐的销售范围之广，可以肯定地说河洛地区在晋南盐的销售范围之内。春秋战国时期，晋南盐的宝贵，也出现在政治活动的场合，《左传·僖公三十年》云："初，郑公子兰出奔晋，从于晋侯。伐郑，请无与围郑。许之，使待命于东。郑石甲父、侯宣多逆以为大子，以求成于晋，晋人许之。冬，王使周公阅来聘，饔有昌歜、白、黑、形盐。辞曰：'国君，文足昭也，武可畏也，则有备物之饔以象其德。荐五味，羞嘉谷，盐虎形，以献其功。吾何以堪之？'"盐在这里成为招待来自洛邑周公的礼品。《周礼·天官冢宰》记述有"盐人"之设，"盐人，奄二人，女盐二十人，奚四十人"。其职掌为"盐人掌盐之政令，以共百事之盐。祭祀，共其苦盐、散盐。宾客，共其形盐、散盐。王之膳馐，共饴盐。后及世子，亦如之。凡齐事，鬻盐，以待戒令"。从河洛地区与晋南地区盐的消费的紧密关系可以看出两地经济关系的一体化程度。

因为河洛地区与晋南地区文化上的一体性，商业经济在先秦时期颇具特色。《史记》卷一百二十九《货殖列传》记载，三河之间，因长期建都的传统，形成了"纤俭习事"习俗。"杨、平阳陈西贾秦、翟，北贾种、代"；"温、轵西贾上党，北贾赵、中山"；"洛阳东贾齐、鲁，南贾梁、楚"；"三河、宛、陈亦然，加以商贾"等有关河洛地区与晋南一带商业风采的描述，为我们展示了先秦时期黄河中游地区商业经营的盛况。《荀子·王制》有关于中原地区与周边地区贸易往来的记载：
"北海则有走马吠犬焉,然而中国得而畜使之;南海则有羽翮、齿革、曾青、丹干
焉,然而中国得而财之;东海则有紫、絺、鱼、盐焉,然而中国得而衣食之;西海则
有皮革、文旄焉,然而中国得而用之。"从这一记载可以看出河洛地区是重要的
贸易中心。

从文化交流方面来看,因为周平王迁都洛阳后,以洛阳为中心的河洛地区在
中国文化史上的重要地位,晋南地区与河洛地区的交流也更加频繁。战国时期,
魏国在晋南地区的活动主要有魏文侯、魏武侯、魏惠王初年,到惠王九年自安邑
迁都大梁。所以,我们在这里论述河洛地区主要是在此阶段之内。从《诗经》的
《魏风》和《唐风》也可以看出晋南地区受河洛地区的影响。《魏风》七篇和《唐
风》十二篇无论从风格来看,或者从思想内容来讲都与洛阳及其周围地区所流
行的诗歌并无二致。这也说明了两地之间文化交流的真实可靠。

《汉书》卷二十二《礼乐志》在记述先秦时礼乐在社会生活中的作用时说:
"自夏以往,其流不可闻已,殷《颂》犹有存者。周《诗》既备,而其器用张陈,《周
官》具焉。典者自卿大夫、师瞽以下,皆选有道德之人,朝夕习业,以教国子。国
子者,卿大夫之子弟也,皆学歌九德,诵六诗,习六舞,五声、八音之和。"到了东
周时期因为礼坏乐崩,"周道始缺,怨刺之诗起。王泽既竭,而诗不能作。王官
失业,《雅》、《颂》相错,孔子论而定之"。因为社会秩序大乱,导致文学创作上
"桑间、濮上,郑、卫、宋、赵之声并出",到了战国时期,有"最为好古"之称的魏文
侯居然对子夏曰:"寡人听古乐则欲寐,及闻郑、卫,余不知倦焉。"郑、卫之音作
为河洛地区的流行音乐引起了魏文侯的重视,结果使子夏不满,"子夏辞而辨
之,终不见纳,自此礼乐丧矣"。魏文侯所喜爱的音乐到汉代还存在,"孝文时得
其乐人窦公,献其书,乃《周官·大宗伯》之《大司乐》章也"。作为六艺之文,在
汉代尚存《魏文侯》六篇①。而子夏作为孔子的学生,在战国初年动荡的环境下
所培养的学生,在魏国政坛上曾经发挥过重要的作用,"子夏居西河,子贡终于
齐。如田子方、段干木、吴起、禽滑釐之属,皆受业于子夏之伦,为王者师。是时

---

① 《汉书》卷三十《艺文志》。

独魏文侯好学。"①儒学作为河洛文化的重要内容,正因为子夏的弟子对魏文侯的影响,所以魏国在此出现了文化兴盛的现象。到魏武侯时,卫国人吴起曾经学于曾子,"耳濡目染,终有典型",他向魏武侯谈及治国治军的策略有"在德不在险,论制国治军则曰教之以礼,励之以义;论为将之道则曰所慎者五,一曰理,二曰备,三曰果,四曰戒,五曰约"等等②,他与魏武侯还谈起"山河之固",吴起曰:"在德不在险。"使魏武侯赞赏有加③。这些显然是受河洛地区的儒家文化的影响。

　　从经济和文化两个方面,我们可以看出晋南地区和河洛地区之间的文化交流繁盛和彼此影响的深刻,正因为两地之间的交流,两地的社会文化已经融为一体,这就是为什么在有的学者论证河洛地区的范围时,将晋南地区也纳入河洛地区的重要原因。

（作者为河南科技大学河洛文化研究中心主任、教授）

①　《史记》卷一百二十一《儒林列传》。
②　《四库全书总目提要》卷九十九《子部九·兵家类》。
③　《史记》卷六十五《孙子吴起列传》。

河洛文化与楚文化之比较

陈良军

河洛文化即以洛阳为中心的河洛地区的物质文化和精神文化的总和,它是中华文化的源头和重要组成部分,是中国进入文明社会后文化发展的轴心,对中华民族的形成和发展起着重要的推动和导向作用。楚文化是中原文化南传之后,与长江流域诸多土著文化融合,而在春秋战国时期兴起的一种地域文化。楚文化的地域包括今天的湖北、湖南、安徽、江西、江苏、浙江六省的全部,以及陕西、河南、山东等省的部分地区。对河洛文化和楚文化进行比较研究,有积极的理论意义和现实意义。本文将从时间、特点和习俗上对河洛文化与楚文化进行比较,以显示两种文化各自的特色。

一、时间上:持久性与非持久性

从传说中的三皇五帝开始,河洛文化一脉相承、绵延数千年,曾长期占据统治地位,是中华民族文化的源头和核心。秦国灭掉楚国后使楚文化遭受重大打击。秦末,楚人刘邦、项羽大兴楚文化,使楚文化有复苏之势,但汉武帝独尊儒术后,自成体系的楚文化不复存在,楚文化的某些因子成为新的汉文化的组成部分。相比较而言,自成体系的河洛文化比楚文化更具持久性,这种持久性就是从是否自成体系和融入新的汉文化的时间早晚而言的。

现在许多专家学者对河洛文化划分了几个大的段落。目前学界比较认同的说法是:一个是它的发端期,应该说是河洛地区的史前文化,夏商周应该是它的形成阶段,接下来的汉、魏、晋是发展阶段,隋、唐、北宋是它的鼎盛阶段,元、明、清被有的学者定位为中衰阶段(有的学者定位为转型阶段),新中国成立以后,河洛文化进入了新的复兴期。

河洛文化的发端期相当于考古学意义上的旧、新石器时代。目前考古发现的这一时期的文化遗存十分丰富,比如仰韶文化遗址。《易经·系辞下》载:"古者包牺氏之王天下也,仰则观象于天,俯则观法于地,观鸟兽之文与地之宜,近取诸身,远取诸物,于是始作八卦,以通神明之德,以类万物之情。作结绳而为网罟,以佃以渔。"这反映了原始人类从事早期的农业生产和渔猎活动的情况。河洛文化的形成时期是指河洛文化从原始社会进入有阶级、有国家的文明社会的历史时期,考古发现的陶寺遗址已证明这一点。青铜器的制作、谷物的种植、商业的发展、文字的出现和使用以及酿酒业、纺织业、木工、玉工、漆工等,都是这一时期的标志。春秋战国时期,农业经济、手工业经济和商业经济更是以高昂的发展势头,引导着全国经济的方向。汉魏时期河洛地区文人荟萃,学术思想活跃,谶纬神学、释教佛学、郑学、魏晋玄学形成。河洛文化从此迈出了国门,远播东亚。隋唐时期以东都洛阳为中心的河洛文化也出现了百花齐放的新局面。隋代的"百戏"、唐代的诗歌教育、石雕、书画等成为河洛文化的主要内容。龙门石窟,始于北魏,盛于唐代。龙门石窟中规模最大、艺术价值最高的奉先寺,代表了唐代雕刻艺术的风格。北宋时开封为东京,洛阳为西京。众多文人学士云集洛阳,或著书立说,或讲学赋诗。司马光居洛阳19年,完成了我国第一部编年体通史《资治通鉴》。程颢、程颐二兄弟是洛阳人,又常在洛阳一带讲学,因此他们创立的理学被称为"洛学"。二程早年信奉佛、道两学,后来他们把佛、道学说中的一些观点糅进了儒学之中,创立了以三学合流为显著特征的理学。到了南宋,程颐的四传弟子朱熹继承和发展了二程的理学学说,称为程朱理学。程朱理学奠定了中国封建社会后期思想文化的基本格局,登上了官方意识形态的宝座,被定为官方的哲学。它作为统治阶级的正统思想,统治中国人民的精神生活很多年,对于维护中国封建社会后期的长治久安也起到了积极作用。从元、明、清开始,河洛文化进入它的转变期。

按楚文化不同时期的特点,可把楚文化划分为滥觞期、勃兴期、鼎盛期和转变期4个阶段。(张正明先生在《楚文化史》中将楚文化的发展历史分为滥觞期、茁长期、鼎盛期、滞缓期和转变期,将最后一部分细化)楚人建国丹阳至周平王三十一年(前740)是楚文化的滥觞期。这一时期,楚国完成了由原始社会向奴隶社会的转变,在兼采华夏文化和蛮夷文化之长的基础上,开始创造自己的特色文化。总体上看,此时的楚文化与华夏文化还没有重大的区别,尤其是陶器、青铜器等物质文化方面。但楚文化又显示出了一些自己的特性,如崇火、崇凤、好巫、开拓进取、不拘礼法等。春秋时期是楚文化的勃兴期。这个时期,楚文化在呈现自己鲜明特点的同时日趋成熟。在民俗方面,楚人尚东,生之坐向、死之墓向都以东为荣,与周人的面南背北、头北脚南迥然不同。楚人尚左,也与周俗尚右不同。楚人尚赤,建筑服饰器物均以赤为贵,各地楚墓出土的黑底朱彩漆器就是例证。在物质文化方面,楚人最爱乐器——钟,并视之为国家权力的象征。楚钟音色绝佳、造型独到,甬钟、钮钟等从大到小都有不可颠倒的组合关系,因而成为楚国音乐艺术的杰出代表——编钟。在台谢建筑方面,楚人筑台追求高峻,以纵目远望;修榭追求空灵,以澄怀远目,而且在建造中还有层台累榭的特点,这一点后来被南方园林继承。战国时期是楚文化的鼎盛期。此时,铜器生产规模扩大,铁器普遍推广,丝织刺绣、漆器木器兴旺发达,物质文化可以说是达到了顶点。这时期楚国的精神文化也十分繁荣,从哲学到文学,从字画到乐舞,无不独领风骚。更为主要的是,楚人的政治社会体制、民族文化心理、日常生活方式等趋于成熟定型。秦汉之际为楚文化的转变期。秦国灭掉了楚国,并排斥楚文化,使楚文化遭受重大打击。但楚文化的精神因素方面远比物质因素方面根深蒂固,因此它并没有被打倒。秦末,楚人刘邦、项羽大兴楚文化,使楚文化有复苏之势,但离开了物质文化根基的楚文化终究是不可能沿着自己的道路发展下去了。汉武帝独尊儒术后,自成体系的楚文化不复存在,但楚文化的某些因子却与传统中原文化一样,成为新的汉文化的组成部分。

可是,楚国的历史起点虽然是在西周初年,但楚文化的渊源却很久远;楚国历史的终点虽然是在战国末年,但楚文化的余绪却很长久。从时间上说,楚文化是在中国文明史早期的一段时间里形成的地域文化。

二、特点上:正统性与浪漫性

河洛地区在华夏早期文明中有独特的地位,即河洛为王者之里,从著名的二里头遗址到今天发现的东周"天子驾六"车马坑遗址都是有力的证明。左思《三都赋》曰:"崤函有帝皇之宅,河洛为王者之里。"从夏朝算起,河洛地区的中心洛阳,曾是商、西周、东周、东汉、三国时的魏国、西晋、北魏、隋、唐、五代时的后梁、后唐、后晋的国都,所以,洛阳又称"九朝故都"或"十三朝古都"。河洛地区在历史上长期是我国政治、经济、文化和交通的中心。"王者之里"的地理位置,决定了河洛文化具有正统性的特征。

所谓"正统"就是说河洛地区的文化在当时就是人们追求和信奉的对象,是正统文化、官方文化和主体文化。哲学、文学、教育、科技、艺术等方面的成就也都证明了这一点。

河图洛书,周易八卦,儒家经学,道家经典,释教佛学,老庄玄学,谶纬神学,洛学理学,无不与洛阳有关,它们都极大地丰富了中国思想文化的宝库,而且成为东方文化的渊源。

比如,儒家文化是中国传统文化的主流,儒学渊源于河洛三代的礼乐文化,这是无所争议的。此后,儒学的每一次大变革几乎都离不开洛阳。东汉时期经学盛行,洛阳作为都城,经学大师云集于此,尤其是郑玄所创的郑学成为官定儒经标本。北宋时洛阳成为全国文化中心。洛学兴起,理学萌生,著名思想家邵雍、张载、程颢、程颐等在洛阳著书讲学。程颢、程颐继承周敦颐和邵雍学说,融合佛道内容,建立了一套比较完整的理学体系,被称为"洛学"。洛学又为宋明理学奠定了基础,后经朱熹的发展成为封建社会的官方哲学。可见儒学发展于东汉经学,成熟于北宋洛学,影响中国数千年,成为中国传统文化的核心,儒学在河洛文化中体现的确实是正统位置。

在史学方面,纪传体断代史史书是我国正史的模本,其创始人是《汉书》的作者班固。班固自幼随父在洛阳求学,16 岁入太学学习,汉明帝时任兰台令史。他一边撰修国史,一边继承父业撰写《汉书》,历时二十余年基本完成。《汉书》也凭借其"包举一代、上下洽通、详而有体"的特点成为历代纪传体史书的楷模。

《战国策·赵策》中写道"中国者,聪明睿智之所居也,万物财用之所聚也,贤圣之所教也,仁义之所施也,诗书礼乐之所用也,异敏技艺之所试也,远方之所观赴也,蛮夷之所义行也",这里的中国就是指当时的中原即河洛地区,从侧面反映了河洛地区在当时人们心目中的正统地位和中心作用。事实也是如此,河洛地区作为数代帝王定都之所,河洛地区的文化引导了华夏文化发展的方向。

在中国的诸多地域文化中,一般认为楚文化是最具浪漫主义特色的。楚文化的浪漫主义特色,在文学、艺术、思想等各方面都有表现。

在我国文学史上,《庄》、《骚》并列,它们以瑰丽奇伟的形象哺育着一个浪漫主义的文化传统。庄子因个人的经历和感受不同,创造出了追求逍遥的浪漫主义,这种艺术特色对后世影响也极为深远。苏轼是深受庄子影响的作家之一,刘熙载在《艺概·诗概》中说:"滔滔汩汩说去,一转便见主意,《南华》、《严华》最长于此。东坡古诗惯用其法。"可见苏轼之诗文,是深得《庄子》之意旨的。屈原在创作楚辞的过程中,熔入强烈的浪漫精神,使楚辞产生浓厚的艺术感染力。在自己的作品中,他是千载之人,万里之客,亲历八极,心游万仞,可以向古帝陈词,可以同厉神说话。屈原作品中的浪漫主义,也对后人产生了巨大影响。李白受其影响姑且不论,就是杜甫入蜀以后所做的许多诗,也明显受到《离骚》、《招魂》等浪漫气息的影响。

楚地的漆器纹饰,普遍流行一种飘逸感很强烈的凤尾纹;长沙出土的《人物御龙帛画》[1],人御神龙,构思谲怪;楚地还流行一种复合造型法,即动物合体、人兽合体,曾侯乙墓出土的鸳鸯漆盒上的《击鼓舞蹈图》、《撞钟击磬图》[2],击鼓撞钟的乐师鸟首人身;长沙《楚帛书》中的 12 神像,都是些动物合体和人兽合体,或颈生三首,或长角衔蛇,或似蛙蛇合体,奇幻怪诞,充满神秘色彩和浪漫气息。诗歌《汉广》、《鄂君歌》以及沅湘一带流行的《湘君》、《湘夫人》等巫歌巫舞,也都充满了神秘色彩和浪漫气息。

楚文化具有浪漫主义特色的原因是多方面的。从自然条件来看,司马迁在《史记·货殖列传》就有记载:"楚越之地,地广人稀,饭稻羹鱼,或火耕而水耨,果隋蠃蛤,不待贾而足,地艺饶食,无饥馑之患。"相对于北方生活环境的艰辛,这种生活环境自有一番浪漫主义的情趣。清末民初学者刘师培也说:"楚国之壤北有江汉,南有潇湘,地为泽国。"大抵北方之地土厚水深,民生其间多尚实际;南方之地,水势浩洋,民生其间多尚虚无。民尚虚无,故所作的文章基本属于言志抒情之体。屈原作品是楚文化浪漫主义特色的代表,更是人们探讨的重点。早在南朝时,著名的文学批评家刘勰就说过:"若乃山林皋壤,实文思之奥府,略语则阙,详说则繁。然屈原所以能洞监《风》、《骚》之情者,抑亦江山之助乎。"[3]

---

① 高至喜:《楚文物图典》,湖北教育出版社,2000 年。
② 湖北省博物馆:《曾侯乙墓》,文物出版社,1989 年。
③ 刘勰:《文心雕龙注释》(周振甫注),人民文学出版社,1981 年。

郭沫若在《屈原研究》一文中也指出:"屈原是产在巫峡邻近的人,他的气魄的宏伟、端直而又委婉,他的文辞的雄浑、奇特而又清丽,恐怕也是受了些山水的影响。"①这些都表明荆楚雄丽的山川、浩渺的江水湖光是浪漫主义产生的地理条件。从社会因素看,南方是山川相缪之区,也是夷夏交接之域。楚国强盛之后,从典章制度到风土人情,都相互交叉。蒙昧与文明,自由与专制,乃至神与人,都奇妙地组合在一起,加上天造地设的山川逶迤之态和风物灵秀之气,就形成了怪诞奇谲的浪漫主义风格。

三、习俗上:崇龙与崇凤

龙作为一种图腾崇拜演变而来的神,并不是历史上的偶然现象,它是从原始社会分散部族的多神崇拜到阶级社会人为的统一神崇拜过渡的产物。龙文化形成于我国史前传说中的帝颛顼时代,《大戴礼记·五帝德篇》说他"乘龙而至四海"。对颛顼所处的时代,《国语·楚语》载:颛顼时代"民神杂糅,不可方物,夫人作享,家为巫史,无有要质。民匮于祀,而不知其福,烝享无度,民神同位,民渎齐盟,无有严威"。可见当时氏族有民族神,部落有部落神,人人祭神,家家有巫史,社会秩序非常混乱,部落联盟首领即君主也没有什么威严,这正是原始社会末期多神崇拜的情形。为了改变这种状况,帝颛顼统一图腾,使龙成为各部族共同崇拜的神灵物。据《左传·昭公十七年》记郯子语曰:"昔者黄帝氏以云纪,故为云师而云名;炎帝氏以火纪,故为火师而火名;共工氏以水纪,故为水师而水名;太昊氏以龙纪,故为龙师而龙名;我祖少昊挚立也,凤鸟适至,故纪于鸟。……自颛顼以来,不能纪远。"云、火、水、龙、鸟都是图腾崇拜的对象,是氏族部落的标志或名称。"自颛顼以来,不能纪远",这就是说自颛顼以来,原来各氏族部落的图腾名称消失了,新的图腾开始孕育。史料记载从颛顼经帝喾到尧舜禹,都是龙身,则说明以龙为华夏族的标志物是从颛顼开始的。

河洛是华夏的龙兴之地。对于龙文化最初起源地点,李文颖、田聚常经过考证认为:中国龙文化起源于今河南濮阳。其理由如下:一、濮阳是最早以龙为纪伏羲氏的祖庭圣地。二、濮阳是帝颛顼所创神宫所在地。三、濮阳"中华第一

---

①　郭沫若:《郭沫若全集》(历史编)第 4 卷,人民出版社,1982 年。

龙"的出土地是帝颛顼的墓地①。正因为起源地点在河南,所以河洛地区的崇龙风俗也显得十分炽热,考古发现的实例就可证明。

河南安阳小屯妇好墓出土的有龙与怪鸟的连体雕像,这批文物是商朝第二十五代王武丁之妻辛的墓中之物,是公元前14世纪到11世纪的人造龙形。距今6000年前的河南濮阳西水坡遗址出土了蚌壳龙。蚌壳龙头朝北,背朝西,身长1.78米,高0.67米。龙昂首,曲颈,弓身,长尾,前爪扒,后爪蹬,状似腾飞②。殷虚甲骨文《粹·四八三·四片》上,刻有"祈龙"二字,就是祈龙求雨的意思。殷晚期甲骨文《小屯南地甲骨考释》中所记载的"龙"就更多。

河南南阳地区是全国汉画像石重要分布区之一,而考古发现的南阳汉画像石中龙的形象极多,古文中对它的称谓也不少。《说文解字》说:"龙,鳞虫之长,能幽能明,能长能短,能细能巨,春分而望天,秋分而潜渊。"它的名称有多种:雄龙有角,雌龙无角;有角称"虯",无角称"螭";独角龙称"蛟",双角龙称"虬",有翼龙称"应龙"。呈现出波浪形的龙造型图案,可以说是南阳汉画像石中比较常见的。一般画面都是以龙为主题,占据大部分的空间,身体被拉长、弯曲,四肢伸展,在周围云气的点缀下,龙仿佛在云中穿梭遨游。从氏族图腾发展到汉代,经过长期的发展与演变,龙成为具有"牛头(或马头、扬子鳄等)、象鼻、鹿角、蛇躯、鳞身、鱼尾、鹰爪、龟足"等非常具体的形象。然而,在南阳的汉画像石中并没有把它具体化,而是采用从繁入简高度概括的手法刻画出龙的灵态。

拜日、拜火的楚人特别看重日中之火鸟——凤。楚先民以凤为图腾,"在楚人看来,凤是至真、至善、至美的神鸟。他们对凤的钟爱和尊崇,达到了无出其右的程度"③。《说文》中有"凤,神鸟也……见则天下大安宁"。可见,凤是吉祥、幸福的象征。

楚人喜欢以"凤"喻圣贤和君王。春秋时雄霸南土的楚庄王,便自称是"蛰将冲天"、"鸣将惊人"的凤鸟。《九章·怀沙》中有句"凤鸟在纹兮,鸡鹜翔舞",这是屈原以凤喻己。而且楚人以为凤与自己的始祖祝融有某些亲缘关系。《白

---

①　李文颖、田聚常:《龙文化起源的时间地点》,《安阳师范学院学报》2001年6期;濮阳西水坡遗址考古队:《1988年河南濮阳西水坡遗址发掘简报》,《考古》1989年12期。

②　濮阳西水坡遗址考古队:《1988年河南濮阳西水坡遗址发掘简报》,《考古》1989年12期。

③　张正明:《楚文化史》,上海人民出版社,1987年。

虎通·五行》记南方记载:"……其帝炎帝者,太阳也。其神祝融,祝融者属续。其精为鸟,离为鸾。"按《易·说卦》中:"离,为火,为日,为电。"《春秋元命苞》中:"火离为凤凰,衔书游王之都,故武王受书之记。""离为鸾"的"离"即"火离"。所谓"火离",参照《吕氏春秋·应用》所云"天先见火,赤鸟衔丹书集于周社",应为"从火中化出"。祝融又是火神,又是雷神,太阳是它的本原,鸾凤是它的化身。

秦末汉初,刘邦出于起兵反秦的政治需要,便假托为龙子,凤就在龙的光辉中有一点点失色了。刘邦及其子孙,尽管都视自己为龙子龙孙,但对凤也十分喜爱。汉初建造的未央宫中有凤凰殿、朱鸟堂。汉武帝所造建章宫中的凤凰阙,高二十五丈,上有铜凤凰,几乎成为汉宫建筑的标志。西汉帝王用凤为年号的,有元凤、神雀、五凤,王莽新朝也有用天凤年号,而用龙为年号的仅有"黄龙",由此也可知汉代统治者对被视为神鸟瑞禽的凤的尊崇。

汉朝是以楚人为主体而建立起来的王朝,楚人的崇凤习俗自然成为汉代风尚。在故楚之地,这一风尚更甚。楚地出土了数不胜数的凤的图像和雕像,如"虎座凤架鼓"、"凤龙虎绣罗禅衣"、"龙凤相攀纹尊"、"凤鸟双连环"等。凤也体现在楚人辞赋中,如屈原《离骚》中的"吾令凤鸟飞腾兮,继之以日夜"、"凤凰翼其承旗兮,高翱翔之翼翼",《涉江》中的"鸾鸟凤凰,日以远兮",《怀沙》中的"凤凰在筱兮,鸡鹜翔舞"等。楚国对凤的尊崇至高无上,以至于成为楚文化的一个特点。其中富有代表性的,如1949年2月在长沙陈家大山发掘到的龙凤帛画;1963年和1971年在湖北江陵两次发现的凤踏虎架鼓、长沙马王堆汉墓帛画。尤其是马王堆帛画,在天堂正中人面蛇身主神周围,就有几只大鸟环绕,画面中部天堂入口处,也有一只鹰嘴人面怪鸟和两只长尾凤鸟,这与屈原诗中描写的意境十分相似。

楚国的铜器、漆器、纺织刺绣品和帛画中,凤鸟纹样都占据了主要地位。楚人把一切美好的特征都赋予了凤,比如曼妙的身形、活泼的体态、美好的灵性、卓异的神通。凤鸟形象至今仍作为吉祥物保留在汉族的印染花布上,"凤穿牡丹"、"鸾凤和鸣"、"丹凤朝阳"等传统纹样历来为民间所喜爱。

总之,河洛文化独具的地理位置和在文化发展过程中的领先作用,使它能以自己的号召力,吸引周边文化与其进行交流,吸收它的长处,所以楚文化中就有许多河洛文化的影子。同时,河洛文化也在汲取其它文化的因素,不断丰富自己的内涵,使自己能够一直保持旺盛的生命力发展下去并在中国文化史上长期占据统治地位,成为中国传统文化的精华和主流。但是,河洛文化与楚文化在自身的发展过程中,因地域差异等因素而形成了各自不同的文化现象与文化特色。比如,楚文化具有时间上的非持久性、特点上的浪漫性和崇凤习俗等特色,河洛文化则具有时间上的持久性、特点上的正统性和崇龙习俗等与之不同的现象。

（作者单位为华中师范大学历史文化学院）

从道教透视河洛文化与楚文化的关系

晏春莲

河洛文化,是以洛阳为中心的古代黄河和洛水交汇地区的物质和精神文化的总和,是中国传统文化的精华和主流。战国时期,以河洛文化为核心的中原文化下移,北方的先进技术和文化传到了南方,南方也派人到洛阳学习,思想文化的相互交融和浸染,在长江中游地区便形成了以巫文化融合河洛文化为基础的楚文化。楚文化的产生,又对河洛文化产生了很大影响。下面以道教为例说明它是在承袭先秦道家、儒家、墨家思想等因素的基础上,以巫文化尤其是楚地的巫文化融合河洛文化而产生的,它既包含了南方楚文化的因子,也杂糅了河洛文化中的部分因子。道教在楚地产生后,接着向全国范围内传播。楚文化又丰富了河洛文化的内容,两者是相互影响、共同发展的。

一、道教中的楚文化因素

道家思想产生在春秋战国时代的南方楚地,是楚文化精神的内核。道家思想也主要发展于春秋战国时代的南方楚地,是战国至汉初思想文化的干流。随着战国时代由分裂走向统一的趋势,道家在楚地逐渐演变为两大主流学派,即黄老学派和老庄学派。道家老庄学派的形成,则以战国中期庄子的著作出现为标志。有人说庄子生于宋,但游于楚。实际上,庄子更可能就是楚之蒙人[①]。他的著作《庄子》别为一宗,创立了道家的老庄学派。黄老之学可以说是南北思想文化在战国时代历史条件下的荟萃和发展,所以既盛行于楚地,又在有着浓厚华夏文明的中原风行。长沙马王堆汉墓出土的帛书《黄帝书》《老子》,证明战国到

---

① 蔡靖泉:《"庄子自是楚人"说》,《荆州师专学报》1998 年 3 期。

汉初盛行的黄老之学,其来源出于楚国①。《黄帝书》的出土,不仅表明黄老之学从战国到汉初一直在楚地流行,而且表明它当是产生于楚地的楚人之作②。战国中晚期的中原学术大师多归属或出于黄老之学,这表明以道家思想为精神内核的楚文化,已经在相当程度上影响着中国南北的地域文化。反映了楚式王道文化的道家黄老之学,尽管在秦代被统治者抛弃而一度沉寂,但楚人亡秦兴汉之后在汉初又被奉为统治思想并发展到极盛,直到汉武帝罢黜百家、独尊儒术时才渐渐衰亡。

"上标老子,次述神仙,下袭张陵"的道教,具有以"道"统众术、杂糅中华文化的庞杂思想体系,经过长时间的孕育,在东汉后期适宜的历史条件下正式产生。尽管它有着多形态和多地域的文化来源,它的主源则是博大精深的楚文化。因此,它的前身和雏形都出现在故楚之地,它也最终形成在故楚之地并创建于楚人之手③。

道教渊源于古代的巫术。道教信仰鬼神,施弄法术,以神道法术传教。其鬼神信仰和法术方式,乃源于先秦的巫文化,而且主要是楚地的巫文化。中原巫文化在原始社会晚期进入了高级阶段,在夏商时代得到了进一步发展,而在周朝时巫官文化开始向史官文化过渡,并最终在春秋战国时代使得巫风在中原衰而不振。

相比之下,楚地的巫文化比较流行。楚人的巫文化传统,可以追溯到其先祖祝融,《史记·楚世家》记述:"重黎为帝喾高辛居火正,甚有功,能光融天下,帝喾命曰'祝融'。"楚人崇拜祝融,也就承袭了其巫文化。从荆山山脉走向长江流域的楚人,由氏族社会进入封建社会,仅仅不过上百年的时间,因此,"楚国社会至多只经历了一个奴隶社会制度极不完整的过渡阶段,不像中原那样,中间经历了一个漫长的、形态完整的、制度严密的奴隶社会"④。炽热而执著的巫风,既培育了楚人对神灵诚惶诚恐的虔敬之情,又深深影响着楚地的民风。

楚地在西周时期基本上仍处于巫文化阶段。春秋末年的楚国,依然是巫风

---

① 李学勤:《新出简帛与楚文化》,《楚文化新探》,湖北人民出版社,1981年。
② 蔡靖泉:《楚文学史》,湖北教育出版社,1996年。
③ 蔡靖泉:《楚文化流变史》,湖北人民出版社,2001年。
④ 赵辉:《楚辞文化背景研究》,湖北教育出版社,1995年。

盛行,不仅祭祀群神万物,而且遇到事情必定占卜以预测吉凶。楚国上层社会和下层社会都盛行巫风,不仅一般生活上的事情交给神灵去安排,而且连国家政治军事这样的大事也要听从神的旨意。在整个春秋战国时代,楚国虽然在创造的物质文明和精神文明的很多方面有着超越中原文明的辉煌成就,但是由于源远流长的巫文化传统的巨大影响以及地形复杂、族居分散而造成的文化交流不便,楚人长期未能超越巫官文化,楚地也在很大程度上一直是巫风笼罩的神异世界。历秦入汉,因地理环境所致和文化传统的影响,楚地民间依然盛行巫风、流播神话。汉王朝为楚人兴建,西汉统治者在一定程度上也因承了楚人隆祭祀、礼群神的习俗。

　　楚地巫风盛行的环境和楚人迷信鬼神的习俗,是道教产生的良好土壤和条件。汉代统治者为政治需要和受楚文化传统的影响,隆祀楚人心目中至上的"太一神"及其统领的五方天地,也促使着道教的形成。故楚典籍中的鬼神、仙游和巫术记述,也为道教的创立提供了可以借用的资料。因此,道教因汉代社会造成的人们的宗教需要的增强和提高,终于在具有适宜的历史传统和文化氛围的故楚之地脱胎诞生了。

　　不过,道教在汉代的形成经历了较长的时间。它的前身是西汉前期兴于故楚之地的方仙道;它的雏形是东汉后期成于故楚之地的黄老道;它的建立者,实际上是占据故楚之地汉中并把当地流行巫教(即五斗米教)改造为道教的张陵之孙张鲁。因为道教是由故楚之地的巫教改造而成的,于是道教建醮坛、设斋供、唱赞词等法事活动以及道士请神降神、驱鬼除妖、制药医药等道术职能,多取法楚地楚人的巫事巫术,只是进行了一些变化。

二、道教中的河洛文化因子

　　除上述所论之外,道教中也含有河洛文化中的阴阳、五行、太极思想。阴阳、五行、太极起源甚早,在《易经》、《尚书》中都有体现,是道教思想中各种来源的哲学基因。

　　"五行"一词最早见于《尚书·洪范》之《九畴》中,认为"一曰水,二曰火,三曰木,四曰金,五曰土。水曰润下,火曰炎上,木曰曲直,金曰从革,土爰稼穑"。这里只谈到水火木金土五种物质及其一些属性,后来五行学说成为用金、木、水、火、土为基本元素来解释宇宙结构的哲学方法。道教中把人体的五藏分别规定为神,又立东、西、南、北、中五方之神,同时把天也分为五方等,都来自五行说。张陵在《老子想尔注》中也谈到了五行生克的问题,他说"五藏所以伤者,皆金木水火土气不和也。和则相生,战则相克,随怒事情,辄有所发。"这说明张陵在创立道教理论时也受到了五行思想的影响。《周易参同契》更是以五行说解释金丹。一方面在丹药形成方面提出"三五与一"说,以五行生克关系阐明铅汞加温起反应,转化为金丹的过程。"三"指火、金、木。"五"指土(或说指五行中的土、木火、金水等三组)。"与一"指合而为一,成为丹药。另一方面是以五行配五藏,肝为木,肺为金,肾为水,脾为土,火配心,以脾为五藏之祖,比喻土是药物炼成丹药的根基,并以五行相生来解释五藏之间的关系以说明药物间的联系。

"阴阳"、"太极"最早出现在《易》中。《易》曰:"一阴一阳谓之道",又曰:"易有太极,是生两仪,两仪生四象……"。武当太极拳名称据说是来源于此。同时,武当太和山的"太和"一词,也出自《易·乾》中的"保和太和,乃利贞。首出庶物,万国咸宁"。古代把阴阳交会、冲合的元气称作太和。《老子》第四十二章曰:"道生一,一生二,二生三,三生万物。万物负阴而抱阳,冲气以为和。"道是通过"阴"、"阳"这一中介,并由天地之气化合而生成万物的。《道藏》所收严遵《老子指归·得一篇》说:"一者,道之子,神明之母,太和之宗,天地之祖……天地生于太和,太和生于虚冥。"显然,以"太和"名山,带有浓厚的阴阳观念。有丹经之王之称的《周易参同契》中认为"物无阴阳",世界万物都由阴阳二气相合而成。这种阴阳之气最初为混沌未分的状态,世间所有的事物都由混沌派生出来,阴阳二气各有魂魄寄居,"元气云布,因气托物……阴神月魂,阳神日魂。魂之与魄,互为室宅"。

《太平经》一书,也含有丰富的阴阳五行思想。王、相、休、囚、废,是根据五行相生而间相胜的原理而来,是汉代五行说的重要内容之一,《太平经》也将此五行说笔之于书。此书中谈到的"神",有主管春、夏、六月、秋、冬的五帝神;主管四时五行的四时五行神;还有阴阳神以及肝、心、肺、脾、头、腹、四肢等身中神和五行神。《太平经》还提出阴与阳是代表两个对立物,这两个对立物既相互排斥,又相互连接。认为"天下凡事,皆一阴一阳,乃能相生,乃能相养。一阳不施生,一阴并虚空,无可养也;一阴不受化,一阳无可施生统也",就表明了事物的相生相养是由对立物的相互依存而发生变化,毕竟阴气阳气相磨砺,乃能相生。

以阴阳五行学说为根基的风水说在湖北道教名山——武当山的建筑上也有体现。风水说在建筑中讲究阴阳调和、五行相生相克,以使建筑能够驱邪扶正。否则会出现水土不合、阴阳失调的现象,居住在这种建筑里的人也会诸事不顺。武当建筑依据依山傍水、负阴抱阳、阴阳调和的原则,使武当宫观为修炼者提供了占据天时地利的居住环境。

三、楚文化对河洛文化的反哺

楚地、蜀地堪称道教先声①。之后,道教向全国传播和发展。河洛地区的道教名山——中岳嵩山,在河南登封市西北,主要由东部的太室山和西部的少室山组成。太室山的 36 峰和少室山的 36 峰合为 72 峰。道教把嵩山封为三十六小洞天中的"第六中岳嵩山上圣司真洞天"。北天师道的创始人寇谦之曾师从仙人成兴公,先后在华山、嵩山修道七年。415 年,他自称太上老君亲临嵩山授他"天师之位",赐以《云中音诵新科之戒》二十卷,传其导引的口诀,令他改造原始天师道。423 年,他又称老君玄孙李谱文降临嵩山,面授《箓图真经》六十余卷,赐以劾召鬼神之秘诀,令其辅佐北方泰平真君(即北魏太武帝拓跋焘),统领"人鬼之政"。424 年,寇谦之献道书于太武帝,太武帝派人上嵩山祭山,北天师道乃大盛。嵩山现存道教宫观,主要有中岳庙(现在为全国重点道教宫观之一)和崇福宫等。崇福宫西面的崇阳书院,其前身是北魏的崇阳寺,隋改为崇阳观,而今的崇阳书院一时成为道教活动场所。崇山道士潘延曾在此为隋炀帝炼长生不老的仙丹,唐时又有道士孙太中为玄宗炼丹求仙药。

距河南洛阳市北 4 公里的北邙山,为五斗米道二十四治中的下品第八治,洞天福地中则把北邙山列为第七十福地。邙山之巅的翠云峰,据说是老子炼丹传教处。邙山上的吕祖庵,是祀奉八仙之一的吕洞宾的道观,传说他曾憩鹤于邙山之巅。

道教传到北方之后,道教的养生观也传到了北方。道教主张乐生、重生,为

---

① 钱穆:《蜀中道教先声》,《责善半月刊》第 2 卷第 16 期,私立齐鲁大学国学研究所,1941 年;转引自王丽英:《道教南传与岭南文化》,华中师范大学出版社,2006 年。

生存而斗争,鼓励人们不屈服于天命,要循道修炼性命,争取延年益寿。针对长生不死的问题,道教便创立了所谓的道功修炼法术,要求形神相须,生道合一,安神固形,性命双修。同时,道教吸取民间流行的各种养生之术,创造了内丹、外丹、呼吸、吐呐、辟谷等养生方法。内养要发挥人体自身的潜在功能,炼养人人都有的精、气、神三宝,但在修炼时要选择时机,比如,服气以子至午时为佳,导引要选择安静的环境。外养主要是服食和外丹,通过服用草木药或丹药使身体健康长寿。但对于病症及下药,要具体问题具体分析,注意各种事物及诸种因素之间的联系,病之变状,不可一概言之。

此外,在民俗上楚文化也以其丰富的内涵充实了河洛文化。比如,本来与屈原无关的节日,在汉代开始与屈原相关联,在魏晋南北朝逐渐成为南方、尤其是当年楚国腹地的民间纪念屈原的节日,染上了浓重的楚文化色彩。在社会大一统的隋唐时期,南北文化融会,盛行于南方的以纪念屈原为中心、以食粽和竞渡为主要内容的端午风俗,逐渐北传成为全国性的端午习俗。周代在巴、楚地区起源,在战国成为楚俗的饮茶风尚,在汉代流行于长江流域,在魏晋南北朝时开始向北方传播。《封氏闻见记》载有:“南人好饮之,北人初不多饮。开元中,泰山灵岩寺有降魔师,大兴禅教,学禅务于不寐,又不飧,皆许其饮茶,人自怀挟,到处煮饮,从此转相仿效,遂成风俗。”茶俗因楚人而大行、因陆羽的《茶经》而大兴,盛行于中华大地。

楚文化在发展过程中融合了河洛文化的因子,之后又对河洛文化产生了影响。比如,前身和雏形都出现在故楚之地、最终形成在故楚之地并创建于楚人之手的道教就是在楚国巫风的基础上,吸收了河洛文化中的阴阳、五行和太极思想。但道教产生后,道教及其养生理论也传到了河洛地区,历史上和现存的名山道观足以为证。作为中原文化的主流,河洛文化也正是在与周边文化进行交流的过程中,吸收了周边文化的长处,而使自己的文化内涵更加丰富。

(作者单位为华中师范大学历史文化学院)

试论河洛文化对楚文化的主源性影响

陈绍辉

　　"昔三代之居(君),皆在河洛间"①。得"天下之中",三代时期的河洛文化,不仅是中原文化的源头和核心,而且通过种种途径向外发展和辐射,与周边文化进行着广泛的交流和渗透。因地缘之便利,发祥于江汉地区的楚文化,受到河洛文化的影响较其他文化更为直接和深远。正如楚学大家张正明先生所言:"楚文化的主源可推到祝融,楚文化的干流是华夏文化,楚文化的支流是蛮夷文化,三者交汇合流,就成为楚文化了。"②事实的确如此,将楚文化与河洛文化加以比较,可以发现楚文化中有许多源于河洛文化的成分,而且占着明显的优势。"从楚文化的起源、发生、发展、衰退,直至它作为一个整体的消失,始终受到中原文化的影响。"③因此,从一定意义上说,河洛文化④作为一种宗周文化,是楚文化的主源。本文拟从器物、制度和精神文化三个层面就这一问题展开简要探讨。不当之处,敬请方家批评指正。

一

　　在青铜时代,铜器的制作最能反映物质文化发展的水平和特征。有鉴于此,本文器物层面的展开就以青铜器为切入点。

　　无可否认,春秋战国之际的楚国青铜器,后来居上,自成一家,代表了先秦时期青铜冶炼铸造工艺的最高水平。无怪乎,张正明先生要就将楚青铜器的冶炼

---

　　①　《史记·封禅书》。
　　②　张正明:《楚文化史》,上海人民出版社,1987年。
　　③　马世之:《中原楚文化研究》,湖北教育出版社,1995年。
　　④　关于河洛文化的界定,学界有许多意见。一般说来,大致有广义和狭义之分。广义上与中原文化相同。本文在此取广义。

铸造誉为是支撑"楚文化的美轮美奂的高堂邃宇"①的六根支柱之一。但同样无可否认的是,楚国的青铜器铸造从一开始便师法中原,后来即便是兼采扬越,内求诸己而独创一格之后,其青铜器的铸造仍带有鲜明而浓厚的河洛文化遗风。

大约在夏代晚期,河洛地区就开始了青铜的冶铸。考古资料表明,历经商代和西周,下至春秋早期,楚人的青铜冶铸极力效仿中原,其青铜器从形制到纹饰,都一如中原,乏善可陈。而且整个的铜器的组合,实际上也是河洛周式组合的承袭。如湖北枝江百里洲发现的铜器,其器物组合、器形和花纹特征,都与河南郏县出土的春秋早期铜器基本相似,例如两地的器物组合都是鼎、簠、壶、盘和匜;又如两地的花纹都有许多蟠虺纹和鳞纹。自春秋中晚期起,楚人的青铜铸造,虽刻意博采众长,标新领异,以求表现自己的风格和气派,但长久以来一直承袭中原的文化心理仍在潜移默化地发挥着巨大的影响。这突出地表现为在典型的楚墓和器物中,仍然保留着诸多河洛文化的因素。

河南淅川下寺楚墓,不仅是一座春秋时期的典型楚墓,而且几乎囊括了春秋中晚期楚国流行的各种青铜器品种和样式,代表了春秋时期楚国青铜文化的最高水平。就是在这样一座堪称楚文化典范的墓葬中,我们仍能找到众多的河洛文化因子。如食器中的簠,烹饪器中的带盖矮足鼎,水器中的浴缶,乐器中的甬钟、钮钟,兵器中的戈、矛、镞,工具中的锛镘,车马器中车軎、马衔、马镳等,均与中原腹地出土的同类器物无多大差别。1 号墓出土的带盖圆座铜簠、方壶和带盖圆鼎新郑春秋墓中出土的青铜器颇为接近。7 号墓出土的铜簠、附耳蹄足盘和铜盏,与洛阳中州路第二期墓葬出土的同类器物极其相似。总之,"青铜器的器形有不少是由中原地区传来,而且一些典型楚器也不同程度上带有中原地区青铜器的特征。……淅川楚墓所出的带有楚文化特征的器物,有的是模仿中原地区同类型器物制作,有的则是中原同类器物的变态……"。② 在纹饰方面,河洛文化的烙印也非常清晰,如出土青铜器上的纹饰以蟠螭纹和蟠虺纹为主,多饰于器盖或肩、腹、耳上。常见的纹样还有窃曲纹、垂鳞纹、重环纹、绹索纹、云纹、涡纹、龙凤纹等。各种纹样往往组成纹带,表现形式一般为双层平面花纹,也有

① 张正明:《楚文化史》导言,上海人民出版社,1987 年。
② 张剑:《从河南淅川春秋楚墓的发掘谈对楚文化的认识》,《文物》1980 年 10 期。

少量采用浮雕、半浮雕、透雕镂孔、镶嵌红铜与绿松石等手法。这些花纹都与河洛地区出土的青铜器没有多大区别。上述情况表明,"以下寺春秋楚墓为代表的楚文化与中原文化有其共同性的一面,既反映了楚文化与中原文化有密切的关系,也反映了楚文化在其发展过程中,仍不断吸收中原文化的因素。"①

　　战国时期,楚国的青铜文化已经高度发达,后来居上,自成一家,但在楚铜器中仍有不少河洛文化因素。战国时期的楚鼎已形成了高足的特点,但战国中期的包山二号墓出土的1件镬鼎却和中原地区的矮足鼎一样,足部也很短。同是这座墓中出土的罍形壶,仍然较好地保留着中原西周以来罍的遗风。降至战国晚期,楚幽王墓出土的浴缶,其腹一改楚浴缶矮胖的传统,着意效仿中原传统罍形,肩部特宽,下腹直收,似给人一种回归传统的感觉。此外,楚幽王墓内还有源于中原流行于中原的扁壶和三足壶形器。河洛文化对楚青铜文化影响之巨大和深远,由此可见一斑!

二

　　对待先进事物,楚人很少抱有偏见,趋之唯恐不及,喜之唯恐不得。尽管楚人一度因不谙中原礼仪而一再被华夏斥为蛮夷,尽管楚人也曾一再公开宣称"我蛮夷也,不与中原之号谥",但出于建设发展和北上争霸、侧身华夏之需要,对中原诸夏的制度文明尤其是礼制文明,楚人打心底里艳羡不已。通过师法华夏,"楚国的许多制度从形式到内容都和中原制度文化有着近亲的血缘关系了。"②

　　出于自尊和自卑兼而有之的心理,早期的楚人在学习中原礼制时,还遮遮掩掩,总感觉有些不太好意思。但从成王时期开始起,强大起来的楚人强烈地感受到,要想真正融入中原文化圈,成为一个真正的文明大国,就必须学会和遵循中原礼制,于是开始了大规模学习和吸收中原礼制文明的进程。

　　等级制度是礼制的核心。春秋之前,楚人的等级划分不是很明显,进入春秋以后,楚人的等级区别开始明显起来。楚庄王时期,令尹孙叔敖从服饰及其颜色

---

　　① 河南省文物考古研究所等:《淅川下寺春秋楚墓》,文物出版社,1981年。
　　② 李金坤:《中原文化影响楚文化六论(续)》,《苏州教育学院学报》2006年3期。

的角度进行规范,使"君子小人,物有华章,贵有常尊,贱有等威"①。在楚国"天有十日,人有十等。下所以事上,上所以共神也。故王臣公,公臣大夫,大夫臣士,士臣皂,皂臣舆,舆臣隶,隶臣僚,僚臣仆,仆臣台,马有圉,牛有牧,以持百事。"②

"国之大事,在祀与戎"③,周人在祭祀上有一套严整的礼仪制度规范。楚人也非常重视祭祀,同样将其纳入国家礼制的范畴。从文献的记载来看,楚人制定了规范祭祀行为的祭典。在大的方面楚人是严格遵从周礼的。在祭祀方面,"天子举以太牢,祀以会;诸侯举以特牛,祀以太牢,卿举以少牢,祀以特牛,大夫举以特牲,祀以少牢,士食鱼炙,祀以特牲,庶人食菜,祀以鱼"。楚卿屈到非常喜欢芰,临死之前,召其宗老吩咐:"祭我必以芰。"屈到死后,宗老将以芰祭祀。屈到的儿子屈建(即子木)发现后,立马制止道:夫子承楚国之政,其法刑在民心而藏在王府,上可以比先王,下之可以训后世。……其祭典有之曰:国君有牛享,太夫有羊馈,士有豚犬之奠,庶人有鱼炙之荐,笾豆,脯醢则上下共之。不羞珍异,不陈庶侈,夫子不以其私欲干国之典。"④于是遂不用芰,而只用"羊馈",即大夫之祭礼。

生则厚养,死则厚葬。楚人对丧葬之礼也十分重视。大体上看,楚人的丧葬无论是规则、制度,还是礼仪形式,都与典籍所载夏商周三代相因所形成的丧葬礼俗表现出较多的一致性。在青铜礼器的使用制度上,楚严格保守周制,始终坚持青铜礼器的鼎、簋相配礼制,不敢越雷池一步。河南淅川下寺一、二号墓,墓主为令尹及其妻室,地位仅次于楚王,殉葬品按周制用平底鼎七件。湖北荆门包山二号墓墓主官至左尹,爵封大夫,属卿大夫之列。随葬有遣车五乘,以茅草缠裹的牛体包牲五具,其数与礼书周制所记大夫规格相符,与墓主身份亦相吻合。降至到战国末年,楚幽王墓仍恪守周礼的九鼎八簋之制。"单从铜礼器的使用制度上看,其严格性和保守性,正是楚礼制与周礼相同并保守周礼的体现,构成了落后、保守的一面,它所表现出来的保守性比中原地区尤甚,到战国中晚期都是

① 《左传》宣公十二年。
② 《国语·楚语上》。
③ 《左传》成公十三年。
④ 《国语·楚语下》。

如此,这与楚国晚期保守势力较强,导致不断衰亡的历史事实正相符合。"[1]

　　尽管楚国官制,从楚武王草创之时起,就努力"不与中原之号谥",力图自成体系,别具一格,但终究未能彻底摆脱河洛文化的影响,与中原的制度仍有密切的关系。其主要表现有二:一是与周制相合者甚多。如师、傅、保、司马、左史、司徒等诸官,均源于周制。司马在中原职典军事,在楚也如此。《左传》僖公二十六年载:"司马子西帅师伐宋。"周有太师、太傅、太保三公,楚亦有太师。如《左传》襄公二十七年说:"楚子问帅于大(太)师子毂与叶公诸梁。"师和傅在中原职主太子教育之事,楚亦同。即便是最具有楚国特色的以尹名官,究其源也与商、周制度不无关系。西周有地位很高、职权很大的尹,如"皇天尹"。二是与其他诸侯国相同者不少。有不少官职,楚国有的,其他诸侯国也有。如司宫,郑国也有。

　　按照周制,贡纳分为邦国之贡和万民之贡。楚国早期模仿周制,后虽有损益,但无根本区别。楚国的贡纳也可分为邦国之贡和万民之贡[2]。譬如土地所有制,中原是实行国有条件下的分封制,土地属国有,由天子封给各诸侯,再由诸侯封给各大夫。楚国是实行国有前提下的里社所有制,但楚国也有分封的现象出现。《左传·哀公十八年》曾载,楚公孙宁、吴由子等在鄾地打败了巴军,便将之析封给子国。但这是偶然现象,并不普遍,无论是封地的范围与数量都远远不能和中原相比。仅从封地与官名这两种制度文化的关系来看,很显然,楚文化中的确注入了较为丰厚的中原文化的成分[3]。

三

　　河洛文化之所以能够对楚器物和制度产生如此巨大而深远的历史影响,根本原因就在于河洛文化在精神文化层面深深吸引了楚人。楚人不仅深深为之折服,而且欣欣然加以学习,并且乐此不疲。楚人学习中原文化的自觉、主动、热情和积极,有时甚至令北方学者也自叹不如,感慨有加。《孟子·滕文公上》载:"陈良,楚产也。悦周公、仲尼之道,北学于中国,未能或之先也。"

---

①　刘彬徽:《楚系青铜器研究》,湖北教育出版社,1995年。
②　刘玉堂:《楚国经济史》,湖北教育出版社,1995年。
③　李金坤:《中原文化影响楚文化六论(续)》,《苏州教育学院学报》2006年3期。

楚人向华夏学来的,首先是语言文字。楚人尽管有自己的语言,但为了更好地吸收华夏文明,楚人平时大多讲夏言,尤其是在国际交往中,更是用夏言交流。至于文字,楚人则完全采用了夏文。正是借助于语言文字这一有效的文化传播工具,楚人得以采撷华夏精神文化的繁花硕果,含英咀华,充分吸收自己所需的文化营养,其民族文化心理也在这一过程中自觉或不自觉地逐渐与华夏接近了,楚人的意识形态也就一日深一日地纳入华夏意识形态的体系中去了①。"抚有蛮夷","以属华夏",成为楚人孜孜以求的目标和愿望。

楚人非常重视学习和钻研华夏典籍。《国语·楚语上》记载,楚庄王曾命大夫上亹为太子师傅,他为了教好太子,便请教贤大夫申叔时。申叔时对他说:"教之《春秋》,而为之耸善而抑恶焉,以戒劝其心;教之《世》(韦昭注:"先王之世系也"),而为之昭明德而废幽昏焉,以休惧其动;教之《诗》,而为之导广显德,以耀明其志;教之《礼》,使知上下之则;教之《乐》,以疏其秽而镇其浮;教之《令》(韦昭注:"先王之官法、时令也"),使访物官;教之《语》(韦昭注:"治国之善语"),使明其德,而知先王之务用明德于民也;教之《故志》(韦昭注:"记前世成败之书),知废兴者而戒惧焉;教之《训典》(韦昭注:"五帝之书),使知族类,行比义焉。"《诗》、《书》、《礼》、《易》、《乐》、《春秋》等典籍均产生于河洛地区,楚人用这些河洛文化的代表作作为人文教化的典型教材,无疑是出于对这些典籍推崇和膜拜,河洛文化在楚文化中的地位和对它的影响,由此可见一斑。

楚昭王即位不久,周朝的王子朝"奉周之典籍以奔楚"②,这是河洛文化向楚的一次大扩散,在楚文化发展史上具有十分重要的意义,故每每为后人所称引。王应麟《困学纪闻》说:"《易象》在鲁,《三坟》、《五典》在楚,周不能有其宝矣。……及王子朝以典籍奔楚,于是观射父、倚相皆通古训,以华其国,以得典籍故也。"洪亮吉《春秋左传诂》也引惠栋语曰:"周之典籍,尽在楚矣。《三坟》、《五典》、《八索》、《九丘》,左史倚相,观射父读之。而楚《梼杌》之书颇可观,《国语》采之,流及屈宋。而楚'骚'比于周'雅',书之益人如是!""'星星之火,可以燎原。'王子朝携带的周朝典籍尽管有限,但它毕竟在南楚的沃土上播下了华夏文

---

① 张正明:《楚文化史》,上海人民出版社,1987年。
② 《左传》昭公二十六年。

明的火种,为以后楚文化的蓬勃发展注入了新鲜的血液"①。由于楚人所学的几乎全是周朝典籍,他们援引的最多的是《诗》、《书》、《军志》。他们的政治思想、道德规范甚至战略战术,在许多方基本面是与华夏类同的。楚人实际上已侧身于华夏之列了②。

　　老庄哲学是楚文化的精神内核。然老子之学最初是源于河洛地区,后又在河洛地区演化为黄老道和道教,被道教奉为始祖。但从学术源流上看,老子之学,后分为两支;一为庄子哲学,一为稷下精气说。庄子继承了老子朴素辩证观并发展为相对主义,对老子的"道"、"德"诸论加以深化,因而被后世认为是老子哲学的继承者和发展者,得与老子连称,形成了老、庄学术流派,而与孔、孟儒学相抗衡。稷下精气说在南方的代表就是屈原哲学,然受其所作楚辞之盛名所掩,未能受到后世的重视,但它却深深影响了屈原文学创作和人生道路。正值程下学官兴盛之时,屈原两次出使齐国,接受了稷下道家精气说。精气指一种精灵细微的物质,它"下生五谷,上为列星;流于天地之间,谓之鬼神,藏于胸中,谓之圣人。"③屈原在《离骚》中高唱"跪敷衽以陈辞今,耿吾既得此中正。""中正",就是精气、正气。"这种精气、正气具体体现为屈原忧国忧民的爱国主义热烈情怀和疾恶如仇的刚烈品格,终于演成自沉汨罗的千古悲剧。"④

　　楚辞是楚文学和楚文化的杰出代表。楚辞虽"书楚语,作楚声,纪楚地,名楚物",具有浓厚的地域色彩,但其在创制的过程中,大量借鉴和吸收了夷夏文化中的诗歌精华。《诗经》是北方文学的代表。其中《周南》和《召南》,好用比兴,多缀虚词。春秋时期,楚国蚕食二南之地之后,受二南之诗的影响自然日益加深。从体裁上看,《九章》中的以四字句为主的《橘颂》就近乎二南之诗。程千帆先生认为:"二南之诗,则《诗》、《骚》之骑驿,亦楚辞之先驱也。"⑤蔡靖泉先生进一步指出:楚辞无疑最具有鲜明的南方文学特色,可是有些楚辞作品仍然是采用了比较整齐的四言句式写成的,如《桔颂》、《天问》、《招魂》和《大招》,这表明它们并没有完全排斥中原文学形式,而是在借鉴中原文学形式的基础上有所变

---

　　① 李金坤:《中原文化影响楚文化六论(续)》,《苏州教育学院学报》2006 年 3 期。
　　② 张正明:《楚文化史》,上海人民出版社,1987 年。
　　③ 《管子·内业》。
　　④ 周文顺、徐宁生主编:《河洛文化》,五洲传播出版社,1998 年。
　　⑤ 程千帆:《先唐文学源流论略·诗三百篇与楚词第一》,《武汉师范学院学报》1981 年 1 期。

化和发展。至于《离骚》、《九章》、《九歌》、《九辩》这些典型的楚辞体作品,虽然主要是脱胎于楚地民歌,我们也不应忽略它们与中原古民歌的关系。《九歌》与《九辩》都是传说中的夏乐名,它们或许很早就传到了南方,以致楚人得以根据它们的形式和情调造新歌。楚辞体这一新诗体在形成过程中,也必然受到了中原文学的影响。《大招》云:"代秦郑卫,鸣竽张只。伏羲《驾辩》,楚《劳商》只。讴和《扬阿》,赵箫倡只……二八接式,投诗赋只。叩钟调磬,娱人乱只。四上竞气,极声变只。"类似这种宫廷歌舞场面的描写,在《招魂》中也有。这些描写反映出,由于楚国经济的富庶和文化的开放,各国的乐舞都被引进了楚国,而楚辞就诞生在这种东西南北歌舞大荟萃的艺术氛围中。中原诸夏之国的配乐诗歌,相对而言当然是其中最多又最雅的了,因此对楚辞形成的影响也会很大。只可惜楚辞中提及的代、秦、郑、卫诸国的诗赋并未流传下来,今天也无法将它们与楚辞作比较了。战国后期,天下统一的形势明朗,南北的民族融合与文化综合的步伐加快,楚文学也在这一文化背景下更广泛地借鉴了中原文学的创作经验,汲取了中原兴盛的纵横家说辞的表达方式,进而在楚辞体诗歌基础上又发展出一新的文学样式——赋。另外,楚文学还继承和发展了中原文学真实地反映社会生活的创作精神,创造性地借鉴了其赋、比、兴的表现手法。[1]

从过以上我们可以清楚地看到,河洛文化不仅深深地渗透到了楚人生活的方方面面,而且成为楚人进行文化创造的灵魂和支配性力量。"由此可以说,楚文化实际上是楚人以华夏文化为主导而创造出的别开生面的文化,是楚人将华夏文化移植到南方楚地之后的新发展。"[2]

（作者单位为湖北省社会科学院楚文化研究所）

---

① 蔡靖泉:《楚文学史》,湖北教育出版社,1995 年。
② 蔡靖泉:《楚文学史》,湖北教育出版社,1995 年。

略论河洛与荆楚两地中医学的交流与发展

贾海燕

在我国古代中医药学史上,河洛(依照李学勤所说的广义河洛①,是指黄河中游的中原地区,其文化即为中原文化)与荆楚两地有着举足轻重的地位。传说时期有伏羲、黄帝、神农"尝百草"的故事,他们分居河洛与荆楚两地,首创医药,为民治病;战国秦汉时期,集成于河洛地域的医学经典《黄帝内经》与出土于荆楚之地的长沙马王堆汉墓医书及江陵张家山汉墓医书之间,就内容来看有着千丝万缕的联系;东汉末年,医圣张仲景生于南阳,其生活区域却很大一部分时间在荆楚之地,体现了两地的医学交流。与此相应,凡荆楚之地,医家如庞安时、万全、李时珍、杨际泰等,无不是在汲取河洛医学和继承本土医学的基础上,成为远近闻名的中医名家。

一、伏羲、黄帝和炎帝神农

我国中医药最早的发明,据有限文献记载中的传说,是与来源于河洛地区的伏羲、黄帝和荆楚地域的炎帝神农有关。

伏羲又作宓羲、包牺、伏戏,亦称牺皇、皇羲,是中国神话中人类的始祖,其所处时代约为旧石器时代中晚期。《易传·系辞下》:"古者,包牺氏之王天下也,……始作八卦,以通神明之德,以类万物之情。"相传,伏羲还是中国医药鼻祖之一。皇甫谧《帝王世纪》载:"伏羲氏……仰则观象于天,俯则观法于地、鸟兽之文与地之宜,近取诸身,远取诸物,于是造书契以代结绳之政,画八卦以通神明之德,以类万物之情,所以六气、六腑、五脏、五行、水火、升降得以有象,百病之理得

---

①　李学勤:《根在河洛——第四届河洛文化国际研讨会论文集·序》,大象出版社,2004 年。

以类推,炎黄因斯乃尝味百药而制九针以拯夭枉矣。"千余年来,伏羲被我国医界尊奉为医药学、针灸学之始祖。

黄帝乃传说中我国各族人民的共同祖先,古文献中多有黄帝创造发明医药之记载。《史记·五帝本纪》记载:"黄帝者,少典之子,姓公孙,名曰轩辕。生而神灵,弱而能言,幼而徇齐。"是说黄帝是少典部族的子孙,姓公孙名叫轩辕。他一生下来,就很有灵性,出生不久就会说话,幼年时聪明机敏,长大后诚实勤奋,成年以后见闻广博,对事物看得清楚。他是聪明和智慧的化身,有很多发明创造,如:养蚕、舟车、兵器、弓箭、文字、衣服、音律、算术、医药等。史书还记载黄帝本人以及手下许多大臣都是医学家。《帝王世纪》:"(黄帝)又使岐伯尝味百草。典医疗疾,今经方、本草之书咸出焉。"《通鉴外记》亦说:"(黄)帝以人之生也,负阴而抱阳,食味而被色,寒暑荡之于外,喜怒攻之于内,夭昏凶札,君民代有,乃上穷下际,察五色,立五运,洞性命,纪阴阳,咨于岐伯而作《内经》,复命俞跗、岐伯、雷公察明堂,究息脉;巫彭、桐君处方饵,而人得以尽年。"宋代医学校勘家林亿在《重广补注黄帝内经素问·表》中强调:"恤民之隐者,上主之深仁,在昔黄帝之御极也。……乃与岐伯上穷天纪,下极地理、远取诸物,近取诸身,更相问难,垂法以福……"这反映了后代医家对黄帝的敬仰之情。

伏羲、黄帝居住什么地方?作为一个部落或者部落首领,他们来源于黄河中游的中原区域,即广义的河洛区域,是毋庸置疑的,这里不做论述考证。

神农氏即炎帝,是中国传说中农业和医药的发明者,其所处时代为新石器时代晚期。《淮南子·修务训》:"神农乃始教民,尝百草之滋味,识水泉之甘苦,……当此之时,一日而遇七十毒,由是医方兴焉。"《帝王世纪》也称:"炎帝神农氏……尝味草木,宣药疗疾,救夭伤人命,百姓日用而不知,著本草四卷。"炎帝神农氏在药物方面的原始发现,这一论点为学界的普遍观点。《世本》有"神农和药济人";《通鉴外记》有"民有疾病,未知药石,炎帝始味草木之滋,尝一日而遇七十毒,神而化之,遂作方书,以疗民疾,而医道立矣";晋·干宝《搜神记》有:"神农以赭鞭鞭百草,尽知其平毒寒温之性臭味所主";《史记补三皇本纪》也有"神农氏以赭鞭鞭草木,始尝百草,始有医药"。

炎帝神农氏是长江中下游流域文明(包括汉水流域)的始创者。郑玄在注释《礼记·祭法》中的"厉山氏"说:"厉山氏,炎帝也。起于厉山,或曰烈山氏。"

《国语·鲁语》的韦昭注以及《帝王世纪》都有相同的言论。此厉山就是指今湖北随州厉山镇一带。郦道元的《水经注·漻水》有证："（赐）水源出大紫山，分为二水，一水西迳厉乡南，水南有重山，既烈山也。山下有一穴，父老相传云：是神农所生处也。故《礼》谓之烈山氏。"宋·盛弘之的《荆州记》，南梁·刘昭的《后汉书·郡国志》，唐朝的《艺文类聚》、《初学记》、《太平寰宇记》、《太平御览》、《括地志》、《元和郡县志》等书籍都征引了炎帝神农生于随州厉山的记述。

李学勤先生在《炎黄文化和民族精神》中也说："黄帝、炎帝分别代表了两个不同的地区，一个是中原的传统，一个是南方的传统。"中原传统的代表一般多指河洛文化，南方传统的代表则一般多指荆楚文化。在远古时代，两地共同为中国中医药学的创设做出过重要的贡献。

二、《黄帝内经》、《神农本草经》与荆楚出土的医书

春秋战国迄于两汉，在中国历史上十分重要。铸铜、水利、冶铁等科技相继得到很大的发展，社会经济生活有所提高，生产关系也有了相应的变化。政治、经济、文化、科技乃至哲学的活跃，都达到了空前高涨的程度。中医药学也是其中的一环。

在这一时期，出现了我国最早的一部完整的医学理论性论著《黄帝内经》。该书在《汉书·艺文志》中有录。《黄帝内经》简称《内经》，分为《素问》、《灵枢》两部分。这部中国早期的医学理论经典著作讨论了多方面的中医学基础问题：人与自然季候的关系，明确提出"人与天地相应"的说法；全面运用的阴阳五行学说，阐发脏腑生理病理；提出比较成熟的十二经络学说；提出精、气、神、血液、精液方面的知识理论；提出了目睛、面容、问诊、切诊等诊断学基础知识；有关治则，首先阐发治"未病"以及"治病必求其本"的理论；首次阐发了针法的理论知识。《内经》的价值，后人多称为"医家之宗"，周木《素问纠略序》称其为"医家之宗祖，犹吾儒之有五经也；故曰：医人不读《素问》，犹士人不治本经，其以是欤？"

《内经》的成书年代众说不一，有战国说、秦汉说、魏晋说等。魏晋说显然不能成立，因为马王堆汉墓帛书医书和江陵张家山汉墓医书的出现，经两者比较发现，许多地方有很深的渊源关系，帛书更为古老。这说明，《黄帝内经》是在东周

以来无数医家实践的基础上，不断磨砺而成的。魏晋之说只能说明有部分章节被魏晋人做过删减或者改动而已。故有人说其作者是秦越人，显然也是不成立的。

这一时期，还有《神农本草经》的问世。《黄帝内经》、《神农本草经》中提到的"黄帝"、"神农"并非是指黄帝时期写成《黄帝内经》，神农时期写成《神农本草经》，只是后世的附会依托而已。《淮南子·修务训》说："世俗之人，多尊古而贱今，故为道者必托之于神农、黄帝而后能入说。"这也是两书籍成书于秦汉时期的证据。

1973 年，湖南长沙马王堆三号汉墓（西汉车大侯之子墓，公元前 168 年，即汉文帝十二年入葬）出土了大批古帛书和竹简，其中包括医书十余种，即《足臂十一脉灸经》、《阴阳十一脉灸经》（分为甲本、乙本）、《脉法》、《阴阳脉死侯》、《却谷食气》、《胎产书》、《导引图》、《五十二病方》、《养生方》、《杂疗方》等 11 种，以及《十问》、《合阴阳》、《杂疗方》、《天下至道谈》等竹简 4 种，合计 15 种医学典籍，共 3 万余字。湖北江陵张家山汉墓出土的竹简医书有《脉书》、《引书》两种。

经过鉴定，两批汉墓医书大都属于先秦著作。从内容文字考察，在时代上比《黄帝内经》成书为早，且与楚人有关系[①]。

从文字内容上来看，两墓医书又与《内经》以及后来的一些医学典籍互有联系。譬如马王堆出土医书有一处记载："阳明脉……（是动则）病寒，善信（伸）数吹（欠），颜黑，病肿。病至则亚（恶）人与火，闻木音则惕然惊，心惕然，欲独（闭）户牖而处，病甚[则欲登高]而歌，弃衣而走，此为骭厥。"[②]《灵枢·经脉篇》则曰："胃足阳明之脉……是动则病，洒洒振寒，善呻数欠，颜黑，病至则恶人与火，闻木声则惕然而惊。心欲动，独闭户塞牖而处，甚则欲上高而歌，弃衣而走，此为骭厥。"观两处文字，两者之间确有渊源关系存在，而前者文字确实较后者更古一些。

---

① 高大伦：《张家山汉简〈引书〉研究》，巴蜀书社，1995 年，赵璞珊：《中国古代医学》，中华书局，1997 年；王建辉、刘森淼：《荆楚文化》，辽宁教育出版社，1990 年；周一谋：《帛书〈养生方〉及〈杂疗方〉中的方药》，《马王堆汉墓研究论文集》，湖南出版社，1994 年。
② 《马王堆汉墓出土医书释文》，《文物》1975 年 6 期。

另如,马王堆古医书的《足臂十一脉灸经》、《阴阳十一脉灸经》(有甲、乙两种抄本)、《脉法》、《阴阳脉死侯》等四种脉书以及江陵张家山汉简《脉书》(为马王堆古医书后三种之合),皆与经络、经脉等针灸基础理论有着密切关系。还如,这些古医书皆只有灸法,而无针法。《史记·仓公列传》记载有《黄帝脉书》、《扁鹊脉书》、《石神》、《经脉上》、《经脉下》等医学专著,由公乘阳庆、公孙光等传授于淳于意等流传于世。《黄帝内经》详于针而略于灸,标志着针与灸互相促进,共同发展,并初步形成自己的理论体系。经络学是针灸学的理论核心,是人们在长期医疗实践逐步发现和认识的。从马王堆古医书、江陵张家山汉简《脉书》、《仓公传》中的《黄帝脉书》等到《黄帝内经》,可以清楚看到,经络学从零散的记载发展到十一条经脉和十二条经脉的全过程。

张家山汉墓医书《引书》与《内经》也有相同的联系。如《引书》开篇就明确春生、夏长、秋收、冬藏为养生长寿之道。《素问·四季调神篇》则通篇讲述的四季养生法。这种关系还有很多,此处不再累述。

《内经》到底是由谁编纂完成的呢?因为有马王堆汉墓医书以及张家山汉墓医书的出现,就可以断定它是由勤劳智慧的荆楚人们完成的吗?答案应该说不是。

以《内经》阴阳、五行、精气神等理论的完备,而中医学师徒相传陈陈相因的陋习,只能说明单凭一个区域是难以完成如此完备的医学论著《黄帝内经》的。只有文化中心区域吸收来自中华大地华夏各民族的共同智慧,才能担此重任,完成这部中医学奠基之作。因此,这一殊荣只能是历来的政治、经济、文化中心区域即河洛区域来领取。

《黄帝内经》的编纂成功,是河洛地区和荆楚地区的人们与华夏民族共同为人类立下的不可磨灭的贡献。

三、医圣张仲景

在中国医学史上,医圣张仲景占据着很重要的地位。他一生著述颇丰,著名的有《伤寒杂病论》、《黄素药方》、《辨伤寒》、《疗伤寒身验方》、《评病要方》、《疗妇人方》、《五脏论》、《口齿论》等医学典籍问世。除《伤寒杂病论》流传至今外,其他大都失传。张仲景的《伤寒杂病论》在系统总结前人成果的基础上,建立起了科学辨证施治的原则,奠定了中医治疗学的基础,受到历代医家的重视,其影响远及朝鲜、日本。张仲景因此被后世誉为一代医圣。张仲景曾遍游洛阳、荆楚两地,且做过长沙太守。他除了接受源远流长的河洛医学外,也受到了博大精深的荆楚医学的影响。

张仲景,南阳郡涅阳(今河南南阳市西南)人,名机,字仲景,东汉末年著名的医学家。当时南阳属于荆州八郡之一,属于荆楚文化影响区域之列,但同时也属于广义的河洛文化。

张仲景自小便喜好医学,曾师从同郡名医张伯祖学习,尽得其真传。张仲景并没因此而满足,而是"勤求古训、博采众方"(《伤寒杂病论·序》),阅读了大量的前人医学典籍,从中汲取养分,使自己在诊断、处方、用药等方面都有了进一步提高。

张仲景生活的时代,天灾人祸接连不断,传染病就如瘟神一般,在中华大地四处蔓延,所到之处,人畜死亡众多。魏陈思王曹植《说疫气》一文,描述当时传染病流行的状况:"厉气流行,家家有僵尸之痛,室室有号泣之哀;或阖门而殪,或复族而丧。"①张仲景在其著作《伤寒卒病论》自序曾称:"余宗族素多,向余二百。建安纪年以来,犹未十稔,其死亡者三分有二,伤寒十居其七。"又说:"当今居世之士,曾不留神医药,精究方术……但竞逐权势,企踵权豪,孜孜汲汲,唯名利是务。"在此背景下,他立志医学。

为了解除民众的疾苦,张仲景做过走方郎中,先后在洛阳、修武等地行医,搜集民间验方,学习别人的长处,磨练自己的医技。在洛阳,他定然受到过河洛易理的熏陶,这就为他创立的中医"辨证施治"打下坚实的基础。

在汉末动荡时期,张仲景像中原其他士人一样,南下依附刘表,还做过长沙太守。这对于他收集医方,学习南方道学、医药学是很有帮助的。在荆州时,他还遇见了汉末著名文学家王粲,他认为当时20多岁的王粲身上有一种疾病,当在40年后发作,须发尽落半年而死,并给他开了一剂汤药。王粲不以为然,没有服用,然而果真在40年后须发尽落而死。刘表占据荆州的比较太平的十八年间,仲景正在40至58岁之时,是其学术上最成熟的时期,而作为建安七子的王

---

① 《全三国文》卷十八,《说疫气》。

粲,17岁来到荆州襄阳,直至33岁时曹操攻占襄阳,才离开襄阳。即王粲20余岁正在刘表处,故仲景为王粲诊病当是无疑的。《魏志·王粲传》也说王粲"病卒,年四十一岁。"

张仲景在荆楚时,还与著名医家王叔和(时比张仲景小)有过交往。王叔和,名熙,山东高平人。近人余嘉锡在其所著的《四库全书提要辨证》一书中,称:"叔和亦尝至荆州依(刘)表,因得受学于仲景。"又称"(叔和)又与仲景弟子卫汛交游,当可亲见仲景。"[①]孙思邈《千金要方》亦云:"河东卫汛记曰:高平王熙称食不欲杂,杂则有所犯。"说明仲景的弟子卫汛与王叔和曾一起讨论过养生之道。那时许多北方的饱学之士来荆州避乱,学术氛围异常浓厚,竟有"荆楚学派"之称。受此影响,仲景等人的学术创作自然得到了升华。

王叔和后来将张仲景的《伤寒杂病论》改编为《伤寒论》和《金匮玉函方》两书,为传承和发扬张仲景的医学理论作出了巨大的贡献。此外,他所著的《脉经》则是我国现存最早的比较完整的脉学著作。而今,荆楚之地的江陵张家山汉墓以及长沙马王堆汉墓出土有汉代脉学方面的著作,王叔和在那时在荆楚之地不知能否见到? 若见到了,定然对他的《脉经》产生了影响,也未可知。《脉经》的作者来过荆楚之地,并见过张仲景,这不能不令世人将它与张仲景以及荆楚之地的脉学书籍联系在一起。

事实上,从荆楚出土的医书来看,它的理论方法甚至对隋唐的医家就产生过影响。在隋太医博士巢元方的《养生导引法》中,有腰痛、目痛、齿、喉痹等疾病名与《引书》相应部分相同或近似。故我们可以理解为《引书》的一些理论方法一直流传下来,保存在这些书籍中了。因此,我们可以这样认为,张仲景到过荆楚,做过长沙太守,收集过医方,受荆楚医学的影响当在情理之中。

四、汲取河洛文化的楚地医学

一直以来,人们认为荆楚之地除了屈宋辞赋、老转哲学、土著或巫文化外,几乎没有系统的文化。然而20世纪以来楚文化考古的不断发现,如马王堆汉墓帛书竹简、曾侯乙墓青铜器、张家山汉墓竹简、葛店楚简等文物的不断出土,使楚地

---

① 转引自赵璞珊:《中国古代医学》,中华书局,1997年。

域文化研究得到蓬勃发展,一时成为显学。这使长期流行的中原文化中心说受到有力的冲击和补正,楚文化研究也因而受到了国内外学人的广泛关注。① 对荆楚文化的深入研究,始终不会影响我们把楚文化研究引向先秦中国历史文化研究的宽广道路,不会影响我们正确认识楚文化与其他区域文化的关系,也不会影响我们客观看待中华民族文化共同体形成和发展的过程。总的说来,荆楚医学虽具有显著的地域文化特征,但象荆楚道学一样,也带有浓厚的河洛色彩。

先说一下楚人的族源。关于楚人族源,有人认为来自北方中原地区,笔者赞同这类观念。在楚人思想中,具有浓郁的北归、北向或向北祭祖的痕迹。譬如祭祖,《楚辞·九歌》、《左传·昭公六年》中楚人保持有祭祀河伯的记载。这是因为楚人族源来自北方河洛地区,这种"北乡"(向)还包含有"灵魂返祖"观念,即认为灵魂要回到祖先或者生前住过的地方去。周王朝及诸侯国建祖庙、设木主,是"灵魂返祖"观念的表达方式之一。《楚辞·九章·哀郢》曰:"狐死必丘首",《白虎通·德伦·封禅》也说"狐死首丘,不忘本也",《孔子家语·问礼》记:"坐者南向,死者北首,皆从起初也。"对于来源于中原地区的楚人来说,这种思想的存在当不令人费解。

在楚地战国时期的医方中,也有这种"北向"的思维定式。在马王堆汉墓医书《五十二病方》的巫方中,出现了许多南北的词汇,其中"北乡(向)"或"北"共计出现了11次,"南"出现了2次,"南北"并出1次。表现出古人对北的崇拜和尊崇,与北面有神门、鬼门有关。② 因为,周人在东北放置殷人的祖先神,且以东北位鬼门。③ 这也是周代王室天体思想在楚俗中的反映。难怪"北乡(向)"出现的同时,都有实施巫术,如"禹步"、"符"箓之类的东西。

中医的起源,除了人们的不断实践外,其理论与河洛文化的《易经》、《尚书》中的阴阳五行思想有很大的渊源。魏晋以前,政治经济文化中心俱在河洛地区,因此我们说《黄帝内经》、《神农本草经》等中医药基础书籍无不与河洛有关。正因为这样,汉代末期,河洛地区产生医圣张仲景也不足为怪了。

---

① 冯天瑜、张岩:《楚史及楚文化研究的集成之作——评〈楚国历史文化辞典〉》,《武汉大学学报》1997年4期。

② 见拙文《〈五十二病方〉所见的民俗》,湖南省博物馆馆刊,待出。

③ 日井上聪:《先秦阴阳五行》,湖北教育出版社,1997年。

　　前面说过,《黄帝内经》、张仲景的医学理论包含有一定荆楚医学(或者长江文化)因子,这不是降低了河洛地区在华夏文化的重要地位,反而说明中华文明的源远流长和博大精深,也说明了黄河文明与长江文明二元耦合的价值。

　　唐之后,随着经济中心的进一步南移,历史的视线逐步关注到荆楚这篇"蛮荒"之地,荆楚也出现了许多著名的医家。譬如,被苏轼一再推崇的庞安时(现属湖北浠水人),《宋史·庞安时传》就有记载,著有《伤寒总病论》、《本草补遗》等;明人万全(现属湖北罗田人)被康熙加封为"医圣",以万氏小儿科行世,他发明的"万氏牛黄清心丸"至今仍是治疗小儿急惊风和清火的良药。万全主要著作是《万密斋医学全书》,收万氏著作18种,共150万字。著作后来传入日本、朝鲜和东南亚各国,受到海内外中医学界的极大赞誉,其中《幼科发挥》影响最大,全书还被收入《古今图书集成》,名垂史册;明代医圣李时珍(现属湖北蕲春人)更是世人皆知,其辉煌巨著《本草纲目》是其留给世人的一笔宝贵财富,他的《濒湖脉学》、《奇经八脉考》也是流传很广,是对后世医学影响很广的书籍;清人杨际泰(湖北武穴人),鄂东名医,也曾盛极一时,集10年之功著有《医学述要》,被视为中医学的百科全书。荆楚较为著名的医家还有一些,此处不再一一赘述。

　　综观荆楚名医,一方面像其他著名医家一样,是在继承祖辈或者地方名医的基础之上而成长起来的,这与中医师徒相授密切关联,可以说是区域医学的代表;另一方面来说,他们的成功不是偶然的,除了父辈医学的积淀外,更重要的是,他们往往是追求仕途未果时转而勤求医学的,他们博览群书,总是以河洛医学为依归,如对《黄帝内经》、《寒论杂病论》等医学经典均是推崇备至,正因为能汲取其他地区医学的精华,像河洛医学一样,荆楚医学才能为祖国医学增光添彩。

　　　　　　　　　　(作者为湖北省社会科学院楚文化研究所助理研究员)

荆楚文化与河洛文化差异论

孙君恒　孙　平

荆楚文化、楚文化,同属一个概念,指楚人、楚国创造而长期积淀的实体、形态和观念。荆楚文化也是一种历史悠久的区域文化。从时间上说,它随着楚国的发展而成熟;从空间上说,它随着楚国疆域的拓展而扩散。荆楚文化诞生在江汉地区,属于长江中游。战国初年,楚国疆域扩展到长江下游地区,北近黄河,东到吴越,南至岭南,西接巴蜀。下面就荆楚文化与河洛文化关系的六个方面加以论述。

一、地理差异:黄河文明与长江文明、土文化与水文化

河洛文化是北方黄土地农业文明的体现;荆楚文化是南方水文化的体现。同样起源于水,以水命名,但是一个是黄河文明的代表、另一个是长江文明的代表。建立在粟麦农业基础上的河洛儒家文化,与建立在水稻农业基础上的楚文化特点迥异。河洛以水系命名,但是北方的水系远没有长江流域水系发达、水面普遍。河洛文化基本上是土文化,而荆楚文化根本上是水文化,两者可以是说是水与土的差异。

黄河与洛水的交汇,化育出了肥腴的土壤、适宜的气候,成为先民较早的栖息地,这里主要是旱地作物,农业以土地耕作为主。钱穆指出:"夏文化则发生在现在河南省之西部,黄河大曲的南岸,伊水、洛水两岸,及其流入黄河的枰杈地带。……都合宜于古代农业之发展。"①史华兹(Benjamin I. Schwartz)说中国上

---

① 钱穆:《中国文化史导论》,商务印书馆,1994年。

古时期:"中原地区历史悠久、建国甚早。"①河洛土地哺育了朴实、浑厚、实在、正统的河洛文化。河洛中的艺术,包括音乐、舞蹈、歌曲,主要被理解为"礼"的组成部分,被当作调节群体生活、实现一定伦理目的的手段。中庸平和被视为艺术的极致。正统音乐,通常是限制在一个八度的音域范围内的。

　　荆楚,"千湖之省",长江和汉水在这里交汇,水乡泽国也。这里主要是水地作物,土地耕种与渔猎并重,渔是其特色。云梦泽,特别好地说明了荆楚地理的水优势。先秦时,在郢都东南,是一片由江水及其岔流夏水和涌水冲积而成的荆江东岸陆上三角洲。"方九百里"的云梦泽,北以汉水为限,南则"缘以大江",约当今潜江、沔阳南,监利、石首北境。《水经·沔水注》:"又东南过江夏云杜县东,……《禹贡》所谓云梦土作乂,故县取名焉。"先秦时云梦泽的北限曾远及汉水以北。战国中期以后,云梦泽为汉水所挟带的泥沙所湮没,略见缩小。"云梦"一词从广义说,它是包括山地、丘陵、平原和湖泊等多种地貌形态在内的范围广阔的春秋、战国时楚王的狩猎区,而"云梦泽"则是其中江汉平原以湖沼地貌为主的一部分。②这里的水和河洛地区的水是不同的。荆楚之水的自然独特性,为文学家所描写。《管子·水地》云:"楚之水淖弱而清","江南可采莲,莲叶何田田"(《乐府诗集·江南》),"洞庭春溜满,平湖锦帆张。沅水桃花色,湘流村若香"(阴铿《渡青草湖》),"楚塞三湘接,荆门九派通。江流天地外,山色有无中"(王维《汉江临泛》)。水的柔性、灵性、奔放与浩瀚,滋养了荆楚文化,体现了它的独特性。水乡泽国是纯美文学的渊薮,它触动诗人、文学家们的情感意绪,启迪他们的灵心慧眼。刘师培《南北文学不同论》云:"大抵北方之地,土厚水深,民生其间,多尚实际。南方之地,水势浩洋,民生其际,多尚虚无,故所作文,多为言志、抒情之体。"南方湿热的气候,容易形成狂放和倜傥不羁的习性,而丛林水泽,氤氲之气易激发奇幻狂想,正是这种奇幻狂想与楚人的浪漫精神成就了荆楚文学奔放、浩瀚的气势。

　　水文化的智慧集中在楚地的道家。《道德经》中说:"上善若水,水善利万物而不争。"在老子看来,"水"是世界上最美好的东西,它可以成为"道"的代名词;

---

① 本杰明·史华兹:《古代中国的思想世界》程钢译,江苏人民出版社,2004年。
② 关于云梦泽的范围、演变,谭其骧先生有专文《云梦与云梦泽》,载方酉生主编《楚章华台学术讨论会论文集》,武汉大学出版社,1988年。

庄子也说:"譬道之在天下,犹川谷之与江海。"庄子同样把江海比做"道"。生活在楚地水乡的老子、庄子从"水"中得到启示,所以创立了"道"。禀承道家思想的道教进一步弘扬"水"性。道教标志性符号——太极图就是一个离不开水的阴阳鱼,它波浪形的曲线,透出了一种动势,并活画出黑(阴)白(阳)两条首尾相抱而合鱼的形象,这两条鱼似在水中游动旋转,而中间这条反 S 形的曲线,由上向下俯视,则呈一种水的旋纹状,喻示着事物发展在循环往复中的螺旋式上升,静中有动、静动结合地展示了一种宁静的美。汉江岸边的武当道教供奉的大神是北方玄武(宋代改玄武为真武),真武大帝乃龟与蛇的合体,龟代表着"水",蛇代表着"火"。在中国传统的"五行"说中,北方主"水",《说文解字》称水为"北方之行",真武是水神,在北方主水的真武被请到南方水多的湖北,这是先人对水所做的理性注释。因为真武代表水,所以在水多的南方,供真武以求雨顺。水遍流天下,没有私心,显示了一种人格美德;水滋养万物,万物生长离不开它,为人类创造福祉,默默奉献,这是一种仁爱精神;始终向下,关心下层,与老百姓在一起,这是一种亲和;水大象无形,随器物的形状而成形,这是一种高尚的境界;水浅时则流淌,水深则不可测,这是智慧的象征;水能载舟,也能覆舟,这是力量的体现。千百年来,水养育和便利了荆楚人,同时老发洪水带来灾难。在同洪水的生死搏斗中,荆楚人积累了认识和解决洪水的智慧:抢险堵漏,严防死守,修筑堤坝,疏浚河道。一部治水的历史,汇集着荆楚人民在洪涝灾害斗争中丰富的治水经验、与灾害奋力抗争的坚强意志、同舟共济的团队精神。荆楚人民对水十分热爱,对水性有深刻认识,感受到水的巨大力量(包括破坏性),因而崇拜水、研究水、利用水、治理水,形成了水文化。

荆楚的水文化的灵性、智慧,突出反映在艺术成就上。楚地漆器、丝织品之精美,就是体现。《招魂》中描绘了楚国宫廷内极其奢华的享乐景象。楚地出土的各种器物和丝织品,不仅制作精细,而且往往绘有艳丽华美、奇幻飞动的图案。《招魂》、《九歌》所描绘的音乐舞蹈,也显示出热烈动荡、诡谲奇丽的气氛。湖北随州出土的一套具备五个半八度的编钟,被中外专门家誉为"世界奇迹",证明了楚国音乐及歌舞的发达。

荆楚文化有似水一样的动感特色。它有浓厚的浪漫主义情调和神话色彩,崇尚自由,富有激情,善于想像,善歌好舞,但也信鬼好祠,重神厚巫,原始文化的味道甚浓。荆楚文化在民族心理层面的特征是崇火尚凤、亲鬼好巫、天人合一、力求浪漫，与河洛文化尚土崇龙、敬鬼远神、天人相分、力主现实形成鲜明对照。楚人尚赤，建筑服饰器物均以赤为贵。各地楚墓出土的黑底朱彩漆器就是例证。楚人尚东，生之坐向、死之墓向均以东为荣；与周人的面南背北、头北脚南迥然不同。楚人尚左，也与周俗尚右不同。楚人念祖、爱国、忠君比之周人更为突出，他们习惯于用原有地名命名新地，丹阳、郢数次迁移不改其名就是为了缅怀先祖。楚人由于历尽艰辛而建国称霸，民族自豪感和民族自尊心异常强烈，钟仪南冠面晋，南音不改，屈原成为第一个伟大的爱国诗人都是典型的例子。楚人男留长髯、女爱细腰也是不同于河洛的风俗。

二、性格差异：稳重、团体、协作；革新、个性、浪漫

河洛地区辽阔的黄土地，景色壮丽，气候干燥寒冷，天空高旷凄凉，人的性情多厚重、强悍、豪爽、严谨。河洛地区的主食是高粱、大豆与白面，培育出了河洛人魁伟与刚健的体魄，耕作促进了协作，人们的团队精神比较突出。

荆楚水流纵横，山色清华，植物华丽，气候温暖湿润，云霞低垂清灵，人的性情多柔婉、细腻、灵捷、浪漫、精明。楚人敢于打破陈规，敢于开拓、冒险、探索，重视个性张扬，向不合理挑战。楚人立国之初，偏僻狭小，但它们不满足于偏安一隅，终于通过"筚路蓝缕，以启山林"的艰辛历程而成为泱泱大国。楚国之所以能成为春秋五霸、战国七雄，其根本原因也在于其开拓进取的精神。熊渠封儿子为王、熊通自称武王，均属离经叛道、惊世骇俗之举，别人不敢做，楚人做了；问周鼎大小轻重，各路诸侯想都不敢想，楚庄王不仅想了，而且做了。"不鸣则已，一鸣惊人"是楚人的一种性格，最后逐渐上升为以蔑视既存、勇于创新、敢为天下先为主要内容的地域精神。楚人走过的历程是一个既不服周①、也不服秦的历程，是一个生不服、死不屈的历程。楚受周封，理应为周天子服务，起初楚人还勉强应付，立足既稳后，楚人就开始"包茅之不贡"，就敢于使"昭王南征而不服"，到后来还有夺周鼎之意，使得周王室无可奈何。秦国强盛后，楚敢与之争斗，以致于有"楚虽三户，亡秦必楚"之说。楚国虽然被秦国打败了，但民族魂魄依在，

---

① 武汉现在的方言中，仍然有"不服周"的说法，意为不服气。

楚人精神不死,陈胜、吴广、刘邦、项羽等楚人,最终还是推翻了秦王朝的统治。反秦斗争初起之地是在"楚",陈胜定国号为"楚"并以"张楚"作为政治纲领。秦二世也称陈胜等是"楚戍卒"①。项羽自称"西楚霸王",他的政治旗帜依然是"楚"。刘邦继承陈胜等所开创的事业,又受西楚霸王项羽之封。虽然刘邦后来打败了项羽,但他并不以"楚"为讳。

对河洛礼乐文化的态度方面,楚文化既有对河洛文化的本原无知,也有对河洛主流文化的自觉对抗。在长期浸润河洛礼乐文明的人看来,楚人不以为忤,而且不过是"南蛮鴃舌之人",楚人在政治生活中也自觉地打出"蛮夷主义"的旗帜,以"我蛮也,不以中国之号谥"来对抗周天子的责问。但这种敢于以自己的意志来否定中原礼法束缚的行为,正表现了一种大胆突破、大胆否定的创新精神。

荆楚富有个性和浪漫情调。汪洋恣肆的散文、惊采绝艳的辞赋、五音繁会的音乐、翘袖折腰的舞蹈、恢诡谲怪的美术,可见一斑。楚辞就反映了楚地特有的民间浪漫习俗。江汉水乡,土俗尚祠祀歌舞,很早就流传着有别于中原地区的楚地民歌,都是楚辞产生的基础。"书楚语、作楚声、纪楚地、名楚物"的楚辞,与其他楚文化一起,构筑起瑰丽奇异的楚地文明。荆楚之地个人受集体的压抑较少,个体意识比较强烈。楚人性格桀傲不驯,《史记》、《汉书》中,可以找到不少例子。楚人的衣着配饰和发型发艺张扬个性,服饰大量采用凤形象为纹饰,是浪漫个性的物化,体现了楚人特有的审美价值取向,也是楚文化整体结构的重要组成部分。

三、学派差异:儒家正统;道家盛行

河洛地区的洛阳、开封、安阳都是历史上有名的国都,大一统国家形态造成大一统国家观念,奠定了中央集权政治制度的基础。河洛正统的儒家文化是中国传统文化的主流。儒学渊源于河洛三代的礼乐文化。洛学兴起,理学萌生,延续了中国传统儒家文化。

荆楚道家思想盛行,道家的平等、宽容、自由精神深刻地影响了楚文化。老

---

① 司马迁:《史记·刘敬叔孙通列传》。

庄哲学影响了地域居民性格,后来道教盛行,道教名山武当山被明成祖朱棣封为五岳之首,1994 年被列为世界文化遗产。史密斯(Richard J. Smith)指出,儒家和道家的思想是互相补充的,对中国的存在和发展都有价值:"至少对于精英来说,儒家社会责任的阳,由道家的退隐于自然的阴加以平衡……。它为那些为社会责任所束缚,而又心灰意懒、厌恶人生的儒家,在情感上和思想上提供了隐遁的途径……。道家鼓动人们蔑视权威,怀疑传统的智慧,赞赏弱者,接受事物的相对性……。道家理论显然是个人解放的哲学。什么地方儒家强调他人,道家就强调自我。什么地方儒家寻求智慧,道家就寻求无忧无虑的无知。什么地方儒家尊崇礼和自我控制,道家就推崇自发性和自然。什么地方儒家强调等级制,道家就突出平等,什么地方儒家重视文,道家就赞扬朴。对儒家来说是宇宙之德的东西,对于道家来只不过是随意的附会……。前者为中国人的生活提供了构造和目的,而后者则是鼓励表达上的自由和艺术上的创造性。"①

河洛标榜儒学,儒在钟鼎,注重人与社会的协调,滋生伦理规范和内省模式;荆楚强调道学,道在山林,注重人与自然的和谐,崇尚自然、耽于幻想。文学史家刘师培在《南北文学不同论》中所指出:"荆楚之地,僻处南方,故老子之书,其说杳冥而深远。及庄、列之徒承之,其旨远,其义隐,其为文也,纵而后反,寓实于虚,肆以荒唐谲怪之词,渊乎其有思,茫乎其不可测矣。屈子之文,音哀思,矢耿介,慕灵修,芳草美人,托词喻物,志行芳洁,符于二《南》之比兴。而叙事记游,遗尘超物,荒唐谲怪,复与庄、列相同。"《庄》、《骚》之间这种"用心恢奇,逞辞荒诞"、"宏逸变幻"的特征,既是楚国江汉川泽自然环境的折射,又是"民神杂糅,不可方物"(《国语·楚语下》)的文化包容意识的体现。民国学者刘申叔说:"大抵北方之地,土厚水深,民生其间,多尚实际。南方之地,水势浩洋,民生其间,多尚虚无。"②

河洛讲究朴实的理性光华,荆楚则体现了奇丽的浪漫色彩。在文学流派上,北有孔子儒学及其所编朴实无华的《诗经》,南有老庄及屈原奇幻瑰丽的《楚辞》。荆楚人民善歌舞,无论是民间的巫舞或宫廷乐舞,它都特别讲究舞蹈者线

---

①　Richard J. Smith, *China's Cultural Heritage*: The Ch'ing Danasty, 1644 ~ 1912 , Boulder: Westview Press, 1983.

②　http://zhidao.baidu.com/question/28766674.html.

条美、律动美。庄子的诗化叙事艺术让中国文学具备了逍遥美和对大自然（山水、民俗）的关注而生出的自然美。1941年在长沙黄土岭战国楚墓出土的一件彩绘人物漆奁，共绘有11个舞女，其中2人长袖细腰，翩翩起舞，其余8人或静坐小憩，或一旁观赏，1人挽袖挥鞭，似在指挥，也全都长衣曳地，面清目秀，体态轻盈。梁启超论及南北文学风格时指出："燕赵多慷慨悲歌之士，吴楚多放诞纤丽之文，自古然矣，自唐以前，于诗于文于赋，皆南北各为家数。长城饮马，河梁携手，北人之气概也；江南草长，洞庭始波，南人之情怀也。散文之长江大河一泻千里者，北人为优；骈文之镂云刻月善移我情者，南人为优。盖文章根于性灵，其受四周社会之影响特甚焉。"[1]

四、信仰差异：八卦、社会权威；巫术、自然崇拜

河洛地域重视周易八卦、社会权威；荆楚则强调自然崇拜和巫术。

河图洛书产生于距今七八千年前的伏羲时代，伏羲依据河图洛书画出了八卦图。洛书河图之理：河图左旋之理、河图象形之理、河图五行之理、河图阴阳之理、河图先天之理。"洛书河图古星图"，用十个黑白圆点表示阴阳、五行、四象，其图为四方形：

北方：一个白点在内，六个黑点在外，表示玄武星象，五行为水。

东方：三个白点在内，八个黑点在外，表示青龙星象，五行为木。

南方：二个黑点在内，七个白点在外，表示朱雀星象，五行为火。

西方：四个黑点在内，九个白点在外，表示白虎星象，五行为金。

中央：五个白点在内，十个黑点在外，表示时空奇点，五行为土。

洛书图中纵向、横向、斜向的每条直线上的三个数字之和皆等于十五，这是世界上最早出现的魔方。特别是易卦的阳爻称九、阴爻称六，九六之和正好是十五。《易纬·乾凿度》云："《易》一阴一阳合而十五之谓道。"河图洛书是阴阳五行术数之源。最早记录在《尚书》之中，其次在《易传》之中，诸子百家多有记述。太极、八卦、周易、六甲、九星、风水、等等，皆可追源至此，为传统所尊崇。洛书十五之数，成为我国古代都城的规划模式。例如，洛阳东周王城南北七里、东西八

---

① 梁启超：《中国地理大论》，载《饮冰室文集》（第四册）。

里,汉魏洛阳城南北九里、东西六里,它们的长宽之和皆为十五里。西汉长安城和隋唐洛阳城都是"经纬各长十五里"的方形结构。北魏洛阳城、隋唐长安城的南北长皆为十五里。这是历代统治者为了达到国泰民安、社稷昌盛之目的,以河洛数理作为都城制度的规范,取其法天则地、阴阳调和、吉祥亨通之义的结果。八卦和儒家正统文化相融合,强化了中央的集权的威严和神圣。

楚地尤盛巫风。楚人崇巫,巫者的地位较高,曾有以巫为世官的家族。楚之先民"信巫鬼,重淫祀",加上佛、道二教的影响,信鬼、崇巫之风代相递传。在南楚,直至战国,君臣上下仍然"信巫觋,重淫祠"(《汉书·地理志》)。楚怀王曾"隆祭礼,事鬼神",并且企图靠鬼神之助以退秦师(见《汉书·郊祀志》)。民间的巫风更为盛行。《汉书·地理志》及王逸《楚辞章句》等,都言及楚人信巫而好祠,"其祠必作歌乐,鼓舞以乐诸神"的风俗。在屈原的时代,楚人还沉浸在一片充满奇异想象和炽热情感的神话世界中。生活于这一文化氛围中的屈原,不仅创作出祭神的组诗——《九歌》,和根据民间招魂词写作的《招魂》,而且在表述自身情感时,也大量运用神话材料,驰骋想象,上天入地,飘游六合九州,给人以神秘的感受。甚至《离骚》这篇代表作的构架,由"卜名"、"陈辞"、"先戒"、"神游",到"问卜"、"降神",都借用了民间巫术的方式。古代巫者知识面较广,又多杂迷信,兼能驱疾,因而又有"巫医"的身份。楚人有民谚曰:"人而无恒,不可以作巫医。"巫与医,一身二任,所以孔子合称为"巫医",可见巫不仅可以交神鬼,而且可以寄生死。这也是楚国民间小巫很多的原因之一。①

荆楚讲究顺应自然,因循地势,特别是水流方向,有自然崇拜风气。楚国墓葬里的吉祥物题材丰富,既有现实社会中的禽兽,传真写实,形肖神似,又有以传说中的龙凤与现实生活中的动物相结合的"神兽"、"神鸟",主要花纹有龙、凤、兽、鸟、三角云纹、舞乐纹等,有的雄伟奇特,有的小巧玲珑,十分精致美观。刺绣、丝织品偏重于珍禽异兽、奇花佳草和自然物象,其中以楚人崇尚的龙凤形象最丰富。屈原在《离骚》中写到神游天国部分时,第一句就是:"吾令凤鸟飞腾兮,继之以日夜。"先秦典籍中,多有楚人将凤比作杰出人物的记载,如《论语·微子》中,楚狂人接舆就对孔子作歌云:"凤兮凤兮! 何德之衰?"《庄子·人间

---

① http://www.hwjyw.com/zhwh/qywh/jcwh/ydfx/200708/t20070829_5192.shtml.

世》中,也有类似的记录。楚地老庄崇尚自然,认为天道运行、四时成序、阴阳消长,其中自有生杀之机。万物运化皆同此理,人事亦在其中。人生为出,死去为入,有生必有死。生来死去,新陈代谢乃自然之规律,故楚地民从对生死持着比较通达的观念:贺生固然隆重,送葬亦很热烈,因而形成楚地独特的鼓盆而歌、跳丧伴亡的丧葬习俗。

五、成熟差异:早成、晚出

河洛文明早。轩辕黄帝、夏商周文明、甲骨文等,都在河洛地区发生,成为中华民族的根文化、源头文明。中国人很多都是从河洛走出、迁移,逐步发展起来的。构成楚民主体的,并不是江汉流域的土著,而是原居北方的祝融部落一支(楚人奉祝融为始祖),这支部族迁移到江汉流域,不断地与周围的土著民族(九黎、三苗的后裔)相互融合,发展成为强盛的荆楚大族。荆楚部族在与北方商王朝的对峙中也吸收了先进的商文化,为自身发展创造了有利的条件。周朝初年,转投周王的荆楚族得到了中原王朝的支持,从而建立起自己的国家。从春秋开始,楚国迅速强盛起来,尤其是到了楚庄王时,楚吞并了周边的许多小国,成为一方大国。

荆楚文明晚(一度是南蛮之地)。楚族源于河洛,与中原华夏集团有着密切的关系。楚文明的主源是河洛文明。从地理位置而言,楚的先民长期与华夏先民居住、交往,楚先民吸收了华夏先民所创造的先进文化因素,并以河洛商周文明为基础向前发展。楚于西周初年被周成王所封,自然而然接受的是周文明的统治。西周时,楚文明的个性特征尚不明确,它保留着相当多的河洛文明特点,到春秋以后才逐渐形成既别于中原姬周文明又别于其他区域性文明的,有自身特点的成熟的独特文化。楚地文化落后于河洛文化的一个原因是江汉流域多山林水泽,各氏族部落不能像河洛地区的氏族部落那样较快地由采集和渔猎转入农耕和畜牧,这种生产力的缓慢发展相应地限制了文化的发展速度。因此,当北方已经出现了夏、商等奴隶制国家后,南方楚地仍停留在原始的父系氏族社会阶段。

六、差异的趋同

荆楚与河洛相邻,有天然的交流便利条件,融通性和互动性强。河洛优势文化,在荆楚得到广泛传播与认同。例如,老子是楚国人,道家思想形成在河洛,民间影响最大的区域在荆楚。老子久居洛阳,是东周王室的"柱下史",在函谷关所写的《道德经》一书被称为"万经之王",对我国政治、军事等思想的发展影响深远。然而,信奉、推行道家思想,形成民俗的,是在战国时代的荆楚大地。中华文明的中央集权,使正统思想成了上至达官贵族下至黎民百姓的一种共识。原来不同的、多样化的地域文化,逐步趋同、一体化,采用并流行正统文化与思想,被主流文化宰制。这使得地方政权无法偏安一隅,地域文化的独特性越来越不占重要地位,每一个地方无法太多只顾及自己治下的小块领地,而对其他弃之不理,不得不站在全国的立场上来思考问题。楚国在春秋中期以前基本沿袭周王室的一套礼制,从春秋中期开始逐步形成楚国的礼制。楚国墓葬里发掘出了大批北方儒家经典文化,说明了荆楚崇拜正统河洛文明。河图洛书、三代的史官文化、周公制礼作乐的礼乐文化、以孝为核心的伦理文化、道学、佛学、汉代经学、魏晋玄学、宋明理学,汉字的鼻祖甲骨文等河洛文化,都为荆楚所学习、接受。河洛文化是中华民族的核心文化,是祖型文化。后发的楚文明以江汉平原为中心,随经济和军事扩张,向四周传播,被其他文化圈(包括河洛地区)所接纳,形成互动。

　　荆楚人主动学习河洛文化,是自觉的选择。河洛文化历史渊源久远,广度和深度在当时是领先文化,具有很强的优势。荆楚人必然会主动、自觉地学习并接受河洛文化。统治者先接受,并进而教化人民。楚民族在其发展过程中,不断与中原文化进行交流。春秋战国时代,北方的主要文化典籍,如《诗》、《书》、《礼》、《乐》等,也已成为楚国贵族诵习的对象。《左传》记楚人赋诵或引用《诗经》的例子,就有好多起。在农业生产上,随着民族的融合特别是中原人的南迁,先进的农业技术与理念传播到南方,促进了中国古代农业水平的提高。在风俗习惯上,西周时在中原形成的婚仪"六礼",逐步演化为提亲、定礼、迎娶等固定婚俗,并延续至今。与生产生活密切相关的岁时风俗,如春节祭灶、守岁、吃饺子、拜年,正月十五闹元宵,三月祭祖扫墓,五月端午节插艾叶,七月七观星,八月中秋赏月,九月重阳登高等等,大多起源于中原,并通行全国。《孟子》曰:"吾闻用夏变夷者,未闻变於夷者也。陈良,楚产也,悦周公、仲尼之道,北学於中国。"河洛文化的核心价值观,如礼义廉耻、仁爱忠信,都成为了中华民族的核心的、统一的道德思想,有助于各少数民族文化之间的融合,促成了伟大的华夏文明。

荆楚文化因河洛人南迁等历史变化,延续、融合、发展了河洛文化。荆楚文化作为一种传统的地域文化,虽然不具备主流文化地位,但其影响却相当广泛、深远,它与主流的儒家文化保持一种极为复杂的既拒斥又相互交织的关系,渗透到生活的方方面面,参与民族文化心理的创造过程。最迟在西周中晚期之际,楚人已使用华夏的文字了。及至春秋末、战国初,楚人已与北方的"诸华"或称"诸夏"认同了。楚文化属于华夏文化的范畴,它是华夏文化的南支①。唐宋之际,随着南北文学的相互交流与推进,荆楚文化呈现出新的发展态势。梁启超《中国地理大势论》云"调和南北之功,以唐为最",因"后世交通益盛,文人墨客,大率足迹走天下",其南北之界别"寝微矣"②。中国政治上的"大一统",客观上促成了各地域文化间的交融。

参考资料:

戴逸:《关于河洛文化的四个问题》,《寻根》1994 年 1 期。

朱绍侯:《河洛文化与河洛文化圈》,《寻根》1994 年 1 期。

李学勤:《河洛的历史地位与河洛文化的性质》,《寻根》1994 年 1 期。

张新斌:《河洛文化若干问题的讨论与思考》,《中州学刊》2004 年 5 期。

徐金星、许桂声:《河洛史话》,中州古籍出版社,1995 年。

孟令俊:《河洛古今》,中州古籍出版社,1991 年。

陈义初主编:《河洛文化与汉民族散论》,河南人民出版社,2006 年。

石泉:《古代荆楚地理新探》,武汉大学出版社,1988 年。

石泉:《古代荆楚地理新探:续集》,武汉大学出版社,2004 年。

张正明:《古希腊文化与楚文化比较研究论纲》,《江汉论坛》1990 年 4 期。

李前程主编:《荆楚文化与湖北发展》,湖北人民出版社,2007 年。

刘保昌:《荆楚文化哲学与中国现代文学》,湖北人民出版社,2005 年。

费孝通:《从反思到文化自觉和交流》,《读书》1998 年 11 期。

约翰·汤林森著,郭英剑译:《全球化与文化》,南京大学出版社,2002 年。

戴维·赫尔德等著,杨雪冬等译:《全球大变革——全球化时代的政治、经济与文化》,社

---

① 张正明:《古希腊文化与楚文化比较研究论纲》,《江汉论坛》,1990 年 4 期。

② 梁启超:《饮冰室文集》卷十。

会科学文献出版社,2001 年。

（第一作者为武汉科技大学文法学院教授）

论中原移民与庐陵文化的历史形成

施由明

庐陵是今吉安市的古称,庐陵文化是吉安的古、近代文化,是古代中国著名的地域文化;这一文化的历史形成是由于中原移民在赣中区域开拓、生存与传承中原文化的结果。

一、引言:关于庐陵与庐陵文化

庐陵即当今江西中部的吉安地区的古称。古代的庐陵所内涵的地域,不仅包括了今吉安市所辖所有县区(吉州区、青原区、吉安县、吉水、泰和、安福、永丰、永新、峡江、万安、遂川、井冈山市),还包括了今抚州、赣州、萍乡三市一部分地区及今新淦县全部。

尽管赣中区域自元代已改名吉安,但直至当代,人们仍然习惯于称吉安地区的古、近代文化为庐陵文化,其中的重要原因在于:一是赣中地区以庐陵为行政区名比以吉安为行政区名的时间要长得多,二是不仅宋代庐陵的文化人称自为庐陵人,如欧阳修称自己为"庐陵欧阳修也",而且明清时代吉安府的文化人也仍然称自己为庐陵人,如解缙、杨士奇等人,吉安府的文化人士们以宋代有欧阳修、文天祥这样的同乡先贤而自豪,以自称为庐陵人而自豪。因而,用庐陵文化一统赣中区域的古、近代文化不仅古人愿意、今人愿意,而且这种命名更为恰当。

庐陵文化在自唐至清的一千多年里,特别是宋明两代,是中国很突出、很辉煌、声名远播,具有显著特征的一种地域文化,其突出表现在:

一是科举辉煌。这就是直至当代的吉安人乃至江西人都引以为自豪的:自唐至清吉安地区产生了 2823 位进士①,作为一地区(明清时为一个府)这是全国之冠,学者们常常拿庐陵与科举文化名区苏州相比,自唐至清苏州所产生的进士不过是 1771 人。不仅如此,庐陵地区还前后产生了 18 位状元、16 位榜眼、14 位探花这样的科举奇迹,甚至于产生了在明代建文二年(1400)的庚辰科和永乐二年(1404)的甲申科,鼎甲 3 人都是吉安人这样惊人的科举成果。所以谈到庐陵文化,或者说谈到吉安的古代与近代文化,人们必然想到的是这里曾有过的科举之盛。

二是名人文化辉煌。自唐至清,庐陵地区曾产生了一大批彪炳史册的全国一流的文学家、史学家、思想家、农学家等,以及享誉古今的忠臣义士。光绪元年刊本的《吉安府志》卷一《地理·风土》②是这样概述的:

> 自唐颜真卿从事吉州、铿訇大节、诵慕无穷,至欧阳修一代大儒开宋三百年文章之盛,士相继起者必以通经学古为高,以救时行道为贤,以犯颜敢谏为忠,家诵诗书,人怀慷慨。……正嘉之际,新建伯王守仁倡明理学,一时游其门者数十余人,独传於吉安,至今称盛。又云言忠义,自颜真卿而杨邦乂,又文天祥抗金元之节。言理学自王守仁而邹守益、罗洪先衍性命之传。言文章自欧阳修,言相业自周必大而杨万里、士奇、解缙、彭时诸缙绅,代有兴起,蒸酿成风,五尺童子稍知诗书,慨然有志。

上文中所述颜真卿、王守仁虽非庐陵本地人,但是对庐陵文风、士风影响很大的文化名人。实际上,上述人物仅是最为著名、最有影响的庐陵人,历史上名垂青史的庐陵人还远不止这些,如第一个提出杀秦桧谢天下的胡铨,词章饱含悲愤的刘辰翁,唯物主义者罗钦顺、爱民如子的官员周忱、外交家陈诚、地理学家罗洪先、天文科学家曾民瞻、写中国第一部农书的农学家曾安止等。

文化名人在庐陵的产生不仅以有代表性、单个的影响力大为特点,还以数量多、群体性产生为特点。如以重要的官员为例,自唐至清,庐陵地区产生过 8 位

---

① 据光绪年刊本《江西通志》卷二十七《选举志》统计,江西省社科院图书馆藏石印本。

② 光绪元年刊本《吉安府志》台湾成文出版有限公司影印本。

宰相(全江西产生过28位)、9位副宰相以及众多的尚书、巡抚等官员。再以文学家和哲学家为例,《全宋词》中的作者1397人,江西作者174人,占12.5%,而庐陵的作者有52人,占全国的3.7%,占江西的29.9%;金炳华等主编的《哲学大词典》①中收入宋明江西有名的哲学家有50人,其中庐陵就有10多人。庐陵在古代就被称为"人文荟萃之区"。

正是相继而起的文化名人,形成了庐陵区域名人文化的辉煌。

三是教育文化辉煌。造就科举文化、名人文化辉煌的必定是教育文化的辉煌,特别是在中国的古代,私塾、学校、书院所组成的教育网络是培养人才的主要途径。

庐陵教育文化的辉煌首先是表现在古代的庐陵地区形成了非常浓厚的读书风气。无论地方官员还是世家大族甚至平民百姓家都非常重学。前述光绪元年刊本的《吉安府志》卷一《地理·风土》中对古代和近代庐陵的读书、重学之风有这样一些概述:"吉安府由六一公之乡里,家有诗书,以数万户之井廛,人多儒雅,此州之君子皆颜鲁公之流风遗俗也。""家有诗书,塾序相望。""虽极贫苦者皆知教子孙读书"。"俗喜诗书而尊儒雅,不独世业之家延师教子,虽闾阎之陋,山谷之穷,序塾相望,弦诵之声相闻。"

庐陵教育文化的辉煌的另一重要表现是教育机构发达。庐陵有中国最早的私人创建的书院,这就是唐贞元年间(785~795)创办的皇寮书院。庐陵还有江西省四大书院之一的白鹭洲书院,这是与江西境内的白鹿洞书院、鹅湖书院、豫章书院齐名的书院,在宋淳祐元年(1241)由知吉州军江万里创建,宋理宗曾赐以亲自书写"白鹭洲书院"匾。这所著名的书院在吉安的历史上曾培养了众多的文化人才和著名的士大夫,如宋代的"刘辰翁、文天祥、邓光荐皆出其门"②。至于那些理学们更是不少从这所书院走出,因为程大中、邵雍、周敦颐、张载、程颐、朱熹、王阳明等大儒都曾在此书院讲学,从者云集。这所书院创办之后,庐陵"制科飙举,名硕云蒸",曾创造过一次性考取进士47名的奇迹。③ 这所书院的榜样示范,带动了庐陵区域大办书院的热潮。

① 金炳华:《哲学大词典》,上海辞书出版社,2001年版。
② 同治十二年刊本《庐陵县志》卷十六《书院》,台湾成文出版有限公司影印本。
③ 刘绎:《白鹭洲书院志》,江西省图书馆藏清同治十年白鹭书院刊本。

　　四是忠义精神与刚正品格的光芒久久闪光。庐陵在中国古代之所以声名远播:所谓"江西望郡"、"文章节义之邦"①,还因为伴随科举文化辉煌、名人文化辉煌、教育文化辉煌的还有那文化名人和忠臣义士的忠义精神和刚正的品格,成为中华民族的精蕴:

　　一代文宗欧阳修以"道德文章"成为"百世之师表"②。他在文学、史学、目录学、金石学、经学、谱学方面的成就,成为"一代冠冕"③,他还是支持改革的著名改革家。

　　民族英雄杨邦乂进士及第,官至建康府通判,抗金失败被俘后宁死不屈,写下血书:"宁作赵氏鬼,不为他邦臣!"④其爱国主义精神千古闪光。令人钦佩的还有他在年轻时就有坚定的取名节的志向:他和族人杨杞入书院读书时就相勉励:"爵禄不必力取,当力取名节耳!"⑤这正代表了庐陵士人的一种精神追求。

　　南宋末的名相文天祥以其压倒一切的正气,以其"人生自古谁无死,留取丹心照汗青"的爱国主义精神,光照日月,永远激励后人报效国家、报效民族。

　　此外,自唐至清,庐陵区域还有一系列的名臣、文士,如周必大、杨万里、解缙、李时勉、杨士奇、刘辰翁、刘球等,以其刚正不阿,以忠义节烈,名载史册。

　　忠义节烈、刚正不阿的精神和品格,在宋明时代的庐陵文人士大夫中显得尤为突出。

　　庐陵文化还远不止这些,还有那辉煌的青铜文化,新干太洋洲出土的商代青铜器数量之多、艺术之精美,曾令世人震惊! 还有那著名的陶瓷文化,创于唐、盛于宋元的吉州窑遗址(有 24 处),是目前中国保存最多、最完整的古名窑遗址。还有那远传东南亚许多国家的青原山禅宗文化,流传至今,信徒仍多。还有以玉笥山和武功山为代表的道教文化,源远流长,至今不衰。还有农文化、商文化、手工业文化、家族文化、民俗文化、古村文化等。

────────────

① 光绪元年刊本《吉安府志》卷一《地理·风土》,台湾成文出版有限公司影印本。
② 周必大:《文忠集》卷十五《题跋二·总跋自刻六一帖》,《文渊阁四库全书别集类》。本文所引宋明时代文人的文集均出自四库全书别集类。
③ 雍正《江西通志》(文渊阁四库全书本)卷一百五十九《杂记》在记到文体时说:"文章各有体,六一公为一代冠冕。"罗大经在《鹤林玉露》《文渊阁四库全书本》卷三中也说:"江西自欧阳子以古文起于庐陵,遂为一代冠冕。"
④ 脱脱:《宋史》卷四百四十七。
⑤ 雍正《江西通志》卷七十五《人物·吉安府》,《文渊阁四库全书·子部》。

　　庐陵文化的这一切的历史形成有着许多的原因,如地理的、时代的等,其中之一的重要原因就是中原移民,由于中原移民及其后裔在开拓赣中区域时,将中原的文化不仅传承而且发扬光大,从而创造出了具有鲜明地域特征的庐陵文化。

二、中原移民及其后裔开拓赣中区域

　　赣中区域即上述的庐陵地区,这是一个非常适宜于人类生存发展的区域,东西有山为屏障,南向北倾斜形成带状盆地(即吉泰盆地),江西的主河流也即长江中下游的重要支流赣江贯穿全区南北,赣江的支流乌江、遂川河、蜀河、禾水、泸水等遍布全境。庐陵地区水源丰富、耕地连片且肥沃、东西两侧植被茂密且盛产竹木。早在上古时期,江西的中部和北部的赣江两岸是一个盛产粮食的富庶之区。1989 年新干出土的青铜器中,大部分礼器造型和纹饰风格和中原区域的青铜器相近,显示了早在商代中原区域的文化已对江西境域有一定的影响!然而,赣中地区人文蔚起还是在唐后期,由于中原战乱[①],中原移民已有较多地进入了赣中区域之后。而晋末北方战乱时的北方移民所到达的最南边主要还是在长江两岸[②],就江西而言,北方移民主要还停留在九江和南昌一带,东晋皇室曾在当时的寻阳郡(今九江区域)境内设置了西阳郡、新蔡郡、安丰郡、松滋郡、弘农郡等侨郡,安置南迁的士族和百姓。这些所谓的“侨民”,后来也逐渐土著化了,所谓“自尔渐久,人安其业,丘垅坟柏,皆已成行,虽无本邦之名,而有安土之实”[③]。在“土断”之后,即把侨民的户籍断入所在郡县之后,侨民就和本地人无异了。晋末的北人南迁对江南地区的社会经济文化的发展起了一定的促进作用,但对江西的影响主要还局限在赣北的南昌、九江一带。

　　唐后期的安史之乱和藩镇割据及唐末的黄巢起义和五代十国的战乱,中原士民又一次大规模南迁,其中有一定数量的中原士民进入了赣中的吉泰盆地开

---

① 关于“中原”和“河洛”这两个概念及中原文化与河洛文化的关系已有很多的研究成果,本人赞同学术界较多人的共识,即:中原有广义和狭义之分,狭义的“中原”专指河南,广义的“中原”指包括河南省全部及河南周围的河北省南部、山西省南部、陕西省东部及山东省西部各一部分地区的黄河中下游地区,更广义的“中原”指整个黄河流域。“河洛”指以洛阳为中心的黄河中游、洛水流域这一地域。河洛区域是中原的核心,同样,河洛文化是中原文化的核心。

② 参见葛剑雄:《中国移民史》第二卷、第十章,福建人民出版社,1994 年。

③ 《晋书》卷七十五,《范汪传》,《渊阁四库全书本》。

拓生存。

吴松弟先生在《中国移民史》第三卷表 9 ~ 3 中例举了唐后期五代南迁的北方移民进入江西的实例①,其中进入庐陵地区的实例有:

姓名	迁移时间	迁出地	今省	迁入地	今地	资料来源	备注
崔祐甫	安史乱时	寿安	河南	吉州	吉安	《墓志汇编》1823/	大历举族北归
卢夫人崔严	安史乱初	洛阳	河南	吉州	吉安	《墓志汇编》/1769	弟祐甫。大历归
王蔼	五代	中原	?	吉州	吉安	《舆地纪胜》31/	
李某	安史乱时	北方	?	吉州庐陵	吉安	《全唐文》427/1926	
王氏	五代	东平	山东	吉州庐陵	吉安	《卢溪集》42/(2)	
彭利用	显德五年	广陵	江苏	吉州庐陵	吉安	《十国春秋》32/462	
王该	唐末	太原	山西	吉州庐陵	吉安	《雪楼集》20/(3)	
张诩父亲	唐末	京兆	陕西	吉州庐陵	吉安	《十国春秋》11/154	
张诩	唐末	京兆	陕西	吉州庐陵	吉安	《十国春秋》11/155	后迁广陵
王叔雅祖先	唐末	太原	山西	吉州庐陵	吉安	《诚斋集》127/	
吴志野	后梁初	浚仪	河南	吉州庐陵	吉安	《十国春秋》29/129	
杨邦义祖先	五代	中原	?	吉州庐陵	吉水	《诚斋集》118/	
刘弇祖先	唐末	洛阳	河南	吉州庐陵	安福	《龙云集附墓志》(4)	
张埴祖先	唐末	青州	山东	吉州永新	永新	《道园学古录》18/(5)	

实际上,上述实例仅仅是很少的一部分。正是由于源自中原的、有深厚文化积淀的世宦之家迁入赣中区域开拓生存,不仅赣中区域的社会得到开发,中原文化也在这一区域传承与发展,形成了后来的庐陵文化。

三、中原文化在赣中区域的传承与发展形成了历史上的庐陵文化

中原文化是一种地域文化,即产生于中原区域的古今文化,又是一种国家文化,是我们国家传统的核心文化、主流文化,而河洛文化是中原文化的核心,因而河洛文化是中国传统文化核心中的核心。中原文化和河洛文化对中国各区域的

---

① 吴松弟:《中国移民史》,福建人民出版社,1994 年。

辐射和影响是伴随着国家权力的伸展,伴随着中原移民到中国各地域的开拓并与中国各地域原住民的融合而展开的。庐陵文化的历史形成正是由于中原移民及其后裔在赣中区域传承与发扬光大中原文化的成果。

中原移民在赣中区域传承中原文化与创造具有地域特征的庐陵文化,表现在下列几个方面:

1. 对儒家文化的浓厚兴趣传续不断,形成了庐陵文化显著的儒学特征。

儒家文化形成于中原,在汉武帝"罢黜百家,独尊儒术"之后,儒家文化成为了中国的国家文化、占统治地位的文化或者说中国的主流文化。汉王朝规定:要做官必须通经! 利禄引导人们学习儒家文化。因而,东汉以后南迁的中原士民们大都有着儒家文化的家传积淀和传承不衰的儒学兴趣。而隋代开始的科举取士更是引导了人们的儒学兴趣和儒学的家学积累,从而,唐后期和唐末五代南迁的中原士民更是有着对儒学兴趣的传承。特别是唐末五代南迁庐陵的中原士民中,有许多是出身世宦之家,且始居吉州者有相当一些是为官吉州遇中原战乱而不愿北归,其本身是靠着业儒而走上仕途,因而,儒学的家风在庐陵总是世代不断,如同治十二年刊本《庐陵县志·风俗》所说:"衣冠所萃,艺文儒术斯之为盛,虽间阎贱力役之际吟咏不辍。"①宋明清时代,科举是进入仕途的主要渠道,国家也引导了人们的儒学兴趣。

此外,庐陵这一地域还有着传承儒家文化的优越地理环境;平原沃野、水源丰沛、宜于稻作,易于生存;山水秀美、风景怡人,使人性情更易趋向温和,更能沉心于《诗》《书》《礼》《易》等儒家经典,从而才能产生所谓"家诵诗书"的地域文化风气。实际上,在古代的庐陵区域,大小家族都有这种"诵诗读书、惇本尚实"及"好学乐善、忠敬孝友、以圣贤之重自任"的传家风范,从而才有"衣冠而仕,前后相望"②的区域人文特征。这是形成庐陵文化的科举辉煌、名人文化辉煌、教育文化辉煌的基本原因。

2. 儒家的个人社会价值追求在庐陵得到强化。

儒家文化塑造了中国文人"修身齐家治国平天下"的个人社会价值追求,自

---

① 同治十二年刊本《庐陵县志》卷十五《风俗》,台湾成文出版有限公司影印本。

② 王直:《抑菴文集》卷五《序》,《安成彭氏族谱序》。

唐以后,特别是宋明清时代,要实现这种个人的社会价值追求首先必需科举入仕,因而对科举入仕的追求也就成了宋明清时代实现儒家个人价值追求的代名词。这种通过科举来实现儒家的个人社会价值追求的取向,成为庐陵全区域突出的社会取向,望族也罢,非望族也罢,总是不遗余力地培养子弟科举入仕;富家的学子也罢,穷家的子弟也罢,也总是努力科举入仕。

如从庐陵永和徙泰和白沙的吴氏,"宋兴以来,衣冠蝉联,以经术而显者项背相望,至於今(明永乐时——作者)益蕃衍盛大,有若尚礼尚忠之笃厚著称於乡"①。庐陵曲山萧氏:"以诗书自力,以科第进身,仕於时者又卓然有善政可记,及时中遂以进士第一人翰林为侍从之臣又何其显之多也。"②泰和陈氏:"五季之乱由金陵徙泰和至今(明前期——作者)四百余年之间,贵显相望而以科第进者不可胜数。"③安福瓜畲邓氏:"安成多大族而瓜畲之邓最盛……发科登仕连世有人。"④

正是这种以科举为实现儒家的个人社会价值追求成为庐陵世代传续不断的家族性追求,成就了庐陵的科举辉煌!

3.儒家的思想观念与精神和品格追求在庐陵得到强化。

既然对儒家文化的浓厚兴趣传续不断,以及以科举为目标的儒家个人社会价值追求世代传续不断,并且成为庐陵区域整体的社会风尚,儒家的思想理念自然而然会浸染与熏陶整个区域的人们,加之庐陵还是一些大儒的过化之地,如大诗人杜甫的父亲杜审言、大书法家和大文学家颜真卿、理学大家程氏兄弟、一代大儒王阳明等都曾为官庐陵,大文豪苏轼也曾在庐陵停留并与文人兼农学家的曾安止有过很好的交往,从而有了"此州之君子人多儒雅"、"人怀慷慨"这样的区域人文性格。以吉安府所辖的万安县为例:"万安虽小邑,士生其间多敦厚明秀,沐教育之泽,歌鹿鸣而起者,内而词林颂台之任,外而郡守县令之寄,於时多有誉名。"⑤再如庐陵县:"庐陵吉之大县,地广而民众,家习诗书而人知礼节、重

① 金幼孜:《金文靖集》卷七,《序》。
② 梁潜:《泊菴集》卷五,《庐陵曲山萧氏族谱序》。
③ 杨士奇:《东里续集》卷四十三,《止斋先生传》。
④ 刘球:《两溪文集》卷十二,《瓜畲邓氏族谱序》。
⑤ 杨士奇:《东里文集》卷三,《赠谢敬常刘彦达彭永新赴京序》。

廉耻而有恩义。"①

除了区域的文风熏陶,更重要的还有家风的塑造,特别是庐陵区域唐宋开基的世家大族多,世代传承着儒家的伦理道德观念和精神与品格追求,所谓"率业诗书,履忠厚","其家尊卑内外,其行慈孝恭俭,其所务诗书礼法,其敬爱宾客如子弟之於父兄"②。欧阳修在《欧阳氏谱图序》中曾谈到欧阳氏家的传家风范"传於家者以忠事君,以孝事亲,以廉为吏,以学立身",这正是庐陵区域家族的普遍传家风范。

由于儒家的忠孝节义培育一代又一代的庐陵人,从而一代又一代的忠孝节义之士产生于庐陵,从而成就了庐陵成为"忠孝节义之邦"!

4.中原的宗族观念在庐陵得到传承与发展。

家族观念源自于商周时期的中原,汉唐时期中原已有很根深蒂固的宗族观念,而南方的宗族是由于北人南迁而发展起来的,南方的宗族观念也是由北人南迁而明确和强化起来的。

泰和人王直在《泰和罗氏族谱序》中说:"隋唐之际最尚氏族,族必有谱,所以著其本而联其支,自祖宗以来至於子孙传之远,得以考其源流而不至迷谬,鲜有不务此者。"③王直所言实际上是不明确的,因为隋唐之际尚氏族还主要是在北方,其随后所言"族必有谱"等只是北宋以来庐陵的状况,也是南方北宋以来的普遍状况。就庐陵而言,家族观念是唐后期和唐末五代中原士民迁入后才明确与强化起来的。唐后期和唐末五代迁入的中原人口,经过一两百年的繁衍才可能成为一个有一定规模的家族。而发展到明代则有着非常强的宗族观念。自从欧阳修首创族谱范式,从宋至明,庐陵人修谱不断,基本上是家家有谱。所谓"故家胄族有谱,家必有祠,岁时祭祀必以礼,长幼之节疏不间亲贵"④。之所以修谱,不仅是因为谱牒可记"奠系世、辨昭穆",还因为"谱牒之行以维持人心、纪纲、俗化,为世道之助"⑤。

---

① 李时勉:《古廉文集》卷四,《送孙知县之任庐陵序》。
② 杨士奇《东里文续集》卷十三,《凤冈萧氏族谱序》。
③ 王直:《抑菴文集》卷五,《序》。
④ 同治十二年刊本《庐陵县志》卷十五,《风俗》,台湾成文出版有限公司影印本。
⑤ 杨士奇:《东里文集》卷五,《刘氏庆源编序》。

明代泰和人李时勉(永乐二年进士)在《南冈李氏族谱序》①中的一段话代表了明代庐陵人的家族、家谱观念:

> 谱者记先世所自出与夫长幼尊卑、远近、亲疏之序,所以明昭穆而著彝伦之道也。善者记之,而不善者讳之,仕宦者书之,而隐处者不遗,所以存忠厚而示劝惩之义也,然则故家大族又岂可无谱哉! 无谱则不惟无以考观前人之所遗而效法之,以尽承先裕后之道,且将无辨昭穆、别长幼而尽敦宗睦族之意。由是礼义不兴则恩意不通,而纷争陵犯之风起矣。……有志於尊祖敬宗而贻谋之道者诚不可不加意也!

家族的发展与壮大,使庐陵人的宗族观念不断理论化、体系化,源自中原的家族观念在庐陵不但得到了传承,且得到了强化与不断深化,从而也就成就了留存至今的庐陵古村文化。

上述仅仅是中原移民及其后裔在庐陵传承中原文化的几个突出方面,中原移民及其后裔们在庐陵传承中原文化还有许多方面,如生活方式、民俗习惯、宗教文化、瓷文化、农耕文化、手工业文化、商文化等,限于篇幅,另文再述。

四、简短结语

庐陵文化的历史形成,实际上也是整个江西历史文化,或者说赣文化,也或者说赣鄱文化历史形成的缩影。中原移民又何止进入赣中? 自唐后期始,江西各地都有中原移民进入,或者是避乱,或者是为官留居,或者是从军,或者是谋生等,中原的移民们带着中原的文化积淀,在江西传承、开花结果,从而形成了赣文化儒学的显著特征。

(作者为江西省社会科学院历史研究部研究员)

---

① 李时勉:《古廉文集·序》卷四。

河洛农耕文明与赣地客家农耕文明

龚国光

河洛文化的原创形态特别鲜明,其蕴涵亦特别宏博与深厚,在其漫长的历史流变中,对各地域文化的发展具有深刻而巨大的影响。一个最生动的例证,莫过于由"客家民系"而派生的"客家文化"。而在客家文化中,又以客家农耕文明的影响最为深刻,最为直接和最为久远。

一、河洛农耕文明源流概略

炎帝是上古传说中的英雄,因创始农耕,教民种植,被尊为神农。炎帝神农氏大约生活在氏族社会的原始农耕时代,即母系氏族社会向父系氏族社会转变时期。《管子》载:"神农作五谷于淇山之阳,九州人乃知食谷。"[①]"淇山",即今河南辉县西北,该地属于黄河中下游中原地区,是古代农业的发源地。在中原地区有关炎帝神农氏农耕的动人传说极多,"神农身自耕,妻亲织,以天下为先。"[②]以至于为氏族民众操劳过度,"神农憔悴","圣人忧劳百姓甚矣。"[③]正是炎帝神农氏这种伟大的为氏族大众献身的崇高精神,促使中华民族由游动的采猎时代,开始进入了稳居的农牧时代,这在人类文明史上是一个巨大的进步。由此可证,河洛地区早在史前时期即是中国农耕文化的中心区域,也是农业经济基础最为雄厚的地区。考古发现亦得到证明,从裴李岗、仰韶、龙山等新石器时代文化遗址的发掘考察中,我们看到农业经济越来越显示其突出的地位。黄河流域的先民早就是以谷米、高粱和稻米为食,并发展起稳定的驯养家畜、植麻养蚕和家庭

---

① 《管子·轻重篇》。
② 《淮南子·齐俗训》。
③ 《淮南子·修务训》。

手工业。农业生产工具由早期制作的粗糙,到晚期制作的精细,种类繁多,日趋先进,经历了一个不断更新,不断发展的过程。

在农业考古工作中,人们多把黄河流域新石器时代的原始农业定为传统的粟作农业区,稻作农业一般被排斥于这个区域。而三门峡南交口中遗址仰韶文化稻作遗存的发现,表明距今6000年前的仰韶时代,河洛地区是很适宜喜温湿的水稻生长的。这就为后来的北民南移,把各项先进的农耕技术传播给江南,并由客家农耕文明直接继承奠定了基础。

中国农本思想产生于周。此前,便有上古时期"尧谨授时,禹勤沟洫,稷播嘉种"的传说,它揭示在奴隶社会奴隶主关心农业的一种美德。《易经》是初民对四季更替、万物盛衰、天道周旋等自然律动的从"时"的维度上的直观掌握,其思想带有以"时"度物的直观经验性,而它正是农的核心性观念。植物生长盛衰的时间性,决定了农的思想的时间性,从这个意义看,《易经》正是一部农的哲学著作。"时",上古时期的人们多指天时,天时所指的就是四时,而四时即是农业之时。孔子说:"道千乘之国,敬事而信,节用而爱人,使民以时。"杨伯峻《论语译注》作注说:"古代以农业为主,'使民以时'即是《孟子·梁惠王》上的'不违农时'。"①它深刻反映了"农时"观念在社会生活中的重要性,从而形成了中国古代以"时"度物的基本思想。

这一切,足以说明中国是世界上最早进入农业文明的重要国家之一。也正因如此,中原民众在向南方大规模迁徙的过程中,一个最了不起的功绩,就是带来了中原华夏民族农耕文明的先进生产技术。

二、赣鄱农耕文明的本土孕育

1993年和1995年,由北京大学、江西考古研究所、美国安德沃考古研究基金会联合组成的"中美农业考古队",两次对江西万年县仙人洞和吊桶环遗址进行了考古取样与发掘。通过植硅石和孢粉分析等科学检测,在这里发现了12000年前野生稻植硅石标本和9000年前栽培稻植硅石标本。表明早在旧石器晚期和新石器早期,临近鄱阳湖区域的万年仙人洞、吊桶环,便已经有了稻作

---

① 李泽厚:《论语今读》,安徽文艺出版社,1998年。

农业的发展形式。它分布在沼泽或平原与低矮丘陵的交接地带,这里不仅有多种生态系统的食物资源,而且是普通野生稻生长之地,为水稻的培植提供了先决条件。

这一事实说明,从原始社会石器时代,到文明社会的夏、商、周、春秋战国时代,鄱阳湖地区已经是农耕文明开发区,居民聚落较多,原始种植业已越过萌芽阶段,商周时期的制陶和铜开采冶铸业达到很高水平。但是,鄱阳湖地区的农耕文明自春秋战国后却似乎止步不前,在很长的一个历史时期,"荒凉"成了它的代名词。究其原因,大约有以下三点:

首先,赣鄱地区从整体看仍处于"荒蛮服地"。当时,鄱阳湖流域农耕文明开发,仅局限于四五个点,属于最冒尖的小的地域。而在江西全境大的范围内,整体而言仍是未能开发的"荒蛮服地"的原始形态。

其次,战争把鄱阳湖流域农耕文明抑制在萌芽状态。周代分封诸侯,列国遍地,延至春秋战国,争霸竞强,兴灭纷纭,而赣地境内却不见王霸盘踞,鄱阳湖地区归属不定,成了远离政治中心、文化淡化而无人问津的荒漠之地。《史记·货殖列传》描述的"地广人稀,饭稻羹鱼,或火耕水耨……江南卑湿,丈夫早夭",卑湿,是密林深邃,河川网布的结果。这应是当时这一区域的真实写照。

再次,"瓯脱"现象促使鄱阳湖地区边缘化。民国版《江西通志稿·教育史》云:"历虞夏商周,江西未有封国,春秋则为吴越楚三国之边境,实与瓯脱无异。战国全属楚疆,而亦荒而不治。"何谓"瓯脱",据《史记·匈奴列传》载:"东胡王愈益骄,西侵。与匈奴间,中有弃地,莫居,千余里,各居其边为瓯脱。"就是说,"瓯脱"即是"边界上的屯守之处"。由此我们明白,春秋时期,吴越楚三国在严格意义上从来没有把这一地区作为自己的国土加以捍卫与整治,除了三国的军事将领为了战争而光顾这一地区外,其他一概无闻。遂使鄱阳湖地区的农耕文明"沉寂"数百年之久。直到"北民南移",鄱阳湖流域"沉寂"才被打破而放射出灿烂的光芒。

三、北民南移与客家民系形成

真正意义上的北民南移导源于西晋的"永嘉之乱"。据罗香林《广东民族概论》所述,今之广东汉民族由广府族、福老族、客家族和越族四支组成,除越族为南方土著外,其他三支皆由中原汉人举族南下而成。"就中洞庭一路,即为广府族所取的南徙大道。……鄱阳湖一路,则为客家族向南迁徙的路线,大约永嘉乱后,司、兖、豫三州流人,多数徙入江南。此等江南民族,其后逐渐向今日江西的东北和福建的西北南迁。……福老族,人数与客家相仿,他们的第一老家,当在长江以北,第二老家,则为福建。"①这段话有两点值得注意:一是客家族的南迁路线经鄱阳湖南下;二是西晋"永嘉之乱"时期,客家族渡过长江,进入鄱阳湖后,在江西九江、湖口一带即滞留住前行的匆匆脚步,对赣北人口的增加及社会经济发展具有一定影响。

到了唐代,北民南移已形成规模,尤其是天宝十四年(755)肇始的"安史之乱"最为明显,而且多以家族为单位举行大规模迁徙。如江西浔阳(今九江德安县车桥镇义门陈村)陈氏家族,赣南宁都孙氏家族,乐安牛田乡流坑村董氏家族等。

北民南移不仅为江西农业经济发展提供了一定数量的劳动人手,而且也带来了相对先进的生产工具和技术,例如江西一带在此时即开始了普遍的修筑陂塘,改造滩涂农事活动。同时,兴建不少圩田,出现了良田千顷与种植水稻的景象,并带动了各种经济作物的种植,茶、橘、桑、麻等经营开发有了大的发展,有些土地紧缺的地区,甚至城郊边际的土地也被利用垦殖。随着全国经济重心开始向南方的转移,江西自中唐以后作为重要的产粮区处在这一发展的前列。时"江西七郡,列邑数十,土沃人庶,今之奥区,财赋孔殷,国用所系"②。其中,无疑包括江西北民南移的巨大贡献。

如果说,唐代的江西,北民南移还未形成汹涌澎湃之势,有不少地区还是"棘茅荒壤"没有被开垦的话,那么,到了宋代的江西,北民南移高潮迭起,波澜壮阔,在多元文化的融合中,"客家民系"业已形成。

我们从《旧唐书》卷四十,志二十《地理三》和《宋史》卷八十八,志第四十一《地理四》,抽出饶州、洪州、吉州及虔州四地的人口户数作一比较:

唐玄宗天宝年(742～756)　　北宗徽宋崇宁年(1102～1106)

①　《民俗》第六十三期,民国十八年六月。

②　白居易:《除裴堪江西观察史制》,《白居易集》卷五十五。

饶州：户 40899；口 244350　户 181300；口 336845

洪州：户 55530；口 353231　户 261150；口 532446

吉州：户 37752；口 237032　户 335710；口 957256

虔州：户 37647；口 275410　户 272432；口 702127

其人口的增加是惊人的，尤其是赣中和赣南的发展极其迅速，说明宋代的江西，其全境已得到全面开发。

据周銮书先生考证，江西两宋时期著名文人，其先祖亦多由北方迁移而来。如欧阳修的祖先是渤海人，唐朝时其后人欧阳琮任吉州刺史，遂定居吉安；胡铨先祖河南，在西晋"永嘉之乱"时逃至江南，后曾孙胡霸任吉州刺史，全家迁居吉州城东，即今青原山区值夏镇。从各《府志》《县志》看，诸如刘、李、张、罗、杨、周、陈、胡、曾、彭、黄、郭、吴、欧阳等姓氏，均为北民南移的大宗。他们在赣鄱大地子孙繁衍，人口竟成十倍，数十倍地增长。南宋江西德兴县人汪藻说："当唐末五季干戈纷扰之时，衣冠散处诸邑之大川长谷间，率皆即深而潜，依险而居。"①就是说，此时的北民南移，已经深入到赣地全境的山林长谷。吴福文《试论客家民系的形成》认为："唐末至北宋迁徙的客家先民规模具备了形成客家民系的势力；以其分布情况看，已基本开始占据今日的闽粤赣边区；一些重要的文化事象已经开始形成，他们已在心里开始安于立足闽粤赣边区。"②这一论断，完全符合江西北民南移的实际情况。

四、客家农耕文明的成熟与辉煌

两宋时期，随着客家民系形成，客家文化便以此为契机，在江西广袤大地，焕发出勃勃生机。

首先，赣境耕地至宋代已得到全面开发。随着北民举族不断向赣地中南部的迁徙，宋代江西耕地的开发，不仅已遍及全省，而且还渗透到偏远山区了。黄庭坚北宋神宗元丰五年（1082）任泰和知县，写有《次韵知命入青原山口》诗："坑路羊肠绕，稻田棋局方。"又有《双涧寺》诗："开泉浸稻双涧水，煨笋充盘春竹

---

① 汪藻：《浮溪集》卷十九，《为德兴汪氏种德堂作记》。
② 《石壁之光》，厦门大学出版社，1993 年。

林。"到了南宋,杨万里《过白沙竹枝词》云:"耕遍沿堤锄遍岭,都来能得几生涯?"这些诗篇印痕了江西两宋时期山地开发的足迹和农耕文明的进步。南宋时,江西崇仁人吴曾《能改斋漫录》云:"本朝取米于东南者为多。然以今日计,诸路共六百万石,而江西居三分之一,则江西所出尤多。"①因此,赣鄱古称"天下粮仓",可谓名符其实。

其次,北方种植的小麦此时也已在江西广泛种植。南宋孝宗淳七年(1180年),陆游曾在江西抚州一带小住,写下不少诗篇,收集在《剑南诗稿》卷十二中,《游疏山》云:"试茶手挹香溪水,江西山水增怪奇。"奇在什么地方,奇就奇在赣地农事之盛。《金溪道中》云:"驾犁双犊健,煮茧一村香。"这里已用双牛深耕。又《小憩前平院戏书触目》云:"稻秧正青白鹭下,桑椹烂紫黄鹂鸣。村虚卖茶已成市,林薄打麦惟闻声。"值得注意的是"林薄打麦惟闻声"这句诗,它给了我们一个重要信息,即:北方种植的小麦,在南宋初期已移植到了江西。杨万里《三月三日雨作遣闷十绝句》诗:"平田涨绿村村麦,嫩水浮红岸岸花。"又《过杨村》诗:"红红白白花临水,碧碧黄黄麦际天。"这种江西广泛种植小麦的现象,与北民南移无疑有着最直接的联系。庄绰《鸡肋篇》云:"建炎之后,江、浙、湖、湘、闽、广,西北流寓之人遍满。绍兴初,麦一斛至万二千钱,农获其利,倍于种稻。而佃户输租,只有秋课。而种麦之利,独归客户。于是竞种春稼,极目不灭淮北。"②这是江南农耕文明的一个新的变化,而赣地客家表现尤为突出。

再次,稻作注重深耕且产品丰富,并出现带总结性的理论书籍。稻作深耕典型的一例,就是理学家陆九渊的一段话:"吾家治田,每用长大镢头,两次锄至二尺许。深一尺半许外,方容秧一头。久旱时,田肉深,独得不旱。以他处禾穗数之,每穗谷多不过八九十粒,少者三五十粒而已。以此中禾穗数之,每穗少者尚百二十粒,多者至二百余粒。每一亩所收,比他处一亩不啻数倍。盖深耕易耨之法如此,凡事独不然乎?"③对农事深耕过程的详细描述,深刻而真切地反映了宋代江西农耕文明的进步与发达。更重要的是,在水稻农业发达的基础上,出现了我国历史上第一部水稻品种专志著作,这就是曾安止的《禾谱》。曾安止,字移

---

①　吴曾:《能改斋漫录》。

②　庄绰:《鸡肋篇》,中华书局,1983 年,第 36 页。

③　陆九渊:《象山语录》。

忠,号屠龙翁,北宋泰和人。北宋熙宁九年(1076年)进士。历官洪州丰城主簿、知江州彭泽县,在鄱阳湖地区的官宦生涯,为其观察和研究江西水稻品种及栽培方法提供了便利。双目失明后,弃官归乡,潜心农事,著《禾谱》五卷,记录了赣地及吉安一带的水稻品种达50余个,这还仅是全书的一部分。其《禾谱序》云:"近时士大夫之好事者,尝集牡丹、荔枝与茶之品,为经及谱,以夸于世肆。予以为农者,政之所先,而稻之品亦不一,惜其未有能集之者。"农为政先的重农思想,促使曾安止为水稻作家谱,这是曾安止一个很了不起的思想境界,为北宋时期江西稻作农业的兴盛,留下了一份极为难得的实践资料。

最后,先进农具广泛使用并进入科学总结的阶段。曾安止《禾谱》问世,影响深远,对赣地客家农耕文明无疑作出杰出贡献。此间,发生一件很重要的事情。苏轼贬谪岭南,途经吉州泰和,得见《禾谱》,高兴之余,写了一篇《秧马歌》附于《禾谱》之末,其序云:"过庐陵,见宣德郎致仕曾君安止,出所作《禾谱》,文既温雅,事亦详实,惜其有所缺,不谱农器也。"[1]至南宋,曾安止的侄孙曾之谨,以"追求东坡作歌之意",撰写《农器谱》三卷,后又作《农器续谱》二卷。其内容十分丰富,涉及到农事用具的各个层面,分为:耕作的犁具,除草的锄具,翻土的铲具,收割的镰具,装稻的车具,遮日挡雨的衣具,盛粮的筐具,粮食加工的舂具,烧饭的炊具,计粮的量具,储粮的仓廪等十大农器分类。它们既各司其职,具有独立性;又连环相扣,相互依存,形成庞大的农耕器具体系,实已具备近代先进农业文明的诸多特征。此时的客家农耕文明业已完全成熟,开始发挥其巨大潜能和作用,走向灿烂与辉煌。

(作者为江西省社会科学院赣文化研究所研究员)

---

① 《苏诗精华》,中华书局,民国版。

从建安诗赋看邺都的艺术
意象与邺下文人的主体意识

（香港）何祥荣

邺都遗址位于安阳城北 20 里的三台村,故从地理上说邺城文化是河洛文化的重要部分之一。邺城文化曾盛极一时,其建筑、诗文创作对后世影响尤大。邺城作为中国历史悠久古都之一,也曾是显赫一时的政治、军事与文化中心,地位却往往不及其余的古都,研究者亦相对较少。邺城也是建安文人,包括曹氏父子、建安七子经常游历、写作、唱酬之地,是建安时期重要的政治、经济与文化中心。本文旨在以建安文学为本,探讨在建安诗赋中所体现的邺都艺术形象,以及邺下文人在诗赋中所流露的人生思考。

一、邺城的历史沿革

邺城曾是商朝以至六朝的繁盛古都,然自隋文帝杨坚毁诸战火后便灰飞烟灭。邺城的历史就像一场已永久破灭的梦,只能在往昔文字中探寻。邺城为中国重要古都之一,从公元前 16 世纪至前 11 世纪的商朝开始,邺城已开始修建,下至公元 6 世纪隋朝建立,邺城破灭为止。综观历代邺城的发展,大致可分为开创期、奠基期、辉煌期、覆灭期等四个阶段。

（一）开创期

邺城在商朝时曾是商王的都城。传说商王冥曾担任水官治理河水,死后被尊为河伯,故当地流传为河伯娶妇之习俗。春秋时齐桓公又重新筑城。战国后,邺城归魏国,魏文侯亦定都于此。其时著名事件是魏国大臣西门豹和史起先后担任邺县的县令,开凿十二渠引漳水灌溉农田,使原为盐卤之地变为良田。此即左思《魏都赋》所言:"西门溉其前,史起灌其后。"及至秦汉时期,邺地设置邺县、魏郡,又设置冀州、相州。故由商朝至秦汉,邺地得到一定程度的开发,为此后邺城的发展,开垦了土壤。

(二)奠基期

建安七年,曹操初拜为丞相,封于邺,开启了邺城的奠基时期。建安十八年,曹操被封为魏王,以邺城为都直至曹丕称帝为魏文帝正式建立魏朝后才迁都洛阳。曹魏邺城是曹操在战国秦汉旧邺城的基础上增建的,其主要建设有:

1. 营建内、外二城,外城东西 7 里,南北 5 里,有中阳门、建春门、广德门、金明门等 7 门,为百官、平民居住区和商业区,有赤阙街、黑阙街等街道①。

2. 内城为宫城,在外城北部。初建时内城在漳水南岸,北临漳水。后漳水南移,今内城遗址已在漳水北岸,即临漳县邺镇三台村一带。内城中建有宗庙,并有听政殿、文昌阁两座主建筑。文昌阁西面是内苑,其中有 3 座著名的亭台,即铜雀、金虎及冰井台。《三国志·魏志·武帝纪》:"建安十八年,秋七月,始驾社稷宗庙。九月,作金虎台,凿渠引漳水入白以通河。"②

3. 内城城门四个,城内有一条东西大街,划分为南、北两区。北区是王宫区,王室宫殿位于中轴线上。宫东是贵族官吏居住区。南区是居民区、商业区和手工业区。

4. 铜雀台建于建安十五年,高十丈,有屋一百零五间。金虎台又称南台,高八丈,有屋一百零九间。冰井台也高八丈,有屋一百四十五间。台上有冰室一间,内有冰井深入地下,共深十五丈,内储冰块作消暑之用,也用以储藏粟、盐,以备不时之需。三台相距六十步,中间有二桥通连。左思《魏都赋》"三台列峙而峥嵘",杜牧诗:"东风不与周郎便,铜雀春深锁二乔。"即咏此三台二桥。三台位处内城文昌殿西面内苑中,故又称"西园"。建安诗中出现不少记叙夜游西园的诗,即指此。

邺城经曹魏大力建设后,规模盛大,也成了华北平原地区之中,最繁华的城

---

① 张京华:《中华古都和古风觅寻》,http://www.confucius2000.com。
② 《三国志》,岳麓书社,2007 年。

市之一。曹魏邺都是中国建筑史上一大突破:首先采用以中轴线为中心对称的棋盘格形封闭式布局,城市中轴线同时也是王宫的中轴,宫殿和街道都依它作为均齐对称的布置,结构谨严,分区明显。

(三)辉煌期

公元 319 年,羯族人石勒建立后赵,其侄石虎杀石勒之子石弘自立,自称大赵天王。石虎称帝后,在曹魏修建的邺城的基础上扩建,使邺城更为奢华壮丽,包括:

1.增修铜雀台,又增修东城门和北城门。在东城门上兴建东明观,上有金制博山炉,称为“锵天”。在北城门上又兴建了齐斗楼,超出群楼,孤高而立。

2.在宫内各殿门上也修建了楼观,上有飞檐,涂以丹青。石虎还在铜雀台东北营建九座华丽的宫殿,称为九华宫,内藏美女一万余人。

3.修建铜雀台,在台上再建五层高楼,楼高十五丈,连铜雀台共二十七丈。在楼顶上又铸有一只铜雀,头高一丈六尺,作展翼如飞之状。

4.修建观雀台,台崩塌,石虎大怒,命重新修建,高度加倍。

5.在城内修建东、西宫,宫内建太武殿,殿基高二丈八尺,下有伏室,可藏卫士五百人。

6.公元 342 年,石虎发徭役之士四十余万人,在邺都建台观四十余所。

7.公元 347 年,又征发男女 16 万,车 10 万辆,在城外建长墙及华林苑,面积数十里。

8.在城郊,石虎建有阅兵的宣武观及阅马台。

9.在城南建造飞桥,投石于河,功费千万亿,但没有建成。

经过石虎悉心营建,大大扩展了邺城的规模,使邺城作为帝王之都,具备雄伟的气魄,走进邺城发展的黄金时期。然自公元 350 年,后为冉闵所灭,邺城的发展沉寂了一段时间。公元 352 年冉闵所建立的魏国又被前燕慕容隽得灭,前燕则由蓟城迁都邺城,直至淝水之战后,慕容垂脱离前秦自立,建立后燕。慕容垂曾入据邺城,更对邺城大肆破坏。

及至公元 531 年高欢建立东魏,邺城才再次得到扩展。东魏定都邺城,在曹魏的邺城南重新修建一座邺城,后世称为南邺城,在今河南安阳境内,距临漳县城 37 里,安阳市 30 里。城市布局依照洛阳城,宫城中有昭阳殿、宣光殿、建始殿、嘉福殿和仁寿殿,并有朱雀门、阊阖门、云龙门、万春门及千秋门,城周六里。外城东西六里,南北八里。公元550年高欢之子高洋废东魏,改国号北齐。北齐沿用邺城作为都邑,故东魏、北齐两代,可说是邺城最辉煌的时期,一方面是版图的拓展,使邺城在曹魏时期所营造的基础上扩展为南北二城;另一方面新的南邺城较北邺城更为奢华壮丽。据崔铣《邺都南城记》:南邺城"规模胜于曹魏,奢侈甚于后赵"。

（四）覆灭期

邺城的辉煌,并不长久。公元577年北齐为北周所灭,邺城从帝王之都降为相州、魏郡治所。约二十年后,即公元581年杨坚篡位自立为隋文帝,相州总管尉迟迥起兵声讨杨坚,尉迟迥兵败,邺城亦被杨坚焚毁,遂使千年来显赫一时的古都毁于一旦。隋唐以后相州、魏郡从邺城移治于安阳。宋以后邺县亦划归临漳。如今邺南城亦已夷为平地,城垣等遗址均已埋于地下。故自杨坚无情纵火后,邺城便彻底进入万劫不复的处境,唐宋以后至今,再也没有复苏起来,只能从建安及后代咏邺诗赋中缅怀其过去。

二、建安诗赋中的邺都艺术意象

建安十五年铜雀台成,曹操曾命其子登台作赋,故此时出现颇多登台写景的诗赋,曹丕与曹植分别各自写了《登台赋》。曹植还有《游观赋》也是登台写景为主。此外,亦有不少以邺城内的名物为题,从而描画四周景致的作品,如曹丕《西园芙蓉池》、《铜雀园诗》、《玄武陂》;曹植、王粲、应玚、刘桢的《西园公宴》;曹植《芙蓉池诗》均能状景写物,如在目前。

建安的邺都写景诗赋,是最早以诗来描画邺都的作品。通过这些诗赋,使人联想到邺都城内的风物与及周遭的自然环境。曹丕与曹植的《登台赋》便写出登上铜雀台纵目张望的环境。曹丕《登台赋》揭示了铜雀台四周有着高耸的层楼飞阁,参天偃蹇:"登高台以骋望,好灵雀之丽娴。飞阁崛其特起,层楼俨以承天。"附近多为山川草木所萦绕,显得一片青葱:"步逍遥以容与,聊游目于西山。溪谷纡以交错,草木郁其相连。"曹植《登台赋》更特写了铜雀台的雄伟壮丽:"见天府之广开兮,观圣德之所营。建高殿之嵯峨兮,浮双阙乎太清。立中天之华观兮,连飞阁乎西城。"文中亦首度描画了邺都的护城河——漳水。临漳川之长流兮,望园果之滋荣。"

　　除了自然风光外,也有不少刻画玄武池与西园的园林景致,玄武池也种满垂柳,池内有浮萍和水藻,可泛舟其中,特为写意。故《玄武陂》曰:"柳垂重阴绿,向我池边生。乘渚望长洲,群鸟欢哗鸣。萍藻泛滥浮,澹澹随风倾。忘忧共容与,畅此千秋情。""藻"在古诗中的运用也早见于《诗经》。曹丕《西园芙蓉诗》:"双渠相灌溉,嘉木绕通川。卑枝拂羽盖,修条摩苍天。惊风扶轮毂,飞鸟翔我前。"陈琳《宴会》:"绮树焕青葰。"王粲《西园公宴》:"昊天降丰泽,百卉挺葳蕤。"可以使人想见邺都西园是一个茂木扶疏,河渠环绕的园林,当中的树木更是参天雄伟,高的树枝上参于天,低矮的则会靠近车盖,与人接近。偶尔也有飞鸟在人前掠过,一派青葱悠闲的景象。邺城的芙蓉池也是一个悠闲自得,使人逍遥自在的胜景,曹植《芙蓉池》云:"逍遥芙蓉池,翩翩戏轻舟。南杨栖双鹄,北柳有鸣鸠。"芙蓉池足可让人泛舟其中,翩翩戏水或采莲,加以池畔遍植杨柳,南杨北柳上栖息着鹄鸟和鸠鸟,使人置身荷池中,听着鸠鸟的鸣声,更能徜徉于大自然中,使人闲适自得,故云:"逍遥"。刘桢《西园公宴》亦云:"芙蓉散其华,菡萏溢金塘。灵鸟宿水裔,仁兽游飞梁。华馆寄流波,豁达来风凉。"

　　建安诗赋亦透过叙事刻画了邺城的生活文化与艺术形象。邺下文人每每在早上畅游高台上的宫观,至黄昏便大设宴席,入夜更夜游西园。曹丕《铜雀园诗》云:"朝游高台观,夕宴华池阴。"陈琳《宴会》:"良朋招我游,高会宴中闱。"刘桢《西园公宴》亦云:"永日行游戏,欢乐犹未央。遗思在元夜,相与复翱翔"。说明邺下文人往往在白昼未能尽兴而归,便在晚上继续行乐。

　　当时采用的酒器有金罍、羽觞等。王粲《西园公宴》亦曰"嘉肴充圆方,旨酒盈金罍",王粲也认同邺城夜宴是富于佳肴美酒的。其中金罍是春秋及以前常用的铜器,《诗经·周南·卷耳》云:"我姑酌彼金罍。"除金罍外,还有羽觞作酒器。应场《西园公宴》:"促坐褰重帷,傅满腾羽觞。"羽觞早见于《楚辞》,为古代一种酒器,作鸟雀状,左右形如两翼①。

　　品尝佳肴美酒外,再伴以动听音乐、歌唱和舞蹈,方能更赏心乐事。其时乐器多为弦乐和敲击乐。曹丕《铜雀园诗》:"齐倡发东舞,秦筝奏西音。有客从南

_____

　　①　一说插鸟羽于觞,促人速饮。

来,为我弹清琴。"曹植《赠丁廙》"秦筝发西气,齐瑟扬东讴",可知其时弦乐器或采用秦筝与齐瑟①。

三、邺下文人的主体意识

（一）行乐意识

曹丕《西园芙蓉池》:"寿命难松乔,谁能得神仙。遨游快心意,保己终百年。"诗中隐言人生既去匆匆,难觉长寿的松乔相比,更难与神仙相匹,何不在这百年人生中畅快遨游,尽情享乐。故是诗隐含及时行乐的意识。王粲《西园公宴》亦云:"管弦发徵音,曲度清且悲。合坐同听乐,但诉杯行迟。当闻诗人语,不醉且无归。今日不极欢,含情欲待谁。见眷良不翅,守分岂能违。古人有遗言,君子福所绥。愿我贤主人,与天享巍巍。克符周公业,弈世不可追。"全诗流露及时行乐的情怀,不作苦语,"常闻诗人语,不醉且不归。今日不极欢,含情欲待谁。"作者认同古代诗人不醉无归之语,赞同及时行乐,尽情今朝有酒而尽醉。由是,邺下文人便喜欢登台观景赋诗,或广邀宾客,大排盛宴,品尝稀有的珍馐美酒,尽赏优美音乐与动人歌舞。时而夜游西园,乘辇行游,以尽情于声色之娱。故有曹丕《登台赋》:"登高台以骋望,好灵雀之丽娴。"《西园芙蓉池》:"乘辇夜行游,逍遥步西园。"《铜雀园诗》:"朝游高台观,夕宴华池阴。大酋奉甘醪,狩人献嘉禽。齐倡发东舞,秦筝奏西音。有客从南来,为我弹清琴。"

（二）忧患意识

邺下文人常于诗中流露忧患人生、慨叹生命苦短的意识,曹操《短歌行》即为明证。"对酒当歌,人生几何。譬如朝露,去日苦多。慨当以慷,忧思难忘。何以解忧,唯有杜康。"曹操之忧源于感叹人生苦短以及人才难求,故又云:"青青子衿,悠悠我心。但为君故,沉吟至今。呦呦鹿鸣,食野之苹。我有嘉宾,鼓瑟吹笙。明明如月,何时可掇。忧从中来,不可断绝。"曹操借《诗经·郑风·子衿》及《小雅·鹿鸣》表达渴望人才之助以完成帝业,故又云:"月明星稀,乌鹊南飞。绕树三匝,何枝可依。山不厌高,水不厌深,周公吐哺,天下归心。"《步出夏

---

① 潘岳《笙赋》:"晋野悚而投琴,况齐瑟与秦筝。"岑参《秦筝歌送外甥萧正归京》:"细看秦筝,正似人情短。"陈维崧《鹧鸪天·苦雨和遽庵先生》:"雪登麦积秦筝苦,雨歇丛台赵女娇。"

门行·龟虽寿》:"神龟虽寿,犹有竟时。腾蛇乘雾,终为灰土。"神龟虽长寿见称,尚且有寿尽之时,故亦为对于生命苦短的忧患意识。此外,蔡琰五言《悲愤诗》①既悲战祸,复忧人生。蔡琰于汉末董卓之乱时,被俘虏到南匈奴,在匈奴十二年,生二子。曹操遣以金璧赎之归。后再嫁同郡董祀,因感伤乱离而作五言《悲愤诗》,同为建安诗歌的代表作。故《悲愤诗》为作者亲历的事迹,娓娓道尽汉末乱离之悲。其言曰:"登高远眺望,魂神忽飞逝。奄若寿命尽,旁人相宽大。为复强视息,虽生何聊赖。托命于新人,竭心自勖厉。流离成鄙贱,常恐复捐废。人生几何时,怀忧终年岁。"诗人言"常恐"、"怀忧"正显示诗人的忧患意识浓烈,而其所忧乃慨叹生命短暂,无所寄托。此外,处于政治斗争中,忧虑被相煎,也是普遍的现象,如著名的《七步诗》:"煮豆燃豆萁,豆在釜中泣。本是同根生,相煎何太急。"处于承平之时,故是多忧,然处于战祸频盈的乱局中,则为正常的生命感受与主体意识。

即使在游宴中,邺下文人每每乐极而生悲。曹丕《铜雀园诗》:"有客从南来,为我弹清琴。五音纷繁会,拊者激微吟。游鱼乘波听,踊跃自浮沉。"曹丕经过一天的游玩"朝游高台观,夕宴华池阴",并尝尽佳肴美馔,"大酋奉甘醪,狩人献嘉禽",听尽嘉音也看尽妙舞,应极尽欢娱才是,然而嬉游之乐,终究掩盖不了心中的悲忧,故曰:"飞鸟翻翔舞,悲鸣集北林。乐极哀情来,寥亮摧肝心。清角岂不妙,德薄所不任。大哉子野言,弭弦且自禁。"曹丕《玄武陂》"忘忧共容与,畅此千秋情",显示心中确有忧悲埋藏,只是借郊游而排遣。

甄后的忧患意识更是明显,其《塘上行》亦为一篇乐往忧来的诗作。诗歌开首曰:"蒲生我池中,其乐何离离。傍能行仁义,莫若妾自知。"触目所见池中的蒲草,尽是排列整齐而心情是相当快乐的。这是作者的审美移情作用,把内心的快乐转移至蒲草上。然想起离别远去君子,便乐极生悲:"众口铄黄金,使君生别离。念君去我时,独愁常苦悲。"回首前尘,倍增思忆,以致不能入寐:"想见君颜色,感结伤心脾。念君常苦悲,夜夜不能寐。"引发甄后生悲的原因,是忧虑君子二三其德,遭其捐弃:"莫以贤豪故,弃捐素所爱。莫以鱼肉贱,弃捐葱与薤。莫以麻枲贱,弃捐菅与蒯。"

---

① 另有骚体《悲愤诗》,然因述情节有与作者生平不符,故学者多置疑非蔡琰所作。

　　徐干《室思》诗也是富于忧惧之诗。与甄后一样,其忧源自思君之意。"沉阴结愁忧,愁忧为谁兴? 念与君相别,各在天一方。"爱人远去,天各一方,兼且会面无期,倍觉忧思。"良会未有期,中心摧且伤。不聊忧餐食,慊慊常饥空。端坐而无为,髣髴君容光"、"飘飘不可寄,徙倚徒相思。人离皆复会,君读无还期。自君之出矣,明镜暗不治。思君如流水,何有穷已时"、"何言不一见,复会无因缘。故如比目鱼,今隔如参辰。"作者思君情意深厚,自爱人离去后,明镜也无心清洁,以致变得晦暗。回想昔日,今则乖隔天端,"自恨志不遂,泣涕如涌泉"。可见,有志不获伸,实亦忧苦源头。

　　蔡琰的忧愤亦源于个人的亲情得不到应有的舒展。蔡琰曾被掳至南匈奴,诗中提及边荒的景象,大抵亦为蔡琰在蛮荒所渡过的岁月。"边荒与华异,人俗少义理",边荒的风俗与中原处处不同,人民也蛮不讲理,使人倍感孤苦。加以所处的自然环境又多风霜,更感肃杀,顿然思念双亲:"处所多霜雪,胡风春夏起。翩翩吹我衣,肃肃入我耳。感时念父母,哀叹无终已。"除了父母外,其亲情还包括儿子:"邂逅徼时愿,骨肉来迎己。己得自解免,当复弃儿子,天属缀人心,念别无会期。存亡永乖隔,不忍与之辞。"因着战乱而导致骨肉乖离,会面无期,使人心酸。加以分离两地,幅员辽阔,每日兼程赶路,跨越三千里之遥,难望相见:"去去割情恋,遄征日遐迈。悠悠三千里,何时复交会。念我出腹子,胸臆为摧败。既至家人尽,又复无中外。"蔡琰更用生动的笔墨,记叙了母子依依对话的情景:"儿前抱我颈,问母欲何之。人言母当去,岂复有还时。阿母常仁侧,今何更不慈。我尚未成人,奈何不顾思。"看到这种骨肉亲离的情景,使人肝肠寸裂,肺肝摧折,见者歔欷:"见此崩五内,恍惚生狂痴。号泣手抚摩,当发复回疑。兼有同时辈,相送告离别。慕我独得归,哀叫声摧裂。马为立踟蹰,车为不转辙。观者皆歔欷,行路亦呜咽。"

　　邺下文人的忧患意识也导源于汉室衰乱,董卓为祸,以致百姓不得安宁。孔融《六言诗三首》曰:"汉家中叶道微,董卓作乱乘衰。僭上虐下专威,万官惶布莫违,百姓惨惨心悲。"董卓专横乱政,导致官员惶恐不安,不敢有违董卓之意,百姓也惨戚心伤,是邺下文人感伤忧惧的原因。此外,孔融思归长安,渴望曹操主政,也是其悲之由:"郭李分争为非,迁都长安思归。瞻望关东可哀,梦想曹公归来。"另一首流露忧患时政的是题为蔡琰的《悲愤诗》。诗歌首先揭露董卓的种种劣迹:"汉季失权柄,董卓乱天常。志欲图篡弑,先害诸贤良。逼迫迁旧邦,拥主以自强。海内兴义师,欲共讨不祥。"由于董卓败乱天常,残害忠良,谋取帝位,掀动了义师勤王,遂展开漫长而惨痛的战事。蔡琰于诗中描画了一幅幅骇人的战祸图景:"猎野围城邑,所向悉破亡。斩截无孑遗,尸骸相撑拒。马边悬男头,马后载妇女。长驱西入关迥路险且阻。还顾邈冥冥,肝脾为烂腐。"

（三）立功主义

曹植《白马篇》最能体现邺下文人建功立业的渴望。曹植借一个"幽并游侠"①的威武形像,道尽一己渴望建功立业的宏愿。"白马饰金羁,连翩西北驰。借问谁家子,幽并游侠儿。"一位来自幽并地区的游侠骑着盛装金饰的白马,在西北地区连翩奔驰。这游侠自小已离开乡间,到沙漠边缘浪迹。"少小去乡邑,扬声沙漠垂",他拿着良弓和楛木造的箭,而且身手不凡,眼界奇准"控弦破左的,右发摧月支。仰手接飞猱,俯手散马蹄。狡捷过猴猿,勇剽若豹螭。"动作矫健至极。当他收到警报,知道边境情势危急,便敏捷地长驱挺进:"边志多惊急,房骑数迁移。羽檄从北来,厉马登高堤。长驱蹈匈奴。左顾陵鲜卑。"他也不顾性命,置生死于道外,甚至不顾自己的妻儿,只把人民利益放于首位:"弃身锋刃端,不得中顾私。捐躯赴国难,视死忽如归。"这种视死如归,流惠下民的心态,是曹植早期欲建功立业,报效国家百姓的写照,也与曹植《与杨德祖书》所言"勠力上国,流惠下民,建永世之业,立金石之功",同出一辙。《薤露篇》:"人生一世间,忽若风吹尘。愿得展功勤,输力于明君",也表达了在这匆匆的人生中,应尽力施展才华,建立一番事业,为明君效力的心志。《求自试表》亦重述"欲逞其才也,输能于明君"的愿望。《杂诗》其五:"闲居非吾志,甘心赴国忧",表明曹植与国家命运共同升沉之志,与《白马篇》所描述报效国家之志同。

王粲《西园公宴》"愿我贤主人,与天享巍巍。克符周公业,弈世不可追"也表达了对主人建立万世显赫功勋的渴望。建立战功也是邺下文人的渴望,王粲《从军诗》:"从军有苦乐,但问从军谁。所从神且武,焉得久劳师。"诗中极力描画了杀敌立功的显赫:"相公征关右,赫怒震天威。一举灭獯虏,再举服羌夷。

---

① 幽州和并州的并称。约当今河北、山西北部及内蒙、辽宁部分地方。其俗尚气任侠,因借变豪侠之气。

西收边地贼,忽若俯抢遗",将士克服了胡羌等外族,也收服了西边的疆域,使军中资源更形充沛:"陈赏越丘山,酒肉逾川坻。军中多沃饶,人马皆溢肥。徒行兼乘还,空出有余资。拓地三千里,征返速若飞。歌舞入邺城,所愿获无违。昼日献大朝,日暮薄言归。"战争功成,也使邺城歌舞助庆,一片欢腾。可见,战功对于文人是何其得到重视。

四、结语

综言之,邺城经历了从上古到中古的历史变迁,到了六朝时代,发展至顶峰。在建安时期,邺城已是一个富有艺术气息的古都,从建安诗赋可见,是充满田园与园林的气息,富于大自然的意象,如浮萍、水藻、芙蓉、杨柳、蒲草、楼台等。至于游园时使用的器物,如金罍、秦筝、齐瑟等,也增进不少典雅气息。通过多种艺术意象的组合,使建安诗赋绘画了多幅清秀雅丽的图景,使人意想到邺城的秀美环境。此外,从建安诗赋亦可窥见邺下文人的主体意识,充斥着行乐主义;从生命短暂、骨肉分离、战火摧残而引发不少忧患意识;还有立功主义,均深深地影响着邺下文人的人生思考。

(作者为香港树仁大学中文系教授)

河洛文化的南迁与影响

——以江头洲村爱莲文化为例

廖　江

　　罗豪才先生在《河洛文化与汉民族散论·序一》中说:"(河洛文化)是中原文化的核心,也是中原文化的精华和主流。""河洛文化诞生在中原,繁荣在中原,并由此传播到全国各地和海外,影响历史发展数千年,这不仅是中华民族的自豪和骄傲,也是人类文明发展史上值得称道、值得深入探讨的一个重大课题。"本文联系"中国历史文化名城:桂林"的实际情况,并以市辖灵川县江头洲村爱莲文化为例,试作初步探讨,以求教于方家。

一、洛学孕育于桂州

　　河洛文化又称洛学。北宋程颢、程颐兄弟为其奠基者,而"二程"则启蒙于理学开山鼻祖周敦颐。周子为二程创立洛学打下了深厚的"底色",而桂州实为洛学之滥觞。

　　周敦颐(1017～1073),字茂叔,世称濂溪先生,通州营道(今湖南道县)人。他30岁左右曾知南康军(治今江西南康),对研究理学名重于时。同时任南康军通判程珦(嘉庆谢启琨《广西通志·桂州名宦碑记》说是"河南开封人;《辞海》注为洛阳人"。)敬慕其学识人品,遂令二子程颢、程颐师从于周。程颢(1032～1085),字伯淳,世称道明先生;程颐(1033～1107),字正叔,世称伊川先生。二程时年12、14岁,尚属少年时期。

　　皇祐年间(1049～1053),即2年左右之后,程珦调任龚州知州(治今广西玉林市平南县)时,二子从侍。适逢周敦颐"游西粤",又延聘周子为师。清·道光六年《浔州府志·流寓》载:"二夫子(指二程)随宦读书畅岩,受业于濂溪先生。"又"受业讲学于邑（此指桂平县）罗丛岩"，名浔阳书院，二程"是时方冠"。在周子的直接教诲之下，二程学业大进，被时人评为继孔子之后的"圣人"一类的人才。宋姚嗣宗（接任程珦知龚州）《游畅岩》诗云："寒谷常留九秋气，畅岩别是一壶天。清风不断名犹在，还继宣尼出圣贤。"后人建"三贤祠"奉祀周子及二程。嘉庆举人李开蒇《重建二程夫子讲堂记》中说："有宋皇祐间，洛阳程氏二夫子，禀中州正气，随父宦游粤西之龚州，受业濂溪周夫子，讲学于畅岩，遍游浔郡诸胜及厚禄罗丛，……兄弟相与师友，思入风云，道通天地，自宋迄今六七百年，学者宗之。"光绪十四年桂平知县李如林为重修"讲堂"撰联云："脉接尼山，亘古宗风传雅训。道光粤岭，边陲正学仰鸿儒"，浔州知府王赓荣联云："性理有遗书，道学远承孔孟 罗丛垂教泽，人文长被熏陶"。正如《辞海》"周敦颐条"注云："……他（指周敦颐）的学说对以后理学发展有很大影响。""他继承《易传》和部分道家以及道教思想，提出一个简单而系统的宇宙构成论，说'无极而太极'，'太极'一动一静，产生阴阳万物。""万物生而变化无穷焉，惟人也得其秀而最灵。"周子《太极图说》中"太极"、"人极"等基本原理，为二程一脉相承，程颐在《明道先生行状》中明确指出："先生之学，在十五、六岁时闻汝南，受学于周茂淑，遂厌科举之业，慨然有求道之志。未知其要，泛滥诸家，出入于老、释者几十年，返求诸六经，而后得之。"由以上观之，二程在桂州的两年多治学经历，应是"泛滥诸家，出入老、释，求诸六经"的重要阶段。桂州对于二程的"过化之功，不可诬也"。另外值得一提的是，桂林（府、州、路治所）是周敦颐经从之地。从当时的交通条件来看，应是桂阳（周子后为桂阳县令）——嘉禾——灌阳——桂林（顺漓江而下）——梧州——入浔江至平南（龚州）、桂平。桂林当为周子经从之地。

二、洛学形成和繁荣于洛阳

二程到洛阳时为弱冠之年。据史载，程颐18岁上书仁宗皇帝，当是他到洛阳之后的锋芒初试。当时宋太祖赵匡胤定都开封（东京），而仍以古都洛阳为西京，在废墟上营建的洛阳城："城周九里三百步"，"（太极殿）宫室有九千九百余区"。名流汇集，学派林立，洛阳仍为全国学术中心。程颐当时风华正茂，血气方刚，见识广增，眼界大开。为了宣扬自己的学说，采取上书皇帝的方式，乃情理

中事。然而,他两试进士不第,遂绝意仕途,潜心学术。他从 24 岁至 49 岁的 25
年间,先后在中州一带的东京相国寺、兴国寺和太学(当时全国最高学府)讲学,
还游学于河北、四川、陕西等地,声振内外。程颐于神宗元丰五年(1082)回到洛
阳,创办私立书院——伊皋书院(后更名为伊川书院),招徒授业,著书立说,建
立起洛学教育传播基地。哲宗元祐(1086～1093)初,被召为西京国子监教授、
崇政殿说书等职,影响更大。由于他讲课时"议论褒贬,无所顾避"、"非毁朝
政",曾先后被"遣送偏管"、"追究审查"共计 10 余年。直至徽宗崇宁五年
(1106)恢复承务郎之职,次年病逝,享年 75 岁。其兄程颢 24 岁中进士,官至太
子中允、监察御使里行。他注重教化,在洛阳讲学 10 余年,其弟子有"如坐春
风"之誉。54 岁卒。

由此可知,二程在周氏理学(也称"濂学")的 基础上,在全国学术中心洛阳
的文化环境中,广泛吸纳,潜心研究,逐步建立其完整的代表儒家思想的唯心主
义哲学体系,所提出的"理"、"性即理"、"用敬致知"等洛学核心思想及方法论,
呈现出洛学的包容、拓展和创新。经过几十年的讲学活动,不断地传播和丰富,
"桃李满园",人才辈出,名震四海,卓然一代宗师。

三、桂州为洛学南迁重地之一

杨时(福建人,程门四大弟子之一。"程门立雪"典故即为杨时尊师之典型
事例)在洛阳学成后南归,程颐深寄厚望,临别对杨曰:"吾道南矣!"杨晚年隐居
武汉龟山,人称"龟山先生","遂为南渡洛学大宗"。再传弟子胡宏(杨时的世交
胡安国之季子,福建人,又是程门高足,程颐妻弟侯仲良的门生)之传湖湘;后传
弟子朱熹之闽州、吕祖谦之婺州(今浙江金华)、张栻之桂州,洛学之风,江南蔚
起。朱、吕、张时称"江南三贤"。

张栻(1133～1180),四川绵竹人,早年随父迁居湖湘。绍兴三十一年
(1161)至碧泉书院"从五峰胡先生(即胡宏)问程式学",成为著名理学家。淳熙
四年(1177 年)知静江府、广南西路经略使。时值宋室南渡之后,广西成为南宋
的大后方。皇朝十分重视边备,同时重视文化教育,"兴学之风,远胜于唐"。他
继张栻之、张孝祥、范成大诸名臣之后,重修虞帝庙和重建桂林府学,"殿阁崇
邃,堂序深广",被后人评为"桂林郡学,基于宋南轩张公栻"。为了扩大府学的

影响,除亲自撰写了《重建桂林府学记》外,还专门派人去福建武夷山请理学大师朱熹撰写了《静江府学记》。此举有如滕子京之请范仲淹写《岳阳楼记》。朱《记》中写明桂林府学的办学宗旨是:"明诸心,修诸身,行于父子、兄弟、夫妇、朋友之间,而推之以达于君臣、上下、人民之际,无不尽其分焉者。"并评赞张栻"其学近推程氏,以达于孔孟。治己教人,一以居敬为主,明理为先。尝以左司副郎侍讲禁中,既而出临此邦,以幸远民,其论说政教,皆有明法。"在宋代兴学之风的影响下,广西各地办书院如雨后春笋。据史料,静江辖地如桂北、桂中、桂东南等地,均立祠奉祀周子及二程。正如胡梦魁在《桂学建大成殿记》(载《桂林府志》)有云:"瞻三先生之祠也,其各起敬起慕,心存身履,以进入孔孟之墙。""孔孟远矣,朱(熹)张(栻)未远也。处斯学,味斯言,思朱张在是,即周、程在是;周、程在是,即孔孟在是。"张栻在《鹿鸣宴》诗中写道:"从昔山川夸八桂,只今文物盛南州。"

值得特别说明的是,程颢、程颐的族裔多有为官或避地桂林者。"其人以学行为桂人推重",是为桂州传播洛学的重要力量。据《桂林石刻人名录》(桂林博物馆原馆长、研究员张益桂著,漓江出版社,即将出版)载:

"程建,字子立,东都(河南开封)人,宋元符二年(1099)以广西路分都监授知邕州,是年四月十五日黄忱为之饯别于桂林伏波山蒙亭,题名刻石伏波山还珠洞。三年秩满回归。"

"程衍,东都(河南开封)人。程建之子,宋崇宁间随父至桂,崇宁三年(1104)清明前一日于兄徹、弟術游雉山,题名刻石雉山岩。"

"程祐之,字吉孝。一字升夫,洛阳(今属河南)人。程颐从孙(着重号为笔者所加,下同)。宋绍兴间,避地寓桂林永宁寺(即今象鼻山公园内缙云寺)。乾道六年(1170)知广州。子孙坟墓俱在桂,其人亦以学行为桂人推重。绍兴十九年(1149)二月六日刘彦登秩满还朝,方滋、程祐之等十四人为之饯行,酌别于城北邮亭,题名刻石于廻龙山石崖。"

石刻至今保存完好。按照程氏族人在桂为官的时间推算,程建(何时来桂不详),且从1099年算起,要比程瑜知龚州晚50余年,建当为瑜的孙辈,是程颐的侄辈;且"三年秩满"又回到了桂林。程颐的从孙程祐之更是避地桂林,子孙的坟墓也都在桂林了。程氏族裔尊崇和传播洛学,乃是自然的事。

　　明、清两代,桂林仍是广西文化教育中心。洛学一以继之,人才辈出。桂林有四大书院:宣城、秀峰、榕湖、桂山。宋代设有贡院,至雍、乾间,考生号舍增至5000多间。"岭外科举,尤重于中州。"(周去非《岭外代答》)。在桂林的湘籍人士还于乾隆四十七年(1782)创办了"濂溪书院";嘉庆三年(1798)扩改为湖南会馆时,仍以上进名"濂溪阁",奉祀周夫子于其中。每值夫子诞辰(道光十五年立的《濂溪会碑记》为六月初七日,《周氏族谱》记为五月初五日出生,卒于六月初七日),"吾乡官幕在省者一同趋阁庆祝",更将濂学、洛学的传播与祭祀活动结合起来。直至清末康有为在桂林创办广仁学堂时,其习修课程设有:宋元学案、朱子语录。可谓"洛"脉相续,影响深广。

　　据1949年广西通志馆编《广西通志稿》资料,明、清广西全省11个府中式举人9697人,其中桂林府4958人,占全省一半以上。桂林府辖临桂县,宋代考取进士35人,明代进士53人,清代进士188人,共计276人。其中,清代考取状元4人(陈继昌、龙启瑞、张建勋、刘福姚),嘉庆状元陈继昌为全国13个"三元及第"者之一。光绪状元张建勋以殿试策:"民以食为天"名扬天下,有史家评曰:"也影响了青年毛泽东"(毛泽东在《湘江评论》创刊宣言中强调:"世界什么问题最大?吃饭问题最大。")。在清末"公车上书"签名的16省603个举人中,广西就占了97人。在明清两代,桂林出现了"五代连科"、"三代翰林"、"兄弟翰林"、"同科八进士"等科名盛况。

　　陈宏谋是古代桂林学子的代表人物,有"理学名臣"、"岭表儒宗"之称。陈宏谋,字汝咨,号榕门,临桂县人,生于康乾盛世,雍正元年进士。他历任浙、滇、苏、陕、赣、鄂、豫、闽、甘、湘及两广等12个省的御使、布政使、巡抚、总督,乾隆间授东阁大学士兼工部尚书,连加太子少傅、太子少保,成为清代显赫的名臣。清代北京广西同乡会门联:"高祖当朝一品,玄孙及第三元",即指陈宏谋及其玄孙陈继昌;如今轰动全国的新编桂剧《大儒还乡》,写的便是陈宏谋。《陈宏谋与朱子学》(广西师范大学教授张家蕃著文,载《河池师院学报》2006年第6期)一文中写道:"陈宏谋是古代桂林籍的官员中,职位最高、政绩显著、著述最丰的一位……同时也是清代尊崇朱熹主张经世致用的理学家,有岭南儒宗之称。""他既以儒生起家,……又曾下苦功研究周敦颐、邵雍、张载、程颢、程颐、朱熹及其后学的学说,辨析各家义理,而以程、朱之学为根本。""以明体为始,而以达用为归,对于朱熹的学说,倍加推崇。""陈宏谋的所作所为,也是从一个侧面反映了朱子学在广西的传播与影响。"

又如:龙启瑞,字翰臣,临桂人。道光二十一年状元及第(时年27岁),授翰林院编修,官湖北学政、江西布政使,著述数十种。朱琦,字伯韩,一字濂甫,桂林人。道光进士,任庶吉士,授国史编修,他认为:"为义理者,本于孔孟,衍于荀、杨、王通、韩愈,而盛于宋程、朱……"。况周颐,道光进士,晚清词坛四大词人之一,其著《蕙风词话》与王国维《人间词话》齐名,等等。无不浸濡了濂学、洛学思想,并以此教子育人,传续文脉,培植文风,影响很大。

四、洛学正脉传承在江头洲村

江头洲村是桂林市灵川县青狮潭镇所辖的一个自然村。位于桂林市区西北30公里。今全村人口158户,680余人,其中周姓近90%,属家族自然村。自2005年以来,该村先后被中外旅游品牌峰会评为"中国最具旅游价值村落",由国务院公布为"全国重点文物保护单位",全国老年工作委员会评为"全国敬老模范村",以及广西"文明村"、"卫生村"、"巾帼示范村"、"青少年德育教育基地"、"广西师范大学教学研究基地"等,江头洲村爱莲文化被列为广西区非物质文化遗产。来此参观考察的中外专家、学者纷至沓来,成为研究濂学、洛学的一个"标本"。

江头洲村周氏族人为周敦颐的后裔,迄今已有32代,其血缘相续。"始祖公乃濂溪公之裔也。因宦游而卜居于灵岩江头洲……"("明故一世祖伯公婆周姚志轩氏老大孺人之墓"碑志,碑"嘉庆十七年壬申仲春月朔四日众兴户敬立"今存。)《周氏族谱》还记载了:启祖秀旺公于明弘治戊申年(1844)以军虞部宦游粤西,先寄居龙胜县牛头寨,后迁入今地"。迄今560余年。据传,该村初名"埋头寨",颇寓"埋头苦干,励志图强"之意。这与"靖康之乱",宋室南迁避地桂林的历史背景相符。又传,秀旺公之父,年寿公葬于湖南,前人曾去湖南祭扫坟茔。后因周氏族人兴旺发达,"埋头寨"其名被废弃,今鲜为人知。

崇尚濂学,科第联辉。江头洲村人文兴起于明末清初。自乾隆(乙亥、庚子)接踵涌现出周履泰、周履谦"兄弟举人"之后,迄至光绪三十一年(1905年)废止科举制的120余年中,江头洲文脉大发,人才辈出。据周崇德(周敦颐第39

代孙，退休干部）提供资料，共计入邑学 63 人，府学 41 人，五贡生 30 人，国子监（太学生）36 人。在乡试中榜 25 人，会试中榜贡士 8 人，殿试中榜进士 8 人，授庶吉士 7 人。出现了"父子进士（父亲周启运、子周廷搀）"、"父子庶吉士"（父周履泰、子周启运）、"父子翰林"（父周冠、子周绍昌）；周延冕一家"一门两进士、三代庶吉士、四代四举人、五代五知县"；周绍昌一家"两代进士、三代举人、五代庶吉士"。周氏族人为官者四、五十人，其中：七品以上 34 人，五品以上 13 人，四品以上 8 人，三品 2 人，二品 5 人，一品一人。其任职有：知县、知州、知府、按察使、布政使、两江（今江西、江苏、安徽等地）代理总督、吏部主事和翰林院检讨、国光史编修、文渊阁校理等。遍历北京、江西、江苏、安徽、河南、山西、浙江、河北、山东、湖北、湖南、云南、贵州、广西等 14 个省，在京城为官者 12 人。周启运官至代理两江（今江江苏、安徽等地）总督。官居一品，权重一时。江头洲小村（当时人口比现在少得多）有此，正是周氏子弟秉承先祖的传统，薪火相传，发扬光大的结果。

　　重教兴学，注重践履。即践行张栻的"力行"、"知行并发，传道济民"的理学思想。在周氏子弟的"宦绩"中，多有"重教兴学"、"廉政爱民"的记载。如周启运任河南淇县知县时，恢复篆筠书院，并亲自授课；曾任湖北乡试监试官和江南（江苏、安徽）乡试提调官。钦差大臣林则徐曾赞其为"循良第一"。周冠曾出审河南汝宁，关心民瘼，有"救命大夫"之誉。立"去思碑"达 30 余处；他谢辞河南侨寓汉皋（今湖北汉口），主晴川书院讲席一年，又主江汉书院讲席三年，传道育人，造就甚众。周汝谦，任简州（今四川绵阳市）知州和顺庆府知府（今四川仪陇以南，岳池、广安、邻水以北的地区）时，廉洁勤政，常以"贪一文绝子灭孙，冤百姓男盗女娟"自律。殁于住所时家无余财，由士民自发集资不远万里护送其灵枢回广西老家安葬（墓尚存）。"并将"贪一文绝子灭孙，冤百姓男盗女娟"刻于墓碑。当地士民为其立祠、塑像，以志其贤德。周瑞琦以身殉国，影响巨大。民国《灵川县志》载云："周瑞琦，（周）冠子、县附生。北京大学毕业。奖给吏部主事。青岛之变，琦偕各同学攻击卖国贼曹某不遂，投河死。作绝命书，留寄同学，其书云'山东为我孔圣发祥之地，青岛丧失，国脉不足培矣。我生不辰，邦国殄瘁，难日至矣！焉用身为。敬告同学须努力，'同心雪耻，毋遗羞于五分钟热度。"以上诸例体现中华文化的精华，亦可见其周氏子弟当中，形成了一支传播洛学的骨干力量。

建立基地,培护文脉,持续传播。从宣扬先祖周敦颐《爱莲说》(出淤泥而不染,濯清涟而不妖。中通外直,不蔓不枝,香远益清,亭亭净植)为切入口,以理学为根基,融儒、佛、道为一体,以"爱莲家祠"为其主要载体,发挥阵地传播效应。

"爱莲家祠"即是"周氏宗祠,祠以"爱莲"名。其建祠宗旨一如"族训"中所说"、"……先祖濂溪,理学先枢……规行步矩,奉莲指教。六德六行,从小诲教。祛邪传儒,立身厚道。该祠筹划于同、光年间,始建于光绪八年(1882)于光绪十四年竣工,施工历时6年之久,可见对家祠的重视程度。家祠领村而建,其位于村南入口处,祠址有"三重玉带拦腰水"、"双龙进水"、"凤凰坐地"、"莲花台座"之说。占地面积1200平方米,砖木结构,二层,六进:第一进为大门楼、二进为光宗阁、三进为文渊楼、四进歇息亭、五进祭祀殿,大门前有风雨亭。祠内主要有"爱莲家祠"竖匾,有门当(共八个)木刻八卦图、"族训"木刻屏风、神龛、藏书楼等。有名家木刻楹联数十副,各种赠封牌匾200多块,以及础、柱、门、窗、廊、檐、斗拱,石雕、木雕,设计精巧,工艺精湛。如状元龙启瑞撰赠的楹联:"学以精微通广大,家惟勤俭足平安",又极富理学哲理。文渊楼曾办"爱莲书院"(后为进化、保粹学校)。祠前还有莲池(宽1亩)、牌坊、护龙桥、字厨等附属建筑物。"字厨"为莲座塔形,专为初一、十五焚烧废弃字纸所用,以示爱惜文字、尊重知识。爱莲家祠融祭祀与传道于一炉,将程、朱理学推崇极致。加以现存众多的古民居,高墙深巷、古井村道(有状元井、村道多用卵石铺制图案)、"太极"图案、进士、文魁、太史第等门匾相辉映,江头村弥漫一派爱莲文化氛围,折射出理学精华的光辉。

"近朱者赤",亲缘和师缘是江头村周氏族人的"助推器"。其结亲对象多为官宦书香之家,例如,周启运的姐夫朱琦,桂林人,进士,翰林院编修,清同治间"桂林十大诗人"之一。爱莲家祠大门楹联:"世德乡举选 宗盟会法传",便是朱琦之子朱圣俞(字椿林)为"母舅家祠庆成燕贺"所撰赠。周启运的亲家龙启瑞(龙的长女嫁给周的次子周廷冕为妻)是临桂状元。其父龙光甸"是一位地地道道的儒学家和儒学的倡导者和传播者"。龙启瑞则是一位"勤勉过人的大学问家","继承了儒家勤勉严谨的治学作风","在政治上继承和发展了儒家'以国为家'的思想,'仁政'的思想以及'民本'思想等。"周启运的三儿媳、"皇清诰封一品夫人"——况涧是一位才女,出生于世代书香官宦之家。她的胞弟况周颐,乃是晚清词坛"四大词人"之一,史评其著《惠风词话》与王国维《人间词话》齐名。并与吕璜、朱琦、龙启瑞、王拯、彭昱尧过从甚密,被称为"粤西五大家"。另,周启运、周冠、周履恒均曾在河南为官,直接受到中原文化的影响。他们言传身教、著书立说,影响巨大。再从爱莲书院师资情况看,延聘的老师有沈紫卿(进士、广西学正)、张龙榆(进士、广西学正)、张眉史(临桂举人)、伏雨苍(进士、知县)、鲍花潭(广西学政、巡抚)、王芷庭(进士)等。一个小小的"村级书院",竟集中了如此众多学富五车的理学名流,亦属罕见。

五、历史的启示

1.河洛文化源远流长。其孕育、形成、繁荣、发展、传播,各个地域有其具体的轨迹。即其传播轨迹是曲线的,而不是直线的;是相互交融的,而不都是直线灌输的。

2.桂林是广西文化教育的中心,宋代静江府(平南、桂平属之)是二程所创《洛学》之滥觞,是宋、明、清时期洛学的重要传播站。

3.桂林历史文化与河洛文化一脉相通;洛学是桂林历史文化的主流和重要组成部分。深入挖掘、研究桂林历史文化的渊源关系,对于拓展和深化河洛文化的研究,对于建设桂林历史文化名城,均具有理论和实践的意义。

4.弘扬中华民族优秀传统文化,"取其精华,弃其糟粕","与时俱进"。如朱子理学中提出的"饿死事小,失节事大"等封建思想,据清代《浔州府志》卷四十八《传略·节烈》载,记有《节妇》:元代1人,明代18人,清代253人。江头洲也树有"贞节"牌坊,其流毒深广。

(作者为广西省灵川县地方志办公室原主任、副编审)

湖湘地区客家人与客家文化浅探

李　龙

客家人的先民原居住在我国中原河洛一带,因社会变动及战争等原因,曾有五次大规模的南迁[1],逐渐形成客家民系,成为汉民族八大民系中重要的一支。湖湘地区的客家人主要是第三次移民之后以及第四次客家人迁徙即清康干之际迁入的。湖湘地区现有客家人100余万[2],是重要的客家人分布区域。

一、湖湘地区客家人的分布

湖湘地区的客家人主要分布在炎陵、浏阳、江华、茶陵、资兴、醴陵、平江、汝城、攸县、宜章、桂阳、新田共14个县(市),另外临湘、永兴等地也有部分客家人分布。

炎陵位于湖南省东南边缘,东与江西宁冈、遂川交界。客家人主要分布在炎陵县东、南部。沔渡、十都、石洲、垄溪、策源、水口、中村、下村、平乐等乡镇属客家居地,很少有"土著"居民。客家人约占全县总人口的80%,是湖南的第一客家人大县。浏阳地处湘东和赣西的毗邻边界。现浏阳市65个乡镇,1992年统计县总人口约131万,客家人比较聚居的地区有20个乡镇,人口大概20多万。主要集中在东部和北部。东部和北部都是山区,其中东部是靠近江西南昌,北部临近湖南岳阳。东部大约有十余个乡镇有客家人的分布,如张坊、小河(包括原来的凤溪乡)、大围山、七宝山、白沙、达浒、沿溪、永和、古港、三口等乡镇,人数在15万左右;北部有社港、龙伏、沙市、山田、淳口等乡镇,客家人的数量大约有

---

① 罗香林:《客家研究导论》,上海文艺出版社影印本,1992年。
② 杨宗铮:《湖南客家》,广西师范大学出版社,2007年。

5万。除了上述以外全市范围内还有一些零散的分布(如南乡的一些乡镇)。客家风情比较浓郁的是东部的张坊镇和小河乡。江华位于湖南南部,西接江永和广西钟山、富川县,南邻广西贺县和广东连山县。江华客家人分布在全县22个乡镇,主要聚居于冯河、西河沿岸,他们的后裔现约有5万人口,占全县人口总数的12%。茶陵位于湖南省东南边陲,东连江西莲花、宁冈。据估计,县内客家人约2.5万人,占全县人口的4.4%。客家人较集中的地方是江口、桃坑、湖口等乡镇。资兴位于湖南省东南部。资兴汤市乡,方圆110平方公里,生活着上万人,众多人操客家话。山中青林村有村民500余人,全属客家人,被誉为湖南第一纯客村。醴陵位于湖南东部与江西相接,东临江西萍乡,是湘赣交通要冲。客家人集中地区在与浏阳市交界处,包括洪源乡的磨刀、石溪、高峰、花麦、永兴、明南和南桥镇的小洞等山村,人口约2.5万。平江位于湖南东北角,东与江西省铜鼓县交界。现平江27个乡镇,客家人主要分布在连云山、黄金洞、思村、灶门洞等地区,人口约1万人左右。汝城在湖南东南部,与江西,广东仁化为邻。客家人主要集中在县内南部地区,凡林镇居多,大概有5000人。攸县位于湖南省东南部,东界江西省莲花县。客家人主要分布在包括澧泊乡的漕联、七里、三联、桃源,鸾山乡的南源、殷江,黄丰桥的杨滨、大丰等村,有曾、吴、梁、邱、张、李、翁、温、程、赖、高、刘、胡、钟、黄等姓氏,人口约为2000。

　　湖湘地区客家人的分布有以下几个特点:1. 分布十分分散。现今湖湘地区客家人的分布遍及全省。尤其以湘东、湘南为最。但湖湘地区跟粤、闽地区比较,却很难纯客县。2. 居住区域偏僻。湖湘地区的客家人主要分布在山区、丘陵等交通、经济相对欠发达的地区,特别是东部的罗霄山脉一带与南部的衡山地区。这与客家人迁来的时间较晚有关。据了解,客家人大多举族而迁,当来到湖湘地区时,很多地方都被当地人所占据,客家人只好分散到人口比较稀落的山区村庄定居,也有部分客家人居住在山区河流的上游地带。3. 聚族而居。湖湘地区客家人无论多寡,总是保持了聚族而居的习惯,沿袭了来自中原的文化风格。

二、湖湘地区客家人的源头

　　湖湘地区的客家人迁入时间较晚,分布相对松散,遍及全省大部分地区。源头主要是江西、广东和福建,而直接从中原迁入的客家人则极少。

1. 来自江西

湖湘地区的客家人绝大多数来自江西。江西的客家人迁移到湖湘地区经历了三次较大的规模。主要在元末明初时期。此时江西的客家人经过自西晋之际到北宋末期的三次大的中原移民运动的累积,已经形成了相当数量的江西客家人体系。罗香林称:"客家先民迁出中原抵达赣闽粤,直到两宋才形成稳定的民系。"此次客家人的迁徙与元末明初的战争与灾荒导致湖南人口锐减有关。元至顺二年"衡州路旱蝗死者一九"。数年间,仅瑶人起义攻常宁临县的道州、衡州、耒阳就达6次之多。元至正二年,元朝下旨:湖广行省统领河南、浙江,湖广几个省的军队来镇压道州瑶民起义,可见当时战争之烈。又《嘉庆一统志》载:"元志正年间红巾寇起。县人王汝荣督义兵万人守御。"可见战争规模之大。又《同治常宁志》载:"元至正十六年八月"湖南陷,知州以下弃城走。常宁居民诣学正署,请学生刘焘苏权行州事,外援不至死之。"州官大人逃了,"教育局长"代为守城,也被杀了。当时攻常宁城的属红巾军徐寿辉部倪文俊。城切破,杀戮之众,可见一斑。据《同治常宁志》记载:"明时卫在衡州,而所在常宁,其兵悉屯田于常宁者,盖湖南大遭屠戮后,调江西户口安插,时各处安插已遍,唯常宁、贵阳,于廿八年遭奉虎满之乱,又屠将半,故有隙地以为屯,且为捍御瑶人之所,此衡郡诸邑皆无而常宁独有之者也。"有《嘉庆常宁志》记:洪武"廿八年,常宁又遭奉虎满,夏奇结峒瑶为乱,朝廷派杨景来讨,命自板桥进剿,邑有上下板桥,贼巢距上板桥南又20里,军士误认从下板桥起,遂至血流,玉石俱焚"。战争使湖南人口大为减少,据明《嘉靖衡州府志》记载:常宁从明洪武廿四年年的7699人,到永丰元年的5887人,21年间,人口减少了1812人。由此就出现了"扯江西,填湖南"的大移民。《同治常宁志》:"常宁自洪武廿八年峒寇窃发,民无孑遗,荡平之后,移民安插,调衡州卫中之军丁守卫御。永乐二年,诏军丁垦田。"又载:"明洪武廿八年,邓良奉平峒寇有功,留填溪洞,世其籍。"《厚雅田王氏谱》记:"湖以南,丁洪武杀运,扫境空虚矣!我肇祖随蚁赴之众,数标杆为记。划一亩之丘,挫棘楚,芟蒿蓼,禳除厉魔,挺貔豹,奠定其家室,以繁育其子孙。"又说:"时湖南丁大乱之后,人烟稀少,朝廷调江西户口于衡,至者,各插标以记,谓之'安插户',时安插户,屯户,军民阡陌,杂错不睦。"《吕氏宗谱》记:"洪武血洗,惠公由安仁奉调镇常。"《依湖邓氏族谱》记:"吾祖世籍豫章(即江西),丁封易代,迁来血洗,系千钧一发,绵一脉于千秋。"《攸县方言志》记:"江西移居攸县人数最多,其实最集中的要算元末。"光绪三十四年《靖州乡土志》记载了县境46支氏族的来源,便有14支来自江西,时间多为元末明初。至于常宁四境的衡阳,祁阳,贵阳,耒阳等县,很多就是明初由江西移民同时落籍这些县的,有的姓氏还是由这些县再迁入常宁的。当然也有由常宁再迁到上述县的。这次移民运动,奠定了湖湘地区特别是湘东与湘南客家人分布的基础,影响深远。另外在清康熙、乾隆时期,江西也出现了移民湖南的现象,《醴陵县志》记载了清康熙时期,张姓自江西赣州会昌县迁入的情况,"吾祖张文翰,祖居光州,本赣州人士,时赣人湘者多,遂入醴陵,以商为生"。又《临湘县志》记载吴姓一支在乾隆时期入湘的情况,"祖吴浩,饱学之士,居赣州崇义,本入川,过临湘,恋洞庭之水,遂居之"。至今,湖南还称江西人为"江西老表",可见历史上关系十分密切。

2. 来自广东与福建。

湖湘地区的客家人的另外一个主要来源与清朝"湖广填四川"移民有关。"湖广填四川"的原因,有以下几个因素:一、明朝末年,由于李自成、张献忠等人领导的农民武装大起义,以及接踵而来的满族统治者"凭借武功"的平定天下,几十年间,神州大动荡,生灵遭涂炭。素有"天府之国"称号的四川遭受尤惨,几乎"十室九空、千里荒芜",有大量荒废的土地有待开垦。例如富顺县,到清顺治五年"地不耕已五年,民之存仅百一"。十二年之后,到清王朝统一四川时,情况仍旧未改观。那时的富顺"断绝人烟,虎豹生殖转盛,昼夜群游城郭村墟之内,不见一人驰驱之"。据估计,当时全县残存人口不过数十家而已。二、康熙皇帝统一全国之后,为了广开税源、安抚民生、巩固统治,立即着手四川的开发。他采纳群臣的建议,奖励移民前往开发。据载,早在康熙十年,四川、湖广总督蔡毓荣就奏曰:"蜀省有可耕之田,而无耕田之民,招民开垦,洵属急务……请饬部准开招民之例,如候选州同、州判、县丞等,及举贡、监生、生员人等,有力招民者,授以署职之衔,使之招民。不限年数,不拘蜀民流落在外,及各省愿垦荒地之人,统以三百户为率。俟三百户民尽皆开垦,取有地方甘结,方准给俸实授本县知县。其本省现任文武各官,有能如数招民开垦者,准不论俸满即升。"康熙对此奏章批示:"下吏、户、兵三部会同议行。"①三、闽粤赣客家聚居地自宋元以来,已得到长足发展,至明末清初,当地人口已显膨胀,加上"八山一水一分田"的自然环境,山多田少,可耕地严重不足,广大农民谋生实在不易;再加上水旱灾害频临,饥荒之年接踵而至②。仅据《梅县志》记载:从康熙五十七年至雍正五年这十年间,就发生严重水灾4次,"颓倒房屋田地甚多"。进入乾隆时期,情况更严重:"清乾隆元年,河水涌涨。六年春夏间,大旱,米价腾贵。七年,旱。八年夏,雨水连绵,山水陡发,两江水涨,淹毙人畜,冲决基围,房屋倒塌。十三年,旱。十五年三月,大水,淹塌房屋田畴,李坑、长滩等处尤甚。十六年八月,地震。二十二年,大旱。四十年,大水,淹没田庐人畜无数。"梅县的情况是如此,而相邻的粤东、闽西南、赣南其他各县情况也差不多。可见情况的严重。在这种情况下,朝廷奖励移民垦荒的政策无疑具有极大的吸引力。更何况有关"天府之国"的富庶传说不胫而走,也令灾民们无限向往,因此,"到四川去"成为一时之时尚。在这次移民过程中,很多从粤东、闽西南出发的移民,并没有到达四川,而是在中途停留在湖南。在《平江县志》中,清晰地记载了广东客家移民入平江的情况:"清康熙五年,许召立由广东迁献钟;六年,曾兴锡由广东镇平迁嘉义东山;十八年,危士旺由广东平远迁东乡爽源;二十年,沈瓒宗由广东平远迁徐家洞长田;二十九年,钟环玉由广东嘉应迁南乡十房;三十六年,林永卿由广东镇平迁嘉义东山;四十五年,古一楠由广东大埔迁长寿;四十六年,白士客由广东乐昌迁南乡白水;四十八年,巫昆祚由广东迁长寿白沿;四十八年,赖赤生由广东程乡迁南乡;五十九年,黄代多由广东嘉应迁长田。清雍正二年,陈拔先由广东嘉应迁大坪源;吴贞学由广东嘉应迁南乡蒋山;房顺生由广东大埔迁嘉义岭;五年,谢应臣由广东大埔迁东乡黄坡陵。清乾隆一年,涂桂槛由广东镇平迁东乡麻姑岭;卓自干由广东平远迁东乡徐家洞;二年,马新亭由广东平远迁南乡小茅;四十三年,范德连由广东长乐迁西乡驷马桥。清顺治一年,邓恭由广东嘉应迁安定宦田;七年,刘廷辉由广东潮惠迁东南乡"。《攸县张氏家谱》记载了张氏来攸始祖张韶光来自福建汀洲的情况,"吾祖韶光公,自汀洲旅川,途疾,遂留攸县。"又《酃县志》记载,"清代县

---

①　《清史稿》,中华书局,1977年8月重印本。
②　杨帆:《粤、闽、赣客家人入川原因探析》,《乐山师范学院学报》1995年3期。

内共有移民 123 支迁入",其中"广东的乳源、梅县、惠州、龙川、长乐、兴宁等地迁入 61 支。福建的汀州、上杭、连城、武平等地迁入 9 支"。其中也不乏原本迁居四川而有留居在湖南的情况。《酃县志》记载(康熙)"福建汀州入川而因故居酃县者百十人,上杭者亦推之有数十人"。

概述之,湖湘地区的客家人源头主要是江西,特别是江西南部地区的客家人在元末明初和清朝时期曾多次迁入湖南地区,成为湖湘地区最早的客家人。广东福建的客家人进入湖湘地区则是明清之际,特别是清朝初中期的移民运动。

三、湖湘地区客家文化特色

湖湘地区的客家人,大多来自江西、广东、福建地区,是上述地区客家人的后裔。换句话说,湖湘地区的客家人并不是从河洛地区直接迁徙而来。湖湘地区的客家人已经融入了湖湘大地,但在语言、民俗、族群特质等方面又处处体现中原文化特色。

1. 语言方面

湖湘地区的客家人既会讲客家话,也会本地方言。一般在客家人族群内部都讲客家话,对外交流则使用方言。据调查,湖湘地区,会讲客家话的人口有500 余万。[①] 可见客家话对当地土著居民也有一定的影响。客家话既保持了中原话的古韵,有在闽粤赣特定的生存环境中吸收了瑶、苗等少数民族的语言因素而形成独具特色的客家话。

2. 民俗方面

湖湘地区客家人的民俗风情中,既保持了河洛文化特色,又有湖湘文化特色。如春节贴春联、舞狮舞龙灯、赶庙会、演皮影等,都是河洛乃至中原文化的传承,端午节插艾叶、包粽子、赛龙舟等则是湖湘文化的体现。而客家山歌则更具地方特色,湖湘地区的客家山歌继承了河洛地区《诗经》那种以诗和歌形式反映现实生活的文化模式,但大量融入了湘南、湘西地区苗族、瑶族等少数民族的山歌内容。客家山歌是祖祖辈辈的客家人在长期劳动中集体创作的民间歌谣,是"中国民歌中最为浓情、最为放达、也最为卓越的歌种",是客家文化的一大瑰

---

① 严调:《湖南客家话调查》,《湖南师范大学学报》1989 年 1 期。

宝。它作为客家人的口头文学,世代相传,具有鲜明的地方特色和浓郁的乡土气息。在湖南炎陵县,每年的重阳节都要举办客家山歌节。

3. 饮食方面

湖湘地区客家文化的饮食同样体现根于河洛的特色。客家菜中的扣肉、盐焗鸡等就是典型的中原古饮食文化。但湖湘地区客家人的饮食也有明显的湖湘特色,如喜吃酸、辣和腌制食品,特别是春节期间制作腊肉和糍粑,属于典型的湘菜系统。

4. 族群特质方面

湖湘地区的客家人具有优良的族群品质,显现出中原正统文化塑造出的精神特质,如重伦理、讲礼节、敬祖先、睦亲族、隆师道、尚忠义等汉民族的精神特质和民性。而刻苦耐劳、开拓进取、勇于冒险、艰苦奋斗等更发挥得淋漓尽致。客家人善于创业,经长途跋涉,辗转入湘后,在"人迹罕至"边缘山区,深山老林中找到栖身之处,凭靠一双手,吃苦耐劳精神,来创家立业。客家人有丰富的农业生产经验,又能主动地适应和改造环境,所以凡他们住进的地区,农副业便较快发展起来。如客家人为醴陵发展陶瓷工业;为平江带来的茶叶产业技术,从而使平江成为茶乡,其产品销至南洋各地。客家人历来重视教育,入湘客家人将此传统发扬光大,在湖湘大地兴办书院,提倡教育。浏阳东乡建围山书院、炎陵建黄龙书院等,都是湖湘地区有名的书院,说明客家人好学并有一套在山区办教育的经验。

简言之,湖湘地区的客家文化根在河洛,枝繁叶茂,在发展过程中,融入了大量的湖湘文化因素,具有强烈的开放性和兼容并蓄的特色。

（作者为河南省社会科学院历史与考古研究所助理研究员）

河洛文化与中华传统文明

李绍连

作为中原核心的河洛地区,有着中国版图内最早最丰富的原始文化序列,即裴李岗文化——仰韶文化——河南龙山文化。自仰韶文化中晚期起便孕育着文明①,约在距今5000年前便有国家政权产生②,故有与黄帝建有熊国的传说,以及在河南龙山文化期间有颛顼、帝喾、尧、舜相继治理天下的传说相吻合。承袭河南龙山文化的偃师二里头文化,已被学术界确认为夏文化。由此可知,河洛地区的原始文化正是中华文明的基础和主源③。而在河洛地区立国的夏商周三代是中国早期王朝,此时此地开始形成的某些中华传统文化,便是中华传统文化的基础和进一步发展的主要内涵。

一个国家或一个民族的传统文化,是它进入有文字可记录文献的文明阶段以后,出现一些能够代代相传承的有民族特色的文化。能够代代相传的文化,一般都是指该国该民族的有代表性思想信仰、民族特色的文艺(包括雕塑、绘画、戏曲、音乐、舞蹈)、有特色的民俗(包括特色住宅、岁时节日、服饰和饮食)等方面。中华传统文化当然也包含这几方面内容,甚至更丰富。但是,中华是个统一的民族大家庭,况且经历几千年的发展,传统文化在内涵和形式方面亦会因时因地而有某些变化,特别是在艺术形式和生活习俗方面变化更大。但是我认为在河洛地区于三代形成的几个贯串传统文化发展史的几种文化是不变的,那就是:崇拜黄帝和祖先,以农为本和遵循农历,讲究中庸之道和礼仪,信仰八卦和易经等。这几方面是中华传统文化的核心和灵魂,因此从这几个方面去探索河洛文

---

① 李绍连:《中国文明起源的考古线索及其启示》,《中州学刊》1987年1期。
② 李绍连:《华夏文明之源》,河南人民出版社,1992年。
③ 李绍连:《伊洛系文化是中国早期文明的主源》,《洛阳考古四十年》,科学出版社,1996年。

化与中华传统文化的关系,是十分重要的。

一、崇拜黄帝和祭祀祖先

在古代中国,祭拜黄帝和祭祀祖先,是历代帝王头等的国家大事,即所谓"国之大事在祀与戎"。祀就是祭祀神灵祖先。黄帝作为中华祖先代表,自中国第一王朝——夏后开始便把"人文始祖"黄帝作为首祀对象。《国语·鲁语》曰:"夏后氏帝黄帝而祖颛顼。"自三代开始,祭拜黄帝已是历代必做的功课。上行下效,千百年来黎民百姓不能直接参与祭黄帝盛典,却也非常崇拜黄帝,视黄帝为民族祖先,而祭自家祖先亦源于黄帝时代。

崇拜祖先应始于中原河洛地区的原始社会新石器时代晚期。河洛地区的仰韶文化(黄帝部族创造)中晚期,其氏族世系已进入父系阶段,淅川下王岗仰韶文化中期大型墓地中已出现以198墓等10余座男性为主的二次葬,以郑州青台遗址一座夫妻合葬墓证明其时已进入父权家族时代。父权确立方能言有祖先崇拜。在全国新石器时代,特别是豫周边诸省即陕、晋、冀、鲁、鄂新石器文化比较丰富的遗存中,尚未见比此地有更早的父权家庭确立的证据。所以,河洛地区率先进入了父权时代,这是祖先崇拜的前提。至于为何这里的社会父权确立较早,只能说这同男子的体能更适合于炎帝神农氏发明的农业生产,能在其中大显身手有关。

但是,河洛地区崇拜黄帝和祖先,当然不仅仅是因为较早确立父权世系,我认为还有下列历史和社会方面的三个原因:

(一)在历史上传说的"三皇五帝"中,黄帝被伟大的史学家司马迁推举为五帝之首,世称"人文始祖"。由于他(包括部属)有诸多发明创造,有盖世之功,无人能及,被视为英雄祖先,作为后裔子孙对他的崇敬油然而生。立足河洛的夏王朝首倡祭祀黄帝后,几乎历代帝王,甚至少数民族主政的北魏、辽、金、元、清诸朝帝王,为表明其统治的正统性,亦祭黄帝如祖。这说明对黄帝祖先崇拜是历史形成的并源于河洛。

(二)由于历代帝王祭黄帝如已祖先,蔚然成风,上行下效,士农工商各界民众,亦视黄帝为祖先。大约自汉代开始,便有人自诩为"黄帝子孙"或"炎黄子孙"。这种称谓,并不只是在血统上认同,更多是从文化上认同。因此对黄帝的崇拜可成为维系中华民族间团结的基本条件之一。

（三）历代帝王对黄帝的祭祀是国祭，一般百姓无权参与，所以百姓敬黄帝如祖，亦不能亲自设祭。百姓就移情祭宗族祖先。可以说，祭祖与最早祭祀黄帝有关，而百姓祭祖之举已成为中华世代相传的传统文化了。

二、农历岁时节庆

炎帝在中原发明农业技术。河洛地区的裴李岗文化有兴旺的原始农业部落。由于生产生活的需要，人们较早注意观测天文，关注气象的变化。《易·系辞下》曰："古者包"牺氏（伏羲）之王天下也，仰观象于天，俯则观法于地。"可见河洛人观天象很早。进入农业时代，人们更加关注天象，在郑州大河村仰韶文化彩陶上绘有太阳纹、月纹、日晕纹、日珥纹、云纹、星座纹等。天文知识的积累，最终使人能够根据日月星辰的变化来制定"历法"。

中国最早历法何时问世，尚无定论。《汉书·律历志》所云上古至三代，有所谓黄帝历、颛顼历、夏历、殷历、周历、鲁历等六历，但均不见传世文本。经近现代学者的多方研究证明保存在《大戴礼记》中的《夏小正》，可能是夏历的残余部分，有的学者则认为它就是真的夏历[1]。《夏小正》不同于后世历法，它采用的是每个月份下记述物候对照时令的办法，如雁北乡，鱼负冰等表示节令变化，而不是直书其某月某日属何节气。但是物候对照时令亦能反映节令变化，对指导农业生产有一定意义，所以夏历又叫"农历"。《夏小正》所代表的历法，应该就是已知的中国最早的历法。从这个意义上说，"农历"又叫"夏历"，表示中国历法从夏代开始，或中国农历继承夏代历法。

当然，中国历法同任何国家历法一样，都有一个从简单到复杂的发展完善过程。如后继的商周，在夏的基础上又有明显的进步。商代的历法又称"殷历"，亦不见有传世。不过，从著名考古学家董作宾对安阳殷墟出土甲骨卜辞资料整理汇编的《卜辞中所见的殷历》[2]后来编成《殷历谱》一书中，我确信殷历的存在并比夏历的进步。在《殷历谱》中，我们看到殷历已将平年分为十二个月，大月

① 郭人民、郑慧生：《中国古代文化专题》，河南大学出版社，2003年。
② 董作宾：《卜辞中所见的殷历》，《安阳发掘报告》，第3期。

三十天,小月二十九天。由于采用阴阳合历,为了弥补阴阳时日的差异,当时采用设置"闰月"的办法,因用"归余于终"之法,故殷历之闰年有十三月的现象。当时已用干支纪日法,甚至将每日分为旦、明、大采、小采、夕等时段,可见殷历比较详细,比夏历大有进步。

周历在殷历的基础上又有扩容。周历未见原本,不过《左传》穆公五年已指出一年有"分、至、启、闭"八个节气:即春分、秋分、夏至、冬至、立春、立夏、立秋、立冬。这是划分四季和二十四节气的关键节气。而成书于战国的《周礼·月令》已有"雨水"、"小暑"、"白露"、"霜降"等节气,似应说一年二十四节气,到周代基本完成。二十四节气的历法,更利于指导农业生产和农民的生活。

秦朝及以后的历代统一王朝向全国颁布统一历法,如《太初历》、《三统历》等。全国均用农历进行生产生活并欢庆节日。中国是农业国,众多人口仰仗农业提供衣食,官员和士农工商各界民众无不关心农业丰歉,均用农历二十四节气指导生产和生活,特别是1949年新中国成立后虽采用公历,然而农历仍并行不悖,全国人民一起过年过节。农历作为一种传统节日与中华民众十分亲密。

三、中庸和礼仪

礼仪是中华一种传统文化。它源于河洛黄帝祭礼。祭礼最早用玉器,实际上原始礼字就是盘子上盛玉造形。郦道元的《水经注》卷十五洛水条下曰:"洛水又东北流,入于河……谓之,即什谷(今神都山谷)也……黄帝东巡河洛,修坛沉璧……尧又循坛河洛择良议沉。"黄帝祭河用玉璧为礼品。玉早于青铜礼器用于祭祀,但青铜礼器三代使用最多,已成为祭礼不可或缺的圣品。

在三代,祭礼(包括祭天、祭地、祭神、祭祖)为国之大事,况祭为求神保佑有吉祥涵义,遂列为吉礼。除吉礼外,还有凶礼、宾礼、军礼、嘉礼等项礼仪,贯穿于社会各个阶级阶层的生活之中。

吉礼　除了祭祀天、地、神之外,最重要的是祭祀祖先。《国语·鲁语上》曰:"有虞氏帝黄帝而祖颛顼、郊尧而宗禹;夏后氏帝黄帝而祖颛顼、郊鲧而宗禹;商人帝喾帝祖契,郊冥而宗汤;周人帝喾而郊稷,祖文王而宗武王。幕,能帅颛顼者也,有虞氏报焉……凡帝、郊、祖、宗、报,凡此五者国之典祀也。"从这里还可看到,凡于国于民有大功绩者,亦会受到隆重的报恩之祭。报恩祭是五种国祭中的特种祭,更富中华特色。

凶礼　是丧葬制度的一个重要部分。在夏商二代的基础上,周代的丧葬制度已形成一套较完整的礼仪程序,在《墨子》、《礼记》和《仪礼》中都有反映。后世汉族丧俗礼中的招魂、哭丧、殓尸、殡(从殓到下葬哀悼期礼)、下葬、服丧等六个环节礼俗已基本形成。

宾礼形成于周。是周王召见诸侯,诸侯入朝觐见周王,以及诸侯会盟之礼仪。这是维护社会等级差别之礼。

军礼自夏开始有常备军。到周代已有操练、校阅、临战效忠、报捷凯旋、献俘颁奖等一套礼仪。是中华古代军礼之模式。

嘉礼是民间嘉美之事的总称,包括冠礼、婚礼、飨燕、立储等诸项礼仪。这些礼仪,有亲家、正人论、匡国事之功效。

上列五礼是囊括国与家主要行为的规范,是暴力外的"文治",是中华号称"礼仪之邦"的基础。而这"五礼"则源于河洛,形成于河洛①。

倘若追究形成以礼为基础的"文治"的原因,其哲学思想则是孔子的"中庸"之道及其倡导之"仁政"。中国人讲究"中庸",强调"以和为贵",日常行为讲究礼仪,即使知道矛盾冲突不可避免,亦要做到"先礼后兵",一切都与传统文化讲究"礼仪"有密切关系。现今要建设"和谐"社会,更要讲"礼"了。

四、卜卦与《易》

中国人都知道伏羲创八卦的传说,但是伏羲在何处创八卦? 尚没有定论。在巩义市的黄河与洛河交汇处有一"伏羲台",即一裴李岗文化遗址,年代与伏羲相近,特别是从这里可看到清洛水和浊河水汇流似"太极图"(阴阳鱼),似有所创作感悟;在孟津县有个"伏羲庙",是个纪念建筑,相传是他受"河图"的启示而创八卦之处;在淮阳太昊陵南有"伏羲画卦台"。传说他用蓍草画八卦之地(今陵园仍种有蓍草)。不过,虽多处言之"有据",却难有服人的铁证。实际古代部落是不断迁徙的,伏羲在彼在此都可画卦,预测凶吉,故难说此是彼非。但伏羲在河洛创八卦是可肯定的。

卜、卦同样为预测吉凶,只是手段和方法不同而已。占卜是用火烧灼龟甲或

---

① 李绍连:《河洛文明探源》,第五章,河南人民出版社,2007 年。

牛羊肩胛骨之后观兆纹定卜事吉凶;卦,一般用蓍草演算定吉凶。上古卜、卦并行不悖,很快流行成风。只是卜骨可记录结果如殷周两代都有较多发现,而蓍草无法长期保存,更无在上记录结果,无法做物证,所以似乎卜盛卦衰,这是不合事实的。相反,经过夏商周三代的演绎,卜卦已由伏羲的八卦,演绎为六十四卦,往后越加发展。卜卦之学发展到《周易》阶段,不仅是预测吉凶,而是演变为内涵丰富的临界学科。

伏羲创八卦,仰观天象,俯察地理,融入一些科学知识。后来周文王演六十四卦,以及周公释爻卦,又融入了天文、地理、人际关系,形成《周易》后,就成了有价值的著作。两汉以后,儒家在《周易》的基础上以儒家思想为主线,渗入了阴阳五行理论,包括中医学、天文学、数学和伦理学多学科,形成《易经》,成为儒家经典《十三经》之首。因此,更容易在历代以儒家思想为圭臬的帝王庇护下在民间流传。

《易》为《易经》的简称。虽然民间流行的阴阳先生胡乱占卦以吉凶祸福的谎言骗人,有唯心的消极的东西,但《易》不是迷信之书,而是由多种学科知识汇合而成[①]。现代有不少人沉迷于预测未来世界的发展,并将《易》奉为"未来学"的必读经典。也就是说,《易》为中华有积极作用的传统文化之一,决不能摒弃。

中华传统文化延续了三四千年之久,既有基本的有特色的东西,也有中途加入的东西,总之它也是不断发展变化的。因为人总有他的追求,即使在被封建思想禁锢的时代里也有一定变化。其中人们变化最大的是价值观、审美观,他们因时而异,所以与之关系密切的文艺作品的思想形式和民族服饰(包括历朝的官服)样式等变化较大,几乎每个时代都不一样。故民族艺术形式和民族服饰之类,虽在传统文化之列,却没有统一的千年不变的样式。但是上述四种主要的文化门类却是历经三四千年本质不变的传统文化。

例如,崇黄拜祖,自古至今不曾间断,还有加强的趋势。今全国有"中华炎黄文化研究会",河南和各地市纷纷成立"炎黄文化研究会",郑州邙山建立炎黄二帝百米巨塑让人敬仰,新郑黄帝故里和陕西黄帝陵每年例行祭祀黄帝活动,官民和海外华人华侨万人参祀。今天的城乡百姓仍拜祖敬祖如旧。客家人和海外

---

① 李绍连:《永不失落的文明——中原古代文化研究》,第八章第四节,上海学林出版社,1999 年。

华人常常回故地寻根祭祖等等,都说明此项文化绵延长盛。

例如,今虽纪年用公历(阳历,西历),为的与国际接轨,便于国际交往。但是传统农历(阴历)仍是平行应用,特别是二十四节气为人们共同关注,而农历的过年(春节)、过节(清节、端午、中秋、冬至、腊八)等仍是群众共同的节日。

例如,自三代至今,人们在日常生活中注重礼仪。自春秋时期以迄现代,中华人群仍信奉中庸之道,遵从"和为贵",共建"和谐"社会。

例如,占卜算卦,自古至今历有人群信仰,其人数并不比道佛信徒少。今天仍有人研究《易》经,有人算卦谋生,有人生病、做生意、做官、联姻、远行、乔迁等事前,请阴阳先生算卦,知吉凶后行止。这不是无文化缺科学知识的现象,因为有大学文化者亦为之,这乃是依传统信仰,以取得心里慰藉和增加信心。笔者不信仰,也反对以算卦骗人钱财,但也尊重个人信仰,更认为《易》有科学成分,作为传统文化值得研究。

综上所述,崇黄敬祖、阴历农法、中庸与礼仪,以及《易经》等几项中华传统文化,源于河洛,形成于河洛,绵延几千年长盛不衰,是中华传统文化的灵魂和主流,其他门类文化,如文艺、国画、戏剧等均有其影响。由此推知,河洛文化是中华传统文化的主源和主流,在中华文化发展史上占有重要地位。

（作者为河南省社会科学院研究员）

河洛文化之延播

（香港）杨祥麟

一、概述

水是人类赖以生存的必需物资。人不可一日无水而生活。古先民为了用水方便，多依水而居，生活在河流两岸。历史上人类及其社会生态系统的发生发展与河流相互依存，密不可分。古中国人发源于黄河流域，古埃及人发源于尼罗河流域，古印度人发源于恒河流域，古巴比伦人发源于两河流域。所以说人类古文化源于河流。河流文化生命孕育人类早期文明。河流文化生命渗透在人类早期的生产和生活活动中，成为世界文明的源流。世界四大文明古国的古文化均源于河流。尼罗河孕育了光辉灿烂的古埃及文明，幼发拉底河和底格里斯河的兴旺与枯竭直接影响着古巴比伦文明的兴衰，印度河和恒河造就了印度文明，黄河萌生和滋润了具有深厚底蕴及悠久历史的中华文明。从以上史实可知人类文化源于河流，河流文化是人类古文化的源头。

黄河文化内涵丰富而凝重，是华夏文化之根。黄河文化是黄河流域人民在长期的社会实践中所创造的物资财富和精神财富的总和。它包括一定的社会规范、生活方式、风俗习惯、精神面貌和价值取向，以及由此所达到的生产力发展水平等。黄河文化的形成大体在公元前4000年至公元前2000年之间，这一时期黄河文化处于大交融的形成时期，是华夏文化的初级阶段。夏商周三代是黄河文化的发展阶段，主要凝聚在黄河中下游的中原地区，这一地区是黄河文化的中心。从春秋战国到宋代，是黄河文化发展的鼎盛时期，即进入封建帝国文化的历史阶段。秦朝和两汉是黄河流域的黄金时代。从元至清，是黄河文化的迟滞与衰落时期。以上简要概述了黄河文化的历史时段划分。

"河洛文化"是一个地域文化概念。"河"，即中华民族的母亲河——黄河；

"洛",指黄河之支流——洛水;"河洛",泛指黄河与洛水交汇之区域。同时"河洛文化"也是一个河流文化。属黄河文化的最核心最主要部分。可以说"河洛文化"是一个地域性河流文化。更具体的说"河洛文化"是属于黄河文化体系中,以夏商周三代为主的历史时段背景中,中州区域的河流文化。中华文明的重心——黄河文化,由于自然原因和社会原因自三国两晋南北朝时期明显南移。因黄河流域气候渐趋寒冷,降水量减少,气候干燥,黄土高原经长期开发,天然植被严重破坏,水土流失加剧,土壤肥力下降,由此引起水旱灾害频发。再加黄河流域原为全国政治军事中心,引发军事集团割据混战,战乱不已,社会经济破坏,导致人口大量流促南迁。以"河洛文化"为核心为主体的黄河文化,经过数次大规模的南移扩散,虽然从一个方面看黄河流域地区的政治、经济、文化中心逐步向南转移,但从另一个方面看,在长江、珠江流域和福建、台湾等地区,河洛文化通过渗透、传播、影响多种渠道,得到移植、生根、成长和发展。河流创造历史,河流创造文化,综观世界文化源流,古埃及、巴比伦、印度和中华文明,都是在大河哺育中诞生和成长。每一种文化的产生都带有很强的河流特征。由于自然和人为因素的影响,世界四大古河流文化中,大多数均已衰退、消亡,唯有黄河文明虽有播散、南移,但至今仍绽放光彩。

　　河流是人类赖以生存的基础,是哺育人类历史文明的摇篮。河流是有生命的,不但有自然生命,还有文化生命。河流自然生命的形成、发展与演变是一个自然过程,有其自身的发展规律,并对外界行为有着巨大的反作用力。河流的文化生命不是河流静态单向地对人类文化产生影响,而是人与河流相互交往、对话、诠释的产物。河流的自然生命有生长、发展、衰亡过程。河水枯竭,河道干涸,是河流自然生命死亡的典型表现。历史上死亡的河流很多,如中国西北部的孔雀河等。河流文化同样有其生成、发展、鼎盛、衰落等过程。由于自然因素或人为因素,如气温变化、降雨增减、植被破坏、自然灾害、战乱影响等原因,可以引发河流文化的向外扩散、渗透、移植、播迁。作为中华文化的主体和核心的"河洛文化"是一种河流文化,它具有河流文化的特性,在黄河文化与其他文化不断的融合交流中,自身的外延也在不断扩大、辐射和传播。强盛、深厚的河洛文化奠定了中国文化的底蕴,进而又深刻影响到了日本、朝鲜半岛、欧洲等地的文化面貌。中国的四大发明指南针、造纸术、火药、活字印刷术都发源于河洛地区,这些发明对世界科技有重大影响。我国传统文化宝库中——最早的珍贵文献《易经》，几千年来其哲理渗透于天文学、数学、医学、物理学、化学、生物学等众多学科领域中，发挥了巨大的作用、《易经》八卦奠定了二进制数学的基础，为现代计算数学提供了有力的依据。从以上客观史实看出，"河洛文化"在时空方面不仅生存于黄河文化中的一个区段，并且有非常强大延伸扩散动力。所以研究"河洛文化"不仅把眼光聚焦于夏商周三代河洛地域，并应兼顾其在时空方面的延扩。这样研究"河洛文化"不但有深厚的历史意义，并且有强大的现实意义；不仅具有真实的科学性，并且有非常活跃的生命力。

二、河洛文化之扩播

黄河文化是中华文化之根，中华文化正是因为有了黄河文化作为主体，才灿烂辉煌经久不衰，矗立于世界文化之林。黄河文化到夏商周三代已经有了相当发展。这一历史时段，即是"河洛文化"的时代。这一时期中国的政治、经济、文化中心在中州河洛地区。司马迁《史记》称："昔三代之居，皆在河洛。""河洛地区"可谓为上古中国开基之地。"河洛文化"为华夏文化充实了内容，输入了新鲜血液，光芒照亮了大江南北，长城内外，射及日本、朝鲜半岛及东南亚、欧洲地区。"河洛文化"向外扩播，分直接和间接两个途径，直接系指吸纳河洛文化现象而言；间接系指通过河洛先民的迁徙、繁衍、渗透、辗转传递植根繁生的文化现象。直接影响的如齐鲁文化与荆楚文化。齐鲁文化在中国文化发展史上占有特殊的地位。它是中国文化的重要组成部分，特别是其中的儒家文化，上承三代下启后世，传中华数千年文化传统联为一体。但是齐鲁文化受周文化影响最深，周公制礼作乐为儒家之基础。无论就孔子其人而言，或是就儒学体系而言，均为河洛文化之传承。可以说齐鲁文化是在河洛文化的广泛参与下形成，也在河洛文化的影响下取得重大发展。又如"河洛文化"与荆楚文化，荆楚文化是以"河洛文化"为基础，融长江流域的诸多文化因素，经过漫长的历史发展，在春秋战国形成于长江中游的区域性文化。两周时期是"河洛文化"与荆楚文化交汇融合的一个重要时期。汉水以北，与"河洛文化"同出一辙；长江以南，则表现出"河洛文化"与其他文化融合的特色。东周楚文化遗存中"河洛文化"因素比较浓厚。首先是铜器，其次是陶器。荆楚文化的主源是"河洛文化"，荆楚文化中源于"河洛文化"的成分很多,如楚宫、楚台其建造方式,在河洛地区早已流行,是楚人从河洛地区学习而来。荆楚的文化典籍大半是从"河洛文化"移植过来。老子是我国古代杰出的教育家、哲学家。老子学说源于河洛地区,又在河洛地区发展演化,后来分为两支:一为庄子哲学,一为稷下精气说。老子学说对荆楚大地影响巨大,产生了一系列的文化现象。庄子,楚国人,庄学是老学的继承和发展,庄子继承了老子朴素辩证观并发展为相对主义,他对老子的"道"、"德"诸论加以深化,形成了老庄学术流派。老子学派的一个分支稷下精气说对楚国屈原的思想影响很大。楚文化瑰丽神奇的文学,主要成就在于庄子的散文和屈原的诗歌。不管是楚文化中的哲学思想还是文学精神,都与河洛文化存在着千丝万缕的联系。此外,受河洛文化向外扩散渗透、影响的区域文化还有很多,如三秦文化、三晋文化、燕赵文化等。另外,客家是五代以后在我国南方出现的新兴民系,是汉民族的一个分支。客家人具有独特的文化传统。客家人大都知道自己的祖先是中原汉族,辗转迁徙,南下定居。客家文化与河洛文化一脉相承。客家先民主要系河洛先民后裔,客家语是古河洛话所流变,客家民俗呈现鲜明的河洛文化倾向。客家根在河洛,已为历史所证明,并为客家先贤、客家文化专家所共识。客家与河洛文化的渊源关系,已被世人所公认。又如河洛文化与台湾文化的关系是密不可分的。河洛先民经多次南迁,不少人又辗转移民福建等地,经数次大规模漂洋过海来到台湾垦地定居,这些人把河洛地区的生产方式、民俗、礼节、语言、传统习惯等河洛地区的文化观念也带到台湾生根、传播、发展。台湾的根在河洛,台湾文化与河洛文化血肉相连。"河洛文化"是一个具有强大生命力的河流文化。"河洛文化"扩散、辐射、渗透、影响至中国的大江南北、长城内外,远及东北亚、东南亚、欧洲等地区,不断发芽、开花、结果。

三、河洛文化之延伸

夏商周三代是黄河文明的发展阶段,主要凝聚在黄河中下游大中原地区,即河洛地区,这一地区的文明是黄河文明的中心,所以说"河洛文化"是黄河文化的核心。夏商周时期也是黄河文明初步显现其创造力的时代。在这一历史阶段,形成了比较成熟的国家机构,制定了较完善的礼乐制度,出现了规范的文字,科学技术、农业、手工业、商业贸易迅速发展,同时,出现了中国最早的诗歌总集

《诗经》和哲理丰富的《易经》等许多不朽之作。影响中国几千年的道家、儒家、墨家、法家、兵家、名家等学派如雨后春笋般涌向社会,开创了中国学术界百花齐放、百家争鸣的文化繁荣黄金时代。可以说,"河洛文化"内涵丰富而凝重,是华夏文明之根,是黄河文明之主体。从春秋战国时期到宋代,是黄河文明发展的鼎盛时期,文化的发展达到了繁盛的阶段,在世界上居于领先地位,同时产生了很多具世界性的大创造。汉、唐时代的政治、经济、文化的繁荣,成就伟大,举世瞩目。天象历法、农学、地学、医学、水利、机械、建筑、冶炼、陶瓷、酿造、纺织、造纸、活字印刷等科学技术,都创造了历史奇迹;汉赋、唐诗、宋词以及书法、绘画、雕塑等,都攀登上文化艺术的高峰;著名的丝绸之路的起点,西汉时始于西安,东汉时始于洛阳,西安和洛阳在当时是对外文化交流、商业贸易的国际大都市。东汉时期河洛文化两次崛起,成为全国文化最发达的地区。魏晋南北朝时期,河洛文明仍是黄河文明最发达的地区。如北魏孝文帝时,天下承平,学业大盛。隋唐五代时期,中州文明,人才辈出,哲学家有姚崇等,著名诗人有上官仪、杜甫等,散文家有韩愈,史学家有李延寿等,画家有吴道子等,佛教有高僧玄奘,道教学者有成玄英,科学家有一行和尚等。北宋时期,中州文明在全国也是首屈一指,首都开封是全国的文化中心,人文精华荟萃之地,文化设施、文化活动、文化素质、文化品位都是全国一流,代表着宋代文化的繁荣和高度。从元至清,是黄河文化的迟滞与衰落的时期。由于自然因素、社会因素和黄河本身的原因,如受黄河流域气候冷、降水减少、水土流失加大、以及战乱等的影响,大批黄河流域人口多次南迁到长江流域等地,形成了政治、经济、文化中心的南移。显然,黄河文化进入了迟滞、衰落时期,但从此黄河文化的种子撒在了南方各地,并且漂洋过海到了台湾,逐渐生根、发芽、开花、结果。直到今天,"河洛文化"中的精华,如道家、儒家等诸子百家的思想哲理,仍在世界各地广为流传,并被研究、学习、运用于当今的社会活动和科学研究中。所以,研究"河洛文化",必须根据其发展的客观规律,加以延伸,以展现"河洛文化"的旺盛生命力和延伸性。

结语

"河洛文化"虽界定为黄河文化中的一个区段,但为了科学完整的研究"河洛文化",必须涉及其来龙去脉,才能真正明认、掌握、弄清"河洛文化"的真实内涵和宝贵价值。从历史时段看,"河洛文化"是黄河文化的一个阶段,而黄河文化的形成时期,即黄河文化的初级阶段,如黄帝、颛顼、帝喾、唐尧、虞舜时代,先民主要在黄河中下游地区繁衍、生息、发展,创造了灿烂的黄河早期文化。它是"河洛文化"的形成和起始阶段。秦朝和两汉时代是黄河文化的黄金时期。这个时期黄河中下游地区的政治、经济、文化都很繁荣,历法、农学、地学、医学、水利、机械、建筑、冶炼、造纸、印刷等科技也创造了历史奇迹。东汉时期政治、经济中心东迁,"河洛文化"成为全国文化最发达地区。魏晋南北朝时期,河洛地区文化仍是黄河文化中最发达的区域。隋唐五代时期中州文明,人才辈出,北宋时中州文明领先于三秦文明和齐鲁文明,首都开封是全国文化中心,人文精华荟萃之地。从元至清,由于战争动乱和人们的思维方式、价值观念、心理习俗已形成了固定的传统,没有突破性发展,以及自然因素的影响,黄河文化便进入了缓慢发展,迟滞不前,以至于衰落的阶段。

从地域角度看,"河洛文化"曾经多次的迁徙,传播到了长江流域、珠江流域。入闽的河洛后裔和由河洛迁移到广东等地的客家人又携带着"河洛文化"渡海到了台湾。从以上史实可以看出"河洛文化"具有旺盛的延播性和渗透力,所以研究"河洛文化",必须根据这个特点,在时空方面加以延扩,在时间上以夏商周三代为主,适当向前后延伸;在地域上以河洛地区为主,根据"河洛文化"迁徙的实际,适当向外扩播。用这种方法研究"河洛文化",才能使"河洛文化"既有历史意义,又有现实意义,不但有严谨的科学性,而且有旺盛的生命力。这就是本文寓意之所在。

参考资料:

1.周文顺、徐宁生:《河洛文化》,五洲传播出版社,1998 年。

2.陈义初:《河洛文化与殷商文明》,河南人民出版社,2007 年。

3.葛剑雄、胡云生:《黄河与河流文明的历史观察》,黄河水利出版社,2007 年。

4.叶平:《河流生命论》,黄河水利出版社,2007 年。

5.乔清举:《河流的文化生命》,黄河水利出版社,2007 年。

（作者为台湾河南省运台古物监委会副主任委员）

从"读册"、"来去"等闽南语语汇
见证河洛汉语之古老

（台湾）谢魁源

　　台湾话是闽南话，台湾人却称之为"河洛话"，意谓台湾话，就是"古汉语"，就是古代"河南洛阳"地区汉人使用的语言，是汉字所记录的"最纯古汉语"。与"五胡乱华"后所形成的近代汉语——普通话相较，台湾话依旧保有平、上、去、入分阴阳"四声八调"的"汉语基因"，依然保存"前位移音"、"连读变音转调"的汉语特色。现在台湾地区所谓的国语也就是大陆地区的普通话，则丧失了阴入、阳上、阳去、阳入四声，语言沟通虽无问题，但对"河洛汉文化"的保存流传是有害的。因为缺少了阴入、阳上、阳去、阳入四声的关系，对于诗经、楚辞、汉赋、唐诗、宋词及骈文的押韵"韵脚"，完全无力解读，致使"诗沦为文"。我想体会最深刻的，应该是大学中文系的学生吧！

　　自从五胡乱华以后，随着汉人政权的萎缩，汉语也就日渐消失。最近一千多年来，除明朝二百余年是汉人政权之外，其他辽、金、元、清皆系少数民族入主中原。无可避免的会出现"语言混音"的政治后遗症，导致汉语失真，演化成"满洲式汉语"——亦即是现在大陆所谓的"普通话"、台湾所谓的"国语"。

　　《语》云："礼失而求诸野"。其实，"语失也要求诸野"。通行于中原地区的"河洛古汉语"，由于历史上几次汉人大迁徙而流落到闽南，最后闽南的汉人，移民到台湾及东南亚地区，并将"河洛古汉语"传到那里，其中台湾保有纯度最高的"河洛古汉语"。

　　由于国民政府来台之后，以强硬的政治力推行国语，消灭方言，使现在台湾都会区的闽南人,大都不会讲或讲不好闽南语。国民政府不知道它所消灭方言,竟是毁弃的"黄钟",现在所说的国语乃是雷鸣的瓦釜。在台湾的乡下(非都会区),人们依旧以高雅的"河洛古汉语——闽南语"交谈。真是如前所述——"语失要求诸野"。且莫怀疑,试略举证如下:

一、读册:闽南裔台湾人不说读书而说"读册"。册者,竹简也。以此印证使用闽南语的时代,约在商、周之世。

二、来去:闽南裔台湾人要回家时,不说我要回家而说"来去"。左去右来合成为"归"之古字。以此印证使用闽南语时代的古老。陶渊明的《归去来兮辞》,亦可见证其旨趣。

三、请裁:闽南裔台湾人不说随便而说"请裁"。其意为请您裁定,由此可见其高雅不俗。

四、细腻:闽南裔台湾人不说小心而说"细腻",更见其典雅。

五、斟酌:闽南裔台湾人不说注意而说"斟酌"。液体注于容器之谓也,须当注意,俾免溢出。其词古雅。

六、腥臊:闽南裔台湾人不说好料而说"腥臊"。请客时说请你吃腥臊。腥者,鱼类也;臊者,羊之属。其意为有鱼有肉。且左鱼右羊,合之得一鲜字,更见其高妙。

七、缘投:闽南裔台湾人不说英俊潇洒而说"缘投"。盖因"投缘",故见其人也缘投。

八、数想:闽南裔台湾人不说喜爱其人而说"数想"其人。数者,经常也。经常想念伊,非喜爱其人而何?

九、盼见:闽南裔台湾人不说遗失而说"盼见"。既遗失东西故盼望再见,不说遗失而称盼见,岂不妙哉!

十、有娠:闽南裔台湾人不说怀孕而说"有娠",何等古雅!

十一、心适:闽南裔台湾人不说快乐而说"心适"。吾心适然,自是快乐。

十二、响也:闽南裔台湾人不说刚才而说"响也"。此亦古汉语也。

十三、行去:闽南裔台湾人不说死亡而说"行去"。已死亡之皇帝称"大行皇帝",可相印证。

十四、歹势:闽南裔台湾人不说不好意思而说"歹势"。其势歹矣,当然就难堪得不好意思。

十五、所在：闽南裔台湾人不说地方而说"所在"。所在之处也。

十六、永日：闽南裔台湾人不说以前、从前而说"永日"，而见古意。

十七、博局：闽南裔台湾人不说赌博而说"博局"，可见其古意。

十八、银角：闽南裔台湾人不说零钱而说"银角"。盖银之一小角，当然是零散之钱也。

十九、一块银：闽南裔台湾人不说一块钱而说"一块银"。世上但有银块，何来钱块？

二十、富厚人：闽南裔台湾人不说有钱人而说"富厚人"。此古汉语也，常见于古文中。

二一、有否：闽南裔台湾人不说有没有而说"有否？"，此高雅汉语也。

二二、有也：闽南裔台湾人不说有阿而说"有也！"，此亦高雅汉语也。

二三、无也：闽南裔台湾人不说没有阿而说"无也！"，岂不古雅？

二四、着否：闽南裔台湾人不说对不对而说"着否？"，文雅之至。

二五、着也：闽南裔台湾人不说对阿而说"着也！"，岂不妙哉？

二六、毋着：闽南裔台湾人不说不对而说"毋着！"，更显其妙。

二七、系否：闽南裔台湾人不说是吗而说"系否？"，古意盎然。

二八、系也：闽南裔台湾人不说是的而说"系也！"，古意哉！

二九、毋系：闽南裔台湾人不说不是而说"毋系！"，岂不古意？

三十、系毋系：闽南裔台湾人不说是不是而说"系毋系？"客语、粤语，亦复如是说。

三一、有抑无：闽南裔台湾人不说有没有而说"有抑无？"，更见高明。

三二、有冗否：闽南裔台湾人不说有空吗而说"有冗否？"，更是古雅。

三三、食饱未：闽南裔台湾人不说吃饱了没而说"食饱未？"这句独特的见面问候语，是"河洛汉人"间关流离至闽南时，相互关心的问候语句。它比"早安！"、"晚安！"、"你好吗？"更妙，直接关心到你的民生问题，是另一种"嘘寒问暖"。据此可知，古代河洛汉人辗转迁徙至闽南、台湾过程之艰苦。

（作者为台湾中华艺术欣赏交流协会理事长）

河洛文化·无远弗届

（台湾）卢博文

一、文化为什么重要？

《中庸》有云："诚则形,形则著,著则明,明则动,动则变,变则化。"由诚到明,谓为"文明";由明到化,谓为"文化"。文明是形而上的表达,文化是形而下的具像。文化的形成,是各个民族（族群）经过长期共同生活历史的演进与陶冶的结晶。所以文化不仅代表一个国家民族的特性,同时也决定一个国家民族的制度。世界上由于各个国家民族历史的各异,便产生了不同的文化。因此非洲开发协会总裁兼创始人艾通嘉曼谷利说："文化为母,制度为子。"有文化,才有历史,有历史,才有生命。所谓："亡人之国,先亡人之史。"没有文化,就没有历史,没有历史,即没有生命。邱吉尔当年被询及,要莎士比亚或是印度？他却肯定舍印度而取莎士比亚。文化对一个国家民族的重要,由此可见。

二、河洛文化的渊源

中华文化发祥于中原的河洛,所谓"河洛",系指黄河与洛水,其区域概括指黄河中下游的河南及其周边地带。

考古证实,我国文化最早发现于河洛的"河图洛书",《易·系辞》有"河出图、洛出书,圣人则之"之说,其后依次才有"裴里岗文化","仰韶文化","龙山文化",及"二里头文化"。这些文化遗址,都发现于今日河南中原地带,而以"河图洛书"为最早,这也就是我们今日所谓"河洛文化"一词的出处与根据。其次"裴里岗文化",则属新旧石器之交,仰韶文化也称"彩陶文化",比史上记载的黄帝还早四五千年。龙山文化距今约在五到四千年之间。二里头文化约在四千到三千年之间,以河南为中心,西到陕西以东,东到安徽以西,南到湖北,也符合有夏一代"中原"活动的区域。

殷墟甲骨之出土,证实商代已有文字的记载。此后周伐纣代殷,袭殷人成规,除礼乐器用均存旧制外,根据《周礼》亦称《周官》的记载,有周一代,社会礼教制度,政治制度等已相当完备。春秋战国诸子百家,中华文化之发扬,盛极一时,尤以殷人后裔孔子,祖述尧舜,宪章文武,删诗书,订礼乐,成为光耀后世两千余年的儒家之宗。至汉武帝罢黜百家(并非禁绝),表彰儒术,中原文化此后便以儒学为中心,再经历代先圣先贤,承先启后,发扬光大,乃成就了今日中华渊远流长、博大精深的河洛文化。

三、河洛文化的内涵与精义

河洛文化,就是中华文化,由河图洛书,而裴里岗,而仰韶,而龙山,而二里头,以至于此后的诸子百家,历代先圣先贤的陆续发扬光大,由小而大,由近及远。小至于生活起居,生活习惯,宗教信仰;大至于思想文化,国家制度,民族趋向;近至于修身齐家;远至于治国平天下,甚至于天人合一,民胞物与等等,渊远流长,博大精深,涵盖了今日所谓的"世界观"与"宇宙观"。在"世界观"中,以仁爱诚信为中心,发展到《礼运大同篇》的天下为公,世界大同。在"宇宙观"中,以"民胞物与"的天人合一为中心,民吾同胞,物吾与也。由天地而生万物,由万物而生男女,由男女而生夫妇、父子、朋友,因此倡导人与人和谐,人与自然和谐,顺天而应人。其思想的进步,其涵盖的广泛,可谓无所不包。所以梁漱溟说:"中国文化,成熟太早。"澳大利亚邦得大学教授著名汉学家李瑞智说:"世界文化,无论如何发展,超越不了儒家文化,儒家文化有旺盛的生命活力,所以西方的基督文化在非洲,拉丁美洲等地发生巨大影响,但在东方却永远不能取代儒家文化。"又说:"正由于新儒学思想的影响,才使东区各国能够机智地应对所谓英美智识霸权。"河洛文化发展的渊博,由此可见。

四、河洛文化的传播与扩展

孔子说:"人能弘道,非道弘人。"可知文化的传播与宏扬,系以人与文字为媒介,而文字的传播,也还是以人为主宰。中国数千年来,历经变乱,人口的流动与迁徙,由北而南,由陆而海,由周边到世界,持续不断,分述于后:

（一）由兵荒马乱的移民，带动文化的传播：中原为历代兵家必争的中心，兵荒马乱，促成人口的迁徙频繁，举其荦荦大者于后：

1.西晋永嘉之乱，引起五胡乱华，中原人士随东晋南迁长江流域，部分汉人移居江浙，部分迁至江西，前者即为后来波海来台闽南人的主流，后者即为后来波海来台客家人的主流。

2.唐末黄巢之乱，五代十国分裂，百姓继续南移。

3.北宋灭亡，高宗南渡，北人再度南徙。

4.明永历十五年，郑成功驱走荷兰人，入主台湾，寓兵于农，从事垦殖，今台湾南部的地名，如后营、大营、新营、左营、林凤营、左镇、后镇等，即是当时士兵落营垦殖的旧址。这也是汉人渡海来台最大的一波。

5.清朝康、雍、乾年间，西徙四川，南移岭南，东渡台湾，陆续不断。

6.清代同治年间，百姓再度由江南或入海南，或来台湾，或远渡南洋。

以上虽然区分六个阶段，但事实上首尾相连，汉人的迁徙与流动，并无间断。所谓"闽南"与"客家"，是人的来源与方言的区别，全属汉人并无种族之分。

（二）历代王朝开疆拓土，带动的文化传播：此一方式文化传播，所产生的影响，更大于前者所说。如秦始皇吞并六国后，北攘匈奴，南征北越，汉武帝南置交趾，北设朔方，遣张骞通西域，打开通往西进之路。曹魏西平氐、羌，东破乌桓。蜀汉南入云南，诸葛亮出师表所谓"五月渡芦，深入不毛"。即此之谓。东吴南平山越，征讨夷州，派兵南海，威及南洋。隋文帝服突厥，讨吐谷浑，伐高句丽。隋炀帝，开运河，贯通南北交通，更利人民的迁徙与往来。元朝版图，地跨欧亚，乃有《马可波罗游记》的出版，再激发欧人竞觅航路，借通亚洲之热潮。明成祖派三保太监郑和下西洋，首次出航楼船百艘，士卒27000多人，传播文化，宣扬国威，远到非洲东岸，中原文化更为加速传播西方，成为一大盛事。所以李瑞智说："明朝航海术特别发展，已有征服世界的能力，但未征服世界，否则，人类历史会发生多大变化而改写。"由此也说明了中华文化传播世界的能力，亦兼而证明了中华王道文化，并无征服世界的野心与企图。

五、台湾是"河洛文化"继承与保存最为完整的地区

台闽地区是汉民族数千年来向外拓展过程中最为重要的一站。它不仅继承了河洛文化的脉络,并且还保存着最为古老与纯真"河洛文化"的精髓。诸如风俗习惯、宗教信仰、姓氏堂号、文字语言,以及思想道德等,其保持的完整,较之今日中原,犹有过之而无不及。在语言方面,中原古音分上平、上上、上去、上入、下乎、下上、下去、下入等八音,而闽南与客家语迄今尚保存其中七音的优美声韵。反之,中原一带,由于受北方外族阿尔泰音系的混杂,早已失去原貌。再以宗教信仰而言,如清水祖师陈昭应,开漳圣王陈元光、保仪尊王与保仪大夫张巡、许远,以及文圣、武圣的先师孔子与关圣帝君等庙宇,遍布台湾各地。以清水祖师庙为例,就有90余座。至于对"妈祖"信仰的普遍、家喻户晓、老少咸知,庙宇不计其数。这些神祇无一不是来自中原及大陆。当系先民为崇功报德,饮水思源理念的象征。再以姓氏为例,在台湾数以千计的姓氏中,陈、林、黄、张、李、王、吴、刘、蔡、杨、许、郑、谢、郭、洪、高等十六姓,已占了台湾人口的50% ~ 60%,从其姓氏与堂号看即可知其来自黄河与长江流域之间的中原地带。如上所说庙宇的铭记或墓碑碑文,历史渊源都记载清晰,均保持着"慎终追远"的中原传统文化的特质。因此,台湾话被称为河洛话,台湾人被称为河洛人,台湾戏院,也标称为河洛舞台。此外,四维八德、伦理思想、王道文化等,无一不是保持中原河洛文化的证明。基此,我们认定台湾是中原河洛文化的继承与保存最为完整的地区,当非虚妄。

六、河洛文化影响世界的过去与未来

以"河图洛书"为源头的中华文化,其对世界文化的影响,最为重要者就是数学与科学。数学来自易经八卦,易经八卦来自河图洛书,历代学者专家如孔子慨叹它是治国平天下之先机,太平盛世之本源。汉儒孔安国认为河图即八卦,宋儒朱熹谓为《易传》、《易经》之源头,明儒赵谦列于《六书本义》之先,意即"河图"为六书之源,清代大学士李光地则直指"河图"是加减之源,"洛书"为乘除之源。总而言之,"河图洛书"为我国数学之源,也是勾股术之源。数学家徐光启、梅文鼎等进一步认为《勾股术》为西方数学之根本。李光地并认为,这一古老文献,不仅是中国文字、文章、数学之源,也是西方数学及一切社会科学及一切文化创造之根本。而当代学者对河图洛书的评价,高度到抽象、宇宙、人类、天文、地理等无所不包,更进而认为电子计算机的研发成功,也曾受到"河图洛书"的启

示。近年台湾罗德科大学施纯协教授,以产学合作,研发出三套"易经密码牌"及"大富翁"、"西洋棋"等,用作占卜及儿童游戏,把《易经》推广到校园,让更多儿童、青少年认识《易经》,在教育部举办的"文化再生,数位新意"研发成果发表会上展示,且到新加坡等地演讲30场以上,得到很大的回响,期把易学与现代科学结合,发扬光大于国际。由此可知,河洛文化对世界文化影响之深远,贡献之崇高,一言难尽。

论及河洛文化对未来世界的关系,当以儒家文化的《礼运·大同篇》天下为公,世界大同为指标。世界情势在演变,中国文化在进步。《礼运大同篇》产生于2500多年前,但却极为2500多年后的今日世界所需要。梁漱溟说:"中国文化成熟太早",由此可见。罗素于1931年在北京演讲,即强调中国文化在未来世界和平中将扮演重要的角色。近者英国著名史学家汤恩比直言21世纪是中国人的世纪,亦即中国文化的世纪。1998年世界诺贝尔奖金得主70余人巴黎集会宣言,也提出未来要有和平,必须回到2500多年前孔子的学说。哈佛大学中国历史与哲学教授杜维明说"全球化趋势的冲突,错综复杂,不易解决,该采取中庸调和的方式,从儒家的观点去理解,有助于我们的新的方式之思考",并且更具体地说:"要构成整体所必须的团结,需透过人道方式,而非高压政治。"以今日地球村上,各种文化、宗教民族林立,各是其是,各非其非,一旦大战爆发,就是人类自我毁灭之时。哈佛大学教授亨廷顿说:"21世纪是人类文化冲突的世纪。"因为无论社会制度与政治、经济等等的差异,皆因文化的不同所引起。文化冲突,应由文化解决。我国的《礼运·大同篇》便是解决世界冲突,迈向世界和平共处的唯一大道与文化指标。这也是笔者近年大力倡导,两岸共同举办"中华文化与世界和平论坛",宣扬中华王道文化,共同推动世界迈向和平共处,解救人类自相残杀危机的动机与目的,也企盼各界共襄盛举。

（作者为台湾中华博远文化经济协会会长）

商周甲骨文记载中的"河"与"洛"

章秀霞

《史记·封禅书》记载:"昔三代之居,皆在河洛之间。"河洛地区应是三代时的政治、经济、文化中心。然"河"、"洛"之名出现于何时? 从目前资料看,至少出现于三千多年前的商代晚期,河南安阳的殷墟甲骨文和陕西周原的西周甲骨文中就已有这方面的记载,本文拟对其中记载的"河"与"洛"略作讨论[①]。

一、甲骨文记载中的"河"

"河"字主要见于殷墟甲骨文中。殷墟甲骨文中的"河"字形,左边均从水,右边所从之声符则有三类[②],早期研契诸家多误释该字,将其不同的写法看作是不同的字,或释为"姒乙"、"人乙",或释为"沃"、"沈"、"没",或释为"漏",或无释,等等[③]。自郭沫若、于省吾等先生之后,学者始大多把上述三种字形均释为"河",甚是。古文献中的"河"乃指黄河而言,如:《说文·水部》:"河,水出敦煌塞外昆仑山,发原注海。"《尔雅·释水》:"河,出昆仑虚,色白;所渠并千七百一川,色黄。百里一小曲,千里一曲一直。"《庄子·秋水》:"秋水时至,百川灌河,泾流之大,两涘渚崖之间,不辨牛马。"《论衡·异虚》:"河,源出于昆仑,其流播于九河。"等等。与古文献中的"河"指黄河一样,甲骨文中的"河"亦是黄河的指称,其具体内涵有二:一是客观存在的河流黄河;二是被人格化了的自然神祇黄河之河神。本文主要是对客观存在的黄河之"河"在甲骨文中的情况进行讨论,具体而言,有如下几类:

---

① 为排印方便,文中引用甲骨文时尽量使用宽式,释字问题暂从一说。
② 孙海波:《甲骨文编》,中华书局,1982 年。
③ 松丸道雄、高岛谦一:《甲骨文字字释综览》,东洋文化研究所丛刊第 13 辑,1993 年。

第一,涉河。涉,甲骨文中该字从两止(足义),中间隔有水,泛指渡水而言。涉河应指涉渡黄河之意,殷墟王卜辞尤其是宾组卜辞中常见涉河的记载:

(1)壬辰:王其涉河……易日?　　　　　　　　　　　　——合集 5225

(2)王延冥,涉于河? 引延于冥,王……　　　　　　——合集 14198 反

(3)庚子卜,㱿贞:令子商先涉羌于河? 㱿庚子卜,㱿贞:引令子商先涉羌于河?　　　　　　　　　　　　　　　　　　　　　　　——合集 536

(4)癸巳卜,[古]贞:令师般涉于河东,□𢀳于□收王臣? 四月。

　　　　　　　　　　　　　　　　　　　　　　　——合集 5566

(5)[贞]:虎方其涉河东兆,其□?　　　　　　　——合集 8409

上引辞例均为宾组卜辞,可以看出,有时商王亲自涉河,如(1)、(2)例,有时则是命令他人,如(3)、(4)例,其中(4)例中的"涉"可能为使动用法,"涉羌于河"即"使羌涉于河"之意。(5)例中的"兆",指水边①。至于涉河的目的,仅就卜辞记载来看,大多应是为了狩猎,这从以下辞例所反映的信息中可以略见一斑:

(6)甲申卜,㱿贞:王涉狩?　　　　　　　　　——合集 10603(宾)

(7)王其涉东兆,田三麓,灉…… ● 引涉?　　——屯南 2116(无名)

狩、田均为田猎用词,两例中的"涉"均指渡水而言。另外,在新出的花东H3 卜辞中也有一些辞例表明了涉河而狩的目的:

(8)丁卜:其涉河,狩? 丁卜:不狩? ●其涿河狩,至于粪? ●不其狩?

　　　　　　　　　　　　　　　　　　　　　　　——花东 36

(9)辛卜:丁不涉? ●辛卜:丁涉,从东兆狩?　　——花东 28

"涿"字,《殷墟花园庄东地甲骨》②1573 页认为此字在"其涿河狩"中"用为动词,其义与涉相近",这应是符合实际情况的。另外,裘锡圭先生曾指出,卜辞中常用的否定副词有两组,一是"不、弗",可翻译成"不会",表可能性,另外一组是"勿、引(勿)、毋",可翻译成"不要",通常是表意愿③。黄天树先生据此指出,

---

① 詹鄞鑫:《释甲骨文"兆"字》,原载《古文字研究》第 24 辑,中华书局,2002 年。后收入詹鄞鑫:《华夏考——詹鄞鑫文字训诂论集》,中华书局,2006 年。

② 中国社科院考古所编著:《殷墟花园庄东地甲骨》,云南人民出版社,2003 年。

③ 裘锡圭:《说"引"》,《古文字论集》,中华书局,1992 年。

《花东》28、36 版中否定词用"不"而不用"勿",说明这应是非王卜辞的主人占卜"丁"(时王武丁)而非"子"之出狩的①。这种解释是可信的。故上引(8)(9)两例实际上就是"子"占卜"丁"会不会涉河去狩猎而到达粪地?粪地是殷墟王卜辞中所见商王的重要田猎地,主要见于武丁晚期和祖庚时期的宾组、历组卜辞中②。可见,商王常渡过黄河到其田猎地去狩猎。

涉河的目的除狩猎外,有时可能也与农业有关。如:

(10)贞:今□黍于盟,涉于河[东]?　　　　　　　　——英国 814③(宾)

事实上,卜辞中记载的所"涉"对象不仅有黄河,还有其他一些水名,如滴,即漳河,且大多是狩猎活动,例见合集 28882、28338、28339、28340 等。

第二,荡河。殷墟甲骨文中有一字作 𦦢 形,像一人驾舟状,有学者释为"荡",当为以舟渡水义。武丁时期的师组卜辞中有"荡河"的记载:

(11)庚午卜,师贞:弜衣荡河,亡若?十月。●庚午卜,师:日其延雨,不若,见□?　　　　　　　　——合集 20611

此例中的"弜"是商王同姓贵族。朱凤瀚先生曾指出,商人同姓贵族所持有的名号本身有三种含义:一是可称呼作为个人的贵族(即族长,但并不一定即是其私名);二是可称呼这个贵族所率领的集体(即贵族所在族的族名号);三是可称呼这个贵族的属地(当然亦即这个集体的居地)④。在上例中,弜显然是指该贵族个人或其所率领的集体。可能因为连日下雨会造成黄河水暴涨,对涉渡黄河形成威胁,所以上辞卜问白天继续下雨,不会有什么不顺吧?并卜问弜最终划船渡黄河,没有什么不顺的事情发生吧?由此亦可以想见,商代人涉渡黄河的主要工具应为舟。

第三,寻舟于河。寻,从唐兰先生释。出组卜辞中有一例较完整的关于寻舟于河的记载,另外还有一例比较完整的寻舟于滴(漳)的记载,如下:

(12)乙亥卜,行贞:王其寻舟于河,亡灾?　　　　　　——合集 24609(出)

(13)乙丑卜,行贞:王其寻舟于滴(漳),亡灾?在八月。

　　　　　　　　　　——合集 24608(出)

① 黄天树:《重论关于非王卜辞的一些问题》,《黄天树古文字论集》,学苑出版社,2006 年。
② 章秀霞:《花东田猎卜辞的初步整理与研究》,《殷都学刊》2007 年 1 期。
③ 除此条外,该版其余刻辞应为伪刻。
④ 朱凤瀚:《商周家族形态研究》(增订本),天津古籍出版社,2004 年。

此两条卜辞中的寻舟,于省吾先生认为是指商王顺水而行舟言之①,严一萍先生以为放舟之意②,姚孝遂先生在《甲骨文字诂林》974页按语中认为,寻在卜辞中为祭名,亦当为用牲之法③,李学勤先生则训此两例中的"寻"为"就"义,认为王往就舟,更顺适④。一般情况下,甲骨卜辞中多见王外出"田"、"步"或做其做事情时常卜言"亡灾",而在祭祀活动中很少见有言"亡灾"者,因此将上述两例中的"寻"理解为祭名似乎不妥。本文从李说。另外,屯南卜辞中有如下辞例:

(14)庚申卜:王其寻舟……二牢? ● 庚申卜,贞:舟燎二牢?

——屯南2296(历无)

此例中的"舟"与(12)、(13)两例中的"舟"在意义上应该是一致的,而从本例来看,"寻舟"似乎又与祭祀有关。因此,我们推测,(14)例中第一辞大概是指王往就舟,为防有意外发生,遂用二牢举行祭祀,第二辞应该指为舟之事用燎二牢的办法举行祭祀。

第四,饮于河。宾组卜辞中有下述辞例:

(15)癸亥卜,㱿贞:旬亡祸? 王占[曰:有求],其亦有来艰。五日丁卯子㱿瓾,不殟⑤。王占曰:有求。八日庚戌有各云自东面母,昃[亦]有出虹自北饮于河。□月。

——合集10405反(合集10406反同文)

(16)戊……㞢。王占[曰]……惟丁吉,其……□未允……允有设,明[有各]云……昃亦有设,有出虹自北[饮]于河。在十二月。 ——合集13442正

在我国神话传说中,"虹有两首",可以"下饮于溪泉"。卜辞中的"虹"正作两首蛇龙之形,且辞例中"有出虹自北饮于河"是指在北边的天空有长虹出现,它正在黄河里饮水。上引两条卜辞所载与神话传说正好相合。

第五,视于河。殷墟卜辞中的"视"从目从直立人形,与从目从跪踞人形之

---

① 于省吾:《甲骨文字释林》,中华书局,1979年。
② 严一萍:《释辑》,《中国文字》新十期。
③ 于省吾主编:《甲骨文字诂林》,中华书局,1996年。
④ 李学勤:《续释"寻"字》,《故宫博物院院刊》2000年6期。
⑤ "殟",从陈剑先生说,不殟,即不会暴死或昏厥。参见陈剑:《殷墟卜辞的分期分类对甲骨文字考释的重要性》,北京大学中文系博士论文,2001年。

"见"字明显有别①。"视于河"是指视察黄河而言,辞例如下:

　(17)甲戌卜,亘贞:乎往视于河,儞至?　　　　　　——合集 4356(宾)

　(18)贞:乎往视于河,有来……　　　　　　　　　——英国 1165(宾)

两辞都是贞问乎令某人前去视察黄河之事的。

　　第六,观河。殷墟甲骨文中的"雚"字像一种有毛角的鸟,"观"字增从"叩"声,目前学者好像大都认为两字有别。不过,卜辞中有下述辞例:

　(19)贞:王其往雚河,不若?　　　　　　　　　——合集 5158 乙(宾)

　(20)贞:王雚河,若?　　　　　　　　　　　　——合集 5159(宾)

　(21)壬寅卜,旅贞:王其往观于𡕥,亡灾?　　　　——合集 24425(出)

　(22)己酉卜,行贞:王其观于𡕥泉,亡灾?才浧。　——合集 24426(出)

　　相互比较可以看出,(19)(20)辞中的"雚"是可以读为"观"的。②"观河"也是指视察黄河之意。

　　第七,目于河。卜辞中的"目"多数用其本义,指眼目之目,是一个名词。但"目"字,也可用为动词,见下述辞例:

　(23)乎目于河,有来?　　　　　　　　　　　　——合集 8326(宾)

　(24)目于河?　　　　　　　　　　　　　　　　——合集 14630(宾)

　(25)贞:乎目舌方?　　　　　　　　　　　　　——合集 6195(宾)

　　对于这些辞例中"目"字,《甲骨文字诂林》姚孝遂先生按语云"其义不详"。其实,"乎目舌方"可以和"乎望舌方"(《合集》6189 等)相比较。"目舌方"大概有目视、监视舌方之意。因此,"目于河"可能也是指目视、监视黄河之意。

　　第八,用为占卜地点。此类的"河"主要见于黄组卜辞(约相当于商末帝乙帝辛时期)中,其辞例如下:

　(26)庚午[卜,在]河贞:今[夕]师不[震]? ● 辛未卜,在河贞:今夕师不震? 吉。兹孚。

　　　　　　　　　　　　　　　　　　　　　　　——合集 36428

---

① 裘锡圭:《甲骨文中的见与视》,《甲骨文发现一百周年学术研讨会论文集》,文史哲出版社,1998年。

② 参见陈剑:《殷墟卜辞的分期分类对甲骨文字考释的重要性》,北京大学中文系博士论文,2001年。

(27)戊寅卜,在河贞:今夕师不震? ● ……河……[不]震?

——合集 36430

(28)癸未卜,在河贞:今夕师不震? 兹孚。　　　　——合集 36431

(29)□巳卜,在河东贞:今夕师不震?　　　　　　　——合集 36432

(30)□□[卜],在河贞:[今夕师]不震? [兹]孚。　　——合集 36433

(31)癸巳卜,在河贞:王旬亡祸?　　　　　　　　　——合集 36780

(32)□□[卜],在河贞:……祸? 在八月。　　　　　——合集 36894

(33)□□[卜],在河口:……亡祸?　　　　　　　　　——合集 36895

(34)癸卯卜,在河东兆贞:王旬亡祸?　　　　　　　——合集 36896

(35)癸卯卜,在河贞:王旬亡祸?　　　　　　　　　——合集 36897

(36)癸酉卜,在云奠河邑,泳贞:王旬亡祸? 惟来正夷方。　——英国 2525

上述诸例中的"河"均出现在前辞中,是占卜地点。(34)例中的"兆",水边之意。由(29)例"在河东贞"和(34)例"在河东兆贞"可知,诸例中的"河"并非一般的普通地名,而是指"黄河"。(26)~(30)例是有关"今夕师不震"之事,是在不同时日卜问当天晚上军队会不会有警。(31)~(36)例是有关"王旬无祸"之事,是卜问王未来一旬是否无祸,而(36)例中的"云奠河邑"是商末王帝辛(即纣)第一次征伐夷方战争凯旋归来时曾经经过的地点,行至此地时,在此卜问"王旬亡祸"之事,即占卜王未来的一旬是否无祸,此处的"河邑"当是商人在黄河附近所建立的城邑,距离殷王都已不远①。这些可能也与当时王帝辛征伐夷方的战争有关。

出组卜辞中也有一例"河"为占卜地点的例子,见于合集 24420"壬戌卜,[行]贞:今夕亡祸? 在河。"此例乃卜问今夕是否无祸之事。

第九,用为祭祀地点。殷墟甲骨文中有在黄河岸边向河举行祭祀的情况:

(37)乙酉卜,宾贞:使人于河,沈三羊,酚三牛? 三月。

——合集 5522 正(宾)

---

① 有关帝辛第一次征伐夷方之事可参董作宾:《殷历普》;陈梦家:《殷墟卜辞综述》,科学出版社,1956 年;李学勤:《殷代地理简论》,科学出版社,1959 年;郑杰祥:《商代地理概论》,中州古籍出版社,1994 年等中的相关章节及王恩田:《人方位置与征人方路线新证》,《胡厚宣先生纪念文集》,科学出版社,1998 年等文。

该辞表明,这次祭祀商王并没有亲自去,而是"使人于河",即派人去黄河岸边对河进行祭祀。也有商王亲自到河边进行祭祀的情况:

(38)己亥卜,宾贞:王至于阴,燎于河三小牢,沉三牛?

——合集 14380(宾)

"阴"字,从沈建华先生释①。该辞与合集 14370、40414 同文,属于对河的祭祀卜辞,但涉及到祭祀地点。商代甲骨文中已有"阴""阳"二字,且"阴"指"水之南、山之北","阳"指"水之北、山之南",殷人已有了阴阳观念②。该辞表明商王是亲自到黄河南岸对河进行祭祀。另外,卜辞里还有卜是否要在黄河南岸向"河"举行祭祀的辞例:

(39)其祷河,惠旧册用,于阴酒? ●其即宗?　　——合集 30429(无名)

旧后一字释"册",从李学勤先生释③。该例是说,要祷祭黄河了,是不是祷词用旧册,在黄河南岸举行酒祭呢? 还是在宗庙里举行祭祀呢?

詹鄞鑫先生曾指出,古代祭祀山川有"就祭"和"望祭"两种形式④。就祭是指人亲自到山川所在地举行祭祀,望祭则是指在都城附近设立祭坛远远地望着山川进行祭祀。该例就是贞问是采用就祭(商王亲自前往)的形式到黄河南岸去祭祀黄河呢? 还是采用望祭的形式在宗庙里祭祀黄河呢? 上引(38)例就是采用就祭的形式对河进行祭祀。

除上述九种情况外,历组卜辞中还有"以中立于河"之语(见于怀特 1636),"立"前一字学者或隶释为"扒",但均是指把旗帜之类的东西立于黄河之意。

另外,1977 年陕西周原考古队在发掘岐山凤雏村甲组建筑基址时,在一编号为 77QFF1H11 的窖穴中发现了大批甲骨文。在这批属于西周初年的周原甲骨文中也有关于黄河的记载:

(40)大出于河。

——周原凤雏 H11:9

① 沈建华:《释卜辞中方位称谓"阴"字》,《古文字研究》第 24 辑,中华书局,2002 年。
② 黄天树:《说甲骨文中的"阴"和"阳"》,《黄天树古文字论集》,学苑出版社,2006 年。
③ 李学勤:《谈叔夨方鼎及其它》,《文物》,2001 年 10 期。
④ 詹鄞鑫:《祭祀与神灵——中国传统宗教综论》,江苏古籍出版社,1991 年。

　　此片上最后一字下半部残,仅余上半部分,学者或释河①,或释川②,但认为其指黄河则是基本共识。此片应为武王时物③。"大出"在殷墟王卜辞中常见,尤其宾组、师宾间组较多,黄组、历组、无名组里也有,但极少。例见于合集6698(宾)、6700(宾)、6689(师宾间)、6690(师宾间)、36824(黄组)、32890(历组)等等,其中的"大出"多与方国进犯、进军征伐之事有关。《史记·周本纪》载:"九年,武王上祭于毕。东观兵,至于盟津。……武王渡河,中流,白鱼跃入王舟中,武王俯取以祭。……是时,诸侯不期而会盟津者八百诸侯。"此片甲骨文所记录的可能就是这次武王渡过黄河,东观兵于盟津,并会八百诸侯之事。

二、甲骨文记载中的"洛"

　　"洛"字在殷墟甲骨文和周原甲骨文中均有见到,只是辞例较少,共四、五例而已,但其用为地名却是一致的。兹将其辞例列于下:

　　(41)壬午卜,争贞:令登取洛黍?　　　　　　　　　　——怀特448(宾)

　　(42)癸丑[王卜],在洛　贞:[旬亡]祸? 王[占曰]:吉。

　　　　　　　　　　　　　　　　　　　　　　　　——合集36960(黄)

　　(43)癸丑[卜],[在]洛贞:王[旬]亡[祸]?　　——补编11283(黄)

　　(44)……于洛。　　　　　　　　　　　　　　——周原凤雏H11:27

　　(45)见工于洛。　　　　　　　　　　　　　　——周原凤雏H11:102

　　上引(41)~(43)例为殷墟所出甲骨文。其中,(41)例属宾组,约相当于商王武丁时期,"洛黍"指洛地之黍子。于省吾先生曾指出,自我叫取,自外叫来,送致叫氏④。本例中动词用"取",说明当时的洛地是商王的属地,商王朝在此地征取黍子,也证明这里应是商王朝的产粮区。(42)和(43)两例都属于黄类卜辞,约相当于商末文丁和帝乙帝辛之世,辞例均据同版它辞补全,两例都是在癸

---

① 陕西周原考古队:《陕西岐山凤雏村发现周初甲骨文》,《文物》1979年10期;严一萍:《周原甲骨》,《中国文字》(新一号),台北艺文出版社,1980年;陈全方:《周原新出卜甲研究》,《西周史研究》,《人文杂志丛刊》第2辑,1984年。

② 徐锡台:《周原出土的甲骨文所见人名、官名方国、地名浅释》,《古文字研究》第1辑,中华书局,1979年。

③ 王宇信:《西周甲骨谈论》,中国社会科学出版社,1984年。

④ 于省吾:《从甲骨文看商代的社会性质》,《东北人民大学学报》,1957年2~3期。

丑旬的最后一日即癸丑日卜问下一旬王是否无祸？（42）例中王还亲自占卜，并在视兆后认为此卜吉利，即下一旬不会有祸。值得注意的是，两例中的占卜地点均是在洛，洛是地名，当指洛水而言，洛水有二：一是发源于陕西定边县，经甘泉、洛川等入于渭河后再东入黄河，是为北洛水；二是发源于陕西商洛县，经洛阳与伊水合流入于黄河，是为南洛水。此处应指南洛水。师，是指军队驻扎的处所。可见商末时商王朝曾在洛地驻有军队。

（44）～（45）例甲骨文亦出于凤雏村 H11 窖穴中。（44）例中的"洛"应指洛水，但对于此"洛"之所指，学者或认为此洛"必在陕西，不当在河南"①，或认为此洛当指北洛水而言②，或认为"本辞所载之洛水，当是陕西南部商洛至洛河"，③即指南洛水而言。该辞中"于"前一字残，从剩余笔画看，当为"祀"字，若此，则该辞所记可能是祭祀于洛之事。我们认为，限于资料，无论是将此"洛"看做南洛水，还是看作北洛水，似乎都缺乏有力的证据。（45）例中的"见工"，有人认为，见，当读为现，郊也，见工即郊工④，陈全方先生据西周应侯钟上有"应侯见工"之语，认为见工应是人名⑤，朱歧祥先生认为见工或属官名、私名⑥，徐锡台先生则认为，见工可能是监工，属官名⑦。见，周原甲骨文中该字上从一目下从一人形，此人形并非跪跽状，与殷墟甲骨文中下从一跪跽人形的"见"明显不同。殷墟甲骨文中还有一上从目下从直立人形者，裘锡圭先生释为"视"⑧，有视察、监视义。笔者以为，（45）例中"见工"之"见"应与殷墟甲骨文中的"视"字意义相类。凤雏 H11 窖穴中所出甲骨中还有一片上刻有"新邑……延……用牲"（H11:42），结合《史记·周本纪》及《尚书·召诰》中曾记载周初兴建洛邑之事，

① 严一萍：《周原甲骨》，《中国文字》（新一号），台北艺文出版社，1980 年。
② 徐锡台：《周原出土的甲骨文所见人名、官名、方国、地名浅释》，《古文字研究》第 1 辑，中华书局，1979 年。
③ 陈全方：《周原与周文化》，上海人民出版社，1988 年。
④ 陕西周原考古队、周原岐山文管所：《岐山凤雏村两次发现周初甲骨文》，《考古与文物》，1982 年 3 期。
⑤ 陈全方：《陕西岐山凤雏村西周甲骨文概论》，《古文字研究论文集》，《四川大学学报》丛刊第 10 辑，1982 年。
⑥ 朱歧祥：《周原甲骨研究》，台湾学生书局，1997 年。
⑦ 徐锡台：《周原甲骨文综述》，三秦出版社，1991 年。
⑧ 裘锡圭：《甲骨文中的见与视》，《甲骨文发现一百周年学术研讨会论文集》，文史哲出版社，1998 年。

该片及上引(45)例或与此事有关。因此,徐锡台先生认为"见工于洛"即见工前往洛(指洛邑,笔者按)视察,应是可信的。

综上所述,据殷墟甲骨文和周原甲骨文的记载可知:商代后期河洛一带,尤其是黄河中游地区,是商民族活动的中心舞台;黄河在商人的生产生活中占有不可替代的重要作用,他们经常涉渡黄河,或为狩猎,或为农事等其他活动;可能由于河灾不断发生,所以商王会派人去视察黄河,有时则亲自前往;商人在黄河附近还建有城邑,应具有军事上的意义;他们还在黄河岸边进行占卜和祭祀活动,对黄河充满了神秘的崇拜感;洛水一带在商人的控制之下,可能是商王朝的产粮区之一;而在商末周初,商周两大民族的关系演变也与河洛一带密不可分,周原甲骨文中还记录了当时一些重大的历史事件。

（作者为河南省社会科学院历史与考古研究所助理研究员）

炎黄文化与中国道统

（台湾）葛建业

一、炎黄文化

（一）民族是由天然力造成的

依据人类社会进化的规律，先民们为求生存，从蒙昧进入文明，必各有所创造，惟当时尚无文字、缺乏信史，只有凭群经诸子的所载所述，略窥端倪，以资参考，以后再请考古学家加以证实查究！

1. 燧人氏钻木取火：《韩非子·五蠹》篇："上古之世，……民食果蓏蚌蛤，腥臊恶臭，而伤害腹胃，民多疾病。有圣人作，钻木取火，以化腥臊，而民说之，使王天下，号曰燧人氏。"近据周口店考古发现，在旧石器时代遗物中，发现"带有烧痕之兽骨"，是火的发明物证，距今约七八万年，可据以推断燧人氏大概就在那个时期。

2. 有巢氏构木为巢：《庄子·盗跖》篇："古者禽兽多而人少，于是民皆巢居以避之，昼拾橡栗、暮栖木上，故命之曰有巢氏之民。"《韩非子》亦有相同的记载，而列有巢氏在燧人氏之前，则有巢氏亦当在旧石器时代。

3. 伏羲氏（约前4754）：他作八卦、制网罟，均见于《易经》之系词。（1）作八卦。其原始动机亦与占卜用火灼龟甲兽骨等相同，均是古人想预知未来凶吉，以便避凶趋吉也。后来到了"夏、商、周"三代，几经演绎，又渗入阴阳五行之理论后，渐趋复杂，如今已成为深奥难懂的学问了。（2）结绳制作网罟，以畋以猎。这对从渔猎社会进入游牧社会很重要。（3）他还是嫁娶制度之创始者。这对以前只知有母不知有父的陋习有很大的改进。也是家族社会的创始者。

4. 神农氏（约前3494）：他有很多的发明，其主要者有四项：（1）制作耒耜、教民耕稼，为中国的农业社会奠定了基础。（2）他尝百草、辨药性，为人民治病。这对中国医学、药学，以及尔后人民的健康保健均起长远的影响。（3）是他立市廛以通财货。这可能是世界上最早的交换与商业行为的开始。(4)他的农业基础对尔后的井田制度、宗教、世禄、封建制度等都提供有利的条件。农业文化最大的优点就是能使人民生活安定,所以才能创造出灿烂的中华文化!

5.黄帝(前2674):他除了创造之外,还起了同化与累积的作用:(1)天文:基于农业的需要,开创了天文的研究。命羲和占日、常仪占月、后益占岁、叟区占星气、大挠作甲子、伶伦造律吕、隶首作算、容成综而作历、推分星次,以定律度。(2)井田:使八家为井,井开四道,而分八宅,凿井其中。八家同风俗,通财货,存亡更守,出入相同,嫁娶相媒,疾病相扶持,使人与人之间互助互爱。(3)文字:黄帝之史仓颉,见鸟兽之迹,知分理之可以别异。初造书契,依类象形,故谓之"文"。其后形声相益,即谓之"字"。后经甲骨、钟鼎、大小篆、隶、正、行、草各体,都能一脉相传,原委可寻。(4)指南车:相传黄帝与蚩尤战于涿鹿时,蚩尤能作大雾,使军士不知其所向,黄帝乃作指南车,以示四方,遂擒蚩尤而杀之。所以说,黄帝是中国农业文化的巩固者!

(二)炎黄二帝之世系与功绩

1.世系:神农氏(炎帝);黄帝(轩辕氏)。春秋《国语·晋语四》:"昔少典娶于有蟜氏、生黄帝、炎帝。黄帝以姬水成、炎帝以姜水成。成而异德,故黄帝为姬,炎帝为姜。"

宋朝张君房《云笈七签》:"轩辕黄帝、姓公孙、有熊国君少典之次子。伏羲生少典,少典生神农及黄帝、袭帝位,居有熊之封焉。"

清朝《新镌古今帝王统系天下分合图》:"黄帝有熊氏,神农母弟之后,世嗣少典为诸侯。姓公孙、生于轩辕丘,名轩辕,长于姬水,改姓姬,河南开封人,都有熊(今开封府新郑县)。神农氏衰,诸侯相侵伐,轩辕修德治兵,擒杀蚩尤于涿鹿,诸侯咸推为天子。"

据《帝王世纪》第一曰:炎帝神农氏"在位百二十年而崩,纳奔水氏女曰听訞,生帝临魁,次帝承……次帝榆罔。凡八代及轩辕氏也"。

据《春秋命历序》曰:"黄帝一曰轩辕,传十世,二千五百二十岁。"不过十世黄帝的名讳不得而知,后人只是以"轩辕氏"做代表而已。相信"神农氏"炎帝亦然,尚待考古学家揭开他们的真正史实与面目!

从上所揭,神农氏炎帝的第一代要比黄帝轩辕氏的第一代早数百年甚至一千年。黄帝轩辕氏是与第八代神农氏炎帝榆罔结盟的,在战胜蚩尤后一段时间又取而代之。

2.功绩:神农是最早发明陶器的神人。《绎史》卷四注引《周书》云:"神农……作陶。"神农作瓮和瓶,在齐家期陶器中,曾发现一种叫"安佛拉"(Amphora)式之薄肉高领瓶,其色灰黄,形式秀丽。神农是最早发明农具的神人。《易·系辞》下云:"神农氏,斫木为耜,揉木为耒,耒耨之利,以教天下。"上引《周书》云:"神农为耒耜鉏耨,以垦草莽,然后五谷兴助,百果藏实。"《太平御览》七十八引《礼纬·含文嘉》云:"神农始作耒耜,教民耕稼,其德浓厚若神,故称为神农也。"

黄帝时,已有宫室,"上栋下宇,以待风雨"①。而齐家期遗址中,已发现村落遗址。黄帝"弦木为弧,剡木为矢,弧矢之利,以威天下"②。同时,伏羲氏时代所发明之罔罟,到黄帝时则更为进步。黄帝造衣裳③,又谓黄帝"垂衣裳而天下治"④。这均暗示当时或者已有织物存在。

神农、黄帝时代,在今甘肃西南川谷中,布满了诸夏之族,在那里建筑许多村落,开始"播百谷草木,化鸟兽昆虫",过着栽培植物与驯养动物之定居生活。诚如传说所云:"昔者神农之治天下也,……甘雨时降、五谷蕃植,春生、夏长、秋收、冬藏。"⑤又如:"神农之世……耕而食,织而衣,无有相害之心,此至德之隆也。"⑥同时,在这一时代的人已知驯养动物,可能已知"驾马服牛,令鸡司夜,令狗守门"⑦。而且农业的发展与狩猎亦不可分离,因而有"焚林而猎"⑧。可见神农时代已有农历存在!

据传说所云:神农氏的时代,已经有了交换的行为。《易·系辞》下云:"神农氏作……日中为市,致天下之民,聚天下之货,交易而退,各得其所。"另外,神农氏还有一项大功绩,就是尝药草为人民治病,至今还在受用。

---

① 《易·系辞》下。
② 《易·系辞》下。
③ 《越绝书》卷八。
④ 《易·系辞》下。
⑤ 《淮南子·主术训》。
⑥ 《庄子·盗跖》。
⑦ 《淮南子·泰族训》。
⑧ 《淮南子·本经训》。

（三）炎黄二帝之合与分

兹引用台湾出版《中华文明的诞生》一书的片段："相传炎黄两部落联合击败蚩尤部落,经过一段时间,炎帝死后,神农氏继任者,因不满黄帝抢夺其应得的共主地位,起来反抗,经过三场恶战,黄帝赢得最后胜利,即史称炎黄阪泉之战。自此以后,黄帝的统治基础就更加稳固了,便取而代之。"后人因仍思念炎帝神农氏的大功大德,便以炎黄二帝为共同的人文始祖,而且自称是炎黄子孙也!

炎帝神农氏为中国农业文化之奠基者,黄帝轩辕氏为中国农业文化之巩固者,二人功不可没,故称"炎黄文化"! 也是中华文化(文明)的共同创造者!

1. 尧(前 2357)舜(前 2256):由于文字的发明与落实,二代之事,已渐有稽考了。如:(1)职官司空、后稷、司徒、共工、秩宗、典乐、纳言等官名,后世率皆沿用。祭祀之典,有上帝、六宗、山川、群神,是周礼之所本。(2)其时的文化似已脱离神权而走向以人为本位了。契为司徒,"敬敷五教"。司徒相当于现在的教育部长,明定五伦之教为教育之宗旨,是始于尧舜之世。(3)后稷教民稼穑,树艺五谷,五谷熟而人民育。(4)此时还有一件大事,就是"禅让",尧禅位于舜、舜禅位于禹。中国帝王之位,在唐虞之前或后都是世袭的,惟有唐虞是禅让,不仅有似还超越了现代的民主政体政治,千古称颂!

2. 夏禹(前 2183):他是伟大的工程师,完成治水,建立夏朝。他曾取九州所贡献的铜,铸成九个鼎,图画九州形势,物产等于其上,作为传国之宝。后来夏亡,九鼎迁于商。商亡九鼎迁于周。周成王定鼎于郏鄏。考古学家曾在洛阳古城发现,东南有鼎门、西北有郏鄏陌,正是成王定鼎之地。战国时,齐、楚、秦先后称霸,都曾有个问鼎的故事。其后鼎入于秦,就不知所终了。

3. 商代(前 1783～前 1135 年):已是青铜器时代了。(1)青铜制的工具和器物,已经用于祭祀、战争和装饰上了,造型精美,所用的技巧已有高度的发展。(2)当 19 世纪后期,河南安阳发现甲骨,经王国维、罗振玉研究骨块上刻画的图形,了解其中意义后,宣布就是甲骨文。于是把中国文字学和历史上推了几近一千年。商都安阳本是盘庚约在前 1400 年时所建立,距今约 3400 年之久,但若干字形几乎未变。(3)小麦当时已在华北种植了。商代人当然也是以农业为主。(4)商代当时已使用贝壳作兑换媒介。这是另一值得注意的文化特征。在中国文字中,凡具有价值意义的都以"贝"为依据。(5)竹在商代已有多种用途,最显著的是用竹简编成书籍,"册"字也是从甲骨文上所刻的象形而来的。今日写字用的毛笔,也是从商代就开始了。

4.周代(前1134~前247):周代征服商代之后,其典章文物,已焕然美备,而周公旦又是文武全才,既平淮夷之乱,乃制礼作乐,颁度量衡,奠定中国大一统之基础。(1)古代是政教不分的,一切职任皆属于天子。天子所以操政教之原者,因是"孝"。所以明堂大祭,是政教最重要的事。孔子说:"人之行莫大于孝,孝莫大于严父,严父莫大于配天。"便是指周公郊祀先祖后稷以配天,宗祀其父文王于明堂以配上帝。后来周公又在雒邑作明堂,亦叫清庙。凡朝诸侯、祀文王、配享功臣、尊师、养老、教胄、献俘、郊射以及观天文等政教之事,都在明堂。(2)周代继续商代的铜器、陶器、纺织品的传统,且把文字作进一步的推进。(3)铜器时代原始封建制度,在商代已开始发展,至周代则将此制度体系化,划分全国为许多采邑,分由新的贵族管领。商代许多人民被放逐到鲁国和齐国,而商皇族则封于宋。这整个制度,以农民农业生活为基础,在领土内实行强制徭役。(4)中国一切的典章礼仪、政治制度、学术文艺,大都是周代所创造的。自周代开国至于东迁,中国史学家认为是中国历史上的"传疑期"的结束。自此以后,即为春秋战国时代的来临,是中国文化成长的另一个新时期。

(四)"炎黄文化"也称"河洛文化":

因《史记·封禅书》上说"昔三代之居,皆在河洛之间"之故。由"炎黄二帝"奠立的中国农业文化,经三代(夏、商、周)与炎黄子孙的不断地深化与发展,如今已是多元文化了! 现在又逢中国的国力不断地提升与中国政府大力推动改革与研究发展之下,相信中国文化能开创另一次高峰,更远博的视野! 俾与当代人类社会所期盼相结合,成为推动世界进步的新力量!

二、中国道统

(一)道统说之由来

1.《论语·尧曰》章载:尧曰:"咨,尔舜! 天之历数在尔躬。允执其中(允执厥中)。四海困穷,天禄永终。舜,亦以命禹。"

2.《尚书·大禹谟》中舜授禹的话:"人心惟危,道心惟微,惟精惟一,允执厥中。"

3.唐朝韩愈在其《原道》文中说:"所谓道……尧以是传之舜,舜以是传之禹,禹以是传之汤,汤以是传之文、武、周公,文、武、周公传之孔子,孔子传之孟轲,轲之死,不得其传焉。"

4.宋朝朱熹在其《中庸·序》开头说:"盖自上古圣神,继天立极,而道统之传,有自来矣。其见于经,则'允执厥中'者,尧之所以授舜也。'人心惟危,道心惟微,惟精惟一,允执厥中'者,舜之所以授禹也。尧之一言,至矣尽矣;而舜复益之以三言者,则所以明夫尧之一言,必如是而后可庶几也。"

5.孙中山于1921年12月,回答共产国际代表马林问"你的革命思想,基础是什么"?中山先生答:"中国有一个道统,自尧、舜、禹、汤、文、武、周公、孔子相继不绝。我的思想基础,就是这个道统,我的革命,就是继承这个正统思想,来发扬光大!"

(二)孔子是中国道统之集大成者

1.孔子的身世与历史背景:孔子是黄帝苗裔宋公之后,其父叔梁纥曾为陬邑大夫,以"勇"、"力"闻名于诸侯。其母颜征在茹苦含辛,教子有方,再加上鲁都文化昌明,孔子又肯虚心好学,便造就了这一代哲人。孔子在鲁国度过一生中的大半时光。在世时,尽管他的许多政治主张鲜为人理解与采用,但死后,却被历代统治者奉为治国理民的经典。汉唐以降,孔子的地位日益增高,历代王朝均标榜尊孔,先后奉为大成至圣文宣王,至圣先师,万世师表的称号!

孔子的祖籍是河南商丘夏邑县。孔子的祖先是殷商的后裔。周灭殷商后,成王封微子启于宋国,建都商丘。微子启死后,微仲衍继位。微仲衍就是孔子的先祖,微仲衍的四世孙弗父何本该继位宋公,而他却让位给弟弟厉公,从此弗父何的后裔不再继承王位,而被封为世袭公卿,食采于栗(今河南省夏邑县)。自弗父何五代传承至孔父嘉,开始以孔为姓,木金父生睪夷,睪夷生防叔,防叔为避战乱,迁至鲁国,防叔生伯夏,伯夏生叔梁纥,淑梁纥生孔子。自微仲衍以迄于孔子共十五代。迁鲁国三代到孔子。如今夏邑县城北七公里的王公楼村西有孔子"还乡祠"可为证。

孔子不仅继承了周文化,还继承了殷文化,所以他的学养就更为丰富了,成为炎黄文化(中华文化)、中国道统之集大成者。

2.孔子的思想及体系:(1)天人合一:是指人当效法大自然所显示的高贵精神,将自己的道德生命与之合一。(2)中道不倚:是指人当修养心性,培育理想人格,锻炼成具有卓越的领导才能,并将人格和才能结合服务于群众,促进社会繁荣与和平进步。(3)仁民爱物:是指人与人之间,以仁慈的心地相互对待,以博爱精神看待万物。

(三)中国道统之重要内容

1. 何谓道统:就是将中华民族所创造的人类生存原理流传下来,为子子孙孙所遵守。所以我们珍视此一道统,代代相传,故政统可断,而道统不断。自西汉以迄于清末(前206~1911年),纵有一些偏失,然而在每次大乱之后,拨乱反正、重建秩序的人,大多是确信儒学的儒士、继承儒学的思想家!其最著名的有:汉代的董仲舒、郑康成;隋代的王通;唐代的韩愈、李德裕;宋代的程颐、朱熹、陆九渊;明代的王守仁、朱舜水;清初的顾炎武、黄宗羲、王夫之等,皆努力发扬儒学,而有功于道统之流传。

2. 道统之重要内容:人类为求生存,须得法天地之生生不息之"德",而以天地万物一体之"仁"奠定伦理道德之基础,并发挥其天赋的生命力之"诚",以达"成己"(正心修身)、"成物"(齐家治国平天下)之效,而以"无过与不及"之"中"调整其"行"(动),使之恰到好处而各遂其生。所以"诚、仁、中、行"即为宇宙生存之原理,人类法之,则达人类生存之目的也。

是以,尧法天以成其大,而以"允执厥中"传诸舜。舜以大孝著称,而以"人心惟危,道心惟微,惟精惟一,允执厥中"传诸禹。禹以至诚不息,公而忘私的精神,使洪水平。汤以执中而细夏,服诸侯。文武遵后稷公刘之业,则太王、王季之法,笃仁、敬老、慈幼,施仁政于民。周公修礼作乐,改制度,统一国家。孔子集其大成,以"诚、仁、中、行"为教化之本,成为数千年来中国之道统,并形成"大、刚、中、正"之民族特性与中国人。

(四)"中"与"中道"为中国道统之两大特质

1. "中":程子于中庸之解释:"不偏之谓中。"朱子之解释:"中者,不偏不倚,无过不及之名。"中庸本文解释:"喜怒哀乐之未发谓之中;发而皆中节谓之和。"因人是感情动物,不能无喜怒哀乐之情。当心在静时,喜怒哀乐之情未萌发,无偏无倚,是谓之中;心在动时,情发而又能中节恰到好处,使人与人之间和谐而公平,是谓之和。忠恕之道,絜矩之道,均出于中之基本原理。礼之本为中、礼之用为和。总之,人与人间相处之道,双方满意,事乃克通,就是公道;若有所偏颇则不能平,不平则不和,亦即未得"中"之结果。进而如"修齐治平"都得要求中,不得中就会走极端。如墨子兼爱,杨子为我,故孟子辟之也!

"中"的综合体认:(1)执中。尧曰:"允执厥中。"朱子注:"中是无过与不及。"所谓"不偏之谓中,不易之谓庸"者,其关键即在此一中是不偏不倚之正道。换言之,就是恰到好处是也。(2)时中。仲尼曰:"君子而时中。"朱子注:"中无定体,随时而在。"就是因时因地因人因事而制宜,万变不离其中也。是故"中道"有此时中,才能万古常新也。(3)用中。孔子说:"舜其大智也与……执其两端,用其中于民。"朱子注:"于善之中,又执其两端,而量度以取其中,然后用之。"(4)建中。书经商书曰:"王懋昭大德,建中于民。"蔡沈(朱子之弟子)注:"王其勉明大德,立中道于天下。中者,天下之所同有也。然非君建之,则民不能以自中"。这是说中道为天下之至理真理。故可放诸四海皆准。循此以行天下事,无一不合。

2."中道":何谓道?《易经》上说:"立人之道,曰仁与义。"故韩文公以仁义言中华圣圣相承的道统①。何谓道?《易经》上说:"智周万物而道济天下。"故孔子以创造发明,开物成务之智论伏羲以后的道统②。何谓道?《中庸》追记孔子之言曰:"中者,天下之正道。"《易经》又说:"道……仁者得之以为仁,智者得之以为智。"盖必须仁智双修,始能允执厥中(从容中道)。故朱子以中庸论中国之道统③,柳诒徵以"中道"为中国之命名由来④。

行此仁义、礼智、天下之正道,端赖乎诚。故曰:"诚者,天地之道也;诚之者,人之道也。""诚者,非自成已而已也,所以成物也。成己,'仁'也;成物,'智'也。性之德也,合内外之道(中)也,故时措之宜也"⑤。"中道"包括"中庸之道"、"忠恕之道"、"絜矩之道",贯穿了孔子的全部思想、知识、学问(儒学),是显学也是哲学。

(作者单位为台湾中华综合发展研究院民族文化研究发展中心)

---

① 韩愈:《原道》。
② 《易经·系辞》。
③ 《中庸·章句》序。
④ 柳诒徵:《中国文化史》。
⑤ 《中庸》。

"自然"概念的历史解读与新儒学自然论

（台湾）林国雄

一、绪言

探寻自然论,当有助于新儒学的更加充实。在孔子相关辞典中,只有"自然的伦理观与孔子"一个词目。李大钊以自然进化的观念考察社会伦理问题。他将自然观(与道家学说相近)与孔子学说对举。儒家重视治国方法,特征是"游文于六经之中,留意于仁义之际"。魏晋时期,儒家与道家思想融合为玄学。魏晋时亦围绕"名教"与"自然"的关系展开论辩。名教是正名定份的礼教,源于孔子的正名说,汉武帝时就将名教与名节、功名联系,以进行教化,其主要内容为三纲五常。南北朝时代,儒道佛三教成鼎立之势。但儒学少涉及"自然",只是荀子曾肯定人对各种欲望满足的追求之自然普遍性。两汉时期,气的学说已吸收了自然科学的成就,有了进一步的发展。近代严复更说:"今夫气者,有质点(原子)有爱拒力之物也,其重可以称,其动可以觉。"但气也可以指一种精神状态、道德境界,如孟子的浩然之气。气还可指气数、命运,另可指生命的活力。气论有着自然哲学的意味,但气终究是气,气并不等于自然。佛学的自然,即任运天然,言离人为之造作之自性自然,系不假任何造作之力而自然而然,本然如是,但其自然侧重在修持。而道学则道法自然,所以新儒学自然论的立论,宜以道学为主轴。

二、自然的涵义

自然,一指万物万事非刻意人为的本然状态。《老子》第五十一章说:"莫之命而常自然。"《庄子》渔父说:"真者所以受于天也,自然不可易也。"《淮南子》原道训说:"因其自然而推之,万物之变不可究也。"三国魏嵇康《难宅无吉凶摄生论》说:"百姓谓之自然,而不知所以然。"但科学研究则孜孜要求知道其所以然。

自然,二指无意识、无意志、无目的、无为无造。此乃就去除人智之"刻意有为"而言,人的刻意有为即落入以智为主的行事,非宇宙之自然,去人智之刻意有为,即"无为"而为,方是自然。《老子》第六十四章说:"是以圣人欲不欲,不责难得之货;学不学,复众人之所过,以辅万物之自然而不敢为。"第十七章说:"悠兮其贵言,功成事遂,百姓皆谓我自然。"《韩非子》大体篇说:"守成理,因自然。"三国魏王弼《老子注》第五章亦说:"天地自然,无为无造,万物自相治理,故不仁也。"

自然,三指"常"义。此就"自然"之不落时空而常在来说,《老子》第二十三章即说:"希言自然,故刮风不终朝,骤雨不终日。孰为此者?天地。天地尚不能久,而况于人乎?"这个为"常"之自然,站在人为现象界万物万事之一的立场来说,它便是万物万事的根本。《老子》第十六章:"夫物芸芸,各复归其根,归根曰静,是谓复命。复命曰常,知常曰明。不知常,妄作凶。知常,容。容乃公,公乃王,王乃天,天乃道,道乃久,没身不殆。"

自然,四指道。一切以"道"为依归。《老子》第二十一章:"孔德之容,惟道是从。"道为天地万物的本来面目,为自然之理则,整个宇宙万物为发之于自然的存在,而芸芸众生,无非为"道"之自然流行。由此,自然一义才是万物变化与人生行为的最高准则。违反自然,即违反宇宙万物变化的法则,叫做"不道",《老子》第三十章说:"不道早已。"可见"自然"之重要。

自然,五指人的自然本性和自然情感,与名教相对。三国魏嵇康从反对名教出发,提倡纵欲以顺人的自然本性。以为"六经以抑引为主,人性以纵欲为欢,抑引则违其愿,纵欲则得自然"。

自然,六指必然。孟子说:"由血气之自然,而审查之以知其必然,是之谓理义。自然之与必然,非二事也。"

自然,最后又指良知。王阳明认为,"良知不由见闻而有,而见闻莫非良知之用。故良知不滞于见闻,而亦不离于见闻","圣人到位天地,育万物,也只从喜怒哀乐未发之中上养来"。他在心内发现了超然的良知本体,这种自然本体,是天地万物的汇源处。

三、道法自然

老子说:"人法地,地法天,天法道,道法自然。"因为"人"为地所承载,所以人的行为应当就近取法于承载他的"地"。人不能独立于自然界而存在。在宋明理学中,天是宇宙的本原,被看做是自然的,是人的心性的根性,道德的根据。而天为"道"所包涵,所以天的行为应当就近取法于包涵它的"道"。道有规律、原理、准则、宇宙的最终本原诸意。包含了一切生存发展的机制,也包含了一切必要的淘汰机制。

西汉河上公《老子》第二十五章注说"道性自然,无所法也",意谓道对外无所法,以自己自然而然的存在及运行为法。三国魏王弼注则认为:"法自然者,在方而法方,在圆而法圆,于自然无所违也",即谓道以自然为法则。故老子由此反对违背自然之刻意人为,老子第六十四章说"辅万物之自然而不敢为",主张人的主观能动性不能违背自然的客观规律性。《老子》第二十三章写人与道合之"自然"云:"故从事于道者,道者同于道,德者同于德,失者同于失。同于道者,道亦乐得之;同于德者,德亦乐得之;同于失者,失亦乐得之。信不足焉,有不信焉。"这以不用"自然"二字之笔,写"自然"之义,令人无限激赏。

庄子对此"道法自然"谈到的,大都也是以寓言故事出之。其《达生》说:"忘足,履之适也。妄腰,带之适也。知忘是非,心之适也。不内变,不外从,事会之适也。始乎适而;未尝不适者,忘适之适也。"其养生主说:"泽雉十步一啄,百步一饮,不蕲畜乎樊中。神虽王,不善也。"《庄子·天道》亦说:"桓公读书于堂上,轮扁断轮于堂下,释椎凿而上,问桓公曰:'敢问,公之所读者,何言耶?'公曰:'圣人之言也。'曰:'圣人在乎?'公曰:'已死矣。'曰:然则公之所读者,古人之糟粕已夫! 桓公曰:'寡人读书,轮人安得议乎! 有说则可,无说则死。'轮扁曰:'臣也以臣之事观之。斩轮,徐则甘而不固,疾则苦而不入,不徐不疾,得之于手而应于心,口不能言,有数存焉于其间。臣不能以喻臣之子,臣之子亦不能受之于臣,足以行年七十而老断轮。'"自然之"道",正是"口不能言,有数(隐藏性或外显性知识的规律性)存焉于期间。"庄子此言,讲得十分贴切。

四、"自然"概念的影响

"自然"原本以"道"之自然流行为依归,但自庄子后,很快地"自然"意义被挪用在人生行为的不自约束方面。《庄子》的一些篇中,将"自然"落在远古时代没有修养的原始人身上来讲。例如马蹄篇言"至德之世"的人说:"夫至德之世,同于禽兽居,族与万物,恶乎知君子小人哉!"又天地篇说:"至德之世,不尚贤,不伎能,上如标枝,民如野鹿,端正而不知以为义,相爱而不知以为仁,实而不知以为忠,当而不知以为信,蠢动相使不以为赐。"这样已经逐渐离开了"自然"的正确意义,似以人生的放纵无归为"自然",遂开展出后世"放情肆志"的人生观一路的思想。

这一路思想的正面意义,乃产生开阔达观的心胸。"道之自然流行"是宇宙万物变动的根本理则,人与万物均由此生,由此长养,故把握"自然"依从"道"即是体会到做人的根本来源,视万物与人同具生命价值,如此当然会鄙弃唯我自私的思想,而有开阔达观的心胸。最显著的影响如禅宗的兴起,佛教在印度原有许多家法门,以严格的出世修行而成佛为主旨,然而传到中国后,经过数百年中华文化的陶融,隋唐以后遂有中国化的佛教即禅宗的兴起。禅宗重在随个人才质,求各得其宜,使内在之心性在所处之外在境遇中呈现,而"自然"体悟成佛。

这一路思想的负面影响,则产生不合理的放情肆志的人生观。或由于时代混乱,人心愤激;或由于己事不遂,心神失和,人生行事往往走入放情肆志之域。上面《庄子》马蹄篇、天地篇诸话,适足以为后世人提供借口而产生负面的人生观。杨朱继庄子后,否定了人生的价值,否定了一切万物生生的意义,将宇宙自然流行变化的"道"视为无正无不正,有也可,无也可。这种不合理的颓废思想,以否定一切为"自然无为",对人生当然是负面的影响。

上面正负两种影响,后者在历史上毕竟是反常现象,而"自然"思想影响中华文化的正面价值,当然仍是巨大可称道的。

其实,用自然原因或自然原理来解释一切现象的思想观点,亦贯穿于欧洲思想发展的全过程。17世纪以后,一方面认为人类可以并只能通过科学的方法认识和把握自然界,另一方面认为人类的活动本身也是自然的。这些思想影响到自然法、自然人、自然权利等理论的产生。

五、新儒学自然论

第一,自然如指万物万事非刻意人为的本然状态,则顺应客观规律的"人为"与此种本然状态的"自然"间之新儒学阴阳两仪之良性互动对待,自可归属为广义之自然。自然如指无意识、无意志、无目的、无为无造,则顺应客观规律的"有意识、有意志、有目的、有为有造"的人为与此种的"自然"间之阴阳两仪之良性互动对待,自亦可归属为广义之自然。盖一阴一阳之谓道,此道即自然之道。

然而,不顺应客观规律的"人为"与上述本然状态的"自然"间,因其不顺应客观规律,常是互动不起来的。同理,不顺应客观规律的"有意识、有意志、有目的、有为有造"的人为与上述的"无意识、无意志、无目的、无为无造的自然"间,亦常是互动不起来的。凡是互动不起来的阴与阳,并不能归属为广义之自然。

第二,少说话、多做事才能合乎自然的道体(希言自然)。新儒学阴阳两仪的良性互动才能"常",非良性互动则是"不常",是不能持久的。失其"常",也就是失其"自然",失其阴阳两仪的良性互动,例如主动的鱼与主静的水间之良性互动。而"混沌"的无秩序是其"常",将"混沌"的无序之"常"与其相应的有序之"常"间,视为一种新儒学阴阳两仪之互动对待,亦甚允当。

第三,新儒学自然论,一切应以周濂溪的《太极图说》或林国雄的新儒学系统论之"道"为依归,亦即:

宇宙始生之时,无极生太极。其后彼此两仪互动,故无极而太极。其后太极动而生阳。动极而静。静而生阴。静极复动。一动一静,互为其根。分阴分阳,于是太极内之两仪立焉。太极内阳变阴合,而生水、火、木、金、土。具有封序力量之五气顺布,同时四时行焉。五行演进自阴阳,亦回归至阴阳。每一对阴阳演进自一小太极,亦回归至一小太极。所有小太极,组成层级性之最大大极。最后,太极本自无极即道。五行之生,亦各一其性。无极之真,二五之精,妙合而凝。妙合增益,乾道成男,坤道成女。粗略言之,两气交感,化生万物。万物生生,而变化无穷焉。

换言之,太极之主动性生出天地两仪。天地两仪之主动互动性再生出五行与三才中之人。尔后天地人三才之互动性继续维持,是为宇宙社会之主动系统。天地人三才可分别对应于阳位、阴位及主动中和力之另一三位一组。更精确言之,天地、阴阳、五行、与人妙合互动,再持续化生万物。而上述阳位、阴位、及主动中和力则变换为一操作系统,阴阳两仪本身则变换为开放、演化、互动、卦变之被动系统。五行之个别木性外扬、火性上炎、土性静止、金性内敛、水性下润、及来自天地人三才主动中和力六者,亦变换为一操作系统。木、火、土、金、水五行本身则变换为卦序、循环、生克、稳定之被动系统。

在此太极、阴阳、三才、五行之宇宙社会大系统中,万物均演进自并回归至天地、阴阳、五行、与人之妙合互动,而且在开放中有卦序,演化中有循环,互动中有生克,卦变中有稳定,主动中有被动;反之亦然。凡一事一物之生,直接施以强力影响者,是为因;间接助以弱力之影响者,走为缘。一切事物皆是因缘和合而生,从无例外。惟人,得其秀而最灵。形既生,神发知。五性感动,而善恶分。万事出矣。圣人定之以中正仁义,而主静。立人极焉。故圣人与天地合其德;日月合其明:四时合其序;鬼神合其吉凶。君子修之吉,小人悖之凶。故曰,立天之道曰阴与阳。立地之道曰柔与刚。立人之道曰仁与义。又曰,原始反终,故知死生之说。大哉易也! 斯其至矣。

第四,至于名教,源于西周时将名与礼相结合,是以正名定份为基础的礼教。孔子生活在礼制失序时代,因而提出正名的主张。正名的作用,基本上系一种人伦价值之导引和教化。人心常会陷于衿尚之心而有所措于是非,且以贵贱的好恶情感对待事物,其根源即在现实社会所标榜的"名教"。将"名教"解释为整个人伦秩序,且以君臣与父子两伦为基础,这样的名教仍有它的合理性。而魏晋名士之反对"名教",系为反对以声名、名誉为教,亦有其合理性。及宋明理学,视三纲五常的名教为天理。至清末,谭嗣同有鉴于三纲五常思想的僵化,在社会上已造成种种酷烈的病态,认为"俗学陋行,动言名教,敬若天命而不敢渝,畏若国宪而不敢议",故提出要冲决名教网罗,亦有清末民初之时代意义。因而,将自然与名教视为新儒学阴阳两仪之一种对待,亦甚允当。

第五,所谓必然,是指有某原因发生或某组原因发生时,结果必定百分之一百跟着发生,这是第一种自然。所谓机率,是指有某原因发生或某组原因发生时,每一种可能结果以其相应的客观机率发生,如丢铜板或丢骰子的情况,这是第二种自然。此处,本文已先排除主观机率的非科学性。经由中华文化的因缘和合论,此种确定因果关系的自然与机率因果关系的自然两者之结合,是一种扩大型的自然。所谓不确定,是指有某原因发生或某组原因发生时,每一种可能结果的相应客观机率未知,这是第三种自然。所谓不可能,是指有某原因发生或某组原因发生时,结果必定百分之一百不会发生,这是第四种自然。凡是涉及自然的讨论,应涵盖上面四种自然,方有其在讨论上的完整性。而所谓模糊,受限于人类认知能力、控制能力及资讯处理能力的限制,则其情境大致与上述的"不确定"相同。至若无知,一般并不具备科学分析之意义。当然,上述这些自然的情境,亦能与时推移,而凡是涉及上述自然之运转,均有"气"贯穿于其间。

第六,良知的自然与良能的自然间之两仪互动对待,是一种范围更大的自然。11世纪后,理学成为华人思想的正统。理学最大的流弊似是嘴上说的和笔下写的,都是仁义道德,而行为上常不能实践,故王阳明的知行合一就是针对这种流弊而提出。知行合一的要求是,既然知道这个道理,就要去实行;实行这个道理,就是知行合一。行是知的基础和来源,知又对行起着指导作用。将知看做一切意识或心理等的活动,将行看做一切生理或物理等的活动,亦有其合理性,从而"无'无知之行',亦无'无知之知'"。当然知行也有脱节的可能。知而不行,就是空说不做。行而不知,就是糊里糊涂。言行不一致,一般就违背了知与行之间的良性互动。知易行难,也阻碍了社会的再进步。知易使人轻视"知"的作用,对"知"的信仰不忠;行难则使人害怕去实践,不能在困难面前坚持前进而懈志。不只良知与良能,而且知与行、知识与实践、知识与才能皆可将其视为三对新儒学阴阳两仪的互动对待。我们还期望,这些互动对待应该往其良性的互动对待方向去发展。

第七,其实自然与社会也是一种新儒学两仪的互动对待。社会是在一定的生产活动基础上形成的相互联系的人类生活共同体。这种联系不是自然人的机械相加,而是表示这些自然人彼此发生的那些联系和关系的总和,是人们相互作用的结果。社会与自然界既分立,又统一。最后,自然与人文也是一种新儒学两仪的互动对待。人文一般指社会制度、文化教育等社会现象。《易·贲彖》说:"观乎人文,以化成天下。"唐孔颖达疏:"圣人观察人文,则诗书礼乐之谓,当法此教而化成天下也。"《后汉书·公孙瓒传论》说:"舍诸天运,征乎人文。"唐李贤注:"人文犹人事也。"人文科学在各个历史时期的含义与内容有所不同。古罗马提出培养雄辩家的教育纲领,后转变成中世纪含数学、语言学、历史、哲学和其他学科的基础教育。文艺复兴时期广义指研究世俗文化的学问,主要研究语法、修辞、诗学、历史与道德。19世纪以来,人文科学作为独立的知识领域与自然科学相区别,泛指对一般社会现象和文化艺术的研究。

其后,社会科学一词出现,与人文科学产生合分交叉现象,双方界线如何划分,国内外学术界尚无统一的意见。例如,经济学既被归入人文科学,又被归入社会科学。

凡是自然与社会的互动对待、自然与人文的互动对待,都是一种广义的自然,其余亦可再依此予以类推。而在新儒学自然论中,阴阳两仪的互动朝向良性互动去发展,五行的生克朝向相生循环去发展,甚或朝向完美的相生循环去发展,都是我们所期待的。

六、结语

本文经由上面对自然的含义、道法自然、"自然"概念的影响及新儒学自然论之序列论述,大致已完成了全文新儒学自然论应有的论述。其"阴阳运"朝向良性互动去发展,其"五行运"朝向相生循环去发展,甚或朝向完美的相生循环去发展,通常是我们所期待的。

参考文献:

1. 林国雄:《春秋繁露中的仁义思想新论》,《国际儒学研究》,1998年4辑。

2. 林国雄:《古代仁义思想新论》,《儒家思想与现代道德和法治》吉林人民出版社,1998年。

3. 林国雄:《新儒学因果论》,《根在河洛》,大象出版社,2004年。

4. 林国雄:《新儒学忠恕之道》,《价值与文化》4辑,北京师范大学出版社,2005年。

5. 林国雄:《新道蒙与新儒学》,《新儒学经营管理学报》,2006年2辑。

6. 林国雄:《新儒学系统论》,《新儒学经营管理学报》,2006年3辑。

7. Lin, Kuovhsiung (1995), "San-Tsai(三才) Explanation of Neo Confucian Economic Thought," Taiji(太极) and Science, Vol.10, pp.11-12, Belgium: Leuven.

(作者为台湾台北国立交通大学经营管理研究所教授)

中华文化道统嬗变与台湾文化兴替

（台湾）曹尚斌

一、文化精神其知在史，实践在礼

钱穆教授在《中国民族性与中国文化特长处》一文中说："今天中国人要求昌明民族文化民族精神，求知方面重在史，重行方面则在礼。当前如有大儒出，其重责大任，一在为民修礼，一在为国修史。史重在褒贬，礼重在因革。孔子曰：'殷因于夏礼，其损益可知也。周因于殷礼，其损益可知也。其或继周者，虽百世可知也。'如晚世有臣见君行三跪九叩首之礼，非详究史籍，则不知其因缘所在。但亦不得认此为中国政治乃君主专制之一证。要之，非知中国传统之礼，亦无以明中国史。但非读中国史，亦无以明中国之礼。"

今日学术昌盛，分门别类，已远超出百种科系以上，但无可否认，有一门学问自古至今，为中国人所独精者，是谓史学。颜渊问仁，孔子告以"克己复礼之谓仁"，故颜渊曰："夫子博我以文，约我以礼。"中国文化论其精深处，一切皆是礼，即就史学言，如为死者作传，为亡国作史，皆是礼。本于上述之理念，吾人处于今日之台湾，多年来，社会混乱，盗贼横行，人伦失序，纲常荡然无存！凡仍是正常人性人心者，决不会漠视当前政治政策之施为。

前不久有旅美学人黄清龙于华府普林斯顿大学访问余英时教授，以台湾第七届立委选举结果，直令专家跌破眼镜！这对台湾未来的发展有何意义？余先生说："我不是研究选举的专家，无法评论选举的具体实务。但从选举过程以及结果来看，我认为突出了三方面意义：首先，投票日当天平和有序，社会运作如常，显示台湾人民已经十分习惯民主选举，把它当成生活的一部分，这在华人社会是很宝贵的资产。其次，选民用选票对民进党过去几年执政的表现，做出裁判，并愿意给已经下台七年的国民党再一次机会，这是台湾民主走向成熟的重要一步。第三,从新的民意来看,台湾人民表达出对两岸和平与生活改善的强烈愿望,这对台湾未来的发展是很重要的讯息。值得朝野重视。并在《中国时报》2008 年 2 月专栏中详实报导其主旨:一、立委选举,彰显真实民意。二、挫败民进党,非终结本土化。三、清楚国际现实,摒弃激进台独。四、民主与中国文化是两大资产。"在这最后一节对谈中,余先生说:"民主和中国文化是台湾存在的最大动力,也是台湾最宝贵的两样东西。过去一段时间,台湾民主发展出现一些乱象,这次选举证明,台湾的民主已经更加成熟,这是很了不起的成就。"

上述两段文献中,钱宾四先生指出"礼"在中国文化中之特质,余英时先生则以为文化是台湾所当持守的宝贵精神。惟有文化素养,更充实民主内涵。

二、发扬固有文化,创造世界最有力的文化体系

今天做一个中国人,苟求不忘本,苟求仍为一中国人,有两大任务不可摒弃,一曰读史,二曰守礼。舍此二者,中国人将不再有传统之生存。说到这里,当会联想到"体用论"。清季张之洞,倡"中学为体,西学为用,惟有体,方有用,天是体,人是用,人生违离了天体,更有何用"。中国先哲早有天人合一之意见。近代西方美国学人杜威曾说:"真理如一张支票,该到银行去兑现取钱。但中国人则必先问支票之真伪,若是伪支票,不仅取不到钱,还得受处罚。中国人生中之礼,若亦用支票来讲,礼必本于人,本于心,乃是一张真支票。方今世界人类(含台湾),伪支票充斥,人人竞把伪支票向银行取钱,只求外面全额,不问内里,不求本体,只求实用。"中国之礼为五伦,父子、兄弟、夫妇、君臣、朋友,此五常不可紊。讲到中国文化,天下滔滔皆出口文化,闭口文化,千百人有千百言高谈阔论,莫衷一是,人皆持之有故,言之成理!姑且引北京大学陈玉龙教授,于其"汉文化之回顾前瞻与遐想"一文中吟一首汉文化百子赞辞,明白晓畅的道出文化之表里,曰:"襟江带海兮,翼分南北。舟车辐辏兮,络绎于途。待书相通兮,声教广被。交光互显兮,相濡以沫。众彩纷呈兮,各显其能。游目骋怀兮,皇华无极。太空俯瞰兮,长城如带,文脉绵延兮,传灯不息。众志成城兮,前景璀璨。取精用宏兮,辛勤耕耘。瞻念前程兮,重赋新声。"这一精致的百字新词,吾人当吟咏味觉,不必语译,以存其原真。或举一些具体实例,一见我中华文化之博大高明。在人类文化史上,世界古文化群中,汉文化则以孔子学说贯穿民族传统,博大精

深,有其崇高价值和独特之慧性,可说是世界上最有影响,最有生命力的文化体系之一。

英国著名学者李约瑟在其所著《中国科学技术史》一书中认为,中国在公元前1世纪到15世纪,在应用自然知识于人类实际需要方面,远比西方领先。另一位英国著名学者贝尔纳也在他所著的《历史上的科学》一书中指出:中国许多世纪以来,一直是人类文明和科学的巨大中心之一。

我中华文化自古迄今不间断地持续发展,充分显示其不绝如缕的强大生命力。它经历了上古孕育期,夏商周三代的形成期,秦汉初步发展期,隋唐繁荣期,宋、元、明、清曲折发展期,当代开始跨入自我更新期。勤劳、勇敢、聪明、智慧的中华民族为人类文明贡献了巨大的无可估量的物质财富和精神财富,除了举世皆知的四大发明指南针、造纸术、火药、印刷术外,蜿蜒万里,势若蟠龙的长城和威武雄壮、队列森严的秦兵马俑,又荣列为世界八大奇迹之二。尤其是那些卷帙浩繁的文化古籍,和中华民族固有的优良传统,在世界文化史上,更是独树一帜。

三、以儒教思想如何迎接主世纪—兼论文化兴衰历史

我们有幸生在新旧世纪之交,在新的起点,我们欢欣鼓舞揭开了新的世纪篇章。中国道统言:儒家思想是"文化中国"的主轴,也是中国文化的主流,文化中国是中国的道统,而中国文化是中国的传统,道统是中国文化的精神,传统是中国文化的现实,前者以"原儒"为圭臬,后者以"理学"为潮流。中国的道统为尧舜禹汤、文武、周公以至于孔子一脉相承,中唐韩愈则谓道统传至孟轲,以后则为道统的中断。近世方东美则谓儒学传至唐代已经变质,而唐以佛学为代表,舍佛其谁! 故有唐之世,中国文化只有传统学统,而无道统。顺延至宋代,北宋有程颢、程颐,南宋有朱熹、陆九渊等的宋儒就是当时之新儒家。新儒学则应是孔孟思想之再生。它是新时代产物,自有其特殊的学术价值,这是必然的,可说是儒家理学的要义。然而孔孟学术思想之基本精神也就随新理学之兴起而揭承了旧儒学之新义,这正吻合"孔子圣之时者"之意趣。孔子曾言"吾尝终日不食,终日不寝,以思无益,不如学也"。而孔孟所处之东周时代,正值周天子文化没落黑暗时期,于是他能从古代典籍、诗歌、礼义等得到启示,而集其大成凝聚为一家之言。可以说:孔子是最先期"理学"家。他能汇纳百家众流,承先启后,孟子推崇

他是圣之时者也,乃切中肯綮。何况孔子好学深思,终身不息,有云:"学而不思则罔,思而不学则怠。"

在中国文化史中之汉儒董仲舒可以称得上成一家之言的通人,董氏综合了自春秋战国以来诸家学说,而摒除百家,独尊儒术。其实在董仲舒的学思中却显示他有阴阳家、纵横家、名家、法家等学思烙印。当然,也有汉初文、景之世老庄思想之背景。由于汉儒重视君臣、父子等人伦关系和社会秩序之建立,后世以汉儒所治者,乃"为官之学",并因而受人质疑,儒学是专制帝王统治者之工具。这也是对儒学之曲解误判。

魏晋南北朝以至隋唐为中世纪之中国,儒学的主流地位,渐趋淡弱,代之而起的竟是所谓"玄学"!由于魏晋南北朝长期战乱,军阀暴政,残民以逞,学者多生厌世思想,如王粲诗有云:"出门无所见,白骨蔽平原。不知生死处,安能两相完?"一般人整日担心,时逆势转,生存无安全感,无奈之间,讲谈之风,于焉滋漫!其时何晏、王弼二人倡虚无主义,推崇老庄学说,彼以天地万物皆为无本。王弼竟说:"无也者开物成务,无往而不存在者也。"其实他这样综述老庄,乃自相矛盾,既推崇"虚无"主义,以万物为"无"本,又说:"无"乃开物成务,无往而不存者也。这与儒家正统思想相背弛。当时有所谓"竹林七贤",即:阮籍、嵇康、阮咸、山涛、向秀、王戎、刘伶等人,彼等行事放浪形骸,皆不与司马氏篡窃诈伪相应,或由于自然名教之争。彼七贤者皆好老庄、周易之学,恨政争之激烈,愤世、嫉俗,不与闻世事,"酣饮"以为常。

南北朝时,"玄学"之外,又兴黄老之术。时道儒二家,各欲用世,大行于西汉文景之时,然其成说,早在战国之世即已萌生。至于将黄帝、老子合称,据传说,黄帝之书已佚,无法与老子书相较,因此,黄老并称。《史记》太史公自叙云"惟黄帝法天则地",盖道家之以天地自然循环规律是尚,其来有自也。

蔡元培在《清谈家之人生观》一文中指出,清谈家之所以发生于魏晋以后者,有下述几点原因:一、经学之反动,二、道德公信力之丧失,三、感伤于人生之危险,四、南学势力之茁壮,五、佛教输入之影响。

略叙魏晋南北朝之玄学大概,再跳脱于唐宋儒学。唐代由于佛老思想之充斥人心,以致儒学意识淡化!韩愈《原道》一文,就是以行动诋排佛教,掀起一阵佛儒论战,然而终因儒学之有包容性,佛教渐融于儒,而得以在丰富的中国文化中滋润成长,稍后竟致儒、释、道三家之融合,并形成中国文化之主流,这可喻之为喜剧收场。唐代儒者,以佛家之慈悲情怀注入新儒家理学,延续到宋,先有北宋周濂溪等五子,以及南宋朱熹、陆象山等人不断地将儒学重新定位,并以性即理,心即理的思维方式解释理学,卒致促成儒学复兴的世代,接续有所谓宋明理学之承传,阳明之致良知,去人欲,存天理,主张知行合一的导引,启发实践哲学,反向思考,逐渐离去心性空疏之不切实的去人欲,存天理之说,于是清儒如顾炎武、王船山、戴震、黄宗羲、惠栋等朴学之兴起,主张人本学说:以"心物合一"之哲思理念,创建新思维。清代后期,随着欧美列强之侵华暴行,中国文化中的儒学,面临空前严峻之考验,西文化以排山倒海之强势侵入中土。而我固有之经典哲学似乎都无法抵御外侮之实用力量。此时中西文化冲突,造成社会混乱,政治不安,经济萧条。因而有人喊出把线装书(经典之代称词),扔进茅厕坑去,此种悲愤情绪于五四运动时,达于高潮,是传统儒学最悲痛之重怆。

民国初年民族自信心低落,有识之士,盼望民富国强,但时弊有若冰冻三尺,非一日之寒。民国儒学,可说是现代新儒学,这种新的儒学因为民族主义太强,似已失去"理学"应有的理性和客观性,此种儒学是有意识型态,为一缺失。矫枉过正,自我束缚。因而激越出民主、科学之标识。

以西方思维方式所产生的"契约资本主义"社会,以美国为代表。而东方的"伦理资本主义"社会,以日本最为典型。"伦理资本主义"的东方亚太社会还有韩国、日本、香港、新加坡、越南、台湾以及其他华侨社会等。由于战后儒家文化经济圈的杰出表现,此种"伦理资本主义"的经济制度、经济政策、社会政策、商业政策等均已引起世人的关注。其中尤其是日本人的敬业,团结合群乐业、专业分工、荣辱一体等最有特色。还有,台湾企业界颇为重视家庭伦理,所以中小企业也较为发达,此种儒家企业文化在越南也甚为推重。

四、大陆经济突出发展来由与吸取西欧文化思想的变换

1978年以后的中国经济突飞猛进。这与大陆回归"藏富于民"的儒家思想甚有关系。中国儒家思想的种子又开始萌芽,而且发展甚快,因为这是合乎中国水土的。新儒家学者以港、台的学者为主,也有欧美、日本等地的学人,惟其基地在香港。新儒家思想的主要精神,是摆脱儒家思想一些僵化的意识形态,尽可能

接受西方的优点,然后融会贯通。起初是以西方传统主流思想为重点,如今则包括西方反传统主流思想的马克思思想在内。新儒家所关心的重点也逐渐转移到西方的民主、法制、科学与技术等方面。儒家思想容易被世人所误解的是在朝为官的意识形态,还有其复古思想,其实真正儒家思想不只寻找传统思想中的精华所在,也要探讨这个思想的新生力量,以创新儒家思想的生命力。尤其面临到西方思想空前冲击的近代中国,在此冲击过程中灿烂夺目的火花四散因此伤害波及了许多人,那就是民不聊生的苦难中国和悲惨的中国人。其过程是漫长的,也是残忍的。雨过天晴后,必然柳暗花明。21 世纪必将是新儒家思想的一片蓝天。中国历史上汉唐盛世,也是"陆上兵路"所致,而宋明时期东南沿海地区的经济文明,则是"海上兵路"之功。在世界历史上这种文明调和,造成国家富强的例子也很多,最具体的是 12 世纪阿拔斯王朝,它是结合了埃及文化、波斯文化、阿拉伯文化、希伯来文化,甚至于印度文化和大唐文化等等。阿拔斯王朝的文明当然超越了当时黑暗时期末期的欧洲文明,也超越当时南宋文明。西方文艺复兴以后的欧洲现代化文明,也是文明调和的结局。

当今新儒家思想正面临了文明大调和的时期,它不但吸收西方的主流希腊罗马思想,也融合西方反主流马克思、恩格斯思想。在 21 世纪新儒家思想将为东方文明的代表,这将与代表西方文明的基督新教文明相媲美。

仍以魏萼教授的专论《新新儒家》一章所述要旨续申新儒家的思想特质及其优越性,以其人文哲学思想相当丰富,若能辅之于实用科学的新理性,乃更有价值。换言之,若能与社会科学、自然科学、科学技术等相结合,则可致儒学在国家社会的现代化中造福众生,其意义更为重要。这就是"新新儒家"的特性,这也正如宋儒转变成明儒的过程。宋儒为西汉以降的新儒学,而明儒则重视"知行合一"的实践意义。20 世纪末的新儒家,也是儒家思想的复兴,但是 21 世纪将是儒家思想的实践时代,这个重视人文思想与社会科学、自然科学的"新新儒",不只可以创造 21 世纪东方世界奇迹,也可提供许多世界地区现代化的参考。

新新儒家所关怀的是如何使社会国家现代化,是重视政治发展、经济进步、法治清明与社会和谐等,涉及自由、民主、人权、法治等有关的问题,当然关心的是国民的生活素质的提升、教育的普及、人权的保障、宗教的自由等等层面。这要从所谓"形而上"的学识揭示:《易经》与《中庸》是传统儒家思想的主轴。一个国家制订重大政治与经济政策,若能秉承儒家思想的理性精神,则不与社会发生政策偏差,并避免一些文化冲突所发生的灾难。这不只是儒家文化经济圈的社会应当重视,同时亦可为世界其他文化经济圈的社会作为政府决策的参考,因为"唯心"与"唯物"结合下的"心物合一"论思想与"天人合一"的哲学思维方式,应该是世界共有的文化资产,也应该为世界人类所共享。但这个哲学思维方式,迄今并未为普遍世界所认知,甚为可惜。此一思维之最大优点是尊重世界每一地区之文化特色,他可以自己的角度去灵活使用《易经》与《中庸》理论,乃促使文明调和为目标,与西方文化帝国主义者企图以他们的思维方式,强加在他人文化圈里,是完全不同的。而正如所谓的新剑桥学派之亨廷顿、梭罗、布里新斯基等人,他们认为西欧模式的民主政治、市场经济、自由平等的言论与人权,可以放诸四海而皆准。很主观的硬要其他不同文化圈的国家也要接续。其实不然,这些外来的思想与文化,不但能创造成其他社会文化圈国家的水土不合的文化冲突现象,也将带给这些国家和地区政治、经济、社会等的紊乱与不安。

就以政治文化而言,西方的公民政治和全民投票制度,或许是西方北美、西欧等已开发国家的良策,但若在未开发中国家,如亚洲、非洲等国家则为恶策(毒药),倘若把公民投票选举施之于未开发国家,竟致掀起政治权力之争夺,因而经济衰退,社会无正义,人们不适应而造成对抗及各种不公道之违法犯纪,结果人们就可能质疑,想象那些原本出于善意的学者其用心正当性为何?尤其现仍在承受西方文化殖民政策侵扰之害的国家、地区人民之极度反感!

当前经济全球化,是 21 世纪之大潮流,全世界国家都正已朝此方向进行。但各国文化与经济发展不同,有些国家、地区可能适应良好,然亦可能有些国家或地区,就不能顺势而行,格格不入,例如:台湾就有此状况(内情复杂,本文不予细述)。放眼一观,世界南北半球国家之经济差距甚大!这就说明经济先进国之所谓经济全球化的主张,竟是要尚待开发中国家,放下经济的精神武装,只能——听命于经济已开发之国家的步调行事。

新新儒家本于人本思想,乃畅言还政于民,国家政策以确实贯彻民有、民治、民享之目标,不使政府、国会只是资本主义之工具。人们亦须认识直接民主则是有限制之要件的。而开发中国家若贸然学样施行欧西国家之全民投票公民政治模式,将未蒙其利,先受其害,台湾近年来不就经历了这一实验性直接民选国家领导人的丑陋弊端吗?

五、台湾六十年来政治变迁与政党轮替的意义

台湾历经四十年戒严之威权统治,终于在李登辉承续蒋经国执政,并即由直接民选,在李登辉顺势使力,选民莫明其妙地以廉价投票,从恶如流,陈水扁更替了李登辉,掌握了政权。迄今台湾解严二十年,后李登辉时代,民进党执政八年,其表现如何,一言难尽,只要看 1 月 12 日的立委改选的情势之转移,说明一切。不过这样含糊其词,人们陷入混沌迷惘,不得其解,兹引录本年 2 月《台湾联合报》一篇社论《解严二十年,文革后三十年,香港回归十年》文中说:"因解严令的取消与动员戡乱时期的中步,台治经济各方面,确实曾有大开大阖脱胎换骨的契机。当时台湾宛如站在历史的大窗口,何其开阔,讵料,解严后不久,竟即陷入李登辉毁宪乱宪的风潮,淌入黑金政治之梦魇! 接着陈水扁夺得政权,又以两颗子弹而侥幸连任,其间宪政之浊乱,司法受到操弄,经济低迷,贪腐成风,民生凋敝等等,整个台湾各方面,不进反退,情势演变至今,沉沦堕落到只成为被陈水扁挟持以捍卫其贪腐的私器而已!"

政党轮替是民主政治常态。民进党执政八年,政绩好坏,人民心里有数,做不好就再轮替。人民是台湾真正主人,有权决定自己命运,国民党有没有认真重振纪纲? 确系值得客观考量。而新一轮的政党轮替,则是台湾人民觉醒的标志。

(作者为台湾文化大学教授)

儒学的人文精神和领导力

（韩国）孙兴彻

一、绪言

世界化使我们的社会纠纷得以减少，分配得以公平，公平的机会得以保障。尊重他人，实现伦理所需的领导力，就要有充分的人文精神和自我开发实践能力、与他人的调和能力及广阔的包容力。本文将对过去 2000 多年的东亚儒家精神进行现代再解说，并对个人和社会领导力的涵养方向进行讨论。

然而，并没有固守的儒教经典和解决方法。因为现代人在解决精神上、物质上的生存问题时，东西洋的区分变得没有什么实际意义。另外，盲从的拥护所谓东方价值和蔑视西方价值的态度已经不被世人所接受。现代人不喜欢把东西方的价值观进行比较，那种取长补短的二元法也不再被认为是好的方法。现在具有儒家思维方式的中国和日本已经通过人文政策的变化使新的传统得到确立，并拥有了国际竞争力。在这样的情况下，偏向以意识形态为中心的哲学评价和裁断方法应该废止，以物质和精神为观点的二元法更应如此。

本文是通过对儒家和性理学哲学史观点的整理，来讨论儒家学者和性理学者对当时的社会是怎样进行诊断的，具有什么样的问题意识？进而提出，以客观的角度来理解社会问题和自我开发的方法，以及如何将其应用在 21 世纪的今天。

为了理解儒教的本质，需要以客观合理的方法为前提。对儒教的批判也由此而展开。在这些分析的基础上，便能找出现代的时代精神与个人的人文精神的开发动机。哲学的时代产物是引导这个时代思想理念的依据。解决儒家现时代的问题，主导世界化的精神文化也是其中的一条。对于这些疑问的解释，寻找儒学在我们这个时代的意义，将成为我们这个社会新生力量的精神文化的起点。

二、儒学的人文精神

21 世纪,现代科技的发展,先进武器交易系统的确立,新商品的开发,不仅需要新的动力,新的人文精神开发也是必不可少的。特别是引导时代的思维体系,家庭社会中自身能力开发健全的市民角色,能力和成果为主的经营中所出现的优缺点所具备的 21 世纪人文经营精神,以及具有多种能力并能融合社会的领导精神的涵养也是很有必要的。

儒学中最不能忽视的就是人们的思维、思索以及哲学体系。儒学具有东亚文化全部的文化要素,是代表东亚文化人文精神的哲学。儒学的人文精神可以用"仁"来概括。这篇文章将以"仁"为中心对儒学的人文精神进行说明。

《论语》521 篇中,共有 58 章 109 次提到儒学中以"仁"为中心的最高的价值观念。人之所以是人,他的本质在于"仁"。在这个意义下,代表儒学人文精神的概念便是"仁"。儒学把"仁"作为人文精神中心的理论可以归结如下:

1. 仁是人的本质。《中庸》里面提到:"仁者,人也。"《孟子·尽心下》也曾提出:"仁也者人也;合而言之,道也。"朱熹对于这一点曾经进行说明:"仁者,人之所以为人之理也。然仁,理也;人,物也。以仁之理,合于人之身而言之,乃所谓道者也。"人和动物的区别就在于人具有仁的价值观,可以维持人的尊严。朱熹还曾说过:"仁者,心之德,爱之理。义者,心之制,事之宜也。"

2. 仁意味着天人合一。周敦颐曾说"天以阳生万物,以阴成万物。生,仁;成,义也",以及"圣人定之以中正仁义,而主静,立人极焉。……立天之道,曰阴与阳;立地之道,曰柔与刚;立人之道,曰仁与义。"①

这里所说的组成宇宙万物的阴阳刚柔和人的仁义是同样的原理。这便是天人合一的理论依据。天地和人的统合价值便是仁。

张载说过"天体物不遗,犹仁体事无不在也"②,并提到"仁统天下之善,礼嘉天下之会,义公天下之利,信一天下之动"③。

首次提出"天人合一"概念的张载指出:"儒者则因明致诚,因诚致明,故天

---

① 《太极图说》。
② 《正蒙·天道》。
③ 《正蒙·大易》。

人合一。"①张载虽是以通过诚来说明天人合一,但是诚和人的道理是完全相通的,因而和仁的意义是完全相同的。正因如此,人本身的存在意义和道德义务便是人的最高境界——诚,这也就是所谓的天人合一的状态。

朱熹认为"无私,是仁之前事;与天地万物为一体,是仁之后事。惟无私,然后仁;惟仁,然后与天地万物为一体"。和天地万物成为一体的关键就是仁的实践。

3. 仁是最高的道德原理。二程曾提到,"仁即道也,百善之首也。苟能学道,则仁在其中矣"②。朱熹也曾经提出:"仁是恻隐之母,恻隐是仁之子。又仁包义礼智三者,仁似长兄,管属得义礼智,故曰'仁者善之长'","夫仁,天之尊爵也,人之安宅也。莫之御而不仁,是不智也"。朱子说明了仁、义、礼、智,皆天所与之良贵。"而仁者天地生物之心,得之最先,而兼统四者,所谓元者善之长也,故曰尊爵。"

4. 仁是存在论道德的生命根源。《周易·系辞》中曾说"天地之大德曰生"。二程也曾提过"心譬如谷种,生生之理便是仁也"③。还有"天地生物之心是仁;人之禀赋,接得此天地之心,方能有生。故恻隐之心在人,亦为生道也。"对于"人皆有不忍人之心",朱子注释为"天地以生物为心,而所生之物因各得夫天地生物之心以为心,所以人皆有不忍人之心也"。

儒学的价值根源,并不在于对和自然独立的人进行独自的判断,而是觉得人是自然世界的原理,具体来说就是自然地生生之理是人的存在论道德的根源。因为生生之理不仅是生命的根源,也是维持生命的最高的善。所以仁的生命根源就是生生之理。

5. 仁是实践理性或是实用理性。李泽厚认为,仁是血缘基础的礼,向着外部的心理原则。通过对原始氏族的人道主义和个体人格来说明具有这四个意义的实践理论和实用理性。

过去的东亚,作为政治思想中心的儒学在西势东渐和近代化的过程中受到了许多政治的、理念的批判和逼迫,成为了代表旧时代的过时的思想,并渐趋没

---

① 《正蒙·干称》。
② 《遗书》卷二二。
③ 《遗书》卷一八。

落。

20 世纪末期,东亚各国开始了对儒学新的研究。西化过程中受到批判和歪曲的儒学,如今在东方的位置有了重大的变化。现在,中国社会科学院成立了儒教文化研究中心,通过儒学对众多的传统文化进行了新的研究和解说。到 2008 年 1 月,全世界 64 个国家开设了 210 多所的孔子学院,以宣传中国文化为中心,提高了中国的国际地位。曾经主张脱亚入欧的日本接受了先进的西方近代文化和思想成了亚洲近代化的代表。但日本的近代化并不是单纯的以西方科技文明为中心。日本在近代化过程中,把儒学和西方的思想进行折中,形成了日本式的文化。因而,日本成了亚洲西方近代化的代表国家。儒学中的领导力便是对仁的具体实践的领导力。

三、中庸的领导力

对于领导者来说,价值判断的正确性和言行的公正性十分重要。在这方面,理解中庸,维持领导力成了领导者的首要问题。因为中庸不仅意味着最正确的宇宙原理,还意味着人的普遍道德价值。程颐说:"不偏之谓中,不易之谓庸。中者,天下之正道;庸者,天下之定理。"①朱熹认为,"中者,不偏不倚、无过不及之名。庸,平常也。"②应准确的理解中庸领导力中中庸的意义,并把它应用于具体的生活当中。

中庸的领导力是中庸的价值和现实生活的调和,这就是中和。以中庸为依据的判读,用具体的语言和行动来表现的原理就是中和。

为了实现这样的中和,应该保证人们先天的情绪即七情。《中庸》里面曾提到"喜、怒、哀、乐之未发,谓之中;发而皆中节,谓之和。中也者,天下之大本也。和也者,天下之达道也。"③即人的各种经验以及偏颇的理念,或私欲造成了人的情绪毁损。要保全纯真的情绪,就不能有私心,而是应该客观的判断和评价他人。这就是儒学的主张。例如,不懂得开心的人是没有办法理解他人的喜悦的。

另外,为了调和喜、怒、哀、乐、爱、恶、欲七情,不仅要没有偏颇,还须注意时

---

① 《中庸章句》序。
② 《中庸集注》。
③ 《中庸》首章。

机要一致。时机的一致指的就是时中。即所谓的"易道深矣,一言以蔽之,曰'时中'"。这个时中的精神也是《易》的原理。时中,乃致亨之道。这里的亨通便是现实中的调和。

时中的功夫是执中。执中即"'人心惟危,道心惟微,惟精惟一,允执厥中'者,舜之所以授禹也。尧之一言,至矣,尽矣!"①这里出现了君子和小人的差异。即诚实的学好中庸的人是君子,做不到的人就是小人。

君子之所以是君子,是因为他们按照中庸里面的道理进行实践。小人之所以成为小人,就是因为他们没有去实践中庸里面的道理。即"其为人也孝悌,而好犯上者,鲜矣;不好犯上而好作乱者,未之有也。君子务本,本立而道生。孝悌也者,其为仁之本与!"②另外,装成君子但行事确是小人的乡原,是比小人更可怕的。孔子说:"乡原,德之贼也。"③

领导者的错误判断,主要是因私心、偏见、固有观念和先见所形成的。其言行不能代表特定集团的见解和利益。社会的领导者如果过多的宽容、庇护和自己有血缘、地缘、学缘或利益关系的人的话,会造成很多的纠葛甚至可以使国家灭亡。特别是如果偏向代表社会良心和智慧的知识人,进而抛弃社会争议和良心的话,那个社会将不会有美好的未来。我们的社会需要的是那种能找到别人的缺点,并同时能维护社会正义和良心的知识人。

近代社会的开始就是自我发现合理思维的开始。现代社会中,个人的自己开发和自我意识的变化主导社会潮流,这便是现代社会的特征。仔细分析一下,不同的时代,对于人生问题的看法都不同。但并不是所有的人生问题都不存在联系。即,个人的幸福和社会的共存是人类社会永远期待的话题。具体来说,什么可以使得人生幸福呢?怎样才能使得人与人之间的关系不是敌对的、命令的、相克的、斗争的、相互虐待的,而是友好的、协助的、互补的、和平的、友爱的关系?这些问题一直是人类社会所普遍忧虑的。儒学中,解决这些忧虑的第一步就是中庸道德的涵养。

儒学中最理想的人是君子,这也就是现代社会需要的最高的领导精神。儒

---

① 《中庸章句》序。
② 《论语·学而》。
③ 《论语·阳货》。

学者以中庸的态度提倡人的价值,并树立了实践修己治人的基本的人生观。反过来,无视仁的价值,追求自己私利私欲的便是小人。

四、家族爱的领导力

人类以婚姻和血缘为基础形成了家族文化。这样的家族文化,具有多样的生物学文化的意义。对于人来说,家族是种族的繁殖,个人的养育,在危险之中受到保护,社会的构成单位等具有文化的主体意义。即,家族是以姓氏为中心的血缘共同体,共同居住的主体,经济活动的主体,以夫妇为中心的爱情结合体,以家系为中心的文明共同体。

尽管现在一部分思想家主张解散家族,但无论东方还是西方,古代还是现代,家族都是个人存在的根源,成长的家乡。家族象征着个人生命的诞生,肉体健康的成长和培养教育人性成长的现场。

在以农景生活为中心的东方社会,家族的生活和个人生活的关系更加密切,家族社会中最重要的是共同体社会和个人生活的和平和睦。

儒学中,人的存在论,道德论的本质是仁。仁的具体实践的出发点便是孝悌。

"其为人也孝悌,而好犯上者,鲜矣;不好犯上而好作乱者,未之有也。君子务本,本立而道生。孝悌也者,其为仁之本与!"①

文化的形成并非一蹴而就。东方文化是以自己的道德伦理观为中心而形成的:孝悌的意义,并不是单纯的儿女抚养父母,听从长辈的话。孝指的是以子女对含辛茹苦抚养自己的父母的报答为中心的概念。孝是"身体发肤,受之父母,不敢毁伤,孝之始也。立身行道,扬名于后世,以显父母,孝之终也"②。报答父母教育的同时,进入社会,遵循做人、行事的道理,建立自己的领地,实现自己的价值,并扬名让父母为自己而骄傲。这就是所谓的孝。这里并不强调自己单方面的牺牲。朱熹把孝悌的意义用亲亲、仁民、爱物进行了规定,并做了如下说明:

"这个仁,是爱的意思。行爱自孝弟始。"又曰:"亲亲、仁民、爱物,三者是为

---

① 《论语·学而》。
② 《孝经》。

仁之事。亲亲是第一件事,故'孝弟也者,其为仁之本与'。"①

仁意味着爱,爱的实践就是从孝悌出发。朱熹把仁的实践内容分为对肉亲的亲亲,对百姓的仁民和对事物的爱物三种。这中间,亲亲是最为重要的。对肉亲的爱要从孝悌开始。即,仁的具体实践内容可以分为亲亲、仁民、爱物三种,其中亲亲是最根本的目的,为了实现亲亲就要从孝悌出发。从朱熹的著作中可以看到"又如木有根,有干,有枝叶,亲亲是根,仁民是干,爱物是枝叶,便是行仁以孝弟为本"②这样的话。

儒学中的价值概念和实践方法极为具体。孔子把孝悌看成是仁的根本。现代社会受西方近代市民社会的生活方式和产业化的影响,传统的以家族为单位的生活解体了,随之而来的是小家庭,从而也导致家庭成员之间的纽带关系变弱了。农业社会也是家族过新的生产共同体 24 小时在一起的社会生活。和现代产业化社会不同,家族之间的纽带关系成了个人和团体生活中最重要的部分。这样的内容也是经济生活是以畜牧业、工业为中心的社会和以农景为中心的社会的特征。即,农业社会中,生产的主体是以家族和血缘为中心的氏族社会。他们是共同生产、共同生活、共同分配、共同游戏的共同体。家和万事兴也成了家庭共同体的中心目的。

儒学的孝悌伦理被批判为封闭式的家族伦理。之所以被批判,正是因为批判者没能理解儒学所发生的东亚的社会环境。

五、启发自己和尊重他人的领导力

领导者如果不开发自己的个人能力的话就没有办法去实践仁。即,仁是以自我个人能力开发为前提来实践的。自我开发的是道,即,为了实践仁而指定了方向。

孔子说人的道是共同的。曾子对它的解释是:"参乎! 吾道一以贯之。曾子曰:唯。子出。门人问曰:何谓也? 曾子曰:夫子之道,忠恕而已矣。"③这里"吾道一以贯之"指的是天道和人道都是以同一个原理来理解仁并进行实践。

---

① 《朱子语类》。
② 《朱子语类》。
③ 《论语·里仁》。

这一贯的原理便是忠和恕。朱熹说"尽己之谓忠,推己之谓恕"。

忠是指把自己的可能性都实现,拥有真诚而不虚假的心和态度,尽到自己对社会的责任。通过这些,使得自己的主观态度最大的客观化并得到升华。

这样的努力便是克己复礼。孔子说"克己复礼为仁。一日克己复礼,天下归仁焉。为仁由己,而由人乎哉?"①这里"仁者,本心之全德。克,胜也。己,谓身之私欲也。复,反也。礼者,天理之节文也。为仁者,所以全其心之德也"。也就是说,克己复礼是启发忠的具体内容。

那么被启发的忠又是怎样来实现的呢?孔子说实践仁的方法是通过忠,积极的实践人,重视恕。通过对恕的实践的领导力可以分为个人的观点和社会共同体的观点。

首先,来分析个人的观点。子贡问:"有一言而可以终身行之者乎? 子曰:其恕乎! 己所不欲,勿施于人。"②孔子的这句话是说,看起来平凡的也是实践起来特别难的。我不喜欢的话,别人也不喜欢。人们都喜欢把自己不喜欢的事情交给别人做,或是地位高的人愿意转嫁给部下。健康的领导者喜欢身先士卒。我们这个社会里,良好的市民是指自己不愿意做的事情也不会转嫁给别人的那种人。即孔子所说的"出门如见大宾,使民如承大祭。己所不欲,勿施于人。在邦无怨,在家无怨。"③这样看来,自己不愿意做的事情不强求别人去做,并不是消极的意思。个人的怨恨和埋怨并不是因为不知道尊重别人,而是因为自己要做的事情转嫁给了别人来处理。领导者的作用就是要积极地解决这些社会纠葛。

第二点就是社会共同的观点。孔子说"夫仁者,己欲立而立人,己欲达而达人。能近取譬,可谓仁之方也已"④。朱熹分析了"己欲立而立人,己欲达而达人,是以己及人,仁之体也。能近取譬,是推己及人,仁之方也"⑤。关于"以己"和"推己"之辩,说明了"以己,是自然;推己,是着力"⑥。

---

① 《论语·颜渊》。
② 《论语·卫灵公》。
③ 《论语·颜渊》。
④ 《论语·雍也》。
⑤ 《朱子语类》。
⑥ 《朱子语类》。

　　这样看来,"己欲立而立人,己欲达而达人"说的是自己真心地和别人一起发展的心,这个心就是仁的本质,生生之理的实践。这种生生之理在现实中具体实践就是仁的实践方法。

　　孔子的这些主张看起来并不符合现代激烈的竞争社会,但是仔细分析后,便会发现这是个重要又有效的方法。因为在竞争社会里,无限或无序竞争,个人的正当努力和努力的结果就不能得到准确的评价,会以白费力气而结束。举个例子,就是用一个特别好的方法去开发一种特别优秀的技术,但是如果没有利益可以追求的话,是不会有人去努力开发这种技术的。尊重和肯定他人的努力和结果是共同繁荣的捷径。这一点孔子早在 2500 年前就知道了。即对他人的努力给予肯定也是自己受尊重的捷径。认证别人的同时一起发展,对努力的人给予尊重并给予适当的待遇,就是实现共同体的人的实践方法。在这样的精神下,相互补充和协同才能实现,才能够帮助没有什么实力的人。

　　偷取别人的技术,无视别人的努力,有能力的人互相猜忌的话,正当的努力将得不到应得的回报,公平的机会也将得不到保障,合理的分配也就不会实现。

六、世界化的领导力

　　地球村时代的领导力不能是封闭的、枝叶的、地域的、单方面的,需要有能包容所有社会成员的领导力。大国需要有巨大的包容力,但是一旦大国的力量发展成霸权主义的话,就会引起很多的分歧和纷争,共同繁荣的机会也会从此消失。

　　未来的世界,需要有符合世界化的领导力。儒学里面所说的世界化的领导力便是大同社会。孔子曰:"大道之行也,与三代之英,丘未之逮也,而有志焉。大道之行也,天下为公。选贤与能,讲信修睦。故人不独亲其亲,不独子其子,使老有所终,壮有所用,幼有所长,鳏寡孤独废疾者皆有所养。男有分,女有归。货恶其弃于地也,不必藏于己;力恶其不出于身也,不必为己。是故谋闭而不兴,盗窃乱贼而不作,故外户而不闭,是谓大同。"

　　走福利社会的路也和大同社会的理想没有什么差别。大同社会中,万民的身份平等,物品共同分配,是正义、道德与善一起实现的社会。

　　大同社会的领导力不是个人中心主义和自国中心主义,而是通过不断的自我超越来实现自我。因为,偏斜的自我中心主义不会对别人关心和尊重。狭隘的民族主义和爱国主义只会招来和其他民族更多的分歧。

七、结语

21 世纪的潮流是世界化。因为世界化,人类的相互交流增大,形成了地球村。遥远的地方发生的灾难或是事故,重要政界人物的事事非非会瞬间传到人们的家里。前所未有的丰富的物资,自由、和平等充斥着人类社会,自我实现的机会也越来越多。人类经历了无数的政治变革,实现了民主主义,人权得到了保障。但是人类社会的个人、阶层、国家、地区等多方面都存在着问题。

在这样的情况下,人的尊重精神和人文精神不发达的话,人类的未来将不会充满希望。人类的普遍理想是为了实现共同的繁荣和幸福。为此,每个人都要具有能力和道德的力量达到国际水准,以培养出能够主导未来发展的领导者。

21 世纪的国际化时代,为调和多样的利益关系,创出未来的价值,需要具备深刻的洞察力和实践性的领导力。领导人需要具备卓越的判断力、勇气、道德性、公正性和信赖感。

需要这些精神的领导力和儒学的精神指向是相通的。儒学的仁是解决现代社会问题中的人文精神,中庸是正确判断价值的基准,通过礼来克服个人的私欲。自我开发领导力是尊重他人人格、能力的共存和共同繁荣的领导力。超越自我中心、国家主义的大同社会是世界化未来的领导力。

积极的实践这些领导力的就是君子,无视这些价值而只追求私利私欲的人就是小人。

（作者为韩国延世大学哲学系教授）

论河洛文化与祖国信念的认同

（台湾）吕继增

一、前言（兄弟！你我同文共祖，咱们是亲人。）

在生物界中，无有不能自我"定位"者。鱼生于水则从水而居，兽生于野则就野而处，鸟生于树则择林而棲。最高等生物之人，更是能为自己安排更高等的生活境界，这都涉及周礼中特别强调的"辨方、正位，体国、经野，分官、授职，以为民极"原则。

河洛，本指黄河、洛河二水，延伸为泛指二水系的流域。水深土厚之地，又当温暖地带的纬区，自然草木繁茂、禽鱼滋蕃，甚为适合人类定居。我们中华民族的历代祖先，遂以河洛地区为中心，作为民族基业，在此生长养育其子孙。这样的地方，古籍记载其称呼是"父母之邦、中国、邦家、墓庐之地、祖业族产、诸夏"等名词，随机称宜而举之。到了近代中西交通发达，方才就英语 mother land 或 father land 之意通称"祖国"。河洛之地是祖国的核心之地，原始的胞衣。

黄河文化区最为辽阔，我中华历代古都之所在，至于早期的唐、虞、夏、商、周，则是大体与洛水流域相叠。河图洛书，神秘地启示中华民族在此就地立业，乃是受命于天，是这一片地球表面的原始开发者，本诸"劳动创造价值"，这更是"祖宗遗业"，这遗业之中有无尽的遗爱与遗愿，望汝辈后裔，体会创业艰辛，务要守成惟谨。"汉上诸姬，楚实尽之"的警语，在时代解释上应扩大为"弱小、低开发的国家种族，已先后落入强权魔掌"，作为对全球化中自我定位取向的依据。

兄弟！你我同文化、共祖先，咱们是亲人。

在数十年抗日战争中，最后使中华民族熬过最艰危辛苦的八年，基本的凭籍，就是这"祖国，亲人"的信念。记得那松花江上三部曲传唱之后，中华民族中所有不知人类学、社会学为何物的同胞,可都能坚持民族大义,与敌寇周旋。这是"祖国信念"的极致。信念表现在行为上,奠基在共同的历史上,真实无妄,于是发为力量。

这有考究和承当的必要。

二、河洛文化源于三才,以人道立极

周易系辞:"天地之大德曰生,圣人之大宝曰位,何以守位曰仁,何以聚人曰财,理财正辞、禁民为非曰义。"这中间存有至理,至今有用。

生命在我们自身,随感即是,不必傍求其意义何在,但要让这生命能活下去,却也有赖于天地自然赋与人间各种条件,古人谓之"金、木、水、火、土、谷"六府,顺着这天地滋生养生之理,要发展出各族群自己生养的德行,人的德行是效天法地,广大久远,不同于下等动物的互相吞噬。圣人是此道中的先知、先达。

于是经过启蒙推广,有了给人类自我定位的原则,称为三事:"正德、利用、厚生"。其中太多的事业好做,这事业不是今日的 bank、finance、business、enterprise 等等的唯私不公,却是"举而措之天下之民,谓之事业",这是中华民族祖先对天下之民的承诺,中华民族的子孙,应该承接承担吧。公而无私,祖先遗范。

建都于平阳的神尧大帝,有具体"公天下"的事迹。大舜,二十四孝第一人,在"孝经"中孔子提到的"先王",非舜莫属。舜的孝,可不是"聚财如山,以贻子孙",孟子说他"不以天下帝位庇其父",他为天下择人,选了有平水大功的禹帝作为继承。这三位圣帝及其佐弼,都从事着"真正的事业"。呼呈:21 世纪的企业家们,都来看哪!

这是中华民族子孙的第一步定位,也兼定向。

祖先的事业"空间"是公天下,在宇宙之中排序是:公天下、灰色天下(向私沉沦、过渡)、私天下、天地闭而人道全隐(可能就是全球化完成)。列祖列宗开物成务的大事有:

一、佃渔、畜养。征服生物界,使其转为民用。

二、画八卦、造书契。进入抽象思惟,以文字传承推衍文化、累积文明。

三、制嫁娶之礼。奠定家属、家庭、宗族制度,使劳动有组织、成果可世代传

承。

四、发展了医药科学。调整人与自然之间利害关系。

五、艺种五谷。发展食物供应网络、土地资源开发。劳动成果有更多累积，民生更有保障，人口增殖条件改善。

六、日中为市。和平的"通功易事"，使经济分工成为可能，耒耜等农具此时应已出现。农业亦需有房舍村落。

七、据传黄帝作甲子纪历法。亦即可对过去现在未来有各数百年的纪载和规画。

八、制定冠裳制度、造律吕音乐。都以和平为宗旨。

九、画野分州、经土设井。农业大规模展开，除了抗水抗旱之外，更利民生发展。

十、蚕桑纺织。解决衣的问题。

十一、作货币。有了贸易中介物，也就是"信用"成立。彼时公天下为纲，信用亦是公共管理，不同于近代，货币金融中的公共财富，建立而成的公共信用，极易被暗中盗窃或滥用，以致劳动大众的劳动成果缺乏有效保障，甚至助长世界盗风。

十二、动物的劳动力引入生产、交通、作战。

十三、衣食改良、人口增殖，掠夺亦起，而有武器兵备的兴起。

十四、丧葬坟墓制度自上古至三代，亦有充分发展。此有近代人"迷信鬼神"曲解之外的原因。鬼者归也，亲人的遗体有所归，俾子孙心有所安，其一。神者伸也，祖先神魄永远存在，亦即在此土地的过去世中，我们祖先处于"占有"地位，此地位之继承权者恰是我们现在世的子孙，其二。由于有祖坟及土地、风俗、文明等实体存有物，现世子孙又可于祭祀仪式中见到十伦（详见礼记祭统篇），在同一家族中"无一夫不得其所"，于是成为宗族大团结的基础，其三。这自然是人类高度精神文明成就，而为全球化的强硬障碍。

在"祖国信念"之下，全球化攻势仍然凌厉异常。重点手段是"一切商业化"，第一、四、五、八、十的衣食商业化，足以挟制中型以下国家的政权。第二、三、七、九的文化商业化，足以使一切国家失去其立国正当性。第六、十一则是将经济及金融两项重要民生自卫能力解除。第十二、十三则是能源独占、寡占，并以军备为后盾,其结果则是假新自由主义 neoliberalism 之名,大肆侵入公共利益和公共权力领域。对第十四项则是将祖先崇拜列为迷信,另配合色情纵欲的商业化,解除个人血缘定位,或假借人口压力铲除祖坟、祖迹。至于祭祀仪式中"万族咸熙"的共和精神、公天下精神,更是丑诋到根除地步。商业化对祖国信念有极强烈腐蚀作用。

以上是祖国信念的根本原由及其现代危机。明白说:只有公天下精神的祖国,才能使其成员各适其所,所谓"君子乐得其道,小人乐遂其欲"。我们需要自觉的文化认同。

三、实体的中华祖国与虚拟的地球邦

中华民族各个体人民的祖国信念是否精壮坚实,正好是此"实体祖国"的精壮坚实的投射。实体祖国重在典章制度、文物文明,不在土地。

在重言辞、重说理的学术界,或许偏好"祖国观念"而不重视个人心志所注的"祖国信念"。因在今日学术风气重研究方法,类如"信度、效度"等客观量度盛行,宜乎其忽视此信念的份量。

然而就上节列举的十四项民族大事业,逐一检视,何者能不列入客观的实体?反之全球化口号中谋私害公的行为,早已掏空了它的公开目标。最显著的便是劳动群众的劳动成果(财产),只能以存款数字的型态存在,任由金融体系操纵,甚多情形都是领到现金的当时,购买力(现值)最强,今日不用,万日之后可能是 20 公斤面粉变为仅是一块烧饼而已。简要言之,全球化只是半哄半拉的方式引鱼入网,其中美景的虚拟性(假象)极高,几于完全不可信赖。

全球化的虚假,固是不足为之浪费心力,要想获致精壮坚实的祖国信念,当然有若干重要实务工作必需先做好。盘点清楚之后以孝道为核心的公天下制度最为做得先行讨论,因为"祖国"之祖先若仅指少数而非全部,这种信念是站不住的。儒家的孝经和六艺可以当作基本依据。

孝经不是可以单独拿来当教条的,尤其是在家天下式的市场经济中,每一个私营企业都自成一个小王国,主其事者在"逐利竞争"中自负盈亏之责,其处境与春秋时代的各家诸侯面临的"开放竞争"甚为相似,由之伦理颠覆,篡弑不绝,最后转入另一个更自私的家天下局面。究其根本,在于人民的心性品德业已

"质变",儒家的对症之药乃是六艺之教,统以孝经。总目标是为世界建立"永恒而普遍的安全",即古籍之所谓"平天下"。

六艺各有其功能,简略言之:

一、诗:是造成温柔敦厚的人性,可以说是安性的。

二、书:是教道开朗大公的政务,可以说是安政的。

三、礼:是养成自律守正的民风,可以说是安俗的。

四、乐:是养成清白自在的情志,可以说是安志的。

五、易:是让人能通达天地自然律则,进而以身体道,可以说是安道的。

六、春秋:是让人从历史中认知人群中永恒价值,可以说是安群的。

古语"孔子曰:吾志在春秋,行在孝经",孝经讲孝道,孝道是在血亲宗族之间,设定"位制、职守、份得",公开、公正、公允,尤其是将人生基本问题"饮食男女、死亡贫苦"先予解决,绝不采市场经济中"自由竞争",以免整体脱序。"讲信修睦,是为人利;争夺相杀,是为人患",今日的各国学校教育,公然以争夺相杀为当然应然,就无怪于"今日播种着风暴,明天收获着灾祸"了。

如果说世界大势,不可挽回,只得趁势而为,与俗浮沉,然而不为预计,终无转机。六艺的"安性、安政、安俗、安志、安道、安群"是一贯的系统架构,总枢纽是在孝道"性德"上,善养亲者"养亲之志",父慈子孝、兄良弟悌、夫义妇听、长惠幼顺、君仁臣忠,十项相对关系称为"十义",孝道即此十义之首,对照周易"利者义之和",十义既立、和睦之利即成,非常显然。这中间没有"不可"挽回的必然性。

兹以一端而言:既往的"平坟运动",目标是增加耕地。然而在世时为亲爱的父母、祖先,去世则立刻弃如废物,人心风俗又如何能归于敦厚?连祖坟都不留,又如何期待人民能建有"祖国信念",认同其民族身份?岂非一项纷崩离析的征象。然而今日的中华民族,其财力岂是连祖先遗骨都掩藏不起的窘迫,作成"公共地宫"以藏祖骨、并非难事,却一举而安天下孝子之心,使得这块土地,真的成为"歌于斯、哭于斯、聚国族于斯"的传世之宝,人民乐土天堂,生生世世的和睦共守!

这便是中华民族的"实体"祖国信念。也是成员的定位准据之一,且是最重要的。

四、由大同至于大顺，价值的重建

中华祖国的先民，曾经以三代之英塑建了一个天下为公的大同天下，其后蜕降为小康。内忧外患，冲涤激荡，民生苟安之日少而动乱居多。直到四千多年之后，重返小康，更重修孝道，当是中华新运，治世回转。不过面对凋敝的"祖传价值系统"，自然也要加以修苫，使它能担任祖国信念的"存在空间"。

然而祖传价值究竟是何物事？祖先遗产清册中没有。依照"价值学"的描绘，遍处对照搜索，也难以确指。原来中华民族是个实践为主的民族，依照价值去做："为所应为！"价值即在其中。

四川大地震之后，温家宝总理到了现场，他用哽咽音说出："你们受人民供养，现在该怎么样？你们瞧着办吧！"在他和救灾队伍之间，立刻就有了共同价值，成为共同的准据。以前湘军而下的军队，有良心、血性两个词儿，作为调度个人意志力、评判行为是非是非的准据。都是实有的价值，不论它有无称谓。

如前如述，将民族先人遗体，礼葬在公有地宫，时节追思祭拜、巡察省视，仍如在世时的常日问安。别人不会有言批评，自己也不顾人言。这其中便有了亲子之伦，动摇不了的亲子之伦，因为其中有生死不渝、亘古常存的价值、良心、天良、本性、天性，不同名称、甚或无名可指，只是"行心之所安"，此心安放于何处？正是所谓价值。其他如滥用人民对金融机制的信用，自己和他人心中仍然都有一把尺，判断其是非，也在此属。

也有可虑之处：这不是每人一把号，各吹各的调吗？而且在大会审，成百上千或更多，那些陪审员不见得都能体认这"独立存在"的价值呢！

诚然如此。不过由之后的平反来看，相信这价值仍是独立的。如今日，没有大会审了，但是商场上侵犯人权之事，万万千千哪。买卖婚姻、色情推销，其中似乎另有价值准据（正邪之别）。乃至于一面分期付款契约购买房屋汽车，与银行订合约，一面又向劳动市场订合约，出卖劳力挣钱还债；其中赫然有变形的"人身抵押劳动"！逃不出价值准据的鉴识。

《礼记·礼运》篇，开头提及大同，最后更提到了"顺、大顺"。自从李自成当过"大顺皇帝"之后，很少人再提到大顺这个理想了。要顺，必得走个程序，做完工夫。

　　应乎天而顺乎人,起码要不违人情,人情不一定是表情,表之于外,有时不便表示,就蓄藏于内、等机会。礼运上这么说:圣王顺天下。山民居山,不征调他们下水行舟,水民居水,不征调他们山岳开发;依照时令来调度人民的饮食条件(水、火、食具、食材);让婚配及时,莫耽误了青春年少、生育年龄;派工作、调岗位,也要考量年龄体力;征调民食,要留下足够口粮;征调民力,要全面安排,满足全部平衡;要培养内部和谐,和气致祥,有表征,看得出来。

　　程序是:仁义为顺之体,要安放在民族内部。治国以礼,为礼本义、讲义以学、合义以仁、安仁以乐、达乐以顺。个人是"兴于诗、立于礼、依于仁、游于艺",家族内"父子笃、兄弟睦、夫妇和",干部们"大臣法、小臣廉、官职相序、君臣相正",自上至下"行德、建乐、循礼、守法、必信、必睦",于是天下平顺,是为"大顺"。祖国价值有了,祖国信念巩固了,祖先遗念完成了,可以择时告庙,向祖先述职了。

五、结语

　　如果说:太过"陈猫古老鼠"。是的,祖先、祖国,都有了年岁了。哪有年轻的祖先。

　　如果说:太高调了,做得来吗?祖国佑护您八十代、一百代了,更远时代走来,您走下去就不负祖国了。别学商场"三天交货、付钱"。

　　如果说:祖国"论文",笔端如此感情,不合论文家法。对祖国、祖先动感情,正是我中华民族家法。

　　如果说:全球在逐鹿世界,怎能高唱温良恭俭让,不合时宜。祖国精实是世界和平、万族咸熙,祖国内部和睦,也要与全人类共同追求世界和平安全的总目标。

　　心香燃献,献于我河洛文化的源头,中华民族祖国列祖列宗之前,也献于所有族群的祖先之前。

(作者为台湾中华易学研究会监事召集人)

河洛文化与客家精神之养成和影响

胡日光

甲、导言

　　中华民族是个大家庭,她是由汉、满、蒙、回、藏、苗、傜、黎、台湾山胞等五十六个大小民族融合而成的共同体。中国文化是一种古老而又伟大的文化,孕育中国文化的民族,主要有汉、满、蒙、回、藏五个民族。一、汉族:繁衍于中国南、中、北三部,创造中国的政治文化,而建设强大的国家,历代的统治者,大都出于此族,所以它是形成中国文化之主干。二、满族:东三省为其根据地。其族与汉族交通较早,自女真〔金〕迁汴后,已完全同化于中国。及满洲入主中国,更沾染汉族的文化而丧失其固有文化。三、蒙族:外蒙古为其根据地。其族自西周以来,屡为边患,故与汉族交通最久。其中经五胡之乱,有一部分已同化于汉族。惟此民族性很强,及元亡之后,仍能保持其固有的文化。四、回族:阿尔泰山附近为其根据地。屡为中国边患,所以接触频密,而与汉族的文化,就多有混合之机会。五、藏族:即氐羌。此族于商时已在羁縻之列。春秋之时,有秦、巴、庸、蜀诸系,秦汉以后,已经与汉族同化。由上可知,中华民族是由许多民族、部落及其它民族成员,在漫长的历史过程中逐渐融合而形成。汉族亦是在不断吸纳少数民族的优秀文化质素,融合少数民族的过程中,逐渐发展成为孕育中华文化的主体民族。[①]

乙、河洛文化与客家精神之养成

　　文化,是人类社会历史实践过程中所创造的物质财富和精神财富之总和,是

---

　　① 徐吁:《中国五民族》,中国出版公司。

人类社会由野蛮而至文明，其努力所得的成绩，表现于各方面者，为文学、艺术、科技、宗教、道德、法律、风俗、习惯等的综合体，乃是有意识的努力所造成。时间愈久，积聚愈多，历代相传，益为光大。

中华文化，是炎黄子孙在精神、物质的多方努力及验证，而累积成之社会宝贵遗产与资源。原以"心物平衡，仁智双修"立教，是尽情合理立已立人的文化，有兼容并蓄的雅量，有潜移默化的功能。河洛是中华文化发祥中心，河洛文化是中华文化之主干，其发展从黄河、淮河平原，展伸到长江、汉水流域，广播整个东亚大陆。是以农业为基础，以儒道释诸家思想为核心，偏重于伦理道德的文化体系。儒家的三纲、五常，乃是以仁为人类内心之价值自觉，借以主宰行为以建立规范；道家的秉要执本，清虚以自守，卑弱以自持，使人精神专一，动合无形，赡足万物，以逍遥为本心的无待，才是自由之真人；释家的贵在内能深藏佛性本心，并从本心的觉悟出发，看破世间的幻变，使一切痛苦烦恼解除；墨家的兼爱，强本节用，以备世之急，具刻苦耐劳的精神；法家的正君臣上下之分，以信赏必罚，以辅礼制；纵横家的权事制宜，受命而不受辞；阴阳家的四时大顺；名家的循名责实等①，对中华文化精神（人文主义、人伦主义、人道主义）的孕育，以及中华民族精神之养成极具深远的意义与影响。中华文化之绵延发展，依然保持其整体性，凡外来文化，一经中原文化的浸润，便以汉族为中心的向心同化运动，与汉族融合，结为一体，遂形成体同心同的大中华民族。笔者以为，中华文化优点虽多，要拓展现代科学与民主，便不能执着"中国文化集天下之美"；要应付现代问题，实有必要加强补充内涵，以增加其涵涉与包容的活力。

客家人是中原汉人的苗裔，是汉族这个中华文化主体民族的一支民系。客家精神是随客家先民不断迁徙过程中而形成。据温丹铭先生的考究，客家先民的迁移，最早始于秦代。秦始皇为并吞六国，派兵戍守大庾岭等地，以御南蛮之造反。秦亡后，多数戍兵不回原籍，而聚居在广东北部，以及江西南部，成为最早南迁的族群—北江客人。自后的迁移，根据罗香林教授征引谱牒之记录，举正史与方志之所述，以分为五个时期②。

---

① 张一渠：《春秋战国学术思想》。
② 黄麟书：《客家祖先中原南迁之始问题》，香港崇正总会金禧大庆纪念特刊；罗香林：《客家研究导论》，希山书藏出版。

第一时期：即 317~879 年之间。自东晋永嘉八王乱作，五胡相侵之际，中原深受侵扰割据之苦，迫使由中原迁往湖北、河南的南部及安徽、江西，并沿着长江的南北岸，以至赣江的上下游。

第二时期：即 880~1126 年之间。自唐末僖宗年间受黄巢作乱的影响，客家先民复由安徽、河南、湖北及江西等省第一时期的旧居，再迁往安徽的南部及江西的东南、福建的西南，以至广东的东北边界。

第三时期：即 1127~1644 年之间。自宋金失和，金人大举南寇，靖康二年，徽、钦二帝蒙难，高宗南渡偏安杭州，以及元人入主的影响，一部分客家先民，又从第二时期的旧居，辗转分迁至广东的东部与北部。

第四时期：即 1645~1867 年之间。自明末、清初，满族南下入主中原，迁海复界及官方招垦的影响，一部分客家先民，再由第二、三时期的旧居，分迁至广东的中部和滨海地区，以及四川、广西、湖南及台湾；另有一部则分迁至贵州的南边及西康的会理。

第五时期：1867 年以后。自清道光、咸丰、同治年间，受洪秀全太平天国事件，及广东西路事件（太平天国失败后之余党及会匪，与广东西路土客械斗）的影响，客家一部分人民，分迁于广东南路与海南岛等地区。

自日军侵华，八年抗战（1937~1945）及第二次世界大战（1939~1945），居民的流迁量大增，客家人再从原分布的地区，散播至全国乃至世界的每一个角落。其向海外迁移的分布情况，主要是香港及东南亚各地，此外是欧美、澳洲、非洲及日本等地，都遍布着客家人的足迹。

从以上迁移的历程而言，客家族群是因荒年、兵燹及外族的侵凌，迫不得已而离开中原的故土。客家先民在漫长辗转南迁中，虽历经无数的艰难困苦与惨酷牺牲，惟终能达至安全境地，而能保世滋大，抵抗压迫，参加革命运动，不失为强者的遗传血统。客家人的大迁移，乃是一部可歌可泣的民族史诗。因迁徙的种种历练，从而养成勇敢坚强、刻苦耐劳、独立保守、冒险进取、真诚爱国、渴爱自由、同仇敌忾的客家精神。

丙、河洛文化对客家精神之养成和影响

笔者认为，客家精神乃根缘于中华民族精神，而两者之间，具有民族血缘和

文化根缘的共性关系。因此,河洛文化对客家精神之养成具有根本性的影响作用。

就民族血缘共性关系言:客家民系是汉民族的一支,汉族是客家的根系所在,遗传着优异的汉人血统,重伦理、守礼节、讲道义,融会着文明温厚、果敢尚武的民族精神,充分表现出汉族的崇高气质。

就文化根缘共性关系言:客家先民是南迁中原汉人的后裔,传承和发扬着以河洛文化为中心的中华文化精神,保存着中原的遗风,坚持着固有的语言与风俗习惯,具有高度的文化素养,精深博大的雄伟气魄。

丁、客家精神之个性和特征

受河洛文化之影响下的客家精神,与中华民族精神既有共同性,又因客家先民在迁徙运动中的经历和生活环境的特殊性,客家精神更有其独特性,主要表现在客家人的个性和特征①。

（一）客家人之个性

从历史背景而言,客家先民原是居住在中原的汉人,因饥荒、匪盗、兵燹、外患侵凌,或因政府奖掖招募安插,以及外地经济效益的吸引等,而历经漫长辗转不停的迁徙过程,其途间所受的痛苦,自然的淘汰,人口的死耗,犹以因饥荒、匪盗、兵燹以及外患侵凌的逼迫,最为惨烈与凄切。因而造就出客家人的冒险与进取、好动与野心、刚愎与自负等特别个性。

1.客人之冒险与进取

爱冒险乃是客人的天赋特性,只知求进取,谋出路,至于世途险恶如否？于他们心目中,根本不存在安危的顾忌,而只有"情愿在外讨饭吃,不愿在家掌灶炉"的理念。当中幸运的成功者固然多,不幸的失败者亦不少。今日世界的每一个角落,几乎都遍布着客家人的足迹。他们当年离乡别井之时,多半是一文不名,露天点火,毫无凭借,而终能安然抵达目的地,还要掌控着当地的金融势力,甚或称王称霸。客人冒险精神的事例,实不胜枚举。就军政界而言:无论是将领,抑或是士卒,走羊肠,攻险境,打偏锋,入敌阵等,都是拿手本领,所以客家人

---

① 胡谭光:《客家精神与中华民族精神之共性关系及其个性和特征》,世客学术论文集。

的将军、政要特别多;就工商界而言:贩奇货,入穷荒,更行夜走,在所不辞,只怕没路走,从不虑死生,因而客人的富商巨商亦不少。

2. 客人之好动与野心

好动是客人的生性,不论贫富贵贱,男子大都不愿安闲于乡井,千方百计欲出外,以期扩大视野,尝尝异地风情;或经营各业,而求一显身手。至于成败得失,则在所不计。多野心,好出头,是客人的另一写照。稼穑人,男欲当绅士,妇想做女绅;小学徒,想当老板,欲做富翁;甚或欲做伟人,想做领袖;知识阶层,更有过而不及之势。因而人人希望出头活动,个个不甘相下,谁也不服谁管,在同一区域之内,自相倾轧,互相火讧,以致两败俱伤,得不到好果。团结原是客家精神,惟惜欠缺平和、协同与共识的理念,加上各怀野心,个个欲做领袖,终致百事不行。太平天国的败亡,便因内讧继起,诸王互相残杀,终至一蹶不振。笔者平心以客观而论,人们怀抱野心,本是鞭策历史进展的原动力,且是值得赞美而无可厚非。惟贵能服善,有野心而不能服善者,其失也必乱;有野心而更能服善者,其兴也必昌!

3. 客人之刚愎与自负

自负,是客人最常见的现象。一旦稍微有所见解,或是感触,便动辄争执不休,完全不懂权衡,继而挺然奔动,无法冷静下来。无论是治学、从政、从军、做人、交友皆如此,不知此乃是成见之作祟。客人行动之表现,亦常有正负两面各趋极端之贯例。就其在学术上的见解而言,有主张全面复古,有主张绝对解放;有主张全盘西化,有主张中西互用。就其在政治上的理念而言,有主张马列共产主义,有主张孙文三民主义;有主张一国两制统一中国,有主张和平渐进统一中国。就其做人处事的态度而言,以自己之见为正见,视他人之见为偏见。至于其它见于实际行为者,亦是如此。面虽两个,若无共识,便等同为刚愎自负而无疑。笔者平心以客观而言,人类立身寰宇,无论做人治学,或是革命,或是建功立业,主见实不可无,成见似不可有。主见是随着时代推移而进步,成见是拒绝外缘开展而倒退。成见的表现为刚愎,为自负;主见的表现为有为,为自知。有为自知属善;刚愎自负是偏。客家今后能否"日新又新"? 中国能否早日统一? 就端赖能否去成见为主见,去刚愎自负为自知!

此外,客家人更具有真诚爱国、不畏强权、守正不阿、渴望自由、同仇敌忾的

俊迈个性。笔者兹就征引数位客家先贤的事功为例,以资说明:

张九龄(678~740),字子寿,唐曲江人①。以进士累官左拾遗。玄宗生辰,进千秋金鉴录,后为宰相。极言得失,推引正人,谔谔有大臣节。旋为李林甫所厄,罢相家居。卒后,天下称为曲江公而不名。论者赞其不仅是一代名相,其文可与张说、苏颋二公并称;其诗雅淡自然,直追汉魏,可与陈子昂比美。张氏曾作感遇诗十二首,其第一首云:"兰叶春葳蕤,桂花秋皎洁。欣欣此生意,自尔为佳节。谁知林栖者,闻风坐相悦。草木有本心,何求美人折?"

文天祥(1236~1282),字宋端,号文山,江西吉水人。宋理宗时进士,官至江西安抚使。元兵入寇,应诏勤王。受命使元军,被执。遁入真州,时端宗立于福州,拜为右相,封信国公,募兵转战,力图恢复,客家子弟多咸应之。及兵败被执,不屈。作正气歌"留取丹心照汗青"以见志,遂从容就义。

邓承修(1841~1892),字铁香,号伯讷,惠阳县淡水人②。清道光二十一年生,光绪十八年八月二十八日在家中病逝,年仅有五十二岁。咸丰十一年(1861)举人。同治二年(1863)官为援例捐郎中签分刑部,1869年补刑部四川司郎中,同治十二年(1873)授浙江道监察御史,1874年充会试稽察磨勘官,内阁中书、八旗教习监试官。光绪二年(1876),为河南道监察御史,转掌云南道监察御史。光绪十一年(1885),官至鸿胪寺正卿等职,还在总理衙门参与外交机要工作。曾与翰林梁鼎芬友好问游,梁赠邓诗曰:"直声霞天下,贞肃出天性。"

邓承修任御史时,刚直不阿,不畏权贵,敢于进谏,痛陈利弊,揭露贪官污吏,因而有"铁笔御史"之称。他从清同治十二年(1873)至光绪十一年(1885)任职内,前后十二年间,向皇帝的重要奏疏有十六疏之多,弹劾前两广总督刘坤一、广州知府冯端本、高州知府钟秀茂、茂名知县王之澍及山西布政使的贪官污吏。甚至连李鸿章这样的权贵,邓承修亦疾恶如仇,敢于揭露他的投降卖国的行径,均能宣言不隐,直声震天下。

邓承修先生是封建士大夫中的一个爱国主义者。他为了祖国的尊严,在侵略者面前不屈不挠,坚决斗争。1885年他受清廷派遣,赴镇南关(今友谊关)与

---

① 黎杰:《隋唐五代史.明史》,海侨图书供应社印行。
② 胡谭光:《邓承修研究》,《语冰阁诗文存笺注》,鼎文书局印行。

法国使者会勘中越边界,他据理力争,寸土不让,挽回权利。现广西友谊关还挂有邓承修遗像,并志其功绩;在中越交界处,仍存有邓承修当年立的勘界碑。光绪十四年,邓因病告老还乡。晚年在惠州主讲丰湖书院。1889 年 5 月,在家乡淡水创办了崇雅书院,建有书院楼 1 座,办了 3 个班,有学生 100 多人,邓承修先生首任主校。1908 年聘请邓镜人先生(邓演达父亲)主校,革命仁人志士郑士良、邓仲元、邓演达、叶挺等,先后在此校就读,真是英才辈出,桃李芬芳。

邓承修先生风节,多见其遗著《语冰阁奏议》若干卷中,《清史稿》有传。他生平工诗,尤善书法,行书、楷书皆擅,书法瘦硬,有"铁画银钩"之誉,丘逢甲称其书法出自猛龙碑。邓承修回乡后,曾居西湖百花训、红棉水榭、清醒泉间,吟诗、写字、烹茶、钓鱼,怡然自乐,期间留下不少诗文,如光绪十四年(1888)游白鹤峰诗:"木落满亭榭,秋深访古来。江平沙屿出,天阔海云开。去国孤臣泪,斯文旷代才。欲寻垂钓迹,遗碣漫蒿莱。"游红棉水榭诗:"孤亭余落日,疏柳己成秋。水逼疑无地,云闲不下楼。草齐看放马,风定好横舟。欲向仙源问,烟霞迷古丘。"其遗下的诗文墨宝为当今社会之重要文物①。

在近现代革命斗争史中,更有客家英豪辈出,如革命先行者孙中山先生、中华人民共和国开国元帅叶剑英先生等等,在此就不一一细述了。。

(二)客家人之特征

每一个民系,各有各自之特征,客家人亦不例外。现就客家人的下列特征作握要之说明②:

1. 客人之家庭与事业

客人家庭是个复式而多元的组合体;客家人注重各业的兼顾与人材的并蓄。每个家庭的成员,分别从事农、工、商、学、仕、兵等行业,以祈相互扶持。因而遂致一家之内,各业齐全,诸色备具。人人分工合作,家庭稳固可靠。

2. 妇女之能力与地位

客家妇女的艰苦耐劳、自重自立的精神,誉闻中外,于社会、国家贡献良多,足堪令人敬佩。她等由于长期从事劳动生产,具有极大的经营力。除有自己的

①　《清史稿(本记)》,国防研究院印行。
②　罗香林:《客家流源考》,香港崇正总会三十年纪念特刊;胡谭光《客家精神与中华民族精神之共性关系及其个性和特征》,世客学术论文集。

经济独立能力外,在家庭及社会经济上,更占着重要的地位。在家庭而言,除主理家政事务外,还得肩负扶养老弱,教导少长,应酬亲朋戚友,以及计划充实家庭之责。对丈夫的周全服侍,体贴入微,使终年在外奔驰,餐风饮露的丈夫及其事业,更具安慰与鼓励作用。从而家庭组织得赖以巩固,子女教育得赖以维系。客家妇女还以其养成不涂脂,不画眉,不束胸,不缠足的纯朴贞洁德性,而成为世间尊贵又幸福的女人。尤是那种把工作视为权利,作为生活本质;劳动既可充实人生,又可寄寓灵魂的理念,实更有赖以发扬光大!

3. 客族之勤劳与洁净

勤劳是做人的唯一本义。客家人勤作不辍,劳而无怨;怀抱远志,不肯遽自暴弃;赋性至悍,不愿终居人下;即使在穷困至不可名状的环境中,亦宁可运其过人的气力与精神,负担普通人所不易胜任的劳役,以自求温饱,而甘之如饴。爱洁喜净,是人类最重要的美德;洁净更是身心健康的表征。不论是山区村落的土砖围屋,或是墟市城镇的高楼大厦,只要是客家人聚居的地方,无论贫富,不论炎夏、隆冬,不分男女老少,每天至少沐浴一次。至于衣物、家私、物器及居室,不论新旧,无不讲究洁净。可知,勤劳与洁净,乃为客族的独有特征。

4. 客族之俭朴与质直

客族是个俭朴之民系。客家妇女最爱储蓄,最善筹划,或是购置产业,或是平常开支,均有预算,皆以省俭为原则。客家男子虽无妇女般的讲究经济,然其算盘亦打得异常精细,绝对不会作出无谓的开销。化妆品,奢侈品,在客家社会,几无销畅之路。质直是客族的民性特征。待人接物,重真情,少糅作;处世做事,棱角太甚,直白硬干,从不敷衍。然此正是客家精神之所在,可堪敬重者,亦即在此。

5. 客人之崇文与尚武

崇文教,是客家人的优良传统。不论家境贫富,均致力对子女培养与教育,务使其成材,能出人头地。是以客家子弟,勤于学问,衣冠文物代出,为历世有口皆碑。过去如是,现在亦然。至是有谓知识分子,乃为客家人之"土特产"。尚武艺,是客家人的精神象征。旨在健身及自卫,实则亦为环境与传统之使然。因而每个城乡市镇,几乎都有设立武馆,或是习武学艺的社团。

6. 客人之语言与文化

语言是人类用以表达情感、意志与动作之工具。客人的语言,当以客家方言

为最。客语乃国语的一种,大体规则,自与一般国语无异,保留着原有的古语言
与文化精华,亦是与中原汉人语言成分相异而独特的文化。客人的文化,则以客
家山歌为最。而客家山歌,有如自然的天籁,亦为客家男女的恋歌。它既保留着
中原文化的神韵,更放射出岭南文化的异彩。从而体现出客家男女间对爱情的
坚贞与信念,以及寄托着无限的理想与诉求,充分展现着客家方言的艺术魅力。
笔者兹便采录两首于下[①]:

入山(佚名)

入山看到藤缠树,出山看到树缠藤。

树死藤生缠到死,树生藤死死也缠。

生也缠来死也缠,生死缠在你身边。

阿哥死哩变大树,妹死变藤又来缠!

千嘱(佚名)

女唱:千嘱万嘱嘱亲哥,亲哥恋妹莫恋多。

苏木煎膏因色死,石榴断枝因花多。

戴着笠麻莫擎遮,爱恋一侪就一侪。

一壶难装两样酒,一树难开两样花。

男唱:妹子叮嘱我记挂,决心不向别人家。

爱学凤凰成双对,唔学黄蜂乱采花。

好花一朵满园香,好茶一壶透心凉。

好酒一杯晕晕醉,好妹一个够情长!

7. 客家之风俗与习俗

客家是个较为保守的民系,究其原因,纯由居地山岭过多而所致。因山岭之
连绵不断,便构成无数依天然形势聚族而居的村落,各遵其俗,度其生活。系外
的人士,极难与其发展业务关系,即能发展亦不愿久居其地。因而外围的势力或
潮流,便不能向其地作长期连续不断的冲击,只能任由其自身的提吸与仿效,从
而养成自己独特的风俗与习惯。诸如居住方面:把中原的殿庭结构与山区环境
合而为一,建造出独具客家风貌的围屋。饮食方面:黄酒、盐焗鸡、酿豆腐、梅菜

---

① 《客家山歌选集》。

扣肉、姜葱鲤鱼、黄焖猪肉等。衣着方面：绣花鞋、大襟衫、绣花头包、绣花围裙、汉服唐装、捆边布鞋等类。婚丧习俗方面：婚嫁礼仪，保留中原的六礼（纳采、问名、纳吉、纳徵、请期、亲迎）等遗风，过去还有"童养媳、等郎妹"（有山歌唱曰：十八妹子三岁郎，矮凳垫脚上眠床。等得郎大妹己老，等得花开叶又黄；十八妹子三岁郎，夜夜要姊抱上床。睡到半夜思想起，不知是仔还是郎）等之类；丧礼葬俗，除传统的五服（斩衰、齐衰、大功、小功、缌麻）期功制外，讲究风水，重二葬，做坟墓等习俗。①

8. 客家之宗祠与堂号

客家是最讲究"本木水源"的民系，最重视祖宗手泽，及"光前裕后"的工作。钞录谱谍，以备"敬宗睦族"之需；建筑宗祠，以为崇祀祖先，繁衍子孙之基地；又以为"积德"可使子孙昌盛，奋志立功，更可光宗耀祖。宗祠又叫祠堂，堂号又为祠堂名号的简称。名字代表个人，姓氏代表宗族，而堂号则为姓氏的延伸，亦为整个家族的标志，更是血统、历史与荣誉的表征。堂号的命名，有取自祖先故居的地名；有取自杰出先辈的特殊功业，或是嘉言懿行而为之。而堂号有郡号与非郡号之分；郡号又有发祥郡及望出郡之别；非以郡号而名者，则谓之自立堂号，各有其独特的纪念意义。堂号之外有堂联，从联语的结构言之，上联是点出发祥郡或望出郡的名称，下联则多为炫耀祖德，或时代，或地点，或功名等，兼而有之。

笔者兹就我胡氏永定中川世系考而言，自一世太始祖胡满公起，至七十六世祖铁缘公，则为永定中川一世始祖。二世祖子通公于宋末明初之际，始迁粤潮之揭阳蓝田，是为粤潮的一世祖，历二世祖十郎公，三世祖满钰公；及四世祖时聪公，于明世宗嘉靖年间（1522～1566）偕四世祖妣冯氏，携六子徙居惠州惠阳水口，嗣后分别在下边、鹿游岗、肇基立业，至我辈为二十四世。惟考我胡氏宗祠，乃建筑于清咸丰九年（1859），堂号曰贻燕，自是不以郡名焉②。

9. 客家人之宗教与信仰

温和宽泛，而重现世、尚实用、贵人文、崇道德、主内心，乃是客家宗教与信仰的特征。而以现世的"立德、立功、立言"为"三不朽"，亦为普遍的儒家信仰。

① 胡谭光：《民间风俗探索》，海侨供应社印行。
② 胡谭光：《胡氏永定中川世系考》，龙文书局印行。

道、释两家,皆劝世人戡破生死的迷执。知识分子若能出入于儒道释三家思想,便可安身立命。此外,三瓦二舍,便以实际需要,无论关帝、财神、灶君、天后、观音、土地、城隍、榕树头、石敢当、谭公仙圣、茅山祖师等,无所不拜。又因客家人崇道德,重协和,是以圣贤仙佛、祖先伟人、日月山川、牛蛇石树,都有神通,各安其位,只要是教人从善,任何宗教信仰均可在客家人心中占一席位,而并行不悖。同一个人而兼信两教,同一家庭而圣像神位并立,在客家人是司空见惯。笔者以为宗教信仰,本是文化的精神核心,更是心神、智慧,安身立命的洞天福地。倘若过于迷执,未免可能导致"怪力乱神"的弊端,实有值得商榷,而加以正视的必要![1]

戊、结论

中华文化精神与中华民族精神的混融,孕育出俊迈的客家精神;又因环境特殊的影响,则蓄养成客家人独有的个性与特征。客家人乃为古代乱离之世,由中原南迁的汉族同胞,是毋庸置议的事实。历代名贤辈出,尤富有民族革命性,绝不致稍存歧视,妄肆侮蔑。乃此,客家人在历次变动的时代中,都能秉持先贤一贯的精神,坚定的信念。扮演过重要历史的角色;发挥着主导潮流的功能。美国耶鲁大学韩廷敦教授于1924年在其《种族的品性》中尝谓:"客家是今日中华民族里的精华";美国《国际百科全书》的综合评语称:"客家是中华民族中最优秀民系之一";日本学者山口县造,在其《客家与中国革命》中评曰:"没有客家,便没有中国革命。换言之,客家精神,是中国之革命精神。"这等闻名中外的嘉誉,乃是客家先贤用血泪换来的硕果,值得骄傲自豪。书之竹帛,永志青史,以传诵于千秋万世! 而今面对21世纪多元化的年代,笔者以为不要因缅怀昔日的辉煌功业,而忘却前进不辍的时代巨轮。中国人的世纪能否实现,实有赖客家人的自强不息,肩负大时代所赋予主导的使命,与所有中国人真诚团结一致,善用智慧,排除万难,朝着共同的目标,迈向世界新秩序的端绪。在未来的世纪时代中,为全世界人类作出更大的贡献!

(作者为广东省惠州市规划局干部)

---

[1]　胡谭光:《岭东田野访问实录》,龙文书局印行。

河洛民俗文化根源性及其当代价值

唐金培

　　民俗文化既是民族文化的重要组成部分,也是判断一个民族或民系的重要标志。河洛民俗文化不仅包括河洛地区承袭久远、丰富多彩的生活习俗、人生礼俗、节日庆典,而且涵盖民间信仰、民间艺术等多方面的内容。河洛地区是中华文明的摇篮和有名的礼仪之乡。历史上南迁到闽台等地的河洛人及其后裔不仅继承了河洛地区的传统风俗习尚,而且不断发扬光大并与当地人民共同创造了灿烂的闽台文化。在新的历史时期,传承优秀河洛民俗文化,对构建现代和谐生活方式、构筑共有精神家园、促进豫闽台等地的经济文化交流与合作、实现两岸和平统一与民族振兴都有重要的现实意义。

一、河洛民俗文化:华夏民俗文化之根

　　河洛地区是夏商周三代的政治、经济和文化活动的中心区域。早在这个时期就初步形成一套比较系统的生活习俗和礼仪制度。河洛地区的民风习俗经过千百年的积淀和沿革,发展成为中国传统民俗文化的骨干和基础。

　　1.河洛传统生活习俗传承久远

　　生活习俗主要是指人们在衣食住行等方面的礼节和习惯。北宋以前,河洛一直是历朝历代统治的中心地区。从某种意义上说,河洛社会的生活习俗就是中华民族的传统生活习俗。早在三代,河洛地区就有上衣和下裳之分,到春秋战国之际,河洛地区出现的上衣和下裳相连的"深衣",并一度成为古代汉族社会长期使用的一种服装样式。古代河洛人在穿着上不仅崇尚宽松肥大,而且讲究齐整不露体。早在新石器时代,河洛人就开始创制陶器,并用陶罐、陶鼎煮粥蒸

饭,用陶碗、陶盆等盛装食物①。在饮食方面,不仅讲究饮食规格而且有一套繁文缛节。如大家在一起吃饭时,应相约一起夹菜而不能只顾自己吃饱;不能把多余的饭放进锅里,不能将吃剩的饭菜放回盘子或碗里;吃东西时不能吃得喷喷作响,喝汤时不能喝得满嘴淋漓;不能当着主人的面调和菜或汤;不能当众评价饭菜的好坏,更不能当着众人的面剔牙等等。居住方面,河洛地区在夏代已有上半地穴式或地面上的长方形单间居室,西周后逐步出现集正屋、厢房于一体的院落。一般都是老人住正房,年轻人住厢房、偏房。出门走路要让长者先走,年轻人紧随左右。河洛人好客,请客一般要三请四催,一来表示主人古道热肠、真心实意;二来显示被请者的价值和分量。

2. 中国传统礼仪习俗河洛为先

"礼是对于俗的整合,是对于俗的系统化和条理化。"②人生礼俗指依照人生历程的阶段性变化而定期进行的礼仪习俗。它主要包括生育礼俗、成年礼俗、婚姻礼俗和丧葬礼俗等。人丁兴旺是古代河洛地区家族的盛事。如果生头胎,不论男女都要向婴儿的外婆家报喜,二胎所生的婴儿如果和头胎性别不同,也要报喜。婴儿出生的第三天要给婴儿洗澡,叫"洗三";出生百日这天通过收集贺礼的形式,给孩子办"百家锁"、"百家衣";周岁这天,一般要邀集亲友,举行抓周仪式。婚嫁礼俗最早出现在古代对偶婚末期和个体婚初期,至西周时期日趋完善,并逐步形成纳采、问名、纳吉、纳征、请期、亲迎等"六礼"。在此基础上根据双方家境状况略加损益并延续至今。古代河洛民间曾流行过表亲婚、指腹婚、换亲、娃娃婚、冥婚等十多种落后婚嫁习俗。据考古发掘,河洛地区早在两万年前就有相当规模的葬仪,至周代已经形成一套比较完整的丧葬礼仪。河洛地区的丧葬礼俗严格依照与死者的亲疏远近关系,安排服丧时间和服丧等级。亲属要依与死者关系的远近亲疏,穿戴五个等次不同的丧服,俗称"五服"。丧服制度遵循的是亲亲、尊尊、长长、男女有别等礼制原则,五服礼俗在丧葬礼仪中的实际运用,是借丧事机会对家族内部等级的区分与家族关系的强化,从而明确家族社会的财产继承关系与祭祀关系。

---

① 程有为:《河洛文化概论》,河南人民出版社,2007年。

② 钟敬文主编,兆福林等著:《中国民俗史·先秦卷》,人民出版社,2008年。

3.中国传统岁时节庆大多起源于河洛

与生产生活密切相关的岁时风俗,如小年祭灶、岁末守岁、过年吃饺子、拜年,元宵点灯盏,清明祭祖扫墓,端午插艾叶,七夕观星乞巧,八月中秋赏月,九月重阳登高等等,大多起源于河洛,并通行全国。早在商周时代,祭灶王爷就是"五祀"之一。在腊月二十三这天,家家户户都要祭灶王爷。早在周代,河洛人就有岁终除傩迎神的习俗。从东汉开始河洛人就将夏历十二月的最后一天称为"除夕"。为辞旧迎新,家家都要包饺子,户户都要贴春联。拜年是河洛地区春节的一项重要活动,从大年初一要一直延续到正月十五元宵节。河洛民间元宵节活动内容丰富,规模盛大,素有"小过年,大十五"之说。一到清明,人们就拿着祭品到墓地烧纸点烛,祭扫亡灵。届时各家门头都要插柳枝,男女都戴柳环。端午节早在先秦时就有了,但具体由来,说法不一。河洛地区端午节不仅有吃粽子、贴艾虎、悬菖蒲、饮雄黄酒等习俗,而且还有许多消灾祛病、预防瘟疫流行的风俗。农历七月初七"七夕节"源于"牛郎织女天河相会"这一最早流传于中原的古代神话。因参加活动的都是青年女性,故又称之为"乞巧节"或"少女节"。农历八月十五日中秋节,源于古代河洛地区的祭月迎寒活动,作为节日,西汉时已初具雏形,晋时已有赏月之举,到北宋时正式定名中秋节,至今仍然长盛不衰。农历九月九重阳节,由来已久,源起也是说法不一。古代河洛民间多从南朝梁吴均《续齐谐记》中的"桓景避难"说。在这一天,有出游、登高、望远、插茱萸、饮菊花酒等以避灾避难的风俗,故又称"登高节"、"茱萸节"或"菊花节"。

4.河洛传统民间艺术争奇斗艳

河洛民俗不仅体现在各种礼仪习俗中,而且体现在民间节会、民间艺术、民间工艺等各种各样的民俗文化活动中。河洛古代民间庙会长盛不衰,主要有太昊陵庙会、中岳庙会和浚县山庙会。其中,太昊陵庙会历史最为悠久。始建于春秋时期的太昊伏羲陵,淮阳等地人俗称"人祖庙"。每年自农历二月二至三月三,来自河南、安徽、山东、河北、湖北等地的善男信女络绎不绝,他们有的朝祖进香,有的摸"子孙窑",有的在太昊陵前载歌载舞。河洛民间书会中最有名的要数"十三马街书会"。从元朝开始,每年的正月十三日,几乎全国各地的艺人都云集宝丰县马街村亮书会友,交流技艺。从北宋开始,夜市就成为古城开封的一道亮丽的风景,并延续至今。每当夜幕降临,华灯初上,琳琅满目的服装摊点和香味四溢的小吃货车令人目不暇接,婉转悠扬的叫卖声夹杂着餐具的碰撞声不绝于耳,灌汤流油的小笼包子、又焦又黄的炒凉粉等风味小吃令人胃口大开,流连往返。此外,河洛地区还有名扬天下的嵩山少林功夫、温县太极武术、濮阳和周口杂技;久盛不衰的豫西社火、灵宝皮影、开封盘古等民间艺术;国内外知名的民间工艺品更是琳琅满目,如针法多变的开封汴绣,古老淳朴的朱仙镇木版年画,神采飞扬的洛阳唐三彩,诙谐有趣的民间泥玩,线条流畅的烙花烙画,真是数不胜数。

二、河洛民俗传统:闽台民俗文化之源

随着民族融合、人口迁徙和经济文化交流的不断加强,中原民俗文化对全国各地乃至世界华人族群都有着深入而广泛的影响。闽南文化和台湾文化虽然都有各自的特色,但从一开始就深深烙下了中原文化印痕。其中,河洛民俗文化传统的印记表现得最为明显。

1. 闽台文化创造主体大都是河洛人的后裔

因逃避战争、军队驻防、逃避灾荒等种种原因,历史上河洛人曾多次大批南迁。其中规模比较大且最终落脚地为东南沿海地区的有"西晋永嘉衣冠南渡"、"唐初陈政、陈元光入闽"、"唐末王潮、王审知率中原三万多官兵入闽"、"北宋末诸姓入闽"、"明末清初河洛人大量南迁"等。由于大量移民拥入使福建等地人口剧增并迅速出现人地矛盾。一些迁徙到闽南地区的先民又先后经历三次比较大的移民,渡海来到台湾。这些"河洛人"及其后裔构成了今天闽南和台湾地区人口的主体。据统计,福建现有汉族人口2958万,占全省总人口的98.45%。其中,仅河南籍后裔就占福建人口的一半以上[①]。从五代到北宋,福建漳泉边民陆续东渡来到台湾。郑成功收复台湾后,开始出现从福建到台湾的移民高潮。据统计,从郑成功收复台湾到甲午战后台湾沦为日本殖民地,前后200多年时间,台湾人口就由原来的20万增加到320多万。其中90%多的居民来自福建、广东等地[②]。1948年到新中国成立前后国民党80万官兵及家眷移居台湾。这些人的籍贯虽分布全国各省,但他们的姓氏或姓氏郡望多数出自中原。据考证,

---

① 陈子华:《论闽台文化与河洛文化之亲缘关系》,《河洛文化与殷商文明》,河南人民出版社,2007年。

② 许竟成等:《河洛文化是台湾的根》,《根在河洛》,大象出版社,2004年。

福建现有居民中有 70% 是河洛人的后裔。占台湾现有人口 82.7% 的汉族人口中,祖籍福建的客家人就占了 80%。他们连同祖籍广东的客家人都称自己是"河洛郎",都称自己的方言是"河洛话"①。这表明台湾同胞对河洛文化的认同感和祖国的眷念之情。

2. 闽台地区"河洛人"无不沿袭中原风俗习尚

远离故乡的河洛人来到新的环境下生息繁衍。他们不仅带来了先进的农业技术和手工业技术,而且仍然保持河洛地区的生活习俗和文化传统,并世代沿袭,少有变化。就是如今闽台地区的河洛人的后裔无论在生活习俗、婚丧嫁娶还是岁时节庆等方面都还比较完整地保持着河洛古风。闽台地区在衣食住行等生活习俗方面都基本保留了古代中原人习惯。闽台人跟河洛人一样,在平时虽然穿得普普通通,过年过节一般都要穿新衣服,注重仪表。平时吃东西不怎么讲究,但过年过节时都要吃饺子(扁食)等食物,尤其是过年要吃年糕表示年年高升、要吃年夜饭意味合家团圆、吃鱼象征年年有余,端午节要吃粽子,中秋节要吃月饼。过年前夕要洒扫庭院,布置厅堂,挂灯笼、贴对联。在日常交往中,十分注重礼节,讲求礼尚往来,注意团结互助。在旧式婚礼方面,闽台地区跟河洛地区一样遵照"父母之命,媒妁之言",大致履行"纳采、问名、纳吉、纳征、请期、亲迎"等程式或稍有增减。迎娶新娘时,新郎官戴大红花、骑高头大马,新娘子披红盖头,坐大花轿。拜堂时要一拜天地、二拜高堂、夫妻对拜。传统丧葬礼仪大都按照讣告、设灵、选墓、卜吉、辞灵、报庙、入殓、出殡、行葬、安神等程序。送殡时,以纸人纸马为前导锣鼓响器紧随其后,孝子贤孙手执哭丧棒、身披白色孝服、脚穿草鞋按顺序缓慢跟进。这种厚重的民俗文化确立了海峡两岸血脉相连的文化传承关系。

3. 闽台民间信仰是河洛民间信仰传统的继承与发展

崇敬祖先、敬拜神灵是河洛民俗的重要特征。崇敬祖先既表现在父母在世时的孝敬和侍奉,也表现在对已故祖先的敬畏和供奉。逢年过节、大行喜事都要杀猪宰羊,点烛焚香,祭祖序辈,祈求祖宗保佑。敬拜神灵,不仅表现在继承远古图腾崇拜的传统遗风,而且表现在接受道教等中国传统宗教和外来佛教生死轮回的观念,并对各种神灵顶礼膜拜,祈求神灵庇护。河洛地区是传统农业社会,

---

①　张兆生等:《根在河洛,文化同源》,《人民政协报·华声港台侨周刊》2004 年 10 期。

河洛先民为祈求风调雨顺、免于各种灾害,总是渴望与祈求各路神灵的庇护与保佑。水神、火神、龙神、山神、药王爷、阎王爷、送子娘娘等都是河洛人祭祀和敬拜的偶象。闽台地区跟河洛地区一样几乎家家户户都信神敬神。他们不仅祀奉河洛地区的各种神灵,而且还受海洋文化和商业文化的影响,敬拜妈祖、保生大帝等。正如吴子光在《台湾纪事》描写的那样,奉祀妈祖的天妃庙(清末改称后天宫或庙),"无市无之,几合闽台为一家焉"。他们不仅信奉各自行业的创始人或传说中行业的创始人为神,而且信奉陈远光为"开漳圣王"、陈昭应为"清水祖师"、张远为"保仪尊王"、许远为"保仪大夫"等。闽台民间信奉的神灵之杂、庙宇之多令人咋舌。据统计,八闽大地的民间神祇就有119种。此外,闽台人对掐"八字"、算命等也非常热衷。

4.闽台地区民间艺术不少是对河洛民间艺术的发扬光大

质朴宽容、博采广纳本身就是河洛文化的重要特点之一。在几千年的历史进程中,四面八方的民族文化一度在河洛地区交流融合。在继承本民族本地区优秀民俗传统的同时,又不断吸取其他民族其他地区的优良民俗文化因子,始终保持河洛民俗文化历久弥新的不息活力。迁徙辗转到闽台地区的河洛人及其后裔在保持河洛民间艺术传统的基础上,还根据当地生产生活实际,不断吸取土著和外来民俗文化养份,创造出不少灿烂的闽台民间艺术。闽台地区比较有名的传统音乐主要有使用管弦的南管乐曲和既有管弦又有打击乐器的北管乐曲。其中,北管乐曲以中原音韵为正声,由"河南梆子"演变而来[①]。比较有名的戏曲主要有闽南语系的布袋戏、客家语系的采茶戏等。其中,布袋戏是在河洛地区流行的皮影戏、木偶戏、傀儡戏等曲艺的基础上演变而来的。傀儡戏、皮影戏等早在唐宋时期的河洛地区就已经广泛流行。宋室南迁时大批中原士族与宗室南下避难,将河洛文化艺术带入闽地,使得闽台地区的民间艺术得到迅速繁荣和发展。无论是从服饰装扮、演奏乐器还是曲目、内容来看,闽台地区的传统音乐戏曲都无不彰显着浓郁的河洛古风,无一不是对河洛民间传统艺术的继承与光大。

三、相同民俗文化传统:两岸统一之结合点

相同的民俗文化传统和文化基因是维系两岸永恒的根脉,是实现两岸统一

---

① 曾永义:《河洛文化对闽台文化的影响》,《东方艺术》2005年18期。

的结合点。新的历史时期,传承和创新中原民俗文化,对建构和谐的生活方式和共有的精神家园,促进豫、闽、台等地的经济、文化交流与合作,实现祖国统一大业和民族振兴都有重要的现实意义。

1.相同民俗文化传统有利于构建两岸社会的和谐与安宁

民俗,尤其是其中的礼仪习俗,一经形成就往往带有制度和道德约束方面的因素。它通过评价、示范、劝阻等教育形式唤起人们的良知,引导人们的思想意识,规范人们的言语行为,影响人们的生活方式。河洛民俗文化强调人们的言行举止都要合乎礼仪习俗,任何违反礼仪规范的行为都会受到社会舆论的谴责和"道德法庭"的审判。言语合乎礼仪,就会使人变得文明;举止合乎礼仪,就会使人变得高雅;穿着合乎礼仪,就会使人变得大方;行为合乎礼仪,就会使人更具魅力。人和家庭都是社会的基本组成单位。河洛传统交往礼俗在协调人际关系方面至今仍然发挥着重要导向作用;河洛传统婚姻礼俗对稳定婚姻关系、追求生活幸福、保持家庭和谐仍有现实积极意义;诚实守信、宽容谦让仍然是人们在待人接物方面持守的基本行为准则。这些礼仪规范不仅是建立良好人际关系的重要基础,而且是实现社会和谐的重要保证。此外,传承久远、源于民众生活的传统礼仪风俗习尚不仅可以集合民众意见,代表民众意愿,而且可以聚拢民众情感。只有继承和发扬河洛民俗文化的积极进步成分,消除其消极落后因素,才能实现社会的和谐与稳定。大力发扬孝敬父母、尊敬长辈、邻里和睦、诚实守信、礼尚往来、勤俭节约等优良传统,对构建海峡两岸人民共有的和谐精神家园都具有重要的引导和约束作用。

2.相同民俗文化传统有利于促进两岸经济文化的合作与交流

相同的生活习俗和文化传统对发展两岸经济文化交流合作无疑具有不可替代的特殊作用。首先,共有的民俗文化传统可以为经济发展提供相同的价值导向和精神动力。河洛民俗文化包括河洛人在历史实践中创造的物质文化和精神文化。适应经济发展的民俗文化能激发经济主体的积极性、主动性和创造性,拉动经济发展。如传统的节日消费观念能刺激节日消费、拉动内需、活跃市场。其次,共有的民俗文化传统能创造更多的商机,给彼此带来更多更大的经济效益。通过庙会、花会、书会等民间节会,一方面可以招商引资,促进物资交流;另一方面,可以争取有利市场地位,创造更多的商业机会。提高产品的民俗文化内涵,不仅可以直接增加产品的附加值,而且可以带动相关产业的发展。再次,共有的民俗文化传统可以促进彼此的理解和亲情。通过台湾同胞来大陆寻根祭祖,探亲访友以及开展彼此之间的文化旅游和学术交流,不断增进相互之间的了解,进一步深化两岸同胞的感情和依存度。我们相信,只要充分利用共有的民俗文化资源,以寻根游、文化艺术交流、民俗文化表演等桥梁,进一步加强豫闽台地区之间的经济、文化交流与合作。海峡两岸尤其是豫、闽、台三地的文化事业与文化产业必将迎来新一轮大繁荣与大发展。

3. 相同民俗文化传统有利于实现海峡两岸的和平与统一

"确认自己的文化特性,对于调动一切力量来发展而言,具有根本的意义。"①中原传统民俗文化是两岸同胞文化认同的血缘纽带和基本因素,对两岸和平统一有着强大的吸引力和凝聚力。如前所说,由于 70% 的福建居民的祖先都来自中原,占台湾人口总数 82.7% 的汉人的祖先又都是从福建、广东等地迁徙过去的河洛人。千百年后的今天,闽台地区仍然比较完整地保留着与古代河洛地区相同或相近的风俗习惯,并称自己是"河洛郎"、称自己的方言为"河洛话"。从闽台"河洛郎"、"河洛话"的称谓,我们可以看出闽台人与中原河洛人的历史渊源关系,也可以证明广大台湾同胞对河洛文化的强烈认同感。河洛民俗文化是豫、闽、台人民共有的文化传统,也是维系两岸人民的精神纽带。时至今日,由于历史的原因,海峡两岸在意识形态、价值观念等方面存在着明显差别。但是,同根同源、血脉相连的两岸人民都有着和平统一、民族复兴的强烈愿望。家庭团结、邻里和睦是中华民族的优良传统。两岸人民只有坦诚以待、相互包容,团结一致,才能重构民族价值体系、重拾中华民族自尊自信。几千年的文化根源是割舍不断的。相同的民俗文化传统是两岸永不枯竭的血脉,是始终牵系两岸人民的精神纽带。我们坚信,经过两岸同胞的不懈努力,实现祖国和平统一、民族振兴大业的宏伟目标必将指日可待。

(作者为河南省社会科学院历史与考古研究所助理研究员)

---

① 联合国教科文组织:《内源发展战略》,社会科学文献出版社,1988 年。

河洛文化创新与新时期河南精神

郭　艳

　　河洛文化是中华文化之根,对于增强民族凝聚力和向心力具有很重要的作用。河洛文化是指产生在河洛地区的区域性文化,是中华民族的主流文化。河洛地区指黄河中游潼关至郑州段的南岸,洛水、伊水及嵩山周围地区,包括颍水上游登封等今河南西部地区。概言之就是今天河南省的西部地区。河洛地区南为外方山、伏牛山山脉,北为黄河,西为秦岭与关中平原,东为豫东大平原,北通幽燕,南达江淮,在古代雄踞于中原,为"天下之中"(《史记·周本记》),即所谓"中国"。居住在河洛地区的先民创造了光辉灿烂的河洛文化。河洛文化内涵博大精深,包罗万象,诸如神秘莫测的河图洛书,以精美彩陶为特征的仰韶文化,以薄壳黑陶为特征的河南龙山文化,夏商周三代的史官文化,周公制礼作乐的礼乐文化,以孝为核心的伦理文化,最早产生于洛阳的道学、佛学、汉代经学、魏晋玄学、宋明理学,汉字的鼻祖甲骨文,根于河洛的姓氏文化,以及最早发明于河洛地区的科学技术、音乐、美术等等,都属于河洛文化。河洛文化历史悠久,影响深远,千年来延续不断,前后相接,形成一个连绵不绝的文化发展序列。正是这样的一个长期发展的文化,哺育了中华民族的祖先,影响了世世代代的炎黄子孙,形成了以河洛文化为根的中华文化。

　　河洛文化在长期的积累、传承、嬗变、发展过程中,形成了丰富博大的内涵,呈现出多姿多彩的风貌。她除了含有其他地域文化所具有的崇高的爱国主义、英雄主义、集体主义特点之外,还具有自己鲜明的特点,正统性、根源性、传承性、厚重性和辐射性。河洛文化精神以爱国忧民、勤劳朴实、励精图治、团结统一、开拓创新、自强不息、博大包容等主要特色,这些特色鲜明地反映了河洛先进文化的强盛生命力和蓬勃向上的前进方向。尽管随着历史的发展和社会的变革,河洛文化也在不断地发展和更新,但她所反映的中华民族的民族精神却越来越强烈和突出。然而,我们也不能不承认,河洛文化的两重性是客观存在的。一些曾对社会起过积极作用的精神,在改革开放的今天,有了消极作用。所以在历史已经进入 21 世纪的时候,河洛文化的继承和创新更要体现先进文化的前进方向。新文化的建立是在继承和改造传统文化的基础上形成和发展起来的。脱离传统文化发展的轨道,把过去的一切全部推倒,企图从零开始来建设什么地域新文化,是绝对办不到的事。因此,创新河洛传统文化,只能持有既克服又保留的态度。继承河洛传统文化中的先进成分对河南现代化的发展至少会起下列几点积极作用:1. 具有历史文化动力的作用。传统河洛文化所体现的爱国忧民、勤劳朴实、励精图治、团结统一、开拓创新等特点,具有巨大的历史穿透力,对于今天的河南人将产生极大的激励作用。2. 具有历史文化资源的价值。河洛文化在长期积累中形成的特有资源,是我国优秀传统文化资源的重要组成部分。因此在建设适应中原崛起的新文化中,我们要开发利用世界上古今中外一切优秀的文化资源,要开发利用好河洛传统文化资源,克服其中消极、过时的东西,保留继承积极的、先进的因素。

一、河洛文化是新时期河南精神的重要源泉

一个地区、一个民族必须有一种精神,而且都有一种精神,这就是民族精神。任何民族精神的诞生,都离不开传统文化的丰厚积淀。河南精神也是一样,它继承了包括河洛文化在内的一切优秀传统文化的成果。数千年以来,生活在河洛地区的各族人民,为创造灿烂辉煌的中华文明做出了巨大贡献,留下了许多体现河洛文化精神的历史见证;绵延不断的河洛文化作为河南人繁衍不息的依托,以它亘古已久的行为模式、风俗习惯、言语符号在河南人心里和思维中无意识的积淀,至今在某种程度上仍顽强地影响着人们的生活情趣、价值观念、行为方式。河南精神集中反映了河南人民的生活方式、价值观念,表现了河南人民的精神风貌。河南精神实际上就是河洛文化的精华与河南的历史及现代化发展相契合、相同步结合的产物。久远深厚的河洛文化在河南精神中也获得了新生和发展。

河洛文化是中华民族文化的“根”文化,发展的源泉。河洛文化精神则是中华民族精神的源泉。精卫填海、愚公移山、大禹治水、后羿射日等神话故事中,早已体现出"自强不息"与"厚德载物"的精神。春秋战国时代文化的繁荣昌盛，更是中华民族精神形成的源泉。儒家的入世、仁爱、追求道德的自律；道家对外在功名利益的相对超脱与达观；墨家的勤苦笃行；法家的严实和倡导的法治纲纪；纵横家审时度势的机敏才智等，都对中华民族精神的形成产生过巨大的影响。随着历史的演变、环境的变化，特别是随着河洛文化的发展而发展，从而形成了河南精神。在这一精神的陶冶下涌现了一大批历史文化名人，如黄帝、夏禹、伊尹、傅说、姜尚、周公、老子、墨子、庄子、韩非子、苏秦、吕不韦、商鞅、贾谊、晁错、许慎、张衡、蔡邕、张仲景、蔡琰、竹林七贤、江淹、钟嵘、庾信、玄奘、吴兢、姚崇、张说、张遂（一行）、杜甫、韩愈、刘禹锡、李贺、白居易、李商隐、司马光、二程、岳飞等，他们都是河南精神的实践代表，以不同的形式弘扬了这一精神。

1.爱国忧民，是河南精神的实质，也是河洛文化的主旋律。河南人素来具有"天下兴亡，匹夫有责"爱国精神，把国家和民族的根本利益看得高于一切。出生在河南的范仲淹在《岳阳楼记》中说：要"先天下之忧而忧，后天下之乐而乐"，把国家、民族的生存与发展时刻放在心上。在河洛文化的传统中，处处可见中原儿女为了民族安危、为了革命理想和信念所具有的坚定信心与决心，他们不怕任何艰难险阻、不惜流血牺牲。古有花木兰替父从军，岳飞精忠报国，吉鸿昌、杨靖宇、彭雪枫甘洒热血，今有焦裕禄、史来贺、任长霞等人立党为公、执政为民，都对河南精神中的爱国主义与忧患意识进行了新诠释。爱国精神、忧患意识既是河南人民精神的实质，也是中华民族精神的核心。无论是在过去，还是在当代和未来，这种精神永远是河南最宝贵的精神财富，激励着一代又一代的河南人民改天换地、建设新河南。

2.求真务实，是河南精神的核心，也是河洛文化的精华。农业文明造成了中原人务实的性格。因为农业生产需要极为坚忍的和一丝不苟的精神，空话无补于农业的收成，必须踏踏实实做事，才会有收获。可以这样说，务实精神是农耕文明在实践中导致的必然心理趋向，而这种心理趋向在河洛文化发展中又不断得以强化，最终演变成一种行为准则。墨子曾提出著名的被称为"三表法"的观点即：有本之者，有原之者，有用之者，也即"上本之于古者圣王之事"、"下原察百姓耳目之实"、"废（发）以为刑政，观其中国家百姓人民之利"，表现了墨家学说客观求实、看重百姓人民利益的求实精神。章太炎也讲过："国民常性，所察在政事日用,所务在工商耕稼,志尽于有生,语绝于无验。"①陶冶、熏染了一代又一代的中原儿女。今天,河南精神中依然主张求真务实,但是,这个求真务实就有了新的涵义,"求真",就是要求坚持实践是检验真理的唯一标准,不断研究新情况,解决新问题,形成新认识,开辟新境界。"务实",就是脚踏实地,真抓实干,不图虚名,不搞浮夸,一切从实际出发,一切工作以人民群众"高兴不高兴、满意不满意、赞成不赞成、答应不答应"为根本标准,解决人民群众的实际困难,扎扎实实为老百姓办实事、办好事。

3. 和谐包容,是河南精神的发展动力。首先,河洛文化自身的形成过程就体现出和谐包容的特点。历史上,中原的华夏民族同四周的部族集团,经过数千年的战争、冲突、交流,最后在中原河洛文化圈融为一体。大体而言,共有四次大融合,这四次以河洛为核心的民族大融合使河洛文化像滚雪球一般越滚越大,充分体现了河洛地区博大包容的开放精神。优秀传统河洛文化所蕴涵的和而不同的价值取向,深刻地熏染着我们培育独立思考、开放兼容的精神。在河洛文化中,和而不同的价值取向具有非常独特的表现。墨家思想讲尚贤尚同,不仅崇尚贤才、追求大同,也蕴涵着向先进学习、向贤者看齐的精神。道家思想亦是贵"和"的,和而不争。孔子明确提出"和为贵"(《论语·学而》)、"和而不同"(《论语·子路》)之说,中原古代的思想家如韩愈、二程等发展了原始的儒学,以至于形成了中华民族讲求融合、凝聚一致、协和万邦为主流的品格。今天,要实现中原崛起必须坚持开放包容的态度和胸怀。

4. 开拓创新,是河南精神的灵魂,也是河洛文化的精义所在。《易经》要旨,不外讲变、顺变、应变。君子法天,如日月星辰,运转不息;君子法地,如江河溪流,"逝者如斯夫,不舍昼夜"。所以君子要刚健有为,不断进取;要面对横逆,不屈不挠,奋发图强。这是华夏民族之所以具有顽强生命力的最深厚的精神力量。正如哲学家张岱年指出的,中国的民族精神凝汇于《周易》统摄64卦之首的的乾坤两卦所体现的刚毅厚重的精神:"天行健,君子以自强不息"、"地势坤,君子以厚德载物"(《周易大传》)。例如大禹治水,与天顽强斗争,终于战胜洪水,被后人推崇为圣王。孔子标举仁德,周游列国,力图拨乱反正,匡时济世;终生尊崇

① 章太炎:《驳建立孔教议》,《章太炎政论选集》,中华书局,1977年。

周礼,晚年删订诗书,整理文化遗产,继绝学,正风气。墨子摩顶放踵,以苦行匡时救世。两人都为士君子自强进取的精神树立了光辉的典范。具有河洛文化素养的客家在历史的迁移中也体现出这种勇于开拓的精神。客家先民离开中原老家,在偏僻贫瘠的地区建立新的家园,在长期艰苦奋斗的岁月里,性格受到更严峻的考验与磨练,形成了坚忍卓绝、刻苦耐劳、独立自强、冒险犯难、进取创造、不满现实,追求理想和百折不挠的特性。

创造精神是河洛文化的另一显著特征。根据记载与传说,黄帝在原始先民们长期实践的基础上,大胆创新,创造了一个又一个使中华民族突飞猛进的奇迹:房屋、衣裳、车、船、弓箭、指南车、阵法、井、婚嫁制度、丧葬制度、市场、货币、图画、音乐等。嫘祖发明了养蚕抽丝的纺织技术;风后创造了阴阳之事;仓颉发现鸟兽走过后留下的爪印和蹄印而产生灵感,创造了方块字;杜康发现储藏在树洞的粮食发酵后,流出醇香的液体而发明了酿酒;容成发明了历法,使人们耕种有时;隶首发明了算术,结束了人类结绳记事的时代。这些先人的历史创造代表了中华民族敢于创新的精神。

5.勇于拼搏,是河南精神的关键。在愚公移山精神和红旗渠精神的激励鼓舞下,河南人民战胜了一个又一个困难,夺取了一个又一个胜利,就是得益于敢于斗争、敢于胜利的精神。今天,实现中原崛起更是一项前无古人的崭新事业,没有现成的经验,没有固定的模式,更离不开敢于斗争、敢于胜利、拼搏自强的精神。实现河南精神中的勇于拼搏,就是要发扬知难而进、一往无前的精神,始终保持旺盛的热情、奋发有为的斗志、革命英雄主义气概,自强不息,励精图治。在实践中大胆探索,反复实践,不断开辟建设河南经济和文化强省的新境界。

今天,河南精神的开拓创新是一项系统工程,实践开拓创新,要以马列主义、毛泽东思想、邓小平理论为指导,树立创新意识,从实际出发,体制创新、科技创新、理论创新、制度创新、人才创新有机结合起来,把勇于探索的勇气与求实的科学态度有机结合起来,把继承与创新结合起来,在开拓创新中发展,在发展中开拓创新。

承前启后、历久弥新的河南精神,体现了河洛文化主旋律的色彩,传承了河洛文化的精华,是既有深厚的历史渊源与文化积淀,又鲜活地活跃在河南人社会活动中的一种时代精神,一种支撑河南人在生产和生活实践中生生不息、向前发展的创造精神。

二、新时期河南精神是河洛优秀历史文化的传承

新时期河南精神,要继承和创新深化河洛优秀的历史文化,形成以"自强不息、讲求诚信、博大包容、勇于创新"为主要内容的精神支柱。"自强不息"既表现了河南人勤劳、淳朴、智慧的素质和坚忍、刚毅、负重的品格,也展示着河洛文化尊重规律、注重实干、讲究实效的理性思维,是最具本质的人文精神,体现了河南人民具有的农耕文化勤勉淳朴的特质,是奉献精神的一种外化和实践表现;"讲求诚信"表现了河南人爽直、豪迈、仗义、诚信的民性和慷慨不屈的人格精神,也展示着河洛文化坦诚的特性,是树立河南文化强省形象,树立河南人民的自信心和自豪感,树立河南对外交流形象的精神支撑;"博大包容"反映了河南人兼容并蓄的胸怀,体现着河洛文化"和而不同"、共融共生的价值准则;"勇于创新"既表现了河南人发奋图强、无私奉献的开拓创新精神、求实精神和善于创造的智慧,也展现着河洛文化坚守正统与开放创新兼备的精神品格。

河南精神源于河洛文化,源于河南的革命和建设实践,是推进我们事业健康顺利发展的强大精神力量。大力弘扬和宣传河南精神,努力使河南精神成为一种真正影响、带动河南向健康、正确方向前进的一面旗帜,一种核心力量,成为河南人世代相传的民族之魂,目前至少要做如下工作:

广泛开展河南精神的宣传教育,在全省树立河南精神。第一,要努力营造弘扬河南精神的舆论氛围。要把河南精神的宣传作为宣传思想战线当前的一项重要工作,发挥新闻、理论、文艺、出版等传播媒体的优势,不断加大宣传力度,切实提高宣传质量,使河南精神深入人心,家喻户晓,成为干部群众的自觉意识。第二,要坚持不懈地进行教育引导。大力开展河南精神专题教育,把河南精神教育同我们开展的学习教育活动、传统教育、民主法制教育等结合起来,互相渗透,形成宣传教育的合力,不断提高干部群众掌握、实施河南精神的思想境界。第三,要善于运用典型进行引导。要不断总结和挖掘河南各条战线上体现河南精神的先进人物和典型事迹,并进行广泛的宣传和推广,把河南精神人格化、形象化,激励更多的人学先进、赶先进、比先进、当先进,要把河南精神的宣传教育融入精神文明创建活动之中,通过开展群众性创建活动带动人们去认识和实践河南精神,

使河南精神在全社会蔚然成风,使河南精神成为河南现代化社会的主流思想和精神。第四,要加强河南精神的理论研究。一方面从理论上阐述和揭示在社会主义市场经济条件下,在推进社会主义现代化建设的新的发展阶段,弘扬河南精神的重要性和必要性,帮助和指导人们更好地学习和树立河南精神。另一方面,对干部群众树立和弘扬河南精神的实践进行理论研究总结,不断丰富和发展河南精神,使河南精神保持鲜活的理论品质,始终成为我们推动现代化建设的强大动力。

三、让新时期河南精神成为中原崛起的"软实力"

虽然自改革开放以来,河南的文化建设取得了巨大的成绩,但与河南人民肩负的建设文化强省、实现中原崛起的历史使命相比,与完成这样的历史使命和迎接这种挑战所应具备的精神状态相比,还有一定的差距。我们在精神上还没有完全构筑起实现中原崛起的精神支柱。因此,加强文化支撑和人文精神的建设,是河南文化强省建设中一个不可忽视的任务。

第一,加强新时期河南精神建设,使新时期河南精神真正成为河南社会意识的主流,内化为人的精神信仰和行为方式,转化为人的一种品质、一种自觉。其中,行之有效的实现途径之一是政府将新时期河南精神建设作为一项长线工作来抓,将当前需要与长远成效有机统一起来,充分发挥舆论的宣传、引导和促进作用。通过开展一系列活动,促进新时期河南精神的广泛认同与快速传播,使广大人民群众在社会生活的各个方面,深切感受到新时期河南精神的感染、激励,从而增强作为河南人的归属感、自豪感,形成新的文化认同。

第二,与时俱进地弘扬和创新河南精神。要适应中原崛起的目标,增强创新意识。用战略思维、世界眼光,不断开拓创新,与形势俱进,与世界俱进。努力提高利用河南精神资源的效率,营造具有创造精神的环境,为建设文化强省提供源源不断的人文关怀、价值关怀和社会关怀。提倡科学发展,提倡公平正义、和谐有序,提倡文明的生产方式、生活方式和生活态度,从文明规制上加强新时期河南的精神建设,使新时期河南精神社会化、大众化。

第三,整合河洛文化资源,加强河洛文化资源转化的积极探索。一要关注培养文化新领地新人才,立足现实生活,弘扬时代精神,重视网络新文化;二要关注河南本土文化的发掘与弘扬,加强河洛文化研究,在追寻保护优秀传统文化生态和与时俱进、积极推进文化创新的基础上,形成突出河洛文化特色的大文化发展格局;三要关注制度文化建设,在已经出台的一系列人文精神建设文件、规划的基础上,制定出操作性强的人文精神建设规划,作为新时期河南精神建设的指南。

（作者为河南省社会科学院科研处助理研究员）

从光复台湾略论岳飞"民族英雄"的定位

——以台湾宜兰岳飞庙保存民族精神为例

（台湾）高双印

一、前言

日本自明治维新后国力日强，视积弱不振的清廷为禁脔，蚕食鲸吞无所不用其极。1894 年中日甲午之战，清廷惨败，签订丧权辱国的《马关条约》。次年，割让台湾、澎湖，台胞奔走呼号，期期以为不可，但在"宰相有权能割地，孤臣无力可回天"的形势下，只得"自力救济"，为不愿作亡国奴，众议成立"台湾民主国"，公推巡抚唐景崧为大总统，号召台胞孤军奋战，并分别于基隆、台南等地增强防务，意图阻击日军，然而狡猾的日军并不从正面进攻，而绕道淡水、宜兰交界处未曾设防的澳底登陆，迂回攻下台北城，并一路南下，在各地义军的不断阻击下，历时半年余，才逐渐控制全台。

日军侵入澳底立足未稳期间，宜兰义民首领林大北率先发难，一度收复宜兰重要城镇罗东、头围、礁溪等地，同时引发台北、新竹义民之连锁响应，日军大恐，急自日本本土派混成旅团在苏澳登陆增援，发动反攻，林大北抗日义军转战月余，弹尽援绝，而台北等地义军又纷纷不支溃散，乃告功败垂成，此役殉难及受株连而惨死者达三千余人。

日人占领宜兰城后，据为兰地殖民的指挥中心，兰民因不甘受日本统治，犹豫是否返回福建原乡避难，去留难定。进士杨士芳、举人李望洋等有识之士，知武力抗暴既属徒劳无功，惟有借助民间信仰，安抚惶惶不安的人心，并把民族精神隐藏起来，期有朝一日待机而起。乃借助我国古老的占卜法，设置沙盘、木笔，请神明降乩示事，得到岳武穆王显灵并赐谕曰："晦暗江山实可嗟，斯民所住是吾家。但期正气长留此，碧霞丹心望晓霞。"乃筹建庙堂一所，取"碧霞丹心望晓霞"之意,名曰"碧霞宫",崇祀精忠岳武穆王,同时以传授四书五经,宣扬四维八德,劝人向善为宗旨,巧妙地避开日人耳目,隐藏国魂,志在有朝一日,还我河山。

二、宜兰岳庙建庙启文

1896 年,即日人占据台的第二年,宜兰以进士杨士芳为首的知识分子和地方绅士,虽在日人高压统治及严密监控下,仍发表了一篇措辞慷慨激昂,爱国思想极为浓厚的建庙启文,堪为历史作见证,其胆识勇气更足为后世所效法。

> 文曰:维甲午乙未之交,海疆多事,四境不宁,且庸臣误国,致鼙鼓东来,台岛鼎沸。今割地易岁,桑梓晦冥,台境官臣绅民相踵归籍,避之闽或粤,然而一介书生赤手空拳对君国苍生又有何益耶?况逃避远离并非长久之计,盖一则惭对国家君上,再者无补于乡梓家园,且弃祖宗坟墓于不顾,也非我辈读书人所为之事矣,况朝廷养士之功,固在千钧一发之际挺身而出,做一方之保障,旋乾转坤,鞠躬尽力,君等或受恩于君上紫袍玉带代天巡狩,或膺灵命于海疆,乘轺建节,统兵指挥。或食禄或乘轩或博一衿,于今仓促之变,自不应赋诗凭吊,或抑郁无聊,甚者徘徊观望,眷念俸禄,坐昧邀宠,而忽视气节为何物也。是故愚等乃祈奉精忠武穆岳夫子堂庙一所,宜讲武穆忠孝节义,警顽立廉。使四方之士于诗词文章之外,得知浩然正气介乎忠孝节义之上,国家兴亡系乎士绅庶民之间,今虽桑梓沉沦,四方皆敌,然亡秦必楚。当今皇上圣明,待勤王一举,必可还我河山投怀上国矣!而武穆盛德万古世纪,栖霞馨香兰邑绵延,精忠遗烈,崇祀无疆之庥矣。"

1897 年,劝募日币 4500 元展开建庙工程,巍峨庙貌,采闽南宫殿式设计,其木材砖瓦,皆取自福建,甚至铺地之石板,亦利用海峡两岸商船贸易卸货后之压船石运来,是台湾少数在日据时代取自大陆而仍然保持完好的庙宇之一。历时三年余,宜兰岳庙于 1899 年中秋落成,当即由第一代总董陈祖畴专程赴杭州西湖岳王庙分香,迎回岳王神像,奉为宜兰岳庙之开基主神,晋殿安座,迄今已历百余年。由此可证宜兰岳庙源自杭州,其香火绵延,一脉相承,亦即建庙启文所述:"栖霞馨香兰邑绵延,精忠遗烈,崇祀无疆之庥矣"之写照。

三、宜兰历史的回顾

台湾与大陆一衣带水之隔,早在三国时期即为东吴所属;元代于澎湖设巡检司;明宋曾一度为荷兰人侵占,后为郑成功驱逐,清廷正式纳入我国版图。台湾地形南北狭长,中央有一道高耸的山脉区隔为东西两大部分,俗称西部为"前山",东部为"后山"。"前山"平原面积较多,且与福建隔台湾海峡遥遥相对,故汉人移民开拓的时间较早;"后山"濒临太平洋,在陆路上为中央山脉所阻,翻越困难,海上则风大浪急,船行不易,故开发时间较迟。宜兰地处台湾的东北角,系由主要河川兰阳溪所冲积的一片扇形平原,亦即三面环山一面临海,自成一个独立的地理体系,虽然习惯上也把它称之为"后山",实际上与东、西部均处于隔离状态,宜兰除了地形上的封闭外,又因处于东北季风与太平洋暖流的交汇处,终年阴雨连绵,气候潮湿,不适居住。这里的早期原居民文化未开,生性凶猛,嗜好杀人,所以清廷采取"封山"政策,禁止汉人拓垦,以免引起"番衅",在以上多种因素限制下,直到清嘉庆元年(1796)才由吴沙率众拓垦,是台湾较迟开发的地区。

吴沙,福建省漳州府漳浦县小山城人,和当时大多数渡海入台者相似,为内地生计所迫,自原籍乘船到台湾,在淡水上岸后先为人执役,生活并不适意,才又到偏远荒僻,按近宜兰的三貂地区另谋发展。三貂属于当时的诸罗县(台湾原属福建管辖之一县)淡水厅最北界址,越界即为化外之地,所以是处在官民,汉番间的三不管地带。吴沙寄寓后改做"通番市"的生意,以布匹、盐、糖、刀之类货品卖给原住民,又从"番社"换回山产、鸟兽、鹿皮等卖给汉人,不久就聚集了一大批财富,复"见兰中一片荒埔,生番皆不谙耕作,亦不甚愿惜"。原来山胞仍然过着渔猎的原始生活,缺乏"土地"的价值观念,而吴沙"通番市"有信,所以获得汉番两方的信任,为他开发宜兰提供了有利的条件。嘉庆元年九月十六日,他率领垦众一千多人,带着牛只、耕具,浩浩荡荡到达兰阳平原拓垦,因事出突然,引起"番民"惊慌,双方发生冲突,互有伤亡,不久,番社发生瘟疫,吴沙乃出方施药,活者无算,"番民"不但感激,而且把吴沙奉为神人,自愿献地酬谢,不到一年,就从头围、二围开垦到五围,得地几十里。特别一提的是,漳、泉、粤三籍流民到台湾开垦,常因利益冲突发生械斗,"然吴沙系漳人,其实漳人实居其九,泉、粤不过合居其一。"吴沙开兰,漳州人虽占绝大多数,但族群、汉番之间却和睦相处,实属难能可贵。

吴沙开兰的另一特色,就是"官未开而民先开",完全是民间自发性的开垦集团组织,但其资金的筹措、人力的运用乃至立乡约、辟道路、兴水利等措施,均为高度的自治表现,直到吴沙积劳成疾而病逝,仍然能够继续推行,清廷并未设官治理。嘉庆十一、十二年有海寇蔡牵、朱濆侵袭,欲夺取宜兰作为根据地,才引起台湾知府杨廷理的重视,深惧"水陆奸宄,互相勾结,负隅拒险,势必全台警扰",奏请朝廷于嘉庆十五年(1810)四月收入版图。

四、宜兰特有的神祇与文风

兰民来自漳州,漳州在我国古代概属闽地,乃未沾王化之区。唐朝总章二年,泉、潮之间蛮獠为乱,朝廷派陈政率军平乱。仪凤二年,陈政死,其子陈元光代行其事,且耕且守。垂拱二年,元光鉴于泉、潮之间地广人稀,上疏建一州以控领表,诏准之。此为漳州设治之始,漳州人为感念陈元光的功勋,尊为"开漳圣王",其后漳州人大量迁居台湾及东南亚各地,纷纷建开漳圣王庙崇祀。

陈元光,字廷炬,河南光州固始人,他率领的军队皆中原人,共五十八姓,他平定蛮獠之乱,不是全靠军事武力,而是中原文化的王道精神。他认为武力只是"徒感于外",欲长治久安,"其本则在创州县,其要则在兴庠序,盖伦理讲,则风俗自尔渐孚,法治彰,则民心自知感激"。经过多管齐下的努力,使"疑非人所居"的"蛇豕之区"一变而"号称治平"。

宜兰的开漳圣王庙多达20座,占全台总数的38.3%,其他如三王公等漳籍的次要守护神寺庙,均占全台半数以上,境内的关帝庙称之为协天庙,亦即称关帝为协天大帝,为宜兰特有的现象,显然全国性的神祇,也染上地缘色彩。

宜兰自清嘉庆十五年入版图,十七年杨廷理即创仰山书院,其在"兰城仰山书院新成志喜"诗中期勉:"龟山海上望巍然,追溯高风仰宋贤。行媲四知敦桀范,道延一线合真传。文章运会关今古,理学渊源孰后先。留语诸生勤努力,堂前定可兆鳣。"其开头"龟山"二字系一语双关,因宜兰外海孤悬一岛,远望之酷似乌龟,名为龟山岛,现已成为宜兰的天然地标和景点。"龟山朝日"更是宜兰八景之首,然其更深一层之意则指宋代大理学家杨时而言。杨时,号龟山,福建将乐人,早岁追随二程习业于河洛,侍立门外,雪深没胫而不去,"程门立雪"佳话,传诵千古,程氏亦有感而发曰:"吾道南矣。"后杨龟山返福建传道授业,其三传弟子朱熹更使理学大放异彩。故诗中"追溯高风仰宋贤,道延一线合真传","理学渊源孰先后"等皆指此而言。书院成立家弦户诵,文风四起,人文荟萃,使得"淡兰文风冠全台"。

五、宜兰岳飞庙承先启后

从宜兰历史的回顾,特有的神祇与文风,不难发现宜兰无论就历史、血缘、文化等各个层面,其皆来自中原,所以日据初期,兰民建岳飞庙借以承先启后、继往开来,就不足为奇了。宋代为我国理学大兴时期,河南又为"理学名区",岳飞生当斯时斯地,自幼受大环境的熏陶及母教影响,而辽、金崛起宋室危亡,正好提供他"尽忠报国"的机会,乃矢志"还我河山",虽然历史的演变使他壮志未酬,且以悲剧收场,但岳飞的精神乃是整个中华文化所凝聚的"民族魂"之总体表现。此"民族魂"在近世中日两次战役中得到充分的发挥,甲午之后,日人据台,以兰民建岳飞庙最具代表性,事实上自 1895 年至 1915 年之 20 年间,台民对付日本高压殖民统治的武装抗暴行动从未停止,其后虽转化为温和的民族解放运动,志在光复台湾则无二致,此期间宜兰人从不缺席。七七事变后,日人强征台湾同胞充当炮灰,宜兰青年林贵杰等四人在海南岛密谋起义,成功的与我游击队会台,编组台湾抗日义勇队,与日军周旋,直到抗战胜利。走笔至此,忆起抗战期间家乡河南在敌人铁蹄下蹂躏,加上天灾河患,难民如潮,饿殍遍野的惨状如在眼前,但一曲岳飞的《满江红》慷慨悲壮,激起了多少人的斗志,奔赴战场,与日军作殊死之争。当时有人将歌词略作修改,使敌我意识更为鲜明,词曰:"怒发冲冠,凭栏处萧潇雨歇,抬头眼仰天长啸,壮怀激烈,三十功名尘与土,八千里路云和月,莫等闲白了少年头,空悲切。国家(靖康)耻犹未雪,民族(臣子)恨何时灭?驾长车踏破了富士(贺兰)山缺,壮志饥餐倭寇(胡虏)肉,笑谈渴饮鬼子(匈奴)血,待从头收拾旧山河,兴祖国(朝天阙)!"中国还没有一部历史文学作品,能在抗战期间发挥如此巨大的影响力。

抗日战争有人认为从九一八沈阳事变算起为 14 年,或从七七卢沟桥事变算起为 8 年,笔者认为应从甲午之战台澎割让之时算起,有 51 年之久,因为此期间台海两岸人民透过各种形式的抗日行动持续不断、此起彼落,而两岸以岳飞为"民族英雄"典型,发扬"中华魂"的壮举,则互相映辉,赢得抗日最后胜利,"还我河山",光复台湾,绝非偶然。

六、宜兰岳飞庙之祭祀

宜兰岳飞庙是在异族统治之下,由一批爱国的知识分子结合社会精英共同筹建,其远大的目标是保存中华固有文化,使之薪火相传,其方式是在日人监视下宣讲儒家的四书五经,原来日人深受中华文化影响,亦甚崇拜孔、孟、岳飞等圣贤,宣扬仁爱精神与浩然正气,似乎并不在严格禁止之列。其另一方式——祭礼,便没有这么幸运,是绝不准公开举行的,尤其自1937年七七卢沟桥事变后,日本更加大力推行"皇民"化政策,强迫台胞在家宅正厅悬挂其天皇像,朝出晚归,顶礼膜拜;强迫学习日语,更改为日人的姓名,归化为日本国籍等不一而足,严禁寺庙举行宗教活动,公开的祭奠仪式,已经销声匿迹,但每年农历二月十五日岳飞诞辰,宜兰岳飞庙的信徒们仍然秘密进行,并未中止,至今祭岳三献礼被完整的保存下来,就是使用的一百多件礼器及祭祀记录等也随之保存,使宜兰岳庙此一极具特色之传统文化瑰宝,成为硕果仅存。

相传祭岳大典始于明代,其仪式比照祭孔,庄严隆重,乃源自周礼中之干戚舞,形成我国既"乐文"也"崇武"之文化双璧,可惜到了清代以后,祭祀为之中断,迄今历经数百年之沧桑,大陆各地已荡然无存,仅宜兰的岳飞庙幸运的把全套仪式保存下来。祭岳的三献大典,祭祀者着长袍马褂,在钟鼓齐鸣、雅颂乐章中,迎神、上香、读祝文、行礼,又在唱"满江红"及"武穆颂"声中,送神、阖扉,共计33个程序,历时1小时20分钟,其庄严肃穆,足以涤荡人心,警顽立廉,实为最佳的民族精神教育。

台湾光复后,于1950年宜兰恢复县治,翌年仲春,由岳庙主办并发起宜兰县各界庆祝民族英雄岳武穆王诞辰活动,第一任县长方家慧担任主祭官,地方党政军首长及士绅陪祭,是为宜兰公开举行祭岳之始,此后形成惯例,为宜兰一年一度之特有盛会。近年来,台湾社会迈向多元化,政党林立,百家争鸣,尽管大家的价值观不同,政治立场互异,省籍情节有所区隔,甚至族群之间矛盾对立,但宜兰县无论国民党、民进党或无党籍人士当选县长,从无人拒绝担任祭岳大典之主祭官,可见祭岳大典所形成的文化特色早已深植人心,岳飞"民族英雄"的形象已为普世所认同。

台湾海峡两岸之岳飞庙,原本一脉相承,本应根气相通,虽然历史因素造成分隔分治逾半世纪,但从台海双方关系解冻后,在笔者的推动下,先后安排台湾知名人士廖正豪先生等参访汤阴、朱仙镇、杭州等岳飞庙,也邀请上述岳庙领导焦陆堂、岳飞思想研究会岳朝军先生等相关人士多次到台湾参访,同时促成2003年岳飞900周年诞辰,台海两岸岳庙同步举行庆祝活动,透过媒体及卫星连线,相互感受其场面浩大,盛况空前,其后又有海峡两岸岳飞文化在台北中正纪念堂举行之特展,至于彼此间举行以"岳飞"为主题之研讨会,发表之论述及专书,不一而足,惟仍有待进一步加强彼此之交流,尤其宜兰的祭岳大典仪式,至盼能自台湾再引回大陆,与曲阜的祭孔仪式相媲美,使此崇文、崇武之中华文化双璧,得以传承发扬,永垂后世。

七、结语

中华民族雄踞东亚,建国迄今,已历五千年,其间无数先圣先贤,荜路蓝缕,惨淡经营,而有今天的成就,端赖中华文化所孕育出不屈不挠的王道精神,所以每当遭受外侮、危急存亡之秋,便有仁人志士挺身而出,冒险犯难,舍生取义,挽狂澜于既倒。岳飞出生在宋代理学名区的河南,理学上承先秦儒学,重名分,讲气节,是中华文化生命之源、价值之本,了解此一深厚的历史文化背景,便可知道岳母姚太夫人以一介女流,在国家需要的时候,毅然舍弃儿女私情,勉子从军,为坚定其意志,亲自在岳飞背上刺"精忠报国"四个大字,传为千古佳话,并非事出偶然。

宋、金之战,绝对是一场侵略与反侵略、文明对野蛮的战争,也是一场民族存亡与文化绝续的战争,在这样一个特殊的时空环境下,中华民族出现岳飞这样一位英雄人物乃所必然,所以他在历史上的定位与评价,应从文化高度与中华民族长远生存发展的深度去探讨。试想:如果南宋灭亡,便不会有朱熹、王阳明等大儒出现,中华文化势必断层,这是何等严肃的课题!再从中、日之间自19世纪末至20世纪初发生的二次战争而言,当甲午之役清廷战败,台湾割让之时,"四百万人同一哭"(丘逢甲诗句),孤臣孽子,遗民泪尽,台湾同胞又能拿我国历史上的那一位民族英雄人物作标竿,才能表达他们"还我河山"的心志? 七七卢沟桥事变发生,我国全面展开抗日战争,中华民族到了最为危险的存亡关头,在武器、装备以及总体战力相差极为悬殊的情况下,国人只有前仆后继,用血肉筑成抵御的长城,岳飞一曲古调"满江红",唱遍了白山黑水、大江南北,激励无数爱国志士慷慨赴战。在沦陷区,在大后方,随处可以看到岳飞"尽忠报国"与"还我河山"的标语,令敌人望而生畏,闻之丧胆。由以上史实可知,岳飞所代表的中华魂和民族正气,无论台海两岸或敌前敌后,充分发挥"国家至上,民族至上,统一意志、集中力量"的无比精神战力。岳飞"民族英雄"的形象,也在此一堪称中华民族有史以来,最伟大、最悲壮的反侵略圣战中,深深烙印在国人的心底,永难磨灭。古人以"立德、立功、立言"为三不朽,岳飞兼而有之,他的事功震古铄今,业已透过建庙奉祀,立像崇拜,以及戏剧小说等形式的传播,家喻户晓,扬名中外,其"民族英雄"的定位不容置疑。

（作者为台湾宜兰河南同乡会理事长）

执两用中话一统

（台湾）傅允中

中华民族建国之初，是在亚洲的黄河流域。其文化肇端是由于伏羲（前4477）发现河图之易理，可见在《易经》成书之前，早已开始了易理之河图洛书文化。

黄帝创建天干地支以纪年，故所谓“易理”与其说是我们文化之开始，毋宁说是我们哲学的结晶。迨至唐尧（前2377～前2257），天纵大圣，发展了“允执厥中”修己治人之道，执两用中，后人称之为道统，吾人简称之中道传统。

确据证明，中华民族发祥于中原地带之黄河流域，中华文化植基于唐尧之中道哲理。孔子（前551～前475）谓：“唯天为大，唯尧则之。”尧为天子。天性善，由仁行义而不自知所行的仁义；民众百姓，人性善，路不拾遗，夜不闭户，唱着“日出而作，日入而息，凿井而饮，耕田而食，帝力于我何有哉”的自由歌。大家也不知道大德敦化之力，所享受的升平之乐所由来。这可以看出“中道”初试，显现了圣神功化之极。这群人和谐相处，居于中原黄河流域，四海之内皆以兄弟相待，不分你我疆界，不论彼此血统，概以中道文化结合。其人群越聚越多，疆土越来越大，其地行中道而称中国，其人遵中道而称为中国人，代代相传，皆以中道为立国之本。历代兴亡皆以得中、失中为因果律。儒家以中道为本，道家以易道为干。中道即易道，即天道。儒道两家虽分于小异，终合于大同，于是历代朝野教化，行之、护之。经史子集，诸子百家，均以发扬中道文化为正宗，否则为旁门，为左道，为儒家思想与为道家正统所不齿、不容。此后释教、耶教与穆教相继东传而为我国所吸收，皆因其不悖于我中道且近之也。盖以中华文化之兴衰，有关中华民族之强弱至巨也。

综观人类社会的发展，一切的冲突皆因各走极端，我行我素，任何的暴力均起于泯没人性。敌对乃由偏激而起,误解多生于隔阂。打通山川阻隔易,跨越心理鸿沟难。尤其处在这精神文明与物质文明严重脱节的时代,我们深感欲望赶超理智,情绪淹没理性,敌对威胁着协和,传统的人伦规范正遭解体,使新的人际关系变得更加冷漠与现实。这许多偏激与自私使人们逐渐迷失了方向,产生了幻觉,造成各方各种先入为主的偏见,加深了不同形态,不同层面的对立,彼此影响、交互激荡,使当前世界愈来愈杌陧不安。

反观国人,以往每将"中国"解为"中原上国",视四邻为"蛮夷之邦",再加上"黄祸"之为害,西方人又都误认中国人皆为蒙古人!"蒙古人种"因是人种学上普指我东亚的大多数人,但也包括韩、日、越、泰、缅等族。在中国,至少有汉、满、蒙、回、藏、苗、瑶……等族。可见蒙古人种和蒙古人是两回事!况今之蒙古人早已非昔之蒙古人,其实在那时代,东西诸强族皆在蛮战以求拓展,蒙古人只是更凶悍了些,其组织与规模较庞大了些而已。

东西方外洋人当其文化尚落后之时,听了我们自称为中原上国或世界中心,而视其他民族为蛮夷之邦,只有敬畏、妒忌和羡慕,却又不敢言(敢怒),或只有忍让。一旦自立自强,即看不得我世界人口最多且如此骄傲之"中原上国",则自亦非打击中国,使之"弱且小",成为等而下之不可。外洋人既无法使中国人屈服,于是就想办法使吾人贫病而弱贱(如清代欧洋各国贩毒于吾国,导致鸦片战争之败),使之分裂而下小!故近数百年来,东西方之偏激政权无不俟机对我下手。为我长治久安以及世界永久和平,必须纠正外洋人对"中国"之观念,始能打消其必致我中国于分裂弱贱而后已之邪念。

基此,吾人必先统一国人自己对"中国"之正确观念。两岸中国人需要搁置意识形态之争议,异中求同,更不应有分离主义之自私自利,应尽全心全力为民族复兴努力。

信中道、守中道之人皆为中国人,以中道立国或行中道之地皆为中国。吾人不搞强权暴力,反而抑强扶弱,人人信守中道,予东西方外国人士新的准确观念。假以时日并证以事实,我们中国人一定能成为世界各国的亲善大使,吾国定能成为近悦远来的和睦之邦,且一旦世人都从吾人身上悟知"中道"文化,则"世界大同"理想之境近矣!

改革、开放、搞活,实践检验真理,发展才是硬道理。这过程中间,不断修正、勘误、去芜存精,不偏不倚,将中国建设成允执厥中、具中国自己特色的现代化富强国家。两岸中国人互信互谅、互利互惠,执两用中,良性互动,"消骇浪成锦涛,化对峙为永平"。胡连会开启民族复兴新契机,全球各国普设孔子(儒学)学院,中道文化普遍倡行于世界,精神文明物质文明并驾齐驱,则中华复兴在望,世界和平在望!

（作者为台湾两岸新闻文经交流协会会员）

河洛文化与国家统一大业

席红霞　　田华丽

　　文化活动是指人的活动和各种行为模式的表现方式。一般而论，"文化具有超时空的稳定性和极强的凝聚力，一个民族的文化模式一旦形成，必然会持久地支配每个社会成员的思想和行为。在人类历史进程中，同一民族通常都具有共同的精神结构、价值系统、心理特征和行为模式，人们正是在这种共同的文化背景中获得了归属感和认同感。因此，文化认同始终是维系社会秩序的'黏合剂'，是培育社会成员国家统一意识的深层基础"。所以探寻文化的发展源头，梳理其发展脉络，对于我们解析文化认同在维系民族凝聚力和民族认同感方面的作用，尤其在祖国统一方面的作用，无疑具有较强的理论和现实意义。综观五千年中华民族文化的发展过程，我们不难发现处于中原腹地的河洛文化无论从其性质与地位，还是从其传播的路径与影响上，均对中华民族的文化认同构建起过不可或缺的作用。因此，探讨和研究河洛文化，对充分发挥好文化因素在国家统一中的作用具有重要的意义。

　　河洛，就字面而言，指黄河与洛水。现在一般所说的河洛，是个地域概念，大凡指以洛阳为中心，西至潼关、华阴，直到咸阳、西安，东至荥阳、郑州，直到开封、商丘，南越伏牛山，北跨黄河两岸，主要在河南境内，与陕西、山西、山东一部分区域相交。司马迁在《史记·封禅书》中说："昔三代之居，皆在河洛之间。"左思在《三都赋》中也说："崤函有帝王之宅，河洛为王者之里。"河洛之地，为中国东方与西方、北方与南方交融的中心地带。

　　河洛文化即指产生于河洛地区的中华民族古老的传统文化。从地域因素来讲，河洛文化在中华民族古文化的产生、发展和形成中处于核心地位，是华夏文化的源头和根文化，在中国几千年的古代社会中处于正统的地位。《河图》、《洛书》,周易八卦,儒家经学,道家经典,释教佛学,老庄玄学,谶纬神学,伊洛理学,或肇始于斯,或兴盛于此。在不同的历史时期,河洛文化的主要内容是不断演进的。以河洛文化为中心的中华文化的主要特点是:

一、历久弥坚的大一统思想

把中华民族作为一个整体的思想,首先来自儒家学说。孔子说:"管仲相桓公,霸诸侯,一匡天下,民到于今受其赐。"[①]孟子提出"定于一"[②]。荀子说"天下为一"[③]。明确提出大一统观念的是《春秋公羊传》:"元年春王正月。……何言乎王正月?大一统也",并以周文王为一统的象征。董仲舒在《天人三策》中将它作哲理上天人合一的解释:"《春秋》大一统者,天地之常经,古今之通谊也。"历代统治者都极力追求一统天下,唐太宗提出的"王者视四海如一家",也是这个意思。它不仅表现在政治上,也表现在文化价值观方面,提倡在主导思想的规范下,不同派别、不同类型、不同民族的思想文化的交相渗透、兼容并包、多样统一,如儒道互补、儒法结合、儒佛相容、佛道相通,儒、佛、道三教合一等,并主张文化为标准,华夏可以退为夷狄,夷狄可以进化为华夏。这种思想对两千年中华民族的形成、融合和发展产生了很大影响,古代中国在几次短暂的分裂后,得以在更大的范围内达到长期统一,这也与它的特点相关:一是大一统思想不是狭隘的民族观念,而是与兼容天下的广阔胸怀相结合,不含有排他性。华夏与夷狄的区分主要在于"华夏文明",即所谓礼仪上,汉化与夷化往往是双向或多向交叉进行,经过长期的接触交流,夷夏观念逐渐淡薄,形成中华民族大家庭。二是其实质是文化的统一和融合,主要不是靠武力征服。孔子说过,"远人不服,则修文德以来之。既来之,则安之。"[④]三是和施仁政及政治革新相联系。王安石就主张以此来达到大一统,以摆脱"内则不能无以社稷为忧,外则不能无惧于夷狄"的局面。四是清末康有为托孔子改制,以《礼记》所说的"大同世界"为变法维新的理想;孙中山先生的"天下为公"思想更是使大一统思想达到新的境界。

---

① 《论语·宪问》。
② 《孟子·梁惠王上》。
③ 《荀子·王霸》。
④ 《论语·季氏》。

孙中山在《中国国民党宣言》中说："以言民族,有史以来,其始一民族成一国家,其继乃与他民族综合博聚成一大民族,民族之种类聚多,国家之版图也随之愈广。"历史实践证明:中华民族和中华祖国宜和不宜分,合则兴,分则衰。地处中国腹心的河洛地区,是民族之间相互交流的中心地带,各民族的文化、各区域性的文化,也包括外来的优秀文化在此汇聚融合为河洛文化。这是在大团结、大联合、大统一、大交流的前提下所形成的光辉灿烂的中华民族的传统文化。

二、根深蒂固的"中国"意识

中国一词,根据出土文献,西周武王、成王时期已出现,亦早见于《诗经》、《尚书》。"皇天既付中国民"[①],"惠此中国"[②],"哀恫中国"[③],不只是指涉周王朝继殷商之后所统治的疆土和人民,还有伴随相关的天命思想、方位观念、天下结构、政治关系和价值意识等在叙述中呈现的含义。之所以如此,应与"中国"一词的复杂悠久的渊源有关。

由黄帝以降至中国的第一个王朝"夏",均在黄河中下游一带所谓中原的地方活动,并使当地成为相对优势的文化区。随着夏王朝的扩张以及中原地区认同于"夏"的各族群所凝聚共有的文化意识与价值观念,"夏"或"诸夏"成为中原民族与文化的代称,以区别于中原以外文化较低的夷狄苗蛮。商代以东夷的一支代夏后,中原列国仍沿称诸夏,并不因改朝换代而放弃对夏的认同及其所代表的优越意识。以京师为中心,以诸夏为外围,再以四夷为更外围的同心圆,古人这种中央——四方的方位观,成为后来中国人天下观的基本要素。按此,中国的含义就不仅是指中原的土地和人民,也指居天下之中,受有天命(合理性)的执政中心,以及克绍夏业传承历史文化,实践人文理想的所在,具体说,是周人承继夏、商的土地、政权、文化和天下观并进一步赋予特定人文精神为内涵创衍而成的称号。此外,周人也以"九州"和"禹迹"称中国或天下。东周以降,夷狄交侵,激起诸夏列邦对"华夏"或"中国"强烈的认同意识[④]。到秦汉统一以前,"中

① 《尚书·酒诰》。
② 《诗经·大雅·民劳》。
③ 《诗经·荡之什》。
④ 夏潮基金会:《中国意识与台湾意识》,海峡学术出版社,1999 年。

国"已普遍成为诸夏列邦国土的共称,并代表上古文化一统观念的整合。

总之,"中国"一词有其悠久的渊源,乃历经夏、商、周三个氏族集团在政治上兴衰更迭,在文化上相互传承,在国土民族上交叠发展的结果,代表具有天下意识和历史文化意识的执政中心或国家政体,也是以中原为中心的广袤连绵的疆土、长期复杂的民族抟凝的结晶,以及延续历史的文化体。这是"中国"基本含义的原型。

有人分析了后来正史中有关分裂时期"中国"一词的含义,指出:无论是何民族、在何种时代、何种情景之下使用中国一词,皆认定"中国"不受时空变化而影响的一贯词义:一是代表天命所在的执政中心———即象征国体或政权;二是代表具有道统意识的历史文化民族的整体;三是代表在天下结构中与四方往来互动的中心或主体。可见,中国一词实际包含了政治、文化、地理诸复杂意义。必须认清,在现代全球体系中若按传统以文明的优势来诠释中国的内涵,不切实际,也不具意义。因为在价值多元的今日世界中,当然更需着重于自身政治、经济、文化价值与特色,才能突显"中国"在世界体系中的定位。传统中国之为天命所在,为执政中心的含义,今日不难在意义上转化为:具有民意基础的政权存在的合理性与正当性———毕竟在西周之初,周人即以"民命"重新解释商人的"天命"思想,开出了二千年中国的民本政治观;由民本进一步走向民主,应是中国历史长期发展的合理一环。此外,传统中国在天下结构中作为中央之国的含义,应转化为:自觉并维持"中国"在现代世界体系中乃为一主体而非附庸的地位。

三、强劲的凝聚力与向心力

民族意识是民族凝聚力的重要组成部分。而民族凝聚力是指民族主体以其独特的山河风貌、民族历史、传统文化以及卓越的成就使民族成员产生的依恋情及亲和力。民族意识就是一种民族认同感和对本民族命运前途的看法,以及由此而产生的民族精神,它是一个民族心理素质最集中的反映和表现。它是在民族共同地域、共同生活及历史发展的基础上形成的,有的还与宗教信仰有密切关系。

就内容而言,民族意识可分为三个层次:一是该民族共同体成员对自己的民族归属的共识,并由此产生对养育自己的祖先和乡土的依恋,对本民族特有的传统文化的热爱及民族自尊心。二是在民族交往中,意识到本民族的历史地位,关切本民族的命运和前途,以及为维护本民族整体利益而应负的责任。三是在民族长期发展中形成自己特有的民族精神——一个民族政治文化思想、民族性格、传统道德观念的升华,是维系和支撑着一个民族生存与发展的精神支柱、民族魂。文化上的认同是民族自认性一致的根基,它包括思想观念、哲学理论、语言文字、道德伦理、典章文物、文学艺术、风俗习惯及科技教育等,甚至衣食住行也渗透着传统文化的影响。中华民族传统文化最突出的特色是以儒学为主,兼容并蓄,融合其他多种学说而形成的,强调个人道德修养,注重人与人之间关系的调和。

五千年灿烂的中华文化是民族精神、民族认同和民族凝聚力的源泉。中国人之所以具有恋土归根的本根意识、华夏族类的共同信念、内聚凝合的情感心理,皆因中华文化的精神纽带在起作用。例如,作为一种地方文化,台湾赫赫有名的旧石器时代的长滨文化,新时代早期的大岔坑文化,新时代晚期或金石并用期的圆山文化与风鼻头文化,据考证,无不笼罩在中华文化灿烂光环之中。海峡两岸实际存在的语言、民俗、血统、信仰的共同性与渊源性(这是比社会政治制度更为深层的东西),构成了维系两岸同胞的精神纽带。

中华文化这一特征也发挥着打击"台独"的巨大作用。"台独"活动向来割断台湾文化与中华文化的联系。老牌"台独"分子史明所著《台湾人四百年史》,讲的是"台湾人四百年的文化传统";"台独教父"彭明敏诡称"台湾文化与中国文化不同";民进党"文化会议"则要"把'中国'从台湾文化字典中连根拔除",来"凸显台湾文化的自主性";还有屡屡发生的教科书事件,企图给台湾青少年一种错误的导向。"台独"理论家更制造出"台湾人有自己的语言"、"台湾人有自己的历史"、"台湾人有自己的血统"等"理论"。这些天方夜谭式的怪论,一经中华文化的检验,便显露其无理无知、背宗忘祖和分裂祖国的嘴脸。过去人们常说,亡人亡国,必先亡其历史;我们也可以说,分人之国,必先改其历史。现在那些闹分裂的人,很怕讲历史,也讳言历史上的传统文化,因为历史的真实有强大的说服力,是他们抗拒不了的;优秀的文化有惊人的凝聚力,是他们不能改变的。中华文化的统一性,核心是全民族共同意识的精神情绪,它来自于共同的历史背景、共同的忧患经验、共同的荣辱记忆以及共同的人文创建。在其历史发展的长河中,逐渐形成了一个以炎黄为人文共祖,以华夏文化特别是河洛文化为中心,同时融合了中华境内各民族文化的统一体。正是这统一的中华文化,源远流长,根基深厚,风泽光被,拧成一股强劲的凝聚力、向心力与认同感,成为维护国家统一的重要力量。

四、多元一体的和合精神

当代考古成果证明,在中华文化的生成期,中国境内并存着三大文化区:河洛文化区、海岱文化区和江汉文化区。这一多元的文化存在,在漫长的原始社会中交流、融合,共同构成了中华原始文化。进入文化发展期后居住于河洛地区的华夏族,由于特殊的优越地理位置,容纳、吸收了周边地区的民族文化特长,构筑了中华文化的主体。在学术界有"中华文化,根在河洛"之说。河洛文化与其他区域性文化相互撞击、融合、补充,共同创造了和而不同、多元互补的中国传统文化。

"和合"是中华文化人文精神的精髓,是中华民族独创的哲学词汇与文化理念,它贯穿、渗透于儒、释、道及其他各派的学说之中。早在先秦时期,"和合"二字连用并提,构成"和合"范畴。儒家学派创始人孔子即以"和"作为人文精神的核心和价值标准,他强调:"君子和而不同,小人同而不和。"[①]其含义是既承认差异,又和合不同的事物,通过互补互济达到和谐统一。张立文教授在其创立的"和合学"体系中归纳了三个要旨:"和"指异质因素的共处;"合"指异质因素的互补互济;"和合"指异质因素由此而形成合力,呈现出和谐统一的局面。中华民族讲和合,主要用来正确处理人际关系、民族关系、国家关系,强调要使这些关系保持和谐统一,形成整体的系统合力。因此中华和合文化精神有利于国家统一和民族团结。

我国政治家倡导"一国两制",是对"多元一体"文化观的继承和在新时代的发展。"一国两制"在文化观上,体现了一元的社会主义文化与多元并存、多枝同根、共生互助的中华大文化的统一。这一统一的中华大文化,不但有大陆社会主义文化还包括港台在内的有利于国家统一、民族团结、经济发展、社会进步、人

---

① (《论语·子路》)。

民自由的爱国主义文化。费孝通认为:"'一国两制'不光具有政治上的意义,它本身是一个不同的东西能不能相容相处的问题,所以它还有文化上的意义。……我们应当这样去理解这个事情,看到在世界文化的发展过程中,不同的制度有和平共处的可能性,可以出现对立面的统一。再进一步去看它的来源,有一个中国文化的本质在里边,它可以把不同的东西合一起。没有这样一个本质,那就不会有今天的中华民族和中国文化,也不会出来'一国两制'"①。

钱穆说:"大陆喜欢合,台湾亦喜欢合,乃至……全世界的中国人都喜欢合。"②和平统一,并不是我吃掉你,你吃掉我;不是大陆把台湾吃掉,当然也不是台湾把大陆吃掉。这正是"和而不同"的最好运用。和平统一既是在"一国"即中国主权上的"和",又是"两制"的"不同";既是共产党和台湾的党派在实现国家统一之上的"和",又是以各自奉行的"主义"上的"不同"。也就是说,为了实现"一国"之"和",可以允许"两制"之"不同"。

中国政治家提出"和平统一,一国两制"这一构想的重要依据,来源于海内外的中国人有着共同的文化精神"纽带"。这个"纽带"的"结",就存在于无法割断、同源同祖的深层意识之中,就存在于文化的核心理念之中。无论是大陆,还是港澳台以及其他海外华人社会,主要分属于当今世界上的两种基本社会制度,即社会主义和资本主义,尽管存在着这样的差异,但他们却有着比政治制度更为深层的共同性,这就是由长期历史积淀而形成的文化心理结构,中华文化优秀传统深藏在炎黄子孙的心中。

"一国两制"构想直接继承和创造性地发展了中华文化的优秀传统,它植根于中华文化深厚的土壤之中。没有这一伟大构想的巨大感召力,没有海内外同胞对精神"纽带"的认同,中国的和平统一,港澳台的回归是不可想象的。历史一再证明,中华民族对文化传统的认同,能够超越时空限制,超越社会制度和意识形态差异;中华民族文化上的统一使政治、地域上的分裂不可能持久。世界应该是多元而又互补的,冲突而又融合的。在这方面,中华文化可提供解决冲突、和平共处、互不干涉、共同发展的理论思想,可提供反对霸权主义的价值评判标

---

① 宋庆贵:《"一国两制"构想的文化渊源》,《世纪桥》1995 年 5 期。
② 姚同发:《试析中华文化在两岸关系中的地位》,《台湾研究》1999 年 3 期。

准。和合精神并不否定必要的斗争,凑合、捏合、离合都不属于和合的范畴,与和合背道而驰。现在世界上的霸权主义、强权政治是要将自己的文化模式强加给其他国家,是搞捏合;中国的台独等分裂势力企图分裂祖国和民族,是搞离合。他们都是在破坏和合,必须坚决地与之斗争。

当然,大陆与台湾的文化认同虽然历史深厚,但这是以政治上一个主权国家为前提的,否则,文化认同就会被架空。任何外来强迫因素或殖民化意识只能使文化支离破碎。这也是必须从经济、文化交流过渡到政治谈判、合作的根本原因。

（第一作者为解放军信息工程大学理学院人文社科系副教授）

河洛文学研究的现状反思与文化取向

刘保亮

河洛文化研究自 80 年代末起始,以先后在洛阳、郑州、安阳召开的国际研讨会为标志,历经近二十年的盛衰起伏,终于迎来了今日方兴未艾的燎原之势。我们既为这一充满生机的学术增长点而欣喜,同时也不无忧虑地发现"热闹"背后尚缺乏有价值的学术沉淀。考量河洛文化的研究现状,其存在的问题既表现于散兵游勇式的研究队伍,也表现于漫无目的的研究选题,还表现于偏重历史器物层面而导致的研究极不均衡。对此有学者总结为"成果不少,问题颇多"①。

河洛文学作为河洛文化的一个有机组成部分,目前研究尚处低谷。这既源自于河洛文化研究的共性问题,也有自身的个性原因。正如克罗纳将一部哲学史看做一部"问题史"②,或如马克思所言"真正的批判要分析的不是答案而是问题"③。由此,笔者着重探讨困扰河洛文学研究的深层问题,因为问题的提出虽然不等于问题的解决,但无疑会有助于问题的解决。

一

河洛文学研究虽然历经多年,但还是有必要对起点问题重新追问和厘清:什么样的文学属于河洛文学? 什么样的作家属于河洛文学作家? 这似乎是一个不证自明、无须赘言的问题。无论是早期的三集"河洛文化论丛",还是新近出版的《河洛文化通论》,论者一般以地域为判定标准,把那些或为河洛人或长期游宦居住于河洛地域的作家所创作的文学作品,毫无置疑地归属于河洛文学。然

---

①　薛瑞泽、许智银:《河洛文化研究》,民族出版社,2007 年。
②　王治河:《后现代哲学思潮研究(增补本)》,北京大学出版社,2006 年。
③　《马克思恩格斯全集》,第 40 卷,人民出版社,1982 年。

而,地域文学的界定远非楚河汉界般如此简单分明,因为文学的地域性,"一是指特定地域的社会现实、生存状态、文化传统、民族风情、自然风物、独特题材、语言特点等属于创作资源的内容,二是指作家的世界观、人生观、思维方式、审美情趣、创作意识、表达方式等带有特定地域性的文化品格和特点"①。据此,对河洛文学的界定,"或为河洛人或长期游宦居住于河洛"只能是一个外在的表面化的条件,而更为重要的内在的判定标准还在于其是否具有地域创作资源内容和地域文化精神。

对于河洛作家研究而言,我们首先要着力探寻的是创作主体的情感地理。任何一位作家,都有自己的精神成长的母地,正如屈原之于荆楚,李白之于巴蜀,沈从文之于湘西,贾平凹之于商州。河洛地域就是河洛作家特别是生于斯长于斯的河洛人的精神母地,那自小接受并长期濡染的山川景物、人文传统,都会有意无意地以各种方式进入作家视野和作品文本,无论是"自然的人格化",或是"人格的自然化",在作家与自然人文环境的相互创作和被创造的关系流程中,不断地形塑着河洛地域文学的斑斓色调和情致灵韵。正因为河洛作家不是从虚无开始而是历史地存在着,他们生活的河洛地域的自然地理环境、历史文化传统、社会观念习俗等,会如丹纳"种族、环境、时代"三元素说,或如海德格尔"前理解"理论,将必然影响着艺术创作主体。这样,当作家进行"灵魂还乡"的写作时,从文学发生学理论出发,从荣格"自主情结"观点看,我们总能在字里行间读出氤氲弥漫的母地泥土气息。由此,河洛文学研究决不能仅仅停留于对作家出生地和居住地的溯源考证,河洛文学史的书写决不能仅仅只是河洛作家作品的堆砌,如果我们不能解析出河洛文学里这种地理与人文相互依赖的生命密码,这种根植于土地所演绎的千载轮回的欢乐与悲哀而积淀生成的集体无意识,这种穿越历史时空的地域文化所留下的精神印记,那么,河洛作家的文化个性何在?河洛文学研究的地域文化学意义何在?难道"河洛"只是一个不具备人文地理价值的标签式冠名?

河洛作家与河洛地域文化血脉相连,他们的欲望和创伤都根植于这块古老的土地,尤其是在经历了四方漂泊或人生磨难之后,其笔触游荡于河洛山水人

---

① 程金城:《地域性的借重、突破与超越》,《飞天》2003 年 8 期。

物,无论是"金谷二十四友"饮酒赋诗的酬唱之歌,还是杨衒之《洛阳伽蓝记》的
黍离之悲;无论是杜甫"三吏"、"三别"的痛苦愤怒,还是元结《次山文集》的"危
苦激切";无论是白居易中隐香山的吟咏性情,还是元缜《连昌宫词》的盛衰感
叹;无论是邵雍《伊川击壤集》的快乐诗学,还是李绿园《歧路灯》的理学伦理,那
唤回和流淌着的爱恨悲欢无不深蕴着地域文化基因,即便是感性的山水风情描
摹,也沉潜着人文诗思,从中我们能分明感受到河洛作家精神气息和土地文化的
内在关联。

　　深化河洛作家研究,重要的在于揭示河洛作家的"地方亲属关系"。"每个
社会群体都感到自己与他所占据的或者将要迁去的那个地域的一部分神秘地联
系着……土地和社会集体之间存在着互渗关系,等于是一种神秘的所有权,这种
所有权是不能让与、窃取、强夺的。"①这说明地域与人的关系已经越过生活居住
的物质层面而直达精神信仰的深度。河洛作家与河洛地域特别是地域文化血肉
相联,但这种人地关系表现于文学并非都是脉络清晰。从先秦到明清乃至当代,
有一些河洛作家,我们似乎在作品里嗅不到原本应有的地域气息,这也许因为作
家已将它巧妙地遮蔽,也许出于对自身存在的现实超越。而不符合常规的文学
现象,既给河洛文学研究者带来心理的困惑,同时也激发探索的热情。

　　深化河洛作家研究,要着力开掘河洛地域的文化人格。文化人格是以历史
地理为载体和基础的。由于河洛自然地理环境与历史人文传统塑造了地域性的
文化生存形态,影响并制约着河洛人的生活方式和思维方式,使生活其中的人们
形成一种心理定势,进而最终形成独特的河洛文化人格。如李准对中原人既浑
厚善良又机智狡黠的"侉子"性格的概括,李佩甫对豫中平原"有气无骨"的"绵
羊似"人格的刻画。对河洛文化人格的发掘,既包括作家这一创作主体,也包括
作品里的人物这一创作对象。

　　深化河洛作家研究,要解码历代河洛作家共同呈现的原型意象。荣格认为,
原型作为一种"种族的记忆"被保留下来,是每一个作为个体的人先天就获得的
系列的意象和模式。在河洛大地,从"河图洛书"、"大禹治水"、"夸父逐日"的
神话传说,到阎连科《日光流年》里现代版的回响;从黄河水患的遥远记忆,到当

---

① 赵园:《回归与漂泊》,《文艺研究》1989 年 4 期。

代文学对水旱蝗灾的苦难反思;从"中原干戈古亦闻"的洪荒逐鹿,到历代诗文的乱离哀音;从十三王朝的光荣梦想,到今日河南作家的权力书写,透过悠久丰厚的河洛文学典籍,追踪"易象"、"黄河"、"战火"、"帝都"等反复浮出的原型意象,我们不难发现河洛群体"种族记忆"的碎片,那重复了无数次的心理体验的结晶,我们理应沿着一道道深深开凿过的原型河床,勾勒出河洛人生命之流如何从远古走来又怎样奔腾成一条大江。

二

　　河洛文学是描写不同时期河洛地区的自然环境、现实生活、生存状况、价值取向、伦理观念、风俗习惯等具有特定文化品格的地域文学。如果说对河洛作家的研究意在认知主体的文化身份,那么对河洛作品的研究则重在解析文本的文化品质,因为地域文学总是有意无意地坚守和捍卫一种地域文化,河洛文学既然是由河洛文化所孕育生成,其文本就必然是对河洛文化的书写、表现和凝聚。

　　地域文学内在地蕴涵地域、文化、文学三者的共生互创,这就决定了河洛作品研究中地域文化视角的不可或缺。但就目前的研究现状来看,多为资料整理性和粗线条评述性的著作,缺乏综合性和整合性的成果,缺乏地域文化视阈的观照,局限于就文学研究文学的牢笼,致使河洛作品中品味不到其赖以滋养成长的"泥滋味、土气息"。如果仔细审视历年来河洛文化研讨会成果,以杜甫为例,可以发现对他的诗歌研究似乎克隆着《中国文学史》的叙述模式,我们看不到这位土生土长的河洛诗人留存有多少地域文化的印痕。想必诗人的童年一定会有许多身边的欲望梦想,也许还有闭锁于黑暗意识里的心理创伤,它们都有可能转化为情结而在成人诗作里悄然流露;想必诗人青年时代游历繁华似锦的神都洛阳,耳闻目睹近在咫尺的权力舞台,是否激发了"致君尧舜上,再使风俗淳"的政治抱负? 想必晚年寓居浣花草堂,凄风苦雨、纵酒啸歌之中,那故园情思是否拨动着生命黄昏的琴弦,促使他最终携家出峡踏上漫漫回乡之途? 读着"露从今夜白,月是故乡明""思家步月清宵立,忆弟看云白日眠"的诗句,我们由衷地被游子乡愁感动着,而令人遗憾的是迄今仍未绘制出杜甫与河洛文化的指掌图。

　　河洛作品研究的另一硬伤是文化比较欠缺,大多满足于孤立封闭状态下的自我独白,甚或自大与自恋。而文化比较研究的重要性在于:透过理解他者来扩大对自身的理解。怀海特曾说:"人需要邻居具有足够的相似处以便相互理解,具有足够的不同之处以便激起注意,具有足够伟大之处以便博得敬仰。"①这里"人"、"邻居"与"文化"、"文学"是隐喻同构的关系。按照怀海特的有机哲学,自在之物是不存在的,离开他者自我表现既是不可能也是不可理解的。这样,我们对河洛周边地域文化和地域文学的"注视"与"倾听",既借助文化他者多视角地返观自身,避免井底之蛙的独断,又在差异参照中获得丰赡生命,抛弃"简单位置"的思维,从而极大地拓展了学术研究的苍穹。

对河洛作品进行文化研究,一些地域文化与文学的独特关系值得关注和追踪。如河洛王都文化与河洛文学的苦难叙事和权力情结,如河洛易学文化与唐代河洛诗歌的神秘奇异风格。这里主要探讨两点。

首先是河洛理学与河洛文学。河洛地区是夏、商、周三代礼乐的始兴之地,也是程颢、程颐"伊洛理学"的发源地,仅从民谣"嵩县伊川到洛阳,村村立着石牌坊"可见理学的民间"播撒"程度。在河洛"理学名区",从元结、白居易、韩愈最初倡导道德文章,到邵雍、二程讲义式的"理学诗"、"理学古文",无论是文学观念还是文学主题,都留下了理学的烙印。特别是清代李绿园的《歧路灯》,"借科浑排场间,写出忠孝节烈",劝戒世人"用心读书,亲近正人",达到理学家所谓的"善者可以发人之善心,恶者可以惩创人之逸志"②的目的。无论是"伦理范世"、"正人心"、"淳风俗"的小说基调,还是浪子谭绍闻、贞妇孔慧娘、义仆王中等人物形象,无不深深契合于"文皆是从道中流出"的理学名言,无不昭示着程朱理学是人生歧路明灯的道学圣训。同时,由于河洛理学文化有着自身庞大的思想体系和漫长的演变历程,这就要求我们仔细辨析和呈现它不同阶段既细节鲜活又芜杂碎片化的"原初景观"。

其次是河洛宗教文化与河洛文学。河洛地区是道教的发源地之一,被后世尊为教主的老子长期在洛阳担任周朝的守藏吏,并在此完成道教经典《道德经》。之后,无论是黄老道的传播,还是太平道的发展;无论是嵩山道士寇谦之的改革,还是唐代道教的走向颠峰;无论是北宋王朝的崇奉,还是金元全真教的

---

① Whitehead, *Science and the Modern World*, New York: The Free Press, 1967.

② 栾星:《歧路灯研究资料》,中州书画社,1982 年。

布道,河洛地区都扮演了至关重要的角色。同时,河洛地区也是佛教在中国内陆的初传之地,白马寺曾被尊奉为"释源"、"祖庭"。从东汉至唐代,河洛地区既是主要的译经场所,也是大德高僧辈出之地,特别是少林寺禅宗的出现,是佛学与道家及玄学相激荡的产物,它有着深刻的河洛地缘因素。时至今日,在河洛地区还保留着龙门石窟、白马寺、少林寺、中岳庙、上清宫、吕祖庙等大量丰富的宗教遗存,这些文化景观不仅是昔日佛道兴盛的历史铭碑,也是解读现实社会尤其民间信仰的活化标本。就在这千年不衰的香火缭绕之中,在河洛文人雅士的吟唱与凡夫俗子的跪拜之中,佛道释放出巨大的浸润能量,河洛文学以其对社会生活的摹写和思想情感的表达,自然而然地记录和贯穿着佛道身影。从魏晋的玄言诗到唐宋诗文再到明清小说,我们不难发现、更须深入研究河洛文学与佛道故事的渊源,作品主题中的出世忘世哲学,以及作家审美情趣、心理结构、艺术思维、语言运用等方面的有机关联。同时,佛道作为一个影响整个中国文化与中国文学的宗教,虽然在总体线形时间上它表现为"大一统"结构,但这种整体结构与空间形式的地域相遇,由于各地自然与人文环境的殊异,使其在不同地域文化里的"弥散"并不均衡。因此,我们对河洛文学与佛道文化的考量,就不能仅仅停留于放之四海的普世知识的翻版与微缩,而应与周边秦晋文化、燕赵文化、齐鲁文化、吴越文化、荆楚文化里的文学宗教因子,进行比对与参照,以此细致入微地发掘佛道对河洛文学的"深度构成",呈现河洛文学对佛道的独特书写。

三

对河洛作家、作品的研究,为河洛文学史的撰写提供了翔实的资料和坚实的基础,它使我们在"辨章学术、考镜源流"之中触摸文学脉搏,感受文化传统,既获得时间层面继往开来的方向定位,又找到空间层面自我识别的文化坐标。而一旦进入对河洛文学史的思考,便会有问题意识随之产生。

长河意识。河洛文学史是一条流动不息的长河,它有源有流,古今是一体贯通的。而目前无论是河洛文化研讨会论文集,还是河洛文化著作的文学专题,大凡涉及河洛文学研究时不言而喻地将分期截止于晚清,由此把20世纪的现当代文学排除于视野之外。这种做法无疑把河洛文学的内涵和意义凝固起来,拒斥了文化和文学的历时互动功能,既造成学术观念的严重缺陷,也不符合文学经验事实。如果我们仔细研读新时期以来李准的《黄河东流去》,李佩甫的《李氏家族》、《羊的门》,张宇的《活鬼》、《晒太阳》,阎连科的"耙耧系列"小说《日光流年》、《受活》、《丁庄梦》,刘震云的"故乡系列"《故乡天下黄花》、《故乡相处流传》、《故乡面和花朵》等,不难感受到来自于中州理学名区的不绝如缕的孝道妇道规训,滋生于河洛"王者之里"的难以割舍的政治集体无意识,熏染于河图洛书文化并与李贺、韩愈、李商隐等一脉相承的神秘奇异文风。这种河洛文学"今"与"古"的内在的水乳交融的密切联系,揭示了传统与现代"积淀——生成"式的建构特征,说明现当代河洛文学与地域历史文化的源流关系。所以,文学分期不应是简单分割,更不应是彻底断裂。同时,"长河意识"也启示我们研究深厚、绵延的河洛文学,要尤其关注名胜古迹如嵩山、龙门石窟、白马寺、相国寺等文化高地,考古不同时期文学对同一空间景观不断进行的描述、表现、题咏,发掘历代迁客骚人为景观所增添的人文附加值,从而在变化的时间与假定不变的空间之中剖析层累的序列化的文化岩层,不断追忆一山一寺、一草一木的悠久生命,感悟江山胜迹超越人事代谢的历史沧桑。

多元意识。目前各种区域文学史和省籍文学史层出不穷,也许是受地域的限制,或许是主体身份的遮蔽,在地域文化与地域文学研究中存在不同程度与方式的"自恋"情结,在对自身的过度张扬而对他者的有意矮化中,形成了理论的"冒险"与虚假的学术泡沫。在中国90年代以来后现代蓬勃兴起与文化多元主义时尚流行的语境里,河洛文学史研究理应与时俱进地弹奏多元文化的"格调"。一方面,在河洛文化、文学与周边地域的比较中,对自身评价应保持一种谨慎与警惕,防止惟我独尊的话语霸权,因为在多元文化价值观里"没有任何一种文化比其他文化更为优秀"①。另一方面,多元文化关注弱小群族的文化诉求,善于发现并认同主流文化之外的异质文化,这一意识形态要求我们避免对河洛文化与河洛文学的本质化叙述,而注意倾听其内部的"杂音"和"异调",如曾经侵入、后被同化的各种胡夷文化,如北宋灭亡后"文化塌陷"期被边缘化的文化。同时,我们还要以多元开放的思维方式,以海洋般的心胸,激进不同地域文化与文学的内部或外部的平等对话,着力构建地域文学的生态乐园。

---

① ［英］C.W.沃特森著、叶兴艺译:《多元文化主义》,吉林人民出版社,2005年。

当代意识。"当代",被内在地赋予一种视角高度,因为过去的本质可能并不存在于过去,一个阶段的最大特征在那个阶段往往并不知晓,一个阶段的本质常常是由后人所决定的。有了这种视角高度,"当代"意味着我们正以一种前人不可能有的时间和空间方式进行思维,意味着以跨越时空的旅行者的优越身份进行观照,意味着研究者可以对文化和文学传统进行鸟瞰式的零度聚焦,使其无法锁定而总是处于流动的、开放的、反思的状态。所以,在文学史的叙述中,我们重视当代河洛文学,因为它不仅指向"当下",也指向过去;它不仅是现实生活的逼真再现,也是历史传统的陈列缅怀。这正如当代河洛作家的"权力情结",无论是阎连科、李佩甫还是刘震云、张宇,他们都不约而同地热衷于描写"乡村政治",对权力充满欲望与想象,这不仅是"河南最大的问题确实是对行政权力的迷信"①的真实写照,而且也是漫长的河洛千年帝都历史文化的缩影与折光,是流转千年的贾谊、杜甫等政治集体无意识的遥远回应。因此,当代河洛文学对伦理道德、民俗风情、文化精神的书写,是当代与历史的双重映像,从中可以看到历史传统如何穿越时空的雾霭走进当代文学世界,哪些被敞开而进行表现与阐发,哪些被遮蔽而导致忽略与压抑,进而寻找历史与现实的"视阈融合",管窥河洛地域沉潜的文化心理和价值规范。

所有的历史都是当代史。我们对河洛文学不无"温情与敬意"的回眸与眷恋,其实也是对今天的、我们的聆听与关注、阐释与反思。

（作者为陕西师范大学文学院博士研究生、洛阳理工学院中文系副教授）

----

① 曹锦清:《黄河边的中国》,上海文艺出版社,2000年。

《易经》——早期儒家的形上学
与意识进化学

（巴西）西蒙娜·德拉图尔　（美国）凯文·德拉图尔

序、《易经》与意识学关系简介

因为《易经》（系统）被看作是宇宙的缩影，所以它为中国古代两个最重要的思想体系——儒家与道家——提供如此深厚的思想基础并非偶然。一些学者指出，鉴于《道德经》、《中庸》与《易经》之间的内在关联，前两者要与后者同时对读，方能获得其本义[1]。《易经》与儒家的形上学显然有内在的联系，因为《易传》及作为《易传》自然发展结果的《中庸》，体现了原始儒家的形上学。

基于对事实的观察，即根据"事实之流"对宇宙人生的感悟，我们试图揭示整个像一个巨大的齿轮的宇宙之运行机制。我们认为，宏大的视野对领悟社会人生的真谛尤为重要。根据意识学原理，"意识之内部世界较之外部自然界的所有对象更具有启发性与渗透性。"（第9页）[2]因此，思路愈开阔之研究者必然愈于内心把《易经》视为意识研究之丰富源泉。

我们认为，在中国原始思想中可以找到现代意识研究——更确切地说即意识学——之发端。意识学乃是一门研究人的意识——亦包括人的信念——及其所有多维度的（形上）表现。这里的"意识"或相当于中文的存在、心、神、本我或灵性？关于这一问题，理雅各（James Legge）在评论《大学》（1971年版，第357页）时指出：

朱熹注"心"为"身之所主"，"意"为"心之所发"。孔颖达则谓："总包万虑谓之心，为情所意念谓之意。"故"心"为我们本性中的形上部分，我们所领会的一切都以"心"、"灵"及"神"等概念来表达。这也涵有至静之意，当其被激发时，就会产生相关的思维与目的。

从意识学的角度来看，朱熹所说的"心"或"身之所主"相当于意识学中的"意识"，与理雅各所说的我们本性中的形上部分，即心、灵、神等一致，而"意"或"心之所发"则为意识的表现。在意识学中，个体的这些表现称为"思-感-能"（思维+情感+能量）的统一。换言之，个体的每一表现都同时融入了思维及与思维必然相连的情感与能量。

正如我们在此要论证的，既然意识学之根存在于中国古代哲学思想中已成为可能，这一科学则首先在古代中国出现，现在我们又将它带回其发祥地。"根"这个词在此意谓着对人性之精华，即对有思想、有洞见、达至澄明之境及富有创造性的人类的一种褒扬。意识学与中国哲学的共性之一就在于，中国哲学对生命及其动力的理解不是一种宗教性的解释。其他文化对"本体"的理解更具有宗教性，而中国文化对"本体"的理解更具有科学性。

因此，我们在此努力要说明的是：《易经》的重要性表现在，它首次将天地交互作用中的智力机制及意识的多维度性纳入其思维体系；《易经》可以作为意识进化的工具；《易经》、儒家形上学及意识学有内在的关联性。本文拟从以下七个方面阐述上述观点：（1）《易经》在西方；（2）《易经》的发展；（3）维度间关系；（4）宇宙道德；（5）（意识）进化学；（6）（意识）进化尺度；（7）意识再教育与意识协助

一、《易经》在西方

作为世界最古老的著作之一，《易经》是中国古代的一套符号系统，用于解释宇宙运行的形而上的原则。其英文译名包括 Canon of Change；Changes of Zhou，Classic of Change，Book of Change，I Ching；Zhou Book of Change，Zhou Yi 等等。这部书在中国哲学史上具有里程碑的地位，它一直吸引着古今中外的思想家对其进行研究。正如成中英所说："《易经》不仅仅是整个中国哲学的源头，更是原始儒家及宋明理学的根基之所在。"（第 523 页）[3]这一经典有幸躲过了秦始皇于公元前 213 年颁布的"焚书"之火，因此其传授基本没有中断。[1]

十九和二十世纪,《易经》被翻译为多种西文版本,如:17 世纪早期由传教士 P. Regis、Joseph de Mailla 及 Peter du Tartre 翻译的拉丁文译本,尽管此译本直到 1834 年才由 Jules Mohl 出版发行(第 6 与第 9 页)[1];1876 年在上海出版的麦格基(Rev. Canon McClatchie)之英译本(第 7 页)[1];1882 年出版的理雅各(James Legge)之英译本;1929 年出版的卫理贤(Richard Wilhelm)之德译本;1950 年出版的贝恩斯(Cary F. Baynes)译自德文之英文本。

荣格(Carl Jung,1875 - 1961)在为贝恩斯的这一英文版《易经》所作的前言中[4],表现出他对《易经》的迷恋,并投入 30 余年的精力研究其机制。尽管荣格拥有瑞士著名的心理学家及新心理分析学派的奠基者这样显著的学术与职业背景,但他更赞赏《易经》之精蕴。在晚年,他还无视公众的舆论及当时知识界的偏见,表达了他对超越问题的看法:

> 如果人们根本就不能欣赏他们的思想品性,就不能轻易地舍弃诸如孔子和老子的伟大思想,更不能忽视《易经》是他们思想的主要源泉这一事实。我知道,我先前不敢对如此不定的问题进行如此明确的表达。我敢于冒这个险是因为我现在已经 80 余岁,人们一直在变化着的意见极少再对我产生影响,对我来说,(中国)古代大师的思想比西方的哲学偏见具有越来越伟大的价值。[4]

荣格通过研究《易经》不仅获得了许多成果,这些成果深深地影响着他,作为运用《易经》的原理进行实验的结果,他还创造了一个词——synchronicity(同步性)。该词是如此被界定的:

> 同步性认为,在时间与空间上同时发生的事件具有超出纯粹偶然性的意义,即意味着一种存在于客观事件间及客观事件本身与观察者的主观(心理)状态间特殊的相互依赖性。[4]

随着 1950 年贝恩斯英译本《易经》的出版,《易经》在西方重新获得青睐。也随着荣格强调《易经》可以作为个体自我认知的工具,二十世纪七十年代(西方)掀起了一场"灵物崇拜"热,包括运用诸如《易经》、塔罗纸牌、手相、巫术等许多情感性的占卜方式。事无巨细,皆求诸占算而后决。对这一爱好又当如何解释呢?

考虑到中国古代的不安定的社会现实,把《易经》作为占卜的工具是可以理解的,因为它可以给人们以希冀与指导。但在二十世纪——许多人称其为"理性的世纪"——一个人类的思维能力空前发达的时期,我们应该没有理由再依赖这些过时的数术。意识学认为,人自身的天赋能力就本然地能够让人最好地与"宇宙之流"及事物的运动变化相适应,而最佳的凭借就是意识本身。个体的自我明辨能力可以充当意识的指针,就像作为意识学研究背景的"不相信原则"所反映的:"什么都别相信。去试验! 去拥有自己的经验!"

对(人们)倾向于神秘事物的一种解释是,大多数的个体没有安全感,缺乏合理的情感控制能力,以及不必要出现的过去经验的继续出现。对希望从神话与幻觉中解脱出来,独立前行并激活意识之自我进化的人来说,神秘主义并不是一条理想的途径。用瓦尔多·维埃拉(Waldo Vieira)的话说就是:

舍弃信仰的人通过自我认知而达到知的境界。(第 265 页)[5]

尽管如此,许多西方人对《易经》等仍情有独钟,而这种情感在心理学领域仍然属于一种未被觉察到却颇有影响的理性"回流"。既然心理学已为当代的意识研究提供了一些先驱性的工作,我们就可以证明,从中国哲学中的一些最古老的方面,可以找到意识学的一些"根源"。正因为如此,对《易经》在其发展中与意识学相关的一些观点及方法进行回顾,将是十分有趣的。

二、《易经》的发展

《易经》本为卜筮之书,通过分析表征本然变动不居的卦象来占卜吉凶,并提供明智的应对措施。在古代,人类生存环境之恶劣不难想象,对悬而未决的事件的判断正解与否意味着生与死的区别。古代的卜筮者需要领悟生存世界的运行规律。当时,自然事件是无法解释的,对宇宙的运行规律也不能得到一种科学的认识。(在这种情境下,)卜筮对处于恶劣环境下的人类,便往往成为一种可以被人理解并备受欢迎的希望之光。班固所著的《白虎通》描绘了这一时代背景：

> 古之时,未有三纲六纪,民人但知其母,不知其父。能覆前而不以能覆后。卧之詓詓,行之吁吁,饥即求食,饱即弃余,茹毛饮血,而衣皮革。于是伏羲……因夫妇,正五行,始定人道。(《白虎通·号》)

一般认为,《易经》之筮有可能由古代的骨卜发展而来(第56 – 57 页)[6]。骨卜是通过在明火上灼烧牛的肩胛骨或龟壳,然后根据灼裂的兆纹进行占卜的。《易经》的作者问题是一个有许多争议的问题,传统的说法认为《易经》由五个不同的历史人物,即伏羲、大禹、文王、周公及孔子完成,他们分别完成了《易经》的不同部分。其初始可以追溯至五千年前传说中的伏羲,他是传说中("三皇五帝"中)的第一皇。据说他通过观察周围事物,"远取诸物,近取诸身"而制作八卦：

> 古者包牺氏之王天下也,仰则观象于天,俯则观法于地,观鸟兽之文与地之宜,近取诸身,远取诸物,于是始作八卦,以通神明之德,以类万物之情。(《系辞下》)

类似的传说,发生在伏羲制作八卦约一千年之后的大禹身上。禹是夏朝的第一位皇帝。据说禹帝曾看到一个负有图案的乌龟从洛河浮出。这一图案被称为洛书,代表另一种版本的八卦图式。

八卦可以看作是古代人与天相参的一种工具。中国古圣先王运用神物进行日常指导,正如下面所述：

> 天生神物,圣人则之;天地变化;圣人效之;天垂象,见吉凶,圣人象之;河出图,洛出书,圣人则之。(《系辞上》)

据说,获得洛书之后,禹"常行罡步以得神灵之旨"。道教还保留有所谓的

"禹步"——一种据称用于通过"与天相通"而获得能量的舞步(第 12 – 13 页)[7]。"禹步"或许可以看作是访问其他意识领域之术的最早记载之一？据说由这种方术引发的现象具有意识投射学所说的非常态特征。意识投射学是意识学的一个分支(第 42 页)[8]，研究超个人心理学(transpersonal psychology)所说的超灵论(parapsychism)或人类的特异经验(EHE, exceptional human experience)——后者是由伊·怀特(Rhea White)于 1990 年造的一个词。这些内容及其他非常态意识现已成为科学研究的对象。例如，超个人心理学研究诸如身心关系、自我提升、濒死经验(near – death experience)及"禹步"效果等形而上的经验。

尽管一些学者认为，周代已有六十四卦，并认为六十四卦由伏羲所作，传统说法仍认为，文王于公元前 1150 年左右将八卦重为六十四卦，并在被纣王拘禁期间作卦辞(第 329 页)[4]，而爻辞则由周公所作。在卦爻辞制作之前，《易经》可以看作是一个"哑巴的"占筮工具。

六十四卦(系统)被看作是整个宇宙变化的一个缩影。在这一宇宙中，自然法则规约着万物生生不息的变化进程，这是其世界观的核心思想。《易经》已捕捉到事物变化的循环性，在这一循环中，一个事物在永恒的变化中终将被另一事物所替代，典型的描述如下：

　　　　日往则月来，月往则日来，日月相推而明生焉。寒往则暑来，暑往则寒来，寒暑相推而岁成焉。往者屈也，来者信也，屈信相感而利生焉。(《系辞下》)

"易"正代表了上述视野。尽管对"易"的解释仍无定论，但从词源学意义来看，"易"有以下涵义：

1. 据说"易"原指"蜥蜴"。蜥蜴随周围环境的变化而变化，这显然暗示一种变易的观念。有人认为"易"的上体"日"代表蜥蜴的头，而下体"勿"则代表蜥蜴的脚。[9]

2. 其他人则主张，日月为易，表示日月的往复运行导致的持续不断的明暗转换所暗示的持续不断的变化。[8]

易还表示"简易"。在这种意义上,简易寓于复杂之中。简易由既相互对立又相互补充的阴与阳构成。宇宙与人类秩序最终都可归结为阴阳这对范畴(第96–98页)[10]。阴与阳可以看作是两个基本的要素并可用两项对立的概念来表示,如:男女,动静,健顺,升降,明暗等[1]。刚才提到的"永恒"当然存在于持续发生的变化现实中。有趣的是,英文中也有类似说法:"人生中唯一永恒不变的是变化。"

从社会学的角度来看,易道则是等级制度和社会秩序的反映。在对《易经》与《论语》有关社会关系处理方面的见解进行比较时,理雅各提出了这个观点。如《家人·象》曰:

父父,子子,兄兄,弟弟,夫夫,妇妇,而家道正;正家而天下定矣。

《论语·颜渊》也有类似的说法:"君君,臣臣,父父,子子。"

后来《易传》,又称"十翼",亦合入《易经》并成为《易经》的有机组成部分,是对《周易》古经卦爻辞所作的系统的解释与评论,共七种十篇。唐代之前,人们一直认为"十翼"为孔子所作,至宋代才对这一说法提出质疑,指出"十翼"非一人一时所作,这也是多数当代学者的观点。但多数学者认为,《易传》应由孔子的弟子或再传弟子所作,因而代表了孔子对《易经》的评价(第232页)[9]。不管怎样,孔子对易学的贡献与影响是不容置疑的。

关于孔子对《易经》的喜好,郭沂认为,孔子最初是以礼,后来则以仁来展开其思想体系的。这两个阶段可以看作更多地是从形下的视野切入的(第563–587页)[11]。但孔子晚年在研究《易经》,并随之直接或间接地对《易传》的产生做出贡献之后,他的思维路向发生了一个转变。在这一转变中,他吸纳了意识学所说的多维度性或无形维度(unseen realms)。郭沂指出,《易传》中大量的"子曰"足以证明孔子后期即其第三阶段思想是"以《易》为核心"的。事实上,据说孔子晚年如此喜《易》,乃至"韦编三绝"(第90–91页)[12]。《易传》的合入使《易经》成为一部哲理之书。

成中英指出,在对《易》作评价的过程中,孔子"明确地将宇宙观转化为道德意识与道德理性,努力对人类(的本性)进行界定与提升"(第522页)[3]。他把

《易经》作为一部智慧而不只是卜筮之书来欣赏,正如马王堆帛书《易传》所云:

> 子贡曰:"夫子亦信其筮乎?"
>
> ……
>
> 子曰:"吾求其德而已。吾与史巫同涂而殊归者也。"[13]

三、维度间关系

如上所述,中国古圣先王具有巫的作用,扮演着沟通"天神"与人的中介的角色。根据(中国古代的)天命观,天子是由天选定的,因而称为"天之子"。其职责就是代天而发号施令。尽管古圣先王已经履行了这一职责,但据说"天命"始于公元前 1028 年,这时周朝已推翻商朝的统治(第 98 页)[10]。

前述天与圣王的这种关系以及对(天)地之赞育,可以用"天地人合一"这一概念来表达。正如《中庸》所云:

> 唯天下至诚,为能尽其性;能尽其性,则能尽人之性;能尽人之性,则能尽物之性;能尽物之性,则可以赞天地之化育;可以赞天地之化育,则可以与天地参矣。

如上所述,当且仅当人能赞天地之化育时,人的意识才有可能得以进化。这反映在意识学中则表达为:"一个基本的、不容争议的一点就是:不帮助他人,我们将永远不能激发个人(意识)的进化。"(第 113 页)[14]

关于天地变化、宇宙运行的运行机制,《彖传》云:"大哉干元,万物资始,乃统天;……至哉坤元,万物资生,乃顺承天。"《系辞上传》则有:"在天成象,在地成形,变化见矣。"这些描述表明,万物在地上成形之前在天上皆有其象。换句话说,(在)天(所成之象)可以被视为(在)地(所成之形)的蓝图。这种观念在《中庸》第一节中也有所表述:"天命之谓性"。这种表达在后来的《管子·内业》篇得到回应:"凡人之生也,天出其精,地出其形,合此以为人。"《道德经》中的"有无"分别指形下与形上的维度,正如 Vincent Shen 所说:"'无'的维度中一

些可能性是在'有'的维度中实现的;而'有'则以形的方式表现出来。"(第357页)[16]

形上与形下的维度也形象地反映在器物中,如中国古圣先王用以唤醒天神的璧,其中间的圆孔即代表天(第80页)[15]。在意识学中,天被解释为非物质维度(nonphysical realm),而意识学研究的结果正与上述《易大传》、《中庸》、《管子》及《道德经》所云相同,作为宇宙的一个成员,非物质维度是我们的真元,并且是作为形下(物质)维度的模板。正如下文所述:

非物质维度的本始是意识,即我们的真元。它恰恰是每个人的意识和我们本元的个人维度。……我们的形上维度之根首先来自并流行于我们当下的人性之根之上。这一维度之根超乎我们人类本身(的形体)之外。(第24页)[14]

那么,我们真正的"遗传基因"应该源于天或非物质维度,意识学称其为"超遗传基因"。考虑到多维度——天与地——的存在,我们不仅要问:对人们来说,像圣人一样成为维度间桥梁的先决条件是什么呢?

四、宇宙道德

如前所述,据说孔子已将《易经》看作一部道德与哲理之书。而恰恰是道德将人与"宇宙的大化流行"连接起来,并因此成为维度间的连接因子。《易经》中的占筮旨在让人感知自然地发生在这一大化流行中的变化趋势。而当人与宇宙之大化流行和谐如一时,人就能自然而容易地与此大化流行相伴而行,这正好与《中庸》所说的"诚"相一致。人如果不能领悟宇宙运行之情状,又如何能像圣人一样与天地相参呢?宇宙根据道德规则运行,因此,与天地相参就需要对天道——宇宙依其运行的道德基础,即宇宙道德——有深入的体悟并践行之。

达到宇宙道德的程度与人的意识的进化程度密切相关。的确,意识学是关于作为个人努力的结果所提升到的"个人的宇宙道德水平"(的学问)。这就是为什么《中庸》讲君子能够从容诚道而至"诚"。诚——在此意义上可与宇宙道德互相替代——是意识进化(个人进化)的工具。人的"诚"或宇宙道德的水平随着其对宇宙法则的体悟与实践程度的提高而提高。

我们不禁会问,如果某人奉行宇宙道德,宇宙之"神"会不会不向他展开呢?既然宇宙是根据宇宙道德运行的,个人的行为越符合宇宙道德,他就越接近与天地的合一。因为多维度的宇宙是我们的唯一真实所在,与它的合一实际上只不过是与客观事实的发展保持一致。这就证明为什么诚也可以用"事实性"这个词来表示[17]。我们认为,在某种程度上,事实可以说具有它们自己的个性,就像人一样在某种程度上是有预知的能力的。对人的内心与外部世界一直重复发生的事件的透彻的分析,可以指导个体终身的行动。随着时间的发展,人们学会怎样解读事实所提供的"信息"内容,并能够捕捉即将发生的事情,而据此采取适当的行动。我们因此不仅可以说这是"顺应宇宙之大化流行",也可以说是"顺应事实变幻之流行"。

孔子已十分明白地谈到"与史巫同途而殊归",即指两条背景化的"宇宙之流":首先,在占卜的时候,人们努力觉察并由此"预言"生活中的变化趋势;其次,既然宇宙发展基于宇宙道德之理,一种更深刻的对宇宙道德的理解与坚持将会导致一种自然而然的预知能力。这种《中庸》称之为"前知"和"如神"的能力是个体与宇宙大道高度合一的结果。人们最终只是根据一天天的与宇宙事实相协调来觉察宇宙事实即可,换句话说就是,道德进化的个体就可以呈现其自身的(与天地合一的)易学(预知)境界。

使卜筮成为必要的内心困扰来自这样一种情形,即许多人"领悟"到的(宇宙)真实是一种混合软剂,(卜筮)旨在努力解释尚不明了的世界。换句话说,即人类的许多知识是对宇宙图景的一种展开,被反映的这种宇宙图景——从形下的角度来看——必定是有限的、有缺陷的和片面的。另一方面,当采用一个更广阔的能够展现形上与形下之整体视野时,人们考虑到的将不只是形而下的小宇宙,而是个体一直与其发生关系的多维度的大宇宙,这种区别可以以隐喻的形式进行表达。据说孔子就通过登泰山与登东山视野的不同而对此有所体悟:

> 孟子曰:"孔子登东山而小鲁,登泰山而小天下,故观于海者难为水,游于圣人之门难为言。"(《孟子·尽心上》)

五、(意识)进化学

那么,《易经》的智慧能否作为意识进化的工具? 如上所述,一开始它是占卜的工具,是一种关乎人的生死存亡的工具。人们认为,人类在其萌芽期能够觉察到天地恒久不息之变化,并随其变化而进行自我调整以增加个人成功的机会。人们进一步发现,能觉察到实时进行且内在关联的天地变化的人,才能够与天地合一,并由此而有效地"顺应宇宙之大化流行"。觉察到这一大化流行的圣人能够与天地变化的进程协调一致,这就给人提供了一个更广阔的视野并在自己的行为中少犯错误。(第 232 页)[9]

人的自觉与道德发展是怎样与人的(意识)进化相联系的呢? 道德上的正义感和对人类与意识的本质的理解,是构成人类(意识)进化所需要的视野与向量。诸如"第二天我怎样才能生存下来"或"我怎样通过牺牲人或动物以取悦于天而得雨"等问题变为"我们怎样才能达至澄明之境"或"我们怎样才能激发我们的意识进化"或"我们怎样才能变得更意识化(德性化)而非次人性的禽兽化"等问题。孔子在谈孝时似乎寓有此意:

> 今之孝者,是谓能养。至于犬马,皆能有养,不敬,何以别乎?(《论语·为政》)

人们借此思考的思想"库"或个人范式可以显示个体的"智力进化"水平。智力进化是意识学中的一个术语。根据一个人的价值取向、选择、优先考虑的问题和努力方向等,可以衡量一个人智力的进化水平和视野。比如,注重形下生存及世俗事务的人,仍然处于"次人性的"的水平,因而表现出一种较低的智力进化水平。尽管这一思想库限制着人的表现,但当我们像圣人一样进入一种与天合一的境界时,我们能够扩展我们的视野。当我们开始以意识进化来关注自我时——并且像孔子一样对意识进化而不是对生活舒适、自我玄耀、甚至食物更感兴趣时——我们的意识进化就会有一个飞跃,在更大的程度上得以意识化,而这种德性意识只是偶然地发生在一般人中。

《中庸》所说的"至诚如神"暗示两个方面的内涵:其一,意识(神)寓于我们

的肉体,因此维持肉体存在的最基本的物质需要须得到满足,以维持这种形下的
维度;其二,超越我们的物质需要是为了更好地意识化或与天合一。在意识学
中,更意识化还表示心智对基于情绪的、非理性的、本能的行为之心性控制能力。
《大学》①描述了"正心"在个人修养中的重要作用:

> 所谓修身在正其心者:身有所忿懥,则不得其正;有所恐惧,则不得其
> 正;有所好乐,则不得其正;有所忧患,则不得其正。心不在焉,视而不见,听
> 而不闻,食而不知其味。此谓修身在正其心。

从综合的和胜任的角度来看,《易经》可以看作是意识进化的工具。一种具
有多面性的、有利于成长与发展的工具可以应用于各种渠道:尽管《易经》在其
最综合的意义上是意识多维度进化的工具,但它也可以应用于一种仅有助于人
的形下生存的时尚。博大弘深的工具需要博学的人来应用。

六、(意识)进化尺度

如前所述,与(意识)进化有关的古代典籍,《易传》之后就是《中庸》。《中
庸》是早期儒家典籍的杰出篇章,因为它显然可以作为人从君子提升到圣人目
标的教科书。它首次代表了作为意识学分支的进化学之书面表达的初始特点。
《中庸》明确指出圣人能够与天地参,因为圣人更能与天合一而小人则不能。儒
学中分立的进化尺度有助于我们区分趋向动物的小人、更为进步但处于中间层
次的君子、及较大程度地体现意识(如神)的境界的圣人②。我们认为,这三种进
化程度的区别在于它们分别代表了不同程度的"进化直觉"。在同样的人类寻
求形下生存本能的情况下,一个人可以通过系统地优先进行意识进化,来发展其
与意识进化相关的直觉,并使之成为其品性的组成部分。圣人与小人的区别在

---

① 据史料记载,《大学》为曾子或子思所作。一些学者,如理雅各(1815~1897)认为它更有可能为
子思的作品。子思被公认为《中庸》的作者。而另外一些学者,如郭沂则认为《大学》为子思学派
所作。理雅各在翻译《礼记》时指出:"我在心目中强烈地坚信二者为孔伋所作,因为二者在论
事、方法及风格上的一致,说明二篇应出于一人之手。

② 这些概念,包括对儒学中进化尺度与意识学的进化尺度间的比较,皆在笔者所著的《儒家形上学
与人类意识进化》中有详细的论述。详见台湾淡江大学《中文学报》2005年1期。

于,前者的行为基于意识进化直觉,而后者的行为则基于生存直觉。

人们习惯于赞赏《周易》的作者,如伏羲、大禹和孔子等,因为他们有足够的洞察力觉悟到生命的动力,并对宇宙的运行及人类在宇宙中的作用得出相关的结论。意识学用"大机制中的小齿轮"来表达这一思想,指出我们中的每个人(小齿轮)在宇宙这一大机制中的重要作用。在这一动力系统中,我们的角色也可以称作"生命程序",是我们预设的生命担当感,以参赞天地之化育。我们可以将天地一体与其组件间、组件与组件间的交互作用比作一"反馈圈"似的动力系统。反馈指这样一个过程,在这一过程中,产生某一结果的因素是被修改、正定以及强化过的因素本身。

但没有个人的努力,生命程序的完成是不能实现的。进化成功的个体的最显著特征之一就是持之以恒。《中庸》就暗示过这一点:"人能一之,己百之;人能十之,己千之。"意识学也类似地提出了"五十倍"法,建议个体在人生中采取增强五十倍的动机、注意力、毅力及其他建设性的态度。"动机—努力—毅力"合一是个人成长所需的品质(第 340 页与 561 页)[5]。在生命程序这一背景中,越明白的个体越惯于问诸如"我是什么","我是谁","我(存在)的目的是什么"等问题。当孔子说"天生德于予,桓魋其如予何"时,似乎已显示出他对(我们所说的)生命程序的了悟。

我们十分感谢中国古代的思想先驱对生命的有觉解的分析,借此我们可以完成(道德)的自我提升。但是,返观自我并创造出我们自己的提升方法,基于并超越现有的如《易经》中的描述,是我们义不容辞的责任。否则,如果我们仍局限于以往的观念,津津乐道于(前人的)这些成就,我们就会在意识进化中停滞不前。

停滞不前与易学精神是相对立的,因为生命本身是一个恒久变化与进化的过程。

孔子(对前人制度)的革新清楚地展示出其思想的进化。比如,这一点我们可以从他创办私学,及上述郭沂所说的礼、仁、《易》间的过渡中看出来。《易传》也是孔子思想从伦理道德发展到宇宙道德的明证。如果说《易经》是道德世界的一个缩影,那么,人就应该根据这一模式像《中庸》所说的那样,努力成为这种模式在生活中的典范:"君子中庸,小人反中庸。"

对发生在人身这一小宇宙与外部大宇宙中之变化的观察,证明这一变化是一个包罗一切的连续之流,而《周易》刻画出这一变化—运动—恒久三项式图景。我们可以这样总结,那些在人生中遭遇阻滞的人,与生命的这一不间断的节奏是不谐和的。正是与宇宙之流的不协调才带来了混乱、失衡、心理与生理错乱以及其他相关问题。意识进化的阻滞不通可以比作一潭死水,当水持续一段时间静止不动时就会腐臭。兹列举造成意识阻滞的十个因素:粗心;自满;犹豫;缺乏有素训练;自我散漫;最后一刻紧急决定;延误;懦弱;反应迟钝;迟到。

宇宙(天)与个体(地)的"定时"要相互统一。因为宇宙在一个变化持续不断的循环中运行,上述因素就成为分散个体前进所需的向量,并因而干扰意识进化的循行。换句话说,前进是自然的生命过程,在个体内心世界出现的分散力,使意识指向或生命方向感停滞于未决的问题。因此,当一个问题未获解决,或人们延误对某一事务的决断,这些因素就会成为同一意识的"破坏者"。而且,假定某人此时如此作为的情势无人过问,就会影响个体与他人(的关系),因为它们会导致困惑、误解、焦虑,而最坏的是,等待这一个体行动的人会对此人得出错误的结论。我们想一想,我们的同事会一直等下去吗? 为了贮存我们的真性以与天合一,我们能够做些什么呢?

七、意识再教育与意识协助

既然宇宙是一个道德与高效的系统,凡与此系统不相协调者即为自我践踏。为了与此宇宙之流重新产生共振,个体需要实施道德的自我修养。在儒学中,道德修养是意识进化的基础。自省在道德修养中发挥着主要作用。如果我们不进行自我省察,又如何能认识我们自已与世界? 没有自我省察又如何能利用当下的每一时机呢? (因此,)自省就成为我们成长与进步的工具。自知程度越高,我们就越能提高行动的正确性与我们个人的宇宙道德水平,并减少我们的自我腐化甚或隐藏于我们自身的错误。孔子的教化是个体进行自我省察的有效途径,并能影响个人的变化,旨在超越君子这一层面而达到与天合一的圣人的层面。《大学》已明确指出道德修养的至关重要性:

自天子以至于庶人,壹是皆以修身为本。

　　为了协调个体小宇宙并使其返回到大宇宙运行的轨道,通过有选择地阅读、研究、听讲、教学及研讨而得到的前沿的相对真理,在实践中可以作为已脱轨的个体进行自我省察的起点。《中庸》清楚地表达了对这种协调过程的洞见:

　　　　中庸其至矣乎! 民鲜能久矣!

　　孔子以严格的纲常的形式来推崇智慧,但一些学者认为,孔子思想的某些方面,如五常及对理的重视,已僵化并过时。尽管孔子想通过显然十分严格的行为约束,努力改革当时礼崩乐坏的社会现实,但他的目的是使个体达到一点,在这一点上提升了的个人道德将流行于其小宇宙,促使其行为正确并内化为自己的人格。这一点可见于《论语·为政》:

　　　　道之以政,齐之以刑,民免而无耻;道之以德,齐之以礼,有耻且格。

　　那些有志于意识进化的人需要达到一个致高点,在这一点上,他们与圣人的境界相当,并对社会做出相似的贡献,而且不期望世人知晓其贡献。君子的这一水平,就像孔子在《论语·学而》中所说的:"不患人之不己知,患不知人也。"这一协助过程中的自我约束在意识学中也有类似的说法。人们可以感悟到,个体在意识进化过程中,能够达到一定的"善世而不伐"(《周易·文言》)的境界。在意识学中,与孔子所说的圣人水平相当的境界称作"极安祥之智人"(Homo sapiens serenissimus)。在拉丁语中,serenissimus 指个体所具有的高度宁静状态,这一状态是意识进化的结果。这种境界是一种由个体内心生发的意识,其进化水平不显于外。

　　　　进化到的高境界是不自耀的内心胜利的果实。(第 749 页)[5]

　　有志于将道德提升到这些道德箴言所表达的较高境界的人,其行动必须与其所崇尚的这些箴言一致。正如孔子所说的君子"先行其言而后从之。"(《论语

·从政》)这在意识学中叫做"言行一致"。这些行动不要有任何想得到社会承认的期盼。历史载满了那些对人类做出重大贡献,而他们在世时却不被认可甚至被嘲讽的人物的事迹。如,哥白尼为了坚持他的"日心"说,甚至不惜牺牲自己的生命。

为了使人类进化成为一种高度的意识性的存在,而不是一种物类性的存在,必须做到:实施(意识)协助;努力进取、提升自我;不屈服于纷繁世界的陷阱与物质生活的诱惑。正因为我们以古圣先贤为榜样,所以我们任重而道远。我们必须努力在"无形的圣人殿堂"中找到自己的位置,积极进取,不计私利,为人类更好的发展与意识进化而奋斗!

实现这一奋斗目标需要两个因素:一是要有意为之,这是道德进化的矢量元素;一是要有德性。当具有宇宙道德的个体面临必须做出决定的情况时,意识学的解决办法是,所做决定要以"最有利于众人"为出发点。这一短语同时表现了无私的性格及让所有参与者都获益的想法,并最终使之扩展到人性的各个方面。

要让人性作为整体提升并达到与天合一的境界,亦即增强人性道德意识而降低兽性的境界,必须做到无私。

无私与《易经》、《道德经》及《论语》所说的无为是相通的。据说无为并不是什么都不作为,而是指人要顺道而行,与此相反的则是依个人的欲望,如对权利、财富、名望等私欲的追求而行(第 743 页)[18]。因此,无为并不是无所作为,而是顺道而为。如此人就可以与道合一,并由此与宇宙之大化流行合一。换句话说,就是人的意志与宇宙意志合一。这就是为什么理雅各(James Legge)将《中庸》中的"所以行之者一也"中的"一"译为"singleness"的原因了。他还评论说,朱熹在此注曰:"一则诚而已",显然,"一"与"诚"之互注,暗示一种将意志完全集中于道的境界(第 407 页)[1]。

因此《易经》最终远非仅为卜筮甚或伦理与哲理之书,而可以成为一部促进意识进化之书。

结　论

本文考察了《易经》发展的某些方面,论证了它是怎样首先成为儒家形上学经典的。其影响已在西方引起人们的注意,特别是在意识学领域。对意识学与《易经》的共性,我们在上面已做出分析,指出:它们的多维度思维特点,无论是在形下还是非形下领域,都具有极大的相同性。无论是在《易经》还是在意识学中,作为意识进化乃至天人合一的工具,自知都扮演着重要的角色。因此,我们认为,我们可以在《易经》中发现意识学的最早痕迹。

经过上面的论证可知,《易经》基于又超于卜筮之功用,并代表意识进化的初始技术。在对《易经》与意识学的思想体系与思维理路进行比较时,本文指出,当前不凭借(卜筮这一)"拐杖"仍可促进人类发展,并可开发人的本性以更好地体悟"宇宙的大化流行",而实现这一发展过程的依托乃是宇宙道德。

据说孔子曾感叹:"天何言哉!四时行焉,百物生焉,天何言哉!"(《论语·阳货》)我们认为,这极可能是对能够体悟到(天之)意蕴的人而发的,这就是我们心中的《易经》。占卜是在个体感到不安全,并且不能直接与天相通时才成为必要。怎么圣人能而一般人不能与天合一呢? 一般人无疑能够感知天并与之相通。这就表明直接与天合一是可能的,也应当成为我们追求的目标。关于复杂中之简易,我们可以以收音机或电视机的接收天线作比方,接收天线能够对那些显然很复杂的电波进行解密,同样,意识得以进化的人能够在纷杂的环境中感知天人合一之境,而意识未得以进化的人则对此一境界视而不见,听而不闻。但在这里我们并不是讨论对人类本身而是对意识的感知。与意识之天越亲近就越能与天合一。与天为友就能体悟到天的存在,体悟到天的存在就能与天为友。

在此,我们建议,在未设身处地地了解他人之前,不要对他人下结论。这当然指在我们已感知从他人的视野出发获得的生活真实之前,我们不应假定能够对其性格或"智力原则"进行精确的解读。天(意识)只不过是一个进化了的、当然的智力原则,因此我们就能够——如果我们有足够的宽宏气量——与天进行亲密而平等的交流。有人指出,生命中的任何人、任何事物都是其自身的一面镜子,与此相应的是《中庸》第一章所寓示的,我们是天(意识)的一种反映,尽管或许不是一种十分完善的反映。当我们修养到一定程度,我们就能够面对面且极自然而非刻意地与天相融合,就像与一位老朋友的关系一样。在两人间的友情中,两人因互相理解而成为知音。天似乎是高高在上的,只是因为我们走得离天太远而变得不能与相谐和。我们的生活质量由谁与我们相伴而定,让天成为我们的伙伴!

参考文献：

［1］詹姆斯·理雅各(James Legge)(译). *I Ching—Book of* Changes. New York：Bantam Books,1978.

［2］Waldo Vieira. *O Que é a Conscienciologia* (*The Essential Conscientiology*). Rio de Janeiro：International Institute of Projectiology,1994.

［3］Cheng Chung－ying. "Philosophy of Change". See Antonio S. Cua (ed). *Encyclopedia of Chinese Philosophy.* New York：Routledge,2003.

［4］Richard Wilhelm (German) and Cary F. Baynes (English) (trans). *The I Ching or Book of Changes.* Princeton：Princeton University Press (Bollingen Series XIX),3rd ed. ,1967.

［5］Waldo Vieira. 700 *Experimentos da Conscienciologia* (700 *Concientiology Experiments*). Rio de Janeiro：International Institute of Projectiology and Conscientiology,1994.

［6］Bai Shouyi (ed.). *An Outline History of China*：1919－1949. Beijing：Foreign Languages Press,56－57.

［7］Eva Wong. *Shambhala Guide to Taoism*：*A complete introduction to the history, philosophy,and practice of an ancient Chinese spiritual tradition.* Boston：Shambhala Publications, Inc. ,1997.

［8］Waldo Vieira. *Projectionology*：*A Panorama of Experiences of the Conscience outside the Human Body.* Foz do Igua? u,Brazil：Associa?? o Internationacional Editares,2005.

［9］Richard Wilhelm (German) and Alayde Mutzenbecher with Gustavo Alberto Corrêa Pinto (Portuguese) (trans.). *I Ching*：*o livro das muta*?? es. S? o Paulo：Editora Pensamento,1956.

［10］Julien Ries. The Origins of Religions. Grand Rapids：William B. Eerdmans Publishing Company,1994.

［11］郭沂. 郭店竹简与先秦学术思想［M］. 上海：上海教育出版社,2001.

［12］Lin Yutang. The Wisdom of Confucius. New York：Random House,1938.

［13］郭沂. 帛书《要》篇考释［J］. 周易研究,2004,(4).

［14］Waldo Vieira. *Our Evolution.* Rio de Janeiro：International Institute of Projectiology and Conscientiology,1999.

［15］Vincent Shen. "Laozi (Lao Tzu)". See Antonio S. Cua (ed). *Encyclopedia of Chinese Philosophy.* New York：Routledge 2003.

［16］Edward H. Schafer. *China Antiga* (*Ancient China*). Rio de Janeiro：Livraria José

Olympio Editora,1973.

　　[17] 郭沂. 德欲之际——中国人性论的起源与发展[A]. 北京:2004 中美哲学与宗教研讨会,2004.

　　[18] Alan K. L. Chan. "Wang Bi (Wang Pi)". See Antonio S. Cua (ed). *Encyclopedia of Chinese Philosophy*. New York:Routledge 2003.

（作者分别为中巴学术交流中心主任、执行主任）

河图洛书与先后天八卦探源

（台湾）张仁杰

　　我认为后天八卦是平面方位图,而先天八卦则为立体图,两者之间是不必以转换而论的,何以故? 先看洛书与先天八卦图之关系:

　　《说卦传》第三章云:"天地定位,山泽通气,雷风相薄,水火不相射,八卦相错。"

4 9 2		2 9 4
3 5 7	旋转一百八址度则为	7 5 3
8 1 6	其各绷横对角和仍为15。	6 1 8

　　洛书言"载九履一、左三右七、四二为肩、八六为足"。洛书与先天八卦图之关系如图一(洛书亦可视为立体图)

　　此图正是乾天坤地,故曰定位,坎水离火在水平线上,故不相射,兑泽在艮山上,故云通气,震雷在巽风中,故云相薄,皆与东南西北方位拉不上关系。且立体图无固定方向,故可左右旋转而不影响其相对关系。

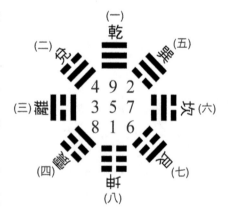

　　就卦位言,乾为一兑为二离为三震为四巽为五坎为六艮为七坤为八。就卦数言,则乾为九兑为四离为三震为八巽为二坎为七艮为六坤为一。此正如《说卦传》第十章所云"乾天也,故称乎父,坤地也,故称乎母,震一索而得男,故谓之长男,巽一索而得女,故谓之长女,坎再索而得男,故谓之中男,离再索而得女,故谓之中女,艮三索而得男,故谓之少男,兑三索而得女,故谓之少女"。再看洛书与先天八卦数之比对。

父,长男,中男,少男,少女,中女,长女,母

干　震　坎　艮　兑　离　巽　坤

九　八　七　六　四　三　二　一

后天八卦图则不然,《说卦传》第五章云:帝出乎震,齐乎巽,相见乎离,致役乎坤,说言乎兑,战乎乾,劳乎坎,成言乎艮。万物出乎震,震东方也,齐乎巽,巽东南也,齐也者万物之絜齐也,离也者明也,万物皆相见,南方之卦也,圣人南面而听天下,向明而治,盖取诸此也,坤也者地也,万物皆致养焉,故曰致役乎坤,兑正秋也,万物之所说也,故言说言乎兑,乾西北之卦也,言阴阳相薄也,坎者水也,正北方之卦也,劳卦也,万物之所归也,故曰劳乎坎,艮东北之卦也,万物之所成终而所成始也,故曰成言乎艮。其关系如下:

故后天八卦图为平面方位图,毫无疑问,至于所谓"乾在后天离居其位,兑在后天巽居其位,离在后天震居其位,震在后天艮居其位,巽在后天坤居其位,坎在后天兑居其位,艮在后天乾居其位,坤在后天坎居其位"。其说为后儒们把先天八卦图视为平面图,而把上方视为南方,然后把先后天八卦图重迭而产生的结果,如下图。

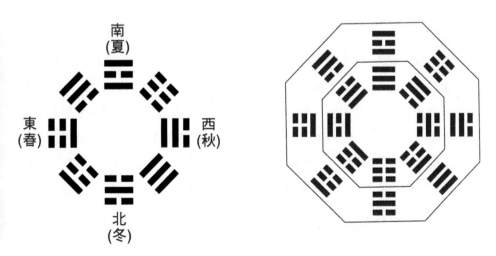

现在再谈河图与后天八卦图之关系(见下图)。

河图与后天八卦图皆为平面图。后天八卦图依《说卦传》的说法,有东、东南、南、西南、西、西北、北、东北八个方位。河图最初是无固定方位的,俟后儒们

以五行说图书才赋予东、南、西、北四个方位,两者之间是否完全吻合? 兹以两图对比说明。

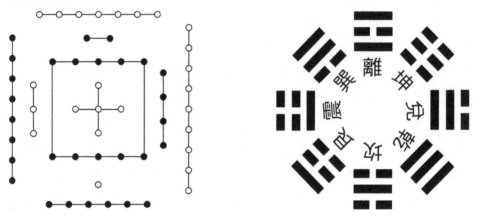

在河图中,所谓天一生水于北,而地以六成之。

地二生火于南,而天以七成之。天三生木于东,而地以八成之。地四生金于西,而天以九成之。天五生土于中央,而地以十成之。是否应解释为一六为水,二七为火,三八为木,四九为金,五十为土? 若是则后天八卦无土矣。或曰:水与火以精气为用,专于一,水火不论如何分解,只是一而不能分为二,而木金土是形和质为用,所以可分为二,因此水火各只一卦,而木金土皆各有两卦。将一六合并为坎水,二七合并为离火,五十居中为不用之用,乃将五阳土十阴土分出来,置于东北与西南而成八卦。此种后天八卦起于河图的说法,是否有些牵强? 故我认为河图与后天八卦,不能完全吻合。但如果我们依所谓生数统成数,生数不能变而成数可以变,以及东北属阳西南属阴的说法,把东方的八阴木巽,顺时针移至东南角,把西方的九阳金乾顺时针移至西北角,再把北方之六穿过中央之十阴土移至西南角作阴土坤、再把南方之七穿过中央之五阳土移至东北角作阳土艮,那就与后天八卦一致了。虽然如此,亦如周易折中所言"天一生水之类则是后儒之说,盖诸儒旧说皆以五行说图书,故朱子于启蒙,本义因而仍之,然它日又曰河图洛书于八卦九章不相若"。

此外我亦认同洪范九畴与洛书不能相提并论之说,洪范九畴是《尚书·洪范》篇中箕子答周武王时所讲述的大禹治理国家的九类根本大法。洛书的排列四九二、三五七、八一六共九数,九筹虽亦一～ 九数,但不能说凡九项的皆与洛书有关,如九天、九如、九鼎等。洛书一与九相对,二与八相对,三与七相对,四与六相对。反观洪范之九畴,初一曰五行与次九曰向用五福威用六极那有对应关系? 次二曰敬用五事与次八曰念用庶征,次三曰农用八政与次七曰明用稽疑,次四曰协用五纪与次六曰义用三德,也都是找不出对应关系的。

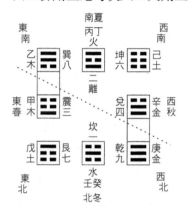

后天八卦配合五行图

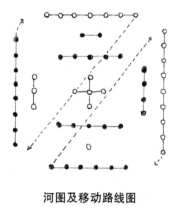

河图及移动路线图

下面我就用推理的方法来解析河图洛书与先后天八卦。

首先谈河图。《系辞传上》第十一章曰:"河出图,洛出书,圣人则之。"据传说伏羲之世,龙马负图出现于孟津,背上毛茎旋回,有如星点所构成的图案,即是河图,伏羲则之以画先天八卦。这些全是一种神话,没有理论根据。如确有龙马负图而出,那么它是不久又沉下去了还是上了岸? 如上了岸,在何典籍中谈到过它的去向? 如果是又沉下去了,试问它浮出水面的时间有多久? 是伏羲亲眼所见还是人云亦云? 在研讨河图以前,不妨先谈一谈数。

中国是最早发明十进制的国家,早在四五千年前,就有了数目字,比古巴比伦的60进制、玛雅人的20进制、罗马人的5~10进制以及古埃及和希腊的十进非位置制优越很多,十进制记数法我猜想源于利用两只手来比画数目。人有两只手,每只手各有五个指头,于是有智者发明伸出一个指头表示一,伸出两个指头表示二,伸出三根指头表示三,余类推。正如现在我们教孩童问他几岁,叫他举起两个指尖说两岁,举起三个指头说三岁。河图可能就是用手指把一~十数字记下来的方法。河出图应该是说上古时期在黄河附近有一位先知者,在一块马革上刻画出一到十10个数字。他用画图的方式画出举起左手拇指表示一,伸出拇指和食指表示二,伸出拇指食指中指表示三,伸出拇指食指中指和无名指表示四,五指同时伸出来表示五,再把右手五指同时伸出加上左手的一表示六,右手的五加上左手的二表示七,右手的五加上左手的三表示八,右手的五加上左手的四表示九,两手一起伸直表示十。这一至十的数字,运用起来变化无穷,巧夺天工。后人以一三五七九是奇数,为阳,为天,二四六八十是偶数,为阴,为地。这不正是《系辞传上》第九章中所说的"天一地二天三地四、天五地六天七地八、天九地十,天数五地数五,五位相得而各有合,天数二十五,地数三十,此所以成变化而行鬼神也"? 至于那位先知如何在马革上排列这十个数字? 我在这里作一个大胆的假设:

当我们伸出左手拇指时,很自然地指头正指向自己,于是那位先知就把它刻画在自己的前面(北面)来显示一。当拇指和食指同时伸出时,食指正好指向前方,于是把它刻画在对面(南方)显示二。当拇指食指中指三个指头同时伸出时,第三个指头中指会稍为偏向左边(东方)于是把它刻画在左边显示三。当拇指食指中指无名指四个指头同时伸出时,第四根指头自然地指向右边(西边)于是把它刻画在右边显示四。此时,剩下来的一根指头小指正好指向手心,所以把五刻画在图的中央。然后把右手五指伸直,再配合左手的一。刻画在一的同一方位显示六。右手五指伸直,再配合左手的二,刻画在二的同一方位显示七。右手五指伸直,再配合左手的三,刻画在三的同一方位显示八。右手五指伸直,再配合左手的四,刻画在四的同一方位显示九。两手同时伸出刚好十个指头,把张开的两手分别刻画在中央五的两边。这不正像以后的河图一六在北,二七在南,三八在东,四九在西,五十在中吗? 下图就是我大胆模拟的原始河图。

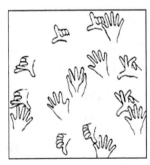

原始河图模拟图

以上我的模拟和假设,也许与事实不符,有点牵强,但也很合逻辑,起码它可以帮助我们对后儒所画的河图多一分了解和帮助记忆。所以我说:"洛书在我们的身上,河图在我们的手中。"

至于"圣人则之",并非圣人,以此来画八卦,而是仿此来配置八个卦的方位"即后天八卦"而已。

其次再谈洛书。《系辞传上》第十一章云"河出图,洛出书,圣人则之",孔安国为《尚书》出传曰:"天与禹,洛出书,神龟负文而出,列于背,禹遂因而第之,以成九类常道,所以次序。"其实洛出书也是神话。亦如我前面所提的问题,神龟若已出水,以后去了何处? 如果出水后又沉下去了,那它出水多久? 是大禹亲眼所见还是人云亦云? 何况前文已作分析证明洛书与九畴是不能相提并论的。逻辑的说法应是说上古时代,在洛水附近,有一位智者,在一个背上有九个版状的龟壳上有规律地刻画上一～九的九个数字,当时所刻画的九个数字可能是

或 ．。

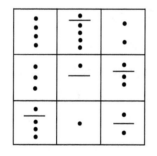

河图模拟图

为什么我作这种假定? 因为最初先民们在计算数目时,最简便的方法就是在地面上先设定一条假想横线以及若干条穿过横线的假想纵线,在横线下放一个小石子表示一,放两个小石子表示二,三个小石子表示三四个小石子表示四,在横线上放一个小石子表示五,上下各放一个小石子表示六,上面一个下面两个表示七,上面一个下面三个表示八,上面一个下面四个表示九,把一个小石子放在左面一条纵在线(横线下)就是十,这条纵线称为十位数,再依次向左延伸,就是百位数,千位数,万位数。所以称为十进制(以后的算盘就是据此而设计的,而且旧式算盘横梁下有五个珠子,横梁上有两个珠子,在运算时最上面的一个珠子与最下面一个珠子是不用的,最上面一个珠子本来代表十,最下面的一个珠子本来代表五,河图洛书的五十居中而不用,正合此意)。

上面所说的刻画上一～九个数字的龟壳,后人称为洛书。圣人把八个卦根

据洛书的规则排列在一起,就是后儒所谓的先天八卦图。圣人为什么要把八个卦排列在一起?这就要探讨八卦的起源了。

在上古渔猎畜牧时代,先民们发觉有八种影响他们生活的自然物:天、地、水、火、雷、风、山、泽。这八种物质,是直接决定他们的渔猎畜牧行为成功率的力量,于是在对自然界无知与恐惧的状态下,分别绘制出〰〰〰〰〰〰〰〰八个图像来代表天地水火雷风山泽,在他们需要时分别对其中一种图像进行祭拜,希望满足他们所需要的愿望。譬如要入山林打猎,希望能避免毒蛇猛兽的攻击,就拿出〰图像来集体呼号祈祷,希望能得到山神的保佑。他们要下水捕鱼,就拿出〰的图像来祭拜以求得丰收。后来为了美观或刻画方便,把〰改良成☶,〰改良☱,〰改良成☴,〰改良成☵,〰改良成☲,〰改良成☳,因为都是三画,所以把〰改良成☰,把〰〰改良成☷,后来更有智者(姑且认为是伏羲氏)把这八个图像有规律地排列在一起,使各居其位,表示万物安定,风调雨顺,亦如《洪范》所云各以其叙,庶草蕃芜。这个新的图像包罗万象,几乎成了万能的神,向它祭拜祈祷,就能得到万事如意的效果。这个综合性的图像,就是后来的先天八卦图。这种有规律的排列,也许就是圣人看见了洛书所得到的灵感而想出来的,所以说"圣人则之"。时过几千年,今天人们还在门口挂上八卦图以避邪及祈求平安,就是最好的见证。

洛书不是什么神秘的东西,它只不过是一种基本的方阵图,因为它横、直、对角线之和皆相等,可说四平八稳,正合八卦排列万物安定各居其所的目的。回头再看圣人仿河图而配置的后天八卦,其东北东、东南南、西南西、西北北,四隅之和。均为十,也是四平八稳的。

河图只是显示一~十的数字,是静的,所以有人称为体,洛书是最基本的方阵图,方阵的变化无穷,所以有人称为用。下面列出三种最基本的方阵及其演算变化情况如图。

最后附带说明两点:

一、相传先天八卦为伏羲所作,后天八卦为文王所作,而据考证河图洛书为宋范谔昌所画而伪托陈希夷所传,其间相差几千年,现在大家所谈的河图洛书是否与所谓"河出图,洛出书,圣人则之"的河图洛书相类似,是值得怀疑的。

图十一
五次方阵

14	10	1	22	18
20	11	7	3	24
21	17	13	9	5
2	23	19	15	6
8	4	25	16	12

一—二十五　总数三百二十五　各行及对角线之和为六十五　最少五百多种变化

图十
四次方阵

1	12	8	13
15	6	10	3
14	7	11	2
4	9	5	16

一—十六　总数一百三十六　各行之和为三十四　最少二百多种变化

图九
三次方阵
（洛书）

4	9	2
3	5	7
8	1	6

一—九　总数四十五　各行与对角线之和均为十五　有八种变化

二、有人说洛书之四正,顺时针计之,东方是三,三三九得南方之九。三九二十七得西方之七。三七二十一,得北方之一。三一三,又得东方之三,循环不已。四隅反时针计之,西南是二、二二四,得东南之四,二四八、得东北之八,二八一十六,得西北之六,二六一十二,又得西南之二,也是循环不已。认为左右旋转,相为经纬,真是造化神妙。其实不然,如果我们以四正反时针计之,西方是七,七七四十九,得南方之九,七九六十三,得东方之三,七三二十一,得北方之一,七一七,又得西方之七,也是循环不已。四隅以顺时针计之,东北是八,八八六十四,得东南之四,八四三十二,得西南之二,八二一十六,得西北之六,八六四十八,又得东北之八,也是循环不已,与前面所说四正以顺时针计,四隅以反时针计又有何不同? 后儒们在这方面做文章,我认为是无必要的。

（作者为台湾中华易学研究会会员）

《洪范》释义

（香港）胡谭光

一、导言

《周易》与《洪范》，乃是我中华学术之鼻祖。前者是明天道以接人道，后者为明人道以接天道。二经价值均等，所谓天人交感，天人合一之说，由斯而起，于现代之自然科学及人文科学中辟建一新平台。自昔研究《洪范》之单篇者，可谓不胜枚举，诸如：宋代胡瑗之《洪范解》、赵善湘之《洪范统一》；元代胡一中之《定正洪范》；明朝黄道周之《洪范明义》；清代胡渭之《洪范正论》等，各有理解胜义，亦有穿凿附会。至于专门著述通释全书者如：四库本、通志堂经解本、清经解本、精经解本、岳雪楼本、粤雅堂丛书、船山遗书本等所收录，均足资探索焉。不敏曷敢再有所论列，以贻叠床架屋之讥。然时代不同，观点各异，考旧说以明时义，则道理自显，通变自晓，庶不失事实求是，经世致用之旨趣，略尽涓埃之效而已。

《洪范》，乃是一部中华政治宝典。凡研究中国政治思想与政治制度者，当于是求之，犹西欧学人，憧憬于西方古代文化而追溯于古希腊与罗马也。马一浮云："六经总为德教，而尚书以道政事，皆本于德、尧、禹、汤、文、武，所以同人心而出治道者，修德而尽性而已矣。离德教，则政治无所施，故曰：'为政以德'，其义具见于洪范。"①马氏之论，可谓要言不烦，切中肯綮。惟其《洪范约言》陈义过高，喜言性与天道，非人人所能尽解，且多引释氏说，有援佛入儒之嫌，要未能尽醇。本拙作则参考前贤先达之著述：有关考据义理者酌取之，并求证于群经史籍，以申其义，而明吾说。譬诸大海横行吾前，涉足沙滩，拾取贝粒三五，聊供观赏，岂其有当。兹分别论之如下：

---

① 马一浮：《洪范约言·序说》，台湾中华书局。

二、书序与释义

(一)书序

序云:"武王胜殷杀,受立武庚。以箕子归,作洪范。惟十有三祀,王访于箕子。王乃言曰:'呜呼,箕子！惟天阴骘下民,相协厥居,我不知其彝伦攸叙。'箕子乃言曰:'我闻在昔,鲧堙洪水,汩陈五行,帝乃震怒,不畀洪范九畴,彝伦攸斁。鲧则殛死,禹乃嗣兴。天乃赐禹洪范九畴,彝伦攸叙。'"

吴北江云:"洪范九畴之目,盖上古相传治天下之大法,箕子以告武王,而史官润色之。以为此篇亦千古文章之祖。"① 吴氏以书序为史官所作,盖本于林光朝。林氏曰:"序乃历代史官相传,以为书之总目,犹诗之有小序也。"②箕子以《洪范》告武王经过,《尚书大传》与《史记》微子世家所说,显明有分歧之处。

《尚书》传云:"武王胜殷,继公子禄父,释箕子之囚。箕子不忍周之释,走之朝鲜。武王闻之,因以朝鲜封之。箕子既受周之封,不得无臣礼,故于十三祀来朝,武王因其朝而问洪范。"③《史记》云:"箕子者,纣亲戚也。……纣为淫泆,箕子谏,不听。……乃洋狂为奴。"④"武王既克殷,后二年,问箕子殷所以亡。箕子不忍言殷恶,以存亡国宜告。武王亦丑,故问以天道。"⑤未知两说孰确。

(二)释义

《易》曰:"天垂象,见吉凶,圣人象之。河出图,洛出书,圣人则之。"⑥

《汉书》五行志:刘歆以为伏羲,系天而王,河出图则而画之,八卦是也。禹治洪水,锡洛书法而陈之,洪范是也。圣人行其道而宝其真,降及于殷,箕子在父师之位而典之。周既克殷,以箕子归,武王虚己而问焉……武王问洛书于箕子,箕子对禹得洛书意也。"⑦是以洪范洛书,混为一谈矣。实则孔颖达书疏已疑之,谓龟负洛书无其事。中侯及诸纬,多说黄帝、尧、舜、禹、汤、文、武受图书之事,皆

---

① 吴北江:《尚书大义》,台湾中华书局。

② 《经义考》,册十,卷七十三,中华书局。

③ 《尚书正义》,册四,《注疏》卷十二,中华书局。

④ 《史记》册五,卷三十八,《宋微子世家第八》,中华书局。

⑤ 《史记》,册一,卷四,周本纪,中华书局。

⑥ 《周易正义》册三,卷七,《系辞上传》,中华书局。

⑦ 《前汉书》册十一,卷二十七,五行志,中华书局。

云龙负图,龟负书。纬候之书,不知谁作,通人讨覆,谓伪起哀平,可谓读书得间。

马一浮云:"程子曰:'河不出图,洛不出书,周易亦须作,西狩不获麟,春秋亦须作……'①若准程子之言,则禹不得《洛书》,《洪范》亦须作。《汉书·五行传》引刘歆说:'以初一曰五行己下,至威用六极六十五字,为洛书文。'②不可据,龟书安得有文字,决定是人所刻,如今出土之龟甲矣。"其言可谓名通。

按,上古历史,多涉神话,开国之际,故神其说,如《诗经·大雅》之生民,商颂之玄鸟,是也。龟负洛书,廼神话耳。又从训诂言天与帝,皆表君德。

尔雅释诂:"林、蒸、天、帝、皇王、后辟、公侯、君也。"③如天帝者,在理为至大之称,在人为尊胜之目,初非有二,明乎此,则不为旧说所囿。

马一浮云:"天是至上义,至偏义;帝是审谛义。今人谓权力高于一切,德高于一切。"④其称天以临之者,皆是尊德性之称,可以思其故矣。

三、《九畴》与释义

（一）《九畴》之目

经文:初一曰五行,次二曰敬用五事,次三曰农用八政,次四曰协用五纪,次五曰建用皇极,次六曰艾用三德,次七曰明用稽疑,次八曰念用庶征,次九曰向用五福,威用六极。

（二）《九畴》释义

《九畴》:《史记》作九等,亦有解作九类或九章者。武王以治天下之条理节目,询问箕子,而箕子答之,即此文也。孔传云:"天与禹,洛书也。神龟负文而出,刊于背有数至于九,禹遂次而第之,以成九畴。"⑤安国所言本于纬候之说,诚如其言,即龟背之文,乃为数字,而非文字,明矣。即如五行志所言:"禹治洪水,赐洛书,法而陈之。"⑥数语玩之,是禹取法于洛书而陈布之,作治国纲领,是洛书与洪范两者必有区别也。

① 《二程子全书》,册一,《遗书》卷十五,中华书局。
② 《前汉书》,册十一,卷二十七,上,五行志,中华书局。
③ 《尔雅义疏》,册一,上之一,《释诂上》,中华书局。
④ 马一浮:《洪范约言》,台湾中华书局。
⑤ 《尚书》册二,卷七,《洪范第六》,虞书,孔氏傅,中华书局。
⑥ 《前汉书》,册十一,卷二十七,上,五行志,中华书局。

吴汝纶曰:据五行传云:"维王后元妃,帝令大禹步于上帝,禹乃恭辟厥德,受帝休命,爰用立帝事,建用王极。"①据此,则《九畴》乃禹所叙,非天所赐明矣。上古治尚简朴,不如后世科条之详,然于为政大纲,亦无不该贯矣。庄子所谓:"其始也简,将毕也钜,岂不然哉。"②

四、五行之体用与释义

(一)五行之体用

初一一曰五行:一曰水,二曰火,三曰木,四曰金,五曰土。水曰润下,火曰炎上,木曰曲直,金曰从革,土爰稼穑。润下作咸,炎上作苦,曲直作酸,从革作辛,稼穑作甘。

(二)释义

五行,大传作用,言行此五者,皆资生之具也。其言曰:"水火者,百姓之所食也。金木者,百姓之所兴作也。土者,万物之所资生也。是为人用。"③

郑玄曰:"此数本诸阴阳所生之数也。"④

裴骃引孔传云:"五行以下,为箕子所陈。"⑤

马一浮曰:"一二三四五者,数也。水火木金土者,名也。"⑥气有阴阳燥湿,质有刚柔虚实,形有明暗动静,数有奇偶生成,学此五者,则具矣。按,马氏所指之数乃是生数之数,名则是名之之名也。

孔颖达曰:"万物之生,从微渐著为序,水最微为一,火渐著为二,木形实为三,金形固为四,土质博为五。"⑦

朱子曰:"阳变阴合,初生水火,水火,气也。流动闪烁,其体尚虚,其成形犹未定。次生木金,则确然有定形矣。"⑧中土儒家诠释五行,与西方无异。现代物理化学等科,均言气体积聚而成液体。液体凝结而固体,固体分解而成液体,液

---

① 吴汝纶:《易说》,见于涂公遂之《尚书讲义》页之二。
② 《庄子义绎》,卷下,《遁翁》,人生社印行。
③ 《尚书正义》,册四,《注疏》,卷十二,中华书局。
④ 《尚书正义》,册四,《注疏》,卷十二,中华书局。
⑤ 《尚书孔氏传》,册二,卷七,中华书局。
⑥ 马一浮:《洪范约言》,台湾中华书。
⑦ 《尚书正义》,册四,《注疏》,卷十二,中华书局。
⑧ 《朱子大全》,册三十六,文三十,中华书局。

体蒸发而成气体,其理同也。大抵国人治学,重观察与经验,。西人治学,重分析与实证,一为哲学,一为科学也。前者多谈理性,后者多究物质。

《易系·辞传》曰:"形而上者谓之道,形而下者谓之气器。"①此乃两者之差异也。至于润下、炎上、曲直、从革、稼穑。言其性、咸、苦、酸、辛、甘,别其味,此圣人因物制用之事也。

五、五事之目与释义

(一)五事之目

五事:一曰貌,二曰言,三曰视,四曰听,五曰思。貌曰恭,言曰从,视曰明,听曰聪,思曰睿。恭作肃,从作义,明作哲,聪作谋,睿作圣。

(二)释义

寻五事以配五行,先儒之说,见于五行传、说卦、素问、说文、太玄篇中者,其说互异且繁,不具引。

蔡沈书传曰:"五行,乃生数自然之序,五事则本于五行。"②又蔡传以貌泽,配水。言扬,配火。视散,配木。听收,配金。思通,配生。与五行生序相应,于义为安。经文恭从明聪睿。睿,大传作容。《汉书》引五行传,春秋繁露并同,此五者言其德也,肃义哲谋圣。谋,王引之经传释词作敏,谋敏同字,言其效也。

马一浮氏,以为在天为五行,在人为五事。皆此一气,皆此一理……五事是气,五德是理。全气是理,谓之践形,此其义也。

又言作者,指功用而言。例如德业功业,其名称虽殊,然体用不二也。德业具于自性,功业发于自性。

《礼记·中庸》曰:"惟天下至诚,为能尽其性。能尽其性,则能尽天之性,能尽人之性,则能尽物之性。能尽物之性,则可以赞天地之化育。可以赞天地之化育,则可以与天地参矣。"③

郑康成曰:"恭从明听睿,五事之德也。肃义哲谋圣,五德之事也。"④可与上

---

① 《周易正义》,册三,卷七,《系辞上传》,第十二章,中华书局。
② 蔡沈:《书集传》,见于涂公遂之《尚书讲义》页之三。
③ 《四书集注》,册一,中庸,第二十二章,《言天道》,中华书局。
④ 《尚书正义》,册四,注疏,卷十二,中华书局。

说互相发明。

人而不能尽性践形,终觉有愧此生,建立皇极,当此入手。盖五德皆摄之于敬也。惟敬然能尽性,惟敬然鹿尽性,惟敬然后能践形。曲礼曰:"毋不敬"①其警惕之义切矣。

六、八政之目与释义

（一）八政之目

八政:一曰食,二曰货,三曰祀,四曰司空,五曰司徒,六曰司寇,七曰宾,八曰师。

（二）释义

论语曰:"政者,正也。"②正己,而后能正人。尽己之性,谓之正己。尽人之性,所以正人。五事之后,继以八政。盖五事者,政之本。八政者,五事之施也。洪范之八政,即虞书之三事:正德,利用,厚生。

马一浮以为,八政并于三事,所以正其德,利其用,厚其生也。中庸是"修道以仁",足以说明此一旨趣矣。

《汉书·食货志》曰:"食,谓农殖嘉谷可食之物。货,谓布帛可衣,及金刀龟贝,所以分财布利通有无者也。二者,生民之本。"③郊祀志曰:"洪范八政,三曰祀。祀者,所以昭孝事祖通神明也。"④

荀子曰:"无天地恶生,无先祖恶出,无君师恶治。"⑤故古之王者及贤圣皆当祀也。

郑康成曰:"食,掌民食之官,若后稷者也。货,掌金帛之官,若周礼司货贿也。祀,掌祭祀之官,若宗伯者也。司空,掌居民之官。司徒,掌教民之官。司寇,掌诘盗贼之官。宾,掌诸侯朝觐之官。周官大行人是也。师,掌军旅之官,若司马也。"⑥郑氏所举官名以明其职守,每一朝代,自秦汉迄今,不必尽同。

---

① 《礼记训纂》,册一,卷一,曲礼上第一,中华书局。
② 《四书集注》,论语,册三,卷六,《颜渊第十二》,康季子问政,中华书局。
③ 《前汉书》册十,卷二十四,上,《食货志》,中华书局。
④ 《前汉书》,册十,卷二十五,上,《郊祀志》中华书局。
⑤ 《荀子》册四,卷十九,《大略篇第二十七》,论礼,中华书局。
⑥ 《尚书正义》册四,《注疏》卷十二,中华书局。

顾炎武云:"治事之官宜多,治民之官宜少,则天下治。"①

民初,袁世凯窃国,求官者群集于京华,各机关冗员充斥,梁任公见其怪状,在大中华杂志撰文,慨叹曰"中华官国"盖有由矣。

马一浮以为,洪范八政,不出教养二端,而制之者礼,行之者仁,此为政之根源。制度名物可变,而其义不可以易。如有圣人复起,其必用斯道矣。

七、五纪之目与释义

(一)五纪之目

五纪:一曰岁,二曰月,三曰日,四曰星辰,五曰历数。

(二)释义

八政之后,继以五纪者,所以顺天时而修人也。五纪曰协用者,正所以顺天时也,正所以识时日也。纪,本训别丝,丝线有统,待人而理。岁月日时之数,因人而纪也。尧典云:"乃命羲和,钦若昊天,历象日月星辰,敬受人时。……日中星鸟,以殷仲春。……日永星火,以正仲夏。……宵中星虚,以正仲秋。……日短星昂,以正仲冬。…帝曰:'咨汝羲和,朞三百六旬有六日,以闰月定岁时成岁。'"②及尧之禅舜,命曰:"咨汝舜,天之历数在尔躬,舜亦以命禹。"③五纪之法,已具于此。

蔡氏书传曰:"岁者,定四时也。月者,定晦朔也。日者,定缠度也。星,经星纬星也。辰,日月会也。历数者,占步之法,所以纪岁月星辰也。"④其义亦简而明。

《论语》谓孔子曰:"行夏之时。"⑤今中土所用,乃太阴历。此外尚有西人所用之太阳历,及回教徒所用之回历,及世界各地少数民族各有奉行之历法,以为行事之标准。

例如:农历之春耕、夏耘、秋收、冬藏是也。不特此也,古代六月不出师,《诗经·六月》涉冬不行刑"司马迁报任安书"亦然。

---

① 顾炎武:《日知录集解》,册四,卷九,中华书局。
② 《尚书孔氏传》册一,卷一,《尧典第一》,虞书,中华书局。
③ 《前汉书》册九,卷二十一,上,《律历志》,中华书局。
④ 蔡沈:《书集传》,见于涂公遂之《尚书讲义》页之五。
⑤ 《四书集注》,论语.册三,卷八,卫灵公第十五,颜渊问为邦,中华书局。

孟子论制民之产称:"不违农时,谷不可胜食也。斧斤以时入山林,林木不可胜用也。"①则时之为用,大矣哉。

后代史家撰述,有日历、起居注、宾录等书,皆所以断时,不特以记帝王一家之事,亦兼记一国之事,故无文献不足之叹。《中庸》称仲尼上律天时,下袭水土。《易系辞》称圣人先天而天弗违,后天而奉天时,亦其义也。

八、皇极与释义

(一)皇极

皇极:皇建其有极!敛时五福,用敷锡厥庶民。惟时厥庶民于汝极,锡汝保极。

凡厥庶民,无有淫朋,人无有比德,惟皇作极。凡厥庶民,有猷、有为、有守,汝则念之。不协于极,不罹于咎,皇则受之。而康而色,曰予攸好德,汝则锡之福。时人斯其,惟皇之极。无虐茕独,而畏高明。

人之有能、有为,使羞其行,而邦其昌。凡厥正人,既富方谷。汝弗能使有好于而家,时人斯其辜。于其无好德,汝虽锡之福,其作汝用咎。

无偏无陂,遵皇之义。无有作好,遵皇之道。无有作恶,遵皇之路。无偏无党,王道荡荡。无党无偏,王道平平。无反无侧,王道正直。会其有极,归其有极。

曰皇极之敷言,是彝是训,于帝其训。凡厥庶民,极之敷言,是训是行,以近天才之光。曰天子作人父母,以为天下王。

(二)释义

皇,人君也。本之说文,引申为凡大之称。极,本训屋栋,引申为极至之称。以中训之,谓是"大中至正"之道。马一浮云:"皇极,以表君称。天德,天人合德,理绝名言,强名之皇极。"②又云:"九畴,总摄于皇极,而寄位于五者,前四后四,诸言用者,皆皇极之用也。其体本寂,如易所称之太极,礼运所称之太一,而妙用无方。大用繁兴,而虚中无我。离体无以成用,即用而不离体。体用一源,

① 《孟子》,赵注,册一,卷一,《梁惠王》,中华书局。
② 马一浮:《洪范约言》,台湾中华书局。

显微无间,故皇极亦言用也。"①

赵善湘尝著《洪范统一》②,自谓采欧阳修《唐志》,苏洵《洪范图论》之遗意,定皇极为九畴之统。每畴之中,如五行则水火木金,皆统于土。五事则貌言视听,皆统于思。得其统,而九畴可一而贯之矣云云。

赵氏所称皇极为九畴之统一说,是所发明也。近人吴北光承之,增广其义云:"案九畴次第,初观之,不得其解。久之,乃明其意。盖九畴以皇极为主,故位之于中,前四畴其体也,后四畴其用也。体者践皇极之具,用者致皇极之法也。本之于天则有五行,施之于人则有五事。八政者所以治人也,五纪者所以承天也。四畴既立,然后以三氏德裁制之,合则有赏,不合则有罚,福极是也。然人君裁制天下,人君不法则裁制之谁乎?曰稽疑,是稽疑者以神权与民意裁制夫人君者也。人君赏罚天下,人君之善否,赏罚之者谁乎?曰庶征,是庶征者以天时休咎赏罚夫人君者也。夫重君权以制天下,天下无下治矣。而患夫人君者之自恣也,假神权及民意以裁制之,假天时仍咎而劝惩之庶几君人者之不敢自恣,皇极可建,九畴之大法可立乎!然犹不敢自足,而终有待庶民极焉,此圣人所以为万世虑者至深远也。"③吴氏再申之曰:"九畴惟皇极之义最精,故其词特独详。大禹之所叙,箕子之所传,皆重在。盖古者之君天下不惟享有之而已,所以建中立则,以教养亿兆人庶而咸范围之使不过,是谓之极。极者中也,非皇王之尊,不能立此极,故曰皇极。然其建极之义,固欲普天下之民而大淑之,极之四海内外,无一夫不得其所,程效至是,斯之谓庶民极焉。由皇极而嬗为庶民极,斯真千古大同之宏旨也。古之圣智,已见及于此,其日夕所竞竞图维,而惟恐不能至者,亦惟此而已。斯旨也,载籍所不常言,而秦汉以下之士,所未尝见及者也。"④

兹就各章细节,释之如次:

1.开始言君人者言行为天下法,建立大中至正之道,聚此五福,九畴之一,富贵寿考,遍布于朝野之人,培植而养育之,则安于汝之教化,共保守此极则,犹诗所谓无言不酬也。

---

① 马一浮:《洪范约言》,台湾中华书局。
② 赵善湘:《洪范统一》,台湾中华书局。
③ 吴北光:《尚书大义》,台湾中华书局。
④ 吴北光:《尚书大义》,台湾中华书局。

2.凡所有臣民,毋有浮侈,毋阿党为恶,惟人君为之极也。凡所有臣民,有谋议者,有才干者,有操守者,人君则录用之。其虽不合于极则,然不抵触法网而无过失者,汝仍一样容纳之。

3.汝学止安详,无疾言怒色,表示好德尚贤,汝各锡以当得之爵禄,是人其惟皇之则也。

本文多为韵语,守咎受协,色德福极协,惟念字不入韵。

4.在位之臣,不虐待孤寡,穷而无告之民,并不得罪于巨室—高明之家。此人盖有作为,当使之修省进德,而显扬之,俾之辅佐,则汝之邦国,其昌盛矣。

5.臣下属于正长级者,既富且贵,但对于尔国家无一好处,此种人宜抵罪受裁制。以其无一好条件,当摒弃之,免为汝结怨也。

篇中各节对于行政用人及赏罚之法,言之甚详。前两节皆谓庶民,后一节谓在官者。前言进善,后言黜不善,皆皇极之义也。往后无偏无党一节,则言皇极告成,大同之效,反复泳叹,以畅厥旨。敷言一节,言人君对于此一最高之道统与法统,法之,习之,庶同于上帝法则。若百姓对此庶民极陈之言,顺从之,笃行之化,则可以接天子之光宠,故曰"天子为民父母以为天下王",此亦咏叹之词。书曰:"民为邦本,本固邦宁。"①知古之制治者,是以民为本也。

九、三德之目与释义

(一)三德之目

三德:一曰正直,二曰刚克,三曰柔克。平康正直,彊弗友刚克,燮友柔克。沈潜刚克,高明柔克,惟辟作福,惟辟作威,惟辟玉食。臣无有作福作威玉食,臣之有作福作威玉食,其害于而家,凶于而国。人用侧颇辟,民用僭忒。

(二)释义

德者,内足于己,外足于人之称。古人有言五德者,②有言三德者。③ 五德惟表其性具,三德则兼气质而言。性具则无,则假于克治。以言气质,则须变化始

---

① 《尚书正义》,册二,《注疏》,卷七,中华书局。
② 《前汉书》,册十,卷二十五,上,《郊祀志》,中华书局。
③ 《礼记·中庸》:"知、仁、勇,天下之达德也。"疏:"言百王用此三德以行五道也。"

成。乂用云者,正是潜移默化。俾气之驳者,返乎理之纯也。克,能也。[①] 克也,与克通用。[②] 友者,亲也。[③] 燮者,和也。[④] 沈潜者,沈,阴也。潜,伏也。[⑤] 高明者,谓天,言天为刚德,亦有柔克,不干四时。此兼言刚柔之性质,及刚柔相济之道。君人者,当诱道之,裁抑之,使其成德,便无过与不及之差也。辟者,君也,元首也。宰世制物之权,惟人主得以操之,若人权傍落,则大位去矣。故周官大宰以八柄诏王,以驭群臣。一曰爵,以驭其贵。二曰禄,以驭其富。三曰予,以驭其幸。四曰置,以驭其行。五曰生,以驭其福。六曰夺,以驭其贫。七曰废,以驭其罪。八曰诛,以驭其过。洪范只言作福作威,乃简言之耳。然已包括爵赏、刑罚诸事。玉食者,美馔也,言享用也。叛逆之徒,图谋不轨,则害其家,凶于汝国,盖言篡弑也。是在位之官则反侧,在野之民则僭逆,而祸乱相寻,不可收拾。由其先不加裁制,致使青青不伐而寻斧柯,涓涓不息而成江河,可不畏哉! 可不惧哉!

十、稽疑与释义

(一)稽疑

稽疑:择建立卜筮人,乃命卜筮。曰雨,曰济,曰驿,曰雾,曰克,曰贞,曰悔,凡七卜。五占用二衍忒,立时人,作卜筮。三人占,则从二人之言。

汝则有大疑,谋及乃心,谋及士卿,谋及庶人,谋及卜筮。

汝则从,龟从,筮从,卿士从,庶民从,是之谓大同。身其康强,子孙其逢,吉。

汝则从,龟从,筮从,卿士逆,庶民逆,吉。卿士从,龟从,筮从,汝则逆,吉。庶民从,龟从,筮从,汝则逆,卿士逆,吉。汝则从,龟从,筮逆,卿士逆,作内吉,作外凶。龟筮共违于人,用静吉,用作凶。

(二)释义

稽,说文:卜、问也。具见而思问。曲礼:龟为卜,筴为筮。白虎通:龟为卜,蓍蓍为筮,是二者之别也。

太史公曰:"自古圣王将建国受命,兴动事业,何尝不宝卜筮以助善! 唐虞

---

① 《尔雅郭注》册一,卷二,《释言》,中华书局。

② 《后汉书》郑兴传注,中华书局。

③ 《广雅疏正》册二,卷第三上,《释诂》,中华书局。

④ 《尔雅郭注》,册一,卷一,《释古下》,中华书局。

⑤ 《尚书今古注疏》,册三,卷十二,《洪范第十二》,周书三,马融注,中华书局。

以上,不可记已。自三代之兴,各据祯祥。塗山之兆从而夏启世,飞燕之卜顺故殷兴,百谷之筮吉故周王。王者决定诸疑,参以卜筮,断以蓍龟,不易之道也。"①此言卜筮之用,及应验之事,录之以资佐证。又曰:"卦兆信诚于内,而时人明察见之于外,可不谓两合者哉!君子谓夫轻卜筮,无神明者,悖背人道,信祯祥者,鬼神不得其正。故书建稽疑,五谋而卜筮居其二,五占居其多,明有而不专也。"②此言谋及卿士,庶民谋及卜筮,有从逆化分,吉凶由之而判,此古义也。

吴北江曰"稽疑言卜筮,庶征言天时休咎,皆所以推重神权而以钤制人主者也。上古神道设教,固宜有此。且王者宰制天下,四海之大,皆在掌握中,苟非推重神权及天意,谁得制御之者哉!斯则此两畴之用意也。又神权天意,其识皆史官操之,而古之史官,皆老诚硕望,深通古今之故者。以此等人代行神权,而阴制人主之过行,固贞制治之良法美意也已。"③合而参之,借明通变之理。又次言龟筮之例,次言古人次言人谘询之法,谋及卿士,即尊重廷议也。谋及庶人,即尊重舆论也。而吴氏直以前者附会今之上议院,后者附会今下议院,恐误。此犹今儒刘古愚以古之明堂,当今之国会,同一错误也。

十一、庶征与释义

(一)庶征

庶征:曰雨,曰旸,④曰燠,曰寒,曰风,曰时,五者⑤来备,各以其叙,庶草蕃庑。⑥一极备凶,一极无凶。

曰休征。曰肃,时雨若。曰乂,时旸若。曰哲,时燠若。曰谋,时寒若。曰圣,时风若。

曰咎征。曰狂,恒雨若。曰僭,恒旸若。曰豫,恒燠若。曰急,恒寒若。曰蒙,恒射若。

曰王者惟岁,卿士惟月,师尹惟日。岁月日时无易,百谷用成,乂用明。俊民

① 《史记》,册十,卷一二八,《龟策列传》,中华书局。
② 《史记》册十,卷一二八,《龟策列传》,中华书局。
③ 吴北江:《定本尚书大义》,台湾中华书局。
④ 旸,前汉书作阳。
⑤ 五者,史记作五善。
⑥ 庶草蕃庑,喻百谷百蔬也。

用章,家用平康。日月岁时既易,百谷不成,乂用昏不明,俊民用征,家用不宁。

庶民惟星,星有好风,星有好雨。日月之行,则有冬有夏。月之从星,则以风雨。

(二)释义

征,说文:召也。引申为感,一念之萌,感于此而应于彼,是为感召。配以五事,由征之显。先儒或以雨旸燠寒风,分配木、金、火、水、土,①或以分配水、火、木、金、土。② 其说互异,各有义据,亦与以五事克配五行,今古异执,等同一例。

惟孔传曰:"雨以润物,旸以干物,燠以成物,寒以收物,风以动物。"实具胜义。

又休征,善征也。咎征,恶征也。善应之以吉,恶应之以凶。诚如孟子所言:"敬人者,人恒敬之。爱人者,人恒爱之。"③与"杀人之父者,人亦杀其父。杀人之兄者,人亦杀其兄。"④之说相同,如响斯应,理无或爽。

至灾异之说,见之于五行传者,兹不具引焉。目前世界各地,发生自然灾害层出不已,当让天文学家,气象学家,或地质学家解释之,余不予置论。

王者惟岁,省,售也。⑤ 未谛,省察也,于义为长。⑥ 尧典曰:"询事考言",审核也。⑦ 如易云:"天子巡狩,谓之省方。"⑧孟子则称:"巡狩者,巡所守也。"⑨守,即职守也。此言王者省职,如岁兼四时也。月统于岁,日统于月,犹卿士庶尹,各尽其职守也。

庶民惟星,星有好风,星有好雨,喻细民如众星,星经箕则有风,离毕则有雨。

天象之好坏,影响于人事,犹朝政之得失,影响于治乱也。日月运行之有常,喻群臣职守之有常,端视王者建立皇极,示之以大中至正之道也。

---

① 《前汉书》,册十一,卷二十七,上,《五行志》,中华书局。
② 蔡沈:《书集传》,见于涂公遂之《尚书讲义》。
③ 《孟子》,册三,《赵注》,卷八,《离娄》,中华书局。
④ 《孟子》,册四,《赵注》,卷十四,尽心,中华书局。
⑤ 吴北江:《尚书大义》,台湾中华书局。
⑥ 见于涂公遂之《尚书讲义》,引马季长之字义释。
⑦ 《尚书孔氏传》,册一,卷一,尧典第二,虞书,中华书局。
⑧ 见于遁翁《周易讲义》页之五,引《周易正义》注疏。
⑨ 《孟子》,册一,赵注,卷二,梁惠王,中华书局。

十二、九五福之目与释义

(一)五福之目

五福:一曰寿,二曰富,三曰康宁,四曰攸好,五曰考终命。

六极:一曰凶短折,二曰疾,三曰忧,四曰贫,五曰恶,六曰弱。

(二)释义

五福,六极,天之所以命人,人君则之以为赏罚也。惟人君持法之道,不可移于臣下耳。

福之为言备也,德备则为福,失德则为变。五福者以俗观之,有如孔传所云:"寿百二十年,富财丰满,康宁无疾病。攸好德所好者,惟好传福之道。考终命,各成其短长之命,以自终不横夭。"①然以道观之则不然,俗以长寿为寿,而不知可尽者非寿也。以尽其天年为考终命,而不知尽其道而死者乃五命也。此真有道之言也。

六极者,有如孔传所云:"凶短折动不过百,短木六十,折木三十。二曰疾,常抱疾苦。三曰忧,多所忧。四曰贫,困于财。五曰恶,丑恶。"②是则名相既变,体用各殊,虚受一切,身心大苦矣。

十三、结论

余之所以著斯篇者,虽说是为出席是次"第七届河洛文化国际研讨会"而撰,盖希冀国人,体认洪范之义蕴及其哲理,深思明办,践履笃行,使中华学术文化,光被四海,何乐如之。然以萤光之明,所得浅鲜,虽尝涉猎汉唐以次各家传注义疏,及当代先进著述,比较类推,择善而从,而溽暑之际挥汗属稿,日以继夜,灯暗目昏,力求一正解,每仰而思之,思之不得,又重思之,其中甘苦,难以释陈,尚祈大雅君子,进而教之,借匡不逮而已矣!

(作者为香港崇正总会客家研究中心副主任委员)

---

① 《尚书正义》,册四,《注疏》,卷十二,中华书局。
② 《尚书正义》,册四,《注疏》,卷十二,中华书局。

《太极图》索源

任炳潭　杨懿楠

关于太极图的根源问题,尽管悬念甚多,但是比较流行的说法归纳起来有如下三种:第一种说法是,宋朝名道陈抟把世传的太极图传给周敦颐,周便著书《太极图说》传于后世。第二种说法是至少春秋时期就有太极图了,道家创始人老子向西周游时,把此图带到陕西关中,后为道家秘藏,直到唐宋以后才公布于世。第三种说法是宋朝朱熹通过西蜀隐士索得,后载入《周易本义》流传于今。

一千多年来,古今对太极图的著书立说非常多,然而关于太极图的形成问题探讨却比较少。其主要原因当然是缺乏令人信服的历史资料。我们认为,随着科学的进步,考古资料的新发现,关于太极图的形成问题最终可以得到正确的答案。本文研究重点是对太极图的形成提出一种新的见解。

一、太极之源

《系辞下传》有:"古者伏羲氏之王天下也,仰则观象于天,俯则观法于地。观鸟兽之文,与地之宜,近取诸身,远取诸物,于是始作八卦,以通神明之德,以类万物之情。"那么八卦产生的本质是什么呢? 其本质就是太极。正如《系辞上传》所说:"是故易有太极,是生两仪,两仪生四象,四象生八卦。"很明显,太极的基本表达方式是"两仪",即阴阳。

《系辞上传》指出:"一阴一阳之谓道。"因此,太极和道是一个意思。关于道和阴阳的关系,老子讲得更为详细:"道生一,一生二,二生三,三生万物。万物负阴而抱阳,冲气以为和。"其思想是:道,也就是太极,是在不断地发生变化,道可以产生万物,一切物质都是"负阴抱阳","冲气"后为一个统一体。按照周易和道家的思想,我们可以在脑海中画出一幅图象,似乎在一团混沌的"冲气"中有一对阴阳物的结合体。如果把这种结合体与今天我们要讨论的太极图相提并论,应该是很自然的事。

二、自然之道

"有物混成,先天地生。寂兮寥兮! 独立而不改,周行而不殆,可以为天地母。……故道大,天大,地大,人亦大。域中有四大,而人居其一焉。人法地,地法天,天法道,道法自然。"这是《老子》25 章原文,老子在这里强调的是"道法自然",自然变化最简要的表达方式就是阴阳,正如《说卦传》所讲:"昔者圣人之作易也,……观变于阴阳而立卦。"又讲:"是以立天之道,曰阴与阳;立地之道,曰柔与刚;立人之道,曰仁与义。兼三才而两之,故易六画而成卦,分阴分阳,迭用柔刚。故易六位而成章。"这就是说,描述阴阳的简要表达式可以用六画即八卦的六爻来实现。

对人类来说,自然之道的核心应该是岁月的变化,就是《系辞下传》所言的"天地之道,贞观者也。日月之道,贞明者也","日往则月来,月往则日来。日月相推而明生焉。寒往则暑来,暑往则寒来。寒暑相推而岁成焉"。

三、十二卦与太极

《周易》六十四卦中,有十二个卦称为辟卦,也就是消息卦。十二卦分言十二个月:

复卦䷗一阳子 十一月 一阳息,五阴消

临卦䷒二阳丑 十二月 二阳息,四阴消

泰卦䷊三阳寅 正 月 三阳息,三阴消

大壮卦䷡四阳卯 二 月 四阳息,二阴消

夬卦䷪五阳辰 三 月 五阳息,一阴消

乾卦䷀六阳巳 四 月 六阳息,无阴消

姤卦䷫一阴午 五 月 一阴息,五阳消

遁卦䷠二阴未 六 月 二阴息,四阳消

否卦☷☰三阴申 七 月 三阴息，三阳消

观卦☷☴四阴酉 八 月 四阴息，二阳消

剥卦☶☷五阴戌 九 月 五阴息，一阳消

坤卦☷☷六阴亥 十 月 六阴息，无阳消

那么，十二辟卦与太极有什么关系呢?《吕氏春秋·大乐》说:"太一出两仪，两仪出阴阳。阴阳变化，一上一下，合而成章。混混沌沌，离则复合，合则复离，是谓天常。天地车轮，终则复始，极则复反，莫不咸当。日月星辰，或疾或徐，日月不同，以尽其行，四时代兴，或暑或寒，或短或长，或柔或刚。"很明显，这里所讲的太一就是太极。日月变化，是太极运动的主要形式，当然十二辟卦也是太极变化的基本内容。

四、太极图源于十二辟卦

由于至今仍缺乏太极图之源的详细资料和文化，我们只能以科学的方法来论证它，经过论证，我们认为太极图最初的画法很可能来源于十二辟卦。

上面我们讨论了十二辟卦是太极变化的基本内容，现在我们用几何方法分解出太极图，其方法如下:

1.首先画一个圆代表黄道。然后把圆分为十二等份，表示十二辟卦(月)其顺序从圆的最下方为子(复)，按顺时针分别为丑(临)、寅(泰)、卯(大壮)、辰(夬)、巳(乾)、午(姤)、未(遁)、申(否)、酉(观)、戌(剥)和亥(坤)。

2.量出各辟卦点到圆心的距离。按照息内消外的原则，分别求出各辟卦圆的半径上阴阳消息的交合点。

3.用连线把各交合点接起来。我们会看到太极图的轮廓便出现了。

4.很明显，几何图上的左下方为阴，右上方为阳。如果把阴阳连接线平滑一下，再把阴区着色后，便会形成一幅太极图。

我们还可以用十二辟卦的演变方法同样求出太极图。其方法为:

1.与以上几何求法类似，先画一个圆代表黄道，并在黄道上画出十二辟卦的卦象。

2.用可视阴阳爻代替各辟卦的卦爻。即把两线的阴爻— — 用一实黑

▨▨▨▨线代替;一长线的阳爻——用一空▭▭▭线代替。

3.使十二辟卦的可视阴阳爻同时向圆中心漫延。

4.用廓线勾画出各辟卦中的阴阳界线,我们就得到一幅太极图。

5.如果把代表日月的离卦▨▨▨▭▭▭▨▨▨和坎▭▭▨▨▨▭▭卦分别嵌入所求的太极图阳、阴区,便可得到今天流行的太极图。

现在,我们用简单的几何法和卦象的演变法均求得神秘的太极图。这两种方法即使在古代,我们的先人也是可以用十二辟卦求得太极图的。因此,有理由认为太极图来自十二辟卦。

五、十二辟卦断代

十二辟卦学说产生于何时,至今仍有争论。传统的说法是来自西汉易学家孟喜的"卦气"理论。其主要原因是西汉以前尚未发现有关辟卦的系统文献。

关于孟喜的"卦气"理论,有的学者认为:"有关孟氏《易》的'卦气'与用术之详,后世已失传,所可知他的六十四卦与历时相配合之图存留,此图中所展示的是自《易经》以后第一次改革卦序的排列。原《易经》的卦序出于文王,也就是说,孟喜是在文王卒后千余年第一个改列文王六十四卦序的人。"[①]由于孟氏改列的六十四卦新卦序配比一年四季、二十四节气和七十二候,而且十二辟卦巧妙地包含于新卦序之内,因此后人多认为是孟喜所为。

我们认为,虽然孟喜改革了文王六十四卦序,该新卦序也与伏羲六十四卦序有较大的差别。但是只要认真分析,便会有趣地发现,孟喜新卦序中的十二辟卦的顺序与伏羲六十四卦中的十二辟完全一致。因此,可以断定,十二辟卦并非为孟喜所创造,这就是说,十二辟卦在西汉以前就出现了。

现在我们根据《周易》、《吕氏春秋》和《礼记》等有关文献,较系统地分析一下十二辟卦的内涵。

复卦☷主十一月,处于冬至前后。《吕氏春秋·仲冬》说:"是月也,日短至,

---

① (台)高怀民:《西汉孟喜改革列卦序中的哲学思想》,《周易研究》2000年2期。

阴阳争,诸生荡。"《周易·复》:"象曰:雷在地中,复。先王以至日闭关,商旅不行,后不省方。"值得十分注意的是,复卦和冬至月联系在一起。由于该月日短至,将阳刚而动,正如象曰:"復亨,刚反,动而以顺行。"卦象表现为一阳息,五阴消。

临卦䷒主十二月。《礼记·月令》讲:季冬"冰方盛,水泽腹坚"。《周易·临》:"象曰:刚浸而长。"因此,该月卦象为二阳息,四阴消。

泰卦䷊主正月。《礼记·月令》讲:孟春"天气六障,地气上腾,天地合同,草木繁动"。《周易·泰》:"象曰:天地交,而万物通也。"因此,该月卦象则为三阳息,三阴消。

大壮卦䷡主二月。《吕氏春秋·仲春》说:"日月也,日夜分。""象曰:刚以动,故壮。"大壮卦是继泰卦阴阳平衡后,引起刚动,即增长一阳刚。因此,该月卦象为四阳息,二阴消。

夬卦䷪主三月。《吕氏春秋·季春》说:"是月也,生气方盛,阳气发泄。"《周易·剥》:"象曰:泽上于天,""象曰:剥,剥也。柔变刚也。"由于阳刚决腾于阴柔,因此,该月卦象为五阳息,一阴消。

乾卦䷀主四月。《吕氏春秋·孟夏》说:"是月也,以立夏。"《周易·乾》:"象曰:大哉乾元。万物资始乃统天。云行雨施,品物流形。"这正是进入夏月的特点。乾元最大,卦象为六阳息。

垢卦䷫主五月。处于夏至前后。《礼记·月令》讲:仲夏,"是月也,日长至,阴阳争,死生分"。《周易·垢》:"象曰:天地相通,品物咸章也。""象曰姤,遇也。柔遇刚也。"由于该月"日长至",将有阴柔出现,"柔遇刚"后卦象突变为阴息阳消,即一阴息五阳消。

遁卦䷠主六月。《礼记·月令》讲:季夏"温风始至"。"土润溽暑,大雨时行。"《周易·遁》:"象曰:小利贞,浸而长也。"这里讲的浸长是指由夏至月的一阴息,增长为二阴息。因此,该月的卦象为二阴息,四阳消。

否卦䷋主七月。《吕氏春秋·孟秋》说:"是月也,以立秋。""天地始肃,不可以赢。"《周易·否》:"象曰:天地交,万里万物不通也。"天地不能结合,则引起"始肃"。该月的卦象为三阴息,三阳消。

观卦☷☷主八月。《吕氏春秋·仲秋》说："是月也,日夜分,""杀气浸盛,阳气日衰。"《周易·观》:"象曰:风行地上,观。""象曰:中正以观天下。"这里的杀气为秋气、阴气,较否卦相比,阴气进步加强,阳气逐渐日衰。因此,该月的卦象为四阴息,二阳消。

剥卦☷☷主九月。《吕氏春秋·季秋》说："是月也,霜始降,""寒气总至。"《周易·剥》:"象曰:柔变刚也。"由于寒气已到,阴柔的杀气正改变残存的阳刚之气。这正是秋末的气候征。因此,该月的卦象为五阴息,一阳消。

坤卦☷☷主十月。《礼记·月令》讲:孟冬"天气上腾,地气下降,天地不通,闭而成冬"。《周易·坤》:"文言:'易'曰,履霜坚冰至。""象曰:至哉,坤元。""坤元"表示"履霜坚冰至"。该月的卦象为六阴息。

从以上对十二辟卦的分析,其卦象在《周易》、《礼记》和《吕氏春秋》等古文献中均有月令的含义。因此,可以认为十二辟卦远非在西汉时期出现,而是要比西汉早得多。

据《周礼》记载:"大卜掌三易,一曰连山,一曰归藏,一曰周易。"遗憾的是《连山易》产生于夏代,《归藏易》产生于商代。

《春秋纬·乐纬》云:"夏以十三月(一年后的第一个月)为正,息卦为泰,……殷以十二月为正,息卦受临……周以十一月为正,息卦受复。"这与我们的分析是一致的。值得注意的是,《周易》中的十二辟卦是无序的,与夏代比较吻合。因此可以断定,十二辟卦可能产生于夏代或更早一些,也许在《连山易》中可以查到。

六、小结

太极理论在《周易》和《道德经》等古文献中均有生动的描述。《太极图》是根据十二辟卦而产生的。十二辟卦并非产生于西汉,而是早在夏代就有了。因此,关于太极图的起源问题是非常遥远的,有可能早于《周易》、《归藏易》,而源自《连山易》。

(作者分别为洛阳老子学会专家组成员、洛阳老子学会会长)

"河图"、"洛书"与《周易》

刘玉娥

　　"河图"、"洛书"是华夏文化的源头。《易·系辞上》说:"河出图,洛出书,圣人则之。"这个圣人就是人类文化始祖伏羲。传说伏羲氏时,有龙马从黄河出现,背负"河图";有神龟从洛水出现,背负"洛书"。伏羲根据这种"图"、"书"画成八卦,后来周文王又依据伏羲八卦研究成文王八卦和六十四卦,并分别写了卦辞,这便是《周易》一书的来源。《周易》起源于伏羲八卦,伏羲八卦又源于"河图"、"洛书"。到了宋代,理学大家朱熹在其易学著作《周易本义》中,第一次把"河图"、"洛书"单列出来,并将其图置于卷首,以九为河图,十为洛书。后世多数学者认为朱熹之"河图"、"洛书"源出于宋代道士陈抟,朱熹是演绎陈抟之说而成。朱熹对"河图"、"洛书"的发展过程有一个简单的交代,说:"图书之象自汉孔安国、刘欣、魏关朗子,明有宋康节先生,邵雍尧夫,皆谓如此,至刘牧始两易其名,而诸家因之,故今复之,悉从其旧。"①朱熹如是说,但到了清代,学者黄宗羲、胡渭等对宋儒"河图"、"洛书"说均提出反对意见。此后,"河图"、"洛书"就成了学术界一个长期争论不休的千载难解之谜。

一、"河图"、"洛书"觅迹

　　"河图"、"洛书"最初的形状是什么样子? 随着世纪的流转,如今的人们已难以觅其真相了,但从一些史籍残留记载看,它的慧根是很古远的。在人类初始时期,圣人依据自然物象的一些特征,模仿刻在龟背和兽骨上,以作为经验对人们的生存起到一种警示作用。因为它是经验所积聚,所以往往比较灵验,一定程

---

　　①　朱熹注《周易》,上海古籍出版社,1987年。

度上能使人们逢凶化吉,后来逐渐被视为神灵祥瑞之物。于是,就有了"龙马负图"、"神龟献书",天赐祥瑞的传说,再加上后代学者的附会,以致越传越神,扑朔迷离,难以明其真相,甚至真假难辨了。根据古籍记载,最早见到"河出图"、"洛出书"的圣人是伏羲氏。《易传·系辞》:"天生神物,圣人则之;天地变化,圣人效之;天垂象,见吉凶,圣人象之;河出图,洛出书,圣人则之。"这个圣人就是指伏羲。孔颖达《疏》曰:"河图有九篇,洛书有六篇。"这里《河图》、《洛书》似乎不是图形而是远古的文献。中国远古时期的文献是什么样子,不得而知,但有一点可以确信,中国历史悠久,文字起源应该是很早的。中国汉字的主要特点是象形和象义,从汉字的产生发展到商朝成熟的甲骨文字,中间可能需要经历十几个甚至几十个世纪的漫长演变过程,它绝不是一蹴而就的。从原始人群到伏羲时代,应该说文字就已经有了初期的图形,那时的文字是刻在兽骨或石头上,以简单的横竖画刻形式出现,如八卦图形,可能就是当时使用的数字文字。古代刻在石片或龟甲上的刻画文字,称为"书契"。伏羲之前,人们用"结绳"来记事,随着人类思维的发展,结绳记事的思想语言表达方式已经不能适应生活的需要了,于是,人们开始在坚硬的物品上以书写刻画图符的方式记录思想和语言。史前考古资料证明,原始人类采用击凿、刻画、涂画等方法,在骨角、岩石、陶器等物体上制作图画符号,如土屋、兵器、舟楫等史事,这在史前岩画中都有留存。这种图画符号,不是今天意义上的美术作品,而是记录的史事,是原始人类用来表情达意的工具,是一种图画文字。中国文字最早起源于原始人类制作的图画符号,之后经历了写实性图像、象征性图像、抽象符号、图画文字等不断演化进步的阶段,逐渐发展成熟。其中作为表情达意的图画符号,经过漫长的岁月,逐步发展为图画文字、象形文字、符号文字、象义文字。到了夏商时期,才形成真正意义上的象形、象义的文字。夏商时期的甲骨文是中国文字成熟的标志,甲骨文就是象形文字,是中国汉字的前身,汉字就是由甲骨文发展而来的。人类文明至迟自夏禹或更早一些时候就已经开始进入有册有典的图书时代。《尚书·多士》就曾记载:"唯殷先人,有册有典,殷商革命。"这条记载说明,至少夏朝末期,殷人就已经有了图书典籍,而前面我们说过,文字的发展是需要漫长岁月演变的,到殷商有册有典之前不知经历了几个甚至几十个世纪的演变。近年考古发掘中不断出现的新资料,证明中国的文字起源很早。如河南舞阳贾湖遗址发现了距今9000年左右刻在龟甲石片上的刻画符号,这就是有力的证据。在贾湖遗址中,共出土有三片龟甲,刻有七个符号,经专家解读,其中有三个刻画符号都接近成熟文字。第一个刻符与甲骨文"目"字极为相似,第二个刻符与现代汉字"日"字相似,第三个刻符很像数字"七"字。遗址中还发现一件石器,其上竖排连接刻有四个符号。贾湖遗址发掘报告认定,在这些龟甲、骨器和石器上发现的契刻符号,很可能就是原始人使用的文字,为研究汉字的起源提供了重要资料。在河南其他地方,如裴李岗、二里头等新石器遗址中,也都发现有大量刻画有符号的陶器。由此可知,"河图"、"洛书"可能就是远祖先民传下来的一种图形文字,是用来规范人群行为的最早的法典,只是后来在流传演变中,逐渐模糊不清,甚至失去原貌,变成了宋代人所说的黑白点。

"河图"、"洛书"作为人类初期经验总结的物化标志,作为一种吉祥物,在中国古代部落族长中可能长期流传过,据一些史书记载,伏羲不仅最早见到过"河图"、"洛书",而且还依此推演出八卦。此外,之后的部族首领黄帝、尧、舜、禹、汤、文王、周公和成王都曾得到过"河图"、"洛书"。《竹书纪年》记载,轩辕"五十年秋七月庚申,凤鸟至,帝祭于洛水"。沈约注:"龙图出河,龟书出洛。赤文篆字,以授轩辕。"轩辕就是黄帝,说明黄帝当政时期,曾于黄河、洛水处得到过"河图"、"洛书"。《路史·黄帝纪》也有记载:"黄帝有熊氏,河龙图发,洛龟书成……乃重坤以为首,所谓《归藏易》也。故曰归藏氏。"宋人李昉所著《太平御览》卷七八引《春秋纬》中也说:"世传《河图》九篇,《洛书》六篇。"唐人所修《隋书·经籍志》亦称,"有《河图》九篇,《洛书》六篇。云自黄帝至周文王所受本文"。《尚书·顾命》记载:"越玉五重,陈宝、赤刀、大训、弘璧、琬琰,在西序。大玉,夷玉,天球,河图在东序。"这是写周成王去世,康王继位,在即位大典上陈列着许多国宝,其中有《河图》,因为周成王曾得天赐"河图",为国之秘宝,并将其传授康王,康王即位,自然要将其与诸宝并陈了。

到了春秋时期,中国的圣人孔子看到周之礼乐崩坏,天下大乱,曾发出"河不出图,凤鸟不至,吾已矣夫!"的哀叹①。同时期的大政治家管仲也曾把"河出图"、"洛出书"作为国家祥瑞的征兆。《管子·小臣》记载:"昔人之受命者,龙

---

① 《论语·子罕》十三经注疏,中华书局,1980 年。

龟假,河出图,洛出书,地出乘黄,今三祥未见有者,虽曰受命,无乃失诸侯乎?"这里,管仲把"河图"、"洛书"、"乘黄"三样东西看成是吉祥之物,以"三祥未见"告诫齐桓公,不得傲慢天子使者,有失诸侯。记载周代礼乐文化的典籍《礼记·礼运》中亦记载:"天降膏露,地出醴泉,山出器车,河出马图,凤凰麒麟皆在郊取,龟龙在宫沼,其余鸟兽之卵胎,皆可俯而窥也。"也是把"河图"和"凤凰麒麟"等祥瑞之物并列相看。战国时代,提到"河出图"、"洛出书"传说的最有名的学者是墨子。《墨子·非攻篇》记载:"赤鸟衔珪,降周之岐社,曰:'天命周文王伐殷有国。泰颠来宾,河出绿图,地出乘黄。武王践功。'"看来墨子也相信"河出图、洛出书"之说。到了汉代,学者刘歆所著《汉书·五行志》称:"禹治水,赐洛书,法而陈之,《洪范》是也。""天兴禹,洛出书,神龟负文而出,列于背,有数至于九,禹遂因而第之以成九类常道。"又说:"伏羲氏继天而王,受河图,则而图之,八卦是也。"依次可知,先秦时期的学者对"河图"、"洛书"虽大都认可,但一般记载比较简略,尤其对"河图"、"洛书"的内容缺乏详细叙述,到底是文献还是图画,不得而知。到了汉代,一些学者将"河图"、"洛书"附会于祥瑞神异之说,甚至把"河出图"、"洛出书"和天子受命于天直接挂钩,是圣王传承之标志,使"河图"、"洛书"扑朔迷离,难以名其真相。宋代学者又附会出黑白点数为标志的河图洛书图式,更加远离其真相。

　　"河图"、"洛书"自它产生之日起,就披上了神秘的外衣,又加上历代文人学者的附会,使它越来越扑朔迷离,甚至达到难以识别其真假的情况。关于"河图洛书"的产生及嬗变,由于历经年代久远,情况是极其复杂的,构成了一部纷纭的嬗变史。先秦时代的"河图洛书"很可能就是一些图画文字,而且是一种由帝王受命的祥瑞和神物。到了两汉时代,"河图"、"洛书"则成为一种"龙马负图、神龟贡书"的神话般的传说故事,成了谶纬秘籍的生成原料。再到两宋时期,"河图"、"洛书"又发展而成为以"图九书十"和"图十书九"的一种图式,即如黑白点数。经过对"河图"、"洛书"不同时期嬗变过程的考察,可以清晰地感受到"河图洛书"确实慧根古远,是中国远古最早的典籍,在中国古典文化中居有神圣的地位,反映着中国人原始时期的认知、思维、表达方式,对中国人的思维方法和民族传统文化有着深远影响。

二、"河图洛书"图式反映出中国人对数字的崇拜和时空观念

使用数字是人类最初从动物界分离出来而成为人的重要标志之一。数字的出现使人类意识到自己的智慧和聪明,并为进一步开发智慧奠定了基础。古希腊毕达哥拉斯学派的思想家菲洛劳斯曾说过一段著名的话:"庞大、万能和完美无缺是数字的力量所在,它是人类生活的开始和主宰者,是一切事物的参与者。没有数字,一切都是混乱和黑暗的。"因此,远古时期的人类一开始就非常崇拜数字,这是世界上各个民族在文化启蒙之初的共同特征。中国古代先民对数字的崇拜具有丰富的文化内容,在这个问题上可以说表现了远古时期的先民所具有的天文、地理、人伦、哲学、艺术、原始宗教、日常生活等方方面面的知识。我们从宋人对上古图书"河图洛书"的图式理解,便不难看出这一点。

中国古代先民的数字崇拜,主要表现在对一至十这十个基本数字的崇拜,以及对十以后的由基本数字生发出来的一些数字的崇拜。十以后的某些数字如由二、二、三相乘产生的十二,由二、三、四相乘产生的二十四,四七产生的二十八,六六产生的三十六,七七产生的四十九,八八产生的六十四,九九产生的八十一,由十产生的百、千、万等。在古代中国人的文化观念中,一至十这十个基本数字都不单是数学意义的数字,它们还具有美学意义、祥瑞意义、世界观及宇宙观意义等,每个基本数字都是完美数、吉利数、理想数、大智慧数,细说起来都含义无穷。

朱熹在《周易注·序》中说:"易之为书,卦爻象象之义备,而天地万物之情见,圣人之忧天下来世其至矣,先天下而开其物,后天下而成其务。是故极其数一定天下之象。"[①]宋代"河图"、"洛书"的基本表现形式是数字,准确地说是表示数字的符号或由符号表示的数字概念。"河图洛书"涉及到一至十这十个基本数,但其中的四、六、八是由二生发的数字,七是特殊数字,十是由五生发的数字。"河图洛书"体现出来的数字意义,突出反映了中国人对数字的崇拜观念和时空意识,是通过数字对宇宙的一种思考。我们从朱熹对"河图"所标的数字图式和"洛书"的数字口诀不难看出,古人对天地宇宙的理解。如果把它作为一个

---

① 朱熹注《周易》,上海古籍出版社,1987年。

物象来看的话,"河图"的数字排列,正是一个立方体在平面上的数字表现,它是大地的象征。地作为立方体,是由正四边形的边长自乘三次,或无数四方形叠加而成的。$4 \times 10 = 40$,这个数字正好是除 5 和 10 之外的"河图"各方数字和。那么为什么要除去中间的 5 和 10 呢?"河图"数字的总和是 55,而 55 则是由天数 1、3、5、7、9 与地数 2、4、6、8、10 相加而成的。其中 1、2、3、4、5 是"生数",这五个数分别与代表五行金、木、水、火、土的 5 相加,生出 6、7、8、9、10 五个"成数"。由此可知,"河图"数字的分布实际上是一种方位分布,即 1、6 配水,位于北,在图中列于下;2、7 配火,位于南,在图中列于上;3、8 配木,位于东,在图中列于左;4、9 配金,位于西,在图中列于右。而中间 5 和 10 配土,列于中央,为地,正好是不应计算在四边形周长之内的。从"河图"总数中除去 5 和 10,其道理和根据就在这里。由此可以说,"河图"的数字排列所显示的是地的"方之象",即地之方的简明而形象的数字表现,体现的是古人对大地的思考。

"洛书"的数字排列则是对天象的思考。我们仍然可以从物象的数字排列方式上加以探索。从上面"洛书"的图上一看便知,把黑白点如果转换成数字,它的排列明显有一个特点,即纵、横、斜各方相加,其和都等于 15。而全部数字的和则为 45,恰好是 15 的 3 倍。"洛书"的数字排列奥秘,就在于纵、横、斜各方数字之和都等于 15,而 1 至 9 个数字之和 45 是 15 的三倍。这显然是一个直径为 15 的球体在平面上的数学展示。我们知道,球体是由纵、横、斜各方向相交叉而成的圆面构成的。而每一个圆面的周长,按古人"周三径一"的说法,就是直径 15 乘以 3,等于 45。《周髀算经》:"洛书者圆之象也。"这句话很正确。"圆之象",指的正是直径为 15 的球体的各圆的周长在平面上的数字表示(象)。可见"洛书"的数字排列所显示的是天的"圆之象",即天之圆的简明而形象的数字表现,体现的是古人对上天的思考。

总之,"河图洛书"呈现的数字图式,体现出古人的聪明才智,是他们对天地宇宙的思考,虽然它与最初作为文献书籍的"河图洛书"可能没有了任何联系,但它同样体现了先民们对天地自然的思考,而且用数字表示,也表现出古人对数字的崇拜情感。

三、"河图"、"洛书"与八卦之起源

千百年来,人们总是把"河图"、"洛书"与伏羲、八卦以及《周易》联系在一

起,朱熹更是把"河图洛书"置于易学著作卷首,大加推崇。中国古代的学者大多认为是伏羲受河图启发而创立八卦,《周易》又源于伏羲的八卦。那么八卦又是怎么一回事呢?

从今天看,八卦不过是一些长线和短线组成的占卜符号,那么,是谁最早发明了这些符号? 史书多称伏羲发明了八卦。关于伏羲制作八卦,《易经·系辞下》有较为详细的记载:"古者包牺氏之王天下也,仰则观象于天,俯则观法于地,观鸟兽之文,与地之宜,近取诸身,远取诸物,于是始作八卦,以通神明之德,以类万物之情。作结绳而为网罟,以佃以渔,盖取诸离。"汉代学者刘歆在《汉书·五行志》中亦称:"伏羲氏继天而王,受河图,则而图之,八卦是也。"汉代学者多尊从刘歆之说,认为伏羲创立八卦是受了河图洛书的启发。如孔颖达著《周易正义》称"伏羲得《河图》,复须仰观俯察,以相参正,然后画卦"①。宋代大儒朱熹不仅认为河图洛书是河洛龟龙所献,圣人所画,是《周易》之源头,而且把河图洛书的图式置于卷首。元代学者王申子在《大易缉说》中也说:"伏羲之易本于河图,河图中宫天五地十,太极也。"至少自汉代以下多数学者都认可河图是早在伏羲时代之前就已经存在了,圣人依此创立八卦。于是,人们便把"河图洛书"与八卦、八卦与《周易》紧密联系在一起。为什么呢? 这主要是因为八卦源于"河图洛书"。

伏羲受到"河图洛书"启示制作八卦,八卦虽只是一堆符号,但从古到今不知有多少人研究,至今也没有谁能解说清楚。据说炎帝时,有人在伏羲八卦的基础上又演绎成另外一种卦,叫《连山》,盛行于夏代。炎帝之后,到黄帝时,也曾有人在伏羲八卦的基础上又演绎成另外一种卦叫《归藏》,盛行于商代。八卦也好,《连山》、《归藏》也罢,都是用来占卜的,那是因为人类处在原始时期,大河巨川常常对人们的生命构成极大威胁,使人们对大河产生敬畏之心,生存没有把握,不得不仰赖神灵昭示,以预卜未知。从甲骨卜辞中可以清楚看出,商人几乎事事占卜。商末,纣王残暴无道,国家危机四伏,周文王重文化,爱民有贤名,遭纣王猜疑忌恨,被囚禁在羑里,位于今天安阳,这是中国第一座监狱。周文王身处阴暗潮湿的牢房,在孤独愁闷中精心研究伏羲八卦,把它重新组合,演绎成64

---

① 孔颖达《周易正义》,十三经注疏,中华书局,1980 年。

卦,为每一卦都起了名字,并一一写出简单的卦辞。认为这 64 卦及卦中的相应变化,可以预测未来,可以昭示世界上的一切变化。周人把这些符号和解释的词语编辑成书,这就是传于后世的《周易》。《周易》是一部主要用来占卜的书,包括两部分:一部分是作为长短线的卦、爻符号,六十四卦,这些符号就是"卦象";一部分是解释这些符号的文字,称卦辞和爻辞。这些卦、爻辞又分两部分:"经"和"传"。在"经"、"传"中包含着自西周继承夏、商两朝及夏、商之前的丰富的文化结晶,尤其包含着春秋战国时代高度发展的哲学思想。后人将《归藏易》、《连山易》、周文王的《周易》,合称为"三易"。可惜《连山易》和《归藏易》皆已失传,只有《周易》流传至今。所以我们今天看到的《易经》实际上就是《周易》。从古到今人们往往把《周易》与八卦连在一起,这主要是因为《周易》来源于八卦。到了春秋时期孔子对《周易》进行删定,把它列为儒家经典,所以又叫它《易经》。伏羲氏始创八卦,周文王演绎出 64 别卦,孔子又删定传述而成《易经》,三位圣人都为这部书出了力,因此古人有"易更三圣"之说。之后,儒家对《周易》倍加推崇,凡是儒学大师几乎都对《周易》作过研究,也大都有《易》学著作传世。《周易》一向被学者称为是中国文化的活水源头,对中华民族思维方式和民族性格的形成有着非常重要的影响。

四、《周易》包含的辩证思维方法

我们知道八卦是一些由长短线条组成的卦、爻符号,卦爻辞是用来解释这些卦、爻符号的。用于占卜的《易》就是由卦、爻符号和卦、爻辞两部分组成的。那么这种由卦、爻符号和卦、爻辞两部分组成的占卜的书,何以会有那么大的影响?卦、爻符号,也就是卦象,和解释六十四卦的这些词句之间究竟是一种什么关系,我们更应该看重哪些方面?这是研究《易经》所必须要搞清楚的问题。这里首先要解决一个问题,就是卦爻象与卦爻辞之间,究竟有什么关系,有没有一个必然的联系。某些卦象必须由这些辞解释,这本来是《周易》研究上的一大难点,历代的经学家、易学家,都想回答这个问题,就是这个辞和象之间究竟是什么关系,因而形成好多流派。那么原来这个辞呀,卦爻辞和卦爻象是什么关系呢?我们现在还不能说得很清楚,怎么回答卦爻辞和卦爻象之间的关系,形成好多流派,其中一个流派就是取象,取象就是把八卦配八种自然现象,比如以天配乾,象征刚健;以地配坤,象征柔顺;以震配雷,象征动荡等。八卦分别配八种自然物象,又同时隐喻着人事。卦辞就是根据这八种自然现象的相互关系,解释每个卦和爻的。从这里可以看出《周易》意象与伏羲最初取物象以推八卦是有继承和借鉴关系的。

　　那么,卦、爻符号和卦爻辞之间究竟有什么必然联系? 为什么卦、爻辞要那样解说? 我们以泰卦和否卦两卦为例来作以探究。泰卦上卦是坤卦,下卦是乾卦,那么这个卦的名字叫"泰","泰"是通顺的意义(泰卦),它的卦辞是:"小往大来,吉、亨。""小往"就是小的东西走了、消失了,小东西走了,大的东西到来了,这就是吉利。所以这个卦辞叫吉,很吉利,那怎么解释这个东西呢? 它为什么说上面是坤,下面是乾,为什么卦辞说是小往大来,这两者之间到底是什么关系,这大概就是上边说到的一派,即取象派。因为"泰"卦以取象之说,它是以乾配天,以坤配地。一般说法,天气是下降的,地气是上升的,坤卦在上面表示地气在上面,它往下降,乾卦在下面表示天气在下面,它往上升,一个下降,一个上升,正好天地之气在中间这里相交,天地之气相交和了,就能产生万物了,所以才吉利、通顺,就是这个意思。那么反过来,相反的就是否卦了。否卦,是乾卦在上,坤卦在下,按照一般的情况,这是正常的程序,天在上,地在下,不是很正常吗? 为什么说否,否是闭塞、不通的意思,闭塞不通当然就是不吉利了! 为什么说否卦不吉利呢,这个原因和前面的路途一样,乾卦在上,要往下来,本来天气在上,现在下来了,坤卦在下,要向上升,本来地气在下,如今跑上边去了,这当然是失序,失序就闭塞不通,闭塞不通就不能生长新事物。这种解释反映一种哲学思想,就是对立的事物的性质,它相互交合、相互融合、相互渗透,才能产生新的东西。所以《说卦传》称:"天地定位,风雷相搏,山泽通气,水火不相射,八卦相错,数往者顺,知来者逆,是故《易》逆数也。"天上地下,日东月西,全是自然之象,而又交错杂生,以成万物。所以,《国语·郑语》记载西周末年史官史伯的话说:"夫和实生物,同则不继,以它平它谓之和,故能丰长而物归之。""以它平它谓之和",意谓在某一事物中,存在着众多的对立面。将这些对立的关系作调整,而得其平衡,使之不相毁灭,不相否定,互相维持,互相限制,相成而相济,相互之间有一种均衡,这叫做和,和就能产生新事物,就能推动事物发展,所以说"和实生物"。"和",是指不同质事物的共存与融合,是事物存在和发展的原因或者说是条件。"同则不继",这是说把相同的事物混合起来,只是一种简单相加,这样是不能产生新事物的,是不能够推动事物发展的。因为"同"取消了事物之间和事物内部的相互作用,因此也就取消了事物存在、发展的根据和条件。"和"作为一种文化或者说是一种精神,是中国人把握宇宙、理解人生的一种重要观念,它从一开始产生就起着启示人们如何协调事物之间的关系,如何推动事物发展的重要作用。这是一种辩证思考问题的方法。

从河图洛书到八卦符号再到解释八卦的卦爻辞,可以看出中国文化的发展走向,是取法自然又以人们的经验充实其中的一种思维方法,而不同于西方的重逻辑推理的思维方法。这就是不同民族在不同生存背景下产生的具有民族特色的个体文化。

《周易》的真正价值在于它的哲学辩证思维方法,尤其是它提出的科学原则,数理概念,哲学思想等都非常值得人们认真思索和研究。《周易》在中国思想史、哲学史、宗教史、文学史、科技史、医学史上都有着重要地位,产生过巨大影响。综观《周易》的64卦,384爻,450条卦爻辞,反映了在3000多年以前,我们的祖先已经具备了很高的抽象思维水平,直至今天,《周易》仍然能引起今人的普遍关注。多年来国外学术界人士,以及社会上一些知识分子,对于《易经》的研究兴致有增无减,这足以说明《易经》为不同时代的人们提供了不少非常宝贵的智慧启示。不然的话人们是不会投入这么大热情,以这么积极的态度去研究它的。孔子曾给《周易》这部书以很高的评价。他说:"《易》这部书的作用是什么呢? 是用来揭示事物内在真相、成就人们所作所为、概括万物发展规律的书。圣人用它开通天下人的思想,成就天下人的事业,判断天下人的疑惑。《易》的神奇,在于善于预测未来的发展变化,《易》的机智,在于善于积累往日的经验教训。"因此,《易经》是一部深含智慧的书,它仅是以卦、爻的占卜外壳来流行于世,但最有价值的是它蕴含的哲学思想和人生大智慧。

(作者为郑州师范高等专科学校教授、中原文化研究所所长)

略论河洛原生性道治文化

陈奥菲

一、"道治文化"的概念

"道治文化"是指春秋战国时期由老子开创的以"道法自然"为政治价值取向、以隐逸疏远为政治心理、以"朴治""无为"为治国韬略、以"小国寡民"为政治理想的河洛原生性政治文化。它肇创于河洛大地,以《老子》(亦称《道德经》)为诞生标志,与"礼治文化"、"法治文化"并列成为中国传统政治文化的基本范畴,泽被千秋。

自汉代董仲舒"废黜百家,独尊儒术"之后,以儒家思想为核心的礼治文化确立了其在我国政治文化中的正统地位,法家思想也被统治阶层视为维护政权稳定的奇兵利器,而道家思想因其具有"无为"、"以无事取天下"、"小国寡民"的隐逸色彩被统治阶层束之高阁。因而以"礼治"、"法治"综括儒家与道家的政治思想被视为理所当然,却鲜有人以"道治"来概括并提炼道家思想中的政治智慧。古往今来,即便是研究道家思想的学者,大多只注重阐发、诠释《道德经》的人生哲学或形而上的思想境界,而缺乏对这一原典巨制中所蕴含的政治智慧,尤其是缺乏对其中蕴含的道治思想的深入开掘与阐发。而《道德经》中所含蕴的政治智慧实乃河洛文化中原生性的政治瑰宝,亟待后人开掘。

老子是我国春秋战国时期河洛地区的思想巨擘,是道家学派的创始人。溯源古今,早已有人研究并提炼过老子的政治智慧。司马谈在《论六家要旨》中首次将老子的政治智慧概括为"道家",并做了理论上的阐释。他说:"夫阴阳、儒、墨、名、法、道德,此务为治者也,直所从言之异路,有省不省耳……道家使人精神专一,动合无形,赡足万物。其为术也,因阴阳之大顺,采儒墨之善,撮名法之变,与时迁移,应物变化,立俗施事;无所不宜,旨约而易操,事少而功多。"①晋人葛洪将老子的政治智慧提炼为"道治"。他说:"道者,万殊之源也。儒者,大淳之流也。三皇以往,道治也。帝王以来,儒教也。"②老子撰写的《道德经》通篇以"道"贯之,辐辏于"道",一切从"道"阐开,一切又复归于"道",因而将老子的政治智慧归结为"道治"是合理而且可行的。当代意大利籍华人贺荣一在1988年出版的一本研究《老子》的学术著作中,第一版直接使用"道治"一词,名称为《老子的道治主义》,到了第二版方才修改成为《老子的朴治主义》。商原李刚在2005年出版的《道治与自由》一书中首次从政治文化的视角研究道家政治文化,更对"道治"概念做了详细的分析:"它是指'道法自然'为最高政治价值取向、以清静无为即无为为政治行为方式的'道治主义政治文化'的简称。"③可见,"道治"、"道治文化"的概念在现代已经具有较强的普适性与认可度。

二、道治文化是河洛原生性政治文化

1. 河洛文化具有超前源发性,是中国传统政治文化的母体

河洛文化是光辉耀灿的中国文明的源头与核心,它承源上古,缘启三代,海纳百川,融汇四方,造化伦理道德,凝结民族合力,炼铸了中华文明的智慧之门,培育了中华民族的精神气节,其所化育的每一个政治、经济与文化的基因,都一一溶入华夏子孙的血液之中,泽被千秋。河洛为古豫州腹地,"豫者舒也,言禀中和之气,性理安舒也"④。伏羲氏选址河洛,近取诸身、远取诸物,仰光天文、俯察地理,终而一画开天,使得河洛大地文明之光初泛。因而较于其他苍茫大地而言,河洛地区具有无与伦比的超前源发性的文化优势,许多泽被后世、璀璨辉煌的中国传统政治文化大多滥觞于此。"昔三代之居,皆在河洛之间。"⑤三皇五帝于河洛"观乎人文,以化成天下";夏禹于河洛则洛书为"洪范""九畴",嗣兴平土治水之业,定天尊地卑之乾坤,攸叙彝伦;"天命玄鸟,降而生商",商汤遂撰《汤誓》以伐暴桀,建都西亳,布德施惠,义存《商诰》,功成"成汤之政";周文王

---

① 《史记·太史公自序》。
② 《抱朴子·内篇·塞难》。
③ 商原李刚:《道治与自由》,社会科学文献出版社,2005年。
④ 《晋书·地理志》。
⑤ 《史记·封禅书》。

受命于天，武王伐纣克商而王天下，周公姬旦于洛阳朝诸侯于明堂，居摄六年，制礼作乐，亲亲尊尊，敬天保民，天下和平，更传《周礼》于后世。可见，自伏羲氏以降，世历三古，人更三圣，天人合一，圣贤教化，人文递嬗，群英荟萃，政事纷繁，群雄逐鹿，富饶广袤的河洛大地已然孕生出了星罗棋布、各具特色的原生性政治智慧，河洛文化俨然已成为中国传统政治文化的母体。河洛文化的超前源发性以及母体地位，为后来道治文化的产生创造了思想条件。

2.道治文化的渊源：从河洛文化中的"巫"、"史"说起

盘古肇始，伏羲以降，河洛文化母体孕生出不计可数的原生性政治智慧因子，道治文化是其中极具代表性、泽惠深远的智慧因子之一，其思想深深扎根于古代河洛地区人们基于对自然的崇拜、对天地祖先的敬畏与礼拜而形成的巫史文化传统之中。汉代班固在《汉书·艺文志》里记载，"道家者流，盖出于史官，历记成败存亡祸福古今之道"。道治文化与史官文化之间的联系由此可见一斑。作为道家创始人的老子，其身世、身份与经历更映射着中国古代史官文化的性质。据《史记·老庄申韩列传第三》记载，老子任"周之守藏室之史"，故老子的思想渊源于史官文化并不足为奇。"史"从"巫"转化而来，因此更进一步说，老子道治文化的形成离不开中国古代的巫史文化传统。李泽厚认为："中国文明有两大征候特别重要，一是血缘宗法家族为纽带的氏族体制，一是理性化了的巫史传统。两者紧密相连，结成一体，并长久以各种形态延续至今。"①巫自上古而生，经过漫长复杂的演化，与政治首领的权威相结合，形成"巫政合一"的局面，巫史们成了"绝地天通"时代的先知，成为垄断星历占卜、祭祀礼仪等通天文化的"卡利斯玛"。他们不仅是文化精英，更是政治精英，社会的治乱兴衰与他们是否在政治决策中发挥作用密切相关。"大体而言，自成汤以下，'殷道复兴'之时，每每是巫术兴盛、巫权强大的时期；'殷道复衰'之时，往往是慢神无道、巫权低落时期。"②因此在古代，"国之大事，在祀与戎"③。除了军事征伐之外，祭祀通神被认为是最重大的政治事件。"到周初，这个中国上古'由巫到史'的进程，出现了质的转折点。这就是周公旦的'制礼作乐'。它最终完成了'巫史传

---

① 李泽厚：《己卯五说·说巫史传统》，中国电影出版社，1999年。

② 巫元彪：《巫是人类进入文明社会的起源》。

③ 《左传·成公十三年》。

统'的理性化过程,从而奠定了中国文化大传统的根本。""'德'和'礼'是这一理性化完成形态的标志。"①周公制礼作乐是一场空前的文化革命,他将宇宙的结构、亲族的感情、社会的等级差序以仪式、秩序、礼制的方式叠合在一起,既合理维系了人的自然感情与人伦关系,又将宇宙天地的秩序巧妙地杂糅其中,并以此规定人世间的一切秩序。自此之后,巫史式微,史官兴达,部分失宠的巫史地位下降、流落民间,演化成原始的道者。周代的史官肩负着记载史事和验证星历占卜的职责,其宗教职责则迅速淡化,他们因此对天人时空有着直接的、切身的体验和想象。《庄子·天道》认为,"古之明大道者,先明天而道德次之"②,他们通天地的过程中体验到宇宙变与不变的"天道",从而推衍出"世道"与"人道",这就是道者的思维,他们从"天道"开始阐发,进而推衍出一整套"道"的知识谱系。进入春秋战国时期,思想的世界"与这个变乱的社会一道被抛掷于动荡之中"③,思想们开始对"礼崩乐坏"的现状进行理性思考。史官出身的老子在政治失利而退隐山林之后追本溯源,从人类的终极关怀开始思考世间万物存在并行的合理性,通过宇宙之道的体验来展开对天道、世道及人道的全面而终极的思考与探究,最终撰成《老子》,开创道家学派,形成了独特的道治文化。

3. 道治文化的渊源:"轴心时代"的河洛大地

河洛大地深蒙上天的厚祉宠赐,其"天下之中"的地理位置缔造了千百年来君王择中立国、南面而朝的根深蒂固的帝王观,也每每成为帝王豪杰逐鹿中原、争霸天下的合理诱因。西周末年,周王室衰微,诸侯们有心逐鹿中原,于是河洛大地开始了一连串的"高岸为谷,深谷为陵"式的剧烈的社会秩序变乱,进入了雅斯贝尔斯所言的"轴心时代"。这是一个诸侯纷争、烽火连天、礼崩乐坏的时代,同时也是一个百家争鸣、巨擘辈出、神性祛魅、荒秽扫除、理性思维滥觞的赋有人文主义色彩的时代。"人类一直靠轴心时代所产生的思考和创造的一切而生存,每一次新的飞跃都回顾这一时期,并被它重新燃起火焰。"④

周幽王无道,申侯联合犬戎攻破镐京,杀幽王于骊山下,西周覆亡。平王东

---

①　李泽厚:《己卯五说·说巫史传统》,中国电影出版社,1999年。

②　《庄子集释》卷五。

③　葛兆光:《中国思想史》第一卷,复旦大学出版社,1998年。

④　雅斯贝尔斯:《历史的起源与目标》,华夏出版社,1989年。

迁于雒邑(今河南洛阳),"辟戎寇",东周遂立。然而"周室衰微,诸侯彊并弱,齐、楚、秦、晋始大,政由方伯。"①东周天子"天下共主"的地位是建立在各诸侯国的扶持、救济与贡献的基础上,王室权威大减,失去了对天下的控制。当此时,群雄并起,尊王攘夷,争霸天下,礼崩乐坏,天道异常,"道术将为天下裂"开始成为现实②。政治纷争直接推动了社会阶层结构的上下激荡,贵族阶层中不断有人政治失利而地位下降、沦为士族,"三后之姓,于今为庶"③,而庶民阶层中亦不断有人立战功而晋升为士族,"得遂进仕"④。一个新兴的中间阶层在悄然孕育。另外,转型期社会的剧烈动荡,动摇了王室对天下文化与知识话语权的垄断根基,而各诸侯王在乱世中赢得生存的现实需要引发他们对人才的高度渴求,经过王室与诸侯国双方复杂的政治博弈与价值选择,社会的开放性大大增强,"天子失官,学在四夷"成为最终的定局⑤。"学在官府"的秩序随之被打破,私学在各诸侯国兴起,思想与知识的权力随之逐步下移,一个不拥有政治权力却拥有文化与知识话语权的新兴阶层——"士"阶层日益崛起。士是贵族中最末一个等级,介于卿大夫和庶民之间,他们以"劳心"为务,从事精神性文化的创造。春秋末期,社会控制力量弱化,"礼贤下士"蔚然成风,"得士者昌,失士者亡"成为政治常识,士成为最活跃的新生政治力量。他们冲破樊篱,在各政治力量或社会阶层之间频繁、自由、积极地游走,交换着彼此的知识、信息,通过讲学、争辩等方式宣传各自的政治主张,最终在战国时期促成"百家争鸣"的壮观局面。士阶层在其崛起过程中分化为积极出仕的游士和隐而不仕的隐士两种类型。老子就属于典型的隐士,拥有高度的个体自觉意识,但面对无道的社会,毅然决然地选择离开政治权力漩涡的中心,抱道而游,坚守离群索居的清贫朴素生活。隐而不仕的隐逸之风,是种"政治不服从"的政治行为,构成了老子道治文化中的重要要素之一,也暗示了道治文化中"道法自然"、"朴治无为"的精神要义。

4.《老子》:道治文化肇创于河洛大地的标志

据《史记·老庄申韩列传》记载,老子曾担任"周守藏室之史",因见周王室

---

① 《史记·周本纪》。
② 《庄子·天下篇》。
③ 《左传·昭公三十二年》。
④ 《春秋左传正义》,见《十三经注疏》。
⑤ 《左传·昭公十七年》。

衰微便弃官西去,途径函谷关时遇见关令尹喜,受邀乃立五千言"言道德之意",是为《老子》,后世亦称之为《道德经》。在古人对天人关系探索的基础上,老子提出自己对"道"的理解。他说:"有物混成,先天地生。寂兮寥兮,独立不改。周行而不殆,字之曰道。"[①]"道,可道,非常道。名,可名,非常名。无,名天地之始;有,名万物之母。"[②]老子开篇就把目光锁定在"道"上,他认为"道"是孕生天地万物的本源,人世间所有纷繁错杂的事物都能体现在"道"的运行之中。"道"如黄河一般昼夜不停地奔流向海,蕴藏有无穷无尽造化天上人间的势能。"人法地,地法天,天法道,道法自然。"[③]"道"不仅涵括上古人们所探究的"天道",更是一个囊括天道、世道、人道于一体的有机系统,所有与"道"有关的万物的存在与发展都必然要遵循"法自然"的规则。于是,老子通过对宇宙变与不变的深切体会体悟出"天道",又由此衍生思考得出"世道"与"人道"都效法自然之道的智慧结晶。"我无为而民自化,我好静而民自正,我无事而民自富,我无欲而民自朴。"[④]既然一切都要复归自然,返璞归真,那么,怀抱着一颗疏远的政治心理隐逸山林,让百姓们在"小国寡民"的国度中自行寻求生存之道,才是上上之选。君主们只须采纳"朴治""无为"的治国韬略就能使已经陷入大道沦丧、礼崩乐坏境地的国家复原其本来面貌,乱世就能复归稳定的"自然"状态。因而,以"道法自然"为政治价值取向、以隐逸疏远为政治心理、以"朴治""无为"为治国韬略、以"小国寡民"为政治理想的道治文化才是最符合"天道"之道,才是最能与"法自然"相接轨之道。星火相承,龙脉绵延,在河洛文化这一母体中孕生而出的、以"道法自然"为思想内核的弥纶天地之道,终于在短短五千言却渊邃浩瀚的《老子》中得到荟萃与炼凝。《老子》一书通篇以"道"贯之,辐辏于"道",由"天道"展开至"世道"、"人道",形成了一套完整的、理蕴深厚的以"道"为核心的政治文化,它的诞生标志着河洛原生性道治文化的形成。

三、道治文化的现代思考

当今世界,市场化、全球化与民主化风起云涌,一个崭新时代已经悄然到来,

---

① 《老子》第二十五章。
② 《老子》第一章。
③ 《老子》第二十五章。
④ 《老子》第五十七章。

人类历史开始不可逆转地走进一个以信息和知识为关键变量、社会公共性得以极大凸显的后工业化时代。在这个伟大的时代,经济不断发展,市民社会日渐壮大,人民参政议政、参与国家和社会事务管理的政治诉求日益彰显,权力向社会回归的呼声一浪高过一浪。新的社会背景下,政府治理方式势必要有新的变革,而肇创于"轴心时代"河洛地区的道治文化中所蕴含着的丰富治国之道,恰恰是可供借鉴与思考的政治瑰宝。

　　道治文化中最典型的治国思想莫过于"无为而治"。"无为"是老子由"道法自然"推衍出的适用于人道的普适性规律,其内涵并非什么都不作为,而是指不要违背自然的本性、规律做违背自然本性、规律的事情。在老子生活的时代里,"无为"就反映为不要总是对老百姓发号施令、要让百姓顺其自然、自己生存、自然化育、在一种宽松自由的政治环境中休养生息的政治行为特征。老子提出"无为"这一政治选择,主要是针对当时统治者横征暴敛激起人民反抗、社会动荡不宁这一客观社会现象提出来的。他认为,"治大国如烹小鲜"①,烹制小鱼的时候切忌经常翻搅,而统治者治理国家最忌讳的也是三番五次地骚扰民众,只有采用"烹小鲜"的方式治理国家,才不至于让国家陷入动乱之中,百姓才能安居乐业,自得其乐。"天下多忌讳而民弥贫;民多利器,国家滋昏;人多伎巧,奇物滋起;法令滋彰,盗贼多有。""我无为而民自化,我好静而民自正,我无事而民自富,我无欲而民自朴。"②因此,统治者只需要"为无为,事无事,味无味"③、"希言自然"④即可。不需要施加过多的政教法令,真正最好的君主从来不轻易发号施令,顺乎自然之道的治理方式才能最终建功立业。老子的"无为"之道充分体现出他对统治阶层自身角色定位的成熟思考,这一智慧结晶在当今政府治理方面有着极强的现代意义。

（作者单位为福建师范大学公共管理学院）

---

① 《老子》第六十章。
② 《老子》第五十七章。
③ 《老子》第六十三章。
④ 《老子》第二十三章。

两汉时期的河洛《易》学

黄黎星

一

　　"河洛《易》学"之名义,与"河洛地区"、"河洛文化"概念之界定密切相关。对于"河洛地区"、"河洛文化"概念之界定,当代学者见仁见智,曾提出各种不同的见解①。在本文中,笔者所取者,为较为通行的、为大部分学者所认同的概念,即:地域上,指以洛阳为中心,西到潼关、华阴,东到郑州、开封,南到汝州、禹州,北到济源、晋南②。这一地域,基本上是在今之河南省之行政区划辖内,占据了河南省的绝大部分地区。需要说明的是,为便于考察相关人物及其活动,本文考察学者里籍时,基本上取今属"河南省"者为准。内涵上,"河洛文化"是"河洛地区所存在的一切社会现象",是"河洛地区社会化的过程及其结果",包括物质文明、精神文化、制度文化、地域风俗、杰出人物等③。

　　因此,本文所谓"河洛《易》学",即指河洛地区出现的与《易》学相关的人、事、物之内容,或可说,即河洛文化中与《易》学相关的部分。

　　笔者认为,似仅以地域观念而提出"河洛《易》学"并做专论,自然有赞赏地灵人杰之用意寄寓其中,但并非出于狭隘地域观念,更不以此自限,而是意在凸显地域文化对于民族文化整体之贡献价值。再者,观"河洛《易》学"内容,其积淀之深,蕴涵之富,影响之大,也确实是值得特别表彰的。

　　本文以"两汉时期的河洛《易》学"为主要的论述内容。实际上,从源流来看,两汉时期河洛地区《易》学的兴盛,是直接继承了先秦的《易》学传统的。

---

①　徐金星、吴少珉主编:《河洛文化通论》,光明日报出版社,2006年,。
②　徐金星、吴少珉主编:《河洛文化通论》,光明日报出版社,2006年。
③　徐金星、吴少珉主编:《河洛文化通论》,光明日报出版社,2006年。

近现代学者对"古易"起源的研究,颇注意先秦(乃至先周)的出土文物中涉及"古易"筮法的"数字卦"问题,以及龟卜与蓍筮的关系问题,《连山》、《归藏》的"古易"文本问题等等,提出了富有创意的观点。这些问题的讨论,固然涉及到"周原"、"三晋"的文化遗存,但与河洛地区所出土的诸多文物、以及文献所述的河洛地域文化因素都有密切的关系。

《周易·系辞传》云:"《易》之兴也,其于中古乎?""《易》之兴也,其当殷之末世,周之盛德耶? 当文王与纣之事耶?"关于《周易》经、传的创制,汉儒有所谓"人更三圣,世历三古"之说。从《周易》"经"部分的卦爻符号和卦爻辞的创制来看,一般认为,《易》之"经"于西周初基本定型。"文王拘而演周易"(司马迁语),地点在羑里(今河南安阳);唐代学者孔颖达综合前儒之说,提出了"卦(辞)则文王,爻(辞)则周公"[①]的观点,而周公营洛邑(今河南洛阳)已是众所周知的史实。由此可见《易》"经"之创制与基本定型,与"河洛"地域亦必有密切关系。

春秋战国时期,礼崩乐坏。清代学者皮锡瑞于《经学通论》中就曾指出"周衰而卜筮失官"的现象,并认为因此产生了"盖失其义,专言祸福,流为巫史"的弊端。[②] 但是,另一方面,《易》筮的流行,说明了《易》筮和《易》书从专官所掌之术中得到解放,成为普遍研究、学习的对象,实际上也促进了《易》学的发展。《易传》的撰著、传习,以及编辑、整理,也正是在这一时期得到充分发展的。春秋战国时期,河洛地区的《易》学,也具有举足轻重的地位。从地域上看,河洛地区正位于秦、晋、齐、鲁、楚等地区所环绕的"中原",东西接迎,南北沟通,占据学术文化交流传播之要道,《易》学的交流传播亦自不例外。此间,最值得一提的是"子夏传《易》"之说。

子夏,春秋末晋国温(今河南温县)人,姓卜名商,以字行。孔子学生,小孔子四十四岁。曾为莒父(今山东高密东南)宰。孔子逝世后,子夏讲学于魏国西河(济水、黄河间,在今河南安阳一带),为魏文侯、李克、吴起师。长于文学。旧说曾序《诗》传《易》。汉以后有题为《子夏易传》之书行世。司马迁《史记·仲

① 《周易正义·卷首》。
② 清·皮锡瑞:《经学通论·易经》,中华书局,1954年。

尼弟子列传》曰："孔子既没,子夏居西河教授,为魏文侯师。其子死,哭之失明。"虽然《史记》未载子夏传《易》之事,但司马贞之《索隐》则云:"子夏文学著于四科,序《诗》,传《易》。又,孔子以《春秋》属商。又传《礼》,著在《礼志》。而此史并不论,空记《论语》小事,亦其疏也。"

"子夏传《易》"之说,可视为春秋战国时期河洛《易》学的要点。当代新儒家熊十力先生认为,在先秦时期的"孔子《周易》"就已有"真经"与"伪学"之别,他认为子夏、子游曾传的《周易》,才是孔子真经,商瞿及其后传人于辗转授受之际,"罕能发挥孔子圣言,自必驰于术数家种种穿凿之说",因而"渐失其真"①。笔者认为,"子夏传《易》"之说是值得重视。

总之,先秦时期的河洛《易》学,仍有许多值得深入探析的内容。此因非本文主题,故仅略论如上。

二

西汉《易》家,留名于史册者,其属籍地,以山东(齐鲁)、河南(河洛)为最多。属于河洛地区的西汉《易》家有:周王孙(西汉雒阳人),丁宽(西汉梁人,今河南商丘),项生(西汉梁人,今河南商丘),蔡公(西汉卫人,今河南沁阳),焦延寿(焦赣,西汉梁人,今河南商丘),京房(西汉东郡顿丘人,今河南清丰西南),张禹(西汉河内轵人,今河南济源东南),彭宣(西汉淮阳阳夏人,治所今河南太康县)。其中,传承田何之学的周王孙、丁宽二家,创立"京氏易"的京房,形成"施氏易"中"张彭之学"的张禹、彭宣师徒二人,均属于西汉《易》学的重要人物。

(1)周王孙与丁宽

西汉《易》学,均传自淄川田何。田何所传授的四人中,王同、服生两位为齐人,另两位——洛阳周王孙和梁丁宽,则属籍今之河南。

周王孙,西汉雒阳人,精通《周易》古义。田何的另一位学生丁宽读易颇为精敏,曾至雒阳向周王孙学习"古义",号为《周氏传》。又以其学授卫人蔡公(西汉之卫,今河南沁阳)。著有《易传周氏》二篇,已佚。《汉书·儒林传》:田何以易学"授东武王同子中,雒阳周王孙、丁宽、齐服生,皆著《易传》数篇"。又:

---

① 熊十力:《读经示要·第三讲》,《熊十力集》,北京群言出版社,1993年。

"(丁)宽至雒阳,复从周王孙受古义,号《周氏传》。"《艺文志》:"《易传周氏》二篇。字王孙也。"又:"《蔡公》二篇。卫人,事周王孙。"

丁宽,西汉梁(治所今河南商丘)人,字子襄。初作梁项生(西汉梁人,今河南商丘)的从者,项生向田何学《易》,丁宽亦随之,读《易》精敏,才气高过项生,遂正式投入田何门下。学成东归,田何对门人说:"《易》以东矣!"丁宽至雒阳,又向田何的一位弟子周王孙学习《周易》古义。汉景帝时,丁宽曾为梁孝王的将军,领兵拒吴楚之乱,人称"丁将军"。作《易说》三万言,以"训故举大谊"为特色,学者视为《小章句》。以所学授同郡砀县(今属安徽砀山县)的田王孙,王孙又授施雠、孟喜、梁丘贺,于是《易》有施、孟、梁丘之学①,丁宽在西汉初《易》学界是极为重要的人物,他不但得到田何的真传,撰《易》说行世,而且造就了各成一家之说的施、孟、梁丘学派。故汉儒或称之为"《易》祖师"②,足见影响之大。按,《汉书·艺文志》于《易》类谓"《丁氏》八篇"。吴承仕先生《经典释文序录疏证》云:"此八篇者,当即班《书》所称《易》说三万言,训故举大谊者也。"

(2)焦延寿与京房

西汉河洛地区影响较大的《易》学家还有焦延寿、京房师徒二人。

焦延寿,西汉梁(今河南商丘一带)人,字赣③。出身贫贱,以好学为梁王所重,王供其资用。学成为郡史,察举补小黄(今属河南开封县)令,有政绩。延寿专治《易》学,自谓曾从孟喜问《易》,授与京房(字君明),其学长于以《易》解说阴阳灾变,后人称为"焦京之学"。延寿曾说:"得我道以亡身者,必京生也。"后京房果以上封事屡言灾异,触犯权贵,被汉元帝下狱处死④。《隋书·经籍志》著录:延寿著有《易林》十六卷、《易林变占》十六卷。《易林》存,明代《道藏》、清代《四库全书》等均有收入。尚秉和先生《焦氏易诂》、《焦氏易林注》研探焦氏之学甚详。

京房,西汉东郡顿丘(今河南清丰西南)人,字君明。本姓李,推律自定为京氏。汉代今文《易》"京氏学"的开创者。又称"后京房",以与梁丘贺之师、官太

---

① 《汉书·儒林传·丁宽传》。
② 《汉书·外戚传》。
③ 按,此据《汉书·京房传》,但《儒林传》颜师古注谓"延寿其字,名赣",黄伯思《东观余论》说同,可备参考。
④ 《汉书·京房传》及《儒林传》。

中大夫名京房者相区别。好音乐钟律,据八卦原理用"三分损益法"将十二律扩展为六十律。师事焦延寿,治《易》精深,擅长用六十四卦分值四季气候,以解说阴阳灾异、占验吉凶。汉元帝初元四年(前45)以孝廉为郎,立为《易经》博士。每用《易》卦解说自然灾变与社会政治的联系,数上疏元帝,所言屡中,但公卿朝臣多谓房言烦碎而不可行。曾与元帝论"任贤必治,任不肖必乱"之旨,以微言劾奏石显等专权,被显嫉恨。不久因石显谮言,出为魏郡太守。又频上封事,持"卦气"说评议灾变及朝政。石显等趁机谮告京房与叛党通谋,"非谤政治,归恶天子",遂被下狱处死,年四十一。

京房《易》学,承孟喜、焦延寿之传,长于卦气"六日七分"法,提倡纳甲、世应、飞伏、游归等术。授东海殷嘉(按,《艺文志》作"段嘉")、河东姚平、河南乘弘,皆为郎、博士。于是西汉《易》遂有"京氏之学"①。京房《易》学著述,《汉书·艺文志》载:《孟氏京房》十一篇,《灾异孟氏京房》六十六篇,《京氏段嘉》十二篇。《隋书·经籍志》所载颇多,有:《周易章句》十卷,《周易错》八卷(以上"易家");《京氏征伐军侯》八卷(以上"兵家");《京氏释五星灾异传》一卷,《京氏日占图》三卷(以上"天文家");《风角要占》三卷(原注:梁八卷),《风角五音占》五卷(原注:亡),《风角杂占五音图》十三卷,《逆刺》一卷,《晋灾祥》一卷,《周易占》十二卷,《周易妖占》十三卷,《周易守林》三卷,《周易集林》十二卷(原注:《七录》云伏万寿撰),《周易飞侯》九卷,《周易飞候六日七分》八卷(原注:亡),《周易飞候》六卷,《周易四时候》四卷,《周易错卦》七卷,《周易混沌》四卷,《周易委化》四卷,《周易逆刺占灾异》十二卷,《占梦书》三卷(以上"五行家")凡二十三种。

唐以后,京氏著作传世渐少,日趋亡佚。今仅存陆绩注《京房易传》三卷。另有清马国翰《玉函山房辑佚书》辑《周易京氏章句》一卷,王谟《汉魏遗书钞》辑京房《易飞候》一卷。又王保训辑《京氏易》八卷,则合《京氏章句》、《京氏易传》及所采其他《易》占遗文于一书,为汇录京氏《易》学资料之最详备者。

对于《隋志》所列京房的诸多《易》著,学者颇有疑义。吴承仕先生《经典释文序录》指出:"今存陆绩注《易传》三卷,即传自宋世者也(按,《宋史·艺文志》

---

① 《汉书·京房传》及《儒林传》。

列京氏《易传》三卷)。寻《隋志》所列卷帙,多非《汉志》之旧。盖弟子述师说,或称本师以名其家,如《孟氏京房》、《京氏段嘉》既其明比,后世不察,遂以为本师所自作,故有旧无目而晚世始出者,一也;术数占验之书依托尤众,二也;《隋志》有《晋灾异》一事,典午之事非京氏所与知,盖说晋时灾异而以京法推之,故署'京房'之名,如《晋·天文志》引《京房易占》曰'日蚀乙酉,君弱臣强,司马将兵,反征其王',指谓成济之变,三也;或后师之作,传之者误认为京氏书,四也;作者主名旧来即有异说,五也。《隋志》所录亡佚已久,其诚伪固难质言矣;今世所传三卷中有'太卜《三易》'之语,疑亦非京氏本文。"

(3)张禹与彭宣

河洛地区的西汉《易》家,尚有张禹、彭宣师徒二人,成"施氏《易》"中"张、彭之学"一派,也颇有影响。

张禹(? ~前5),西汉河内轵(今河南济源东南)人,徙莲勺(属所在今西安市西北),字子文。少年时数随家人至市,喜在卜筮占相者前观看,久之,颇晓其揲蓍布卦之意,时时从旁插语。卜者颇爱之,又奇其面貌出众,遂向禹父说道:"是儿多知,可令学经。"及壮,至长安学,受《易》于施雠,问《论语》于王阳、庸生。为博士,元帝时诏其授太子《论语》,迁光禄大夫,出为东平内史。成帝即位,尊以为师,任丞相,至受敬重。哀帝建元二年(前5)卒,谥"节侯"。平生治《论语》甚为知名,时儒有"欲为《论》,读张文"之称。于《易》,既承施雠所传,又授彭宣、戴崇。

彭宣,西汉淮阳阳夏(治所在今河南太康县)人,字子佩。治《易》,师事张禹。为博士,迁东平太傅,历成帝、哀帝两朝,累官至大司空,封长平侯。王莽时,上书求退,家居数年卒。研《易》既承施雠弟子张禹所传,且知名于世,故西汉"施氏《易》"一派遂有"张、彭之学"①。

三

东汉都于洛阳,文风所被,学术昌明,以洛阳为中心的河洛地区经学尤为兴盛。传名至今的东汉《易》学家,籍属今之河南者,已超越山东(齐鲁)等其他地

---

① 张善文:《历代易家与易学要籍》,福建人民出版社,1998年。

区,而具绝对多数,于《易》学界处于主流地位。属于河洛地区的东汉《易》家主要有如下一些:

东汉初,有世传"孟氏《易》"的洼丹,东汉南阳育人,今河南南阳,光武帝时为博士,官至大鸿胪。研《易》精深,学者宗之,尊为"大儒"。著有《易通论》七篇,世号《洼君通》,其书已佚①。

袁良(东汉汝南汝阳人,今河南商水县西北)、夏恭(东汉梁国蒙人,今河南商丘东北),均为东汉初传习"孟氏《易》"之著名者。② 袁良之孙袁安,承祖父之学,亦研习"孟氏《易》"。安之子京、敞,又续传家族之学。

刘昆(一作"刘琨",见《论衡》,东汉陈留东昏人,今河南开封东南),曾被王莽嫉恨而下狱,莽败方得免。学"施氏《易》",授子刘轶。

张兴、张鲂父子(东汉颍川鄢陵人,今属河南),皆传"梁丘《易》"。

戴凭(东汉汝南平舆人,今属河南),研习"京氏《易》",京师人赞之"解经不穷戴侍中"。③

东汉光武帝之子刘辅,封翊公,徙为中山王,复徙封沛王。为人矜严有法度,好经书,善说"京氏《易》",作《五经论》,时人号《沛王通论》。④

郑众(东汉河南开封人),字仲师,官至大司农,故旧称"郑司农",以别于同时代的宦官郑众。与其父郑兴,均为东汉经学大师,其父郑兴精《左氏春秋》,众承其学,明三统历,兼通《易》、《诗》。后世学者称兴、众父子为"先郑",另称郑玄为"后郑"。郑兴于《易》,传西汉古文易"费氏之学"。⑤

魏满(东汉南阳人),研习"京氏《易》",教授生徒。

李郃(东汉南阳鄷人),研治"京氏《易》",有清逸名。

许峻(东汉汝南平舆人,今属河南),字季山,传"京氏《易》",善占卜之术,多有显验,时人比作西汉京房。所著《易林》,已佚。许峻之孙许曼传峻之学,《后汉书·方术列传》中有许曼小传。

樊英(东汉南阳鲁阳人,今河南鲁山县),字季齐。少年求学于京畿之地,习

---

① 事见《后汉书·儒林列传·洼丹传》。
② 《后汉书·袁安传》、《后汉书·夏恭传》。
③ 《后汉书·儒林列传·戴凭传》。
④ 《后汉书·光武帝纪》及《光武十王列传》。
⑤ 《后汉书·郑众传》及《儒林列传》。

"京氏《易》",兼明五经,又通晓风角、星算、河洛、七纬、推步、灾异等。隐居于壶山之阴,受业者四方而至。著《易章句》,世称"樊氏学",以图纬授生徒。陈寔(东汉颍川许人,今许昌县东),字仲弓,受业于樊英,习"京氏《易》",海内知名。郤巡(东汉陈郡阳夏人,今河南太康县),字仲信,传樊英之学,亦习"京氏《易》"。

荀爽(东汉颍川颍阴人,今河南许昌),东汉末《易》学大家,字慈明,一名谞。幼好学,年十二能通《春秋》、《论语》。太尉杜乔见而称之,曰:"可为人师。"于是耽思经书,不行庆吊,不应征命。兄弟八人,时人谓:"荀氏八龙,慈明无双。"拜郎中,上疏指责时政,盛称儒家礼义。奏闻,即弃官去。后遭党锢,隐居著述,积十余年,遂以"硕儒"见称于世。董卓征召,欲遁命未得,拜平原相,旋追为光禄勋,视事三日又进拜司空:自被征命,起于布衣,凡九十五日而升至三公。见董卓残暴滋甚,与王允等欲共图之,适病卒,年六十三。① 著述广涉群经、子史,合百余篇,均佚。于《易》学,治费直古文《易》,以《十翼》解说经意,创"乾坤升降"义例。清马国翰《玉函山房辑佚书》辑有《周易荀氏注》三卷,孙堂《汉魏二十一家易注》辑有《荀爽周易注》一卷。

三国时期河洛地区的《易》学家有钟繇(三国魏颍川长社人,今河南长葛西),何晏(三国魏南阳宛人,今河南南阳),王弼(三国魏山阳人,今河南焦作东),钟会(钟繇之少子,三国魏颍川长社人,今河南长葛西)等。其中,最值得表彰的是关乎易学史变化的关键性人物是王弼。

王弼,三国魏山阳(今河南焦作东)人,字辅嗣。少聪慧,年十余,好《老子》,通辩能言。时何晏为吏部尚书,甚奇弼,赞叹曰:"仲尼称:后生可畏,若斯人者,可与言天人之际乎!"正始中,黄门侍郎累缺,晏议用弼,因丁谧与晏争衡,遂补为台郎。为人通隽,事功亦雅非所长。好谈玄学,于《易》研治最深。性和理,乐游宴,解音律,善投壶。其论道,傅会文辞不如何晏,自然高拔则过之。颇以所长笑人,故时为人所疾。与钟会善,会每服弼之高致。何晏提出"圣人无喜怒哀乐"论,钟会等祖述之。弼不与同,认为"圣人"茂于常人者以其"神明",同于常人者以其亦具"五情";神明茂故能体冲和以通无,五情同故不能无哀乐以应物。于是指出:圣人之情,应物而无累于物;今以无累,便谓不复应物,失之多矣。正始十年(249)秋,

---

遇疠疾亡,年二十四①。著有《周易注》、《周易略例》、《老子注》、《周易大衍记》、《老子指略》、《论语释疑》等书。前三种今存,后二种有辑佚本,楼宇烈汇取之以编为《王弼集校释》(中华书局出版)。唯《周易大衍论》久佚无存②。

四

《周易·系辞传》曰:"苟非其人,道不虚行。"学术之传承,托于时运,亦系乎学者。汉兴,经学昌明,《易》学的发展,也于此时形成了学术高峰。居于中原要地的河洛地区,出现了众多有代表性的学者,他们传承了先秦《易》学的象数与义理的传统,大胆创新地建构了新的《易》学体系(尤其是象数学的体系),并运用于政治、经济、伦理以及天文、历法、地理、物候、医药、术数、文艺等诸多领域,产生了广泛而深刻的影响。

先师黄寿祺教授论两汉《易》学之大要,曰:"秦政焚书,《易》独卜筮幸存,较群经为最无阙。然自西汉而后,《经》说之最复杂者,亦莫如《易》。盖西汉《易》学之派别,大抵可分为四派:曰训诂举大谊,周王孙、服光(生,先)、王同、丁宽、杨何、蔡公、韩婴七家《易传》是也;曰阴阳候灾变,孟喜、京房、五鹿充宗、段嘉四家《易传》是也;曰章句守师说,施雠、孟喜、梁丘贺、京房学官博士所立以教授者(谨案:此据《汉书·艺文志》将孟喜、京房分列两类,章句之学为正宗,灾变占验则独成一家也。又案:京房受《易》于焦赣,焦氏无章句,故《汉书·艺文志》不著录。)是也;曰《十翼》解经意,费直无章句,专以《孔传》(指《十翼》)解说,民间所用以传授者是也。其东汉《易》学派别亦有四:曰马融、刘表、宋衷、王肃、董遇,此皆为《费氏易》作章句者也(费氏《易》无章句,诸家各为立注);曰郑玄、荀爽,先治《京氏易》,后参治《费氏易》者也(郑玄从第五元先通《京氏易》,荀爽从陈寔受樊英句,亦京氏学。)曰虞翻,本治"孟氏易",杂用《参同契》纳甲之术者也;曰陆绩,专治《京氏易》者也。明乎此,则汉易之流派,约略可知。"③

西汉今文《易》学的开创者田何,所传四人,河洛地区的学者就占了两位,而且是影响极大的两位。此后,《易》学在河洛地区的传播和发展,蔚为大观。

---

① 《三国志·魏书·钟会传》及裴松之注引何劭《王弼传》。
② 张善文:《历代易家与易学要籍》,福建人民出版社,1998 年。
③ 黄寿祺:《论易学之门庭》,《群经要略》,华东师范大学出版社,2000 年。

"施、孟、梁丘"三家,以及"京氏《易》",乃至古文《易》学之"费氏《易》",论其大宗,皆与河洛地区学者有关。"河洛文化"中的诸多方面,也都深受《易》学影响。至于东汉《易》学,大体是沿承西汉《易》派轨迹而发展的,其《易》学的各个学派,均有今属河南省籍的河洛地区的学者在传承,在比例上还居于绝对多数。

就大体的情况而论,西汉经学重"师承"之"师法",东汉经学重"家传"之"家法",河洛地区的《易》学家,其学术传承的形态,正可以成为这一特点的代表。西汉时期,传承田何之学的周王孙、丁宽,又广泛授学于其他学者;京房从焦赣(延寿)学,又传授多人,后乃有"京氏易";张禹、彭宣师徒二人则共同形成"施氏易"中"张彭之学"。东汉时期,河洛地区的《易》学家,则多有经学传承家族化者,如:袁良、袁安、袁京、袁敞,四代续传"孟氏《易》";张兴、张鲂父子皆传"梁丘《易》",许峻之孙传许曼祖父"京氏《易》"等等,这也是东汉经学的重要特征之一。当然,当时也还有如樊英授陈寔、传郤巡这样师徒传承者。

东汉末期,《易》学的思想体系,积蓄了发生内在革命性变化的因素。两汉沿袭了数百年的"象数学",固然有其欲借《易》学之象征体系以"包括宇宙,总揽人物"的宏大理想,但在各种不同类型的象数学的建构过程中,也存在着拘泥板滞、支离繁杂的积弊。三国时期,魏国的青年才俊王弼(三国魏山阳,今河南焦作东),破汉《易》象数学繁杂之旧习,以"扫象阐理"为宗旨,启研《易》之新风,建树非凡。先师黄寿祺教授曾评价王弼《易注》之影响,曰:"自王弼注行之后,汉《易》渐衰,此为《易》学变化之一大关键。"[①]

后世《易》注,以王弼为主流,而王注缺《易传》之《系辞》、《说卦》、《序卦》、《杂卦》诸《传》,东晋韩伯(即韩康伯,东晋颍川长社人,今河南长葛西)等补注之。据陆德明《经典释文序录》列东晋以来作《周易系辞注》者十人,韩伯为其中之一,后来韩注专行,其他各家均废。今之所谓"正经"、"正注"、"正疏"(孔颖达《周易正义》),其注为不同时代之二人所撰,而二人均为河南籍学者。此亦河洛《易》学值得表彰之佳话。

(作者为福建师范大学文学院教授、福建省易学研究会副会长)

---

① 黄寿祺:《论易学之门庭》,《群经要略》,华东师范大学出版社,2000 年。

易学家荀爽的哲学思想

崔　波

荀爽,字慈明,一名谞,颍川颍阴(今河南许昌)人。生于东汉顺帝永建三年(128),卒于汉献帝初平元年(190)。幼而好学,年十二能通《春秋》、《论语》。时人称:"荀氏八龙,慈明无双。"延熹九年(166)拜郎中。献帝即位,就任平原相,后晋升司空。政治上,因反对宦官专权,而遭党锢,后又参入谋除董卓之乱。一生对经学皆有著述。据《后汉书·荀爽传》记载:"著《礼》、《易传》、《诗传》、《尚书正经》、《春秋条例》,又集汉事成败可为鉴戒者,谓之《汉语》,又作《公羊问》及《辩谶》,并它所论叙,题为《新书》。凡百余篇,今多所亡缺。"《隋志》有荀氏《周易注》十一卷,新旧《唐志》有荀氏《周易注》十卷,皆佚。其易学思想主要见于李鼎祚《周易集解》所辑荀氏《易注》。清人对荀氏《易注》多有辑录。如马国翰《玉函山房辑佚书》辑有《周易荀氏注》三卷,孙堂《汉魏二十一家易注》辑有荀氏《周易注》一卷。惠栋撰《易汉学》,张惠言撰《周易荀氏九家义》等对荀氏易学皆有阐发。

荀氏易学,就其学派而言,当属于西汉费直一派。西汉由于官方倡导,学易之风大盛,易学派别林立,《汉书·艺文志》载,西汉的主要易学派别,官方有施、孟、梁丘和京氏之学,民间有费直、高相两家。官方四家在东汉趋于衰微,而费氏易逐渐兴盛,传费氏《易》者绵延不绝。《后汉书·儒林传》:"建武中,范升传孟氏《易》,以授杨政。而陈元、郑众传费氏《易》,其后马融亦为之传。融授郑玄。玄作《易注》,荀爽又作《易传》。自是费氏兴,而京氏遂衰。"荀氏虽治费氏《易》,然从其思想渊源看,远非费氏一家,而是兼收当时各家之说。剖析荀氏易学思想体系,我们可以看到,他一方面继承了费氏《易》的家法,以十篇之传文解说经意;另一方面又吸收了西汉以来孟喜、京房等人的易学思想,并在此基础上,独辟蹊径,建构起以乾坤阴阳为骨架的易学思想体系。

　　作为东汉象数易学的重要代表人物,荀爽易学独成一家,称为"荀氏学"或"荀易"、"荀慈明易"等。就师承关系而言,与郑玄师事马融有所不同的是,史书未载荀氏于《易》师事于谁。就易学流派而言,据《后汉书·儒林传》记载,其与马融、郑玄为一脉,而传费氏易。荀氏易学的特征体现在:一是注重以《易传》中传统的爻位说、消息说及其他易例解经。二是在易学史上第一次明确阐发了《易传》中的卦变说,并用之解经,此对虞翻等人的卦变说,影响较大。三是在《易传》等先秦两汉阴阳学说及前世易学阴阳学说的基础上,结合爻位,创造性地提出了升降说。此是荀氏易的最大特征,亦即荀悦所谓的"阴阳变化之义"。四是博采孟、京尤其是京房的卦气说,如六日七分法、八宫说、飞伏等。

　　(一)阳升阴降说

　　乾升坤降说或称阳升阴降说,是荀爽易学的核心内容。在《易传》,围绕着"一阴一阳之谓道"的命题,形成了关于阴阳变化的系统理论。然而,对这些理论进行具体说明,并用以建立庞大象数体系的,则是汉代孟、京等象数易学大师。荀爽的乾升坤降说,同样是对《周易》及汉代阴阳变化之说加以阐释和发挥的结果。乾坤升降说的理论前提是,乾坤两卦为阴阳之本、万物之祖,六十四卦都是乾坤中阴阳二爻交相推移变化而形成的。京房曾说:"奇偶之数,取之于乾坤。乾坤者,阴阳之根本。"[1]"八卦之要,始于乾坤,通乎万物。"[2]荀爽对此加以发展,并形成了乾坤为体、阴阳为用的思想。荀爽说:"天地交,万物生。"[3]"阴阳相变,功业乃成。"阴阳二气的交感变化,相易相生,引起了宇宙万物的生成。"阴阳相亲,杂而不厌,故可久也;万物生息,种类繁滋,故可大也。"荀爽强调,乾坤为体,阴阳为用,"毁乾坤之体,则无以见阴阳之交易也。"[4]在这里,象数的形式与义理的内涵在一定程度上被统一起来。

　　荀爽认为,阴阳二爻交相推移变易所遵循的原则是阴升阳降,阳升阴退,阳由七上到九,阴由八降至六。类似的思想在京房《易纬》那里已经出现。如京房

---

①　京房:《京氏易传·大过》卷下,《四库术数类丛书》,上海古籍出版社,1991年。
②　京房:《京氏易传·大过》卷下,《四库术数类丛书》,上海古籍出版社,1991年。
③　李鼎祚:《周易集解·坤卦·象传》注,齐鲁书社。
④　李鼎祚:《周易集解·系辞上》注,齐鲁书社。

说:"内外刚长,阴阳升降。"①"阳升阴降,阳来荡阴。"②《易纬·乾凿度》说:"阴丽阳而生,阳由七上九,阴由八降六,故阳性欲升,阴性欲承也。"但这些说法一则简略,二则偏重于占筮方面的意义,而荀爽则在以往思想成果的基础上,指出了阳升阴降的内在根据,并将其确立为爻变的体例,试图依据阳升阴降的象数形式来阐发六十四卦所蕴涵的义理。荀爽强调,阴阳二气相易相生,相感相成,这是一种天道法则。"阳升阴降,天道行也。"③所以荀爽指出,"天地既交,阳升阴降。"④依荀爽此说,乾升坤降,阳升阴降,乃是其本性决定的。在他看来,阳当升在上,阴当降在下,如此则吉无不利,反之则是一种不应有的反常状态。《升卦》上六:"冥升,利于不息之贞。"荀爽注:"坤性暗昧,今升在上,故曰冥升也。阴用事为消,阳用事为息。阴正在上,阳道不息,阴之所利,故曰利于不息之贞。"可见荀爽对升降说的重视。

那么,乾升坤降、阳升阴降时的爻变以什么为标准呢? 荀爽由重二五之位入手,将中和确定为爻变的理想目标。我们知道,在易学领域,通过强调卦爻的得位、得中,《易传》提出了中正、太和之说,其后汉代易学家又不断加以阐发,《易纬》更明确使用了"中和"一词,这样就在易学史上逐步形成了系统的中和思想。荀爽进一步将中和贯彻到象数易学模式之中,将其确定为爻变所应趋向的理想标的。《系辞上》:"天下之理得,而易成位乎其中矣。"荀爽注:"阳位成于五,五为上中;阴位成于二,二为下中。故易成位乎其中也。"一卦六爻的象数模式,五为阳位之中,二为阴位之中,故而阳必升居五,阴必降在二,才算得上是"成位乎其中"。此外荀爽强调的是阴阳各得其位,并相互协同配合。"阴阳正而位当,则可以干举万事"。"阴阳相和,各得其宜,然后利矣。"⑤在这里,"中和既是爻变所应当趋向的理想目标,也是判定爻变是否正常的最高的价值标准。"⑥

通过分析《周易》六十四卦的爻位配置,荀爽认为,只有《既济》卦最符合中和的准则。《乾卦·文言》:"云行雨施,天下平也。"荀爽注:"乾升于坤曰云行,

① 京房:《京氏易传·屯》卷上,《四库术数类丛书》,上海古籍出版社,1991 年。
② 京房:《京氏易传·大壮》卷中,《四库术数类丛书》,上海古籍出版社,1991 年。
③ 李鼎祚,《周易集解·乾卦·文言》注,齐鲁书社。
④ 李鼎祚,《周易集解·既济·象传》注,齐鲁书社。
⑤ 李鼎祚,《周易集解·乾卦·文言》注,齐鲁书社。
⑥ 余敦康:《内圣外王的贯通———北宋易学的现代阐释》,上海学林出版社,1997 年。

坤降于乾曰雨施。乾坤二体成两既济,阴阳和均而得其正。"荀爽认为,原来乾二、四、上三爻失位,坤初、三、五三爻失位,经过乾坤十二爻按照阳升阴降的原则互易而使阴阳得正,乾坤二卦也就变成了两既济卦。《既济》卦坎上离下,初、三、五三爻阳居阳位,二、四、上三爻阴居阴位,九五与六二两爻俱得正中,阴阳分布均衡,刚柔各得其位,是一个最理想的卦象。由乾升坤降说出发,荀爽还论述了卦爻的动转关系及范式,这些范式包括据、承、乘、征、求、比、应、贞等。

阳升阴降于《周易》中以何为标的呢?荀爽提出了重二、五之位的观念。他说:"阳位成于五,五为上中;阴位成于二,二为下中。故易成位乎其中也。"①五为阳位,为天位,在上卦之中;二为朋位,为地位,在下卦之中。因此,阳升至五,而为天道且居中;阴降至二,而为地道且居中,这是最理想的时空坐标。原因在于,就卦画说,五、上为天,初、二为地,三、四为人,此为三极之道。阳气升天,与天合德;阴气降地,与地合德;人在天地之中,与天地参,这在古人看来乃是不易之则。就卦德说,阳尊阴卑,尊效天,卑法地,天尊在上,地卑在下,因此阳当升居五,阴当降居二。就卦象说,阳为乾象天,阴为坤象地,乾天刚健,坤地柔顺。阳乘阴而施为,阴承阳而孕育。故而阳主升,阴主降,阳主进,阴主退。所谓"天地绸组,万物化醇",阳变阴化,阴阳合德。就爻位说,五为阳且当位,为尊位,中而不过;二为阴亦当位,阴出于地,佐阳成物,亦中而不过。这即是荀爽所以重二、五之位的缘故。他注《乾·象》说:"阳道乐进,故曰进无咎也。"他注《升·六五象》说:"阴正居中为阳作阶,使升居五,己下降二,与阳相应。"因此,阳升阴降观念,乃是贯串于荀氏《易注》中的一贯之道。

阳升极当降,阴降极则升。物极必反是宇宙的根本法则,事物的发展总是向其对立面转化。对此,荀爽是有一定的认识的。他注《乾·文言》"是以动而有悔"说:"升极当降,故有悔。"注"亢之为言也,知进而不知退"说:"阳位在五,今乃居上,故曰知进而不知退也。"注"知存而不知亡"说:"在上当阴,今反为阳,故曰知存而不知亡也。"这是说,阳道乐进故主升,但是升极必降,进极则退。如若不顾时势,一味地进升,就会导致灾咎而丧亡。阴气亦然,阴道柔顺故主降,但是降极则升,退极复进。他注《困·九二》说:"阴动而上,失中乘阳;阳下而陷,为

---

① 李鼎祚:《周易集解·系辞上》注,齐鲁书社。

阴所掩。故曰征凶。阳来降二，虽位不正，得中有实；阴虽去中，上得居正，而皆免咎。"这是说，《困》卦乃是由否卦之阳降阴升而来，即《否》之上九降居二，六二往居上。六二为阴，居中得正，今升之上则失却中正之道，然而虽失中却仍得正，上九为阳，降二陷阴虽位不正，但得中有实。因此，阳降阴升虽违忤其本性，然而阳降二得中，阴升上得正，故尔无咎。

从刚柔相推、阴阳相感来看，刚推柔则变，柔推刚则化。因此，荀爽说："春夏为变，秋冬为化。息卦为进，消卦为退也。"①又说："阴用事为消，阳用事为息。"②"一消一息，万物丰殖"，"四时相变，终而复始也。"③易穷则变，变则通。阴穷则变阳，阳穷则变阴，此乃天道之常。但是，阴阳推移，刚柔相摩，必须依时恃势，阳退是为了进，阴屈是为了伸。只有天地相感，阴阳合德，才能裁成万物，以化成天下。所以荀爽说："坤气上升，以成天道；乾气下降，以成地道。天地二气若时不交，则为闭塞，今既相交乃通泰。"④又说："阴升之阳，则成天之文也；阳降之阴，则成地之理也。"⑤可见，天文、地理乃至一切动植物之类，无一不是阴阳交合的产物。

然而，在荀爽那里，阳升阴降是定则，阴升阳降为变例，前者是天道运行的表现，后者则是"承天之施"的结果。一般说来阳升阴降，适其本性故得吉；阳降阴升，违忤本性，嫌于有咎。但也要看所处时空坐标如何，如果当位得正，即使阴升阳降亦无咎。譬如，荀氏注《随·象》云："动爻得正，故利贞。阳降阴升，嫌于有咎，动而得正故无咎。"这是说，《随》卦乃由《否》卦而来，《否》之初六与上九易位即成《随》卦。此虽属于阴升阳降，即《否》之初六升之上，上九降之初，但因其升降得正，故无咎。又如，他注《噬嗑·六五象》"贞厉无咎，得当也"说："谓阴来正居，是而厉阳也。以阴厉阳，正居其处，而无咎者，以从下升上，不失其中，所言得当。"意思是说，《噬嗑》乃由《否卦》而来，否之初六与九五易位则成噬嗑卦。五本阳位，宜阳居之，今阴升之此，夺阳而居，是谓厉阳。厉阳本当有咎，而象云无咎者，是由于阴虽从下升上，却不失其中，既居中又有实，故无咎。这也即是象

① 李鼎祚：《周易集解·系辞》注，齐鲁书社。
② 李鼎祚：《周易集解·升·上六》注，齐鲁书社。
③ 李鼎祚：《周易集解·系辞》注，齐鲁书社。
④ 李鼎祚：《周易集解·泰·象》注，齐鲁书社。
⑤ 李鼎祚：《周易集解·系辞》注，齐鲁书社。

辞所谓的"得当也"。

总之,荀爽的阳升阴降说,乃是根据《经》、《传》文义的需要予以灵活运用,以体现其所谓"依经立注"的原则,并非如一块死板的铸模,硬性的往上塞套。灵活运用固然有可取之处,但因其过于拘泥经文、传意,不免使他的注文出现许多穿凿附会之处。如他注《坤·彖》"含弘光大"说:"乾二居坤五为含,坤五居乾二为弘,坤初居乾四为光,乾四居坤初为大。"毫无疑问,这样的诠释,完全失却了"含弘光大"的旨义,表露出荀氏易学所存在的弊端。

(二)人文观念

荀爽继续以十翼之文解说经义,不再讲阴阳灾异,只是将乾升坤降说等作为解经的体例,从而反映出他对费氏易学传统的继承、发挥和发展。荀爽用《周易》阐述了其对当时社会的忧愤,对人生的关注。所以,清末民初唐晏认为荀爽"盖得费氏之传",称其为"费易巨子"和"集大成"者①,是言之有据、非常确当的。

还应指出,同郑玄相比,荀爽对政治、对官场似乎表现出更大的热情。在东汉末年那样一个政治腐败、社会黑暗的年代,作为一位正直的士大夫,荀爽曾积极参加各种政治活动。他治《易》也有着明显的政治倾向,其根本出发点就是要维护处于风雨飘摇中的东汉皇朝的统治,维护封建宗法等级制度。他曾在"对策陈便宜"时向汉桓帝进言,要求以孝为本,严格遵守丧葬之礼等传统礼制,并称述其师之言曰:"汉为火德,火生于木,木盛于火,故其德为孝,其象在《周易》之离。"针对有悖于男女有别、男尊女卑等传统观念及礼制的尚主之制,他运用、发挥《周易》之义,建议加以废除②。众所周知,东汉后期社会政治危机的一个突出表现,就是女主干政,外戚、宦官轮流专权,这本身就是与传统礼制格格不入的。在荀爽看来,要解除危机,就要强化传统礼制的力量,使君臣、夫妇、父子守其职,各安其位。荀爽以乾升坤降说为中心的象数易学理论,同样是以此为主旨的。他在进言桓帝时,屡称于《易》,也很好地说明了这一点。所以,他注《需》卦上六曰:"乾升在上,君位已定;坎降在下,当循臣职。"注《家人·象传》曰:"父

---

① 唐晏:《两汉三国学案》卷二,中华书局,1986年。
② 范晔撰,李贤注:《后汉书·荀爽传》,中华书局,1965年。

谓五,子谓四,兄谓三,弟谓初,夫谓五,妇谓二也。各得其正,故天下定矣。"注
《乾·文言》曰:"阴阳正而位当,则可以干举万事。"类似的语言,在荀爽《周易
注》中还有不少。

正是抱着这样的思想主旨,早年曾"耽思经书,庆吊不行,征命不应"[1]的荀
爽,后来总是依违于学术与政治之间,徘徊于治学与问政之间,遭党锢之祸才被
迫隐于海上,又南遁汉水之滨,积十余年,以著述为事。即使在这一时期,他也没
有忘情于政治,有时甚至主张向黑暗势力低头。

但是,朝廷日乱、纲纪废弛的现实又的确令人痛心疾首。他深切盼望着具有
中和之德的君主来整顿朝纲,拨乱反正,振兴刘汉王朝。他的乾升坤降说及其中
和思想,其中就寄寓了这种美好愿望。例如,关于《临》卦六五爻辞及其《象传》,
荀爽解释说:"五者帝位,大君谓二也,宜升上居五位,吉。故曰知临,大君之宜
也。二者处中,行升居五,五亦处中,故曰行中之谓也。"我们知道,在《易》卦中,
九二为阳,六五为阴,二为臣位,五为君位。而《临》卦坤上兑下,这里九二有帝
德而无帝位,故二应升居五位,取六五而代之,这样才能君临天下,实现上下和谐
相应的中和局面。荀爽对《师》、《泰》等卦的解释也反映出类似的思想倾向。如
《师》卦坤上坎下,五阴一阳,阳失位居二,他解释说:"谓二有中和之德而据群
阴,上居五位,可以王也。"又如解《泰》卦九二爻辞"朋亡,得尚于中行"曰:"中
谓五,坤为朋,朋亡而下,则二上居五,而行中和矣。"这些都体现了荀爽对现实
社会中和局面的热切追求。

"在中国历史上,《周易》曾被许多思想家以各种方式解释,但荀爽巧妙地用
此经对皇帝作出猛烈攻击的方式却是独一无二的"[2]。荀爽卦变说中的一些内
容,也反映出这样一种心态。如他注《萃·象传》时说:"此本否卦,上九阳爻,见
灭迁移,以喻夏桀、殷纣。以上六阴爻代之,若夏之后封东娄公于杞,殷之后封微
子于宋,去其骨肉,臣服异姓,受人封土,未安居位,故曰赍资涕洟,未安上也。"
荀爽认为,《萃》卦来自《否》卦上九变为阴爻上六。其卦变以本爻变之,卦中两
爻则不易位,说明《否》卦为否塞不通而小人道长之卦,反映的社会现象则是昏

①　范晔撰,李贤注:《后汉书·荀爽传》,中华书局,1965 年。
②　陈启云:《中国古代思想文化的历史论析》,北京大学出版社,2001 年。

君庸主的统治腐朽至极,已经无法统御天下。《否》卦上九变为阴爻,比喻发生朝代更迭,旧王朝必然要被推翻而成为新王朝的臣属。从这里也可以看出,与郑玄易学尚"多参天象"相比,荀爽易学有着更明显的人文主义倾向,有着更深刻的哲理性、思想性。

就总体而言,荀爽确实是极力把乾升坤降树立为一条普遍的原理,用来诠释《周易》所有的经文。这种情形就和郑玄把爻辰的体例推广运用到所有的经文中一样。因为费氏易学的特点是以《传》解《经》,把经文本义的训诂作为主要的研究对象,如果对经文本义缺乏一以贯之的理解,从中提炼出某种普遍适用的体例,则难以把《传》与《经》之间的种种矛盾抵牾之处一一讲通,不足以成一家之学。比较起来,郑玄的爻辰体例侧重于以乾坤十二爻与天象作外在的比附,而荀爽的乾升坤降体例则是着眼于揭示象数本身的内在规律,并且把中和树立为卦爻变化所趋向的理想目标,带有更多的人文主义色彩。

(三)中和思想

荀爽与郑玄是同时代人。党锢之祸前夕,荀爽曾积极参与政治活动,虽明知时局无可匡救,政见不被采纳,仍然根据京氏易学的卦气理论,上书桓帝对朝政提出了批评。党锢之祸之后,荀爽一方面致书党人领袖李膺,"欲令屈节以全乱世",而自己则退回到学术领域,隐于海上,南遁汉滨,积十余年,以著述为事。他的促使《京氏易》向《费氏易》转变的《易传》,就是在党锢之祸以后隐居著述时完成的。

荀爽对六十四卦的爻位配置作了详细的比较分析,认为唯有《既济》卦的爻位配置最能符合中和的准则,因而乾升坤降应以形成两个《既济》卦为最高的理想。《乾·文言》:"云行雨施,天下平也。"荀爽解释说:"乾升于坤曰云行,坤降于乾曰雨施。乾坤二卦成两既济,阴阳和均而得其正,故曰天下平。"《既济》,坎上离下,初、三、五,阳居阳位,二、四、上,阴居阴位,九五与六二,刚柔俱得正得中,既有刚柔之分,又有阴阳之和,确实是一个最理想的象数模式。荀爽认为,之所以能够形成如此理想的象数模式,是因为乾升于坤,坤降于乾,严格遵循了乾升坤降的爻变规律。若坤五降居乾二,则成离,乾二升居坤五,则成坎,经过这样一番升降交合,《乾》《坤》二卦就变化成为两个坎上离下的《既济》卦。

与《既济》卦相反的是《未济》卦。《未济》,坎下离上,卦中六爻,阳居阴位,阴居阳位,虽刚柔相应而不当位,这是由于违反了乾升坤降的原则,沿着乾降坤升的轨道而形成的。荀爽对《未济》卦的这种象数模式进行了谴责,认为"虽刚柔相应而不以正,犹未能济也"。"未济者,未成也。"《既济》卦的象数模式与此相反,象征着天地既交,阳升阴降,不但大者亨通,小者也亨通,一切的事情均获成功,完美地实现了中和的理想。但是,由于阴阳变化不测,有序会朝着无序转化,所以尽管《既济》卦的爻位配置达到了最佳状态,仍然要本着《周易》所固有的忧患意识,致力于调整。《既济·象》:"水在火上,既济。君子以思患而预防之。"荀爽解释说:"六爻既正,必当复乱,故君子象之,思患而预防之,治不忘乱也。"

从荀爽这些言论来看,他的易学更多地注重人事的调整,与郑玄那种"多参天象"的爻辰说有所不同。《家人》卦,巽上离下,《象》曰:"父父、子子、兄兄、弟弟、夫夫、妇妇,而家道正,正家而天下定矣。"荀爽解释说:"父谓五,子谓四,兄谓三,弟谓初,夫谓五,妇谓二也,各得其正,故天下定矣。"这是以《家人》卦的象数模式来表达儒家的社会政治理想。儒家十分重视家族制度的巩固,认为是治国平天下的基础,为了巩固家族制度,必须使其中的各种人际关系皆得其正。荀爽认为,《家人》卦的爻位配置正好表现了这种合理的人际关系。父居五位,五为乾阳;子居四位,阴四承五;兄三弟初,皆为阳爻;夫五乾阳,妇二坤阴。五爻皆得其正而家道正,如果使上九变为上六,由巽而之坎,则六爻皆正而成既济定,故正家而天下定。荀爽对《家人》卦的六二极尽赞美,认为"六二处和得正,得正有应,有应有实,阴道之至美者也"。这是站在象数派易学的立场,根据六二的爻位配置抽绎出的伦理准则。

照荀爽看来,乾升坤降的象数体例"与天地合其德",处理人际关系的最高伦理准则都是从这种象数体例中抽绎出来的。《乾·文言》:"夫大人者,与天地合其德。"荀爽解释说:"与天合德,谓居五也。与地合德,谓居二也。"这种"与天地合其德"的最高伦理准则,实际上就是中和。如果把这种中和的义理完全纳入象数的模式之中,必须确立阳升阴降的体例,否则,就不能自圆其说。因为《乾》卦六爻,二、四、上阳居阴位,三爻都不当位,《坤》卦六爻,初、三、五阴居阳位,也是三爻都不当位,只有把《乾》《坤》十二爻按照阳升阴降的原则互换,才能形成两个六爻俱得位得中的《既济》卦,使之完美地体现中和的义理。从荀爽的这条思路来看,他对象数之学的研究,其深层的思想动因并不在于象数本身,而是从中和的义理出发的。

可以看出,荀爽的乾升坤降与郑玄的爻辰虽然都是从卦气图式中提炼出的象数体例,但是荀爽的易学与郑玄相比却蕴含着更多人文主义的内容。这是因为郑玄的爻辰多与天象相参,而荀爽的乾升坤降所树立的中和目标本身就是从人文主义的义理出发的。由于易学的基本精神在于"推天道以明人事",本质上是一种天人之学,所以谈天道必涉及人事,讲人事必上溯天道,天与人的关系从来不可割裂,只是各派易学的侧重点有所不同。郑玄对易学中人文主义的义理也是十分关注的,但是,郑玄没有从事高层次的哲学探索,完全依据汉代经学"天人相副"的传统观点来理解易学的天人之学,因而这种理解只能停留在简单比附的水平。拿荀爽的理解与郑玄相比,看来是前进了一大步了。荀爽把象数模式理解为一个乾升坤降的动态结构,这个动态的结构以中和作为自己所趋向的目标,由于所有的自然现象和社会现象均受统一的象数规律所支配,所以中和也就很自然地成为天道与人事所共同趋向的目标。应当承认,荀爽的这种理解是超出了简单比附的水平,在一定程度上揭示出天人关系的内在联系了。

荀氏易学属于汉代象数易学的范畴,也是两汉经学思潮的重要组成部分。但是,在荀爽身上我们所看到的经学已不再是原来的老面孔,而是表现出今古文经的融合,及对传统经学的批判继承。虽然他的升降说及卦气说仍有天人感应的成分,但这已是对宇宙万物、社会现实的一种理性思考,通卷都闪烁着理性的光辉。因此这不能不说是易学史乃至整个哲学史上的进步。这种观点我们可以从荀爽的卦气说中得到证明。

荀氏卦气说虽然是直接用来疏解经义的,但其落脚点并不在此,而是通过注经诠传来说明阴阳的消长,四时的更迭,寒暑的交替,人事的变通,社会的治乱,最终是通过分析自然以说明社会,表现出以天征人,推天道以明人事的思维方式和注易特点。荀氏易学不仅在分析自然和社会现实上体现了高度的理性精神,其注易体例也影响了许多易学家对易的诠释和理论建构,极大地促进了象数易学的发展,特别是具有独创意义的阳升阴降说对后世影响尤大。

当然我们也应看到,荀氏易学也存在着一些无法克服的矛盾。荀爽把阳升阴降作为其易学的理论基础,并且竭力使其成为一种普遍性的原则和范例,以之作为一以贯之的东西来诠释经传,这可能是《费氏易》以传解经的家法及对此家法的运用。但是,如此一来,往往使这些象数范式变成了僵死的教条,用之硬套卦爻辞及卦爻的内在关系,从而显示出象数易学牵强附会的缺失,最终窒息自身的生命力。不过荀氏易学以其自身的特色与缺憾启迪后世易学家作出了有益的探索,从而共同促进了易学的发展,从这种意义上说,荀氏易学在易学史上的地位和影响是不可轻视的。

（作者为郑州大学图书馆研究馆员、《周易》与古代文献研究所所长）

《河图》中的象数义理探析

张乾元

　　《周易》的象和数是紧密联系在一起,不可分割的。《周易》的"数"主要指占筮所用蓍草的数目,又泛指阴阳奇偶之数、爻数、策数、极数、余数、生数、成数、内数、外数、理数、太极之数、五行之数、河洛之数、大衍之数、小衍之数等数据。"象"主要指占筮的爻象、卦象,又泛指阴阳刚柔之象、内象、外象、气象、数象、图像、天地之象、日月之象、具体物象、象征性物象、吉凶之象等等可感可想象之象。"数"是《周易》定"象"的基本元素,有象必有数,数立则象生。

　　在遥远的伏羲氏画八卦时代,先祖就已经意识到物质变化生息与"数"的关系。古《易》用数字集中表达了物质世界的变化规律,用符号浓缩了人类生活实践的丰富内涵,故"立象"参合数理、数据、运算等因素。《周易·系辞上传》曰:"参伍以变,错综其数。通其变,遂成天地之文。极其数,遂定天下之象。非天下之至变,其孰能与于此?"①南宋理学宗师朱熹(1130~1200)《周易本义》注曰:"既参以变,又伍以变,一先一后,更相考核,以审其多寡之实也。错者,交而互之,一左一右之谓也。综者,总而絜之,一低一昂之谓也。"②"参伍"、"错综"都是古语,三人相杂曰"参",五人相杂曰"伍"。此借"参伍"之字来形容或多或寡、或前或后的变化时序。"错"是交错,阴错其阳,阳错其阴,阴阳相互交织。"综"如织布帛线之综,一上一下是也。"参伍以变,错综其数。"说明先后的时间性和上下左右的空间性的交错混杂,把这些数据混沌起来考察,当然极有难度,非常人所能为。圣人能"极其数",穷极数理,于是才能定立"天下之象"。圣人

---

① 朱熹:《周易本义》,天津市古籍书店影印,1986年。
② 朱熹:《周易本义》,天津市古籍书店影印,1986年。

因为把这种变化贯通了，抓住了事物的本质性和规律性，所以能描绘成天地交感的所有的文采和风貌。反过来说，必须掌握"天下之至变"的数据，精通变的程序性、复杂性，才能达到此种境界。

原始符号的设立和象数意义的确定是同步进行的。随着符号造型和意义象征两者同体，从初级、简单向高级、复杂的不断提升，卦爻的重叠从三段式提高到六段式，八卦组合成六十四卦，表现出卦义从单一走向多义和复杂的不断深化的发展趋势。通过符号和意义的设立与确立，同时直接启发了原始书画符号的创造和推广。早期的书画起源与伏羲画八卦同作。汉字指示的意义与象数表达的义理一脉相承。符号化的象数与符号化的字画都离不开阴阳五行变化的本体意蕴。八卦符号的本身也是图象，也是文字。图画符号既是形象，也是数据。东汉蔡邕《篆势》曰："字画之始，因于鸟迹，仓颉循圣，作则制文。"①早期的文字也是原始的绘画，象形文字与绘画符号是一样的，界限难以区别。字画的创立是先圣观察"鸟迹"得到启发而形成的，表达一定的义理。唐代张怀瓘《书断》曰："先贤说文字所起与八卦同作。"②南宋杨万里《诚斋集》曰："卦者，其名。而画者，非卦也，乃伏羲初制之字也。"③皆说明古代造字与远古易学文化观念是息息相关的。字画符号不仅是原始审美观念外化的结果，同时也是古代美的创造与社会实践需求的产物，从本原上建立起图画文字符号与义理、意蕴的统一，形成书画与易道"同体"、"同源"说。

"数"本来就离不开推算，推算即根据一定的法则算出结果。《周易》本为占筮经典，古人通过蓍草数进行推算，遵循一定的逻辑法则，推断事物变化结果的吉凶成败。"筮"与"卜"都是古代的占术。"卜"通常用烧灼龟壳来观察其纹其象，进行推测，充满神秘的宗教色彩。"筮"则是通过"蓍"草的"数"组成卦、卦象来进行推算。"蓍"，香草也，古人以蓍草为灵物，用其茎占筮。"筮"术相对于"卜"术，规则性较强，有一定的逻辑结构，筮法经过周文王等先圣的演绎遂成为哲学化的经学。汉代象数易学是易学发展史上的重要阶段，由于对象数义理的深入探讨，象和数都成为通向《周易》本义，通向易道易理的重要途径。象数易

---

①　王伯敏、任道斌、胡小伟主编：《书学集成·汉—宋》，河北美术出版社，2002 年。
②　王伯敏、任道斌、胡小伟主编：《书学集成·汉—宋》，河北美术出版社，2002 年。
③　文渊阁：《四库全书·集部·别集类·诚斋集》，上海人民出版社，1999 年，卷八十四。

学将天干地支的五行属性与六十四卦的爻位建立了相融关系,将律法、历法相结合建立了五行八卦与自然物候的直接的数据关系,并发展成为预测学的主要算术。象数易学认为卦爻与节气历法相契合的象数图式和数学方法,蕴含着天道、地道与人事相和谐的义理,从而把天地人合一的思想融入卦气象数模式之中,人们可以通过象数的推算,掌握天地之道的变化规律。

北宋苏轼(1037～1101)一贯重视象数的研究,其《东坡易传》指出:"天垂象,见吉凶,圣人象之。象之者,象其不言而以象告也。河图洛书,其详不可得而闻矣,然著于《易》,见于《论语》,不可诬也,而今学者或疑焉。山川之出图书,有时而然也。魏晋之间,张掖出石图,文字粲然,时无圣人,莫识其义尔。河图洛书,岂足怪哉!且此四者,圣人之所取象以作易也。当是之时,有其象而无其辞,示人以其意而已。故曰易有四象,所以示也。圣人以后世为不足以知也,故系辞以告之,定吉凶以断之。圣人之忧世也深矣。"①苏轼认为,对于神圣的文化应是圣人才能识其含义的。尽管魏晋之间,"张掖出石图,文字粲然",因当时无圣人能识,没人能够详知其真正意义。河图、洛书的真正内涵也不是一看就能把握的。河图、洛书"有其象而无其辞",以象示义,象其不言,其中的义理丰富、深邃、含蓄,使后人的理解带有多义性、随意性、复杂性和不确定性等等。先圣立象以尽意,用象代言,以象告之,尽意达理。也体现了"象"自身的妙不可言,言有尽而意无穷的功能。后世圣人又用《系辞》来进一步诠释,示人传承,更体现出象中有数,数中有象,象中有意,意中有象,象数著意,数理合一的道理。

伏羲氏观河洛,"灵龟负书"、"龙马出河",属于神秘的谶纬之学。圣人观河洛之水到底得到了什么?此固然文字记载确凿,但争议纷纭。笔者认为,圣人观到的首先是黄河、洛河之水的交汇景象,然后通过观象,悟出易变的道理。那么这些道理与现在所见的河图洛书的数字符号有什么关系?是思考的关键所在。也就是要深入思考"观物"与"取象"、"取象"与"数字"、"象数"与"义理"之间的关系,从而得到一些神圣的启示和道理,创造出更为神奇的文化。

原始的河图、洛书不管是图形数字,还是符号代码,都是"以象为数"或"以数为象"的。《系辞上传》云:"河出图,洛出书,圣人则之。易有四象,所以示也。

---

① 文渊阁:《四库全书·经部·易类·东坡易传》,上海人民出版社,1999年,卷七。

系辞焉,所以告也。定之以吉凶,所以断也。"①是说圣人仿效河图、洛书的自然之象与自然之理,以易的"四象"示意于人,以"系辞"告诉于人,以吉凶决断于人,让人们充分理解象数、义理之间的关系。先圣观河,得到图像,并赋予与图像相统一的数理,创造出河图、洛书,后世圣人效法河图、洛书的象、数之理,并以此之理推演出八卦的奇偶对称、错落、交合的图式。这种"观"、"象"、"悟"、"则"、"取"、"画"、"理"的智慧是何等神奇!圣人由"观象"而"启悟",由"取法"到"创造"的法则,同时构成了中国文字、文化、文明的发端。

象数与义理的关系属于形而上和形而下的关系。《系辞上传》"是故,形而上者谓之道,形而下者谓之器"②。象数有形为器用,义理无形为道体,义理隐藏在象数之中,象数的形式与义理内容一体同源,不可分割。同时《易传》中所包含的承乘、对应、往来、当位、趣时等占筮体例就是象数关系,并由这些关系推测吉凶成败的未来结果,传达人与天地、本体与现象之间整体和谐的道理。朱熹《周易本义·系辞上传》注释"形而上者谓之道,形而下者谓之器"指出:"卦爻阴阳,皆形而下者,其理则道也。"③卦爻象数符号,属于形而下之具体运用。万物的本体是易道,理与道同体,皆属形而上。理即是道体,无声无臭,不可感知。朱熹《晦庵集·答何叔京》解释程颐的"体用一源,显微无间"又曰:"体用一源者,自理而观,则理为体,象为用,而理中有象,是一源也;显微无间者,自象而观,则象为显,理为微,而象中有理,是无间也。"④体与用、理与象都是易学哲学的重要范畴。象和数为"用"、为现象,有形有迹,可观可数,显露于事物的外部,十分具体,为形而下。义和理为"体"、为本质,微妙无形,难以捉摸,不可见不可数,隐藏于事物的内部,十分抽象,为形而上。义理通过象数显现出来,体中有用,用中有体,体用一源,不可分离。

美籍台湾学者成中英《易学本体论》对象、数、义、理的关系作了进一步的总结,认为易的发生有四个阶段,即象、数(卜)、义(辞)、理四个阶段。八卦是现象的形象化的符号表达,卦也就是象。卦爻之象的变动,通过当位、不当位的关系

---

① 阮元 校刻:《十三经注疏·周易正义》,中华书局,1980年。
② 阮元 校刻:《十三经注疏·周易正义》,中华书局,1980年。
③ 朱熹:《周易本义》,天津市古籍书店影印,1986年。
④ 文渊阁:《四库全书·集部·别集类·晦庵集》,上海人民出版社,1999年,卷四十。

形成数。"以象为数",用数来决定或表现象,即数象。整个卦都可以用数来表示。天干地支以象为范畴,子、丑、寅、卯等物象之间的生物关系代表了一个自然生态生长发展的过程,象中有数。太极、两仪、四象、八卦,以数为象,数中有象。义和理本来是密切相关的。易义中有易理的成分,理也含着义,理显则义隐。象数中有义理,义理中有象数。象数显则义理隐,义理显则象数隐。从而强调象、数、义、理一体同源的统一关系。①

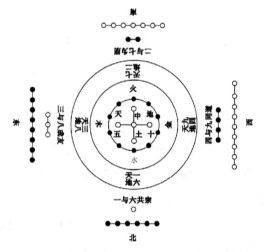

图1 五行生成图

《河图》、《洛书》应早于伏羲画卦。《河图》、《洛书》就是象中有数,数中有象,象、数、义、理一体同源的代表,圣人伏羲仿效它创造出刚爻、柔爻符号,用刚、柔决定奇偶之数的性质。奇偶之数,代表了天地之数,奇数为阳,偶数为阴。三爻成卦,爻象、卦象成为数的载体。《周易·系辞上传》曰:"天数五,地数五,五位相得而各有合。天数二十有五,地数三十,凡天地之数,五十有五,此所以成变化而行鬼神也。"②《周易正义》三国魏国王弼(226～249)注:"天地之数各五,五数相配以合成金木水土火。"唐代孔颖达(574～648)疏:"正义曰:若天一与地六相得合为水,地二与天七相得合为火,天三与地八相得合为木,地四与天九相得合为金,天五地十相得合为土也。"③一、三、五、七、九奇数为天数,二、四、六、八、

① [美]成中英:《易学本体论·"易"的象、数、义、理一体同源论》,北京大学出版社,2006年。
② 阮元 校刻:《十三经注疏·周易正义》,中华书局,1980年。
③ 阮元校刻:《十三经注疏·周易正义》,中华书局,1980年。

十偶数为地数，天地各有五位，相合交配而成五行。《系辞上传》又曰："天一，地二，天三，地四，天五，地六，天七，地八，天九，地十。"①朱熹《周易本义》注："此言天地之数，阳奇阴偶，即所谓河图者也。其位一六居下，二七居上，三八居左，四九居右，五十居中。"②意即天一地六居北方为水，地二天七居南方为火，天三地八居东方为木，地四天九居西方为金，天五地十居中为土。

春秋战国之际文献所述五行时空结构与古老的《河图》《洛书》数字图式都是完全统一的。《尚书·洪范》："五行：一曰水，二曰火，三曰木，四曰金，五曰土。水曰润下，火曰炎上，木曰曲直，金曰从革，土爰稼穑。润下作咸，炎上作苦，曲直作酸，从革作辛，稼穑作甘。"③《尚书正义》孔颖达疏："天一生水，地二生火，天三生木，地四生金，天五生土，此其生数也。如此，则阳无匹，阴无偶，故地六成水，天七成火，地八成木，天九成金，地十成土。于是，阴阳各有匹偶，而物得成焉，故谓之成数也。《易·系辞》又曰'天数五，地数五，五位相得，而各有合。''此所以成变化而行鬼神'，谓此也。"④《尚书》五行之数与《周易》天地之数是相一致的，后代注疏亦相互释解。一、二、三、四、五是生数，"五"既是天数，又是地数。生数加天地之数"五"，构成一加五为六，二加五为七，三加五为八，四加五为九，五加五为十。这样六、七、八、九、十则为成数，与生数对应匹配。故一与六，二与七，三与八，四与九，五与十奇偶阴阳、生数成数相匹配。《尚书》讲水有润下之阴性，可用于灌溉，水流湿从下，一阴生为水数。《尚书正义》孔颖达疏曰："水性本甘，久浸其地变而为卤，卤味乃咸。……月令冬。"火有炎上之阳性，可用于炊爨，火就燥炎上，二阳生为火数。孔疏又曰："火性炎上，焚物则焦，焦是苦气。月令夏。"木、金有阴阳相杂之性，木可以揉曲直为器，金可以从销铸变革。又曰："木生子实，其味多酸，五果之味虽殊，其为酸一也。是木实之性然也，月令春。""金之在火，别有腥气，非苦非酸，其味近辛，故辛为金之气味，月令秋。"金属在火中冶炼，带有特殊的腥气，又近似与苦辛的味道。"甘味生于百谷，谷是土之所生，故甘为土之味也，月令中央。"⑤土可以种收庄稼，治田之事为

---

① 朱熹：《周易本义》，天津市古籍书店影印，1986 年。

② 朱熹：《周易本义》，天津市古籍书店影印，1986 年。

③ 阮元 校刻：《十三经注疏·尚书正义》，中华书局，1980 年。

④ 阮元 校刻：《十三经注疏·尚书正义》，中华书局，1980 年。

⑤ 阮元 校刻：《十三经注疏·尚书正义》，中华书局，1980 年。

土性。《尚书·洪范》不仅明确了五行的方位、数字、物性、气味,还对应了月令季节,将生产实践与日常生活系统化统一起来,带有科学思想的性质。《尚书·洪范》所排列的五行秩序数字与《周易》天地之数是一致的,《洪范》只有生数,没有成数。《周易》有生数和成数,没有五行匹配组合。把两段叙述相合起来则为(天)一(地六)曰水,(地)二(天七)曰火,(天)三(地八)曰木,(地)四(天九)曰金,(天)五(地十)曰土。此即《河图》五行数字图式。

此"五行"奇偶阴阳数字结构,时间以四季春、夏、秋、冬为序,空间以东、南、西、北为序,四方四时色彩以青、赤、白、黑为序,土居中宫代表天地玄黄。以时间运行秩序为旋转方向,由春至夏、由夏至秋、由秋至冬、由冬至春循环,即以圆周顺时针方向旋转,构成五行相生结构次序。水生木,木生火,火生土,土生金,金生水。南北对应水与火相克,东西对应金与木相克,表示生中有克,寓生于克之理。《系辞上传》上述占筮所用的天地奇偶数理,表达了"五行"的时空秩序。因为有了"五行"的相生相克道理,事物在属性上发生融合与冲突。因为融合与冲突,事物才得以平衡和互动。

《河图》中一、三、七、九阳数为天数,天之象;二、四、六、八阴数为地数,地之象。内环一、二、三、四阴阳相错;外环六、七、八、九阴阳相合。如此顺时针方向,春夏秋冬四季无限循环运动,奇偶相次,日月相济,天地相交。笔者认为在顺时针运转中,阳数一、三、七、九由北至东、至南、至西,从初始生长到至极,构成一束能量阳粒子流循环。阴数二、四、六、八由南至西、至北、至东,从初始盛长到至极,又构成了一束能量阴粒子流循环。阴阳二种粒子流,以中土为中心,阴阳盛衰转化,形成顺时针运转的涡漩,这个混沌的涡漩乃是宇宙生命宏观图像。笔者依照这些数据秩序,将数据转化复原为图像,变数为象,绘制成《乾元河图奇偶数字涡漩图》,则构成与大气涡漩、水流涡漩以及宇宙的许许多多星系涡漩极为相似的图景,从某种意义上是以数理的形式再现了河洛之水交汇的景象,也揭示了先圣观河取象、赋予义理、推演天地之数的关系,可以揭示出"河出图"的科学内涵和美学意义。宇宙天地之间,星系涡漩、海洋涡漩、风暴涡漩、暖湿气流涡漩、河海水流涡漩等等流体运动都是以两种混沌的力相互推动的结果,混沌中阴阳交错,阳推阴助,阴推阳助,涡流回漩,非线性运动,不定向、立体式、圆球形、旋转周转,随机而变。这种图景也构成河图、洛书、太极双鱼图的"S"形结构形式。

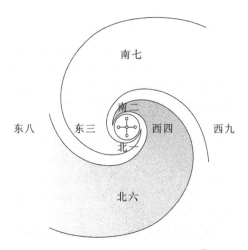

图 2　乾元河图奇偶数字涡漩图①

宏观的宇宙星系涡漩与海洋涡漩、河水涡漩、风暴涡漩、气流涡漩的流体力学道理是一致的,图式结构也是很相似的,是既向心又离心的复杂物理学引力结构。这说明涡漩图式天地皆有,而且象理同一,乃是自然界对流运动的统一模式。黄河、洛水相汇形成巨大的河洛涡漩,先祖伏羲观之而悟出其中之道,并从河洛景象中抽象出数字涡漩极为可能,能从澎湃恢宏河洛景象中得到启发、道理,古人认为此乃吉祥之兆。孔子在川上叹曰"逝者如斯夫! 不舍昼夜"②,孔子因只看到川河的同向流逝,没有看到巨大涡漩之景而叹息。"凤鸟不至,河不出图,吾已矣夫!"③同向川流无漩涡,一去不复返,不出涡漩盘回图像,孔子认为是不祥之兆,故叹而又叹。"龟龙衔负"、"龙马出河"带有艺术化的神秘色彩,而伏羲观河涡漩而悟,却非常合乎情理。"涡漩"图像大河小川皆有此景,黄河、洛水最为壮观。小至河川,大至宇宙,涡漩循环乃天象、地象、自然大统一之象的异质同构模式。圣人将这一模式推演成图、成象、成数、成理、成道,使天地自然合而为一,使象数义理合为一体。诚然,河洛的内涵甚广,可以从多种学科研究的角度去理解和诠释,可以得到更多更深的知识和启迪。

(作者为江苏大学艺术学院教授、副院长)

---

①张乾元:《绘事后素——中国古代绘画的五色美学观念》,中国文联出版社,2003 年。

②　《诸子集成·论语正义·子罕》,团结出版社,1996 年。

③　《诸子集成·论语正义·子罕》,团结出版社,1996 年。

《河图》《洛书》与两宋易图论略

卫绍生

　　《河图》、《洛书》是易图的重要源头之一。然而,不论《周易》、《尚书》等先秦文献的记载,还是两汉学者及谶纬之书对《河图》、《洛书》的疏证演绎,都没有对《河图》、《洛书》的图式作明确说明。魏晋南北朝以迄于隋唐,《河图》、《洛书》一直是易学研究者着意探讨的重要内容,但其图式究竟怎样,同样语焉不详。至五代末北宋初,陈抟《易龙图》、《先天图》传世,后经刘牧、邵雍等“图书派”名家的图解阐释和发挥,用形象直观的图画来解说《周易》,遂成为易学研究的一种重要方式。本文以《河图》、《洛书》为中心,着重探讨《河图》、《洛书》与两宋易图的关系及其对后世易图的影响。

一、两宋之前的《河图》与《洛书》

　　今所见《河图》、《洛书》,最早出自《周易·系辞上》:“天生神物,圣人则之;天地变化,圣人效之。天垂象,见吉凶,圣人象之;河出图,洛出书,圣人则之。”后人这段话中把“河出图,洛出书”解释为龙马负图出河,神龟负书出洛,于是就有了《河图》、《洛书》的说法。但《河图》、《洛书》究竟是什么东西,《周易》却没有告诉人们。《尚书·顾命》则把“河图”作为一种宝物:“越玉五重,陈宝、赤刀、大训、弘璧、琬琰在西序,大玉、夷玉、天球、河图在东序。”至于《洛书》,汉儒则把《尚书·洪范》箕子与周武王的对话“初一曰五行,次二曰敬用五事,次三曰农用八政,次四曰协用五纪,次五曰建用皇极,次六曰乂用三德,次七曰明用稽疑,次八曰念用庶征,次九曰飨用五福,威用六极”六十五字,视为《洛书》之文。

　　西汉孔安国为《周易》作传,把《河图》、《洛书》与八卦、九畴联系起来,以为“《河图》则八卦是也,《洛书》则九畴是也”。刘歆接受了孔安国的观点,以为

"虙羲氏继天而王,受《河图》,则而画之,八卦是也;禹治洪水,赐《洛书》,法而陈之,《洪范》是也。"①东汉班固以为"《河图》《洛书》相为经纬,八卦九章相为表里"。但不论孔安国还是刘歆、班固,皆以为《河图》乃伏羲画八卦之所本,《洛书》乃大禹分九畴之所原。换句话说,他们皆视《河图》、《洛书》为八卦、九畴之本源。至于《河图》、《洛书》是什么样子,他们同样是语焉不详。

东汉谶纬之学大行其道,所谓"光武善谶,及显宗、肃宗因祖述焉。自中兴之后,儒者争学图纬,兼复附以妖言"②。张衡以为"图纬虚妄,非圣人之法",曾上书请禁之。根据张衡《上事》一文记载,当时有关《河图》、《洛书》的纬书多达四十五种,超过了汉代谶纬图书总数八十一篇的二分之一。其他各类谶纬之书,也有许多附会《河图》、《洛书》的内容,如《礼纬·含文嘉》有"伏羲德合上下,天应以鸟兽文章,地应以《河图》《洛书》。伏羲则而象之,乃作八卦"的记载,《春秋纬》有"河以通乾出天苞,洛以流坤吐地符。河龙图发,洛龟书感。《河图》有九篇,《洛书》有六篇"的说法③。

在两汉谶纬之书中,《河图》、《洛书》被赋予了不同的内容。王永宽《河图洛书探秘》以为,两汉谶纬之书对《河图》、《洛书》内容的解释有三种说法,即《河图》、《洛书》是标示着历代帝王兴起与灭亡年代的一种图画,《河图》既是记载帝王次序之图,又是记载山水名称及行政区划的地理图,《河图》、《洛书》是一种祥瑞之兆④。两汉时期有关《河图》、《洛书》内容与性质的说法虽然纷繁复杂,但涉及到《河图》、《洛书》具体内容的东西还不是很多,更没有具体的图式。

这一时期,有关《河图》、《洛书》的记载,有两点最值得注意。一是孔安国所说的"《河图》者,伏羲氏王天下,龙马出河,遂则其文以画八卦;《洛书》者,禹治水时,神龟负文而列于背,有数一至九,禹遂因而第之,以成九类"⑤。孔安国以为,神龟负文出洛水,其文为一至九数,列于龟背。如此一来,就把《洛书》与九数联系了起来;二是《大戴礼记》"明堂篇"有"二九四,七五三,六一八"诸语,东汉郑玄注云:"法龟文也。"以为明堂设置是效法"龟文"。朱熹据此以为,"汉人

---

①　班固:《汉书·五行志第七上》,上海古籍出版社、上海书店影印武英殿本四库全书本。

②　范晔:《后汉书·张衡传》,上海古籍出版社、上海书店影印武英殿本四库全书本。

③　孔颖达:《周易正义·系辞上》卷七,中华书局影印世界书局本《十三经注疏》。

④　王永宽:《河图洛书探秘》,河南人民出版社,2006 年。

⑤　《尚书·顾命·孔安国传》。

固以九数为《洛书》矣"①。

孔安国首先把九数与《洛书》联系在一起,郑玄又把明堂九数的设置与《洛书》联系在一起,而明堂九数的设置,正是后代出现的九宫算法,即"二四为肩,六八为足,左三右七,戴九履一"。如此一来,就在《洛书》九数、明堂九数设置和九宫算法之间建立起了一种联系。正是这种联系,给后人在《河图》、《洛书》与五行生成之数之间建立联系以极大的启迪。

首先把《河图》、《洛书》与五行生成之数联系在一起的,是北魏易学家关朗。

关朗字子明,河东解(今山西解州)人,有经济大器。或以占算示人,而不求宦达。北魏太和末,并州刺史王虬奏请孝文帝,请以关朗为记室。孝文帝以为关朗不过是精通卜筮之人,不想见他,后在王虬的再三劝说下,才召见关朗。既见之后,孝文帝以为关朗乃管、乐之器。可惜孝文帝不久就去世了,关朗遂退居临汾山,教授门人《春秋》、《老子》、《周易》等,号关先生学。② 在《关氏易传》一书中,关朗以为,"五行,水生乎一,成乎六;火生乎二,成乎七;木生乎三,成乎八;金生乎四,出乎九;土生乎五,出乎十。独阳不生,独阴不成,故天一必待地六而成之,地二必待天七而成之。其体虽五,而成必六。六者非他,天地生成之谓也。天数五,地数五,五者非他,三天两地之谓也。地二天三,合而为五"③。朱熹《易学启蒙》论及《河图》、《洛书》,则有"关子明云《河图》之文,七前六后,八左九右;《洛书》之文,九前一后,三左七右,四前左,二前右,八后左,六后右"诸语。④ 关朗之说本于《周易》和孔安国,而被朱熹称之为"洛书之文"的内容,则与传统算术中的九宫算法相吻合。如此一来,《河图》、《洛书》就与五行生成之数联系在了一起。

唐孔颖达作《周易正义》,对前贤的成果进行了总结。他以为,《周易·系辞》所说的"天一地二,天三地四,天五地六,天七地八,天九地十",就是五行生成之数,所谓"天一生水,地二生火,天三生木,地四生金,天五生土,此其生数也;如此,则阳无匹,阴无偶。故地六成水,天七成火,地八成木,天九成金,地十

① 宋·胡方平:《周易启蒙通释》卷一,文渊阁四库全书影印本。
② 清·朱彝尊:《经义考》卷十三《关氏易传》下引张晞《河东先贤传》,文渊阁四库全书影印本。
③ 北魏·关朗《关氏易传·大衍第三》,清嘉庆张海鹏辑刊《学津讨原》本。
④ 宋·胡方平:《周易启蒙通释》卷一,文渊阁四库全书影印本。

成土。于是阴阳各得匹偶,而物得成焉,故谓之成数也"①。孔颖达在关朗之后,他对五行生成之数的解释,虽然没有直接与《河图》、《洛书》联系在一起,但与关朗之说异曲同工,故而可视为对关朗之说的继承和发挥。

关朗与孔颖达是南北朝至隋唐间易学研究的代表人物,他们把五行生成之数与《河图》、《洛书》联系在一起,以五行生成之数解释《河图》、《洛书》,开启了《河图》、《洛书》研究的新途径,给其后的易学研究者以启迪,为图画式《河图》、《洛书》的出现开拓了思路并做了必要的准备。

二、陈抟对《河图》《洛书》和易图的贡献

《河图》、《洛书》图式的出现,与五代末北宋初的陈抟有直接关系。陈抟,字图南,自号扶摇子,亳州真源(今河南鹿邑)人。自幼聪明颖悟,长大成人后,博通经史百家,不喜禄仕,惟以山水为乐。初隐于武当山九家岩,修习服气辟谷之术。居九家岩二十余年,后移居华山,初隐云台观,又隐少华山石室。每居一处,辄辟谷高卧,常百日不起。周世宗闻其有长生之术,请至宫中求教。太平兴国年间,不喜介入世事的陈抟两次入朝觐见宋太宗。宋太宗以其冲淡高远,不落尘俗,赐号希夷先生。端拱二年(989)秋,卒于华山张超谷石室。陈抟一生对《易经》有特别的嗜好,经常手不释卷,著有《无极图》和《先天图》。

朱震著《汉上易传》对陈抟《河图》、《洛书》与《先天图》的师承授受有简要介绍:"濮上陈抟以《先天图》传种放,放传穆修,修传李之才,之才传邵雍。放以《河图》、《洛书》传李溉,溉传许坚,许坚传范谔昌,谔昌传刘牧。修以《太极图》传周敦颐,敦颐传程颐、程颢。是时,张载讲学于二程、邵雍之间,故雍著《皇极经世》之书,牧陈天地五十有五之数。"②根据朱震的介绍,陈抟传授给种放的,只有《先天图》,而种放所传,却有两个线索,一是《先天图》,二是《河图》与《洛书》。前者传授给了穆修,穆修传李之才,李之才传邵雍;后者传授给了李溉,李溉传许坚,许坚传范谔昌,范谔昌传刘牧。后人见到的《先天图》,最早出自邵雍《皇极经世书》,而非出自陈抟之手。同样,《河图》与《洛书》之图最早见载于刘

① 唐·孔颖达:《尚书正义》卷十二,中华书局影印世界书局本《十三经注疏》。
② 宋·朱震:《汉上易传》卷首《汉上易传表》,文渊阁四库全书影印本。

牧《易象钩隐图》，亦非出自陈抟之手。人们把世传《先天图》与《河图》、《洛书》归于陈抟名下，是因邵雍和刘牧皆是陈抟再传弟子的缘故。

　　陈抟刻于华山岩壁之上的《先天图》和《河图》、《洛书》究竟是什么样子，虽然已无从得知，但陈抟留下来的一篇《易龙图序》，却为人们探讨《河图》提供了可靠的资料：

　　　　且夫龙马始负图，出于羲皇之代，在太古之先。今存已合之位或疑之，况更陈其未合之数耶？然则，何以知之？答曰：于仲尼三陈九卦之义探其旨，所以知之也。况夫天之垂象，的如贯珠，少有差则不成次序矣。故自一至于盈万，皆累累然如丝之于缕也。且夫龙图本合，则圣人不得见其象。所以天意先未合而形其象，圣人观象而明其用。是龙图者，天散而示之，伏羲合而用之，仲尼默而形之。始龙图之未合也，惟五十五数。上二十五，天数也；中贯三五九，外包十五，尽天三、天五、天九，并五十之用。后形一六无位，又显二十四之为用也，兹所谓天垂象矣；下三十，地数也，亦分五位，皆明五之用也。十分而为六，形地之象焉；六分而几四象，地六不配。在上则一不用，形二十四；在下则六不用，亦形二十四。后既合也，天一居上，为道之宗；地六居下，为气之本。天三干，地二地四为之用。三若在阳，则避孤阴，在阴则避寡阳。大矣哉！龙图之变，岐分万途，今略述其梗概焉①。

　　陈抟所谓龙图，就是《周易·系辞》所说的"河出图"之图。从这段论述中的"始龙图之未合也，惟五十五数"，以及下面对各组数字组合的叙述来看，所谓的"龙图"，就是龙马出河所负之图，即后人所说《河图》。其图由一至十组成，其和为五十五。后世学者称此图为十数图。

　　陈抟易图得以流传，刘牧与邵雍起到了非常关键的作用。

　　刘牧，字长民，一作先之，彭城（今徐州）人，官至太常博士。《宋史·艺文志》载其有《新注周易》十一卷，图一卷，晁公武《读书志》作图三卷。刘牧是易学图书派的早期代表人物，图书派的倡导者，四库馆臣称之为"在邵子之前其首倡

---

① 明·周复俊：《全蜀艺文志》卷三十一，文渊阁四库全书影印本。

者也"①。他以九数为《河图》，十数为《洛书》，与邵雍以十数为《河图》、九数为《洛书》不同。其学盛行于宋仁宗时。至南宋，蔡元定以为刘牧之图与孔安国、刘歆所传不合，而以十数为《河图》，九数为《洛书》。朱熹从之，作《易学启蒙》。自此以后，论《河图》、《洛书》者多尊崇朱、蔡，刘牧之图几于不传。

刘牧《新注周易》今已不存，仅存《易数钩隐图》三卷，载图55幅，附《易数钩隐图遗论九事》载图9幅，合计有图64幅。刘牧是第一位以图论的形式解说《周易》的人，他沿袭陈抟的说法，称《河图》为《龙图》，而把《洛书》称之为《龟书》。在《龙图龟书论》一文中，他引经据典，对《河图》和《洛书》作了详细的论述，认为《洛书》非出于大禹之时，因为《尚书·洪范》说得明白："在昔鲧湮洪水，汨陈其五行。帝乃震怒，不畀洪范九畴，彝伦攸斁，鲧则殛死，禹乃嗣兴，天乃锡禹洪范九畴，彝伦攸叙。"《尚书·洪范》不载神龟负图之事，而只有孔安国注称"天与禹《洛书》，神龟负文而出，龟背有数，从一至九"。后人递相祖述，以为禹亲受《洛书》而陈九类，实乃大误。况且《周易》上经和下经都没有记载《河图》、《洛书》之事，仅《周易·系辞》有"河出图，洛出书，圣人则之"之语，这大概是孔子据此而作《易传》的理由之一。所以，在刘牧看来，《河图》与《洛书》，皆出于伏羲之世，所谓"《易》者包象与器，故圣人资图、书而作之也"②。

《易数钩隐图》所载64幅图，是现存最早、最集中的易图。其图以《周易·系辞》"太极生两仪，两仪生四象，四象生八卦，八卦成吉凶"一段话为纲，辅以天数、地数、三才、五行、《河图》、《洛书》。其中有关《河图》、《洛书》的图有8幅。刘牧用图画的形式解说天数、地数、五行、八卦，开辟了《周易》研究的一条新路。如《太皞氏授龙马负图》，刘牧的解释涉及五行生成之数、八卦、十二地支，以及伏羲、文王、孔子等：

　　昔伏羲氏之有天下，感龙马之瑞负天地之数出于河，是谓龙图者也，戴九履一，左三右七，二与四为肩，六与八为足，五为腹心，纵横数之皆十五。盖《易系》所谓"参伍以变，错综其数"者也。太皞乃则而象之，遂因四正，定

---

① 清·纪昀等：《四库全书·易数钩隐图提要》，文渊阁四库全书影印本。
② 宋·刘牧：《易数钩隐图·龙图龟书论下》，文渊阁四库全书影印本。

五行之数。以阳气肇于建子为发生之源,阴气萌于建午为肃杀之基。二气交通,然后变化,所以生万物焉,杀万物焉。且天一起坎,地二生离,天三处震,地四居兑,天五由中,此五行之生数也。且孤阴不生,独阳不发,故子配地六,午配天七,卯配地八,酉配天九,中配地十。既极五行之成数,遂定八卦之象。因而重之,以成六十四卦,三百八十四爻。此圣人设卦观象之奥旨也。且伏羲相去文王,逾几万祀。当乎即位,乃纣之九年也。作《易》者其有忧患文王乎?文王既没五百余岁,方生孔子。孔子生而赞易道,且曰'河出图,洛出书,圣人则之',是知龙马之瑞,非伏羲不能昭格;《河图》之数,非夫子不能衍畅。原夫错综之数,上极二仪,中括万物,天人之变,鬼神之奥,于是乎尽在。敢有非其图者,如圣人之辞何?

　　刘牧对《河图》、《洛书》的解释,一是考竟源流,二是辨明图像,三是以之解释五行之所起、八卦之所生。由于刘牧所传《河图》、《洛书》源出陈抟,所以,他绘制的《河图》、《洛书》及其他图式,在宋仁宗朝流行甚广,影响很大。

　　与刘牧约略同时的邵雍是陈抟《先天图》的传人。邵雍,字尧夫,祖先范阳人,其父邵古徙居共城(今河南辉县市)。年三十余,游学河南,葬其亲于伊水之上,遂为河南人。邵雍是宋代著名思想家、理学家和术数名家,著有《伊川击壤集》、《渔樵问对》和《皇极经世书》等。

　　《皇极经世书》是一部被朱熹称为"自《易》以后,无人做得一物如此整齐、包括得尽"的奇书。它本乎《周易》而又不拘泥于《周易》,四库馆臣称之为"盖出于物理之学,所谓《易》外别传者是也"[1]。书中所言圆图、方图,即陈抟所传《先天图》。图式书中无载,今见各本《皇极经世书》卷前之图,则是南宋蔡元定原纂图及后人补入图。但邵雍在《皇极经世书》中对圆图、方图多有论述,对《河图》、《洛书》及五行生成之数亦有论及。南宋朱熹、蔡元定等人论《河图》、《洛书》与《先天图》,多以邵雍为宗,且以邵雍之语为证。可以说,自朱熹、蔡元定以后,邵雍对《河图》、《洛书》和《先天图》的解释,很快在易学研究中占据了上风,南宋以后论易图者多以九数为《洛书》,十数为《河图》,表明了邵雍在易图发展方面

---

①　清·纪昀等:《四库全书·〈皇极经世书〉提要》,文渊阁四库全书影印本。

的重要影响。

三、《河图》《洛书》与两宋易图的兴盛

陈抟、刘牧、邵雍之后,易学图书派得到了迅速发展,易图的数量迅速增加。这不仅得益于陈抟等人所绘《河图》、《洛书》等易图的影响,更得益于两宋之际朱震和南宋杨甲、朱熹等人在易图方面的不懈努力。可以说,两宋易图的兴盛,是由陈抟肇其端,刘牧、邵雍振其绪,朱震、朱熹、蔡元定等扬其波。自此以下,易图大行于世,余绪绵延近千年。

刘牧、邵雍之后,第一个把易图发扬光大的是两宋之际的朱震。朱震字子发,荆门(今湖北荆州)人。北宋政和中进士。南渡后,得赵鼎举荐为祠部员外郎,官至翰林学士。事迹具《宋史》本传。自政和丙申(1116)至绍兴甲寅(1134),朱震历十八年之功撰成的《汉上易传》,"以象数为宗,推本源流,包括异同,以救庄老虚无之失。"①是书有卦图三卷,载图五十一幅。朱震作这些易图,目的在于"解剥象象,推广《说卦》,断古今之疑,发不尽之意,弥缝易传之阙者也。"②

朱震易图首列《河图》、《洛书》和《伏羲八卦图》(即《先天图》)。从其对《河图》、《洛书》流传源流的介绍来看,《汉上易传》所载《河图》、《洛书》皆出于刘牧。从朱震的解释可以看出,他接受了刘牧以九数为《河图》、十数为《洛书》的观点,并结合前人之说,对《河图》、《洛书》作了简要论述。是书所收《先天图》,朱震则以为是王豫传于邵雍,而邵雍《先天图》的最早传人则是陈抟。

值得注意的是,后人易图,通常是依《周易·系辞》"太极生两仪,两仪生四象,四象生八卦,八卦成吉凶"之序,先列《太极图》,而后是两仪、四象、八卦,之后才是《河图》和《洛书》。而朱震易图把周敦颐《太极图》置于《河图》、《洛书》和《伏羲八卦图》之后,则是大有深意。首先,《河图》、《洛书》和《先天图》是陈抟所传,周敦颐的《太极图》则是穆修所传,而穆修则是陈抟的再传弟子,以这些易图出现的时间先后而论,《太极图》理当在后;其次,《河图》和《洛书》是伏羲

---

① 清·纪昀等:《四库全书·〈汉上易传〉提要》,文渊阁四库全书影印本。
② 朱震:《汉上易传·卦图》卷上,文渊阁四库全书影印本。

画八卦之所本,而太极、两仪等则属于解释八卦生成的理论。以实践的观点而论,理论出现在实践之后,是对实践的总结。再次,把《河图》、《洛书》和《先天图》置于诸图之首,突出了三图对于《周易》的作用,实际上有以三图领诸易图之意。

稍后于朱震的杨甲著有《六经图》十卷,其中《周易图》有图七十幅。杨甲字鼎卿,昌州(今重庆大足)人,南宋孝宗乾道二年(1166)进士,曾任蜀中县令。所著《六经图》成书于宋高宗绍兴中,其中《周易图》尝勒之于昌州郡学。宋孝宗乾道中,抚州(今属江西)教授毛邦翰对《六经图》加以增补。

杨甲《周易图》是继刘牧、朱震之后又一部较有影响的易图。它不仅载图比《易数钩隐图》和《汉上易传》都要多,而且其图更为系统,更加学理化。依其表现内容而论,《周易图》大抵可以分为五个系列:一是以周敦颐《太极图》为首的太极、两仪、四象、八卦系列;二是以刘牧《河图》、《洛书》为主的《河图》、《洛书》系列;三是以邵雍《先天图》为主的卦图系列;四是以邵雍卦变图为主的卦变图系列;五是前贤与《周易》相关的观图系列,如李溉《卦气图》、扬雄《太玄准易图》、邵雍《皇极经世》图、司马光《潜虚》图,等等。这些易图皆是以图画的形式来解释《周易》,形象直观,一目了然。如杨甲称之为"旧有此图"的《古太极图》,由内外五圆构成,最内一小圆为"气",即所谓"太极",所以,在第二圆内标有"太极"二字;气轻清者上为天,重浊者下为地,是为两仪,即第三圆;两仪既分,遂生金木水火四象,四象位列四方,即第四圆;四象各有生成之数,是为八卦,即最外一圆。杨甲解释说:

> 太极未有象数,惟一气耳。一气既分,轻清者上为天,重浊者下为地,太极生两仪也。两仪既分,则金木水火四方之位列,两仪生四象也。水数六,居坎而生乾;金数九,居兑而生坤;火数七,居离而生巽;木数八,居震而生艮,四象生八卦也。

杨甲《周易图》所载《河图》、《洛书》,是在刘牧、朱震之图基础上改进而成的。《河图》由小圆点组成,一、三、五、七为奇数,二、四、六、八为偶数,依"戴九履一,左三右七,二四为肩,六八为足,五为腹心"之序排列。整个图的结构与刘牧《河图》完全相同,所不同者,是杨甲在各圆点组成的数字之旁,标明了对应的色彩,一数白居北方,二数黑居西南,三数绿居东方,四数碧居东南,五数黄居中央,六数白居西北,七数赤居西方,八数白居东北,九数紫居南方。《洛书》图式所谓差异,主要表现在中央五与十之数的变化上,十黑点居于五白点上,分为三行,中间四,上下各三。四方和中央各有文字说明,北方"太玄曰一与六共宗",南方"二与七为朋",东方"三与八成友",西方"四与九同道",中央"五与十相守。范望曰重言五者,十可知也"。对于《河图》、《洛书》,杨甲解释说:"《河图》之数四十五,盖圣人损去天一、地二、天三、地四,凡十数,独天五居中而主乎土。至《洛书》则有土十之成数,故水火金木成形矣。"杨甲虽然只是把《河图》、《洛书》的黑白变成了与五行之色相对应的绿、赤、白、黑、黄,但这种变化却流露出宋人对《河图》、《洛书》数字新的理解,为此后术士借用《河图》、《洛书》打开了一扇方便之门。

　　从刘牧到朱震再到杨甲,易图的数量在增加,图式也在变化,但其最基本、最重要的易图,却是刘牧所绘《河图》、《洛书》和邵雍传下来的《先天图》。杨甲的《周易图》就是对刘牧、邵雍和朱震之图的总结。杨甲之后,随着朱熹《周易本义》和《易学启蒙》的流行,出于邵雍《皇极经世书》系统的《河图》、《洛书》逐渐取代了刘牧所绘之图,尽管其图式并没有根本性变化。

　　宋刊朱熹《周易本义》原有图九幅,首列《河图》、《洛书》。朱熹对此解释说:"《系传》曰:河出图,洛出书,圣人则之。又曰:天一地二,天三地四,天五地六,天七地八,天九地十,天数五,地数五,五位相得,而各有合。天数二十有五,地数三十,凡天地之数五十有五。此所以成变化而行鬼神也。此《河图》之数也。《洛书》盖取龟象,故其数戴九履一,左三右七,二四为肩,六八为足。"朱熹以十数为《河图》,九数为《洛书》,不是凭空而言,而是有其所本。他引蔡元定之语来证明己说:"图、书之象,自汉孔安国、刘歆,魏关朗子明,又有宋康节先生邵雍尧夫,皆谓如此。至刘牧始两易其名,而诸家因之。故今复之,悉从其旧。"①

　　朱熹所说的蔡元定,与南宋图书派的发展有很大关系。蔡元定,字季通,建

---

①　宋·朱熹:《周易本义·图目》《河图·洛书》注释,中国书店影印世界书局本《四书五经》,1985年。

阳(今属福建)人,尝游学于朱子之门。庆元中,坐党籍流放道州(今湖南道县),卒于谪所。朱熹《周易本义》卷首所附易图,实际上是蔡元定从西蜀隐者手中购得。元代学者袁桷《易三图序》对蔡元定易图源流考证甚详:

　　谢先生遁于建安,番阳吴生蟾往受《易》,而后出其图焉。建安之学为彭翁,彭翁之传为武夷君,而莫知所受。或曰托以隐秘,故谓之武夷君焉。……始晁以道纪传《易》统绪,截立疆理,俾后无以伪。至荆州袁溉道洁,始受于薛翁,而《易》复传。袁乃以授永嘉薛季宣士龙。始薛授袁时,尝言"河洛遗学,多在蜀汉间",故士大夫闻是说者,争阴购之。后有二张,曰"行成精象数",曰"演通于玄"。最后,朱文公属其友蔡季通如荆州,复入峡,始得其三图焉。或言《洛书》之传,文公不得而见。今蔡氏所传书,讫不著图藏,其孙抗秘不复出。临邛魏了翁氏尝疑之,欲经纬而卒不可得。季通家武夷,今彭翁所图,疑出蔡氏,惜彭不具本始。谢先生名字,今不着其终也,世能道之①。

　　北宋袁溉曾学易于周敦颐,他向薛季宣传授易学时,曾有"河洛遗学,多在蜀汉间"之语。此语既出,不少士大夫就悄悄地前往蜀汉之地,采购易学图书。迄于南宋,朱熹嘱托蔡元定到荆州,再由荆州入川,寻求蜀汉河洛遗学。蔡西山不虚此行,得到三幅图,即《先天太极图》、《九宫图》和《五行生成图》。此图后为其孙蔡抗所收藏,遂秘不示人。西山之学传于彭翁,故而袁桷认为"彭翁所图,疑出蔡氏"。

　　蔡元定详考古今传记,认为自西汉孔安国、刘向父子,以及东汉班固,皆以为《河图》是授予伏羲,《洛书》是赐予大禹。魏关子明(朗)和北宋邵康节(雍),皆以十数为《河图》,九数为《洛书》。这主要是因为《易传》有"天地五十有五之数"诸语,《尚书·洪范》又明言天乃锡禹《洪范》九畴,而九宫之数,正是传说中神龟之背呈现的图像。在他看来,刘牧以一己之见臆测,以九数为《河图》,十数为《洛书》,并假托其所绘之图出于陈抟。其所绘之图既与诸儒旧说不合,又引

---

　　① 元·袁桷:《清容居士集》卷二十一,文渊阁四库全书影印本。

《易传》,以为《河图》、《洛书》,皆出于伏羲之世,结果造成两易其名,把《河图》与《洛书》颠倒了位置。蔡元定所绘《河图》、《洛书》,把刘牧颠倒了的东西重新颠倒过来,所谓"故今复之,悉从其旧"。在《纂图指要》中,他说:"龙马负图,伏羲因之以画八卦,重之为六十四卦。初未有文字,但阳奇阴偶,卦画次序而已。今世所传伏羲八卦图,以圆函方者是也。康节曰:'上古圣人皆有《易》,但作用不同。今之《易》,文王之《易》也,故谓之《周易》。'若然,则所谓三易者,皆本乎伏羲之图而取象,系辞以定吉凶者,各不同耳。然作用虽异,其为道则同一太极也。《皇极经世》之书命数定象,自为一家,古所未有,学者所未见,然亦皆出于伏羲卦画奇偶之序,其为道亦同一太极也。今以伏羲卦图列之于前,而以《皇极经世》疏之于后,则大略可见矣。"①

朱熹《周易本义》列蔡元定原纂易图于卷首,表明了朱熹对这些易图的认可态度。由于朱熹的影响,同时又由于朱熹、蔡元定借重邵雍在易学研究中的崇高声望,《周易本义》卷首所载九幅易图,则成为后世易图的基本图式,其影响远远超过了刘牧、朱震和杨甲之图。尤其是《河图》和《洛书》,朱熹之图一出,很快为人们所接受,而刘牧、朱震、杨甲之《河图》《洛书》图则逐渐失去了市场。

北宋以后,《河图》、《洛书》出现了许许多多新的图形。易学研究者对《河图》、《洛书》同样给予了较多的关注,并在《河图》、《洛书》的基础上对易图有新的发展。

（作者为河南省社会科学院文学研究所研究员）

---

① 清·王植《皇极经世书解》引,文渊阁四库全书影印本。

邵雍与宋代象数易哲学简论

杨翰卿

北宋邵雍,长期隐居洛阳,毕生致力于解说《周易》原理,其易学被称为数学、先天学、象数学,是河洛文化长廊中一颗较为璀璨的理论之星,影响深远。邵雍易学既有其理论渊承,又自成一家,独成体系,有其创造性成就和理论贡献。究其易学的理论实质,实可谓数理之学,经南宋蔡元定父子至朱熹的阐发,不仅影响所及,亦表现出宋代易学象数、义理的融合趋势,并影响至东亚、西欧诸国家和地区。

一

与周敦颐一样,邵雍的哲学体系是以易学为核心建立起来的,基本宗旨是以易学来探讨天地万物的运动变化和阴阳消长。但与周敦颐的宇宙生成论不同,邵雍之学已显露出本体论的端倪。朱熹在《易学启蒙》和《周易本义》中,将邵雍的《伏羲先天图》归结为四种,即《伏羲八卦次序图》,《伏羲八卦方位图》,《伏羲六十四卦次序图》,《伏羲六十四卦方位图》。据有关资料看,其实邵氏的先天图并非仅此四图,但是朱熹所概括的邵雍伏羲四图,却体现了邵氏先天学的基本内容,且后来产生了很大影响,姑且可以依凭。

宋代易学继承发展汉魏以降的解《易》之风,分别以象数、义理两大流派使易学研究进入到一个新的阶段,表明象数、义理两派对宋代易学的发展都是有贡献的。《四库全书总目提要》对宋易评论说:"汉儒言象数,去古未远也,一变而为京焦,入于机祥;再变而为陈邵,务穷造化,易遂不切于民用。王弼尽黜象数,说以老庄,一变而为胡瑗、程子,始阐明儒理;再变而李光、杨万里,易遂日启其论端。"这一评论指出了宋代易学象数派是以陈邵为代表,特点是穷造化但不切于民用;义理派以胡瑗、程子等为代表,阐明儒理但发展中出现了论端。这一评论未必全面,但论宋易象数、义理两派的理论特征基本上是符合实际的。

综观宋代象数学派逻辑演变的轨迹和趋势,概括地说,为陈抟所开创,尔后,衍化为以刘牧为代表所倡导的河图洛书之学,周敦颐、邵雍的象数之学,南宋朱震和会诸家,独树一帜,朱熹、蔡元定、蔡沉别开生面,熔象数义理于一炉,推进了宋易的发展。其中真正奠定了规模并代表宋易象数学派的理论方向的,应首推邵雍。

邵雍易学,很少解释《周易》经文即卦爻辞,因为他认为《周易》卦爻辞乃文王之易,属于后天之学,他的兴趣在他所说的先天易学,即伏羲氏所画的图式,认为此图式,有卦无文,但其中尽备天地万物之理。此种学风,可以说是陈抟派以图式解易的发展。但就其对图式的解说看,其所依据的思想资料则来于《易传》,特别是《系辞》和《说卦》,就这一方面说,其易学又是对《系辞》和《说卦》二传的阐发。他继承和发展了汉易中的卦气说①,但抛弃了汉代经师以卦气和象数解释《周易》卦爻辞的繁琐的经学形式,成为宋明时期象数学派的代表。邵雍是一位典型的易学哲学家,其以象数之学为中心,推衍出一套哲学体系,特别是关于宇宙运动和变化的模式,预测未来的事变,从而创立了宋明哲学中的数学派,对宋明哲学的发展产生了影响②。这里就以邵雍、蔡氏父子、朱熹为代表,略述宋易象数哲学的一种理论趋向和特征,并以表明其理论的发展和趋势。

二

邵雍易学哲学的创造性发展和理论贡献,突出地表现在他建构了一个以先天易学为主体的较为严密而精巧的逻辑体系,推演出一套宇宙阴阳消长、运动变化和社会历史演化的模式。邵雍研《易》的基本理路是基于数。从邵雍解释《周易》和朱熹等对邵氏易学的解释来看,邵雍解释《周易》以太极、阴阳、数、象、卦、物等为主要范畴,而贯穿于这些范畴之中的一个最基本最精髓的概念是"数"。

① 卦气说:以卦象解说一年的节候变化。如孟喜以十二消息卦配十二个月;以四正卦(坎震离兑)的二十四爻配二十四节气(京房以六子卦的上下卦配二十四节气,每卦主两个节气);以六十卦(除四正卦)配七十二候(京房则以六十四卦配一年的日数)。
② 朱伯崑:《易学哲学史》第2卷,昆仑出版社,2005年。

邵雍认为阴阳两仪、阴阳刚柔四象、乾坤坎离等八卦,以及万物,都源于"太极"。而"太极"即"道"、即"一"、即"心"。这个"太极"之"一"本身不是数,"一"就是"太极","太极"就是"一"。但是这个"太极"之"一",却包含着"既分"的内在因素,是"奇"、"偶"的对立统一。"奇"是一奇;"偶"即是二偶。一奇二偶,合而为三,这就是易的真数或基本数。表明"太极"之一,是一而涵三,"非数而数以之成也"。有一则有二,有二则有三。有二和三,数的变化便复杂多样了。由不变不动的"太极"之"一",而生二,此"二"(指奇偶二数)则具有了变化神秘莫测的性能。所以,邵雍说:"太极一也,不动生二,二则神也。"朱熹《易学启蒙》解释伏羲八卦次序图说:"太极之判,始生一奇一偶而为一画者二,是为两仪,其数则阳一而阴二……邵子所谓一分为二者也。""两仪之上各生一奇一偶而为二画者四,是谓四象……所谓二分为四者。""四象之上各生一奇一偶,而为三画者八,于是三才略具而有八卦之名矣。其位则乾一兑二离三震四巽五坎六艮七坤八。"表明两仪、四象、八卦,乃至六十四卦和万物都源于"太极"之"一",并且仪、象、卦、物之生,实质则是数的变化之结果。

邵雍易学认为,由数而生象,"数立则象生"。因此,邵雍易学亦重"象"。象即指阴阳刚柔之爻象和卦象。邵雍认为,阴阳刚柔之象是由数产生的。所谓"神生数,数生象,象生器"。"太极不动,性也。发则神,神则数,数则象,象则器,器则变,复归于神也。""数立则象生。"说明有数才有象,卦象是体现易之奇偶之数的。反之,有了卦爻象,也必有其数,规定其性质。数是象的根源,象是数的体现。数与象、象与数,都是不可或缺的。邵雍在解释言意象数的关系时,曾将言意喻为鱼兔,象数喻为筌蹄,认为,"得鱼兔而忘筌蹄则可也",但若"舍筌蹄而求鱼兔,则未见其得也"。言意即圣人之言意,要求得圣人之意,必须运用象数。离开象数,则无从表达圣人之意。

在邵雍易学中,不仅数变而象显,而且数的变化又有其自身的法则,即内在逻辑性,也即理。《观物外篇》说:"易有内象,理数是也。有外象,指定一物而不变者是也。自然而然不得而更者,内象内数也。他皆外象外数也。"就是说,卦象可以分为两大类:一是内象,表示内在的理数;一是外象,表示外在的具体事物,其变化的数据则为外数。前者指奇偶变化的法则,后者指天地风雷等变化的形迹。邵雍将理数并提,表明数变不是人的主观任意安排的,亦非外在的,而是有其自身的法则和规律性,如一分为二法,所以称其为内,即"自然而然不得而更者"。《观物外篇》还说:"天下之数出于理,违乎理则入于术。世人以数而入术,故失于理也。"即是说,讲数,如果离开理,则流于术。"术"属于占术一类的主观猜测,邵雍是反对的。其所谓"数"是同"理"结合在一起的,所谓"理数",用现代的话说,即数理,数的变化所具有的内在逻辑性。程颐曾评论说:"邵尧夫数法出于李挺之,至尧夫推数方及理。"[①]这是颇为中肯的。但邵雍以理释数,认为数是有理的,天地之数即天地之理,理和数是统一的,与程颐主张有理而后有数,则不相同。在理、象、数三者的关系上,程颐坚持理为根本,为体,象和数都是用来表现理的,是用,三者是体和用的关系。而邵雍并数与理,其目的在于通过数而强调理。这在理论的致思趋向上,与程颐又是一致的。或者可以说,邵雍由太极之"一"而推数及理,其思想既是宇宙论的,又含有本体论意蕴,构成了程颐理本论的中介和理论发展环节,同时也确立了宋代象数派易学哲学尔后发展的一种理论方向。

邵雍关于八卦和六十四卦形成的理论,在易学史上自成一家,其基本法则是"一分为二,二分为四,四分为八"。程颢称此法为"加一倍法",朱熹称为"一分为二"法,所指都是从一开始,或逐次加一倍,或逐次分为二。如此推衍的结果,两仪、四象、八卦至六十四卦各层次中,都是阴阳相间而对立,如横图中黑白相间而对立,即邵雍所说:"分阴分阳,叠用刚柔,故易六位而成章。"说明六十四卦乃阴阳对立面经过六次分化而成。邵雍的卦次图,不仅用来解释八卦的形成,而且说明天地万物都是按八卦生成的次序演变出来的。这样,邵氏易学就由数而象,由数象而数理,由理到物。《观物外篇》说:"阴阳分而生两仪,两仪交而生四象,四象交而成八卦,八卦交而生万物。"宇宙中的万物生成和分类的原则即一分为二。在邵雍看来,宇宙万物形成的过程,其顺序既是自然的,又是逻辑的,这是邵雍宇宙论的一大特色。

邵雍的《八卦方位图》和《六十四卦方位图》,就易学来说,是说明八卦和六十四卦所处的方位,而实际的理论意义在于说明阴阳的消长和事物的变化。《观物外篇》说:"震始交阴而阳生,巽始消阳而阴生,兑阳长也,艮阴长也。震兑

---

① 《河南程氏遗书》卷一八,《二程集》第 1 册,中华书局,1981 年。

在天之阴也。巽艮在地之阳也。天以始生言之,故阴上而阳下,交泰之义也。地以既成言之,故阳上而阴下,尊卑之位也。乾坤定上下之位,离坎列左右之门,天地之所阖辟,日月之所出入。是以春夏秋冬,晦朔弦望,昼夜长短,行度盈缩,莫不由乎此矣。"还说:"自下而上谓之升,自上而下谓之降。升者生也,降者消也。故阳生于下,阴生于上,是以万物皆反生。阴生阳,阳生阴。阴复生阳,阳复生阴,是以循环而无穷。"邵雍所谓伏羲八卦方位图,是将八卦的方位同四时日月昼夜的变化联系起来,以此说明事物的变化,这种变化是阴阳互为消长的过程和结果。六十四卦图也是如此。

邵雍依据六十四卦圆图,又制定了一个历史年表,说明人类历史的演变过程,进而说明宇宙历史的演变过程,此年表称之为《皇极经世图》。所谓皇极经世,大致即按三皇所立的至高法则,观察和推测人类历史的变化以御世。"经",即纪和治理。经世即纪世和御世。纪世的时间单位则是元会运世。邵雍的繁复计算和推测,近乎数字游戏。但他肯定了一点,人类社会历史的变化和宇宙历史的演进是阴阳消长的结果,阴阳消长是宇宙和人类社会变化的普遍法则。其经世图的意义,不在于推算宇宙变化的年代,重要的是说明其变化的规律,揭示了整个宇宙是众多的世界生灭连续的过程。这应当视为是邵雍的一个理论贡献。只是他关于人类历史的发展,把唐尧时代看为盛世,把以后的历史视为向衰世转化,明显地是受了儒家尊王贬霸历史观的影响,其论则不足取。

从儒家经学的角度来看,邵雍《六十四卦次序图》有一个理论上的悖谬,就是他的形成六十四卦的推演过程中离开了儒学经典本身,引入了系统以外的无意义的内容,即其四画十六,五画三十二,如朱熹、蔡元定《易学启蒙》所谓"于经无见",无任何意蕴或者说理论的内涵,但却又是此过程中不可缺少的。《周易·系辞上》说:"易有太极,是生两仪,两仪生四象,四象生八卦",《系辞下》又说:"八卦成列,象在其中矣,因而重之,爻在其中矣。"可见,《易传》只考察、论述了八卦的形成,认为这是一个自然的、天道的过程,而六十四卦则是在八卦基础上排列组合而成。而邵雍《易》说,却是把八卦与六十四卦全体都作为一个统一的自然发生过程来考察、论述的。在这个意义上,邵雍将自己的易学说成是"先天学"(全部是自然过程),《易传》易学是"后天学"(有人为内容),不失为是对易学中理论差异的一种区分方法①。

　　邵雍易学,宋时往往被称为"数学"或"先天学"。程颢说:"尧夫欲传数学于某兄弟,某兄弟那得功夫,要学须是二十年工夫。"②朱熹在《答袁机仲书》中说:"自初未有画时,说到六画满处者,邵子所谓先天之学也。卦成之后,各因一义推说,邵子所谓后天之学也。"又说:"邵氏先天之说,则有推本伏羲画卦次第生生之妙,乃是易之宗祖,尤不当率尔妄议。"尔后历代,大多沿用此称以说邵易。二程对于邵雍易学的评论,亦常常言象数,说:"尧夫之学,先从理上推意,言象数言天下之理……"③明末清初的黄宗羲,著有《易学象数论》。黄百家在《宋元学案·百源学案》按语中也说:"周、二程、张、邵五子并时而生……而康节独以图、书象数之学显。"④邵雍易学亦被称为象数之学,至今犹然。清代学者对宋易中象数之学又总称为"图书学",认为"图书之学"乃汉易中象数之学的一种形式,是对汉易象数之学的发展。凡此种种,各从不同的方面概括和体现了邵雍易学的特点,均无不可。但从邵雍易学的实质来看,如果进一步准确地说,似乎更适于称其为数理之学。邵雍讲易,不仅理数并提,且根本旨趣在于讲象数之理,明确强调"天下之数出于理,违乎理则入于术。世人以数而入术,故失于理也。"⑤反对离开理而讲数,认为违理以数入术,则流于占术。程颐评论邵雍说:"尧夫推数方及理。"蔡元定也说:"伊川先生曰:'数学至康节方及理。'康节之数,先生未之学;至其本原,则亦不出乎先生之说矣。"⑥所以,《宋元学案·西山蔡氏学案》引唐氏语说,邵康节、蔡西山与周濂溪诸儒均是"讲道盛矣,因数明理"⑦。朱伯崑先生在《易学哲学史》中说:"陈抟派的易学,有象学和数学两方面。邵雍易学发展了其数学的方面。""但邵雍以理解释数……认为数是有理的,天地之数即天地之理,理和数是统一的。"⑧由此看来,邵雍易学为象数学的数理之学。

---

①　崔大华:《儒学引论》,人民出版社,2001 年。

②　《宋元学案·百源学案》引,中华书局,1986 年。

③　《河南程氏遗书》卷二,《二程集》第 1 册,中华书局,1981 年。

④　《宋元学案》第 1 册,中华书局,1986 年。

⑤　《观物外篇》。

⑥　《宋元学案》第 1 册,中华书局,1986 年。

⑦　《宋元学案》第 3 册,中华书局,1986 年。

⑧　朱伯崑:《易学哲学史》第 2 卷,昆仑出版社,2005 年。

三

南宋时期的蔡元定，著有《皇极经世指要》、《易学启蒙》（与朱熹合著）等书。《皇极经世指要》是一部对邵雍思想进行研究的重要著作。《宋元学案·西山蔡氏学案》引唐氏语说："孔孟教人，言理不言数。邵蔡二子欲发诸子之所未发，而使理与数灿然于天地之间，其功亦不细矣。"表明蔡元定与邵雍为同一学派。《易学启蒙》则以河图洛书说为中心而展开。《易学启蒙》共四篇。其中第二篇讲卦画的根源，介绍邵雍的先天易学，并将邵雍的说法纳入河图洛书系统。就易理来说，该著可说是阐发河洛之学。蔡元定是河洛之学的积极倡导者，但其对河洛的解释，却与北宋时期学者的观点不同。北宋中期有人主河九洛十说，蔡持河十洛九论。蔡元定与朱熹以五行生成图为河图，并且推崇河图即五行生成图，认为河图为《周易》象数的根源。在《易学启蒙》中，以参两之数为中心，将天地之数、大衍之数和河洛之数联系起来，以河洛之数为参两之数自身的展开。蔡、朱这一观点是值得玩味的。按照蔡、朱的解释，天地之数、大衍之数、河洛之数都来源于中五之数。这个中五之数，即是参两之数，其未展开时为五，其展开后则为五十。五和五十相互蕴涵。而这个中五之数又叫太极。蔡元定认为，八卦之中的象和数，都是参两太极之数自身的展开。这样，蔡元定不仅以参两之数解释大衍之数，而且以参两之数为河洛中五之数，进而说明两仪、四象、八卦出于河洛之数，并以此来论证八卦乃是大衍之数自身的展开。这种观点，既是宇宙生成论，又使太极这一范畴获得了本体论的意义，表现出蔡元定由宇宙生成论向太极本体论转变的趋向。

不仅如此，蔡元定在解释"易有太极"时更明确地说："太极者象数未形，而其理已具之称。形器已具，而其理无朕之目。在河图洛书，皆虚中之象也。周子曰无极而太极。邵子曰道为太极，又曰心为太极，此之谓也。""故两仪之未分也，浑然太极，而两仪、四象、六十四卦之理，已粲然于其中。自太极而分两仪，则太极固太极也，两仪固两仪也。自两仪而分四象，则两仪又为太极，而四象又为两仪矣。自是而推之，由四而八，由八而十六，由十六而三十二，由三十二而六十四,以至于百千万亿之无穷。"①显然,蔡元定是以理或数理释太极,象数形器未形已具有两仪、四象、六十四卦等之理,并引用邵雍的"加一倍法",作为太极之理自身的展开。认为邵雍"加一倍法",即画前之易理,有其固有的条理。因此,卦画出于加一倍法,并非由楪蓍而后得。这种太极观,分明是以本体论的观点来解释卦象的起源,已经扬弃了邵雍宇宙发生论的内容,而且以之解释河图之数生八卦的过程,使其河洛说具有了理本论的特色。

蔡元定之子蔡沉,著有《洪范皇极》一书,继承其父象数之学的传统,以易学中的河图洛书之说来解释《洪范》中的义理,以易学中九宫图解释《洪范》中的九畴,进一步发展了蔡元定的理数观和具体阐发了邵雍的象数之学,也进一步发展了河洛之学,坚持以数理为宇宙的基本法则,基本完成了由宇宙生成论向理本体论的转变。

首先,蔡沉以洛书之数为世界的本原。他说:"先君子曰:'洛书者,数之原也。'余读《洪范》而有感焉。……余所乐而玩者,理也。余所言而传者,数也"②蔡沉又承其父的河十洛九说,并且认为河图为《周易》系统,洛书为《洪范》系统,卦画出于河图,九畴则出于洛书。《河图》是讲阴阳之象,《洛书》则讲五行之数。阴阳之象为偶,五行之数为奇。偶为象之始,奇为数之始。这样,蔡沉就把河十洛九说发展为河偶洛奇说。并且认为:"天地之所以肇者,数也;人物之所以生者,数也;万物之所以失得者,亦数也。数之体著于形,数之用妙乎理,非穷神知化独立物表者,曷足以与此哉!"③"数始于一,参于三,究于九,成于八十一,备于六千五百六十一。八十一者,数之小成也。六千五百六十一,数之大成也。天地之变化,人事之始终,古人之因革,莫不于是著焉。"④天地万事万物都来源于"数"。其"数之体",是指河偶之数,显现为物之形象;"数之用",指洛奇之数,表现为生化之理,而奇偶之数虽独立于万物之上,却是万物变化的最后根源。这样,蔡沉的河洛之学最终导引出了以"数"为世界本原的世界观。

其次,蔡沉坚持数与理是同一的。理即数,数为理:"物有其则,数者,尽天下之物则也。事有其理,数者,尽天下之事理也。得乎政,则物之则、事之理无不

① 蔡元定:《易学启蒙》。
② 蔡沉:《洪范皇极序》。
③ 蔡沉:《洪范皇极序》。
④ 蔡沉:《洪范皇极·内篇》。

在焉。"①"理之所始,数之所起,微乎微乎,其小无形,昭乎昭乎,其大无垠。微者昭之原,小者大之根。有先有后,孰离孰分?成性存存,道义之门。"因此,明理必须明乎数:"圣人因理以著数,天下因数以明理。"似乎蔡沉主张有理则有气,与程朱观点相一致,但他所侧重强调的是理数不相分离,认为一切事物之理都体现着数的规定性,而数自身又是有理的。这种观点,实际上是以数释理,或者以数理来解释事物的规律性,既是数本论,也是理本论,或者说是坚持数理为本。

四

从解易的学派分野来说,朱熹易学固然属于义理,但朱熹的义理之学却吸收有河洛图式和邵雍先天易学等象数之学的一些观点,或者说朱熹是在这样的基础上构建起易学哲学的理本论体系的。其理本论体系集宋代理学之大成,在宋代易学哲学和宋代哲学中具有重要地位。他博采诸家,取义理而不废象数的理论态度和方法,更给人以深刻的启迪。

具体说来,朱熹吸取了欧阳修易说中某些论点,提出易本卜筮之书,企图说明《周易》的本来面貌;阐发了程颐的假象以显义说,提出易只是个空的物事,进一步将《周易》中的卦爻辞和卦爻象抽象化和逻辑化;吸收了图书学派的中五太极说和朱震的大衍之数说,以卦爻象为太极之数自身的展开,从而丰富和发展了程颐的体用一源说,在哲学上完成了理本论的体系;吸取了邵雍的加一倍法,说明太极自身展开为卦爻象的过程,用来丰富其本体论的体系;还吸收了张载和朱震易学中的阴阳二气说,以二气变化的法则解释物质世界变化的规律,发展了程颐的阴阳无始说;还以体用一源的本体论观点,解释了周敦颐的太极图说,将汉唐和北宋以来易学哲学中宇宙生成论的体系,转变为本体论的体系,对儒家哲学的发展做出了自己的贡献。朱熹易学哲学中的理本论体系里,贯注着不少象数学派的内容。

蔡元定以理解数、因数明理的思想,尽管其理本论的特征已十分明显,但在阐发过程中毕竟仍包含着宇宙生成论的意蕴。与蔡元定有所不同,朱熹则径直从理本体论的观点出发,吸收象数派的观点或宇宙生成论的思想,直接进行理本

---

① 蔡沉:《洪范皇极·内篇》。

体论的改造。朱熹认为,理、象、数、辞四者所以结合在一起,因为象、数、辞皆是阴阳之理的表现形式。就卦爻象说,由于出于阴阳之理,其变化自然如此,不是任意所编造的。朱熹将阴阳之理置于第一位,认为此理存于天地之间,伏羲依此而画卦,文王、周公依此而系辞,孔子依此而作传。邵雍提出"画前有易"说,朱熹认为此画前之易即阴阳之理。这显然是将邵雍画前有易的宇宙发生论作了理本体论的阐释。邵雍一分为二、二分为四、四分为八(程颢称为"加一倍法",朱熹则称为"一分为二")的宇宙太极观,是生成论的,就像母生子的关系,一生出二后,一并不在二之中。朱熹不以太极为单一之数或非数之一,并且也不以其为单一之理,而是视太极为众理未分之整体,同时继承程颐"体用一源,显微无间"的理论,改造发展了邵雍的一分为二说。这种将宇宙生成论的理论给予理本体论的改造,无疑使理论思维的抽象化发生了质的飞跃和提高。

朱熹易学哲学,在阐发易理的基础上,譬如从讨论太极和阴阳象数的关系,推而广之变太极为理,视阴阳为气,从理气关系、理事关系、理气动静等方面构建起了其理本论体系,奠定了其在宋代易学和哲学史上的理论地位。

这样,宋代的易学哲学在易理上,从邵雍至朱熹,象数和义理表现出融合的趋势。一方面是朱熹基于义理而对象数派观点的批判继承、吸收改造;另一方面,也说明像邵雍先天易学的象数之学,根本上就蕴含着向义理发展的潜在趋向。在哲学世界观上,这一发展趋势则体现了由宇宙生成论向理本体论理论思维的抽象和提升。

五

邵雍易学,自成一家,独成体系,影响所及从两宋至今,不仅在我国深有影响,而且传播影响至世界其他国家。

在世界东西方国家中,法国来华传教士李明的《中国现形势志》于1696年在巴黎出版。他在这部书中用了六页的篇幅介绍宋代儒学,其中介绍的三位儒学家即周敦颐、邵雍和朱熹。德国近代哲学家和数学家莱布尼兹看到邵雍的六十四卦次序图后,惊叹不已,认为此图式同其二进位制是一致的。这是因为邵雍的一分为二法,就数的计算说,同样采取两个数即奇偶二数作为其记数法的基数,尽管邵氏图式其内容并非是讲数学上的二进位制。但是,在对当今世界具有重大意义的二进位制的研究中,"莱布尼兹自己声称,该系统是对《易经》中相传的中国神话中人类的始祖伏羲氏发明的八卦排列体系的重新发现"[①]。其实,莱布尼兹所了解的伏羲卦图,是由法国来华传教士白晋书信介绍给莱氏的邵雍的六十四卦先天方位图。白晋是来华传教士中对中国文献比较熟悉的一位,尤其对《周易》进行过长期研究,并且白晋擅长数学,其对《周易》的研究自然主要走象数派的路子。他在给莱布尼兹的一封信中曾说,《周易》是完全可以与欧洲哲学相媲美的"一种纯粹的、健全的哲学"。白晋认为,他在《周易》中发现了"世界的始祖传授给后代的最古老、最杰出哲学的零碎而珍贵的残余,是因为时间消蚀并几乎完全模糊了那一哲学"。他认为在这部书中体现了一种"计数的形而上学,或一种科学的普遍方法,十分完美,它的建立不仅是以数字的三种得数规则为依据,而且还以几何图形和比例规则以及静力学规则为依据"[②]。从白晋向莱布尼兹介绍邵雍先天六十四卦图来看,其对宋代象数学派的理论是有研究和受到一定影响的。

东方大儒李退溪曾对"康节之术,二程不贵"表示不可理解。在李退溪看来,治《易》必须讲明象数,"岂此等事,发明于天地间,亦有待而然。故康节才能独得,而至朱子然后乃大阐发,使人人皆得而与闻之耶?然则学者欲学尧夫主数,而能该理固难矣;如晦庵主理而兼明数,又安可不务哉!"[③]退溪易学思想不仅继承发扬朱熹学说,也表现出对邵雍易学哲学的推崇。这显然是受朱熹主义理而不废象数思想影响的结果。不仅如此,退溪还将朱熹的象数思想概括为"理数之学"。在其所撰《启蒙传疑》一书中作了详尽的阐发,继承发挥了朱熹的"图书本原"、"因数成卦"、"理数合一"等思想,并在评论二程"不贵邵雍之术"时说:"盖有理便有气,有气便有数。理不能遗气以独行,亦何能遗却数耶?……但主于理则包数在其中。"[④]可见,退溪在进一步绍述朱子学说中,更加明确地凸显了其对象数之学的重视。

(作者为西南民族大学政治与社会学学院教授)

---

① 转引自张允熠:《中国文化与马克思主义》,山西教育出版社,1999 年。
② 楼宇烈、张西平主编:《中外哲学交流史》,湖南教育出版社,1998 年。
③ 《答郑子中别纸》,见贾顺先:《退溪全书今注今译》第 3 册,四川大学出版社,1993 年。
④ 《退溪全书今注今译》第 3 册,四川大学出版社,1993 年。

从黄帝"洛汭祭天"追寻黄帝踪迹

李德方　　王华珍

《尚书·中侯》云:"黄帝东巡河过洛,修坛沉璧,受龙图于河,龟书于洛。"[①]此乃黄帝的一次重要祭典即"洛汭祭天"。洛汭即今巩义市北洛水入黄河处[②];"黄帝东巡河过洛"明指黄帝由西向东而达洛汭,可证黄帝曾居洛汭尔西。黄帝居于洛汭尔西的地望如何,亦即黄帝是从何地出行而至洛汭,此即本文所讨论的问题。笔者主要依据洛汭以西今孟津县西北部和新安县北部的黄河大的弯曲地带(以下简称"河曲地带")的考古资料,认为该区从仰韶文化向龙山文化过渡阶段(以下简称"过渡期")的古文化遗存与黄帝或黄帝族有密切关系,该地域当是黄帝"洛汭祭天"的来踪。

为说明过渡期与黄帝或黄帝族的密切关系,应首先阐述史书记载的黄帝时代与考古学文化在年代上的对应关系。

黄帝是英雄时代的代表位居"五帝"之首。《史记·五帝本纪》中的"五帝"为黄帝、颛顼帝、帝喾、帝尧、帝舜,但并未记述黄帝的在位时间。其他古文献,诸如《通鉴外纪》、《竹书纪年》、《路史》、《帝王世纪续存》、《春秋命历序》等书,所记五帝世次、年数等差距很大,故依靠古文献很难确定黄帝时代的起止时间。在这一情况下,学术界普遍认为,要改变思路,通过历史学与考古学的对比研究来探讨五帝时代的年代学框架。

根据文献记载,历史上的第一次大变革是在黄帝之时,亦即《五帝本纪》所言的"轩辕之时,神农氏世衰,诸侯相侵伐"等。关于黄帝及其之前的社会特征,

---

① 《水经注》卷十五引《尚书·中侯》。
② 《水经注》卷十五引《山海经》:"洛水,成皋西入河是也,谓之洛汭。"

还见于诸多史籍。《庄子·盗跖篇》:"神农之世,卧则居居,起则于于,只知其母,不知其父。"《商君书·画策》:"神农之世,男耕而食,女织而衣,刑政不用而治,甲兵不起而王。神农既没,以强胜弱,以众胜寡,故黄帝作君臣上下之义,父子兄弟之礼,夫妇配匹之合,内行刀锯,外用甲兵。"从这些史料可知,黄帝之时,神农时代的那种男耕女织、平均分配的母系氏族制衰落了,氏族之间相互侵伐,而黄帝"内行刀锯,外用甲兵","与炎帝战于阪泉之野"而"得其志","与蚩尤战于涿鹿之野"并"禽杀蚩尤","诸侯咸尊轩辕为天子,代神农氏。"①从考古材料分析,在距今 5000 年左右的过渡期,中原地区的古代社会具有明显变化。考古资料表明,这一阶段的社会生产力发展很快,社会财富有了积累,社会分化日趋尖锐,甚而出现了阶级和城堡。学术界不少学者据此认为古文献记载的黄帝时代应与考古学上的过渡期相对应。例如郭大顺先生在 2005 年召开的"文明探源"会上指出:"五帝时代可分为前后期,即以黄帝为代表的前期和以尧舜禹为代表的后期。大约以距今 5000 年为界的仰韶时代晚期到龙山时代(早期),与五帝时代前、后期有相互对应关系。"②郭大顺先生的这段话,代表了诸多学者对五帝时代时间框架的意见。

根据如上所述史籍记载的黄帝时代与过渡期考古学文化相对应的年代学框架,讨论河曲地带的过渡期遗存。考古资料表明,河曲地带分布有丰富的过渡期遗存并由此可以印证史籍对黄帝的相关记载。

今孟津西北部和新安北部的河曲地带,地处青要山北麓,北依黄河和太行山脉中条山系,其间既见起伏的黄土丘陵和畛水等一条条溪流,又有山间谷地、盆地和河岸台地。这里水草丰茂,土田肥美,是一片适宜古人聚居的地貌单元。20世纪 90 年代,为配合黄河小浪底水库建设工程,考古人员在河曲地带淹没区进行了考古调查和发掘。考古工作的结果表明,河曲地带分布的新石器时代遗址达 30 余处,其年代从距今 8000 年前的裴李岗文化延续到距今 4000 年左右的龙

---

① 《史记·五帝本纪》。
② 张得水:《文明探源:"考古与历史的整合"学术研讨会综述》,《中原文物》2006 年 1 期。

山文化。其中包含有过渡期遗存的有太涧①、麻峪②、西沃③、马河④、冢子坪⑤、盐东⑥、妯娌⑦等10余处遗址,诸遗址的面积在1万至6万平方米,每一个遗址都是一个聚落或村落。这批遗址以妯娌发掘面积最大且文化内涵单纯,故仅以妯娌遗址为例对河曲地带过渡期文化作以介绍。

妯娌遗址位于河曲地带东部的黄河南岸,是一处属于过渡期(又称"王湾二期文化")的重要史前聚落遗址。该遗址的布局具有整体规划意识,即遗址的北部为居住区由房基区、仓窖区和制石工场组成,南部为墓葬区。

居住区东半部为房基区。房基区分布有15座房基。房基平面多为圆形,入口处设有台阶,室内地面用粗砂铺垫,地面平整坚实,有的房基内还设有烧灶或壁灶。房基周围还有灰坑(窖穴)分布。房基区出土遗物主要是作为生活用具的陶器,种类繁多。有炊具三足鼎、夹砂罐和甑,盛具和水具彩陶罐、高领罐、大瓮、缸及壶、盆、豆等,主要的食具和饮具碗、杯。陶杯型式多样,制作精细,既具有伊洛地区过渡期特征,又见东方大汶口文化和南方屈家岭文化风格,反映当时频繁的文化交融,也说明当时有了酒具。陶器制作已从手制发展到慢轮修整阶段,多数器物采用手制与轮制相结合的方法,个别器物全部轮制,表明过渡期的制陶工艺有了明显的改进或提高。遗物中还有一批石器,主要是用于农作的生产工具铲、锄、刀、镰、斧、凿,和相当数量的用于渔猎及防卫的网坠、石球、镞、矛等,另外还有一些装饰品。上述发掘材料并结合出土的家猪、马、梅花鹿等动物骨骼,可认定当时人的生产生活方式是一种定居的、以农业为主并兼有畜业和渔猎业的生产生活方式。

房基区第12号房基内出土了1件大石璧。璧用青色细砂岩磨制而成,形若圆饼状,周边较薄,双面外鼓,中有一孔,直径18.5厘米,孔径6厘米,厚2.4厘

---

① 洛阳市文物工作队,新安县文物保护管理所:《河南新安县太涧遗址发掘简报》,《考古与文物》1998年1期。
② 《黄河小浪底水库考古报告·<一>》,中州古籍出版社,1999年。
③ 《黄河小浪底水库考古报告·<一>》,中州古籍出版社,1999年。
④ 《黄河小浪底水库考古报告·<一>》,中州古籍出版社,1999年。
⑤ 《黄河小浪底水库考古报告·<一>》,中州古籍出版社,1999年。
⑥ 见《黄河小浪底水库文物考古报告集》,黄河水利出版社,1998年。
⑦ 见《黄河小浪底水库考古报告<二>·妯娌与寨根》,中州古籍出版社,2006年。本文妯娌遗址的材料均见此书,不一一作注。

米。其形体厚重,光滑圆润,古朴端庄,是中原新石器时代考古所见最大的一件石璧,年代距今约 4900 年。《说文解字》:"璧,瑞玉,圜也"。注曰:"肉倍好谓之璧,边大孔小也。"①石璧虽非玉质,但其形制特征与《说文解字》所云"圜也"、"边大孔小"相合,故此石璧具备古璧的基本特征。璧为古人祭天重器。《周礼·大宗伯》:"以苍璧礼天"。据此可知此璧为祭天礼器。

居住区西半部为仓窖区和制石工场,西半部与东半部房基之间则由一条壕沟分隔。仓窖区内窖穴密布,多为圆形窖穴,有的圆形窖穴底部又向下凿有小窖穴,有的窖穴内还存有炭化谷物。在编号为第 153 号窖穴底部列置有 1 套 3 件形制相同、大小依次的陶器。这 3 件陶器形若殷墟出土的铜铙,故暂名之铙形器。此套器具造型独特又未见熏烤磨损等使用痕迹,其"形制相同、大小依次",颇似三代的编钟、列鼎等礼乐器,故笔者已专文论其为祭祀的礼器,距今年代为 5000 年左右②。

仓窖区南部的 3 座灰坑内出土了大批石料及石器半成品、成品。例如在编号为 141 号的灰坑中出土了 555 件石料和石器。石料多为制作石器后剩余的废料,多采自附近山体或河边砾石区。石器种类主要是刀、斧、凿、铲、锄、网坠、砍砸器、石片石器等,另有制石工具锤、砧和装饰品石环等。从石器的半成品与成品的比较可窥知当时的制石工序。例如制作石刀的工序是:选取 1 块适宜制做石刀的石片;把石片的上部打制平齐作为刀背,下部则修整出刃部;在石刀的两侧各打出一个小缺口以便捆绑使用。这样便制成一件带有对称缺口的石刀。从出土的大量石料、制石工具、石器成品、石器半成品观察,可认定这里是制石工场。

居住区南部有一条宽 7 米左右的空白地带,再南便为墓葬区。墓葬区的发掘面积为 900 余平方米,发现墓葬 55 座。除最西北部的 1 座为"合葬墓"和 4 座为未葬死者的"空墓"外,所余 50 座均为长方形土坑成人单葬墓。这 50 座单葬墓的墓坑排列有序并可分为大、中、小三个等级。大型墓 1 座(M50),墓口长 5.15 米,宽 4.05 米,墓口面积达 20.86 平方米,墓口面积与安阳殷墟商王武丁配

① 许慎撰、段玉裁注:《说文解字注》,上海古籍出版社,1988 年
② 李德方等:《孟津妯娌遗址出土陶铙形器述考》,《河洛春秋》2007 年 2 期。

偶妇好墓的面积相当,是中国史前时代考古所见最大的一座墓葬。大墓的墓底设"二层台",以木棺为葬具,内葬一成年男性。中型墓 7 座,墓口面积在 5 平方米左右,墓底有"二层台",以棺木为葬具。小型墓 42 座,墓坑面积在 2 平方米左右,仅容单人入葬。这批单葬墓大、中、小型共存,规格有异,表明当时已经出现了金字塔式的社会框架,出现了阶级,步入了文明时代的门槛,而那座最大墓的墓主当为氏族或部族首领,甚而可能是在一定地域享有权力的方国首领。这批墓葬均无随葬品,是一种有别于晋南、黄河下游、长江中下游等地区同期文化葬俗的"薄葬习俗",反映了河曲地带过渡期先民们的节俭敛财观念。

如上姅娌遗址的考古资料可称得上是一幅距今 5000 年左右的史前画卷,它展现出黄帝时代某个阶段的场景。姅娌遗址的有序聚落形态及定居生活方式,印证了史籍对黄帝置官员"监于万国"而"万国和"①的记述。姅娌遗址大墓当具有早期王陵的性质,应是古代社会第一次大变革的产物,标志着氏族制的解体和文明之苗的生长。出土的石璧是对《尚书·中侯》所记黄帝"修坛沉璧"的物证或旁证。出土的镜形器等祭祀礼器及不同等级的墓葬,表明维护血缘宗法等级的礼仪制度已经出现,印证了黄帝"顺天地之纪,幽明之占"②,"作君臣上下之义,父子兄弟之礼","鬼神山川封禅与为多"③等记载。墓葬区诸墓穴均无随葬品,即不把生产工具、生活用具等作为随葬品入葬,这种"薄葬现象"当是《五帝本纪》所载黄帝"节用水火材物"的具体例证。正因为这幅考古画卷印证了史籍对黄帝的诸多记载,故其所描绘的当是黄帝或黄帝族的一片家园。

于此当论及《山海经》所言"帝之密都"。《山海经·中次三经》:敖岸山"又东十里,曰青要山,实惟帝之密都。北望河曲,是多驾鸟。南望墠渚,禹父所化……畛水出焉,而北流注于河"。此言帝的神秘居处所在的青要山,山北面是黄河弯曲处,畛水从山中北流注入黄河。《山海经》所言之青要山、河曲、畛水诸名称数千年没有改变,亦即本文所言之青要山、河曲、畛水,本文概称此为"河曲地带"。由本文所考之河曲地带是黄帝或黄帝族的家园可推知"实惟帝之密都"之"帝"当指黄帝。

---

① 《史记·五帝本纪》。
② 《史记·五帝本纪》。
③ 《史记·五帝本纪》。

　　综上所论,笔者把文献记载与考古资料相互印证,认为洛阳市西北河曲地带的过渡期考古文化是黄帝或黄帝族的历史遗存,河曲地带是黄帝或黄帝族的家园,而黄帝当由此出行而前往洛汭祭天。

　　须说明的是,本文虽言黄帝曾居于河曲地带,但并不否认黄帝在汜水(姬水)、新郑或其他地域居住。因为史籍所言之黄帝既是黄帝时代的代表人物,又是黄帝族领袖的世袭名称,故黄帝居处当有许多;此已不在本文讨论范围。

　　　　　　　　　　　　(第一作者为洛阳市文物考古工作队研究馆员)

黄帝在河洛地区所建中国历史上的
第一个王朝——黄帝王朝

刘文学

史学家一般认为,炎帝和黄帝是我国远古时代的两大氏族部落首领,他们所建诸侯国还是氏族部落或部落联盟。著名考古学家、炎黄文化专家许顺湛先生的《五帝时代研究》则说"五帝时代的国家模式是酋邦国家","黄帝时代当处于酋邦国家的萌芽时期。"①这两种说法,都低估了黄帝时代的发展阶段。而台湾著名作家柏杨在他的《中国人史纲·传说时代》中明确提出:"中国的传说时代是中国的第一个王朝——黄帝王朝时代"②。但是,他并未阐释这个王朝国家形态的具体内涵。根据恩格斯所说:"国家是文明的概括"和历代文献记载黄帝统一天下后所建有熊国具体情况,全面地分析研究黄帝时代的发展阶段,我们认为,黄帝所建有熊国应当是我国历史上的第一个王朝。

一、黄帝王朝已有稳定的疆域

疆域是国家的地理基础,一个没有固定疆域的民族是没有国家的。黄帝之前,无论是伏羲时代、少典时代或炎帝时代,各诸侯国都没有固定的疆域,因此,他们互相征伐。黄帝经过同炎帝、蚩尤的兼并战争,统一万国部落,陶天下为一家,使中国历史上第一次出现了大一统的局面。其疆域如司马迁《史记·五帝

---

① 许顺湛:《五帝时代研究》第九章,中州古籍出版社,2005年。
② 柏杨:《中国人史纲》,时代文艺出版社,1987年。

本纪》所述:"(黄帝)东至海,登丸山及岱宗;西至空桐,登鸡头;南至于江,登熊湘;北逐荤粥,合符釜山,而邑于涿鹿之阿。"但后代史学家以为这是黄帝亲临过的地方,不一定就是黄帝统一天下后的有熊国的疆域。南宋《轩辕黄帝传》以为黄帝时代有熊国的疆域是:"帝所理天下,南及交趾,北至幽陵。西至流沙,东及蟠木。"即东至东海,南至广东,西抵新疆白沙堆,北达今内蒙古一带。这是黄帝为中国奠定的初基。

二、黄帝王朝有明确的国家标志

1.有明确的建国时间。多数史书记载,黄帝于黄帝历元年即辛卯年登帝位。《竹书纪年》说:"黄帝轩辕氏,元年帝即位,居有熊。"元年是黄帝历何年? 南宋范晔《后汉书·律历下》说:"黄帝造历元起辛卯。"北齐魏收《魏书·律历志上》说:"历之作也,始自黄帝,辛卯为元年,迄于大魏。"

2.有明确的国号。黄帝王朝的国号为有熊。《史记·五帝本纪》说:"自黄帝到舜、禹,皆同姓而异其国号,以彰明德。故黄帝为有熊,帝颛顼为高阳,帝喾为高辛,帝尧为陶唐,帝舜为有虞。"东汉班固《白虎通·号》说:"黄帝有天下,号曰有熊。"1988年版《汉语大词典》:"有熊,黄帝国号。"

3.有明确的国都。战国《竹书纪年》说:"黄帝轩辕氏,元年帝即位,居有熊。"晋皇甫谧《帝王世纪》说:"新郑,古有熊国,黄帝之所都。"宋罗泌《路史·疏仡纪·黄帝纪上》说:"少典氏没后,轩嗣立,成为姬姓,并谋兼智,明法天明,以使民心一,四国顺之,于是开国有熊。"其他许多史书说黄帝征战蚩尤时"邑于涿鹿之阿",擒蚩尤之后,"帝之涿鹿还",回到有熊国,代神农氏炎帝为天子,是为黄帝。

4.有明确的国旗。国旗是一个国家的形象标志。黄帝统一万国氏族部落之前以熊为有熊国的图腾。黄帝统一天下成为中央"天子"之后,为实现民族的大融合、大团结、大统一,以黄龙为有熊国的国旗。《淮南子·天文训》说:"中央土也,其帝黄帝,其佐后土,执绳而制四方,其神为镇星,其兽为黄龙,其音宫,其曰戊己。"太守李昉《太平御览》卷第二十三从其说。《论衡·验符》:"黄为土色,位在中央,故轩辕德优以黄为号。皇(黄)帝宽惠,德侔黄帝,故龙色黄,示德不异。"

5. 有明确的国歌。国歌是一个国家的精神标志。黄帝王朝的国歌是《云门》。南朝梁子显的《南齐书》引《铎舞》歌辞说:"黄《云门》、唐《咸池》、虞《韶舞》、夏《夏》、殷《濩》,列代有五。"唐代张弧的《素履子·履乐》说:"是故,古帝王制礼作乐,以化民也。是以黄帝曰《云门》;颛顼曰《六韵》;帝喾曰《五英》;尧曰《咸池》;舜曰《大韶》;禹曰《大夏》;汤曰《大濩》;武王曰《大武》,皆八代之乐也。"尽管后代乐名有微异,但都认为《云门》为黄帝时代的国歌。

三、黄帝王朝已出现家庭私有、阶级和贫富差距

1. 黄帝时代已是父权个体家庭。唐代杜佑《通典》记述,黄帝实行"井田制":"使八家为井,井开四道而分八宅,凿井于中。"宋代罗泌《路史·疏仡记·黄帝》有类似说法:"八家以为井,井设其中,而收之于邑,故十得利。"《黄帝乐经》提到"父慈、子孝、夫义、妇和、兄惠、弟顺",宋张君房《云笈七签·轩辕本纪》提出黄帝以德治国时,提到"十义",其中说"父慈、子孝、兄良、弟悌、夫义、妇听、长惠、幼和",这些足可证,黄帝时代是一个以父系为主体的家庭。黄帝的家庭就是一个父权个体家庭。黄帝有四个妃子,25 个儿子,是一个具体的父权家庭单位。

2. 已有私有财产和贫富差距。黄帝王朝所实行的"井田制",《文献通考》说"(黄帝)使八家为井,井开四道,而分八宅"将井田的其中八块(每块一百亩)分于八家,就成了私有土地。汉刘安的《淮南子·览冥训》说"田者不侵畔,渔者不争隈,道不拾遗,市不豫贾,城郭不闭,邑无盗贼,鄙旅之人,相让以财"等,都说明黄帝时已不再是公有制社会,而是一个具有私人家庭财产的社会。私有财产的产生,伴随而来的就是贫富差距的出现。我们可以从以下几个方面,说明黄帝时代已存在较大的贫富差距:一是黄帝提出的廉政建设,反对富人大量聚敛财富。《黄帝法经》说:"黄金珠宝藏积,怨之本也,女乐玩好燔材,乱之基也。"并对官员提出"声禁重,色禁重,衣禁重,香禁重,味禁重,室禁重"。像这样大量聚敛钱财,生活穷奢极欲,只有少数权贵才会拥有。因此,为了缩小贫富差距,黄帝不得不采用"井田制","使生产可得而均,均则欺凌之路塞"。

3. 已有高低贵贱之分,这是阶级存在的具体表现。汉刘安的《淮南子·览冥训》说:(黄帝)别男女,异雌雄,明上下,等贵贱,使强不掩弱,众不暴寡。宋张

君房《云笈七签·轩辕本纪》说:"黄帝以来,始有君臣父子,尊卑以别,贵贱有殊。"又说:"帝用以别尊卑,令男女异处而居,取法乾坤,天尊地卑之义。"元胡一桂《十七史纂古今通要·轩辕本纪》说:"夫然后制轩冕,制章服,使知贵贱有等,上下有序,各安其分焉。"有阶级就有阶级斗争。黄帝王朝时有发生"强凌弱,众暴寡,智欺愚,勇苦怯"的现象。

上述种种有关父权个体家庭,私有财产,贫富差距和人群社会等级的划分等,都标志着阶级的出现和阶级斗争的存在。

四、黄帝王朝有较为完备的国家管理体系

1.有从中央至地方的行政建置。黄帝王朝建立了从中央到地方的各级政权组织,以确保中央政令的畅通。唐代杜佑《通典·食货》说:"昔黄帝始经土设井以塞争端,立步制亩以防不足,使八家为井,井开四道而分八宅,凿井于中……故井一为邻,邻三为朋,朋三为里,里五为邑,邑十为都,都十为师,师十为州。夫始分之于井,则地者计之于州则数详,迄乎夏、殷,不易其制。"这就是黄帝所设立的从中央、州、师、都、邑、里、朋、邻、井等九级政权,它们既是行政组织又是生产组织、生活组织。

2.有较为完备的官僚体系。为了管理这个王国,黄帝王朝除中央天子——黄帝外,设:

三台　三台亦谓三公,皇甫谧《帝王世纪》说:"黄帝以风后配上台,天老配中台,五圣配下台,谓三公。"南朝(梁)萧绎《金缕子·兴王》也说:"黄带受国于有熊,居轩辕之丘……乃以风后配上台,天老配中台,五圣配下台,谓之三公。"三台类似春秋战国时期丞相和左右丞相,是直接辅佐黄帝综合治理全国政务的。

四监　黄帝王朝最初设二监。司马迁《史记·五帝本纪》说:"置左右大监,监于万国。"其后增设为四监。南朝(梁)沈约《宋书·百官职》说:"黄帝治四监以治万国,唐、虞十二牧,是其职也。"由此可知黄帝王朝所设二监或四监是监督四方诸侯的。

五官　这是管理农业生产的五个部门。唐代杜佑《通典·职官》说:"黄帝受命有云瑞,故以云记事。春官为青云,夏官为缙云,秋官为白云,冬官为黑云,中官为黄云。"

六相　类似后代六部。春秋《管子·五行》说:"黄帝得六相而天地治,神明至。蚩尤明乎天道,故使为当时;大常察乎地利,故使为廪者,苍龙辩乎东方,故使为工师;祝融辩乎南方,故使为司徒;大封辩乎西方,故使为司马;后土辩乎北方,故使为李。"这六官也是六部,即:天文部,首长蚩尤;土地部,首长大常;建筑部,首长苍龙;教化部,首长祝融;国防部,首长大封;司法部,首长后土。

七辅　黄帝王朝除设"三台"外,还设有七辅之官以佐黄帝。汉《纬书集成·论语摘捕象》说:"黄帝七辅,州选举,以佐帝德。风后受金法,天老受天箓,无圣受道极,知名受纠俗,窥纪受变复,地典受州络,力墨受准斥。"这些内阁官员都有明确的职务。

十一将　黄帝王朝的十一将是镇守四方的威武将军,类似后代的四方节度使,以确保国家安全。皇甫谧《帝王世纪·皇古至五帝》说:"(黄帝)长于姬水,龙颜,有圣德,受国于有熊,居轩辕之丘,故因以为名,又以为号。与神农氏战于阪泉之野,三战而克之。力牧、常先、大鸿、神农、皇直、封钜、人镇、太山稽、鬼臾区、封胡、孔甲等或以为师,或以为将,分掌四方,各如己视,故号曰黄帝四佐。"

五军　为了国防和全社会的安定,黄帝王朝根据五行设有五军,即青军、赤军、白军、黑军、黄军并有五色龙旗。

在这些管理体系中,除健全的官僚机构外,最主要的是军队和司法。这是王朝的基本特征。

五、黄帝王朝有一套较为完整的治国方略

1.以民为本。这是黄帝王朝治国的出发点和归宿。黄帝所作的一切,都是为了有熊国族民的生存与发展。黄帝的民本思想,1973年湖南长沙马王堆3号汉墓出土的传为黄帝所著的《十六经》有所记。黄帝说:"吾畏天、爱地、亲民,立有命,执虚信。吾爱民而民不亡,吾爱地而地不兄(旷)。吾爱民□□□□□□□死,吾位不与。"还说:"号令合于民心,则民听令。兼爱无私,则民亲上。"晋陈寿《三国志·吴书》说:"黄农创代,拓定皇基,上顺天心,下息民灾。"宋张君房《云笈七签·轩辕本纪》总结黄帝治国核心思想说:"所谓黄帝理天下,便民心,谓之至理之代。""便民心"就是"顺民心",一切为民而想,一切为民而作,一切合民之意。

2.大力发展社会经济。任何时代,任何族群都必须首先发展物质生产,否则就无法生存。黄帝时代发明犁耕、田亩制、井田制、凿井灌溉、渔猎驯养、放牧、田园、苗圃、种桑养蚕和杵臼等,创新或改进生产方式和管理方式,发展农业生产,解决族民的吃饭问题;发明宫室、窟殿、楼房、城堡、台榭、庭堂、观阁等,解决族民的安居问题;发明舟车、指南车、记里鼓、道路、里堠、服牛乘马,解决族民的出行问题;发明丝绸、布帛、冠冕、扉屦、衣裳等,解决族民的穿衣问题;发明灶具、釜、甑、盘、盂、碗、碟、酒肉、熟食、粥饭和食盐等,解决族民的日常生活和用具等问题;发明草医药、诊脉、针灸、手术等,解决族民的疗疾问题,等等。这些都是确保族民的基本生存权。

3.进行政治建设。黄帝时代的政治建设主要体现在两项基本国策和三项措施保障上。两项基本国策:一是以德治国,这是黄帝治国的最基本方略,战国《吕氏春秋·上德》说"为天下及国,莫如以德,莫如行义,以德以义,不赏而民劝,不罚而邪止,此神农、黄帝之政也"。汉《纬书集成·河图挺佐辅》说:"黄帝修德立义,天下大治。"黄帝为了以德治国,向有熊国国民提出"九德"、"十义"。"九德"是:"孝、慈、文、言、信、恭、忠、勇、义。"[1]这是向全体国民提出的社会公德。"十义"是:"君仁、臣忠、父慈、子孝、夫义、妇听、兄良、弟悌、长惠、幼顺。"[2]这是向社会不同阶层提出的道德要求。一是以法治国。对于黄帝的以法治国,春秋《管子·任法》说:"故黄帝之治天下也,置法而不变,使民安其法者也,所谓仁义礼乐者,皆出于法,此先圣所以一民者也。"黄帝治天下就是以"法""一民"的。黄帝时代曾设"五法"。司马迁《太史公素王妙论》说:"黄帝设五法,布之天下,用之无穷……"至于黄帝"五法"的具体内容我们还不甚清楚,不过从蛛丝马迹中可知有斩首、流放、悬首……黄帝王朝设有司法机构和司法官。《淮南子·天文训》说:"中央土也,其帝黄帝,其佐后土,执绳而制四方。"郑樵《通志·黄帝》也说:"后土辩乎北方,故为理官。"后土为黄帝六相之一,理为司法机构也为官名。三项措施:一为实行民主选举。黄帝王朝的内阁官员,天子即黄帝和三台实行"推举制",即由诸侯方国首领推选产生,"七辅"为各州民众选举产生。《纬

---

① 晋王嘉:《拾遗记》。
② 宋张君房:《云笈七签·轩辕本纪》。

书集成·论语摘辅象》说:"黄帝七辅,州选举也,翼佐帝德。"二是实行民主议政,让老百姓言论自由。《管子》说:"黄帝立明堂之议者,上观于贤也。"罗泌《路史·疏仡纪·黄帝》说:"黄帝作合宫,以接万灵,以采民言。"黄帝在全国各地建有合宫(明堂、明台),让老百姓到那里自由发表言论,官方派官员采纳他们的言论,以供治国之用。三是推行廉政建设。黄帝搞廉政建设主要是要求官员节俭,节俭则生廉。黄帝提出约法"六章",要求官员"声禁重、色禁重、衣禁重、香禁重、味禁重、室禁重"。禁重就是禁止过分,要求官员清廉节俭,这是防止腐败的重要措施。

4.进行文化建设。文化是人类的灵魂,不同的文化造就不同的民族。民族文化是民族的标志,民族文化与民族同在。黄帝时代是我国历史上最早的一个文化大发展时代。文化艺术方面诸如文字、哲学、宗教、绘画、雕塑、诗歌、音乐、舞蹈、算术、学校、体育、史籍、碑刻、史馆、姓氏等;天文历法方面诸如甲子、星辰、生肖、盖天、阴阳、五行、八卦等;礼仪方面诸如礼制、婚嫁、尊师、丧葬、庙宇、祭祀、占卜等等。这些在当时来说都是先进文化。黄帝以先进的思想文化满足族民的精神需要,塑造了中华民族之魂。

六、黄帝王朝有明确的建国目标

黄帝王朝的建国思想和建国目标是"陶天下为一家",建立一个大同的和谐社会。黄帝所构建的和谐大同社会,其中包括人与人之间的和谐,社会的大和谐,人与自然的和谐和国际(同周边部落)的和谐。最早记述黄帝时代所建和谐社会的是相传为黄帝所作的《古三坟》,上书:"《政典》曰:国无邪教,市无淫货,地无荒土,官无滥士,邑无游民,山不童,泽不涸,其正道至矣。正道至则官有常职,民有常业,父子不背恩,夫妇不背情,兄弟不去义,禽兽不失长,草木不失生。"这里的父子、夫妇、兄弟之间的亲情反映的是人与人之间和家庭的和谐;国无邪教,官无滥士,官有常职,反映的是国家的和谐;市无淫货,邑无游民,民有常业,以及其他史书中记载的"鳏寡孤独,各有所养也",反映的是社会的和谐;地无荒土,山不童,泽不涸,禽兽不失长,草木不失生,反映的是人与自然的和谐。关于黄帝王朝同周边部落的和谐,战国尸佼《尸子》说:"四夷之民,有贯凶者,有深目者,有长股者,黄帝之德尝致之。"宋代张君房《云笈七签·轩辕本纪》说:

"远夷之国莫不献其贡职。"这些记述都充分说明黄帝王朝与周边地区的睦邻友好关系。

七、黄帝王朝已是"家天下"

史学家在谈到夏王朝是我国历史上第一个王朝时,往往提到的一个特征是"家天下"即父子相传。而黄帝王朝是最早的父子相传。黄帝就是子承父业。黄帝的父亲(亦说父族)是有熊国君少典。司马迁《史记·五帝本纪》说:"黄帝者,少典之子,姓公孙,名轩辕。"焦延寿《焦氏易林》说:"黄帝,有熊国君少典之子。有熊即今河南新郑是也。"这是说黄帝是少典之子而少典又是有熊国的国君。宋罗泌《路史·疏仡纪·黄帝纪上》则说:"少典氏没后,轩嗣立,成为姬姓。"是说黄帝继承了少典之君位。由此可知,在黄帝王朝之前已是父子相传,而黄帝王朝之后的五帝时代,司马迁《史记·五帝本纪》说更是父子子孙相传。后汉王充《论衡·案书》说:"《三代世表》言五帝三王皆黄帝子孙,自黄帝转相生。"黄帝封其子少皞为金天氏,传其玄孙颛顼为高阳氏,颛顼又传其侄儿姬俊为高辛氏,姬俊又传其子姬挚,姬挚又传其子帝尧,帝尧又传姚重华帝舜,帝舜是黄帝的九代孙,其下为夏朝父子相传。由此可见,有熊国自少典始,到黄帝袭位,其下传至五帝三代,是一个父父子子孙孙一脉相传的王朝。

历史学家李绍连在《河洛文明探源·绪论》中说:"传说的黄帝在今新郑地区建立的'有熊国',则是这种早期国家的萌芽状态——尚不成熟的国家政权。一些学者把这种不成熟的国家政权称为'酋邦'。'酋邦'是外来词,不一定准确,故应弃而不用,但这种建立在距今约5000年以前的政权,当是中原社会迈进文明社会门槛的标志。"①李绍连先生对黄帝王朝的定位,基本上是准确的,但我认为史实可能会比这个定位更成熟。

(作者为河南省新郑市地方史志公公室副编审)

---

① 李绍连:《河洛文明探源》,河南人民出版社,2007年。

河洛地区的伏羲女娲史迹

马世之

河洛是一个地域概念,这里的河指黄河,洛指洛河。河洛地区为黄河中游和洛河流域的广大地域。《史记·货殖列传》说:"昔唐人都河东,殷人都河内,周人都河南。夫三河在天下之中,若鼎足,王者所更居也,建国各数百千岁。"这里所说的"三河"即指河洛一带,大体包括黄河与洛河交汇的内夹角洲、外夹角洲以及黄河北岸的晋南和豫北。

河洛地区土地肥沃,经济发达,交通便利,文化底蕴丰厚,伏羲文化曾在这里得到广泛的分布与发展。由伏羲、女娲及其族人共同缔造的伏羲文化,发祥于陇右地区成纪(今甘肃天水)一带,其东渐的轨迹,大体上是自陇右沿渭河上中游谷地入关中,出潼关,沿黄河干流,傍崤山、王屋山、太行山东行,并经函谷关至伊洛盆地,出虎牢关而抵达豫东平原。在广袤的河洛地区,到处都有伏羲、女娲的史迹与传说,其中比较著名的,有芮城风陵堆、洪洞娲皇庙与女娲陵、孟津龙马负图寺、洛宁洛出书处、巩义伏羲台、沁阳伏羲女娲殿、济源女娲补天石等。伏羲是中华民族敬仰的"人文初祖",被尊为"三皇之首"和"百代之先"。女娲是远古时代的"三皇"之一,是中华民族的总先妣。伏羲与女娲被誉为中国的"亚当"与"夏娃",其丰功伟绩,如日月经天,江河行地,将与世长存,永留人间。

芮城风陵堆

女娲陵即"风陵",因女娲姓风,故而其墓又称风陵堆。风陵堆位于豫陕晋三省交界处,故而旧有河南阌乡、陕西潼关和山西河东三说,其实均指一地。

关于河南阌乡说,《新唐书·五行志二》载:"天宝十一载(752)六月,虢州阌乡黄河中女娲墓,因大雨晦冥,失其所在,至乾元二年(759)六月乙未夜……其墓涌出。"《丹铅总录》引《旧唐书》云:"天宝十一年(752)六月,阌乡县黄河中女娲墓,因大雨晦冥,失所在。至乾元二年(759)六月,濒河人闻有风雷,晓见其墓涌出土,有巨石,上有双柳,号风陵堆。盖女娲亦风姓也。事又见《女娲陵记》,千万年后,灵异如此,补天之说,亦或不诬乎。"《太平寰宇记》卷五"河南道陕州阌乡县"载:"阌乡津,去县三十里,即风陵故关也。女娲之墓,秦汉以来,俱系祀典。"《河南府志》云:"女娲陵在阌乡县黄河滨。唐天宝末忽失。乾元初,复涌出。遂名风陵渡,盖后风姓故也。"《阌乡县志》云:"天宝十一年(752)六月,阌乡县黄河滨女娲墓因大雨晦冥,失所在。乾元二年(759)六月,濒河人闻有雷,晓见其墓涌出。上有巨石,石有双柳,时号风陵堆。盖女娲亦风姓。"唐宋阌乡县治所今为河南灵宝市朱阳镇文乡村,文乡西约20公里的黄河滨(今在河中)有一古墓,名曰风陵堆。黄河水流经此处,吼声如雷,波浪激天,"风陵波浪"为当地胜景之一。

　　关于陕西潼关说,潼关古称桃林塞,东汉始置县,位于关中盆地东端,东接河南灵宝,北临黄河,与山西芮城隔河相望。《酉阳杂俎·忠志》虢州(治所在今河南灵宝)刺史王光奇向唐肃宗上奏女娲坟事云:"天宝十三载(754),大雨晦冥忽沉。今月一日夜,河上有人觉风雷声,晓见其坟涌出,上生双柳树,高丈余,下有巨石。兼画图进。上初克复,使祝史就其所祭之。"《太平广记》卷三九〇引《唐厂防曰》载,乾元二年(759)六月,虢州刺史王晋光曾向唐肃宗奏曰:"潼关河津上有树数株,虽水暴涨,亦不漂没。时人号为女娲墓。"《元丰九域志》云:"女娲墓在今潼关口河滩上,屹然介河,有木数株,虽暴涨不漂没也。"上述文献记载,女娲墓在陕西潼关境内。

　　关于山西河东说,文献记载颇多,如《水经·河水注》载:"河水自潼关北,东流。……关之直北,隔河有层阜,魏然独秀,孤峙河阳,世谓之风陵。戴延之所谓风堆者也。"《太平御览》作"风堆",又引戴延之《西征记》云:"伏羲、女娲,风姓也,此当是女娲之墓。"《元和郡县图志》卷十二,河东道河中府河东县载:"风陵堆山,在县南五十五里,与潼关相对。"又云:"风陵故关,一名风陵津,在县南五十里。魏太祖西征韩遂,自潼关北渡,即其处也。"《大清一统志》称,旧《志》,风陵坡在蒲州南六十里风陵乡。《读史方舆纪要》卷五十四"陕西华州华阴县"载:"风陵堆,在潼关卫城东三里黄河北岸,北至蒲关六十里。"河东风陵关,今为山西芮城县风陵渡镇。

唐宋时代,风陵堆这座女娲陵,位于河南阌乡县(今属灵宝市)、陕西潼关县、山西河东县(今属芮城县)交界处,被三县视作本县的重要史迹。由于黄河的改道,今属山西芮城,它是唐朝时已淹没在黄河中的一座小山陵。滔滔的黄河之水,日夜不停地诉说着人们对女娲的景仰及缅怀之情。

洪洞娲皇庙与女娲陵

山西洪洞县处在丘陵、平原的交接地区,东北凭依霍山,西临汾河,气候温暖,土地肥沃,是古代人类理想的生存居地。相传女娲炼石补天、积芦灰止滔水等功绩都发生在这里。洪洞县越城镇侯村东北隅,有一座娲皇庙,全称为"娲皇圣母庙",坐北面南,就地势建造,南低北高,南北长约 1 公里,东西宽约 500 米。《大清一统志》载:"庙周围约五里许。"庙中原有古柏 108 株,这个数字在古天文历法学里被称作"大周天"的数,现在庙中还有 3 株古柏,最大的一株为"猴头柏",高 20 多米,径围在 8.5 米以上。有人推断,它是黄帝来此朝拜女娲时所植。自古以来,侯村"娲皇庙"与陕西"黄帝陵"、湖南"炎帝陵"地位相当,一直是享受历代帝王祭祀的国家级神庙。庙中除宋开宝六年(973)《大宋新修娲皇庙碑铭并序》碑和元至元十四年(1277)《大元国重修娲皇碑》两块巨碑外,还出土多块明、清两代皇帝遣官致祭的"御制碑"。

娲皇庙后面为著名的女娲陵。据《太平寰宇记》载:"女娲墓,在赵简子城东南五里,高二丈。"清道光十七年(1827)《赵城县志》云:"女娲陵,在县东八里侯村,正、副陵各一,皆在庙后,东、西相距四十九步……陵前古柏一百八,树多八九人围……宋乾德四年(966),诏给守陵'五户长'吏,春秋奉祀,其后代有祭告……"女娲陵分为正、副二陵,东西并峙。正陵在娲皇庙正北,是一个高四五米的圆形土丘,周长约 50 米;副陵在娲皇庙西侧,大小与正陵相近。正陵埋葬女娲之体,副陵为衣冠冢,埋葬女娲生前所用之物[1]。正、副陵中间,有一补天石亭,亭中央有一块高 1.8 米的补天石。石亭的墙壁上嵌有一方碑刻。碑刻撰文说这块石头,是女娲补天后剩下的一块。现在看来,这是一块陨石。

---

① 孟繁仁:《"女娲陵"和"中华根"》,《寻根》2002 年 5 期。

女娲陵上原有古柏多株,表面遍布小土坑。土坑是人们"刨娃娃"求嗣留下的痕迹。女娲陵正对女娲母亲华胥圣母楼。传说很早以前大帝在一块石头上撒尿,华胥圣母恰巧路过这里坐在这块石头上休息,回家后身怀有孕,生下女娲。侯村人把这个地方叫老母洼,农历三月初十是女娲生日。这一天那些婚后不育或没生儿子的妇女有去陵上"刨娃娃"求嗣的习俗。

女娲陵所在的洪洞县赵城镇,有一个流传几千年的故事,说当年伏羲与女娲都住在侯村女娲宫中,伏羲负责照料女娲的生活起居。有一天伏羲在为女娲梳头时,因偷看宫女一眼而没把头梳好,女娲大怒,一脚把伏羲踢到九里十三步远的伏牛村。1948年前伏牛村的爷爷庙里,伏羲塑像背上还有一个脚印。

关于女娲炼石补天,传说她一次做饭釜破,釜底一粒烧过的石子遇水,先成白灰,继而成白泥,泥干抠之不碎,用水水滴不漏。由此受到启发,将五颜六色的石灰岩烧成石灰,加水成浆,用灰浆去补天上的窟窿。由于她十分劳累,天的西北方向还有一个窟窿没有补上,所以晋南地区下冰雹总是来自西北方向。

女娲炼石补天后,洪水泛滥成灾。她又将芦苇绑成捆,拴上石头投入涧、河的决口处,用碎石相压。再把石灰参入泥土倒在上面,夯实筑成堤坝。这样洪水就只能沿涧、河床流入汾河,再经黄河流入东海。赵城百姓为牢记女娲"止滔水"的功绩,就把芦苇叫"女杆儿"和"堤杆儿"。

孟津龙马负图寺

龙马负图寺位于河南孟津县城东北20公里的老城乡雷河村。相传上古之世,有龙马负图出于河,伏羲据此而画八卦。孟津县有一条小河,名叫图河,图河是黄河的一条小支流,发源于孟津县城东南3公里之邙山伯乐原诸坟岭,东北向逶迤注入黄河,全长21.5公里,流域面积63.3平方公里。现为"图河故道"。据说图河中有龙马怪物,兴风作浪,危害人民。伏羲于图河下游的老城乡孟河村降伏了龙马,把它圈养起来。龙马负图寺中有西汉孔安国语录云:"龙马者,天地之精也。其为形也,马身而龙鳞,类骆有翼,蹈水不没。圣人在位,龙马出于孟河之中焉。"伏羲经过认真观察,从龙马背上的旋毛图纹中受到启发,画出了八卦。"龙马恰为天地用,河图先得圣人心。"后人为缅怀伏羲降龙马、画八卦的伟大业绩,于晋穆帝永和四年(348),在此建寺纪念。《孟津县志》载:"寺在孟津县

(今老城西),始名浮图寺。晋天竺僧浮图澄西来,住锡于此。怀帝永嘉时曰河图寺,梁武帝改曰龙马寺,唐高宗麟德中改曰兴国寺,又改曰负图寺。"明嘉靖四十二年(1563),于原寺后重建新寺,名"伏羲庙",河南知府张汉书龛联:"读无字书忽想到羲皇以上,行负图里恍若游太极之初。"并吟诗曰:"性癖耽奇古,重游河水隈;行过负图里,接近读书台;七日初阳发,先天一画开,归时夸父老,亲见伏羲来。"乾隆十九年(1754)重修后改为"羲皇庙"。龙马负图寺建立于雷河北岸,供殿巍峨,规模宏伟,前有邙岭逶迤,后有大河奔腾。寺内伏羲殿内供奉着伏羲和龙马的塑像。原来建筑比较完整,历经毁坏,仅明嘉靖年间所建一座大殿旧貌未变。该殿砖木结构,单檐歇山式,面阔 3 间,进深 7 间,挑角斗拱,灰瓦绿脊,琉璃吻兽。殿内东西山墙上镶石碑 24 通,镌有全寺建筑分布图和程颐、邵雍、张戴、朱熹、王铎等名家撰写的碑记。原山门左侧,立有"龙马负图处"碑一通。

1992 年 9 月,孟津县政府对伏羲大殿进行全面落架提升修复,在原有地平线上提高 2 米台基,对原建筑物件:立柱、墙体、檩条、斗拱等经修整后,重新上架,保持了原有的建筑风貌。在大殿前山门的遗存基础上,按其旧制修建了山门及钟鼓楼。

伏羲八卦最初源于天赐祥瑞。《尚书·顾命》载,策立康王时,堂上"越玉五重,陈宝,赤刀、大训、弘璧、琬、琰,在西序。大玉,夷玉、天球、河图,在东序"。河图是其中所陈设的一件宝器。孔安国为之传曰:"河图八卦,伏羲王天下,龙马出河,遂则其文以画八卦,谓之河图。"郑玄疏曰:"河图,图出于河,帝王圣者之所受。"《论语·子罕》曰:"子曰:凤鸟不至,河不出图,吾已矣夫!"《礼记·礼运》疏引《中侯·注》:"伏羲氏有天下,龙马负图出于河,遂法之,画八卦。"《汉书·五行志》说:"刘歆以为伏羲氏继天而王,受河图,则而画之,八卦是也。"班固赞云:"河图命庖,八卦成列。"《水经·河水注》说:"粤在伏羲,受龙马图于河,八卦是也。故《命历序》曰:《河图》,帝王之阶,图载江河山川州界之分野。"《古今图书集成·职方典》谓:"上古伏羲时,龙马负图出于河,其图之数,一六居下,二七居上,三八居左,四九居右,五十居中。伏羲则之,以画八卦。"元代吴澄《易纂言》云:"河图者,羲皇时河出龙马,背之旋毛,后一六,前一七,左三八,右四九,中五十,以象旋毛星点,而谓之图。羲皇则阳奇阴隅之数,以画卦生蓍。""河图"神话意在伏羲征服自然灾害,并从中得到科学知识的启迪,开始创造出符号文化。传说当年伏羲拴龙马的地方叫马庄（桩），圈养龙马处叫"前圈"和"后圈"（后改称雷河村和卫河村），面对龙马研制八卦的高台叫"读书台"，该台又称"八卦台"，在图河下游注入黄河的入河口三角地带，即雷河村东北不远处。在雷河下游两岸地区，有八个村子以"河"命名，它们是雷河、孟河、卫河、陈河、东李河、西李河、郑河、图河。当地人称之为"七里八河"，即在七华里范围内有八条小河。这八条小河的来历，传说伏羲得到龙马之后，时时与龙马为伴，天长日久，龙马与伏羲之间便产生了浓厚的感情。后来伏羲病逝后，龙马痛不欲生，便从马庄（伏羲养马处）一带开始，在地上打滚，向黄河滚去，凡是龙马所滚过的地方，便出现一条小河，成为图河的支流，在这些小支流附近人们聚居的村子便以河为名了。这些地方都在负图寺附近，为伏羲降伏龙马的传说增添了几许神秘色彩①。正像《孟津铭》说的"洋洋河水，朝宗于海，经自中州，龙图所在"。

洛宁洛书出处

洛宁县位于河南省西部的洛河中游，熊耳山矗立于南，崤山虎踞西、北，三面重峦叠嶂，一面平坦无垠。从洛宁县城西行约 20 公里，就是全长 442.5 公里的洛河上下游分界处，也是洛宁历史上的长水县县城所在地，即今天长水乡西长水村，这里为伏羲发现洛书处。

伏羲之世，河洛地区有两个大的氏族部落：有河氏活动在黄河之滨，其首领称河伯；有洛氏活动在洛河之滨，其首领称洛伯。伏羲将自己善良而美貌的女儿宓妃下嫁给洛伯为妻，因此宓妃又称洛嫔或洛妃。河伯久闻宓妃天姿国色，为了霸占宓妃，便对洛伯发动了一次大规模的掠夺战争。结果洛伯战败，宓妃投洛河而死。伏羲为替女儿报仇，率兵诛杀河伯的同时，亲临女儿殉义处察看，竟然从洛水中发现了灵龟献书。于是伏羲便寓居于此，据河图、洛书，画八卦，造书契，演古易，作甲历定四时，治田里。并且特意将龟书图案刻画在龙头山南面临洛水的石壁上，以作永久纪念。

在洛出书处的洛宁县西长水村相传为"老龟坑"即龟窝所在地，两碑并排面南而立，相距 3.18 米。东边古碑高 2.01 米，宽 0.675 米，厚 0.27 米，碑额刻有

①　焦学峰：《伏羲画卦地名考略》，载《河图之源》，中州古籍出版社，1997 年。

圭首图案,图中方形线基本脱落,似为洛书图样。碑文仅剩一魏书"洛"字,当为汉魏遗碑。西边古碑高1.825米,宽0.235米,厚0.17米,为清雍正二年(1724)永宁县令沈育所立,碑上刻有"洛出书处"四个大字。这是专记洛书之源的重要碑刻①。

《易·系辞上》云:"河出图,洛出书,圣人则之。"这是最早记载洛出书的文献。此外,还有许多文人墨客对之吟诵不绝。如唐中令李峤《洛》诗云:"九洛韶光媚,三川物候新……神龟方锡瑞,绿字重采臻。"明张论《坛屋山赋》曰:"帝不忍长夜之未旦兮,阐至丹而禅通。既发表图于洪河之浃兮,复感龟书于沪洛之泓。"……这些诗词中充满了对伏羲发现洛书的赞美之情。

在河南洛宁,除"洛出书"处外,还有伏羲因思念女儿而为之懊悔的懊来山,伏羲得洛书而设坛祭天,造屋寓居的龙头山——被后人传称的坛山、坛屋山,龙头山顶有一座祀奉伏羲的羲皇庙和奉祀洛伯与宓妃的洛河龙神庙。

巩义伏羲台

伏羲台位于河南省巩义市东北约10公里处的河洛镇洛口村东黄河南岸的台地上,该台地正值黄河与洛河交汇处以东的夹角地带,高出黄河河床约80余米。东部沟壑纵横,西部紧靠洛口,南边依望莲花山,此山诸峰连绵起伏,形似莲花,当地人古辈千年口耳相传,名之曰"连山"。伏羲台为一土丘,高15米,东西长150米,南北宽100米,略呈椭圆形,是一处以仰韶文化为主要内涵的新石器时代遗址。台东有一个15平方米的洼地,称"羲皇池",据说为伏羲画卦着墨处。隋文帝开皇二年(582),颁诏于此建"羲皇祠",元代谯国公曹铎在祠侧建"河洛书院",现祠、院均毁。清代嘉庆年间,重建洛口寨门时,寨门上镌刻"古洛汭"三个大字,两侧的对联为:"荣光休气兆北阙,赤文绿字焕东周"②。相传伏羲台为当年伏羲画八卦之处。据《水经·河水注》载:"洛水于巩县东迳洛汭,北对琅邪渚,入于河,谓之洛口矣。自县西来,而北流注河,清浊异流,暸焉殊别。"应场《灵河赋》曰:"资灵河之遐源,出昆仑之神丘,涉津洛之孤泉,播九道于中州者

① 李德龙:《洛书之源探析》,《河洛文化研究》,解放军外语音像出版社,2006年。
② 于长君、廖永民等:《河洛"伏羲台"遗址考古综述》,载《洛汭与河图洛书》,河南科技出版社,1996年。

也。"伏羲台以西的河洛交汇处,洛水清,黄河浊,洛水注入黄河时,黑白相间,清浊异流,形成漩涡现象。伏羲在台上察日月交替,思寒暑循环,观河洛汇流所形成的漩涡,有感而绘制"太极图"。他在连山北麓伏羲台上创立八卦,完成了"易"的最初构思,就是后世所说的连山《易》。

沁阳伏羲女娲殿

沁阳市位于河南省西北部的沁河下游,西与济源相邻,南望滔滔黄河,北依巍巍太行,太行山从北到南纵卧腑地,沁水自西向东横贯全境。沁阳古称"野王",又称"河内",属怀州所辖,境内的太行山一名女娲山,王伯厚《地理通释·十道山川考》云:"河北名山太行,在怀州河内县西北,连亘河北诸州,为天下之脊。一名皇母,一名女娲。其上有女娲祠。"远古时代女娲氏族部落曾在太行山地区活动,故而该山又以女娲命名。沁阳境内的金顶山属太行山南麓主峰之一,位于沁阳市紫陵乡赵寨村北,山上原有一天然石洞,元代在此倚洞建有女娲殿宇,清代进行重修。现存伏羲女娲殿为石砌山墙,硬山灰瓦顶,殿内供奉有伏羲、女娲塑像,殿前有清代重修碑记一通①。

济源女娲补天石

济源市位于河南省西北地区的黄河北岸,中国古代四大名渎之一济水发源于此,济源北依太行、王屋两山,王屋山系太行山南段的一个支脉,山峦重叠,以其"状若王者车盖"而得名。王屋山下有著名的女娲补天石。宋人崔伯易《感山赋》云:"客有为余言太行之富。其山一名皇母,一名女娲。或云:于此炼石补天。今其上有女娲祠。因感其说,为之赋,其辞曰:……仁智所依,仙圣其迹。其动能龙,非迅雷烈风不起;其出如风,非醴泉甘露不食。服皇娲之妙道,藏补天之神石;或饵术而采芝,或吞阳而嗽液;或偶怀于老易,引公和之余韵,振文举之归策。"赋中提到的"补天之神石",又称"王屋山五色石"。据《淮南子·览冥训》载:"往古之时,四极废,九州裂;天不兼覆,地不周载;火滥炎而不废,水浩洋而不息;猛兽食颛民,鸷鸟攫老弱。于是女娲炼五色石以补苍天,断鳌足以立四

---

① 张放涛主编:《中原文化旅游概览》,当代中国出版社,2003 年。

极。"女娲补天石在王屋山紫金崖下三官洞外,这里有一块色彩斑斓、大而奇特的五彩砾岩,传为当年女娲补天时所剩之石,故称"女娲补天石",象征吉祥如意。

济源市西北 55 公里的邵原镇小沟背村,其地貌特征属山间盆地,以小沟背村为中心,狭长幽深的银河贯穿全境。河谷两岸群峰壁立,沟壑纵横,五色奇石遍布,大的似楼宇,小的如鸟卵,五色胶结之状,真的就像"熔炼"的一样,相传这里是女娲炼石补天的地方,当地民谣形象地说:"天上银河星星稠,地上银河彩石谷。"因此,小沟背村又称"炼石村"。

小沟背村河谷傍依的山峰,宛如一个傲视众生、展翅欲飞的金凤凰,凤凰台高高耸立为凤首,沿凤颈向上延伸的山梁为凤身,两侧山岭像凤翅,活灵活现,栩栩如生。前面河床经千万年河水冲刷,形成"龙槽凤池",相传为女娲、伏羲嬉戏沐浴之处。

在济源市邵原镇和王屋乡一带,还流传着这样的故事:当年女娲炼的五色石头少了点,没有把天补齐,西北角的上空是用冰块堵的,因而太行、王屋山一带,每年夏秋时节,雷雨频繁,只要天上西北角发出了黑云,常常是骤风暴雨,往往还夹带着冰雹。①

伏羲、女娲的传说为华夏民族古史中最早的一段,是所谓创世的时代。古文献记载最早见于《山海经·大荒西经》,还有战国晚期的《楚辞·天问》、西汉的《淮南子》等。从考古上看,1942 年在湖南长沙子弹库楚墓出土的帛书上,有一段文字记述着伏羲、女娲。中国的女娲传说里蕴藏着一种独特精神,是其他民族所没有的,就是补天和治水,包含着人类改造自然的思想意愿。"我们的先人从远古就开始仰观天文,俯察地理,并逐渐形成'天人合一'思想的精髓即是指人继续了天的发展。女娲补天、治水等传说象征了我们中华民族用自己双手的力量来改造发展自然,这是激励我们艰苦奋斗、勇于创新、自强不息的精神力量。"②

（作者为河南省社会科学院研究员）

---

① 张振犁、程健君:《中原神话专题资料》,中国民间文艺家协会河南分会,1987 年。

② 李学勤:《女娲传说与其在文化史上的意义》,《中国文物报》2004 年 12 月 10 日。

古代河南的牧畜

——关于《论语·子路篇》的直躬故事

（日本）冈本光生

一、存在问题

公元前 5 世纪初,孔子访问叶公子高并与他对话。叶公对孔子说:吾党之直者,其父攘羊,子证之。孔子答道:吾党之直者,异于是。父为子隐,子为父隐。直在其中矣。①

不少研究者从君主权力和血缘秩序对立的观点对这段对话进行分析,认为:虽然君主权力角度,应该否定血缘纽带而直接地支配个别性个人的立场的韩非子,战国时代末期的思想家,批判了孔子的想法,但是,"父为子隐,子为父隐"的孔子想法是儒教亲亲主义伦理的原型,以后经过前汉宣帝的诏敕,到唐朝的法律逐渐发展。②

可是,春秋末期,公元前 5 世纪初,在小国叶,君主权力完全渗透了血缘秩序内部,对于这样的理解有些疑问。因此,站在非常怀疑性立场而说,这个对话是后世的虚构,可是,《论语》曰"其父攘羊,子证之",就是没有明说对于谁直躬告他父亲的犯罪,而《韩非子》曰"其父攘羊而谒之吏",就是明说对于吏直躬告他父亲的犯罪。从这样的相异而考虑,在《论语》子路篇的对话之中,看到君主权力和血缘秩序的对立可能受了韩非子的直躬故事解释以及从后世儒教的亲亲主义伦理和容隐思想的发展而溯源演绎的解释的影响,站在这样立场时,我们可以把这个对话看为事实。

---

① 《论语·子路篇》。
② 郑家栋:《儒家伦理争鸣集—以"亲亲互隐"为中心》,湖北教育出版社,2004 年。

于是,我们再注目直躬父亲攘的东西是羊的事实,考察从如何动机以放牧羊为生业的直躬告发了自己父亲的犯罪。

不少的研究者,在韩非子的影响之下,了解直躬行为的动机,可是,当离开那样的看法而按照直躬父子的生业,考察他的动机的时候,这个对话就呈现出别的样相,就是在游牧生产样式之中生活的直躬思考形式和在农耕生产样式之中生活的孔子思考形式之摩擦的样相。

二、直躬与羊——古代中国西北部的放牧

战国时代儒家的代表孟子说:五亩之宅,树之以桑,五十者可以衣帛。鸡豚狗彘之畜,七十者可以食肉。百亩之田,勿夺其时,数口之家,可以无饥矣。① 从这样的记述考虑,在孟子观念之中,家畜的饲养在数口之家的经济生活中占有重要地位,可是,靠养蚕办衣生活,加之农民"死徙无出乡"②,而定住地办农业。就是,农民的生业其核心是定住性农业。饲养的动物,有的是鸟类,有的猪类,有的狗类,是各种各样的没有共通性,饲养动物的行为是定住性农业的附属物,不是从农业自立性而移动性放牧。

可是,依据从儒教观念解放了的观察者司马迁所述:有个甘肃乌氏人,叫倮,"畜牧及众斥卖,求奇缯物,间献遗戎王。戎王什倍其偿,与之畜。畜至用谷量马牛"③,即他以畜牧成为富人。

从以上记述中有"用谷量马牛"的表现,我们了解在到处山沟的平地,他放牧他的马牛。当西汉初期平定匈奴而西北边境情况稳定时,桥姚者乘机"已致马千匹,牛倍之,羊万头,粟已万钟计"④,成为富人。

如此放牧之民如果有"陆地,牧马二百蹄,牛蹄角千,千足羊(马五十头,牛一百六十七头,羊二百五十头)",就"其人皆与千户侯等"⑤,而依据"秦始皇帝令倮比封君以时列臣朝请"⑥的记述,不但成为富人而且受了"封君"同等的身份

---

① 《孟子·梁惠王上》。
② 《孟子·滕文公上》。
③ 《史记·货殖列传》。
④ 《史记·货殖列传》。
⑤ 《史记·货殖列传》。
⑥ 《史记·货殖列传》。

待遇。

孟子饲养各种各样没有共通性的禽兽，就是以"鸡豚狗彘"为家畜，可是《货殖列传》中的畜兽都是群居性哺乳纲有蹄类动物。当考虑这样的事实时，我们可以说在古代中国西北部以放牧为核心的经济生活成立了。

叶，直躬故事的舞台，就是一个河南地域的小国，当考虑这个事实的时候，我们应该注目有一位汉代武帝时期的人物，叫卜式。

依据《史记·平准书》、《汉书·卜式传》，卜式是河南郡（现在的洛阳到中牟一带）人，父亲死了以后，"式脱身出分，独取畜羊百余头，田宅财物，尽予弟，式入山牧十余岁，羊到千余头，买田宅，而其弟尽致其业，式辄后分与弟者数矣"[1]，以后被武帝知道而升为御史大夫。可是，因为他活用民间活力的"自由主义"性经济政策与桑弘羊推进官营专卖盐铁的统制性经济政策相对立而被免职。换言之，有冒险性而富裕企业家精神的所有者与武帝亲信的统制经济论者相比而败北。

从以上的记述我们了解：从卜式约五百年以前的古代，在河南地域，放牧也是有力的生业，跟直躬父子一样，以放牧为生业的也有不少，所以父亲可以"攘"别人的绵羊。如果所有权还没确立，直躬就不能"证"他父亲"攘"别人的绵羊，因此，可以说绵羊的所有权明确地确立了。

依据梅棹忠夫（UMESAO Tadao），放牧对象的动物是哺乳纲有蹄类群居性动物。绵羊也是有这样性质的哺乳纲有蹄类动物，所以不要个别地一头一头地管理不少的绵羊，而是作为一个有机体性羊群而管理，就可以。[2] 在一群羊群之中，雌羊多，雄羊少，阉割的雄羊少，幼小的羊多。为了稳定绵羊群，除了用种羊之外，在幼小时代，应该阉割大部分的雄羊。加之，为了利用羊奶，催促幼羊断奶而提前断奶期的技术必要而且不可缺少。在商代，已经有动物阉割的技术。[3]提前断奶时期的技术和《易经》说的"童牛之牿，元吉"（大畜），可能有密切关系。从这个记述来说，在古代中国，《易经》成立的时代、地域，已经确立了关于放牧的系统性技术。从以上的考察来说，以下的传说很值得注目：文王囚羑里，

---

[1]　《史记·平准书》。

[2]　梅棹忠夫：《狩猎与游牧之世界》，载《梅棹忠夫著作集》八，东京中央公论社，1990年。

[3]　陈习刚：《商代中原科学技术简论》，载《河洛文化与殷商文明》，河南人民出版社，2007年。

盖益易之八卦为六十四卦①,因为这个传说暗示在古代住在河南一带的汉民族跟游牧文化有关系。②

不少的绵羊作为一个有机体而行动,而以放牧为生业的直躬的父亲掌握一个有机体性羊群,所以虽然父亲仅仅"攘"一头绵羊,但是那种行为连贯"攘"一群羊的行为。

对于《淮南子·泛论训》"直躬,其父攘羊而子证之"的"攘",东汉高诱注说:攘,凡六畜自来而取之曰"攘",北宋邢昺疏论语的"攘"说:因羊来入已,家父即取之而子言于失羊之主证父之盗。把迷到自己羊群的一头离群的绵羊归入自己羊群的行为其根底在于管理羊群的技术,而连贯把别人的羊群同化于自己羊群的技术。别人的绵羊迷到自己的羊群,当然管理羊群的人最初觉察,如果他保持沉默,就迷到的事实好久没发觉。以是观之,如果直躬默认父亲"攘"的行为,这样的行为将立即四处泛滥,而导致放牧社会的秩序不能保持而崩溃。

换言之,这样的行为是侵犯社会基础的生产手段的所有权的行为,所以为了维持和发展社会,放牧社会决不容许直躬父亲的行为,就是连贯把羊群攫为己有的行为。如果直躬知而隐匿他父亲的行为被发觉,就不但父亲而且直躬本人也将被从放牧社会驱逐。放牧社会不会容许否定自己社会的行为出现。

三、孔子与羊——作为牺牲兽的绵羊

绵羊对于直躬的意义即如以上所分析,那么对于孔子来说绵羊的意义又何在呢?

除了《子路篇》外,《论语》中,涉及到绵羊的言论,只有《八佾篇》"子贡欲去告朔之饩羊。子曰,赐也,女爱其羊,我爱其礼"一处。从此句论述,我们可以看出:在八佾篇的绵羊决不是经济性动物而是宗教性牺牲兽。孟子同样把绵羊看作宗教性牺牲品。孟子曾劝说齐宣王停止用牛的血液而用羊的血液圣化新造的钟③,可是这是没有什么必然根据的,只是因为他偶然目睹了到屠杀场去的牛。

---

① 《史记·周本纪》。
② 梅棹忠夫:《童牛之牯》,载:梅棹忠夫著作集二,东京中央公论社,1990 年。
③ 《孟子·梁惠王上篇》。

　　齐国首都临淄附近有牛山。在牛山的山麓饲养牛羊①,牛山在首都的近郊,所以饲养的牛羊大概是为了朝廷宗教仪礼的使用。

　　孔子年青时,曾当"乘田"之官,热心地照顾牛羊的"壮长"。② 这些牛羊的用途不一定分明,可是这些牛羊不是直躬那样的民间人民饲养的,所以可以推测是为朝廷宗教仪礼使用的。

　　墨子曰"昔三代圣王……莫不犓牛羊豢犬彘,洁为粢盛酒礼,以祭祀上帝鬼神而祈福于天"。③ 以是观之,墨子也以绵羊为牺牲兽而使用。于是注目的记述是:墨子言及"牛羊犬彘"与"粢盛酒礼",换言之,言及动物牺牲和植物牺牲。这些记述启示墨子的牛羊在以犬彘为家畜的农耕社会中饲养了。加之,《非攻》上篇曰"入人栏厩取人马牛者,其不仁义又甚攘人犬彘鸡豚"。依据这个记述,墨子时期的农民日常地饲养犬彘鸡豚。马牛,不放牧而在栅栏内饲养,即墨子的家畜饲养是附随于农耕的。

　　从以上的考察来说,对于孔子、孟子以及墨子,绵羊不是带有经济意义的动物而是带有宗教性意义的动物之一,作为牺牲兽有的时候使用牛,有的时候使用绵羊,有交换可能的那样的轻微意义的动物。

　　对于孔子来说,绵羊是在朝廷宗教仪礼之际使用的动物之一,因此,他以为对于跟朝廷宗教仪礼没有关系的直躬,绵羊是没有意义的动物。因此他判断:直躬父亲"攘羊"的行为是和"攘"邻家鸡一样的行为。"证"这样行为的直躬,称赏他的叶公,这两个人都有点儿奇怪。因此,他说"父为子隐,子为父隐。直在其中矣"而责备叶公。

　　于是,还有一个问题,对孔子说直躬行为的叶公,他对直躬行为的看法怎么样?

　　依据《论语》以及《春秋左氏传》哀公十六年的记述判断,叶公是对孔子怀有亲切之感而保持稳定思想的君主,决不是法家性专制君主。

　　以是观之,他对孔子说直躬的对话,根据不在于反对孔子的思想而在于炫耀叶国君主权力渗透到血缘秩序内部,在于直爽地夸耀自己人民的诚实和怀念君

---

① 《孟子·告子下》。
② 《孟子·万章下》。
③ 《墨子·天志上篇》。

主的感情,非常简单的感情,别无他意。

四、结语

我们注目着直躬父子以饲养绵羊为生业的事实而进行考察《论语》直躬故事。依据我们的分析,我们不能说在直躬故事中,有君主权力和血缘秩序的对立,而说直躬故事的本质是对于饲养绵羊的意义问题,换言之,放牧文化和农耕文化之间的文化摩擦问题。遗憾的是,不久孔子去世了,所以他不能了解这种文化摩擦的本质而融合两种文化,树立新文化。这个任务有待我们进行。

（作者为日本崎玉工业大学教授）

汉魏洛阳故城早期城址的
营建及其数理意义

蔡运章　朱郑慧

1984 年,为了探索汉魏洛阳故城的始建年代及其早期城址的沿革变化情况,考古工作者对这座城址的城垣遗址进行了解剖试掘。结果惊奇的发现,在汉晋洛阳城址的下面有"三个规模不同、时代早晚有异的古城相叠压,而且每一时代较晚的城都是在前代城的基础上,向北或向南扩大而建"成的[①]。因此,我们谨就汉魏洛阳故城"三个"早期"古城"的营建年代、背景及其形制规模的数理意义诸问题,略作考述。

一、中国古代的术数崇拜

中国古代盛行术数崇拜的习俗。《周易·系辞传上》说:"天一、地二,天三、地四,天五、地六,天七、地八,天九、地十。天数五、地数五,五位相得而各有合。天数二十五,地数三十,凡天地之数,五十有五,此所以成变化而行鬼神也。"这就是说我们常用的 10 个自然数字可分为奇数与偶数,奇数一、三、五、七、九为阳数,代表天;偶数二、四、六、八、十为阴数,代表地。这些数字是宇宙间各种事物产生变化的本源,只要了解它们产生变化的原理,就能如鬼神般地掌握各种事物的发展规律了。《老子》第四十二章说:"道生一,一生二,二生三,三生万物。""道"是指宇宙的本体,"一"指混沌未开的元气,"二"指阴、阳二气,"三"是指由阴阳二气交合变化而生成的宇宙万物。这是人类最早关于宇宙生成的"元气"

---

① 中国社会科学院考古研究所洛阳汉魏城队:《汉魏洛阳故城城垣试掘》,《考古学报》1998 年 3 期。

学说。中华先民认为,这些数字不是机械的、抽象的,而是有生命的、神秘的。它是宇宙万物生生不息的象征①。这种术数崇拜观念对我国古代思想文化产生了深刻影响。中国古代的都城制度,也深深地打上了这种烙印②。

二、西周中晚期成周城的营建及其数理涵蕴

汉晋洛阳城址下时代最早的城址,位于汉晋洛阳城址的中部。依据考古报告的地层说明,这座城址应是在西周中晚期营建而成的。

洛邑是西周王朝的东都。这里位于"天下之中",被称为"中国"或"土中"。西周初年的何尊铭文说:"惟王初迁宅于成周,复禀武王礼,福自天⋯⋯。惟武王既克大殷商,则廷告于天曰:'余其宅兹中国,自兹乂民。'"这说明武王灭商后,就决定把国都从镐京(在今陕西西安市西南)迁到位于"中国"的洛邑,并作了祭天的典礼。《逸周书·作雒解》载:周公"乃作大邑成周于土中"。《史记·周本纪》记载周公营建洛邑时说:"此天下之中,四方入贡道理均。"《左传·成公三十二年》载:"昔成王合诸侯城成周,以为东都,崇文德焉。"这说明西周初年,经武王、周公、成王相继营建的成周洛邑是西周王朝的东都,也就是当时全国政治、经济、军事和文化的中心。

我们知道,西周时期的东都成周城分为东、西两部分:东边的位于汉魏洛阳故城一带,是"殷顽民"居住的地方。西边的位于瀍河两岸,是周王及政府官员居住的地方。但是,西周初年营建的成周城,如同西京丰、镐城一样,至今都未找到城垣遗址。这很有可能的是,西周初年营建的丰、镐和成周城,都没有修筑城垣。值得注意的是,汉晋洛阳城址下时代最早的城址,正位于西周成周城的东部,也就是当年"殷顽民"居住的地方。在古代的冷兵器时代,城墙是抵御外来侵略的有效防御设施。因此,我国古代都城和重要城邑,大都筑有高大坚固的城垣来保护城内官府和居民的安全。我们认为,西周中晚的成周城墙的出现,可能与当时"淮夷侵洛"的重大事件相关联。这次事件关乎到西周王朝的生死存亡,在古史和金文资料里都有记录可寻。例如:

① 蔡运章:《河图洛书之谜》,《文史知识》1994 年 3 期。
② 蔡运章:《论河洛八卦对中国古代都城制度的影响》,《大易集成》,齐鲁书社,1994 年。

1. 今本《竹书纪年》载:周厉王"三年,淮夷侵洛,王命虢公长父伐之,不克"。

2.《后汉书·东夷传》载:"厉王无道,淮夷入寇,王命虢仲征之,不克。"

3. 虢仲盨盖铭:"虢中(仲)以(与)王南征,伐南淮夷,在成周,乍(作)旅盨"。①

4. 敔簋铭:"唯王十月,王在成周。南淮夷迁殳内伐沔昂、参泉、裕敏、阴阳洛,王命敔追御于上洛、折谷,至于伊班。长榜载首百,执讯四十,夺俘人四百,禀于荣伯之所。"②

5. 无簋铭:"唯十又三年正月初吉壬寅,王征南夷"。③

这里所说的"淮夷"、"南夷"是指居住在淮水流域及长江中下游的古老部族,"虢仲"即周厉王时的卿士虢公长父④,"阴阳洛"指成周之南的洛水两岸,"上洛"指洛水的发源地(在今陕西洛南县),"伊班"是到达伊水沿岸后班师回朝之义,"荣伯"即周厉王时的卿士荣夷公。这说明周厉王初年,淮夷入侵到西周腹地的洛水两岸,直达洛水上游地区,严重威协着东都成周的安全。这时,以周厉王、虢仲和荣夷公为首的西周统治集团,面对来势凶猛的反叛势力,遂以东都成周为基地,征调军队,聚集力量,平定叛乱。他们经过长达十多年的殊死战争,终于取得讨伐淮夷的重大胜利,从而巩固了西周王朝的统治。因此,我们认为,汉晋洛阳城下西周中晚期的城垣,当是周厉王在抵御"淮夷侵洛"时营建的。这座城垣应该就是《水经注·谷水》所说"昔周迁殷民于洛邑,城隍偪狭,卑陋之所"的"成周"城。

这座城址的规模"大致合当时的东西六里,南北五里"必须指出的是,该城选择"东西六里,南北五里"。的形制规模,一定包涵着深刻的数理意义。《汉书·律历志上》说:"天之中数五,地之中数六,而二者为合"。"夫五、六者,天地之中合,而民所受以生也。"《集解》引孟康曰:"天阳数奇,一、三、五、七、九,五在其中。地阴数偶,二、四、六、八、十,六在其中。故曰天地之中合。"这是说"五"居天数之中,"六"居地数之中,五、六相合,有天地、阴阳和合之义。由此可见,这

---

① 中国社会科学院考古研究所编:《殷周金文集成》(修订增补本)4435 号,中华书局,2007 年。

② 同①4323 号。

③ 同①4225、4226 号。

④ 蔡运章:《论虢仲其人》,《中原文物》1994 年 2 期。

座城垣"东西六里、南北五里"的数理关系,不但与成周城位于"天下之中"的地理位置相吻合,而且也具有"阴阳和合"的吉祥寓意。

三、春秋晚期成周城的扩建及其数理涵蕴

汉晋洛阳城址下时代稍晚的城址,位于汉晋洛阳城的中、北部,是春秋晚期扩建的。这处城址除北部为新扩建之外,南部仍沿用西周中晚期所构筑的老城,只是略有修补或增修而已。

春秋晚期的成周城是周敬王时扩建的。《国语·周语下》载:"敬王十年,刘文公与苌弘欲城周,为之告晋。魏献子为政,说苌弘而与之。"《左传·昭公三十二年》载:"秋八月,王使富辛与石张如晋,请城成周。""冬十一月,晋魏舒、韩不信如京师,合诸侯之大夫于狄泉,寻盟,且令城成周。"杜预注:"子朝之乱,其余党多在王城,敬王畏之,徙都成周。成周狭小,故请城之。"这是说公元前520年周景王死后,周王室发生了王子朝与周敬王争夺王位的内乱。王子朝占据王城(在今洛阳市王城公园一带),称为西王;敬王徙居成周(即西周中晚期营建的成周城),称为东王。因当时成周城的规模狭小,到公元前510年,辅佐敬王的刘文公和大夫苌弘决定请求晋国帮助扩建成周城。经过周密规划后,到次年正月动工,"城三旬而毕"。这次扩建是在西周成周城的基础上向北延伸2里,从而使该城形成"南北七里、东西六里"的规模。

春秋成周城"南北七里、东西六里"的数理关系,也有其特殊的含义,《说文·七部》:"七,阳之正也。"这是说"七"代表正统之义。《周易·震》卦六二爻辞说:"七日得。"虞翻注:"震数七。"《周易·既济》虞翻注:"震为七。"这说明"七"为《震》卦之数。《周易·泰》:"帝乙归妹。"虞翻注:"震为帝。"《周易·说卦传》:"帝出乎震……万物出乎震,震东方也。"足见"七"也是东方的帝王之数。由此可见,周敬王所建成周城的数理含义,都与他当时居于东边的地理位置和代表正统帝王的政治地位恰相符合。

需要说明的是,这次营建成周城的主要策划者苌弘,是一位精通天文历数的术数大师。《淮南子·氾论训》载:"昔者苌弘,周室之执数者也。天地之气,日月之行,风雨之变,律历之数,无所不通。"《史记·封禅书》也说:"苌弘乃明鬼神事……周人之言方怪者自苌弘。"由此可见,周敬王时扩建成周城所形成"东西

六里、南北七里"的形制规模,决非偶然之事。

四、战国末年洛阳城的扩建及其数理涵蕴

汉晋洛阳城址下时代最晚的城址是战国末年在西周、春秋城址的基础上,向南扩建而成的。它"约南北九里、东西六里,已达到并形成了汉至晋代洛阳城的形制和规模"。

战国末年的洛阳城是秦相吕不韦扩建的。据《史记·周本纪》记载:周赧王时"东西周分治,王赦徙居西周"。《索隐》按:"高诱曰:'西周王城,今河南。东周成周,故洛阳之地'。"公元前367年,东西周分治,西周居王城,在今洛阳市西工区王城公园一带;东周居成周,在今洛阳市白马寺东汉魏故城遗址处。自战国中期以降,东周国居住的成周城因位于洛水北岸,故已名为洛阳。公元前249年秦灭东周,洛阳城自然成为秦国的版土。那么,这时的秦国为什么还要扩建洛阳城?《史记·吕不韦列传》载:秦"庄襄王元年,以吕不韦为丞相,封为文信侯,食河南、洛阳十万户"。《史记·周本纪·集解》引《皇览》曰:"景王冢在洛阳太仓中。秦封吕不韦洛阳十万户,故大其城并围景王冢也。"《水经注·谷水》载:"昔周迁殷民于洛邑,城隍偪狭,卑陋之所耳。晋故城成周,以居敬王。秦又广之,以封吕不韦。"这说明秦灭东周后,因"秦封吕不韦洛阳十万户",遂将洛阳城向南扩展2里,并将位于春秋成周城外东北太仓中的"景王冢"也包围进来。这样,就初步形成后来汉晋洛阳城的形制规模。

秦相吕不韦将其封邑洛阳城扩建为"南北九里、东西六里"的布局,也是别具匠心的。"九"、"六"是阴阳调和的吉祥之数。《周易》开篇的《乾》卦有"用九"、《坤》卦有"用六"的爻题,故九、六之数成为易卦阳爻和阴爻的代表。《管子·五行》说:"天道以九制。"房玄龄注:"九,老阳之数。"《汉书·京房传》集注引张宴曰:"九,阳数之极也。"《周易·坤》:"初六"。干宝注:"重阴故称六"。九为阳数之极,六乃阴数之中,九、六之和为十五。《周易·系辞传上》说:"一阴一阳之谓道。"《易纬·乾凿度》卷下谓:"《易》一阴一阳合而十五之谓道"。这是说九、六之和符合阴阳调和的自然规律。

值得注意的是,吕不韦本是深谙中国传统术数观念的政治家。东汉高诱《吕氏春秋·序》说:吕不韦任秦相"乃集儒者,使著其所闻,为《十二纪》、《八

览》、《六论》,合十万余言,备天地万物古今之事,名为《吕氏春秋》。……然此书所尚,以道德为标的,以无为为纲纪,以忠义为品式,以公方为检格,与孟轲、孙卿、淮南、杨雄相表里也"。可见,他编撰的《吕氏春秋》是以道家思想为"纲纪"的,书中自然充满着浓厚的术数观念。这就正是吕不韦所建洛阳城规模布局的思想基础。

五、结语

中华先民的术数崇拜观念,对我国古代都城制度产生了深刻影响。我国古代著名的"洛书九宫图",纵、横、斜径三数之和皆为十五。而洛阳东周王城"南北长七里、东西宽八里",长、宽之和为十五里。西汉长安城和隋唐洛阳城都是"经纬各长十五里"的方形结构。北魏洛阳城、隋唐长安城和明清北京城的中轴线,皆为南北长十五里。这些里数均符合阴阳调和的"洛书十五之数"。《黄帝内经·素问·阴阳应象》说:"阴阳者天地之道也,万物之纲纪,变化之父母,生死之本始。"中华先民认为,阴阳之气是产生宇宙万物的根本,"阴阳和合"的辩证法则是天地万物运动变化的基本规律。因此,我国历代统治者为了达到风调雨顺、国泰民安之目的,皆以"天地之数"的数理蕴涵来作为都城制度的规范模式,取其法地则天、吉祥亨通之义[⑧]。因此,西周中晚期营建的成周城以及春秋、战国时期该城两次扩建的形制规模,都刻意选择阴阳和合的吉祥里数,就是很自然的事了。

（第一作者为洛阳市第二文物工作队研究馆员）

论河洛诗歌对《诗经》的贡献

李彩霞　郭康松

　　《诗经》是中国诗歌的始祖,代表了西周初年至春秋中叶500余年的诗歌创作。它的思想性和艺术成就,决定了它在文学史上的崇高地位和深远影响。河洛地区作为一个文化区域,尽管其范围大小随着其影响力的强弱而不断变化,但相对稳定的地理环境、气候条件和民俗风情,使它呈现出共有的文化风貌。

　　《诗经》大抵以黄河流域为中心,《周颂》出于镐京(今西安),"二雅"乃王畿之乐(西周都镐京,东周都洛邑),"十五国风"的名称也都标明了产生地域。每一地区的诗风受当时风俗、政治、经济影响,都表现出鲜明的地域特点。如邶、鄘、卫风以殷商后人对声色之美的一贯追求,而善于描绘人体容貌与服饰之美(《卫风·硕人》《鄘风·君子偕老》《卫风·淇奥》),齐秦之地以军事强国作风崇尚慷慨激昂的尚武精神(《还》《无衣》),魏豳之地因艰苦的地理环境和国际国内环境,而具有诗风质朴,现实性强的特点(《伐檀》《硕鼠》),陈地以哀婉艳丽的情歌和神秘浪漫的巫舞著称(《泽波》《宛丘》),唐地则因晋人特有的忧思深远而具有浓厚生命意识(《蟋蟀》、《山有枢》、《葛生》)等等。那么河洛地区的诗歌有何特点? 它在《诗经》中又起到了怎样的作用呢?

　　按照朱绍侯和薛瑞泽等先生所划定的区域①,我们可知河洛地区以东至荥阳、郑州,西至华阴、潼关,南至临汝,北越黄河至济源、沁阳,"大致相当于北纬

---

① 朱绍侯:《河洛文化与河洛人、客家人》,《文史知识》1994年3期。"指以洛阳为中心,西至潼关、华阴,东至荥阳、郑州,南至汝颍,北跨黄河而至晋南、济源一带地区";薛瑞泽:《河洛地区的地域范围研究》,《洛阳师范学院学报》2005年1期。"以洛阳为中心,东至郑州、中牟一线,西抵潼关、华阴,南以汝河、颍河上游的伏牛山脉为界,北跨黄河以汾水以南的济源、焦作、沁阳一线为界。"

34°至35°,东经110°至114°之间"①的区域。《诗经》中的很多篇章都产生在河洛地区,戴逸先生曾说,"如果做一下《诗经》的地望统计,河洛地区应该是首屈一指的。《国风》中著名的郑、卫之风当然是河南的作品。'二南'中很多可能也是产生在河洛地区的"②。

"二南"的区域,李山认为,"周初曾以陕(在今河南三门峡附近)地为界将王朝直属的下辖之地分为两部分,陕以东即后世所谓"周南"之地,由周公治理。以西即后世所谓"召南"之地,由召公治理。③参考金启华"诗经十五国风分布示意图"④可知,河洛地区包括《周南》的全部和《召南》的一部分。

王,是王畿的简称,即东周王朝的直接统治区,《王风》10篇,产生于周王室东迁后的都城洛阳,"大致包括今河南的洛阳、偃师、巩县、温县、沁阳、济源、孟津一带地方"⑤。"王城在西,成周(洛邑)在东,相距约今十五公里。"⑥《郑风》多系东周作品,春秋时代郑国的统治区大致包括今河南的郑州、荥阳、登封、新郑一带地方。桧地在郑州西南,桧都城在"今河南的密县(1994年密县改为新密市)与新郑之间,其统治区大致包括今密县、新郑、荥阳的一些地方。"⑦魏是西周初分封的姬姓小国,南枕河曲,北涉汾水,其地范围本已超出了河洛,但因其故址在今山西芮城,而芮城靠近洛水与渭水的交界地,与函谷关隔黄河相望,故河洛地区也应包括魏地的一部分。"大雅"和"颂"皆为王畿乐曲,且为上层贵族所作,其产生地当在镐京(西安),小雅大部分作于西周晚期,少数成于东周,故有部分篇目产自河洛。

所以《诗经》中出自河洛地区的应包括《周南》、《王风》、《郑风》、《桧风》的全部,和《召南》、《魏风》、《小雅》的一部分。此外,邶、鄘、卫原为殷商故地,故址在今"河北南部的磁县,河南的安阳、淇县、汲县(1988年改名为卫辉市)。"⑧陈的都城宛丘在今河南淮阳,包括河南东南部和安徽北部。他们虽然都属于广

① 陈昌远:《河洛地区——华夏文明的策源地》,《史学月刊》1994年1期。
② 戴逸:《关于河洛文化的四个问题》,《寻根》1994年1期。
③ 李山:《诗经的文化精神》,东方出版社,1997年。
④ 金启华:《诗经全译》,江苏古籍出版社,1984年。
⑤ 蒋立甫:《诗经选注》,北京出版社,1981年。
⑥ 刘操南:《诗经探索》,浙江大学出版社,2003年。
⑦ 蒋立甫:《诗经选注》,北京出版社,1981年。
⑧ 陈子展、杜月村:《诗经导读》,巴蜀书社,1990年。

义的"河洛文化圈"①,但为与"河洛地区"这一概念相区别,不列入本文讨论范围。

一、河洛诗歌的率真之美对《诗经》爱情诗的贡献

爱情是人类最美好的情感之一,《诗经》中的爱情诗热烈而浪漫,清纯而自然,且具有大胆泼辣和忠贞执著的特点。如《郑风·褰裳》中少女告诫自负的恋人说:"你如果多情地想念我,就该提起衣裳涉水过溱(洧)河。你如果不想念我,难道就没有别人吗?"语言直率、大胆,表现了姑娘的率真个性。《郑风·溱洧》写春水渐涨时女子主动邀请男子陪她游春,"去看看吧!"士曰:"已经看过了。"女又劝:"再去看看吧,洧水边上宽敞又欢乐。"于是士应邀前往。态度主动大方,充满自信。

《郑风·风雨》写情人相见的快乐,"既见君子,云胡不喜"? 见到情人有什么不如意,有什么不喜欢呢? 在《郑风·狡童》"彼狡童兮,不与我言兮! 维子之故,使我不能餐兮"和《王风·采葛》"彼采葛兮,一日不见,如三秋兮"中,爱情简直就是生活的全部意义。《王风·丘中有麻》、《郑风·野有蔓草》写青年男女的相恋,或留栖于丘麻田中,或偕藏于蔓草丛间,率直、浓烈、奔放之情溢于言表。《王风·大车》"谷则异室,死则同穴。谓予不信,有如皦日"。活着不能同生活在一室,死了也要与你共处一穴,假如你不相信的话,那么就让头上的太阳为我们作证! 态度何等坚决!

当然,《诗经》其他国风中也不乏优秀的爱情诗,如《卫风·木瓜》、《邶风·静女》都是脍炙人口的作品,只是这些地区由于有了礼教的束缚,而缺少了鲜活感。《齐风·南山》:"娶妻如之何,必告父母"、"娶妻如之何,匪媒不得。"《豳风·伐柯》:"娶妻如何? 匪媒不得。"《卫风·氓》中女主人公也说:"匪我愆期,子无良媒。"甚至青年男女的婚姻自由,也会受到父母的无理干涉,《鄘风·柏舟》:"髧彼两髦,实维我仪。之死矢靡它。母也天只,不谅人只。"《鄘风·蝃蝀》中的女子也因不顾父母之命远嫁他乡,而受到了当时人的非议。"乃如之人也,怀婚

---

① 朱绍侯:《河洛文化与河洛人、客家人》。"作为河洛文化圈,实际要超过河洛区域范围,即应该涵盖目前河南省全部地区。"

姻也,大无信也,不知命也!"可见这些地区的男女恋爱虽然较后代自由,但也非常强调"父母之命"、"媒妁之言"。

河洛地区地处济水、洛水、黄河、颖水之间,南与楚交界,东与宋相邻,东北部是鲁国和齐国,北部、西北部是卫国和晋国。得天独厚的地理位置带来了商业的繁荣和经济的活跃,也促进了人们思想上的进步和文化氛围的开放,婚姻制度、男女往来,受封建礼教的束缚相对较小。他们的爱情往往建立在男女相互吸引的基础之上,像《卫风·氓》和《邶风·谷风》这样哀伤凄婉的"弃妇诗"在河洛地区很少看到。相反,却有不少表现两情相悦的轻松愉快之词,如《王风·木瓜》中"投我以木瓜,报之以琼琚"中,男女彼此相爱,互诉情衷,不加掩饰。《郑风·出其东门》:"出其东门,有女如云。虽则如云,匪我思存。缟衣綦巾,聊乐我员。"尽管在东门之外,有众多的美女,诗人却并不动心,想到的仍是自己所爱的那个素衣女子等等。

《诗经》中河洛地区的爱情诗歌数量众多、感情炽热,河洛地区的人们(主要是女性)态度之大胆、性格之泼辣,也是其他国风作品无法比拟的。用各种方式表达对所爱之人的炽热情感,从赞美爱慕到求偶结合,无一不具有火辣的情怀,奔放的个性和充分的自信。较之后世女子纤弱多病、含蓄矜持,或低眉顺眼、委曲求全的形象更加朴素健康,充满活力。"率直大胆的内涵是对自己生命要求的尊重,是在追求着生命性灵的完整。"①爱情的境界也因为有了生命意识的渗透而闪耀着人性的光辉。很难想象,如果《诗经》爱情诗中缺少了河洛地区诗歌中热烈奔放,不受约束的率直之美,是否还具有像今天这样光彩照人的艺术魅力。

二、河洛诗歌的人伦理想对《诗经》婚姻家庭诗的贡献

商周时期的中国是一个以宗法小农家庭为细胞的社会,婚姻家庭关系是最基本的宗族关系。河洛地区地处中原腹地,具有得天独厚的地理环境和先进文明,《诗经》中河洛地区重婚礼、重夫妻之情、重生育的观念,反映了上古时代夫妇和睦,子孙繁衍,生生不息的人伦理想,是《诗经》婚姻家庭诗的重要组成部

---

① 李山:《诗经的文化精神》,东方出版社,1997 年。

分,也为我们领略上古时期的婚姻家庭生活提供了一条重要途径。

1.重视婚礼。婚礼是人生大礼,是家族繁衍延续的开端,"昏礼者,将合二姓之好,上以事宗庙,而下以继后世。"①夏代已有婚礼的雏形,周代具备了完整的"六礼"。从《诗经》中河洛地区的诗歌可看出他们对婚礼的重视。"二南"25篇,多为婚礼祝颂之辞。如《周南》中《关雎》、《樛木》、《桃夭》、《汉广》皆为祝婚歌谣,如《樛木》云:"南有樛木,则葛藟累之矣。乐只君子,福履绥之。"南山弯弯的树呀,野藤儿缠着它。快乐的人儿呀,幸福降给了他,幸福添给了他,幸福全给了他。真诚朴实的语言,饱含着对结婚新人的美好祝愿。《葛覃》写贵族妇女新婚归宁,《芣苢》写"妇人乐有子",《螽斯》、《麟之趾》祝子孙繁衍而多贤。此外,《召南》的《鹊巢》、《何彼襛矣》也是贵族祝婚歌。虽然《诗经》中不乏描写爱情与相思题材的诗歌,但祝婚歌为"二南"所独有,此外,反映新婚归宁、求子、祝贺子孙繁衍的诗在其他国风作品中也极少见,这是河洛地区诗歌对《诗经》的一大贡献。

2.重夫妻之情。夫妻关系是人伦的开始。《周南》之中《关雎》居首,可看出河洛人对夫妻人伦的首重之情。诗篇固然在"寤寐求之""辗转反侧"等句表现了"君子"对"淑女"情真意切的热烈爱恋,但"君子好逑"之"好"字,使诗的重点落在了"君子之好配偶"的意义上,最终还是将深切的思慕转化为结婚的愿望,"琴瑟友之"、"钟鼓乐之"表达的是夫妇和睦的挚情美满。可以说,《关雎》所立意称颂的不是爱情,而是我们今天所说的"亲情",伦理的意义大于爱情的意义。

春秋时期征战频繁,夫妇分离也是家常便饭。《周南·卷耳》女主人公在一次采摘卷耳时突然想起远役的丈夫,竟再无心思采那卷耳菜,这种牵挂源于她对丈夫深切的爱意和思念。《王风·君子于役》,"鸡栖于埘,日之夕矣,羊牛下来,君子于役。如之何勿思。"黄昏时候,牛羊等禽畜都按时回家,丈夫却不能回来,在田园牧歌式的农村小景中,勾画了思妇对远征亲人的关心、忧虑和思念。《小雅·出车》本是一首歌颂南仲优秀战功的战歌,却出现了"喓喓草虫,趯趯阜螽。未见君子,忧心忡忡"等情意绵绵的诗句,在国家的重大军事行动中,将妇女的思念之情嵌入其中,显示了对夫妻之情的重视,更具有感动人心的力量。《郑风

---

① 王文锦:《礼记译解》,中华书局,2001 年。

·女曰鸡鸣》则似一幕家庭生活小剧,"女曰鸡鸣,士曰昧旦。子兴视夜,明星有烂。将翱将翔,弋凫与雁"。以温情脉脉的对话,写出了夫妻间互敬互爱、互助互勉的美好和睦生活,以及充满温馨的爱恋。

3.重视生育。人口繁衍对于家族、民族的可持续发展至关重要,"地大国富,人众兵强,此霸王之本也。"①古代河洛地区的人们一贯重视生育,《周南》中的《螽斯》、《桃夭》和《芣苢》就是这方面代表作。《螽斯》"宜尔子孙,振振兮",你的许多好儿孙啊,跻跻跄跄在一堂,热热闹闹在一堂,拥拥挤挤在一堂,祝愿子孙繁多之意显豁易见。《桃夭》"桃之夭夭,灼灼其华,之子于归,宜其室家"。以桃花之灼灼赞美新娘之美,其隐意更是预祝新妇像桃花一样,枝繁叶茂、子孙满堂。《芣苢》"采采芣苢,薄言掇之。采采芣苢,薄言捋之"。此诗旨意向来说法不一,《毛传》说"芣苢,马舄。马舄,车前也,易怀妊焉"。孔颖达疏引陆机《毛诗草木鸟兽虫鱼疏》也说"马舄,一名车前,幽州人谓之牛舌草,可鬻作茹,大滑。其子治妇人难产。"②李山也认为,"将芣苢的籽粒采置怀衽并将其固持,当是在以巫术意识特有的方式表达着对坐胎的祈祷"③。同时诗歌在反复致意中,似可听出主人的焦虑与沉重。自有婚姻以来,生育就是社会对女子责任的一项重要期待。贵族女子靠生育子息维持尊崇的地位,平民家庭的女子因为不能生育而惨遭抛弃的更是不尽其数。

以上三类诗歌中,祝婚歌和重视生育的歌在《诗经》中为河洛地区所仅见,表现夫妻之情的诗在其他地区并非没有,如《卫风·伯兮》"自伯之东,首如飞蓬。岂无膏沐,谁适为容?"和《邶风·击鼓》"执子之手,与子偕老"等句,写夫妻间的思念都很深情。另外《邶风·谷风》、《卫风·氓》等怨妇诗中有一些对过去夫妇家庭生活的回忆,但总的来说,《诗经》中的婚姻家庭诗以河洛地区的最有特色,也最温馨感人,对后世亲情诗影响深远。其中有些诗句、词汇后来还变成了典故,如"琴瑟"指夫妇(《郑风·女曰鸡鸣》),"于归"则指女子出嫁(《周南·桃夭》)等。

————————

①　戴望:《管子校正》,《诸子集成》第五册,上海书店,1986年。

②　《毛诗正义》,《十三经注疏》,中华书局,1979年。

③　李山:《诗经的文化精神》,东方出版社,1997年。

三、河洛诗歌中和之美对《诗经》"哀而不伤,怨而不怒"诗风的贡献

　　《诗经》"二南"多婚姻祝颂之辞,其音乐曲调自然雍容和雅,同"雅"相近,是河洛地区中正平和诗风的代表。自孔子说"《关雎》乐而不淫,哀而不伤"之后,后人便进而将《诗经》的风格总结为"乐而不淫"、"哀而不伤"、"怨而不怒"等特点。如《关雎》写男子对"窈窕淑女"的倾慕与追求,只是停留"寤寐思服"和"辗转反侧"的精神暗恋上,显得委婉含蓄,意味深长,难怪孔子称赞它抒发感情和谐适度、有节制,"洋洋乎盈耳"。它既区别于《卫风·氓》"抱布贸丝"的轻狂,也与《鄘风·柏舟》"之死矢靡它"的直率有所不同。表现哀伤的如《王风·君子于役》虽然"君子于役"无有归期,但妻子只用了一句"如之何勿思"就表达了对远役夫婿的无尽思念,最后归结到"君子于役,苟无饥渴"的深情祝愿。

　　《郑风》以大胆热烈的情诗著称,但《叔于田》、《有女同车》、《女曰鸡鸣》、《将仲子》语言较为含蓄委婉,尤其是《将仲子》诗风和顺委婉,带有明显的封建礼教束缚痕迹,绝无郑风民歌大胆泼辣的气息。"将仲子兮,无逾我墙,无折我树桑。岂敢爱之,畏我父母。仲可怀也,父母之言,亦可畏也。"一方面,姑娘担心男子"逾墙""折桑"有违礼义,和"父母之言"、"诸兄之言"和"人之多言"诸多"可畏",另一方面,又满心期盼与心上人私会,一唱三叹的"仲可怀也"充分表现了对爱情的渴望。这种有节制的情感表现规范,体现出在情感与礼教的自然冲突中"以情克礼"的中和之美。

　　应该说,后人对《诗经》"哀而不伤,怨而不怒"的诗风定位,是与河洛地区中正平和的诗歌特点有着密切联系的,因为我们在其他国风中很少看到上述风格的作品。相反,语含激切的诗却很多,如《魏风·伐檀》对不劳而获的受禄者提出质问:"不稼不穑,胡取禾三百廛兮? 不狩不猎,胡瞻尔庭有悬貆兮?"《魏风·硕鼠》把统治者比作大老鼠,揭露他们的贪残。《鄘风·柏舟》女子在婚姻受阻时,发出"实维我仪,之死矢靡它"的激切誓言。《小雅·巷伯》受谗人迫害时切齿痛骂,宣称要将其"投畀豺虎"。还有《鄘风·相鼠》"相鼠有齿,人而无止,人而无止,不死何俟",对统治者声色俱厉的愤怒斥责,都已经超出了"怨而不怒"的情感底线。

　　此外,还有《邶风·击鼓》、《唐风·鸨羽》中士兵和行役者对战争、徭役的控诉,《陈风·株林》、《邶风·新台》、《魏风·墙有茨》、《齐风·南山》对腐朽荒淫的统治者的讽刺,无一不具有悲亢、奋扬的动人力量。就连颇守礼仪的许穆夫人,面对许国大夫的无理阻挠时,也难免高声怒斥"许人尤之,众稚且狂"(《鄘风·载驰》)。难怪鲁迅说,"实则激楚之言,奔放之词,《风》《雅》中亦常有"①。

"温柔敦厚"、"致中和"思想一直是儒家所提倡的至高审美理想。河洛地区诗歌既不抹杀男女正常的相悦之情,又将它置于"乐而不淫,哀而不伤"的传统道德法则之下,呈现出一种"发乎情,止乎礼义"中和之美。《郑风·遵大路》虽然是弃妇诗,但并不悲怨,而是有着旧情难断的执著。即使是像《王风·中谷有蓷》这样的弃妇诗也只是以旁观者的口吻表达了对弃妇的同情,比《邶风·谷风》、《卫风·氓》以第一人称的直接倾诉来得更平和。

中和平正是人性之美的体现,和谐更是古今社会一贯追求的生存状态。农民对统治者不劳而获的斥责,女子对母亲的反抗,世人对统治者荒淫行为的讽刺,都是艰难困苦时的不平之音,当鄘、唐、魏、齐之地的人以愤懑、激切的情绪,表现着特殊境地中的人性之"真"时,河洛诗歌却以中和、温婉的取向,表现着人们在常态中追求的人性之美。"这种美,其实正是人们日常生活中相对和谐关系的反映"②,为《诗经》"哀而不伤、怨而不怒"诗风的确立发挥了重要的作用。

（作者分别为海南大学人文传播学院讲师、湖北大学文学院教授）

---

① 鲁迅:《汉文学史纲要》,人民文学出版社,1973 年。
② 潘啸龙、蒋立甫:《诗骚诗学与艺术》,上海古籍出版社,2004 年。

古代河洛地区的葡萄文化

陈习刚

人类栽培葡萄、酿造葡萄酒和创造有关文化的历史悠久,而我国是世界上葡萄较早栽培地之一。河洛地区,葡萄种植、葡萄酒的酿造历史悠久,相关的文化繁荣。本文拟对两宋以前河洛地区的葡萄文化的发展情况作一考察,从葡萄文化角度揭示古代河洛地区历史的悠久及文化的绚丽。

一、9000 年前至商代后期的野生葡萄种子

关于中国葡萄栽培、葡萄酒酿造的时代,观点众多,尤其是随着考古发掘的进展,有关讨论与思考越来越多,时代似乎也越来越提前。其实,这些考古发掘真正反映出的是中国历史悠久而丰富的野生葡萄资源。而相关考古发现又以河洛地区为多,也以河洛地区为早。

(一)9000 年前中国"贾湖古酒"的化学成分中有葡萄吗?

贾湖遗址位于中国河南舞阳县北舞渡镇贾湖村,距今约 9000 年至 7000 年,是淮河流域迄今所知年代最早的新石器文化遗存地,曾被评为 20 世纪中国 100 项考古大发现之一。考古学家在贾湖遗址发现了 16 件石器时代陶器,其中部分陶器内的沉淀物,经酒精饮料历史研究专家、美国宾夕法尼亚大学教授帕特里克·麦克戈文先生的化学分析,应是酒精饮料的残渣,这些装有酒精饮料的陶器很有可能是用于葬礼和宗教仪式。麦克戈文先生的相关研究报告发表在 2004 年 12 月出版的《美国国家科学院学报》上。考古界认为这一发现可以将中国古老酿酒史追溯至公元前 7000 年,也就是距今 9000 年前的新石器时代。

关于贾湖古酒的化学成分,美国《国家地理》杂志的报道中首次提出贾湖米酒中的葡萄成分。2007 年年初美国特拉华州"角鲨头"酿酒厂所分析配制出的

"贾湖古酒"配方,也说明"贾湖古酒"的成分有葡萄。国内的考古报告中未说明酒石酸中是否含有葡萄成分。"贾湖古酒"是否存在,或即使存在又是否含有葡萄成份,但有一点是肯定的,那就是贾湖遗址的确出土有野生葡萄种子。这将我国野生葡萄的历史提早至9000年前。

(二)出土有山楂、野葡萄等果核的、属于夏代考古学文化的二里头文化早期的今河南驻马店市杨庄,当时是否将野葡萄用来酿酒?

今河南驻马店市杨庄遗址距今5000～3700年,1992年发掘,其中杨庄三期遗存属于二里头文化早期阶段遗存,属于夏代考古学文化,出土有山楂、野葡萄等果核,这说明早在公元前2100年左右,今杨庄一带的古人已经采集、食用山楂、野葡萄等水果。笔者以为,当时人们将野生葡萄等水果用来酿酒,仅仅存在着可能。

(三)距今3000多年的商代后期,今河洛地区种有葡萄、酿造葡萄酒?

据《酿酒》1987年第5期所刊《保藏三千年的葡萄酒》载,1980年在河南省发掘的一个商代后期的古墓中,发现了一个密闭的铜卣,经分析,铜卣中的酒为葡萄酒①。据《夏商周年表》,商代后期年代为公元前1300年至公元前1046年,因此中原内地河洛地区至迟在公元前1046年前,或者说距今3000多年的商代后期,就可能种有葡萄、酿造葡萄酒。当然,这里还存在不少问题。如是据确凿的葡萄原料还是据残留的酒石酸所作的推测?

(四)河洛地区猿猴造酒的传说

自然界中很早就出现了水果酒。这从世界上多有猴子喝酒的传说及文献记载上可得到印证。明代周旦光的《蓬栊夜话》载:"黄山多猿猴,春夏采杂花果于石洼中,酝酿成酒,香气溢发,闻散百步。"河南洛阳一带有"白猿造酒"的民间传说,夏朝杜康由此悟出果酒酿造的道理。野生葡萄是浆果的一种。自然界中广泛分布着的野生葡萄资源,为野生葡萄酒的出现创造了条件。由野生到栽培,由"自然酒"到酿造葡萄酒,却经历了一个漫长的历史时期。

由考古发现与民间传说可知,9000年前至商代后期,今河洛地区有野生葡萄的分布,表明中国野生葡萄资源的丰富及野生葡萄文化历史的悠久,也表明河

---

① 参见郑云飞、游修龄:《新石器时代遗址出土葡萄种子引起的思考》,《农业考古》2006年1期。

洛地区是野生葡萄的重要起源地。

二、葡萄、葡萄酒的传入及产地

中国真正意义上的葡萄、葡萄酒却是外来的物质文明,至迟在公元前 5 世纪的春秋时期由西域中亚地区传入新疆,随后又经西域新疆传入内地,再传入河洛地区。

(一)秦汉时期

葡萄、葡萄酒产地在西域新疆进一步扩展,并向关内初步推进。秦时西域以东至都城咸阳间当有葡萄种植。西汉的都城长安已有了葡萄酒的酿造。河洛地区,葡萄、葡萄酒最初的传入,史籍上没有明确的记载。但据三国初魏都洛阳已有葡萄的种植和葡萄酒的酿造来看(详下),河洛地区葡萄的种植和葡萄酒的酿造应该不晚于东汉时期。东汉的洛阳、汉献帝时迁都的许昌、汉末曹操的驻地邺城,(今安阳市与河北临漳县的交界处)。作为当时的政治、经济、文化中心,应该都有葡萄的栽培和葡萄酒的酿造。

(二)魏晋南北朝时期

内地葡萄种植和葡萄酒酿造产地继续深入推进。三国时,魏都洛阳的葡萄种植和葡萄酒酿造已有明确的记载。三国时魏文帝在《与吴监书》中对葡萄酒大加赞美道:"中国珍果甚多,且复为论葡萄。当其朱夏涉秋,尚有余暑,醉酒宿醒,掩露而食,甘而不狷,脆而不酸,冷而不寒,味长汁多,除烦解饴。又酿以为酒,甘于曲蘖,善醉而易醒。道之固可以流涎咽唾,况亲食之耶?他方之果,宁有匹者?"晋左思《魏都赋》载有邺都葡萄生长繁茂[1]。西晋时洛阳金谷园种植葡萄[2]。《晋书》卷 55《潘岳传》载潘岳撰《闲居赋》,述其洛阳居室园林之盛况,其中有"石榴蒲桃之珍,磊落蔓延乎其侧"之句。南北朝时,《洛阳伽蓝记》卷 4 载洛阳城西白马寺前种植蒲桃[3]。据《酉阳杂俎》前集卷 18 所载,南北朝时长安、洛阳、邺城三个政治中心葡萄遍种。可见,这一时期洛阳葡萄的种植、葡萄酒的酿造并不曾断绝。

---

[1] 《古今图书集成·博物汇编草木典》。
[2] 王毅:《园林与中国文化》,上海人民出版社,1990 年。
[3] 范祥雍:《洛阳伽蓝记校注》,上海古籍出版社,1978 年。

(三)隋唐时期

东都洛阳是葡萄酒重要产地。杜宝《大业杂记》卷4载宝城内仪鸾殿南有"蒲桃架四行"①。到唐代洛阳一直是葡萄种植基地,唐代诗人留下了不少洛阳葡萄吟咏诗篇。如韩愈《燕河南府秀才得生字》云:"柿红蒲萄紫,肴里相扶擎(一作擘)。"②此诗作于元和五年(812)仲冬,作者时为河南令③。用于宴请的鲜葡萄当为河南府境内所种。洛州河南县种植葡萄。《世说新语》卷中之下《品藻》注引石崇《金谷诗序》载:"余以元康六年(296),……有别庐在河南县界金谷涧中,或高或低,有清泉茂林,众果竹柏,药草之属,莫不毕备。"④唐彦谦《葡萄》、《咏葡萄》两诗都是金谷园葡萄的吟咏之作。登封县也可能种葡萄。孟郊《和蔷薇花歌》说:"终当一使移花(一作老)根,还比葡萄天上植"。孟郊50岁之前主要隐居在嵩山少室山,与人唱和之诗也是这期间所作⑤。据《新唐书》卷38《地理志二》河南府河南郡条,嵩山少室山在登封县。洛阳葡萄酒的酿造历史早,是唐代葡萄酒生产基地,应是勿庸置疑的。

(四)五代辽宋西夏金时期

据《证类本草》所载,开封府、西京河南府、南京应天府等地及其附近地区都种有葡萄,酿有葡萄酒。东京开封府,官府种有葡萄,如右史院裴回堂除有蒲桃一本⑥。一些官僚士大夫私家园林也种有葡萄。梅尧臣《乙酉(1045)六月二十一日,予应辟许昌,京师内外之亲则有刁氏昆弟、蔡氏子、予之二季友人则胥平叔宋中道、裴如晦各携肴酒送我于王氏之园,尽欢而去,明日予作诗以寄焉》略云:"南庭蒲萄架,万乳累将石追。"⑦其《李审言遗酒》亦云:"邻家蒲萄未结子,引蔓垂过高墙巅。"⑧苏辙《赋园中所有十首》之五对京师南园中蒲桃生长习性,葡萄味道及酿酒等作了具体描述⑨。苏轼亦有所描述,其《和子由记园中草木十一

---

① 杜宝:《大业杂记》,十万卷楼丛书本,第9函,续资助。
② 《全唐诗》,卷339。
③ 钱仲联:《韩昌黎诗系年集释》,上海古籍出版社,1984年。
④ 刘义庆:《世说新语》,上海古籍出版社,1982年。
⑤ 《唐才子传校注》,中国社科出版社,1991年。
⑥ 宋祁:《景文集·右史院葡萄赋并序》。
⑦ 《全宋诗》,卷246。
⑧ 《全宋诗》,卷253。
⑨ 《苏辙集·栾城集》,中华书局,1982年。

首》之二有云:"蒲萄虽满架,倒不胜任"①。《东京梦华录注》卷8"中秋"条载:"中秋节前,……字萄,弄色柑橘,皆新上市。……夜市骈阗,至于通晓";同书卷2"饮食果子"条:向食店卖果子,"又有托小盘卖干果子",其中有"回马字桃。"②这些干、鲜葡萄中,尤其是鲜葡萄,应以本地所产为主。

河南府仍种有葡萄,酿有葡萄酒。《河南志》③卷3载仪鸾殿南有楹木字林、栗林、蒲桃架四行,长百余步。洛阳种植葡萄、酿造葡萄酒,宋庠也有诗为证,其《同万秀才燕杨侯别墅》略云:"一石蒲桃先载酒,万株金谷正交花。"④金谷即洛阳城内金谷园。

三、葡萄的种植与加工技术

(一)葡萄繁殖栽培技术

河洛地区葡萄的繁殖栽培技术,从时人诗里可见一斑。种葡萄少不了支架,一般搭有支撑援引葡萄蔓架。如前引《大业杂记》所载洛阳仪鸾殿南"蒲桃架"及梅尧臣"南庭蒲萄架,万乳累将石迫"和苏轼"蒲萄虽满架,倒不胜任"等诗句。

种植的葡萄,颗粒有大有小,形状有马乳有圆,颜色有紫有白,又有无核和有核。马乳葡萄是紫色,白色葡萄为圆形。《本草图经》载:葡萄"蔓生,苗叶似蘡薁而大。子有紫、白二色。又有似马乳者,又有圆者,皆以其形为名。又有无核者。七月八月熟"。⑤

(二)葡萄酒的酿造技术

1. 河洛地区葡萄的加工技术,尤其是葡萄酒的酿造技术,自东汉时期就有了应用。葡萄酒是以一种整粒或压碎的新鲜葡萄汁为原料,经完全或部分酒精发酵产生的一种饮料,这是欧洲国家一般所采用的定义;从酿造学上说,则指以压榨或浸渍得到的葡萄汁为原料,由酵母细胞(有时也有乳酸菌参入)发酵而得到的一种饮料。⑥ 葡萄、葡萄酒经古代西域新疆传入内地,葡萄酿造术也是如此。

---

① 《苏轼诗集》,中华书局,1982年。
② 孟元老:《东京梦华录注》,中华书局,1982年。
③ 《宋元方志丛刊》,中华书局,1990年。
④ 《全宋诗》,卷197。
⑤ 唐慎微:《重修政和经史证类备用本草》,人民卫生出版社,1982年。
⑥ E·卑诺:《葡萄酒科学与工艺》,中国轻工业出版社,1992年。

因此,西域新疆葡萄酿造术是我国最初酿造葡萄酒的技术。

西域葡萄酒有名不仅在于其葡萄的种质优良,也在于其酿造技术状况上。内地使用粮食发酵酿酒,是我国古代传统的酿造方式,其主要特点在于加曲蘖酿制。周边地区一些少数民族酿造粮食酒,常常求助于内地曲蘖。据薛宗正先生研究,唐代新疆酒类制作大别有二,一是粮食酒或曰只蘖酒,魏晋南北朝时由河西传入,二是葡萄酒或曰无只酒,唐代传入内地①。薛氏所论,时间虽有待议之处,但两种酿酒技术渊源地却是正确的。西域的葡萄酒是采用自然发酵法酿造的。

2.三国时,魏都洛阳已采用了葡萄自然发酵酿酒法。魏文帝所谓葡萄酿酒"甘于麹米,醉而易醒"者,表明葡萄自然酿造的酒,比"曲蘖"酿制的谷物酒要甜,酒度要高。

《本草纲目》卷 25 载:"葡萄酒有二样酿成者味佳:有如烧酒法者;有大酿者,取汁同麹如常酿糯米饭法,无汁用干葡萄末亦可,魏文帝所谓葡萄酿酒'甘于麹米,醉而易醒'者也。"张萍、陆三强指出:中国传统酿造葡萄酒方法继承了麹蘖酿酒而来,取葡萄汁同麹一起混合,再用糯米饭酝酿,三国魏文帝即用此法;实际上葡萄本身可以自然发酵,加入麹蘖反而会有抑制作用,这也是我国葡萄酒发展缓慢的原因②。尚衍斌,桂栖鹏二人也持此论,并指出大多数研究者认为,到唐代,葡萄酒酿造技术才有了很大发展③。言外之意,唐时内地才利用葡萄自然发酵酿酒技术,这也是"有了很大发展"的注脚。其实,这是拘泥于李时珍的说法。我们认为,魏文帝所酿葡萄酒极可能是用葡萄自然发酵酿酒法而非"取汁同麹如常酿糯米饭法"酿造的,否则,也不至于有"甘于麹蘖,善醉而易醒"的赞叹了。"又酿以为酒,甘于曲蘖,善醉而易醒",说明葡萄自然酿造的酒,比"曲蘖"酿制的谷物酒要甜,酒度要高。余华清,张廷皓也持此论④。"取汁同麹如常酿糯米饭法"酿造的,并非真正的葡萄酒。这实际上也是西域葡萄酿酒术刚传入内地状况的反映,内地还处于模仿阶段

① 薛宗正:《唐代西域汉人的社会生活》,《西域研究》1996 年 4 期。
② 张萍、陆三强:《唐代长安酒业》,《中国史研究》1993 年 3 期。
③ 尚衍斌、桂栖鹏:《元代西域葡萄和葡萄酒的生产及其输入内地述论》,《农业考古》1996 年 3 期。
④ 余华清、张廷皓:《汉代酿酒业探讨》,《历史研究》1980 年 5 期。

3.五代辽宋西夏金时期,河洛地区葡萄的加工,尤其是葡萄酒的酿造,进入繁荣时期。葡萄的加工产品大致有葡萄干、葡萄浆和葡萄酒。一些医家还用葡萄干治病。《证类本草》载:"今医家多暴收其(葡萄)实以治时气,发疮疹不出者,研酒饮之甚效。"①葡萄浆也是葡萄加工的一种产品,宋代仍然存在。苏轼《次韵刘焘抚勾密渍荔支》:"每怜莼菜下盐豉,肯与葡萄压酒浆。"②《证类本草》亦云:葡萄,"子酿为酒及浆别有法。"③当然,葡萄最重要的、影响深远的加工产品是葡萄酒。

葡萄须经取汁、酝酿才能成酒。王逵《蠡海集》事义类载:"北方有蒲萄酒、……皆得醉人",且蒲萄"不酝酿成酒,则不能醉。"④北宋苏颂《本草图经》载葡萄"七、八月熟,取其汁,可以酿酒。"⑤《证类本草》亦载葡萄取其汁可以酿酒⑥。就是说,酿造葡萄酒先要榨取葡萄汁,然后进行发酵酝酿。

这一时期,葡萄酿酒术有葡萄自然发酵酿酒法。元好问《葡萄酒赋并序》中提及葡萄久而腐败自然成酒法及葡萄浆自然发酵成酒法,其序云:"见竹器所贮蒲桃在空盎上者,……自然成酒耳。"⑦其实,如上所述,唐代以前,西域和关内都流行葡萄自然发酵酿酒术,五代辽宋西夏金时期仍然继承了这一方法。刘光甫所说似有可议之处。五代宋时,河东地区葡萄酒的酿造并未间断。《证类本草》引《本草图经》云:葡萄,"今河东及近京州郡皆有之","今太原尚作此酒(葡萄酒),或寄至都下,犹作葡萄香。"⑧《五总志》更有明确记载:"葡萄酒自古称奇,本朝平河东,其酿法始入中都","余昔在太原,尝饮此酝。"⑨可见,五代至北宋期间,河东地区的葡萄酒是贡品,其酿造方法还传到京师。河东地区的葡萄酒酿造方法当然是葡萄自然发酵酿酒术。就刘光甫所言,时人也认为真正的葡萄酒是用葡萄自然发酵酿酒术酿造的。

---

① 唐慎微:《重修政和经史证类备用本草》。
② 《苏轼诗集》,卷37。
③ 唐慎微:《重修政和经史证类备用本草》。
④ 《丛书集成初编本》,第1345册。
⑤ 转引自万建中《饮食与中国文化》,江西高校出版社,1994年。
⑥ 唐慎微:《重修政和经史证类备用本草》。
⑦ 《古今图书集成·博物汇编草木典》,卷113。
⑧ 唐慎微:《重修政和经史证类备用本草》。
⑨ 文渊阁四库全书本,第863册。

这一时期,还存在着加曲酿造的葡萄酒。这种葡萄酒的酿造又包括两种方法:一种是葡萄汁(浆)加曲酿造,另一种是用粮食和葡萄(或葡萄干、末)加曲混酿。前一种虽不见于这一时期的文献记载,但因唐代以前存在这种方法,元代亦见推广①。这一时期可能继承下来,这也从后一种葡萄加曲酿造术上可见一斑。粮食和葡萄加曲混酿,可以说是一种继承曲蘖而来的葡萄酒传统酿造技术。前引元好问《葡萄酒赋并序》中,刘光甫不仅对这种方法进行了尝试,元好问还就历代以来人们因迷信这种传统方法以致使葡萄自然发酵酿酒术至当时几乎失传的恶果,进行了强烈的谴责②。宋人朱翼中《北山酒经》也记载了这种酿造法。《北山酒经》卷下葡萄酒法云:"酸米入曾瓦蒸起,上用杏仁五两(去皮尖),蒲萄二斤半(浴过,干去了皮)与杏仁同于砂盆内一处,用熟浆三斗逐旋研,尽为度,以生绢滤过,其三斗熟浆泼饭,软盖良久,出饭摊于案上,依常法候温入麹搜拌。"③"浴过,干去了皮",即是将葡萄洗干净,晾干后去掉葡萄皮。所用葡萄当为鲜葡萄。这就是李时珍所谓的"常酿糯米饭法",且用的是鲜葡萄④。万国光先生也认为"这也许是一种比较古老的方法。"⑤当然,这种方法酿造出的酒,并不是真正的"葡萄酒",实质上是一种带有葡萄风味的米酒。如上所引,难怪刘光甫说"酿虽成,而古人所谓甘而不饴,冷而不寒者,固已失之矣"。

这一时期,用来酿酒的葡萄,除栽培葡萄外,还有野生葡萄蘡薁。"蘡薁是山葡萄,亦堪为酒。"⑥

四、葡萄、葡萄酒与社会、文化

李永平先生指出,"唐代以前,葡萄酒、葡萄种植技术、葡萄纹饰已经与西方文化一起通过中亚、新疆、河西走廊传向中国内地。"⑦实则,这种进程早至秦代,且内容要丰富得多。秦汉时期,葡萄文化已由西域传入内地,并在内地逐渐丰富

---

① 熊梦详:《析津志辑佚》,北京古籍出版社,1983年。
② 元好问:《葡萄酒赋并序》,《古今图书集成·博物汇编草木典》。
③ 朱翼中:《北山酒经》,文渊阁四库全书本。
④ 李时珍:《本草纲目》,文渊阁四库全书本。
⑤ 万国光:《中国的酒》,人民出版社,1986年。
⑥ 唐慎微:《重修政和经史证类备用本草》。
⑦ 李永平:《东罗马银盘·葡萄文化·丝绸之路》《丝绸之路》,1994年5期。

起来,如葡萄成为艺术家们创作的重要题材,葡萄和葡萄酒成为文学家写诗作赋的一种题材,等等。河洛地区,葡萄、葡萄酒与社会、文化关系密切,内容丰富,影响广泛。

（一）秦汉时期

葡萄有关的语言出现。如东汉班固在洛阳写成的传记体断代史《汉书》写有"蒲陶"。《汉书》卷96上《西域传上》载:"天子以天马多,又外国使者众,益种蒲陶、苜蓿离宫别馆旁,极望焉。"同书卷94下《匈奴传下》载哀帝元寿二年（前40）,"单于来朝,上以太岁厌胜所在,舍之上林苑蒲陶宫"。

葡萄作为艺术纹样还出现在装饰性工艺品、画像石、辇车上。1960年,河南新密打虎亭一号汉墓门楣画像石上就有浮雕葡萄纹①。三国魏人董巴《（大汉）舆服志》云"辇车具金银丹青采只雕画蒲陶之文,乘人以行"②。这也表明葡萄纹饰传入河南地区。

葡萄和葡萄酒出现在文、史、经注中,成为文学家写诗作赋的一种题材。如前所述,《汉书》卷96上《西域传上》有"蒲陶"的记载。葡萄入赋,最早见于约撰于西汉建元四年（前137）的司马相如《上林赋》③。东汉时有王逸的《荔枝赋》,赋中有"大哉圣皇,处乎中州。东野贡落疏之文瓜,南浦上黄甘之华橘,西旅献昆山之蒲桃,北燕荐朔滨之巨栗,魏土送西山之杏"等语④。班固《汉武帝内传》则有葡萄酒的记载。该传载汉武帝为招待西王母,"列玉门之枣,酌蒲萄之醴,宫监香果,为天宫之馔。"⑤可见,东汉洛阳的葡萄文化开始发展。

葡萄的观念传播开来,当时史家甚至将它们与开疆拓土、中西交通联系起来。《汉书》卷96下《西域传下》赞云:孝武之世,"开玉门,通四域……遭值文景玄默,养民五世,天下殷富,财力有余,士马强盛。故能睹犀布、玳瑁则建珠崖七郡,感枸酱、竹杖则开牂柯,越巂,闻天马、蒲陶则通大宛、安息"。后来的史家又将东汉的葡萄与官运亨通联系起来。《晋书》卷43《山涛传》载史臣评论说:"自东京（东汉洛阳）丧乱,吏曹湮灭,西园有三公之钱,蒲陶有一州之任,贪饕方驾,

① 李永平:《东罗马银盘·葡萄文化·丝绸之路》,《丝绸之路》1994年5期。
② 萧子显:《南齐书》,中华书局,1972年。
③ 张宗子:《葡萄何时引进我国?》,《农业考古》1984年1期。
④ 费振刚等:《全汉赋》,北京大学出版社,1993年。
⑤ 班固:《汉武帝内传》,文渊阁四库全书。

寺署斯满。"

（二）魏晋南北朝时期

随着葡萄种植分布的扩大，葡萄语言增加。据《初学记》，《晋宫阁名》载"邺有蒲萄园"，"《晋宫阁名》有灵芝园、蒲萄园，此皆因草木树果以立名也。"①《太平御览》卷972所引《续汉书》亦云："扶风孟佗以蒲萄酒一斛遗张让，即以为凉州刺史。"《续汉书》是西晋河内温县（今属河南）人司马彪所撰。《后汉书》卷88《西域传》有"蒲萄"的记载。《后汉书》的作者范晔，晋宋之际人，祖籍顺阳郡顺阳县（今河南淅川）。可见，这一时葡萄语言传向河北、江南。

葡萄纹饰的范围和地域拓展。葡萄纹饰向河北流传。东晋十六国时期，后赵都城官府已织造葡萄纹锦。东晋陆翙《邺中记》载后赵石虎时，"织锦署在中尚方，锦有大登高、小登高……蒲桃纹锦。"②

葡萄和葡萄酒作为文学家诗赋等创作的题材明显增加。魏晋时，有关葡萄、葡萄酒的诗赋在都城洛阳风行。三国时魏文帝在《与吴监书》中对葡萄酒大加赞美道：葡萄"又酿以为酒，甘于麹蘖，善醉而易醒"。钟会作《蒲桃赋并序》，其序云："余植葡萄于堂前，嘉而赋之。"③西晋左思《魏都赋》写洛阳葡萄生长繁茂。《晋书》卷55《潘岳传》载潘岳撰《闲居赋》，述其洛阳居室园林之盛况，其中有"石榴蒲桃之珍，磊落蔓延乎其侧"之句。

除史传外，葡萄和葡萄酒还出现在方志、佛寺记等中。这一时期所修的史学名著如晋陈寿《三国志》、北齐魏收《魏书》等，都有葡萄、葡萄酒的记载。《三国志》卷3《魏书·明帝纪》"新城太守孟达反"条注文中有"蒲桃酒"④；《宋书》卷59《张畅传》载刘宋元嘉二十七年（450），统一北方后不久的（北）魏主拓跋焘率军南侵过程中，曾惠赠宋一些守将"蒲陶酒杂饮"等物品；《南齐书》卷17《舆服志》转引有三国魏人董巴《舆服志》"辇车具金银丹青采只雕画蒲陶之文"等内容⑤；《魏书》卷101《高昌传》载高昌"多葡萄酒"。这也说明南北朝时，葡萄文化已在南朝都城建康传播，并继续在河北传播。舆地方面，晋代张华《博物志》卷6

①　徐坚：《初学记》，文渊阁四库全书本。

②　陆翙：《邺中记》，丛书集成初编本。

③　《古今图书集成·博物汇编草木典》。

④　陈寿：《三国志》，宋裴松之注，中华书局，1959年。

⑤　萧子显：《南齐书》。

亦载有"李广利为贰师将军,伐大宛,得蒲陶"。南北朝时,葡萄见于佛寺记。《洛阳伽蓝记》卷 4 载洛阳城西白马寺前种植蒲桃①。这些记载葡萄文化的文献,或撰于河洛地区,或反映出河洛地区的葡萄文化。

这一时期,葡萄文化与宗教紧密相关。佛教方面,如前所述,有《洛阳伽蓝记》所载洛阳白马寺蒲桃的种植。

综上所述,河洛地区是野生葡萄的重要起源地,9000 年前至商代后期已有野生葡萄的分布、食用及作为混合型米酒的酿制原料,可能存在着野葡萄的栽培。河洛地区葡萄的种植和葡萄酒的酿造不晚于东汉时期,此后直至五代辽宋西夏金时期,延续不绝。葡萄的种植采用了支架技术,葡萄酒的酿造采用了自然发酵法。五代辽宋西夏金时期,河洛地区葡萄的加工种类增加,存在着加曲酿造的葡萄酒,酿酒原料还有野生葡萄蘡薁。葡萄葡萄酒与社会、文化关系密切,内容丰富,影响较为广泛。葡萄有关的语言、葡萄纹饰的范围、葡萄、葡萄酒的载体范围逐渐扩展;葡萄文化在百姓日常生活中多有体现;葡萄、葡萄酒与宗教、信仰关系继续发展;葡萄、葡萄酒的观念日益传播开来。

（作者为河南省社会科学院历史与考古研究所副研究员）

① 范祥雍:《洛阳伽蓝记校注》,上海古籍出版社,1978 年。

贾谊与西汉封建正统文化的建构

王保国　　邵宗波

　　中国封建正统文化基本表征是高度集中的封建皇权专制,"重农抑末"的经济生产方式,以儒家思想为主干的、融合道法墨等诸家思想为一体的封建大一统文化。西汉是中国封建正统文化初创、巩固的重要历史时期,它奠定了中国封建正统文化的基本架构,对其后中国几千年来的政治、经济和文化产生了至深至远的影响。在西汉正统文化的构建过程中,洛阳人贾谊发挥了重要作用,贾谊是汉初杰出的政治理论家和文学家,在任文帝博士、太中大夫和太傅期间,直接参与西汉政治制度的建设,并多次上书,内容直陈政治、经济、文化领域的大政方针,其奏疏多被文帝采纳,或在景帝、武帝时付诸实施,因而,对西汉封建正统文化建设发挥了至关重要的影响。

一、贾谊与西汉政治文化的建构

　　公元前202年,作为中国历史上第二个封建王朝——汉建立,亡秦的教训如同沉重的阴霾笼罩在汉初统治者的心头,总结历史,重订治国方略成了汉初政治界、思想界的头等大事。面对"齐民无藏盖,而将相或乘牛车"的经济状况,社会迫切需要休养生息。摆在汉初统治者面前的选择似乎只有一条,就是无为而治,于是"黄老政治"成了汉初统治集团最热衷的选项。陆贾曾向汉高祖推介儒学,但遭到一番痛骂。在汉高祖心里,即使再美妙的政治学说,只要提及"有为"都不能使用。他的逻辑是,"有为"就要扰民,扰民就意味着重蹈亡秦覆辙。

　　"黄老之术"产生于战国末期,是道家学派一个分支,基本主张是无为而治,反对苛政,与民休息,这样的学说适合汉初统治者的口味,因此受到特别的垂爱是情理之中的事。但是,单凭"无为"显然是无法做到长治久安和国家富强的。

到文帝时,休养生息政策执行了几十年,公私积蓄仍少得可怜。同时,由于"无为"政治的实施,地方势力日益膨胀,逐渐出现诸侯坐大的现象。这说明"无为"已经不能适应社会变化的需要,积极"有为"的政策才是政治发展的必然趋势。

贾谊敏锐地觉察到社会情况的变化,所以再次做了推介儒学的努力。汉初政治是建立在汲取亡秦基础上的,贾谊的奏议也在这一基础上展开。在《过秦论》中,他历数了秦朝的种种失误,归结到一点就是不行"仁义"。他说:"然秦以区区之地致万乘之势,序八州而朝同列,百有余年矣。然后以六合为家,崤函为宫。一夫作难而七庙隳,身死人手,为天下者笑,何也?仁义不施,而攻守之势异也。"但如果秦王朝行仁义,同样能够"名号显美,功业长久。"(《新书·过秦论上》)在贾谊看来,长治久安的关键不是"无为",而是实施仁义政治。贾谊的仁义政治是对儒家民本政治的继承和发扬,他说:"管子曰:'仓廪实,知礼节,衣食足,知荣辱。'民非足也,而可治之者,自古及今,未之尝闻。"(《新书·无蓄》)他把人民安居乐业,丰衣足食看成实现长治久安的基石。

在《新书·大政》篇中,贾谊不遗余力地鼓吹民本主义。历史上的民本政治从没像贾谊提得这样明确:"闻之于政也,民无不为本也。国以为本,君以为本,吏以为本。故国以民为安危,君以民为威侮,吏以民为贵贱,此之谓民无不为本也。"这是周秦以来关于民本最直接的描述,体现了汉初统治者对于秦亡教训的深刻反思。从民本思想的高度讲,它虽不如孟子,但它却以凝固化和法典化的形式论证了民本之于政治的关系,这是民本思想进一步走向成熟和深化的表现。

贾谊重视民本,他不厌其烦地强调"民为国本"、"民为政本"、"民者,万世之本",他希望统治者从这种认识出发做到安民、贵民、爱民、利民,这种思路应当是对周秦儒家学说的继承。但他同时认为民力强大而可怕,他说:"故夫民者,大族也,民不可不畏也。故夫民者,多力而不可适也。呜呼,戒之哉,戒之哉!与民为敌者,民必胜之。"(《新书·大政》)这种认识在不同篇章也多次提及。因为可怕,所以同时要用礼法加强对民众的约束和治理。"仁义恩厚,此人主之芒刃也;权势法制,此人主之斤斧也。势已定,权已足矣,乃以仁义恩厚因而泽之,故德布而天下有慕志。"(《新书·制不定》)在贾谊看来,治国必须仁义法制并行,两者内容不同,但都是统治者缺一不可的政治手段。贾谊的治国之道显然有别于孔孟儒学,但又不同于法家,明显受到荀子儒学的影响,其民本思想所表现的正是融合儒法的新儒学的特点。一方面强调民是国本,要爱民、利民、富民、贵民;另一方面,又主张对民众必须妥善地加以控制和驾驭,以防他们的行为危及政权稳定。

郡县制是封建社会最基本的地方行政制度,发生于春秋,确立于秦代。但在汉初除了实行郡县制外,同时分封大批功臣和同姓诸侯王。这些诸侯,为刘邦争得天下发挥了重要作用,但到了文帝时代,实力日益强大,逐渐成为威胁中央政权的割据力量,尤其是以吴王刘濞为首的南方诸侯集团叛乱之心日益明显。面对着尾大不掉的严峻形势,贾谊在其奏疏《治安策》中指出:"进言者皆曰天下已安已治矣,臣独以为未也。曰安且治者,非愚则谀,皆非事实知治乱之礼者也。夫抱火措之积薪之下而寝其上,火未及燃,因谓之安,方今之势,何以异此!"他果断提出"众建诸侯而少其力"的主张:"欲天下之治安,莫若众建诸侯而少其力。力少则易使以义,国小则亡邪心。令海内之势如身之使臂,臂之使指,莫不制从。"(《汉书·贾谊传》)这一主张实质是对诸侯分而再分、使他们最终无力与汉中央政权抗衡。公元前 154 年(汉景帝三年),不出贾谊所料,吴王刘濞串通其他六王并勾结南闽、东粤、匈奴等少数民族,打着"诛晁错、清君侧"的旗号起兵谋反。六王之乱平定后,景帝开始实行贾谊的"推恩"策略,到武帝时,在"众建诸侯而少其力"和"削藩"主张指导下彻底剿除了异姓王并大大削弱同姓王势力,汉封建中央集权得以加强,郡县制得以彻底贯彻。

在封建政治秩序的建构中,贾谊把"礼制"放在了核心的位置。秦代捐弃礼仪,一断于法,使上下失序,亲亲恩绝,然而,以宗法为基础的宗族社会在一定程度上还必须依赖礼仪来调节。着眼于此,贾谊提出了"定经制"的主张。他说:"岂如今定经制,令君君臣臣,上下有差,父子六亲各得其宜,奸人无所几幸,而群臣众信,上不疑惑。"贾谊所谓的"经制",就是重塑儒家倡导的君臣秩序。从"定经制"出发,贾谊建议在"等级、势力、衣服、号令"等方面"别贵贱,明尊卑"(《新书·等齐》),明确君臣之间的界限,禁防一切有损于以君主为标志的最高权威和破坏封建等级秩序的僭越行为,以显示出君主至高无上的权力和地位,为此贾谊要求:首先要严格君臣之间的等级尊卑,突出君主在社会等级中的重要地位。其次取消诸侯王制令制仪的权力和收回诸侯的铸币权,严格君臣之间的权限和权力,强调君主至高无上的权力。最后要严格君臣之间的服章、车舆等差别,以显示君主的威仪。贾谊的礼制主张在汉文帝时没有完全得以实施,但经过武帝及其以后诸帝的改制,礼制逐渐成为汉制。

相比黄老的无为政治,贾谊的政治思想更符合意欲有为的汉政权的政治需求,所以,其政治主张多被采用,"诸法令所更定,及列侯就国,其说皆谊发之"(《汉书·贾谊传》)。钱穆在其《国史大纲》中说:"西汉政府之文治思想,最先已有贾谊发其端。贾谊虽以洛阳少年为绛、灌功臣所抑,然贾谊的主张——为汉廷所采用。"(钱穆:《国史大纲》(修订本)上册)这是客观事实,从某种程度上说,"文景之治"与贾谊政治思想的实践是分不开的,而文景之治的成功又在历史上塑造了汉代政治文化的典范模式,这种模式是中国封建社会政治文化的标尺,对后世封建王朝政治文化形态的形成产生了深远影响。

二、贾谊与西汉经济体制的创建

贾谊的确算不上一位现代意义上的经济学家,因为他并没有提出一套系统的经济理论或模式,但他当时确实提出了一些颇具现代经济理论色彩的具体思想和措施,例如,他已经认识到了农业在国计民生中的重要的基础地位,强调要重视农民的力量,以农为本、以民为本,并从联系的观点出发,主张通过抑"末"以强"本";为了解决民间私铸铜钱问题,他主张将采铜权收归中央政府,欲从源头上彻底杜绝私铸,以维护国家货币秩序的正常运转;贾谊还从防患于未然的角度出发,提出了积贮和节俭的思想,这种思想在当时已算是比较先进了。李靖先生在其《中国经济思想通史》中将贾谊和晁错、董仲舒并提,指出"贾谊、晁错、董仲舒是西汉前期的三个重要历史人物,他们的思想对巩固西汉统一封建政中央集权,对汉帝国经济的发展和繁荣起过重要作用"(李靖:《中国经济思想通史》(修订本)第一卷)。

因长期的战争,汉初农业遭到了严重的破坏。为了安抚农民、恢复农业,高祖就曾下诏劝说流民返回家园,并归还农民的原有田宅,鼓励农民开垦荒地,定田租十五税一;惠帝奖励人口增殖,鼓励土地开垦……尽管汉初统治者采取了一些有利于农业发展的措施,但直到惠帝时,农业仍未恢复到战国时期的水平。到文帝时,这方面的情况并没有太大的变化。贾谊在《新书·忧民》中对农民生活的贫寒有清醒的认识:"今汉兴三十年矣,而天下愈屈,食至寡也,陛下不省邪?

未获也,富人不贷,贫民且饥;天时不收,请卖爵鬻子,既或闻耳……"(《新书·忧民》)从汉初至武帝前的几十年间,准确地说实行的是重农而不抑末的政策。正是在这种重农而不抑末的政策环境下,汉初末业开始抬头,文帝时,"时民近战国,皆背本趋末。"(《汉书·食货志》)

贾谊认为农业是衣食之源,他引古人语说:"一夫不耕,或为之饥;一妇不织,或为之寒。"(《新书·无蓄》)贾谊已清楚地认识到太多的人从事末业肯定会造成农业劳动力的流失,于是,贾谊在《新书·无蓄》中指出:"今背本而以末,食者甚众,是天下大残","故以末予民,民大贫;以本予民,民大富。"他认为政府应因势利导,让人民舍末务本,因为只有舍末务本人民才能富裕。不但如此,他还认为奇巧末技会使人生逸乐淫侈之心:"夫奇巧末技、商贩游食之民,形佚乐而心县愁,志苟得而行淫侈,则用不足而蓄积少矣;即遇凶旱,必先困穷迫身,则苦饥甚焉。今驱民而归之农,皆著于本,则天下各食于力。末技、游食之民转而缘南亩,则民安性劝业而无县(悬)愁之心,无苟得之志,行恭俭蓄积而人乐其所矣……"(《新书·瑰玮》)所以,贾谊认为固本必须抑末。

贾谊不仅重视农业,《新书·忧民》篇透露出贾谊对农民生活窘迫的担忧,他说:"未获耳,富人不贷,贫民且饥;天时不收,请卖爵鬻子,既或闻耳。曩顷不雨,令人寒心……"《俗激》篇还从保护农民的利益出发,揭露了一些人骗取国家粮食、肆意征收赋钱的不义行为:"矫伪者出几十万石粟,赋六百馀万钱",表达了贾谊对伪作文书、妄作赋敛以夺民利现象的担忧。

在《礼》篇中,贾谊强调有两件事君主要亲自跪拜,其中之一就是"闻登谷则拜之。"如果遇到荒年,君主宫室等建筑物上就不能涂饰,而且还要撤销射礼活动,马不准喂粮食等:"岁凶谷不登,台扉不涂,榭彻干侯,马不食谷,驰道不除,食减膳,飨祭有阙。"可见,在贾谊看来农业丰欠应引起统治者的高度重视。文帝也许是受到了贾谊重农务本主张的影响,他在位时采取了一些有利于农业和农民的措施,《汉书·贾山传》载文帝即位之初,"减外徭卫卒,止岁贡,去诸苑以赋农夫,出帛十万余匹以振贫民"。文帝还亲耕籍田,提倡农耕,免收天下农田税凡十二年。西汉在文景两个皇帝统治下,前后三十九年,终于获致了超过战国时期的经济繁荣。

一方面,我们必须清醒地认识到,贾谊的重农思想不可能摆脱时代和阶级的局限性,他的重农思想虽然客观上会有利于农民生活状况的改善和社会的进步,但从根本上说还是为了维护小农经济,维护统治阶级的利益以加强封建集权;另外,他只认识到农业是创造物质财富的重要部门,把商业、手工业等看成是奇巧末技,这也许是当时小农经济观念根深蒂固、社会分工观念不明确、商业行为不规范、商品经济带来的负面效果过于明显等才导致他有此看法。贾谊的"重农主义",是把农业与工商业完全对立起来,以维护封建小农经济的地位。重本抑末思想,两千多年来一直影响着中国社会,长期抑制了中国社会资本主义的萌芽。另一方面,贾谊"重农主义"的出现,是当时社会经济条件下的产物,不可否认,这一思想对稳定社会,发展农业生产起过积极的作用;也为后来"文景之治"、"汉武中兴"局面的出现奠定了重要的思想基础。

三、贾谊与西汉经学

汉初吸取秦亡教训,承弊易变,采用黄老思想,实行无为而治的政策。汉初采用黄老思想,一方面要依法建立新的社会秩序;另一方面,又要在既定制度下采用"无为""无事""无欲"和"清静自然"的政策来安定社会,反对过分侵扰百姓。正如汉初陆贾所云:"君子之为治也,块然若无事,寂然若无声,官府若无吏,亭落若无民"(《新语·至德》)。但无为思想毕竟有其消极的一面,它助长了地方割据势力的发展,削弱了中央集权和皇权,造成了地方诸侯的僭越和骄横,甚至某些诸侯王公然反叛朝廷,如文帝三年济北王兴居反叛,文帝六年淮南王长谋反;经济上,允许私人铸钱,严重扰乱了货币市场;与匈奴妥协而实行的委曲求全的和亲政策,助长了匈奴的嚣张气焰,"岁入边,杀略人民畜产甚多"(《史记·匈奴列传》)。特别是文帝时,匈奴曾三次大规模入侵,边患危机严重。这些现象实际上反映了汉初社会存在的三个主要矛盾,即商人与贵族地主之间的矛盾,中央政权与诸侯王地方政权之间的矛盾,以及汉民族与少数民族之间的矛盾。

从理论上看,黄老思想有其明显的缺陷:一是它过分消极,只可行于一时,而不能长期使用,尤其在社会稳固以后需要积极进取时就显得不合适宜了;二是无为思想的内涵较少,不能胜任汉帝国的政权理论构建任务,如对于汉王朝的合法性问题、大一统理论建构问题、忠孝观念和义利关系问题等等,黄老学说的论证往往缺乏深度和力度,面对着汉初出现的许多新的社会问题,黄老思想常常显得力不从心。汉初百废待兴,急需开拓一个崭新的局面,黄老思想崇尚自然、俭朴有一定的可取之处,而它反对文教、文化、生活享受和社会物质文明进步的思想终归是与社会发展的要求背道而驰的。总之,汉初形势的变化使得黄老思想已不能适应社会的需要;新的时代要求新的思想取而代之。儒学的有为本质,儒学的礼治思想,正可以满足社会的发展需要,也正适合于解决业已出现的现实社会问题,这时儒学的优越性凸显。秦汉政权的转移和汉初社会的新特点为儒学的勃兴提供了契机。无为思想暂时告退,儒学勃兴。

为了适应新形势的需要,贾谊对儒学进行了改造。贾谊提倡的儒学表现在他对儒家仁、礼的极力推崇上。在《新书·过秦论上》篇中,他总结秦亡教训说:"一夫作难而七庙堕,身死人手,为天下笑者,何也? 仁义不施,而攻守之势异也!"《新书·五美》篇中,贾谊把"仁"和"义"、"命"、"廉"、"圣"并称为五种美政,认为"制定之后,下无背叛之心,上无诛伐之志,上下欢亲,诸侯顺附,故天下咸知陛下之仁"。贾谊重礼,《新书》专列有《礼》篇。《礼》篇有云:"礼者,所以固国家,定社稷,使无失其民者也。"又说:"故仁人行其礼,则天下安而万里得矣。"他认为礼是道德仁义的基础,礼无所不在:"道德仁义,非礼不成;教训正俗,非礼不备;分争辩讼,非礼不决;君臣、上下、父子兄弟,非礼不定。"

《新书·容经》篇进一步规定了圣王一举一动的具体规则以及立身行事应遵循的各种礼节和行为规范,当然这些已是繁缛不堪了。在仁、义、德、礼四者之中,贾谊认为礼是最重要的,因为礼是道德仁义的基础,是治国安邦的圭臬。贾谊为何如此不厌其烦地强调礼呢? 其实原因很简单,那就是贾谊"礼"之规范的设定有其重要的政治意义:"隆礼"是为了"尊君",即试图通过礼的设置使君臣有别、万民崇君,使整个社会在封建王权专制统治之下井然有序。贾谊的礼治思想,不仅对新兴汉王朝社会的稳定和政治制度的构建提供了理论参考,而且,从更深远的历史意义上看,对其后两千多年中国传统文化的维系和发展影响深远。"仁"和"礼"都是儒学的核心范畴,贾谊坚持了儒学立场,并深化了"仁"、"礼"这些重要范畴的内涵,使儒学在汉初具有了更具体的内容。在此基础上贾谊对儒学进行了改造。

贾谊对儒学的改造表现在两个方面:一是融合道、法等思想,使儒学更具兼容并蓄的特性。二是在改造的基础上,使得儒学进一步向政治依附,使儒学成为经世致用之学。

　　贾谊对儒学的整合是与百家争鸣以来秦汉时期学术界出现的各派相互吸纳、彼此兼容的总体大趋势是吻合的。几乎从战国后期始，学术整合的态势就初露端倪，至秦汉时形成了一股强大的洪流，从战国末期的《荀子》、《韩非子》到《易传》，再到战国秦汉之际的《吕氏春秋》、《淮南子》以至陆贾的《新语》，贾谊的《新书》只是这股融合洪流中的一朵浪花；之后，至董仲舒的《春秋繁露》可谓是儒学改造的集大成。由于是董仲舒最终将儒学推向了独尊的地位，当人们考察汉代儒学时，往往把董仲舒作为切入点，大书特书武帝及其以后儒学如何的风光和繁盛，而往往忽略此前陆贾、贾谊等人对儒术独尊的奠基作用，实际上正是陆贾、贾谊等人对原始儒学的综合与拓展，给董仲舒重铸儒学提供了重要的思想资源和方法上的启示。

　　汉初，陆贾等人就已开始了为儒学的复兴而努力，至贾谊更是力倡儒学，他实际上已为儒学的独尊和官方经学时代的到来拉开了序幕；在董仲舒等人的努力下，至武帝时，儒学终于定于一尊，经学时代也真正到来！在儒学独尊道路的行进轨迹上，贾谊是董仲舒之前以实际行动力倡儒学最为引人注目的一个亮点。

　　朱维铮先生说："倘称经学，必须满足三个条件：一、它曾经支配中国中世纪的思想文化领域；二、它以当时政府所承认并颁行标准解说的'五经'或其他经典，作为理论依据；三、它具有国定宗教的特征，即在实践领域中，只许信仰，不许怀疑。"（朱维铮《中国经学史十讲》）自汉武帝"罢黜百家、独尊儒术"以后，经学成为我国封建社会学术文化的正统，其发展盛衰与分合演变往往同当时的政治密切相关。经学的产生和发展对封建社会制度的巩固与发展变化有极重要的关系，对哲学、史学、文学、艺术等的发展也都有很大的影响。

　　　　（作者分别为郑州大学文学院教授、三门峡市市委宣传部干部）

魏晋南北朝的"洛中人"与南北文化冲突

黄宛峰

20世纪80年代以来,区域文化的研究越来越深入,而在研究过程中,也存在一些问题。比如,"人人都说家乡好",往往在自觉不自觉之间提升了区域文化的品位,扩大了它的内涵。再比如,文化的融合谈得比较多,文化的冲突则关注不够,或者是不愿提及。似乎中国古代早已是和谐的局面为多,这显然是值得注意的一种倾向。本文以魏晋南北朝的"洛中人"为切入点,来透视此时期南北文化冲突的现象,以期得出一些新的认识。

东汉、魏、西晋、北魏皆以洛阳为都,魏晋南北朝时期的"洛中人"主要指在洛阳为官的人和寓居洛阳的中原士人。早在东汉末年,三国纷争之时,南北士人的对立已见端倪。孙策在中原曾受到士人的奚落,说吴越士人多才但学问不博,孙策一直耿耿于怀,打算派吴越名士虞翻去"折中国妄语儿"以雪耻。但虞翻却婉言推辞了。洛阳士人无论是数量还是实际的经学水平都占据绝对的优势,靠虞翻去"舌战群儒"显然是难以取胜的。

两晋南北朝时期,涉及到战胜国与降臣、华夷之辨、正统与非正统等异常敏感的问题,南人与北人的对立格外明显。

首先看降君。末代君主的命运总是凄惨的。西晋王朝建立,京师洛阳从君主到大臣,对南方吴国常有鄙视之意,东吴的最后一位君主孙皓便受到晋武帝的羞辱。《世说新语·排调》载:"晋武帝问孙皓:'闻南人好作《尔汝歌》,颇能为不?'皓正饮酒,因举觞劝帝而言曰:'昔与汝为邻,今与汝为臣。上汝一杯酒,令汝万年春',帝悔之。"孙皓作为亡国之君,在受到晋武帝以伶优视之的羞辱时,能不卑不亢,借机以同等身份说话,算是维护了自己的尊严,尽管他实际上还是奉命作了《尔汝歌》。

其次看降臣。《晋书·华谭传》：

> （广陵人华谭）素以才学为东土所推。同郡刘颂时为廷尉，见之叹息曰："不悟乡里乃有如此才也！"博士王济于众中嘲之曰："五府初开，群公辟命，采英奇于仄陋，拔贤俊于岩穴。君吴、楚之人，亡国之余，有何秀异而应斯举？"谭答曰："秀异固产于方外，不出于中域也。是以明珠文贝，生于江、郁之滨；夜光之璞，出乎荆、蓝之下。故以人求之，文王生于东夷，大禹生于西羌。子弗闻乎？昔武王克商，迁殷顽民于洛邑，诸君得非其苗裔乎？"济又曰："夫危而不持，颠而不扶，至于君臣失位，国亡无主，凡在冠带，将何所取哉！"答曰："吁！存亡有运，兴衰有期，天之所废，人不能支。徐偃修仁义而失国，仲尼逐鲁而遍齐，段干偃息而成名，谅否泰有时，曷人力之所能哉！"济甚礼之。

《世说新语·言语》记有基本相同的一段话，不过换成了吴郡人蔡洪和不明姓名的"洛中人"，"文王生于东夷，大禹生于西羌"改为"大禹生于东夷，文王生于西羌"。这其实是南北文人之间在官场角逐的潜台词。在北方文人看来，"吴、楚之人，亡国之余"是根本没有资格与他们抗争的。

再看士人。洛中名士清高自负，居政治要津者更盛气凌人。吴地的二陆兄弟在家乡很有地位，但在灭国之后，为图谋在政治上发展，去洛阳拜会中州名流时便屡受羞辱。虽有名士张华的极力举荐的斡旋，仍很艰难。《世说新语》还载有其他典型的几件事情：

> 二陆初入洛，咨张公所宜诣，刘道真是其一。陆既往，刘尚在哀制中。性嗜酒，礼毕，初无他言，唯问："东吴有长柄壶卢，卿得种来不？"陆兄弟殊失望，乃悔往①。
>
> 陆机诣王武子（济），武子前置数斛羊酪，指以示陆曰："卿江东何以敌

---

① 《世说新语·简傲》。

此?"陆云:"有千里莼羹,但未下盐豉耳!"①(意为千里湖的莼菜若下盐豉,则非羊酪可比。)

卢志于众坐,问陆士衡:"陆逊、陆抗,是君何物?"答曰:"如君于卢毓、卢廷。"士龙失色,既出户,谓兄曰:"何至如此,彼容不相知也。"士衡正色曰:"我父祖名播海内,宁有不知,鬼子敢耳!"②

南北地理环境不同,风俗习惯不同,本来很正常,在《史记·货殖列传》和《汉书·地理志》中,"周人之失"与江南"无千金之家,亦无冻饿之人"都是以平和的笔调写出,叙述是客观的。而南北朝时期由于特殊的政治背景,南北士人言及家乡风俗时,往往话含机锋,剑拔弩张。南人为仕途发展计,一般情况下是忍气吞声。而出自江东望族的陆机,本为振兴家族而到北方,开始尚能屈己下人。姜亮夫先生在《陆平原年谱》太康十年条的按语中指出:"中原人士,素轻吴、楚之士,以为亡国之余,……道真放肆,为时流之习,故于机兄弟不免于歧视,故兄弟悔此一往也。"陆氏兄弟受到刘道真的不冷不热的奚落时尚能忍受,仅后悔而已。但长期受歧视必然要反击。特别是卢志在公开场合提名道姓辱及父族门第时,正所谓"是可忍孰不可忍"!陆机的爆发是必然的。余嘉锡先生《世说新语笺疏》此条的按语中说:"晋、六朝人极重避讳,卢志面斥士衡祖、父之名,是为无礼。此虽生今世,亦所不许。揆当时人情,更不容忍受。"但卢志为此耿耿于怀,终于在关键时刻落井下石,陆氏兄弟及家族北上者几乎全部被杀。

在南北士人的权力之争中,南人明显处于劣势。《三国志》卷58《陆逊传》注引《机云别传》载:"机吴人,羁旅单宦,顿居群士之右,多不厌服。"《太平御览》卷420引崔鸿《三十国春秋》也说:"机吴人,而在宠族之上,人多恶之。"陆机的同乡孙惠载"忧其致祸,劝机让都督于王粹",顾荣亦曾劝陆机还乡,说明南北文人之间对立之尖锐。

北魏王朝仍是如此。北魏统治者本为鲜卑族,保留着北方游牧部落的习性,但为了巩固其统治,又刻意学习汉族文化,包括汉族的习俗,然而总是难以和汉

---

① 《世说新语·言语》。

② 《世说新语·方正》。

族水乳交融。汉族士人仕于北魏者,也常遇到尴尬之事。洛阳又有由南朝投奔北朝者,情况颇为复杂。如南方名士王肃本来是北方琅琊人,曾寓居吴越,因"父非理受祸,常有子胥报楚之意",太和十八年到北方。他在北方时间很长了,仍被称为"吴子"。他不习惯吃羊肉及酪浆等物,常吃鲫鱼羹,渴饮茗汁。数年以后,也开始吃羊肉酪粥。魏高祖问他:"卿中国之味也。羊肉何如鱼羹? 茗饮何如酪浆?"王肃对曰:"羊者是陆产之最,鱼者乃水族之长。所好不同,并各称珍。以味言之,甚是优劣。羊比齐、鲁大邦,鱼比邾、莒小国。唯茗不中,与酪作奴。"王肃的回答不卑不亢,南北食物各有优劣。而给事中刘缟学王肃的饮茶之习,便被彭城王元重讥笑道:"卿不慕王侯八珍,好苍头水厄。海上有逐臭之夫,里内有学颦之妇,以卿言之,即是也。"据说"自是朝贵宴会,虽设茗饮,皆耻不复食,唯江表残民远来降者好之。"①《洛阳伽蓝记》中所载陈庆之在洛阳受辱一事更为典型。永安二年(529),陈庆之奉萧衍之命出使北魏,到洛阳后,受邀到车骑将军张景仁家做客。张景仁是会稽山阴人,在南朝时与陈庆之有旧交,所以设酒相邀,并请司农卿萧彪、尚书右丞张嵩、中大夫杨元慎等作陪。杨元慎为中原士族。陈庆之借着酒意说:"魏朝甚盛,犹曰五胡。正朔相承,当在江左,秦皇玉玺,今在梁朝。"杨元慎立即反唇相讥曰:"江左假息,僻居一隅……短发之君,无杼首之貌;文身之民,禀蕞陋之质。浮于三江,棹於五湖。礼乐所不沾,宪章弗能革……我魏膺箓受图,定鼎嵩洛,五山为镇,四海为家。移风易俗之典,与五帝而并迹;礼乐宪章之盛,凌百王而独高。宜卿鱼鳖之徒,慕义来朝,饮我池水,啄我稻粱;何为不逊,以至于此?"杨元慎是从先秦时期讲起,认为吴越是粗俗不开化的地方。后来陈庆之遇病,杨元慎说他"能解",于是口含水喷向陈庆之说:"吴人之鬼,住居建康,小作冠帽,短制衣裳。自呼阿侬,语则阿傍。菰稗为飰,茗饮作浆,呷啜莼羹,唼嗍蟹黄,手把豆蔻,口嚼槟榔。乍至中土,思忆本乡。急手速去,还尔丹阳……"陈庆之伏在枕头上说:"杨君见辱深矣。"诸如此类的事情,在当时是司空见惯的。在胡汉对立、南北对立的大背景下,鲜卑贵族以及北方士族与南方北上士族的权利之争更为激烈,这是问题的实质所在。《魏书·王慧龙传》记载:"世祖初即位,咸谓南人不宜委以师旅之任,遂停前授。"南人自然

---

① 《洛阳伽蓝记》。

占不了上风。

　　最后看民众之间的对立。北人普遍称南人为"貉子"、"貉奴"。南人则称北人为"沧人"、"沧父"。它折射的是南北从官方到民间不同地域居民的排他性心态。《洛阳伽蓝记》记载：洛阳城中的永桥以南，圜丘以北，伊、洛之间，夹御道有四夷馆。道东有四馆。一名金陵，二名燕然，三名扶桑，四名崦嵫。道西有四里：一曰归正，二曰归德，三曰慕化，四曰慕义。吴人北上投国者处金陵馆，三年以后，赐宅归正里。从其名称即可见其凌辱之意。南齐的建安王萧宝寅到北方，被封为会稽公，筑宅于归正里。萧宝寅"耻与夷人同列"，后赐宅于永安里。上文提到的张景仁，原来也住在归正里，民间号为吴人坊，"南来投化者多居其内"，近伊洛二水，任其习御。归正里住有三千八家，自立巷市，所卖口味多是水族，时人称呼为"鱼鳖市"。"景仁住此以为耻，遂徙居孝义里焉。"由洛阳城华夷之辨的清楚，亦可看出当时南北民众的区分。尽管北魏统治者也是夷人，但为保其江山，他们要标榜自己继承了华夏正宗，而洛阳是典型的华夏礼乐文化的代表，占据洛阳即占据了汉文化的制高点，"洛中人"自然也身价高了。

　　南北士人之间明显的对立与冲突，始于魏晋南北朝时期，它是南北文化对立的缩影。其关键是权力分配，而南北习俗的不同往往成为冲突的导火索。中国文化讲究和而不同，求同存异，相互包容，而在历史进程中，实际的情形要复杂得多。

　　　　　　　　　　　　　　　　（作者为杭州师范大学人文学院教授）

论佛教信仰的中土化与世俗化

——以北朝河洛地区佛教造像记所见祈富求贵信仰为例

张富春

　　争取广大民众信奉是宗教主要的存在方式,以丰富哲理著称的佛教亦是如此。东汉末年随着大乘佛经传入河洛地区,佛教影响开始波及民间。与掌握话语权的南朝文化精英们沉醉于深邃的佛理不同,北朝民众更热衷用佛教来满足信仰的需求。以龙门石窟为代表的佛教文化所彰显的即是民众对现世和来世幸福安康、荣华富贵的追求。尽管佛教对中国民众信仰的影响远甚于其哲理性的影响,但学者于佛教多偏重其哲理性的研究,忽视其信仰性的研究。20 世纪 80 年代以来民间信仰研究方兴未艾,成果喜人。就南北朝时期民众佛教信仰研究而言,首先在弥勒信仰、观音信仰、净土信仰等方面取得了骄人的成绩。如唐长孺《北朝的弥勒信仰及其衰落》(《魏晋南北朝史论拾遗》1983 年),杨曾文《弥勒信仰的传入及其在民间的流行》(《中原文物》1985 年特刊),周绍良《隋唐以前之弥勒信仰》(《中国宗教·过去与现在》1992 年),刘凤君《山东省北朝观世音和弥勒造像考》(《文史哲》1994 年第 2 期),孙昌武《中国汉地观音信仰与文学中的观音》(《传统文化与现代化》1995 第 3 期)等等。这些成果均集中在民众佛教信仰对象的研究,非常有助于了解佛教在中土的流布情况。但众所周知,中国民间信仰向来是极重实用的,对于信仰对象并不十分在意。换言之,只要能满足心理需要,信仰弥勒还是观音,关系似乎不大。所以从一以贯之的信仰目的入手研究可能更有助于认识民间信仰的真实状况,认识古代乃至现代民众的精神世界。作为佛教石窟文化重要组成部分的造像记是造像人供养心理直接、真实的吐露,为千年之下的我们了解其精神世界打开了一扇窗口,也为研究佛教的中土化——普通民众接受佛教的心理提供了一把钥匙。侯旭东《五六世纪北方民众佛教信仰——以造像记为中心的考察》(中国社会科学出版社,1998 年)即是利用造像记研究北朝民众佛教信仰的典范。侯氏认为"造像供养实际与传统祭祀性质一样,佛菩萨像即变相的神灵,供养则涵盖了献礼与致敬,祈愿即是传统祈祷的佛教翻版,两者只有枝节上的区别,如崇拜对象不同、供物品不同,祈愿内容有异等。"①其后,李晓敏《造像记:隋唐民众佛教信仰初探》(《郑州大学学报》哲学社会科学版,2007 年第 1 期)循此思路研究隋唐民众佛教信仰,通过对造像记的统计分析认为发愿文显示民众关注的核心是家庭幸福和亲人安康,这是隋唐民众实用主义信仰特点的体现。其实,渴求幸福安康乃民间信仰一以贯之的核心,佛教要想在中土流布,就不能不满足民众这一信仰需求。本文旨在从供养目的入手,考察北朝佛教造像记所见民众造像供养祈富求贵的世俗信仰内涵,通过与此前同类信仰相比较探寻其特征,揭示满足民众对现世乃至来世富贵的追求是佛教中土化和世俗化的重要途径。

　　古往今来,人人渴望富贵,追求富贵,且永无止境。孔子云"富与贵,是人之所欲也";孟子云"富,人之所欲,富有天下, 而不足以解忧"②;荀子云"人之情,食欲有刍豢,衣欲有文绣,行欲有舆马,又欲夫馀财蓄积之富也,然而穷年累世不知不足,是人之常情也。"③祈富求贵遂成了民间信仰的重要内涵。时至五、六世纪,经过广大僧众的不懈努力,佛教已渗入到中国社会各个阶层,成为民众精神食粮的有机组成部分。传统祈富求贵的渴求以其强大惯性旋即融入到这一新的信仰载体中。其时佛教信徒急剧增加,修持方式多种多样,造塔立像则是一种极为流行的祈福方式。唐释法琳撰《辩正论》卷三云:"(隋文帝时)造金、铜、檀香、夹纻、牙、石像等,大小一十万六千五百八十躯,修治故像一百五十万八千九百四十许躯。"④造像之热,由此可见一斑。造像供养目的如汤用彤先生所云:"然朝廷上下之奉佛,仍首在建功德,求福田饶益。故造像立寺,穷土木之力,为北朝佛法之特征。"⑤建造佛像往往要在台座、光背或靠近佛像的石壁上镌刻铭文,此即造像记。北朝佛教造像记或祈祷亡者不经三途八难、值佛闻法、往生西方极乐世

①　侯旭东:《五六世纪北方民众佛教信仰》,中国社会科学出版社,1998 年。
②　《十三经注疏》,上海古籍出版社,1997 年。
③　《诸子集成·荀子集解》,上海书店出版社,1986 年。注云:"不知不足当为不知足。"
④　《大正新修大藏经》,第 52 册。
⑤　汤用彤:《汉魏两晋南北朝佛教史》,中华书局,1983 年。

界;或祝愿帝祚永隆、生者现世安乐、长寿平安、生活富足。前者为佛教所特有,后者则是传统祈富求贵信仰的佛教诉求。

1996年7月出土于陕西省长武县丁家乡直谷村的北魏太和三年(479)刘元天造像,通高54,宽34,厚5厘米。主尊佛像半球形高肉髻,面方圆,大耳垂肩,眉弓弯弧,下眼睑轮廓明显。鼻翼及嘴角上翘,微带笑容。主尊佛座下有一排忍冬纹分区。下部中心有一蹲坐、双手上举的力士。力士两侧为供养人图像及姓名"清信士刘元天一心/刘□/刘□/刘□/妻赵/息女愿姬/愿作一切"。供养人之下题记为"太和三年/九(月)廿五日清/信士刘元天/为养蜀造/石像一[躯]/愿富洛华/□常相保/□所求/如意。"①

与刘元天仅为自己和家人祈富不同,万福荣则以造牟尼像的功德上祝皇帝国土,下愿一切兄弟妻子眷属,惠及世间众生。北魏永平四年(511)万福荣造像记云:

> 大魏永平四年,岁次辛卯十月十有七日,持节□凉州诸军事讨虏将军凉州刺史万福荣敬造牟尼像一区,上祝皇帝国土康宁、兵戈休息,并愿一切兄弟妻子眷属安善,仰赖三宝永隆,国祚延长,五谷丰登,人民乐业,普及众生,同享斯庆。大魏永平四年十月②。

造像供养的流行,使得造像记形成了程式化的结构。此造像记即可分作如下部分:1.造像时间:大魏永平四年,岁次辛卯十月十有七日;2.造像者身份:持节□凉州诸军事讨虏将军凉州刺史;3.造像者姓名:万福荣;4.所造像主、数量:(释迦)牟尼、一区;5.发愿对象:皇帝、一切兄弟妻子眷属、众生;6.祈愿内容:国土康宁、兵戈休息,眷属安善,三宝永隆,国祚延长,五谷丰登,人民乐业,普及众生,同享斯庆;7.落款:大魏永平四年十月。此为造像记结构形式之一,多用于为生者祈福。更为常见者或于造像记中明确写出为谁造像,多用于给亡者祈福;或于造像记起首明示佛法大义。

---

① 刘双智:《陕西长武出土一批北魏佛教石造像》,《文物》2006年1期。
② 北京图书馆金石组编:《北京图书馆藏中国历代石刻拓本汇编》,中州古籍出版社,1989年。

　　与万福荣类似祈愿五谷丰登的还有北齐天宝元年(550)张龙伯兄弟等造像记：

> 大齐天宝元年，岁次庚午十月壬申□八日辛巳，清信士佛弟子张龙伯兄弟等为亡父母敬造石像六勘(龛)，并及七世所生、己身因缘眷属，亡者生天，见存安隐，仰赖三宝永隆，五谷丰登，国祚延长，五谷丰登，人民安洛(乐)，普及有形，同获斯庆①。

　　孝行、孝道历来为儒家和朝廷所标榜、提倡，祭祖是古代民众生活的重要内容。以无父无君而深遭诟病的佛教却以六道轮回说深深地契入传统孝道，并融进日常生活，从而在中土站稳了脚跟。为尽孝心给先人来生祈福，人们不得不借助佛法。于是，各种佛事活动便源源流入，成为民众信仰活动的一部分。荐亡追福之风至少在五、六世纪已经流行。据日人佐藤智水统计，三分之一造像发愿对象含有造像者的亡亲。所涉及亡亲有父母、七世父母，亦有配偶、子女、兄弟姊妹等，但以祖先为主②。和其他丧仪一样，在给先人祈福的同时，也往往兼及生人。北魏孝昌四年正月阎珍和造像记即明谓愿生者得富：

> 孝昌四年正月十二日，佛弟子阎珍和为父母造像一区，愿亡者生天，生者得富。清信仕女李金容为男女开伏光明主，所求如愿③。

　　孝昌为北魏孝明帝元诩年号，仅用三年即改元武泰，孝昌四年即武泰元年(528)。南北朝时期，年号变更乃至改朝换代如同走马灯。造像记中甚或有"大魏天保元年五月卅日"、"大魏天保元年六月十五日"之语。天保为北齐文宣帝高洋年号，550年高洋代东魏建北齐，改年号为天保。与此张冠李戴相比，以旧年号纪年就不足为奇了。"亡者生天，生者得富"，表达了造像者在祝祷亡者生天的同时兼为生人祈富的心理。樊道德则祈求"现在眷属，长生富乐"，而不止

① 《北京图书馆藏中国历代石刻拓本汇编》，第7册。
② 《五六世纪北方民众佛教信仰》中国社会科学出版社，1998年。
③ 刘体智：《小校经阁金石文字引得本》，大通书局印行，1979年。

富足。北魏普泰二年(532)六月樊道德造像记云：

> 普泰二年六月七日,清信上(士)佛弟子樊道德为忘(亡)父母造释加(迦)像一区,愿现在眷[属]常生富乐,并及有形,共同斯福①。

"富乐"不足,则祈求升官发财。北魏大统二年(536)李愿木票页造像记云：

> ……是以李愿木票页自竭家珍,仰感圣恩,建崇石像一区,上为皇帝宁太(泰),下为七世父母、现在眷属、家口大小,众恶消灭,万善庆集,士(仕)进宜官,荣禄日增,子孙繁兴,苗裔世代,三界众生,普同斯愿,一切成佛。大魏大统二年岁次丙辰十月造讫②。

东魏武定元年(543)高归彦造像记亦云：

> 盖闻般若无源,慈悲有感,众生启瘤,孰不尊崇。大魏使持节都督定州诸军事骠骑大将军定州刺史当州大都督弟子高归彦不识过去,幸睹现世,凭缘希果,兼修将来,寂相渊微,理非可测。遂乃发此至心,割彼资业,广采名匠,琢锩(饰)妙形。粤以武定元年岁次癸亥,四月庚申朔八日丁卯敬造白玉释迦像一区。所愿法幢常建,香津普流,帝道升平,缁素同盛。大丞相勃海王明德弥融,庆流苗裔,家门大小,皆蒙福护,百禄盈朝,七宝曜室,男哲女贤,光显内外,与诸品类,共沾梵释③。

高归彦造白玉释迦像一躯,祝愿阖家大小皆蒙福佑,官高禄厚,七宝盈室。渴望仕途发达的还有北齐刘碑。天保八年(557)豫州刺史刘碑造像记云："仰为皇祚永隆,宰辅显上,以此果缘福钟师僧七世,愿使神登紫宫,形升妙境,见在宁

---

① 《石刻史料新编·八琼室金石补正》,新文丰出版公司,1978 年。
② 《石刻史料新编·八琼室金石补正》,初辑第 6 册。
③ 《北京图书馆藏中国历代石刻拓本汇编》,第 6 册。

康,子孙兴茂。辨知超才,表心六艺。宦拯台相,位累九坐。生堕欢谐,来栖道迹。往往逢贤,处处遇圣。"①现藏北京大学图书馆的北齐王胜族武平三年(572)造像碑碑阳下部所刊造像记亦云:

> (佛弟子王胜族)愿国祚永康,与二仪同休。家眷/邕祖,仕官高迁,恒闻正法。愿七世/生身父母、因缘眷属、善友智识、一/切含生,庆祐置钟,洪鼓共□,同/睹爱记,齐归空门,弥勒下山,兴登/先唱。大齐武平三年岁次壬/辰,闰月己巳朔,廿六日甲午成□②。

更有造像不为一己之利,而是以大悲之心为遭灾而亡者、为灾后馀生者祈祷。愿亡者生天,生者饱满,为奴为婢者得以解脱;愿五谷丰熟,万民安乐,体现出一幅悲天悯人的博大情怀。东魏兴和二年(540)程荣造像记云:

> 维大魏兴和二年岁次庚申,佛弟子程荣以去天平二年(535)中遭大苦霜,五谷不熟,天下人民饿死者众,荣见此苦,即发洪愿:死者生天,生者饱满,奴婢者解脱;后愿 龙王欢欣,雨泽以时,五谷丰熟,万民安乐,常行善福③。

不惟程氏,时人陈昌乐亦曾造像发此宏愿④。

与其前相比,更能代表北朝造像供养特征的是对来生富贵的祈求。造像记颇多祈求亡者上生天上,下生世间侯王之家的祷愿。皇兴三年(469)赵坰造像云:"为亡父母亡兄造弥勒像一区。若在三途,速令解脱;若生人间,王侯子孙……"皇兴五年(471)三月廿七日仇寄奴造像云:"愿父母上生天上,直遇诸佛,下生人间侯王长者。"为亡者来生祈福的进一步发展,即是为生人来生祈祷。景明三年(502)十一月十一日刘未等造像:"上为国家皇帝,并及七世父母、眷属、

---

① 王景荃:《刘碑寺造像碑研究》,《中原文物》2006年2期。
② 胡海帆:《北齐王胜族造像碑》,《考古与文物》2005年3期。
③ 《北京图书馆藏中国历代石刻拓本汇编》初辑第6册。
④ 《小校经阁金石文字引得本》。

村舍大小,常与佛(会),愿上生天上,下生人中侯王,居仕富贵家产……"①与此类似者又有现藏于美国克利夫兰艺术馆的太和二十三年(499)比丘僧欣造弥勒三尊立像,像后发愿文云:

> 大代太和廿三年岁次己卯十二月壬申朔九日庚辰,比丘僧欣为生缘父母并眷属、师僧造弥勒石像一区。愿生西方无量寿佛国,龙华树下三会说法,下生人间侯王子孙,与大菩萨同生一处,愿一切众生,普同斯福,所愿如是②。

虽然传统的祈富求贵仍是北朝民众佛教信仰的核心内容之一,但是,和其前人们仅仅关注阳世和阴间二元世界的幸福不同,北朝佛教造像记显示出人们已将对富贵的追求延伸到来生。佛教东渐,拓展了古人的思维空间。过去、现在、未来三世观深入人心,死亡成为人生又一起点。祝祷亡故亲人来世上生佛国净土,下生人间侯王之家,也就成了造像记的重要内容。

争取民众供奉信仰是宗教存在的基础,佛教亦难例外。要想赢得更多的信众,佛教必须充分满足其信仰需求,满足其对世俗幸福的追求。造像供养祈富求贵于佛教教义亦有依据。佛教也承认财富是世俗民众追求的主要目标。《杂譬喻经》云:"人之所重者身也,命也,财也。"③为拉近与民众的距离,佛教特设了许多财神与财宝本尊以满足其祈财愿望。而且,要实现佛化世界的理想,如手中一无所有,空说布施一切,总难让人心动。正如《大乘入道次第》所云:"菩萨若欲摄化有情,不过此四:若欲化彼,先行于施。谓随于彼所须,外财金银等物,及以内财手足等类,随求皆与。"④佛经言诸佛菩萨、财宝本尊、众多护法、诸天善神无不具有极大的福德资粮与无尽的财富、珍宝,他们时常赐福于修法之人。造像供养即具无上功德,可获无尽福祉。《佛说作佛形像经》云:"佛至拘盐惟国,国王优填长跪叉手白佛言:恐佛去后不复见佛,欲作佛形像恭敬供养,后当得何福?

---

① 《五六世纪北方民众佛教信仰》。
② 金申:《流散海外的北魏早期石佛造像》,《收藏家》2006 年 2 期。
③ 《大正新修大藏经》,第 4 册。
④ 《大正新修大藏经》,第 45 册。

佛告诉优填作佛形像所得福佑之一即是："作佛形像,后世死不复更泥犁、禽兽、薜荔恶道中生。其有人见佛形像以慈心叉手自归于佛塔舍利者,死后百劫不复入泥梨、禽兽、薜荔中,死即生天上,天上寿尽复下生世间为富家作子,珍宝奇物不可胜数。然后会当得佛泥洹道。"①佛说造像供养可使人死即生天上,不经地狱、畜牲、饿鬼三恶道。天上寿尽投生世间富家作子,珍宝奇物享用不尽。同时,"各种宗教为其信徒准备的来世天堂,其境界无非都是集人间荣华富贵之大成,实为帝王贵族生活之极致。……善男信女诚心皈依、礼神拜佛的最终目的就是挣得这种来世富贵和死后天堂的幸福生活。"②因此,无论死即生天上,还是天上寿尽下生世间,享受荣华富贵实则相同。这对于渴求富贵的民众心理无疑是极好的慰藉。

源远流长的中土祈富求贵信仰则是佛教中国化的基础。冷鹏飞先生谓甲骨卜辞"贞,勿令贾氏射。贞,令贾氏何士"(《甲编》3656)、"贾不其获?"(《续编》3,41,8)其意乃卜问到"射"地还是到"何士"经商,经商可否获利③。周人也用占卜来求财运。《周易》云:"西南得朋,东北丧朋。"④意为往西南可得财,往东北则会失财,亦是通过占卜探询财运。然而最方便易行的莫过祷祝。《韩非子》云:"卫人有夫妻祷者,而祝曰:'使我无故得百束布。'"⑤布为先秦时一种货币,也可泛指财货。睡虎地秦简《日书》的发现与出版,使我们可以更加全面、真实地了解先秦民间祈富求贵的信仰。时人利用当时认识所能达到的水平,通过占卜、祭祀、择日、相宅、祷告等途径来表达对富贵的渴望,对富裕生活的向往⑥。

汉代商品生产和货币经济有了较大发展,为财富的形成开辟了新途径,为以货币形态积累财富提供了便利条件,汉人对富贵的追求更加强烈。《史记·货殖列传》云:"若至家贫亲老,妻子软弱,岁时无以祭祀进醵,饮食被服不足以自通,如此不惭耻,则无所比矣!"⑦《汉书·贡禹传》引俗语云:"何以孝弟为?财

---

① 《大正新修大藏经》,第 16 册。
② 吕大吉:《宗教学通论新编》,中国社会科学出版社,1998 年。
③ 冷鹏飞:《中国古代商品经济形态研究》,中华书局,2002 年。
④ 《十三经注疏》。
⑤ 梁启雄:《韩子浅释》,中华书局,1960 年。
⑥ 详参拙文《先秦民间祈财信仰研究——以睡虎地秦简〈日书〉为中心》,《四川大学学报(哲社版)》2005 年 6 期。
⑦ 《史记》,中华书局,1982 年。

多而光荣。"①既为鄙谚俗语,理应反映时俗。为表述对富贵生活的渴求,时人在瓦当上缀以"宜钱金当"、"日利千金"、"大富"、"丰利"、"宜侯王富昌饮酒"、"千秋万岁宜富安世"、"亿万长富"、"六畜兴旺"、"五谷满仓"、"千金宜富贵当"等吉祥语,汉洗上除此类铭文外还饰有五铢钱、鱼的图案以寄托钱财有余的愿望。汉墓出土摇钱树树座图案则形象地反映人们渴望树上长钱、摇而可得轻松获取钱财的祈财内涵。四川彭山汉代崖墓(M176:29)出土一摇钱树座,其上图案共分三层:

> 第三层为钱树及人。右半为一钱树及左中右三人,其左、右两人皆椎髻着裤。上身似裸露,左手提一钱,右手举一钱。左一人腰间还横一长杖,中一人头上高起,但不作椎髻状。也着裤,腰上裤束结明显。上身裸露,左足立树枝上,左手托树上一钱,右手持一钩柄之物,似以击钱。左半亦有一钱树及左中右三人。左、右二人左肩上各横一杖,杖端挑六钱,前后各三,左手挟杖而行。左一人右手提一钱。左、中两人首饰不清晰,皆着裤。右一人上身似裸露;左一人着方领衣;中一人腰部裤束结明显,上身裸露,左膝跪地,两手捧一筐状物,中盛一钱,钱较大,比例与人不相称②。

作为冥器,摇钱树成为墓主继续维持富贵生活所需钱财的源泉。东汉早期出现的姓氏铜镜上的铭文则以文字反映了汉人祈富求贵信仰的丰富内容。

首先,祈求家庭富昌、亲人康乐长寿。渴望家庭美满富足、夫妻相敬如宾、二亲长保富乐、子孙备具昌盛等成为镜铭的主题。"居摄元年(6)自有真,家当大富籴常有陈,□之治吏为贵人,夫妻相喜日益亲善。"购买此镜可家境大富,仓中陈粮不断,夫妻亲善。"熹平三年(174)正月丙午,吾造作尚方明竟(镜),广汉西蜀,合涷白黄,周刻无极,世得光明,买人大富,长子孙,延年益寿,乐未央兮。"③汉因秦设尚方令,专司给皇室制作器物。新莽前后出现尚方镜。"吾造作尚方明镜"意谓自己作镜如尚方镜一样精制,且会护佑买镜之人大富,福及子孙。

① 《汉书》,中华书局,1962年。
② 南京博物院:《四川彭山汉代崖墓》,文物出版社,1991年。
③ 孔祥星、刘一曼:《中国铜镜图典》,文物出版社,1992年。

其次,祈求贾市获利、仕途发达。宜贾市为此类镜铭常用吉语,且多出现于私家镜。私人铸镜盛行,镜铭更贴近普通人的心理。"侯氏作镜自有纪,□大得,宜古(贾)市,出入居官在人右,长保二亲及子孙。""吕氏作镜自有纪,长保二亲□利子,辟去不祥宜古(贾)市,为吏高升居人右,寿如金石。"①宜贾市意谓其镜可护佑买镜者贾市发财。辟除不祥宜贾市,长保二亲利子孙,极大地满足了人们的祈财心理。

再次,与升仙思想相融合,祈求升官发财、长生不死。西汉末西王母信仰已风行,镜铭中祈盼富贵、渴求成仙更多的是寄托于西王母。河南南阳市博物馆藏建宁元年(168)铜镜铭文云:"建宁元年九月九日丙午,造作尚方明镜,幽涷三商,上有东王父、西王母,生如山石,长宜子孙,八千万里,富且昌,乐未央,宜侯王,师命长,买者太吉羊(祥),宜古(贾)市,君宜高官,位至三公,长乐央□。"②东王公、西王母诸仙佑人作官步步高升,经商获利百倍,寿如山石,长宜子孙,富昌安乐,吉祥如意,上升仙界,与仙人为伍。

随着佛教流布日广,传统强烈的富贵渴求又被诉诸佛教,加之佛教教义对此诉求的支持,人们遂希望通过造像等活动实现富贵的目的。汉人祈富求贵的所有祷愿几乎都在佛教造像记中得到反映,不过,佛菩萨取代了西王母、东王公等。同时因为造像是一件极具功德的佛事活动,所以祝愿内容在六亲之外又加上了皇帝国家乃至遭灾而亡和灾后余生之人,体现出佛教积极向政治靠拢和慈悲为怀的特点。而高归彦为大丞相渤海王祝祷,则更见出造像供养的实用性,与铜镜铭文所云铜镜佑人贾市获利、仕途发达等相比,有过之而无不及。

比较出土汉代铜镜铭文和北朝佛教造像记所见祈富求贵的信仰,我们既可见出民间信仰强大的传承力,又可看出随着新信仰对象的深入人心,民间信仰所呈现出的时代新特征。在满足民众传统祈富求贵信仰需求的同时,佛教也就以其特有的宗教魅力实现了中国化,成为中国传统文化的重要组成部分。如果说秦简《日书》和铜镜、摇钱树、瓦当等汉代出土民俗文物给我们提供了窥探先秦两汉祈富求贵信仰内涵的窗口,那么,众多的佛教造像记则使我们可以蠡测北朝

① 周世荣:《湖南出土汉代铜镜文字研究》,《古文字研究》第14辑,中华书局,1986年。
② 孔祥星、刘一曼:《中国铜镜图典》,文物出版社,1992年。

民众此信仰心理之一斑。借供养佛菩萨祈祷亡亲及自己来生富贵诚为此时民间信仰的特征所在。

（作者为河南师范大学文学院副教授）

洛口仓及历代仓廪述要

王永宽

　　洛河入黄河处名为洛口，又称洛汭，这里的地理位置非常重要。在洛口的东南方位，即今巩义市东约 15 公里的七里铺村东南方的一块台地上，是古代洛口仓的遗址。在漫长的中国古代史上，历代王朝的统治者对于建造粮仓都非常重视，而洛口仓堪称是中国古代最著名粮仓的代表，是河洛文化中关于仓廪文化的重要历史遗迹。本文拟对洛口仓的历史地位和兴废变迁以及历代仓廪概况作一番简要考述。

　　在洛口建造粮仓具有非常悠久的历史。秦朝时就在这里建造一座特大的粮仓，名曰"敖仓"。因为这里的黄河岸边有座小山，名为敖山，粮仓由此而得名。《诗经·小雅·车攻》有"搏兽于敖"句，东汉末年郑玄注《诗经》在这里解释说："敖，郑地，今近荥阳。"此诗写的是周宣王会诸侯于圃（今郑州圃田），在敖这个地方打猎，敖就是敖仓的所在地。《史记·高祖本纪》云："汉军荥阳，取敖仓。"《史记》张守节"正义"在这里注解说："敖，地名，在荥阳西北，山上临河有大仓。"并引《太康地理志》云："秦建敖仓于成皋。"古代的成皋县治在今郑州的上街区，距荥阳仅十余公里，说敖仓在荥阳西北或在成皋，基本上是一致的。在当代，敖仓的遗址属于巩义市辖境。由于敖仓建造时间较早而且规模巨大、声名远播，于是后来人们就把粮仓称为"敖"，或加上偏旁而写作"廒"，俗又作"厫"。

　　秦朝末年，敖仓囤积有大量的粮食，能否据有敖仓，这是在争夺天下的政治斗争中能够取得胜利的重要筹码。

　　刘邦和项羽争霸的过程中，郦食其就曾劝刘邦夺取敖仓。《史记·郦生列传》中记郦食其对刘邦说："夫敖仓，天下转输久矣，臣闻其下乃有藏粟甚多。楚人拔荥阳，不坚守敖仓，乃引而东，令适卒分守成皋，此乃天所以资汉也。……愿足下急复进兵,收取荥阳,据敖仓之粟,塞成皋之险,杜大行之道,拒蜚狐之口,守白马之津,以示诸侯效实形制之势,则天下知所归矣。"在郦生看来,敖仓是藏粮重地,而项羽却不知道严加守卫,这是上天赐给汉王的良机;刘邦如果能够在占领荥阳的同时取得敖仓,再派兵守卫其他险要之地,天下人自然都会归附。于是刘邦听取了郦生的谋划,占领了敖仓。接着,郦生又前往齐地游说齐王,说汉王刘邦已经占领了敖仓,并且守定了各处险要,于是齐王便表示归顺。当时的历史证明,刘邦占领了敖仓,就取得了足够的粮饷,这是与项羽在这里以鸿沟为界相持一年多并最终取得胜利的重要因素。刘向《新序》卷十"善谋"一节中,就列举了郦生为刘邦谋划的事例。

西汉景帝时吴王刘刘濞谋反,派使者应高去游说胶西王刘卬,说:"大王诚幸而许之一言,则吴王率楚王略函谷关,守荥阳敖仓之粟,距汉兵……不亦可乎?"(《史记·吴王濞列传》)后来吴王起兵之后,其部下桓将军又献谋说:"愿大王所过城不下,直去疾西,据洛阳武库,分敖仓粟,阻山河之险,以令诸侯,虽无入关,天下固已定矣。"(《汉书·荆燕吴传》)可见,吴王的谋臣都明确地认识到敖仓及洛阳武库的战略重要性,劝吴王快速进兵,先占据敖仓和洛阳,而吴王刘濞却没有实现这样的战略意图,他最后的失败也就是必然的了。

汉武帝时,其子刘闳是王夫人所生,汉武帝刘彻曾问王夫人,把刘闳封在哪里,王夫人提出把刘闳封在洛阳。汉武帝说:"洛阳有武库敖仓,天下冲阨,汉国之大都也,先帝以来,无子王于洛阳者。去洛阳,余尽可。"(《史记·三王世家》)王夫人请求把亲生儿子封在洛阳,她是很有政治头脑的;而汉武帝深知洛阳武库和敖仓的重要性,便不同意王夫人的请求,说除了洛阳之外,封在哪里都可以,由此可见汉武帝更是十分精明的,不把这个特别重大的战略要地封给任何一个王子。结果把刘闳封在了山东为齐王,王夫人无奈,只好表示同意。

从刘闳受封这件事可知,西汉时,敖仓具有重要战略地位已成为朝野共识,甚至于敖仓已成为"粮多"的代名词。《淮南子》卷七"精神训"云:"今赣人敖仓,予人河水,饥而餐之,渴而饮之,其人腹者,不过箪食瓢浆,则身饱而敖仓不为之减也;腹满而河水不为之竭也。"又卷十七"说林训"云:"近敖仓者,不为之多饭,临江河者,不为之多饮,期满腹而已。"这两段话中,敖仓都不是确指荥阳的敖仓,而是借用这个人所共知的粮仓之名,泛指"粮山粟海"那样的地方,说明一个人的所取十分有限,像山海那样的粮仓所减少的粮食是看不出来的。

东汉时期,人们对敖仓的印象延续着西汉人的认识。汉安帝永初四年(110),虞诩因得罪于大将军邓骘,被安置为朝歌(今河南淇县)的地方长官。当时这附近有宁季聚众作乱,邓骘让虞诩到这里做官有惩罚他的意思。而虞诩却随遇而安,很乐意地到此赴任,他谒见河内太守马棱时说:"朝歌者,韩魏之郊,背太行,临黄河,去敖仓百里,而青、冀之人流亡万数。贼不知开仓招众,劫库兵,守城皋,断天下右臂,此不足忧也。"(《后汉书·虞诩传》)虞诩的这番话表述的地理概念有不准确的地方,但他说起造反者宁季等人不知道去攻占敖仓,夺取武库,显然是沿袭了汉初郦食其说刘邦、桓将军说吴王的那种对于敖仓的观念。后来,虞诩果然在朝歌建立了功勋,并且引起朝廷重视敖仓的利用和守护。《东观汉纪》卷三《安帝纪》记云,永初七年(113),朝廷"调滨水县彭城、广阳、庐江、九江谷九十万斛,送敖仓"(《后汉书·安帝纪》的记述较简略)。由此可知,东汉时期的敖仓仍然是全国著名的巨大粮仓。

后来,隋朝在秦敖仓旧址建造更大的粮仓名为"洛口仓",或名为"兴洛仓",其建仓过程和粮仓的规模,顾祖禹《读史方舆纪要》卷四十八《河南府·巩县》一节中有较详细的记述:

> 洛口仓城,在县东,隋大业二年于巩东南原上筑仓城,周围二十余里,穿三千窖,窖容八千石,亦曰兴洛仓。十二年,以盗贼充斥,命移兵守洛口仓,明年李密说翟让曰:"洛口仓多积粟,去都百里有余,先无预备,取之如拾遗耳。"遂袭克兴洛仓。密称魏公,命护军田茂广筑洛口城,方四十里而居之。又临洛水筑偃月城,与仓城相应。既而与王世充战于洛北,败走洛南,余众东走月城。武德三年,世民伐王世充,分遣王君廓自洛口断其饷道。开元二十一年,复置洛口仓于此。

查《隋书·食货志》,炀帝即位后,即"新置兴洛及回洛仓"(回洛仓在孟津县东),这两座粮仓的建成,当在大业二年(606)。《隋书·地理志》记河南府巩县时也说此地有兴洛仓。隋朝为什么还要在原来敖仓的位置建造大仓呢?《施府志》记述道:"兴洛仓即洛口仓也。隋置仓于巩者,以巩东南原上地高燥,可穿窖久藏,且下通河洛漕运也。"可知在此地建粮仓有两个重要原因:一是这里地势高,土质干燥,适合开挖储粮的仓窖;二是这里靠近黄河,又靠近洛河,水路畅通,粮食的运进运出都非常便利。后来隋炀帝时又开通了大运河,江南的粮米可以从运河一直运进兴洛仓,兴洛仓更显示出它的重要性。

大业末年,各地爆发起义,天下大乱,兴洛仓显然是兵家必争之地。隋炀帝前往江都巡幸,经过巩县,虞世基向炀帝进谏,请朝廷加强洛口仓的防卫,以备不测,但是炀帝不肯听从,反而斥责虞世基是书生怯懦(见《隋书·虞世基传》)。后来的事实证明了虞世基的谋划实有先见之明。李密和翟让领导的起义军攻占洛口仓的情形在《旧唐书·李密传》中记载较详:

> 大业十三年春,密与让领精兵千人出阳城北,逾方山,自罗口袭兴洛仓,破之。开仓恣人所取,老弱襁负,道路不绝。众至数十万。

李密攻占兴洛仓是历史上的一件大事,许多史籍都有记述,相关的文学作品也有描述,如明末袁于令的小说《隋史遗文》第四十五回"祭须陀逢李密,战回洛取仓城",明代杨慎批点的《隋唐两朝史传》第七回"翟让李密据洛仓",都叙写了战斗经过。李密让附近百姓都到兴洛仓领取粮米,于是男女老幼,肩扛手提,路上络绎不绝,非常壮观。李密得了兴洛仓,又攻取了黎阳仓,粮草充足,势力大振,兵力发展到数十万,号称百万,于是,李密被拥立为魏王,又下令在洛口修筑洛口仓城,方圆四十余里。李密的势力逼近洛阳,就让祖君彦撰作檄文,布告天下,其檄文今见在《全唐文》中,题为《为李密檄洛州文》(《旧唐书·李密传》引录),其中说:

> 兴洛虎牢,国家储积,我已先据,为日久矣。既得回洛,又取黎阳,天下仓廪,尽非隋有;四方起义,万里如云;足兵足食,前后无敌。

檄文中口气,显然把占据兴洛仓和黎阳仓看作是取得了决定性胜利的重要条件。这样的胜利,确实动摇了隋朝的统治基础。《隋书·虞世基传》记述道,在兴洛仓失陷之后,越王杨侗派太常丞元善达到江都向炀帝奏报,"称李密有众百万,围逼京都。贼据洛口仓,城内无食。若陛下速还,乌合必散;不然者,东都决没"。这里的建议是有道理的,如果隋炀帝此时能够立即率军亲征李密,夺回洛口仓,是可以击败李密、保住洛阳的。但是,炀帝听信虞世基的话,怒称元善达是小人,责成他到起义军占领的区域催运粮食,致使元善达被起义军杀死。后来,王世充率军攻李密,李密溃败,其部将"邴元真、郑虔象等举仓城以应之"(《旧唐书·王世充传》),李密仅率数十骑逃往洛河以南。唐武德三年(620),李世民率唐军讨王世充,先派大将王君廓攻占了兴洛仓,断其粮道,于是"世充粮且尽,人相食,至以水汩泥去砾,取浮土糅米屑为饼,民病肿股弱,相借倚道上,其尚书郎卢君业、郭子高等皆饿死"(《新唐书·王世充传》),这样就从根本上打败了王世充。从隋朝李密、王世充,唐朝这四方政治势力的成败来看,能否占有兴洛仓等大粮仓是最后取得天下统治权的关键。

唐代中期,兴洛仓再度引起朝廷重视。《新唐书·食货志》记载,开元十八年(730),宣州刺史裴耀卿到京师长安朝觐,唐玄宗李隆基向他询问漕运的事,裴耀卿上了一封奏折,其中说:

今汉、隋漕路,濒河仓廪,遗迹可寻。可于河口置武牢仓,巩县置洛口仓,使江南之舟不入黄河,黄河之舟不入洛口。而河阳……诸仓,节级转运,水通则舟行,水浅则寓于仓以待,则舟无停留,而物不耗失,此甚利也。

这个奏折中,裴耀卿鉴于汉代和隋代的历史经验与教训,主张再于洛口建造大粮仓。但是,当时,玄宗还没有意识到这样做的重要性,未采纳这样的建议。开元二十一年(733),裴耀卿任京兆尹,再次上书陈述此事,玄宗应允,于是于此年重建洛口仓。《读史方舆纪要》所谓开元二十一年复置洛口仓,即指此事。

自宋代起,未见再有在兴洛仓旧址建造粮仓的记载,仓廪的设立有了新的规制。北宋时创立和籴、坐仓等法,有计划地在全国一些重要地方建造大粮仓。据《宋史·食货志》)记载,元丰四年(1081),朝廷诏令在瀛州、定州、澶州等地各建粮仓,大名府的东、西济胜二仓,定州的衍积、宝盈二仓及瀛州大仓,当年皆建成。徽宗在位时蔡京执政期间,在陕西建成四都仓,即平夏城的裕财仓、镇戎军的裕国仓、通峡砦的裕民仓、西安州的裕边仓。另外在江南、淮南、两浙、荆湖等沿水路的重镇,如真州、扬州、楚州、泗州等城市,建造粮仓贮藏粮食待北运,称为"转般仓",运粮船可经由运河直达京师汴京(今河南开封),而在汴京建造的国仓为汴口仓。政和年间,淮南路转运判官向子諲上奏道"运渠旱干,则有汴口仓",即是说,在运河水干涸、江南的粮米不能北运的时候,京师的粮食供给可依靠汴口仓。除了上述粮仓之外,各地还建有常平仓和义仓,"常平以平谷价,义仓以备凶灾";而且,宋仁宗嘉祐二年(1057),朝廷又诏天下置广惠仓,其作用同常平仓和义仓。北宋时的粮仓建制,承继了汉、隋两代敖仓和兴洛仓的贮粮理念,并有新的发展,对后世的仓廪建造有很大的影响。

金国和元朝都是异族入主中原,但都沿袭北宋的做法,建造常平仓,元代更是多建义仓。《元史·食货志》记云:"常平起于汉之耿寿昌,义仓起于唐之戴胄,皆救荒之良法也。元立义仓于乡社,又置常平于路、府,使饥不损民,丰不伤农,粟直不低昂,而民无菜色。"元代的这两种粮仓遍布各地,但在实际上却没有很好地起到救灾的作用,而主要是成为掠夺民众的工具。

明代的仓廪建置除承继前代的做法之外又有新的变化。《明史·食货志》记载,明初在南京建有军储仓,洪武三年(1370),这样的军储仓在全国增加到二十多所,又建临濠、临清两座大仓以供转运。各行省有仓,供给官吏的俸禄;边境设仓,收屯田粮食供军需;各州县设预备仓,以赈灾荒。永乐时迁都至北京,在天津、通州建左卫仓,在北京建三十七所卫仓。运河畅通之后,又在临近水路的徐州、淮安、德州建仓,加上原来的临清仓和天津仓共五所,叫做"水次仓",供转运粮食。宣德年间,又增造临清仓,可容纳三百万石。正统年间,北京的卫仓又增建七所。成化初年,临清仓改称常盈仓,德州仓改称常丰仓,北京的卫仓达到五十六所,通州仓有十六所。各省、府、州、县及藩府、边疆、堡站、卫所各有粮仓,少则一二所,多则二三十所。另外,各地还建造有预备仓、常平仓和社仓等粮仓。

清代的仓廪建置,其数量和规模又超过明代。《清史稿·食货志·仓库》记述,北京和各直省皆有大仓。北京的大粮仓有十五所,在户部和内务府的有内仓、恩丰仓,此外还有禄米、南新、旧太、富新、兴平、海运、北新、太平、本裕、万安、储积、裕丰、丰益等仓;在通州的二所,叫西仓、中仓;各省漕运进京的粮食,分别贮存在这十七所大仓中。各省还有七所水次仓:德州、临清、淮安、徐州、江宁各一所,凤阳二所,供给运军月粮和驻防及过往官兵的粮饷。各省省会及府、州、县都设有常平仓,或兼设裕备仓。乡村则设社仓,市镇设义仓,东北三省设有旗仓,近边疆地区设营仓,濒海地区设盐义仓,这些粮仓或者便民,或得养军,用处各有不同。

据乾隆《巩县志》卷三"建置"记载,巩县在清代顺治、康熙年间建造了常平仓、新建仓和余仓,都在县城中的谯楼附近。雍正年间重建的粮仓名叫新常平仓、新新建仓,在巩县县署附近。而古代的敖仓、兴洛仓的旧址已成为历史的陈迹,后人来此旧地或游观,或考察,或作诗文吊古伤今,难免引起对于历史兴亡和世事沧桑的感慨。清代潘耒有《巩县》诗云:"巩洛东周隘,经行险始知。河流吞岸窄,山势压城危。勇岂投鞭渡,轻难并辔驰。洛仓遗迹在,转粟至今宜。"(《遂初堂集》)诗中"洛仓遗迹"即指兴洛仓的旧址,古仓虽已不存,但是这里靠近黄河和洛河水道,转运粮食是非常便利的,"转粟至今宜"是对于洛口地理形势的赞叹。清代刘青藜《登巩县城南楼》诗云:"独上城南百尺楼,山川回合古东周。螭碑万笏插龙尾,雉堞千寻跨虎头。洛口仓空余故垒,平津桥断冷荒洲。东风杨柳垂垂绿,极目斜阳动客愁。"(《高阳山人集》)诗中云"洛口仓空",显然指这里已仅存古仓遗迹,只能引发今人的遐思与感慨。

古语云"民以食为天",粮食的生产和贮藏在社会经济中占首要地位。历代国家统治者无不重视仓廪的建造和保护。从古代的敖仓、兴洛仓及后来历代的常平仓、义仓、社仓、水次仓等各种粮仓的沿革中,我们可以看出古代的仓廪文化具有非常丰富的内容,并能从中获取有益的启示。

（作者为河南省社会科学院文学研究所研究员）

中亚移民与唐代洛阳城市生活

毛阳光

　　唐代作为中国历史上一个非常开放的时代,外来文明对唐代社会产生了深远的影响,学者们认为唐朝是中国历史上少有的善于兼收并蓄的时代,具有世界性的特性。尤其是作为当时首都的长安城而言更是如此,因而长期以来学者关注了唐代长安外来移民与外来文明之间的关系。[①] 但很少关注长安东方的洛阳。作为魏晋以来的古都以及隋唐时代的东都,尤其是在高宗后期和武则天时期,这里已经成为了当时的政治、经济和文化中心。随着中西方交流的加强,这里聚集了大量的外来移民,尤其是来自中亚的移民及其文明反映和影响到这一时期洛阳城市生活的许多方面。上个世纪以来,大量石刻文献和考古发掘资料的问世,使得传统文献与考古资料的紧密结合成为可能。

　　这里所提到的中亚是狭义上的,主要相当于今天哈萨克斯坦等中亚五国,地理上指帕米尔高原以西,伊朗东部以东,兴都库什山以北,南西伯利亚以南地区。需要指出的是:笔者并非为近年来关于丝绸之路起点之争中的洛阳摇旗呐喊,此文旨在通过文献的梳理和考古资料的印证,说明唐代洛阳的中亚移民及其文明对洛阳社会方方面面所产生的影响,借此说明中古时期与长安城相映成辉的洛阳在中西方文明交流中的重要地位,这远比肤浅而空洞的自我标榜来得更有意义。

唐代洛阳的中亚移民

　　在洛阳居住的中亚民族中有许多是来自中亚粟特地区的移民,他们占据了

---

① 向达:《唐代长安与西域文明》,三联书店,1957 年;韩香:《唐代长安与中亚文明》,中国社会科学出版社,2006 年。

洛阳中亚移民的最大比重,根据笔者搜集的资料,洛阳出土的粟特人墓志约有40方,见于石刻造像题记的粟特人更是数不胜数。他们中一些早在唐以前就进入了洛阳,到了唐代,可以说是中亚移民的后裔。如《康婆墓志》载"本康国王之裔。高祖罗,以魏孝文世,举国内附,朝于洛阳,因而家焉,故为洛阳人也。"①《康老师墓志》载"其先康国人也"。其曾祖康宝,"康国王之第九子也"。曾担任北周游击将军,祖康和任明威将军,则其祖上是在北周时期进入汉地,后来又著籍到洛阳②。安延因为"冠冕酋豪,因家洛俟。祖真健,后周大都督;父比失,隋上仪同平南将军。"③再如安怀,"祖隋朝因宦洛阳,遂即家焉"。

　　除了这些前代粟特移民的后裔之外。随着太宗、高宗、武后时期唐代国力的日渐强大,先后平定了东西突厥以及控制了丝绸之路,东西方的经贸文化交流大大加强了。这样许多中亚粟特贵族也纷纷归附,不远万里来到唐朝。加之高宗后期以及武后时期洛阳政治地位的提高,使得此时的洛阳城又拥入了新的中亚移民。《翟氏墓志》就记载其夫是康国酋长,康国大首领因使入朝,被授予检校折冲都尉之职。其宅第在洛阳福善坊④。《康氏墓志》载康氏是康国大首领之女,其夫"即安国之首领,以皇风憬扇,帝道遐融……倾宗举族,稽颡来王。圣朝优宠,授以荣秩。"其夫应该是武则天时期来到洛阳的安国部落首领⑤。另如六胡州安国首领安菩投降唐朝后居住长安金城坊。武后时期,大量官员来到神都,因而此时其妻何氏与子金藏居洛阳惠和坊⑥。唐前期居住在洛阳的粟特高官还有惠和坊的安修仁,安兴贵之子右威卫将军安元寿在洛阳河南县也有住宅⑦。

　　此时的洛阳由于是大运河上的枢纽,商业交通便利。武则天时杨齐哲就指出当时洛阳的繁华,"神都帑藏储粟,积年充实,淮海漕运,日夕流衍。地当六合之中,人悦四方之会。"⑧洛阳城中还有著名的南市、北市和西市。《河南志》中就记载了其中的南市"东西、南北居二坊之地。其地一百二十行,三千余肆,四壁

①　《唐代墓志汇编》,上海古籍出版社,1992年。
②　《大唐登仕郎康府君墓志铭并序》,《全唐文补遗》第八辑,三秦出版社,2005年版。
③　《唐代墓志汇编·唐故上开府大将军安府君墓志铭并序》。
④　《翟氏墓志》。
⑤　《唐代墓志汇编续集》,上海古籍出版社,2001年。
⑥　《安菩墓志》。
⑦　徐松:《唐两京城坊考》惠和坊条,《安元寿墓志》,《唐代墓志汇编续集》。
⑧　《谏幸西京疏》,《全唐文》卷二六〇。

有四百余店,货贿山积"。而中亚的粟特人向来以善于经商牟利而著称,洛阳作为当时的经济中心,自然吸引了大量的粟特商人来到这里进行贸易。龙门石窟的龙门古阳洞与药方洞之间的 1410 号"南市香行社像龛"题记就记录了南市香行社商人出资营造佛像的情况。内容如下:"南市香行社社官安僧达,录事孙香表、史玄策、常行师、康惠登、李寸誓、孙元楷、陶善意、吕孝敬、郭弘济、王思泰、刘元佑……何难迪,房玄林……康静智,张玄福,卫善庆,右件社人等一心供养,永昌元年三月八日起手"。其中的安僧达、史玄策、康惠登、何难迪、康静智等人无疑都是洛阳南市经营香料贸易的安、史、康国的粟特商人①。无独有偶,北市也有粟特商人,龙门卢舍那大佛南侧 1504 窟的《北市丝行像龛》题记中有康玄智的题名,康玄智应该是在北市经营丝绸贸易的粟特人②。当时的洛阳城南市和北市都有经营贸易的粟特商人。

除了墓志资料之外,许多普通粟特人在造像题记中还能够见到,如位于洛阳城南的龙门就保存了大量信仰佛教粟特人造像而保留下来的题记。如 0572 汴州洞窟外的《安多富造像记》,0591 窟《安洰藏造像记》,0669 老龙洞南壁的《安爱为父母造像记》,0883 石牛溪北壁《安砕叶造像记》。龙门研究院还有安思泰出资建造的石塔,安二娘为其夫董氏修建的经幢,关林还有石野那主人修建的石塔等,他们都是居住在洛阳的粟特移民。

除了粟特人之外,洛阳居住着少量中亚的吐火罗人和波斯人。洛阳新安千唐志斋还收藏有一方中亚吐火罗人罗甗生的墓志,根据墓志记载:其为阴山人,祖日光,曾任秦州都督;父季乐,隋鹰扬郎将。则此家族是北朝时期迁居汉地的。罗甗生显庆四年卒,妻子康氏,应该是粟特人后裔,仪凤二年卒于洛阳章善里宅第。其子名神符,而神符也是西域人较为常见的名称,因此学者认为:罗甗生是中亚吐火罗人③。

流寓在洛阳的波斯人在墓志资料中有一例,就是清末出土于洛阳的《阿罗憾墓志》记载其"族望波斯国人也",阿罗憾于显庆年出使唐朝后被授予将军留

---

① 此题记以往误为北市香行社题记,如刘景龙、李玉昆:《龙门石窟碑刻题记汇录》,中国大百科全书出版社,1998 年。毕波根据国家图书馆藏拓片认为应为南市香行社题记。参荣新江、张志清主编:《从撒马尔干到长安——粟特人在中国的文化遗迹》,北京图书馆出版社,2004 年。
② 《龙门石窟碑刻题记汇录》。
③ 刘铭恕:《洛阳出土的西域人墓志》,《洛阳——丝绸之路的起点》,中州古籍出版社,1992 年。

长安侍卫宫禁,还曾任拂林国诸蕃招慰大使。阿罗憾于景云元年95岁时卒于洛阳私第,他还有一子名俱罗,他们应该是武则天时期迁居到洛阳的波斯移民①。

另外,除了以上中亚移民之外,唐代洛阳还有翟姓与支姓中亚移民,如前面提到的康公妻翟氏以及安元寿妻翟六娘等②,他们多与粟特人通婚,虽然其族属不明,但与粟特民族联系密切,应是来自中亚地区。而洛阳的支姓则是原来中亚大月支人的后裔,此时大月支虽然已经灭亡,但许多月支人通过丝绸之路来到洛阳,这里有支彦、支英、支光等月支人家族,他们也与洛阳的其他中亚移民通婚③。

另外,居住在洛阳的还有许多具有中亚背景的僧侣,他们以传播宗教为目的,和普通的移民有所不同,但他们对于地方社会的影响仍然不可忽视。这其中有佛教徒,如武后时期,康国僧人康法藏居住在洛阳,并在佛授记寺讲解《华严经》。玄宗时期,曹彦璟之父嵩禅师,为僧30多年,"禅林淡如以自得,释门宗之以为主",门徒众多,说法之际,"缁徒骈立,卑身而伏,耸耳而听。"俨然是有道高僧④。虽然唐后期洛阳的政治地位下降,但此时仍有许多外国僧人。另据《不空上表制集》记载:大历二年,高僧不空请度僧五人,其中居住在东京广福寺的僧人就是来自康国的康守忠。中唐时期僧人志满,"姓康氏,洛阳人也"。则志满也是洛阳粟特移民的后裔⑤。

洛阳也有吐火罗僧人活动的踪迹,龙门石窟东山看经寺的摩崖上就有吐火罗僧人宝隆的造像,题记云"今有北天竺三藏弟子宝隆,上奉诸佛,中报四恩,下□□□。敬造释迦牟尼一铺,□为赞曰:大慈大悲,是救是依,灭恶生善,不枉不欺。景云元年九月一日吐火罗僧宝隆造"。唐代洛阳也有景教、祆教以及摩尼教寺院,唐代不允许汉族百姓信仰外来宗教,因此这里也有一些来自中亚传播这些宗教的僧侣。这其中既有波斯人,也有粟特人⑥。

以上论述表明:唐代洛阳聚集了一大批来自中亚地区的外来移民,成为这一

---

①　《唐代墓志汇编》。

②　《大唐故右威卫将军上柱国安府君墓志铭并序》,《唐代墓志汇编》。

③　毛阳光、余扶危:《唐代洛阳支氏家族研究》,《河洛文化与殷商文明》,河南人民出版社,2007年。

④　《大燕故康夫人墓志铭》,《唐代墓志汇编续集》,上海古籍出版社,2001年。

⑤　《宋高僧传》卷十《唐宣州灵汤泉兰若志满传》。

⑥　详参下节。

时期洛阳最大的一支外来移民群体。他们在洛阳或是仕宦,或经商,或传教,广泛出现在洛阳的城市生活中。而外来移民由于自身独特的中亚地区文化背景使他们不自觉地扮演着外来文明传播者的角色,也大大加速了中亚文明的传入。在深受汉文化濡染的同时,他们自身所属的外来文化也对洛阳的城市和社会产生了一定的影响。

中亚文明与洛阳城市生活

在服饰方面,胡服成为此时洛阳社会一时的风气。从文献资料上看,唐代胡服装束主要有圆领窄袖长袍和翻领窄袖长袍,这两种服装都流行于西北少数民族以及中亚和西亚。如《册府元龟》卷九六一《外臣部》就记载吐火罗"着小袖袍,小口袴,大头长裙帽"。《周书》卷五十《波斯传》"丈夫剪发,戴白皮帽,贯头衫,两厢近下开之"。这里就指出中亚与西亚的男子服饰是圆领、窄袖,袍服两边开衩的样式。这两种形式的胡服在洛阳出土的陶俑中都能够见到。尤其是翻领窄袖长袍,如河南偃师杏园六座唐墓以及孟津西山头唐墓出土的牵马胡俑虽然样貌不同,显示来自不同的国家或地区,然而服饰上都是大翻领窄袖束腰长袍。[①] 2003 年洛阳关林镇唐墓出土的多件彩绘胡俑都是身着圆领窄袖束腰长袍。[②]

在唐以前的男子常服多是宽大的长袖,直领或交领,而没有圆领或翻领窄袖长袍。而此时洛阳却出现了许多穿着圆领或翻领窄袖长袍的汉族男子形象,洛阳出土的三彩俑就证明了这一点。如洛阳龙门盛唐时期安菩墓就出土了两件身着圆领窄袖长袍,腰束革带的汉族男俑。[③] 同样服饰的男俑在孟津西山头唐墓也有多件。[④] 还有一些男子则着翻领窄袖袍服,如偃师恭陵哀皇后墓中出土了大量身着翻领窄袖长袍的骑马俑。[⑤] 由于这种服装穿着紧身、合体,行动非常方便,所以在当时非常流行。

另外,本是胡人男子衣着的翻领窄袖以及圆领窄袖长袍在唐代贵族女子的穿着上大量出现,体现出当时胡风对唐代女性衣着的影响。这一点在洛阳出土

---

① 《洛阳陶俑》,北京图书馆出版社,2005 年。
② 《洛阳陶俑》,北京图书馆出版社,2005 年。
③ 《洛阳陶俑》,北京图书馆出版社,2005 年。
④ 王炬等:《洛阳孟津西山头唐墓发掘报告》,《华夏考古》1993 年 1 期。
⑤ 郭洪涛等:《唐恭陵哀皇后墓部分出土文物》,《考古与文物》2002 年 4 期。

陶俑中多有涌现,如1988年在偃师城关唐柳凯墓中也出土了一个头戴胡帽,身着圆领窄袖长袍的女俑。[1] 2003年洛阳关林镇唐墓还出土了一个身着翻领窄袖长袍的彩绘女俑。[2]

这时的胡帽主要有尖顶胡帽和卷沿虚帽等。头戴尖顶胡帽的胡人俑在洛阳地区的墓葬中发现很多,如1985年偃师后杜楼村出土的彩绘牵马俑,同年偃师出土的褐釉牵马男俑以及1963年洛阳关林唐墓出土的三彩牵马男胡俑都头戴这种折沿尖顶帽。[3] 而卷沿虚帽则帽沿翻卷,遮耳,顶部较圆。洛阳地区也出土了许多这样的胡俑,如2001年偃师前杜楼出土的彩绘男胡俑、1991年偃师北窑、1988年偃师城关镇、2000年洛阳东北郊唐墓都出土了这种卷沿虚帽。[4]

另外,唐代女性服装皆施帔,帔的形状像一条长围巾,又名帔帛。孙机认为其大约产生于西亚波斯。[5]《中华古今注》卷中《女人披帛》条记载"古无其制,开元中诏令二十七世妇及宝林御女良人等,寻常宴参侍,令披画披帛,至今然矣"[6]。洛阳出土陶俑中的施帔现象也很多,偃师唐柳凯墓以及恭陵哀皇后墓中出土的侍女俑都是此装束。[7] 可见当时洛阳贵族妇女着帔帛的情况是比较普遍的。

中亚移民对洛阳城市生活的影响还体现在市民的娱乐生活方面,首先是中亚音乐在洛阳的流行。唐代社会中外来音乐非常流行,因此乐器中也有相当数量的外来乐器,如曲颈琵琶、羯鼓等。这些外来乐器也出现在唐代洛阳城市生活中,如1982年在洛阳宜阳县的唐代散乐砖雕中有八位手执乐器的侍女,其中有一位就在弹奏曲径琵琶。[8] 羯鼓也是唐代非常流行的外来乐器,其用两杖敲击,在龟兹、高昌、疏勒、天竺等乐曲中都有使用,音色非常特别。连唐玄宗也喜欢外来的羯鼓,他常称:"羯鼓,八音之领袖,诸乐不可方也。"[9] 而玄宗时名相宋璟也

---

① 《洛阳陶俑》,北京图书馆出版社,2005年。
② 《洛阳陶俑》,北京图书馆出版社,2005年。
③ 《洛阳陶俑》,北京图书馆出版社,2005年。
④ 《洛阳陶俑》,北京图书馆出版社,2005年。
⑤ 《唐代妇女的服装与化妆》,《文物》1984年4期。
⑥ 马缟:《中华古今注》卷中,23页,辽宁教育出版社,1998年。
⑦ 《洛阳陶俑》,北京图书馆出版社,2005年。
⑧ 孙敏、王丽芬:《洛阳古代音乐文化史迹》,文物出版社,2004年。
⑨ 《新唐书》卷二二《礼乐志十二》。

善此道,据元《河南志》卷一《京城门坊街隅古迹》记载洛阳长夏门东的尊贤坊有东都留守郑叔明的宅第,宅第中有小楼,是其祖母宋夫人练习羯鼓的场所,而宋夫人就是宋璟的女儿,宋璟将羯鼓技艺传授女儿并流传到洛阳,成为一时佳话。

当时洛阳还有许多胡人音乐家,他们的形象在当时的陶俑和陶塑玩具上都有所反映,1980年洛阳偃师南蔡庄唐墓出土的一件彩绘胡俑,胡俑高鼻深目,络腮须髯,头戴胡帽。虽然表演的器具已经腐朽,然其左手前伸,右手挥舞,两手中有孔洞,原本是手执乐器的,笔者推测很可能是在敲击羯鼓。① 再如河南巩义唐黄冶窑遗址出土的陶塑玩具中就有一件高8厘米的陶塑乐伎,乐伎乃胡人男子形象,高鼻深目,阔口,络腮胡须。胸前悬挂腰鼓,似乎一边奏乐一边歌唱。② 他们是这一时期黄河流域大量胡人乐者的真实写照。《全唐诗》卷二九八王建《凉州行》有云:"城头山鸡鸣角角,洛阳家家学胡乐。"尽管诗人写作大本意是慨叹安史之乱后中原世风的转变,有夸张的成分,但从另一个侧面也反映了当时中亚地区音乐对洛阳社会的影响。

在群众性活动方面,中亚地区的影响主要体现在泼寒胡戏和马球运动上。

武则天时期,由于大量胡人居住在洛阳,致使粟特人喜爱的泼寒胡戏也在洛阳风行一时。泼寒胡戏本是流行于中亚粟特地区康国的风俗,在北周末年传入中国,武则天时期在长安、洛阳等黄河流域等主要城市流行。据《旧唐书·康国传》记载"至十一月鼓舞乞寒,以水相泼,盛为乞寒"。《资治通鉴》卷二〇八记载"乞寒,本西国外蕃康国之乐。其乐器有大鼓、小鼓、琵琶、五弦、箜篌、笛。其乐大抵以十一月,裸露形体,浇灌衢路,鼓舞跳跃而索寒也"。可见这是一种在腊月举行的以胡人为主的群众性歌舞活动。中宗神龙元年(705)十一月,中宗就在洛阳城南门楼观看泼寒胡戏。③ 这次活动的场面,我们可以在此后并州清源县尉吕元泰的上疏中略知端倪,"比见坊邑相率为浑脱队,骏马胡服,名曰《苏遮》。旗鼓相当,军阵势也;腾逐喧噪,战争象也"。在热闹的气氛中,人们"裸露形体,浇灌衢路,鼓舞跳跃"④。当时大臣张说还曾经作《苏摩遮》诗描写此活动的盛

---

① 周剑曙、郭宏涛主编:《偃师文物精粹》,北京图书馆出版社,2007年。
② 廖永民:《黄冶唐三彩窑址出土的陶塑小品》,《文物》2003年11期。
③ 《旧唐书》卷七《中宗纪》。
④ 《唐会要》卷三四。

况：

　　摩遮本出海西胡，琉璃宝服紫髯胡。闻道皇恩遍宇宙，来时歌舞助欢娱。

　　绣装帕额宝花冠，夷歌骑舞借人看。自能激水成阴气，不虑今年寒不寒。

　　腊月凝阴积帝台，豪歌击鼓送寒来。油囊取得天河水，将添上寿万年杯。

　　寒气宜人最可怜，故将寒水散庭前。惟愿圣君无限寿，长取新年续旧年。

　　昭成皇后帝家亲，荣乐诸人不比伦。往日霜前花委地，今年雪后树逢春。

　　马球是唐代非常流行的体育活动，球用质轻而有韧性的木料制成，外部彩绘，坚硬光滑。比赛时双方骑马争夺，用球杖击球，向对方进攻，击入多者胜。马球起源于波斯，原名波罗球，是一种马上击球的游戏。①杜环《经行记》就记载中亚的拔汗那国"国土有波罗林，林下有球场"。同书还记载中亚的末禄国也有打球节。②

　　马球运动在唐太宗时期已经经中亚传入黄河流域的长安。之后在长安盛行一时，上至天子，王公贵族，下至黎民百姓都乐此不疲，前人研究颇多。然而，当时的洛阳马球之风也非常盛行。玄宗在藩邸时在河南府告成县就辟有球场。③《太平广记》卷十九还记载李林甫"年二十尚未读书。在东都，好游猎打球，驰逐鹰狗。每于城下槐坛下骑驴击球，略无休日"④。一直到唐后期，洛阳的马球之风仍旧甚盛。文宗开成时，"河南多恶少，或危帽散衣，击大球，户官道，车马不敢前"⑤。天祐元年，昭宗迁都洛阳时，从驾还有"打毬供奉内园小儿共二百余

①　《唐代长安与西域文明》。
②　杜环著，张一纯笺注：《经行记笺注》，中华书局2000年。
③　《册府元龟》卷二四。
④　《太平广记》卷十六《李林甫》。
⑤　《新唐书》卷一八一《李绅传》。

人"。洛阳也有文思毬场,天祐元年七月,朱温自汴州至洛阳,与百官在文思毬场饮宴。① 2003 年在洛阳伊川县大庄 M3 唐墓的发掘中还曾出土一件菱花形铜镜,其浮雕纹饰正是打马球的场景,四位球手骑乘骏马,手持鞠杖做出各种各样的姿态。② 这正是洛阳马球风气的体现。

　　另外,在对洛阳宫城宫殿遗址的考古发掘来看,当时宫殿建筑的构件也多有中亚、西亚文化的痕迹,即大量使用联珠纹装饰的构件。联珠纹就是一圈连续的圆珠作为一个图案的边缘装饰,中间则修饰其他图案。而联珠纹图案被认为最早起源于西亚波斯的装饰图案,通常出现在宫殿石雕以及金银器和织物上。之后逐渐向东传播,流行于中亚和我国的西北地区。如西安大明宫麟德殿、含光殿遗址中所铺设的莲花纹方砖、莲花纹瓦当都采用了这种装饰手段。而洛阳出土的联珠纹装饰构件更是普遍。如洛阳隋唐宫城遗址上出土的双凤纹方砖、牡丹纹方砖,莲花纹瓦当、忍冬纹瓦当,上阳宫宫殿遗址和应天门出土的莲花纹瓦当都使用了当时西亚、中亚和西域地区常见联珠纹的装饰图案。除了宫殿建筑之外,洛阳含嘉仓、子罗仓遗址以及履道坊和温柔坊等坊里考古发掘的瓦当都使用联珠纹图案。洛阳还发现了烧制这些联珠纹图案瓦当的烧窑③。这又说明了中亚文化对洛阳城市居住生活的影响。

　　鉴于篇幅所限,笔者这里只是根据文献和考古资料列举了唐代中亚移民对洛阳城市社会的影响。中亚移民对唐代洛阳宗教文化、丧葬文化以及器皿文化都产生了较多的影响。此外唐代胡食非常盛行,而大量的中亚移民必然将中亚的饮食文化带入到洛阳。只是文献记载的缺失,我们无从考索罢了。

（作者为洛阳师范学院历史文化学院副教授）

---

①　《旧唐书》卷二十《昭宗纪》。
②　洛阳市第二文物工作队《洛阳伊川大庄唐墓(M3)发掘简报》,《文物》2005 年 8 期。
③　《唐长安大明宫》,科学出版社,1959 年。《1981 年河南洛阳隋唐东都夹城遗址发掘简报》,《中原文物》1983 年 2 期。《洛阳唐东都上阳宫园林遗址发掘简报》,《考古》1998 年 2 期。程永建:《洛阳出土瓦当》,科学出版社,2007 年。

杜甫、韩愈对河洛文化精神的传承与发扬

葛景春

　　杜甫是河南巩县(今巩义市)人,韩愈是河南孟县人,他们都是唐代河洛地区的诗人和文学家,是河洛文化优秀传统的杰出传人。河洛文化的基本精神,就是以儒家务本致用的现实主义精神为代表的忧国忧民的思想传统。所谓务本,即是"民惟邦本"(《尚书·夏书·五子之歌》)的"以人为本"的民本主义思想和维护华夏一统的爱国主义思想。所谓致用,即是不尚空想,直面社会真实的现实主义精神。这是中华民族在艰难困苦的条件下赖以生存和发展的基本理念和文化传统。安史之乱后,唐王朝遭到安史叛军的破坏和吐蕃等异族政权的侵扰,国家命运处于风雨飘摇之中,人民群众也饱受战乱之苦,处于水深火热之中。杜甫也在战乱中颠沛流离,对国家的前途和百姓的命运十分担心,河洛文化中儒家的"大一统"维护祖国统一的信念和"民惟邦本"以民生为本的理念,使他充满了忧国忧民的思想感情。杜甫的诗歌继承了直面人生和反映社会现实的现实主义诗歌传统,其诗中对安史叛军颠覆国家,地方军阀分裂祖国及吐蕃等异族政权侵扰中土的罪行,大兴挞伐之词,对灾难深重的黎民百姓表达了深切的同情与关怀。儒家仁民爱国的思想,是河洛文化中的核心理念,杜甫在国难当头的关键时刻,宏扬和推崇这一优秀民族文化传统,是对天宝末期道、佛盛行,儒学衰微以致渐处于文化思想边缘的思想倾向的一种反驳,无疑是代表当时时代和思想潮流的。杜甫是唐代文化从盛唐文化多元的自由选择,转型为中唐主尊儒学的方向发展的先驱人物。他的儒学思想与文化观念,是对韩愈起着重要开启作用的,他是中唐韩愈复兴儒学的先驱者。

　　在中唐的文人中,韩愈无疑是一位思想文化转变的旗手式的人物。他自幼接受的是以儒家思想为主的河洛文化的教育和熏陶,他以儒学的道统继承者自

任,他所倡导的古文运动,实质上是一场"波及中唐社会各个方面并影响后世千百年的一次复兴儒学的文化运动。"①陈寅恪先生曾指出:"退之者,唐代文化学术史上承先启后转旧为新关捩点之人物也。"②韩愈可以说是唐代文化转变的标志性的人物。

杜甫是一个儒家文化观念的实践家,而不是一个儒学思想家。他的儒家文化观念主要表现在他一生的实际行动中与其诗歌中。中唐人通过对他诗歌的解读,接受了他的思想与文化观念,形成了中唐主尊儒学的文化思潮与面对现实的务实致用的文化观念,对中唐的古文运动与新乐府运动,都起着巨大的影响。韩愈对杜甫文化观念的学习和接受,是河洛文化核心理念的重要的传承和发展。

一、他们都有强烈的"稷、契情结",非常关心国家的政治命运

毛泽东在评价杜甫时指出杜甫是一个"政治诗人",他以儒家修身、齐家、治国、平天下的政治信念,来要求自己,对国家和民族的政治命运,时刻念兹在兹,把自己的命运与国家民族的命运时时紧密地联系在一起。不管是他做官或不做官,都心怀社稷与苍生,都在关注政治时局的发展与变化,并表现在他的诗歌之中。他立有稷、契之志:"许身一何愚,窃比稷与契"(《自京赴奉先县咏怀五百字》),要致君尧舜:"致君尧舜上,再使风俗淳"(《奉赠韦左丞丈二十二韵》),是个心怀大志的人物。不管他有没有实际的政治才能,但作为一个诗人,必须有远大的政治抱负,有澄清天下之志,他才能在诗中表现出他伟大的忧国忧民的政治品德与心怀天下的宽阔的心胸。在这一方面,韩愈与他十分相似。韩愈也是一个有"稷契情结"的诗人,他从小就怀着高远的政治抱负,他曾说自己"念昔始读书,志欲干霸王。屠龙破千金,为艺亦云亢"(《岳阳楼别窦司值》)。他也像杜甫一样自比稷与皋陶一样的人物:"事业窥皋稷,文章蔑曹谢。"(《县斋有怀》)他还在诗中表示:"大贤事业异,远抱非俗观。报国心皎洁,念时涕汍澜。……致君岂乏术,自进诚独难。"(《龊龊》)在此诗中他自比稷与皋陶一类的大贤,表明他有种远大的报国志向,并不是他没有致君尧舜之术,只是缺少报国机会,决非

① 张清华:《韩学研究》上册,江苏教育出版社,1998年版。
② 《论韩愈》,《历史研究》1954年2期。

那些只关心一己之饥寒的龊龊之士可比。事实证明,在政治上,他不但具有杜甫的致君尧舜之志,更比杜甫具有实际的政治才能。在他历任阳山令、河南令、潮州刺史、行军司马、京兆尹等任上,都有参谋平叛、抑压豪强、惠及百姓的善政,最后做到吏部侍郎的高官。尤其是在复兴儒学方面,他不仅有恢复与振兴儒家思想文化的雄心壮志,而且有一套儒家的道统理论与政治哲学,并通过排佛老等方面的政治举措和搞古文运动来推行他的重振儒学的学说,成为了唐代儒学复兴运动的领军人物,在中国文化史上,树立了划时代的丰碑。

二、他们都有国家"大一统"的政治信念,坚定维护国家统一,反对分裂势力

安史之乱后,唐代社会即由大一统的中央集权的局面,陷入民族分裂势力篡夺中央政权、异族政权侵扰国土与藩镇割据的混乱局势。杜甫是最坚决反对分裂、维护统一的。在他的诗中,多次发出对安史叛军及趁机作乱的大小军阀强烈的控诉和声讨。对吐蕃的侵略行为,也表示无比愤怒。杜甫曾在诗中强烈痛斥这些分裂国家和破坏民族团结的罪人,极力维护祖国的统一。他痛斥安史叛军屠杀百姓与官军的罪行:"群胡归来血洗箭,仍唱胡歌饮都市"(《悲陈陶》)、"往者胡作逆,乾坤沸嗷嗷"(《送重表侄王砅评事使南海》);对叛军充满了愤恨:"东胡反未已,臣甫愤所切"(《北征》)、"胡马缠伊洛,中原气甚逆"(《八哀诗·赠司空王公思礼》);并对扫平安史叛军充满了信心:"祸转亡胡岁,势成擒胡月。胡命其能久?皇纲未宜绝"(《北征》)、"逆胡冥寞随烟烬,卿家兄弟功名震"(《惜别行送向卿进奉端午御衣之上都》)。西部的吐蕃也趁安史之乱之际,抢占了大唐在西北地区的大部分领土,他们还不时地向巴蜀地区进行侵掠:"而今西北自反胡,骐骥荡尽一匹无"(《惜别行送刘仆射判官》)、"陇右河源不种田,胡骑羌兵入巴蜀"(《天边行》)。杜甫一再地在诗中警告他们:"北极朝廷终不改,西山寇盗莫相侵"(《登楼》)、"北极转愁龙虎气,西戎休纵犬羊群"(《喜闻盗贼蕃寇总退口号五首》其一),并指斥他们的侵略行为:"西戎外甥国,何得迕天威"(《秦州杂诗二十首》其十八)。现实中强烈的民族矛盾,使得杜甫不得不以"夷夏之辨"的儒家观点来重新认识看待这些胡、羌异族统治者的侵略本性。我们现在应以历史唯物主义的观点,来认识杜甫当时这种思想,在国家危难,民族存亡之际,民族矛盾已成为当时社会的主要矛盾时,杜甫的"夷夏之辨"和"尊王攘

夷",是符合历史精神的,应是一种反分裂、反侵略、维护国家统一的爱国主义思想的表现,与大唐盛世和平时代的"华夷不分"的"天下一家"的民族大团结的思想并不矛盾。

中唐以后,藩镇的割据、吐蕃的侵扰,依然是唐王朝最大的棘手问题。据《旧唐书·宪宗纪》记载,当时全国近三分之二的州府的人口和财赋,都为藩镇所辖据,不为唐中央政权所控制。藩镇不听王制,他们有的公开叛乱,称王称帝,如朱希烈、朱泚等。有的与朝廷对立,公开割据,节度使之职不由朝廷准许,私自篡夺或擅立,如吴元济、王廷凑等,形成独立王国,成了朝廷心腹之疾。藩镇分裂破坏了国家的统一,是对唐王朝政权极大的损害和威胁。西南方的吐蕃,趁安史之乱之际,攻陷河、湟之地,切断了大唐的西路,使安西、北庭诸镇,均为吐蕃的势力范围。后吐蕃与南诏结盟,从西方和南方夹击唐朝,使唐中央政权遭受腹心受胁之势。在这样的情势之下,反藩镇分裂与反外民族之侵略,维护国家统一,已成当时最重要的问题。韩愈对藩镇割据一直持坚决反对的态度,因为这与他的儒家"大一统"的观念是完全对立的。在这方面韩愈与杜甫是高度一致的。杜甫对安史乱军和各地军阀的篡逆与暴乱,心里虽然痛恨,但却有心而无力,只能在诗文中斥责他们的暴行,而韩愈实际上却参加了平息藩镇叛逆的行动。

元和十二年(817)八月,宰相裴度奉诏率兵出征。韩愈为行军司马,总理军政,拟定攻守战法,并主管兵械、粮秣、赏赐等事项。以李光颜、乌重胤、韩公武、李文通、李道古、李愬等六人为将帅,合围淮西。其年十月,趁着大风雪吴元济不备之际,李愬带领数千兵马,自文城(今河南遂平西)急奔120里,直扑蔡州,夜半攻入蔡州城内,一举将吴元济擒获,大获全胜。此役韩愈虽未直接参加战斗,但有辅佐元戎、筹划帷幄之功。事后宪宗诏令韩愈撰写《平淮西碑》,在碑序中宣扬了"四海九州,罔有内外,悉主悉臣"、"唐承天命遂万邦"即"四海之内,莫非王土,普天之下,莫非王臣"的儒家大一统观念,高度赞扬了宪宗平叛的英明决策及宰相裴度赞襄天子,总戎全军,指挥全局及诸将奋勇杀敌的功劳。平定淮西之役,是中唐朝廷在打击强藩、维护国家统一,巩固中央政权关键性的一大举措,被史家誉为是大唐中兴之始。韩愈在这次平藩中,是建下不可磨灭的功劳的。

长庆二年(822)韩愈受诏前往出使镇州向抗拒王命、割霸一方的自称镇州节度使留后的王廷凑宣谕朝命。此次出行韩愈如入虎穴,王廷凑若罢兵即可息

事,若不听朝命韩愈就可能丧命。朝士们都为韩愈担心。工部侍郎元稹上奏说:
"韩愈可惜。"穆宗也后悔,下诏令对韩愈说:至境观事势,不必面见王廷凑。但
韩愈却认为:"止,君之仁,死,臣之义,安有受君命而滞留自顾!"韩愈到了镇州,
王廷凑"严兵拔刃"罗列甲士以待。韩愈毫无畏惧,严词斥责王廷凑并陈以利
害,大煞其气焰。最后劝告王廷凑解除深州之围。由于韩愈大义凛然,勇敢无
畏,才使得王廷凑答应解围①。此举被苏东坡誉为"勇夺三军之帅"(《潮州韩文
公庙碑》),可见后人对韩愈此举的评价之高。从此事可见韩愈为了维护国家的
统一,抑制强藩、平息叛乱的坚定态度,在这方面他是继承了杜甫反对分裂、维护
祖国统一的儒家大一统思想的。

　　韩愈对外族政权侵略唐王朝,是十分愤恨的。因为他的从兄韩弇即是被吐
蕃背盟所害。贞元三年(787),吐蕃要求与唐王朝在平凉川会盟,并请以朔方节
度使浑瑊为使。将盟,吐蕃伏兵发,唐官军数百人被杀,浑瑊仅以身免,而身为浑
瑊幕府书记的韩弇也因此而遇难,原州从此也为吐蕃所据。韩愈对于吐蕃侵略
者,可谓是既有国仇又有家恨。

三、他们都以复兴儒学为己任,希望重建和谐社会新秩序

　　杜甫复兴儒学的思想,主要是通过"尊王攘夷",维护中央政权,严分"夷夏
之辨"的儒家思想观念,在诗歌中表达反对和痛斥异族分裂势力与外族政权对
唐王朝的篡逆和侵略的思想,在思想和文化上,极力推崇儒家的道德伦理观念与
恢复和表达重建儒家的社会秩序的愿望。"圣哲体仁恕,宇县复小康"(《壮
游》),希望皇帝能够实行儒家的"仁恕"之道,使国家一统,实现大唐的中兴。安
史之乱后,各地的孔庙和学校,都受到了严重的破坏,儒学已不为社会所重视。
杜甫晚年游湖湘时,到了衡山县,见到那里姓陆的一个县令,将县内的孔庙和学
校修复,心中感叹万分:"庑头彗紫微,无复俎豆事。金甲相排荡,青衿一憔悴。
呜呼已十年,儒服弊于地。征夫不遑息,学者沦素志。"其意思是说,由于连年打
仗,儒家的礼仪祭祀的那一套,都无人理了,到处都是手持兵戈身穿盔甲的士兵,

---

①　关于韩愈协助裴度平定淮西之乱与冒险出使王廷凑幕府事,台湾罗联添《韩愈传》(台北,国家出
　　版社 1998 年版)中《出征淮西》、《衔命山东抚乱师》叙述甚详,可详参。

而身穿青衿的儒生学子，都十分潦倒，至今已有十年，儒服被抛于地，无人再穿。而到处都在拉兵征夫，儒家的学者教授传承儒学的素志沉沦已久，不能得到发挥和施展。杜甫大声呼吁："周室宜中兴，孔门未应弃！"（《题衡山县文宣王庙新学堂呈陆宰》）即要中兴大唐，孔子的儒学决不能放弃。他高度赞扬了衡山的陆县令重修孔庙和重建学校恢复儒学教育的这一举动。由此可见对复兴儒学的迫切愿望，他认为，儒学才是国家和民族精神的主心骨。只有振兴儒学，国家才有可能中兴，建立像"贞观之治"和"开元之治"的和平安定和谐的社会新秩序。但杜甫只是有一种复兴儒家理想的愿望，并没有一套复兴儒家思想文化的具体理论与措施。而到了韩愈，这种复兴儒学的向往，经过反复的思考，已形成了完整的理论和具体的实施方案。他从两方面下手：一方面是建立儒学的道统，一方面是举起反佛老的大旗，将佛教列于夷狄之道，用儒家的"夷夏之辨"的传统，对其进行排斥和打击。

鉴于从高宗、武则天、唐玄宗以来，佛、道盛行，儒学长期处于边缘化和对儒学解释的佛道化，人们的思想长期处于混乱的状况，韩愈首先是要建立儒学的道统，纯洁儒家的思想，重新阐释儒家的思想和文化，为维护和加强中央集权而张目。为此，他写了一系列的文章，如《原道》、《原性》、《原人》、《原鬼》、《原毁》等。关于道统的理论集中在《原道》与《原性》等篇中。他在《原道》中将孔子的仁、孟子的义，定为儒学最核心的东西，而道与德则统属于仁义的内涵之中，认为道是实行仁义的必由之路，而德是内心充足而无待于外求的仁义。故称"仁与义为定命，道与德为虚位"。其实仁义与道德是二而一的东西，并非是两个东西。这样就把儒家思想的核心——仁义，突出了出来，而将道德与仁义的关系，也统一了起来，杜绝了道家的将道德与仁义分开与对立的作法。他对于仁的解释："博爱之谓仁"，固然是根据孔子的"仁者爱人"（《论语·微子》）的说法，但也将墨家"兼爱"的观念，纳入儒家的学说之中。他认为"孔子必用墨子，墨子必用孔子，不相用，不足为儒墨"（《读墨子》）。台湾学者罗联添认为"他似有意调和儒墨二家思想，清除历来孔墨对立的观念，以显示儒家思想的融通与博大"①。这个见解，是很有道理的。韩愈所说的儒家之道，有很强的实用性。韩愈的《原

---

① 《韩愈传》，国家出版社，1998 年。

道》，从人类的社会组织着眼，阐明了人类自有社会分工以来，君、臣、民各有分职，君为出号令者，臣为辅助君治理的具体组织者和执行政令者。而民众则为社会的生产者。这是符合社会发展规律的。儒家是现实主义者，它着眼于人的社会性和群体性，着重于社会伦理道德，社会秩序，人只有在这样的社会组织中，才能进行正常的生产活动和生活。具体到人们的衣食住行、人伦日用和礼乐刑政等关于政治、经济社会制度方面的问题，是社会基础，有很强的可操作性和实用性，是"相生养之道"。而佛家和道家更着重的则是属于个人精神层次的形而上的东西，比较抽象渺茫。韩愈之所以要强调儒家这些社会制度层面的实际问题，是为了重建和谐社会秩序，加强中央集权制度，维护国家统一，使百姓有一个安居乐业，正常生产和生活的社会环境，因为这是国家和民族赖以生存的基础，也是大唐中兴的根本之道。

　　另一方面，韩愈为了推行他的新儒学，建立自己的威信，他对儒家的道统，做了重新的解说："斯道也，何道也？斯吾所谓道也，非向所谓老与佛之道也。尧以是传之舜，舜以是传之禹，禹以是传之汤，汤以是传之文武周公，文武周公以是传之孔子，孔子传之孟轲，轲之死，不得其传焉。"（《原道》）儒家向来重视道统之承传有绪。韩愈将道统之承绪说到孟子而止，后不得其传，言下之意，嗣其传者，就落到我韩愈肩上了。俨然以儒家道统之传承者自居。即孟子所说的"天将降大任于斯人"（《孟子·告子下》）之意，从而突出了自己的历史使命感与显现自己复兴儒学的自觉意识与战斗性。前面说过，杜甫是一个儒家思想与文化的自觉实践者，他只是将儒家的思想文化化为自己的实践，自觉地身体力行，并融进他的诗文中。韩愈无疑比杜甫更进了一步，他不但亲身实践，而且还有理论和宣言，还为自己的理论建立一个道统世系，因之，他比杜甫在复兴儒学方面，更加成熟，观点更加鲜明，立场更加坚定，历史使命感更加明确。虽然韩愈并没有明确表明，他复兴儒学的志向和行动与杜甫有关，但作为韩愈尊崇对象的杜甫，以儒学为躬行原则及其诗歌中所表现的尊儒的思想倾向，无疑对韩愈是有着相当启示与影响的。

　　韩愈等人的排佛，是针对自武则天以来，佛教势力渐盛而儒学渐衰的历史现状而发。据《唐会要》卷四九载，初盛唐时有"天下寺五千三百五十八，僧七万五千五百二十四，尼五万五百七十六。"至中唐寺院与兰若的总数则发展到四万四千六百所(其中寺有四千六百所,兰若有四万所),僧尼总数达"二十六万五百人,"①即中唐时的僧尼人数已比盛唐增加了一倍多。僧尼不纳税不服役,不但在经济上给唐王朝造成了巨大的损失②,而在思想与文化方面,也抢占儒家的地盘。佛教的思想与文化已有压倒儒家思想与文化的趋势,对唐代的儒教是一个很大的威胁。韩愈从维护儒教的正统地位出发,用"夷夏之辨"的传统思想,对佛教进行反击,并顺带也反击了道教学说。把佛老认为是异端,韩愈本着"不塞不流,不止不行"(《原道》)的逻辑,要弘扬儒教,就必须坚决地排佛老。他在《原道》中,斥"老子之小仁义"是"其见也小",是"坐井而观天",是"一人之私言",不是"天下之公言",韩愈虽然反对老子,而言下留情,毕竟老子还是李唐王朝所尊崇的祖先。而对"夷狄之人"佛祖就不那么客气了。他在《论佛骨表》中说:"夫佛本夷狄之人,与中国言语不通,衣服殊制,口不言先王之法言,身服先王之法服,不知君臣之义,父子之情,假如其身至今尚在,奉其国命,来朝京师,陛下容而接之,不过宣政一见,礼宾一设,赐衣一袭,卫而出之于境,不令惑众也。况其身死已久,枯朽之骨,凶秽之余,岂宜令入宫禁?孔子曰:'敬鬼神而远之。'……乞以此骨付之有司,投诸水火,永绝根本,断天下之疑,绝后代之惑,便天下之人知大圣人之所作为,出于寻常万万也。岂不盛哉,岂不快哉!"韩愈认为,佛是夷狄之人,其心也与华夏人异。他不但不会说中国话,不穿中国人的衣服,而且也根本不懂得先王的仁义之道和君臣父子之道,与中国传统的儒家思想根本相悖。即使是佛祖活到今天,来到中国,皇上也不过以四夷之朝贡之礼在大殿上接见一下,派人护送他回国罢了。更何况他的千年以后的枯骨,根本不宜迎入宫禁。并建议皇上将佛骨投之于水火,永绝其根本,使后代官民不再受其蛊惑,扰乱人心。韩愈此处完全是以"夷夏之辨"立论,用民族主义的情绪,唤起人们长期以来对胡人乱华、外族入侵的痛苦记忆,来排斥外来之异端思想,维护儒家传统文化,重建儒学思想之权威。这与杜甫用"夷夏之辨"的传统思想武器,反对胡人对中国传统文化之破坏,维护民族文化与信仰,是神理相通的。杜甫虽没有

---

① 杜牧:《杭州新造南亭子记》,《樊川文集》卷一〇。会昌五年(845)武宗灭佛时,下诏拆毁的寺院有4600多所,勒令还俗的僧尼有260500多人,没收的寺院所占的田地有几十万顷。

② 《唐会要》,卷四八。景云元年(710),左拾遗辛替否给睿宗上书说:"今天下佛寺盖无其数,一寺堂殿,倍陛下一宫,壮丽甚矣,用度过矣,是十分天下之财,而佛有其七八,陛下何有之矣!百姓何食之矣!"

提出反佛的主张，但杜甫始终以儒家思想文化为坚定信仰的，因此杜甫的思想也是韩愈建立新儒学的重要资源之一。

四、他们都以民为本，为民请命，关心民生疾苦

杜甫一向以忧国忧民著称，除了忧心国事之外，他关切下层百姓的民生疾苦，事事为黎民苍生所想，在古代诗人中是少有的。杜甫是一位胸怀博大的仁者，不但对长者、尊者、家人和朋友，充满了仁爱的心肠，而且将他的爱心普及天下的百姓。他"穷年忧黎元"（《自京奉先县赴咏怀五百字》），处处关心黎民百姓生活的痛苦，在《自京赴奉先县咏怀五百字》一诗中，他强烈谴责统治者的残酷剥削："彤庭所分帛，本自寒女出。鞭挞其夫家，聚敛贡城阙。"指斥统治集团的享乐，完全是建立在下层百姓的痛苦之上的。在这首诗中，他还发出了"朱门酒肉臭，路有冻死骨"的慨叹，这是两句揭露封建社会现象的千古名句，将大唐盛世的外表下，所隐藏的封建社会中贫富悬殊的阶级对立的严酷事实，揭示于众，显示了杜甫政治眼光的敏锐性与深刻性及同情下层人民的深厚感情。通过自己的不幸遭遇，他还自觉地对自己进行了深刻的反思"生常免租税，名不隶征伐。抚迹犹酸辛，平人固骚屑"，自己出身官僚家庭，又身为微官（此时杜甫为右卫率府胄曹参军），虽家庭贫困，却还仍享受着种种特殊待遇，而念及那些"失业徒"和"远戍卒"，他们的命运比自己更惨，这就使得他"忧端齐终南，澒洞不可掇"。在这首诗中，将杜甫"穷年忧黎元"的思想感情，表达得淋漓尽致，一个儒者"仁民"的博大胸怀，尽展现在我们眼前。他不仅对自己国家和本民族的人民是如此，他的仁爱情怀还达及敌对的异族的士卒："挽弓当挽强，用箭当用长。射人先射马，擒贼先擒王。杀人亦有限，列国自有疆。苟能制侵陵，岂在多杀伤。"（《前出塞九首》其六）杜甫认为，在反对侵略的战争中，只要能将敌酋擒获，打退敌人的侵略，保卫自己国家的领土不受侵犯就行了，不要多杀人，要实行人道主义。可见杜甫的眼中，即使是"敌人"和"异类"，只要他放下武器，也是他"仁爱"的对象，可以说，杜甫的"仁爱"情怀是普及于各民族和全人类的。仁爱之心，是儒学的精华，也是杜甫精神的一个基点。正是他的仁爱之心，使他成了一代伟大"人民"的诗人。他的一系列感天动地的诗歌，那些为千百万百姓和生灵而歌哭的伟大作品，从古至今感动了无数人。他的"三吏"、"三别"等诗，受到

了后人高度的评价。清人袁枚说:"莫唱当年长恨歌,人间亦自有银河。石壕村里夫妻别,泪比长生殿里多。"(《马嵬四首》其四)他的《茅屋为秋风所破歌》,更从己溺己饥,推及人溺人饥,发出"安得广厦千万间,大庇天下寒士俱欢颜,风雨不动安如山。呜呼,何时眼前突兀见此屋,吾庐独破受冻死亦足"的呼声。清人何焯评此诗道:"元气淋漓,自抒胸臆,非出外袭也。"(《义门读书记》)这是由己推及他人的发自内心的仁爱之情,不是一种居高临下的对下层百姓的怜悯之情。故杜甫这首诗,不但真实可信,而且十分感人。仁爱之心是儒家思想的基石,也是杜甫精神的核心。他的忧心黎民苍生的伟大情怀,是来源于此,他的人道主义精神也是来源于此。

韩愈也是一个以民生为本的关切民生疾苦的仁爱之士,他的忧民情怀可以说是直承杜甫的。

中唐时朝廷所直接管辖的地区和人口,只有全国的三分之一,三分之二的地区和人口,在藩镇的控制之中。而朝廷多年对藩镇用兵,势必要加重对百姓赋税的征收。再加上实行两税法,农民必须以粮帛换钱来计值,也给了贪官污吏从中渔利中饱私囊的机会。遇到水旱天灾,官府照征赋税不误,人民生活苦不堪言。面对下层百姓所遭受的横征暴敛,韩愈对百姓十分同情,他仗义执言,上疏为百姓请命。贞元十九年(803),天下大旱,但官府不管百姓死活,仍横征赋税,韩愈向朝廷上疏说:"伏以今年已来,京畿诸县夏逢亢旱,秋又早霜,田种所收,十不存一。陛下恩逾慈母,仁过春阳,租赋例皆蠲免。所征至少,所放至多。上恩虽弘,下困犹甚。至闻有弃子逐妻以求口食,拆屋伐树以纳税钱。寒馁道涂,毙踣沟壑,有者皆已输纳,无者徒被追征。臣愚以为此皆群臣之所未言,陛下之所未知者也。"(《御史台上论天旱人饥状》)在此疏状中,韩愈向皇上揭露了在天遇大旱与早霜,粮食无收,而官府仍征敛无度,百姓被迫弃子逐妻、拆屋伐树纳税,以至于"寒馁道涂,毙踣沟壑"的实情,痛斥那些欺瞒朝廷、仍残酷剥削黎民百姓的无耻官员。他在此状中建议朝廷对百姓缓征或免征,坚决反对不关心人民的死活的横征暴敛。此外,他在永贞元年(805)所作的一首诗中,也一再表示对百姓的深刻同情:"是年京师旱,田亩少所收。上怜民无食,征赋半已休。有司恤经费,未免须征求。富者既云急,贫者固已流。传闻闾里间,赤子弃渠沟。持男易斗粟,掉臂莫肯酬。我时出衢路,饿者何其稠。亲逢道边死,伫立久咿嚘。"(《赴江陵途中寄赠王二十补阙李十一拾遗李二十六员外翰林三学士》)像这样反映民间疾苦、揭露社会黑暗的作品,韩愈还有《宿曾江口示侄孙韩湘二首》、《龊龊》、《归彭城》、《此日足可惜》等作品。这类作品虽然不多,但写得相当深刻。从韩愈这些作品中,我们可以看到,韩愈对饱受统治者剥削的下层百姓是怀着深厚的仁义之心的。这里我们可以看到杜甫诗"穷年忧黎元,叹息肠中热"的影子,与杜诗中所反映天宝末年"鞭挞其夫家,聚敛贡城阙"与"朱门酒肉臭,路有冻死骨"的诗句是何其相像。老杜的忧国忧民、揭露社会现实、体恤百姓疾苦的高贵品德及仁爱思想,在韩愈身上,得到了充分的继承和体现。过去我们对韩愈的诗歌,多从艺术风格方面着眼,认为他的诗瘦硬怪奇、诗韵险仄,以文入诗等,而对其诗从内容方面发掘得不深,尤其是他的五古诗,多是反映社会现实,关乎社稷民生的作品。这是我们需要进一步做深入研究的。

五、革新与"复古"——杜甫的诗歌革新与韩愈古文运动

儒家不仅仅是讲复古,也是讲革新的。在儒家经典中,如《诗经·文王》:"周虽旧邦,其命维新。"《礼记·大学》:"苟日新,日日新,又日新。"《周易·系辞上》谓"日新谓之盛德。"都是讲要革新的,并称革新是一种好的品德。因为革新是才有发展,发展才能进步。儒家虽常讲复古,如孔夫子"信而好古"(《论语·述而》),但其目的是向古人学习,是为了继承和借鉴优秀的文化传统。孔子说:"我非生而知之者,好古,敏以求之也。"(《论语·述而》)而复古,就是"复礼",要恢复古代礼乐文化的优秀传统。孔子的"克己复礼"(《论语·颜渊》),是针对春秋时礼崩乐坏的现实而发的,他要恢复古代的安定和谐的社会理想,是对春秋乱世的一种反拨,并不一定是要回到过去。他曾说过:"殷因于夏礼,所损益可知也。周因于殷礼,所损益可知也。"(《论语·八佾》)其中所谓的殷、周二代对前朝的"损益",就不是原本照搬,而是有所革新和发展的。因此,孔子也并不主张全面的复古,而是主张在复古中有所创新。杜甫和韩愈就是在儒家这种在继承传统的基础上,进行创新的理论指导下,对唐诗和古文进行革新的。杜甫是继承了儒家的维新思想的,他说:"异才复间出,周道日维新。"(《别蔡十四著作》)他以新为美,对"新诗"、"新作"、"新文"赞不绝口。自称自己的诗歌为"新诗":"老去新诗谁与传"(《因许八奉寄江宁旻上人》),称道朋友的诗也以

"新"字为赞:"岑生多新诗"(《九日寄岑参》)、"叹惜高生老,新诗日又多。"(《寄高三十五书记(适)》)韩愈则以复古为革新,他的古文要复的是儒家经史与秦汉诸子、《史记》之古,是针对魏晋六朝的骈文的一种反拨,将唐代通行的骈体文改造成实用的散体之文,以利于"文以明道",为复兴儒学服务。

谈及唐代文学在中国文学上的贡献,人们总要举出杜诗与韩文。晚唐人杜牧说:"杜诗韩笔愁来读,似倩麻姑痒处搔。"(《读杜韩集》)将杜诗与韩笔(笔即文也)并提。宋人更将杜诗与韩文当做革新的样板,进行学习的。苏轼说:"诗至于杜子美,文至于韩退之,书至于颜鲁公,画至于吴道子,而古今之变,天下之能事毕矣。"(《书吴道子画后》)杜甫诗歌对唐诗的贡献,主要有两个方面,一个是将诗歌的声律方面发展到完美的极致,完成了中国古典诗歌的律化,使诗歌成了形式美与声律美完美结合的典范;另一方面是在诗歌中充分体现儒家忧国忧民的仁爱之心,直面现实人生与关心民生疾苦。并创造新题乐府诗,用现实主义的写实手法,用以描绘和反映客观现实,使诗歌更好地干预社会人生,体现"厚人伦、美教化、移风俗"儒家的诗教。杜甫顺应了时代的潮流,由盛唐的理想主义的浪漫诗潮,引向了唐后期的现实主义的写实道路,他在诗歌革新方面的成功,对韩愈变骈为散的以复古为革新的古文运动,是有很大的启示和影响的。

与杜诗是将诗由古体向律体的律化相反,韩文则是将文由骈体向散体的散化,让文从骈体中解放出来,成为一种实用文体,作为复兴儒学的一种载体,"修其辞以明其道"(《争臣论》),建立起散文的实用传统。从诗歌与散文两大文体的创新角度上来看,前人所说的"杜诗韩文",正是说明他们对文学史的独特贡献。韩愈的古文运动,固然是受到陈子昂诗歌复古与李华、萧颖士、独孤及、梁肃等人散文复古的影响,然而在实质上这种复古却是文体上的革新。他们是在复古的旗帜下,来进行革新之实。在思想和精神上,他们都是高扬儒家的关注现实人生的精神,在复兴儒学的精神方面,是十分一致的。在文学的形式方面,杜甫是在沿着诗歌发展雅与俗的两个方面,都做了开拓。雅的方面是指杜甫对律诗这种精致的诗歌形式发展到了极致;俗的方面是指杜甫运用乐府诗这种传统的民歌形式,将诗歌大众化、通俗化,为现实人生服务,为儒家关注现实、务实致用的教化作用张目。另一方面,杜甫的诗歌,也扩大了诗歌的表现范围,向实用的方向发展。如他可以以诗代札,可以诗议论,可以诗叙事,可以俗语入诗,可以诗记时事,可以作人物传记,可写身边琐事等等。同样,韩愈的古文创作也是如此。一是他是以经、史为模范对象,其古文的创作继承了先秦两汉散文雅的传统,成为一种雅的文学;另一方面,他的古文又对先秦两汉之文作了进一步的发展与改造,用唐代的语言进行革新,文字实用性强,通俗易懂,甚至用古文写小说,因此也具有俗的因素。在思想内容方面,他是主张"文以明道"的,这个道就是儒家思想之道,他要通过古文运动来宣传儒家仁义思想与修、齐、治、平的人生与社会理想,重建儒家道统,树立儒学的权威,恢复儒家的信仰,从而重建社会秩序和意识形态。因此,古文运动实际上是为复兴儒学服务的思想运动,古文其实是他明道的载体和工具。尽管古文的本身另有它独立的文学价值与美学价值。因此,杜甫和韩愈的突出贡献,虽然一在诗歌,一在古文,但他们在儒学复兴和文学革新方面,却是异曲而同工。当然,韩愈在诗歌方面也继承了杜甫的革新精神,其诗歌方面的成就和影响也不可小视,但比较起来,他在古文方面的贡献和成就是大于其诗歌的。

　　儒家以人为本的思想和现实主义的人生态度,是河洛文化的核心精神,杜甫和韩愈,正是继承了河洛文化中优秀的文化传统。他们在安史之乱后儒家思想衰微和边缘化、佛道思想盛行之际,重振儒学和复兴儒学文化传统,希望能够重建和平、安定与和谐的社会新秩序,中兴大唐,让人民重新安居乐业的种种努力,正是对河洛文化的优秀传统的传承和发扬。他们是唐代传承河洛文化优良传统的杰出代表和传人。

（作者为河南省社会科学院文学研究所研究员）

濂洛三子诗赏析

（台湾）王　甦

一、前言

宋儒朱子著有《伊洛渊源录》，列濂溪于首位。其后金履祥曾辑《濂洛风雅》一书，顾名思义，亦以濂溪为首。大陆学者徐远和，著有《洛学源流》一书，《濂洛师承》，言之甚详。以上各书，涉及范围较广，惟《濂洛风雅》偏重纯文学。因为言为心声，诗又为心声之尤精且至者，故本文只想谈谈北宋理学家的诗。已故学人钱宾四先生，曾辑有《理学六家诗钞》，所录皆为一代宗师，于北宋仅录邵康节一人，似有失之过严之嫌。本文拟就濂溪、明道 、康节三家诗，以略窥其襟怀意境，风雅性情。朱子有以上三先生之画像赞，于濂溪曰：

道丧千载，圣远言湮。不有先觉，孰开我人。书不尽言，图不尽意。

风月无边，庭草交翠。
于明道曰：

扬休山立，玉色金声。元气之会，浑然天成。瑞日祥云，和风甘雨。

龙德正中，厥施斯普。于康节曰：

天挺人豪，英迈盖世。驾风鞭霆，历览无际。手探月窟，足蹑天根。

闲中千古,醉里乾坤①。

从朱子的赞语,亦可略窥三先生体道的端倪。濂溪上接孔孟不传之绪,有开创之功。程子谓周茂叔窗前草不除去,问之云:与自家意思一般②。这种境界,就是与物同体的境界,黄庭坚称周茂叔"人品甚高,胸中洒落,如光风霁月。"③明道天资纯粹,有如颜子,所以朱子称其"玉色金声,浑然天成",明道曰:"自再见周茂叔后,吟风弄月以归,有吾与点也之意"④。康节刻苦好学,寒不炉,暑不扇,居室为"安乐窝",自号"安乐先生"。北宋五子之诗,以康节之诗最多,亦能真得风雅之遗响。明道称康节为"振古之豪傑"。

二、周濂溪

1. 七言绝句

花落柴门掩夕晖,昏鸦数点傍林飞;
吟余小立阑干外,遥见渔樵一路归。(《题春晚》)

其二

闻有山巖即去寻,亦跻云外入松阴;
虽然未是洞中境,且异人间名利心。(《同友人游罗巖》)

第一首前二句写景,起首"花落"二字,当是暮春之景,时已夕阳西下,在想像中,花落柴门,包括门里门外,乃至于门上,都留有残花。柴门能掩夕晖,应是夕阳余晖。再向远处看,"昏鸦数点",傍林低飞,寻找可栖之枝。用"数点"形容,可见距离之远,暮色之昏。诗人吟诗之余,小立于阑干之外,放眼远方,看到

---

① 《朱子大全》卷八五,台湾中华书局。
② 见《宋元学案》一册《濂溪学案下》,台北华世出版社,1987 年。
③ 见《宋史·周敦颐传》四二七卷。
④ 见《宋史·周敦颐传》四二七卷。

樵夫渔子,挑柴提鱼,踏上归途。文中将花落、夕晖、鸦飞、人归之景,从诗人小立观赏中,呈现出一幅饶富意境的"春晚"图画

　　第二首写游山,首句闻山即去寻,从"闻山"到"即寻",在时间上刻不容缓,以见其爱之深,情之切。次句言其登高,于白云之乡,憩松阴之境,远离尘嚣,心游物外,有怡然自得之乐。三句一转,言此境虽非世外洞天,但与人间名利之心,迥然不同,此结句之意。濂溪此诗,虽未明言登山之乐,但其言外之意,则已乐在其中,非言语所能形容。所谓"此中有真意,欲辨已忘言。"①

　　2.七言律诗

　　　　　老子生来骨性寒,宦情不改旧儒酸。
　　　　　停杯厌饮香醪味,举箸尝餐淡菜盘。
　　　　　事冗不知筋力倦,官清赢得梦魂安。
　　　　　故人欲问吾何况,为道春陵只一般。(《任所寄乡关故旧》)

　　濂溪此诗为1066年所作,当时他已五十岁,所以首句自称"老子"。他是在永州(即今湖南省零陵县)做通判官时,写给家乡故旧的诗。所谓"生来骨性寒",不是指的寒冷,而是指的淡泊朴素,所以黄庭坚称其"薄于傲福,菲于奉身"。次句言其虽在官多年,从不改其平时"儒酸"的本色。所谓"儒酸",是指儒者安贫的生活态度。额联是属于"理殊趣合"的"反对",《文心雕龙·丽辞》,这是将两件截然不同的事物,并列对照映衬,以达到相反相成的效果。

　　由于他"厌饮香醪味",所以才"尝餐淡菜盘"。"停杯"对"举箸","厌饮"对"尝餐","香醪味"对"淡菜盘",对仗相当的工整,上下联还有因果的关系。

　　颈联上句本身就有"相反"的意味,就常情而言,"事冗"就容易倦怠,但他居然"不知筋力倦",可见其努力不懈的工作精神,已忘掉自己筋力的疲倦。下句自言为官清廉,问心无愧,自然高枕无忧,梦亦安恬。句中用"赢得"二字,显示正面的因果关系,与上句的"不知"相应,以强化上下两句的张力。

　　本联是属于语法结构不尽相同的对仗,虽不如额联的工整,却饶富"意在言

————————

① 见《陶彭泽集》中《饮酒二十首》之五,载于《汉魏六朝百三家集》。

外"的韵味。其技巧与境界反而比额联为高。末二句以问答作结,问是设问,答是真答。"舂陵",在今湖南宁远县,与濂溪故里比邻,亦为濂溪与故旧共处之地,言近况和在"舂陵一般",更令"乡关故旧",回味无穷

三、程明道

1. 七言绝句

> 云淡风轻近午天,傍花随柳过前川;
> 时人不识余心乐,将谓偷闲学少年。(《春日偶成》)

其二

> 狱讼已闻冤滞雪,田农还喜土膏匀。
> 只应野叟犹相笑,不与溪山作主人。(《游山》)

以上两首,前一首是脍炙人口的绝句,从内容看,应是明道早年所作,当云淡风轻,春光明媚,时近中午,诗人缘溪漫步,芳花夹道,垂柳轻拂,诗人触景生情,怡然自得。写下情景交融的诗篇。此种自得之乐,自己体会最深,时人不识其心之乐,将以为是"偷闲学少年"。

熊刚大曰:"此篇借物形容阳盛阴消,生意春融。"①

平情而论,以明道之天资纯粹,其春游的心情,体物的深切,自然与一般人不同。所谓"如人饮水,冷暖自知",对于明道的感受,他人未必能识。就明道而然,视人我为一体,原是性情中事。时人识与不识,对明道并不重要。而明道此诗,直言"时人不识",似有求之于外之嫌。王阳明有句云:"不信自家原具足,请君随事反身观"(《示诸生》)。凡学问工夫,须求之于内,自得于心,对他人看法,原不必介怀。

后一首有小序云:"是游也,得小松、黄杨各四本,植公署之西窗,戏作五绝,

---

① 见《性理大全》卷七十,卷程子《偶成》。

呈邑令张寺丞兴宗。"此诗为其中最后一首。首句滞冤,已闻昭雪。此事显然分所当为,引以为慰。次句言及田农,喜其土膏之匀,是田农之喜,亦明道之喜。明道与田农,合人我为一体。三句言只应"野叟相笑",笑其"不与溪山"共"作主人",明道此语,道出心愿。无奈身居公署,难辞公职。其言外之意,似有"事与愿违"之憾。然其以小松、黄杨,植公署西窗,既可绿化环境,亦可庇荫来者。仁者之心,总是一片天机,一片化机。

2. 七言律诗

> 寥寥天气已高秋,更倚凌虚百尺楼。
> 世上利名群蟻蠓,古来兴废几浮沤。
> 退居陋巷颜回乐,不见长安李白愁。
> 两事到头须有得,我心处处自优游。(《秋日偶成》)

其二

> 闲来无事不从容,睡觉东窗日已红。
> 万物静观皆自得,四时佳兴与人同。
> 道通天地有形外,思入风云变态中。
> 富贵不淫贫贱乐,男儿到此是豪雄。

前一首起句"寥寥",有虚空寥廓意,值此高秋,更倚高楼,登高望远,开阔胸襟,次句承首句,以启下一联,世上名利,如蟻蠓之微小;古来兴废,如浮沤之虚幻。颈联用颜回之乐,与李白之愁两个典故。形成强烈的对比。末联"两事"即指颜回、李白之事,两事相较,当然颜回为优,所谓"有得",就是要效法颜回之"退居陋巷"而乐,并以李白"不见长安"之愁自警。末句"我心优游",见得自己心中之乐,亦如颜回陋巷之乐。

后一联是明道的代表作,首联写心情的闲适,做什么事都是从容自在,一觉醒来,红日照亮东窗。从容起身,静观万物,莫不欣欣向荣,自得其乐。其实,万物的存在,是客观的现象。不论你是静观,是动观,应该都是一样的。而明道用

"静观"二字,其所产生的"自得",显然带有主观的色彩,整句就有"物我一体"之感。明道的《识仁篇》说:"仁者浑然与物同体"。王阳明《大学问》开宗明义就说:"大人者,以天地万物为一体者也。"明白此理,下一句的"四时佳兴与人同",就是理所当然了。因为连"我与万物"已成一体了。"我与他人"当然也是一体的。所谓"人同此心,心同此理"。明道此一联,已成为普遍的真理。民间大门的春联,常书写明道此联,成为家喻户晓的名联。至于颈联的"道通天地",原不论有形无形,因为"道无不在",既无不在,即无不通。但人的思想,却是像风云一样的变幻莫测。能做到"富贵不淫"、"贫贱乐道",才算是真正的"豪雄"。这是末联的意义。一般说来,做诗贵有理趣,不宜有理语。明道此诗的末联,尤其是上联,就是以理语入诗。但因为他是理学宗师,

不是诗人,所以我们不能以诗人观点,来评论此诗。

四、邵康节

1.五言绝句

> 月到天心处,风来水面时。
> 一般清夜味,料得少人知。(《清夜吟》)

其二

> 圣在人中出,心从行上修。
> 金于砂里得,玉向石中求。(《金玉吟》)

前一首说月到天心,风来水面。这本是很平常的事,没有什么玄机妙理。但这话出于邵子的口,意义就不同。南韩早期的《古文真宝集》前集[①],就曾著录此诗,并解释说:"言道之全体,中和之妙用,自得之乐,少有人知此味也"。

熊刚大曰:"此篇借物形容圣人本体清明,人欲净尽。盖月到天心,则云翳

---

① 　此书全称为原本备旨悬吐注解《古文真宝集前后集》,汉城世昌书馆编纂发行。

尽扫;风来水面,则波涛不兴。此正人欲净尽,天理流行时也。"①

月到天心之月,是至明之月,风来水面之风,是至和之风。以至明之月,遇至和之风,就自然产生"清夜味"了,这种"清夜味",便是所谓"中和之妙用",是存之于心,清明在躬,怡然自得,一般人是无法体会这种自得之乐的。

后一首上联言圣人也是出于平凡人,其所以成为圣人,是由修行而来。下联提出金与砂、玉与石之不同,淘砂可以得金,剖石可以得玉。在淘砂和剖石的过程中,必先经历一段艰辛简练和琢磨的工夫,这个比喻就是修道的过程。

2. 七言绝句

> 因随芳草行来远,为爱清波归去迟。
> 独步独吟仍独坐,初凉天气未寒时。(《月陂闲步》)

其二

> 半记不记梦觉后,似愁无愁情倦时。
> 拥衾侧卧未欲起,帘外落花缭乱飞。(《安乐窝》)

前一首上两句是对联,为爱芳草而行远,为赏清波而归迟。上下联各有其因果关系。而行远与归迟,正切题中的"闲步"二字。三句用复叠的修辞法,从独步、独吟、而归于独坐,这是由动而静,末句从初凉到未寒,诗人对天气的敏感度,也是在静态中才能体会出来。惟晚唐诗人韩偓《已凉》七绝,末两句为"八尺龙须方锦褥,已凉天气未寒时"②,此诗末句作"初凉",仅一字之差,以康节之博学,对韩诗应不陌生,何以雷同如此,不得而知。或因气能举辞,但求自然妥帖,不遑计及其他。

后一首《安乐窝》诗,康节晚年卜居洛天津桥畔,名其居曰安乐窝。并写了不少有关安乐窝的诗。此诗前二句相对,以"半记"对"不记",以"似愁"对"无

---

① 见《性理大全》卷七十,邵子《清夜吟》。
② 见《全唐诗》卷六八三,韩偓《已凉》。

愁",用复叠的修辞法,构成当句对。再以上下句的前四字相对,表现出梦醒后迷离恍惚的神态。而以"梦觉后"对"情倦时"。因"情倦"故有三句"拥衾"懒起,因"梦觉"故有四句"缭乱"花飞。全诗连环相扣,一气呵成。写得优闲自在,毫不费力。也打破了起承转合的惯例,凸显诗人不受羁绊的个性。

邵伯温的《邵氏闻见录》记:司马光见此首《安乐窝中诗》,"爱之,请书纸帘上"。这首诗是康节闲适诗杰作,司马光的赏爱,也不是偶然的。

3. 七言律诗

> 安乐窝中三月期,老来才会惜芳菲。
> 自知一赏有分付,谁让黄金无予遗。
> 美酒饮教微醉后,好花看到半开时。
> 这般意思难名状,只恐人间都未知。(《安乐窝中吟》)

其二

> 老年躯体索温存,安乐窝中别有春。
> 万事去心闲偃仰,四支由我任屈伸。
> 庭花盛处凉铺簟,籥雪飞时软布裀。
> 谁道山翁拙于用,也能康济自家身。(《林下吟》)

诗以言志,亦以抒情,理学家之诗,则以寓理者多。康节此诗属之。前一首次句"老来才会惜芳菲",这是经验之谈。芳菲本指花草,此处则不止于花草,也泛指诗人绮情。为何老来才"惜芳菲",可见年少时代的"惜芳菲",情感尚未成熟,不如老来的深厚。颔联的自知,是阅历的结晶,不会随便"一赏",必须有发落,有道理。道之所在,即理之所安,虽挥金如土,在所不惜。颈联是传诵千古的名联,含有人生哲理,这是安乐窝的中心思想,也合于儒者的中道思想。这种思想,于个人修为工夫,思想条理,都有密切的关系,难以用语言文字形容,所以不为一般人所知。

后一首起句自言"老年温存",故次句紧承"别有春",老而有春,老非真老,颔联写万事随心偃仰,四支由我屈伸。两句意思相类,语气加强不少。由身体的安舒,表现心情的喜乐。颈联写景,以庭花对簷雪,以盛处对飞时,以凉铺簟对软布裀。此联的结构有些奇特,花能铺簟,不言落花;雪能布裀,不言积雪。

写景而有诗情画意,予人以想像空间。末联以设问用拙虚提,似抑非抑,结以康济自身,颇有老杜"用拙存吾道"①之理趣。

在所有理学家的诗中,康节的诗体与诗风,都是与众不同,而且是绝无仅有的,所以宋严羽的《沧浪诗话》,在《诗体论》中,有"邵康节体",与"东坡体"、"山谷体"、"王荆公体"并列,在康节诗中,《首尾吟》算是很特别的形式,而且多达一百三十五首,以下聊举三首,以为鼎脔之尝:

4.首尾吟

　　尧夫非是爱吟诗,虽老精神未耗时。水竹清闲先据了,莺花富贵又兼之。

　　梧桐月向怀中抱,杨柳风来面上吹。被有许多闲捧拥,尧夫非是爱吟诗。

　　尧夫非是爱吟诗,诗是尧夫乐物时。天地精英都已得,鬼神情状又能知。

　　陶真意向辞中见,借论言从意外移。始信诗能通造化,非是尧夫爱吟诗。

　　尧夫非是爱吟诗,诗是尧夫自得时。已把乐为心事业,更将安作道枢机。

　　未来身上休思念,既入手中须指挥。迎刃何烦多顾虑,尧夫非是爱吟诗。

康节的首尾吟,近乎口语化,明白晓畅,前一首写生活态度,以水竹为清闲,以莺花为富贵。中一首写诗能知鬼神,通造化。后一首写诗能安心,能乐道,更能抒写自得的情怀。康节之诗,今存者有《伊川击壤集》二十卷,多达三千余首,

---

① 见《杜诗镜铨》卷九《屏迹三首》之二。

就数量言,为北宋五子之冠。且能一空依傍,自铸新辞。

（作者为台湾淡江大学荣誉教授）

从《歧路灯》看 18 世纪河洛地区的商人

徐春燕

　　《歧路灯》是清人李绿园所著之长篇白话小说。李绿园(1707～1790),名海观,祖籍河南新安,出生于汝州宝丰。30 岁中举后,终未能博春官一第。50 岁以后,宦游 20 年,行迹半个中国。晚年在贵州印江县做过一任知县,告归后,于新安教书,后移居北京,84 岁时死于宝丰。《歧路灯》假托明朝叙述故事,而实际以写实手法反映了河洛地区康、雍、乾三朝封建政治、经济面貌以及不同阶级和阶层人物的思想状态与生活状态,是一部杰出的"描写 18 世纪中国封建社会普通人民生活的百科全书式的作品。"①笔者以书中所涉及的在河洛地区经营的商业人物为研究对象,对其出身状况、生活状态、经营理念、社会认同等作一探讨,希望能抛砖引玉,以飨读者。

一、商人的出身状况

　　探究商人出身,对我们了解这个时代的社会变迁和阶级意识转变有着重要价值,书中共涉及有名姓的商人 30 余个,他们当中有浓彩重墨,作为全书重要线索来写的王春宇、王隆吉父子,也有在某些时段,为突出主题而刻意描述的阎楷、宋云岫,更多的是为内容需要一带而过的商户,像白兴吾、冯三朋、魏屠户、滑九皋等。细为分析,他们的出身大致可分为四类:

　　其一、士人子弟。主人公谭绍闻的亲娘舅、谭孝移继妻之弟王春宇就是一个典型代表。《歧路灯》第三回,在描述孝移想让春宇子隆吉来自家与独子绍闻一

---

① 李绿园:《歧路灯》,中州书画社,1980 年。栾星《歧路灯·校本序》。以下凡出自《歧路灯》的引句,皆只在文中标明页码。

起读书时提到:"想起岳丈当日是个能文名士,心中极有承领读书的意思"[P26],后来又通过春宇与妻子曹氏的对话,进一步说"谭姐夫意思,是念咱爹是个好秀才,翁婿之情,是照管咱爹的孙孙读书哩"[P27]。从"能文名士"、"好秀才",可以看出春宇的父亲是那个时代中规中矩的读书人,并曾取得祥符县学或开封府学的生员资格,到春宇这一代,之所以弃学从商是因为家境贫寒。他本对士人羡慕已极,"先君在世,也是府庠朋友"[P26],但是"自幼儿赙的产业薄,一年衣食都有些欠缺。从街上过,看见饭铺酒肉,心中也想吃,因手里短钱,把淡唾沫咽两口过去了"[P932],他又不是一个愿意"倚亲靠故"[P787]的人,因此只有自力更生,改换门庭。像他这样,由士人身份转化而来的商人数量应该不会太多,且多同王春宇一样境遇窘迫。如盛希侨的门客满相公所说:"即如我们生意人,也有三五位先世居过官的。因到河南弄这个钱,早已把公子公孙折叠在箱角底下,再不取来拿腔做势。且如生意人,也有许多识字的,也是在学堂念过书的,也有应过考的,总因家里穷,来贵省弄这个钱,少不得吃尽辛苦"[P663],把读书人从商的无奈和苦楚说了个明白。

其二,农民之家。书中实学派人物娄潜斋之兄就是一个代表。他当年"乡里有顷把薄地",维持生计应该没有问题,大概出于发家致富的考虑,遂"在萧墙街开一个小纸马调料铺儿",算是个小商人。但是应该时间不长,就受到邻居、道学人物谭孝移之父谭诵教诲,重回故里,勤俭持家,"供给舍弟读书"[P17],最后娄氏终成耕读人家。

其三,家奴出身。书中用了很多笔墨描述白兴吾与士家子弟谭绍闻的交往,后来却点明原来是赌徒张绳祖的家生子,家奴出身。张绳祖旧家子弟,"先祖蔚县一任、临汾一任"[P323],白兴吾是其"一个家生子,名唤白存子",据说是因为行为不检点,"与了他一个丫头。他每日弄鬼弄神露出马脚赶出来"[P308],被赶出去。也或许由于张沉溺赌博,将祖辈留下的"够过十几辈子"的"两任宦囊"[P323]统统输尽,导致家奴离心,遂出现白兴吾当街开店场面。同样后来出现的从事替人买卖牛马生意的冯三朋,其姐是没有人身自由的,张绳祖家的"一个丫头",后来与了白兴吾做老婆,由此推断冯八九也是家奴出身。

其四,父辈或亲朋为商。王隆吉祖父为读书人,生活拮据,到其父王春宇这一代改行经商,从小本生意做起,成了一个大商户。他本人年仅十来岁便"打扮成小客商行款,弄成市井派头"在铺子中记账,每年吃"十二两劳金"[P140],是个典型的"经纪人家出身"[P166],一肚子生意经,精明能干的第二代商人形象。谭绍闻继妻巫氏的家族也应是经商世家。巫氏的父亲巫凤山与谭绍闻的舅舅王春宇同为曲米街两大富户,都是"生意上发一份家业"[P458]。巫家内侄巴庚"是个开酒馆的。借卖酒为名,专一窝娼,图这宗肥房租;开赌,图这宗肥头钱";外甥钱可仰,"开了一个过客店,安寓仕商;又是过载行,包写各省车辆";干儿子焦丹"是山西一个小商,父亲在省城开京货铺,幼年记姓在巫凤山膝下,拜为干子"[P465]。

除了前面讲到的4类不同出身的商人,书中还提到其他身份的人也有偶或为商的情况。地藏庵小尼姑慧照,因为"庵中日子穷",专门"缝些顺带儿,钥匙袋儿,卖几个钱,籴几升米吃"[P167];谭家忠仆王中,从谭家分出单过后生计艰难,就到鱼市口卖自家种的蘑菇;谭家大少爷绍闻也曾因赌博欠下亏空,不得已"到笔墨铺、绸缎店置办东西。装了一个皮箱。又买了商家一个桐木货箱,装上笔墨"[P681~682],拿到启蒙老师娄潜斋济宁衙门上发卖。由此可见,18世纪河洛地区的商业气氛很浓,商品买卖是个极为普遍的现象,从事商业行为的人来自不同的身份,不同家庭背景。

二、商人的生活状态

商人的生活状态,体现在文化程度、工作环境、生活水平、社会交往以及宗教信仰等许多方面,《歧路灯》对这些内容均有如实的记录,仿佛一部小说界的"清明上河图",为我们的研究提供了依据,现就书中资料整理并分析如下。

其一,普遍不高的文化水平。白手起家的大商人王春宇虽然是秀才之子,读书人家出身,但是生意上遇到"那冷字眼上不来的账",还需向三官庙的侯先生求助,"行常替上一两行字"[P84],可见其文化水平不高。对儿子隆吉的教育要求也只是"教他习字,不过将来上得账罢了"[P26],后来,果然隆吉只在舅舅家上了两三年学,小小年纪便开始商人生涯。另一个成功的商人的典型,后来成为书店老板的阎楷,学问也只是能够写票、做账而已。富商尚且如此,那些做小买卖的商人,文化水平也可想而知,即使有那上过学堂,应过科举的人,也只是为生活所迫,凤毛麟角而已。中国社会自古有"学而优则仕"、重农抑商的传统,18世纪的清朝虽然已经有人为"经世致用"、"工商皆本"摇旗呐喊,但是真正学识渊博、智慧过人的知识分子多半为仕或为学,没有几人能冲破世俗,放下身份,学范蠡泛舟入齐,苦心孤诣,算盘上指点江山,市井中敛取财富。

其二,栉风沐雨的职业艰辛。李绿园笔下的商人,基本都可用"忙"概述。阎楷喜遇多年未见老友王中,许多话语在心头,但因"车户还等我回去卸书搬书"[P910],只匆匆问候几句,"不能深留,作别而去",回到"书店街,众人等了个不耐烦。只等阎楷到了,把五辆车上的书箱竹篓,搬在笔墨铺后面。楼上楼下,排堆到二更天,方才清白"。黄昏睡下,还想着"房子未曾办得清白,赁僦典当,未有一定主意"。次日一早,又忙着拜访书店同行、书斋常客。直到第四日,才抽出时间"向南园来看旧侣"[P911],生活之忙无闲暇可见一斑。当然,书中描绘最细致的还是大忙人王春宇,几乎每一次出现他都是在东奔西走,辛苦操劳。庙会上,"哪得有功夫赶会,只因为有一宗生意拉扯,约定在会上见话","每日忙的不知为甚"[P24];想教儿子读书,也"不得闲"[P26];送儿子去谭家借读,"姐夫苦留",可是生意纠缠,"耽误不得";正月初四,与同社武当山朝顶,随后又赶去亳州。儿子能掌柜了,他又扩大生意,苏、杭买货,汴京发卖,愈加忙得不可开交。绍闻办婚事,他刚从郑州回来;绍闻亳州寻亲,他已去苏州;王中向他求助,他人在亳州,后来又到苏州起货;寿辰之日,他刚从汉口回来。书到结尾,还在讲他"年来,在汉口成了药材大庄,正要上京到海岱门东二条胡同如松号发卖。又在本省禹州买的伏牛山山查、花粉、苍术、桔梗、连翘等粗货,并带的封丘监狱中黄蓍,汤阴扁鹊庙边九岐艾,汝州鱼山旁香附子售卖。卖完,好赶郑州庙会,再购药材回汉口",[P1010]"如今年纪已老,正要到北京如松号药材行算账齐本钱,好交付儿子王隆吉掌柜"。[P1011]除了忙,行商在外面经历的苦楚也是寻常人体会不到的。王春宇就曾感慨行商的不易,他说:"出外做生意,到江南,走汉口,船上怕风怕贼。到大地方还有船多仗胆,偶然到个小地方湾了船,偏偏岸上有戏,人家男男女女欢天喜地的听唱,我在船上怕人杂有贼,自己装的货船两三只,又怕水手是贼,一夜何尝合过眼","不知那一日是周年哩"[P933]。风餐露宿、担惊受怕之余,行商还要饱受背井离乡,孤独难耐之苦,"每逢新年佳节,思念父母妻子,夜间偷哭,各人湿各人的枕头"[P663],商人职业之艰辛,可谓溢于言表。

其三,相对优越的经济条件。无疑商人在李绿园眼中是相对富有,且极容易暴富的阶层。宋云岫一趟生意,就赚了一万三千多两银子;阎楷利用舅舅的本钱,不到十年就生了两万多的利息;三四十年,王春宇由生计困窘的士人子弟变成坐拥几十万家产的大商户。就连小饭店的老板白兴吾,在士家子弟谭绍闻为二十两纹银急得团团转的时候,也能当下"开了柜子,扯开抽斗,取了一封,说是馆中籴麦磨面银子二十两;又取了一封,说是丁端宇屠行寄放买猪银子二十两",让谭"检成色好的拿去济急,不拘几时还"^{P304}。可见二十两对他而言并不是一个大数目。二十两在当时是什么概念呢? 书中交代,阎楷在谭家做账房,每年十二两工钱;王隆吉柜台记账,每年十二两劳金;谭孝移力请名儒娄潜斋为幼子导师,每年束金四十两、节礼八两;后来惠养民接任,束金降至二十两,节礼不变。由此可见,二十两银子抵得上小户人家一年的收入。此外,书中还形象描绘了大商的奢华和出手的阔绰,他们待客的席面"就是现任官也抵不住的,异味奇馔,般般都有;北珍南馐,件件齐备"^{P274};宋云岫第一次拜见上京赶考的娄潜斋与在京候职的谭绍移,就爽快的应承:"别的不说,总是二公盘费休愁。只要中进士,拉翰林,做大官,一切花消,都是我的,回家也不叫还"^{P106},尽显大商气派。

其四,三教九流的社交圈子。商人是极为活跃的社会阶层,他们交往的对象有官吏、农民、地主、士人、赌徒、市贩、尼姑等等,三教九流,无所不包。王隆吉的父亲是商人;姑父谭孝移家是世代读书的地主;业师娄潜斋出自耕读之家,后来成了朝廷官员;同街的宋裁缝是其干爹,算是个小商人;拜把兄弟盛希侨是贵族阔少;另一个夏冯若是"专一在大门楼里边,衙门里边,串通走动"^{P188}的赌徒无赖。王隆吉的母亲曹氏,也就是王春宇的老婆,与开银铺的储对楼新娶的老婆云氏,地藏庵尼姑法圆是干姐妹,王隆吉到了地藏庵,连这里有什么可以戏耍的玩意儿都了如指掌,可见他们关系之亲密。宋云岫上京,除了拜见表兄娄潜斋与同乡谭孝移,还成为京官汪荇洲家中座上宾,与谭家的家奴德喜等人也是又打招呼又开玩笑,热情亲切。这些都可见商人社交圈子的广大。

其五,极为虔诚的宗教信仰。从书中的许多片段可以看出,商人是非常敬畏和信奉神灵的。王春宇家的厢房,正面就供奉着增福财神;即使生意很忙,正月初四,王春宇也要撇下生意与老婆孩子,与那"同社^①的人,烧了发脚纸钱,头顶着日值功曹的符帖,臂系着'朝山进香'的香袋,打着蓝旗,敲着大锣,喊了三声

---

① 社,又称香社,是民众由于信仰志趣相同而自发结成的民间信仰组织。

'无量寿佛',黑鸦鸦二三十人,上武当山朝顶①去了"P86,可见敬神之虔诚。宋云岫在天津发了一笔大财,做得最隆重的一件事就是与伙计们在"天津大王庙、天妃庙、财神庙、关帝庙,伙计各杀猪宰羊,俱是王府二班子戏,唱了三天"P106,以此感谢天神庇佑。那些外地来汴京做生意的山陕商人也是如此,来谭家结账,到了中午吃饭的点儿,即使主人备好了酒菜,也不敢留下,急着赶去参加关帝庙午刻上梁仪式,因为社首严格规定,"误了上梁烧纸马,要唱三天戏",罚戏三天固然是不小惩处,但更重要的是"神圣大事,如何可误?"P806值得一提的是这山陕庙,又叫壮缪②庙,本为供奉关羽而建,"每逢圣诞,山陕商民奉祭惟谨。"③

三、商人的经营理念

经营理念是商人在生意营运过程中形成并秉持的基本哲理和观念,对于商人事业的成功起着至关重要的作用。《歧路灯》对于商人经营理念的体现,渗透于字里行间,从日常运用的天平、算盘和账本等基本工具到对其商品的宣传;从精于谋算、善于营运、隔行如隔山的生意经到重视联合同行与同乡,处处彰显 18 世纪河洛地区商人的精明和智慧。

其一,商人的武器:天平、算盘和账本。书中第三回提到王春宇家的厢房"抽斗桌上放着一架天平,算盘儿压几本帐目"P25~26,这三个物事看似普通无奇,但对于商人来说,它们既是其发家致富的武器,也是其经营理念的一种诠释。天平代表着买卖公平;算盘代表着计算准确;帐本代表着账目清晰。李绿园将这三件法宝放王春宇家最显眼的位置,既是对其身份的暗示,也预示了王今后必定能够成就一番大的事业。阎楷是个"正经老成人,居心肫恳,行事耿介",绝对是遵守公买公卖之诚信原则的典范,因此"焉有不发财之理"P909;宋云岫"为人心无城府,诸事豪爽"P108,但谈到生意进账,精明必现,"昨伙计算了一算,共长了一万三千五百二十七两九钱四分八厘"P106,精确程度令人瞠目,难怪娄潜斋也由衷称

---

① 武当山传说是道教真武神的修仙成道之地,号称是江淮河汉等地的香主,中原信士尊称它为"南顶山",湖北信士称之为"老爷山",朝武当因此被称为"朝顶"或"朝爷"。以朝拜真武神为目的的武当山朝香活动兴起于宋代,至元代日益炽盛,明代由于统治者的推崇,达到鼎盛,武当山成为"天下第一名山"。

② 关羽谥号壮缪侯。

③ 嘉庆十七年《山陕会馆晋蒲双厘头碑记》。

赞:"将来还有个出息"^{P108};客商王纬千自滇南过开封,查视兄弟王经千的账目,很快发现"内有谭绍闻借票一纸,银子一千四百五十两,三个月为限,过期不还,照二分半行息"^{P632},几年老账能够迅速翻出,大商账本之明确清晰可见一斑。难怪兄弟俩共同经营的泰和字号能够在河南开封、北京、云南与湖广湘潭扩展开来。

其二,重视产品的商业宣传。我国的商业宣传事业在春秋时期(前770~前476),或者更早就已经起步了,《韩非子》载:"宋人有酤酒者……悬帜甚高"①,是我国最早的幌子广告。在经过漫长时间的发展进步后,18世纪的商业宣传已经到了非常高的水平,广告可谓无处不在。庙会上,"酒帘儿飞在半天里,绘画着吕纯阳醉扶柳树精,还写道'现沽不赊'。药晃儿插在平地上,伏侍的孙真人针刺带病虎,却说是'贫不计利'";大街上,"饧糖炊饼,遇儿童先自夸香甜美口。铜簪锡纽,逢妇女早说道减价成交"^{P23};店门口,"一个小木牌坊上,写了四个大字'西蓬壶馆',下赘'包办酒席'四个小字。坊柱上贴了一个红条子,写的本馆某月某日雅座开张";饭馆中,走堂唇翻舌搅:"'蒸肉炒肉、烧鸡撕鸭,鲇鱼鲤鱼,腐干豆芽,粉汤鸡汤,蒜菜笋菜,绍兴木瓜老酒,山西潞酒……'一气儿说了几百个字,又滑又溜,却像个累累一串珠"^{P833};书本上,"只见红皮黄签,印的是《爵秩全册》。一个方签儿,上面印的'京都西河沿洪家老铺,高头便览,按季登对无讹。赐顾者须认本铺勿误。'四行二十八字"^{P801}……从幌子到口头,从招牌到印刷,还有实物、声响、礼单等等一系列宣传方式,体现了商人为推销产品费尽心思,伤尽脑筋,不遗余力。甚至新店开业的庆典宣传也丝毫不会疏忽。拿阁楷书店开张来说,开业前"扫除房屋,裱糊顶槅,排列书架,张挂对联,选择了吉日开张。先期拜客,多系旧年宿好,街邻走贺,又添书香新知",广邀四方宾朋前来捧场,大力做好准备工作;开业这一天,"鼓乐喧天,火炮震地,长匹红绸挂满一檐。悬出新彩黑髹金字两面招牌,一面是'星辉堂'三个大字,一面是'经史子集,法帖古砚,收买发兑'十二个小字。盒酌满街,衣冠盈庭,才是开张日一个彩头。此下,街坊比舍另出约单,各攒分金,约在十天以后送绫条对联,治礼奉贺,不在话下"^{P916},气氛之热闹,场面之宏大,恐怕比之当今也毫无逊色。

---

① 《韩非子·外储·右说上》。

其三,对客户心理的深入了解。商人的精明,也可以说是狡猾淋漓体现在他们对客户心理的掌握以及灵活经营上。王隆吉自小在生意场上混,十五六岁时"竟是一个掌住柜的人了"[P154],盛希侨路过其字号,他"平素闻知公子散漫的使钱",于是极力讨好,情愿奉送马鞭,还请到家里做客,想的是"招住这个主顾"[P155]。王春宇也深谙此理,知道生意人"见人家那些子弟胡闹,口中不言,背地里伙计们却行常私自评论。及至见了,还奉承他。他只说生意人知晓什么? 其实把他那肠子肚子,一尺一尺都丈量清了。"[P257]这套外愚内精,善于逢迎的本领,更是被大商人王经千运用的灵活自如,不着痕迹。谭绍闻来揭债,他一见"这样肥厚之家","便是遇着财神爷爷",当即"如数奉上"[P276],哄得大少爷心花怒放;绍闻还钱,他"那肯把这个主顾,一刀割断"[P447],狡猾提出以借代揭,引诱绍闻还本欠息,实际上,揭与借没有本质区别;几年后,欠息已成"偌大一宗项目"[P632],谭家"日子渐渐清减",已经快"平不了这坑"[P633]时,他又改弦易辙,逼迫绍闻还债。如此老谋深算,真是十足"奸商"形象。但"奸"也并非完全贬义,中国自古有"仁不统兵,义不聚财"的说法,商人的职业就是从贱买贵卖中获利,虽然不事生产,但有利商品流通。借贷行也是如此,靠的就是吃顾客的息钱度日,他们"离乡井,抛亲属,冒风霜,甘淡薄",无非是为了"利上取齐"[P632],一个"钱"字,道尽古今所有商家心腹事。如果让他们像理学家一样处处讲仁论义,做慈善,那无疑是要他们把财神爷赶出大门外去,整个行业也就不可能存在了。因此"奸"、"滑",亦或"精明"都是其职业特点。

其四,重视联合同行或同乡。注重同籍或同行商人的联合也是这个时期河洛商业史上出现的一个重要特点。阎楷准备开店,顾不上探望昔日旧友,忙着拜访书店同行,可见联络同行的重要。最能体现这个时期同乡联合的建筑物就是会馆。前文提到的山陕庙就是其中的一座,它如今也称山陕甘会馆(后来又有了甘肃商人的加入),除了祭神外,也是山、陕商人规划行情、集议发表及同业交易的场所。但是,河南商人在外地所建会馆不多,河洛籍商人也是如此,故书中说"缘天下都会地方,都有各省会馆,而河南独无;惟汉口有河南会馆,以其发卖怀庆地黄之故。所以王春宇多在汉口"[P1010~1011],由此可知会馆对商人影响之大,商人对会馆依赖之深。

四、商人的社会认同

李绿园是封建时代的正派读书人,生长在宋代以来号称"理学名区"的河洛地区。虽然他的作品卫道气很重,免不去"劳心者治人"的偏见,但是他肯定"工商皆本",倡导"经世致用",这都使得他在怀着淑世之心写作"教子弟书"《校本序》,P12的同时,还能够以写实手法反映他所处时代社会对于商人认识的变迁。

《歧路灯》第二回,以追忆的方式,通过娄潜斋兄长之口介绍了谭诵(谭孝移之父)对商人的看法:娄当年在萧墙街开一小铺儿,一次往谭家"借家伙请客","那老伯(指谭诵)正在客厅里,让我坐下。老人家见我身上衣服时样,又问我请的是什么客,我细说一遍,都不合老人家意思。那老人家便婉婉转转的劝了我一场话",此后娄便"遵着那老人家话","收拾了那生意",回家务农,勤俭持家,供给其弟读书。可见当年谭诵对商人这个职业是持反对态度的,认为只有耕田种地和读书入仕才是正经行当。而娄在听取了谭诵劝告后,非但没有反感,反而如醍醐灌顶般幡然醒悟,几十年后还对谭老先生感激涕零,他说:"我如今料理家事,还是当日那老伯的几句话,我一生没用的清。"P17可以想知,谭诵的侃侃而谈,无非贵族和士绅阶层"言义不言利"思想的老调重弹,而他之所以能够在书中以道学身份、长者形象受到娄等人的推崇,无非是传统的"重农抑商"观念在作祟,由此,我们也不难揣测:谭诵的看法应该是他所处时代社会对于商人的正统观点。

迨至谭孝移这一代,社会对于商人的看法有了很大转变。谭孝移虽"是不贪利的人"P914,但是他也没有表现出对商人的轻视,即使其内弟成为了一名地道商人,他也没有像父亲一样说出什么劝诫的话来,可见传统的重农抑商思想正在经受着巨大冲击。其挚友娄潜斋的话更是直接"士农工商,都是正务"P26,显现出这个时期思想开放的士人对于商人的认同。即使后来弟子王隆吉辍学从商,他虽然觉得"可惜你的资质",但还是说"也很好,我也不嫌你改业。既作商家,皆国家良民,亦资生之要。但你是个聪明人,只要凡是务实"P160,从理性角度肯定了商人与商业的社会价值和作用。然而他内心重儒轻商观念还是根深蒂固的,"可惜了你的资质"充分暴露出在仕、商两途上,他更看重前者。

时光如梭,到了谭绍闻这一代,对于商人的认同又有了新的进步。谭绍闻不仅与身为商人的表兄关系密切,还直接娶了商人的女儿为继室,愿意与商家联姻,可见其对于商人是没有鄙视的。其结义兄弟,官宦子弟出身的盛希侨还撺掇着要和绍闻一起合作生意,可见这个时期,社会上有相当一部分仕宦阶层已经欣然接受了士、商平等的观点,甚至还愿意放弃自己的身份,以谋取从商所可能获得的厚利。

随着经济的发展,商业的繁荣以及商人经济实力的增强,商人的自我认同也在发生着显著的变化。王春宇虽然从商很有成就,但话语中处处流露出身为商人的自卑和压抑,"轮到小弟不成材料,把书本儿丢了,流落在生意行里,见不得人"[P26],"我也不是有体面的老子"[P84],"兄弟不曾读书,到了人前不胜人之处多着哩……每当元旦焚香、清明拜扫时节,见了爹爹神主、坟墓,兄弟的眼泪,都从脊梁沟流了"[P718]。而其子王隆吉的表现却与之大相径庭,他不但与官宦子弟结拜兄弟,还敢教训士人子弟,误入歧途的表兄谭绍闻:"近来怎的还不省儿事,弄下这个大窟窿?"[P557]商人家庭出身的巫翠姐更是不受封建伦理纲常的束缚,处处按自己的意愿行事。她甘愿做绍闻填房,本是"热恋谭宅是个旧家,且是富户"[P789],迨到绍闻家里穷了,她的反抗意识凸显。绍闻说她"小户人家,专一信口开合",她反唇相讥:"你家是人家子,若晓得'断机教子',你也到不了这个地位";绍闻说她"小家妮子,少体没面","满嘴胡柴",她更是粉面通红道:"俺家没体面,你家有体面,为甚的坟里树一棵也没了,只落了几通'李陵碑'?"[P788]如此辛辣和尖锐的嘲弄,不但表现了她对自己的商人家庭出身丝毫没有自卑感,更表现出她对没落士人家庭的鄙夷。她的话,无疑给了旧的等级森严、男尊女卑的封建社会一记绝妙而响亮的巴掌,预示着新兴的商人阶层追求在金钱面前人人平等的新道德观念的萌发,她本人也被后世研究者称为"新兴商品经济文化哺育出来的个性解放的女性"。①

当然,商人社会认同的变迁也与 18 世纪整个社会的思想氛围和政治环境密不可分。清代建立之初,就有学者积极倡导"工商皆本"思想。黄宗羲说:"世儒不察,以工商为末,妄议之,夫工固圣王之所欲来,商又使其愿出于途者,盖皆本

---

① 杜贵晨:《李绿园与〈歧路灯〉》,辽宁教育出版社,1992 年。

也。"①唐甄则将商贾提到与农并重的高度,说"农商皆本",还试图通过增加生产与市易以改变"四海之内,日益困穷,农空、工空、市空、仕空"②的现状,他们的经世之言对后世影响深远。继他们之后的王源大胆主张提高商人地位,成为那个时代反抑商思想的代表人物。他说:"重本抑末之说固然。然本宜重,末亦不可轻。假令天下有农而无商,尚可以为国乎?"③因此,应将商人按资本的多少分为九等,纳税满一定限额后,授予其九品至五品冠带的荣耀,如此可避免商人瞒税,这要比卖官鬻爵好上万万倍。虽然他的主张遭到了同为颜李学派的李塨等人的强烈反对,但是也获得了社会上相当一部分人的支持,尤其是在 18 世纪中晚期,工商皆本的思想甚嚣尘上,对于提升商人地位起到了不可低估的作用。

　　18 世纪的政治环境也在经历着商品经济发展的有力冲击,金钱成为许多人进入官场的敲门砖。清初,为了增加国库收入,朝廷一直将虚衔、功名和实官的捐纳视为权宜之计,即临时性政策,但是到乾隆年间,政府则为捐纳大开方便之门,实行常年性卖官鬻爵,如此,商人只要通过金钱就可获得官员的身份,像《歧路灯》中就提到,王纬千进京就是要为自己的儿子、侄子"各办一个省祭官"[P633],官、商之间原有的泾渭分明、不可逾越的鸿沟已经不复存在。捐纳之外,封建政府的其他选拔人才政策也与金钱结下了不解之缘,谭孝移被祥符学署保举为贤良方正,"上下申详文移④,是要钱打点的,若不打点,芝麻大一个破绽儿,文书就驳了",难怪书中调侃说:"如今银子是会说话的。有了银子,陕西人说话,福建人也省得。"[P51]在这种背景下,"一切向钱看"、"有钱能使鬼推磨"的思想正在侵蚀吞噬着日益走向没落的封建统治政权,《歧路灯》中还描述了许多官员仗势勒索、营私舞弊、贪污受贿的情节,这既是当时社会的真实写照,也预示了旧的王朝已经病入膏肓,而新兴的资产阶级则焕发出勃勃生机,他们的崛起已经是社会发展不可逆转的趋势。

（作者为河南省社会科学院历史与考古研究所助理研究员）

---

①　黄宗羲:《明夷待访录·财计三》,中华书局,1981 年。
②　唐甄:《潜书·存言》,中华书局,1963 年。
③　李塨:《平书订·财用下》,上海古籍出版社,1995 年。
④　文移是官府文书的泛称。

河洛孝道第一人吕维祺

王玉德

在辽阔的中华大地,河洛地区是特别固守传统文化的地区。明末时在河洛地区有一位坚守孝道的人物,他终生研究《孝经》,安身立命于孝道,把生命与孝道融为一体,最后为孝而殉道,可谓河洛地区固守孝道第一人,即使在中华五千年的孝道历史上,也是最突出的人物之一。从孝道研究史上,他也许可以称为明代的"曾子"。

一、吕维祺的家世与生平

吕维祺,字介儒,号豫石,明河南府新安县(今属河南)人,万历四十一年(1613)进士。据有关材料,吕氏家族是明清之际的河南旺族,以孝道闻名。《明史》列传第一百五十二记载吕维祺的"祖母牛氏以守节被旌。父孔学,事母孝,捐粟千二百石赈饥,两旌孝义"。父亲是河南府名儒吕孔学,吕维祺事父母至孝。他生性耿直,是一个不会做官的士人,曾经授兖州(今山东兖州市)推官,擢升吏部主事。"开封建魏忠贤生祠,遗书士大夫戒勿预。忠贤毁天下书院,维祺立芝泉讲会,祀伊洛七贤。"因得罪魏忠贤,辞官还乡。[①] 崇祯元年(1628)复官,任南京兵部尚书。又因"剿寇"不力,归居洛阳,设立"伊洛会",广招门徒,及门二百余人,著书立说。

吕维祺身体力行,践履孝道。崇祯十四年(1641)正月,李自成进攻洛阳,吕维祺劝福王朱常洵散财饷士,以济时荒,福王不听。吕维祺乃尽出家私,设局赈

---

① 据记载新安有芝泉书院,位于新安城北,吕维祺曾于此讲学,并建书院。在新安城北有横山村,乃吕维祺出生地。吕维祺的老师是孟化鲤,号云浦。

济。城陷,吕维祺被俘,他坚持孝忠思想。当时的农民军中有人认识吕维祺者,想要释放他,吕维祺宁死不屈,于洛阳城周公庙"引颈受死"。《明史》列传第一百五十二记载:"十二年,洛阳大饥。维祺劝福王常洵散财饷士,以振人心,王不省。乃尽出私廪,设局赈济。事闻,复官。然饥民多从贼者,河南贼复大炽。无何,李自成大举来攻,维祺分守洛阳北城。夜半,总兵王绍禹之军有骑而驰者,周呼于城上,城外亦呼而应之,于是城陷。贼有识维祺者曰:"子非赈饥吕尚书乎?我能活尔,尔可以间去。"维祺弗应,贼拥维祺去。时福王常洵匿民舍中,贼迹而执之,遇维祺于道。维祺反接,望见王,呼曰:"王,纲常至重。等死耳,毋屈膝于贼!"王瞠不语。见贼渠于周公庙,按其项使跪,不屈,延颈就刃而死。时十四年之正月某日也。维祺年五十有五,赠太子少保,祭葬,因荫子如制。"①

吕维祺的弟弟吕维祮编撰了《孝经翼》一卷。吕维祮,字秦石,选贡生,官乐平知县。吕维祮也是在明末社会动荡中,城破殉难,时称吕氏二烈,一门忠节。

李自成攻陷洛阳时,王铎(将一女嫁给吕维祺之子吕兆琳,两家结为姻亲)正流寓于怀州(治今河南省沁阳市),为悼念亲家吕维祺,他长歌当哭,赋诗多首,其中有"风黯城崩旧洛原,怜君誓死不徒存"的诗句。

从吕维祺起,到清乾隆年间,吕家历五代有 15 人成为学者、诗人,有 8 人中进士,占明清两代新安县进士 25 人的三分之一。吕维祺之子吕兆琳,任监察御史等职。吕兆琳之子吕履恒是诗人、剧作家、方志学家。吕履恒长子吕宪曾著《淑亭诗草》。吕宪曾之子吕公迁著有《见山亭集》,吕公泽著有《拙堂集》,均有孝道称誉,这与吕维祺的孝道思想是分不开的。

---

① 吕维祺被杀害的过程,民国年间的蔡东藩在《明史通俗演义》(浙江人民出版社,1980 年)第九十六回有一段生动的描述,其文云:前尚书吕维祺,在籍家居,适有所闻,即劝王散财饷士,福王不从。至自成进攻,总兵陈绍禹等,入城守御,绍禹部兵多变志,从城上呼贼,贼亦在城下相应,互作笑语。副使王胤昌厉声呵禁,被绍禹兵拘住。绍禹忙为驰解,兵士竟噪道:"敌在城下,还怕总镇甚么?"自成见城上大哗,立命贼众登城,贼皆缘梯上升,城上守兵,并不堵御,反自相戕害,绍禹遁去。贼众趁势拥入,竞趋福王府。福王常洵,与世子由崧,慌忙逸出,被贼众入府焚掠,所有金银财宝,一扫而空。自成大索福王,四处搜寻,福王正匿迎恩寺,遇前尚书吕维祺。维祺道:"名义甚重,王毋自辱!"语未毕,贼众大至,将福王一把抓住,连那尚书吕维祺,也一并被拘。惟福王世子由崧,赤身走脱。自成怒目数福王罪,吓得他觳觫万状,匍匐乞命。维祺又羞又恼,不由的愤怒交迫,诟骂百端。自成大怒,喝将维祺杀死,一面见福王体肥,指语左右道:"此子肥壮,可充庖厨。"侍贼应命,将福王牵入厨中,洗剥脔割,醢作肉糜。

二、吕维祺对《孝经》研究的贡献

吕维祺撰有《孝经或问》、《孝经本义》，编有《孝经大全》，还有《明德堂文集》、《节孝义忠集》等传世。

1. 汇编《孝经》资料

吕维祺的《孝经大全》，现收于《续四库全书·经部》，颇便查阅。书前有《序》，吕维祺讲述了他研究《孝经》的经历，自称"栉比诸家之同异，潜玩孔曾之心传"。他批评"诸儒多以其意见自为家，卑者袭伪舛，高者执胸臆……唐注浮谬，邢疏繁芜，学士摇摇，莫知所宗。……或是古非今，分经列传，牵合附会，改易增减，亦失厥旨"。于是，吕维祺有志于《孝经》。不过，吕维祺在《序》中并没有讲他如何编《孝经大全》。从传世的《孝经大全》看，其书按类编排，如卷二十六的内容："曰序、曰跋、曰论、曰说、曰解、曰考、曰辨、曰别传、曰衍义、曰心法，而文义之变尽矣。"把各种书的序、跋、论、考都搜集在一起，无疑是研究资料的集大成。《孝经大全》吕维祺的后人在康熙二年刊刻印行的，书末附有其后人撰写的《刻孝经大全后跋》，说吕维祺"苦心二十余年，其于经文奉之如神明师保，一字不敢增减移易，此《本义》、《大全》、《或问》所由纂注也"。

《孝经大全》是康熙癸卯年间吕维祺之子兆琳所刊，前有进表，称所撰《孝经本义》二卷，《大全》二十八卷，《或问》三卷，又有吕维祺自序。吕维祺在序中谈到编写的原因说："孔传已亡，郑说无征，唐注浮谬，邢疏繁芜，涑水指解，紫阳刊误，疑非定笔，他如董广川、程伊川、刘屏山、范蜀公、真西山、陆象山、钓沧子、宋景濂、罗近溪诸君子，亦各有所在发明，而或鲜诠释。又如吴临川、董鄱阳、虞长孺、蔡宏甫、朱周翰、孙本、朱鸿诸家，或是古非今，分经列传，章合附会，改易增减，亦失厥旨，乃捃摭笔书。"

《孝经大全》其书全仿《永乐大全》之例，故亦以《大全》为名，卷首为《孝经节略》，列旧说为纲，后附案语，大都叙述《孝经》流源及赞论之辞，卷一至十三为经文，仍分十八章，而删《开宗明义》诸章名，所为笺释融会旧注，而删取诸家说为之夹注，卷十四为孔曾论孝，卷十五为曾子孝言，十六为曾子孝行，卷十七为曾子论赞，卷十八至卷末为表章通考，分宸翰入告述文纪事识余五门，末附《孝经诗》十首，其《或问》三卷，设为问答，以畅笺释未尽之说。明伦在《续四库全书·

孝经大全解题》评价《孝经大全》说:"按维祺之学,兼有程朱陆王,冉觐祖《孝经详说》颇讥之,然综观其书,十三卷以上纯粹居多,十四卷以下搜罗亦备。"

2.考证《孝经》

吕维祺在《孝经本义》的序文中谈到《孝经》产生的历史,进而说明其书的作用。说:"昔者,尧之时雍,本于亲睦;舜之风动,本于克谐。以至三代圣王,莫不以孝为治天下之本。世衰道微,大义日晦,孔子欲以此道治天下,而道不果行,乃作《孝经》,以传曾子。"他又说:"谨按《孝经》大意,孔子为明先王以孝立教而发。孝、德之本;教所由生,其纲领也,自身体发肤,至未之有也。皆言孝,德之本,而教在其中,自甚哉。孝之大也,至名立于后世矣。皆言教所由生,而本于孝。"他又说:"《孝经》乎参两仪,长四德,冠五伦,纲维百行,总会六经,继二帝三王之统,以传天下与后世,然则尧、舜之传是。……今天子天纵大孝,同揆尧舜,而拳拳谕士人习《孝经》,以宋黜《孝经》之年计之,适符五百之期,岂非天哉。……诚躬逢圣天子,特加意表章,颁之学官,而躬行于上,以明教化于下,由是大义明而学术正,学术正而德教兴。"

吕维祺在《孝经或问》以问答的形式论述了有关孝的几十个问题,诸如"论孔子作《孝经》大义"、"论《孝经》今古文之异"、"论《孝经》宜从今文",均有一定的见地。吕维祺在《孝经或问》卷一有专节"论《孝经》独称经",说:"或问五经初未称经,其言经者后人推尊之耳,独《孝经》孔子即谓之经何也? 曰经者,常也。自古雍熙太和之治,率本于孝。"吕维祺又认为五经不可无《孝经》,他说:"五经之言孝,孝之散殊也。《孝经》之言孝,孝之统会也。有五经不可无《孝经》,犹之洪河之水不可无星宿之源、海若之汇也。"

吕维祺讨论了《孝经》与《春秋》的关系,他在《孝经本义·序》说:"《孝经》继《春秋》作,盖尧舜以来帝王相传之心,而治天下之大经、大本也。"又说:"曾子笃实有孝行,故(孔子)传曾子,以递传于今,其意与《春秋》相表里。"他在《孝经或问》指出有《春秋》而不可无《孝经》,他说:"或问孔子既作《春秋》,复作《孝经》,有微意乎? 曰孔子之意若曰:吾令天下万世不敢为乱臣,孰若令愿为忠臣? 在天下万世不敢为贼子,孰若令愿为孝子? 此作经微意也。"这就是说仅靠《春秋》是远远不够的。当孔子完成了《春秋》和《孝经》,才算是完成了他的思想体系。吕维祺还专门讨论了孔子的"志在《春秋》,行在《孝经》"。他说:"志者,犹言其心之所欲了。行者,犹言行此道于天下后世也。盖《春秋》天子之事也。孔子不能得位行道诛乱臣讨贼子,但寓诛讨之意于笔削间耳。"

吕维祺在《孝经或问》比较了《论语》与《孝经》的异同:"《孝经》言孝之始,孝之中,孝之终,则孝之全体大用备矣。且《论语》论孝大抵在事观上说,《孝经》论孝大抵在立身行道德教治化上说,此论孝之大者也,非徒为曾子言,为天下后世之君天下者言也。"

关于《孝经》与《诗经》的关系,有人认为《孝经》引《诗》、《书》以杂乎其间,多不亲切,且使文意分断间隔,故应删去引书。吕维祺在《孝经或问》"论引诗书"认为这有益于强化《孝经》的内容,不无益处。他说:"本经所引又未尝不亲切。如论孝之始终,引《诗》曰:无念尔祖,聿修厥德,益立孝在修德当以立身行道为重也。论天子之孝,引《书》曰:一人有庆兆民赖之,益言孝感之机系于天子一人也。诸侯之孝谓战战兢兢者,益言诸侯思社稷民人之重,故不敢骄溢败度而后为孝也。卿大夫谓夙夜匪懈以事一人者,益言卿大夫出而事君,则当致谨言行而无时敢忘君也。士谓夙兴夜寐无忝所生者,益言士当早夜不敢即安而后可以事上显亲也。诸如此类皆有奥义,即如《大学》、《中庸》、《孟子》亦多引诗书相证,何常分断间隔。"

正因为《孝经》与其他经典有同等重要的地位,所以,吕维祺认为《孝经》有独立性。在《孝经或问》说:"或问《孝经》文义不多,当附何经,曰汉时行《孝经》者,有附《论语》,有附《孟子》,今行《孝经》,直当自为一经,不必附他经,但令习本经者俱通《孝经》,则天下无不习《孝经》之士人,而孔子真经大行于今日矣。"

3. 发掘《孝经》的思想内涵

在《孝经或问·引言》说:"孔子述而不作,其作《孝经》也。……此经不明久矣,不明故不行,不行故人心不正,学术不醇,政教不兴,而作经之心几晦,圣天子加意表章、申谕多士讲究,力行此诚,明王孝治之一大会也。"《孝经或问》论《孝经》全篇大指无非是以德为本。他说:"一部《孝经》只是德教二字,教德之本教所由生,……言德而教在其中,其精约贯串变化之妙,非惟汉儒不能及,即仲闵游夏之辈,亦不能赞一词,经书中惟《易·文言》、《系辞》书'人心惟危'十六字及《大学》圣经篇相似,余书无此等文字。"

在《孝经或问》书末,吕维祺概括说:"尧舜禹之传(即《尚书》)有十六字:究心唯危,道心唯微,唯精唯一,允执厥中。《孝经》十二字:战战兢兢,如临深渊,如履薄冰。"吕维祺在《孝经本义》卷二认为孝心的根本是一个"敬"字,他说:"圣人之教,因其严敬之心,以教之敬。因其亲爱之心,以教之爱。"吕维祺在《孝经或问》卷三有专节讲"论《孝经》帝王圣贤传孝心法",说:"或问《诗》三百,一言以蔽之,《孝经》亦可一言以蔽之乎? 曰敬而已矣。敬者,帝王圣贤传孝之心法也。"孝子尽孝心,应当养生祭死,吕维祺在《孝经本义》卷一说:"故其亲生而存,则安其养而心志和。亲归而鬼,则享其祭而魂魄宁,盖天地之间无非一孝熏蒸。"①

在《孝经或问》卷三,吕维祺论天地之性人为贵,说:"此句是全经精神所在盖天地之性即父子之道,天性之性即毁不灭性之性,三性字是《孝经》大开眼处。近世学者无人识《孝经》中三性字。"如何尽孝心? 吕维祺在《孝经本义》卷二认为孝心即是谨慎之心,慎行即心法。《孝经》引用《诗经》的"如临深渊,如履薄冰。"吕维祺注云:"谨按此诗是传孝之心法,乃曾子平生着力处。"在十三经中唯有《孝经》的书名有"经"字。《诗经》的"经"字是后人加上去的。

从道与孝的关系论述《孝经》。我们通常说孝道,然而,孝何以为道? 却一直没有人阐明。道是儒家和道家非常推崇的境界,孝与道是紧密联系在一起的。吕维祺把敬孝作为护道的层面认识,他在崇祯戊寅年写的《孝经大全》序言说:"孝之道,本天地之性,传帝王之心,通贵贱之分,因爱敬之良,而孔子发明之以统六经之要,垂万世之法。为人君父者,不可不知《孝经》;为人君父而不知《孝经》,则必无以立德教之极。为人臣子者不可不知《孝经》,则必无以尽忠孝之伦。"在《进孝经表》亦云:"惟《孝经》乃统圣真,会五经四书之指归,垂千圣百王之模范。道必待人而授,及门群彦推参独得其宗。教必本所由生,百行殊名,惟孝实居其首。故以至德要道为本,乃见天经地义之尊。爱因亲,敬因严。天地之性人为贵,则而象畏而爱孝弟之至神可通。"

4. 提升《孝经》的社会地位

吕维祺在《孝经本义序》说:"《孝经》继《春秋》作,盖尧舜以来,帝王相传之心法,而治天下之大经,大本也。此义不明,而天下无学术矣;学术荒,而天下无

---

① 吕维祺研究《孝经》的论著在《丛书集成初编》均有收录。

德教矣。韩愈有言,尧以是传之舜,舜以是传之禹、汤、文、武、周公、孔子,而不言是为何物。程子曰:传孔子之道者,曾子一人而已,而不言所传何事,《孝经》非孔子之传曾子者乎? 今夫天地、浑然气耳,而天地之性存焉。元气混沌,孝在其中。父子之道、天性也。性之德有四,而仁为长。大伦有五,而仁之于父子为切。人之行有百,而孝为原。大哉孝乎? 天不得,无以为经;地不得,无以为义;人不得,无以为行;帝王不得,无以治天下国家。昔者,尧之时雍,本于亲睦;舜之风动,本于克谐。以至三代圣王,莫不以孝为治天下之本。"

吕维祺认为《孝经》比其他的经书更重要,在《孝经或问》说经书之中只有《孝经》称"经",原因是《孝经》重要,他说:"经者常也,自古雍熙太和之治,率本于孝。故首云:先王有至德要道,又云:明王以孝治天下之准,万世不易之常法也。故谓之经,即经,中天地之经,经字。"他认为儒家的五经是所有经典中最重要的,而《孝经》最为重要,有五经不可无《孝经》,犹之洪河之水不可无星宿之源、海若之汇。他在《孝经本义》卷二说:"《孝经》统百行之宗,居六经之要,其言大而有本,约而易操,施之无穷。盖尧舜以来,相传之心法,而治天下之大经、大本也。天地鬼神、古今贵贱、始终常变,无非一孝包罗。"他在《孝经或问》批评宋代王安石,说《孝经》:"此理至近至远,至浅至深,至庸至神⋯⋯孔子以为圣人之德无加于孝,而学者反执安石之见,目为庸浅,使《圣经》至今晦蒙,殊为扼腕。"吕维祺在《孝经本义·序》自称:"沉潜淹贯有年,乃敢折衷群言,窃取大义,盖欲发明孔子传尧舜以来相传之心法与治天下之大经、大本。"他把《孝经》看做了文化之根,指出了《孝经》的不可替代性。

通观中华孝道历史,孝子有千千万万,而像吕维祺这样身体力行,如痴如醉研究《孝经》,最后以身命践行孝道的人,却是不多的。吕维祺是河洛文化熏陶出来的大孝子,也是明清时代研究《孝经》的第一人,是值得我们今天纪念的人物。

(作者为华中师范大学历史文化学院院长、教授)

巩义是河洛文化的重要实物
载体和历史见证

方酉生

河洛文化是我国古代文明的发祥地。河指黄河,洛指洛河。巩义位处中岳嵩山(崇山)的北面,黄河与洛河汇流之处,《逸周书·度邑解》:"自洛汭延于伊汭,居易无固,其有夏之居。"《国语·周语》:"昔伊洛竭而夏亡。"文献记载,巩义市确处河洛文化的核心要害之处,是河洛文化重要的实物载体和历史见证。我国著名的古史学家、考古学者徐旭生先生,在全面深入研究文献记载的基础上,于1959年夏天,以70高龄率队赴豫西作"夏墟"的考古调察,其中就有巩义市在内。足见在徐先生的心目中,巩义在探索"夏墟"当中的重要位置。当时我与几位青年,跟随徐老同行,这是我第一次有机会来到巩县(巩义市),时间过得很快,50年过去了,至今仍给我留下深刻的印象。其次是1993年的第一次炎黄文化与河洛文化国际会议就是在巩义市举行的,在这次重要的学术会议中,我学到很多东西,收获丰富。今年第七届河洛文化国际会议又在巩义市举行,更加体现出巩义市在河洛文化中的重要性。现根据我的学习所得,根据文献记载,结合考古实际,参考自然科学碳14测年的数据等,将巩义市处在河洛文化的重要位置的事实,以及在巩义市周围河洛文化的分布情况,扼要论述于下,不妥之处,欢迎指正。

河洛文化的范围,小指以嵩山为中心的四周平原地区,特别是颍水的上游登封、禹县一带以及巩义、偃师洛阳平原在内。大指西到陕西华县、潼关一带,东到郑州、开封、商丘一带,南到南阳地区,北到济源及晋南。

现根据田野考研的调查和发掘情况,将巩义市境内以及四周围了解到的一些有关河洛文化的情况,扼要介绍于下,使我们对华夏文明根在河洛有一个大概的了解。

巩义市位于黄河南岸,京广铁路以西,伊洛河与黄河相交汇的三角台地上。洛河与黄河相汇流处,史称"洛汭"①。1992年5月,通过河南省文物工作者的考古调查,在洛河两岸大约10平方公里的范围内,先后发现河南龙山文化遗址5处,二里头文化遗址3处。其中石灰务、花地咀两遗址,河南龙山文化与二里头文化直接相迭压;滩小关、伏羲台、康沟遗址则与仰韶文化、商周文化遗物共存;神都山遗址仅见河南龙山文化晚期遗存。稍柴遗址,1959年发现②,位于巩义市境内伊洛河与坞罗河相交汇的三角台地上。遗址东西长约200米,南北宽约500米,总面积约100万平方米,文化层堆积厚达3~4米,文化内涵非常丰富。1960年4月至9月和1963年10月,经过两次发掘,面积共690平方米。根据文化的迭压和灰坑的打破关系,以及陶器的形制花纹等方面推断,遗存大约可分为四期。其中第一、二、三期相当于二里头遗址的第一、二、三期,第四期相当于郑州二里岗期上层文化。根据碳14最新测年的数据,二里头第一期的年代为公元前1880年,则它不是夏代的始年,夏代的积年在二里头遗址的第1~3期文化之内,到二里头遗址第4期,历史已跨入商代的纪年之内。花地咀遗址,位于伊洛河汇入黄河的南面台地上,西南距巩义市约11公里,距"洛汭"约2公里的站街镇北瑶湾村南侧。遗址为1992年由河南省社科院河洛文化研究所及巩义市文管所对洛汭地区进行文物普查时发现③。遗址坐落在高出河床约80米的台地上。略呈长方形,南北长约250米,东西宽约150米,面积约30000平方米。郑州市文物考古研究所,北京大学考古文博学院在2001年6月对该遗址进行了复查,证实遗址有"新砦期"遗存。2001年9月和2003年3~5月,以及2004年6~8月,他们对遗址进行普探和正式发掘④。发现有房基、祭祀坑、陶窑和灰坑等

---

① 郦道元:《水经注》,卷十五。

② 河南省文物研究所:《河南巩县稍柴遗址发掘报告》,《华夏考古》1993年2期。

③ 河南省社科院河洛文化研究所、河南省巩义市文物保护管理所:《洛汭地带河南龙山二里头文化遗存调查》,《中原文物》1994年1期。

④ 郑州市文物考古研究所、北京大学考古文博学院:《河南巩义市花地咀遗址"新砦期"遗存》,《考古》2005年6期。

遗迹和玉璋、玉铲、玉琮等珍贵遗物以及骨、石、蚌、卜骨等。花地咀遗址"新砦期"遗存的发现证实文献记载中"洛汭"对夏王朝的重要性,从而也证明巩义市在河洛文化中的重要性。

下面再扼要介绍巩义市四周地区的河南龙山文化和二里头文化的分布和文化遗存的了解情况。

巩义市的四邻,西接偃师、南接登封、东南接新密市、东接荥阳、北面为黄河。著名的中岳嵩山(崇山)正处在巩义市的南面,北面有黄河,东西两面是古今,东西往来的交通要道,形势佳胜,有山有水,优越的地理位置,决定巩义市自古以来即为华夏文化的重要发祥地之一,这是不言而喻的。如在巩义市境内,就发现有裴李岗文化、仰韶文化、河南龙山文化、新砦期二里头文化、二里头文化、商周文化等古代文化、唐代的著名诗圣杜甫老家即在巩义,北宋皇陵也在巩义,还有历代石刻造像等名胜古迹,还有现代著名的豫剧演员常香玉家也在巩义等等,从而说明巩义市自古至今,都是一个人文荟萃的胜地。

再扼要地从巩义市四邻的情况来看,南面的登封县,在告成镇发现有夏禹的都阳城,即王城岗遗址,已经发现有属河南龙山文化晚期的大城和宫城,大城面积30000平方米,为目前发现的河南省河南龙山文化城之最,出土有玉琮、白陶、残鬶铜片、刻划文字等①。说明王城岗遗址可以确定是文献上记载的禹都颍川阳城,其重大学术价值,不言而喻。其次比较重要的遗址还有玉村、石羊关等。禹县经过发掘的遗址有瓦店遗址出土有成组非常精美的陶器和玉器②等。东南面的新密市发现有十分重要的新砦③和古城寨遗址④等,发现有"新砦期"文化,将河南龙山文化晚期与二里头文化中间的缺环联接起来,其重要学术价值,无庸赘言。北面济源有庙街遗址等,东面有郑州洛达庙、大师姑、郑州商城等遗址,西面有偃师二里头、偃师商城、灰咀、洛阳东干沟、矬李等,临汝有煤山,渑池有郑窑、伊川有南寨、陕县七里铺、山西夏县东下冯、襄汾陶寺遗址等。由以上不完全的举例可以看出,巩义市周围的河南龙山文化、新砦期文化二里头文化的分布是

① 北京大学考古文博学院、河南省文物考古研究所:《河南登封市王城岗遗址2002、2004年发掘简报》,《考古》2006年9期。
② 河南省文物研究所等:《禹县瓦店遗址发掘简报》,《文物》1983年3期。
③ 中国社会科学院考古研究所河南二队:《河南密县新砦遗址的试掘》,《考古》1981年5期。
④ 河南省文物研究所等:《河南新密市古城寨龙山文化城址发掘简报》,《华夏考古》2002年2期。

普遍的、密集丰富的,由此可以证明,巩义市在华夏文明、河南龙山文化遗址、夏商文化遗址的分布中所处的重要地位。同时也证明文献记载的"洛汭",即"自洛汭延于伊汭,居易无固,其有夏之居","昔伊、洛竭而夏亡","太康失国,昆弟五人,须于洛汭,作五子之歌"等是完全正确的,与考古实物资料的发现是完全相符合的。

　　五十年的考古实践证明,我们遵循以文献记载为依据,与考古实物资料相结合,利用碳14测年的数据等来探索夏商文化,探索华夏文明的发展和形成,方法是正确的,取得的成果是丰硕的,是有目共睹的。我们要更加花力气地宣传巩义,重点做好巩义市内的探索夏商文化的考古调查和发掘、研究工作,使巩义市成为名符其实的一颗闪亮的明灯,提高巩义市在国内和国际上的学术地位和知名度。那种毫无事实根据的,要我们将探索夏文化的工作,从豫西、晋南移到"河济之间去"的说法,是缺乏说服力的。科学研究提倡实事求是,摆事实、讲道理,以理服人,实践出真知,实践是检验真理的唯一标准。今后,我们仍将遵循这条正确的道路继续不间断地走下去,直到最后完全证实华夏文明"根在河洛",核心地区是在巩义一带。那种主张将探索夏文化的重点转移到"河济之间去"的说法,只能将探索华夏文明、探索夏文化的工作引向歧途。

（作者为武汉大学历史学院教授）

从历史遗迹、遗物看巩义河洛文化遗绪的辉煌

汤淑君

一、河洛文化与巩义史迹

河洛地区,是指"以洛阳为中心,西至潼关、华阴,东至荥阳、郑州,南至汝颖,北跨黄河而至晋南、济源一带地区"。河洛文化圈,是包含河南省的全部地区,东到齐鲁文化,西接秦晋文化,南接楚文化,北接燕赵文化。司马迁《史记·货殖列传》说:"昔唐人都河东,殷人都河内,周人都河南。夫三河在天下之中。若鼎足,王者所更居也,建国各数百千岁。"《史记·封禅书》又说:"昔三代之居,皆在河洛之间。"由此可知,作为一个文化概念,"河洛"既有地域上的意义,又有人文上的内涵。在地域概念上,历史上的"河洛"不仅仅指洛水与黄河交汇形成的夹角地带,而是泛指以洛阳、嵩山为中心的"河南"、"河内"、"河东"等广大地区。而河洛文化,则指产生在这一地域的文化,是当时的人们在这一区域所创造的物质文明和精神文明的总和,是中华文明诞生的源头之地。

作为河洛地区的巩义,人类早就在这里繁衍生息,是华夏文明发祥地的核心地区之一。这里历史悠久,文化底蕴深厚,由于区域位置的优越和自然环境的特殊,一些惊天动地的大事发生在这里,一批批叱咤风云、扭转乾坤的人物从这里走出。历史上有数百部经典记载着巩义几千年来的沧桑变化。巩义大地上先民留下来的遗物、遗址、历史传说等见证着几千年来的风雨坎坷。境内有多处裴李岗文化,如铁生沟裴李岗文化遗址的发现,出土的各种文物诉说着 8000 年前漫长岁月中沧海桑田,社会演变发生的翻天覆地的变化。巩义境内仰韶文化遗址,大大小小近百处,主要分布在坞罗河两岸。此时人们居住稳定,农业有了发展,手工业制作技术不断提高。巩义的龙山文化,从芝田稍柴、站街花地嘴遗址可以

看到,由于生产工具的不断改进,农业耕作水平得到了提高,畜牧业也有了发展。巩义境内黄河、洛水交汇处是"河图洛书"、"周易八卦"的发源地;黄帝修坛沉璧、尧舜禹举行禅让大典的历史事件发生在这里。夏代曾建都郐郡(今稍柴、罗庄一带),夏都从登封阳城迁移到了回郭镇北罗一带,历经96年,作为外城的回郭镇商业已开始萌芽。商建国后,大旱7年,禾苗枯焦,赤地千里,洛河断流,民不聊生。商汤在亳丘桑林(今鲁庄村)设坛祭天,为民祈雨,民得润泽。为报答商汤为民祈雨,先民立庙祭祀,汤王庙至今还屹立在鲁庄村南。周代封国,在康店附近不足五平方公里就分封了3个国家。康店康北一带为巩伯国,后称东周,马峪沟为荣錡氏国。史书记载,这几个国家农业、手工业都较发达。种植水稻获得好收成。制造的弓箭、皮革、铠甲畅销其他诸侯国。巩伯国是我国的巩姓之根,荣錡氏是我国荣錡姓之祖,海内外荣氏都是马峪沟荣錡氏的后代。秦庄襄王元年(前249)置巩县。巩县以"山河四塞、巩固不拔"而得名,历代因之。又因地扼古都洛阳,故史有"东都锁钥"之称。汉代铁生沟冶铁遗址是世界上第一次用煤炼铁,第一次使用耐火材料作炉料,第一次运用淬火技术提高了铁的硬度,第一次炼出球墨铸铁,比世界其他国家早2000多年,被国内外冶金专家称为世界冶金史上的里程碑。隋代的全国三大粮仓之一的隋代兴洛仓等,在这片沃土里有许多历史传说和出土了众多的有价值的历史文物,从这些大量的历史遗存和考古发现与典籍记载相互印证中,人们清晰地看到了中华文明5000多年来在此地区的发展脉络与走向,其显著的特点是文明的久远和连续不断,为我们研究河洛文化及巩义的历史提供了珍贵的实物资料,特别是影响久远的如:距今11～13万年左右的旧石器时代洪沟遗址;规模最大、在国内外陶瓷史上具有很高价值的唐三彩的发源地巩义黄冶"唐三彩"窑址;驰名中外的全国重点文物保护单位、庞大的北宋帝王将相陵墓群;全国重点文物保护单位的北魏石窟寺,这些遗存、遗物折射出巩义河洛文化遗绪的辉煌。

二、洪沟遗址为巩义河洛文化的源头

　　洪沟遗址位于巩义市东北15公里的南河渡镇神南村洪沟自然村中部。地理坐标为东经113°02′40,北纬34°49′33。东北距神都山约1公里,南距洛水约半公里,北距黄河约1公里;属黄河与洛水汇流处的夹角地带,这里古称"洛汭

"。遗址附近为海拔 200 米左右的浅山丘陵区,即洛阳北邙岭的东延部分。洪沟一带的地层,系邙岭下切中第四纪形成的多层松散状黄土堆积,由于风雨、水流以及地壳运动等自然原因,地形地貌变化甚大。

该遗址发现于 1994 年 3 月,4 月为了抢救这一重要文化遗址进行了试掘,揭露面积约 26 平方米,出土了数百件石制品和大量哺乳类动物化石。为了进一步了解石制品和动物化石堆积的层位及其相邻上下地层的叠压关系,1996 年,河南省文物考古研究所又对洪沟遗址进行了第二次试掘,挖南北向 10 × 2 (米)探沟 1 条。两次先后揭露面积 45 平方米。

地层叠压为三层。第一层为 70 多米的细砂质黄土,属第四纪晚更新世 Q3 的马兰黄土层;第二层为厚约 5 米的细砂质泛浅红色黄土,仍属于第四纪晚更新世 Q3 时期的马兰黄土层,形成时间应略早于第一层。含大量石制品和动物化石;

第三层为浅黄色土层,不见石制品和动物化石。洪沟遗址的文化遗存主要是堆积在第一层如砂质黄土下部的水沟中,并直接被这层厚达 70 多米的黄土所覆盖,有的就包含在第一层黄土中,而且动物化石与石制品堆积最密集、最丰富,最厚处达 12 米。石制品、动物化石与木炭屑、烧土碎块、灰烬等烧火痕共存。

除沟内文化遗存之外,洪沟附近方圆十多平方公里范围内的七、八个地点都先后发现了或多或少的动物化石,不同的是其他地点的动物化石大多是肢体完整或基本完整的动物个体,没有洪沟化石遗存那么集中。

文化遗存主要有:石制品 550 余件,其中,石片:231 件,石核:46 件。这些石制品一般取材于自然石块、砾石或黄河、洛水岸边滩地的卵石。质料以紫红色砂岩砾石为主,其次为灰白色砂岩和数量较少的白色石英岩。石料的硬度和韧性,很适合打制石器。

遗址出土的动物化石异常丰富,但堆积相当杂乱,未发现肢体完整、齐全的动物遗骸。种类有:纳玛象、羚羊、斑鹿、赤鹿、猪,小型偶蹄类动物等。其中以象的骨骸数量最多,约占 70%,其次是赤鹿、羚羊等。许多动物化石未能认定是何种动物。大部分动物化石出土后,在原地按原貌就地保存,具体数字没有详细统计。

洪沟的旧石器文化遗存,发现于晚更新世 Q3 形成的细砂质马兰黄土中,其相对年代应相当于晚更新世 Q3。据测定年代为距今 11 万年以上,此年代数据与地质年代以及动物群所属年代相一致。

　　从洪沟遗址,可以清楚地看到 11 万年前生活在洛汭地区的先民在邙山岭捕捉纳玛象、赤鹿、斑鹿的壕沟。宰杀纳玛象、斑鹿等动物用的各种石器。烧烤纳玛象等的火堆灰烬。堆积 1 米多厚数百块各种动物的骨骼化石。又根据 70 年代在鲁庄后林村发现的大象牙化石,这些遗存充分说明 11 万年至 13 万年前邙山岭上,洛汭地区先民们与大象、鹿共生共存,也说明了河洛文化已开始萌芽。

三、黄冶唐三彩窑址与巩义石窟:巩义河洛文化的奇葩

1. 黄冶三彩窑址

　　巩义黄冶唐三彩窑址是 20 世纪 70 年代发现的,它位于河南省巩义市东北约 6 公里、洛水下游支流的黄冶河两岸,在长约 3 公里,宽约 0.5 公里的台地上,可见烧制唐三彩的遗迹、大量窑具和唐三彩残片。它是当时中国最早发现的、规模最大的唐三彩窑址。

　　该窑始烧于唐代早期,唐代中期达到鼎盛,唐代晚期仍在生产,五代、宋金时期唐三彩制品以瓶、壶、罐、碗、盘、炉、灯等器皿为多,另有一些马、象、狮、小儿骑马等动物和人形玩具以及俑、建筑构件等。胎质细白,多施黄、褐、蓝、绿、白色釉,晶莹光洁,色彩斑驳灿烂。有的还以刻花、贴花、印花、画花、堆塑、绘彩等技法做出装饰花纹。

　　2003 年,考古工作者又在河南巩义市黄冶村大片耕地和民宅下发现唐代的青花瓷片和接近于青花的蓝彩白瓷。唐青花瓷的发现,为青花瓷的起源、创烧提供了重要的实物依据,同时也解决了唐青花瓷产地的学术悬案。发现的白瓷,胎质坚细,洁白莹润,其薄胎白瓷呈半透明状,质优者可与明清景德镇脱胎白瓷相媲美,为研究中国白瓷的起源与发展提供了实物资料。《新唐书·地理志》中有关于河南府贡白瓷的记载,"开元贡白瓷",其产地很可能就是今天的巩义窑。

　　2001 年,黄冶三彩窑址被国务院公布为第五批全国重点文物保护单位。5 年以后的 2006 年,国务院再度将白河两岸分布的其他窑址一并公布为全国重点文物保护单位,与黄冶三彩窑址合并,更名为巩义窑址。

2.巩义石窟

北魏石窟寺位于巩义市东北约 9 公里大力山下的南河渡镇寺湾村,背依邙山,面临伊洛河。该寺创建于北魏孝文帝年间,是继龙门石窟之后,北魏时期的又一座伟大的佛教艺术宝库。在窟前建寺,初名为希玄寺,唐称净土寺,清代改石窟寺。北魏景明年间(500~503)凿石为窟。历经东魏、西魏、北齐、隋、唐、北宋等相继凿窟造像,形成巍然壮观的石窟寺。

石窟寺有 5 个洞窟,1 个千佛龛,3 尊摩崖大佛,255 个造像龛,佛像 7743尊,碑刻题记 200 余品。5 个洞窟除第五窟外,其余四窟均凿有中心柱。中心柱四面均凿龛造像,龛内皆刻一佛、二弟子、二菩萨,佛座下两侧一对狮子,蹲伏披毛,形象逼真。窟顶雕平棋或藻井,四壁刻千佛及佛龛。石雕中佛、菩萨,庄严肃穆,飞天生动洒脱,栩栩如生,神王怪兽面目狰狞,伎乐人神态贯注,特别是雕刻在第一、第三、第四窟门内两侧的 18 幅《帝后礼佛图》浮雕,左侧以皇帝为主,后随文武大臣;右侧以皇后为主,嫔妃依次排列。帝后前由僧人引导、侍女搀扶,再现了帝后礼佛的宏大场面,声势浩大,阵容严正。帝王对佛祖的虔诚、信仰、崇敬之心,雕刻得淋漓尽致,是巩义石窟的一大亮点。

石窟寺造像风格表现了由北朝向唐朝过渡的艺术风格。这里的规模虽比不上云岗、龙门石窟那样雄伟庞大,气势磅礴,但石窟造像小巧玲珑,内容丰富,雕刻精美,惟妙惟肖。构图严谨、生动,刻工娴熟、细腻,造型逼真,服饰线条优美流畅,人物性格鲜明,也为全国石窟浮雕艺术中罕见的杰作。它为研究我国石窟雕刻史提供了重要的实物资料,具有极高的科研、历史、艺术价值。1982 年被国务院公布为第二批全国重点文物保护单位。

四、北宋皇陵:河洛文化遗绪辉煌的体现

巩义北宋皇陵,是我国保存较为完整、规模较大的皇陵群之一。现为全国重点文物保护单位。它位于巩义市西南部的黄土丘陵上,绵亘十余公里,分布着许多山丘式的封土冢和排列整齐的石刻群。自宋太祖赵匡胤开始营建,至北宋灭亡,前后经历 163 年之久。北宋九帝,除徽宗、钦宗二帝被金兵所掳囚死漠北,葬地不详外,其余七帝均葬于此。即宋太祖永昌陵、太宗永熙陵、仁宗永昭陵、英宗永厚陵、神宗永裕陵、哲宗永泰陵,加上开国皇帝赵匡胤之父赵宏殷的永安陵,统

称为"七帝八陵"。宋代实行皇帝、皇后分葬制。因此,在诸帝陵的西北部,还葬有皇后陵21座,亲王墓15座,寇準、包拯等大臣墓7座,还有其他帝系太子、公主和大臣墓共144座,陪葬墓93座,形成了一个十分壮观的皇室陵墓群。

北宋诸帝、后陵中,8座皇帝陵保存完好,皇后陵地面现存18座。根据帝系先后和各陵的分布位置,可划分为西村、蔡庄、孝义和八陵四个陵区。

西村陵区位于巩义市西南15公里,在锦屏山、白云山、黑砚山脚下,宋时称"老龙窝",民间称为"龙洼",自宋宣祖开始,宋太祖、宋太宗都葬在这里,另外,还有皇后陵10座及子孙墓140多座。

蔡庄陵区在西村陵区东北约3公里的蔡庄附近,正南面对少室山主峰,东南部连接嵩山余脉——青龙山,西北陵坡下即为东注黄河的伊洛河。陵区气势高亢,形胜气佳,宋时称"卧龙岗"。陵区内营建有宋真宗永定陵和3座皇后陵,以及高怀德墓、蔡齐墓、寇準墓和包拯墓等。

孝义陵区位于北宋皇陵的最北部、今巩义市区南部,地属孝义镇的外沟、二十里铺和孝南村。陵区由东南向西北,依次建有宋仁宗永昭陵和宋英宗永厚陵。还有两座皇后陵,并有北宋魏王、燕王、兖王三个亲王的陪葬墓。

八陵陵区位于巩义市西南12公里的芝田镇八陵村南,这里南依嵩山,北接伊洛河,地形开阔,岗坡平缓。陵区内由东南向西北依次营建有神宗永裕陵和哲宗永泰陵,并有神宗向后陵、神宗朱后陵、神宗陈后陵、徽宗王后陵、哲宗刘后陵等。

宋陵的建制基本相同,均坐北向南,由上宫、下宫、皇后陵和陪葬墓三部分组成。上宫是举行大型朝拜祭奠的地方,主要有鹊台、神道、石刻群和宫城,是宋陵的主体建筑。下宫位于地宫西北部,是皇帝死后供其灵魂衣食起居的地方,下宫内建有正殿、影殿和斋殿三大殿宇,并居住有管理陵园事务的陵使、副使的宫人等。皇后陵皆附葬于帝陵上宫之西北隅,其平面布局大致仿照帝陵上宫,只是面积稍小于上宫。

北宋灭亡后,宋陵遭到严重破坏,地面建筑被"尽犁为墟"。尽管如此,现有的700余件石雕依然屹立,其逼真的造型、细腻的刀法、精湛的技艺集中展现了宋代雕塑艺术的最高水平。雕塑这些作品的艺术大师们,他们的名字虽不为人所知,但其作品却保留至今。数百年来,使络绎不绝的中外游客叹为观止。

　　这些遗迹、遗物记载着历史上众多活动在这里的名人,记载着发生在这里的事件,记载着许多重要文化的诞生地等。如今已成为文物旅游资源中品位高、价值大、影响力强的一道风景线。如唐代伟大诗人杜甫诞生于巩义站街镇南瑶湾村边笔架山下,现此处已建成有"杜甫故里纪念馆",巩义西北5公里的邙岭上,长眠着杜甫和他的二儿子,这里已建成杜甫陵园。杜甫故里和杜甫陵园堪称有世界影响力的旅游资源和景点。巩义河洛文化博大精深,以巩义河洛文化所凝聚的文化精华为核心所体现的文化的厚重性,也在文物旅游资源中得到体现。

参考资料:

　　1.朱绍侯:《河洛文化与河洛人、客家人》,《文史知识》1994 年 3 期。

　　2.巩义市文物保护管理所、河南省社会科学院河洛文化研究所:《河南巩义市洪沟旧石器遗址试掘简报》,《中原文物》1998 年 1 期。

　　3.河南省地方史志编纂委员会:《河南省志》,河南人民出版社,1993 年。

　　4.河南省文物考古研究所:《启封中原文明——20 世纪河南考古大发现》,河南人民出版社,2002 年。

　　5.《史话巩义》,中州古籍出版社, 2007 年。

　　6.河南省文物考古研究所:《北宋皇陵》,中州古籍出版社,1997 年。

　　7.孙新民等:《河南巩义市黄冶窑址发掘简报》,《华夏考古》2007 年 4 期。

　　8.刘建洲:《巩县唐三彩窑址调查》,《中原文物》1981 年 3 期。

　　9.河南省社会科学院河洛文化研究所:《洛汭与河图洛书》,河南科技出版社,1996 年。

　　10.河南省河洛文化研究中心编:"河洛文化研究"丛书,河南人民出版社,2006 ~ 2007 年。

（作者为河南博物院研究部副研究员）

根在河洛

——试论巩义在河洛文化产生和发展中的历史地位和作用

王振江　贺宝石　孙宪周　魏三兴

巩义原名巩县,位于河南省郑州、洛阳两大古都之间。巩义称巩,始于殷商在此封"阙巩国",西周在此置"巩伯国"。盖因区位上,东有虎牢关,西有黑石关,南有轘辕关,北有黄河天险。"河山四塞,巩固不拔"而得其名。

巩义山川千姿百态,钟灵毓秀。南部嵩山峻极于天,北部邙山连绵逶迤,黄河出潼关,闯三峡,在巩义浩浩荡荡,流经 34 公里;洛河发商洛,过龙门,在巩义腹地穿行 33 公里。两河在巩义洛口汇流,滔滔东流入海。河洛交汇处就是古洛汭。洛汭地区,水美土肥,河里可以捕鱼,山上能够狩猎,林中能够采果,沿山皇天后土可筑穴而居。洪沟遗址说明 11 万年前先民就在这里生活生存,河洛文化就在洛汭产生、发展。洛汭地属中原,东承西接,南通北达,在人类社会发展中,河洛文化既兼收吸纳了周围区域文化的精华,更重要的是哺育和影响周围的区域文化,不论是齐鲁文化、燕赵文化、秦晋文化、巴蜀文化、荆楚文化、吴越文化、闽台文化如何各具特色,作为中华文化都应是根在河洛。

一、众多典籍记载的神秘洛汭

在中国古代的众多重要典籍里,都反复记载了这里出现过"河图、洛书"的神奇故事。围绕"河图、洛书",人祖伏羲氏在这里画演八卦,尧舜禹汤在这里修坛沉壁,祭天禅让,使这里成了华夏文明的源头。

《竹书纪年》载:"太昊包羲元年,龙马负图出河。"《礼纬·含文嘉》曰:"伏羲德合上下,天应以鸟兽文章,地应以河图洛书,伏羲则而象之,乃作八卦。"《易经·系辞下》则说:"古者包牺氏之王天下也,仰则观象于天,俯则观法于地,观鸟兽之文与地之宜,近取诸身,远取诸物,于是始作八卦。以通神明之德,以类万物之情。""河出图,洛出书,圣人则之。"

北魏郦道元在《水经注》中综合古典记载曰:"洛水又东流,北流入于河,龟书于洛,赤文绿字。"

伏羲根据"河图,洛书"演画出八卦。当年的"八卦台"至今犹存,向人们诉说着这里发生的故事。

太极图把天地宇宙万物分为阴阳两个方面,以对立统一思想,来说明宇宙万物运动的规律。在尚无文字的时代,能用画图来意会,应是伟大的发明。

史籍记载中巩义最早研究河图洛书的是一个叫程本的人。程本,字子华,春秋时人,被孔子称为"天下贤士",他曾长期隐居在巩县的石臼泉著书立说。他研究"洛书"时说:"二与四抱九而上跻也,六与八蹈一而下沉也。载九而履一,据三而持七,五居中宫数之所由生,一纵一横数之所由成。"程本提出了洛书是一个数的图式,这在当时是一个了不起的观点。到了汉代,出现了一大批研究"河洛之学"的专家,经过长时期的探讨、解读,"河图"、"洛书"乃数字构成的两个图式的观点逐渐明确。直到宋太平兴国年间,方士陈抟才将"河图,洛书"披露于世。

文化是从人类画图描绘自然事物开始的。当然,在描绘自然的同时,也掺进了人类对自然事物的理解,是经过综合思维加工、创造,所以,专家们都认为"河图洛书"的诞生,它本身就是一种文化现象。

巩义的洛汭地区"图文麓"遗址,位于洛汭的连山之巅。群众俗称"伏羲画卦台"。站在超出河面数十丈的高台之上,可以清楚观赏河洛交汇的壮美景观。夏秋之交,水势暴涨,两水相激回旋,波浪滔天,是"滔滔洪水分割,荡荡怀山襄陵。"波涛无边无际,简直要和云天相接。而黄河、洛河交汇处,清浊回旋,黑白分明。漩涡之后,清浊又并肩东流,这不正是涵盖万事万物的太极图的原形吗?巩义的研究者认为:洛水和黄河两水暴涨,在洛汭相撞击形成清浊分明的巨大旋涡,原始人受这一景象启迪,从而激发了太极图的构想。这一观点,受到许多专家的赞许和欣赏。

不管是伏羲根据河图则而画之也好,还是受黄河洛河汇流的漩涡启迪也好,神奇的太极图源出洛汭是大家公认的。

《易经·系辞上》说:"易有太极,是生两仪,两仪生四象,四象生八卦。"太极八卦概括了人类生活的方方面面,各种生、克、消、长尽其中。此后,由太极、八卦错综重合推演出的六十四卦,对华夏文明的发展产生了极为深远的影响。后经炎黄二帝的丰富、发展,形成《连山易》、《归藏易》,周文王兼容二易,完成了《周易》。周易又称《易经》,是我国先民集体智慧的结晶。其内容涵盖农业、畜牧、交通运输、天文地理、文化科技、医药以及人类衣食住行各个方面,形成了一整套哲学理论体系,后代的学者继承了《周易》中的基本观点,形成了象数、义理等新的哲学理论。中国传统文化、传统哲学、思维方式以及宇宙观无不受到"河图,洛书"的深刻影响。因此说,在洛汭地区发生的以河图洛书和太极八卦为核心的河洛文化,是中国传统文化的活水源头。

为了纪念伏羲氏画太极演八卦的功绩,隋文帝开皇二年,曾在伏羲画卦台上修建规模宏大的"牺皇祠"。群众俗称"人祖庙"。可惜在民国军阀混战中毁于兵燹。伏羲台下洛口村的古寨门上,明嘉靖二年刻有一副对联曰:"休气荣光兆北阙,赤文绿字焕东图"。描述的就是当年伏羲在台上发现"河图,洛书"时的情景。

正是由于伏羲在洛汭画太极,演八卦,使洛汭成为远古历代君王顶礼膜拜的神圣之地。

史书记载黄帝被尊为各部族最高领袖后,巡视黄河,从邙山过洛河来到洛汭一带,感受到洛汭的厚重,领略了八卦台的尊严,于是决定就在这里举行一次盛大的祭天仪式,就叫"修坛沉璧"。修坛就是修筑祭坛,表示对上天的真诚崇敬,沉璧就是一定数量的玉璧沉入河中,以得到神灵的回应昭示。

黄帝的"修坛沉璧"祭祀大典,可以说开华夏民族祭祀活动之先河。远古时的祭天仪式选在"洛汭"进行原因有二:一是伏羲在这里发现了"河图洛书",画演出了太极八卦,开创了人类文明;二是远古人类认为河洛位居天中是传递天意的神圣之地。黄帝以后,尧、舜、禹先后都到洛汭举行过"修坛沉璧"的祭天仪式。

据《水经注》记载,"尧帝又巡坛河洛,择良议沉。荣光出河,休气四塞,白云起,回风逝,赤文绿色,广袤九尺,负理平上,有列星之分,七政之度。《帝王录》

记兴亡之数,以授之。尧又东沉书于日稷,赤光起,玄龟负书,背甲赤文成字,遂禅于舜。舜又习尧礼,沉书于日稷,赤光起,玄龟负书至于稷下,荣光休至,黄龙卷甲,舒图坛畔,赤文绿错,以授舜,舜以禅禹"。

"遂禅于舜"和"舜又禅禹"。这里的禅,就是王位的"禅让"。中国古代的"禅让"的原则是"传贤不传子",即在部落联盟中"选贤举能",然后在洛汭的祭天仪式中,完成权力的交替。此即古籍中常说的"河洛写天意,符谶述圣心"。这是中国"君权神授"观念形成的依据。《易·乾凿度》曰:"帝王始兴,各起河洛,龙以见察。其首黑者人正,白者地正,赤者天正。"又说"帝王德威以应,洛水先温,九日乃寒,五日变为红、黄、蓝、白、黑五色"。古代的君神授观念,是在最初对自然崇拜的基础上形成的,在洛汭"修坛沉璧"的祭天大典,已有隆重的开国典之始的政治意义。及至到尧舜禅让,国家的概念已十分明显。

大禹废弃了"禅让"制度,建立了夏朝,直到周朝,河洛地区仍是历代王朝政治的中心。《史记·封禅书》曰:"昔三代之居,皆在河洛之间。"《史记》载:"武王问,周公曰:'自洛汭延至伊汭,居易毋固,其有夏之居。'"《读史方舆纪要》曰:"周都岐、丰,复卜巩洛,被山带河,形势甚壮。"

总之,先秦众多的典籍中记载的发生在洛汭一带的人文故事,是和洛汭的自然环境相契合的。巩义的洛汭地区,是不折不扣的华夏古文明的发祥之地。

二、厚重的古迹遗存见证河洛文化的发展

1993 年,文物工作者在洛汭地区的洪沟,发现了生活在 11 到 13 万年前的古人类生活遗址,清理出 8 处古人类"敲骨吸髓"的生活点。在这些密集的生活面上,出土的有打制砍砸器、刮削器、石核、石球、石片等 700 余件。出土的纳玛象、肿骨鹿、斑鹿和其它偶蹄类动物化石数百块。其中可辨认的至少有 4 头大象和幼象的部分骨骼化石。还有碳屑、烧土与化石共存的土层。该遗址是早期人类以石器或木器挖掘的猎取大象和其它动物的"陷阱"。骨化石、石器、炭屑和烧土,是古人类将猎获的动物就地食用后的遗弃物。

洪沟遗址位于黄河和洛河交汇的内夹角地带,深埋于高约六七十米的黄土中。那内涵丰富、栩栩如生的考古发现,蕴藏着从人类发展的许多秘密。自古以来,河南被称为豫州。豫在《说文解字》中被释为"象之大者。"文字学家也认为

"豫"为人与象共生共存的象征。洪沟遗址的发现,从一个更深的历史层面证明,位于中原腹地的河洛交汇地——洛汭是不折不扣的"豫象"之乡。

考古学家认为:洪沟旧石器遗址是直立人过度到智人阶段早期的文化遗存。当时的人不但懂得使用木器,打制石器和骨器,更重要的是能相互协作,共同狩猎,共同生活,还能使用和保存火,开辟洛汭地区生产生活的环境,地域特色十分明显。因此说"洪沟人"是豫象之乡的开拓者和"河洛文化"最早的奠基者。

巩义有裴李岗文化遗址有十几处。这是距今约八千年的历史文化遗存。最典型的有铁生沟裴李岗文化遗址和市区西环路的瓦窑嘴遗址。

铁生沟位于嵩山脚下,四周崇山峻岭,坞罗河从中流过。山上是茂密的森林,山沟里有裸露的铁矿和耐火黏土。1979 年和 1984 年,考古工作者对铁生沟遗址进行了两次发掘,发现在坞罗河两岸的台地上,先民们建造有栖身的房子,在地上挖一个圆坑或方坑,用木棍搭起房架,涂上泥巴用于遮风挡雨。定居的生活使农耕和家畜饲养成为可能,从而使生产工具和生活用具有了重大改变和创造。不仅有石斧、石镰、石磨棒、石磨盘而且有了早期的陶器,如壶、罐、钵、碗、盘、三足器、四足器等。这个时期,正是伏羲氏在洛汭画太极,演八卦的时期。

瓦窑嘴裴李岗文化遗址,则是裴李岗文明晚期的类型,遗址位于市区西湟水河畔。1995～1996 年,文物部门进行了三次发掘。出土的器物如泥质红陶三足钵、大口圆钵、卷沿深腹罐、小口球形壶、圆足碗、杯、勺,还有石磨棒、石磨盘。这些文化遗存,比起铁生沟遗存展现出不少新的文化因素,如陶器烧制的火候高,制作精良,型号规整,造型独特。大部分泥质红陶器内壁磨光呈黑色,外壁上黑下红。有些器物,如镂空三足器腹部较深,底部钻孔排列有序。还有直口折腹豆、弧腹圆底豆、深腹圆足钵、小口大耳罐、深腹小平碗等。而且部分陶器还饰深红色陶衣,大部分的钵、碗、鼎等器物腹部饰对称乳钉纹。其他出土的有镂空蚌镰,匙形石磨棒,长方形无足石磨盘。可以看出巩义先民在与自然斗争中,创造出的进步与辉煌。且从铁生沟发现的多处裴李岗文化遗址看,每个遗址就是一个氏族部落,部落之间相互通婚,相互交流,共同种庄稼,养牲畜,共同制造工具,共同携手发展古文化,传承古文明。

在距今约六千年的"仰韶文化"时期,巩义应是人类社会相对繁荣的时期。巩义境内的"仰韶文化遗址"大大小小近百处。规模较大的有坞罗遗址、喂庄遗址、龙谷堆遗址、东山原遗址、北底沟遗址。这些遗址中文化层从裴李岗文化一直到商周时期都有遗存,说明河洛地区由于农业发展人口居住稳定,延续数千年而不衰。

最能体现这一时期文明进程的,莫过于彩陶的普遍应用。巩义先民从裴李岗时期的红陶开始,逐渐发展为焙烧火候较高,质坚而耐用的陶器。后来又在器物表面涂上一层白色或红色陶衣,然后用赤铁矿和氧化锰做原料,彩绘出丰富多样的图案,或用黑彩直接绘制在红陶器表面上。不同的时期,造型、质量、花饰图案也不相同,说明随着社会的进步和人类生活内容的丰富,陶器制作对艺术的追求不断提高,陶窑建筑不断改进。陶器制作由手捏进入轮制,提高制作效率,以满足人们不断增长的各种生活需要。

陶器上的装饰花纹,是当时现实生活的一种写照,如动物、植物以及龟纹,云纹。抽象纹饰如几何线条纹也经常出现。有的还绘有穿着衣服的人像,奔跑的野鹿,飞翔的野鸟等,甚至在陶器上还出现文字符号数十种。尽管我们今天还没有能够读懂它,但它传递的信息表明文字的发明已为时不远了。

这个时期正是中国历史上黄帝在位的时期,他曾在洛汭举行过"修坛沉璧"祭天大典。20世纪90年代中期,文物工作者在伏羲台周围发现了距今约六千年的仰韶文化遗存,祭坛和祭祀坑。祭坛遗址的台基位于整个文化遗址中部的最低处,直接压在仰韶文化的文化层下。台基基址由上下两层相叠压的白灰构成。白灰厚度约3厘米,以料礓石(白垩)粉为原料,异常坚固,两层白灰之间有厚10厘米的红土层,似经夯实过。台基东西长3.8米,南北宽2.7米,暴露部分面积约15平方米,实际面积应该更大。在附近发现的6座灰坑中,其中一个自下向上有数头完整的猪骨架相压,邻近灰坑中也有大量的猪骨和羊骨。这两个灰坑与其他灰坑性质明显不同,并且坑中不是同一时期的牺牲品,其内涵很发人深思。

这个祭坛遗址是否是古籍记载中的远古帝王"修坛沉璧"的"河洛坛",因未作全面发掘,尚无答案。但它是古人类大型祭祀活动遗址则可确定无疑。从该遗址采集到的大量遗物看,属于仰韶文化中期、晚期和龙山文化早期。尤其以仰韶文化晚期遗存最为丰富。除有多种同期陶器外,还有陶纺轮、陶弹丸和精致的陶环。在从伏羲台遗址采集的罐、钵、缸等细泥质陶器看,盛行白衣彩陶,绘褐、红两彩,有卉纹、平行直线纹、网纹等,有的纹饰残片好象还画有原始八卦示意图和"无极生太极"图案,这一切,与记载中的伏羲、黄帝以及尧舜禹汤祭天从时间、名称、文物、地域都有吻合之处。

大约距今 5000 年左右,巩义大地上的先民进入龙山文化时期。考古调查发现,凡是有仰韶文化遗址的地方,大都有龙山文化遗存。而且往往与二里头文化、商周文化遗存相叠压。巩义境内发掘的龙山文化遗址有:芝田镇稍柴遗址、南石遗址、站街花地嘴遗址、西村堤东遗址、官寨遗址、寺沟遗址、鳌坡遗址、孝义镇的石灰务遗址等。

在龙山文化遗址中出土的石器已经相当精湛。先民们在制作石器时使用了管钻法和切割法,在石器上钻孔,孔壁又直又光滑。由于使用了先进的技术,石器的种类也增加了许多,如石箭头、石针、石刀等三十多种。在陶器生产中,轮制技术也有了很大提高,陶器的胎质也有了细泥、细沙和粗沙三种。陶色有黑、灰、红和少量的白陶。烧窑的炉壁上开始用耐火土涂抹,并设有火道和风道。窑温的提高使烧出的陶制品坚固光亮,美观耐用。特别应该提到的是,在巩义市孝义石灰务龙山文化遗址中,发现了铜器残片,说明巩义先民这时已经开始了铜的制作和使用,这在中原地区还是最早的发现。除了铜器和陶器外,其他如玉石器、骨器、木器、纺织品等手工艺水平都有很大进步。

夏朝建立,夏文化由龙山文化脱颖而出。巩义具有代表性的夏文化遗存有:芝田稍柴遗址、站街镇花地嘴遗址。

1960 年到 1963 年,河南省文物工作队与北京大学考古系在稍柴遗址里进行了试掘,发掘面积 690 平方米,清理出窑穴 45 个,墓葬 7 座,出土物包括石器、陶器、蚌器、骨器等各种器物 500 多件。这个遗址包括了从龙山文化晚期,中经夏代到商代早期的各个文化时期的遗存。说明巩义先民在这里活动时间长,活动地域广,遗址沿河绵延数十里,以斟鄩为中心,形成古代都城的雏形,虽然发掘面积小,但已展现出它在古文化发展中的地位。

花地嘴夏文化遗存在站街镇北瑶湾的水沟崖上,2003 年以来,文物工作者在这里发掘出一座距今三千九百年的夏代古城遗址,清理出环城城壕三道,出土了大量的陶器、石器、铜器和玉器。在城东门外的两个祭祀坑里发现了珍贵的玉圭、玉璧,画有花纹的绘彩陶器,还有殉葬人的骨架及动物骨骼。出土的文物表明这里的祭祀活动是帝王一级的活动。这个城址是夏王朝的早期城址,同时也说明洛汭也是夏王朝活动的中心。

此外,1958年至1959年,文物工作者在巩义铁生沟发现了"汉代冶铁遗址",遗址展示的汉代冶铁工艺水平让世人吃惊。遗址总面积共二万余平方米。发掘的2000平方米内,就清理出矿石加工坊一处和炼铁炉18座,18座炼铁炉中有长方形炉2座,块铁炉3座,排炉5座,低温炒钢炉一座,圆形炉6座,熔炉1座。附属设备有配料池、淬火坑、藏铁坑、铸造坑。单说这6座圆形炉,全部是用含硅70%以上的方形或弧形耐火砖砌成。炉内直径为1.3~1.8米。其炼铁原理和工艺与现代高炉炼铁基本相同。

铁生沟汉代冶铁遗址向世人展示了我国汉代冶铁的多项创新成果。一是多种耐火材料的广泛使用。二是首开使用煤炼铁的先例,并在冶铁过程中使用碱性溶剂。三是炼出的铁品种多、质量高。有灰口铁、白口铁、麻口铁、高碳钢、中碳钢、低碳钢,现代铸造生铁的主要品种,在当时条件下都能合格生产。四是在冶铁铸造的工艺上使用了先进的生铁柔化处理和贴钢工艺。五是在遗址中发现当时已经生产出的球墨铸铁工具6件。球墨铸铁是冶铁领域的高新科技,英国1946年才试验冶炼,美国1948年才研究成功,铁生沟的球墨铸铁比西方国家要早2000多年。

几乎与汉代冶铁同时,巩义先民的另一项先进技术开始诞生,那便是由陶器进入瓷器的制作。中国的瓷器生产一般认为是从汉代开始,巩义先民制陶工艺是从远古走来,从红陶到彩陶,又从彩陶到白陶,在每个时期都处于领先地位。到了汉代,巩义先民已经具备烧制瓷器的先决条件,一是巩义的瓷土和高岭土储量丰富。二是在已发现的铁生沟遗址中,炉窑普遍使用耐火砖、耐火土,在提高炉温方面,也已有了鼓风、风道、烟囱等。三是釉的使用,在汉代巩义生产的陶器中已比较常见。四是在巩义出土的汉代青釉罐、方壶等制品,瓷化程度高。

巩义境内的黄冶河唐三彩窑遗址是1959年发现的,此后,境内陆续发现多处古陶瓷作坊遗址,这里重点介绍的是巩义白河瓷窑遗址、巩义铁匠炉瓷窑遗址和巩义黄冶河唐三彩窑遗址。这三个陶瓷窑址沿河而下,上游叫白河,下游叫黄冶河,中间叫铁匠炉,三个瓷窑都建在一条河畔,形成规模庞大的十里窑场,在中国陶瓷业发展史上,越来越显示出其重要价值和历史地位。

　　巩义的黄冶河唐三彩窑址，是目前国内发现的规模最大、产品最多、烧造时间最早、延续时间最长的一处唐三彩作坊。唐三彩制品可分为生活用品和随葬明器两大部分。生活用品中，主要有碗、盘、罐、碟、杯、壶、豆、灯、炉、瓶、尊、水注、砚、枕等。随葬明器种类更多，人物类有文吏俑、武士俑、天王俑、男女侍俑、胡俑、骑马俑、牵马俑、牵驼俑、男装女俑、侏儒俑。动物类有马、牛、羊、猪、狗、狮、兔、骆驼、象、鸡、鸳鸯、十二生肖等。还有人首蛇交尾俑和"地吞"。模型类的有牛车、井、灶、假山、亭、碓、柜、棋盘、猪栅、厕所等。

　　这些作品都是源于生活而又高于生活的艺术之作，内容丰富，形象鲜明，传神而逼真见证着当时艺术工匠们超人的智慧，高超的技艺。

　　"唐三彩"是巩义黄冶窑在唐代的辉煌之作，它融西汉单色铅釉与北齐黄釉绿彩技法于一身，集赤橙黄绿青蓝紫的艺术为一体成为当时集大成的首创产品，其雄伟雅致的造型，璀璨夺目的色彩，和谐美观的外表，富丽堂皇的气势，意蕴厚重的内涵，展示了大唐时代高度的开放和高度物质、精神文明，同时也展示了我国陶瓷艺术的时代风采。

　　唐三彩制作时需经过揉练、拉坯、模印、黏接、焙烧、施釉、绘彩等多道工序，运用轮制、模制、捏塑、雕刻、划画工艺，借鉴金银器、铜器、漆器、竹编、织缬、蜡染等先进技术，有的还仿照西域各国器物的造型特点，甚至吸收借鉴佛教的装饰艺术，使器物类形千变万化，意蕴无穷。"唐三彩"是中国瓷器产生以后的"艺术创新"之作，曾在唐代和宋代成为中国对外商品交流的重要艺术品，飘洋过海。

　　2005年4月至2007年12月，河南省文物考古研究所对巩义的白河窑址再次进行了考古发掘。首次发现了烧制青瓷和白瓷的北魏时期的窑炉。这次发掘有几项重要突破。

　　一是发现了北魏时期的青瓷、白瓷窑炉。出土的大量青瓷、白瓷器物，说明巩义白河窑北魏时期就是烧造青瓷和白瓷的重要窑场，其青瓷与洛阳汉魏故城内出土的北魏青瓷造型完全一致，为北魏皇室使用青瓷找到产地。专家曾认为，这就是古籍中记载的北魏"洛京窑"。

　　二是出土了大量的唐青花瓷器，有圈足碗、葵口碗、套盒和瓷枕等。圈足碗绘花卉纹饰，葵口碗胎白，胎细腻，烧结度高，绘折枝花卉纹饰。套盒、瓷枕等皆绘花卉纹饰。进一步证实唐青花瓷的发源地就是河南巩义窑。

三是这次发掘,不仅出土了大量的唐代白瓷,清理出 3 座烧造白瓷的窑炉,而且还出土了一定数量的唐三彩器物,如三彩鸭形盒,大型三彩马俑无论釉色、造型、成型工艺等都堪称当时水平的代表。

巩义窑中的精湛之作还有绞胎瓷和绘三彩等品种。绞胎瓷是始创于唐代巩县窑陶瓷产业中的全新的工艺技术。它是将两种不同颜色的胎泥相间糅和在一起,然后立坯成型,胎面上即出现两色相间的纹理。相间叠合的次数越多,胎泥的颜色越多,按所需图案进行绞揉,再切片,拼镶,贴合,粘对,这样,胎器上便会呈现不同色调而又变化多端的纹胎图案。有团花图案,朵花图案,菱纹图案,回文图案,木理纹图案,琥珀图案,木瘿纹图案,虎皮纹图案,变形莲图案,再配以淡绿、淡黄等不同色泽的透明釉入窑焙烧,便成为一种极其名贵的陶瓷品种。

巩义窑生产的纹胎瓷产品,盛行于唐宋时期,国内外许多地区都有收藏,其独特的工艺和行云流水般秀美的纹饰,是巩义先民独有的艺术辉煌。

综观巩义陶瓷业的发展,如环环相扣的金色琏条镶嵌在万余年来华夏文明的进程中,见证着巩义是河洛文明的圣土,也见证着中华民族伟大创造闪耀的不息光芒。

（作者单位为巩义市河洛文化研究会）

附

未收入论文集的文章篇目

编者按:第七届河洛文化国际研讨会2008年9月22日至24日在河南省巩义市召开,研讨会的主题是"河洛文化与闽台文化"。下列作者向研讨会提交的论文因选题或时间延误等原因未能收入论文集,特此说明并对他们的热情支持表示衷心感谢。另外还有个别作者因种种原因仅提交了论文题目和摘要,未收到全文,也在此一并列出,并表示衷心感谢。

陈干华(广东梅州嘉应学院):广东汉乐传承与发展的一些浅见。

梁德新(广东梅州市《客家人》杂志社):刍论程旼与梅州客家先民的南迁。

李永翘(四川省社会科学院文学所)、茹建敏(四川省地方史志办公室):客家之光——真正的爱国大画家张善子。

陈伯强(福建师范大学公共管理学院):论《周易》的和谐观。

汤漳平(漳州师范学院闽台文化研究所)、许晶(漳州师范学院):简论闽南文化与客家文化。

郑建光(福建省尤溪县朱子文化研究会):闽学对三明文化的意义。

姚才刚(湖北大学哲学系):顾炎武的"耻德"观及其现代价值。

黄　莹(湖北省社会科学院楚文化研究所):客家民俗的楚文化因子。

王同海、郭福亮(湖北省社会科学院楚文化研究所):河洛文化的南迁与影响。

赵秀琴(武汉大学附属口腔医学院):试论河南省的生态环境与文化特征——兼论洛阳的历史与文化。

蔡靖泉(华中师范大学楚学研究所):"成王定鼎于郏鄏"与洛邑的历史地

位。

杨　昶(华中师范大学历史文献研究所)：元代"四书"学著述举要。

陈文华(湖北省社会科学院楚文化研究所)：河洛文化的内涵与传承。

姚璐甲(华中师范大学历史文化学院)：《巩县志》中家国意识之探析。

朱石平(湖北省社会科学院文史所)：河洛文化的内涵及其传承。

焦　砚(湖北省荆州市)：《河·洛》概说,易经是易学不是科学。

徐　基、刘嘉玉(山东大学考古学系)：简论"庄园文化"。

杨天才(浙江林学院人文学院中文系)：福州镇海楼考论。

王梅堂(中国国家图书馆)：元代河南籍文人对蒙古帝王的文化影响。

赵安民(中国书店出版社)：吸纳河洛精华,惠泽湖湘文化——从杜甫"诗圣"个案看地域文化关系。

曹胜高(东北师范大学文学院)：论东汉洛阳城的布局与营造思想——以班固等人的记述为中心。

赵中国(南开大学哲学系)：邵雍先天学的两个层面：象数学与本体论——兼论朱熹对邵雍先天学的误读。

何卓然(洛阳市河洛文化研究院)：试论黄帝时代的人口。

郭崇华(洛阳老子学会)：河洛乃道家之源。

王东洋(河南科技大学河洛文化研究所)：北魏孝文帝迁都洛阳新论。

张　剑、孟昭芝(洛阳市文物工作队)：古都洛阳在东周时期的历史地位。

张纯俭(洛阳老子学会)：汉代洛阳经学述略。

史善刚、董延寿(洛阳理工学院河洛文化研究院)：河图洛书源流考。

温玉成(洛阳龙门石窟研究院)：洛阳宗教大事年表。

刘国城(洛阳老子学会)：论老子——河洛文化的北斗星及其思想的现实价值。

陈国均(许昌)：河图洛书研究。

王士祥(郑州大学文学院)：王者都洛与河洛文化的盛衰。

韩高良(郑州大学公共管理学院)：浅析刘禹锡的哲学贡献。

高黛英(郑州大学文学院)：从明清祭祀类建筑遗存看中原文化的普世精神。

吴凤池(郑州师范高等专科学校中原文化研究所)：嵩阳书院在理学发展中的地位。

张兰花(河南省许昌职业技术学院曹魏文化研究所)：庄子是中国"梦象艺术"的创始人。

高建立(商丘师范学院科研处)：二程哲学与佛学。

田　冰(河南省社会科学院历史与考古研究所)、张玉娟(河南大学)：明清河南乡贤祠的教化功能。

李晓燕(河南省社会科学院历史与考古研究所)：从文化互动看汉魏中原地区民族融合。

欧广远(河南省社会科学院法学研究所)：论河洛非物质文化遗产的法律保护。

王保仁、张新月(巩义市文物局)：黄河南岸巩义段古文化遗址浅析。

于长君(巩义市河洛文化研究会)：论河洛文化。

席彦昭(巩义市文物局)：巩义市康百万庄园对河洛文化的传承。

张保玲(湖北省社会科学院楚文化研究所)：河洛与闽台同根又同源。

崔景明(安徽合肥工业大学人文经济学院)：论道家思想的伦理意蕴。

曹尚斌(中华文艺界联谊会)：台湾与河洛文化之渊源。

韩　燕(日本大学)：关于在日本的殷(商)周青铜器的研究史小考。

李　畊(台湾)：韵话"天·地·人"

吕清玉(福建三明市方志办)：加强闽台客家文化交流,大力促进中国和平统一;台湾传统文化之根在中原。

余粮才(天水师范学院陇右文化研究中心)：渭河流域民间伏羲、女娲信仰探析。

党　宾(华中师范大学)：北宋皇陵选址和建筑布局问题调查分析新论。

苏海洋(天水师范学院陇右文化研究中心)：论《黄帝内经》的天人相应思想。

卢明辉(内蒙古社会科学院)：试论"河洛文化"对蒙元尊孔崇儒及汉法的影响。

宋豫秦(北京大学环境科学与工程学院)：关于普及和强化河洛文化认知度

的断想。

赵华富(安徽大学徽学研究中心)：三论徽州文化之根在中原——新安理学的来源及其在徽学中的地位。

刘　清(湖北黄冈师范学院政法学院)：道家"上善若谷"。

尹全海(信阳师范学院历史文化学院)：豫闽台两岸三地寻根文化的基础与特征。

刘玉珍(河南省博物院)：河洛文化的传播。

陈隆文(郑州大学历史学院)：西晋客家河洛先祖南迁路线考。

赵　振(河南师范大学社会发展学院)：二程语录与宋代洛学的传播。

王记录(河南师范大学社会发展学院)：汤斌《洛学编》研究。

方　伟(河北省社会科学院语言文学研究所、燕赵文化研究中心)：河洛文化在当下的价值转换。

苏国圣(国际华夏文化联合会)：历代名人研究周易、历代大儒易注与易之流派。

张峰民(《新疆社会科学论坛》杂志社)、雷　霆(清华大学)：《周易》与《诗经》比较略说。

后　记

第七届河洛文化国际研讨会的筹备工作是在十分紧张和特殊的情况下进行的。

在会议筹备过程中,全国政协、河南省政协换届,河南省社科院的领导班子进行了调整。但河洛文化研究和本次研讨会的筹备工作始终没有受到影响,全国政协港澳台侨委员会、河南省政协、省社科院、中国河洛文化研究会的领导仍然在高度重视和持续关注着研究工作的进程,特别是对第七届河洛文化国际研讨会的召开给予许多支持。河南省政协副主席邓永俭,十届河南省政协副主席、中国河洛文化研究会常务副会长陈义初,对本次研讨会的组织、规模、层次和研讨质量提出了新的要求。河南省政协港澳台侨和外事委员会主任张亚洲、中国河洛文化研究会秘书长王玉英做了许多沟通协调工作。河南省政协港澳台侨和外事委员会办公室主任张铁成,承担了大量的会务组织工作。河南省社科院新任院长张锐、副院长赵保佑,对论文集的编辑工作给予了较多的支持。自本届开始,河南省河洛文化研究中心正式挂靠到河南省社科院历史与考古研究所,中心主任由王彦武院长担任,历史与考古所所长张新斌担任副主任,并在所内设立河洛文化与姓氏文化研究室。陈建魁、李玲玲、徐春燕承担了大量的会务组织与编辑审稿工作。李立新、唐金培、陈习刚、章秀霞、张佐良、齐航福、田冰等参与了论文审读、文件起草等工作。省社科院原纪检书记杨海中给予了较多的支持。河南人民出版社的杨光女士51也对论文集的出版付出了大量的劳动。

海内外与大陆各地的研究者以及河洛文化的热爱者,非常踊跃地向研讨会投稿,有的论文长达数万言,使我们深受感动。由于篇幅所限,我们只收录了其中一部分,或忍痛割爱地收取了论文的精华,因此,我们不仅向他们表示深深的谢意,也向他们表达由衷的歉意。同时,由于时间紧迫,论文编辑中难免会出现一些错误,也请大家谅解。

编　者

2008 年 9 月